《经济发展大辞典》编写人员

主　　编：陈昌智

副 主 编：于建玮　　姜　洋　　　李滨生　　　侯水平　　　王金顺

编写人员：（按姓氏笔画排列）

于建玮	王金顺	王小能	王仲明	牛文涛	付自平
刘世庆	刘西荣	刘　萍	齐向东	宋志斌	孙锦庆
孙　英	吉　艳	李滨生	李少武	李德山	李宝珠
向小梅	吴永红	汲　静	吕建军	杨明洪	杨　钢
杨　昕	陈昌智	姜　洋	钱　锋	郑军威	罗　望
周德义	凌耀伦	贺立龙	焦　强	程淑琴	张大明
张　欢	张　光	侯水平	唐凯江	曹树屏	彭通湖
蒋　瑛	高　伟	高伟(女)	常　诚	裴　倜	雷　洪
熊　甫	燕汝真				

DICTIONARY OF
ECONOMIC
DEVELOPMENT

陈昌智　主编

经济发展
大辞典

人民出版社

总　目

前　　言

　　经济发展是指在经济增长的基础上,一个国家的经济结构、社会结构不断优化、高度化的演进过程。总体来说,经济学的研究就其重要性而言,经济增长与经济发展应当是这一领域中最核心的问题。因此,一直以来,经济学家有关经济增长和经济发展的研究从来就未间断过。尤其是第二次世界大战后在西方经济学中逐步兴起的以研究发展中国家经济发展为研究对象的发展经济学,更是把经济发展研究推到了一个新的阶段。20世纪60—70年代,发展经济学研究达到了一个短暂的辉煌,但此后由于研究技术和研究理论的缺失,使经济增长和经济发展的研究陷入了相对的低潮期。20世纪80年代以前,经济增长和经济发展的问题一直处于主流经济学的边缘,并且是两个相对独立的分支学科。从20世纪80年代中期开始,由于研究技术的进步和研究思想的创新,经济增长和发展经济学逐步开始走出困境。就经济增长理论而言,随着罗默(Romer,1986)和卢卡斯(Lucas,1988)所作出的开创性贡献,兴起了一大批新经济增长的文献。这些文献将规模报酬递增、不完全竞争以及人力资本等因素引入增长模型,对不同国家不同发展阶段经济发展绩效的差异,给出了相对科学的分析和解释,使经济增长理论在理论的科学性和对现实经济的解释方面前增进了一大步。总体而言,新经济增长理论的观点是,一个经济系统要产生持续的增长,就必须要克服回报递减,实现要素回报的递增,而要实现这一点,这就必须寻找到一个可持续的发动机。新经济增长理论正是在定义这样一个发动机,以及维持其运转所需的成本方面取得了突破。就发展经济学而言,也是利用20世纪70—80年代以来经济理论的最新进展,发展经济学家开始将越来越多的主流经济理论(包括信息经济学、博弈论、契约理论、理性预期理论和新制度主义经济学等),应用于对各种经济和社会发展问题的分析,从而大大拓宽了发展经济学研究的领域和范围,也加深了理论对现实经济的解释。尤其是 21 世纪以来,随着经济全球化的深入,进入新阶段的发展经济学开始关注一些新问题,其研究视角、研究方法甚至整个理论体系也开始发生变化经济,发展理论研究显现出新的趋势。主要表现为:可持续发展的机制研究不断深化;社会经济发展理论研究更深入,发展经济学开始发生异化;缩小技术知识差距和不平衡发展是发展经济学关注的新焦点;改善不公平分配、减轻贫困仍是发展经济学所关注的问题;实证性案例研究是发展理论研究的主流;发展理论研究与发展政策和实践结合更加紧密,从而进一步加强了发展经济学的应用性。

随着中国经济发展的不断继续和深入,尤其是作为一个处于经济改革和转轨升级过程中的发展中大国,经济增长和经济发展不断涌现出许多新问题、新情况、新矛盾。总体来说,改革开放前三十多年,由于中国的经济学者往往更多地关注制度改革和经济增长问题,因而相对忽视了经济发展问题的研究。毫无疑问,经济增长并不能代表经济发展,经济增长主要是指一个国家经济规模在在数量上的扩大,而经济发展则是在经济增长的基础上,一个社会和经济多层次的发展过程,涉及社会和经济制度以及价值判断的演进。中国改革开放的目标是建立一个有效的社会主义市场经济体制,加速发展经济,提高人民生活水平。但是,要完成这一历史使命绝非易事,我们不仅需要从自己的理论与实践中总结经验教训,也要从别人的理论与实践中获取经验,并且要用这些理论与实践来指导我们的改革与发展。在市场经济条件下发展社会主义经济虽然对我们这个共和国来说是新的课题,但市场经济的运行在发达国家已有几百年的历史,市场经济和经济发展的理论亦在不断发展完善,并形成一个现代经济学理论体系。虽然许多经济学理论出于西方学者之手,研究的是西方国家的经济发展问题,但他们归纳出来的许多经济学理论及经验是反映人类社会的普遍经济行为,这些理论和经验是全人类的智慧结晶和共同财富。要想稳定地推进中国改革和发展,我们必须学习和借鉴世界各国包括西方国家在内的先进经济理论与知识。《经济发展大辞典》的编写工作正是在此基础上开展的。

本辞典主要分为以下四个部分:一、经济发展基本概念;二、经济发展理论;三、经济发展政策;四、经济发展组织与人物。其中涉及经济增长模型、经济发展要素分析理论、经济增长和发展理论、经济周期理论及模型、人口相关理论、资本、消费、生产、产业、技术创新理论、区位理论、国际贸易理论、就业与通胀理论、福利理论、社会主义模式及相关理论、经济发展阶段、市场与计划、经济发展战略与政策、改革开放、可持续发展理论、收入分配、消除贫困等内容。

　　本辞典收集整理了经济发展和发展经济学比较全面和前沿的理论成果，尤其是收集和编辑了第二次世界大战后全球范围内发展较迅速国家和地区具有影响的经济发展战略和政策，填补了国内经济学工具书的空白，对我国经济发展具有重要的借鉴意义。同时也为大学和科研机构、党政机关及企事业单位研究经济发展提供了一部重要的工具书。

　　本辞典由四川大学经济发展研究院专家学者组成编委会成员，并汇聚了四川大学、南开大学、西南财经大学等高等院校经济研究领域的专家学者以及中青年教师和博士组成编辑队伍；历时三年时间，前后有四十多人参加了本辞典的编写工作。

　　本辞典在编写过程中曾得到许多专家和领导的关心与支持，同时人民出版社一直以来也给予大力支持，在此一并表示衷心的感谢！

　　本辞典由于涉及面广泛，加之时间仓促以及编者能力和水平有限，因此，本辞典一定存在不足之处，欢迎广大读者提出宝贵意见，以便进一步修订和完善。

　　本辞典是 2012 年度国家社会科学基金重点项目。

《经济发展大辞典》编撰委员会

2017 年 10 月 22 日

凡　　例

一、本辞典共选收有关经济发展的概念、理论、政策、组织与人物的常用词目合计 2600 余条（包括参见条目）。

二、本辞典所收词目分为四大部分。第一部分为经济发展基本概念，第二部分为经济发展理论，第三部分为经济发展政策，第四部分经济发展组织与人物。

三、凡同一意义的词目有几个通用名称的，或一词数译，则采用较确切和较广泛使用的名称。

四、各部分的词目大致按其内在联系分类排列。正文前有分类目录，书后有音序目录。

目　录

第 二 部 分
经济发展理论

第 三 部 分
经济发展政策

第 四 部 分
经济发展组织与人物

| 第一部分 | 经济发展基本概念

　　经济发展（Economic Development）是指在经济增长的基础上，一个国家的经济结构、社会结构不断优化和高度化的演进过程。经济发展是一个多层次的过程，不仅涉及物质产品的增长，而且涉及社会和经济制度以及价值判断的演进。经济发展同时又是一个动态的长期发展过程，短期的外生因素引起的经济上升或下降，不能反映经济发展的本质特征。经济发展既着眼于经济规模在外延上的扩大，更着重于经济活动效率质的方面的提高。1958年，美国经济学家基尔斯·P.金德尔伯格（Charles P. Kindleberger）在《经济发展》一书中认为，经济发展的一般定义包括：物质福利的改善，尤其是对那些收入最低的人们来说，根除民众的贫困以及与此相关的文盲、疾病和过早死亡；改变投入与产出的构成，包括把生产的基础结构从农业转向工业活动；以生产性就业普及于劳动适龄人口而不是只惠及于少数具有特权的人的方式来组织经济活动；使有着广大基础的集团更多地参与经济方面和其他方面的决定，从而增进人们的福利。他的这一概括为许多人所接受。经济学家们还设计了许多衡量经济发展的尺度，如人均收入、文盲率、平均寿命、人均每天蛋白质消耗量、医生在千人中占有的比例以及人均能源消耗量等，使经济发展内涵不断得以丰富。

　　发展经济学（Development Economics）是第二次世界大战后当代西方经济学中出现的一门边缘性、综合性的经济学分支科学。发展经济学旨在研究一个国家（一般指发展中国家）的经济如何从落后状态发展到现代经济形态，研究这个发展的过程、因素以及应采取的方针和政策。主要代表人物有刘易斯（W. A. Lewis）、纳克斯（R. Nurkse）、罗森斯坦—罗丹（P. N. Rosenstein-Rodon）、钱纳里（H. Chenery）、布鲁诺（M. Bruno）、赫尔希曼（A. Hirschman）、缪尔达尔（G. Myrdar）、库兹涅茨（S. Kuznets）等人。第二次世界大战后，随着殖民体系的崩溃，亚洲、非洲、拉丁美洲广大地区的殖民地和半殖民地的国家和地区纷纷在政治上走向独立。尽管这些国家在国土、人口资源以及经济基础上各有不同，但是由于各种历史原因，这些国家的原有社会经济形态以及在经济发展过程中面临的各种问题都基本相似，并且这些国家都处在经济落后的境地。经济落后的国家如何摆脱贫困、寻求经济的稳定增长，不仅已成为经济落后国家所迫切探索和解决的重大课题，而且在两大阵营对垒的国际格局下，也普遍地引起了国际社会的极大关注。发展经济学正是在这种情况下应运而生。

发展经济学和一般西方经济学有所不同。第一,发展经济学注重研究发展中国家的经济特性。发展经济学不像一般西方经济学那样假设所研究的社会是一个典型的、有效率的经济制度,而是研究各国自己的特点,如国民收入高低、人口多寡、面积大小、发展阶段、资源条件等。由于各国的特点不同,在经济发展中遇到的问题也就不会一样,因而所需要的发展战略与政策也可能有所区别。第二,发展经济学注重从过去的长期经济发展中寻找可以遵循的经验和规律。因此,发展经济学不仅注意把过去积累起来的理论成果和分析方法应用到经济发展的问题上,而且注意从经济史中总结和印证发展的实况。第三,注重国际比较研究。发展经济学不仅分析发展中国家的经济问题,而且分析发达国家的经济在过去是怎样发展起来的,通过国际比较研究寻求可能借鉴的、可选择的道路。第四,发展经济学还注重非经济因素的研究。由于一个国家经济的发展不单单是经济本身的问题,而常常与一个国家的文化传统、社会制度、政治制度以及国际环境等有密切的联系。因此,发展经济学也注重经济以外的其他因素的分析。

发展研究(Development Research)是 20 世纪 60 年代初在欧洲和美国出现的一个新的跨学科领域。有广义和狭义之分。广义的发展研究是从全球的角度阐明世界各国和各地区社会经济发展的历史与现状,探讨社会变迁的一般规律。狭义的发展研究则是以相对贫困落后的第三世界发展中国家政治、经济、社会、文化的发展问题为对象,着重探讨有关这些国家现代化的理论、模式、战略方针乃至具体政策。第二次世界大战后,遍及世界的民族解放运动使得殖民帝国主义体系走向彻底崩溃,大批发展中国家摆脱了西方大国的控制,宣告独立。如何振兴本国经济、消除贫困、走上真正自主发展的道路,如何在国内经济增长的同时实现政治民主与社会进步、消除社会不平等,如何与外部世界打交道、重新确立自己在整个世界体系中的地位,成为这些新独立国家的政府和人民面临的迫切问题。与此同时,西方发达国家对自己在先前殖民地的影响丧失感到忧虑,也需要与独立的发展中国家建立一种新的联系。于是,为此而提供理论观点、战略方案和政策建议等,成了第二次世界大战后社会科学中一个热门的专业。一个后来被称为"发展研究"的跨学科的新领域逐渐形成。

在发展研究领域中,大致存在着"现代化理论""依附论"和"世界体系论"三个不同的学派,它们各自从不同的角度对第三世界国家的发展问题作出了解释。"现代化理论"强调第三世界国家在从"传统社会"向"现代社会"转变的过程中,制约发展的主要原因是内部因素;这些国家通过接受西方发达国家的先进技术、科学文化以及思想观念,克服"传统"障碍,必将走上与发达国家相同的道路。"依附论"强调殖民主义和"依附性"是第三世界国家不发达的主要原因;这些国家发展的起始点不同,国际环境特殊,不可能重复西方工业化国家既往的历史,它们应当摆脱资本主义大国的影响和控制,走独立自主发展的道路。"世界体系论"把世界分为中心、边陲和半边陲三个部分,着力探讨各个部分的发展特点及其相互关系。三个学派对发展问题的讨论各有千秋,它们分别代表着发展理论演进的三个不同阶段。

发展社会学(Sociology of Development)是指从社会学角度来研究发展过程中各种问题的发展研究的分支学科。形成于 20 世纪 70 年代初。其特点是将贫富问题置于全球的广阔背景下加以考察,研究不同社会在经济与文化上的特殊性及其对发展的影响,探讨文化与经济过程之间的相互关系怎样影响社会的发展,对第三世界国家的社会变迁加以历史地、动态地考察等。

经济增长(Economic Growth)是指一个国家或地区生产的产品和劳务总量的不断增加,即用货币形式表示的国民生产总值的不断增加。经济增长的快慢,通常用国民生产总值或人均国民生产总值在一定时间内的平均增长速度来衡量,其公式为:

$$GNP_t = GNP_0 (1 + r)^n$$

式中,GNP_t 代表期终的国民生产总值,GNP_0 代表基期的国民生产总值,n 代表基期至期终的年数,r 代表平均增长率(亦叫增长速度)。为了避免物价变动的影响,国民生产总值或人均国民生产总值都采用不变价格计算。由于影响经济增长的因素较多,因而引起许多经济学家的重视,并积极开展研究。现代西方经济学在对"经济增长"的研究过程中,逐渐形成一种宏观经济理论,即"经济增长论"。

经济增长论(Economic Growth Theory)又称"增长经济学"。是指以发达资本主义国家生产总过程和长期发展为研究对象的一门经济学科。它是当代西方经济学的一个分支,产生于第二次世界大战后。主要研究内容是:研讨发达资本主义国家经济稳定增长的条件;从历史上分析经济增长的速度和各种增长因素的作用;预测未来的长期增长趋势。增长经济学有着久远的思想渊源和深刻的时代背景。1936年英国经济学家凯恩斯在《就业、利息和货币通论》中提出,用国家机器调节经济,以对付危机和失业问题,从而为资产阶级宏观经济学的建立打下了基础。尽管凯恩斯学说备受推崇,但一些经济学家指出,它的主要缺陷是仅限于短期的、静态的分析,缺乏时间上的连续性,不能解决长期稳定的经济增长问题。于是,着眼动态化、长期化的增长经济学应时而生。增长经济学的发展过程可以分为三个阶段:(1)第一次世界大战后至20世纪50年代,增长经济学的发展主要以各种增长模式的设计与提出为特点,以哈罗德—多马经济增长模型、新古典派经济增长模型、剑桥派经济增长模型为代表。这三个经济增长模型,都从不同的角度探讨了再生产过程中经济增长率、储蓄率和资本产出率等几个主要经济变量间的关系,力图为资本主义经济持续稳定地增长寻找出路。(2)20世纪50年代末到70年代初,为了探讨美国经济增长相对落后的原因,一些经济学家着手于经济增长因素的分析,通过大量的实际统计资料,对美国、西欧和日本等国第二次世界大战后经济增长的各种源泉及其作用,进行了数量分析和国别比较。索洛、丹尼森、库兹涅茨等人对此做了较为突出的研究。(3)20世纪70年代以来,由于西方经济陷入失业与通货膨胀并存、能源和原料匮乏、环境严重污染的困境,西方经济学界的"增长热"骤然"冷却",经济学家感到前景黯淡、悲观。美国经济学家麦多斯等认为,地球上的增长即将达到极限,衰落是"不可控制的",唯一的出路是在15年内停止人口和生产的增长,达到一个"零度增长"的"全球性均衡"。为此,西方经济学界进行了激烈的、持久的争论,麦多斯的结论被推翻,而增长有限论则作为经济增长理论的一个组成部分存在下来。

发展速度(Speed of Development)是指动态数列中报告期水平与基期水平之

比。是说明经济现象对比基期的发展快慢程度的动态分析指标,一般用倍数或百分数表示。计算公式是:

$$发展速度 = \frac{报告期水平}{基期水平}$$

由于基期不同,发展速度可分为定基发展速度和环比发展速度,两种发展速度均为研究经济发展水平的重要指标。

环比发展速度(Period-over-Period Development Rate)是指动态数列中各期水平依次以前一期水平为基期之比。是说明经济现象对比上期的发展程度的指标,一般用倍数或百分数表示。计算公式是:

$$环比发展速度 = \frac{a_1}{a_0}, \frac{a_2}{a_1}, \cdots, \frac{a_n}{a_{n-1}}$$

式中, $a_i(i = 1, 2, \cdots, n)$ 为第 i 期的发展指标, a_0 表示基期指标。

定基发展速度(Fixed Base Period Development Speed)是指报告期水平与固定基期水平之比。是说明经济现象对比固定基期的发展程度的指标,一般用倍数或百分数表示。计算公式是:

$$定基发展速度 = \frac{a_1}{a_0}, \frac{a_2}{a_0}, \frac{a_3}{a_0}, \cdots, \frac{a_n}{a_0}$$

定基发展速度与环比发展速度存在着一定联系,即在同一阶段内,定基发展速度等于各环比发展速度的连乘积。用公式表示为:

$$定基发展速度\left(\frac{a_n}{a_0}\right) = \frac{a_1}{a_0} \times \frac{a_2}{a_1} \times \frac{a_3}{a_2} \times \cdots \times \frac{a_n}{a_{n-1}}$$

式中, $a_i(i=1,2,\cdots,n)$ 为第 i 期的发展指标, a_0 表示基期指标。

平均增长量(Average Increment)是指衡量某一社会经济现象在一定时期内增加的平均水平的经济指标。如用 $\bar{X}$ 代表平均增长量, a 代表累计增长量, n 代表时期数,则:

$$\bar{X} = \frac{a}{n}$$

若 $a = a_n - a_0$ (a_n 为报告期水平数, a_0 为基期水平数),则:

$$\bar{X} = \frac{a_n - a_0}{n}$$

这个公式说明用累计增长量除以时期数就可得到一定时期内的平均增长量。平均增长量反映了一个国家或企业生产发展的速度。

平均增长速度(Average Growth Rate)是指衡量一个社会经济现象增长程度在一个较长时期内平均水平的经济指标。中国计算平均增长速度有两种方法:一种是习惯上经常使用的"水平法",是以间隔期最后一年的水平同基期水平对比来计算平均每年增长(或下降)速度;另一种是"累计法",是以间隔期内各年水平的总和同基期水平对比来计算平均每年增长(或下降)速度。在一般正常情况下,两种方法计算的平均每年增长速度比较接近;但在经济发展不平衡、出现大起大落时,两种方法计算的结果差别较大。平均增长速度同平均发展速度有着密切联系,二者的关系是:

$$平均增长速度 = 平均发展速度 - 1 = \sqrt[n]{\frac{a_n}{a_0}} - 1$$

式中，a_n 为第 n 期的发展指标，a_0 表示基期指标。

经济发展尺度（Scale of Economic Development）是指用于衡量一个国家经济发展水平和程度的各种指标的总称。由于经济发展涉及的面十分广泛，迄今为止尚无一个单一的尺度能够完整、准确地衡量一个国家经济发展的水平和程度。为此，发展经济学家们提出多种发展尺度。这些尺度从不同方面反映了一个国家经济发展的水平和程度。根据研究的着眼点不同，可以分别采用不同的尺度。例如，当着眼于物质产出时，可采用国民生产总值或国内生产总值来衡量一个国家的总产出；当着眼于一个国家民众的生活水平时，可采用人均国民收入或人均国民总产值来加以衡量；当着眼于一个国家就业状况时，可采用就业率或失业率等指标加以衡量；当着眼于一个国家的人口状况时，可采用人口出生率、文盲率、死亡率等指标来加以衡量。

发展水平（Level of Development）是指动态数列中表示发展程度的指标值。它反映社会经济在不同时期的规模和达到的水平，是编制动态数列和计算各种动态分析指标的基础。动态数列的第一项指标称为最初水平，最后一项指标称为最末水平，根据各项指标计算的平均数叫作平均水平。在动态分析中，作为对比基础时期的水平，称为基期水平；所要分析的那一时期的发展水平称为报告期水平或计算期水平。发展水平通常指绝对数水平，但有的统计学家认为也可以是相对数水平。

增长周期（Growth Cycle）是指在经济活动的扩张中由增长率的减慢或阻滞作为一个衰退时期而形成的经济周期。与古典的经济周期概念的区别是，在整个经济活动中并不一定存在绝对下降或下跌的变化，即使正在增长也符合这种衰退的定义。所以，这种衰退也被称作"增长性衰退"。增长周期的概念是由第二次世界大战以来美国经济和其他市场调节经济所表现的不稳定性自然地发展而来的。由于经济上所表现出的这种不稳定性变化，古典的经济周期定义所说的衰退次数比较少了，但在经济活动的发展速度上仍然会发生重大的波动，虽然这些波动并不激烈严重，但它们仍然作为一种经济周期。所以，经济学家们越来越多地考虑采用增长性衰退和增长周期的概念来描述这种经济现象。

无发展的增长(Growth without Development)是指一个国家或地区的经济增长并未伴随着经济结构和社会结构的优化而有所发展。下述几种情况都可称为"无发展的增长"或"有增长而无发展":(1)忽视经济全面协调的发展,片面强调某一产业或部分地区的经济增长,导致经济发展失衡。(2)过分强调产值增加,实行"指令性经济"。如有的国家片面强调 GDP 增长,导致地方经济无视资源消耗与环境污染,缺乏长远合理的规划,资源浪费、重复建设严重。(3)经济增长下,财富分配不公平,导致两极分化、社会矛盾日益突出,社会福利体系不完善。(4)公共基础设施发展滞后,社会文化价值体系缺失,教育体系的不完善等都是无发展增长的表现。

经济发展战略(Economic Development Strategy)是指着眼于经济的长期发展,从关系经济全局出发,考虑和制定经济发展所要达到的目标、重点、经历的步骤和阶段以及为实现这些目标、重点所要采取的部署和政策措施。它涉及经济发展中带有全局性、长远性和根本性的问题,对一个国家或地区的经济发展有着重大而深远的影响。1958 年,美国耶鲁大学出版的赫希曼的《经济发展战略》,较早地提出了这一概念。20 世纪 60 年代,不少国家在总结工业化的经验的基础上,提出了"进口替代"的发展战略和"出口替代"的发展战略。与此同时,联合国先后制定了20 世纪 60 年代、70 年代和 80 年代三个十年的"国际发展战略",使这一概念在国际上特别是在发展中国家广为流行。

经济战略(Economic Strategy)是指一定时期对经济发展中带有全局性重大问题的谋划。如规定一定时期经济发展所需要实现的战略目标、战略阶段、战略重点;为实现战略目标而准备使用的力量(如客观条件的利用,人力、物力和财力的准备以及各种相应的组织机构等);为实现战略目标而规定和实施的战略方针和措施等。

经济周期(Business Cycle)是指经济活动中的扩张与收缩的交替变动的现象。

它通过国民生产总值、工业生产指数、就业和收入等综合经济活动指标的波动而显示出来。一般包括危机、复苏、高涨和衰退四个紧密衔接的阶段。经济周期可以根据持续时间的长短加以分类。美国经济学家约瑟夫·A. 熊彼特把经济周期分为长周期、中周期、短周期三种类型。长周期即康德拉季耶夫周期,持续时间为 50—60 年;中周期即朱格拉周期,持续时间为 9—10 年;短周期即基钦周期,持续时间为 40 个月。熊彼特认为,三个基钦周期构成一个朱格拉周期,六个朱格拉周期构成一个康德拉季耶夫周期。关于经济周期产生的原因,经济学家们各说不一,有的认为是投资或消费水平不足引起的,有的则认为是货币供应量的变动引起的。马克思认为,资本主义经济周期是由资本主义的基本矛盾即生产的社会化和资本主义的私人占有之间的矛盾所决定的。资本主义基本矛盾具体表现为个别企业生产的组织性和整个社会生产的无政府状态的矛盾以及生产无限扩大的趋势和广大人民群众购买力相对缩小之间的矛盾。这种矛盾使得市场的扩张赶不上生产的扩张。

内生经济周期(Endogenous Theory of Business Cycles)是指由经济自身因素引发的经济周期。经济周期发生的原因是由经济自身因素引起的。这种论点认为经济的外部因素虽然对某些时期经济周期波动产生了重要的影响,但是经济发展和经济周期的真正推动力并不在于这些外部因素(它们只能起到延缓和加剧的作用),而是来自经济自身因素。这种因素包括利润推动力、利润过度资本化、心理因素、货币和信贷、金融性过度投资、非金融性过度投资以及消费不足等。

外生经济周期(Exogenous Theory of Business Cycles)是指由经济的外部因素引起的经济周期。这种论点认为经济的内部因素虽然对经济周期产生了重要影响,但是经济周期性波动的真正原因是来自经济以外的因素。这些因素包括太阳黑子论、气候论、创造发明、人口以及政治军事事件等。

经济周期预测(Business Cycle Forecasts)也称"商情预测"。是指对经济发展中周期性波动的预测。主要方法有三种:(1)经验主义先行指标法。包括投机指数(在证券交易所各种证券的平均价格基础上编制)、商情指数(在批发价格基础上编制）、金融指数（根据支付固定利息的债券的价格进行计算）三种指数。三种指数的时间数列在消除长期趋势和季节性波动后，其周期波动的规则关系表现为投机指数首先带头波动，商情指数继之波动，金融指数再随商情指数的波动而移动。因此，投机指数对于商情指数、金融指数来说是一个先行指标，可根据此指标的变化预测出商情指标变化的趋势。这种方法 1919 年最早由美国经济学家珀森斯提出，被称为"哈佛晴雨表"。（2）主观分析判断法。首先，用通信的方法（不用开会方式，避免经济专家碰头而不能畅所欲言）向一定数量的经济专家提出要预测的问题，然后将经济专家的意见综合，把综合意见再告之经济专家，使经济专家在参考了别人的意见后，重新作出判断，如此反复多次，意见逐渐趋于一致，就可以得出预测结果。这种方法 20 世纪 40 年代由美国兰德公司的研究员赫尔默和达尔奇等人提出。（3）模型预测因果分析法。是利用经济数学模型来预测经济周期的变化。有两种基本模型：一种是回归模型，变量少，比较简单；另一种是经济计量模型，这种模型能揭示自变量和因变量之间的互相关系，所描述的经济机制也比较接近实际，因此模型预测中采用经济计量模型较多。

低谷（Economic Trough）是指与高峰相对的一个最低点，或比喻事物发展过程中最不顺利、不景气的时期。在经济学中又称"周期低潮"。是指经济周期中经济活动的最低点。它出现在经济收缩期之后、恢复期之前，一般延续时间是一两个月。

经济危机（Economic Crisis）是指社会再生产中出现的经济活动全面下降的现象。主要特征是：生产缩减，资本投资减少，信用收缩，价格下跌，失业增多，企业倒闭率上升等。自 1825 年英国第一次爆发普遍的经济危机以来，资本主义经济从未摆脱过经济危机的冲击。世界历史上最严重的经济危机发生在 1929—1933 年的美国。

繁荣（Economic Prosperity）又称"高涨"。是指经济活动处于高水平且持续增长的时期。主要特征是：生产者和消费者对经济发展的前景持乐观态度，用于增加新的生产能力的资本投资率高，生产不断增长，新企业大批兴建，信用扩张，物价上升,失业率急剧下降。繁荣是经济周期的一个阶段,它是在复苏的基础上发展起来的。

高涨(Economic Boom)见"繁荣"。

萧条(Economic Depression)是指经济活动长时期处于低水平的时期。它是经济周期中紧接经济危机之后的一个阶段。主要特征是:资本投资稀少,生产停滞,商业萎缩,信用收缩,商品和股票价格低落,失业众多,就业水平低,企业倒闭率依然很高。

复苏(Economic Recovery)是指经济活动开始重新增长的时期。它是经济周期中继经济萧条后的一个阶段。主要特征是:生产进一步恢复,投资有较大增加,市场逐渐活跃,信用逐渐扩大,物价开始上涨,利润逐步增加,资本周转加快,就业人数日益增多,社会生产逐步恢复到原有水平。复苏持续到一定点,即转入高涨阶段。

转折点(The Turning Point in Economic)是指商业周期中经济活动的方向发生转折之点。每个商业周期有两个明显的转折点:一是扩张停止时的上转折点,二是收缩开始变为扩张时的下转折点。而实际上扩张或收缩一般均有几个月的临界期,所以又把它叫作转折带。上转折点的标志通常是产量和就业人数达到最高点,股票和商品价格下降,存货多于平时。下转折点的标志正好相反。

金融不稳定假说(Financial Instability Hypothesis)是指解释金融危机内在机制的一种理论。该假说认为,以商业银行为代表的信用创造机构和借款人相关的特征使金融体系具有天然的内在不稳定性,即不稳定性是现代金融制度的基本特征。1963年,海曼·明斯基(Hyman Minsky)把金融危机很大程度上归于经济的周期性波动,但其潜在和更重要的内涵在于表明金融危机是与金融自身内在的特征紧密相关的,即金融的内在不稳定性使得金融本身也是金融危机产生的一个重要原因。

明斯基时刻(Minsky Moment)又称"资产价值崩溃时刻"。是指在信贷周期或者商业周期中,资产价格的大幅下跌。明斯基时刻表示的是市场繁荣与衰退之间的转折点。这个概念是以海曼·明斯基(Hyman Minsky)的名字命名的。

在长期的经济繁荣中,资产价格上涨会导致投机性的贷款增加,而过多投机所产生的债务会造成投资者的现金流紧缺,即资产产生的现金流不足以支付债务需要的利息。当债权人要求偿还债务时,深陷债务问题的投资者必须卖掉资产价格相对稳定的投资物来维持现金流,然而此时已经没有交易对手方会支付如此高的资产价格。一系列的抛售将导致资产价格进一步下跌,以及流动性紧张,并最终造成资产价格的崩溃。

消费(Consumption)是指利用物品和劳务满足人类需要的行为。包括生产消费和个人消费。生产消费是指生产过程中劳动工具、原料和燃料等生产活动的消耗,个人消费是指人们为满足个人生活需要而对各种物品和劳务的消耗。研究消费可以从整体的角度入手,也可以从分析个人的所得和支出入手。

自发消费(Autonomous Consumption)是指总消费中由于外生变量决定的那部分支出,也即收入为零时举债或动用过去的储蓄也必须要有的基本生活消费。自发消费是由人的基本需求决定的,如维持生存的衣、食、住等,无论收入多少,这部分消费都是不可少的。在宏观经济学收入—支出模型中,自发消费是指不是由于收入水平发生变动所引起的那部分消费。自发消费是自发性支出的一个组成部分,取决于消费者的嗜好、价格水平、社会风尚等因素。因此,在消费函数理论中,一般假设自发消费是不取决于收入的一个既定的外生变量。

引致消费(Induced Consumption)"自发消费"的对称。是指消费中由内生变量所引起的消费。在宏观经济学收入—支出模型中,引致消费是指由国民收入的变动所引起的消费。影响消费水平的因素有很多,既有社会因素,也有经济因素,其中收入水平的变动对消费的变动有着重要影响。总消费中由国民收入变动引起的一部分消费就是引致消费,其大小取决于收入和边际消费倾向。国民收入变动与引致消费之间的关系可用消费函数理论来说明。

消费结构(Consumption Structure)是指各类消费支出在总消费中所占的比重及相互关系。可分为一个国家或一个区域内宏观消费结构和一个家庭或个人的微观消费结构。常见的分类方法有三种:(1)按吃、穿、住、用划分。(2)按消费品的耐用性和非耐用性划分,非耐用性消费品中包括劳务。(3)按消费的社会功能划分,即分为生理消费和社会消费。影响消费结构变化的因素主要有:(1)社会经济的发展水平,商品生产和供应情况。(2)国民收入高低,消费购买力水平和增长速度。(3)消费政策、消费习惯以及消费心理和文化教育普及程度等。

消费倾向(Propensity to Consume)是指消费在收入中的比例。它是凯恩斯"消费函数"理论中的一个重要概念。消费倾向可以分为平均消费倾向和边际消费倾向。前者指总消费量和总收入量之比,即总收入中的消费额,以 APC 代表;后者指消费增量和收入增量之比,即收入增加量中的消费增加额,一般用 MPC 表示。凯恩斯认为,当收入增加时,消费也会随着增加,但不如收入增加得那么多,即消费的增加一般总是小于收入的增加,边际消费倾向是正数,但小于 1,而且它有越来越小于 1 的趋势。因此,他认为现代经济社会中就业不足是因为消费倾向低下。消费不足,造成有效需求不足,进而引起就业不足。按照现代西方经济学的解释,在短期内,消费和收入的关系表现为:(1)消费与收入相等,这时 APC＝1,即全部收入用于消费。(2)消费大于收入,这时 APC＞1,即有负储蓄。(3)消费小于收入,这时 APC＜1,即收入分为消费与储蓄。(4)收入增加引起消费增加,这时 0＜MPC＜1,即一般情况下消费增量小于收入的增量。

同步消费(Synchronous Consumption)是指消费与本国生产的发展程度相适应。消费与生产同步一般表现为消费者的自发活动。一方面,本国在生产发展居于领先地位,有能力向居民提供在该种生产技术条件下的消费品和消费方式;另一方面,消费者的收入和支出随生产的发展而相应增长,并且他们的消费活动不受非经济因素的干扰。但消费与生产的同步并不具有普遍意义,这种情况一般发生在发达国家经济生活中。

滞后消费(Lagged Consumption)是指落后于生产发展的消费。一般来说,滞后消费是一种以人为方式进行调节以后的消费。首先,消费之所以出现停滞,与生产发展过程中存在着产业结构和产品结构不相适应有关。例如,一个国家在较长时期内只注意发展生产资料的生产,而不注意发展消费品的生产;或者只注意发展某些消费品的生产,而不注意发展随着消费结构变化而为消费者所需要的一些消费品的生产,这样,消费不可能随着生产的发展而相应地进行调整和变化。其次,如果消费者的收入未能随着生产的发展而相应地增长,从而缩小了消费支出,这样也会出现消费滞后的现象。最后,如果一个国家由于经济发展目标的需要而有意识地增加储蓄,压缩消费;或是由于思想、文化、习惯等原因而忽视消费的作用,轻视消费的意义,也会使消费的变化落后于生产的发展。一般来说,如果消费滞后超过了一定的限度,就容易造成生产与消费的脱节,从而不利于经济发展,使经济增长难以保持长期持续,同时消费滞后也容易造成消费者的意愿不受重视,消费者的利益得不到保障,这在一定程度上也会影响经济的发展。

超前消费(Excessive Consumption)又称"早熟消费"。是指消费超越了本国生产发展的程度。一般来说,超前消费是一种在外界影响下发生的诱发性消费。超前消费的主要标志有两个:一是储蓄在收入中所占的比重过小,二是生产资源中为发展新消费方式而消费的资源所占的比重过大。发展中国家之所以出现超前消费的现象,首先与对外开放条件下受到国外的消费方式的影响有关。在对外开放条件下,发达国家的消费方式往往可以通过各种不同的渠道对发展中国家的消费方式产生影响,从而发生"示范作用"。于是,发展中国家的消费便有可能以超越生产发展水平的程度变化,形成了超前消费。最后,超前消费可能是由于储蓄过少,从而引起消费者的消费支出增长过快。另外,消费者在经济发展过程中会有一种内在的要求早日摆脱消费受压抑状况的动机,加之消费行为本身一般是不可逆的,因此消费者一旦有可能购买新的消费品和采取新的消费方式,便会自动改变消费观念,增加消费支出。

供给弹性(Elasticity of Supply)是指因价格变动而引起的供给的变动率。它反映的是供给量变动的比率与价格变动的比率之间的关系。是由英国经济学家马歇尔(Alfred Marshall)在分析价格和供给的关系时提出的一个概念。通常用下列公式表示:

$$e_s = \frac{\Delta Q}{\Delta P} = \frac{\mathrm{d}Q}{\mathrm{d}P} \cdot \frac{P}{Q}$$

式中，e_s 代表供给的价格弹性，Q 代表供给量，ΔQ 代表供给变动量，P 代表价格，ΔP 代表价格变动量。

需求弹性（Elasticity of Demand）是指由价格或收入的变动所引起的需求的相应的变动率。它反映需求量变动的比率与价格或收入变动的比率之间的关系。需求弹性概念是英国经济学家马歇尔在《经济学原理》一书中提出的，并在现代微观经济学中被当作一种分析需求与价格、需求与收入关系的方法而广泛运用。一般可分为需求的价格弹性和需求的收入弹性。

需求的价格弹性是衡量需求量对价格变动的反应，可用下列公式表示：

$$e_d = \frac{\Delta Q}{\Delta P} = \frac{\mathrm{d}Q}{\mathrm{d}P} \cdot \frac{P}{Q}$$

式中，e_d 代表需求的价格弹性，Q 代表需求量，ΔQ 代表需求变动量，P 代表价格，ΔP 代表价格变动量。一般来说，需求量随价格的变动朝相反的方向变动。

需求的收入弹性是把弹性理论用于说明消费与收入之间的关系，衡量需求对收入变动的反应。用下列公式表示：

$$e_m = \frac{\Delta Q}{\Delta m} = \frac{\mathrm{d}Q}{\mathrm{d}m} \cdot \frac{m}{Q}$$

式中，e_m 代表需求的收入弹性，Q 代表需求量，ΔQ 代表需求变动量，m 代表收入量，Δm 代表收入的变动量。一般来讲，需求的收入弹性因商品而异，生活必需品的需求收入弹性较小，奢侈品的需求收入弹性较大。

总需求（Aggregate Demand）是指一个国家在一定时期内花在商品和劳务上的支出总量。主要由三部分组成：(1)消费，即个人为满足当前需要而花费在购买新商品和劳务上的支出。（2）投资,即用于满足未来需要、花费在新商品上的支出。（3）政府购买。总需求对通货膨胀率和失业水平有重要影响。为了使通货膨胀率和失业率达到期望的水平,西方国家政府常常采用限制总需求增长或刺激总需求增长的办法。前者被称为"紧缩政策",后者被称为"扩张政策"。

稀缺规律(Law of Scarcity)是指有限的资源无法满足人类无限欲望的规律。基于这一规律,美国经济学家萨缪尔森(Paul A. Samuelson)指出了每一个经济社会都必然要遇到的三个基本的相互关联的经济问题:(1)生产什么和生产多少?(2)如何生产?(3)为谁而生产? 不同的经济制度解决这三个基本问题的方式各不相同。

通货膨胀(Inflation)是指纸币发行量超过商品流通中的实际需要量而引起的货币购买力的持续下降或物价水平的持续上涨现象。衡量通货膨胀存在和强度的指标是代表物价总水平的价格指数。通货膨胀是在纸币制度下发生的。由于纸币没有价值,只是金属货币的价值符号,所以纸币的发行量不能超过它象征地代表的金属货币流通量;否则,纸币就会贬值,引起通货膨胀。从历史上看,通货膨胀在第一次世界大战前只是在个别国家的短暂时期发生,在第二次世界大战期间和战后,才遍及世界大多数国家。通货膨胀作为流通领域的经济现象,妨碍货币发挥正常作用,使社会再生产不能顺利进行。但是,通货膨胀对投资和消费的刺激作用,也能在一定时期和一定程度上缓和生产和消费的矛盾。

奔腾式通货膨胀(Galloping Inflation)又称"急剧通货膨胀"。是指总价格水平以两位数或者三位数的速率上涨时的通货膨胀,通常年通货膨胀率在10%以上100%以内;这种急剧的通货膨胀局面一旦形成,便会出现严重的经济扭曲。奔腾式通货膨胀发生时,货币贬值非常迅速,大多数经济合同都会用某种价格指数或某种外币来加以指数化。例如,20世纪70年代和80年代,阿根廷和巴西的年通货膨胀率就曾高达50%。

恶性通货膨胀(Hyper Inflation)又称"超级通货膨胀"。是指通货膨胀率在

1000%以上的通货膨胀。这种通货膨胀持续发生的后果非常严重,它将致使正常经济关系遭到破坏,货币大幅度贬值,最后这个货币体系完全崩溃。但这种通货膨胀并不多见,一般只见于战争或某一政治、经济非常时期,往往是社会和经济崩溃的产物。它一般起因于政府大量滥发货币,从而引起物价飞涨、抢购商品风潮。例如,20 世纪 20 年代德国所发生的情况和解放前夕中国所发生的情况就是如此。

温和通货膨胀(Moderate Inflation)是指年通货膨胀率在 10% 以内的通货膨胀。西方经济学家用这一术语来描绘停留在低水平上的通货膨胀率。按西方经济学者的看法,一个国家通货膨胀的程度,通常可以用物价上涨幅度和物价上涨的持续时间来确定。一些西方经济学者认为,这种"温和通货膨胀"对收入及就业的增长起到刺激作用,另一些人则认为它将使购买力下降,失业率逐渐增加。

预期型通货膨胀(Anticipated Inflation)是指由人们预期物价上涨的心理因素而引发的通货膨胀。预期的通货膨胀可分为完全预期的通货膨胀和非完全预期的通货膨胀。由于通货膨胀预期的存在,即使起初引起通货膨胀的因素不复存在,通货膨胀也会持续下去,即自我实现的通货膨胀。一些西方经济学者借用凯恩斯(John Maynard Keynes)的"流动性偏好"的概念认为,由于人们膨胀心理的作用,使人们"流动性偏好"降低,不愿存有货币而争购现货,结果造成货币流通量加大、总需求增加、物价普遍上涨。另外,膨胀心理的存在,还可能使工人要求提高工资,导致产品成本上升、物价进一步上涨。

公开型通货膨胀(Open Inflation)又称"开放性膨胀"。是指不加人为力量干涉的物价上涨的现象。西方经济学家认为,市场和价格机制有其自我的调节和平衡能力,人为地干预市场和价格,会对经济发展产生消极影响。当经济中出现过度需求时,最好是以物价的上涨去应对过度的需求,因为,在价格上涨过程中,迫切需要某种物品的人须付出较高价格才能获得此物品,所以,较高的价格将会吸收过度的需要,从而实现供给和有效需要的平衡。但是,一些经济学家也认为,公开膨胀是一种累积性的过程,在此膨胀下,物价的上涨很可能愈演愈烈,变成数量不定的螺旋性上升情况。

抑制型通货膨胀(Suppressed Inflation)是指利用政府的配给制度或物价管制方法来避免经济中可能发生的物价上涨。按照西方经济学者的看法,在抑制型通货膨胀下,物价和工资虽是固定的,但仍有商品和劳动力的严重缺乏,即仍有强烈的过度需求的存在,所以谓之抑制型通货膨胀。政府采用抑制型通货膨胀政策,多是为了控制消费需求,保证人们对生活消费品的必要分配额,防止物价上涨,但却积累了许多力量,增加了将来的扩张压力。而且,抑制型通货膨胀的实施使经济运行不能利用价格的自然调节机能。

停滞型通货膨胀(Stagflation)简称"滞胀"。是指经济停滞与通货膨胀同时存在的经济现象。20世纪70年代以来各主要资本主义国家普遍出现的经济衰退与通货膨胀同时并存的现象。按照凯恩斯的理论,通货膨胀与经济衰退不应同时并存。只要通货在膨胀,就会增加投资和就业,刺激经济增长;发生经济衰退,通货则将是紧缩而不是膨胀。据此,为了缓解经济危机,刺激经济发展,第二世界大战后各主要资本主义国家竞相采用凯恩斯的膨胀性财政金融政策。在20世纪50年代和60年代期间,实施这些政策对于促进经济发展确实收到一定的效果。但是,长此以往,不断加剧的通货膨胀削弱了推进经济自行运转的内部力量,阻碍了经济发展,终于在20世纪70年代初酿成了停滞与膨胀并发的局面。

通货膨胀率(Inflation Rate)是指货币超发量与实际需要的货币量之比,用以反映通货膨胀、货币贬值的程度。在经济学上,通货膨胀率是指一般价格总水平在一定时期(通常为一年)内的上涨幅度。或者可以说,通货膨胀率为货币购买力的下降速度。通货膨胀率的计算公式为:

$$通货膨胀率 = \frac{现期物价水平 - 基期物价水平}{基期物价水平}$$

在实际中,一般是通过价格指数的增长率来间接表示。由于消费者价格是反映商品经过流通各环节形成的最终价格,它最全面地反映了商品流通对货币的需要量,因此,消费者价格指数是最能充分、全面反映通货膨胀率的价格指数。目前,世界各国基本上均用消费者价格指数（中国称居民消费价格指数）来反映通货膨胀的程度。

通货紧缩（Deflation）是指市场上的货币供应量少于流通领域对货币的实际需求量而引起的货币升值，从而引起商品和劳务的货币价格总水平持续下跌的现象。诺贝尔经济学奖得主保罗·萨缪尔森（Paul A. Samuelson）的定义是："价格和成本正在普遍下降即是通货紧缩。"经济学者普遍认为，当消费者物价指数（CPI）连跌两季，即表示已出现通货紧缩。通货紧缩包括物价水平、货币供应量和经济增长率三者同时持续下降；长期的通货紧缩会抑制投资与生产，导致失业率升高与经济衰退。在经济实践中，判断某个时期的物价下跌是否是通货紧缩，一看通货膨胀率是否由正转变为负，二看这种下降的持续是否超过了一定时限。由基本经济学原理分析，解决通货紧缩的积极方法，应以提振国内有效需求为优先，再辅以政府配合扩大公共支出或减税，才有望舒缓通货紧缩的威胁。

通货复胀（Reflation）是指在萧条向复苏过渡时期所发生的一种通货膨胀。在这个期间，为了刺激生产，央行通过增加货币供给等方式刺激经济以走出通货紧缩。通货复胀是运用货币政策来刺激物价上升，不同于一般意义上的通货膨胀，但是要确切区分通货复胀结束时间和通货膨胀开始的时间则是困难的。

通货膨胀性缺口（Inflationary Gap）是指实际总需求高于充分就业条件下的总需求所形成的缺口或者在充分就业经济中投资超过储蓄的差额，即社会总需求超过社会总供给的差额。由于充分就业的总需求与总供给是均衡的，因此，在存在通货膨胀性缺口的情况下，社会对商品和劳务需求的价值超过在充分就业条件下所能够生产的价值，差额部分的总需求是超过充分就业的实际收入的，所对应的是名义国民收入的增加或价格的上升。减少政府消费支出或增加税收都是为了抑制社会总需求，由于充分就业状态下，社会总供给已经达到饱和，所以只有通过抑制社会总需求的方式来弥补通货膨胀性缺口。

通货紧缩性缺口（Deflationary Gap）是指实际总需求低于充分就业条件下的

总需求所形成的差额,亦即社会总供给超过社会总需求的差额,是与通货膨胀性缺口相对应的一种经济现象。这部分差额的总需求所对应的是名义国民收入的减少和价格水平的下降。在存在通货紧缩性缺口的情况下,社会对商品和劳务需求的价值低于在充分就业条件下所能够生产的价值。因此,当存在通货紧缩性缺口时,只有通过增加政府开支、增加转移支付、降低利率或通过政策鼓励,帮助私人投资,才能使社会实现充分就业。

进口型通货膨胀(Imported Inflation)又称"进口成本推动的通货膨胀"。是指在开放经济中,由于进口的原材料价格上升而引起的通货膨胀。这种通货膨胀属于成本推动的通货膨胀。在这种情况下,一个国家的通货膨胀通过国际贸易渠道而影响到其他国家。当出现进口型通货膨胀时,物价的上升会导致生产减少,从而引起经济萧条。与这种通货膨胀相对应的是出口型通货膨胀,即由于出口迅速增加,以致出口生产部门成本增加,国内产品供给不足,引起通货膨胀。因此,进口和出口就是国际通货膨胀传递的一种渠道。开放程度高,特别是对国外原料依赖性大的国家,受其他国家通货膨胀的影响就大,进口型通货膨胀也越严重。

税收推动型通货膨胀(Tax-push Inflation)是指在纸币流通条件下,因为高税收而导致的高成本,使价格水平上升,货币供给大于货币实际需求,从而引起的一种通货膨胀现象。税收推动的通货膨胀严格来说属于成本推动型通货膨胀,属于新凯恩斯主义中的三种通货膨胀中的一种,其实质是社会总需求大于社会总供给。

长期经济趋势(Long-term Economic Trends)是指经济发展中有规律的长期运动。从各国经济史统计资料中可发现,经济发展表现出一系列有规律的长期趋势。对这些长期经济趋势进行分析,有助于从历史上总结经济政策(尤其是政府经济行为)对经济发展的影响作用,并为政府现实经济政策的制定提供历史和理论上的依据。

逆经济系列(Inverted Economic Series)是指一些与经济周期运动相反的主要经济周期指标。这些指标在一般经济活动上升时,呈下降趋势;而在一般经济活动下降时,则呈上升趋势。这些指标有失业率、失业保险的首次清款以及企业破产所欠的债务。这些指标中只要有一个上升就预示着经济情况将恶化,而下降则预示着经济情况将转好。在经济周期分析中,常把这些指标转换成正常的指标,以便能比较容易地同其他指标进行比较。最简单的有两种方法:(1)把图表的标度倒转过来,也就是说使标度数字由上到下表示增量。(2)从实际资料中算出各个时期的百分比变化并改变符号,即用正号(+)表示下降,用负号(-)表示上升。

超前指标(Leading Indicator)是指在经济活动到达高潮或低潮之前,通常会先行出现波动的一些指标。经济学家们用这种指标来分析经济总进程的历史变化。美国《商情文摘》(经济分析局的一份报告)列举了30项超前指标,并且把它们分成敏感的就业和失业指标、新承担的投资、新成立的企业和破产的企业、利润和股票价格、存货投资以及敏感的价格。西方经济学家们认为,超前指标对预测经济总进程的变化,提供了有意义的线索。

滞后指标(Lagging Indicator)是指分析经济发展总过程中滞后发生变化的一些指标。滞后指标如单位劳动费用、利息率或制成品库存的增加,可能引起超前指标如利润额、承担的资本投资额或追加的原料库存额等的下降。有些经济学家不重视这种经济指标,认为他们对经济预测的作用不大。

反周期行动(Counter-cyclical Action)是指政府为克服经济生活中周期不稳定性所采取的各项政策。可采取多种反周期形式,包括财政政策、货币政策等。这些政策的基本目的是消除周期性波动对国民经济的影响,并使国家收入和生产保持稳定发展。

景气政策(Counter-sluggish Policy)是指以缓冲对经济有危害的景气波动为目的的经济政策。经济发展中来自内部和外部的因素使经济出现不同特征的波动,这些波动对经济的发展产生不同程度的影响。因此,把景气波动限制在最小范围内,在经济繁荣时期预防恐慌和不景气的袭击,使波动趋于平稳是景气政策的主要目标。从政策实施的手段来看可分为货币信用政策、公共劳动政策、失业保险政策、国际贸易政策、公共建设政策、景气财政政策等。

经济结构（Economic Structure）是指国民经济的组成要素及这些要素的构成方式。经济结构是国民经济各个要素在特定的关联方式和比例关系下所结成的有机整体。可以划分为生产关系结构和国民经济结构。生产关系结构主要是指所有制结构，如全民所有制、集体所有制、个体所有制、混合经济等的构成和相互关系。国民经济结构主要指生产力结构，如部门结构、产业结构、产品结构、技术结构、劳动力结构、就业结构、资源结构、投资结构、企业规模结构、经济组织结构、地区经济结构以及从再生产各个环节来看的生产结构、分配结构、交换结构、积累和消费结构等。经济结构是由一定的社会经济和技术条件规定的。一个国家的经济结构是否合理，主要在于它是否适合本国的国情、能否充分利用国际国内的有利条件、保证国民经济的协调发展、推动科技进步和劳动生产率的提高、改善人民的物质文化生活。

经济模型（Economic Model）是指用各种符号和数字公式对复杂的社会现象和经济行为及其基本特征所作的概括。表示经济立体运行中带有本质性和总体性的特征。经济模型具有概括性和总结性，它可以对经济中的某些性质作出高度概括，把由各种主要变量和次要变量构成的、非常复杂的现实经济情况纳入模型中进行观察和分析，它所描述的对象是整体而不是局部，表示的内容是有机联系的而不是孤立的。

经济模式（Economic Pattern）是指经济主体运行中带有总体性的本质性的特征。经济模式可以按生产力和生产关系的一定标志进行划分。按社会制度划分，有社会主义经济模式和资本主义经济模式；按经济调节机制划分，有计划经济模式和市场经济模式；按管理特点划分，有集权管理模式和分权管理模式。

计划经济（Planned Economy）是指由国家统一计划调节国民经济运行的经济体制。1906 年，列宁提出这一概念。社会主义经济学家根据马克思主义理论认为，社会主义公有制是和社会大生产相适应的。在生产资料公有制的基础上，各部门和企业的根本利益是一致的,因此,社会主义国民经济能够有计划按比例的发展,并认为这是一条重要的经济规律。在这个经济规律作用下,计划经济具有如下作用和特点:(1)国家能够从国情出发,制订经济建设与发展的统一计划。(2)能够在整个国民经济各部门之间按比例地分配生产要素。(3)能够在充分利用现有技术条件的同时,有步骤地采用和推广现有的先进技术成果,提高整个社会经济效益。(4)能够适应整个社会化大生产的要求,使生产力布局合理,求得社会生产和需求之间的平衡,保证国民经济协调发展。实行计划经济的目的是推动社会主义国民经济高速发展,有计划地满足人们日益增长的物质和文化生活的需要。计划经济的主要内容包括:编制国民经济的综合平衡预算并组织实施;不断改革和完善国民经济计划管理体制;寻求社会主义计划管理的科学体制与方法;采用现代化计划管理的技术手段;等等。

市场经济(Market Economy)是指主要通过市场机制配置资源的经济组织运行方式。西方古典经济学家认为,在生产资料私有制条件下,每个人在追求自身利益的同时,能够给整个社会带来共同的利益。由此出发,每个人进行的商品生产和交换在市场机制这只"看不见的手"的作用下,使整个社会经济有秩序而不发生混乱地向前发展。主要代表人物是英国经济学家亚当·斯密、大卫·李嘉图等。市场经济的基本特征和内容是:(1)通过价格和供求关系的变动调节劳动、资本在国民经济各部门的配置。(2)通过价值规律的自发作用组织商品生产和流通。(3)利润是商品生产的目的和结果。具体表现形式为:商品生产超过社会需要量时,市场商品供过于求,价格下跌,利润减少;当价格跌至价值以下时,利润率低于社会平均水平,导致生产缩减,市场商品供给量减少,价格回升。在这种周而复始的循环中,社会劳动和资本在各部门之间流进流出,使生产和需要趋向一致,达到市场均衡。当代西方经济学家如凯恩斯等,在继承古典经济学的基础上,认为市场经济制度不能完全解决现实经济生活中"就业不足""经济危机"等问题,为此,提出必须加强国家对经济生活的干预。因此,现代西方资本主义社会的经济制度是"国家干预"和"市场经济"相结合的"混合经济"。

开放经济(Open Economy)是指与外部有经济往来的经济。如存在国际贸易、国际金融往来,也就是对外有进出口和货币、资本的往来,本国经济与外国经济之间存在着密切的关系。在开放经济中,各种生产要素可以自由地跨国流动,实现资源最优配置。一般而言,一个国家经济发展水平越高,市场化程度越高,就越接近于开放经济。

封闭经济(Closed Economy)与"开放经济"相对。是指没有和外部发生经济联系的经济。在经济学意义上是指一个国家经济活动中没有与国外的经济往来,如没有国际贸易或国际金融、劳动力的交流,仅仅存在国内的经济活动,处于封闭的经济状态。

宏观经济(Macroeconomy)通常是指国民经济的总体活动。"宏观"一词源于希腊语"Makro",意思是"大"。在"经济"前面冠之以"宏观"二字,是为了强调它是一种高层次的、带全局性的活动。这种活动通常表现为各种总量及其相互关系,例如:总供给与总需求;国民经济的总值及其增长速度;国民经济中的主要比例关系;物价的总水平;劳动就业的总水平与失业率;货币发行的总规模与增长速度;进出口贸易的总规模及其变动等。宏观经济与国民经济两个概念的含义十分接近,所不同的是,前者比后者更加突出了它活动的范围和层次。借用宏观经济这一概念,有助于区别国民经济中不同层次的活动,将国家和各级管理部门的注意力集中在关系国民经济全局与总体的经济现象和活动上,改进管理的方式和方法。

微观经济(Microeconomy)通常是指单个经济单位的经济活动。与"宏观经济"相对称。"微观"一词源于希腊语"Mikro",意为"小"。在"经济"前面冠之以"微观"二字,是为了强调它是一种与个别企业或个别市场相关的经济活动,如个别企业的生产、供销、个别交换的价格等。微观经济的运行,以价格和市场信号为诱导,通过竞争而自行调整与平衡;这种活动通常表现为企业内部人、财、物、供、产、销的运动。微观经济是宏观经济的基础。

三驾马车(The Troika)是指古代三匹马拉一辆车。后来引申到经济学范畴,在经济增长、财政收入和世界经济等方面都有运用。从经济增长的角度上看,GDP

是最终需求,即投资、消费、净出口这三种需求之和,因此经济学上把投资、消费、出口比喻为拉动 GDP 增长的"三驾马车"。从一个国家财政收入的角度来看,国家如同一辆马车,给马车提供动力(收入)的三匹马是税收、国债和发行货币。国家可以通过发行货币、增加税收、发行国债来筹集资金,但是这三种国家权力都有严格的控制范围,都有不能跨越的红线,一旦这三种权力滥用,就会遭遇信用危机,国家就会面临破产。从世界经济来看,世界贸易组织(World Trade Organization,WTO),国际货币基金组织(International Monetary Fund,IMF),世界银行(World Bank),被人们誉为世界经济的"三驾马车"。

经济管理体制(Economic Management System)是指在一定区域(通常为一个国家)内对全部社会经济活动进行决策、计划、组织、监督和调节的整个体系。经济管理体制既是管理国民经济的方式,也是一种生产关系的表现形式,同时与国家政治制度密切联系。经济体制涉及生产、交换、分配、消费等经济领域,包括宏观经济的国民经济管理体制和微观经济的企业管理体制;具体可分为计划管理体制、财务管理体制、劳动工资管理体制、物质管理体制、物价管理体制、工业管理体制、商业管理体制等。合理的经济管理体制必须同生产社会化的程度相适应,才能有利于调动国家、企业、职工的积极性,适应社会生产力发展的要求,促进社会经济发展。

经济协调机制(Economic Coordination Mechanism)是指由调节和控制社会经济运行的各种方法、手段、政策和制度所组成的有机体系。经济协调机制可以分为行政协调机制和市场协调机制两类。行政协调机制主要是靠上下级隶属关系,通过纵向信息交流和行政手段来控制和影响经济运行;市场协调机制是通过企业间横向的信息流和市场力量来协调经济的运行。行政协调机制和市场协调机制各有其独特作用,又各有其弱点。因此,应将二者有机结合起来,形成一种高效的经济协调机制,以促进经济的稳定、协调发展。

国民经济管理(Management of the National Economy)是指从社会经济总体的角度进行全局性的统一管理。它的总任务是:根据客观规律的要求,通过制定经济政策和经济法规,运用各种经济杠杆,合理地组织生产力,不断协调各方面的经济关系,以实现国民经济协调、稳定、高速地发展。国民经济管理包括整个国民经济和各生产部门以及各地区经济活动的管理,如财政管理、工商行政管理、物价管理、科学技术管理、工业经济管理、农业经济管理等。

直接控制(Direct Control)是指国家直接经营管理企业,将企业微观经济活动纳入统一的计划轨道。直接控制采用的主要手段有指令性计划和各种行政命令,二者对基层单位均有强制力和约束力。其优点是便于对国民经济进行统一领导和管理,集中人力、物力和财力进行重点建设;缺点是管理过多、过细、过死,缺乏灵活性,难于适应社会经济复杂多变的需要,束缚了企业的手脚,不利于调动企业生产经营的主动性和积极性。

间接控制(Indirect Control)是指国家通过各种经济杠杆和调整、变换有关经济政策,对微观经济活动加以引导和调节,使其符合国家规定的方向和要求。间接控制是宏观经济管理方式的一种,主要运用杠杆原理,利用"看不见的手"的力量来对企业施加无形的影响,因而往往可以收到事半功倍的效果。间接控制有利于维护企业的生产经营自主权,调动企业的积极性,使企业充满生机和活力,促进经济的发展和增长。

指导性计划(Guidance Planning)是指国家下达的供企业参考的计划。指导性计划只是规定和指导经济发展的方向,不具有强制性,企业可以根据市场需要和本单位实际情况加以调整。指导性计划是国民经济计划管理的一种具体形式,主要是通过价格、税收、信贷等经济杠杆得以实现的,有利于调动计划执行部门和单位的积极性,有利于把经济搞活,促进供求平衡,确保经济的稳定、协调发展。

经济与社会发展计划(Economic and Social Development Plan)是指国家对一定时期内社会再生产的主要活动、科学技术和社会发展的主要方面所作的部署和安排。主要内容包括社会总产品和国民收入、工农业生产、交通运输、邮电通信、固定资产投资、建筑业、国内商业、对外贸易、财政金融、外汇收支、科学技术、文教卫生体育、国土开发和整治、人口、人民生活、环境保护等。国民经济和社会发展计划可以进行不同分类。按层次划分,可以分为全国计划和各级地方计划;按时间划分,可以分为长期计划、中期计划和短期计划。它们通常是在科学预测的基础上,根据经济和社会发展战略的要求和不同时期经济、政治的不同特点加以制定的。

长期计划(Long-term Plan)是指经济发展的长远规划,通常为十年或十年以上的计划。长期计划提出较长时期经济发展的方向、方针和战略任务以及重大措施,使人们有一个长远的奋斗目标。它为中期计划、短期计划指明方向和提供依据,并由以后的中期计划、短期计划逐步具体化。

中期计划(Medium-term Plan)是指介于长期计划和短期计划之间的经济发展计划。在中国其基本形式是五年计划。它以长期计划为依据,规定经济增长速度、重要比例关系、重要计划指标及基本建设投资、科学技术应用、自然资源综合利用、环境污染防治、人口控制、居民生活改善等方面的具体任务。中期计划比长期计划较为具体,比短期计划较为概略;既要为经济发展指明方向,又要制定出明确的指标。

短期计划(Short-term Plan)是指为期较短的经济计划。通常指计划期在一年及一年以内的计划。包括年度计划、季度计划、月度计划等。最重要的是年度计划。短期计划是具体的实施计划,以中期计划和长期计划为指导和依据,并根据现实客观情况和经济发展的潜力,对中期计划进行适当的调整和补充,具体规定短期内的任务,直接组织各部门的经济活动。它与中长期计划相结合,可以保持计划的连续性,从而保证社会再生产不间断地进行。

经济决策(Economic Decision-making)是指政府、企业以及个人为达到一定目标而对若干可供采用的方案进行选择和决断的过程。经济决策是一种动态的、创造性的活动,通常包括四个阶段:搜集资料,确立目标;分析资料,提出若干可供采用的解决问题的方案;对各种可供选择的方案进行分析比较,从中选出相对最优的方案;对整个决策过程和决策方案实施情况进行审查。经济决策可以分为不同的层次和类型。根据决策主体的不同,可以分为国家决策、企业决策和个人决策;根据决策的内容和性质,可以分为战略性决策、战术性决策和一般性决策;等等。

经济政策(Economic Policy)是指国家或政府为达到充分就业、价格水平稳定、经济快速增长、国际收支平衡等宏观经济政策的目标,为增进经济福利而制定的解决经济问题的指导原则和措施。如财政政策、税收政策、货币政策、贸易政策等。经济政策因为能促进或阻碍社会经济的发展,所以成为经济科学研究的一个领域。

资金流量分析(Flow of Funds Analysis)是指一种着眼于资金来源和使用的社会核算方法,由美国经济学家柯普兰(Morris A. Copeland)于1947年在美国经济学年会上提出。这一方法被广泛用于预测信贷市场动态,并成为制定货币政策和财政政策的重要依据。根据一个经济单位的支出就是另一个经济单位的收入、每笔负债又都是他方资产的原则,通过对各个领域储蓄的利用和投资者资金来源的探索分析,从而得出国民经济各个领域之间财务关系的全貌。资金流量分析较之国民生产账更为全面,包括了所有现存的资本资产、借款等交易。这种资金不仅涉及商品和劳务,而且涉及所有权凭证和债务凭证。它还表明了一个领域的储蓄怎样为另一领域的投资提供资金。该方法对于分析各种货币政策对国民经济总的运转情况的影响非常有效。资金流量核算方法的应用范围很广,包括各级政府、银行、公司、企业、农场、消费者等各种经济核算单位。

存量与流量(Stocks and Flows)是指国民经济中一定时点或时期上存在的变量数值。存量指时点上存在的变量数值,流量指一定时期内发生的变量变动数值。如国民财富是一个存量,表示某个时点的国民财富的总值;国民生产总值、国民生产净值、国民收入等则是表示某段时期内所创造出来的流量数值。存量和流量分析是经济发展中常使用的分析方法。存量分析是指对一定时点上已有的经济总量的数值及其对其他有关经济变量的影响进行分析。流量分析指对一定时期内有关经济总量的产出、投入(或收入、支出)的变动及其对于其他有关经济总量的影响进行分析。

人均需求法（Per Capita Demand Method）是指从每个人平均需求的角度对经济发展水平进行研究及预测的一种方法。一般用于远景预测。通过计算得出每个人的平均需求量，以反映总体在某一时期的平均水平。这里的总体，通常是指一个国家，也指一个洲、一个地区或者全世界。如已知某国在经济发展的某阶段人均消费水平，便可研究每个人在各个方面的消费量，再乘以该时期人口总数，即可预测出需求总量。再如，根据一个国家人均耗能量和经济发展程度的有关数据，可以得出该国人均国民生产总值和人均耗能量的相关关系，并由此推算出该国国民经济发展到各种水平时对应的人均耗能量，再乘以人口总数，即得出能源需求预测量。而人均耗能量就是说明经济发展程度的标志。

相关分析（Correlation Analysis）是指研究变量之间相关关系的理论和方法。相关关系指变量间不确定性的（或非严格函数性的）依存变动关系。如蔬菜施肥量与蔬菜上市量不存在确定性的（或严格性的）函数关系，但通过大量统计资料，可见其有某种相倚变动的规律：施肥多，蔬菜产量就高，上市量就大。从涉及变量种类看，可以分为单相关和复相关，前者只研究两个变量间的关系，后者研究三个以上变量间的关系。从变化方向上看，可以分为正相关和负相关，前者指变量同方向变化，后者指变量反方向变化。相关分析基本程序是：确定客观现象是否相关；绘制相关图表，以判定变量间相关的形式和性质；计算相关系数，以测定变量间相关关系的密切程度；利用回归分析描述数学方程，最终达到预测、控制的目的。

回归分析（Regression Analysis）是指数理统计中处理多个变量相关关系的统计分析方法。可以分为三类：（1）一元线性回归，即处理两个变量间的线性相关的方法。（2）多元线性回归，即处理三个以上变量之间的线性相关的方法。（3）非线性回归，即处理因变量与自变量之间的曲线相关的方法。一般步骤是：根据实践经验，确定反映因素间关系的回归方程式（又称经验公式）；运用数学中曲线拟合方法，根据资料计算各项参数的估计值；利用参数估计的原理，确定估计值的抽样误差和置信度，判明经验公式的有效性；利用经验公式进行预测或控制。

内生变量（Endogenous Variable）是指在经济体系自身内决定的一种变量。它既影响着一组被研究的经济关系,同时自身也受着这些关系变化的影响。如在研究一个国家总的经济活动时,私人企业的工资支付、消费、储蓄、投资和利润一般都被看作是内生变量。内生变量是西方计量经济学中常用的一个概念。

外生变量(Exogenous Variable)是指在经济机制中受外部因素影响,而非由经济体系内部因素所决定的变量。它可以影响内生变量,但自身并不受这些关系变化的影响,如在研究一个国家总的经济活动时,出口统计数字通常被看作是一种外生变量。外生变量是西方计量经济学中常用的一个概念。

国民经济核算体系(System of National Accounting)是指以一定的经济理论为基础,为国民经济核算规定一系列核算概念和原则,进而制定一整套反映国民经济循环的核算指标、核算方法和相应的具体表现形式。它能全面地反映国民经济总体运行全貌,系统地描述、分析、评价、监督国民经济总体运转的过程、结果、效益和平衡关系,是政府制定政策的重要依据。

国民生产总值(Gross National Product,GNP)是指一定时期一个国家的国民在国内外所生产的最终产品(含货物和服务)价值的总和。国民生产总值不同于国内生产总值,国民生产总值按国民原则核算,包括本国常住居民在国内外所生产的最终产品的价值总和;而国内生产总值则是一个地域概念,包括外国公民和外国企业在本国创造的价值。国民生产总值同国内生产总值的差额为国外要素净收入。从支出方面计算,国民生产总值=个人消费支出+政府消费支出+国内资产形成总额(包括固定资本形成和库存净增或净减)+出口与进口的差额;从收入方面计算,它是各种生产要素(资本、土地、劳动)所创造的增加价值总额,包括生产产品和提供服务过程中的工资、利润、利息、租金等"要素收入"和税金、固定资产折旧等。

名义 GDP(Nominal GDP)即名义国内生产总值。是指在一定时期一个国家的国土范围内,本国和外国居民所生产的最终使用的商品和劳务的货币价值总和。国内生产总值在国家决策和经济分析中有非常重要的作用,可以反映一个国家的产出水平、经济发展水平、经济发展趋势和进程等。

实际GDP(Real GDP)即实际国内生产总值。是指一定时期一个国家按一定年份不变价格计算的国内生产总值。实际GDP是剔除了价格变动因素后的国内生产总值的实际变动趋势和幅度。

国民生产净值(Net National Product,NNP)综合反映一个国家经济活动和经济发展水平的指标。是指一个国家的国民在一定时期(通常是一年)内所生产最终产品和所提供劳务的净值。它等于国民生产总值减去当年固定资产折旧后的余额。在西方国家,国民生产净值与国民收入基本上是同一概念,它们的区别仅在于前者是按市场价格计算的,除后者包括的各项要素收入外,还包括间接税净额。所以,国民生产净值又称作"按市场价格计算的国民收入"。

工业总产值(Gross Value of Industrial Output)是指工业生产部门或企业在一定时期(通常是一年)内所生产的工业产品总量的价值。它包括本期生产成品价值、对外加工费收入、自制半成品及在制品期末期初的差额。工业总产值反映工业生产的总规模、总成果和总水平,是研究工业生产发展速度、国民经济比例关系和劳动生产率的依据。

农业总产值(Gross Value of Agriculture Output)是指农业生产部门在一定时期(通常是一年)内所生产的农业总产品的价值。农业总产值的计算方法通常是按农、林、牧、渔业产品及其副产品的产量分别乘以各自单位产品价格求得;少数生产周期较长,当年没有产品或产品产量不易统计的,则采用间接方法估算其产值;然后将农、林、牧、渔业产品产值相加即为农业总产值。农业总产值指标反映农业生产活动的总成果,是研究农业生产发展水平和速度、国民经济各部门比例关系的依据。

净产值(Net Output Value)是指生产单位或生产部门或整个国民经济在一定时期(通常是一年)内新创造的价值。即该时期内所生产产品的全部价值中扣除物质资料消耗的转移价值后的净额。计算方法有生产法和分配法两种。生产法是从总产值中减去生产的物质消耗价值;分配法是把生产领域中的劳动者报酬、税金、利润、利息以及其他属于初次分配性质的支出相加。一般按现行价格计算,也可按不变价格计算。净产值反映一定时期、一定范围内生产净成果的水平,是研究经济发展速度,从增产和节约两个方面综合考核经济效益的重要依据。

人均国民生产总值(Per Capita Gross National Product)是指一个国家在一定时期(通常是一年)内的国内生产总值与这个国家的常住人口相比。其计算公式为:

$$\frac{\Delta Y}{Y} = a\frac{\Delta K}{K} + b\frac{\Delta L}{L}$$

人均国民生产总值是反映一个国家生产水平和收入水平的综合指标,被广泛用于国际经济核算和国际经济水平的比较。

工业增加值(Industrial Added Value)是指工业企业在一定时间内全部生产活动的总产品扣除在生产过程中消耗或转移的物质产品和劳务价值后的余额。由于工业总产值包括了转移价值的重复计算,很难确切地反映出工业生产的真实发展情况,因而使用工业增加值这个指标。具体构成包括固定资产折旧、劳动者报酬、生产税净额、营业盈余。

经济普查(Economic Census)是指国家为掌握国民经济第二产业、第三产业和建筑业的发展规模、结构、效益等信息,按照统一的方法、标准、时间和组织对工业、第三产业、建筑业的所有单位和个体经营户进行的一次性全面调查,从而建立健全覆盖国民经济各个行业的基本单位名录库(含编码)及其数据库系统。做好经济普查,对研究制定国家经济社会发展规划,进行有效宏观调控,优化产业结构,增加就业渠道,提高人民生活质量水平,具有重要意义。

加速系数(Accelerator Coefficient)由于产出(收入)的增加而引起的投资增加的倍数。以 a 表示加速系数, ΔY 表示增加的产出, ΔI 表示增加的投资,则加速系数用公式可以表示为：

$$a = \frac{\Delta I}{\Delta Y}$$

由于一台机器设备的固定资产投资价值一般大于其产出,故加速系数一般大于1。在技术不变的前提下,加速系数是一个常数。在技术不变的前提下,加速系数就是资本—产出比率。

设备利用率(Rate of Equipment Utilization)是指各种设备在一定时间内生产的实际平均产量与可能达到的最大产量之间的比例关系。设备利用率反映了生产企业配置各种设备的技术水平,同时,也反映了生产企业的经济效益。因此,设备利用率既是技术指标,也是经济指标。如果用 x_1 代表实际平均产量, x_2 代表可能达到的最大产量,则：

$$设备利用率 = \frac{x_1}{x_2} \times 100\%$$

如果设备利用率低,说明生产企业在设备利用上存在浪费现象,经济效益差;反之,设备利用率高,说明生产企业的设备配置合理,经济效益高。

工业化(Industrialization)是指在国民经济发展中工业生产活动逐步取得主导地位的发展过程。工业化的内容:(1)运用新技术建立起用现代科学技术装备的门类齐全、结构和分布合理的工业体系。(2)在国民经济中工业的地位超过了农业,工业占据主导地位。(3)在工业中重工业或生产资料的生产占据主导地位。(4)在国民经济发展中工业能够为其他部门提供先进的新技术装备,带动整个国民经济的发展。

再工业化(Reindustrialization)是指一种刺激经济增长的政策,尤其是指在政府的帮助下,实现旧工业部门的复兴和现代化,并支持新兴工业部门的增长。这是 20世纪80年代初由美国经济学家提出的一种设想。他们认为,20世纪60年代以来美国内部的过度消费和投资不足,削弱了生产能力,导致了工业化进程的倒退。要想改变这种状况,政府必须采用有效措施,实现再工业化,振兴美国经济,恢复和保持它在世界上的领先地位。再工业化的短期目标是:(1)大量增加固定资产的投资。(2)提高产业部门科学技术研究经费和人力资本投资的比重。(3)反对政府对经济活动的干预,实现自由经济。(4)号召人们节衣缩食,限制过度消费。长期战略目标是:发展尖端科学,开辟新能源,进行空间开发,争取更高的生产率和更密集的生产能量。

新兴工业化国家(Newly Industrializing Countries)又称"半工业化国家"。是指工业发展速度较快、经济发展水平较高的发展中国家。其人均实际收入或产业结构已处于发达国家与发展中国家平均水平。这是经济合作与发展组织在20世纪70年代末期《经济合作发展组织报告书》里提出的。全世界约有十多个这类国家。如亚洲的韩国和新加坡,拉丁美洲的巴西和墨西哥,欧洲的葡萄牙、西班牙、希腊等。新兴工业化国家具有如下经济特征:(1)人均国民生产总值高于中等收入国家的平均水平。(2)经济增长速度经常保持在较高的水平。(3)从20世纪60年代开始,国民经济在结构上发生了显著变化,工业产值超过了农业产值,工业化程度较高。(4)出口总额中制成品比重增加,并且依靠出口发展本国或本地区工业,国内加工业比较发达。(5)大量引进外国资本和先进技术。

工业化发展阶段(Industrialization Development Stage)是指工业内部的产业结构由轻工业起步到重工业、由原材料工业到加工组装工业、由粗加工到深加工递次推进的过程。这个过程根据工业化在不同时期的特征划分为三个发展阶段:(1)工业由以轻工业为重心的发展向以重工业为重心的发展推进的阶段。这一阶段随着工业化的进程,重工业在工业中的比重不断上升并超过轻工业所占的比重。(2)重工业化的过程要经历两个阶段,一是以原材料工业为发展重心的阶段,二是以加工组装工业为发展重心的阶段。由原材料工业为发展重心的工业结构向以加工组装工业为发展重心的工业结构转化的过程,也就是工业结构的"高加工度化"过程。（3）在工业结构"高加工度化"的过程中，将进一步显示出工业结构的"技术集约化"的趋势，不仅所有工业部门将采用越来越高级的技术、工艺和实现自动化，而且以技术密集为特征，建立在微电子学、激光、纤维光学和遗传工程等科学技术成就基础之上的新兴工业将获得迅速发展并取得主导地位。从工业资源结构的变化看，整个工业化过程又表现为由以劳动密集型工业为发展重心的阶段到以资本集约型工业为发展重心的阶段，再到以知识技术集约型工业为发展重心的阶段。

工业区（Industrial Park）是指在一定的范围内，以一个或几个大型企业为骨干，再组合一批中小企业组成的工业企业群的所在地。企业间大多数有比较密切的协作关系，或共同利用市政工程设施。工业区是工业枢纽的组成部分。按形成条件和位置不同，可以分为城市工业区和矿山工业区。（1）城市工业区，多数是由加工工业企业群组成。它们大部分是在优越的地理条件基础上，充分利用自然资源或者工业集聚的基础逐步形成的。（2）矿山工业区，指在采掘工业基础上形成的工业企业群组合。如中国淄博市的南定、印度的贾姆谢普尔等。按工业区的性质，可以分为专业性工业区和综合性工业区。如中国郑州的纺织工业区、兰州的石油化学工业区、哈尔滨的动力机械工业区、日本丰田市元町的汽车制造工业区等都是专业性工业区。

预算平衡（Balanced Budget）是指政府的财政措施，包括支出和收入两个层面。支出包括国防、教育文化、公共建设、偿付公债利息等项目，收入主要是各种税收及公营事业盈余缴库两大项。当收支相等时，称为预算平衡。主要内容包括：（1）预算收支平衡。结余或赤字的额度不超过预算收入总额的一定的比例，可视为基本平衡。（2）预算分配比例协调。在一定时期内收入和支出相等。

赤字财政（Deficit Financing）是指财政年度内财政支出超过财政收入的差额。赤字财政指国家制定赤字财政政策，实行赤字财政计划。在制定国家预算时，国家有意将当年预算支出安排得大于当年预算收入，不足的预算资金，依靠发行国债、向银行透支、发行财政性货币的办法来应对。

外延扩大再生产（External Extended Reproduction）是指主要依靠增加生产资料和劳动力数量使生产数量和规模上的扩大的生产。外延扩大再生产是扩大再生产的一种类型，以向生产的广度发展为其特征。外延扩大再生产由于以积累和投资增加为条件，因而，在经济发展过程中，对奠定一个国家的工业化基础、合理配置生产力，具有重要作用。但是，只重视外延扩大再生产，忽视内涵扩大再生产，一味追求生产规模的扩大，会造成人力、物力、财力的浪费。因此，发展中国家在安排经济建设时必须量力而行，有计划、有控制地进行外延的扩大再生产。

内涵扩大再生产（Internal Extended Reproduction）是指主要依靠技术进步、改善生产要素质量等使生产在数量和质量上不断提高的生产。以生产向其深度和集约化方面发展为特征，内涵扩大再生产主要是同挖掘现有企业生产潜力、通过技术改造提供现有生产设备的效能、节约原材料和能源的消耗、提高劳动者的劳动熟练程度和技术水平、改进生产组织和管理制度等联系在一起的。它可以在不增加人力、物力、财力的条件下实现规模的扩大和经济效益的提高，因而是一个国家经济发展的重要途径。

工业发展战略（Industrial Development Strategy）是指在一个较长时期内指导工业发展的全局性部署。它主要包括工业发展的道路、模式、总方针和总政策。工业发展的长远目标通常由增长速度、结构变化、技术进步、经济效益等一系列指标体系构成，重大措施通常包括战略重点、战略步骤等内容。工业发展战略具有全局性、长期性的特点。工业发展战略是经济社会发展战略的一个重要组成部分，它的内容应当与经济社会发展战略的要求相适应。在制定工业发展战略时，应注意从本国、本地区的实际情况出发，弄清自身的优势和劣势，在此基础上将经济、社会和科技的发展综合加以考察，从工业与社会、科技、人口以及国民经济其他部门的联系中去把握工业发展的一般规律，揭示其发展的必然趋势，使工业发展战略建立在科学的基础之上。

农业发展战略（Agricultural Development Strategy）是指在一个较长时期内指导农业发展的全局性部署。农业发展战略主要指农业发展的长远目标和实现这一目标的重大措施,也包括农业发展的指导方针、农业经济政策、农业发展道路和模式等。农业发展的长远目标概略地确定农业发展速度、农业生产总值、农业总产量、农业经济结构、农民物质文化生活水平等。长远目标制定的依据是农业生产力水平、农业资源状况、社会经济发展总战略、农业发展的历史状况等。农业发展的重大措施的制定必须遵循自然规律和经济规律,充分论证措施的可靠性、可行性和最优性。

低收入国家(Low-income Countries)是指人均收入水平较低的发展中国家。联合国、世界银行等国家经济组织和机构将发展中国家按照收入水平进行分类,其中世界银行《2008年世界发展报告》把年人均国民收入低于905美元划分为低收入国家(地区)。

中等收入国家(Middle-income Countries)是指人均收入水平较高的发展中国家。联合国、世界银行等国家经济组织和机构将发展中国家按照收入水平进行分类,其中世界银行《2008年世界发展报告》把年人均国民收入906—3595美元划分为中等收入国家(地区)。在中等收入国家中又把工业发展速度较快、经济发展水平较高的划为新兴工业化国家。

发展中国家(Developing Country)又称"不发达国家"。是指技术、经济上落后于发达国家,工业化水平和人民生活水平较低的国家。又分为低收入国家和中等收入国家。这些国家和地区主要分布在亚洲、非洲、拉丁美洲。由于人口增长率高于发达国家,人均国民生产总值和发达国家的差距逐步在扩大。这些国家由于历史原因,一般都曾长期遭受帝国主义和殖民主义的掠夺和剥削。其共同特点是:(1)生活水平低。(2)生产率水平低。(3)人口增长率高。(4)失业率高,就业不充分。(5)过分依赖农业生产和初级产品出口。(6)贫富差距较大且不易消除。第二次世界大战后,这些国家逐步摆脱了与宗主国的从属地位,成为拥有国家主权的独立国家。20世纪60年代,由于国际上政治、经济、军事力量发生了显著变化,发展中国家一方面致力于发展本国的民族经济;另一方面为了维护民族独立、国家主权和经济权益,在国际经济关系中,逐渐采取共同步骤,相互协调立场,建立了一些国际性组织。进入 20 世纪 90 年代后,一些发展中国家的经济增长率超过发达国家,总体经济实力增强,国际地位有所提高,但仍然面临政局不稳、发展不平衡、生态环境恶化等问题。

不发达国家(Undeveloped Country)见"发展中国家"。

发达国家(Developed Country)是相对"不发达国家"而言,又称"工业发达国家"。是指社会生产力和国民经济高度发展、国民生活水平较高的国家。基本特征是:生产高度社会化,科学技术水平、工农业生产水平和劳动生产率水平都较高。按照联合国统计分类,列为主要发达国家的有美国、日本、德国、英国、法国、意大利、加拿大等。工业发达国家一般都能及时应用科学技术上的新发明和新成果,因而较早地完成了工业化过程。这些国家从 18 世纪 60 年代开始,先后用 100 年左右的时间完成了产业革命。这期间技术进步推动了煤炭、钢铁机械、造船等重工业部门的发展,生产规模不断扩大,国民经济中工业产值的比重超过了农业,社会生产力水平达到了较高的程度。此后六七十年间科学技术的进一步发展,促进了发达国家的汽车、电气、化工、石油、航空等一系列新兴工业部门的建立,生产中大型化、机械化、电气化的实现,极大地提高了工业生产水平和效率。第二次世界大战之后,核能、空间、电子计算机、人工合成原料等方面的现代科学技术,使现代工业发生了深刻变化。以高度自动化为标志的新型工业代替了传统工业,同时,超越本土的生产发展,使生产"社会化"达到了空前的高度。由于发达国家拥有最先进的科学技术和雄厚的经济实力,因而在国际舞台上往往成为左右政治、经济、军事发展方向的强大力量。

工业发达国家(Industrial Developed Country)见"发达国家"。

中等收入陷阱(Middle-income Trap)由世界银行 2006 年的《东亚经济发展报告》率先提出。是指一个国家的人均收入达到世界中等水平(人均 GDP 达到 3000 美元)以后,由于不能顺利实现经济发展方式的转变,导致新的增长动力特别是内生动力不足,经济增长回落或长期停滞不前的一种状态。一个国家经济在进入中等收入阶段后,低成本优势逐步丧失,在低端市场难以与低收入国家竞争,在中高端市场则由于研发能力和人力资本条件制约,又难以与高收入国家抗衡。在这种上下挤压的环境中,很容易失去增长动力而导致经济增长停滞。陷入"中等收入陷阱"的国家主要表现为:投资比例低;收入差距过大;制造业增长缓慢;产业多元化有限;人力资本积累缓慢,增长模式转型不成功;金融体系脆弱;劳动力转移困难;民主进程缓慢与腐败等。从世界范围看,拉丁美洲地区和东南亚一些国家长期陷于"中等收入陷阱"的主要原因有:(1)经济发展模式未能及时转变。(2)技术创新瓶颈难以克服。(3)对发展公平性重视不够。(4)宏观经济政策出现偏差。

去工业化(Deindustrialization)是指一个国家或地区出现制造业就业人数大幅下降以及制造业比重减少的现象。随着生产效率的大幅提高,以及由于土地和工资成本、资源和环境问题等因素,发达国家或地区出现了制造业就业人数下降以及制造业向外迁移的情况,制造业尤其是劳动密集型产业在本土和国际市场的份额下降,更多地依靠进口。这是一个国家经济发展的自然结果。据统计,世界上最发达国家总体的制造业就业比重从1970年的28%下降到了1994年的18%。其中各个国家的开始时间不一,且去工业化的进展速度不尽相同。最早开始去工业化的当属美国,其制造业的就业比重从1965年的峰值28%下降到1994年的16%。相比之下,日本的去工业化开始较晚且幅度较小,其制造业就业比重在1973年为27%,到了1994年下降为23%。欧盟国家的制造业就业比重在1970年为30%以上,而到了1994年仅为20%。同时自1960年开始,发达国家服务业就业比重稳步上升。

最终产品(Final Product)是指一定时期生产的且在同时期不再经过任何生产环节直接供人们消费的产品。最终产品不同于中间产品,后者还要经过若干次加工,才能成为供人们直接消费的产品。西方经济学界在计算产值时,为了避免重复计算,一般只计算最终产品。其方法有两种:(1)只计算每一种产品出售给消费者的价值。如成衣的价值中包括了棉花、纱、布中间产品的价值,采用该种方法,成衣的价值就不会重复计算。(2)采用增加价值法,即商品的销售收入和生产商品时所使用的原料、燃料、动力等中间费用之间的差额,只把每一个生产阶段的增加价值加在一起,这样也可以避免统计中的重复计算。

进入壁垒（Barriers to Entry）是指新企业进入某一产业的阻碍因素,是引起某产业市场垄断程度提高的一个重要因素。形成进入壁垒的主要原因有:(1)技术和资源的垄断。已有企业在技术上积累了经验和诀窍,并以专利的形式对其垄断;新企业往往处于技术上的劣势,不得不用高价购买专利。这种因产业内少数企业长期占有技术和资源所形成的垄断则成为其他企业进入该产业的障碍。(2)规模经济。只有当企业的生产达到最小最佳规模(单位产品成本最低时的最小生产批量)时才能实现利润的最大化,而有些产业的企业最小最佳规模同市场规模(产业的需求量)相比能够占有很大的比重。这样的产业只能允许少数的企业存在。在市场规模不扩大的情况下,新企业的进入非常困难。(3)费用的增加。老企业已经建立起覆盖面广的销售网和服务网,而且产品也已为买者所熟悉,新企业要建立起产品推销网和消费信誉,就要花费更多的推销费用。同时,在获得资金、技术和资源上都要付出比老企业更高的代价。这些都成为新企业进入的障碍。(4)法律和制度的因素。如某些行业的新企业开业,需获得许可证和执照,加上关税或非关税壁垒等,都会阻碍新企业的进入。

信息（Information）是指由事物发出的消息、情报、指令、数据和信号等所包含的内容。它不是事物本身,而是事物表征。在自然界和人类社会,一切事物的运动都在不断地产生着信息,信息是表现事物状态和运动特征的一种普遍形式。信息具有以下特点:(1)可扩充性。随着时间的变化,大部分信息将不断得到扩充和发展。(2)可压缩性。信息可以通过加工、整理、概括、归纳而加以浓缩。(3)可替代性。信息的利用在一定程度上可以替代资本、人力和物质材料。(4)可传播性。信息可以通过文件、书刊等载体加以传播和扩散。(5)可分享性。信息不同于实物,当它由一个人转到另一个人时,前一个人并未因此而失去它。(6)特定范围的有效性。信息在特定的范围内是有效的,否则是无效的。信息的这些特点使得它成了一种重要的资源。一个国家生产率的高低,经济发展速度的快慢,在很大程度上取决于它对信息利用得如何。

信息产业（Information Industry）是指从事信息产品和服务的生产、信息系统的建设、信息技术装备的制造等活动的企事业单位和有关内部机构的总称。最早提出与信息产业相类似概念的是美国经济学家弗里兹·马克卢普（F. Machlup）。信息产业有广义和狭义之分：狭义的信息产业是指直接或者间接与电子计算机有关的生产部门；广义的信息产业是指一切与收集、存储、检索、组织加工、传递信息有关的生产部门。信息产业目前尚无公认一致的范围划分和统一的计算方法。一般认为，信息产业主要包含四个部分：（1）信息设备制造业，包括计算机及外部设备、集成电路、通信广播和办公室自动化设备等。（2）信息传播报道业，包括新闻、广播、出版、印刷、声像、数据库等。（3）信息技术服务业，包括计算机信息处理、信息提供、信息技术的研究开发、软件等。（4）信息流通服务业，包括图书馆、情报服务机构、教育、邮政、电信、网络通信等。

现代化（Modernization）现代化常被用来描述现代发生的社会和文化变迁的现象。是指社会总体的转变，包括工业化、城市化、现代观念的接受、人们态度的转变和制度的变革等方面。根据比利时学者马格纳雷拉（Rene Magritte）的定义，现代化是发展中的社会为了获得发达的工业社会所具有的一些特点，而经历的文化与社会的变迁，包括一切的全球性过程。在18—21世纪，世界现代化可以分为两大阶段：第一次现代化是从农业社会向工业社会、农业经济向工业经济、农业文明向工业文明的转变；第二次现代化是从工业社会向知识社会、工业经济向知识经济、工业文明向知识文明、物质文明向生态文明的转变。

市场失灵（Market Failures）是指市场机制未能实现最佳的资源配置。西方自由经济学家认为，在完全竞争的经济状态下，生产者追求利益极大化，而消费者追求效用极大化，从而达到帕累托最优的状态，即市场像一双"看不见的手"，通过价格机制来合理有效配置资源。但是在现实生活中，在某些具体环境下或者说某些具体问题上存在着很多市场所无法解决的问题，从而造成市场失灵。市场失灵的原因有很多，如垄断、信息不对称、公共品的提供等。市场失灵实际上是对"看不见的手"即市场机制的反思，它强调市场机制不是万能的，对资源的有效配置需要市场与政府干预相结合来实现。

国有企业（State-owned Enterprises）根据国际惯例的提法，国有企业是指一个国家的中央政府或联邦政府投资或参与控制的企业,即国有资产投资或持股超过50%的企业即为国有企业。在中国,国有企业还包括由地方政府投资或参与控制的企业。国有企业作为一种生产经营组织形式,同时具有营利法人和公益法人的特点。其营利性体现为追求国有资产的保值和增值。其公益性体现为国有企业的设立为了实现国家调节经济的目标,起着调和国民经济各个方面发展的作用。

有效保护率(Effective Rate of Protection)又称"有效关税率"或"实际保护率"。是指整个关税制度(和有效保护措施)对某类产品在国内外加工增值差额与其国外加工增值的百分率。它是加拿大经济学家巴伯于1955年提出的,是衡量关税对本国企业保护程度的一个测量尺度。有效保护不但注意关税对成品价格的影响,也注意投入品(原材料或中间产品)由于征收关税而增加的价格,因此有效保护率计算的是某项加工工业中受全部关税制度影响而产生的增值比,是一种产品的国内、外增值差额与其国外增值的百分比。有效保护率的计算公式为:

$$有效保护率 = \frac{国内加工增值 - 国外加工增值}{国外加工增值}$$

后向联系(Backward Linkage)又称"后向关联"。是指一个产业与其投入所需产品的生产(供应)产业之间的联系。由赫尔希曼首先提出。某产业投入的变化对其投入品的直接或间接生产(供应)产业产生波及或影响的现象。例如,汽车制造业需用机械行业与冶金行业提供的零部件和原材料等,而机械行业与冶金业又需要用大量的钢材。因此,建造一个汽车制造厂,会对机械制造业和冶金行业产生需求。

农业现代化(Agricultural Modernization)是指把以直接经验和手工工具为基础的传统农业转变为以科学技术和先进生产手段为基础、用科学方法管理的现代化农业的过程。核心是提高农业生产力。主要内容包括:(1)农业科学技术现代化,即培育优良的品种和用现代方法控制和改善动物、植物、微生物生长发育的环境条件。(2)农业生产手段现代化,即农业机械化、电气化、化学化、电子化、水利化。(3)农业管理现代化,即用现代的经济管理方法提供农业生产的组织管理手段。(4)农业生产的专业化、社会化、区域化。(5)农民生活方式的现代化。农业现代化的目的是把封闭的、自给自足的、停滞的农业转变为开放的、市场化的、不断增长的农业。发达国家从20世纪40—70年代已在不同程度上实现了这一转变,主要措施是:(1)培养具有现代化农业技术和管理的人才。(2)发展农业生产资料制造业。(3)增加农业投资和贷款。(4)调整农业生产结构。(5)发展农村交通运输等。

自然资源(Natural Resources)是指存在于自然界且为人类当前和未来开发及利用的自然环境因素的总称。自然环境中与人类社会发展有关的、能被利用产生使用价值的自然要素,通常称为自然资源。可分为有形自然资源(如土地、水体、动植物、矿产等)和无形自然资源(如光资源、热资源等)。自然资源具有可用性、整体性、变化性、空间分布不均匀性和区域性等特点。自然资源又可分为生物资源、农业资源、森林资源、国土资源、矿产资源、海洋资源、气候气象、水资源等。自然资源是人类生存和发展的物质基础和社会物质财富的源泉,是可持续发展的重要依据之一,是影响一个国家和地区经济发展的重要因素。注重自然资源的开发、利用和保护,充分发挥自然资源方面的优势作用,对于经济的增长和发展有着极为重要的意义。

农业自然资源(Agricultural Natural Resources)是指自然界存在的农业生产可以利用的物资和能量来源。主要包括土地资源、气候资源、生物资源、水资源等;不包括用以制造农业生产工具或用作动力能源的煤、铁、石油等矿产资源。农业自然资源是人类生产和生存的物质基础。对农业自然资源的全面了解以及合理开发利用,不但对发展农业具有重要战略意义,而且有利于保护人类生存环境和发展国民经济。

土地(Land)是指陆地表层一定范围内全部自然要素相互作用形成的自然综合体。有狭义和广义之分:狭义的土地仅指地球陆地表层,它是自然历史的产物,是由土壤、植被、地表水及表层的岩石和地下水等诸多要素组成的自然综合体;广义的土地不仅包括陆地部分,而且还包括光、热、空气、海洋等。土地有自然和经济两种特性,土地的自然特性是指不以人的意志为转移的自然属性,如土地面积的有限性、位置的固定性、质量的差异性、功能的永久性等。土地的经济特性则指人们在利用土地的过程中,在生产力和生产关系方面表现的特性,包括土地供给的稀缺性、用途的多样性、利用方向变更的困难性、增值性、报酬递减的可能性、利用方式的相对分散性、利用后果的社会性等。土地是经济发展的重要条件,有效、科学地使用现有土地,并利用现代科学技术的新成就去寻求新的土地代替物,是世界各国在经济发展过程中面临的重要课题。

城乡迁移(Rural-urban Migration)是指个体从农村向城市的流动过程。人们从乡村、小镇、农场向城市流动的主要目的是寻找新的就业机会,以便获得更高的收入和享受更好的生活条件。导致城乡迁移的因素是多样的,包括社会因素、物质因素、人口因素、文化因素、交流因素等。城乡迁移是发展中国家具有的一个显著经济特征。

劳动力无限供给(Unlimited Labor Supply)是指在既定的工资水平下,劳动的供给具有无限弹性,即劳动力供给曲线在既定工资水平下具有无限弹性。所谓的既定工资,是指农业部门劳动力维持生活需要的最低收入水平。劳动的无限供给是因为农村存在大量的剩余劳动,所以在工资既定时劳动力可以源源不断地从农村中转移到城市的工业部门。

不可再生资源(Non-renewable Resource)又称"非再生资源"。是指被人类开发利用后,在相当长的一段时间内,不可能重新产生的自然资源。如煤、石油、天然气、铁矿等矿产资源等。这种资源数量有限,是在地球长期演化历史过程中形成的,与人类社会的发展相比,其形成非常缓慢,再生速度很慢,或几乎不能再生。由于不可再生资源特点以及在经济发展中所起重要作用,对不可再生资源的开发和利用要采取科学的态度,要充分考虑资源在经济发展中的可持续发展。

示范效应(Demonstration Effect)是指消费者由于受外界因素的影响而改变其消费方式和习惯。当消费者漫步市场看到品种繁多的商品或看到他人购买更好的商品时,即使收入没有变化,他们也可能增加自己的开支,或者甚至在收入下降时也不肯减少自己的开支,个人所受到的这种影响即为示范效应。示范效应不仅仅局限于一个国家内部。在对外交往和贸易中,一个国家的人民由于接触到他国的各式各样的而且可能是较高级的商品也会改变自己的消费习惯和方式。

均衡(Equilibrium)是指经济体系中各种重要变量作用的力量处于相对平衡时所出现的一种状态。例如,当某种商品的价格随市场供求关系的变动波动到一定点时,会出现供给与需求正好相等的状况。这时的市场即处于均衡状态。由于各种变量始终处于变动之中,均衡只是一种罕见、理想的状态。在西方经济学中,均衡不仅用于描述最终的一系列条件,也用于表达经济变量的发展方向。常见的均衡类型有动态均衡、静态均衡、局部均衡、一般均衡、稳定均衡、非稳定均衡、短期均衡、长期均衡。

机会成本(Opportunity Cost)是指将一种资源用于获取某种收入时而放弃获得另一种收入的机会所造成的费用。19世纪由西方新古典派学者提出。机会成本是一种隐含的、可能发生的成本,而不是实际发生的成本。某一特定的资源可以有多种用途,但最终只能用于某一方面。当一定的资源用于某一方面时就意味着它放弃了另一种获取收入的机会,这种可能获得的收入便是机会成本。例如,一个大学生由于上学而放弃的就业可能得到的收入,就是该生为上学而付出的机会成本。

风险企业(Venture Firm)是指20世纪60年代前后伴随新技术革命浪潮不断高涨而产生的一批新型企业,因经营这类企业风险较大而得名。风险企业一般规模较小,经营者和职工是来自大企业或大学等研究机构,具有很高的专业水平、创造能力和企业家精神。它采用的技术通常都是新技术,带有一定的冒险性。最初,主要在微电子技术、生物工程、计算机、空间技术、海洋技术、医药、新型材料、新能源等方面。它以高新技术项目、产品为开发生产对象,使之快速实现商品化、产品化,并能很快投放并占领市场,获得一般企业所不能获得的高额利润。目前已逐渐扩展到流通、服务和社会开发等领域。从20世纪50年代末起,风险企业初见雏形。进入20世纪70年代,风险企业如雨后春笋,不断涌现。90年代以后,风险企业进入快速发展时期。

边际收益(Marginal Revenue)是指生产者多出售一单位产品所得到的收入。在完全竞争市场条件下,边际收益等于价格。边际收益这一概念的重要意义在于:当边际收益大于边际成本时,厂商就会加大再生产;反之,则会缩减生产。当二者相等时表示生产规模达到最佳状态。所以,边际收益等于边际成本被视为厂商决定产量规模的必备条件以及市场供求达到均衡和价格得到决定的一个基本条件。

边际生产力(Marginal Productivity)是指在生产技术水平等条件不变的情况下,追加一单位某种生产要素所增加的产量。假定生产中使用的要素只有资本和劳动。当资本量不变,连续追加劳动量,最后追加的一单位劳动所增加的产量就是劳动的边际生产力,同样,当劳动量不变,连续追加资本量,最后追加的一单位资本所增加的产量就是资本的边际生产力。边际生产力这一概念是美国经济学家克拉克(John Bates Clark)在1899年出版的《财富的分配》一书中首先提出来的。他把边际效用论和生产力理论结合在一起,提出了边际生产力论,并以此作为他的国民财富分配学说的理论基础。他认为工资、利息、地租取决于最后增加的一单位劳动、资本、土地生产要素所增加的产量或产值,也就是说取决于劳动、资本、土地的边际生产力。现代西方经济学家认为如果以实物来表示某要素的边际生产力,则称为该要素的边际生产实物量或边际物质产品。由于边际生产力源于边际效用,根据边际收益递减规律,当其他要素不变时,连续追加一种要素所增加的收益是递减的,因而各种生产要素的边际生产力是递减的。

经济起飞条件(Economic Take-off Condition)是指一个国家突破经济传统停滞状态所需要的条件。由美国经济史学家罗斯托于1960年在《经济成长的阶段》一书中提出,将经济发展分成传统阶段、准备起飞阶段、起飞阶段、成熟阶段、大量消费阶段、追求生活质量阶段六个阶段。罗斯托认为,一个国家从事经济发展,最困难的就是渡过最初的两个阶段,一旦进入第三个阶段,主要的阻力大致上便已经排除,经济此后可望平稳发展。世界上许多贫困国家经济长期停滞不前,始终无法突破瓶颈,摆脱贫困的恶性循环;而另一些国家原来经济起点很低,但经过20—

30年的努力,经济获得了突飞猛进,人民生活水平和质量有了显著的改善。罗斯托认为,一个国家经济要起飞,必须具备三个条件:(1)提高生产性投资率,使积累占国民收入的10%以上。(2)建立和发展一种或多种重要的制造业部门即主导部门。(3)进行制度上的变革,迅速出现一种政治、社会和制度结构推动现代部门的扩张。罗斯托认为,目前许多发展中国家正处在起飞阶段,应采取的主要政策是:(1)防止在经济尚未成熟之前就实行"高额群众消费阶段"的消费方式。(2)必须重视"基础结构"(如港口、交通线、动力、仓库等)的建设。(3)控制人口出生率。(4)发展有赚取外汇能力的部门。(5)解决隐蔽失业问题,提高劳动生产率。(6)防止人才和资本外流。(7)调动国内闲置资金,必要时实行强迫储蓄。(8)加紧推广新技术。(9)发展中国家一般缺乏一个强有力的私人企业家集团,因此国家在经济发展中应起较大的作用。

企业家(Entrepreneur)是指勇于创新、敢于承担风险的企业领导人。其特征是:具有观察、评价和把握经营机会的能力和敏锐的洞察力,能够自主决策,具有强烈的责任感和不可遏止的成就事业的欲望,是企业的组织者、领导者和中坚人物。企业家可以是企业的领导者,也可以是企业的所有者。企业家的基本要求是创新。所谓创新,根据美国经济学家熊彼特的解释,就是建立一种新的生产函数,即对生产要素和生产条件进行新组合。它包括五个方面:(1)引进新产品。(2)引进新的生产方式。(3)开辟新的市场。(4)控制原材料的新供应。(5)实现企业新的组合。就这一点而言,企业家起的作用远远超过了一般的管理人员,更不同于政府部门的行政官员。经济发展的历史表明,一个国家经济增长和发展,在很大程度上取决于企业家的活动。缺乏优秀的企业家,是发展中国家经济不发达的一个重要原因。

管理(Management)是指为实现某种目标而对共同活动进行计划、组织、指挥、监督和控制的过程。管理的实质是协调。无论是计划、组织、指挥,还是监督控制,都是为了协调人们相互之间的活动。离开了管理,人们的共同活动就会乱成一团。管理作为人类的一种实践活动自古有之,在社会经济发展过程中始终起着重要的作用。尤其是在近代,随着人类共同活动规模的扩大和生产社会化程度的提高,管理在经济发展中的作用越来越大。人们在实践中越来越深刻地认识到,管理像劳动、土地、资本一样,是一种宝贵的资源,是经济发展不可或缺的要素和推动力。例如,在美国有经济发展"三分靠技术,七分靠管理"之说,在日本有"技术和管理是经济发展的两个车轮"之比喻。中国一些学者则把管理形象地称为现代文明社会鼎足而立的三大支柱之一。对于发展中国家来说,管理比投资和技术更为重要。只有通过管理,从投资和技术引进转化而来的各种独立存在的生产要素才能合理地结合起来,由潜在的生产力变为现实的生产力。管理作为一种资源具有以下特点:(1)潜在性,是一种无形的动态资源,只有在现实的管理活动中才能显现出来。(2)广泛性,在现实生活中随时随地人们都可以感受到它的存在。(3)无限性,对它的开发和利用不需要投资或只需要很少的投资。这些特点决定了管理是一种遍及社会生活各个方面的非常经济廉价的软性资源。发展比较落后的国家,首先应开发管理这一重要的资源。

管理现代化(Modernization of Management)是指将现代自然科学和社会科学的成果广泛应用于管理活动,获取最佳效益的有效管理过程。管理现代化主要包括四个方面的内容:(1)管理思想的现代化,即运用现代自然科学和社会科学的基本原理和最一般的方法论指导管理实践。(2)管理组织现代化,即按照现代管理理论和原则,建立和健全管理体制,科学地设置组织机构,制定合理的规章制度。(3)管理方法的现代化,即广泛运用现代科学技术成果和先进方法解决管理中的各种问题。(4)管理手段现代化,即将现代化通信技术和设施以及各种信息收集、加工、处理工具全面运用于管理信息系统。管理现代化是一个动态、发展的概念,具体内容和表现形式随时代的变化而变化。管理现代化涉及的领域包括经济、政治、军事、教育、体育、卫生等各个方面。

服务业(Service Industry)是指使用一定设备或工具为社会提供服务产品的行业。广义而言,指从事各种非物质生产劳动的行业,包括为生产服务和为生活服务两大类,其范围相当于第三产业。狭义而言,指为生活服务的行业。中国的服务业属后者。狭义的服务业又可以分为两类:一类主要是通过营业设备或劳务技术提供服务,如旅馆业、理发业、沐浴业等;另一类主要是利用必要的材料,通过技术加工、制作、修理提供服务，兼有服务与零售双重性质，如照相业、饮食业以及各种手工修理业。随着生产专业化和经济的发展，社会对服务业的需求日益增大。同时，随着社会经济的发展，服务业的内涵也不断地丰富起来。

知识产业（Knowledge Industry）是指提供智谋、对策和信息并使之流通但不直接创造物质财富的生产部门或企业。由美国经济学家马克鲁普（F. Machlup）1962年提出。广义而言，它指出谋划策，提供知识、技术、咨询、计划等产品的部门；狭义而言，指独立的研究机构，它集中各种专门人才，从事调查研究，然后提出研究成果（产品）。知识产业是科学技术革命，特别是信息革命的结果；它的形成发展又推动社会经济进步。作为一个产业部门，其重要特征是，提供的主要不是物质产业，而是文字、符号以及通过若干文字符号表述的思想。马克鲁普将知识产业划分为教育产业部门、研究开发部门、通信媒介部门、信息机械部门、信息服务部门。可见，后三项即为信息产业的基本内容。知识产业的概念对信息产业的深入研究产生了重要影响。

生产要素（Factors of Production）是指进行社会生产经营活动时所必须具备的各种基本因素。主要指劳动者和生产资料，即人的因素和物的因素，后者包括劳动资料和劳动对象。劳动者和劳动资料这两个基本要素的结合，形成生产活动；它们的社会结合的特殊方式，把社会区分为各个不同的经济发展时期；它们的相互作用，反映人与自然界的关系，表现为人类控制、改造自然的能力。随着社会生产的不断发展，新的生产要素如经营管理、科学技术、信息等进入了生产过程。现代西方经济学认为生产要素包括劳动力、土地、资本、企业家才能四种，随着科技的发展和知识产权制度的建立，技术、信息也作为相对独立的要素投入生产。这些生产要素进行市场交换，形成各种各样的生产要素价格及其体系。

资源配置（Resource Allocation）是指借助价格杠杆对相对稀缺的资源进行合理配置。资源是指社会经济活动中人力、物力和财力的总和，是社会经济发展的基本条件。在社会经济发展中，对于人们的需求而言，资源总是表现出相对的稀缺性，从而要求人们对有限的、相对稀缺的资源进行合理配置，以便用最少的资源耗费,生产出最适用的商品,获取最佳效益。在社会化大生产条件下,资源配置的机制包括市场机制和政府调节两种类型,市场机制是一种自发的过程,而政府调节则是一种自觉的过程。无论是市场机制,还是政府调节,都必须借助于价格这一杠杆,通过价格来实现对资源的合理配置。在市场充分起作用的条件下,价格犹如一只"看不见的手",引导着社会资源向着最有利的行业和地区流动,将各种资源分配到适当的位置。当市场作用受到限制、价格被扭曲时,价格在资源配置中的作用大为削弱,政府开始在资源配置中发挥主要作用。然而,在价格被扭曲的情况下,以什么作为资源配置的依据,根据什么来判断资源配置是否合理,始终是政府面临的一大难题。无论是哪一个国家,在其经济发展过程中都面临着资源有限的问题。如何将有限的资源合理分配给社会经济各行业和各地区,以最小的投入获得最大的产出,直接影响到一个国家经济发展的速度和效率。

软着陆(Soft Landing)是指在经济运行中经济由快速增长向缓慢适度增长转化的过程。这是一个经济增长平稳回落的过程。它通常是由政府试图减缓通货膨胀引起的,最终将经济增长调整到即可以控制通货膨胀而又不会导致衰退的水平。除了作为经济运行中的某种术语,软着陆还可以解释为某个市场或工业部门的预期增长减缓的过程。

硬着陆(Hard Landing)是指在经济运行中经济由快速增长,迅速向缓慢增长甚至负增长转化的过程,最终可能导致经济停滞甚至衰退。为了遏制较为严重的通货膨胀,一个国家如果实行强力的紧缩政策,或者称"紧急刹车",会在控制通货膨胀方面效果显著,但可能伴随出现大规模的通货紧缩,致使失业增加,经济速度下滑过快,造成经济的硬着陆。

刘易斯拐点(Lewis Turning Point)是指一个国家在工业化过程中,农村廉价剩余劳动力被经济增长全部吸纳,即逐步转移到非农产业后,工资显著上升,出现的劳动力供给由过剩转向短缺的转折点。经济学家威廉姆·刘易斯(William Arthur Lewis)所提出的"二元经济"发展模式分为两个阶段:一是劳动力无限供给阶段,这时劳动力过剩,工资取决于维持生活所需的生活资料的价值;二是劳动力短缺阶段,此时传统农业部门中的剩余劳动力被现代工业部门吸纳完毕,工资取决于劳动的边际生产力。由第一阶段向第二阶段转变的过程中,劳动力由剩余变为短缺,相应的劳动力供给曲线开始向上倾斜,劳动力工资水平也开始不断提高。联结这两个阶段的交点就称为"刘易斯拐点"。

外部性(Externality)是指经济主体从事经济活动时对他人或社会所产生的经济影响。分为正外部性和负外部性。正外部性,又称"外部经济",是指经济主体所从事的经济活动使他人或社会从中受益,即带来外部效益,而受益者无须为此花费成本。例如,私人场所的环境改造给路人带来好处,而又不会向其索取报酬。负外部性,又称"外部不经济",指经济主体所从事的经济活动给他人或社会造成损失,即带来外部成本,而经济主体无须为此承担代价。工厂排污就是最常见的负外部性,其带来的污染给环境带来负面影响,使他人和社会利益受损。

经济一体化(Economic Integration)是指不同国家或地区间就贸易达成政策一致性,通过采取部分或全部取消关税或非关税限制的措施,逐步消除国别之间经济贸易发展的障碍,实现区域内互惠互利、协调发展和资源优化配置,最终形成一个政治经济高度协调统一的有机体。经济一体化可划分为几种形式或者说在其发展过程中的几个阶段:(1)优惠贸易区。(2)自由贸易区、货币同盟。(3)关税同盟、共同市场。(4)经济同盟、关税与货币同盟。(5)经济与货币同盟。(6)财政同盟。(7)完全经济一体化。经济一体化的典型代表是欧盟的建立与发展,对世界经济的发展产生了深远影响。

经济区(Economic Zone)是指在劳动地域分工基础上形成的不同层次和各具特色的地域经济单元。经济区是根据经济联系的内在要求,以中心城市为依托、以农业为基础、以工业为主导、以交通运输和商品流通为脉络,具有发达的内部经济联系,并在全国经济联系中担负某种专门化职能的地域生产综合体。经济区具有客观性、区域性、多元性、多层次性、开放性和相对稳定性等特点。经济区的建立有利于打破部门和行政区划的限制,促进地区之间的横向经济联系,发展中心城市,促进经济发展。

城市化（Urbanization）是指农村经济向城市经济转变的经济发展过程。城市化表现为人口和经济重心从农村转向城市，由农业转向非农业部门。主要内容包括：（1）城市数目的增加。（2）总人口中城市人口比重增加。（3）国民经济中第二产业和第三产业逐渐占主导地位。（4）公用事业和公共设施水平提高。（5）人们的生活质量极大提高。（6）城市文化和价值观念成为社会文化的主体等。城市化的程度，是衡量一个国家或地区经济发展水平的重要标志。

逆城市化（Counter Urbanization）又称"反城市化"。是指城市人口和经济活动由城市向郊区乃至农村流动的一种现象。与"城市化"相对应，因此得名。当城市的发展到了一定极限，就得调整和优化城市的功能结构和空间结构，由此，中心城市的各种功能，比如政治中心、经济中心、文化中心以及居住和休闲娱乐等功能纷纷向有条件的中小城镇及乡村分解。这些功能分解的过程就是"逆城市化"。

城市类型（Types of City）是指基于不同的分类标准，对城市基本特征的定位。城市是指人口集中、工商业发达、居民以非农业人口为主的地区，通常是周围地区的政治、经济、文化中心。城市经济学一般将城市划分为如小城市、中等城市、大城市、国际化大都市、世界城市等。按城市综合经济实力和世界城市发展的历史来看，城市可分为集市型、功能型、综合性、城市群等类别。在中国，对城市的类型划分主要有几种方法：（1）按城市的行政级别。可划分为直辖市、省辖市、地辖市、县级市和特区城市。（2）按城市人口规模。市区常住人口 50 万人以下的为小城市，50 万—100 万人的为中等城市，100 万—300 万人的为大城市，300 万—1000 万人的为特大城市，1000 万人以上的为巨大型城市。（3）按地理位置。可划分为沿海城市、内地城市、边境城市。

中心城市（Central City）是指在一定区域内和全国社会经济活动中处于重要地位、具有综合功能或多种主导功能、起着枢纽作用的大城市和特大城市。中心城市一般具有规模较大、经济较发达、技术水平较高、交通较便利、对国民经济发展起着重要作用等特点，通常是某一地区乃至全国范围的经济活动中心，同时也是各地区之间经济交往的枢纽。中心城市可分为全国性中心城市和区域性中心城市，以中国为例,全国性中心城市以北京、上海、广州为代表,而区域性中心城市则主要包括天津、重庆、深圳、沈阳、南京、成都、武汉等。由于中心城市科学技术比较发达、拥有比较齐全的工业门类和较雄厚的物质基础、经营管理水平比较高,充分发挥中心城市的作用,有助于促进地区、企业之间的横向经济联系,增强企业的活力,带动周围地区经济的发展。

卫星城镇(Satellite Town)是指在大城市外围建立的既有就业岗位又有较完善的住宅和公共设施的城镇。因其像卫星一样围绕中心城市,故名。卫星城镇通常位于城市和农村的交接处,是沟通城乡经济的纽带和桥梁。卫星城镇的概念产生于英国,美国的泰勒正式提出并使用了这一形象性的概念。卫星城镇不仅有利于避免中心城市人口过度膨胀,合理分布人口和劳动力,而且有利于吸引和扩散中心城市的技术优势和产品,促进城乡经济交流,缩小城乡差别,加速经济的发展和成长。

城市群(Urban Agglomeration)是指在一定的区域空间内集中了一定数量的城市,城市之间内部联系强度较大,区域内综合性基础设施齐全,生产力的集中程度较高,人口密度较高,群体的体系效应得到允分发挥的城市"集合体"。按城市群的空间分布,可将其分为三种基本类型:(1)放射状城市群。主要以一个或几个大城市为核心,其中的首位城市经济强大,起支配作用,在其周围形成放射形城市群。(2)多边状城市群。其特点是组成城市群的各城市的实力相差不大,彼此互有分工与协作。(3)沿交通线路分布的线状城市群。世界上较大的城市群有美国的五大湖城市群、英国的伦敦城市群、俄罗斯的莫斯科城市群和法国的巴黎城市群等。21世纪初,中国严格意义上的城市群还没有出现,但城市群作为城市区域化的一种高层次形态,在城市现代化达到一定水平后,将进入全面建设阶段。中国具有超大型城市群雏形的有沪杭宁、珠江三角洲、京津塘地区、辽中地区(环渤海地区)等地区,这些超大型城市群的建设将走在中国的最前列。中西部地区的一些开放强度较大的省会城市有可能成为第二批城市群建设重点,这些城市有:以重要经济腹地为依托的武汉、长沙、西安、成都等为中心城市的城市群;以资源开发和边贸开放为重点的哈尔滨、昆明、乌鲁木齐等为中心城市的城市群;以交通枢纽为中心的郑州、南宁等为中心城市的城市群。城市群的建设,将使相应地区的经济资源得到再度开发和组合,产生一批新的各具特色的产业带,在国民经济发展中发挥先导作用。

城市病(City Disease)是指随着城市的发展所产生的一系列严重的社会和经济问题。城市病的主要表现有:(1)城市劳动力过剩,失业率上升。城市规模扩大,人口和劳动力聚集,一些传统产业衰退,而新的产业又不能吸纳足够多的劳动力,或出现劳动力供需的结构性差距,导致失业率上升。(2)城市地价昂贵,能源供应紧张,生产成本上升,生产条件恶化。城市人口和产业过分集中,使城市内部空间拥挤,用地不足,地价上涨,企业利润下降,导致城市缺乏吸引力。(3)城市生态环境恶化。城市中污水、废气、垃圾、噪声等污染严重,有毒、有害物质危及人们的健康。一些富裕家庭迁到郊外居住,市中心衰退。(4)城市住宅紧缺,交通堵塞,生活费用上升,生活质量下降。(5)人们的道德观念薄弱,犯罪率升高等。

城市经济(Urban Economy)是指由工业、商业等各种非农业经济部门聚集而成的地区经济。城市经济是以城市为载体和发展空间,第二、第三产业繁荣发展,经济结构不断优化,资本、技术、劳动力、信息等生产要素高度聚集,规模效应、聚集效应和扩散效应十分突出的地区经济。

田园城市(Garden City)是指以宽阔的农田林地环抱美丽的人居环境,把城市生活的一切优点同乡村的美丽和一切福利结合在一起的生态城市模式。英国城市规划师霍华德(E. Howard)在他的著作《明日,一条通向真正改革的和平道路》中认为应该建设一种兼有城市和乡村优点的理想城市,他称之为"田园城市"。田园城市实质上是城和乡的结合体。1919 年,英国"田园城市和城市规划协会"与霍华德商议之后,明确提出了田园城市的含义:田园城市是为健康、生活以及产业而设计的城市,它的规模足以提供丰富的社会生活,但不应超过这一程度。

国民幸福指数(Gross National Happiness Index)是指衡量人们对自身生存和发展状况的感受和体验,即人们的幸福感的一种指数。它是作为衡量一个国家或地区生态环境、政府管理、经济发展、社会进步、居民生活与幸福水平的一个重要指标。国民幸福指数最早于 20 世纪 70 年代由南亚的不丹王国的国王提出。他认为"政策应该关注幸福,并应以实现幸福为目标",人生"基本的问题是如何在物质生活和精神生活之间保持平衡"。在这种执政理念的指导下,不丹创造性地提出了由政府善治、经济增长、文化发展和环境保护四级组成的"国民幸福总值"(GNH)指标。作为社会心理体系一个部分的幸福感,受到经济因素、社会因素、人口因素、文化因素、心理因素和政治因素等许多复杂因素的影响。

人口(Population)是指生活在一定时间、一定区域、一定社会生产方式、具有一定数量和质量的人所组成的社会群体。这个定义包含四个要素:(1)人口总是生活在特定的时间和特定的地域。(2)人口总是生活在特定的社会生产方式之中。(3)人口总是具有一定的数量和质量。(4)人口是由人所组成的社会群体。这四个因素缺一不可。人口是一切社会活动的基础和出发点,是构成生产力的要素和体现生产关系的生命实体。人口数量的多少、质量的高低、密度的大小,对一个国家经济发展的快慢产生重大影响。

人口构成(Population Structure)又称"人口结构",是指按一定的标志划分为各个组成部分而形成的人口结构。包括人口的自然(年龄、性别)构成、地域构成、社会构成和经济构成。人口自然构成是最基本的人口构成,它对人口再生产的规模和速度有着直接的影响,与社会经济发展也有着密切的关系。不同年龄的人对社会经济的要求不同,不同性别构成对解决就业压力有重要影响;人口地域构成说明人口的空间分布,包括自然地理、行政区划、经济区划、城市乡村的人口结构。研究人口地域构成,对研究人口迁移的流向、调节人口分布的不平衡状况等有重要作用。人口社会构成包括阶层、民族、语言、部门、职业、教育等方面的结构,是社会经济长期发展的结果。它对人口出生率和死亡率也有重要影响。人口经济构成说明人们在物质资料生产、分配、交换、消费过程中由于各自的经济特征所产生的人口组合状况,包括生产人口和非生产人口、经济活动人口和非经济活动人口、劳动人口和被抚养人口、就业人口和失业人口等经济范畴的人口构成,人口经济构成会因社会生产方式不同和经济生活的发展而发生变化。它对研究产业结构、就业结构、劳动力结构以及人口消费水平等有着重要的作用。

城乡人口构成(Urban and Rural Population Composition)是指在一个国家或地区范围内住在城市和乡村的人口各占总人口的比重。世界上最早进行城乡人口分类的国家有美国(1790年)、普鲁士(1816年)、英格兰和威尔士(1851年)、法国(1846年)。中国详尽准确的全国城乡人口分类统计始于1953年。20世纪以来,世界城乡人口的构成发生巨大变化,城市人口比重急剧增加,乡村人口比重迅速下降。据统计,1900年世界城市人口只占13.6%,2004年增至48.3%。同期,乡村人口的比重由86.4%降到51.7%。21世纪这种变动趋势仍将持续下去,发展中国家城市人口的增长速度将比发达国家快得多。城乡人口构成迅速变化是社会生产力的发展,城市化进程加速的结果,主要表现在:第一,农村人口大量迁入城市。第二,新城镇不断建立。此外,城市行政区划或划分城市标准和范围的变化,也是城乡人口变动的原因。

人口城市化(Population Urbanization)是指居住在城市或城镇地区的常住人口占总人口的比重不断增长的过程。如果城市人口包括了小城镇的人口,那么"人口城市化"也可以称为"人口城镇化"。这一定义可以用公式来表示,并被称为"城市化率":

$$城市化率 = \frac{区域城市人口数}{区域总人口数} \times 100\%$$

人口密度(Population Density)是指反映一个国家或地区人口分布稠密程度的相对指标。人口密度通常以每平方公里常住人口数来表示,等于某地理范围内人口数与相应土地面积的比率。从全世界来看,地球陆地面积是不变的常数,人口是变量,所以人口密度是一个变量。由于人口数的地区分布有差异和不平衡,所以人口密度的地区分布也有差异和不平衡。考察人口密度,不能单纯从人口数和土地面积之比来看,还应该看到"人口经济密度"状况,如人口与耕地面积、人口与资源蕴藏量、人口与产量、人口与国民收入等的比率。在一定意义上说,人口经济密度大小,能反映一个国家或地区的经济社会发展状况。

人口预测(Population Prediction)是指根据现实人口数量、人口构成以及人口的出生、死亡、迁移等基本情况,并考虑社会经济条件对人口过程的影响,按照科学的方法和一定的人口模型,对未来的人口规模、水平和趋势所做的测算和推断。人口预测是一个国家确定人口发展目标和生育政策的前提条件,是制订人口计划的基础,也是编制社会福利、文教卫生、城市建设、劳动就业等计划和整个国民经济计划的一项重要基础工作。人口预测的主要内容有:人口总数、出生人数、死亡人数、迁移人数、妇女初婚人数,以及相应的生育率、死亡率、自然增长率等。主要方法有:预测人口总数用增长率直接推算法、分要素间接推算法;预测出生人数用实际生育率法、标准生育法、简易推算法;预测死亡人数用总死亡率预测死亡人数法、人口平衡式预测死亡人数法;还有年龄移算法、初婚人数预测法等。

人口规划(Population Schedule)是指政府在对现有人口进行调查研究和人口预测的基础上,根据人口发展的客观规律,结合经济发展的实际状况而制定的人口发展的具体目标和要求。人口规划是国民经济发展计划的重要组成部分,也是编制工农业生产、劳动力分配、文教卫生事业发展、交通以及市政发展等国民经济部门计划的重要依据。其内容包括人口再生产的各个方面,如人口总数、人口出生数(率)、妇女总和生育率、人口自然增长数(率)等方面的规划。人口规划按期限分为长期规划和短期规划;按范围分为基层人口规划、地方人口规划和全国人口规划。

人口普查(Population Census)是指政府组织的在统一的时间内,按照统一的方法、统一的项目、统一的调查表和统一的标准时点,对全国或某个地区的全部人口的社会、经济特征资料,逐人地进行搜集、整理、汇总、评价、分析和公布的全过程。新中国成立以后,中国共有六次全国性人口普查,年份分别是 1953 年、1964 年、1982 年、1990 年、2000 年与 2010 年。第七次人口普查将于 2020 年开展。

人口增长率(Population Growth Rate)是指一定时期内人口增长数与人口总数之比。它表示人口增长程度或增长速度。人口增长率与人口自然增长率有区别,人口增长率=(出生率−死亡率)+(迁入率−迁出率)=人口自然增长率+人口净迁移率。人口增长率受社会经济条件和国家政策所制约。不同国家或不同时期人口增长率差别很大。从地区看,亚洲、非洲、拉丁美洲国家一般在2%—3%,中美洲和西南亚一些国家高于3%,欧洲和北美的国家绝大多数在1%以下,有的已接近于零或呈负值。从时期看,第二次世界大战后,人口增长率普遍提高,20世纪70年代中期以来已呈缓慢下降趋势。为了反映较长时期内人口的波动,或比较两个时期或两个国家的人口增长速度,常常使用人口平均增长率。它等于用几何平均法计算出的一段时间(两年以上)平均每年人口增长的速度。

人口模型(Population Models)是指用于研究和预测人口的数学模型。它往往是在假定条件的前提下,对现实人口现象和过程中各要素间相互关系的一种简单概括的描述。现在常用的人口模型有:(1)人口增长模型。如等比增长函数(用复利公式表示)、指数增长函数、罗吉斯蒂函数等,都用以预测人口总数与时间变化的关系,只是前两者是预测某一时刻的人数,后者预测时期稍长。(2)人口再生产模型。如稳定人口(总人口每年按固定增长率增加或减少的人口)模型、静止人口(人口不增也不减的人口)模型等。它主要反映各年龄人数与出生、死亡、性别、年龄构成间的关系。(3)人口迁移模型。如人口迁移的引力模型、考虑经济因素的迁移模型、考虑迁移费用的模型等。它反映人口迁移强度与各种影响因素间的关系。(4)人口经济模型。如产量、国民收入、资金与人口成比例增长模型,环境、资源与人口增长模型等。它主要反映人口变动与经济发展间的关系。

经济活动人口(Economically Active Population)是指在一定时期内为各种经济生产和服务活动提供劳动力供给的人口。它在数量上等于就业人口与失业人口之和。在总人口中除去经济活动人口的那部分人口称为非经济活动人口。按照不同的标志,经济活动人口可以划分为不同类型的构成,如自然构成、社会经济构成、地域构成等。经济活动人口是总人口中最积极最主要的部分,在社会生活中,人类所需要的物质资料、文化教育、医疗卫生以及其他服务事业的劳动都要靠他们提供。统计和研究经济活动人口,对于发展经济,协调经济生活以及科学文化事业等,都有重要意义。

经济适度人口(Economical Optimum Population)是指能够实现最大经济福利的人口。法国经济学家阿尔弗雷·索维(Alfred Sauvy)认为,适度人口是一个以最令人满意的方式达到某项特定目标的人口规模。他于1952年在《人口通论》一书中区分了经济适度人口和实力适度人口,认为可将生活水平作为经济福利的测度标准,而生活水平又可以规定为每人平均产量。同时,许多人口学家对适度人口下了各种不同定义,并把适度人口的概念扩大到非经济领域。索维也声称适度人口只是一种类似"虚数"的"使用方便的概念",他列举的各种可能的"特定目标"有个人福利、增加财富、就业、实力、健康长寿、文化知识、福利总和、寿命总和、居民人数。在这些目标中,他认为首先应当考虑个人福利,即最高生活水平或最高的按人平均产量和收入,所以要着重考察经济适度人口。他还认为,经济适度人口永远低于实力适度人口。

相对过剩人口(Relative Over-population)是指相对于资本对劳动力需求而表现为过剩的劳动人口。随着资本积累的增长和资本有机构成的提高,必然出现两种完全对立的趋势:一方面,资本对劳动力的需求日益相对地甚至绝对地减少;另一方面,劳动力的供给却在迅速地增加,不可避免地造成大批工人失业,产生相对过剩人口。资本总额的增长,虽然包含了可变资本绝对量的增加,从而对劳动力的需求量会有一定程度的增加,但是,由于资本有机构成的提高,可变资本量的增长落后于总资本量的增长,从而对劳动力的需求量会相对减少。在科学技术迅速发展时期、资本有机构成的提高很快时,对劳动力的需求甚至还会绝对地减少。

人口政策(Population Policy)是指国家直接调节和影响人口增长、人口分布、人口构成等的法令和措施的总和,包括生育率的调节、发病率和死亡率的控制、优生优育、人口迁移等方面。从本国具体的人口、经济、文化状况出发,根据人口与经济、社会以及人口发展的规律而制定的人口政策,与经济发展密切相关。本质上来讲,人口政策的目的即是实现人口的增长与经济和社会发展相适应、物质资料生产和人类自身生产协调发展。由于国情不同,人口政策在世界范围内表现出很大的差异性。实行鼓励生育政策的有俄罗斯、加拿大等,中国、印度等国家则实行计划生育政策。实际上,即使在同一个国家的不同地区人口政策也会存在差异。以中国为例,在人口稠密的地区推行晚婚和节制生育政策,而在人口稀少的少数民族地区和其他地区则采取有利于人口增长的措施。上述不同的政策措施其实都服务于一个共同的目标,即实现人口的增长与经济和社会的发展保持适当的比例。由于世界各国对发病率和死亡率的控制、优生优育问题的态度以及采取的措施都比较接近,因而各国人口政策的差别主要体现在鼓励或控制生育和移民问题等方面。

人口变动(Population Mobility)是指人口的增减、迁移、所处社会集团的变动。人口变动包括自然变动、迁移变动、社会变动。人口自然变动是由于出生和死亡而引起的人口数量的增减变动。人口迁移变动是人口从一个地区向另一个地区的空间移动,是由社会生产力的发展、社会经济条件的变化和国家移民政策的推行等原因引起的,可以分为国内和国际范围内的移动。其主要形式有游牧民族的迁徙活动、各个国家内部的垦殖活动、从农村向城市的移动、城市人口在居住地和劳动场所间往返的"钟摆式"移动、国际间的移民活动等。人口社会变动则是人口从一个社会集团转入另一个社会集团的变动,包括人口的阶层、行业、职业、教育程度、宗教信仰、语言等社会构成的变动。人口变动是一个社会的历史过程,是在一定的历史环境中进行的,受一定历史的生产方式的制约和影响。

人口出生率(Birth Rate)是指一定地区在一定时期内(通常为一年)出生人数与平均人口之比,通常用千分数表示。它是人口自然增长的一个重要因素,也是衡量一个国家或地区的人口发展速度的一个重要指标。其计算公式为:

$$人口出生率 = \frac{一定时期出生人数}{同期平均人口总数} \times 1000‰$$

人口死亡率(Mortality Rate)是指一定地区在一定时期内(通常为一年)死亡人数与同期平均人口总数之比。通常用千分数表示。它是人口自然增长的一个重要因素,也是衡量一个国家或地区的经济和医疗卫生事业发展状况的一个重要指标。其计算公式为:

$$人口死亡率 = \frac{一定时期内死亡人数}{同期平均人口总数} \times 1000‰$$

文盲率（Illiteracy Ratio）是指超学龄期（12 岁或 15 岁及以上）既不会读又不会写字的人在相应的人口中所占的比例。文盲率反映一个国家人民的受教育程度。其计算公式为：

$$文盲率 = \frac{12 \ 岁（或 15 \ 岁）及以上的文盲人数}{12 \ 岁（或 15 \ 岁）及以上的总人数} \times 100\%$$

文盲率不仅反映一个国家教育普及和发达的程度，也反映一个国家经济发展的程度。一般而言，经济发展水平较高的国家，文盲率较低；经济发展水平较低的国家，文盲率较高。

抚养系数（Dependency Ratio）又称"抚养比"。是指人口总体中非劳动年龄人口数与劳动年龄人口数之比。用百分比表示。其计算公式为：

$$抚养系数 = \frac{14 \ 岁及以下人口数 + 65 \ 岁及以上人口数}{15—64 \ 岁人口数} \times 100\%$$

该式表明一个国家每百名劳动年龄人口负担的非劳动年龄人口的数量。这一指标通常被用于考察人口的年龄构成对社会经济的影响。

粗出生率（Crude Birth Rate）是指在一定时期内（通常为一年）平均每千人中新出生婴儿的数量，一般用千分率表示。粗出生率是人口度量中最基本的指标之一，是计算人口自然增长率的重要组成部分。人口的出生率与一个国家的生育政策、育龄夫妇的生育水平、人口年龄结构以及社会经济发展水平等密切相关。一般而言，发展中国家的粗出生率一般要高于发达国家。粗出生率的计算公式为：出生率＝年出生人数÷年平均人数×1000‰。

粗死亡率（Crude Mortality Rate）是指在一定时期内（通常为一年）平均每千人中死亡的人数，一般用千分率表示。粗死亡率是人口度量中最基本的指标之一，是计算人口自然增长率的重要组成部分。粗死亡率的大小与该国或该地区的生活水平、卫生习惯和医疗水平密切相关。粗死亡率的计算公式为：死亡率＝年死亡人数÷年平均人数×1000‰。

人口自然增长率（Population of Natural Growth Rate）是指一年内人口自然增长数量与年平均总人数的比值，一般用千分率表示。人口自然增长率是用于分析人口自然增长水平和速度的综合性评价指标，也是计划生育统计中的一个重要指标。自然增长率计算公式为：人口自然增长率＝（年内出生人数－年内死亡人数）÷年平均人口数×1000‰＝（人口出生率－人口死亡率）×1000‰。中国人口自然增长率呈现逐年下降的趋势，20世纪60年代，中国人口自然增长率为25‰—30‰，2002年中国的人口自然增长率为6.45‰，到2012年中国的人口自然增长率已经下降到了4.95‰。

马尔萨斯人口陷阱（Malthusian Trap）也称"低水平均衡的人口陷阱"。是指收入的增长赶不上人口的增长，由于较快的人口增长带来的需求压力，导致人均收入长期徘徊在较低的水平上，就好像掉入了一个陷阱而难以自拔。根据马尔萨斯的人口理论，由于人口大致按几何级数增长，而食物等生活资料的供给由于土地报酬递减规律的作用只能大致按算术级数增长。这样，由于食物的供给和人口的增长无法保持平衡，人均收入就必然具有一种降低到一定规模的人口勉强糊口或者刚刚够得上最低生活水平的趋势。为了防止掉入这样的"陷阱"，马尔萨斯主张穷人要晚婚、节育甚至不婚。

人口容量（Population Capacity）也称"人口承载力"。是指某一时期一定生态负载力和经济负载力所能供养的人口数量。它可以分为三种：（1）生物生理性的人口容量。按照仅能满足人们生理所必需的物质条件所估算的最大人口数。（2）基于现实条件的人口容量。根据人们现有的消费水平，参照可以预见的生活水平、生产力水平、资源储量和消费量的变动情况估算的未来某一时点上所能容纳的最大人口规模。(3)适度人口容量。一般而言,人口容量是受自然机制和社会机制双重制约的,因此人口容量通常既要考虑所能维持的生物生理意义上的最大人口数量,又要考虑一定生活水平下所能维持的最大人口数量。

人口压力(Population Pressure)是指一个国家或地区人口增长对该国或地区经济和社会赖以发展的各种自然资源(包括土地、矿产、森林、淡水、能源等)所形成的压力。美国经济学家赫茨勒(J. H. Hertzeler)在《世界人口危机》中认为,根据某一特定国家现有的技术和经济状况,能够允许人均产量达到最大的人口为经济适度人口,人口数量超过了经济适度人口,致使人均产量降低,形成人口过剩,从而产生人口压力。人口压力不仅存在于现代社会,古代也曾由于人口的不断繁衍而使自然资源难以承受,因此通常通过向外地迁徙或爆发战争来缓解人口压力。在近代,虽然科学技术的发展和生产力水平的提高扩大了人口容量,但由于不少国家或地区的人口增长速度仍超过了生产力水平提高的速度,其人口压力不是更小而是更大。人口压力过大,会阻碍经济发展和社会福利水平的提高。

经济—人口环路(Economy-population Loop)是指人口变量与经济变量之间的相互影响关系。经济变量的变动会引起人口变量的改变;反之,人口的增减也会对经济增长产生巨大影响。因此,就形成了一种经济—人口环路。以人口变量对经济变量发生作用的人口—经济环路为例,人口出生率(生育率)的变动会影响出生人口数量,出生人口数量又会影响总人口规模,在出生和死亡人数的共同影响下,总人口的变动直接影响到劳动力的规模,可投入市场的劳动力多少受劳动力参与率和劳动力规模的影响,进而影响就业总人数,就业人数受就业率和可投入市场劳动力数量的影响,就业人数和资本存量会影响到经济的产出规模。

人口素质(Population Quality)是指人口所具有的身体素质、科学文化素质和思想道德素质三个方面属性的总和。人口素质反映一个国家或地区人口的认识和改造世界的能力。人口的身体素质是指人体各组成部分和各种功能器官系统的发育成长情况。人口的科学文化素质是指人口群体的文化科学知识、实践经验和劳动技能。人口的思想道德素质是指人的人生观、道德观、价值观、法制观等。人口素质的三个方面相互联系、相互制约。人口的思想道德素质和科学文化素质的提高,有利于身体素质的增强;而身体素质的增强,又为科学文化素质和思想道德素质的提高提供了条件。随着社会经济文化的发展,人口素质不断随之提高。

人口老龄化(Population Aging)是指老年人口在总人口中的比重不断上升,老年人口规模不断增长的过程。目前,国际上通行以 60 岁及以上老年人口占总人口的比重达到 10%或以上或者 65 岁及以上老年人口占总人口比重达到 7%或以上,作为衡量一个国家或地区的人口进入老龄化的标志。人口老龄化的直接原因是出生率(生育率)和死亡率降低,一般主要是生育率降低,每年出生人数减少,随着时间推移,少儿人口占总人口比不断下降,成年人和老年人人口比重不断上升,整个人口趋向老龄化。它是社会经济、文化教育、健康水平提高的一种表现。但是,人口老龄化也意味着老年负担系数提高,人口的总经济效用下降,这对于社会经济、社会福利、医疗卫生等都提出了更高的要求。

人口转变(Demographic Transition)是指随着社会经济的发展,人口从高出生率、高死亡率、高自然增长率向低出生率、低死亡率、低自然增长率转变的动态过程。"人口转变"一词最早由美国著名人口学家诺特斯特(F. W. Notestein)在 20 世纪 40 年代提出,经由各国学者的先后努力,人口转变理论逐步发展与完善起来,成为阐述人口内在变化、分析人口现状及趋势的重要人口理论学说。人口转变的阶段主要是根据人口出生率和死亡率来划分的。

人口红利(Population Bonus)是指一个国家的劳动年龄人口占总人口比重较大,抚养率比较低,为经济发展创造了有利的人口条件,整个国家的经济呈高储蓄、高投资和高增长的局面。哈佛大学教授大卫·布鲁姆(David E. Bloom)与杰佛瑞·威廉森(Jeffrey G. Williamson)1998 年首次提出"人口红利"概念。他们认为,人口红利在"亚洲四小龙"与 20 世纪 90 年代"凯尔特之虎"的经济发展中扮演重要角色。为了便于分析,一般使用总抚养比小于 50%(14 岁及以下少儿人口与 65 岁及以上老年人口之和除以 15—64 岁劳动年龄人口)为人口红利时期,进入人口红利时期为人口机会窗口打开,退出人口红利时期为人口机会窗口关闭。而人口总抚养比超过 60% 时为"人口负债"时期。

稳定人口（Stable Population）是指每年按固定的自然增长率增长或减少的人口。如果在一个封闭人口环境中，粗出生率、粗死亡率长期保持不变，而且自然增长率也一直保持不变，这个人口状态便是稳定人口。在稳定人口中，当增长率为正值时，人口总数不断增长，形成增长型稳定人口；当增长率为负值时，人口总数不断减少，形成缩减型稳定人口；当增长率为 0 时，人口总数不增不减，这时的稳定人口便成为静止人口。

人口爆炸（Population Explosion）是指第二次世界大战后流行于西方的一种对世界人口发展的悲观主义观点。持人口爆炸观点的学者对 20 世纪中叶以来有关人口发展与社会经济资源发展关系进行了分析研究。主要代表人物和著作有 1948 年美国学者福格特的《生存之路》、1956 年美国社会学家赫茨勒的《世界人口危机》、1968 年美国学者埃尔利希的《人口爆炸》、1970 年英国学者泰勒的《世界末日》、1972 年罗马俱乐部组织编写的《增长的极限》等。他们依据人口统计和人口预测数字，认为当今世界面临着"人口爆炸"的危机，并认为"人口危机"将导致"资源危机""粮食危机""生态危机"，现代世界人口增长已超过了土地和自然资源的负载力。

棘轮效应（Ratcheting Effect）是指在经济衰退时，消费者和投资者分别试图保持以前的高水平消费和投资，从而使消费水平和投资水平不会轻易倒退的经济现象。最初来自对苏联计划经济制度的研究，美国经济学家杜生贝利后来使用了这个概念。这种效应在经济活动的高峰终止时开始起作用，并在衰退过程及以后的复苏过程中一直保持影响，直到前一个高峰的经济活动水平被超过为止。由于这种效应作用，经济不会退到原来的水平，也不会失去上一次扩张中所获得的全部收入。用"棘轮"一词来描述这种经济情况，是因为棘轮止住机械装置时，总是把它止住在某一固定位置上，如同上述经济活动被固定在一定位置上一样。

生命表（Life Table）又称"死亡表"。是指对相当数量的人口自出生（或一定年龄)开始,直至全部去世为止的生存与死亡记录。通常以 10 万(或 100 万)人作为 0 岁的生存人数,然后根据各年中死亡人数,各年末生存人数计算各年龄人口的死亡率、生存率,列成表格,直至此 10 万人全部死亡为止。生命表上所记载的死亡率、生存率是决定人寿保险费的重要依据。

总和生育率(Total Fertility Rate)是指一个国家或地区的育龄妇女平均生育子女数。它反映的是一名妇女在每年都按照该年龄现有生育率生育的假设下,在育龄期间生育的子女总数。在人口分析和决策中,总和生育率是一个十分重要的指标,可以直接用来比较不同时期妇女的生育率水平,同时又是作为女性终身生育水平的估计,对人口的长期宏观决策有重要的参考意义。根据中国 2010 年人口普查数据,中国大陆的总和生育率仅为 1.19。影响生育率变化的主要因素包括计划生育政策、经济发展水平、文化教育、妇女地位、保健卫生和社会保险、伦理道德和宗教等。

平均预期寿命(Average Life Expectancy)是指 0 岁年龄组人口的平均生存年数。它是生命表中的重要内容,是国际上用来评价一个国家人口的生存质量和健康水平的重要参考指标之一。随着中国经济的迅速发展,医疗水平的显著提高,人民物质生活水平的改善,人口平均寿命有较大幅度的提高。根据第六次全国人口普查资料统计,2010 年中国人口平均预期寿命达到 74.83 岁,比十年前提高了 3.43 岁。

就业(Employment)是指具有劳动能力且有劳动愿望的人参加社会劳动,并获得相应的劳动报酬或经营收入。对就业进行界定可以基于三个方面:(1)就业条件,指一定的年龄。(2)收入条件,指获得一定的劳动报酬或经营收入。(3)时间条件,即每周工作时间的长度。在中国,就业人口是指在 16 周岁以上从事一定社会劳动并获取劳动报酬或经营收入的人员。

就业结构(Employment Structure)又称社会劳动力分配结构。一般是指国民经济各部门所占用的劳动数量、比例及其相互关系。基于不同的分析视角,就业结构主要可以被划分为五种类型：(1)就业的部门结构。考察就业人口在国民经济各部门间的分布。(2)就业的职业结构，即就业人口在不同职业之间的分布。职业结构的变化是社会经济发展水平的一种反映。一定时期的职业结构是不是与社会经济发展相适应，还要取决于劳动资源的开发，也就是劳动者素质的提高。否则，职业结构有可能落后于社会经济发展水平。(3)就业的地区结构，考察就业人口在不同地区之间的分布。属于生产力布局的构成部分。就业人口在不同地区间的分布与经济发展、生产力水平、自然地理条件以及政策影响紧密相连。(4)就业人口的年龄结构，即不同年龄段的劳动者的比例。它是研究整个经济发展对劳动力需求的关系的重要依据之一。(5)就业人口的受教育水平结构，即不同文化程度的劳动者的比例。它是研究劳动力质量与经济发展关系的重要依据。就业结构变动的一般趋势是：从部门结构看，农业部门劳动力所占比重不断下降，工业部门劳动力所占比重不断增加，商业、服务、文教卫生等部门劳动力所占比重最终将超过工业部门；从职业结构看，专业人员、服务人员等增长最快，非技术工人、政府官员所占比重下降最快；等等。根据就业结构的客观变换规律，合理安排就业，是加速经济发展和解决就业问题的重要一环。

就业率(Employment Rate)是指一定时期内就业人数占劳动年龄人口数的比率。影响就业率的因素很多，主要包括经济发展水平、工资水平、通货膨胀率、政府政策、劳动年龄结构和经济结构的变化等。

就业增长率(Accession Rate)是指一定时期就业增加量与就业人口基数之比。就业增长率可以分为就业人口增加量与上年同期相比(同比)的增长率和与上期末相比(环比)的增长率。就业率的上升或下降反映了经济的繁荣与衰退，因此可以把就业增长率作为判断经济周期各阶段的标准之一。

自然增长率(Natural Rate of Growth)关于劳动人口增长和劳动生产率提高与经济增长关系的一个变量。由英国经济学家哈罗德(Harrods)1948年在《动态经济学导论：经济理论最近的发展及其在政策中的应用》一书中提出。

设劳动人口的年增长率为X，劳动生产率的增长率为Y，则自然增长率G_n为：

$$G_n = X + Y + X \cdot Y$$

一般将 X 与 Y 的乘积忽略不计,仅近似计算为 X 与 Y 二者之和。假定一个国家劳动力的增长率 $X = 2\%$,劳动生产率的增长率 $Y = 3\%$,则自然增长率 $G_n = 5\%$。哈罗德认为,自然增长率 G_n 是一个社会相当长的时期内能够达到的最大增长率。这是因为在劳动与资本的配合比例和资本—产出比率既定的情况下,每单位产品(即产出)所需劳动力是一定的。因此,产出的增长率显然不能超出劳动力的增长率之外。换言之,实际增长率 G 不可能大于 G_n,只能等于或小于 G_n。这样,在考虑到劳动力的增长这个因素时,要实现充分就业的均衡,就不仅要求通过社会总产品的供求平衡来保持均衡状态,而且还要求 $G = G_n$,以避免失业的存在。这样,实现充分就业的均衡增长条件是: $G_n = S \div V$,式中,S 表示储蓄率,V 表示资本产出比率。

在 $G_n = S \div V$ 中,S 是适应 G_n 的数值,即 S 由人口增长率和技术进步率决定。例如,设 $G_n = 5\%$、$V = 3$,则为了实现充分就业的均衡增长,要求储蓄率 S 保持在 15% 的水平。若 S 事实上是 18%,则意味着该社会将因储蓄过多,即资本积累率超过人口增长和技术进步所需要的资本积累率,以致出现长期停滞现象;反之,该社会则长期处于投资兴旺的繁荣境况,也可能因投资过度而出现通货膨胀。哈罗德认为,为了在长期内保持充分就业的均衡增长,从而避免长期萧条或需求过度造成的通货膨胀,政府应利用财政政策,即借助财政赤字或财政盈余来调节全社会的储蓄率,使之适应实现自然增长率所要求的投资率。

充分就业(Full Employment)是指在某一工资水平之下,所有愿意接受工作的人,都获得了就业机会。充分就业是经济学中的一个假设,并不等于全部就业或者完全就业,而是仍然存在一定的失业。通常把失业率等于自然失业率时的就业水平称为充分就业。充分就业的概念最初是由法国经济学家萨伊提出的,以后经过经济学家凯恩斯在其《就业、利息和货币通论》中对充分就业提出了新的解释。萨伊认为,在自由竞争条件下,只要在劳动力市场没有人为势力阻碍工资的自由涨落,总是可以通过工资涨落和劳动力供需之间的自发调整过程而实现充分就业的。因此,如果还有失业的话,只是摩擦性失业和自愿失业。凯恩斯认为,除了这两种失业外,还存在一种非自愿失业。即愿意按现行货币工资水平受雇于资本家但得不到就业的人。只要这种非自愿失业消失了,就算实现了充分就业。凯恩斯还认为,由于有效需求的不足,并不总能达到充分就业;充分就业只是可能达到的各种就业水平中的一个特例和极限。

就业不足(Underemployment)相对"充分就业"而言。是指社会提供的劳动机会少于愿意参加劳动的人口数,也称"小于充分就业"。英国经济学家凯恩斯在《就业、利息和货币通论》一书中提出了"有效需求原理",认为预期可以带来最大利润量的社会总需求,决定实际提供的就业量。由此出发,他认为,在完全竞争条件下,"消费倾向""对资产未来收益的预期""流动偏好"三个基本心理因素使有效需求——消费需求、投资需求不足。就业量在未达到充分就业之前就停止增加,造成大量的"非自愿"失业,因此凯恩斯认为社会就业的通常情况是实际就业量小于充分就业,即就业不足。凯恩斯关于有效需求不足使就业不足的论述,成为各国实行政府干预经济、增加投资、刺激消费、减少失业等政策措施的重要理论依据。

失业(Unemployment)是指劳动力供给与劳动力需求在总量或结构上的失衡导致具备劳动能力并有就业意愿的劳动者处于未就业,与生产资料相分离的一种状态。失业是衡量劳动力就业状况的重要指标。本质是一种经济资源的浪费。劳动者在失业状态下,其生产潜能和主观能动性均无法发挥,对社会经济发展造成负面影响。对失业经济效应进行分析首推奥肯定律,即"失业率每高于自然失业率1%,实际 GDP 便低于潜在 GDP 2%"。而在社会影响层面,失业将带来或增加失业者的心理创伤、危及社会稳定,导致一系列的社会问题。失业的重要影响,使其成为宏观经济调控的基本目标之一,特别是其与通货膨胀的替代关系,各国政府在治理通货膨胀的过程中,必须同时处理好失业问题。就失业的类型及其具体成因而言,失业主要有摩擦性失业、结构性失业、技术性失业、季节性失业、周期性失业和隐形失业等。

长期性失业(Chronic Unemployment)又称"经常性失业"。是"临时性失业"的对称。是指除某一行业的季节性萧条或常规的工作变换以外的其他原因所造成的超过一定期限的失业。长期失业主要按失业的时间,即失业者没有工作和寻找工作的时间来划分。不少国家把连续失业时间在半年到一年以上的称为长期失业,反之则为短期失业。长期失业指标由两个独立的标准构成:一个是长期失业率,即失业超过一年以上者占劳动力的百分比;另一个是长期失业的影响范围,即失业超过一年以上者占失业人员总数的百分比。政府治理失业的政策主要是针对长期性失业,这是因为暂时性失业主要由摩擦性失业所构成,而长期性失业主要由结构性失业、技术性失业所导致的,长期性失业是一种非自愿失业,会对经济发展造成不利影响,同时可能会造成社会的不稳定。

长期失业者(Hardcore Unemployed) 又称"硬核失业者"。是指经常处于失业状态的那部分失业者。这些人由于体力、智力条件差,年龄大,或种族、性别歧视等原因很难找到工作。他们形成了失业队伍中很少变动的核心部分,就业政策也很难消除这部分失业。要降低自然失业率就必须通过某些制度改革或劳工市场状况的改变来减少失业硬核。减少失业硬核要对这些特殊的人群采取针对性的措施,如为他们进行专门的岗位培训、安排特殊的就业岗位,同时要做好失业保险等相关保障措施。

增长缺口失业(Growth-gap Unemployment) 是指劳动长期需求不足引起的失业。这种失业与经济增长相关,主要原因有两个:第一,长期内经济中生产能力的增长小于劳动力的增长,从而不能提供足够的就业机会。第二,采用了资本密集型的生产技术,相对减少了对劳动力的需求。后一种原因引起的失业是一种技术性失业。参见"技术性失业"。

投机性失业(Speculative Unemployment) 又称"投机性就业不足"。是指由于实际工资暂时下降而引起的工人劳动时间的减少。工人根据实际工资的变动来决定自己的劳动时间。当实际工资暂时减少时,工人就会减少现在的劳动时间,以便在未来实际工资增加时增加劳动时间。这种劳动时间的减少就是投机性失业。这种失业实际是工人在维持长期劳动时间不变的情况下,根据短期实际工资的变动来调整劳动时间,属于摩擦性失业的一种形式。

寻找性失业(Searching Unemployment)是指工人为了寻找更理想的工作所造成的失业。如果所有工人和所有岗位是匹配的,寻找工作就不是一个问题。但是实际上工人关于可得到工作岗位的信息是不完全的,寻找满意的工作是需要一定时间的,这一期间的失业,在经济学上称为"寻找性失业"。寻找性失业是一种非自愿失业,对失业者及其家庭来说,失业意味着经济拮据以及生活方式的改变,在失业率很高时,社会秩序也会受到影响。新古典综合学派认为产生寻找性失业的原因是劳动力市场结构的不均衡。新凯恩斯主义认为造成寻找性失业的主要原因是工资存在粘性,即工资随着总需求变动得十分缓慢。寻找性失业是就业问题的一个十分突出的现象,深入理解寻找性失业问题对于解决中国失业问题提供了一个很好的启示。

摩擦性失业(Frictional Unemployment)是指由于经济变动过程中的工作转换或劳动力市场经常性变化而造成的失业。摩擦性失业产生的主要原因在于劳动力市场的动态属性、信息的不完善及现行经济制度的影响。由于产业结构等方面的不断变化,原有的工作不断消失,新的工作不断产生,而工人在变换工作时需要时间,从而引起失业现象发生,其规模取决于失业工人寻找工作时所遇到的结构上的困难。这种结构上的困难主要是指缺乏就业机会的信息和知识,以及缺乏迅速移动必须具备的先决条件。在某种意义上,摩擦性失业又可视作经济效率的副产品,是对经济动态性的一种反应。摩擦性失业是一种经常性的失业,本质上是非周期性的。在经济高涨时期,尽管摩擦性失业降至最低点,但由于劳动力市场摩擦的经常性,这种类型的失业此时依然存在;而在经济活动的不景气时期,由于重新就业需要更长时间,摩擦性失业更为显著。摩擦性失业属于劳动力市场的一个自然特征,实际上可以通过广泛提供就业机会信息和缩减寻找工作的时间,而使其得到缓和。

季节性失业(Seasonal Unemployment)是指由于季节性的生产或市场的季节性变化等原因所引起的生产对劳动力需求的季节性变化而导致的失业。造成季节性失业的主要原因有两个方面:其一,一些行业由于受生产条件、气候条件的影响具有季节性的特点,造成对劳动力的需求随着季节性的变化而变动,如农业、旅游业等。其二,一些行业的产品需求受购买习惯、社会风俗的影响会产生季节性的变化,如服装业、节日商品生产企业等,从而影响劳动力的需求,造成季节性失业。季节性失业的主要特点有:(1)一般有规律性,可以预测。(2)持续期有限,因而有助于制订应对计划。(3)分散在一年里,对社会的压力不会太大。

技术性失业(Technological Unemployment)是指由于在生产过程中引进先进技术代替人力以及使用新的生产方法或新的生产过程、新材料和改善经营管理而引起的失业。在经济增长过程中,技术进步的必然趋势是越来越广泛地使用了资本密集型技术,先进技术设备代替了工人的劳动。这样,对劳动力需求的相对缩小导致失业增加。从技术进步和就业的关系来看,一般认为,在短期内,由于引进节省劳动力的设备或技术,工人可能失业;而从长期来看,劳动力总需求并不因为使用技术而受到影响。

周期性失业(Cyclical Unemployment)是指经济周期中经济衰退和萧条导致有效需求不足,继而造成的失业。周期性失业是劳动力市场供求失衡的产物。周期性失业是各种类型失业中最严重的一种,表现在:(1)周期性失业几乎完全不能预测,持续期也不定。(2)周期性失业影响面最大。20世纪30年代大危机受直接影响的劳动者即达25%,另外还有几百万人受到间接影响。周期性失业的危害程度不仅与各种不同的周期类型有关,而且与上述周期彼此作用或重复有一定的关系,因为各种周期彼此有增大或减弱的作用。假如各周期都处在或接近低潮阶段,就会出现加深萧条的倾向。反之,如果只有一类周期处于低潮阶段,其余各类周期正处于上升或达到繁荣的阶段,各周期叠加的结果将很可能出现扩张周期或者弱化周期萧条对劳动力市场的影响。

隐蔽性失业(Disguised Unemployment)也称"在职失业"或"不明显的失业"。是指虽然有工作岗位但是未能充分发挥作用的失业,或在自然经济环境里被掩盖的失业。隐蔽性失业有两种形式:(1)就业人员的劳动时间,由于地方或单位的经济活动停滞,被非自愿地削减到正常水平以下。(2)就业人员的工作,被分配在他们的训练或技术水平之下。在《短缺经济学》一书中,匈牙利著名经济学家科尔内(J. Kornai)指出,在资源约束型市场和劳动短缺的状态下,企业内部的劳动滞存是存在的,劳动短缺越是严重和频繁,隐蔽性失业就越明显。其原因有三个方面:(1)在任何时候都会产生一种不可动用的劳动滞存。如停工待料,或集体生产活动必不可少的几名同事没有来上班,一些工人不能工作等。(2)劳动短缺和无条件的就业同时助长了工作纪律松懈和职工缺乏责任感。(3)在传统管理体制下,政府统一分配劳动力,实际上起到了鼓励企业最大化"储备"劳动力的作用。这种"囤积倾向"既加剧了劳动短缺,又增加了隐蔽性失业,同时还形成了劳动力与隐蔽性失业的恶性循环。

失业率(Unemployment Rate)是指失业人数占全部社会劳动力人数的比率。失业率是用于测度失业程度的一项指标,其计算公式如下:

$$失业率=\frac{失业人数}{社会劳动力总数}\times100\%$$

一些国家规定凡未进行失业登记、未领取失业救济金、未进行求职活动者,都不算失业,并且一般将隐蔽性失业划归在失业范围之外。某些国家(如日本)还使用完全失业率来表示失业程度。完全失业率是指完全失业者(即有就业要求和劳动能力,并进行过求职活动,但在统计调查期间连一小时有收入的工作也没有的人)的人数与全部劳动力人数之比。按照上述规定或办法计算出来的失业率,都比真实的失业率低,并不能如实反映一个国家实际的失业状况。

公开失业率(Rate of Open Unemployment)是指自愿和非自愿失业人数占社会劳动力总人数的比重。现代西方经济学家把传统经济学和凯恩斯经济学中的"自愿失业"和"非自愿失业"现象统称为公开失业。按照凯恩斯的说法,"自愿失业"是因立法、社会习惯、集体议价、适应迟缓、冥顽固执等多种因素,使部分应该就业的人口拒绝或不能接受现行工资水平而选择放弃就业机会的失业现象。凯恩斯认为在现代经济生活中,除了"自愿失业",还有一种"非自愿失业"的现象,即因社会有效需求不足而产生的失业。由于这两种失业现象较广泛地交错存在于一个国家或地区的经济生活中,故而被作为一种公开的失业现象加以统计。若用 L' 表

示公开失业率,L 表示社会总就业人数,L_s 代表"自愿"和"非自愿"失业人数,则有公开失业率的计算公式为:

$$L' = \frac{L_s}{L} \times 100\%$$

公开失业率通常用来表明一个国家或地区在经济发展中的就业水平。公开失业率高,就业水平就低。反之,就业水平就高。

自然失业率(Natural Rate of Unemployment)是指在没有货币因素干扰的情况下,当劳动力市场和商品市场的自发供求力量起作用时,总需求与总供给处于均衡状态下的失业率。所谓没有货币因素干扰,指的是失业率的高低与通货膨胀的高低之间不存在替代关系。自然失业率的范畴是由货币主义的代表人物 M. 弗里德曼提出的,用于对凯恩斯的政府干预主义进行反驳。一般来讲,自然失业率可简单归结为摩擦性失业率与结构性失业率之和,由于人口结构变化、技术进步以及消费偏好的变化都会引致上述两类失业,因而长期来讲,经济周期带来的失业将会趋于消失,仅剩下上述两种"自然"的失业现象。"自然"二字或许并不规范,但一定程度说明即使在充分就业水平下依然存在失业。因而,有时自然失业率被理解为充分就业时仍然保持的失业水平。又由于自然失业率是在没有货币因素干扰的情况下,让劳动力市场和商品市场的自发供求力量发挥作用时应有的、处于均衡状态的失业率,其又被称均衡失业率。自然失业率并不为一个固定值,而是存在一个浮动区间,一般约为3%。

失业持续时间(Unemployment Duration)是指从失业状态确认直到失业状态取消所经历的时间。不同的失业类型,持续时间的长短有所差异。对于摩擦性失业,由于是在生产过程中难以避免的职业转换等原因造成的局部过渡性失业,因而失业持续时间是短期的。对于结构性失业,由于是因劳动力的供给和需求不匹配所造成的失业,是由经济结构、体制、增长方式等的变动导致的,因而其失业持续时间较摩擦性失业是长期的。对于周期性失业,由于是在经济周期中的衰退或萧条时因社会总需求下降而造成的失业,因而失业持续时间与经济衰退期的长短以及需求的收入弹性等密切相关。

痛苦指数(Misery Index)是指将失业率和通货膨胀水平简单地加总得到的一个经济指标。由美国经济学家奥肯于 20 世纪 70 年代提出。该指数认为,失业与通货膨胀给人们带来的痛苦是相同的,失业率上升 1%与通货膨胀率上升 1%对人们构成同样程度的"痛苦"。即痛苦指数=失业率+通胀率。

劳动力(Labor Force)有两层含义:第一是指经济学上对具有能够被雇佣潜力的社会人群的指称。此时的劳动力包括就业者和失业者。第二是指工作人群,通常指在各个产业工作的人,但不包括雇佣者和管理层,多指体力劳动者。此外,劳动力还可以指人的劳动能力,是人的体力和脑力劳动的总和。此时的劳动力存在于活的健康的人体中。

劳动力资源(Labor Resources)是指一个国家或地区,在一定时点或时期内,拥有的劳动力人口的总和。劳动力资源用劳动力数量和劳动力质量两个因素构成,通常情况下劳动力资源用劳动力数量来表示,其计算范围有两个方面:(1)具有劳动能力的人口。指人们生产使用价值时发挥的体力和智力的总和。通常从年龄、健康素质、文化科学技术水平和生产劳动经验等方面来综合考虑。(2)劳动适龄人口。指具有劳动能力在劳动年龄界限内的人口。它的年龄界限会因一个国家和地区的历史、地理、社会和民俗不同而有所不同。中国现行制度规定的劳动年龄界限为男子 16—60 周岁,女子 16—55 周岁。影响劳动力资源数量的因素有:人口总量以及人口的出生率、死亡率、自然增长率;人口年龄构成及其变动;人口迁移;人口的性别构成和劳动力参与率。劳动力资源的质量包括体质和智能两个方面:体质包括人体的生理发育状况、人体功能、对于一定劳动负荷量的承受能力和恢复能力,体质是智能存在和发展的生理基础。劳动力人口的智能包括智力、知识、技能三个方面,智力是人们认识客观事物、运用知识、解决问题的能力,包括观察力、记忆力、思维力、想象力和实践能力。影响劳动力资源质量的因素主要有遗传、营养、教育、自我努力程度等。

失业津贴(Unemployment Benefit)是指根据失业补偿计划而由政府发给失业者的一种津贴。实行失业津贴制度是各国政府用来稳定社会、降低失业率、促进经济持续稳定增长的主要政策之一。它是福利政策的主要内容之一,也是转移支付的一种形式。失业津贴还随失业期而呈逆减趋势。失业津贴的给付大体上有三种形式:(1)按失业前工资的一定比例给付。(2)按绝对金额每月给付。(3)用日绝对金额加日工资的一定比例给付。此外,失业津贴有上限与下限之分。

二元制劳动力市场假说(Dual Labor Market Hypothesis)是指对二元劳动力市场分割的分析与验证。根据二元劳动力市场理论,劳动力市场可分为两部分:优等劳动力市场和次等劳动力市场。优等劳动力市场的工作多由大企业提供,其特征是:工作条件好,工资较高,工作比较稳定,企业常为职工提供培训机会;次等劳动力市场的工作由小企业提供,其特征是:工作条件较差,工资较低,工作不稳定。对二元制劳动力市场特点的分析有助于分析劳动力市场状况以制定相应的政策措施。

劳动力歧视(Labor Discrimination)是指发生在劳动力市场的歧视现象,基于民族、性别、肤色、宗教信仰等劳动力的人身特征而对具有相同生产率的工人支付不同的工资或不同的待遇,甚至拒绝雇佣某种种族或某性别人员的行为。在劳动力市场受到这种不公正对待的一般为少数民族和女性。经济学家们提出了各种不同的理论解释产生歧视的原因以及歧视的作用、机制,他们认为,引起歧视的原因主要有三种:第一种是个人偏见,歧视是由于雇主、同事以及顾客不喜欢同某些属于特定种族或性别的雇员打交道而造成的。第二种是统计学偏见,即由于雇主将某种先入为主的群体特征强加在个人身上而引发了歧视现象。第三种是非竞争性劳动力市场的存在,例如,在现实中存在职业隔离的现象,而女性通常只集中在某些职业就业,于是这些职业就出现了拥挤现象,导致了她们只能获取较低的工资。

劳动力质量(Labor Quality)又称"劳动力素质"。是指反映劳动力总体的质的规定。劳动力质量可以分为广义和狭义两种。广义的劳动力质量,包括劳动力总体的文化科学水平、身体健康程度和思想道德状况,这是把劳动力作为社会范畴来看的;狭义的劳动力质量,是把劳动力作为生产力要素来看的,只包括文化科学水平和身体健康程度两个方面。劳动力质量受社会生产方式的影响和制约，随着社会生产力的发展而不断提高。同时，劳动力质量对社会的发展也有加速和延缓的作用。特别在现代科学技术发展迅速，生产的发展主要不是依靠劳动力数量增加，而是主要靠劳动力质量提高的前提下，劳动力质量在社会经济发展中的意义更为重要。人力资本理论着重研究了劳动力质量对经济增长的作用，以及教育投资对提高劳动力质量的作用。它认为，用每一个人（或每一工时）被看成等量的劳动投入的传统办法，来显示不同劳动力质量对经济增长的作用是不行的。不同劳动力质量对经济增长的作用大不相同，衡量劳动力质量的高低应该用劳动者受教育的年数作为一个尺度，同时辅之以被市场上承认的劳动力价格尺度。恩格尔曼根据上述原理，并利用柯布—道格拉斯生产函数，设计了劳动力质量对经济增长作用的计算公式。其结论是政府应该增加教育投资，把教育政策作为经济政策的重要组成部分，重点培养"优秀人才"。

人才外流（Brain Drain）又称"头脑外流""人才流失"等。是指国际间高质量劳动力资源的流动。起源于第二次世界大战期间和战后初期。当时由于德、意法西斯对科学家的迫害，致使许多科学家、工程师、医生、教授等高级知识分子纷纷逃往国外，流入美国。而当时美国政府则采取大量吸收国外人才的政策。据统计，第二次世界大战后有20多万名外国科学家、工程师、教授等流入美国。人力资本理论认为，高质量移民入境是国际间人力资本转移的一种重要形式，是不花人力投资的人力资本净增加，因为这些人才的教育费用、保健费用是由国外政府负担的。移入国人力资本的净增加（吸收高质量移民）越多，移入国的人力资本收益越大，对经济增长越有利。造成人才外流的原因包括国家政局不稳、机会缺失、健康风险和个人冲突等多方面。通常情况下，发展中国家，比如印度、中国等更易遭受人才外流，而美国、英国、加拿大等发达国家则在这种现象中获益，成为人才流入国。大量高技术人才、科学家、医生等从广大发展中国家（包括欧洲一些国家）流入发达国家，为后者科学技术和经济发展作出了重要贡献。

劳动力市场（Labor Market）是指具有劳动能力的劳动者与生产经营中使用劳动力的经济主体之间进行交换的场所。劳动力市场是交换劳动力的场所，是通过市场配置劳动力的经济关系的总和,属于市场体系的组成部分。劳动力市场交换关系表现为劳动力和货币的交换。与一般商品市场相比,劳动力市场具备三个典型的特征:其一,区域性市场为主。其二,进入劳动力市场的劳动力是广泛的,所有具备劳动能力和进入意愿的劳动力都可以进入劳动力市场。其三,劳动力的合理配置主要通过市场流动和交换实现,市场供求关系调节劳动力在地区、部门和企业间的流动。劳动报酬受劳动力市场供求和竞争影响,劳动力在供求双方自愿的基础上实现就业。基于不同的视角,劳动力市场可分为三种类型:(1)从地理或区域角度看,可分为国家劳动力市场和地方劳动力市场。由于社会的、经济的、远距离流动的限制,地方劳动力市场对一般就业者更有实用性。(2)从职业角度看,可分为非技术工人市场、专业技术工人市场等不同性质的职业市场。由于职业性质不同,处于同一地方劳动力市场之中的两个职业劳动力市场之间,是属于非竞争关系。(3)从供求角度看,可以分为需求约束型劳动力市场和资源约束型劳动力市场。

劳动力流动(Labor Mobility)是指由于劳动力市场条件的差别,劳动力在不同的区域范围内或不同岗位之间、行业之间、职业之间的自愿选择、迁移的现象。劳动力流动的基本理论主要有配第—克拉克定理、刘易斯二元经济模型、利利安(1982)部门转移理论。劳动力流动的形式多种多样,一般包括水平流动、垂直流动、位势性流动和结构性流动。所谓水平流动,是指不改变个人所处的阶层和社会地位,在同性质的工作岗位上的流动;所谓垂直流动,是指打破职业的世袭和垄断,个人可以改变所处的阶层和社会地位,上升到较高的阶层或下降到较低的阶层的工作岗位上去;位势流动是指劳动力从边际生产率低的部门、行业、地区、单位向边际生产率高的部门、行业、地区、单位流动;结构性流动,是指劳动力从劳动力过多或不适合个人才能发挥的部门、行业、地区、单位向劳动力较少或人能尽才的部门、行业、地区、单位流动。劳动力流动是社会化大生产条件下的必然现象,是企业自由选择需要的劳动者,劳动者自由选择适合自己才能的工作单位的前提条件,它同劳动变换规律有着密切联系。

劳动力参与率(Labor Participation Rate)是指在一定时期内经济活动人口(包

括就业者和失业者)占劳动年龄人口的比率。用来反映在一定时期内劳动力资源实际或可能被利用的程度。其计算公式为:

$$劳动力参与率 = \frac{劳动力总数}{劳动力资源总数} \times 100\%$$

劳动力参与率也可以用来衡量全体劳动力从一个时间到另一个时间的波动状况。这种波动无论在其方向上,还是在其规模上都可能同单是人口数量的增减所引起的意料中的波动大不一样。此外,就两个人口数量相近的国家而言,如果它们的劳动力参与率显著不同,其劳动力数量也可能显著不同。劳动力参与率还经常被用来表示某一性别以及某组年龄的劳动力总数在一定时期内所占劳动力资源总数的百分比。根据经济学理论和各国的经验,劳动力参与率反映了潜在劳动者个人对于工作收入与闲暇的选择偏好,一方面受到个人保留工资、家庭收入规模以及性别、年龄等因素的影响,另一方面受到社会保障的覆盖率和水平、劳动力市场状况等社会宏观经济环境的影响。

产业(Industry)是国民经济各个部门的统称。产业的概念介于微观经济与宏观经济之间,是指某些具有同一属性的经济活动的集合。基于不同的分析视角,产业有多种分类方法。比较系统的方法最早见于 20 世纪 20 年代国际劳工局的分类。它把一个国家所有产业分为三类:(1)初级生产部门,如农业、矿山。(2)次级生产部门,如制造业。(3)服务部门,如交通运输、商业、金融、行政、国防、自由职业、家庭及个人服务等。第二次世界大战后,西方国家较多地采用三次产业分类法。1971 年联合国为了统一世界各国产业分类,颁布了《全部经济活动的国际标准产业分类索引》,把全部经济活动分为十大项,在每个大项下面分成若干中项,中项下面又分成若干小项,最后将小项分解为若干细项。而且,各大、中、小、细项都规定有统计编码。此外,还有霍夫曼产业分类法,"日本产业结构审议议会"使用的生产结构分类法,农、轻、重分类法以及按资源集约度进行的产业分类法等。由于工业化过程对于经济发展的重要性,工业在产业发展史上具有重要地位,在某些情况下,产业特指工业。

产业结构(Industrial Structure)是指国民经济活动中各个产业之间的比例关系及其构成。主要基于三次产业划分方法对产业间的结构特征进行描述。产业结构主要分为产业的产值结构和就业结构,前者是指三次产业在国民经济产值中的贡献额度,后者则指三次产业对劳动力的吸纳能力特征。需求结构、供给结构、外部条件以及一个国家的历史、政治、文化等因素均对产业结构的演变产生影响。从经济发展的历史看,合理的产业结构可以促进经济的迅速发展和人民消费水平的提高。

产业合理化(Rationalization of Industry)是指产业结构的均衡状态。通常产业结构的不均衡是造成产业结构不合理的主要原因。不均衡状况通常与生产能力过剩、厂商间实际成本差异、产业结构变化和转移比较优势相联系。产业结构的不平衡状况可以由市场力量来调整,也可以由政府力量调控。市场力量起作用的时间依环境而定,可能太快,也可能太慢;而政府调控通常为了减少失业和经济震荡,通常是减慢调节过程。

产业关联(Industry Association)是指各产业之间在投入与产出方面的相互联系和相互影响。各产业间的产品相互依存,某一产业的发展势必影响其他产业的发展。产业关联按产业间供给与需求分为前向关联和后向关联,按技术工艺方向和特点分为单向关联和多项循环关联,按依赖程度分为直接关联和间接关联。

产业布局(Industry Distribution)是指一定时期内各个产业在一个国家或地区的空间分布和组合。一定时期一个国家或地区会依据其资源禀赋、地理位置、技术水平、经济制度和国际分工等来确定其产业布局。合理的产业布局能促进各生产要素流通和产业间交流,产生较强的外部经济效应,促进资源有效配置和经济发展。

产业竞争力(Industrial Competitiveness)也称"产业竞争优势"。是指一个国家或地区的某一产业相对于他国或地区的同一产业,在生产效率、满足市场需求、持续获利等方面所体现的竞争能力。产业竞争力概念由美国学者迈克尔·波特在

《国家竞争优势》中提出。产业竞争力分析应突出产业集聚、区位优势、产业转移等影响区域经济发展的各种因素。产业竞争力评价体系构造和评价应遵循科学性原则、可行性原则、过程指标和状态指标相结合原则。

市场集中度(Market Concentration Rate)是指某一产业中前几家最大企业的产品所占市场的份额,用来度量市场寡头垄断的程度。市场集中度体现了寡头企业集团拥有操控市场的能力。如果集中度较高,则寡头企业可以通过市场合谋从而操纵价格或者从事其他垄断活动。在较高集中度的产业中,某个寡头企业违背合谋,对其他寡头影响较大,而容易遭到报复,所以集中度越高的产业,寡头们更倾向于合谋而避免恶性竞争。市场集中度计量指标有行业集中率、赫尔芬达尔—赫希曼指数、逆指数和熵指数等。

产业政策(Industrial Policy)是指国家为了实现某种经济社会发展目标而对各个产业部门的发展采取的各种政策措施和手段。它具有两个特征:(1)与其他经济政策相比,在更大的程度上干预社会再生产过程,干预产业部门之间和产业部门内的资源分配过程。(2)通过制订非指令性经济计划、各种经济立法和经济措施,使产业运行目标化。产业政策主要包括产业结构政策、产业组织政策、产业布局政策和产业开发政策,以产业结构政策和产业组织政策为主。所谓产业结构政策,就是确定产业结构的发展方向并为实现这一目标所采取的政策,如为了保护和扶持特定产业而采取的补助金和税制方面的优待措施、提供政府贷款和优惠商业贷款利率、在国内产业尚未成熟时采取限制进口政策等。产业结构政策的核心是促进产业结构的合理化,提高产业结构的转换能力,从推动产业结构合乎规律的转换中求速度和效益。所谓产业组织政策,就是为了获得理想的市场绩效,而对市场结构和市场行为进行干预的政策,如美国 1890 年实行的旨在限制垄断的反托拉斯法——谢尔曼法便是一例。产业组织政策的核心在于维护竞争活力与充分利用规模经济。在实践中,通常有两种不同的产业组织政策。一种是偏重于维护竞争抑制垄断的政策,另一种是偏重于限制竞争的政策。采取什么样的产业组织政策往往与某个国家经济发展的水平和阶段以及其他经济、政治的因素相关。从产业结构演进中追求效益和速度,从建立大量生产体制中寻求产业振兴的思想和政策体系,对于发展中国家摆脱经济落后的现状、赶超发达国家亦有启示。

产业革命(Industrial Revolution)是指一种特殊形态的、以技术革命为先导,包含生产体系、经济结构、组织结构变动的物质生产领域内的历史变革。世界经济发展史上曾出现过四次产业革命。第一次产业革命于18世纪60年代始于英国,而后相继在美、法、德、俄、日等国发生。这次产业革命以蒸汽机的发明和应用为先导,引起了机器制造业的出现,改变了整个工业生产的面貌,使机械化生产遍及工业、交通运输业、采矿业等部门,建立了工厂制度,确立了资本主义生产方式的统治地位。第二次产业革命发生在19世纪末和第二次世界大战爆发前后。麦克斯韦的《电子和电磁学》奠定了现代电力、电子和无线电工业的理论基础,发明和制造了电机。电力的运用使电力工业、石油工业、汽车工业、飞机工业等部门迅速得到发展,自由资本主义由此而过渡到垄断资本主义。第三次产业革命始于20世纪40年代,以电子技术、核裂变技术、现代通信技术、航天技术、海洋开发技术、生物工程、新材料开发等技术的重大突破为先导,随之出现了以高技术为特征的一系列新兴产业部门。目前世界正经历着第四次产业革命。这次产业革命以微电脑技术、激光技术、机器人和新的合成材料技术的应用为先导,引起了信息加工处理产业和信息服务产业的出现,使工业社会逐步进入信息社会,信息的生产力成为决定生产力、竞争力、经济成就的关键因素。

主导产业(Leading Industry)是指在产业结构中居于支配地位,与其他产业关联度强,有带动性,对国民经济的驱动性作用显著,有较大增长潜力的产业。主导产业的确定与该国的经济发展水平、技术进步状况、市场供求、产出费用和效益等因素密切相关,其选择基准一般包括郝希曼关联基准、筱原三代平二基准、环境和就业基准等。主导产业是经济发展的推动器。正确的选择主导产业并施以相应的产业政策,可以加速一个国家产业结构的高度化进程,使国民经济实现较快增长。日本在第二次世界大战后出现了互相带动、接替领先的三组主导产业。第一组主导产业是电力工业和造船业,它们的发展为耗费量大的原材料工业准备了条件。第二组主导产业是石油、石化、钢铁、造船等,它们的发展为组装加工工业的兴起创造了条件。第三组主导产业是汽车和家庭电器工业,它们的发展使日本工业结构步入高加工度化的道路。主导产业具有阶段性、序列更替性和多层次性三个特征，其选择是一个动态调整的过程。

产业结构转换能力（Industrial Structure Transformation Ability）是指通过确定必要的产业结构政策和经济机制推动产业结构向高级阶段转换，在产业结构转换中寻求经济发展速度和效益的能力。产业结构转换能力的高低与产业结构政策是否正确密切相关。产业结构理论表明，产业结构的演进是一个有序有阶段的过程。人们不能违背这个演进过程，只能在给定的经济条件下加速产业结构演进的步伐。这要求在规划产业结构时充分考虑国际国内经济发展的条件和环境，选准战略产业，确定产业结构中长期演进的趋势和方向，通过财政、税收、立法以及贸易保护政策等措施实现产业结构政策的目标。正确的产业结构规划和恰当的实施措施是提高产业结构转换能力的关键。没有强有力的产业结构转换政策，没有国家对经济发展的有效干预和对幼稚产业的扶植、保护，单靠市场机制实现产业结构的高度化是难以做到的。一个国家的产业结构转换既是一定经济发展阶段的客观要求，又是一定时期经济增长的任务。

产业感应度系数（Industry Reaction Degree Coefficient）是指某一产业产出水平受其他产业影响的灵敏度。通过投入系数逆阵表来刻画。在逆阵系数表中，某产业横行上的数值即反映该产业受其他产业影响的程度，横行系数的平均值可看作该产业受其他产业影响的一般的、平均的趋势。由此可得出计算某产业感应度系数的公式：

$$某产业的感应度系数 = \frac{该产业横行逆矩阵系数的平均值}{所有产业横行逆矩阵系数的平均值}$$

如果某产业的感应度系数大于1，则说明该产业感应度程度高；如果小于1，则该产业的感应度较低。感应度较高的产业有基础化工、钢铁、造纸等。这些产业一般都是基础产业。在工业化过程中，重工业一般都是感应度系数较高的产业。经济增长率较高时，感应度系数较高的产业其发展一般都快。有些产业（如机械制造业)感应度系数和影响力系数都大于1,在经济发展中常常处于主导地位,是对经济增长速度最敏感的产业。

产业影响力系数(Industrial Influence Coefficient)是指某产业对其直接和间接投入品产业生产活动的影响能力的一种测度。通过逆阵系数表求出的,公式为:

$$某产业影响力系数 = \frac{该产业纵行逆矩阵系数的平均值}{所有产业纵行逆矩阵系数的平均值}$$

如果系数大于1,则表明该产业的影响力较强;如果系数小于1,则表明该产业的影响力较弱。一般说来,在工业化阶段,影响力较强的产业有生产运输工具、工业机械和设备、皮革制品、化纤产品等的产业。这些产业多属于最终产品产业部门,尤以轻工业为主。影响力较强的产业对其他产业的发展起推动作用。如汽车工业的发展需要机械工业的高度发达;机械工业的发展又要求钢铁、冶炼工业相应发展;钢铁、冶炼工业的发展则推动采矿业的发展;机械产品系列的产业的发展同时要求建筑、建材、交通运输等的发展。产业间的相互关联,最终推动了经济的发展。

产业生产诱发系数(Industrial Production Induction Coefficient)是指各产业最终需求项目的生产诱发额与相应的最终需求项目的合计之比。这一系数是通过投入产出表推导的。某产业的生产诱发额指该产业的最终需求栏中的消费项的数值分别乘上逆阵系数表中该产业栏的纵列各系数,并求其和;各产业各最终需求项目的生产诱发额合计即为该产业的总产出。假如农业的消费需求从投入产出表中查出的是821,用逆阵系数表计算出来的生产诱发额为931,又从投入产出表中查出各产业各最终需求的消费项合计为10687,那么农业的消费需求的生产诱发系数就是931÷10687=0.0871,即当农业总的消费增加1个单位时,农业将诱发0.0871个单位的生产。由生产诱发系数可以了解国民经济发展中各产业所起作用的大小,为制定正确的产业政策提供依据。

最终需求依赖度系数(Final Demand Dependence Coefficient)是指某产业各最

终需求项目的生产诱发额与该产业各需求项目的生产诱发额合计之比。即不仅考虑各个产业的生产直接依赖的需求，而且考虑各个产业的生产间接依赖的需求。譬如，粮食有一部分直接用于家庭消费，其余还有一部分用于酿酒业和食品工业，这些产业的产品又多半进入家庭消费。生产粮食的产业不仅直接依赖最终需求的程度高，而且间接依赖最终需求的程度也很高。有些产业从直接的关系上看似乎同最终需求没有关系，但间接依赖最终需求的程度却不低。如钢铁工业的生产通过小汽车、住宅、家用电器等制造业的生产在很大程度上间接依赖于最终需求。根据各个产业的生产的最终需求依赖度系数，可以把各个产业部门划分为"依赖消费型产业"，如纺织化纤、家用电器、食品轻工业；"依赖投资型产业"，如钢铁、机械等重工业；"依赖出口型产业"，如中国的手工艺品、日本的汽车制造和电子工业等。

产业综合就业系数（Industrial Comprehensive Employment Coefficient）是指产业的就业系数与逆阵系数之积。即某产业为进行 1 个单位的生产，在本产业部门和其他产业部门直接和间接共需要投入的就业人数。产业的综合就业系数是根据逆阵系数表推算出来的。计算公式是：综合就业系数＝就业系数×逆阵系数。其中，就业系数是每单位产值所需要的就业人数。从一般趋势上看，第一次产业的就业系数最高，其次是第三次产业，第二次产业的就业系数最低。这是因为第二次产业的劳动生产率较高，而第一、第三产业的劳动生产率相对较低。由于就业系数较高的产业一般是中间投入率相对较低而附加价值率高，对其他产业的波及效果较小；就业系数较低的产业往往中间投入率较高，对其他产业的波及效果较大。所以，与就业系数相比，各产业的综合就业系数差距是缩小的。

产业综合资本系数（Industrial Comprehensive Capital Coefficient）是指某产业的资本系数与逆阵系数之积。可用公式表示为：综合资本系数＝资本系数×逆阵系数。其中资本系数＝某产业的资本量÷该产业的总产值。产业综合资本系数的意义是，某产业进行一个单位的生产，在本产业部门和其他产业部门共需要多少资本投入。综合资本系数较高的产业增加生产所需要的直接或间接资本投入量较大，综合资本系数较低的产业增加生产所需要的直接和间接投资较少。一般说来，第一次产业的资本系数较低,第二次产业中水泥、钢铁、化工、造纸等"装置性工业"的资本系数较高。资本系数同节约系数在第一、第二次产业中大多呈反向变化,第三次产业中运输、邮电通信等公共事业的资本系数与就业系数都较大。同产业综合就业系数与就业系数之关系的情况大体一样,各个产业的综合资本系数的差距与资本系数相比亦是缩小的。

朝阳产业(Sunrise Industry)与"夕阳产业"相对。是指具有强大生命力、由技术突破创新带动企业发展的新兴产业。朝阳产业前景广阔,代表未来发展的趋势,一定条件下可演变为主导产业甚至支柱产业。这些产业部门由于发展迅速、影响广泛、生产大幅度增长,犹如初升的太阳,因而被喻为"朝阳产业"。而那些传统产业部门,如钢铁、汽车、纺织、造船业,则处于生产下降的趋势。如同西下的夕阳,因而被称为"夕阳产业"。"朝阳产业"和"夕阳产业"不过是一种形象比喻,它们并不能准确地描述当前世界科技和经济发展的现状及趋势。一般认为,采用"新兴产业"和"传统产业"的概念更为确切。

夕阳产业(Sunset Industry)与"朝阳产业"相对。是指在产业结构中已丧失有利地位。"夕阳产业"主要由产业结构的变动引起。伴随经济发展,在产业结构演进过程中,由于新技术、新材料、新产品的出现替代了某些产业的产品地位,使这些产业的资源出现一种慢性过剩。

幼稚产业(Infant Industry)是指某一产业处于发展初期,其基础和竞争力薄弱但经过适度保护能够发展成为具有潜在比较优势的新兴产业。幼稚产业的成长与成熟,有助于发展中国家建立起初步的工业基础,生产本国需要的消费品;也有助于扩大幼稚产业的出口创汇,促进外贸增长和经济发展。因此,许多发展中国家都采取各种保护措施来发展幼稚产业,如政府给予低息贷款和税收优惠。

产业空心化(Industrial Hollowing)是指以制造业为中心的物质生产和资本大量地转移到国外,使物质生产在国民经济中的地位明显下降。出现产业空心化的主要原因是:高度发达的国家或地区,由于集中人力、物力、财力发展高技术工业的同时,把劳动成本高、资源消耗大和环境污染严重的传统工业或"夕阳工业"转移到发展中国家或地区,使得本国或本地区的纺织、钢铁、造船、煤炭等基础性工业日益衰落,从而造成高技术工业发展处于"悬空"状态,整个工业发展处于"空心"状态,整个国民经济的发展对外依赖性加深,最终造成国内物质生产与非物质生产之间的比例关系失衡,国内投资不断萎缩,就业机会不断减少的局面。

劳动密集型产业(Labor-intensive Industry)是指技术装备程度较低、需要大量劳动力从事生产活动、占用资金较少的产业部门。这是按照生产对不同资源的依赖程度,即按生产要素组合的比例和密集程度来划分的一种产业类型,包括纺织、针织、服装、皮革、家具以及手工艺、编织等行业。当一个国家的经济基础比较薄弱、投资有限、劳动就业问题又很突出的时候,注重发展一些资金有机构成较低的劳动密集型产业,多生产一些在手工工艺上、品种上有特色的劳动密集型产品,对国民经济的发展往往是有利的。随着社会生产力的发展和科学技术的进步及其在经济活动中的广泛运用,资本的有机构成会逐渐提高,劳动密集型产业会逐渐向资金密集或知识密集的混合型产业转化,这是劳动密集型产业发展的必然趋势。

资本密集型产业(Capital-intensive Industry)是与"劳动密集型产业"相对的一种产业。是指资本有机构成高、投资比较集中的产业部门。其特点是:工艺过程比较复杂,设备比较庞大,原材料消耗大,所需投资多,资金周转慢,单位投资容纳的劳动力较少,具有较高的劳动生产率,如钢铁工业、重型机械制造业、石油化工产业等。发展资本密集型产业要以较高的社会生产力为基础,以较为充足的资本为条件。一般说来,比较发达的国家资本密集型产业占优势地位,发展中国家资本密集型产业通常出现在出口产业中,但是要实现产业结构的合理化,跻身于世界经济发展先进国家的行列,必须有选择、有重点、有步骤地发展资本密集型产业。

高新技术(High-tech)又称"高技术""高科技"。是指对目前正在研究开发中的,或原有的、仍然具有应用前景的重大关键技术的统称。第二次世界大战以后出现了一些对人类生活产生影响很大的技术,如核裂变反应堆技术、半导体技术等,当时被称为"新技术"。到20世纪70年代又有大量新技术出现,此后至80年代出现的新技术被称为"高技术"。这时,科学与技术之间的原有界限越来越模糊,这些高技术具有科学性和技术融合的特性,因而又被称为"高科技"。高科技的主要特点在于高投入、高效益、高智力、高竞争、高风险、高潜能。高潜能是指这些技术对国家的政治、经济、文化、军事乃至社会都会产生重大影响,具有很强的渗透力和扩散性,具有高势能般的巨大潜力。按照联合国的分类,高科技包括信息科学技术、生命科学技术、新能源与可再生能源科学技术、新材料科学技术、空间科学技术、海洋科学技术、有益于环境的高新技术以及管理科学技术(又称"软科学技术")。由于科学和技术都在不断地发展,并不断地被应用来代替原有的技术,现常用"高新技术"来泛指这些具有良好应用前景的技术。中国国家科学技术委员会对高新技术的分类是:微电子科学和电子信息技术;空间科学和航天技术;光电子科学和光电子一体化技术;生命科学和生物工程技术;材料科学和新材料技术;能源科学和新能源高效节能技术;生态科学和环境保护技术;地球科学和海洋工程技术;基本物质科学和辐射技术;医药科学和新医药技术;其他在传统产业上应用的新工艺、新技术。

高技术产业(High-technology Industry)是指在开发高新技术的基础上形成的新兴的产业部门。高技术产业的技术和知识占比往往较高,并具有科研费用高、职工文化技术水平高、产品附加价值高、增长速度快等特点。目前公认的高技术产业有电子工业、航天工业、生物技术工业、新材料工业等。作为一种战略性产业,高技术产业对其他部门乃至整个国民经济都有着巨大的影响,其占国家国民生产总值的比重大小成为一个国家经济发展水平的重要判断标准之一。

技术密集型产业(Technique-intensive Industry)见"高技术产业"。

知识密集型产业(Knowledge-intensive Industry)见"高技术产业"。

交叉弹性(Cross Elasticity)是指某商品需求变动对另一商品价格变动的敏感程度。交叉弹性的高低是用交叉弹性系数来衡量的,所谓交叉弹性系数,即是某商品的需求变化率与另一商品的价格变化率之比。其计算公式如下：

$$e_{xy} = \frac{\dfrac{\Delta q(y)}{q(y)}}{\dfrac{\Delta p(x)}{p(x)}}$$

式中，e_{xy}表示x产品价格变动导致y产品需求量变动的交叉弹性系数，$q(y)$为y产品需求量，$\Delta q(y)$为由于x产品价格变动导致y产品需求量的变动，$p(x)$为x产品的价格，$\Delta p(x)$为x产品的价格变动。

交叉弹性系数大于0时，说明两种商品间（x和y之间）为替代关系；小于0时，说明两种商品为互补关系；等于0时，说明两种商品之间不相关。交叉弹性用来刻画两种商品相互之间关系的程度。如果商品y的价格下降，且商品x、y之间的交叉弹性较低，两种商品是互为补充的商品或相关产品。例如，网球拍的价格下降引起网球需求量的上升；相反，网球拍价格上升，则网球需求量相应下降。如果商品y的价格下降引起商品x的需求下降，商品y价格上升引起商品x需求相应增加，则两种商品间的交叉弹性较高。这两种商品便是互相竞争或相互替代的商品。如洗衣粉价格的下降会减少肥皂的需求量，洗衣粉价格上升会增加肥皂的需求量。将同一产业不同企业的产品的交叉弹性加以比较，可以了解产品差别化的状况，为产业组织分析提供依据。如果同一产业不同企业的产品之间交叉弹性较低，便说明相互替代性低，产品差别化趋势较强，该产业的市场垄断程度较高。

生产力布局（Allocation of Productive Force）又称"生产力配置"。是指劳动者、生产工具、劳动对象、科学技术等生产力因素在地域空间上的分布。生产力布局受到多种因素的制约，包括自然因素、技术因素、政治因素等。要实现其合理布局，应遵循的原则是：（1）有利于自然资源、经济资源、劳动力资源的最优利用。（2）生产场地分布尽量靠近原材料和燃料产地以及产品的主要销售市场，从而减少运输成本、提高经济效益。（3）有利于国防安全和民族团结，有利于地区经济平衡发展，有利于缩小工农差别和城乡差别。（4）有利于治理污染，加强环境保护和生态平衡。生产力布局按部门可以分为工业布局、农业布局、能源布局、运输业布局等,按层次可以分为国民经济布局、地区布局、地点布局、企业内布局等。

生产力经济学(Productive Force Economics)是指运用科学的抽象法研究社会生产力的发展和运动规律的理论经济学。生产力经济学具有强烈的实践性,但却不是应用经济学。它的基本任务是为合理地组织社会生产提供一般的理论、方法和原则,指导人们以最小的生产力消耗,获取最大的生产成果和最佳经济效益。其基本内容是:(1)研究分析生产力的构成因素。主要包括劳动者、生产工具、劳动对象、科学技术、经济管理、信息等。(2)生产力因素的组合方式,主要有属性组合、数量组合、空间组合、时间组合四种基本组合方式。(3)生产力运动的外部条件,包括自然条件、生产关系条件、上层建筑条件等。(4)社会生产的合理组织,包括生产力结构合理化、生产力布局合理化、时间组合合理化、企业规模合理化以及上述四个方面的社会生产过程的总体组织合理化。

工业布局指向(Indication of Industrial Orientation)是指各类工业生产部门向能满足其主要需求的地区或地点接近的倾向。它根据企业本身工艺上和技术经济上的特点,尽量缩短各生产要素之间、生产与消费之间的空间距离,以取得劳动或时间上的节约。所谓"指向",是指某种因素对企业选址具有特殊的吸引力。一般来说,产品在生产过程中失重程度大,或者原材料在运输、储藏过程中损耗大的生产部门,厂址应趋向于选择在原料产地,即按"原料指向"布局。原料失重程度较小、成品不便运输或运输过程中损耗大的生产部门,厂址应趋向于选择在靠近消费市场,即按"市场指向"布局。产品生产过程中能源消耗较大,厂址应趋向于选择在接近能源基地或动力基地的地方,即按"能源指向"布局。产品对技术条件要求较高,这类"技术密集型"企业,厂址应接近于科学技术中心,即按"技术指向"布局。在劳动力资源丰富、产品又属于"劳动力密集型"的企业,应选择在劳动力资源丰富的地区,即按"劳动力指向"布局。一些企业因为原材料和成品的运量运费基本相同,可运性较大,或者使用大量的半成品为原材料、其市场又遍布各地,因此在布局中可以相对自由布局,即按"无定指向"布局。一些企业对外部交通的依赖性特别明显,应趋于在港口及交通枢纽选址,即按"港口及交通枢纽指向"布局。在多种因素都影响企业生产销售时,需要衡量其利弊,选择在某一最重要的因素附近布局或者在各类因素吸引力的"重心"附近布局。布局指向仅仅是一种原则或趋向,在实际应用中还要考虑其他如政治、社会、心理等因素,它们都会对工业布局产生影响。

纵向经济联系(Vertical Economic Relation)是指中央、地方和企业之间按行政隶属关系在经济上建立起来的各种联系。社会经济组织从纵向方面可以分为中央、地方和企业三个层次,处于最低层次的企业通常分属于不同的主管部门。根据这种行政隶属关系,企业与其主管部门之间在经济上建立起了各种联系。这些联系便称为纵向经济联系。与横向经济联系相比,纵向经济联系从某种意义上讲不具有内在的经济联系。

横向经济联系(Horizontal Economic Relation)是指国民经济各个部门、各个行业、各个地区、各个企业之间在经济上建立起来的自然联系。横向经济联系各主体按照"自愿互利、等价交换、风险共担、利益均沾"的原则,打破部门、行业、地区、所有制的界限,在经济方面进行渗透或融合。主要形式有全国范围内的联合、区域性联合、城市群体间的联合、城乡之间的联合、城市企业之间的联合等。其中,企业之间的联合是最普遍的一种形式。它或者以优质品牌产品为"龙头"组织"一条龙"式的联合生产,或者通过招标投标实行"满天星"式的零部件扩散,或者在资源深度加工和综合利用方面进行合作,或者在资金、技术、能源、原材料、设备、人才和信息等方面进行交流与协作,或者在产品经营、销售方面进行联合。有的还通过合资经营、合作经营、来料来图来样加工和补偿贸易等方式,广泛开展与外国企业之间的经济技术交流与合作。

旁侧影响(Bystander Effect)又称"旁观者效应"。是指某一主导部门的兴起和发展对相关地区其他建设的影响。是在1960年由美国经济史学家罗斯托提出的一个概念。例如,在经济发展起飞阶段,棉纺织工业作为主导部门的旁侧影响是城镇建设、交通线沿线的建设、工人区的形成(包括生活、文化供应)等。在工业发展的成熟阶段,重型机器制造业作为主导部门其旁侧影响是大城市发展、农业机械化、其他部门的技术改造。当经济发展进入高额群众消费阶段时,耐用消费品工业(如汽车制造业)作为主导部门其旁侧影响是郊区化和公路建设、服务业的随之发展。这种影响表明,在经济发展过程中主导部门不是孤立存在和发展的,而是与其他有联系的若干部门一起共生共灭。它既是其他部门得以产生和发展的原因,又是以其他部门的发展为其条件的。主导部门的兴起与发展及其对其他部门的影响,构成了一个主导部门综合体系,对经济增长和发展产生着重要的推动作用。

投入(Input)是指在生产物品和劳务的过程中所使用的物品或劳务。一个经济体系使用其现有的技术将投入转换为产出。投入的另一个名称叫作生产要素,指在生产过程中为实现一定数量的产出而投入的生产要素及其数量。它既包括劳动力、土地、资本、原材料,也包括管理技能和其他劳务。投入是影响经济增长和经济发展的一个重要因素。努力提高投入的经济效益,以较少的投入创造较多的产出,可以促进和加速经济的增长和发展。

投入系数(Input Coefficient)也称"生产技术系数"或"物资消耗系数"。是投入产出分析中的一个基础概念,通常以符号 a_{ij} 表示,是 j 部门实现一单位产出所需要消耗 i 部门的投入量。可用公式表示为:

$$a_{ij} = \frac{X_{ij}}{X_j}$$

式中,X_{ij} 为 j 部门消耗的 i 部门的产品数量,X_j 为 j 部门的总产出。若取 $i,j = 1,2,\cdots,n$,则投入系数矩阵为:

$$A = \begin{bmatrix} a_{11} & \cdots & a_{1n} \\ a_{n1} & \cdots & a_{nn} \end{bmatrix}$$

投入系数是进行波及效果分析的基础,其求法可以用表 1-1、表 1-2 作简单说明。

表 1-1 一个简单的投入产出表

	1 农业	2 工业	3 服务业	最终需求	总产品（合计）
1 农业	20	30	20	30	100
2 工业	20	80	40	60	200
3 服务业	30	50	40	30	150
最终供给（附加价值）	30	40	50		[120]
总投入（合计）	100	200	150	[120]	

表 1-2 投入系数表（根据表 1-1 计算得出）

	1 农业	2 工业	3 服务业
1 农业	0.20（20/100）	0.15（30/200）	0.13（20/150）
2 工业	0.20（20/100）	0.40（80/200）	0.27（40/150）
3 服务业	0.30（30/100）	0.25（50/200）	0.27（40/150）

以部门 1 农业为例,其总产出为 100 个单位,总投入也为 100 个单位。可以分别计算农业关于自身、工业、服务业的投入系数为:

$$a_{11} = \frac{X_{11}}{X_1} = \frac{20}{100} = 0.2$$

$$a_{21} = \frac{X_{21}}{X_1} = \frac{20}{100} = 0.2$$

$$a_{31} = \frac{X_{31}}{X_1} = \frac{30}{100} = 0.3$$

完整的投入系数计算结果由表 1-2 给出。基于投入系数表对某一产业最终需求的变化对各产业的影响进行追踪,为准确了解各产业间的内在技术联系提供了基础。

生产技术系数（Production Technology Coefficient）见"投入系数"。

产出（Output）是指通过生产要素在生产过程中的有效结合而生产出的物品或劳务,其可用于消费或者进一步的生产。产出一般可以分为有形的物资产出,如机器、设备、消费用品,以及无形的产出,诸如某种服务。对企业个体而言,产出是其获得利润的基础。如何以较少的投入获得较多的产出,提高投入的产出效率,无论对企业自身还是整个经济体的成长都至关重要。

逆矩阵系数（Inverse Matrix Coefficient）投入产出分析的一个基础概念,是指某一产业的生产发生变化所引致的各产业产出水平直接和间接变化总和的系数。该系数通过投入系数逆矩阵推导出来,可用表1-3对其经济意义进行说明。

表1-3　逆矩阵系数表

	1 农业	2 工业	3 服务业
1 农业	1.62	0.61	0.50
2 工业	0.96	2.35	0.99
3 服务业	0.98	1.04	1.99

注:表中数值为分析需要而假定的数值。

在逆矩阵系数表中,某产业横列中的数值反映该产业受其他产业影响的程度,即感应度的系数系列,而纵列中的数值反映该产业影响其他产业的程度,即影响力系数系列。横行系数的平均值可看作该产业受其他产业影响的一般的、平均的趋势。纵列系数的平均值是该产业对其他产业施以影响程度的一般的、平均的趋势。如表1-3第一纵列(农业)的各数值表明,如果农业的最终需求增加1个单位,直接、间接所产生的波及及影响是:农业增加1.62个单位的生产,工业增加0.96个单位的生产,服务业增加0.98个单位的生产。第二纵列和第三纵列可以此类推。可见,根据逆矩阵系数可以把某种产业因最终需求变化引起的对各个产业波及影响的连锁反应由强到弱的总量计算出来。

资本积聚（Concentration of Capital）是指个别资本依靠资本积累,即通过将剩余价值资本化而增大其资本总额的一种形式。资本积聚由马克思在《资本论》中首次提出,以社会生产资料在个别资本家手中的增加为表现形式。目前资本积聚被认为是市场经济的普遍现象。与资本积聚紧密关联的还有资本积累和资本集中。一般而言,资本积累是资本积聚的前提,资本积聚是资本积累的结果。而资本集中则是指把原来分散的、众多的中小资本合并成为少数大资本,既可采取大资本兼并中小资本的形式,也可采取组织股份公司的形式,竞争和信用是资本集中的两大杠杆。

技术诀窍(Technical Know-how)又称"技术秘密"。是指生产有实用价值的、先进的、未经公开、未申请专利的技术知识和独特技巧(包括已申请专利但未获得授权的),可以通过具体资料形式表达,如图纸、配方、专有工艺和特殊技术等。其特点是:(1)不受工业产权法的保护,只能由签订合同的双方在合同中规定保护办法。(2)技术诀窍所有者无须向公众公开技术诀窍的内容。(3)没有法定保护时间的限制。

原料趋向型工业(Industry of Raw Materials Trend)通常是指在生产过程中需要消耗大量原材料及燃料,其布局要求接近原材料(或燃料)产地的工业部门。主要包括:(1)单位产品(吨)消耗大量原材料(数吨至几百吨)的工业部门,且原材料中含有的有效成分较低,失重比较大,如有色金属冶炼及钢铁工业等。(2)在生产过程中大量耗用电力或其他燃料的工业,如铁合金冶炼、炼铝工业等。(3)原材料不宜长途运输的工业,如制糖、茶叶初加工等。这类工业产品成本中,原材料费用通常占较大比重。其中某些工业部门原材料趋向性的特点是随生产技术的进步和交通运输条件的改善而变化。如早期炼油工业的布局一般趋向于原材料产地,随着管道运输技术的进步,炼油工业便趋向于消费地建厂。早期钢铁工业布局一般趋向于铁矿石和炼焦煤产地,随着运输和选矿、冶炼技术的进步,其布局越来越趋向于沿海港口和消费密集地区。

消费趋向型工业(Industry of Consumption Trend)是指适宜于接近消费地区从事生产的工业。主要有:(1)成品重量和体积大于原材料的工业。如家具制造、酿酒工业等。(2)成品运输困难,损失率高,易燃、易爆、易腐烂、易挥发的工业。如玻璃器皿、食品加工等。(3)成品价格低廉,加工技术简单,不宜花费大量运费的工业。如混凝土预制件加工等。(4)产品需尽快获得消费反馈情况的工业。如服装加工、信息工业等。

ABC 分类法(Activity Based Classification Method)又称"帕累托分析法"。是指根据重要性对事物进行分类、排队,以便有区别地实施管理的一种分析方法。由于它把被分析的对象分成 A、B、C 三类,所以称为 ABC 分类法。1879 年,帕累托在研究个人收入的分布状态时,发现少数人的收入占全部人口收入的大部分,而多数人的收入却只占一小部分,他将这一关系用图表示出来,就是著名的帕累托图。1963 年,彼得·德鲁克(P. F. Drucker)将这一方法推广到全部社会现象,使 ABC 分类法成为企业提高效益的普遍应用的管理方法。人们习惯上把主要特征值的累计频率为 0—80% 的主要影响因素称为 A 类,累计频率为 80%—90% 的次要影响因素称为 B 类,累计频率为 90%—100% 的一般影响因素称为 C 类。

生产可能性曲线(Production Possibility Curve)又称"生产可能性边界"或"转换曲线"。是指在一定时期内,在技术水平不变的情况下,当所有的生产要素都得到充分利用时,所产生的各种最大可能产品数量的曲线。它反映了经济学资源的稀缺性与选择性。生产可能性曲线以内的任何一点,说明生产还有潜力,即还有资源未得到充分利用,存在资源闲置;而生产可能性之外的任何一点,则是现有资源和技术条件所达不到的;只有生产可能性边界之上的点,才是资源配置最有效率的点。

如图 1-1 所示,在由 A、B、C、D、E、F 连接成的生产可能性曲线上的任意一点,资源都达到了充分利用,即帕累托最优。生产可能性曲线以内的任何一点(如 U 点),说明资源未得到充分利用,存在资源闲置;而生产可能性之外的任何一点(如 I 点),则是现有资源和技术条件所达不到的。

适用技术(Suitable Technology)是指在一个国家、一个地区、一个企业可能采用的技术中,最符合本国、本地区、本企业的实际情况,经济效益和社会效益最好的一种技术。适用技术着眼于一个国家、一个地区、一个企业的具体条件,而不是技术本身的先进与落后。处于不同发展阶段的国家、地区和企业往往会采用不同内容、不同水平的适用技术。经济发展的历史表明,为了经济的加速发展,应尽可能

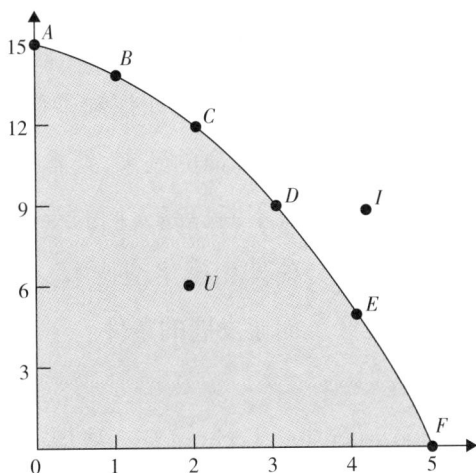

图 1-1 生产可能性曲线

采用先进技术。但并不是在任何条件下先进技术都能充分发挥其作用。先进技术的应用需要一定的物质条件,需要大批熟练工人、高级技术人员和管理人员。如果无视这些条件,不考虑技术的适用性,一味追求先进技术,不仅不能取得好的社会经济效益,而且可能造成不良后果。一般而言,发展中国家往往资金不足、人才短缺,在引进技术时,要特别注意本国的实际情况,采用那些有利于综合利用本国资源、维护生态平衡、增加就业机会、促进社会和谐和经济均衡发展的适用技术。

劳动密集型技术(Labor-intensive Technology)是指容纳和占用劳动力较多、单位劳动占用资金较少、装备程度较低的技术。其特点是对劳动力资源的依赖程度很高、对资金的依赖程度较低。它既可以是手工技术,又可以是高、精、尖技术。如手表制造技术、中国的刺绣技术、陶瓷技术以及部分电子技术等。任何一项社会生产活动都离不开一定的技术。选择何种技术类型要受到一个国家的资金、就业、现有经济发展水平、传统习惯等多种因素的制约。如果一个国家的资金来源比较困难,而劳动力资源却很丰富,那么,技术类型的选择就应该考虑能容纳更多劳动力的技术,多发展一些资金占用较少的劳动密集型产业。

知识密集型技术(Knowledge-intensive Technology)是指高度凝聚先进的现代化技术成果、需要较高深的科学技术知识和管理知识才能掌握并运用的复杂技术。

如微电子技术、航天技术、数控技术、海洋开发技术等。知识密集型技术有两个特点：(1)技术本身凝结着很高的专业知识，这些技术往往是多学科突破的结果。(2)掌握和运用这些技术要求要有较高的专业知识和专门技术，甚至跨学科的系统知识和系统技术。随着新的科学技术革命的到来，技术进步的速度越来越快，设备更新和技术换代都呈加速趋势，只有不断提高人们的专业技术和文化知识、提高人们的管理能力，才能驾驭日新月异的知识密集型技术。知识密集型技术既是经济发展到一定高度的产物，又是经济加速发展的条件。

资金密集型技术(Capital-intensive Technology)是指占用资金较多、对资金依赖程度较高的技术。这种类型技术的特点是需要较多的投资才能采用，而且容纳的劳动力较少，机械化、自动化程度较高。资金密集型技术在产业结构演进的重工业化过程中起过关键性的作用。基础工业(如钢铁业等)的建立离不开资金密集型技术的采用。从产业结构演进的有序性、阶段性来看，资金密集型技术的广泛采用是工业化进程中必不可少的阶段。中国的经济现状为采用资金密集型技术提供了一定的条件，有选择地采用此类技术可提高经济发展中主导产业的技术装备水平，推动国民经济向现代化转型。

技术结构(Technological Structure)是指社会经济活动过程中采用的各种层次的技术之间的联系和比例关系。它反映一个国家、地区或企业的技术发展水平。合理的技术结构是经济持续发展的基础和必要条件。技术结构的内涵可以根据研究和分析问题的需要作出不同的规定。如按先进程度可以把技术划分为先进技术和落后技术，现代化技术和一般技术，自动化、半自动化技术，机械化、半机械化和手工操作技术；按资源占有情况可以把技术划分为劳动密集型技术、资金密集型技术和知识密集型技术。一个国家的技术结构是由特定的经济条件决定的，反过来，技术结构的合理化和优化可以推动经济条件的改善。因此，各个国家要基于本国实际情况选择合理的技术结构，实现良好的社会经济效益。

技术进步(Technological Progress)是指通过创新活动、改良现有的生产方法以提高生产效率的过程。技术进步在经济发展中的直接表现是：在同一费用上生产的产品更好,或者在同一产品上投入的费用更低。技术进步在不增加资金和劳动力的条件下,通过内涵型扩大再生产来实现社会经济发展。其主要标志是:(1)提高技术装备水平。(2)改革工艺,采用新材料。(3)提高劳动者素质。(4)提高管理决策水平。(5)社会生产力得到迅速发展。(6)社会生产关系和社会生活发生变化。

技术革命(Technological Revolution)是指由于重大技术变革或发明创造而引起的技术发展中影响全局的、飞跃性的进步。技术革命包含两层含义:一是技术自身发展中体系、结构发生根本性的变革式更替,使生产效率获得巨大提高;二是引起社会生产力飞速发展并推动社会生产关系的变革。技术革命是人类改造客观世界的物质条件。人类已发生四次世界性的重大技术革命。第一次是18世纪下半叶英国开始的蒸汽机的运用带动了整个工业、交通运输的飞速发展,同时大大促进了当时商品经济的繁荣。第二次是19世纪下半叶到20世纪初以电为新能源和内燃机技术为标志的技术革命,使整个生产结构得到简化,促成了汽车工业、航空工业的建立。第三次是从20世纪40年代开始的现代科学技术进步,如原子能、电子计算机和空间技术的发展,正在经历着一场伟大革命,极大地提高了人类改造自然的能力,促进了生产和社会的进步,同时,强有力地推动了商品经济的迅猛发展。第四次技术革命,又称"新技术革命""第三次浪潮",即20世纪80年代出现的以电脑(电子计算机)为中心,以生物遗传工程、新能源(如核能、太阳能)、新材料(如新兴陶瓷、塑料)等新兴产业为标志的技术革命。

技术进步速度(Pace of Technological Progress)是指在一定期间内技术进步快慢的综合指标。美国著名经济学家索洛(R. M. Solow)在1957年提出测算技术进步速度的方法被称为索洛余值法。其计算公式为:

$$技术进步速度 = \frac{\Delta Y}{Y} - \alpha \times \frac{\Delta K}{K} - \beta \times \frac{\Delta L}{L}$$

式中,参数 α 是资本的产出弹性,β 是劳动的产出弹性,$\frac{\Delta Y}{Y}$ 表示总产出增长速度，$\dfrac{\Delta K}{K}$ 表示资本增长速度，$\dfrac{\Delta L}{L}$ 表示劳动增长速度。

技术效率（Technical Efficiency）是指在给定各种投入要素的条件下实现最大产出的能力，或者给定产出水平下投入最小化的能力。技术效率是法雷尔（Farrell）在 1957 年提出来的，他认为技术效率是在相同的产出下生产要素的最小可能性投入与实际投入的比例。

技术援助（Technical Assistance）是指技术先进的国家或多边机构向技术落后的国家在技术人员、技术工艺、培训和咨询等方面提供资助的各项活动，目的是促进发展中国家的经济发展。技术援助的形式有：传授生产管理知识；培训技术人才；提供奖学金接受留学生；派遣专家和技术人员；提供技术服务；帮助开发资源；建立厂矿、水利工程、港口、铁路、学校、科研机构、医院、职业培训中心、技术推广站；等等。

资本（Capital）是生产要素之一，其又分为广义资本和狭义资本。广义资本是指作为人类创造物质和精神财富的各种社会经济资源的总称；狭义资本是指用于生产的基本生产要素，即资金、厂房、设备、材料等物质资源。在金融学和会计领域，资本通常用来代表金融财富，特别是用于经商、兴办企业的金融资产。从企业的角度看，资本是一家企业的总财富或总资产，包括有形资产和无形资产两个方面，前者是有实物形态的资金、厂房、设备、材料等生产资料资本货物，后者是没有实物形态的商标、商誉、专利权等。资本在经济发展中起着重要作用。

物质资本（Material Capital）是指长期存在的生产物资形式，如机器、设备、厂房、建筑物、交通运输设施等。这些生产物资的投入结果，很大程度上代表本时期的生产能力，当它与互补的生产要素结合起来，也代表未来时期的生产能力。物质资本在经济发展中是一种稀缺的资源并长期发挥着重要作用。随着经济的发展，特别是知识经济的到来，人力资本不论是在数量上还是收益上都超过了物质资本，从而取代了在经济发展中物质资本所一度占据的主导地位。

投资（Investment）是指投入一定数额的资金以期望获得回报的行动。投资可以分为实物投资、资本投资和证券投资。前者是以货币投入企业，通过生产经营活动取得一定利润。后两者是以货币购买企业发行的股票和公司债券，间接参与企业的利润分配。投资在金融和经济方面的意义涉及财产的累积以求在未来得到收益。从金融学角度来讲，相对于投机而言，投资的时间段更长一些，更趋向是为了在未来一定时间段内获得某种比较持续稳定的现金流收益，是未来收益的累积。在经济学中，投资意味着社会实际资本的净增加。影响投资水平的因素主要有预期利润率、利息率、储蓄水平等。投资是影响经济增长和经济发展的一个重要因素。投资不足，会影响到就业、固定资产更新等方面，从而使经济的增长和发展受到阻碍。同样，投资过度或不追求投资效益，也会对经济增长和发展造成不利影响。

投资结构（Investment Structure）是指一定时期存量资产和新投入的资产在社会经济各个部门和各个方面分布的比例。主要包括：生产性投资和非生产性投资的比例；农业、工业、现代服务业的投资比例；新建企业投资和扩建企业投资的比例；等等。投资结构应当与经济和社会发展战略目标相适应，并且有利于促进产业结构、技术结构和产品结构的合理化，保证重点建设。否则，就会影响到国民经济的稳定协调发展。

投资回收年限（Pay-off Period）即投资回收期。是指从项目建成投产开始逐渐回收资金，累计达到项目耗用总投资所经历的时间。其计算公式为：

$$投资回收期 = \frac{项目投资额}{年折旧额 + 年利润额}$$

投资回收年限的长短取决于建设成本的大小、投产后产品成本和劳动生产率的高低等因素。加强建设项目的管理，努力提高劳动生产率，是缩短投资回收年限的重要途径。

基本建设（Capital Construction）是指国民经济各部门固定资产的再生产活动之一。20 世纪 20 年代初期苏联开始使用这个术语，用于说明社会主义经济中基本的、需要耗用大量资金和劳动的固定资产的建设，以区别流动资产的投资和形成过程。中华人民共和国成立以后，在社会主义经济建设中，也采用这一术语。其主要内容为工厂、铁路、矿山、桥梁、港口、电站、商店、住宅、学校、医院等工程的建造以及与之相联系的土地征用、职工培训和各种机器设备、车辆、船舶等的购置。为此而投入的资金和支付的各种费用，称为基本建设投资。基本建设有多种分类。根据建设的性质将基本建设分为新建、扩建、改建、恢复工程和更新改造；根据建设项目用途将基本建设分为生产性建设和非生产性建设等。基本建设是保证社会再生产继续进行的重要条件，是提高人民物质文化生活水平、增强国民经济物质技术基础的重要手段。加强对基本建设的管理，注重各种建设项目的可行性研究，对于产业结构的合理化和生产力的合理布局，促进国民经济的稳定发展，具有重要意义。

资本积累（Capital Accumulation）是指剩余价值转化为资本，即剩余价值的资本化。资本家把从雇佣劳动那里剥削来的剩余价值的一部分用于个人消费，另一部分转化为资本，用于购买扩大生产规模所需追加的生产资料和劳动力。马克思认为，扩大再生产是资本主义再生产的特点，资本积累是扩大再生产的重要源泉。剩余价值是资本积累的唯一源泉。在积累率（即用于积累的剩余价值占全部剩余价值额的比例）不变的情况下，资本积累受剩余价值绝对量的限制。影响资本积累量的主要因素有：（1）剩余价值率的高低。剩余价值率越高，剩余价值量越多，用于积累的剩余价值也就越多。（2）劳动生产率的水平。劳动生产率提高时，单位商品的价值量相应减少，商品价值水平也随之降低，同量的资本可以购买更多的生产资料和劳动力，并从扩大的生产规模中得到超额剩余价值，进而加速资本积累。（3）预付资本的大小。资本家预付的资本越多，雇佣的工人越多，创造的剩余价值就越多，积累的规模也会增大。全社会资本积累规模的大小，是资本主义国家经济实力雄厚与否的重要标志，也是决定其经济发展速度的一个重要因素。

资本集中（Centralization of Capital）是指已经形成的各个资本的合并，它是通过大资本吞并小资本，或若干小资本联合成少数大资本而实现的个别资本迅速增大。资本集中是借助于竞争和信用两个强有力的杠杆来实现的。首先，竞争是促使资本集中的强有力杠杆。在竞争过程中，大企业由于能够广泛地采用先进技术，采取最新的管理方式，提高设备利用率，降低生产成本，因而容易战胜小企业，将小企业的资本集中到自己的手中。其次，信用制度的发展，也加速了资本集中的过程。银行一方面通过信用贷款，支持大企业扩大生产，改进技术，加强竞争力量；另一方面又促使许多分散的中小资本联合起来，组成规模巨大的股份公司，加速资本集中的进程。资本集中能够补充资本积累或积聚的作用，适应生产力发展的客观要求，兴建中小资本无力筹建的大型企业，如航空、海运、铁路等。资本集中促进了生产规模的扩大，促进了企业内部分工和整个社会分工的发展，促进了新技术的开发与运用水平不断提高，从而有效地推动了社会经济发展。

自发投资（Autonomous Investment）又称"自主投资"。是相对于引致投资而言的。是指不受国民收入水平或消费水平等经济情况影响和限制的投资，也即由于人口、技术、资源等外生因子的变动所引起的投资。新产品和新生产技术的发明是促进自发投资的主要力量。社会方面的、心理方面的、政治方面的因素引起的投资也称自发投资。在现实经济中，政府投资以及对技术发明作出直接反映的投资等都是自发投资的例子。在宏观经济学收入—支出模型中，自发投资也被作为既定的外生变量考虑。

引致投资（Induced Investment）又称"诱发投资"。相对于自发投资而言，是指由于国民收入或消费水平的变动而引起的投资，即为适应某些现有产品或整个经济的开支实际或预期增加而发生的投资。这时，自发投资和引致投资之和就是总投资。一般情况下，消费品生产的增加依赖于生产资料生产的增长，这样，国民收入增加能通过消费的增加影响投资的增加，即较高的收入水平导致较高的投资率，较低的收入水平会导致较低的投资率。引致投资是通过增加更多设备来提供更多的商品和服务以满足社会的需要，其产生的主要原因有收入的增长和人口的增加，因为它们都会造成对产品和服务的更大需求。在宏观经济学收入—支出模型中引致投资是指收入变动引起的投资，在 IS—LM 模型中指利率变动引起的投资，反映引致投资与引起这种投资的内生变量之间的关系的函数便是投资函数。

资本—产出比率（Capital-output Ratio）又称资本系数。是指生产一单位产出所需要的资本投入量。以 Y 代表产出，K 代表资本量，则资本—产出比率的计算公式为：

$$资本—产出比率 = \frac{K}{Y}$$

这一比率反映了社会经济的技术装备程度。资本—产出比率高，表明资本利用率高，经济效益好；反之，则表明资本利用率低，经济效益差。一般地，资本—产出比率的提高总是和技术进步和创新活动相伴而生。

资本—劳动比率（Labor-output Ratio）是指一定资本量与它所吸收的劳动力之间的比率。资本劳动比率的计算公式为：

$$资本—劳动比率 = \frac{K}{L}$$

式中，K 和 L 分别代表资本和劳动用量。为了缓解失业问题，在投资决策上应选择资本—劳动比率最小的，即资本的劳动吸收率最大的。

资本市场（Capital Market）又称"长期资金市场"。是指经营一年以上的资金借贷和证券业务的场所。它是金融市场的一部分，包括所有关系到提供和需求长期资本的机构和交易。资本市场的参与者主要是商业银行、储蓄银行、保险公司、投资公司、信托公司、金融公司等金融机构以及居民个人和各类基金组织、各国政府、工商企业、房地产经营商等。资本市场主要包括中长期存贷市场、股票市场和债券市场。资本市场上交易对象的期限通常在一年以上，有的可长达 20—30 年，而股票则没有偿还期限。资本市场上的市场活动主要包括买卖股票和债券、股份有限公司融资以及个人借贷等。

资本广化(Capital Widening)与"资本深化"相对。是指在经济增长的过程中,资本积累与劳动力保持相同速度,从而在资本—劳动比率保持固定不变的同时,使占有这一资本水平的人数增加。根据索洛经济增长模型的基本结论,在没有人口增长和技术进步的情况下,资本广化就等同于资本折旧 δk。而在人口增长率为 n、无技术进步的情形下,资本广化等同于 $(\delta + n)k$。经济达到稳态时,资本深化为零,此时的投资就等同于资本广化。

资本深化(Capital Deepening)与"资本广化"相对,是指人均资本存量的积累。在经济增长的过程中,人口以一定的比率增长,如果资本积累的速度更快,将意味着人均占有资本量的增加,即资本—劳动比率的上升,此时资本深化大于零。如果经济已经达到稳态,则人均资本存量保持不变,资本深化为零。实际上,投资主要涉及资本深化和资本广化两个方面,即投资=资本深化+资本广化,而资本运动方程则是资本深化=投资-资本广化,这也是索洛经济增长模型结论的基本表达式。但由于资本深化与资本广化一般是同时进行的,严格区分有一定难度。不过,资本深化往往意味着在经济增长的过程中存在技术进步,而资本广化则说明无技术进步的状态。

可持续发展(Sustainable Development)是指强调社会、经济、人口、资源、环境相互协调,注重长远发展的一种发展方式。1987 年,世界环境与发展委员会出版《我们共同的未来》报告,将可持续发展定义为:"既能满足当代人的需要,又不对后代人满足其需要的能力构成危害的发展。"这个定义系统阐述了可持续发展的思想,被广泛接受并引用。可持续发展主要包括社会可持续发展(满足人类自身需要)、环境与生态可持续发展(尽量减少对环境的损害)、经济可持续发展(在经济上必须有利可图)等。可持续发展的核心是发展,但要求在严格控制人口数量、提高人口素质和保护环境、资源永续利用的前提下进行经济和社会的发展。1994 年中国政府编制了《中国 21 世纪人口、环境与发展白皮书》,首次把可持续发展战略纳入中国经济和社会发展的长远规划。1997 年中国共产党第十五次全国代表大会把可持续发展战略确定为中国"现代化建设中必须实施"的战略。

生态经济学(Ecological Economics)是指研究生态经济系统运行规律,协调经济系统和生态系统协调发展的一门学科。20 世纪 60 年代后期由美国经济学家肯尼斯·鲍尔丁(Kenneth Boulding)在《一门科学——生态经济学》中正式提出。生态经济学另外两位重要的奠基人物是赫尔曼·戴利(Herman Daly)和他的导师罗伯特·科斯坦萨(Robert Costanza),他们在 1987 年发明了一个测定水生态值的生态经济模型;同年,另一位西班牙经济学家胡安·马丁内兹(Juan Martinez Alier)出版了《生态经济学》一书;1989 年国际生态经济学会(ISEE)成立,并于同年开办《生态经济学》(*Ecological Economics*)期刊,由科斯坦萨担任学会第一任主席和杂志主编。由此,生态经济学进入系统发展阶段。

生态经济学的主要内容包括:(1)生态经济和人类福利问题。生态经济学的核心问题是如何实现在人类的精神收益与满足这种收益所消耗自然资本损失之间的平衡。(2)生态经济区划、规划与优化模型。根据不同地区的自然经济特点,利用经济协同发展的观点进行生态经济区划和规划,找到最佳生态经济模式和模型,发挥其生态经济总体功能,获取生态经济的最佳效益,指导社会经济建设。(3)生态经济管理。运用生态经济学的观点和方法指导生态经济管理。包括国家的生态经济标准和评价生态经济效益的指标体系的制定,生态与经济协同发展的教育、科研和行政管理体制与政策的建立等。(4)生态经济史。进行生态经济史研究,了解生态经济学科的广泛性、交叉性和动态变化性;考察生态经济学的方法论由单一、局部、静态到多学科、集成和动态方向发展变化的过程,探明其发展的规律性,指导现实生态经济建设。总之,生态经济学研究将生态和经济作为一个不可分割的有机整体,改变了传统经济学的研究思路,促进了社会经济发展新观念的产生。

生态学派(Ecological School)是指致力于环境保护的一个学派。兴起于 20 世纪 60 年代末 70 年代初,主要代表人物有麦多斯(D. L. Meadows)、舒马赫(E. F. Schumacher)等,主要著作有《增长的极限》《小即美》等。生态学派是以反工业化的面目出现的。它认为工业化造成了资源储备下降、环境遭受破坏和文化上的异化等问题,呼吁抑制工业增长,要求彻底抛弃那些对生态环境有害的工业化方式。

具体来讲,生态学派对环境问题的分析包括三个方面的内容:(1)世界的自然条件无法承受目前的经济增长和工业发展速度,因为全世界的资源储备与这种发展速度的要求不相适应。不仅如此,工业的盲目发展还将会导致全球性的生态灾难,危及人类在地球上的生存。也就是说,地球上的资源正日趋枯竭,生态系统已无力承受越来越迅速的经济增长所造成的压力,增长已接近极限。正如麦多斯指出:"如果按现有速度消耗资源,那么50年内大多数稀有矿物和金属将全都耗尽。"(2)世界再也不能容忍目前大规模工业生产带来的严重污染。昔日清洁而蔚蓝的天空,而今已被日益增多的一氧化碳和二氧化硫污染;二氧化硫进而形成酸雨,污染着土壤、河流及湖泊。污染也发生在现代农业生产过程中,因为集约化的农业越来越多地使用化肥和农药,这些有毒物质进入食品中,直接危害着动物和人体的健康。至于与化学剂的生产和使用有关的职业中毒,更是已达到惊人的地步。(3)随着工业发展而产出的一系列新工艺有着贬抑人性的后果。它不顾人的需求,消磨人的精力,瓦解人与人之间的团结性,使人变得冷漠甚至麻木不仁,成了一种"愚蠢的破坏力量"。为了解决工业化带来的上述问题,生态学派呼吁开发利用新的资源,保护非再生资源,减少污染以及将技术置于人的控制之下;提出了用"中间技术"替代大规模工业化、谋求适当发展的政策主张。生态学派提出的问题已受到世界各国的重视。特别是在发达的工业国家,对生态意识的要求已成为一个政治问题。一切与环境有关的问题不仅仅是从经济的角度去考虑,更多的是从社会和生态的角度去考虑,也就是说,某个项目即便在经济上是可行的,也得在对它的社会效益和环境效益进行分析以后才能决定是否上马。

绿色革命(Green Revolution)是指发达国家在发展中国家开展的一系列农业研究、开发和农业技术的推广活动,在世界范围内对农业生产起到了推进作用。由美国国际开发署(USAID)前主任威廉·高德(William Gaud)在1968年首次提出。绿色革命发轫于20世纪40年代,美国洛克菲勒财团和福特财团派遣农业专家到亚洲、非洲、拉丁美洲国家,设立各种农业研究中心,选育、推广稻麦高产品种(如1961年育成的高产、矮秆"墨西哥小麦"品种,1965年育成高产、矮秆、耐肥的IR8"菲律宾水稻"品种)。此后在印度、印度尼西亚、巴基斯坦、墨西哥等二十多个国家大面积推行高产水稻和小麦品种。诺曼·博洛格(Norman Borlaug)在这期间对于提高粮食产量、抗击饥荒等作出重大贡献,涉及高产谷类品种的开发、灌溉基础设施的扩大、管理技术的现代化以及杂交种子、合成化肥和农药的推广,在业内有着"绿色革命之父"的美称。但是绿色革命也产生一定的负面影响,由于化肥、农药的大量使用,导致土壤退化和水污染,病虫害的抗性增强,产生了许多生态和环境问题,以及生产成本的上升等问题。

绿色 GDP(Green GDP)是指一个国家或地区在考虑了自然资源(主要包括土地、森林、矿产、水和海洋等)与环境因素(包括生态环境、自然环境、人文环境等)影响之后经济活动的最终成果。即从 GDP 中扣除自然资源耗减价值与环境污染损失价值后剩余的国内生产总值。绿色 GDP 的基本思想是由希克斯在其 1946 年的著作中提出的。这个概念的基础是:只有当全部的资本存量随时间保持不变或增长时,这种发展途径才是可持续的。衡量绿色 GDP 意味着要调整国民经济核算体系,减少人类对自然环境的破坏,实现可持续发展。

低碳经济(Low-carbon Economy)是指以低能耗、低污染、低排放为特点的发展模式,通过技术创新、制度创新、产业转型、新能源开发等多种手段,以应对气候变化、保障能源安全、促进经济社会可持续发展的一种经济发展形态。"低碳经济"最早见诸政府文件是在 2003 年的英国能源白皮书《我们能源的未来:创建低碳经济》。2007 年 12 月 3 日,联合国气候变化大会在印度尼西亚巴厘岛举行,制定应对气候变化的"巴厘岛路线图"。该"路线图"为 2009 年以前应对气候变化谈判的关键议题确立了明确议程,要求发达国家在 2020 年以前将温室气体减排25%—40%。"巴厘岛路线图"为全球进一步迈向低碳经济起到了积极的作用,具有里程碑的意义。

低碳经济的实质是能源高效利用、清洁能源开发、追求绿色 GDP,核心是能源技术和减排技术创新、产业结构和制度创新以及人类生存发展观念的根本性转变。发展低碳经济,一方面是积极承担环境保护责任,完成国家节能降耗的要求;另一方面是调整经济结构,提高能源利用效益,发展新兴工业,建设生态文明。这是摒弃以往先污染后治理、先粗放后集约的发展模式的实现路径,是实现经济发展与资源环境保护双赢的必然选择。

资源诅咒（Resource Curse）是指自然资源丰裕的国家反而比自然资源相对贫乏的国家经济增长得更慢的一种现象。"资源诅咒"的概念由奥提（Richard M. Auty）首次提出。他指出，一些拥有丰富矿产资源的国家并不能利用其资源优势实现经济繁荣；相反，这些国家的经济增长率远低于那些自然资源并不丰饶的国家。在此之后，萨克斯（Jeffrey Sachs）和沃纳（Andrew Warner）通过一系列实证检验，发现了自然资源禀赋与经济增长之间有着显著的负相关性。资源诅咒并不是资源本身的问题，而是资源开发及相关的制度安排的问题。正是资源及资源财富治理的失当，才引发了资源诅咒问题。对于资源丰裕的国家或地区而言，面对资源繁荣和资源财富，由于缺乏相应的制度预备和有效监督，使得其他生产要素沦为资源的附庸。

大多数经济学家相信，资源诅咒并非是普遍和不可避免的，只是在某些条件下影响某一特定类型的国家和地区。

人类发展指数（Human Development Index）是指衡量各成员国经济社会发展水平的指数。由联合国开发计划署（UNDP）在《1990年人文发展报告》中提出。人类发展指数根据预期寿命、教育水平和生活标准等基础指标，按照一定的计算方法得出。人类发展指数从动态上对人类发展状况进行了反映，提供了一个可以对发展中国家和发达国家的社会经济发展状态进行综合比较的标准，同时还为各国尤其是发展中国家制定适合本国的发展政策提供了一定依据，从而有助于挖掘一个国家经济发展的潜力。

有形贸易（Visible Trade）是"无形贸易"的对称。是指买卖那些看得见、摸得着的物质性商品的活动，也称其为货物贸易。由于参加贸易的商品是有形实物，故称有形贸易。有形贸易的收支，即商品出口所得收入与商品进口所发生的支付，是国际收支中最重要的一个项目。有形商品的进口与出口额经过海关手续，表现在海关的贸易统计上。根据"国际贸易标准分类"（Standard International Trade Classification，SITC）2006年修订版四，有形贸易包括10大类、67章、262组、1023个分组和2970个基本项目。这10大类包括：第0部门——食品及主要供食用的活动物；第1部门——饮料及烟草；第2部门——燃料以外的非食用原料；第3部门——矿物燃料、润滑油及有关原料;第4部门——动植物油、脂及脂;第5部门——未另列名化学品及有关产品;第6部门——主要按原料分类的制成品;第7部门——机械及运输设备;第8部门——杂项制品;第9部门——没有分类的其他商品。在国际贸易中,一般把0到4类商品称为初级产品,把5到8类商品称为制成品。

无形贸易(Intangible Trade)是"有形贸易"的对称。是指劳务或其他非实物商品的进出口而发生的收入与支出。主要内容有运输费、保险费、装运费、商品加工费、船只修理费、国际旅游费、外交人员费用、专利特许权费用、国外投资汇回的利润、国外贷款的利息收入及侨汇等。无形贸易也可以划分成两方面:无形进口和无形出口。凡以上各项收入就是无形出口,支出就是无形进口。无形贸易是随着有形贸易的发展而来的,它也是国际收支的一个重要项目,但与有形贸易不同,其并不显示在海关的贸易统计上。一个国家有形贸易的逆差,可以通过无形贸易,即劳务收支的顺差来弥补。所以,很多国家都积极采取各种办法,如大力发展旅游事业,提供对外技术劳动服务等来增加无形出口,以改善国际收支。

双边贸易(Bilateral Trade)是指两个国家或者地区间的贸易,是国际贸易的一部分。多于两方则称为多边贸易。

多边贸易(Multilateral Trade)是指三个或三个以上的国家,为使相互间的贸易收支在整体上获得平衡,通过协议在多边结算基础上进行的贸易。在双边贸易情况下,每个国家同它的各个贸易伙伴单独地平衡它的进口和出口,由于受到外汇支付上的限制,双边贸易只能在较小数额的基础上进行,即双边贸易必须在愿意进口较少数额的那个国家的水平上进行。而在多边贸易情况下,由于每个国家都可以用对某些国家的出超支付对另一些国家的入超,所以各个国家的贸易总额都扩大了,但进出口仍然是平衡的。多边贸易中的多边支付结算,不仅包括贸易收支,还包括非贸易收支以及资本收支,即一个国家从另一个国家的任何收入可以用来对第三国进行任何支付。因为进行贸易项目多边结算后,如有余额,不能用贸易项目进行多边结算,而只有用非贸易项目进行多边结算,这种用非贸易项目多边结算的办法所进行的贸易,也是一种多边贸易。

多角贸易(Multilateral Trade)见"多边贸易"。

边境贸易(Border Trade)是指相邻的两个国家在其边境地带,两国居民或企业在政府政策规定范围内进行的货物贸易活动。边境贸易包括边民互市贸易、边境小额贸易和边境地区对外经济技术合作。在边境贸易中,双方政府一般都会给予减免关税和简化海关手续等优惠待遇。

补偿贸易(Compensatory Trade)是指交易的一方在对方提供信用的基础上进口设备技术,并以该设备技术所生产的产品分期抵付进口设备技术的价款及利息的贸易方式。实际上,它既是一种贸易方式,也是一种利用外资的形式。其基本特点是买方以赊购形式向卖方购进机器设备、技术知识等,兴建工厂企业,投产后以所生产的全部产品、部分产品或双方商定的其他商品,在一定期限内逐步偿还贷款本息。这种贸易形式1931年首次在德国采用,苏联和东欧国家在与西方的贸易中也常利用这种方式,中国改革开放后也开始采用这种方式。补偿贸易是技术、设备和产品的对流,是货物对货物的交换。它带有延期支付的性质,属于记账易货贸易性质的一种贸易方式。双方的关系仍属于国际贸易范畴内买方和卖方的关系,双方对购进的机器设备或技术知识,拥有完全的所有权和使用权,卖方在工厂企业内不占有股份。这种贸易形式的好处是买方可以先利用外资引进先进技术和设备,解决资金不足、外汇短缺的问题。同时,卖方可以在国外扩大其销售市场。缺点是方式不够灵活、达成协议较难。国际上常见的补偿贸易形式主要有:装配或来料加工,以加工费补偿;产品补偿;等值商品补偿;技术进口,产品补偿;部分补偿,部分现汇。

对销贸易(Counter Trade)见"补偿贸易"。

技术引进(Technology Introduction)是指一个国家或地区的企业、研究单位、机构通过一定方式从本国或其他国家、地区的企业、研究单位、机构获得先进适用的技术的行为。这是技术引进的广义概念。实际上,在技术引进被广泛使用之前,其特指一种跨国行为,即技术引进发生于不同国家之间。同时,技术引进与设备进口有着本质区别。前者包括软件技术,也包括配套的硬件技术,如果仅是硬件技术的引进,则只能称为设备进口。

自由贸易区(Free Trade Zone)是指签订了自由贸易协定的国家或地区组成的贸易区。自由贸易区内各成员取消各自的关税和非关税贸易壁垒,取消服务部门的市场准入限制,使区域内的生产要素可以自由流动,但各成员仍各自保持独立的对区外非成员的贸易壁垒。当自由贸易区建立以后,随之而来的问题是世界上其他国家的商品可能通过低关税国家进入自由贸易区内高关税的国家,从而避免被征收高关税。为了解决这一问题,自由贸易区内成员国还保持各自的海关检查机构,严格检查商品的原产地。目前世界范围内比较大的自由贸易区有北美自由贸易区、中国—东盟自由贸易区和欧洲自由贸易区。

另外,自由贸易区也指一个国家在其本土内划定的置于海关辖区之外,以贸易为主要内容的特殊区域。就一个国家内的自由贸易区来说,外国货物一般可以免征关税,并且允许在区内自由储存、取样、分级、装卸、加工、重新包装、贴标签等。

自由港(Free Port)是指不实行贸易管制、对进出口商品不征收关税的港口。但对少数特殊规定的商品,视情况不同,征收少量进口税或禁止进口,或按特别规则处理。自由港内设有可供货物较长期储存的仓库,有加工设备,国际通信设施也较为完善。世界范围内比较著名的自由港主要有中国香港、新加坡、亚丁、贝鲁特、汉堡、巴拿马等二十多个。基于进出口商品的自由程度,自由港可以分为完全自由港和有限自由港。完全自由港不属于海关管制区的范围,一切外国商品都可以免税进出,在自由港内储存、重新包装、加工等均不受海关监督,外国商品只有从自由港进入所在国海关管制区时才征税。当前世界上完全自由港为数不多,主要是有限自由港。有限自由港是指除了个别商品外,绝大多数商品可以自由进出、不受限制,甚至允许任何外国人在那里兴办工厂或企业。中国香港、新加坡、拉布安、吉布提等均属于有限自由港。

加工出口区(Export Processing Zone)是指一个国家或地区在其港口或邻近港

口的地方,新建和扩建码头、车站、道路、仓库等基础设施以及提供免税等优惠待遇,鼓励外国企业在区内投资建厂,生产以出口为主的制成品的加工区域。加工出口区是在20世纪60年代后期开始在一些发展中国家建立和发展起来的。加工出口区脱胎于自由港或者自由贸易区,并沿用了自由港或者自由贸易区的一些做法。实际上,有的加工出口区就是在原来已设立的自由港或自由贸易区的地方划出一些区域,开辟为不同专业的加工出口区。加工出口区主要有两种类型:(1)综合性加工出口区。区内可以经营多种加工出口工业。(2)专业性加工出口区。在区内只准经营某种特定的出口加工产品。一般来讲,加工出口区设有管理处和各种办事机构,联系和处理加工和出口事宜。加工出口区这种形式对发展中国家和发达国家均有利。对发展中国家而言,加工出口区有利于其引进新技术,发展加工工业,增加就业机会,扩大出口,增加外汇收入,对发展经济起着不可忽视的作用。而发达国家则将其视作资本输出的理想区域,有更多优惠,成本更低,并可获得高额利润。正是由于这个特点,加工出口区的发展十分迅速。

贸易差额(Balance of Trade)是指一个国家在一定时期进口值与出口值相比较的差额。它有两种情况:一是出口值大于进口值,这种情况叫作贸易顺差或出超;二是进口值大于出口值,这种情况叫作贸易逆差或入超。顺差反映一个国家在对外贸易收支上处于有利地位,表明收进货款大于支出货款,有货币净收入;逆差则反映一个国家在对外贸易收支上处于不利地位,表明一个国家支出货款大于收进货款,有货币净支出。通常,一个国家的贸易差额与非贸易方面的收支差额,在国际结算中可以相互补偿。贸易差额是反映一个国家在对外贸易中所处地位是否有利的一个重要标志。一般而言,顺差表明一个国家在世界市场的竞争中处于优势,而逆差则表明处于劣势。一个国家由逆差变为顺差反映该国在世界市场上的地位增强;反之,则反映其在世界市场上的地位削弱。

贸易条件(Terms of Trade)又称"交换比价"。是指一个国家出口价格与进口价格的比率,反映该国的对外贸易状况。用出口价格指数与进口价格指数来计算,表示为:

$$贸易条件指数 = \frac{出口价格指数}{进口价格指数} \times 100$$

以一定时期为基期,先计算出基期的进出口价格比率,再计算出计算期的进出口价格比率,然后比较二者,观察贸易条件发生有利或不利的变化。当出口价格指数上升,进口价格指数下降时,比率即上升,贸易条件就有利;反之,出口价格指数下降,进口价格指数上升,比率即下降,贸易条件就不利。如果同时上升,出口价格指数上升幅度较大时,贸易条件就有利;如果同时下降,出口价格指数下降幅度较小时,贸易条件也有利。贸易条件可用来作为计算国际间不等价交换的一种指标。长期以来,由于发达国家实行贸易保护政策,人为地压低对初级产品的需求,特别是跨国公司凭借其垄断地位高价出口工业品,低价进口原料和农产品,使得贸易条件有利于发达国家而不利于发展中国家,贸易条件的不断恶化,成为阻碍发展中国家经济成长的重要因素。

交换比价(Terms of Trade)见"贸易条件"。

悲惨增长(Immiserising Growth)又称"贫困化增长"。是指当一个国家偏向出口的生产要素的增长而使产品出口增加时,不但没有带来该国的出口收入和福利水平提高,反而降低了本国福利。这一概念是由经济学家巴格瓦蒂(Jagdish N. Bhagwati)在 1958 年提出的。导致"悲惨增长"的机制可以概括为:偏向出口的生产要素的增加,使该种生产要素的价格下降,导致出口产品产量的增加,当出口国该产品的出口量在世界市场上已占有一定比重并成为该产品的价格影响者时,增加的出口量必须降低价格才能被市场吸收。如果出口量上升带来的收入被产品价格下降抵消甚至绝对收入减少时,"悲惨增长"就产生了。

贸易依存度(Degree of Dependence on Foreign Trade)是指一个国家国民经济对外贸易的依赖程度,通常以进出口总值在国民生产总值中所占的比重为衡量标志。一般说来,发展中国家比较依赖对外贸易,而且主要依赖一两种初级产品的出口,比如苏丹出口棉花、中东出口石油等,这些国家的贸易依存度就高。相反,发达国家因为国内资源相对丰富,国内各地专业化程度广泛而且水平高,因而国内相互贸易较多,致使其贸易依存度较低。

贸易创造效果(Trade Creating Effect)是指通过关税同盟使得同盟内部贸易增加的效应。是美国经济学家维纳(J. Viner)1950 年在其建立的关税同盟理论中提出的。一般而言,贸易创造效果有利于经济福利水准的提高。假设甲国原本就是乙国小麦成本最低的供给者,那么乙国在与甲国结成关税同盟之后,便可以产生贸易创造效果。除此以外,产品的异质性,也会产生显著的贸易创造效果。除贸易创造效果之外,关税同盟的建立还可以带来贸易转向效果,但由于贸易创造效果与贸易转向效果两者本质上是相反的,因而组成关税同盟能否提高世界经济的福利水平,则依赖于这两种相反作用的效果大小。

回波效应(Backwash Effect)是指经济活动正在扩张的地点和地区将会从其他地区吸引净人口流入、资本流入和贸易活动增加,从而加快自身发展,并影响周边地区发展。1974 年诺贝尔经济学奖获得者冈纳·缪尔达尔(Gurmar Myrdal)在研究增长极的运行机制中提出此概念,以说明发达地区(增长极)对落后地区的作用和影响。回波效应使得生产要素不断向增长极聚集和回流,从而产生扩大两个区域经济发展差距的效果。与此相对的,则是扩散效应。

扩散效应(Diffusing Effect)是指位于增长极的周围地区,都会随着增长极的增长、基础设施等得到改善的状况。周围地区会逐步从增长极中获得更多的资本、人才、技术等生产要素,并刺激促进本地区的发展,逐步赶上中心地区。1974 年诺贝尔经济学奖获得者冈纳·缪尔达尔(Gurmar Myrdal)提出了著名的"回波效应"和"扩散效应"。

涓流效应(Tricking-down Effects)见"扩散效应"。

自由贸易政策(Free Trade Policy)是指国家对商品进出口活动一般不进行干预、减免关税,允许商品自由输出、输入,在市场上自由竞争的政策。在自由贸易经济中,每个国家可根据本国的生产资源、技术水平专门生产那些最有利的商品,以带动本国经济的发展,形成国际间的经济分工。在现实经济生活中,完全的自由贸易是很难做到的,尤其是基础较薄弱的不发达国家经济,更需要在贸易方面采取某些限制政策,保护本国幼稚工业的成长。从经济发展的历史看,自由贸易往往反映某国经济发展的阶段变动。在经济发展的初级阶段,为了保护本国的民族工业,一般采取保护贸易政策。随着一个国家经济发展的推进,工业技术水平和经济实力的增强,自由贸易逐步成为一个国家对外贸易的主要政策。

贸易保护主义(Trade Protectionism)是指采取高额关税、进口配额等措施限制外国商品的进口,采取补贴、优惠政策等措施扶植和加强国内产业并鼓励本国商品的出口的主张和政策。在限制进口方面,主要是采取关税壁垒和非关税壁垒两种措施。前者主要是通过征收高额进口关税阻止外国商品的大量进口;后者则包括采取进口许可证制、进口配额制等一系列非关税措施来限制外国商品自由进口。贸易保护主义期望通过限制进口、鼓励出口的政策来保护国内市场、促进国内产业发展和促进国内生产力的提高。但当一个国家采取贸易保护主义的政策限制其他国家商品进口时,其他国家通常也会报复性地采取贸易保护主义政策限制该国商品的进口,最终将使实施贸易保护主义国家所期望达到的目标落空,同时还会导致整个世界的国际贸易的总额和收入水平的下降。一般来说,当世界经济长期处于停滞或进入严重危机时期,贸易保护主义就会盛行起来。

贸易保护政策(Trade Protection Policy)自由贸易政策的对称。是指国家采取各种限制进口的措施来保护本国市场免受外国商品的竞争,并对本国出口商给予优待和津贴,以鼓励商品出口,扩大国外市场的政策。保护贸易政策开始并盛行于15—17世纪重商主义时期。重商主义从保护顺差、以便大量积累贵金属财富的目的出发,竭力主张实行对外贸易的保护政策。当时这一政策的实施对于加速资本的原始积累和资本主义生产方式的确立,起过积极的促进作用。但是,随着各国工业革命的蓬勃发展和经济实力的加强,保护贸易政策也不适应西欧主要工业国扩大工业品输出和原材料输入以及向外扩张的需要,在19世纪中叶到第一次世界大战为止,逐渐为自由贸易政策所取代。在20世纪30年代初期资本主义世界经济大危机期间,保护贸易政策又曾流行一时。第二次世界大战后情况有所改变,但这一政策在不同国家和不同时期仍然以不同程度执行着,发达的资本主义国家为保护垄断利益,第二次世界大战后大力推行超保护贸易政策,限制进口的重点从关税壁垒转向非关税壁垒。而许多发展中国家为了发展本国潜在的优势,排除外来经济势力的竞争,也常常采取贸易保护政策。

超保护贸易政策(Super Protective Trade Policy)是指为维持国内市场的垄断高价和夺取国外市场而采取的一种贸易保护性政策。第一次世界大战和第二次世界大战期间,资本主义经济发生巨大变化,大萧条重创发达经济体,各国纷纷采取提高贸易保护政策。为了应对外部冲击对经济的影响,英国放弃了其倡导的自由贸易政策,转身采用超保护贸易政策,诱发了这一政策在世界范围之内的流行。与第一次世界大战之前贸易保护主义政策相比,超保护贸易政策具有五个特征:(1)保护对象从幼稚工业向所有工业转变。(2)保护的目的从培养企业竞争力转向寻求市场的垄断。(3)保护的性质从防御性向进攻性转变。(4)致力于保护的阶级利益从一般的工业阶级向大企业资产阶级转变。(5)保护措施则从关税壁垒扩张到非关税壁垒。

反倾销保护政策(Anti-dumping Protection Policy)是指对外国商品在本国市场上的倾销政策所采取的抵制政策。一般是对倾销的外国商品除征收一般进口税外,再增收附加税(也称反倾销税)。其目的在于抵制外国商品的廉价倾销,以保护国内生产和国内市场。通常认为,采取反倾销的保护政策,即征收反倾销税,会减少世界福利,但会增加进口国的福利。在关税及贸易总协定中,对反倾销问题有几点规定:(1)征收反倾销税的对象只限于"价格倾销",即当一种商品以低于公平价值的价格出口到另一个国家市场时,才构成倾销。(2)进口国只有在倾销商品对其工业造成重大损害或者造成重大损害的威胁时,才能征收反倾销税。(3)不能把反倾销用来作为行政保护的一种手段。

有效关税税率(Effective Tariff Rate)是衡量贸易保护对产品增值价值影响的一种比率。是指某个工业每单位产品价值"增值"部分的从价税率。因为某一工

业对整个经济的直接贡献是以其"增值"部分表示的,所以有效关税税率才是真正代表对某种替代工业的保护程度。其计算公式是:

$$有效关税税率 = \frac{该行业最终产品名义关税税率}{该行业增值价值比率}$$

外汇储备(Foreign Exchange Reserve)又称"外汇存底"。是指一个国家政府对外进行支付、结算而保持的一定数量的外国货币,即一个国家政府在国外保有的以外币表示的债权。一般包括国家广泛使用的可兑换货币。其具体形式是政府在国外的短期存款或其他可以在国外兑现的支付手段,如外国有价证券、外国银行的支票、期票、外币汇票等。外汇储备是国家经济后备的一种,主要用于保持国际收支平衡,有时也用于急需的商品进口。外汇储备的主要货币是美元、欧元、日元和英镑等。

外汇管理(Foreign Exchange Management)有广义和狭义之分。广义上是指一个国家政府授权国家的货币金融当局或其他机构,对外汇的收支、买卖、借贷、转移以及国际间结算、外汇汇率和外汇市场等实行的控制和管制行为;狭义上是指对本国货币与外国货币的兑换实行一定的限制。在实行外汇管理的国家中,一般都是由政府授权中央银行作为执行外汇管理的机关,有的国家还专门设立外汇管理机构——外汇管理局,负责外汇管理工作。对贸易外汇的收支、非贸易外汇的收支、资本输入输出、银行账户存款、汇率、黄金和现钞的输入输出等采取一定的管理办法和措施。其主要内容是:禁止外汇的自由买卖;出口商及个人和团体持有的外汇必须按国家公布的外汇牌价出售给外汇管理机关;进口商以及个人和团体必须经过外汇管理机关批准,才能获得所需外汇。

关税同盟(Customs Union)是指两个或两个以上国家为实现相互间的关税减免而缔结的同盟。其特点是通过签订条约或协定,取消彼此原先的关税国境,建立统一的对外关税国境,对内在成员国之间逐步削减直至完全取消关税,实现同盟内部的商品自由流通;对外逐步拉平各成员国的关税率,实行统一对外关税。关税同盟的目的在于给成员国商品提供共同的、更广泛的市场,排挤同盟国以外国家的商品进口。但由于成员国的经济实力不同,关税同盟通常导致较强的国家在这个市场上处于优越地位,损害较弱国家的利益。关税同盟可以简单划分为两类:(1)发达国家间建立的,如欧洲经济共同体的关税同盟,其目的在于确保西欧国家的市场,抵制美国产品的竞争,促进内部贸易的发展,积极推进欧洲经济一体化的进程。(2)由发展中国家建立的关税同盟,其目的主要是维护本地区各国的民族利益,促进区域内的经济合作和共同发展。如中非关税同盟与经济联盟、安第斯条约组织、加勒比共同体和共同市场、西非国家经济共同体、大湖国家经济共同体、中非国家经济共同体等。

关税壁垒(Tariff Barriers)是指用征收高额进口税和各种进口附加税的办法,以限制和阻止外国商品进口的一种手段,属于贸易壁垒的一种。实行高额进口税可以追溯到17世纪重商主义盛行时期,到19世纪后期,先进的工业国家普遍实行自由贸易政策时,一些后起的工业国家仍把实行高额进口税,作为保护本国工业和市场的一个重要手段。WTO极为反对实施关税壁垒,并通过谈判将其大幅缩减。各个国家贸易保护的选择也从关税壁垒开始向非关税壁垒转移。

非关税壁垒(Nontariff Barriers)"关税壁垒"的对称。是指除关税以外设立的旨在限制外国商品进口的各种法律和行政措施。非关税壁垒一般可以分为直接非关税壁垒和间接非关税壁垒两大类。前者指进口国直接对进口商品规定进口的数量或金额,以使出口国直接按规定的出口数量或金额限制出口,如进口配额制、进口许可证制和自动出口限制等;后者指进口国没有直接规定进口商品的数量或金额,而是对进口商品制定各种严格的条例,间接地影响和限制商品的进口,如进口押金制、最低限价制、海关估价制、繁苛的技术标准、卫生安全检验和包装标签等。与关税壁垒相比,非关税壁垒具有显著的灵活性、针对性、隐蔽性、歧视性和有效性。

差别关税(Discriminating Duty)有广义和狭义之分。广义的差别关税是指实行复式税则的关税;狭义的差别关税是对一部分进口商品,视其国家、价格或进口方式的不同,课以不同税率的关税。差别关税的种类很多,有多重关税、反倾销关税、反贴补关税、报复关税、平衡关税等。它是以保护本国生产发展、限制进口为出发点的。差别关税可以分为三种:(1)按国家不同而征收的差别关税,如报复关税,即某国由于出口国对该国商品征收较高关税而采取的相应行动。(2)按价格不同而征收的差别关税,如倾销关税就是对于实行商品倾销的进口货所征收的一种进口附加税,其目的在于抵制商品倾销,保护本国产品和国内市场。另外,差价关税也是差别关税的一种,即当本国生产的产品国内价格高于同类的进口商品的价格时,为了削弱进口商品的竞争能力,按国内价格与进口价格间的差额而征收的关税。(3)按进口方法不同而征收的关税,如对利用不同船舶,经过不同通路或通过不同国家的进口货,课以不同税率。

国际资本流动(International Capital Flows)是指国际间资本的转移、输出或输入。通常分为长期资本流动和短期资本流动,前者指一年以上到期或未定期限的直接投资流动,后者指一年或一年以下的货币类资金、财务资金和信贷资金的流动。国际资本流动的目的、性质、条件和使用依照不同国家各有不同,由此,对资本输出国与资本输入国的经济影响也有所不同,有时对一方有利、对另一方不利;有时则相反,有时也可能对双方都有利。基于此,各国对国际资本流动的政策也各不相同,有些国家准许资本自由流动,有些国家则采取完全控制的政策;还有些国家则根据不同性质的资本流动,分别采取介于上述两者之间的比较灵活的政策。

资本输出(Capital Export)是指一个国家政府、银行、企业或企业集团为了获得高额利润或利息而对国外进行的投资和贷款。资本输出的基本形式有两种:一是生产资本的输出,即输出资本者直接在国外经营开办工厂、开采矿产资源、经营其他企业,收买当地原有企业或与当地私人、团体及政府合营企业;二是借贷资本的输出,即由政府、银行或企业贷款给别国的政府或私人企业。资本输出无论是对输出国还是输入国而言,其经济影响都是双重的。对于输出国来说,一方面,资本输出所得的高额利润或利息能够增强其经济实力,加快其经济发展速度;资本输出所带动的商品输出能够进一步为其开拓国外市场,增强其在对外贸易中的优势,并从输入国那里获得数量丰富而价格低廉的原料和初级产品。另一方面,资本的过量外流会引起国内资本的相对不足,程度不同地制约其经济和技术的发展,甚至会出现停滞趋势。对于输入国来说,一方面,资本输入增加了其短缺的资本资源,促进了输入国商品经济的发展和自然经济的解体,提高了人们的收入水平和整个国民经济的总储蓄水平,为其国民经济的发展提供了某种有利条件;另一方面,资本输出往往会在一定程度上抑制输入国民族资本和经济的发展,强化其二元经济结构等。

资金转移(Fund Transfer)是指资本从一个国家或地区转移到另一个国家或地区。包括官方发展援助、外国私人直接投资、证券投资、出口信贷、国际商业银行贷款等多种形式。其中,官方援助最为重要,它是工业发达国家对发展中国家的直接援助。联合国第二个十年国际发展战略规定,西方国家向发展中国家的资金转移净援助,每年应占前者国民生产总值的1%,其中官方发展援助指标应达0.7%。但事实上,大多数西方国家并未达到,美国多年来不同意这个指标。

欧洲货币单位(European Currency Unit,ECU)是指欧洲经济共同体各国的国际结算和储备工具。1979年3月,欧洲货币体系成立时建立,并取代欧洲计量单位开始使用。主要职能是:充当决定成员国货币之间的中心汇率的标准;各成员国中央银行之间的结算手段;各国货币地位的指示器;各成员国货币当局未来的储备资产。生效初期只有理论计算方面的价值,主要是官方统计中的计量单位。自1981年起,在欧洲货币市场上已可用于存款、贷款和银行业务的交易。1984年6月4日起,开始在法国巴黎和意大利米兰作为一种货币挂出牌价,位在美元之后、欧洲各国货币之前。欧洲货币单位的建立,其主要目的是保证欧洲最大限度地避免因汇率突变带来的负面影响,同时保持各成员国经济的趋同性。欧洲货币单位是由各成员国货币组成的"篮子"货币,每一种货币在其中所占比例基本与该国的经济实力相当,欧洲货币单位本身的价值随着其他各种相关货币的变化而变化,它被作为判定某种货币(相对于其他货币)何时上下剧烈波动的指示器。因此,可以说欧洲货币单位是推行欧元的先导。1999年1月1日,欧洲货币单位以1:1的兑换汇率全部自动转换为欧元。

特别提款权（Special Drawing Right，SDR）是指国际货币基金组织于 1969 年建立的一种记账单位。因是成员国在普遍提款权以外的一种特别使用资金的权利，故名。根据成员国在基金组织认缴份额的比例分配，分配的特别提款权可与黄金、美元一起作为成员国的外汇储备，向其他会员国换取可以自由兑换的外币，支付国际收支逆差，或偿还基金组织的贷款，但不能直接用于贸易或非贸易支付。初设时含金量为 0.888671 克，与当时的 1 美元等值。1974 年 7 月 1 日起与黄金脱钩，改用 16 种货币的加权平均数定值。1981 年 1 月起简化为五种货币定值，即美元、联邦德国马克、法国法郎、日元、英镑。后经过多次调整。2015 年 11 月 30 日，国际货币基金组织主席拉加德宣布将人民币正式纳入特别提款权货币"篮子"，决议于 2016 年 10 月 1 日生效。调整后特别提款权"篮子"货币的权重为：美元41.73%，欧元 30.39%，人民币 10.92%，日元 8.33%，英镑 8.09%。

非洲金融共同体法郎（Franc de la Communauté Financière Africaine，FCFA）是指西非国家中央银行与赤道非洲国家以及喀麦隆中央银行发行的货币。是西非经济货币联盟（简称"西非经货联盟"）的统一货币，简称"西非法郎"。目前非洲法郎区包括西非经货联盟的八个成员国（贝宁、布基纳法索、科特迪瓦、几内亚比绍、马里、尼日尔、塞内加尔及多哥）与中非经货共同体的六个成员国（喀麦隆、中非、刚果、加蓬、赤道几内亚与乍得）以及科摩罗。法国银行和西非有关各国银行是西非法郎的共同发行部门。西非法郎是法国和西非八国之间金融、经济合作的重要工具。

亚洲货币单位（Asian Currency Unit，ACU）是指由亚洲开发银行编制和公布的、显示亚洲国家货币加权平均值的一种货币单位。亚洲货币单位参照欧洲货币单位的做法，采用"一篮子"货币组合方式，涵盖中国、日本、韩国以及东盟十国，其中前三个国家在亚洲货币单位中的构成权重较大。2006 年年初，亚洲开发银行宣布将以中日韩和东盟国家等 15 种货币加权平均为基础，于当年 6 月推出亚洲货币单位。亚洲货币单位的诞生主要由于 1997 年东南亚金融危机对各国经济带来的冲击，亚洲各国普遍意识到汇率稳定对经济发展的稳定作用。尽管设立亚洲货币单位的过程阻力很多，也有很多争议，但亚洲货币单位的设立对亚洲经济乃至世界经济的发展、演进都将产生重要影响。

边缘国(Marginal Countries)又称"外围国"。"中心国"的对称。是指在资本主义发展成为一个世界体系的前提下,处于这个体系外围或边缘的国家。按照西方激进经济学派的解释,这些国家在经济发展程度上属于不发达国家。他们认为:资本主义制度是全球性的,发达资本主义国家是中心,不发达国家是外围。二者之间的经济关系表现为不等价交换和不平等的国际分工。因此,独立自主地发展民族经济,打破中心国所强加的不平等的国际分工,是这些国家经济发展的唯一出路。这一理论的主要代表人物是美国经济学家阿明、斯威齐等。

最惠国条款(Most Favored Nation Treatment)又称"无歧视待遇"。是国际经济贸易关系中常用的一项制度。它通常是指缔约国双方在通商、航海、关税、公民法律地位等方面相互给予的不低于现时或将来给予任何第三国的优惠、特权或豁免待遇。条约中规定这种待遇的条文称为"最惠国条款"。最惠国待遇可分为无条件最惠国待遇和有条件最惠国待遇两种。前者指缔约国的一方现在或将来给予第三国的一切优惠,应无条件地、无补偿地、自动地适用于缔约国的另一方。后者指缔约国的一方现在或将来给予第三国的优惠,缔约国的另一方必须提供同样的补偿,才能享受。最惠国待遇条款也有可以不执行的例外情况。

互惠国待遇(Reciprocal Treatment)是指缔约国双方根据平等互利的原则而相互给予对方某种对等的优惠待遇或权利。互惠国待遇具有对等性与双边性,对等意即双方平等享受,双边意即只限双方享受。所以,互惠国待遇是一种差别待遇,所签订的互惠协定是一种双边协定。类似地,最惠国待遇则不同,最惠国条约是一种多边条约,缔约国一方对任何第三国所给予的优惠或特权,另一方同样享受。它是一种无差别待遇。因此,互惠国待遇与最惠国待遇在原则上是对立的;在贸易条约实践中,互惠国待遇与最惠国待遇又是彼此联系的。缔约国双方给予的互惠待遇,通过最惠国条款,其他国家便可同样享受。在国际间普遍缔结有最惠国条款的情况下,互惠国待遇在形式上是差别待遇,实际上又具有无差别待遇的性质;互惠协定形式上是双边协定,实际上又具有多边的性质。另外,缔约国彼此给予的互惠待遇,必须规定具体内容;而最惠国待遇条款仅规定相互给予与任何第三国同样的优惠待遇,并不规定具体内容。所以,互惠国待遇的存在是最惠国待遇具体适用的前提和基础。

倾销(Dumping)是指一个国家或地区的出口厂商以低于其国内市场价格甚至成本价格的方式将其商品抛售到另一个国家或地区市场的行为,也是一种反竞争的商业行为。根据世界贸易组织《关于执行1994年关贸总协定第6条的协议》第2.1条的规定,如果在正常的贸易过程中,一项产品从一个国家出口到另一个国家,该产品的出口价格低于在其本国内消费的相同产品的可比价格,也即以低于其正常的价值进入另一个国家的商业渠道,则该产品将被认为是倾销。倾销是以达到消灭竞争对手、垄断整个市场为目的,因此属于一种不正当的竞争手段,为世界贸易组织所禁止,进而,反倾销则成为各国保护本国市场、扶植本国企业强有力的借口和理由。

布雷顿森林会议(Bretton Woods Conference)又称"联合国货币金融会议"。是指1944年7月在美国新罕布什尔州布雷顿森林举行的一次商讨第二次世界大战后世界金融问题的会议。经过激烈的争论,会议决定建立国际货币基金和国际复兴开发银行两个机构,通过了《国际货币基金组织协定》《联合国货币金融会议最后决议书》和《国际复兴开发银行协定》,总称为《布雷顿森林协定》。布雷顿森林协定的核心是美元与黄金直接挂钩,一盎司黄金价值35美元,其他国家的货币则与美元挂钩,间接地与黄金相联系。从而美元成为主要的国际储备资产和干预货币。布雷顿森林体系的建立,在第二次世界大战后相当一段时间内,确实带来了国际贸易空前发展。但布雷顿森林体系也存在着一定的缺陷。其致命的缺陷就是:它以美元作为主要储备资产,具有内在的不稳定性。从20世纪50年代后期开始,随着美国国际收支赤字的增加,出现了全球性"美元过剩"的情况,各国纷纷抛出美元兑换黄金,美国黄金开始大量外流。到了1971年,美国的黄金储备再也支撑不住日益泛滥的美元了,尼克松政府被迫于当年8月宣布放弃按35美元一盎司的官价兑换黄金的美元"金本位制",实行黄金与美元比价的自由浮动。欧洲经济共同体和日本、加拿大等国宣布实行浮动汇率制,不再承担维持美元固定汇率的义务,美元也不再成为各国货币围绕的中心。这标志着布雷顿森林体系终于完全崩溃。但是,由布雷顿森林会议诞生的两个机构——世界银行和国际货币基金组织仍然在世界贸易和金融格局中发挥着至为关键的作用。

东亚奇迹(East-Asia Miracle)是指东亚地区的韩国、日本、印度尼西亚、马来西亚、泰国和新加坡等国家和中国台湾、中国香港在 20 世纪五六十年代的快速发展,迅速由落后的发展中国家和地区转变为新兴工业国和地区。根据世界银行在1993 年发布的调查数据,自 1965 年以来,这八个国家和地区的经济平均增长率为5.5%,比东亚其他国家要快两倍,比拉丁美洲国家要快三倍。其中中国台湾、韩国、中国香港和新加坡被称为"亚洲四小龙",它们利用西方发达国家向发展中国家转移劳动密集型产业的机会,吸引外国大量的资金和技术,迅速走上发展道路,成为东亚地区的经济"火车头"。

出口许可证(Export License)是指在国际贸易中,根据一个国家出口商品管制的法令规定,由国家对外经贸行政管理部门代表国家统一签发的、批准某项商品出口的具有法律效力的证件。凡是国家宣布实行出口许可证管理的商品,不管任何单位或个人,也不分任何贸易方式(对外加工装配方式,按有关规定办理),出口前均须申领出口许可证。一般而言,某些国家对国内生产所需的原料、半成品以及国内供不应求的一些紧俏物资和商品实行出口许可证制。出口许可证制度是国家对于向国外出口货物实行管制的一项措施。通过签发许可证,可以限制出口或禁止出口,以满足国内市场和消费者的需要,保护民族经济。

出口补贴(Export Subsidies)又称"出口津贴"。是指一个国家政府为了降低出口商品的价格,增强出口商品在国际市场的竞争力,在出口某种商品时,给予出口厂商一定的现金补贴或财政上的优惠待遇。出口补贴是针对出口的非关税壁垒的一个重要政策措施。出口补贴可以分为直接补贴和间接补贴两种方式。直接补贴是指政府在商品出口时,直接付给出口商的现金补贴。目的是弥补出口商品的国际市场价格低于国内市场价格所带来的损失。间接补贴是指政府对某些商品的出口给予财政上的优惠。目的是降低商品成本,提高国际竞争力。如退还或减免出口商品所缴纳的销售税、消费税、增值税、所得税等；对出口商品实行延期付税、减低运费、提供低息贷款、实行优惠汇率以及对企业开拓出口市场提供补贴等。

出口供给弹性（Elasticity of Export Supply）又称"出口供给价格弹性"。是指出口商品供给量相对于出口商品的价格变化作出的反应程度，即某出口商品价格上升或下降百分之一时，对该商品供给量增加或减少的百分比。一般来说，出口商品价格上升，出口量会随之上升，出口商品价格下降，出口量会随之减少，价格与供给量呈同方向变动，所以出口供给弹性是一正数值。

出口信贷（Export Credit）是一种国际信贷方式。是指出口国为鼓励本国商品的出口，加强本国商品在国际市场上的竞争力，对本国出口商或国外进口商提供利率较低的贷款。它是一个国家的出口商利用本国银行的信贷支持，扩大商品出口的一种重要手段。出口信贷的特点有：（1）贷款只可用于购买出口国的出口商品。（2）贷款利率低于市场利率，利差由出口国政府补贴。（3）周期较长。出口信贷可以分为中期和长期两种。中期出口信贷是指一至五年期限的出口信贷。长期出口信贷是指五年以上的出口信贷。中长期出口信贷大多用于金额大、生产周期长的资本货物，如机器、大宗商品、精密仪器设备等。（4）出口信贷与信贷保险相结合。由于中长期对外贸易信贷偿还期限长、金额大，为了降低银行风险，出口国一般设有信贷保险机构，对银行发放的中长期贷款给予担保。同时设有专门的银行来办理出口信贷业务。如美国的"进出口银行"、日本的"输出入银行"、法国的"对外贸易银行"等。

外汇（Foreign Exchange）是指货币行政当局（中央银行、货币机构、外汇平准基金和财政部）以银行存款、财政部库券、长短期政府证券等形式所持有的，在国际收支逆差时可以使用的债权。它作为国际结算的主要支付手段，对促进国际经济贸易发展起到非常重要的作用。外汇有静态和动态两种含义。动态的含义是指将一个国家的货币转换成另一个国家的货币，以适应各种目的的国际支付或清偿所需要的国际性货币的兑换行为。静态的含义是指以外币表示可以用作国际清偿的支付手段和资产。我们通常说的外汇是指静态的含义。根据《中华人民共和国外汇管理条例》,外汇是指:(1)外国货币。包括纸币、铸币。(2)外币支付凭证。包括票据、银行存款凭证、邮政储蓄凭证等。(3)外币有价证券。包括政府债券、公司债券、股票等。(4)特别提款权。(5)其他外汇资产。

外汇市场(Foreign Exchange Market)是指专门经营外汇和以外币计价票据等有价证券买卖的市场,是金融市场的重要组成部分。外汇市场对于国际货币支付和资本转移、减少汇率变动的风险和国际贸易的快速发展起到非常重要的作用。外汇市场的主要参与者是各国中央银行、外汇银行、外汇经纪商、贴现商号、外汇交易商、跨国公司、外汇投机者以及进出口商以及其他外汇供求者。外汇市场按其外部形态可以分为无形外汇市场和有形外汇市场。无形外汇市场,也称为抽象的外汇市场,是指没有固定的交易场所,买卖各方凭借电报、电话、电传等其他通信手段进行外汇交易的外汇市场,如美国的纽约外汇市场、英国的伦敦外汇市场等;有形外汇市场,也称为具体的外汇市场,是指有具体的固定场所的外汇市场,如法国的巴黎外汇市场、德国的法兰克福外汇市场等。外汇市场按其所受管制程度可以分为自由外汇市场、外汇黑市和官方市场。自由外汇市场是指政府、机构和个人可以买卖任何币种、任何数量外汇的市场;外汇黑市是指非法进行外汇买卖的市场;官方市场是指按照政府的外汇管制法令来买卖外汇的市场。

外汇倾销(Exchange Dumping)是指出口企业利用本国货币贬值的机会倾销商品,以争夺国际市场的行为。外汇倾销的本币贬值可以降低本国出口产品的价格水平,从而提高出口商品的国际竞争力、扩大出口。同时,外汇倾销使外国货币升值,提高了外国商品的价格水平,从而降低进口产品的国内市场竞争力,有利于控制进口规模。但是,外汇倾销必须具备一定条件时才可以起到扩大出口的作用:(1)货币贬值的程度要大于国内物价上涨的程度。(2)其他国家不会同时实行同等程度的货币贬值。(3)其他国家不会同时采取另外的报复性措施。

外汇管制(Foreign Exchange Control)又称"汇兑管制"。是指一个国家的货币当局,为了平衡国际收支或维持本国汇率而对外汇的金融交易所实行的限制。外汇管制起源于第一次世界大战期间的战争需要,第一次世界大战后便取消了。

第二次世界大战后,由于经济的波动,国际收支失衡,外汇供不应求,使得不少国家仍在实行不同程度的外汇管制。各国外汇管制的机构一般是中央银行,但是有些国家专门设置了外汇管制机构。外汇管制一般分为数量管制和成本管制。直接的数量限制是通过进出口数量和资本流动的直接限制,限制手段有进出口许可证、限额、行政性的禁止进出口贸易和资本流动等;间接的成本管制是通过提高使用外汇的成本减少对外汇的需求,限制手段主要有关税、进口附加税、不同利率和汇率等。外汇管制在调整国际收支上具有作用大、见效快、阻力小、适用性广等优点,因而被很多国家广泛使用。但是,外汇管制也有一些缺点:一定程度上不利于发展国际贸易;限制了本国货币的汇率变动的灵活性,不利于发挥汇率提高使用外汇的效益等。

外商直接投资(Foreign Direct Investment,FDI)是指一个国家或地区的投资者对另一个国家或地区所进行的,以控制或参与经营管理为特点的跨国投资行为。外商直接投资是现代的资本国际化的主要形式之一。对于接受外国资本流入的发展中国家来说,外商直接投资不仅可以带来资本流入,而且也带来了先进的生产技术和管理方法。对于资本输出国而言,外商直接投资可以利用海外的巨大市场和廉价的劳动力,赚取巨额利润。外商直接投资有多种具体形式,常见的有直接在国外投资设立子公司或分公司、购买国外某公司全部或一定比例的股份并获得一定的控制权、通过与东道国企业签订各种合约或合同取得对该企业的某种控制权等。

外债清偿率(Foreign Debt Service Ratio)是指一个国家在一个年度中外债还本付息额占当年出口外汇额的比率,它是衡量一个国家偿还债务能力的一个重要指标。国际上一般认为,一般国家的偿债率的警戒线为 20%,发展中国家为 25%。如果高于这一比率,则认为该国的外债负担过高,其债务信用也就会受到影响。但偿债率仅是一个参考依据,并不是说超过了 20% 就一定会发生债务危机,因为一个国家的偿还能力除了取决于所借外债的种类、期限和数量以外,还取决于一个国家的经济增长速度和出口贸易的增长速度。

发展援助(Development Assistance)是指以促进发展中国家经济发展为目的

的国际间实物资源或资金转移。一般由发达国家提供各种援助资源。按照援助内容可以分为计划援助和项目援助;按照援助来源可以分为多边援助和双边援助。

共同市场(Common Market)是指由两个或两个以上的国家或地区组成的一种较高程度的区域经济一体化。各成员国或地区不仅相互间取消关税和非关税壁垒、对外实行统一的关税制度,而且允许生产要素(资本和劳动力)在各成员国间完全自由流动。欧盟是现在世界上一体化程度最高的共同市场,是一个集政治实体和经济实体于一身、在世界上具有重要影响的区域一体化组织,其成员之间的关税和海关政策已被取消,各成员国对贸易的税收政策和规章条例进行协调。

货币市场(Money Market)又称"短期资金市场"。是指以期限在一年以内的金融工具为媒介,进行短期资金融通的市场,是金融市场的重要组成部分。货币市场的参与者主要是商业银行、中央银行、大型公司和其他以商业票据等在市场中进行交易的金融组织。货币市场包括银行的短期存贷款市场、企业间短期借贷市场、商业票据承兑贴现市场、国库券发行与交易市场、可转让存单市场和同业拆借市场等。与资本市场相比,货币市场特点有:(1)交易期限短。最短交易期限只有半天,最长不超过一年。(2)交易目的是解决短期资金周转的需要。资金来源于暂时的闲置资金,一般用于弥补流动资金的临时不足。(3)所交易的金融工具具有较强的货币性。(4)风险较小,货币市场交易的金融工具随时可以在市场上兑现。

全球化(Globalization)是指各种生产要素或资源在全世界范围内自由流动,实现生产要素或资源在全世界范围内的最优配置。它是在国际分工的日益深入和细化、在国与国之间经济联系不断强化的过程中,资本、商品、服务、技术和信息等越出国界在世界范围内流动的趋势和现象。全球化是一个经济驱动过程,在此过程中一个国家的政治、经济、文化与其他国家相渗透。

名义汇率(Nominal Exchange Rate)是指一个国家货币价值与另一个国家货币价值的比率,即两个国家货币的相对价格。影响名义汇率变动的因素很多,其中主要包括两国的相对物价水平、相对利率水平和贸易平衡情况。在一定的假设条件下,这些因素均可以单独决定两国之间的名义汇率,并由此产生了购买力平价说、利率平价说和国际收支说等汇率决定理论。在固定汇率制下,名义汇率不能直接反映两国价格水平变化对汇率的实际影响。

实际汇率(Real Exchange Rate)将名义汇率经过相对物价指数调整后得到的汇率。它等于名义汇率乘以外国价格水平与本国价格水平之比。当两国价格水平不变时,实际汇率与名义汇率同方向、同比例变化。

$$E_{实} = \frac{EP_f}{P_d}$$

式中,$E_{实}$表示实际汇率,E表示本币对另一个国家货币的名义汇率,P_f表示另一个国家的价格水平,P_d表示本国的价格水平。

亚洲金融危机(Asian Financial Crisis)又称东南亚金融危机。是指发生在1997—1998年的一场影响较大的区域金融危机。1997年7月,泰铢大幅贬值,之后波及印度尼西亚、马来西亚、韩国、日本、新加坡等东亚国家和中国香港、中国台湾。亚洲金融危机的发展阶段:第一阶段,1997年7月初,泰国政府宣布放弃固定汇率制,实行浮动汇率制,这一决定使得泰铢大幅贬值,随之泰国股市陷入危机。泰国的货币危机引发了一场遍及东南亚的金融风暴。第二阶段,1998年2月,印度尼西亚金融风暴再次发起,面对有史以来最严重的经济衰退,国际货币基金组织为印度尼西亚开出的药方未能取得预期效果,亚洲金融危机继续深化。第三阶段,1998年8月,在美国股市动荡不安,日元汇率持续下跌的同时,国际炒家再次发动对中国香港的新一轮金融攻击。到1998年年底,俄罗斯经济仍没有摆脱困境。1999年,金融危机结束。亚洲金融危机反映了世界和各国的金融体系存在严重缺陷,包括某些一度被认为成功、成熟的金融体系和经济运行方式,也说明了出口导向的加工贸易和资源掠夺型大企业制度的不足之处。

进口许可证(Import License)是指一个国家政府为禁止、控制某些进口商品,而根据本国进口管理法令,由政府签发的准许商品进口的许可证。在进口许可证制度下,进口商必须向有关行政管理机构呈交申请书,作为货物进口至海关边境的前提条件,无许可证一律不准进口。它是保护国内市场、打击竞争对手、调整国际收支、维护本国利益的手段。进口许可证制度在20世纪30年代资本主义经济危机时期开始被广泛采用,之后继续得到发展,现在各国都在不同程度地实行这一制度。

进口倾向(Propensity to Import)可分为平均进口倾向和边际进口倾向。平均进口倾向是指一个国家在一定时期内进口量占国民收入的比例;边际进口倾向是指进口变化量与国民收入的相对变化量的比值。如果用 ΔY 表示国民收入增量,ΔM 表示进口增量,那么边际进口倾向(MPM)的计算公式为:

$$MPM = \frac{\Delta M}{\Delta Y}$$

此公式说明某个国家的边际进口倾向越高,该国的人民收入增加时,就越倾向于进口国外产品。各国的边际进口倾向不同,它取决于所需求的商品的性质及进口价格是否比国内价格更为便宜。各国的平均进口倾向也不同,它决定于各国经济规模及国内满足总需求的程度。

智力投资(Intelligence Investment)又称"人才投资""教育投资"。是指将资金投放在教育、科学、文化等方面,培养和提高劳动者的知识和技能。其实质是用现代科学技术武装劳动者,依靠科学技术的力量推动经济发展。智力投资对发展生产力具有绵延不断的影响。重视智力投资,大力培育人才,努力开发人的智力资源,不断提高劳动者的素质,是加速经济发展的关键环节。

人才开发(Talent Development)是指把人的知识、智慧和能力当作一种资源加以发掘、培养的活动。人才开发包括挖掘人才、培养人才和使用人才。人才是一个国家的宝贵财富,是经济发展必不可少的重要条件。大力开发人才,做到知人善任、人尽其才，使每个人的知识、智慧和潜能充分得到利用和发挥，可以极大地加速一个国家经济发展的进程。

教育（Education）是指按照一定的目的对受教育者在德育、智育、体育、美育和技艺等方面施加影响的潜移默化过程。在现代社会，大致有家庭教育、学校教育、社会教育、自我教育等形式。教育是适应人类传授生产劳动和社会生活经验的需要而产生的，并随着社会实践和生产实践的发展而发展。教育对经济发展有着根本的、决定性的影响。1979年诺贝尔经济学奖获得者舒尔茨指出："教育作为经济发展的源泉，其作用是远远超过被看作实际价值的建筑物、设施、库存物资等物力资本的。"根据他的计算，美国1977年教育资本在增加国民收入中作出贡献的比率是33%。中国的科学工作者计算的结果表明，在中国国民收入的总增长额中，大约有25%是由教育投资所带来的收益。

终身教育（Lifelong Education）是指对人的整个一生各阶段所进行的教育。包括成人教育、继续教育、回归教育、更新教育、继续工程教育等。传统教育思想认为，教育是对青少年而言的，它只包括小学、中学和大学教育三个阶段。第二次世界大战以来，随着现代科学技术成果在生产中的广泛应用，劳动力结构和工作性质不断发生变化，只经过传统的学校教育已不能适应瞬息万变的现实，必须不断地更新教育的内容，改革教育的结构和方法。第二次世界大战以后逐渐形成于欧洲的终身教育思想，逐步成为一种国际教育思想，有些国家甚至把终身教育作为公民的义务，用法律形式确定下来。终身教育在发展中国家也逐渐受到了重视。许多高等院校取消了学生入学年龄的限制，并突破了传统的办学方式，采用函授大学、开放大学、夜大学、周末大学、假期大学等多种形式进行教育，给人们提供了各种二次教育的机会，以适应社会发展、满足人们终身教育的需要。

储蓄（Saving）是指居民将暂时不用或结余的货币收入存入银行或其他金融机构的一种存款行动。其经济意义集中体现在它与投资的关系之中，即储蓄是投资必不可少的前提条件。在开放的经济中，一个国家的总储蓄包括国内储蓄和国外储蓄。国内储蓄包括居民储蓄、企业储蓄、政府储蓄。国外储蓄包括国外官方储蓄

和国外私人储蓄。居民储蓄是总储蓄的主要来源,居民储蓄水平取决于两个因素:
(1)收入的多少。一般而言,收入越多,储蓄的数额越大。(2)储蓄倾向。储蓄倾
向越高,储蓄的量越大。储蓄倾向的高低取决于对未来收入的预期、利息率的高
低、储蓄习惯、支付习惯、金融制度、社会保障制度、社会福利制度、物价水平、财政
与货币政策等。在资本主义发展初期和上升阶段,储蓄大量转化为投资,促进了资
本积蓄,因而被视为一种美德。到了资本主义发展后期,经常发生的经济危机和严
重萧条使得储蓄往往不能顺利地转化为投资,人们对储蓄的观念也随之改变。过
度强调储蓄不再被视为一种美德,而是被看成对消费增长的一种抑制。

铸币平价(Mint Parity)是指金本位制度下,两种货币的含金量的比价。铸币
平价是决定两国货币汇率的基础。由铸币平价所确定的汇率,通常称为法定平价。
法定平价不会轻易变动,并不是市场上买卖外汇的实际价格。实际汇价受市场供
求关系的影响,围绕法定平价上下波动,波动的上下限度则为黄金输送点。黄金输
送点一般是在法定平价之上加一个正负百分数,这一百分数是由进行国际贸易的
两国之输送费用计算的。因为汇价涨得太高或跌得太低,进口商和出口商中总有
一方不愿意付出或收取外汇,而宁愿运送黄金清算债权债务。现假定在英国和美
国之间运送一英镑黄金的费用平均为 0.02 美元,波动的上下限度(4.84656,
4.88656)为美国对英国的黄金输送点,高于此点 4.88656,美国债务人就宁愿运送
黄金;低于此点 4.84656,美国债权人宁愿自己花费从英国输入黄金。因此,法定
平价加上黄金运送费就是汇价波动的上限——黄金输出点,减去黄金运送费就是
汇价波动的下限——黄金输入点。黄金的输出点和输入点统称为黄金输送点,正
是由于黄金输送点限制了汇价的波动,致使汇率的波动幅度很小,基本上是稳
定的。

黄金平价(Gold Parity)是指在实行纸币流通制度时,政府依过去流通中金属
货币的含金量,用法律规定每一单位纸币的含金量。第一次世界大战后,许多国家
通货膨胀严重,现钞的自由兑换和黄金的自由移动遭到破坏,于是传统的金本位制
陷于崩溃,各国分别实行两种变形的金本位制,即金块本位制和金汇兑本位制。在
这两种货币制度下,国家以法律规定货币的含金量。货币的发行以黄金或外汇作

为准备金,并允许在一定限额以上与黄金或外汇兑换。这时,汇率是由各自货币所代表的含金量之比来确定的。此时,我们称各国单位货币所代表的含金量为该货币的黄金平价,显然在这个时期汇率是由各自货币的黄金平价来确定。由于黄金的流通和兑换受到一定的限制,黄金输送点也难以再起作用,因而汇率没有稳定的条件。1929—1933 年的世界经济危机以后,金本位制彻底瓦解,各国普遍实行不兑换的纸币制度。在纸币本位制下,显然一些国家也以法律形式规定纸币的含金量,但由于纸币不能兑换黄金,若纸币超量发行,它所代表的价值就会降低。事实上,由于货币贬值,纸币的黄金平价就同它实际所代表的黄金量完全背离。因此,汇率就不能由纸币的黄金平价来决定,而应以纸币实际代表的黄金量为依据。

货币平价(Currency Parity)是指一种货币与关键货币所确定的固定比价。通货膨胀的经常性发生,使得以纸币为基础的外汇行市最为脆弱和不稳定。第二次世界大战以后,西方各国为了稳定汇率,于 1944 年建立了布雷顿森林货币体系。在这种货币体系下,汇率确定是:(1)美元与黄金挂钩,确定美元与黄金的比价。(2)各国货币也大都规定含金量或与美元挂钩,以此确定的汇率称作货币平价。同时,美国承担各国政府兑换美元的义务。其他货币之间的汇率,则以各国货币与美元的货币平价来确定。因而各国货币与美元的货币平价,是长期汇率决定的基础。20 世纪 70 年代初布雷顿森林货币体系下,以美元为中心的固定汇率制彻底瓦解,各国普遍实行浮动汇率制。由于连年不断的恶性通货膨胀,使各国纸币的含金量失去了实际意义。

可比价格(Comparable Price)又称"不变价格"。是指为了计算不同时期的价值指标而采用的某一固定时间的价格。这种不变价格计算的总产值指标,可以消除价格变动因素的影响,便于对不同时期进行历史对比,以观察国民经济的发展情况。按可比价格计算总量指标有两种方法:一种是直接用产品产量乘某一年的不变价格计算;另一种是用价格指数进行缩减。例如,计算 2005 年地区生产总值增长速度,2005 年某地区生产总值按当年价格计算为 221.51 亿元,按 2004 年价格计算为 215.57 亿元,2004 年为 192.51 亿元,如按当年价格计算,2005 年比 2004 年增长速度为(221.51÷192.51-1)×100% = 15.1%,但由于没有剔除价格变动因素的影响,故不能确切地反映该地区生产总值的增长状况,而按可比价格计算的增长速度则为(215.57÷192.51-1)×100% = 12.0%,这一速度就较为确切地反映出该地区生产总值的增长。

边干边学(Learning-by-doing)又称"学习效应"。是指劳动者通过生产实践不断提高其生产技术和熟练程度,从而提高生产效率。生产效率的提高来自实践经验、自我完善和个人创新。劳动者从经验中学习,而经验来自于生产。边干边学是动态规模经济形成的原因之一。这一概念曾被约瑟夫·阿罗(Kenneth Joseph Arrow)引用在他所设计的内生增长理论中解释创新和技术变革的影响。罗伯特·卢卡斯(Robert Emerson Lucas)采用这个概念来解释人力资本的报酬递增。阿温·杨(Alwyn Young)和博兰(Jeff Borland)证明了"边干边学"在一个国家向专业化分工生产的变革中所发挥的重要作用。经济学中普遍认为,"边干边学"与报酬递增为经济的长期增长提供动力。

信贷配给(Credit Ration)是指在借贷市场中出现的贷方提供资金少于借方需求的状况。在利率管制的环境下,贷方会采取非贷款利率条件来限制信贷的供给。信贷配给的存在主要是由于借贷市场上存在的信息不对称及其带来的道德风险。亚当·斯密(Adam Smith)曾在论述高利贷时简要描述过信贷配给的情况,解释了在利率受到抑制时信贷的非价格配置。凯恩斯(John Maynard Keynes)在《就业、利息和货币通论》中指出"未被满足的借方资金需求"是影响投资数量的因素之一。之后诸多经济学家都对信贷配给进行过研究,逐渐形成了信贷配给的有关理论。信贷配给的理论论证了市场失灵,并为政府干预市场提供了理论依据。

首次公开发行(Initial Public Offering,IPO)是指一家公司首次通过证券交易所向公众公开发行股票来筹募资金的过程,即上市。通常公开发行股票需要发行公司发布招投说明书,以详细说明发行股票所附带的条款和权利与公司及其财务信息。首次公开发行只是公开发行的一种,一个公司只有第一次向公众发行股票(而非其他证券)才能称为首次公开发行募股。

采购经理人指数（Purchasing Managers Index，PMI）是指通过对企业采购经理的月度调查结果统计汇总、编制而成的指数，它涵盖了企业采购、生产、流通等各个环节，是国际上通用的监控宏观经济走势的先行性指数之一，具有较强的预测、预警作用。它是一个综合指数，按照国际上通用的做法，由五个扩散指数即新订单指数（简称"订单"）、生产指数（简称"生产"）、从业人员指数（简称"雇员"）、供应商配送时间指数（简称"配送"）、主要原材料库存指数（简称"存货"）加权而成。PMI指数计算公式为：

$$PMI = 订单 \times 30\% + 生产 \times 25\% + 雇员 \times 20\% + 配送 \times 15\% + 存货 \times 10\%$$

PMI通常以50%作为经济强弱的分界点，PMI高于50%时，反映制造业经济扩张；低于50%时，则反映制造业经济萎缩。

生产者价格指数（Producer Price Index，PPI）是指反映一个国家各个时期零售市场以外的商品价格变动程度的相对指标。生产者价格指数是衡量工业企业产品出厂价格变动趋势和变动程度的指数，也是制定有关经济政策和国民经济核算的重要依据。与消费者价格指数不同，生产者价格指数主要目的是衡量各种商品在不同生产阶段的价格变化情形，是用来衡量生产者在生产过程中，所需采购品的物价状况，因而这项指数包括了原料、半成品和最终产品（美国约采用3000种商品）三个生产阶段的物价资讯。如果生产者价格指数比预期数值高时，表明有通货膨胀的风险；如果生产者价格指数比预期数值低时，则表明有通货紧缩的风险。

消费者价格指数（Consumer Price Index，CPI）是指反映一个国家居民各个时期所消费的一定商品和劳务价格的平均变动程度的相对指标。消费者价格指数是世界各国普遍编制的一种指数，它可以用于分析市场价格的基本动态，是政府制定物价政策和工资政策的重要依据。在经济学上，消费者价格指数是反映与居民生活相关的产品及劳务价格统计出来的物价变动指标，涵括了生活必需品如食物、新旧汽车、汽油、房屋、大学学费、公用设备、衣服以及医疗的价格等。此外，消费者价格指数亦混合一些生活享受的成本，如体育活动的门票和高级餐厅的晚餐。中国称之为居民消费价格指数。居民消费价格指数可按城乡分别编制城市居民消费价格指数和农村居民消费价格指数,也可以按全社会编制全国居民消费价格总指数。消费价格指数能够追踪一定时期的生活成本以计算通货膨胀,如果消费者价格指数升幅过大,通货膨胀严重,中央银行会有紧缩货币政策和财政政策出台。

公债(Public Debt)是指政府为了筹措财政资金,凭借其信誉按照一定程序向投资者出具的、承诺在一定时期支付利息并且到期偿还本金的一种债权债务凭证。公债的债务人是国家,债权人可以是国内外经济组织、居民以及其他非经济组织或团体,也可以是别的国家。公债包括中央政府的债务和地方政府的债务。中央政府的债务也称"国债"。从借债的时间期限划分,可以分为短期公债、中期公债(一至十年)和长期公债(十年以上)。按利息支付分,可以分为有息公债、有奖公债、无息公债等;按发行方式分,可以分为自愿公债和强制公债。

影子价格(Shadow Price)又称"预测价格""最优价格"。是指运用线性规划的数学方式计算的反映社会资源获得最佳配置的一种价格。由荷兰经济学家简·丁伯根(Jan Tinbergen)在20世纪30年代末首次提出。他认为影子价格是对"劳动、资本和为获得稀缺资源而进口的商品的合理评价"。1954年,他将影子价格定义为"在均衡价格的意义上表示生产要素或产品内在的或真正的价格"。萨缪尔森(Paul A. Samuelson)进一步做了发挥,认为影子价格是一种以数学形式表述的、反映资源在得到最佳使用时的价格。联合国把影子价格定义为"一种投入(比如资本、劳动力和外汇)的机会成本或它的供应量减少一个单位给整个经济带来的损失"。影子价格随资源的供给状况发生变化。当资源供给增加时,影子价格下降;当资源供给减少时,影子价格上升。

流动性偏好(Liquidity Preference)又称"灵活偏好"。是指人们愿意以货币形式或存款形式保持某一部分财富,而不愿意以股票、债券等资本形式保持财富的心理动机。这一概念由凯恩斯于1936年在《就业、利息与货币通论》一书中首次提出,并与边际消费倾向、资本边际效率共同组成凯恩斯的三大心理定律。流动偏好旨在说明利息率对投资水平的影响,其直观的表示为在不同利率水平下人们对货币需求量的大小,并在图形上呈现为向右下方倾斜直至流动性陷阱的曲线。凯恩斯将流动性偏好归结为三种动机:其一,交易动机,即为应付日常交易需要而持有一部分货币的动机。交易动机情形下,货币需求量主要决定于收入,并与收入正相关。其二,谨慎动机,即为应付意外支出而持有一部分货币。其三,投机动机,为购买证券等生息资产而持有货币的动机。由于证券等的价格随利息率的升降呈反方向变化,因此,投机动机的货币需求量与利率高低有关。在利率极高时,投机动机引起的货币需求量等于零;而当利率极低时,投机动机引起的货币需求量将是无限的。由于利息是人们在一定时期放弃手中货币流动性的收益度量,所以利率不能过低,否则人们宁愿持有货币而不再储蓄,这种情况被称为"流动性偏好陷阱"。

赋税乘数(Tax Multiplier)又称"税收乘数"。是指国民收入变动量与引起这种变动的税收变动量之间的倍数关系。由于赋税是对纳税人收入的一种扣除,税收高低会影响到纳税人的收入水平及投资并进而影响到国民收入。税收变动与国民收入呈反方向变化,即税收增加,国民收入减少;税收减少,国民收入增加。因此,赋税乘数为负值。赋税乘数有两种:一种是税率变动对总收入的影响;另一种是税收绝对量变动对总收入的影响。若以 K_t 表示赋税乘数,ΔY 表示国民收入变动量,ΔT 表示税收变动额,则赋税乘数的计算公式为:$K_t = \Delta Y / \Delta T$。根据边际消费倾向和投资乘数理论,赋税乘数与边际消费倾向大小有关,若以 β 表示边际消费倾向,则赋税乘数的计算公式变化为:$K_t = \beta \div (1 - \beta)$。可以看出,边际消费倾向越大,则赋税乘数的绝对值越大,对国民收入的倍数影响也就越大。此外,赋税乘数对国民收入的影响不是单纯的,还应结合政府购买支出乘数和政府转移支付乘数来分析,才能体现政府收支行为对国民收入的综合影响。

乘数效应(Multiplier Effect)是指经济活动中某一变量的增减所引起的经济总量变化的连锁反应程度。它是一种宏观经济效应,也是一种宏观经济控制手段。乘数效应以一个变量的变化以乘数加速度方式引起最终量的增加,包括正反两个方面的作用:当政府投资或公共支出扩大、税收减少时,对国民收入有加倍扩大的作用,从而产生宏观经济的扩张效应;当政府投资或公共支出削减、税收增加时,对国民收入有加倍收缩的作用,从而产生宏观经济的紧缩效应。乘数效应是制定宏观政策要考虑的因素。乘数效应的类型主要有投资或公共支出乘数效应、税收乘数效应、预算平衡乘数效应、货币乘数效应。此外，乘数效应的实现不是绝对的，还需要一定的措施相配套。

工资粘性假设（Wage Sticky Assumption）是新凯恩斯主义劳动市场论关于工资决定的假设。是指工资会随着劳动需求的变动而变动，但工资变动的速度要慢于劳动需求的变动。新凯恩斯主义认为，工资是由雇佣合同规定的，在合同期限内，劳动者必须按照根据他预期的价格水平而计算出来的工资提供劳动，即使在此期间实际的价格水平有所变动，劳资双方也必须遵守合同中规定的工资水平。需要说明的是，劳动合同中的工资并不是完全粘性的，每当新合同谈判时就会有改变。基于这样的事实，新凯恩斯主义指出：当经济衰退，对劳动需求减少时，企业不会立即削减工资，只有当经济衰退持续一段时间后才会削减工资；当经济繁荣，对劳动的需求增加时，工人也不会立即要求增加工资，只有当经济繁荣持续一段时间后才会要求增加工资。根据工资粘性假设，由于工资调整速度慢，在短期中就会存在失业或过度充分就业；但长期来看，工资会根据劳动市场的供求关系进行调整，最终可以实现充分就业的均衡。

奥肯定理（Okun's Law）是指失业率与实际国民收入增长率之间关系的经验统计规律。奥肯定理由美国著名经济学家阿瑟·奥肯于1962年提出，用来近似地描述失业率和实际GDP增长率之间呈反方向变化的关系：在没有充分就业的条件下，经济增长速度快，对劳动力的需求量相对较大，就业水平高，失业率低；经济增长速度慢，对劳动力的需求量相对较少，就业水平低，失业率高。根据奥肯的研究，在美国，失业率每下降1%，实际国民收入增长约2%。当然这种关系并不是十分严格，在不同时期这一比率并不完全相同。

实际余额效应（Real Balance Effect）是指由于价格变化使得实际货币余额即货币购买力发生变化，引致的消费需求变化的效应。实际货币余额是指基于不变价格计算的货币余额的数量，剔除了通货膨胀或者通货紧缩对名义货币数量的影响，用于测度根据货币实际可以购买的产品和服务量的货币量，用 M/P 表示。货币需求是对实际货币余额的需求,实际货币余额用于衡量货币的实际购买力。假定货币总量为 5000 元,若价格指数为 100%,即两个时期间价格水平保持不变,则实际货币余额等同于名义货币余额。如果价格指数上升为 120%,则实际货币余额将缩减为 5000 元 ÷ 1.2 = 4166 元。由于实际货币余额(M/P)属于家庭财富的一部分,伴随物价水平上升(从 100% 升为 120%),货币购买力相应减小(从 5000 元下降为 4166 元),实际货币余额效应将导致消费或者支出的减少。

财政红利(Fiscal Dividend)是"财政拖累"的对称。是指名义收入减少对税收收入减少和总需求增加的影响。经济衰退会引起实际收入减少,通货紧缩则会使得名义收入减少。由于实施累进制所得税制度,名义收入的减少使得个体的纳税等级降低,所缴税负下降,由于所缴税额下降的幅度大于个体收入下降的幅度,这就意味着政府的税收收入将会下降,财政赤字将会增加,政府收支状况恶化。但对消费者个体而言,税负的下降会刺激其需求,从而有可能促进经济繁荣。特别是在经济衰退时期,财政红利对整个经济的发展存在利好。

财政拖累(Fiscal Drag)是"财政红利"的对称。是指名义收入增加对税收收入增加与总需求减少的影响。经济增长引起实际收入增加,通货膨胀则使得名义收入增加,在实施累进制以及税率不考虑通货膨胀水平情形下,个体由于名义收入上涨会进入更高的纳税等级,从而使他们所缴纳的税收增长。由于税收等级是累进的,税收增加的比率大于名义收入增加的比率。这样,政府税收增加,财政盈余增加或财政赤字减少,将改善财政收支状况。但税收的增长会压抑总需求。当存在严重通货膨胀时,财政拖累有利于制止通货膨胀,但也可能引起经济衰退。解决这一问题的办法是采用税收指数化或者扩张性财政政策。但采用税收指数化可能会引起政治上的不满。由于很多投票人对财政拖累并不知晓,政府因此会更偏向仅仅每几年调整税收水平,无法做到指数化。举一个与财政拖累有关的例子,假设某人一年收入为 20000 美元,当时收税起点为 5000 美元,此收入水平以上征税 20%,这样他一年缴税为(20000−5000)× 0.2 = 3000 美元,即收入的 15%。现在假设由于通货膨胀,其收入上涨 5%,至 21000 美元,但政府将税收起点上调 2%(即 5100 美元以上收税 20%),那么他今年将缴税(21000−5100)× 0.2 = 3180 美元,即收入的

15.14%。这样使得收入中缴税比例提高,消费者实际收入减少,导致财政拖累。

财政幻觉(Fiscal Illusion)是指对某项财政支出产生的错觉。财政幻觉假说属于公共选择理论范畴,用于说明政府规模及其增长。财政幻觉概念涉及对政府活动真实成本和收益的系统性错觉。它认为由于财政收支过程的混沌性产生对税收负担的错觉,纳税人往往低估税收价格,导致对公共产品需求增加,以至于支持了较高的公共支出水平。举例而言,在萧条时期,政府举办某项大型公共工程能迅速增加就业、刺激私人消费与投资,促进经济繁荣,但这项公共工程的成本分散在若干年内,由全社会纳税人承担,不甚明显。这样,这笔公共工程支出就造成了财政幻觉。这种财政幻觉造成支出效益显著而成本不明显的错觉,就刺激了决策者更愿意用增加财政支出来刺激经济,从而最终加重了纳税人的负担或财政赤字。

财政政策(Fiscal Policy)是指国家根据一定时期政治、经济、社会发展的任务而制定一系列方针、措施、原则等的总称。财政政策是国家整个经济政策的组成部分,一般包括税收、财政支出、国家预算、国家债务等方面的政策。根据财政政策调节国民经济总量和结构中的功能可以将财政政策划分为三类:(1)扩张性财政政策,又称"积极的财政政策",是指通过财政分配活动来增加和刺激社会的总需求。主要措施有增长财政支出、增加国债、降低税率和转移支付。(2)紧缩性财政政策,又称"适度从紧的财政政策",是指通过财政分配活动来减少和抑制总需求。主要措施有减少财政支出、减少国债、提高税率和转移支付。(3)中性财政政策,又称"稳健的财政政策",是指财政的分配活动对社会总需求的影响保持中性。

货币政策(Monetary Policy)是指货币当局为实现一定的宏观经济目标而采取的各种控制和调节货币供应量或信用方针、政策和措施的总和。包括宏观经济目标、政策工具、操作目标、中介目标及货币政策操作技巧等内容。货币政策一般分为扩张性的和紧缩性的。扩张性货币政策通过增加货币供给带动总需求的增长。货币供给增加时,利息率会降低,取得信贷更为容易,因此经济萧条时多采用扩张性货币政策。反之,紧缩性货币政策是通过削减货币供给的增长来降低总需求水平,在这种情况下,取得信贷比较困难,利率也随之提高,因此,在通货膨胀严重时,多采用紧缩性货币政策。

财政与货币政策混合（Fiscal-monetary Policy Mix）又称"财政—货币政策组合"。是指由于财政政策和货币政策均存在某种负面作用，因而在经济实践中为了实现某种经济目标而将两种政策组合使用。一般而言，基于两种政策的松紧特征，共有四种组合模式，分别适应于不同的经济环境：（1）扩张型财政政策+扩张型货币政策。一方面政府通过减少税收或扩大支出规模等扩张的财政政策来增加社会总需求；另一方面通过降低法定准备金率、降低再贴现率、买进政府债券等宽松的货币政策增加商业银行的储备金，扩大信贷规模，增加货币供给，抑制利率的上升，以消除或减少扩张的财政政策的"挤出效应"，使总需求增加。（2）紧缩型财政政策+紧缩型货币政策。一方面，通过增加税收和减少政府支出规模等紧缩的财政政策压缩总需求，从需求方面抑制通货膨胀；另一方面，利用提高法定存款准备金率等紧缩的货币政策减少商业银行的准备金，提高利率，促使投资下降，货币供给量减少，以此抑制通货膨胀。（3）扩张型财政政策+紧缩型的货币政策。一方面通过减税、增加支出扩张的财政政策克服总需求不足和经济萧条；另一方面通过紧缩的货币政策减少货币供给量，进而抑制由于扩张的财政政策引起的通货膨胀的压力，以促进宏观经济的内外均衡。（4）紧缩型财政政策+扩张型货币政策。同扩张性的财政政策和紧缩性的货币政策相反，这种政策组合的结果是利率下降、总产出的变化不确定。一方面，通过增加税收，控制支出规模，压缩社会总需求，抑制通货膨胀；另一方面，采取宽松的货币政策增加货币供应，以保持经济适度增长，从而有助于促进宏观经济的内外均衡。财政政策和货币政策的组合需要基于经济环境作出具体分析，但由于政策时滞的存在，实际的政策效果可能会受到影响。

浮动利率抵押贷款（Floating Rate Mortgage）是相对于"固定利率的抵押贷款"。是指在贷款持续周期中，利率随物价或其他因素的变化进行相应调整的抵押贷款模式。由于浮动利率情形下，利率的变动可以灵敏地反映金融市场上资金的供求状况，并使借贷双方所承担的利率变动的风险较小，因而浮动利率可避免固定利率的某些弊端，但浮动利率计算依据多样，手续繁杂。通常采用基本利率加成计算，将市场上信誉最好企业的借款利率或商业票据利率定为基本利率，并在此基础上加 0.5—2 个百分点作为浮动利率。到期按面值还本,平时按规定的付息期采用浮动利率付息。

固定利率抵押贷款(Fixed Rate Mortgage)是相对于"浮动利率抵押贷款"。是指在整个抵押贷款合同所规定的贷款期限之内,贷款利率不随市场利率变化而改变的抵押贷款方式。固定利率抵押贷款的偿还时间,称为还款期,可以是 15 年、20 年或者 30 年。固定利率抵押贷款的还款方式主要有四种:(1)按期付息到期还本法,即飘浮式贷款。在到期日前只付利息而不还本,到期时一次将本金偿还的方式。较适用于短期贷款,而不适用于中长期的房屋贷款。(2)本金平均摊还法,即固定还本贷款。此种方式是贷款后本金按期数平均摊还,而利息则依剩余之本金计算的方式。此种贷款方式,可以定期、定额偿还本金,因此利息的总支付金额将较前者为少。(3)本利均等摊还法,即固定付款贷款。这是目前不动产融资最常用的摊还方式,其基本方式将贷款本息在贷款期间内均匀分摊,使得每期的偿付额相同。此种贷款后,每期按固定金额偿付本金及利息。(4)还本宽限期法,即渐进加付法。贷款后,一定期间内只缴息,而不摊还本金,待宽限期过后,再本利均等摊还的方式。此种方式较具弹性,不过此种方式所支付的利息,当然也相对较高。

认识时滞(Recognition Lag)是指从确有实行某种政策的需要到政策制定者认识到存在这种需要所需耗费的时间。譬如说通货膨胀已经开始,客观上需要实行紧缩银根的政策,但中央银行要认识到有实行这种政策的必要,需要一定的观察、分析和判断的时间。这段时滞之所以存在,主要有两个原因:一是搜集各种信息资料需要耗费一定的时间;二是对各种复杂的社会经济现象进行综合性分析,作出客观的、符合实际的判断需要耗费一定的时间。认识时滞本质上属于政策时滞的内在时滞,并与决策时滞、行动时滞一起构成内在时滞。

决策时滞(Decision Lag)是指从认识到需要改变政策到提出一种新政策所需耗费的时间。这段时滞之所以存在,是因为政策制定者根据经济形势研究对策、拟订方案,并对所提方案作可行性论证,最后审定批准,整个制定过程的每一个步骤都需要耗费一定的时间。一般而言,财政政策比货币政策的决策时滞要短,缩短决策时滞有利于经济政策更好地发挥作用。

实施时滞（Administration Lag）又称"行动时滞"。是指政策制定者从制定政策决策开始到政策制定、落实、执行之间的时间差距。这种时滞一般也会长达数月之久，克服这种时滞的办法就是简化有关立法、行政程序。这种类型的时滞属于内在时滞的第三个阶段，处于认识时滞、决策时滞之后。政策能否发挥作用，重要的环节是其实施过程是否顺利。实施时滞的长短一般基于政策不同而存在差异，财政政策与货币政策相比，由于财政政策实施过程中需要的手续更为复杂，而货币政策则由中央银行直接实施，因而前者的实施时滞要比后者更为漫长。努力缩小政策的实施时滞，有利于更好地实现经济的稳定发展。

外在时滞（External Lag）是"内在时滞"的对称。是指政策制定者采取行动到这一政策对经济过程发生作用所耗费的时间，这也是作为政策调控对象的各种经济部门，包括金融部门及企业部门对政府机构实施政策的反应过程。对货币政策而言，当中央银行开始实施新政策后会有：金融部门对新政策的认识——金融部门对政策措施所作的反应——企业部门对金融形势变化的认识——企业部门的决策——新政策发生作用等过程，其中每一步都需要耗费一定的时间。外部时滞也可以细分为操作时滞和市场时滞。很多经济学家试图对外部时滞作出估测，估测时常用的判断指标有：（1）国民收入增长率的变动趋势。根据这一指标，外部时滞表现为从采取政策行动至国民收入增长率的趋势发生转折的时间。（2）企业投资的变动。据此估测的外部时滞，包括从采取政策行动直至企业投资率发生转折的全部时间。（3）利率的动态。从采取政策行动，直至市场利率恢复到某种被认为是"正常的"水平所经过的时间，要实现经济政策对经济的调节作用，缩小外部时滞至关重要。参见"内在时滞"。

内在时滞（Internal Lag）是"外在时滞"的对称。是指从经济中发生了引起不稳定的变动到决策者制定出适当的经济政策并付诸实施之间的时间间隔。内部时滞包括认识时滞、决策时滞和实施时滞，并与外部时滞一起构成了政策时滞。政策种类不同，内在时滞的长短同样存在差异。一般而言，内在稳定器所需内在时滞最短,由于其基于经济变化自动进行调节,因而其内在时滞几乎为零。财政政策和货币政策则比内在稳定器的内在时滞要长,但限于两者的比较,则是财政政策比货币政策的时滞要长。缩短内在时滞有利于更好地发挥经济政策对经济的稳定作用。

土地改革(Land Reform)即土地制度改革,主要包括土地税收制度改革、土地产权制度改革、土地使用制度的改革等。其又有狭义和广义之分。狭义上的土地改革是指为了实现传统社会向现代社会的转变而对封建的土地制度进行的改革;广义上的土地改革是指一切农业土地占有制度的变革。土地改革的方式主要包括两种类型:(1)温和的土地改革。保持所有权相对稳定,采取调整土地的使用权、收益权等温和的手段。(2)激进的土地改革。通过强制或半强制手段来重新分配土地所有权。总之,不管哪一种土地改革方式,都需要以国家强制力实现,在通常情况下,通过颁布相应法律来加以贯彻,如日本的"农地法"、美国的"宅地法",中国的"土改法"等。

个人所得税(Personal Income Tax)是指法律规定的、自然人应向国家上缴的收入的一部分,它是国家对本国公民、居住在本国境内的个人的所得和境外个人来源于本国的所得征收的一种税。各个国家在不同时期对个人应纳税收入的定义和征收的百分比也大不相同。征收个人所得税的基础是个人纯收入,即从个人总收入中扣除不纳税收入后的余额。中国个人所得税的征收依据是《中华人民共和国个人所得税法》。

公司所得税(Corporate Income Tax)又称"企业所得税"。是指以公司、企业法人在一定时间内取得的生产经营所得和其他所得为征税对象而征收的一种所得税。各个国家的公司所得税的纳税人范围和税率不尽相同。如法国的公司所得税纳税人包括在法国从事生产、经营活动的法人实体、公司注册地在法国的法人实体,主要包括有限责任公司、有限股份合伙企业和外国公司的子公司。法国的公司所得税的税率为33.33%。韩国的公司所得税纳税人包括本国公司和外国公司。韩国的公司所得税实行两档累进税率,超过1亿韩元的部分的税率为25%,没有超过1亿韩元的部分的税率为13%。根据2007年3月16日第十届全国人民代表大会第五次会议通过的《中华人民共和国企业所得税法》,中国企业所得税的税率为25%的比例税率。

债务环境交换(Debt-environment Swaps)又称"债务换自然"。是指债权国政府和欠发达国家政府达成协议,债权国政府可以免除欠发达国家政府的债务,前提是欠发达国家应该向设立于该国的环境基金提供基金来源,而环境基金往往是欠发达国家保护生物多样性的重要资金来源。债务环境交换机制最早可以追溯到20世纪80年代的债转股机制。为了处理发展中国家的债务和解决对环境产生有害影响,1984年世界野生动物基金的洛夫乔伊启动了世界上第一个债务——环境交换机制。

计划调节(Planning Adjustment)是指国家根据某一时期社会发展的需要,对国民经济进行事先的、自觉的、有计划的调节和管理,使社会生产适合社会需要。计划调节是国家调节经济的重要方法和手段之一,特别是对于一些关系到国计民生的重大问题,如积累与消费的比例、总供给和总需求的控制、基础设施建设的规模等,要通过计划调节进行管理。计划调节要自觉利用市场机制,以指导性计划为主,并辅之以必要的经济政策和经济杠杆才能得以实施。

货币主义(Monetarism)是西方当代经济自由主义思潮中的一个重要流派。20世纪50年代至60年代形成于美国,主要代表人物是美国芝加哥大学的教授米尔顿·弗里德曼(Milton Friedman)。货币主义一词是美国经济学家布朗纳(K. Brunner)在1968年7月发表的一篇题为《货币和货币政策的作用》的文章中提出的。货币主义的理论基础是货币数量论。货币数量论是一种关于货币流通量与一般价格水平之间关系的理论,它的基本要点是:商品的价格水平和货币的价值是由货币的数量决定的;在其他条件不变的情况下,商品价格水平与货币数量成正比例而变化,货币价值与货币数量成反比例而变化。根据这种理论,货币主义提出了如下基本论点:(1)由于货币流通速度比较稳定,货币流通量、物价、总产量三者之间有一种自行调整、走向新的均衡的趋势,因而资本主义市场经济是趋于稳定的。(2)通货膨胀是一种纯粹的货币现象,它是由于货币数量的增长快于产量的增长所引起的,控制通货膨胀的唯一有效办法是限制货币供应量的增长率,使货币供应量的增长同国民经济中产量相适应。(3)菲利普斯曲线所表明的通货膨胀与失业率的交替关系是工人对价格的预期暂时落后于通货膨胀的结果,它仅仅是一种暂时的现象,在长期内是不存在的。(4)在任何时候,经济中都存在着一种与实际工资率相适应的处于均衡状态的失业率,即"自然失业率"。解决高失业的办法应是更多地鼓励人们储蓄、投资、工作和雇佣别人工作。货币主义的政策主张的基调是自由放任,反对除稳定货币供应以外的一切政府干预措施。

公开市场业务(Open Market Operation)又称"公开市场操作"。是指中央银行在公开市场上所从事的买卖政府债券或其他证券的行为。它是中央银行用来执行货币政策的主要手段,与法定准备金率、再贴现率并称为三大货币政策工具。公开市场活动通常是为了控制和调节短期利率和基础货币的供给,从而间接控制货币总量的供应。公开市场业务以其灵活性、主动性和可逆性等优势,为多数国家的中央银行所青睐。具体来说,根据经济发展形势,当中央银行认为需要缩紧银根时,便在公开市场上出售政府债券或其他证券,以回笼货币,减少基础货币的供应;相反,当中央银行认为需要放松银根时,则在公开市场上购买政府债券或其他证券,以增加基础货币的供应。公开市场活动通常要根据通货膨胀、利率水平、汇率的实际情况来执行。公开市场活动能够直接影响银行储备,具有主动性与灵活性特征,但其执行也具有一定的时滞性,需要与其他政策配合使用。并且,公开市场活动能否更好地发挥其作用,还取决于证券市场的发达程度。在美国,公开市场活动是联邦储备体系运用最多、最灵活的货币政策工具。中国的公开市场活动也作为一项重要的货币政策工具,在调节利率、满足商业银行资金需求、促进银行间债券市场发展等方面发挥着重要作用。1997年以来,随着中国经济和改革形势的发展,中央银行货币政策操作方式正发生着重大变化,由行政性的直接调控逐渐转向以市场为基础的间接调控方式;而推动公开市场业务正是建立货币政策间接调控方式的重要内容之一。

公司化(Corporatization)一般是指由国有经济实体向具有公司式结构的法人实体的重组转化。公司化的主要目标是:在政府得以保留对国有资产所有权的基础上,使其能够作为一个法人实体有效、独立的运行,以避免政府部门、官僚机构运作的低效率。此外,如果政府认为私人部门可以使公司运作得更好,甚至会将其剥离,进行公开上市。因此,公司化有时是国有资产私有化的前奏或过渡途径。公司化通常发生在一个国家的铁路、公路、电力、供水等领域或部门。有时候,还可以指非营利机构的公司化,如大学或医院转变为法人实体,或是采取公司式的管理结构、从事公司式的活动。

公司治理(Corporate Governance)又称"法人治理结构"。是指一套规范公司相关各方的责、权、利的制度安排,是现代企业中最重要的制度架构。它包括公司经理层、董事会、股东和其他利害相关者之间的一整套关系。公司治理所要解决的就是合理地界定和明确公司所有者与经营者之间的权责关系,以保证所有者(股东)利益的最大化,防止经营者行为与所有者利益相背离。公司治理的目标通过建立完善的公司治理结构来实现。通常公司治理结构中包含决策、执行与监督三部分,但各个国家的公司治理模式不尽相同。如英美的内部治理模式、德日的主银行控制主导模式、东南亚的家庭治理模式,其区别主要在于具体的权责配置有所不同。

有限合伙制(Limited Partnership)是指在由一个以上的合伙人承担无限责任的基础上,允许更多的投资人只对企业债务在其注册投资范围内承担有限责任的一种企业组织形式。有限合伙制适合于进行创业投资,如私募股权公司常用有限合伙制形式管理投资基金,因为有限合伙制具有监督约束机制强、运作机制灵活、税费优惠、退出机制便利等优点。

杠杆(Leverage)一种解释是指投资中的杠杆,包括任何能使投资结果(收益或损失)乘数放大的技术方法,主要体现在金融衍生产品的使用上。这种金融杠杆可以给投资者带来高收益,但同时也加大了投资风险,可能造成更大的损失。另一种解释是指企业或公司中的杠杆,包括经营杠杆、财务杠杆和复合杠杆。经营杠杆是指由于固定成本的存在而导致息税前利润变动大于产销业务量变动的杠杆效应,一般用经营杠杆系数来表示,企业经营杠杆系数越大,则经营风险越大。财务杠杆是指由于债务的存在而导致普通股每股利润变动大于息税前利润变动的杠杆效应,一般用财务杠杆系数表示,企业债务比重越大,财务杠杆效应越强,财务风险越大。此外,企业还可以通过复合杠杆整体考虑企业风险,用复合杠杆系数表示。还有一种解释特指债务杠杆,属于财务杠杆种类,是公司通过举债融资,运用调整资本结构(或称融资结构,即负债与权益的分配),增加债务比率,来提高公司的投资回报率。

私募股权投资(Private Equity,PE)是指主要通过私募方式进行而不涉及公开市场交易的股权资产投资。投资主体一般为私募股权投资公司、创业投资公司或天使投资人等,不同的投资主体有各自的投资目标与投资策略,基本采取权益型投资方式,利用发起和管理股权投资基金的形式,能够为被投资企业的启动、扩张或重组提供所需要的资金。私募股权投资的对象主要是非上市企业,既包括初创期的企业,也包括已形成一定规模的成熟企业,针对企业不同时期的投资类型各不相同,如有创业投资、成长投资、杠杆收购、夹层投资以及针对企业上市前的 Pre-IPO 投资等。私募股权投资较公开市场具有较低的流动性,因此被视为长期投资,投资者会期望得到更高的回报。私募股权投资的退出渠道及回报方式有上市、售出、并购、重组、企业管理层回购等。投资者在股权投资前,除考虑自身因素外,还需要考虑投资风险,归纳起来需要考虑投资管理人的道德因素、投资项目风险、政策风险、基金延期的风险、流动性风险五个因素。

私募公投(Private Investment in Public Equity,PIPE)又称"私募股权投资已上市公司股份"。是指私募投资公司、共同基金或其他合格投资者,不借助公开交易市场直接购买已上市公司股份的一种投资方式。主要有传统型和结构型两种,前者是指由发行人以设定价格向投资人发行优先股或普通股的方式进行,后者则是指通过发行可转换证券进行。相比一些传统的融资手段如二次发行来说,私募股权投资已上市公司股份的融资成本和融资效率更高,因而很受欢迎。在私募股权投资已上市公司股份发行中,监管机构的审查更少,且不需要昂贵的路演(指证券发行商促进股票发行的一种推介手段),这使得获得资本的成本和时间都大大降低。私募股权投资已上市公司股份比较适合那些疲于应付传统股权融资的复杂程序的中小型上市公司。

兼并与收购（Merger and Acquisition）又称"并购"。是企业扩张与增长的一种方式，包含兼并与收购两种企业行为。兼并是指两家公司出于自愿合并，所有权与经营权都合二为一，原先两家公司不复存在，而由新公司取而代之。收购则是指一家公司通过各种方式的产权交易取得另一家公司控制权的行为，原公司投资者丧失对该公司的经营控制权。被收购方可能是在自愿或同意收购方条件下而实现，称为善意收购；也可能是出于被迫接受收购，称作恶意收购。在实际情况中，完全出于双方自愿的平等兼并较少存在，因此兼并与收购之间的区别使用变得模糊，类似的行为可以统称为并购。并购可以分为横向并购、纵向并购和混合并购。横向并购指处于同一行业、生产或销售同类或相似产品的公司间的并购；纵向并购指处在同一产业链的不同阶段的公司间的并购；混合并购则是指生产经营不相关的公司间的并购。

杠杆收购（Leveraged Buyout）是指通过举债借款来支付大部分收购费用的一种收购方式。被收购公司（或称目标公司）的资产和未来的现金流则被用作债务的担保以及还本付息。杠杆收购是当今市场并购环境下很常见的现象。杠杆收购的主体一般是专业的金融投资公司，或主要是私募股权投资公司。收购资金主要来自于银行抵押借款、机构借款和向投资者发行的债券。杠杆收购通常还包含管理层收购或管理层换购，以此组建新的公司管理层。因为债务通常具有比股权更低的资本成本，因此股权收益率会随着债务的增加而增加，债务从而成了有效提高报酬的"杠杆"，这就是杠杆收购一词的来源。20世纪80年代，杠杆收购开始在美国盛行，后经历了20世纪80年代末期的衰落和90年代的恢复。

风险投资（Venture Capital，VC）又称"创业投资"。是指向处在早期阶段的、具有很大潜力和风险的初创型企业所进行的股权投资。创业投资通过取得被投资企业的部分股权来获利，为被投资企业提供所需资金及专业知识与经验，以促进其成长和发展从而获取更大利润，并不以获得其经营权或所有权为目的。但创业投资者通常具有对被投资企业决策的重大控制权。被投资企业通常属于高新技术领域,如 IT、软件业、生物技术等。创业投资是私募股权投资(PE)的一种类型,是一项追求长期利润的高风险高报酬事业。创业投资过程通常有以下几个阶段,大致与被投资企业的发展阶段相对应:第一阶段称为种子投资,是用以验证新的发明或想法的低级别融资,通常由天使投资人提供,或通过"众筹"的方式来筹资。第二阶段为创业阶段,此时企业需要资金用来进行市场与产品的开发。第三阶段为增长阶段,也称为第一轮投资,为早期的销售与生产制造提供资金。第四阶段称为第二轮投资,此时为处在早期阶段的、正在销售产品但尚未盈利的企业提供运营资金。第五阶段为扩张,也称为夹层融资,是为刚刚盈利的企业提供扩张资金。第六阶段为创业投资的退出阶段,也称过渡型融资,以资助企业上市。

天使投资(Angel Investment)是指自由投资者或非正式风险投资机构对原创项目构思或小型初创企业进行的一次性的前期投资,属于创业投资的一种。投资者即称作天使投资人。天使投资的特点:(1)天使投资是一种直接投资方式,由富有的家庭和个人直接向企业进行权益投资。(2)创业者与天使投资人大多是亲朋好友,或者是熟人介绍。(3)天使投资一般以个人投资的形式出现,其对被投资项目的考察和判断程序相对简单,时效性强。(4)天使投资者一般只对较小项目进行较小资金规模投资。

夹层投资(Mezzanine Investment)又称"夹层融资"。是指对已经完成初步融资的初创企业所进行的兼有债权投资(通常是无担保债权和次级债)和股权投资双重形式的投融资方式。夹层投资因其介于公司的底层股权资本与上层的高级债之间而得名。夹层融资是比有担保债务或高级债成本更高的融资方式。此外,夹层融资属于私募融资方式,经常用于较小的企业,并具有高杠杆水平,因此其风险较大,夹层债务持有人会要求比有担保或高级放款人更高的投资回报。因此,夹层投资是一种风险和收益低于股权投资、高于优先债权或高级债的投融资方式,为企业扩张以及准备上市提供所需资金。

机构投资者(Institutional Investor)是指能够利用大笔资金在金融市场从事证券投资的组织机构,是与个人投资者相对的概念。机构投资者通常是专业化金融机构,如银行、保险公司、退休或养老基金、对冲基金、投资基金、信托基金、共同基金等。在中国,机构投资者目前主要是具有证券自营业务资格的证券经营机构、符合国家有关政策法规的投资管理基金等。机构投资者可以利用自有资金进行投资,但实际上更多的是从公众手中募集资金进行投资。机构投资者不仅拥有雄厚的资金实力,还拥有专业化部门分工,使投资建立在专业的决策运作、信息收集、公司研究及投资理财等基础之上。在投资风险方面,机构投资者善于利用投资组合,具有很高的风险承受能力。在美国,一半的公开交易股票由机构投资者所有,而在英国,机构投资者拥有三分之二的上市股票。

内幕交易(Insider Trading)是指个人根据所掌握的非公开信息(或称内幕信息)对公司股票或其他证券进行的交易。内幕人员通过某种手段所知悉的、尚未公开的可能影响证券市场价格的重大信息即为内幕信息。内幕交易有合法与非法的交易之分。所谓合法的内幕交易是指公司内部雇员、董事或股东并未利用任何内幕信息而进行的证券交易。但通常所说的内幕交易都是指非法的、严重违反证券市场交易原则的欺诈行为,会使投资者对证券市场丧失信心,影响证券市场的功能发挥。世界许多国家都制定了打击内幕交易行为的法规,但具体的细则与强度不尽相同。中国相关法律法规对于内幕信息人员、内幕信息与内幕交易行为的界定与刑罚都有具体的规定,以严厉打击内幕交易、维护证券市场稳定。

市场操纵(Market Manipulation)是指蓄意干扰市场的自由、公平运行,在证券市场、商品市场或货币市场上人为制造有关市场行情或价格的虚假或误导性信息的行为。市场操纵有多种形式,例如:虚买虚卖,即同时买卖股票,而所有权并未发生转移,以达到人为增加交易量并提高股票价格目的的行为;相对委托,即交易者相互串通,以约定时间和价格相互进行证券交易来影响价格和交易量的行为;此外,还有连续买卖、非法炒作等形式的市场操纵行为。中国《证券法》等相关法律法规也有详细的规定,严禁市场操纵行为。

老鼠仓(Rat Trading)是指资产管理机构的从业人员,在利用公有客户资金拉升股价之前,先用自己个人(机构负责人、操盘手及其亲属、关系户)的资金在低位建仓,待公有客户资金拉升到高位后率先卖出获利的行为。这种以公有客户资金亏损为代价"偷食"上涨盈利的做法,可获得高额回报,且行为隐秘,"老鼠仓"因此得名。从事"老鼠仓"行为的主体一般有证券交易所、期货交易所、证券公司、期货经纪公司、基金管理公司、商业银行、保险公司等金融机构的从业人员以及有关监管部门或行业协会的工作人员。"老鼠仓"行为是严重破坏金融证券市场秩序的行为,但它并非内幕交易或市场操纵,应予以区分。中国《刑法修正案(七)》对于"老鼠仓"犯罪行为有详细的刑法规定。

融资融券(Securities Margin Trading)又称"证券信用交易"。是指投资者向证券公司提供担保物或缴纳保证金,借入资金买入证券或借入证券卖出的交易行为。它包含"融资"和"融券"两个交易行为。"融资"俗称买空,或称多头,是指在预期证券价格将要上涨而手头没有足够资金时,向证券公司借入资金买入证券,并在高位卖出证券后还款付息;"融券"俗称卖空,或称空头,是指在预期证券价格将要下跌而手头没有证券时,向证券公司借入证券卖出,并在低位买入证券归还。融资融券起源于美国,在经历了20世纪30年代的大萧条之后,美国开始对融资融券行为进行规范,并不断予以调整,以防止过度投机行为导致股价大幅波动。中国开启融资融券业务经历了谨慎缓慢的过程,直到2010年才正式进入融资融券的市场操作阶段。

对冲(Hedge)是指在投资中为了规避资产价格出现不利变动风险而进行的双向操作的交易行为。通常是通过投资或购买与标的资产收益波动负相关的某种资产或衍生产品来冲销标的资产潜在的风险损失。例如,在股票市场上,某股票交易者预期A公司股价将上涨,因此买入A公司股票以期获利。但A公司所处行业面临一定风险,可能导致其股价下跌,因此交易者对A公司的直接竞争者B公司的股票以同等价值进行卖空操作,以此来冲抵行业风险。通过精密的计算,可以实现无论是在该行业价格上涨或是下跌的情况下都能获利。除此之外,对冲还可以在许多其他金融工具交易中进行,包括交易所交易基金、保险、远期合约、互换、期权、期货合约以及场外交易和其他衍生产品交易等。

交易所交易基金(Exchange-traded Fund)是指在证券交易所进行上市交易的一种开放式基金产品。其所持有管理的资产可以是商品、股票、债券或是"一篮子"股票资产组合。大多数的交易所交易基金为指数型基金,通过管理与某一指数成分股一致的股票组合来跟踪指数的表现,常见的指数有美国的标准普尔500指数、日本的日经225指数和中国的上证50指数等。与普通的开放式基金或传统的共同基金不同,其交易方式类似于股票,投资者可以在交易所交易时间内随时按照市价进行买卖,而不用按照收盘后计算的净资产值进行申购赎回。并且,交易所交易基金只接受一定规模,称作"创造基数"以上的申购或赎回,申购赎回不采取现金,而是"一篮子"股票。交易所交易基金具有费用成本低、交易方式灵活、税收效率高、透明度强等优点。

场外交易(Over-the-Counter)又称"柜台交易"。是指交易双方不通过正式的交易所而直接进行的双边交易。场外交易与交易所交易的内容类似,都包含股票、债券以及其他金融工具或衍生产品等,但场外交易不通过集中的交易所进行,不受监管,没有公开的价格信息,透明度低,交易由双方依靠现代通信手段如电话、通信网络私下协商进行。参与场外交易的一般是规模较小、不能达到上市要求的企业。

期货合约(Futures Contract)是指交易双方通过期货交易所达成的、约定在未来某一时间以约定价格买卖某种资产的标准化协议。期货合约的买方期望标的资产的价格在未来上升,而卖方则期望资产价格下降。在许多情况下,期货合约中的标的资产除了商品外,更多的是金融工具,如外汇、债券、股票等,因此被称作金融期货。除此之外,期货的标的资产还可以是证券指数、利率等。期货交易所在期货交易中起着中介的作用,并通过收取保证金为交易双方降低违约风险。参见"远期合约"。

期权(Option)又称"选择权"。是指一种能在未来某特定时间以特定价格买入或卖出一定数量的某种特定商品的权利。它是在期货的基础上产生的一种金融工具,给予买方(或持有者)购买或出售标的资产的权利。期权主要分为看涨期权与看跌期权。前者也称买方期权,是指给予期权持有者按照约定价格买入标的资产或金融产品权利的期权,期权持有者会期望标的资产或金融产品价格上涨;后者也称卖方期权,是指给予期权持有者按照约定价格卖出标的资产或金融产品权利的期权,期权持有者会期望标的资产或金融产品价格下跌。期权一般是交易所交易期权,拥有标准化合约与准确的定价模型,包括股票期权、债券期权或其他利率期权、指数期权、期货期权等。期权也有场外交易期权,即通过交易双方私下签订合约,通常包括利率期权、互换期权等。

期货市场(Futures Market)是指按照一定规章制度进行期货合约交易的场所。期货合约交易双方达成协议或成交后,不立即交割,而是在未来的一定时间内进行交割。广义上的期货市场包括期货交易所、期货结算所或结算公司、期货经纪公司和期货交易员;狭义上的期货市场仅指期货交易所。比较成熟的期货市场在一定程度上相当于一个完全竞争的市场。期货市场是一种较高级的市场组织形式,是市场经济发展到一定阶段的必然产物。期货市场的特点是:(1)封闭或半封闭的市场。在期货市场内参加交易的必须是会员。而会员均是经过了严格的资信审查的。(2)有固定交易程序和规则。期货市场对成交方式、结算与担保、合约的转卖或对冲,以及实物的交割都有严格而详尽的规定。(3)标准化合约买卖。期货市场上的买卖双方凭既定的标准化期货合约成交。(4)上市品种具备一定条件。期货市场上市品种具有市场需求量大、规格与质量易于认定等特点。(5)交易集中,信息公开。交易集中于交易所进行,市场信息透明。

互换(Swap)是指交易双方按照互换协议中所约定的条件及时间交换与某种金融工具相关的现金流的行为。互换常用来对冲某种风险,如利率风险等。最常见的互换交易是利率互换,此外还有货币互换、商品互换、股权互换、信用互换、期货互换、期权互换等。就利率互换来讲,通常是固定利率贷款与浮动利率贷款之间的交换,这来自于公司希望从具有比较优势的利率市场中获益。但一家公司可能在希望以固定利率借款时却得到浮动利率借款,而另一家公司刚好相反,此时两家公司就可以进行互换交易。大多数互换交易通过场外交易进行,互换协议可按双方要求"量身定做"。最早被公众所知晓的互换交易是1981年IBM公司与世界银行签订的互换协议。

产能过剩(Excess Capacity)是指企业所能获得的最优产出超过了由市场需要决定的实际产量的情况。产能过剩意味着市场上的产品需求小于企业能够为市场提供的潜在供给。产能过剩的根本原因在于经济增长方式不合理,表现为企业自主创新能力薄弱、产业的技术水平低、产业集中度不高等。欧美等国家一般用产能利用率作为判断产能过剩的评价指标,它涉及利用现有设备所获得的实际产出,与充分利用现有设备所能够获得的潜在产出之间的关系。产能利用率同时也是衡量生产要素是否有效利用的指标。产能利用率较高,则可能出现产能不足;产能利用率低,则可能出现产能过剩的情况。行业产能过剩对宏观经济的不利影响:(1)导致物价总水平明显下降,形成很强的通货紧缩压力。(2)使企业的投资预期和居民的消费预期下降,由此使经济增长面临越来越明显的下调压力。(3)导致银行不良资产明显增加,金融风险增大。

直接融资(Direct Financing)是指不经任何金融中介机构,而由资金需求单位(包括企业、机构和个人)直接与拥有暂时闲置资金的单位进行借贷,或者在金融市场上发行有价证券直接进行资金融通的一种融资方式。直接融资的形式有买卖有价证券、预付定金和赊销商品、不通过银行等金融机构的货币借贷等。在现代经济活动中,直接融资是资金融通的一种非常重要的方式。直接融资的优点在于:(1)资金供求双方联系紧密,有利于资金的快速、合理配置和提高使用效益。(2)由于没有中间环节,直接融资的筹资成本较低而投资效益较高。直接融资的局限性主要表现在:(1)资金供求双方在资金数量、期限、利率等方面受到的限制多。(2)融资工具受金融市场的发达程度的制约。(3)风险大,资金供给者需要直接承担投资风险。

间接融资(Indirect Financing)是指资金需求单位不直接与资金盈余单位发生债权债务关系,而是通过金融中介机构与资金盈余单位发生间接的债权债务关系来实现资金融通的一种融资方式。间接融资的优点在于:(1)体现规模经济,可以集中大量资金。(2)多样化的资产和负债结构分散了资金融通中的风险。(3)降低了整个社会的融资成本。间接融资的局限性主要表现在由于金融中介机构的介入,隔断了资金供求双方之间的直接联系,减少了投资者对资金使用的关注和对筹资者的压力和约束,增加了筹资者的成本等。

投资主体(Investment Subject)是指从事投资活动,具有一定资金来源,对投资活动负有责任,具有独立投资决策权并且享有投资收益权的自然人或法人。投资主体的实质是经济要素所有权在投资领域的人格化。投资主体的类型主要有:(1)根据法律关系分为自然人投资主体(个人或家庭)和法人投资主体(企业法人、事业法人等)。(2)根据经营权可以分为直接投资主体和间接投资主体。(3)根据投资主体的地位和层次分为中央政府投资主体、地方政府投资主体、企事业单位投资主体和个人投资主体。

代理成本(Agency Costs)是指委托人为防止代理人损害自己的利益,通过严密的契约关系和对代理人的严格监督来限制代理人的行为而付出的代价。根据迈克尔·詹森(Michael C. Jensen)和威廉·H.麦克林(William H. Meckling)的观点,股权融资和债务融资都存在代理成本,最优资本结构取决于"所有者愿意承担的总代理成本,包括新股发行和债务发行的代理成本"。代理成本主要划分为三个部分:(1)委托人的监督成本,即委托人为激励和监控代理人,使代理人为自己的利益尽力的成本。(2)代理人的担保成本,即代理人用以保证不采取损害委托人行为的成本,以及如果采用了那种行为,将给予赔偿的成本。(3)剩余损失,它是委托人因代理人代行决策而产生的一种价值损失,等于代理人决策和委托人在假定具有与代理人相同信息和才能情况下自行效用最大化决策之间的差异。显然,监督成本和担保成本是制定、实施和治理契约的实际成本,剩余损失是在契约最优但又不完全被遵守、执行时的机会成本。

所有者权益(Owner's Equities)是指企业投资者对企业净资产的所有权,即企业的资产扣除负债后所有者享有的剩余权益。在股份制企业中又称为股东权益,包括实收资本(或股本)、资本公积、盈余公积和未分配利润,所有者权益随着总资产和总负债变动而发生增减变动。所有者权益的基本特征是:无论投资者的原始投资是采取货币形式还是某种实物形式,所有者权益与企业的具体资产项目并无直接的对应关系,所有者权益只是在整体意义上与企业资产保持数量上的关系。

所有者权益包含企业的投资者以其出资额的比例分享企业利润,与此同时,投资者也必须按其出资额承担相应的企业经营风险。此外,所有者权益还意味着所有者有法定的管理企业和委托他人管理企业的权利。

同业拆借(Inter-bank Lending)是指银行之间为了解决短期内出现的资金余缺而进行的资金的相互调剂。具体来讲就是在一个工作日结束后,银行在对账目进行结算时,发现资金出现富余或短缺的情况下,为了对富余款项进行利用或为了第二天业务的正常运行而进行的资金调剂行为。它的主要交易对象为超额准备金,拆入行对拆出行开出本票,拆出行则对拆入行开出中央银行存款支票即超额准备金。对资金贷出者而言是拆放,对贷入者而言则是拆借。同业拆借作为临时调剂性借贷行为的特点主要有:(1)期限短。同业拆借属于临时性的资金融通,交易期限较短,中国目前同业拆借期限最长不超过四个月。(2)利率低。一般来说,同业拆借利率是以中央银行再贷款利率和再贴现率为基准,再根据社会资金的松紧程度和供求关系由拆借双方自由议定的。由于拆借双方都是商业银行或其他金融机构,其信誉比一般工商企业要高,拆借风险较小,加之期限较短,因而利率水平较低。(3)同业拆借的参与者是商业银行和其他金融机构。同业拆借除了通过中介机构进行外也可以是双方直接联系。

信托(Trust)又称"信用委托"。是指委托人基于对受托人的信任,将其财产权委托给受托人,由受托人按委托人的意愿以受托人的名义,为受益人的利益或其他特定目的对受托财物进行经营管理或处分的行为。信托业务一般涉及三方面当事人,即委托人、受托人和受益人。其中,委托人是指设立信托时的财产所有者,即利用信托方式达到特定目的的人。受托人在信托关系中居于核心地位,他是接受委托人的委托,在授权范围内根据有关规定对信托财产进行管理和处置的人,即"受人之托、代人理财"的人,受托人可以是自然人,也可以是法人,因各国信托历史发展的情况不同而不同,如英国作为信托发展最早的国家,是以个人受托为主的,美国、日本、中国等国均以法人受托为主。受益人则是指在信托关系中享受信托财产收益的人。根据不同的标准,信托业务可以分为不同的种类,比如以委托人的存在形态为标准划分,可以分为个人信托和法人信托;以信托关系建立的方式为标准划分,可以分为任意信托和法定信托;以信托的责权利为标准划分,可以分为管理信托和处分信托;以信托财产的性质为标准划分,可以分为金钱信托、动产信托、不动产信托和金钱债权信托;以受益人为标准划分,可以分为公益信托和私益信托、自益信托和他益信托等。

政府投资(Government Investment)是指政府为了实现其职能、满足社会公共需要或者为了实现经济和社会发展战略,利用财政支出对特定部门和项目进行的投资活动。政府投资项目是指以各级财政预算内、外资金,或者用财政资金作为还款来源的借贷性资金建设的项目,包括政府全部投资和部分投资的项目。政府投资的经营性项目主要有基础设施项目、自然垄断项目、资源开发项目以及高新技术产业项目等,这些项目投资金额巨大,投资周期长,而且投资风险大,一般民间资本无法做或者做不好,政府对这些项目的投资不以营利为主要目的,但要追求保值增值和较好的投资效益。政府投资的非经营性项目主要有公共物品、公共办公设施、公益性项目等,如国防、医疗卫生、城市公共设施以及行政机关建设项目等,政府对这些项目的投资不以营利为目的,而是为了营造一个安全、稳定、便利的公共平台,旨在提高社会效益,从而保证社会持续、稳定、健康发展。

政府融资(Government Financing)是指政府为了实现某一政策目标,运用一定的融资形式、手段和工具,实现资金的筹集、转化、运用、增值和回偿等经济活动的总称。从各国的发展经验看,政府融资模式主要有三种:(1)市场主导型。是指政府融资机构和其他金融机构地位相同,依照市场规律在资本市场上筹措资金。一般只有西方市场经济发达的国家采用这种模式,以美国为主要代表。(2)政府主导型。是指政府金融机构在各种相关政策的扶持下,根据政府的产业目标和政策目标在资本市场上筹集资金,这些融资活动本身不受市场规律的约束。这种融资模式的典型代表国家是日本。(3)市场主导、政府督办型。该模式介于以上两种模式之间,是一种中间形态的政府融资模式,基本上是采用政府授权公司的形式来筹集资金。韩国是实行这种模式最具有代表性的国家。

地方融资平台(Local Government Financing Platform)是指由中国各级地方政

府发起成立的以项目融资为目的的平台公司,因此又称为地方政府融资平台公司。《国务院关于加强地方政府融资平台公司管理有关问题的通知》(国发〔2010〕19号)为地方政府融资平台公司做了明确的界定,尔后《关于贯彻国务院关于加强地方政府融资平台公司管理有关问题的通知相关事项的通知》(财预〔2010〕412号)又对该定义做了补充。地方政府融资平台即指由地方政府及其部门和机构、所属事业单位等通过财政拨款或注入土地、股权等资产设立,具有政府公益性项目投融资功能,并拥有独立企业法人资格的经济实体,包括各类综合性投资公司,如建设投资公司、建设开发公司、投资开发公司、投资控股公司、投资发展公司、投资集团公司、国有资产运营公司、国有资本经营管理中心等,以及行业性投资公司,如交通投资公司等。地方融资平台是中国社会主义市场经济体制下所特有的,其通过举债融资的方式,为地方经济和社会发展筹集资金发挥了重要作用。推动地方融资平台健康发展,需要从规范运行和加强监管两方面入手,切实防范地方融资平台债务风险。

PPP 模式(Public-Private-Partnership)即"公私合作制"。是指政府与私人组织之间基于某个项目或某种公共物品和服务的提供,以特许权协议为基础,彼此之间形成一种伙伴式的合作关系的一种财政融资形式。PPP模式最早由英国提出,20世纪90年代开始在西方流行,目前在全球范围内被广泛使用。采用这种融资形式的实质是政府通过给予私营公司长期的特许经营权和收益权来换取基础设施加快建设及有效运营。

BOT 模式(Build-Operate-Transfer)即"建设—经营—转让"模式。是私营企业参与基础设施建设,向社会提供公共服务的一种方式。中国一般称其为"特许权",是指政府部门把某个基础设施项目的特许权授予私营企业,并签订特许权协议,由私营企业在特许权期限内负责该基础设施项目的项目设计、投资、融资、建设、经营与维护,在协议规定的特许期限内,私营企业可以向设施使用者收取适当的费用,由此来回收项目的成本并获取合理收益;政府部门则拥有对这一基础设施的监督权、调控权;特许期届满,私营企业将该基础设施无偿或有偿移交给政府部门。

TOT 模式（Transfer-Operate-Transfer）即"转让—经营—转让"模式。是指政府部门或国有企业将建设好的项目的产权或经营权有偿转让给投资者,投资者在约定的期限内通过经营管理该项目而收回全部投资并得到合理的回报,双方合约期满之后,投资者再将该项目的产权和经营权无偿交还政府部门或原企业的一种融资方式。TOT 模式是企业进行收购与兼并所采取的一种特殊形式。通过 TOT,出让方能够回收资金,同时解决运营低效率问题;对于投资者而言,其受让的是已经建成且能正常运营的项目,从而降低了风险。

PFI 模式（Private Finance Initiative）即"私人主动投资"。是指政府部门根据社会对基础设施的需求,提出需要建设的项目,通过招投标,由获得特许权的私营部门进行建设与运营,并在特许期（通常为 30 年左右）结束时将所经营项目完好、无债务地归还政府,而私营部门则从政府部门或接受服务方来收取费用以回收成本的项目融资方式。PFI 起源于英国,是继 BOT 之后的又一优化和创新的公共项目融资模式,目前已被发达国家广泛应用于公共项目的管理实践中。PFI 模式不同于传统的公共投资,在 PFI 融资方式下,政府并不买入公共设施等固定资产,而是最终购买由这些固定资产产出的公共服务。PFI 模式也不同于民营化,在民营化的情况下,计划立案与政府无关,政府的权限不起作用;而在 PFI 模式下,公共事业的计划立案仍然是以政府为主体。

BT 模式（Build-Transfer）即"建设—转让"模式。是指由项目发起人通过招标的方式确定投资方,由投资方负责项目资金的筹措和工程建设,并承担项目的建设风险,项目建设竣工验收合格后,项目发起人按照签署的回购协议接管项目,并向投资方支付项目回购价款的一种融资建设方式。BT 融资模式的核心是政府或政府的代理机构与投资人签订的特许权协议,即政府将其特定的基础设施等项目在一定年限内的物权与项目投资人的资金、先进的技术和管理经验等进行交易的行为。BT 模式是由 BOT 模式衍生出来的新型融资模式,在 BT 融资模式运作过程中,建设方先建设,政府后回购,既在一定程度上保证了建设方的稳定收益预期,也缓解了政府基础设施的巨额投资压力,分散了投资风险。

清洁发展机制（Clean Development Mechanism, CDM）是指《京都议定书》通过的发达国家或经济转轨国家在境外实现部分减排承诺的一种履约机制。通过这个机制，发达国家或经济转轨国家通过向发展中国家投入资金和提供先进技术，帮助发展中国家实施温室气体减排项目，从而获得由项目产生的经核证的减排量（Certified Emission Reductions, CERs），这样就能使其自身达到《京都议定书》所要求实现的温室气体减排目标；而没有减排目标的发展中国家则利用其减排成本低的优势，将清洁发展机制作为一种新型的项目融资方式，通过引进发达国家或经济转轨国家的资金、先进技术，弥补其自身不足，加强本国相关能力建设，减少本国的温室效应损害，促进本国经济、社会和环境的可持续发展，同时通过销售经核证的减排量获得可观收入。总的来说，发达国家或经济转轨国家和发展中国家通过清洁发展机制合作，可以实现双赢，并加快减缓全球气候变化的行动步伐。

政府采购（Government Procurement）是指各级政府机关、事业单位和团体组织为实现其职能、满足公共服务或为了实现一定的战略目标，利用国家财政性资金或政府借款购买货物、工程和服务的行为。政府采购的领域包括国防、公路、公共教育、公共建筑、医疗保健、国际事务、航天技术、能源、自然资源和环境、农业与农业资源等。政府采购不仅是指具体的采购过程，也是采购政策、采购程序、采购过程以及采购管理的总称。从本质上讲，政府采购是公共支出管理的一个重要手段，也是一个重要的执行环节。政府采购具有的特点：（1）资金来源的公共性。政府采购的资金来源于政府财政拨款，即由纳税人的税收所形成的公共资金或政府借款。（2）非营利性。政府采购是为了实现政府职能和公共利益，而非营利。（3）规范性。现代国家都制定了系统的政府采购法律和条例，并建立了完善的政府采购制度。（4）公开性。政府采购的有关法律和程序以及采购过程都是公开的。（5）采购对象的广泛性和复杂性。政府采购对象从汽车、家具、办公用品到武器等，涉及货物、工程和服务等各个领域。（6）政策性。政府采购一般都承担执行国家政策的使命。（7）购买金额巨大。政府采购的主体是政府，是一个国家内最大的单一消费者，购买力非常大。

转移支付（Transfer Payment）又称"无偿支出"。是指各级政府或企业之间无偿地通过一定形式和途径转让资金的活动。转移支付的基本特点是无偿性,是单纯的支出而无相应的回报,体现的是非市场的分配关系。转移支付的类别主要有政府的转移支付、企业的转移支付以及政府间的转移支付。它包括养老金、失业救济金、退伍军人补助金、农产品价格补贴、公债利息、对其他国家的捐赠等政府或企业支出的一笔款项。转移支付不能直接调控产品结构、部门结构以及总需求,因为它不直接构成对社会最终产品的需求。但这种形式的支出仍旧能成为政府的政策手段,因为政府或企业掌握着资金转让的决策权,它们可以决定将这笔资金转让给谁,因此转移支付是调节收入分配的重要手段。

福费廷(Forfeiting)又称"无追索权的融资"或"票据包买"。是指在延期付款的大宗贸易中,出口商把经进口商承兑的并按不同的定期利息计息的、通常由进口商所在银行开具的远期信用证,无追索权地出售给出口商所在银行或大金融公司的一种资金融通方式。福费廷是一种以无追索权形式为出口商贴现大额远期票据提供融资并能防范信贷风险与汇价风险的远期票据服务,属于票据融资。通过以无追索权的方式买断出口商的远期债权,融资银行或大金融公司对已经由信用证开证银行承兑的远期票据向信用证受益人(出口商)提供票据贴现,这样出口商就能够立即回笼资金,在获得出口融资的同时,消除因远期收汇风险及汇率和利率带来的潜在风险。福费廷是一种灵活、简便、有效的贸易融资方式,只要出口商履行合同,就可以获得资金的融通,同时把因延期付款带来的所有风险全部转嫁给福费廷融资商。在中国国内也将这种方式称为包买票据业务,而融资商通常被称为包买商。

逆向选择(Adverse Choice)是指由于交易双方的信息不对称而造成的市场资源配置被扭曲(劣质品驱逐优质品致使市场上的交易商品的平均质量下降)的现象。一般情况下,降低商品的价格,该商品的需求量就会增加;提高商品的价格,该商品的供给量就会减少。但是,由于信息不对称和机会主义行为的存在,有些时候降低商品的价格,消费者根据自己掌握的市场信息而不会作出增加商品购买的选择;提高商品的价格,生产者根据自己掌握的市场信息不会减少商品供给的现象。这样就会出现质量好的产品被挤出市场,而质量差的产品却留在市场。在金融市场上,逆向选择是指市场上那些最有可能造成不利结果(即造成违约风险)的融资者,往往就是那些寻求资金最积极而且最有可能得到资金的人。

信息不对称(Asymmetry Information)是指在市场经济条件下,市场上的交易双方拥有的信息不相同的现象。一般而言,卖家比买家拥有更多关于交易物品的信息,但相反的情况也可能存在。这种信息不对称必定导致拥有更多信息的一方为谋取自身更大的利益而使另一方的利益受到损害。信息不对称可能导致逆向选择。信息不对称现象是由肯尼思·约瑟夫·阿罗(Kenneth Joseph Arrow)于1963年首次提出的。三位美国经济学家约瑟夫·斯蒂格利茨(Joseph E. Stiglitz)、乔治·阿克尔洛夫(George Akerlof)、迈克尔·斯彭斯(Andrew Michael Spence)由于对信息不对称市场及信息经济学的研究成果获2001年诺贝尔经济学奖。

电子货币(Electronic Money)是指可以在互联网上通过其他电子通信方式进行支付的手段。电子货币是伴随着现代商品经济高度发达和现代计算机通信技术高速发展,银行转账清算技术不断进步的产物,是货币作为支付手段不断进化的表现。随着科技的不断进步和创新,银行业务的电子化设备日益改进,不仅同城,而且异地乃至国际间的资金传送均可借助计算机来完成。这种传送方式不仅快捷,而且可大大节约时间和成本。在现代经济中,信用货币的构成已发生显著变化,即存款货币在整个货币供应量中的数量越来越大,而现钞的比重越来越小。电子货币虽较存款货币无本质差别,但却代表着现代信用货币形式的发展方向。电子货币的种类主要包括:(1)储值卡。是指某一行业或公司发行的可代替现金用的IC卡或磁卡。(2)信用卡。是银行或专门的发行公司发给消费者使用的一种信用凭证,是一种把支付与信贷两项银行其本功能融为一体的业务。(3)存款利用型电子货币(电子支票)。是一种电子货币支付方法,其主要特点是,通过计算机通信网络安全移动存款以完成结算。(4)现金模拟型电子货币(电子现金、数字现金)。它是一种表示现金的加密序列数,可以用来表示现实中各种金额的币值。(5)电子钱包。是电子商务活动中网上购物顾客常用的一种支付工具,是在小额购物或购买小商品时常用的新式钱包。

基金(Fund)包含资金和组织两方面含义。从资金关系来看,基金是指专门用于特定目的并进行独立核算的资金。其中,既包括各国共有的养老保险基金、退休基金、救济基金、教育奖励基金等,也包括中国特有的财政专项基金、职工集体福利基金、能源交通重点建设基金、预算调节基金等。从组织性质上讲,基金是指管理和运作专门用于某种特定目标并进行独立核算的资金的机构或组织。这种基金组织,可以是非法人机构(如财政专项基金、高校中的教育奖励基金、保险基金等),可以是事业性法人机构(比如中国的宋庆龄儿童基金会、孙冶方经济学奖励基金会、茅盾文学奖励基金会,美国的福特基金会、富布莱特基金会等),也可以是公司性法人机构。

开放式基金(Open-end Funds)是指基金发起人在设立基金时,基金单位或者股份总规模不固定,根据投资者的需求,随时向投资者出售基金单位或者股份,并可以应投资者的要求赎回发行在外的基金单位或者股份的一种基金运作方式。它和封闭式基金共同构成了基金的两种运作方式。开放式基金有三个主要特点:(1)基金的份额总数随着投资者增加投资或赎回份额而增加或减少。(2)基金公司通过从投资者那里出售或购回当前发行的份额而配合投资者的申购或赎回。(3)这些新资金的申购或清算赎回是以份额净值作为价格通过基金公司而不是外部市场操作的。

封闭式基金(Close-end Funds)是指基金的发起人在设立基金时,限定了基金单位或者股份的发行总额,筹集到这个总额的80%以上时,基金即宣告成立,并进行封闭,在封闭期内不允许投资者赎回基金份额,也不接受新的投资,基金的总体规模固定不变,基金一般在证券交易市场挂牌上市,投资者可以通过二级市场竞价买卖基金单位或股份。封闭式基金主要特点有:(1)基金在交易所上市,投资者可通过任意证券公司撮合成交价格来买卖基金份额。(2)基金管理人没有申购赎回的压力,可以实现既定的投资策略。(3)封闭式基金通常有五至十五年的存续期,存续期满后基金管理人将召集持有人大会商议后续事宜(终止、续期或转换为开放式基金)。(4)在中国,封闭式基金一般是折价交易,所以投资者可以利用这部分折价进行到期套利。

投资基金(Investment Fund)是一种利益共享、风险共担的集合投资方式。是指通过发行基金单位,集中投资者的基金,由基金托管人托管,由基金管理人管理和运用资金,从事金融工具和实业投资,以获得投资收益和资本增值的工具。投资基金根据投资对象可以分为证券投资基金和产业投资基金。证券投资基金主要投资于股票、债券、期权、期货等金融工具,根据投资对象不同,可分为股票基金、债券基金、货币市场基金、期货基金、期权基金、指数基金和认股权证基金等。产业投资基金是与证券投资基金相对应的一种基金模式,是指一种对未上市企业进行股权投资和提供经营管理服务的利益共享、风险共担的集合投资制度,主要从事创业投资、企业重组投资和基础设施投资等实业投资。

共同基金(Mutual Fund)是指由基金经理的专业金融从业者管理,向社会投资者公开募集资金以投资于证券市场的营利性的公司型证券投资基金。共同基金购买股票、债券、商业票据、商品或衍生性金融商品,以获得利息、股息或资本利得,通过投资获得的利润由投资者和基金经理分享。共同基金的利基点(利基点指利基市场的切入点,一般是指选准的行业和产品)是建立在专业金融从业者的知识和信任之上而得以产生,由于一般大众不懂跨国投资外国金融产品的诸多法律和语言,也没有专业操盘的技术分析能力,所以支付一定手续费将资金交由具有公信力的金融机构的团队来操盘,大众只需知道选择投资标的和风险度即可。在中国国内,共同基金的正式名称为证券投资信托基金,是由信托投资公司依信托契约的形式发行的受益凭证,主要的投资标的为股票、期货、债券、短期票券等有价证券。在美国,通称为共同基金,除了证券外,还包括黄金(或其他贵重金属)、期货和房地产等。

道琼斯指数(Dow Jones Industrial Average,DJIA)全称为"道琼斯股票价格平均指数"。是指一种算术平均股价指数。作为世界上历史最为悠久的股票指数,道琼斯指数是1884年由道琼斯公司的创始人查理斯·亨利·道(Charles Henry Dow)编制的。最初的道琼斯股票价格平均指数是根据11种具有代表性的铁路公司的股票,采用算术平均法进行计算编制而成,发表在他自己编辑出版的《每日通讯》上。该指数目的在于反映美国股票市场的总体走势,涵盖金融、科技、娱乐、零售等多个行业。通常人们所说的道琼斯指数一般是指道琼斯指数四组中的第一组,即道琼斯工业平均指数。目前,道琼斯工业平均指数中的30种成分股是美国蓝筹股的代表。

主板市场(Main-board Market)又称"一板市场"。是指传统意义上的证券市场(通常指股票市场),它是一个国家或地区证券发行、上市及交易的主要场所。主板市场对发行人的营业期限、股本大小、盈利水平、最低市值等方面的要求标准比较高,上市企业多为大型的成熟企业,具有较大的资本规模、行业影响力以及盈利能力。主板市场是资本市场中最重要的组成部分,集中了一个国家或地区最主要、最重要的企业,很大程度上能够反映一个国家或一个地区的经济实力和发展状况。一般而言,各国主要的证券交易所代表着各国国内主板市场,如美国全美证券交易所、中国的上海证券交易所和深圳证券交易所。

中小板(Small and Medium Board Market)是相对于主板市场而言。是指达不到主板市场发行条件的中小企业进行证券发行、上市以及交易的场所。中小板市场是主板市场的一种过渡。中小企业板块的运作采取非独立的附属市场模式,也称一所两板平行制,即中小企业板块附属于深圳证券交易所,中小企业板块作为深圳证券交易所的补充,与深圳证券交易所组合在一起共同运作,拥有共同的组织管理系统和交易系统,甚至采用相同的监管标准,所不同的主要是上市标准的差别。

创业板(Second Board Market)又称"二板市场"。是指在主板市场以外的专为暂时无法上市的中小型高成长企业、高科技企业和新兴公司的发展提供便利的融资途径,并为风险资本提供有效的退出渠道的证券交易市场。创业板市场最大的特点就是低门槛进入、严要求运作,有助于有潜力的中小企业获得融资机会。在创业板市场上的公司大多从事高科技业务,具有较高的成长性,但往往成立时间较短规模较小,业绩也不突出,却对资本的需求很大。创业板市场作为主要为中小型创业企业服务的市场,其特有功能是风险投资基金(创业资本)的退出机制,创业板市场的发展可以为中小企业的发展提供良好的融资环境。

牛市(Bull Market)又称"多头市场"。是指金融证券或商品持续购入和有限抛售的情况导致价格趋于上升的情况。牛市期间,股市行情看涨,交易量持续上升。形成牛市的主要因素有公司盈利增多、经济繁荣、政治因素、投机风潮等。

熊市(Bear Market)又称"空头市场"。是指金融证券或商品持续抛售和有限购入的情况导致价格趋于下降的情况。熊市期间,股市行情看跌,前景惨淡,交易量缩小,常常在市场投资气氛最高涨情况下出现,或在经济危机出现后,出现熊市。

A 股(A Shares)即"人民币普通股票"。是指由中国境内的公司发行、供中国境内的机构、组织或个人(不含港、澳、台投资者)或者合格的境外投资者以人民币认购和交易的普通股股票。A 股不是实物股票,以无纸化电子记账,实行"T+1"交易制度,有涨跌幅(10%)的限制,参与投资的是中国大陆的机构或个人。A 股主要特点有:(1)在中国境内发行并且只允许中国大陆投资者以人民币认购。(2)占公司发行的流通股的比重较大,流通性较好。(3)由于参与 A 股交易的投资者,更多的是关注 A 股买卖的差价,故 A 股被认为是一种只注重盈利分配权、不注重管理权的股票。

B 股(B Shares)即"人民币特种股票"。是指在中国境内注册的股份有限公司向境外投资者发行的、在中国境内证券交易所(深圳、上海)上市并且以外币认购和交易的股票。B 股不是实物股票,以无纸化电子记账,实行"T+3"交易制度,有涨跌幅限制(10%),参与投资的是中国香港、澳门、台湾地区的居民和外国投资者,持有合法外汇存款的大陆居民也可以参与投资。B 股主要特点有:(1)B 股以人民币标明面值,只能以外币认购和交易。(2)B 股公司的注册地和上市地都在中国境内。(3)有些国家的 B 股为优先股,只享受固定红利分配,没有投票选举权。

H 股(H Shares)是指经中国证监会批准的、公司注册地在中国大陆、在香港上市、供境外投资者认购和交易的股票。香港的英文是 Hong Kong,取其首字母,在港上市外资股就叫作 H 股。这种股份企业的股票持有人主要是中国中央政府及地方政府,又称为国企股。H 股为实物股票,实行"T+0"交易制度,无涨跌幅限制。

N 股(N Shares)是指经中国证监会批准,公司注册地在中国大陆、在美国纽约(New York)的证券交易所上市的、供境外投资者认购和交易的股票。取纽约首字母 N 作为名称。

S 股(S Shares)是指那些主要生产地或者经营的核心业务在中国大陆、注册地在新加坡或者其他国家和地区、在新加坡的交易所上市挂牌的企业股票。取新加坡首字母 S 作为名称。在中国,S 股是指尚未进行股权分置改革或者已进入改革程序但尚未实施股权分置改革方案的股票,在股名前加 S,例如 S 上石化、SST 华新、S*ST 生化等。

产品周期(Product Cycle)又称"产品生命周期"。是指产品从初创市场到退出市场的整个周期。产品生命周期理论是由美国哈佛大学教授雷蒙德·费农(Raymond Vernon)在 1966 年首次提出,费农认为产品周期一般分为导入期、成长期、成熟期和衰退期等阶段。产品导入期是外干试制过程并进行市场试推广的阶段,此时市场处于开拓之中。产品的成长期是指产品大批量生产,市场迅速扩张,边际利润逐步提高的阶段。产品成熟期是指产品的销售量还在增加,但是边际利润有所下降。产品的衰退期是指产品市场正在逐渐缩小,销售量开始大幅下降,产品即将退出市场的阶段。

庞氏骗局(Ponzi Scheme)是指利用新投资人的钱来向老投资者支付高额投资收益,从而制造赚钱的假象以骗取更多的新投资人的一种投资骗局。庞氏骗局是一种最古老和最常见的投资诈骗,是金字塔骗局的变体。又被称为"非法集资"或"老鼠会"。这种骗术是一个名叫查尔斯·庞兹(Charles Ponzi)的投机商人"发明"的。1919 年,他在美国波士顿开始策划一个阴谋,骗人向一个事实上子虚乌有的"证券交易公司"投资,许诺投资者将在三个月内得到 40%的利润回报,然后他把新投资者的钱作为快速盈利付给最初投资的人,以诱使更多的人上当。由于前期投资的人回报丰厚,庞兹成功地在七个月内吸引了三万名投资者,这场阴谋持续了一年之久,后人称之为"庞氏骗局"。"庞氏骗局"如今成为一个专门名词,意思是指用后来的"投资者"的钱,给前面的"投资者"以回报。很多非法的传销集团就是用这一招聚敛钱财的。

影子银行(Shadow Banking)是指游离于银行监管体系之外、可能引发系统性风险和监管套利等问题的信用中介体系。它是通过银行贷款证券化进行信用无限扩张的一种方式,这种方式的核心是把传统的银行信贷关系演变为隐藏在证券化中的信贷关系,这种信贷关系看上去像传统银行但仅是行使传统银行的功能而没有传统银行的组织机构,即类似一个"影子"存在。"影子银行"的基本特征:第一,资金来源受市场流动性影响较大,容易出现流动性错配和期限错配等问题。第二,进行不透明的场外交易。第三,不受现行制度的严格监管。第四,杠杆率非常高。在发达国家如美国,影子银行主要由投资银行、证券经纪及交易公司、市场性金融公司(如对冲基金、私募基金)、结构化投资实体(如资产支持商业票据、房地产投资信托)等组成。由于影子银行概念提出的时间较短,在各国不同的金融市场与监管体制下,影子银行的表现形式各有不同,且随着金融创新的发展,影子银行的形态更是复杂多变。

做市商(Market Maker)是指证券市场上具备一定实力和信誉的特许交易商。做市商不断地向公众投资者报出某些特定证券的买卖价格,并在该价位上接受公众投资者的买卖要求,以其自有资金和证券与投资者进行证券交易。做市商通过这种不断买卖来维持市场的流动性,满足公众投资者的投资需求。做市商制度是以做市商报价形成交易价格并驱动交易发展的证券交易方式,是不同于竞价交易方式的一种证券交易制度,一般为柜台交易市场所采用,做市商制度的特点是:(1)提高股票的流动性,增强市场对投资者和证券公司的吸引力。(2)有效稳定市场,促进市场平衡运行。(3)具有价格发现的功能。

次贷危机(Subprime Mortgage Crisis)又称"次级房贷危机"。是指由美国次级房屋信贷行业违约剧增、信用紧缩问题所引发的金融危机。次贷危机以2007年4月美国第二大次级房贷公司新世纪金融公司破产事件为标志,由房地产市场蔓延到信贷市场,进而演变为全球性金融危机。经济学家们对这场金融危机的成因说法不一,基本上可以归纳为房屋业主无力偿还房屋贷款、借款人及贷款人差劲的判断力、投机与在房市繁荣时期过度建屋、危险的抵押贷款产品、个人和公司的高债务水平、分散且隐藏的贷款违约风险的金融产品、货币政策、国际间贸易不均衡以及政府法规(或缺乏管制)等。但是,归根结底,道德风险是众多成因的核心部分。次贷危机对国际金融秩序造成了极大的冲击和破坏,使金融市场产生了强烈的信贷紧缩效应,国际金融体系长期积累的系统性金融风险得以暴露。次贷危机引发的金融危机是美国20世纪30年代"大萧条"以来最为严重的一次金融危机。

债务危机(Debt Crisis)是指在国际借贷领域中大量负债,超过了借款者自身的清偿能力,造成无力还债或必须延期还债的现象。衡量一个国家外债清偿能力有多个指标,其中最主要的是外债清偿率指标,即一个国家在一年中外债的还本付息额占当年或上一年出口收汇额的比率。一般情况下,这一指标应保持在20%以下,超过20%就说明外债负担过高。

融资租赁(Finance Lease)是指出租人根据承租人所提供的要求与规格,向第三方(供应商)签订供应协议购买资产(如厂房、设备等),并与承租人订立租赁协议,租赁期间,资产归出租人所有,承租人享有资产的使用权并支付租金,并负责资产的维修与保养,租赁期满时,承租人可选择退租、续租或是留购资产的一种租赁方式。融资租赁是依附于传统租赁之上的金融交易,是一种特殊的金融工具。融资租赁有许多种类,除了简单的融资租赁外,还有杠杆融资租赁、委托融资租赁、项目融资租赁等。融资租赁在20世纪50年代产生于美国,20世纪60—70年代在其他国家迅速发展,现已成为企业更新设备的主要融资手段之一。中国的融资租赁是改革开放政策的产物。改革开放后,为扩大国际经济技术合作与交流,开辟利用外资的新渠道,吸收和引进国外的先进技术和设备,1980年中国国际信托投资公司引进租赁方式。1981年4月第一家合资租赁公司中国东方租赁有限公司成立,同年7月,中国租赁公司成立。这些公司的成立,标志着中国融资租赁业的诞生。

产权(Property Rights)是指经济所有关系的法律表现形式。产权是一组权利,包括占有、使用、改变、馈赠、转让和不受侵犯的权利。产权的有效性取决于对此权利强制实现的可能性以及为之付出的代价。这种强制有赖于政府的力量、日常社会活动以及通行的伦理道德规范。产权具有的特点:(1)产权是依法占有财产的权利,与资源的稀缺性相联系,这种人与物的关系体现了人与人之间的关系。(2)产权的排他性意味着两个人不能同时拥有控制同一事物的权利。(3)产权一般可分解为使用权、收益权和让渡权。(4)产权的行使是有限制的。一是产权分解后,每一种权利只能在法律或契约规定的范围内行使;二是社会对产权的行使可能会设置某种约束。(5)由于产权使行为人在交换中形成了明确的预期,从而有助于使外部效应内部化。产权对于有效配置和利用稀缺资源具有非常重要的决定作用。产权可以从不同的角度进行分类。按产权历史发展形态分为物权、债权、股权;按产权归属和占有主体分为原始产权、政府产权和法人产权;按产权占有主体性质分为私有产权、政府产权和法人产权;按产权客体流动方式分为固定资产产权和流动资产产权;按客体的形态分为有形资产产权和无形资产产权;按产权具体实现形态分为所有权、占有权和处置权。

交易成本(Transaction Cost)又称"交易费用"。是指完成一笔交易时,交易双方在买卖前后所产生的各种与此交易相关的成本。也指买卖过程中所花费的全部时间和货币成本。交易成本通常包括供需双方在市场中搜寻有关信息的费用,为实现交易而进行谈判、签约、监督合约履行、仲裁等费用。交易成本是以美国经济学家科斯(R. H. Coase)等为代表的新制度经济学中的重要概念。科斯在《企业性质》一文中首次用交易成本来解释企业存在的原因。他指出,企业的出现是为了节省在市场上的交易成本,也就是说,用企业内交易来替代市场交易可以降低交易成本。同时,企业的规模被决定在企业内交易的边际成本等于市场交易的边际成本那一点上,或等于其他企业内部交易的边际成本那一点上。后来,科斯在《社会成本问题》一文中进一步用交易成本来解释产权问题。他提出,只有合理界定了产权,才能通过市场本身降低交易成本,提高资源配置和经济运行的效率。

交易费用(Transaction Fee)见"交易成本"。

金融抑制（Financial Repression）是指政府对金融活动和金融体系的过多干预抑制了金融体系的发展，而金融体系的发展滞后又阻碍了经济的发展，从而造成了金融与经济发展之间处于互相掣肘、双落后的恶性循环状态。罗纳德·麦金农（Ronald I. McKinnon）在1973年出版的《经济发展中的货币与资本》一书中首次提出金融抑制的概念。他指出发展中国家可能出现的一些现象：金融机构不发达、银行信用受到种种限制、进口采取许可措施、公私厂商受到高保护；政府财政赤字略取银行放款资金以作抵补，以致一般经济单位只能从私人贷款者、典当商和合作社获取有限的资金。这些现象称为金融抑制。美国经济学家罗纳德·麦金农和爱德华·肖在批判传统货币理论和凯恩斯主义的基础上，论证了金融发展与经济发展相互制约、相互促进的辩证关系。他们根据发展中国家的实际情况提出了金融抑制，核心理论是每个发展中国家的国内资本市场以及货币政策和财政政策是如何影响该市场运作的，把实际货币余额和物质资本的关系视作是互补的，即实际货币余额的增加将导致投资和总产出的增加。低的或负的实际存货贷款利率使实际货币余额很低，为了使政策对货币体系的实际规模有实质性的影响，私人部门对实际存贷利率的反应必须是敏感的。

金融深化（Financial Deepening）是指金融资产在总国民财富中的比重的增大，或金融资产累积的速度快于非金融资产累积的速度。这一概念是由爱德华·肖（Edward S. Shaw）在1973年出版的《经济发展中的金融深化》一书中提出。他认为，发展中国家的金融状况可以分为"金融浅化"和"金融深化"两种。为了克服金融浅化的种种现象，必须实行"金融深化"战略，即加快金融资产累积速度、提高金融关联比率、增加货币经济比重，以充分发挥利率等货币机制对经济的调节作用。金融深化，就要放开利率管制，取消信贷配给制，实行金融的自由化。此时金融业能够有效地动员和配置社会资金促进经济发展，而经济的蓬勃发展加大了金融需求并刺激金融业发展时，金融和经济发展就可以形成一种互相促进和互相推动的良性循环状态，这种状态可称作金融深化。金融深化可通过储蓄效应、投资效应、就业效应、收入分配效应促使经济发展。

金融创新（Financial Innovation）是指变革现有金融制度和开发新的金融工

具。金融创新是根据熊彼特创新理论衍化而来的。20 世纪 60 年代初,发达资本主义国家开始了一波金融创新的浪潮。不同的机构和学者对金融创新进行了分类,这里主要介绍四种分类方法:(1)加拿大经济委员会将金融创新分为市场扩展工具创新、风险管理工具创新、套利工具和过程创新。(2)国际清算银行按照特定的经济功能将金融创新划分为转移价格风险创新、转移信用风险创新、创造流动性的创新以及信用和权益工具创新。(3)史蒂芬·罗斯将金融创新分为更适合彼时环境和交易市场的新金融产品以及使用这些创新产品的策略。(4)中国学者则倾向于将金融创新归结为金融制度创新、金融市场创新、金融产品创新、金融机构创新、金融资源创新、金融科技创新和金融管理创新七类。

寻租(Rent-seeking)是指通过利用或操纵经济活动中的社会关系或政治环境以谋求利益,而并未带来总的财富增加的行为。这是一种非生产性的寻利行为,有合法与非法之分,但都不会形成社会剩余而会造成社会福利的浪费与损失。寻租广泛存在于经济活动的各个领域,如企业通过游说政府以获得税收、监管政策等方面的优惠、保护或特权从而获利的行为,或者相反的也有政府通过给予企业保护而获利的行为,之外还有垄断企业提升价格谋利的行为等。关于寻租的理论分析最早由美国经济学家戈登·图洛克(Gordon Tullock)在 1967 年的《关税、垄断和偷窃的福利成本》一书中提出,完全竞争理论对偏离竞争所导致的社会福利估计不足,实际上税收、关税和垄断所造成的社会福利损失大大超过了通常的估算。其原因是人们会竞相通过各种疏通活动,争取收入,即寻租;而在竞相寻租的条件下,每个人都认为花费与其所期望的收益相近的费用是值得的。图洛克的研究主要关注于垄断寻租方面,其分析主要以垄断特权为对象。克鲁格(Anne Osborn Krueger)在 1974 年发表的论文《寻租社会的政治经济学》中认为寻租是人们凭借政府保护而进行的寻求财富转移的活动,它包括通过引入政府干预或者终止它的干预而获利的活动。公共选择理论创始人布坎南(James McGill Buchanan)探讨了寻租产生的条件、寻租的三个层次、政治分配与寻租等内容。他认为,只要政府行动超出保护财产权、人身和个人权利、保护合同履行等范围,政府分配不管在多大程度上介入经济活动,都会导致寻租活动,就会有一部分社会资源用于追逐政府活动所产生的租金,从而导致非生产性的浪费。

软实力（Soft Power）是指国际关系中，一个国家所具有的除经济、军事以外的第三方面实力，主要是文化、价值观、意识形态、民意等方面的影响力。这一概念是20世纪90年代初由哈佛大学教授约瑟夫·奈尔第一次提出。后来有学者把"软实力"引申应用于企业，形成企业软实力的现代管理科学，即以企业组织模式、行为规范、价值理念、管理科学、创新能力、企业文化、品牌战略、企业社会公信度、企业内外部环境和谐指数等，所构成的影响企业发展的长期性、基础性和战略性的诸要素。

黑市（Black Market）是指未经政府批准而非法形成的、以交易不许上市的商品或以高于公开市场价格的价格，秘密进行买卖的市场。当政府禁止某类商品（如毒品、文物等）的市场交易时，经济当事人追求利益的动机将导致黑市的产生。除此之外，当政府对商品实行价格管制时，政府强制规定低于均衡价格的最高价或者高于均衡价格的最低价的行为，都会诱发黑市的形成。在黑市上进行交易的价格称为黑市价格。

资本外逃（Capital Flight）是指为规避国内现有和预期的风险的资本外流。资本外逃主要是发生在实行资本管制的国家，具有渠道繁多、隐蔽性很强的特点。资本外逃的动因是多种的，如逃避税收和外汇管制、本币定值过高或通货膨胀预期和宏观经济扭曲等。资本外逃对经济有严重的负面影响，如侵蚀资本流出国家的税基、损害经济发展和调整、严重时可导致经济混乱甚至是金融危机。

完全竞争（Perfect Competition）是指一个市场上存在众多厂商且不包含垄断因素的市场结构。这一市场结构的特点是：（1）产品有大量的买家和卖家，且每个买家和卖家相对于市场而言都很小，它自己的行动不足以影响产品的价格。（2）每个竞争厂家的产品是同质的、相同的或者标准化的。（3）资源具有完全的流通性，生产所需投入要素不为其所有者或生产者垄断。（4）市场上的消费者、资源所有者与厂商对现行价格与未来价格、成本与一般经济机会有完全的了解。单一的价格支配产品市场，资源售给最高出价人，生产者知道生产多少。完全竞争的厂商都是价格接受者，面临的产品需求曲线具有完全弹性。现实中并不存在完全竞争的市场结构,现实中的证券市场与农产品市场是最接近完全竞争市场结构的。

不完全竞争(Imperfect Competition)是指或多或少带有一定垄断因素的市场结构。不完全竞争分为垄断竞争(Monopolistic Competition)、寡头垄断(Oligopoly)和垄断(Monopoly)三种。垄断竞争的特点是:(1)行业中厂商数量很多,每个厂商都认为自己的行为影响很小。(2)厂商可以自由进入或退出该行业。(3)各厂商生产同类但有差别的商品,这些商品具有高度的互相替代性,但又不完全可替代。寡头垄断的特点是:(1)少数几家厂商控制某种商品的全部或大部分生产与销售。(2)存在新厂商进入行业的障碍。(3)产品可能是有差异的,也可能是无差异的。垄断的特点是:(1)市场上只有唯一一个厂商生产某件商品。(2)该厂商的商品没有任何相近的替代品。(3)其他厂商不能进入该行业。

垄断竞争(Monopolistic Competition)是指一个市场上存在众多厂商,但又包含一定垄断因素的市场。这一市场结构的特点是:(1)行业中厂商数量很多,每个厂商都认为自己的行为影响很小。(2)厂商可以自由进入或退出该行业。(3)各厂商生产同类但有差别的商品,这些商品具有高度的互相替代性,但又不完全可替代。在市场经济的零售与服务部门,垄断竞争最为常见。相比同行竞争者,垄断竞争厂商的产品各有一些独特性,较好的地段区位、较低的价格、特色化的服务等。这些独特性让垄断竞争厂商的产品具有一定的垄断力,但市场上仍存在不少相近的替代品,因此,一个垄断竞争厂商面临的需求曲线具有高度的弹性。

垄断(Monopoly)是指在生产集中和资本集中高度发展的基础上,一个大企业或少数几个大企业对相应部门产品的生产和销售的独占和联合控制。这一市场结构的特点是:(1)市场上只有唯一一个厂商生产某种商品。(2)该厂商的商品没有任何相近的替代品。(3)其他厂商不能进入该行业。和完全竞争一样,现实中很难存在完全垄断的市场,因为现实中很难存在没有任何相近替代品的情况。对于一个垄断市场,由于缺乏相近的替代品,垄断厂商面临的需求曲线是相对缺乏弹性的,同时垄断厂商控制着整个市场的供给,从而可以通过控制产量来决定市场价格。一般认为,在各种类型的市场结构中,垄断市场是效率最低的并且会阻碍技术进步,但也有学者认为,垄断厂商资金雄厚,可以投资进行生产技术的长期研究,因此会促进技术进步。

自然垄断(Natural Monopoly)是指在某些产业中,只有由一家企业进行大规模生产经营供给整个市场,才能使市场效率达到最高的现象。当服务或产品的生产需要特别大的资本投入,同时这种服务或产品具有较强规模经济效应时,一家厂商就能比多家厂商以更低的成本供应市场所需的全部产品或服务,这时就出现自然垄断。

寡头垄断(Oligopoly)是指一个市场上存在少数几家厂商,垄断力量比较强的市场结构。这一市场结构的特点是:(1)少数几家厂商控制某种商品的全部或大部分生产与销售。(2)存在新厂商进入行业的障碍。(3)产品可能是有差异的,也可能是无差异的。在第二次世界大战以后的资本主义经济中的生产高度集中的行业,寡头垄断最为常见。寡头垄断厂商之间仍然存在着竞争,因此每个寡头垄断厂商都要考虑竞争对手对于自己的每一行动的反应。如果一个寡头垄断厂商期望获取更大市场份额而降价时,其他寡头垄断厂商势必也会降低价格,最终使各寡头垄断厂商的市场份额不变,并导致利润减少。而如果一个寡头垄断厂商提高价格,其他寡头垄断厂商不一定会提高价格,这就会让这一寡头垄断厂商丧失市场份额,并导致利润减少。因此,由于寡头垄断厂商能预计到提高或者降低价格会带来利润减少的结果,故寡头垄断厂商不会轻易改变产品的销售价格,从而使市场价格水平能维持稳定。

双边垄断(Bilateral Monopoly)是指市场的供给方和需求方都只有一个厂商,即单一垄断卖者对单一垄断买者的情况。双边垄断市场的均衡价格和均衡数量可以视为两个局中人进行合作对策或非合作对策的结果。这时存在四种可能的结果:(1)若卖方垄断者(或买方垄断者)在谈判中占优势,最终的均衡价格和均衡数量由卖方(或买方)决定,均衡解等同卖方垄断解(或买方垄断解)。(2)买卖双方都是价格制定者,最终实现的均衡解是准竞争解,准竞争价格位于买方垄断价格和卖方垄断价格之间。(3)买方垄断者与卖方垄断者进行合作博弈,达成双方都满意的关于价格和数量的协议,协议的产出水平是准竞争产出水平,它使双方的联合利润最大化,协议的价格水平则决定了他们之间如何分配联合利润,具体价格水平的确定取决于买者和卖者的相对谈判力量。(4)买卖双方始终不能达成交易,市场机制被破坏。

卡特尔(Cartel)是指厂商们为了完全或部分地防止他们间的竞争而形成联合组织。卡特尔可以分为公营卡特尔和私营卡特尔。公营卡特尔是由政府制定条例并加以实施,通常是为了国家战略的实施而制定的。私营卡特尔则需要订立非公开性的协议。协议是否公开实施,则看国家政策;大多数国家正常时期是不允许私营卡特尔存在的,但是有时会利用卡特尔扶持萧条产业或幼稚产业,日本的卡特尔法便规定了"合理化卡特尔"。

挤出效应(Crowding out Effect)是指政府支出增加所引起的私人部门消费或投资减少的效应。在货币供给量不变的条件下,政府公共支出增加会造成货币需求升高,导致利率上升,从而会减少私人投资。政府支出对私人部门经济的挤出效应在短期和长期中有所不同。短期中,当经济没有实现充分就业时,挤出效应小于1大于0,但在长期中实现了充分就业时,挤出效应则为1。由此得出,在没有实现充分就业时,扩张性财政政策是有一定作用的,但在中长期,这些政策只会引起通货膨胀。

技术扩散(Technological Diffusion)是指一项技术从首次得到商业化应用,经过大力推广、普遍采用阶段,直至最后被淘汰的过程。研究与开发虽然是技术创新的根本,但是决定一项技术对经济、社会的影响力的关键主要在于创新技术的扩散程度。从一般意义上来说,技术扩散能促进创新在更大范围内产生经济效益和社会效益,推进一个国家产业技术进步和产业结构的优化,推动国民经济的发展。技术扩散可分为三类:企业间扩散、企业内扩散和产业间扩散。

规模经济(Economy of Scale)即规模收益递增现象。是指在生产技术水平不变的条件下收益随生产规模变动而发生变动的情况,包括内在经济和外在经济两个方面。内在经济是指企业在生产规模扩大时自身内部分工更加精细,可以减少管理人员的比例,可以购置大型设备,可以减少生产、购销费用等。外在经济是指由于整个行业规模扩大和产量增加而使个别厂家所得到的好处。例如,整个行业规模的扩大,可以使单个企业得到修理、服务、运输、市场信息等方面的便利条件,从而使其减少成本支出。

规模不经济(Diseconomies of Scale)即规模收益递减现象。与"规模经济"相对应。是指企业或行业产量扩大的倍数小于此时成本扩大的倍数。一般地,企业的长期平均成本曲线呈现先下降后上升的"U"形特征,即在企业在生产扩张的开始阶段,产量扩大倍数大于成本扩大倍数,呈现规模收益递增;当生产扩张到一定规模后,企业继续扩大生产规模,产量扩大倍数小于成本扩大倍数,呈现规模收益递减。造成规模不经济的主要原因是随着企业规模的扩大,企业内部层级的增加、机构的增多增大造成内部信息不对称问题更加严重,管理成本因此急剧增加。

二元经济(Dual Economy)是指整个经济明显分化为相对发达的现代经济部门(主要是现代工业)和非常落后的传统经济部门(主要是传统农业)。这一概念最早由伯克(J. H. Boeke)于1953年提出。他在对印度尼西亚社会经济的研究中,提出把该国经济和社会划分为传统部门和现代化的由荷兰殖民主义者所经营的资本主义部门。根据刘易斯的经济增长模型,在二元经济中,现代化工业部门具有边际生产率高、工资较高等特点,而落后的农业部门具有边际生产率低、工资低等特点,因而劳动者在最低工资水平上提供劳动,导致"无限劳动供给"和"工资水平不变"的特征,并诱使农业剩余人口向城市工业部门转移。

生产要素价格(Price of Factors of Production)是指物质资料生产过程中生产要素价值的货币表现。生产要素一般分为主观要素与客观要素两大类。主观要素指劳动力;客观要素指生产资料,分为劳动资料与劳动对象。与之对应,劳动力的价值的货币表现就是劳动力价格,一般将工资(包括奖金、津贴)称为劳动力价格。生产资料的价值的货币表现就是劳动资料与劳动对象的价格,也就是厂房、土地、机器设备、各种工具等劳动资料以及原材料、辅助材料等劳动对象的价格。

吉芬商品（Giffen Goods）是指一种具有以下特点的商品：当价格上升时，消费者对它的需求量上升；当价格下降时，消费者对它的需求量下降。吉芬商品的概念最早是 19 世纪英国经济学家罗伯特·吉芬爵士在研究爱尔兰的土豆市场时发现的。土豆作为贫穷的爱尔兰农民食物的主要来源，几乎没有替代品。当土豆价格上涨时，替代效应微弱而收入效应较强，使土豆的需求量随着土豆价格的上涨而增加。现实中吉芬商品并不多，常见于低档商品。吉芬商品的需求曲线斜率为正，向右上方倾斜。

无差异曲线（Indifference Curve）是指表示消费者偏好相同时两种商品的所有组合的曲线。也表示能够给消费者带来相同效用水平或满足程度的两种商品的不同数量组合的曲线。该曲线上的点所代表的不同商品组合，对消费者的满足程度是无差异的。不同消费者的无差异曲线图，反映着他们不同的偏好。如果消费者 A 的无差异曲线相对于消费者 B 的无差异曲线来说更陡峭，这意味着若同样减少一单位商品 x，要保持原来的效用水平不变，消费者 A 需要增加的商品 y 的数量要大于消费者 B。也就是说，在 x 与 y 两种商品之间，消费者 A 比消费者 B 更偏爱商品 x，消费者 B 比消费者 A 更偏爱商品 y。

产业组织（Industrial Organization）是指同一产业内企业间的市场结构、市场行为、市场表现之间的相互关系和组织形态。产业组织研究的市场主要是各种非完全竞争市场，以及与此相关的各种政府的一般政策。市场结构包括卖主和买主数量、产品差异、进入壁垒、成本结构、垂直一体化、经营多样化等；市场行为包括厂商的价格政策、厂商的产品政策等。市场表现是从资源配置、创新水平、价格水平、就业水平等方面评价市场结构和市场行为的优劣。产业组织的研究是微观经济学研究的细化和深化，具有重大的实践意义。

产业集群（Industrial Cluster）是指大量具有分工合作关系的不同规模的相关企业依据一定的经济联系集中在特定的空间范围，形成的一个特定的产业群落。产业集群是市场和等级制之间的一种新的空间经济组织形式，可产生外部规模经济效益、创新效益和竞争效益。

供给曲线(Supply Curve)是指一条表明商品价格与其供给量之间相互关系的曲线。它反映了在某一特定时间内,当某商品的生产成本、技术水平、相关产品价格、厂商对某商品价格预期不变时,此商品不同价格水平下,厂商愿意和能够提供的商品数量与相应价格水平之间的关系。一般来说,供给曲线是一条向右上方倾斜的曲线,这是商品供给的一般规律,即在其他条件不变的情况下,若商品价格上升,其供给量就上升;若商品价格下降,其供给量就下降。

需求曲线(Demand Curve)是指一条表明商品价格与其需求量之间相互关系的曲线。它反映了在某一特定时间内,消费者收入、消费者偏好和其他商品的价格等其他条件不变时,此商品不同价格水平下,消费者愿意消费的商品数量与相应价格水平之间的关系。一般来说,需求曲线是一条向右下方倾斜的曲线,这是商品需求的一般规律,即需求量和价格之间呈反方向变化的关系,若商品价格下降,其供给量就上升;若商品价格上升,其供给量就下降。需求曲线的斜率与商品的替代品有关,替代品多的商品需求曲线陡直;替代品少的商品需求曲线平坦。

需求收入弹性(Income Elasticity of Demand)是指在需求函数中所有其他因素不变的条件下,由于消费者的收入变化所引起的商品需求数量变化的程度大小。通常用需求的收入弹性系数来表示需求收入弹性的大小。对大多数商品而言,它的需求收入弹性为正,即随着消费者收入的增加该商品需求增大,这类商品称为正常商品。其中必需品的需求收入弹性一般在0到1之间,奢侈品的需求收入弹性一般大于1。另有一类商品,它的需求收入弹性为负,即随着消费者收入的增加该商品需求减小,这类商品称为低档品。低档品价格便宜,但品质较差,因此消费者收入增加后会转而选择价格更高但品质更好的商品。因此低档品的收入需求弹性为负。

消费者剩余(Consumer Surplus)是指消费者消费一定数量的某种商品所愿意支付的最高价格与实际付出的价格之间的差额。消费者剩余是衡量消费者福利的重要指标,最早由英国经济学家马歇尔在《经济学原理》一书中从边际效用价值论推论得出。根据边际效用价值论,消费者对某物品或劳务是按照它的边际效用来决定他愿意支付的价格,但市场价格并不一定等于他愿意支付的价格,当市场价格低于他愿意支付的价格时,就会产生消费者剩余。换句话说就是,厂商不能根据消费者的最高支付的价格意愿索取差别性价格时,决定市场价格的就是边际购买者(或边际购买量),而那些非边际购买者(或非边际购买量)就会感到额外的满足,这就产生了消费者剩余。

生产者剩余(Producer Surplus)是指生产者在市场销售的商品价格与生产者的成本之间的差额。生产者剩余可以衡量实际价格与生产者愿意接受的价格之间的差额给生产者带来的福利。因为生产者按照最后一个单位商品的边际成本对所有商品制定价格,而最后一个单位商品以前的商品的边际成本都低于最后一个单位商品的边际成本,因而低于的这部分就是生产者的额外收入,也就是生产者剩余。将所有厂商的生产者剩余加总就是市场的生产者剩余。

边际替代率(Marginal Rate of Substitution,MRS)是指消费者为保持满足程度不变,减少某种商品的消费数量和作为补偿所需增加另一种商品的消费数量的比值。边际替代率是无差异曲线的斜率,它可以根据无差异曲线的导数求出。

边际技术替代率(Marginal Rate of Technical Substitution)是指生产者为保持相同的产量,减少某种要素投入量而必须增加的另一种要素投入量的比值。边际技术替代率是等产量曲线的斜率,它可以根据等产量曲线的导数求出。

等成本线(Isocost Curve)是指在生产者的成本和生产要素价格既定的情况下,该成本所能购买到的各种投入要素的所有可能的组合。等成本线上任何一点决定的两种变动要素组合的成本都是相等的,因此等成本线是一条直线,它和消费者预算线相似,但指的是生产者购买的生产资料。

内在经济(Internal Economy)见"规模经济"。

内在不经济(Internal Diseconomy)见"规模不经济"。

外在经济(External Economy)见"外部性"。

外在不经济(External Diseconomy)见"外部性"。

价格歧视(Price Discrimination)是指厂商向不同的消费者提供相同等级、相同质量的商品或服务时,在消费者之间实行两种或者两种以上的销售价格或收费标准,而这些价格的差别不反映成本的差别。价格歧视是垄断企业利用消费者对同一商品的主观评价(效用)的不一样,对自己的产品实行差别定价从而追求利润最大化的行为。价格歧视分为三级:一级价格歧视(完全价格歧视)是垄断企业向每个消费者索取其愿为每单位商品支付的最高价格,但这在实际中是无法做到的;二级价格歧视是企业提供间接的选择机制,利用消费者的自我选择约束来分离不同的消费需求层次,从而向不同消费者索取不同价格,如阶梯电价;三级价格歧视是利用直接信号来区别对待消费者,针对不同人群索取不同价格,如根据消费者的就业岗位、年龄、居住区域等信号对消费者进行分类,制定不同售价。

公共物品(Public Good)是指一种每个人消费这种物品或劳务并不会导致其他人对该种物品或劳务的消费减少的物品。因此,公共物品具有的特点:(1)效用的不可分割性,即公共物品是向整个社会共同提供的,是全体社会成员共享的,而无法分割成若干部分的,也是不能按照谁付款谁受益的原则让部分人受益的。(2)消费的非竞争性,即一人对某公共品的使用并不会排斥和妨碍他人对该公共品的使用,也不会减少他人使用的质量和数量。(3)收益的非排他性,即公共品在技术上是无法将拒绝为之付款的个人或厂商排除在该公共品的收益范围外的。因此,公共品难以通过私人部门进行供给,而需通过公共部门进行供给。

私人物品(Private Good)现代财政理论将生活中的产品分为公共物品和私人物品两类。私人物品是一种在生产和消费过程中具有竞争性和排他性的物品,与公共物品相对。竞争性是指一人对某商品的消费会减少市场上供应他人的该商品的数量的减少,排他性是指在生产和消费过程中可以将未付费的个体排除在外,而只有付费的个体才能使用。

能源强度(Energy Intensity)能源密度或单位产值能耗,又称为"单位国内生产总值能源消费量"。是指一个国家或地区在一定时期内能源消费总量与国内生产总值(GDP)之比。能源强度是能源使用效益的一个重要指标,能源密度数值越小,说明单位能源的产出越大。能源强度对节能潜力的估计、能源需求的规划有重要参考意义。

环境库兹涅茨曲线(Environmental Kuznets Curve)是指在经济发展过程中,环境污染水平变化所呈现的倒 U 型曲线。当一个国家经济发展水平较低时,环境污染低,随着经济的发展,环境污染由低趋高,但当经济发展到一定水平后,随着经济的继续发展,环境污染又由高趋低,环境质量逐步得到改善。在二维平面坐标系中,以环境污染为纵坐标,以人均收入为横坐标,可以绘一条倒 U 型曲线,这条倒 U 型曲线即环境库兹涅茨曲线。

碳税(Carbon Tax)是指针对二氧化碳排放所征收的税。它以环境保护为目的,通过对二氧化碳的排放征税,将二氧化碳排放的负外部性内部化,希望以此削减二氧化碳排放,从而减缓全球变暖。碳税是按燃煤和石油下游的汽油、航空燃油、天然气等化石燃料产品的碳含量比例征税。因此,不少发达国家通过建立各种碳基金来支持节能减排项目的开展,从而借此减少碳排放、减少碳税负担。

资源税(Resources Tax)是指对从事各种自然资源开发的单位和个人就其开发的自然资源所征收的一种税。资源税既对开发资源的个体实行普遍征收,也对资源的级差收入进行必要的调节,能有效体现国有资源有偿使用的原则。

现代农业(Modern Agriculture)是指广泛应用现代科学技术、现代工业提供的生产资料和科学管理方法进行的社会化农业。其基本特征是:(1)一整套建立在现代自然科学基础上的农业科学技术的形成和推广,使农业生产技术由经验转向科学。(2)现代机器体系的形成和农业机器的广泛应用,使农业由手工畜力农具生产转变为机器生产。(3)良好的、高效能的生态系统逐步形成。(4)农业生产的社会化程度有很大提高,农业生产过程同加工、销售以及生产资料的制造和供应紧密结合,产生了农工商一体化。(5)现代科学技术运用于农业管理中。

生态农业(Ecological Agriculture)又称"有机农业"。是指主要或完全依靠来源于生物的有机物来提高产量的农业生产制度。其特点是:实行农作物轮作、农作物秸秆还田,种植豆科作物和积攒绿肥,利用牲畜粪肥和含有矿物质的岩石,采用生物防治等方法来保持土壤特性,提高土壤肥力,以供给植物所需的营养和防治病虫害,而完全不用或基本不用人工合成的化肥、农药、生长调节剂和饲料添加剂。在降低生产成本、节约能源、保持水土、减少污染、提高土壤肥力、改善土壤性能等方面有较好效果,所生产的食物品质也较好。但由于有机农业主要依靠生物本身的物质循环和能量转换,转化效率低,如果没有大量土地或其他措施为农田和果园提供有机肥料,就难以大幅度地提高农产品产量。目前,许多现代科学技术被应用于生态农业,使农业生产效率大幅度提高,改善了生态农业的发展前景。

家庭农场(Family Farm)是指包括经营者在内的基本劳动力由同一家庭成员组成(也许有少量雇工辅助)的农业经营单位。它不是由一般的市场契约结合而成,而是以血缘和婚姻纽带组成。生产单位和生活单位合一,生产经营与家计安排合一,成本耗费与生活消费合一,是家庭农场的显著特点。这样,农场内部控制的经济因素与道德等非经济因素共同作用,降低了监督成本,增强了激励因素,并有可能表现出较强的外部适应性和抗逆性。这种内部控制优势和外部适应优势,很大程度上抵消了家庭农场内部资源的竞争性流动限制和规模不经济限制的劣势,是家庭农场生命力的基础,使之成为农业这个最古老的生产部门中延续至今最普遍的经营组织形式。在具体操作上,不同国家不同时期会有不同的划分标准。如规定占用耕地和其他农业固定资产的最低数额、农产品最低销售金额(否则,就不成其为农场)、雇佣工人的最高限额(否则,就不成其为家庭农场)。家庭农场被认为是与自由、社会稳定、经济公平等价值观相一致的农业经营形式,因此成为各国农业政策扶持的对象。

农民合作社(Farmer Cooperative)是指以农民为主体的、自愿采取个人与个人、个人和社会团体组成的互助与互利合作。只要是力图通过一个互助性企业,实现改善其会员的经济和社会状况的,并遵循法律、规章与合作社原则的,都应被视为农民合作社组织。它包括生产合作、消费合作、供销合作、信用合作、保险合作、住房合作等,以及其他能够改善共同福利的专业合作等。农民合作社是建立在农民以及专业合作的自助、自主、民主、平等、公平和团结的基础上。遵循合作社的创立人的传统,合作社成员坚持诚实、开放、关心社会、照顾他人的道德价值观。它遵循的原则:自愿、开放的农民会员资格;成员民主管理;成员经济参与;遵循成员的独立性与自主性;教育、培训与信息共享;农民合作社间的合作;关注社会,谋求共同福利。中国农民专业合作社是在农村家庭承包经营基础上,同类农产品的生产经营者或者同类农业生产经营服务的提供者、利用者,自愿联合、民主管理的互助性经济组织。农民专业合作社以其成员为主要服务对象,提供农业生产资料的购买,农产品的销售、加工、运输、储藏以及与农业生产经营有关的技术、信息等服务。成员以农民为主体;以服务成员为宗旨,谋求全体成员的共同利益;入社自愿、退社自由;成员地位平等,实行民主管理;盈余主要按照成员与农民专业合作社的交易量(额)比例返还。农民专业合作社对由成员出资、公积金、国家财政直接补助、他人捐赠以及合法取得的其他资产所形成的财产,享有占有、使用和处分的权利,并以上述财产对债务承担责任。

城乡一体化(Urban-rural Integration)是指使城市和乡村形成一个整体系统,城乡之间人流、物流、信息流自由合理地流动,城乡经济、社会、文化相互渗透、相互融合、高度依赖,城乡差别缩小,各种时空资源得到高效利用的过程。广义来说,城乡差别主要表现在社会、政治、经济、人口等方面,因此广义的城乡一体化包括城乡政治一体化、城乡经济一体化、城乡人口一体化、城乡文化一体化、城乡生态一体化等。从经济角度看,城乡一体化就是城乡之间生产要素的自由流转,在互补性的基础上实现资源共享和合理配置。其核心是利用城市的先进技术水平和管理方式,直接或间接地带动农村经济的发展,缩小城乡差距,实现共同富裕。

零和博弈(Zero-sum Games)是指某些博弈中,博弈参与双方的行为完全对立,一个参与者所得即是另一个参与者所损失的,但其总和为零。零和博弈是非合作博弈中完全信息的一种极端情况,现代博弈理论由匈牙利大数学家冯·诺伊曼于 20 世纪 20 年代开始创立,是整个博弈论的历史起点。

纳什均衡(Nash Equilibrium)是指一种策略组合,使得同一时间内每个参与人的策略是对其他参与人策略的最优反映。由纳什(John Forbes Nash)于 1950—1951 年提出。假设有 n 个人参与博弈,在给定其他人策略的条件下,每个人选择自己的最优策略(个人最优策略可能依赖于也可能不依赖于其他人的策略),所有参与人策略构成一个策略组合。在一个纳什均衡里,任何一个参与者都不会改变自己的最优策略,如果其他参与者均不改变各自的最优策略。传统经济理论认为,市场机制中,个人追求自身利益最大化,最终会导致集体利益最大化。纳什均衡理论的创新之处就是证明了个人利益最大化与集体利益最大化并不是一致的,是有冲突的。

资本的边际效率(Marginal Efficiency of Capital)是指额外一单位的投资所带来的收益率(利润率),资本的边际效率具有递减规律。资本的边际效率是凯恩斯学说中造成有效需求不足的三大心理因素之一。资本的边际效率是使得预期收益现值之和等于资本价格的贴现率。在资本的边际效率和资本成本利率相等之前,投资都是有利可图的,所以经济的倾向层面和实际经济之间存在联系:利率下降会刺激更多的投资,提高国民收入水平。凯恩斯主义经济学家认为投资在很大程度上取决于预期收益,对利率并不是很敏感,实证分析结果支持该观点。

货币的边际效用(Marginal Utility of Money)是指个人在商品或服务上每增加一单位的货币支出所带来满足程度的增加。在马歇尔《经济学原理》一书中,其假设为"各个购买者的倾向边际效用是完全一样的";但其在附录中说道:"当购买了越来越多的商品时,货币将对消费者产生越来越少的满足,破坏了倾向与效用之间的任意线性关系。"对货币的边际效用问题,从马歇尔确定需求曲线下面区域为消费者剩余时就存在了。

市场出清(Market Clearing)是指市场中商品的需求量与供给量完全匹配。在完全竞争市场和完全价格歧视的垄断市场下,市场出清的均衡点在供给曲线与需求曲线交点处;而在垄断条件下,市场出清的均衡点在厂商的边际收益曲线与边际成本曲线交点处。市场出清不是帕累托最优的充分条件,也不是其必要条件。这一理论多适用于商品市场和金融市场。

市场价格(Market Price)是指一定时期内消费者为购买某种商品而支付的实际价格,与自然价格或正常价格形成对照。商品的市场价格由商品的价值决定,但是价格波动受市场供求关系、垄断、政府管制等多种因素影响。市场价格围绕价值波动,在现实生活中,因交易成本的存在,市场价格偏离价值是常态。

市场结构(Market Structure)是指市场组织的方式,表明市场中各参与者之间的相互关系。市场结构特征主要表现在五个方面:卖方或者买方的集中度、存在进入和退出壁垒的程度、产品差异化程度、垂直一体化程度、横向一体化程度。可以按市场结构特征来划分行业的市场类型,市场类型分为完全竞争市场、垄断竞争、寡头市场、完全垄断市场。

最低工资(Minimum Wage Rate)是指由各种法律限定的由雇主支付给工人的最低工资率。最低工资的目标是减少贫困,但其作为减少贫困的手段却有较大缺陷:(1)企业雇佣人数减少,且可能减少比例大于工资额增加比例。(2)增加了受最低工资限制部门就业者的福利,而降低了失业者和不受最低工资限制部门就业者的福利。(3)对家庭收入分配影响不尽如人意。(4)最低工资法改变了技能最差者的机会集,却没有扩大该机会集。

货币幻觉(Money Illusion)是指在通货膨胀时期,人们误将货币收入的名义价值当作实际价值的一种错误行为方式。货币幻觉用来说明短期货币的非中性,也是经济周期波动中一个重要因素。在通货膨胀时期,价格提高将刺激投资需求使工商企业增加借款,提高名义利率。贷款者因名义利率提高而增加储蓄,却没注意到实际利率并未提高反而下降的情况。

道德风险(Moral Hazard)是指由于不确定性和不完全性或有限制的合同,使得负有责任的经济行为者不承担也不享有行动的全部影响,从而在增加自身效用时作出不利于他人的行动。存在道德风险的原因:信息不对称、订立完全性合同存在障碍、合同实施问题。道德风险研究多用于保险行业、委托—代理、雇佣合同等领域。

国债(National Debt)是指由中央政府凭借国家信用向国内和国外贷款人的举债。对于是否持有国债主要分为两种观点。一是削减国债,理由是减持国债会释放更多用在私营企业生产活动上的投资资金和有利于低收入阶层的收入再分配;二是扩大国债,理由是通过国债增加的政府开支针对性创造就业,刺激私人经济的发展。外债增加一个国家负担,内债可能使财富在国内重新分配。中国国债以其券面形分为无记名国债、凭证式国债、记账式国债三大品种。

基准利率(Benchmark Interest Rate)是指在整个利率体系中起基础性作用的利率,其他利率水平和金融资产价格均以其为参考。欧美多以同业拆借利率或者回购利率为主;中国以中国人民银行对国有银行及其他金融机构规定的存贷款利率为主。

资本存量(Capital Stock)是指经济体(企业、产业、国家或地区等)在某一时点上资本品(土地、厂房等)的净积累量,可以反映企业现有生产经营规模和技术水平,与资本增量相对应。资本存量分为物质资本、企业组织资本、人力资本。物质资本指生产中有形的厂房、生产机器等;企业资本指企业的一般管理经济、产业特殊性管理经验和非管理的劳动力资本;人力资本指存在于人体之中的具有经济价值的知识、技能和体力(健康状况)等质量因素之和。

中央银行(Central Bank)是指代表国家对金融机构进行监督管理,制定和执行金融方针政策,对国民经济进行宏观调控的金融管理机构。其不同于一般国家行政机构。中央银行负责调节国家货币供给,控制信贷条件,监管金融体系,代表政府参加国际金融组织和各种国际金融活动。中央银行有三大职能:发行货币的银行、银行的银行和国家银行。在各国中央银行名称不一,美国为联邦储备银行,德国为德意志联邦银行,法国为法兰西银行,中国为中国人民银行。

中国墙（China Wall）是美英等国证券制度中的一个特定术语。是指证券公司建立有效的内部控制和隔离制度，防止研究部、投资部与交易部互泄信息，造成敏感消息外泄而构成内幕交易。它对于证券市场的发展有着显著的现实意义：一方面，可以解决券商业务过程中的内幕交易和利益冲突问题，提高券商的内部治理水平，确保证券业务的正常、有序开展；另一方面，又为证券监管提供了哲学理念上的创新，表明调动微观主体的积极性也是实现证券监管一种有效的手段。目前，"中国墙"制度在美国的证券市场上被广泛运用，对于证券业仍处于幼稚发展期的中国而言，具有积极的借鉴意义。

离岸价格（Free on Board）是指只计算商品的基本价格（包括装货费），而商品在运输过程中产生的保险费和运费不计算在内的进出口商品价格。货物由买方负责派船接运，且装运港到目的港的运费、保险费等由买方支付，货物装船时越过船舷发生的损坏及灭失的风险由买方承担。

到岸价格（Cost Insurance and Freight）是指在国际贸易中商品从一个国家向另一个国家出售时的总成本，包括商品成本、保险费和运费。货物自装运港到目的港的运费、保险费等由卖方支付，但货物装船时越过船舷后发生的损坏及灭失的风险由买方承担。

清算银行（Clearing Bank）也称"汇划银行""划拨银行"。是指能够直接参加票据交换所进行票据清算的银行。票据交换是一种集中办理转账清算的制度，指在同城范围内银行间相互代收、代付票据进行相互清算。票据交换一般由中央银行管理，通过票据交换所进行。某一银行应收大于应付款的差额增加其在中央银行的存款；应收小于应付款的差额减少其在中央银行的存款。票据清算的结算原则是维护收付双方的正当权益，中央银行不予垫款。清算银行的成立便利资金清算，节省大量现金使用。1775年英国伦敦的票据交换所成为国际上最早的票据交换组织。1930年国际清算银行成立。目前，我国票据交换和清算由中国人民银行统一管理。

商品市场（Commodity Market）是指有形商品进行交易的场所。商品市场是整个市场体系中的基础。商品市场按所交换产品性质分为工业品市场和农产品市场，按用途分为生产资料市场和消费品市场，按流通环节分为批发市场和零售市场。

股份公司（Stock Corporation）又称"股份有限责任公司"。是指将全部资本分为等额股份，通过发行股票或者股权证筹集资本，股东以其认购的股份为限对公司承担责任，公司以全部财产对公司债务承担责任的法人。股份公司经营规模巨大，是现今社会最重要的公司类型。

公司债券（Corporate Bond）是指公司依照法定程序发行的一种金融证券，发行一定的年份，具有固定名义利率，在到期日需要还本付息。公司债券是公司向债券持有人出具的债务凭证，形成债务债权的法律关系。债券人不能参与公司经营、管理等活动，在公司破产清算时，债券人优于股东收回本金。公司债券较于政府债券，具有风险性大、收益率高的特点。

消费者主权（Consumer Sovereignty）是指消费者通过其消费行为以表现其本身意愿和偏好的经济体系。因为消费者是产品和服务的最终购买者，从而拥有生产何种商品和服务的最终决定权，表明了经济市场中消费者和生产者的关系。在完善的竞争的市场经济体系中，消费者能够通过其消费行为来表现其本身意愿和偏好，通过"货币选票"将市场需求信息传递给生产者，生产者以此为依据确定自己的生产行为。但是在管制或强垄断力量的经济体系中，生产者能够有效地决定消费者的选择范围，使其意愿和偏好得不到显示。消费者主权最早见于现代经济学之父亚当·斯密的《国富论》一书中，后来的奥地利学派和剑桥学派都把消费者主权看成是市场关系中最重要的原则。

成本加成定价法（Cost-plus Pricing）又称"全部成本法"或"加价定价法"。是指企业先估计出生产正常的产量水平（生产能力的 70%—80%）的平均变动成本（AVC），然后再加上平均间接费用（AIC），得到完全分摊的平均成本（C）估计值。

最后把一个成本加价(m)作为利润加到完全分摊平均成本(C),来确定价格(P)。即$m = (P - C)/C$。在实践中,成本加成定价法是最常用的一种定价方法,其较边际成本定价法需要信息量少,在成本变化不大时,价格较为稳定。

货币升值(Currency Appreciation)是"货币贬值"的对称。在金本位制下,货币升值指本国货币法定含金量的增加,相应地提高了其对黄金或外国货币的比价。在信用货币条件下,货币升值分为对内升值和对外升值。对内升值通常是因为出现通货紧缩而导致货币购买力的上升;对外升值指由政府直接宣布或者由供求关系来决定本国货币对外国货币法定汇率的升高。

货币贬值(Currency Depreciation)又称"通货贬值"。是"货币升值"的对称。在金本位制下,指本国货币法定含金量的减少相应地降低了其对黄金或外国货币的比价。在信用货币条件下,货币贬值分为对内贬值和对外贬值。对内贬值通常是因为出现通货膨胀而导致货币购买力的下降;对外贬值指由政府直接宣布或者由供求关系来决定本国货币对外国货币法定汇率的降低。

货币互换(Currency Swap)又称"货币掉期""货币调换"。是指交易双方根据互补的需要,期初商定交换指定数量的两种货币,然后在规定付息日期互相偿还利息和在到期日互相偿还本金,货币互换是带有一个期权结构的货币互换交易。货币互换双方互换的是货币,它们之间各自的债权债务关系并没有改变。货币互换可以使互换双方降低筹资成本和规避外汇风险,并且使互换的企业、政府机构等借助外国资本市场获得不易获得的某类币种资金。

经常账户(Current Account)又称"现金账户"。是指一个国家与其他国家经济交易中经常发生的项目,是国际收支平衡表中占最基本、最重要的项目。该项目包括货物、服务、收入和经常转移四项,与资本和金融项目相对应。

虚拟资本(Virtual Capital)是指以各种有价证券形式存在的、能够给其持有者带来一定收入的资本。虚拟资本有狭义和广义两种含义。狭义的虚拟资本是指股票、债券等有价证券形成的资本。广义的虚拟资本是指银行的信贷信用、名义存款准备金、有价证券以及票据等形成的资本的总称。

经济制裁（Economic Sanctions）是指一个国家对另一个国家采取的经济惩罚措施。这可以由违反某种国际经济协定所引起，也常由国际政治、军事冲突所引起。经济制裁一般包括实施贸易禁运、中断经济合作、切断经济或技术援助、冻结或没收国外资产等。美国实施的经济制裁方式通常包括切断与被制裁对象的贸易往来、断绝美国和被制裁者的金融联系。美国将经济制裁作为介于舆论打击和军事打击之间的安全战略手段之一。但经济制裁也是一把"双刃剑"，制裁国也会遭受一定的经济损失。

新兴市场（Emerging Markets）泛指相对于成熟或发达市场而言目前正处于发展中的国家、地区或某一经济体，如中国、印度、俄罗斯、巴西等。另一种解释是指发展中国家的股票市场。因为一般来说发展中国家或者地区的股票市场发展时间都不长，许多方面都不成熟，所以称为新兴市场。

金本位制（Gold Standard）是指以黄金为本位货币的货币制度。有广义和狭义之分。广义的金本位制是指以黄金为一般等价物的货币制度，包括金块本位制、金币本位制和金汇兑本位制。狭义的金本位制仅指金币本位制。其特点是金币的重量、成色、形状、面额由国家以法律形式统一规定，金币可自由铸造和熔化，银行券可自由兑换金币或黄金，黄金在国际上可自由输出与输入，使本位币的面值与实值相等，国内与国外的价格基本一致。1929—1933 年世界经济危机后，在严重的货币信用危机中，英国于 1931 年放弃金本位制，美国于 1932 年结束了金本位制。1936 年，法国、意大利、荷兰、瑞士等欧洲国家也宣布放弃金本位制，实行信用货币制度。

收入再分配（Income Redistribution）是指政府通过其收支活动对市场行为所形成的收入分配格局再进行调整的行为和过程。政府主要通过国家预算、银行信贷、劳务费用、价格变动等途径来对收入进行再分配。从收入方面来看，采用怎样的税收方式会对个人所拥有的收入分配产生影响,对一些人多征税、对一些人少征税显然会使原来的个人收入分配状况发生变化。从支出方面来看,政府采购的对象、购买的价格也会影响经济部门及个人之间的利益。政府通过转移支出使一部分人得到额外的收入,这种支出方式最直接地影响个人之间收入的相对份额。政府提供的公共物品,例如免费提供教育,也会具有收入再分配的性质。

内部收益率(Internal Rate of Return, IRR)又称"内部报酬率"。是指计算期内各年净现金流量现值之和为零时的折现率。是投资项目经济评价中的一项重要的动态指标。用内部收益率指标进行投资决策的基本原则是:如果投资项目的内部收益率高于企业所要求的最低收益率标准,则接受该项目;如果投资项目的内部收益率低于企业所要求的最低收益率标准,则放弃该项目;如果有多个互斥的投资项目并存,则选择内部收益率最大的项目。

国有化(Nationalization)是指把私人所有的生产资料转归国家所有。在不同的社会制度下,有性质不同的国有化。资本主义的国有化,也称"资产阶级国有化",它是把资本家所有的生产资料转变为资产阶级国家所有。特别是第二次世界大战后,资本主义由一般垄断阶段发展到国家垄断阶段后,大大促进了资本主义国有化的发展。在社会主义国家,无产阶级夺取政权后,将资产阶级的生产资料转变为国家财产,实行社会主义国有化。这是实现社会主义生产资料公有制的一种形式。中国通过对官僚资本采取没收的办法、对民族资本采取赎买的办法,建立了社会主义全民所有制的国有经济。

价格粘性(Price Stickiness)是指价格不能随着总需求的变动而迅速变化。新凯恩斯主义区分了名义价格粘性和实际价格粘性。名义价格粘性是指名义价格不能按照名义需求的变化而迅速地作出相应的变动。实际价格粘性是指各产品之间的相对价格比有粘性。凯恩斯认为在为实现充分就业的情况下,价格具有粘性,当实现了充分就业之后,随着货币供给的变化,价格就是弹性的。价格粘性问题的重要性在于:价格是否有粘性的问题可以转换为市场是否出清、市场机制是否有效的问题。即价格有弹性时,市场出清,市场机制有效;而价格有粘性时,市场不能出清,市场机制失灵。然而凯恩斯主义仅仅指出经济中存在价格粘性的现象和由此产生的经济后果,没有很好地从理论上论证,因而受到新古典宏观经济学的抨击。

生产率(Productivity)是指生产过程中产出与所需投入之间的比率,是衡量一个企业经济效益的重要经济指标。生产率依据不同的生产要素可以有不同的计算。如果仅仅计算每单位劳动投入的产出量,则称为劳动生产率或单要素生产率;如果计算包括劳动和资本等全部投入的产出量,则称全要素生产率。

生产潜力(Potential Productivity)是指在现有条件下潜在的、还未被充分利用来发挥作用的生产能力。各物质生产部门和企业在不增加或少增加投资、劳动、生产资料的条件下,依靠现有的物质技术基础,可以通过改进劳动经营水平以及技术革新、技术改造,使生产能力得到充分发挥。

产品生命周期(Product Lifecycle)是指产品从最初进入市场到最终被市场淘汰的全过程。一般分为导入期、成长期、成熟期和衰退期四个阶段。随着科学技术的迅猛发展和消费需求的日益多样化,产品生命周期呈现出逐渐缩短的趋势。产品生命周期曲线的特点是:在产品开发期间该产品销售额为零,公司投资不断增加;在导入期,销售缓慢,初期通常利润偏低或为负数;在成长期,销售快速增长,利润也显著增加;在成熟期,利润在达到顶点后逐渐走下坡路;在衰退期,产品销售量显著衰退,利润也大幅度滑落。

生态经济系统(Ecological Economic System)是指生态系统与经济系统相互融合的复合体。生态经济系统不是生态系统与经济系统简单的混合或叠加,而是人类经济活动(主要是生产活动)与生态环境相互融合而产生的客观实体。它必须具备的基本条件是:(1)具有一个完整的生态系统单元,且是经过人们干预的人工生态系统。(2)这个人工生态系统结构单元中有人类劳动物化其中。(3)必须转化为社会经济产品。(4)输出系统的经济产品必须参与社会经济再生产的生产、交换、分配和消费的循环运动。

国际收支平衡表(Balance of Payment Statement)是指按照复式簿记原理,运用货币计量单位以简明的表格形式总括地反映一个国家在一定时期内(通常为一年)全部对外经济交易活动的报告文件。它是国际收支核算的重要工具。通过国际收支平衡表,可以综合反映一个国家的国际收支平衡状况、收支结构及储备资产的增减变动情况,为制定对外经济政策,分析影响国际收支平衡的基本经济因素,采取相应的调控措施提供依据,并为其他核算表中有关国外部分提供基础性资料。

在反映和记录一个国家的对外经济贸易时,一切收入项目或负债增加、资产减少的项目都列为贷方,或称正号项目;一切支出项目或负债减少、资产增加的项目都列为借方,或称负号项目。每笔经济交易同时分别记录有关的借贷两方,金额相等。因此,原则上国际收支平衡表全部项目的借方总额和贷方总额总量是相等的,其净差额为零。这种借贷两方总额相等的关系,客观地反映了外汇资金来源与运用之间的相互关系。但这并不是说国际收支平衡表的各个具体项目的借方数额与贷方数额总量是相等的;相反,每个项目的借方总额与贷方总额经常是不平衡的。这是因为,一个国家的商品进口和出口、劳务的收入与支出、资本的输入与输出都不可能完全相等。所以,每个具体项目的借方与贷方难以做到收支相抵,总会出现差额,如贸易差额、劳务差额等,统称为局部差额。各局部差额的合计,构成国际收支的总差额。一个国家的外汇收入大于外汇支出,有了盈余,称为国际收支顺差,用"+"号表示;外汇收入与外汇支出相抵后有了亏空,称为国际收支逆差,用"–"号表示。国际收支平衡表的各个项目的借贷差额在差额栏里反映。各国编制的国际收支平衡表也不尽相同,但均包括三个主要项目:(1)经常项目。即本国与外国进行经济交易而经常发生的项目,是国际收支平衡表中最基本最重要的项目,根据《国际收支手册》第五版的规定,经常项目主要包括货物、服务、收入和经常转移。(2)资本与金融项目。包括资本项目和金融项目两项,其中资本项目的主要组成部分包括资本转移和非生产、非金融资产的收买/放弃。金融项目反映金融资产与负债。(3)平衡项目。反映经常项目和资本与金融项目收支差额的项目。由于经常项目与资本项目收支总量经常是不平衡的,需要通过增减国家储备求得平衡,所以,它又称为官方储备项目,包括错误与遗漏、分配的特别提款权、官方储备和对外官方债务四项。

石油美元(Petrol-Dollar)是指主要石油输出国自1973年石油大幅度提价以来,历年国际收支顺差所积累的石油盈余资金。因其中美元所占比重最大,故称石油美元。石油美元除一部分被用来进行国内的建设和支援发展中国家外,很大部分投入了国际金融市场,因而资金的大部分通过存款、贷款、投资和进口贸易等方式流回到石油消费国,直接投资到美国、西欧等国家,形成石油美元回流。

经济景气指数(Business Cycle Index)是指用来测定和表明经济周期波动的相对数指标。可从事后的统计数字和事前的景气调查两个层面构造获得。用统计数字构造的景气指数通常称为"宏观经济景气指数",是在大量的统计指标基础上,筛选出具有代表性的指标,建立一个经济监测指标体系,并以此建立描述宏观经济运行状况和预测未来走势的各种指数或模型。中国经济景气指数由一组指数构成,包括中国经济先行和一致合成指数、中国消费价格先行指数和中国出口先行指数,还包括中国经济综合景气指数和预警信号系统。

金融衍生市场(Financial Derivative Market)是指以金融衍生工具为交易对象的市场。是从传统金融市场(证券市场、货币市场、外汇市场)衍生而来的新型的金融市场。历史上最早的衍生交易活动始于19世纪中叶农产品的期货交易。1848年美国芝加哥谷物交易所成立,开始主要从事现货农产品交易。1859年获准注册,并于1865年开始做期货交易,主要以谷物等农产品为交易对象。之后,金属期货、能源期货相继推出。金融衍生工具的交易最早是由股票交易所引入的。20世纪20年代在纽约金融区出现了最初的股票期权交易。金融衍生市场真正形成是在20世纪70年代。1972年5月16日美国芝加哥商品交易所的分支——国际货币市场成为世界上第一个买卖国际货币期货的有形市场。目前世界上主要有三种金融衍生市场:(1)利率衍生工具市场,主要包括利率期货、利率期权和利率互换市场。(2)外汇衍生工具市场,主要活动涉及货币互换、货币期货以及上述交易的混合交易。(3)股票衍生工具市场,主要活动涉及股票期货、股票期权、股票价格指数期货以及股票价格指数期权等。当今世界金融衍生市场主要分布在美国、英国、法国、日本、澳大利亚。其中,美国的金融衍生市场在国际金融衍生市场中占有举足轻重的地位。

劳动分工(Division of Labor)是指社会总劳动划分为互相独立而又互相依从的若干部分,每一部分固定地由不同的人分别完成。1776 年 3 月,亚当·斯密的《国富论》中第一次提出了劳动分工的观点,并系统全面地阐述了劳动分工对提高劳动生产率和增进国民财富的巨大作用。社会劳动分工的深化,标志着生产劳动进一步社会化。可分为三个主要层次:(1)一般分工,即按社会生产大类分工,又称国民经济各部门分工,如农业、工业、交通运输业、商业等。(2)特殊分工,即在大类内部又分成若干产业,如农业内部可分为农(种植业)、林、牧、渔业等。(3)个别分工,即企业范围内的劳动分工。

生产能力(Production Capacity)反映企业生产可能性的一个重要指标。有广义和狭义之分。广义生产能力是指技术能力和管理能力的综合。技术能力包括人的能力及生产设备、生产面积的能力。人的能力是指人员数量、实际工作时间、出勤率、技术水平、思想觉悟等因素的组合。生产设备、生产面积的能力是指生产设备、生产面积的数量、效能、完好率等因素的组合。管理能力包括管理人员的经验和能力,应用管理理论、方法的水平和科学态度等。狭义生产能力是指上述技术能力中生产设备、生产面积的能力。

特里芬难题(Triffin Dilemma)是指美国经济学家罗伯特·特里芬在 20 世纪 60 年代后期提出的美元作为国际储备货币存在不可克服的内在矛盾现象。在 20 世纪 50 年代末,特里芬就断言布雷顿森林体系必然崩溃。他在 1960 年出版的《黄金与美元危机:自由兑换的未来》一书中认为,随着国际贸易的日益发展,在黄金生产远远不能满足国际储备需求的情况下,把美元作为主要储备货币来弥补黄金储备的不足,这只能以持续的美国国际收支赤字为代价。如美国继续保持其国际收支逆差,它的对外债务将大增并远远超过美元兑换黄金的能力,产生黄金与美元危机。这便是著名的"特里芬两难"。它揭示了以"两个挂钩"为核心的布雷顿森林体系内在的、不可解决的矛盾。

国际硬通货(International Hard Currency)是指汇价坚挺的货币。如一个国家的国际收支经常顺差,外汇储备充足,该国货币对外信用较好,其他国家愿意较多地持有,其汇价就趋于坚挺。在国际贸易和国际信贷活动中,人们常将美元、英镑、日元、德国马克、法国法郎等符合国际货币基金组织第八条规定的能够自由兑换的货币称为国际硬通货。

货币乘数(Monetary Multiplier)又称"基础货币扩张倍数"。是指中央银行提供的基础货币与货币供应量扩张关系的数量表现。即中央银行扩大或缩小一定数量的基础货币之后,能使货币供应总量扩大或缩小的比值。乘数概念最早由英国经济学家卡恩提出。后来,当西方经济学家用其分析银行的信用创造问题时,便有货币乘数一词产生。基本计算公式是:$M_s = Bm$。式中,M_s表示货币供给,B表示基础货币,m表示货币乘数。$B = C + R$。式中,C表示通货,R表示存款准备金。

金融发展(Financial Development)是指金融交易规模的扩大和金融产业的高度化过程带来金融效率的持续提高。体现为金融压制的消除、金融结构的改善,即金融工具的创新和金融机构适应经济发展的多样化。其量的方面(规模)可以金融资产与实物资产的比例(金融相关比率)等指标来衡量,质的方面(效率)可以实际利率、金融工具与经济部门的分类组合(金融相关矩阵)、各部门的资金流量表的合并(金融交易矩阵)和融资成本率等指标来衡量。经济主体为追逐潜在收益而进行的金融创新(包括制度创新和技术创新)是金融发展的根本动力。金融发展的一般规律是金融相关比率趋于提高。

融资租赁(Financial Lease)不同国家对融资租赁的定义、性质有不同的提法和规定。国际会计标准委员会所制定的《国际会计标准》中对融资租赁所作的定义是:"融资租赁是指出租人在实质上将属于资产所有权上的一切风险和报酬转移给承租人的一种租赁。至于所有权的名义,最终时可以转移也可以不转移。"中国规定的融资租赁是指出租人购买承租人选定的设备,并将它出租给承租人在一定期限内有偿使用的一种具有融资、融物双重职能的租赁方式。承租人在租期结束后,向出租人支付一定的产权转让费,租赁设备的所有权转移给承租人。承租人对租赁物的所有权也可作其他选择。融资租赁是一种以融物代替融资,融物与融资密切相连的信用形式。它以融通资金为直接目的,以技术设备等动产为租赁对象、以经济法人——企业为承租人,具有非常浓厚的金融色彩。

融资租赁是现代租赁的一种基本形式,其主要特征是:(1)融资租赁涉及三方当事人,需签订两个或两个以上的经济合同。融资租赁不仅涉及出租方同承租方的租赁关系,还涉及出租方同供货方的供应关系。因此,不仅要求出租方同承租方签订租赁合同,还必须由出租方同供货方签订供货合同。特殊情况下,还需签订其他经济合同。(2)承租人对租赁物和供货商具有选择的权利和责任。融资租赁的设备和生产厂、供货商均由承租方选定。出租方只根据承租方的要求出资购买租赁物。因此,承租人对设备的质量、规格、数量及技术上的鉴定验收等负责。(3)租赁设备的所有权与使用权分离。在租赁合同期间内,租赁物的所有权属于出租人,承租人在合同期内交付租金只能取得对租赁物的使用权。(4)融资租赁是融资和融物相结合的交易,融通资金起主要作用。(5)承租人要分期支付租金以偿付本息。融资租赁是一种信用方式,这就要求承租人必须按照合同约定分期支付租金,以保证出租人在租赁期届满,收回购买设备的价款和该项资金租期内应收的利息及一定的利润。(6)融资租赁合同是不可随意撤销的合同。一般情况下,当事人无权取消合同。(7)租赁期内设备的保养、维修、保险和过时风险均由承租人负责。(8)租赁期满,设备的处理一般有三种选择:续租、留购、退租,选择的方式一般在合同中注明。

互联网金融(Internet Finance)是指一种建立在移动、安全等网络技术水平之上,拥有便捷、通畅、低成本优势,具备互联网"开放、平等、协作、共享"精神的新型金融业态。互联网金融的发展经历了电子银行、第三方支付、信贷业务、企业融资、信用支付、担保业务和保险业务等多个阶段,并且越来越在融通资金、资金供需双方的匹配等方面深入传统金融业务的核心。互联网金融目前已呈现三个重要的发展趋势:移动支付替代传统支付业务;人人贷替代传统存贷业务;众筹融资替代传统证券业务。

经济发展大辞典
JINGJI FAZHAN DACIDIAN

| 第二部分 | 经济发展理论

　　哈罗德—多马经济增长模型（Harrod-Domar Growth Model）以凯恩斯的"有效需求"理论为基础,考察一个国家在长时期内的国民收入和就业的稳定均衡增长所需条件的理论。1948年英国经济学家罗伊·哈罗德（Roy F. Harrld）在《动态经济学导论》一书中系统地提出了他的增长模型。20世纪40年代中期,美国经济学家埃夫赛·多马（E. D. Domar）在《扩张与就业》《资本扩张、增长率和就业》以及《资本积累问题》等论文中提出了与哈罗德模型基本相同的增长模型。这两个模型一般通称为哈罗德—多马经济增长模型。该模型包含以下一些假定:(1)全社会所生产的产品只有一种,这种产品可为消费品,也可为资本品。(2)只有两种生产要素,即劳动和资本。(3)产品的规模收益不变。(4)不存在技术进步。从资本的供求（储蓄和投资）出发,哈罗德集中考察了三个变量:第一个变量是储蓄率 S, $S = X \div Y$（X 为储蓄量,Y 为国民收入）;第二个变量是资本—产出比率 V, $V = K \div Y$（K 为资本存量,Y 仍为国民收入）;第三个变量是有保证的增长率,即在 S 和 V 为已知时,为了使储蓄全部转化为投资所需要的产量增长率。为了实现稳定状态的经济增长,要求 S、V 和 G_w 这三个变量具备以下条件: $G_w = S \div V$ 或 $G_w \cdot V = S$。在多马的经济理论中,以 I 和 ΔI 分别代表投资和投资增量,S 代表储蓄率,σ 代表资本生产率或投资效率,$\sigma = Y \div K = 1 \div V$。多马的基本公式为: $\Delta I \div I = \sigma \cdot S$。因此,多马模型与哈罗德模型实质上是一样的,$\Delta I \div I = \sigma \cdot S = S \div V = G_w$。哈罗德—多马经济增长模型认为:在 S 和 V（等于 $1/\sigma$）固定不变的情况下,只有储蓄全部转化为投资,产量（Y）、资本存量（K）和投资（I）才能按增长率 G_w 年复一年地增长下去。投资具有双重效应,不仅能增加总需求,而且也能增加总供给。要使逐年的新投资所不断扩大的生产能力始终得到充分利用,则产量（或收入）应按固定不变的增长率逐年增长。哈罗德称这种增长率 G_w 为有保证的增长率,又称为均衡增长率。一个国家任何一年里实际上实现的增长率,哈罗德称之为实际增长率 G。为了使社会经济实际上能够均衡地增长,要求 $G = G_w = S \div V$。在现实经济中,由于储蓄不一定全部转化为投资,或总需求与总供给不一定相等,所以 G 和 G_w 的完全一致仅是偶然的巧合,一旦实际增长率和有保证的增长率不一致时,在后续的时期里,将出现累积性的经济扩张（$G > G_w$）或经济收缩（$G < G_w$）。哈罗德还论述了人口（劳动力）增长和劳动生产率的提高与经济增长的关系,提出了"自然增长率"这个概念。自然增长率是人口变动和技术变动条件下一个国家所能实现的最大增

长率。假定一个国家劳动力的增长率为 G_{n1} ，劳动生产率的增长率为 G_{n2} ，则自然增长率 $G_n = G_{n1} + G_{n2} + G_{n1} \cdot G_{n2}$ 。考虑到劳动力的增长这个因素时，要实现充分就业的均衡，就不仅要求通过社会总产品的供求平衡，即 $G = G_w = S \div V$ 来保持均衡状态，而且还要求 $G = G_n$ ，以避免失业的存在。因此，实现充分就业的均衡增长的条件是 $G_n = S \div V$ 。由于 G_n 、S 和 V 都是由各不相同的因素决定的，因而充分就业的均衡增长难以实现。哈罗德认为，自然增长率 G_n 和均衡增长率 G_w 的背离将使一个社会处于长期停滞或长期高涨的状况。例如，$G_w > G_n$ ，这表明储蓄和投资的增长率（亦即资本存量的增长率）超过了劳动力的增长率。在这种场合下，资本家将进一步缩减其投资，以致实际增长率 G 还要小于有保证的增长率 G_w ，社会将处于长期萧条的状态。反之，假如 $G_w < G_n$ ，则表明现存资本设备处于极为充分利用的状态，因而提供了高额利润，由此将刺激资本家进一步进行新的投资。这样，社会经济将处于长期高涨的状态，甚至出现持续的通货膨胀现象。因此，只有 $G_w = G_n$ 才是合乎理想的长期增长状态。

新古典经济增长模型（Neo-classical Growth Model）认为充分就业的稳定增长可以通过市场机制，调整资本—劳动比率和资本—产出比率而实现的理论。1956年，美国经济学家索洛（Robert M. Solow）在《经济增长的一个理论》一文中和英国经济学家斯旺（Swan）在《经济增长与资本积累》一文中提出。英国经济学家詹姆斯·米德（James Meade）1961年在《经济增长的一个新古典理论》一文中和美国经济学家萨缪尔森（Paul A. Samuelson）1962年在《资本理论中的比喻和现实》一文中也有类似的论述。该模型假定：(1)资本—劳动比率和资本—产出比率可以按需要进行调整变化。(2)规模收益不变。(3)资本和劳动边际生产力递减。(4)存在完全竞争，资本和劳务按各自的边际生产力取得报酬。(5)不存在技术进步。在新古典经济增长模型中，充分就业的稳定增长的条件和哈罗德—多马模型一样，依然是 $G_n = S \div V$ 。它与后者的主要区别在于它假定资本—劳动比率和资本—产出比率是可以变动的。因此，充分就业的稳定增长是通过调整 V 的数值实现的。在假定技术不变的条件下，国民收入取决于资本和劳动，即 $Y = f(K, L)$ 。以 ΔY、ΔK、ΔL 分别代表国民收入、资本、劳动的增加量，MP_K、MP_L 分别代表资本、劳动的边际产量，则：$\Delta Y = MP_K \cdot \Delta K + MP_L \cdot \Delta L$ 。这个公式表明：国民收入的增加取

决于资本和劳动的增加量以及资本与劳动的边际生产力。计算增长率,则:

$$\frac{\Delta Y}{Y} = \frac{MP_K \cdot \Delta K}{Y} + \frac{MP_L \cdot \Delta L}{Y}$$

$$\frac{\Delta Y}{Y} = \frac{MP_K \cdot \Delta K}{Y} \cdot \frac{K}{K} + \frac{MP_L \cdot \Delta L}{Y} \cdot \frac{L}{L}$$

因为: $Y = MP_K \cdot K + MP_L \cdot L$,则:

$$\frac{Y}{Y} = \frac{MP_K \cdot K}{Y} + \frac{MP_L \cdot L}{Y} = 1$$

令: $\dfrac{MP_K \cdot K}{Y} = a$, $\dfrac{MP_L \cdot L}{Y} = b$,于是得:

$$\frac{\Delta Y}{Y} = a\frac{\Delta K}{K} + b\frac{\Delta L}{L}$$

$\dfrac{\Delta Y}{Y}$ 就是增长率,以 G 表示之,a、b 分别表示资本与劳动对收入增长所做贡献的相对份额,于是 $G = a\dfrac{\Delta K}{K} + b\dfrac{\Delta L}{L}$。

如果技术是进步的,则国民收入取决于资本、劳动与技术,以 A 代表技术,则:

$$Y = f(K, L, A)$$

$$\frac{\Delta Y}{Y} = a\frac{\Delta K}{K} + b\frac{\Delta L}{L} + \frac{\Delta A}{A}$$

新古典增长模型表明:(1)经济增长不仅取决于资本增长率、劳动增长率以及资本和劳动对收入增长的相对作用的权数,而且还取决于技术进步。(2)假定技术水平保持不变,可以通过市场调节来改变资本—劳动比率或资本—产出比率来实现稳定的经济增长,因此从长期看,有着实现充分就业的稳定均衡增长的必然趋势。(3)在经济增长中,资本量不断增加,而资本边际生产力不断递减,从而利润率下降;相反,劳动量不断相对减少,劳动边际生产力相对增加,从而工资率上升。因此,经济的不断增长是不利于资本家而有利于工人的。

新古典经济增长模型的特点:(1)一反经济增长理论中"资本积累是决定因素"的传统看法,提出技术对经济增长具有重大贡献的观点。(2)模型假定投入要素之间具有替代性,克服了哈罗德—多马模型的"刃锋"问题。(3)模型突出了市场调节的作用。投入要素之间如果因价格变动而彼此替代,那就要假定市场中竞争能力是很强的,生产者对市场信息是灵通的。也就是说,资本—产出比例的调整主要不是通过国家干预做到的,而是通过价格—市场机制的调节实现的。

新剑桥经济增长模型(Neo-cambridge Growth Model)探讨如何通过收入分配的改变来实现稳定的经济增长,在经济增长中收入分配又是如何变化的理论。1956 年,英国经济学家琼·罗宾逊(Joan Robinson)和卡尔多(Kaodor)分别在《资本积累》和《收入分配的可互为替代的理论》等著作中提出。1962 年,意大利经济学家帕森奈蒂(L. Pacinetti)在《利润率和收入分配与经济增长率的关系》一文中又做了进一步的研究。由于他们都任教于英国剑桥大学,故称新剑桥经济增长模型。该模型的充分就业的稳定增长的条件是 $G_n = S \div V$,认为对于任何给定的 G_n 和 V,可以通过改变 S 的数值以使得 $G_n = S \div V$,从而实现充分就业的稳定增长;而 S 的变化则是通过改变资本和劳动在国民收入中的份额来实现的。该模型根据"两阶级模式"把社会成员分为利润收入者和工资收入者,假定这两阶级的储蓄都占各自收入的一个固定比例,利润收入者的储蓄倾向大于工资收入者的储蓄倾向。如果以 S_p 代表利润收入者的储蓄倾向,以 S_w 代表工资收入者的储蓄倾向,以 $\dfrac{P}{Y}$ 代表利润在国民收入中所占的比例,$\dfrac{W}{Y}$ 代表工资在国民收入中所占的比例,则有:$S = \dfrac{P}{Y} \cdot S_p + \dfrac{W}{Y} \cdot S_w$。该公式表明:在 S_p 与 S_w 为既定的条件下,可以通过改变 $\dfrac{P}{Y}$ 与 $\dfrac{W}{Y}$ 来调节 S,使得增长率达到既定的增长率。

新剑桥学派分两种情况来讨论经济稳定增长的实现。第一种情况是工资收入者无储蓄,全部储蓄来自于利润收入者,在古典学派李嘉图的理论体系中,采用了这种假设,因此,把这种情况下的增长模型称为"古典储蓄函数增长模型"。在 $S_W = 0$ 时,社会储蓄率 $S = \frac{P}{Y} \cdot S_P$,这时如果合意增长率大于自然增长率($G_W > G_n$),在资本—产出比率($V$)不变的条件下,可以通过减少利润在国民收入中所占份额来降低储蓄率,使合意增长率等于自然增长率。反之,如果 $G_W < G_n$,则增加利润在国民收入中所占份额来提高储蓄率,使 $G_W = G_n$,以求实现稳定增长。

罗宾逊、卡尔多等人根据资本主义的现实情况,认为工资收入者也有一定的储蓄,即 $S_W > 0$,这种情况被称为"剑桥增长模型"。在 $S_W \neq 0$,且 $S_P > S_W > 0$ 的情况下,社会储蓄率 $S = \frac{P}{Y} \cdot S_P + \frac{W}{Y} \cdot S_W$。如果 $G_W > G_n$,减少利润占国民收入的份额,降低储蓄率,从而使 $G_W = G_n$;当 $G_W < G_n$,增加利润占国民收入的份额,提高储蓄率,从而使 $G_W = G_n$。

该模型进一步考察了经济增长中国民收入分配变动的趋势。卡尔多提出了自己的模型:

$$\frac{P}{Y} = \frac{1}{(S_P - S_W)} \cdot \frac{I}{Y} - \frac{S_W}{(S_P - S_W)}$$

公式表明:利润在国民收入中所占份额($\frac{P}{Y}$)取决于两个因素:一是利润收入者的储蓄率(S_P);二是投资率($\frac{I}{Y}$)。如果投资不变,利润储蓄率越低,则国民收入的分配越有利于资本家;或者,如果利润储蓄率不变,投资率越高,则国民收入的分配越有利于资本家。由于利润储蓄率比较稳定,投资率则与国民经济增长关系紧密,较高的增长率来自较高的投资率,所以经济增长率越高,国民收入的分配就越有利于资本家、不利于工人,经济增长必然扩大利润和工资分配比例上的差距,使工资在国民收入中所占份额越来越低。

罗宾逊说明经济增长中国民收入分配的决定公式为:

$$P = \frac{1}{1 - C_P} \cdot I$$

式中,P 为纯利润,I 为净投资,C_P 为利润收入者的消费倾向,$1 - C_P$ 是净储蓄在净利润中所占的比例(即 S_P)。公式表明:利润取决于利润收入者的消费倾向 C_P 和投资 I。它与 I 和 C_P 同方向变动,而与 $1 - C_P$,即 S_P 反方向变动。

罗宾逊又认为,从长期看,利润收入者的消费倾向比较固定,因而国民收入中的利润份额主要取决于投资率($\frac{I}{Y}$)的变动。资本利润率(r)、利润收入者的储蓄倾向(S_P)和经济增长率(g)的关系为:

$$r = \frac{g}{S_P}$$

如果 $S_P \to 1$,则 $r = g$。所以,在其他条件不变的情况下,经济增长率越高,利润率就越大,国民收入中作为利润收入的部分就越大,作为工资收入的部分就越小。

新剑桥增长模型的特点:(1)该模型是哈罗德—多马模型的延伸,它的基本观点是增长率决定于储蓄率或投资率,资本—产出比例是固定不变的。(2)该模型把经济增长与收入分配结合,认为经济增长加剧了收入分配比例失调,收入分配比例失调反过来又影响经济政治。因此,解决这个问题,重要的不是简单地谋求经济快速增长,而是消除收入分配比例失调的状况。(3)该模型否定了新古典经济增长模型的思路,认为要实现持续稳定的经济增长必须依靠国家政策对分配比例失调进行干预。

熊彼特经济增长理论(Schumpeterian Growth Theory)一种以技术创新为基础研究经济增长的理论。20 世纪初由美籍奥地利经济学家约瑟夫·阿洛伊斯·熊彼特(Joseph Alois Schumpeter)提出。熊彼特基于"创新"理论研究了经济增长的动力、过程和目的。他认为,经济增长的动力是有见识、有组织才能、敢于冒险的企业家,近代历史中某些国家政府对经济增长所起到的发动者的作用与此并不相抵触,因为这些政府或者是代表了企业家从事"创新",或者是把企业家的能力汇总到一起,通过一个制度机构将这些能力发挥出来。经济增长的过程是通过经济周期的变动来实现的,经济周期的原因在于"创新"。"创新"刺激了投资的增长,引起信贷的扩张,扩大了对生产资料的需求,推动了经济走向繁荣。这个过程可具体分为三个步骤:第一,为谋取额外利益而进行的"创新";第二,为分享这种利益而开始的"模仿";第三,某些企业为保持自己的生存而进行的"适应"。"创新""模仿""适应"在激烈的竞争过程中推动了经济的增长。经济增长的目的,就是"创新者"进行"创新"的目的,即谋取额外利益。没有盈利机会就不可能有"创新",也就不可能有经济增长。企业家的投资、"创新"还有其为显示个人"成功"的欲望而去竭力争取事业上的成就的心理特征,熊彼特认为这是一种"战斗的冲动",一种非物质的精神力量在支持着企业家的活动,这种精神被称为"企业家精神"。它在经济增长中发挥着不可低估的作用。

库茨涅茨经济增长理论(Kuznets Growth Theory)一种通过对资本主义历史统计资料分析揭示现代经济增长过程的理论。20世纪50—60年代美国经济学家西蒙·库兹涅茨(Simon Smith Kuznets)在《关于经济增长的六篇演讲》(1959)、《现代经济增长》(1960)、《关于经济增长理论》(1963)、《战后经济增长》(1964)、《经济增长与结构》(1965)、《各国经济增长》(1971)等一系列著作中形成。库兹涅茨对经济增长所下的定义为:建立在先进技术以及所需制度和思想意识相应调整基础上的、为居民提供种类日益繁多的经济产品能力的长期上升。库兹涅茨经济增长理论的主要论点包括:(1)科学技术对经济增长产生巨大的作用,是经济总量高速增长和经济结构大幅度变化的源泉。但科学技术只是经济增长的必要条件,要把它转变为充分条件和实现的源泉,还应对物质资本和人力资本进行大量投资,应具有企业家才能,应存在对新产品的需求。(2)现代经济增长的特点是人口的迅速增长与人均国民生产总值(GNP)的迅速增长相结合。但由资源投入量的增加所带来的产值增加部分越来越小,而资源投入质量上的改善对经济增长的贡献越来越大。(3)随着经济的增长,农、林、牧、渔等部门在经济中的比重也趋于下降;矿业、制造业、建筑业、交通运输业、电力、煤气等部门在经济中的比重趋于上升;贸易、银行、不动产、各种服务业等的比重也趋于上升,但这种上升并不稳定。产业结构的这种变化趋势源于科技的进步以及消费结构、外贸结构、收入分配的变化。

（4）随着经济的增长，劳动生产率不断提高所引起的劳动力相对价格提高，进而引起国民收入中劳动收入的比重趋于上升，财产收入的比重趋于下降，同时，高收入阶层的收入在国民收入中所占的比重趋于下降，收入分配出现了平均化的现象。（5）随着经济的增长，政府的消费支出在国民生产总值中的比重趋于上升，国民总资本形成即全国的储蓄量在国民生产总值中的比重趋于上升，个人的消费支出在国民生产总值中的比重趋于下降。在个人消费支出中，食物支出的比重趋于下降，衣着支出的比重趋于上升，耐用消费品、医疗保健、娱乐等项支出的比重也明显上升。（6）不发达国家经济落后源于经济结构、政治结构和制度方面的因素。不发达国家的人口被束缚在生产力低下的、按传统方式经营的农业部门，影响了经济的发展。制造业在其经济中的比重过小，使其不能得到规模经济的好处。另外，政治上的不稳定和缺乏应有的制度变革也是影响不发达国家经济增长的重要因素。

阿罗经济增长模型（Arrow's Growth Model）美国经济学家肯尼斯·约瑟夫·阿罗（Kenneth Joseph Arrow）所提出的揭示经济增长内生因素作用的理论模型。阿罗在 1962 年发表了《边干边学的经济含义》一文，借助"边干边学"原理对模型中的技术进步内生化做了最初的尝试。阿罗模型有两个基本的假设：（1）"边干边学"或知识是投资的副产品，提高一个厂商的资本存量，会使得其知识存量相应增加。（2）知识是一种公共产品，具有"溢出效应"。因此，每一个厂商的技术变化都是整个经济中的"边干边学"函数，并进而是经济的总资本存量的函数。阿罗进一步假设，在任一时刻，资本品包含了所有可获得的知识，但其一旦建立起来，其生产率不会被随后的"边干边学"改变。

从总体来看，在阿罗模型中，知识水平本身作为一个生产要素参与了生产过程，而且由于知识的公共品性质，作为一个整体，经济具有收益递增的特点。同时，由于收益递增外在于厂商，竞争性均衡是存在的。这一点是阿罗模型对于经济增长理论作出的最大贡献。阿罗模型成为内生增长理论分析中具有重要意义的一个基准模型，后来诸多内生增长理论经济学家均对其进行了扩展。

罗默的经济增长模型（Romer's Growth Model）美国斯坦福大学教授保罗·罗默（Paul M. Romer）所提出的内生经济增长模型。罗默 1986 年建立的模型在后来成为内生增长理论的起点。他认为,新古典增长模型存在的最主要问题是生产上报酬递减的假定。而这个假定从表面看来是竞争均衡的必要条件。罗默指出,如果存在以下三个方面的特征,则长期增长与竞争均衡是能够共存的:外部性、要素(知识)产出的递增报酬、知识自身生产的递减报酬。从技术上讲,罗默处理了阿罗(Kenneth Joseph Arrow,1962)模型中存在的两个问题:一是存在外部性时竞争性均衡的存在性;二是在动态最优的过程中,社会最优与目标函数的有限性。因为在存在无限增长的情况之下,目标函数通常是无穷大。由于存在外部性,竞争均衡结果不是社会最优,因此,存在外部性的动态最优化问题事实上是以最优化方法处理社会次优问题,这就是人们一直不相信竞争均衡、递增报酬与外部性能够共存的原因。罗默处理了阿罗模型的一种边界情形,即"边干边学"所产生的知识足以保证资本的边际产品具有一个下限。罗默假定知识具有纯资本品性质,而且有着报酬外在于其生产者内部的特征,因此,保证了生产函数的递增报酬,同时确保存在着一个竞争均衡。这一点来源于三个基本的前提条件,即知识的外部性、知识报酬的递增性(从社会角度看)和知识生产的递减报酬(即投资函数为报酬递减)。具体来说,他的模型具有如下假定:

经济中存在着一个代表性厂商 i,整个经济由 N 个厂商构成。整个经济的全部知识存量为: $K = \sum_{i=1}^{N} k_i$ 。其中, k_i 表示第 i 个厂商的知识存量, K 为整个经济的全部知识存量。代表性厂商 i 的生产函数为 $F(k_i, K, x_i)$,其中 x_i 表示经济中除知识外的其他生产要素。如果固定 K ,则 F 对于 x 、 k 是报酬不变的,而对于整个 x 、 k 、 K 而言, F 是报酬递增的,即对于所有 $\Psi > 1$ 有: $F(\Psi k_i, \Psi K, \Psi x_i) > F(\Psi k_i, K, \Psi x_i) > \Psi F(k_i, K, x_i)$ 。

选择 x 为一个固定值,则可以令 $f(k, K) = F(k, K, \bar{x})$ 为经济中代表性厂商的生产函数,令 $\Gamma(k) = f(k, NK) = F(k, NK, \bar{x})$ 。

对于社会最优问题来说,其数学描述为:

$$\max \int_0^\infty U[c(t)] e^{-\delta t} \mathrm{d}t$$

$$\text{s.t.} \ \frac{\dot{k}(t)}{k(t)} = g\left\{ \frac{\Gamma[k(t)] - c(t)}{k(t)} \right\}$$

对于分散化均衡来说,其最优化问题为:

$$\max \int_0^\infty U[c(t)]e_t^{-\delta t}\mathrm{d}t$$

$$\text{s.t.} \quad \frac{\dot{k}(t)}{k(t)} = g\left\{\frac{F[k(t),K(t)] - c(t)}{k(t)}\right\}$$

上式中,$\dot{k}/k = g(I/k)$,其中一个关键假定是 g 具有一个上界 α。这里说明知识的投资并不一定完全形成知识的存量。

罗默 1986 年证明,如果 $\Gamma(k) = f(k, NK) < \mu + k^\rho$,且 g 存在一个上限,即 $0 \leqslant g(x) \leqslant \alpha$,且上述参数 ρ、α 满足 $\delta \geqslant \alpha\rho$,则上述社会最优化问题存在有限解。当 $K(t) \leqslant K(0)e^{\alpha t}$ 时,上述分散化均衡最优化问题存在有限解。由于没有给出投资函数 g 的具体形式,罗默也没有给出一个关于增长率的显式解。但其上述模型表明,只要存在递增报酬,经济中就存在着长期稳定增长的路径。罗默(1986)的模型之所以能成为内生经济增长理论研究的一个基准,关键在于它证明了在存在要素递增报酬的情况之下,经济可以持续增长,而且存在一个稳定的均衡增长路径。该模型既保证了生产函数的递增报酬,同时又确保存在着一个竞争均衡。这点来源于之前提到的三个基本的前提条件。由此而建立的模型得出的结论意味着竞争性均衡并不是社会最优的(因为知识的私人边际产品低于社会边际产品,因此竞争均衡所导致的私人知识投资低于社会最优水平),罗默 1990 年对此加以了修正。

罗默 1990 年构造了一个用知识积累和人力资本积累说明经济增长的模型。该模型的关键在于,知识积累对于知识生产的正的外部性产生了知识的内生增长,促进了经济的长期增长。而知识生产的激励来自于知识在用于产品生产过程中的可排他性。在这一模型中,消费品产量取决于中间产品投入、人力资本和劳动。技术进步和人力资本投资二者共同决定了经济增长。在罗默(1990)模型中,经济中存在三个部门:研究与开发部门、中间产品生产部门和最终产品部门。最终产品部门与研发部门是完全竞争的。这个模型的关键在于,新的知识具有两种性质不同的用途:一方面,新的知识能够用于中间产品部门的新产品生产之中,而且这种使用方式受到严格的专利保护,因此具有完全的可排他性;另一方面,新的知识能够

增大总的知识存量,为研发部门所利用,从这点来讲,知识又是完全非排他的。当知识用作生产投入,由于其在发明出来以后能够无限次使用(有专利保护的情况下则是由同一厂商使用),因此使用者不能是完全市场的竞争者,那么与最终产品不同,中间产品的生产不能以某个代表性厂商来描述。假定中间产品的种类 i 是连续的,且在 $x = \{x_i\}|_{i=1}^{\infty}$ 之间分布,但假定在任一时期,存在一个 A,对于任何 $A > i$,均有 $x = 0$(即在任一时期,总有一些中间产品是当前技术无法生产出来的,这一点假定了技术进步的无限可能性)。

这个模型的最终产品生产函数为: $Y_t = H_Y^{\alpha} L^{\beta} \left[\int_0^{\infty} x(i)^{1-\alpha-\beta} \mathrm{d}i \right]$。

在这样一个生产函数中,人均收入依赖于总的知识存量而非人均知识存量。

研发部门的生产率为: $\dot{A} = \delta H_A A$,其中,H_A、H_Y 分别代表研发部门与生产部门所使用的人力资本,$x(i)$ 表示第 i 种中间产品的数量,L 表示劳动力,α、β 分别为人力资本与劳动力的产出弹性。假设经济中的人力资本总量保持不变,则有 $H_A + H_Y = H$。假定 P_A 是中间产品的价格,则研究部门的人力资本的工资为: $w_H = P_A \delta A$。

由于中间产品部门是完全垄断的,因此中间产品的需求数量由最终产品部门的利润最大化条件决定:

$$\max_x \int_0^{\infty} \left[H_Y^{\alpha} L^{\beta} x(i)^{1-\alpha-\beta} - p(i)x(i) \right] \mathrm{d}i$$

$p(i)$ 表示第 i 种中间产品的价格。由一阶条件得到任一中间产品的反需求函数:

$$p(i) = (1 - \alpha - \beta) H_Y^{\alpha} L^{\beta} x(i)^{1-\alpha-\beta}$$

对于中间产品生产部门来说,其利润最大化条件为:

$$\pi = \max_x p(x)x - r\eta x = \max_x (1 - \alpha - \beta) H_Y^{\alpha} L^{\beta} x(i)^{1-\alpha-\beta} - r\eta x$$

η 表示每生产一单位中间产品 x 所需的投入,r 代表利率。由于中间产品部门是垄断的,其边际成本是不变的(ηr),其需求曲线的弹性也是不变的,根据标准的微观经济学结果,中间产品的价格为:$\bar{p} = r\eta / (1 - \alpha - \beta)$,垄断利润流为:$\pi = (\alpha + \beta) \bar{p} x$。

对于研发部门来说,其产品价格为中间产品所获得的利润流的净现值:

$$P_A(t) = \int_t^\infty e^{-\int_t^\tau r(s)\,ds} \pi(\tau)\,d\tau$$

式中,$\pi(\tau)$ 表示 τ 时的利润。如果 P_A 是常数,则微分上式得到:

$$\pi(t) = r(t) P_A$$

对于上述模型,利用人力资本的报酬等于其边际产品的法则,得到:

$$H_Y = \frac{1}{\delta} \frac{\alpha}{(1 - \alpha - \beta)(\alpha + \beta)} r$$

由此可得消费、总产出、资本存量和技术存量共同的增长率:

$$g = \delta H_A = \delta(H - H_Y) = \delta H - r\Lambda$$

式中,$\Lambda = \dfrac{\alpha}{(1 - \alpha - \beta)(\alpha + \beta)}$。

根据拉姆齐规则,有 $g = \dot{C}/C = (r - \rho)/\sigma$,其中 σ 为效用函数中跨期替代弹性的倒数,ρ 表示时间折现率,C 表示消费数量。

综合上述结果,有:

$$g = \frac{\delta H - \Lambda \rho}{\sigma \Lambda + 1}$$

在这个模型中,增长率与 H 相关,这说明了模型中存在着规模效应(即增长率与人力资本的总量成正比),而这种效应没有得到实证研究的很好支持。模型产生这个后果的原因在于知识生产过程中的递增报酬 $\dot{A} = \delta H_A A$,知识的这个生产函数有三个深刻含义:第一,知识生产的边际生产率随着知识的积累而递增;第二,知识的生产与所投入的人力资本呈线性关系;第三,知识生产与社会所积累的知识也呈线性关系,即原有知识在新知识生产过程中具有完全的外部性。这三点是罗默模型结论的关键,也是包含知识的内生增长模型的发展方向。

卢卡斯的经济增长模型(Lucas' Growth Model)美国芝加哥大学教授罗伯特·卢卡斯(Robert E. Lucas)提出的以人力资本为核心的内生经济增长模型。该模型通过设立人力资本积累的"生产函数"以在经济增长模型中内生化人力资本存量的变动,以此来说明生产率的变化。卢卡斯在他 1988 年发表的论文《论经济发展的机制》对此进行了详细的论述。他提出了以人力资本的外部效应为核心的内生增长模型。卢卡斯模型中的人力资本投资,尤其是人力资本的外部效应,使生产具有递增收益,而正是这种源于人力资本外部效应的递增收益使人力资本成为"增长的发动机"。

卢卡斯模型由两个模型组成,即"两时期模型"(Two Periods Model)和"两商品模型"(Two Goods Model)。在"两时期模型"中,卢卡斯采用类似阿罗(1962)、罗默(1986)的单部门模型,将资本区分为物质资本和人力资本两种形式,将劳动划分为"原始劳动"和"专业化的人力资本",认为专业化的人力资本才是促进经济增长的真正动力。

卢卡斯(1988)模型在内生增长理论中具有开创性意义。通过强调人力资本的外部性的核心作用,提出了一个既能解释持续的经济增长,又能解释人均收入和经济增长率的广泛而持久的跨国差异的内生增长模型。其主要缺陷首先是其中的人力资本无法测度,其次是研究基本没有涉及两部门内生经济增长模型的动态性质。许多经济学家在此基础上展开了进一步研究。

格罗斯曼—赫尔普曼模型(Grossman-Helpman Model)由美国普林斯顿大学教授吉恩·格罗斯曼(Gene Michael Grossman)和哈佛大学教授埃尔赫南·赫尔普

曼（Elhanan Helpman）1991年提出的一个产品质量阶梯不断提高的内生技术变化增长模型，故可以称作产品质量升级模型或产品质量阶梯内生增长模型。在这个模型中，生产率的提高表现为同种产品质量的提高，而这种提高质量的技术也是靠专门的研究和开发获得的。因此，这一类的增长模型也为提高产品质量的研发活动设立了专门的生产函数。在该模型中，存在若干经济部门，每一个部门生产的产品的质量是一个变量，技术进步表现为产品质量的提高，优质产品的出现使旧产品不断被淘汰。因此，创新表现为一个创造性破坏过程。在每一个部门内，拥有现期最先进技术的厂商被称为行业领先者，其他厂商被称为跟随者。产品质量提高是跟随者从事研究的结果。质量竞争过程具有连续和周期性质，每一新产品只享有有限时期的技术领先地位，当更高技术的产品出现时，它就会被取代。以现期最好技术为基础，每一产品都有一个随机提高的质量阶梯。格罗斯曼和赫尔普曼强调，正是一系列部门中产品质量阶梯的不断提高构成经济增长的源泉。

巴罗经济增长模型（Barro's Growth Model）美国经济学家罗伯特·巴罗（Robert Joseph Barro）所提出的一种政府支出增长模型，也可称作公共产品模型。这里所要介绍的涉及巴罗（1990）模型以及巴罗和西班牙经济学家萨拉-伊-马丁（Barro & Sala-i-Martin）（1992、1995）模型。其研究思路是认为生产性政府支出通过政府购买的产品对私人部门的生产直接产生了影响，因此生产性政府支出作为私人部门的一种要素投入直接进入了生产函数。巴罗（1990）模型是在政府支出增长模型这一研究领域中最早提出的、具有开创性且最具影响力的模型，是研究生产性政府支出总量对经济增长影响的理论模型的代表。巴罗（1990）以及巴罗和萨拉-伊-马丁（1992）把政府在提供公共物品方面的职能纳入了分析框架，强调政府支出具有生产性，是增长的催化剂，政府可以选择最优的税收和生产性支出刺激个人对公共服务的潜在需要，实现持续的人均消费增长。

巴罗和萨拉-伊-马丁（1992）使用柯布—道格拉斯生产函数，对巴罗1990年的模型做了简化的论述，并专门说明了生产性政府服务的拥挤问题。其指出，政府可选择最优的税收和生产性支出，刺激个人对公共服务的潜在需要，实现持续的人均消费增长。最优的税收政策依公共服务的特征而定。公共服务可分为三类：一是公共提供的私人产品，它是竞争且排他性的公共服务；二是公共提供的公共产品,它是非竞争性且非排他性的公共服务;三是会产生过度消费的公共产品,它是竞争性的且具有某种程度的非排他性。这三类不同的公共服务对增长都具有生产性效应,但各自影响程度不同。如果公共服务属于前两种,那么一次性征税优于收入征税;如果公共服务属于第三种,收入征税类似使用者付费,因而优于一次性征税。

卡列茨基社会主义经济增长理论(Kalecki's Socialism Economic Growth Theory)20 世纪 40—50 年代由波兰经济学家迈克尔·卡列茨基(Michchal Kalecki)提出的分析社会主义积累与消费在经济增长中关系的理论。卡列茨基认为适合于一切社会制度的经济增长模式是不存在的。第二次世界大战后西方兴起的经济增长理论,在许多重要的问题上并不反映社会主义的本质。例如,现代资本主义的"有效需求不足"问题,在社会主义经济中是不存在的。社会主义可以通过国家计划,控制产品的价格和工资,保证在没有通货膨胀条件下最充分地利用国内生产潜力。社会主义制度应该实行中央集中计划,而首先应解决的核心问题是确定经济发展的战略目标,实际上是确定一定时期内的国民收入的发展速度。为此,计划决策者面临的一个重大抉择,是处理好积累与消费的关系。提高生产性积累在国民收入中所占的比重,从长期来看,也将提高国民收入的绝对水平。另外,提高生产性积累在国民收入中所占的比重,将导致短期内的消费水平停滞甚至下降。所以,短期内的积累与消费的矛盾,在一定意义上也就是近期消费与将来消费的矛盾。在社会主义经济中,如果忽视经济发展中可能出现的各种障碍,以致企图达到的高速度发展脱离了现实的可能性,那么,高积累率不仅会严重影响短期消费,而且从长期来看也并非一定会提高人民的生活水平。因此,社会主义经济中积累率、发展速度等战略目标的抉择,是其经济增长中具有重大意义的课题。

刘易斯平衡增长理论(Lewis' Balanced Growth Theory)由美国经济学家威廉·刘易斯(William Lewis)提出的研究部门间按一定比例增长的经济发展理论。刘易斯从工业与农业两部门之间是互相关联、互相牵制的角度出发,提出了平衡增长的理论。他认为:(1)在封闭经济中,工业与农业应平衡增长。因为各部门经济相互之间是互相牵制的;工农业部门的失衡,必然制约经济的进一步增长。(2)在开放经济中,工农业之间的不平衡可以通过对外贸易来调节。农业落后时,可以出口工业品换回农产品;相反,工业落后时,则可以出口农产品换回工业品,从而保持工农业之间的平衡发展。(3)平衡增长并不是同时、按同一比例增长,而是要各部门之间保持一个适当的比例。(4)由于经济并不可能在各个部门按同一比例增长,因此刘易斯主张根据本国的具体情况,首先把两三个部门作为主导部门,通过这些部门的扩大来带动其他经济部门的发展。刘易斯的这一理论对一些发展中国家的经济发展产生了一定的影响。

瑟尔威尔经济发展模型(Thirlwell Economic Development Model)20 世纪 80 年代由英国肯特大学教授瑟尔威尔(Thirlwell)创建的从产品交换条件入手分析工农业之间相互需求、相互补充关系的一种发展模型。瑟尔威尔认为新古典学派的两部门发展模型存在两大缺点:一是它没有考虑劳动力的稀缺和资本的稀缺;二是它没有考虑一个部门与另一个部门之间相互需求、相互补充的关系。刘易斯的古典发展模型虽然对新古典模型做了改进,但它对传统部门与资本主义部门之间关系的讨论完全集中在经济发展如何使资本家剩余扩大,特别在工业品贸易条件恶化如何阻碍资本积累速度上,而没有认识到工业品贸易条件恶化后,农村收入增长会加快工业的增长,没有分析两部门之间的交换。为克服这些缺陷,瑟尔威尔从发展中国家工业与农业两个部门之间的产品贸易条件入手,对工农业之间的关系进行了考察,建立了经济增长与发展的一般模型。首先,瑟尔威尔对封闭经济进行了考察。他假定一个国家有工业、农业两个生产部门,农产品用于消费,工业产品部分用于投资、部分用于消费;两部门之间进行交换,价格由市场决定;比价用贸易条件表示,工业的贸易条件为单位工业产品换得的农产品数量。

瑟尔威尔进一步对开放经济进行了考察。他认为,随着经济发展程度的提高,一个国家与世界经济的联系越来越广泛,开放的程度越来越高,外贸的重要性也因此而增大。一定时期以后,经济就由国内需求导向型转变为出口需求导向型。由于种种原因,在一个国家的经济发展史上,迟早会出现一个重大转折点,即工业品出口需求的增加速度超过农业部门对工业产品需求的增加速度。超过这一转折点,工业生产的增长就逐渐取决于出口需求的增长,出口增长成了经济发展的推动力量,而农业发展则开始处于相对停滞状态,生活水平和人均收入的差距日益扩大,出现"循环积累因果过程"。瑟尔威尔经济发展模型的特点在于:强调了农业在经济发展中的基础地位,注意了工业部门与农业部门产品交换对经济发展的影响,探讨了发展中国家在不同发展阶段的不同制约因素。

卡尔多经济增长模型(Kaldor's Economic Growth Model)表示经济增长中每人所用资本量的增加率同每人产出量增加率之间关系的一种经济增长模型。1957年,由英国经济学家尼古拉斯·卡尔多(Kaldor)在《一个经济增长模型》一文中提出。卡尔多认为,在经济增长模型中,应把技术进步和资本—产出比例结合起来考虑。如果技术进步比资本存量增加得更快,资本的边际生产率将会提高,从而投资将会扩大;相反,如果资本投资比技术进步增长得更快,资本的边际生产率将会下降,从而投资将会减少。如图 2-1 所示。

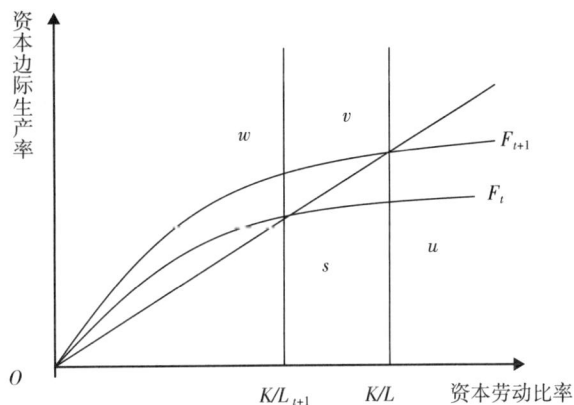

图 2-1　资本的边际生产率与资本劳动比率的关系

图 2-1 中的横轴表示每个劳动力平均配备的资本量(即资本—劳动比率)$\dfrac{K}{L}$,纵轴表示每个劳动力的平均产出量(即劳动生产率)$\dfrac{Y}{L}$。F_t 和 F_{t+1} 两条曲线代表两个不同时期的生产函数,即投入的资本量和劳动量与产出量的关系。劳动生产率($\dfrac{Y}{L}$)随资本—劳动比例($\dfrac{K}{L}$)的增加而增加,但增加率是渐减的。因此,F_t 和 F_{t+1} 两条曲线表现了两个不同时间阶段的生产函数都具有资本边际生产力渐减这一特性,从而它们的坡度都是逐渐低平的。在 t 时间阶段,生产技术处于一定水

平,到了 $t+1$ 时间阶段,生产技术有所进步,从而促进了劳动生产率的提高,生产函数曲线由 F_t 位置向上移动为 F_{t+1}。在每一个 $\dfrac{K}{L}$ 比例上,F_{t+1} 所表示的资本边际生产率均比 F_t 所表示的资本边际生产率要高一些(从 F_{t+1} 在 w 点的斜率要比 F_t 在 s 点的斜率大一些可以看出)。但是,如果生产技术进步就此停止,而把每个劳动力所配备的资本量再继续增加,那么 F_{t+1} 显示的较大 $\dfrac{K}{L}$ 所得到的资本边际生产率又将渐减,使与 F_t 显示的较小的 $\dfrac{K}{L}$ 所得到的资本边际生产率之间的差距趋于消失。如果 $t+1$ 时间阶段仍无技术进步,生产函数曲线将仍然是 F_t,则资本边际生产率很快下降(由 s 点移动到 u 点)。而资本的边际生产力决定资本的分配份额,资本在分配中的份额减少,意味着投资可图之利减少,于是,投资也就趋于减少。

边干边学理论(Theory of Learning-by-Doing)研究劳动者从生产经验中学习、进而推动增长的理论。该理论认为"边干边学"是动态规模经济得以形成的原因之一。经济增长的经验研究证明,人均产出的增加可能只是资本—劳动比率增加所造成的结果。但有经济学家观察到,过去累计的产出和当前的劳动生产率之间在总量上存在一种正相关关系。这似乎表明,有一部分经济增长是用资本—劳动比率的增加所解释不了的,但是可以用"边干边学"来加以说明。一旦人均收入由于某种原因,比如说因资本—劳动比率增加而增加,它就将保持增加的势头,因为初始的增加将改善下一个时期的劳动生产率和人均收入;在那之后,产出的增加造成生产率的增加,反之亦然,如此永久反复,由于这种系数是正值,它将产生无限的增长,即使人口静止不变也是如此。这种过程的一些正式模式是由阿罗(Kenneth Joseph Arrow)、罗默(Paul M. Romer)和斯托齐(Nancy Laura Stokey)等人建立的。

阿罗(1962)在《边干边学的经济含义》一文中提出了边干边学的概念:一个增加了其物质资本的企业同时也学会了如何更有效率地生产,经验对生产率的这一正向影响即被称为"边干边学"。阿罗指出,人们是通过学习获得知识,进而取得技术进步。学习是经验的不断总结,经验来自行动,经验的积累就体现在技术进步之上。他认为,知识来源于投资过程中的"边干边学",因此可以用总资本代表知识的存量。技术进步不过是资本积累的副产品,因此新投资具有外部性,不仅进行投资的厂商可以通过积累生产经验而提高生产率,而且其他厂商亦可以通过学习提高其生产率。阿罗的"边干边学"思想对于知识与增长的分析具有开创性的意义。

斯托齐(1988)根据阿罗的边干边学思想建立了一个完全竞争条件下的内生增长模型。斯托齐认为,"边干边学"是经济增长的发动机,厂商在生产中积累知识从而使商品的生产成本降低。经济增长不是体现在商品数量的增加,而是体现于商品质量的提高。"边干边学"表现为一个"创造性破坏"过程。由于斯托齐在模型中没有运用动态一般均衡分析方法,从而不能说明竞争性均衡增长率。不过,斯托齐模型的思想与罗默模型及卢卡斯(Robert Emerson Lucas)的人力资本模型是类似的。知识的外部性(边干边学)是经济增长之源,竞争性均衡增长一般是一种社会次优。如果经济中存在一个"不学习"的部门(即技术停滞部门),经济可能处于一种"非增长陷阱",即技术进步率和增长率都为零。为了使经济实现增长,需要进行政府干预以突破"非增长陷阱"。

两缺口模型(Two-gap Model)在开放经济条件下,发展中国家利用外资来填补存在的储蓄和外汇"两缺口"的理论。1966 年由美国经济学家钱纳里(Hallis Chenery)和斯特劳特(Alan Strout)在《外援与经济发展》一文中提出。该模型认为,在一个开放经济的社会中,宏观经济的基本核算等式为:总收入=总支出,即:

$$Y = C + I + (X - M)$$

式中,C 代表总消费,I 代表总投资支出(包括公共的和私人的),X 和 M 则表示出口额和进口额。

上式移项后为:

$$Y - C + M = I + X$$

结合 $Y - C = S$,有:

$$S + M = I + X$$

再移项得：$I - S = M - X$，即投资和储蓄之差等于进口和出口之差。

而发展中国家要么存在上式左端的储蓄缺口，要么存在上式右端的外汇缺口。如果投资大于储蓄，则出现储蓄缺口，这个缺口要靠进口大于出口即由外汇缺口来平衡。若外汇不足以弥补储蓄缺口，则必须削减投资或增加储蓄。反过来，若储蓄余额不足以填充外汇缺口，则必须削减进口或增加出口。该模式假设：在给定的时点上，储蓄和外汇这两个缺口不仅大小不等而且没有互补性或替代性，从而每一个缺口都对发展中国家的经济发展具有很强的约束性。如果从缺口之外开辟财源，利用外资，则一笔外资可以对两个缺口都产生影响。成功引进外资既能增强一个国家的商品出口能力，扩大出口创汇，又能提高国内储蓄水平，改善国内筹资状况。随着时间的推移，两个缺口的失衡状况逐渐消除，国民经济将维持平衡增长。然而，一个国家不可能长期利用国外的资源来弥补自己的两个缺口，两个缺口的平衡最终取决于国内经济的发展和经济结构的改造，应当正确地利用外资政策为此服务。

钱纳里和斯特劳特之后，西方学者将"两个缺口"模型进一步扩展为"四缺口"模型。"四缺口"理论指出，发展中国家可以通过外资填补政府税收的计划目标与实际税收之间的缺口，即第三缺口。还可以通过对跨国公司的利润征税，并在金融上参与跨国公司在当地的经营活动，为其发展筹集到一部分公共金融资源并弥补其税收缺口。技术、管理和企业家才能方面的缺口可被视为第四个缺口，这一缺口可部分地或全部依靠外国私人企业特别是跨国公司提供的所谓"一揽子"资源来弥补。在20世纪60年代，两缺口模型的影响是广泛的，曾为许多发展中国家当作制定外资政策的理论依据。尽管随着发展中国家利用外资实践的发展，该模型的局限性日益明显，但仍不失其理论及政策的借鉴意义。

马哈拉诺比斯增长模型（Mahalanobis' Growth Model）由印度统计学家、尼赫鲁总理经济顾问马哈拉诺比斯（P. C. Mahalanobis）创建的研究发展中国家资本品与消费品部门比例问题的增长理论。该增长模型是印度独立后经济发展战略的具体体现，对印度经济发展影响深远。模型把国民经济划分为资本品部门和消费品部门。资本品部门所占的净投资比例为 λ_k，消费品部门所占的净投资比例为 λ_c，于是有：

$$\lambda_k + \lambda_c = 1$$

t 时期的净投资 I_t 可以分为两部分：$\lambda_k I_t$ 增加资本品部门的生产能力，$\lambda_c I_t$ 扩大消费品部门的生产能力，则：

$$I_t = \lambda_k I_t + \lambda_c I_t$$

β_k 和 β_c 分别为资本品部门和消费品部门的资本—产量比率，β 代表总的生产率系数，得：

$$\beta = \frac{\beta_k \lambda_k + \beta_c \lambda_c}{\lambda_k + \lambda_c}$$

结合 $\lambda_k + \lambda_c = 1$，得：

$$\beta = \beta_k \lambda_k + \beta_c \lambda_c$$

整个经济的收入等式是 $\beta = I_t + C_t$。

当国民收入改变时，投资和消费也改变，当年投资和消费的变化取决于上一年的投资（I_{t-1}）和上一年的消费（C_{t-1}），t 时期新增投资 $\Delta I_t = I_t - I_{t-1}$，新增消费则为 $\Delta C_t = C_t - C_{t-1}$。实际上，两个部门的增量和投资的生产能力与资本—产量比率相关。因为投资的增长途径由资本品部门投资的生产能力和它的资本—产量比率 β 决定，所以得出：

$$I_t - I_{t-1} = \lambda_k \beta_k I_{t-1}$$
$$I_t = (1 + \lambda_k \beta_k) I_{t-1}$$

一般式为 $I_t = I_0(1 + \lambda_k\beta_k)t$ 或 $I_t - I_0 = I_0[(1 + \lambda_k\beta_k)t - 1]$。

同理,消费增长途径 $\Delta C_t = C_t - C_{t-1} = \beta_c\lambda_c I_{t-1}$,经推导可得:

$$C_t - C_0 = \beta_c\lambda_c I_0 \frac{(1 + \lambda_k\beta_k)t - 1}{\lambda_k\beta_k}$$

以等式 $\beta = I_t + C_t$ 为基础,可得出整个经济的增长途径:

$$\Delta Y_t = \Delta I_t + \Delta C_t$$
$$Y_t - Y_0 = (I_t - I_0) + (C_t - C_0)$$
$$Y_t - Y_0 = I_0[(1 + \lambda_k\beta_k)t - 1]\frac{\lambda_k\beta_k + \lambda_c\beta_c}{\lambda_k\beta_k}$$

马哈拉诺比斯增长模型引进了时间因素,因而是动态增长模型。该模型是双部门模型,对确定生产资料生产和消费资料生产的比例有一定意义。这个模型稍经改进,就被用于制定印度的第二个五年计划,对印度的经济发展和其他发展中国家的计划工作产生了一定的影响。

人力资本理论(Human Capital Theory)探讨人力资本的基本特性、形成过程和投资效益的理论。人力资本是指体现在劳动者身上的、以劳动者的数量和质量表示的非物质资本。人力资本的概念,早在 20 世纪初就由美国的欧文·费歇尔(Owen Fisher)提出。到 20 世纪 60 年代,美国经济学家舒尔茨(Howard Schultz)、恩戈尔曼(Engelman)、贝克尔(Becker)等人将这一概念发展为人力资本理论。人力资本与物质资本的相似之处在于具有生产性,只有通过投资才形成;但人力资本区别于物质资本之处在于不能像后者那样可以转让或继承所有权。人力资本的形成需要通过人力投资,人力投资主要是指在教育、职业培训、健康保健、劳动力国内流动、移民入境过程中的费用支出。人力投资既能使个人经济受益,又能使社会经济受益。一项人力投资(如教育投资)的结果(如发明创造),不仅能给个人增加收入,而且能推动社会经济增长,增加人均国民收入。

舒尔茨对教育投资与经济增长做了定量研究后发现,与其他类型的投资相比,人力资本投资回报率很高,人力资本的投资是经济增长的主要源泉。对此,他提出了一系列建设人力资本政策的主张:(1)政府应承担人力资本投资的大部分费用,加大对教育和培训等方面的投资。(2)防止人力资本的闲置和老化,重视对低收入者的人力资本投资。(3)明确教育和保健同样具有经济意义,要扭转投资在这方面的不平衡,以降低收入的不平等的程度。(4)发展中国家要实现农业和工业现代化,必须更重视人力资本的投资。

教育成本理论(Educational Cost Theory)是人力资本理论的一个分支。是指教育费用与学生放弃的机会收入之和。教育费用包括由政府拨出的教育经费和学生个人负担的学费;学生放弃的机会收入是指学生由于上学而可能放弃的收入。教育成本是一种十分重要的人力投资。教育成本理论研究的重点是学生放弃的收入,并用机会成本(即人们放弃一种机会而由此可能放弃的收入)概念作为研究的理论依据。教育成本理论认为,具有劳动能力的学生如果选择上学,那么他就会由此放弃选择就业所获得的收入;如果不选择上学而选择就业,但可容纳的职位又不够,那他们可帮助家庭劳动使家庭增加收入(或减少雇员的支出)。总之,在上学与就业两种机会面前,上学就意味着放弃了收入。

西奥多·舒尔茨(Theodore W. Schultz)和艾伯特·费希洛(Albert Fishlow)提出了两种计算学生放弃收入的方法。舒尔茨认为,在学生(14岁以上的)全部进入工业部门的劳动市场前提下,计算步骤应是:(1)以某年为基期,求出一个学生就业时可能得到的收入与工业中一个职工得到的收入的比例。据他计算,中学生为11周工资/年,大学生为25周工资/年。并利用这个比率推算其他年份的数字。(2)用职工年平均工资乘以11或25,分别求出中学生和大学生(基期)该年放弃的收入。求其他年份放弃的收入,用当年比率去乘。(3)把上述计算结果分别乘以该年在校中学生和大学生的人数,得出该学生放弃的收入总额。费希洛考虑到学生也有到农业部门就业的可能性和农业的特点,认为学生十岁就可能因上学而放弃收入。因此,计算方法是:(1)确定十岁以上学生人数,以及其中可能在农业和非农业部门就业的人数。(2)学生可能在非农业部门就业而放弃的收入=可能在非农部门就业的学生人数×一年内放弃收入的时间所占的比例×非农部门职工平均年收入;学生可能在农业部门就业而放弃的收入=可能在农业部门就业的学生人数×放弃收入的月数×农业中就业者的平均月收入。(3)将上述结果相加,即得出学生一年放弃的收入总额。

教育收益理论(Educational Return Theory)是探讨教育投资对个人和社会带来的未来收入的理论。教育收益是人力资本理论中的一个重要概念,包括个人(经济)收益和社会(经济)收益两方面的内容。教育的个人收益,是指多接受教育的人会带来的未来收入:(1)可能未来有较高的收入。(2)会合理支出(这等于增加收入)。(3)能注重身体健康,以较好的身体素质去增加收入。(4)有较多的职业动机性,不致失去就业机会,以取得较多的收入。判断教育投资是否有利的标准是教育收益率,即教育的现期价值与个人获得教育的成本的现期价值之比。人们(学生本人或家长)常常会根据教育的收益率同其他投资的收益率的对比,作出是否(或让子女)上学的决定。对个人而言,小学、中学、大学的教育收益率是递减的,所以,学生年龄越大,面临的升学和就业的选择问题就越尖锐。工资率的差异对教育的收益率大小有着双重影响:一方面,影响人们受教育后的未来收入(教育的收益);另一方面,影响学生上学所放弃的收入(教育的成本)。因此,可以通过工资率差异的调整来对升学和就业的选择发生影响。根据上述原理,恩格尔曼设计了一个计算教育的预期收益率的公式: $C + X_0 = \sum_{i=i}^{n} \frac{Y_i - X_i}{(1 + r)^i}$ 。以第13年教育的收益率的计算为例,式中,C=受第13年教育的直接费用,X_0=受第13年教育放弃的收入,X_i=受过12年教育的人的收入,Y_i=受过13年教育的人的收入,n=受过13年教育之后可以工作的总年数——多受教育的人比少受教育的人的一生工作时间要短,r=第13年教育的收益率,i=观察的年份。

教育的社会收益,是指教育投资给国民经济带来的好处。多受教育的人不仅能增加个人收入,而且能推动经济增长。计算教育的社会受益是通过计算劳动力质量对经济增长作用的程度来表示的。衡量劳动力质量高低可用劳动者受教育的年数作为一个尺度,同时也要把劳动力市场上承认的标准——工资收入的多少(充分的报酬)作为一个尺度。假定不考虑非教育因素(如家庭地位、个人天赋)对个人收入的作用,那么工时一样多而工资差一倍的两个人,劳动力质量(即劳动生产率)也相差一倍。根据上述原理,恩格尔曼利用柯布—道格拉斯生产函数为基础,设计了一个计算劳动力质量对经济增长作用程度的公式:$\dfrac{\dot{P}}{P} = \dfrac{\dot{A}}{A} +$

$a\left[\dfrac{\dot{N}}{N} + \sum \dfrac{Y_i}{Y}\left(\dfrac{\dot{N}_i}{N}\right)\right] + (1 - a)\dfrac{\dot{C}}{C}$,式中,$P$ 是产量,A 是常数;"·"是一定时期内的变化,a 是劳动在产量中所占的相应份额,$1 - a$ 是资本在产量中所占的相应份额,N 是劳动力总数,$\dfrac{Y_i}{Y}$ 是同基期年份比较的第 i 年教育水平的相对收入,$\dfrac{\dot{N}_i}{N}$ 是第 i 年某组劳动力总数中的比重,$\sum \dfrac{Y_i}{Y} \cdot \dfrac{\dot{N}_i}{N}$ 是实际劳动力质量指数,C 是资本投入量。

　　据恩格尔曼称,上述分析是在资本和劳动力、不同劳动力质量的劳动者之间可以彼此替代的前提下进行的。其实,在现代科学技术条件下,"替代"相当困难。例如,越是专业性的工作越不容易被受过较少教育的人所替代;并非任何质量的劳动者能代替某些机器设备。这正好进一步说明教育投资对经济增长的重要性。

　　增长财政理论(Finance Economic Growth Theory)一种研究财政支出与经济增长关系的理论。西方经济学家认为,经济增长率的高低,受很多因素的影响,如人口增长、教育水平、技术熟练程度、资本存量、投资等。而在这些因素中最主要的是投资的增长率要高于人口的增长率。投资必须由储蓄来提供资金,储蓄可以有私人和政府两种形式。政府的储蓄就是政府财政收入减去消费性财政支出的余额。因此,财政收支的规模、财政支出中消费性支出和投资性支出的比率,就关系到整个国民经济中投资率和投资增长率的高低,关系到经济增长的速度。上述关系用符号表示:假如要求按人口平均收入年增 2% 同时人口增长率是 2%,则国民收入必须至少年增长 4%。以 g 表示国民收入的年增率、Y 表示国民收入,则:

$$g = \frac{\Delta Y}{Y}$$

假定在现有的生产技术条件下,资本—产品的边际增加率,是每增加 1 元的产值,必须增加 3 元的投资。以 Z 表示资本—产品的边际增加率,I 表示投资额,则 $Z = \dfrac{I}{\Delta Y}$,两式相乘,得出:$Zg = \dfrac{I}{\Delta Y} \cdot \dfrac{\Delta Y}{Y} = \dfrac{I}{Y}$;如果 $Z = 3, g = 4\%$,则 $\dfrac{I}{Y} = 12\%$。$\dfrac{I}{Y}$ 是投资额在国民收入中所占的储蓄率。按上面的例子,投资率为 12%,则储蓄在国民收入中所占比重也不能高于或低于 12%,国民收入增长率要达到 4%,储蓄率必须等于 12%。但是整个社会的储蓄可分为私人储蓄和政府储蓄两部分,分别以 S_p 和 S_g 表示,则储蓄率等于投资率的条件可以表示为:

$$\frac{S_p + S_g}{Y} = \frac{I}{Y} = Zg = 12\%$$

S_p 是私人从其纳税后的收入中进行的储蓄额,如果私人的储蓄倾向为 S,税率为 t,税额为 T,则:

$$S_p = S(Y - I) = S(Y - tY) = S(1 - t)Y$$

S_g 是政府储蓄,假定政府的消费性支出在国民收入中所占比重为 a,则:

$$S_g = tY - aY$$

整理得出:

$$t = \frac{Zg - S + a}{1 - S}$$

如果 $g = 4\%, Z = 3, S = 3\%, a = 10\%$,则 $t = 19.6\%$,即政府税率应为 19.6%,也就是应从国民收入中保证相当于其 19.6% 的税款,一部分弥补消费性支出,另一部分应用于政府投资或由政府供给或贴补给私人投资之用。据此,西方经济学家认为,只要将税收对国民收入的比率、政府消费性支出对国民收入的比率及政府资本性支出对国民收入或财政收入的比率安排得当,不仅可以保证经济增长达到可能的最高速度,而且还可以达到充分就业和防止通货膨胀。

经济增长因素分析理论(Analysis of Economic Growth Factors)又称"经济增长要素分析理论"。运用经济计量学的方法,对影响经济增长的因素进行定量分析研究。在 1776 年出版的《国民财富的性质和原因的研究》一书中,亚当·斯密(Adam Smith)论述了分工引起的劳动生产率的提高,以及资本积累使生产劳动者人数的增加,可以促使一个国家人民的真实财富与收入的增加。此外,李嘉图(David Ricardo)、马歇尔(Marshall)、熊彼特(Schumpeter)等也都程度不同地对经济增长的因素进行过分析。继英国经济学家哈罗德(Harrods)和美国经济学家多马(Domar)在 20 世纪 40 年代中期创立了经济增长理论之后,美国经济学家肯德里克(Kendrick)和丹尼森(Denison),从 60 年代开始,进一步对经济增长因素进行分析并进行国别比较,以便寻求到更快地增长经济的途径。肯德里克是从美国、西欧和日本等国的实际统计资料出发进行经济增长率的相互比较和全部要素生产率的分析,丹尼森则是利用统计分析方法对影响经济增长的因素进行定量的分析和考察。

全部要素生产率分析(Analysis of Total Factor Productivity)通过对影响经济增长各种因素的分析来考察生产率的提高对经济增长所作贡献的一种理论。20世纪 60 年代初由美国经济学家肯德里克(Kendrick)提出。从 20 世纪 50 年代开始,肯德里克就根据一定时期的实际统计资料来估算技术进步对产量增长所作的贡献。在计算时,他首先估算出这一时期劳动投入量的增加和资本投入量的增加各自对该时期产量的增长所作的贡献,然后将这种贡献从该时期内实际增加量中减去,剩余的数值就是技术进步对产量的增长所作的贡献。肯德里克还从分析美国国民收入统计资料入手,分别确定经济增长中来源于劳动生产率的提高和生产要素投入量的增加各自所占的比重,以进一步考察生产率的提高(即技术进步)对经济增长的作用和影响。在分析时,他使用了全部要素生产率(即产量与全部要素投入量之比)这一概念。肯德里克认为,影响要素生产率的提高的因素是很复杂的,主要有:无形投资(对研究、发展、教育、训练的投资)的增加;资源配置的合理化及其适应经济变化的速度;技术革新的扩散程度;生产规模的变动;人力资源与自然资源固有的质量;等等。

促进经济增长的十种力量(Ten Kinds Power of Promoting Economic Growth)促进不发达国家经济增长的十种推动力。20 世纪 70 年代初由美国未来学家赫尔曼·卡恩(Herman Kahn)在《今后二百年》一书中提出。卡恩认为,发展中国家和发达国家之间的差距促成了经济增长的十种力量:(1)资本、市场和技术的可得性。发展中国家可利用拥有天然资源与发达国家合作,以获取发达国家的资本、市场和技术。(2)劳动力的输出。随着西方资本主义国家的发展,劳动力严重短缺将成为发达国家面临的一个紧迫问题。与此相反,发展中国家劳动力过剩问题将变得更加突出。考虑到许多国家对移民的限制,今后可以有计划地组织临时工外移。经过半年到三年的工作,这些有组织的移民工人再带着资金和技术回到自己的祖国。(3)引进出口的工业。越来越多的发达国家将劳动密集型工厂迁往发展中国家,并且就地雇佣工人。对于发展中国家来说,这是一个极好的机会。如果这种机会能够得到很好的利用,很可能比迄今所知的任何其他一项计划更有利于经济的发展。当然,诸如此类的方案必须加以精心设计,并在实施过程中具有灵活性,避免出现脱节和对发达国家的过分依赖。(4)旅游业的发展。旅游业将成为世界上最大的行业之一。旅游业每年增长(10%—20%)的趋势将长期持续发展。尽管旅游多数是从发达国家到发达国家,或者越来越多的人从发展中国家到发达国家,但有充分的事实表明旅游收入的主要受益者是发展中国家。在许多发展中国家,旅游业每隔两年或三年便递增一倍,不久将会有更大的发展。(5)技术转移。今天有许多种类的工业和科学技术极易转移,电子计算机的迅速发展和推广就是一个明证。这些先进技术世界各国都可以购买和使用,发展中国家自然不会例外。农业技术的转移比较困难,发展中国家的研究必须为当地农业创造各种必需的人力物力条件,国家也应该建立适当的基础结构和组织机构,并制定必要的规划。(6)范例、体制的借鉴和吸收。今天有很多发达国家在许多事情上提供了怎样做和怎样避免某些失误的范例,有很多体制促进了发展中国家的经济增长,这些范例和体制无疑为发展中国家开辟了道路。(7)输入"污染"和"低等"的活动。对于许多发展中国家来说,最大的污染是贫穷。为了迅速而有效地消除贫穷这个公害,从发达国家输入污染和令人厌恶的活动几乎是不可避免的。但较之发达国家,发展中国家可能受到的损害要微弱得多,因为许多反污染的新技术现在很容易获得。(8)进口替代。发展中国家从国外进口设备、技术、物资甚至原料,虽然这样做会付出一定的代价,但这些产品的市场一旦形成,进口国的制造商和供应者通常能够比较容易地同海外出口商作有效的竞争。发展中国家为了防止政府在保护本国工业方面走得太远,应该只使用关税来助力某项本国计划,而不应采取进口限额或其他强制性措施。否则,不仅会削弱受保护的工业和个人的竞争能力,国家也会因此而被高昂的产品或劳动力所拖累,从而对经济发展造成不利的影响。(9)高度外部稳定秩序的存在。与早期相比,发展中国家相对来说已不再受发达国家的武装威胁,在多数情况下,也不再受邻国的威胁。这种稳定的外部秩序使得发展中国家的国防费用在国民经济中所占的比重大大降低。(10)外援。外援由于有反生产性的一面,因而在将来发挥的作用会越来越小。卡恩认为,上述十种力量在不同的国家中虽各不相同,但总的趋势是一致的,即利用发展中国家和发达国家之间的差距促使经济迅速增长,使发展中国家在不久的将来更加富裕起来。

经济增长比较(Comparison of Economic Growth)是对各国经济增长和经济结构变化的一种比较分析。1978 年,世界银行发表《世界发展》报告,对过去 20 年内各国经济增长速度进行了估算和比较(见表 2-1)。

表 2-1 不同收入国家经济增长速度比较

国家类别	1976 年人口(百万人)	面积(百万平方公里)	1960—1970 年平均每年国民总产值增长率(%)	1976 年每人平均国民总产值(美元)
低收入国家	1215.50	21.4	3.3	150
中等收入国家	894.8	38.9	5.8	750
工业化国家	683.8	31.6	4.1	6200
石油盈余国家	12.2	3.9	11.4	6310
实行中央计划国家	1207.70	34.6	4.1	2280

资料来源:英国《经济学家》,1979 年 2 月 3 日,第 45 页。

首先世界银行把各国(或地区)分为五类:低收入国家;中等收入国家;工业化

国家;石油盈余国家;实行中央计划国家。

虽然,中等收入国家(或地区)的增长速度已大大超过了工业化国家,但经济学家们认为,前者要赶上后者的水平相当困难,据英国《经济学家》杂志估算,假定发达工业化国家的速度从此不再增长,中等收入国家(或地区)按上述速度增长,要花费65年才能在人均国民总产值方面赶上发达工业化国家,而低收入国家则需花费746年的时间才能赶上。《经济学家》杂志认为,假定发达国家今后不再增长是不现实的。如果这三类国家都按表2-1的速度增长,那么,中等收入国家(或地区)到公元2220年才能赶上发达国家,而低收入国家非但赶不上,且两者差距将越来越大。

经济学家在比较各国经济增长时,还分析了随经济增长经济结构发生的变化。1978年,美国经济学家罗斯托在《世界经济》一书中,比较分析了100多个国家(或地区)在1950—1970年每人平均收入水平的变化所带来的经济和社会现象的变化。他指出:随着经济的发展,在国民总产值中储蓄和投资所占的比例会增加。教育开支所占国民总产值的比例不断增加,入学率不断提高。在生产结构方面,初级产品所占的份额会下降,工业产品、公用事业和服务的份额会提高。在贸易结构方面,出口所占国民总产值的比例会提高,服务的出口会增加。在劳动力的结构方面,初级产品所占用劳动力的比例会下降,工业生产、公用事业和服务业所占的比例将增长。在人口结构方面,城市人口占总人口比例会提高,农村人口比例会下降。出生率、死亡率会下降,人口的自然增长率也会降低。在收入分配的结构方面,最高阶层的收入所占收入的比例会下降,最低阶层的收入所占的比例会下降一段时期,但长时期要回升。经济学家认为,一般而言,随着经济的发展,工业部门和第三产业的产值呈不断上升趋势,农业产值则明显下降。

泽温历史计量方法(Zevin's Quantitative Methods in History)从需求和供给两方面的变动来分析历史上生产量增长原因的方法。1971年由美国经济学家罗伯特·泽温(Robort B. Zevin)在《1815年以后棉纺织品生产量的增长》一文中提出。泽温认为,要解释某一段时间生产量增长的原因,并确定有关因素对这一增长所起的作用大小,可以从需求和供给两方面的变动开始分析。以1815—1833年美国棉纺织品生产量的增长为例,他认为在需求方面应考虑的因素有:(1)进口品的替代作用。(2)人口与收入的变动。(3)运输的改进对需求扩大的影响。(4)棉纺织品的价格弹性。(5)其他纺织品的价格弹性。(6)其他纺织品(主要是毛纺织品)的替代作用。在供给方面,应考虑的主要因素有:(1)新技术的采用。(2)工资和原材料价格的变化。(3)投资的收益率及其对生产能力的作用。

从需求方面分析。以 Q 表示生产量,Y 表示平均每人收入,N 表示人口总数,P_b 表示英国棉纺织品在征课关税之前在美国的售价,Φ 等于(1/关税率),P_w 表示毛纺织品的价格,P 表示棉纺织品的出厂价格,T 表示把棉纺织品从工厂运往市场的运费,$(P+T)$ 等于棉纺织品的批发价格,ε_y、ε_n、ε_b、ε_w 和 ε 分别表示各有关变量的弹性。这样,就得出下列方程:

$$Q = Y^{\varepsilon_y} N^{\varepsilon_n} (P_w \Phi)^{\varepsilon_b} (P+T)^{-\varepsilon}$$

从供给方面分析。以 A 表示生产率的综合指数,L 表示劳动消耗,R 表示原料消耗,K 表示资本消耗,a_1、a_2、a_3 分别表示劳动、原料和资本消耗对生产量的弹性,则:

$$Q = AL^{a_1}R^{a_2}K^{a_3}; \quad a_1 + a_2 + a_3 = 1$$

以 W(工资)表示劳动消耗,以 r(每单位原料的成本)表示原料的消耗,以 i(每单位资本的成本)表示资本消耗,m 和 n 均为常数,s 表示供给方面的变量,则:

$$Q = sP^r$$
$$Q = \left[mA^{\frac{1}{a_3}} W^{\frac{-a_1}{a_3}} r^{\frac{-a_2}{a_3}} \right] P^{\frac{a_1+a_2}{a_3}}$$
$$P = nA^{-1} W^{a_1} r^{a_2} i^{a_3}$$

从需求和供给两方面来考虑生产量的变动,以 Ω 表示运费在棉纺织品批发价格中所占的比重,$(1-\Omega)$ 表示棉纺织品出厂价格在批发价格中所占的比重,在变量之上加"·"表示该变量的增长率,则可得出:

$$\dot{Q} = \left[\varepsilon_y \dot{Y} + \varepsilon_n \dot{N} \dot{P_b} + \varepsilon_b \dot{\Phi} + \varepsilon_w \dot{P_w} - \varepsilon\Omega\dot{T} \right] - \varepsilon(1-\Omega)\left[-\dot{A} + \right.$$

$$a_1 \dot{W} + a_2 \dot{r} + a_3 \dot{i} \,]$$

第一个方括弧内的各项说明需求方面引起的变动,第二个方括弧内的各项说明供给方面引起的变动。

泽温采用历史计量方法研究 1815—1833 年美国棉纺织品生产量增长原因,得出了与传统解释不同的结论:(1)传统解释把生产量增长的原因说成是主要由于技术进步(即采用了动力织布机)而使棉纺织品成本下降、价格下跌。泽温认为生产量增长主要是由于需求方面的因素(西部人口增长、城市人口增加、平均收入提高、运输改进等)造成的。采用动力织布机而使成本下降,只是一个较次要的因素:因为只有生产量总的增长率的三分之一(即供给方面的因素的作用的六分之五),归于技术进步因素的作用。(2)传统解释认为保护关税是促使这段时间棉纺织品生产量增长的另一因素。泽温认为关税率的变动所产生的影响几乎是微不足道的。(3)传统解释只是笼统地提出生产量增长的原因,泽温通过历史计量研究,指出了有关因素起作用的程度:在平均增长率 15.4% 之中,有 8%—9% 是由于需求扩大引起的,另外 6%—7% 归于供给方面因素的作用。在供给方面因素中,大约六分之五归于技术进步,大约六分之一归于棉花价格下跌。(4)泽温分析了在 1815—1833 年这段时间内促使生产量增长的各个有关因素的变动趋势:在总增长率不变的条件下,需求方面的因素和供给方面的因素作用的大小朝相反的方向变动。泽温的历史计量方法被看成是近年来关于生产量增长的历史研究延伸的重大进展。

柯布道格拉斯生产函数(Cobb-Douglas Poduction Function)美国经济学家道格拉斯(P. H. Douglas)与数学家柯布(C. W. Cobb)建立的一种分析劳动和资本的投入量与产出量之间关系的生产函数。1928 年,他们在研究分析美国制造业 1899—1922 年的历史资料基础上,得出了这一期间美国制造业的生产函数,人称"柯布—道格拉斯生产函数"。其公式为:

$$Y = AK^{\alpha}L^{\beta} \quad (\alpha + \beta = 1)$$

式中,Y 代表产出,K 代表资本投入量,L 代表劳动投入量,A 为常量,表示平均技术水平,α、β 分别是资本的产出弹性和劳动的产出弹性。

柯布与道格拉斯根据统计资料,得出了几个常数的具体数值:

$$Y = 1.01K^{\frac{1}{4}}L^{\frac{3}{4}}$$

鉴于该函数受"技术水平恒定"的限制,1942 年首届诺贝尔经济学奖获得者丁伯根(J. Tinbergen)对之做了重大改进,将柯布—道格拉斯函数中的常数 A 换成一个随时间而变化的量 A_t:

$$Y = A_t K^{\alpha} L^{\beta} \quad (\alpha + \beta = 1)$$

柯布—道格拉斯生产函数首次将经济数学与模型方法引入生产分析,使经济学从抽象的纯理论研究转向了实际生产的经验性分析,并为这一领域的进一步发展奠定了基础。

乘数论(Multiplier Theory)认为总投资量的增加可以引起若干倍于投资增量的总收入增加的理论。1936 年凯恩斯(Keynes)在《就业、利息和货币通论》中提出。该理论认为,若消费倾向一定,总投资量增加可以引起若干倍于投资增量的总收入的增加。这是因为增加投资,就要增加投资物(生产资料)的生产,从而可增加就业和社会总收入;而收入增加时,消费也将随之增加(虽然小于收入的增加),从而消费品的生产也将增加,这样又可增加新的就业,引起新的收入增加。因此,增加一笔投资最终引起的总收入的增加额,不仅包括因增加这笔投资而直接增加的收入,而且包括因间接引起的消费需求的增加而增加的收入。这样得到的总收入增量和投资增量之比,称为投资乘数。以 K 表示投资乘数,Δr 表示投资增量,ΔY 表示总收入增量,则 $K = \Delta Y / \Delta I$ 或 $\Delta Y = K \Delta I$。

既然由投资增加引起的总收入增量包括间接引起的消费增量(ΔC)在内,即 $\Delta Y = \Delta C + \Delta I$,这样,投资乘数的大小就与边际消费倾向有着密切关系。两者的关系可用数学推导求得:

$$K = \frac{\Delta Y}{\Delta I} = \frac{\Delta Y}{\Delta Y - \Delta C} = \frac{1}{1 - \dfrac{\Delta C}{\Delta Y}}$$

式中, $\dfrac{\Delta C}{\Delta Y}$ 即边际消费倾向。从上式表明的关系看,边际消费倾向越高,投资乘数就越大。

除投资乘数外,还有就业乘数、政府购买乘数、税收乘数、政府转移支付乘数、平衡预算乘数、对外贸易乘数等。乘数理论的经济意义在于,乘数作用说明了经济活动具有某种连锁反应。凯恩斯通过乘数论,来说明增加投资对于解决失业、克服经济危机,以达到充分就业的重大作用。凯恩斯主义者则运用这一理论,来论证在私人投资不足时,增加政府开支和公共投资的必要性;并且认为,即使增加非生产性的开支,也能引起派生的就业量的增加。这样,乘数理论就成了实行国家干预主义、扩大政府开支、实行高消费政府以及"以就业维持就业,以就业扩大就业"等方针和政策的理论依据。

加速原理(Acceleration Principle)是西方经济学中关于收入或消费量的变动如何引起投资量变动的理论。最早由法国经济学家艾伯特·阿夫塔里昂(Albert Aftalion)在《生产过剩的周期性危机》(1913)一书中提出。后来美国经济学家约翰·莫里斯·克拉克(John Maurice Clark,1884—1963)在《商业的加速与需求规律》(1917),英国经济学家阿瑟·塞西尔·庇古(Arthur Cecil Pigou)在《工业波动》(1927),英国经济学家罗伊·福布斯·哈罗德(Roy Forbes Harrod)在《经济周期》(1936)均对此有所论述。凯恩斯提出投资乘数以后,加速原理得以引起人们的重视。美国经济学家保罗·萨缪尔森(Paul A. Samuelson)注意到乘数论和加速原理相互作用的关系,他在《乘数分析与加速原理的相互作用》(1939)一书中将二者结合起来,首创经济波动的模型,解释资本主义经济周期性波动的原因和波动幅度,指出政府开支对国民收入的重大作用。

加速原理的含义是:(1)投资是产量(或收入)变动率的函数,而非产量的绝对量的函数。(2)加速的含义是双重的,在正反两个方面都发生作用。当产量变动率增长时,投资加速增长,当产量增长率减慢或停止时,投资加速减少。(3)投资变动的幅度大于产量(或收入)的变动率。因此,要保持投资增长率不下降,产量就必须按一定比率持续增长。例如,假定技术条件和其他条件不变,生产100万美元的产品,平均需要使用300万美元的机器设备。按3∶1的比率,若因收入或消费增加,需要增产10万美元的产品,就需要增加30万美元的投资。这个资本增量(投资)与收入或消费增量之比,称为加速数(或译加速系数)。但是一个时期内的投资量,不仅包括新投资(或称净投资),还包括补偿损耗掉的机器设备的"重置投资"。前者主要取决于收入或消费需求的变化,后者主要取决于资本设备的数量、构成、使用年限等。这两个因素交织在一起,就使投资量的波动特别剧烈。在上述例子中,若机器设备的使用年限为10年,每年耗损机器设备十分之一,则每年需要重置投资30万美元。设本年对该项产品的消费需求不变,因而产量不变,则本年只需重置投资30万美元即可。但若第二年的消费需求增加10%,由100万美元增至110万美元,则除了重置投资30万美元之外,还需增加资本10%,即需新增投资30万美元。两者合计为60万美元,与上年的投资量(30万美元)比,增加100%,其增长比率大大超过消费需求的增长。同样,如果消费需求下降一定比率,也可引起投资的更大比率的下降。甚至即使消费需求的绝对量不下降,只要它停止增长,维持在原有水平,或者虽有增长,但增长速度有所下降,按照该原理,都会导致总投资量的大幅度下降。如在上例中,设第三年消费需求维持在110万美元不变,就不需增加新投资,只需重置投资30万美元即可。这样,与上年(第二年)的投资总量(60万美元)比,下降了50%。又若第三年的消费需求的绝对量增至115万美元(但其增长率则由上年的10%降为不到5%),这样,除继续需要重置投资30万美元外,按3∶1的加速系数,仅需新投资15万美元,两者合计为45万美元,与上年投资总量(60万美元)比,反而下降了25%。

加速原理在一定程度上反映了现代机器大生产中的收入和投资、产量和设备之间的关系,具有一定的客观现实性;它对于社会化大生产条件下就搞好投资管理、处理好经济增长速度与社会经济效益的关系,具有一定的参考借鉴意义。

增量的资本产出率(Increasing Capital-Output Ratio)又称"增量的资本产出比"。是指产生额外一单位产出需要的资本存量的增量。增量资本产出率是早期经济增长模型的核心。它是一个较为粗糙的以经验为根据的概念,不仅反映了资本形成的效应,而且反映了具体体现于其中的技术进步、生产规模的变化、管理的改进以及任何其他影响一个国家生产力提高的因素。

一个国家增量资本产出率的大小,部分地取决于其气候,因为气候对一个国家住宅建筑所需的支出和一个国家生产的种类有影响。另外还取决于一个国家的自然资源。比如,挪威的增量资本产出率比较高,因为其对住宅建筑的供热系统耗资甚巨,特别是其造船业和水力发电(二者在挪威国民经济活动中具有突出的重要性)都属于资本密集型产业。一个国家幅员的大小、人口的多寡,都对增量资本产出率产生影响,因为它们制约着人均 GDP 和每单位 GDP 所需要的基础设施。资本形成率越高,增量资本产出率就趋向于越小。一个原因是,资本形成的较低份额将会取代折旧,并装备额外增加的工人;而较大的份额将会通过现有的工人在生产中引入改进了的技术。哪个产业的资本形成率高,则其经营企业的有效创新也就偏高。此外,政府采取资本密集型还是劳动密集型的产业政策,将直接影响到增量资本产出率这一指标的大小;其他诸如农业产值在一个国家 GDP 中的比重,轻、重工业各自在国民经济中的比重以及这三大产业的趋势变化,都会引起这个指标的变化。

有保证的增长率(Warranted Growth Rate)又称"均衡增长率"。是"哈罗德经济增长模型"中为了使社会经济能够均衡发展,在一定条件下,如储蓄被投资全部吸收时所能保证的增长率,或者说为了能将社会满意的储蓄水平恰好全部吸收,经济增长必须达到的水平,代表符号为 G_w。由英国经济学家哈罗德(Harrods)1948年在《动态经济学导论:经济理论最近的发展及其在政策中的应用》一书中提出。

哈罗德经济增长模型的分析是在以下假定的基础上进行的:全社会的产品具有同质性,即全社会只生产一种产品,这种产品既可当作投资品,也可当作消费品;全社会用于生产的只有两种生产要素,即劳动投入和资本投入;无论生产规模大还是小,单位产品的成本不变,也就是说,不存在规模报酬的问题;技术水平不变。在这种假定下,哈罗德导出的经济增长模型为:

S 代表储蓄率,等于储蓄量 X 除以国民收入 Y,即:

$$S = \frac{X}{Y}$$

V代表资本—产出比率(资本系数)。它等于资本存量K除以国民收入或产出量 Y,即:

$$V = \frac{K}{Y}$$

在既定的资本—产出比率的情况下,要实现经济均衡增长,S、V和G_w这三个变量必须具备以下条件:

$$G_w = \frac{S}{V} \quad \text{或} \quad G_w V = S$$

这就是社会经济均衡发展所需具备的条件。即为了使投资量能够全部吸收给定的储蓄量,最终产品必须有一定的增长率。例如,某国一年国民收入 Y 为 100 亿美元,储蓄量 $X = 15$ 亿美元,资本—产出比率 $V = 3$,于是:

$$S = \frac{X}{Y} = 15/100 = 15\%$$

$$G_w = \frac{S}{V} = 15\%/3 = 5\%$$

所以,为了使逐年的储蓄转化为投资后所不断扩大的生产能力能够充分利用,要求每年的产量都要比上年增加 5%,为了使逐年增加的产量都能够销售出去,要求每年对产品的需求也要相应地逐年增加,才能使总供给始终与总需求相等,以实现稳定状态的经济增长。

哈罗德认为,有保证的增长率决定于社会满意的储蓄水平占国民收入的比重,但现实经济生活中投资规模的多少并不随储蓄水平而定,影响投资决策的因素一般与影响储蓄的因素不尽相同,因此在实际的经济活动中,实际发生的投资规模才是决定经济增长率年水平的变量,因此实际增长率 G_a (Actual Growth Rate)常常同有保证经济增长率发生偏离。

哈罗德的均衡增长条件 $G_w = S \div V$，跟凯恩斯的均衡国民收入决定条件（投资量等于储蓄量）两者的不同之处，是由于各人所考察的角度不尽相同，凯恩斯考察的是任一时期的均衡国民收入量大小的决定问题，哈罗德考察的则是国民收入逐年均衡地增长的增长率问题。一个社会事实上实现的增长率，哈罗德称为实际增长率 G，若投资不足（或储蓄过多），实际增长率将小于均衡增长所要求的增长率，即 $G<G_w$，其结果是资本品过剩，从而导致社会生产的累积性减缩。反之，若投资率大于储蓄率即 $G>G_w$，将导致生产的累积性扩张。哈罗德认为，由于投资与储蓄是由成千上万个不同的个人和厂商进行的，并且动机因素不同，因而厂商愿意进行的投资恰好等于任一给定的储蓄，以至 $G=G_w$，从而实现均衡增长，事实上是极不可能的。因此，国家必须采取恰当的调节总需求的政策措施来调节全社会的储蓄率，以减轻社会经济周期性波动。

资本集约度（Capital Intensity）又称"劳动的资本装备率"，每一个劳动者所需配备的资本品的价值额。从理论上讲，资本品不仅包含固定资本，而且包含流动资本，但也有时仅将固定资本作为资本品价值额计算。英国经济学家琼·罗宾逊（Joan Robinson）把以现行货币工资率计算的资本品价值额称为实际资本，把每一个劳动者的实际资本称为实际资本比率。因此实际资本比率等于以现行货币工资率计算的资本集约度。一般说来，劳动人口的增加速度低于资本积累的增加速度，因此资本集约度有提高的倾向。而资本集约度的提高，又将造成劳动生产率的提高。但是，以现行货币工资率计算的资本集约度，即实际资本比率一般并不一定提高。因为若资本集约度的上升比例与实际工资率上升的比例相等，则实际资本比例不变。在现实经济当中，随着资本集约度和劳动生产率的提高，实际工资率也将上升，因此，实际资本比率往往不变。马克思最早研究了资本与劳动的比率，并提出资本有机构成理论。马克思把由资本技术构成决定并反映资本技术构成变化的资本价值构成称为资本有机构成。资本有机构成理论成为剩余价值理论的重要组成部分之一。

投资双重效应（Double Effect of Investment）是指经济的纯投资所带来的需求效应和生产能力效应。英国经济学家哈罗德（Harrods）与美国经济学家多马（Domar）分别在凯恩斯（Keynes）国民收入决定论基础上提出。多马认为投资具有双重效应,现称为需求效应和生产能力效应,既能增加生产能力,又能提高均衡国民收入水平。一方面,随着投资的增加,根据凯恩斯的投资成熟理论,均衡国民收入水平会有一个倍数的增加,多马认为这将会导致社会总需求出现一个增量;另一方面,投资的增加也意味着生产能力的提高,即从供给的角度来看,社会总需求也将会有所增加。多马认为,要实现经济的均衡增长,必须保持总供给与总需求的同步增长。

投资双重效应是哈罗德和多马经济增长理论以及所有现代增长理论中所包含的基本原则。首先,如果以 I 代表投资,Y 代表产量水平,S 代表边际储蓄倾向,则投资带来等量储蓄并决定产量水平,即:

$$Y = \frac{1}{S} \times I$$

这样,如果 S 不变,则 Y 决定于 I 的大小,即投资是有效需求的主要决定因素。其次,投资还决定经济生产能力的大小。在多马模型中表达为:

$$\Delta K = \delta I$$

式中,K 代表资本存量,δ 代表产量对资本存量的比率,多马称其为"可能的社会平均资本生产率"。这里暂时将其作为参数,并且认为资本全部运转,则:

$$K = Y$$

$$\frac{\Delta K}{K} = \frac{\Delta Y}{Y} = \frac{\Delta I}{I} = \delta S$$

其实,投资所带来的生产能力效应是古典学派强调过的。与此相反,凯恩斯理论则强调投资的有效需求效应。但他们二者都是只强调了投资效应的一个方面而忽略了另一个方面。以哈罗德和多马为起点的现代经济增大理论提出了投资双重效应理论,进一步完善了古典学派和凯恩斯学派的经济理论。

　　投资优先顺序(Investment Priority)是发展中国家基于资源的稀缺性等原因在部门投资中选择先后顺序的投资标准。有限的生产资源如何在经济发展中进行合理化配置,使其效用达到最大化,投资的顺序如何确定等,对于这些问题,有各种各样的投资标准。1965 年,美国经济学家钱纳里(Hollis B. Chenery)在《比较生产费用与发展政策》中将投资标准划分为三大类型:(1)要素集约度标准。由于一般发展中国家资本是最稀缺的生产要素,首先,为了使一定的资本实现最大产出量,应该选择资本系数(资本产出比率)最小的部门优先投资,这称为资本系数标准。其次,由于发展中国家在资本不足的同时一般还存在着劳动过剩的状况,因此为了实现劳动力的充分就业,应该优先选择资本集约度(资本劳动比率)最小的生产活动进行投资,这称为资本集约度标准。以上二者概括称为要素集约度标准。(2)社会边际生产力标准。为了实现总产出的最大化,必须使资源分配达到部门间资本的社会边际生产力均等。而为了测定社会边际产出,需要测定投资所带来的各种正的和负的间接效应。(3)模型设计标准。要求所有可能利用的资本、劳动力、原材料不断保持供给与需求的均衡,并实现国民总产出最大值的投资模型,必须使用投入产出分析及线性规划等手段来设计投资模型。此外,有的国家根据本国国情还选择收入弹性标准和劳动生产率提高标准等,以促进投资集中于需求的收入弹性较高的部门和提高劳动生产率。对于前两条标准很早就有人提出批判性的意见,由于资源的限制和公害问题的日益严重,人们认为必须选择节约资源、防止公害的积极的投资标准。

　　循环增长理论(Circular Growth Theory)论述在经济发展过程中,经济循环与国民经济不断增长的趋势之间关系问题的种种学说。有如下主要学说:

　　第一,将经济循环与经济增长作为两个问题分别研究以后,再将二者结合起来所提出的循环增长理论,例如,卡列茨基(Kalecki)的《动态经济学理论》。卡列茨基首先列出了当纯投资为 i 时,以经济循环为基础的微分等差混合方程式:

$$i_t + \theta = \alpha i_t + \beta \frac{\mathrm{d}i_t}{\mathrm{d}t}$$

式中，α 和 β 代表正参数，θ 表示时滞。于是，对 α、β、θ 给以适当的数值，对自发的经济循环的可能性进行分析以后，与新技术、人口增长等为基础的长期趋势理论相结合，便提出了循环增长理论。

第二，将经济循环完全从经济增长问题中分离出来考察，但是认为在经济循环中受到上限和下限的制约，并指出上限及下限呈现着不断提高的趋势。其代表学说有哈罗德（Harrods）的《动态经济学导论》和希克斯（Hicks）的《经济周期理论》。哈罗德与希克斯在该问题上虽然观点一致，但是在二律背反理论和时滞理论上，二人存在极大差异。

第三，认为增长的因素自发地产生于经济循环的过程中。例如杜森伯里（J. S. Duesenberry）根据"棘轮效应"所提出的在经济循环当中基础消费水平有不断上升趋势的理论，是对第二种学说当中下限上升现象的内生说明。如果对上限不断上升的说明也能像对下限那样进行内生说明，则这一理论将具有强大的说服力，但至今为止说明还不充分。

第四，认为经济循环是经济增长和经济发展过程中的必然伴随现象。其代表学说为熊彼特（Schumpeter）的《经济发展理论》。熊彼特认为，经济发展的根源在于：具有破坏性创造力的企业者追求"创新"，而"创新"是造成经济发展周期性变动的必然根源。

长期停滞论（Secular Stagnation Thesis）认为随着资本主义经济的发展，经济增长率将发生减慢并出现长期慢性失业现象的一种理论。1941 年，由美国经济学家、凯恩斯主义代表人物汉森（Alvin Hansen）在《财政政策与经济周期》一书中提出。

凯恩斯在《通论》中曾经指出，由于储蓄率的提高、人口增长率的下降以及大量资本积累造成的资本边际效率的下降，使得资本主义经济陷入了长期的大量失业的状态。汉森在凯恩斯这一理论的基础上，进一步认为从产业革命到 20 世纪初期的一百多年，是资本主义国家生产迅速发展的时期。在这个时期，投资的诱因十分强大，主要是技术进步、人口增长和新领土的开拓等因素在发生作用。但到 1926 年以后，资本主义国家经济发展到了"过度成熟"的阶段，这一阶段人口的增长速度减低、可供自由开拓的领土的耗竭，高度的公司储蓄、资本的大量积累以及技术进步偏向于资本节约等投资诱因的减弱。所以，在 20 世纪 30 年代，美国的经济长期停滞不前。汉森认为决定经济增长的最主要因素是投资,当投资诱因减弱而造成长期停滞的局势时,只有依靠政府的大力干预,特别是政府扩大财政开支来刺激经济的发展。与汉森长期停滞论相似的还有斯坦德(Steinde)的理论。如果说汉森的解释可以认为是外生长期停滞论的话,那么,斯坦德的解释可以认为是内生长期停滞论。他认为随着资本主义经济的发展,经济将呈现以下发展趋势:垄断的倾向→由不完全竞争的强化造成的慢性生产能力过剩→资本积累率递减→失业大量产生。他用以上原因来解释20世纪初以来经济长期停滞状态。但是,由于投资活动并不是完全产生于内生因素,所以也不能否定技术革新、人口增长、边疆开发等外生因素的重要性。汉森的观点作为美国凯恩斯学派的理论支柱得到不少赞同者,但以熊彼特为首的反对意见也不少。

增长极限论(The Theory of Limits to Growth)是否定经济增长可能性的一种理论。该理论认为在环境、资源和人口等条件的限制下,人类唯一的出路便是尽快停止增长。由美国经济学家麦多斯(Meadows)1972年在《增长的极限》一书中提出。以《增长的极限》为主要代表的一系列观点被统称为经济增长极限理论,其主要代表人物除麦多思以外,还有弗雷斯特(J. Forrester)和米香(Egar Mishan)等人。

第二次世界大战后,西方国家采用凯恩斯主义的办法,加强了对经济生活的干预和调节,经济有了较快增长。经济增长造成了严重的恶果,经济增长速度减慢、失业率提高、通货膨胀率提高,经济生活中出现了滞胀的新难题。随着工业的发展,"三废"造成了严重的环境污染、公害成灾、自然资源大量消耗、生态失去平衡等一系列严峻问题。面对这种局面,1968年,西方一些科学家、经济学家和新闻文化界的名流聚集在罗马,讨论经济增长所带来的各种问题,特别是生态平衡问题。这就是所谓"罗马俱乐部"的由来。为了对人类面临的危险作出科学的论证,罗马俱乐部委托美国经济学家麦多斯等人对人类现在和未来的境况做一个研究报告。1972年,该报告以《增长的极限》为名公开出版,对世界经济增长前景持极度悲观失望的态度。麦多斯的经济增长极限理论的最基本观点是:1970年以后,人口和工业仍维持着指数增长,但迅速减少的资源将成为约束条件使工业化不得不放慢速度。工业化达到最高点后,由于自然时延,人口和环境污染还会继续增长。但由于食物和医药缺乏引起死亡率上升,最后人口停止增长,致使人类在2100年之前崩溃。麦多斯提出的避免人类崩溃的主要措施是:(1)在出生率和死亡率之间增加一个环路,使每年的出生婴儿数等于该年的预计死亡数,从而使人口保持不变。(2)在投资和折旧之间增加一个环路,使投资率等于折旧率,从而使工业资本保持不变。这样,由于两种对立的力量保持了平衡,就可以达到"全球均衡状态"。西方国家的许多经济学家都认为麦多斯的增长极限论是错误的。他们认为,麦多斯对基本经济关系与参数的估算是错误的;经济增长中出现的粮食、污染以及资源等问题是可以通过发展经济的办法得到解决的;相反,如果实行零经济增长,使技术停滞,人类只能自取灭亡。但是,也应该看到麦多斯提出的人口增长、环境污染、生态平衡等问题是很重要的,他从量的角度分析资源、环境、人口与经济增长之间的关系也是很有意义的。

世界模型(World Model)是美国经济学家麦多斯(Meadows)运用数学公式和图形描绘经济增长趋势,论述经济增长极限的一种增长理论。1972 年,由麦多斯在《增长的极限》一书中提出,是麦多斯等人创建和使用的计算机模型,一个基于计算机模拟的世界。该书应用弗雷斯特的"系统力学"分析法,以整个世界为研究对象研究了经济增长的五个主要因素,即人口增长、粮食供应、资本投资、环境污染和资源消耗之间的联系。他认为,这五个增长因素的共同特点都是指数增长,把这五个因素综合起来,经过计算机处理,建立其世界模型。如设某一增长因素的基期数量为 P,每一期的增长率为 r,第 n 期的数量为 A,则:$A = P(1+r)n$;而且,这五个因素是相互影响的。麦多斯通过连锁的反馈线路,把这五个因素的关系综合在一起,经过以下步骤,建立起他的世界模型。

第一步,通过对人口学、经济学、农艺学、营养学、地质学和生态学等的研究,列出五个因素之间的因果关系,并画出反馈环路结构图(如图 2-2 所示)。这一步骤的目的在于找出最基本的结构来反映各因素之间主要的相互作用。

第二步,根据得到的资料,为每一个因果关系确定其数量关系,即对因果关系进行定量分析。

第三步,将确定了量的联系的因果关系,输入电子计算机中,计算出在一段时期中所有这些因果关系同时发生的作用。计算机的答案是用曲线的变化来表示的,这些曲线就组成了"世界模型"。"标准世界模型行程"是麦多斯的世界模型中

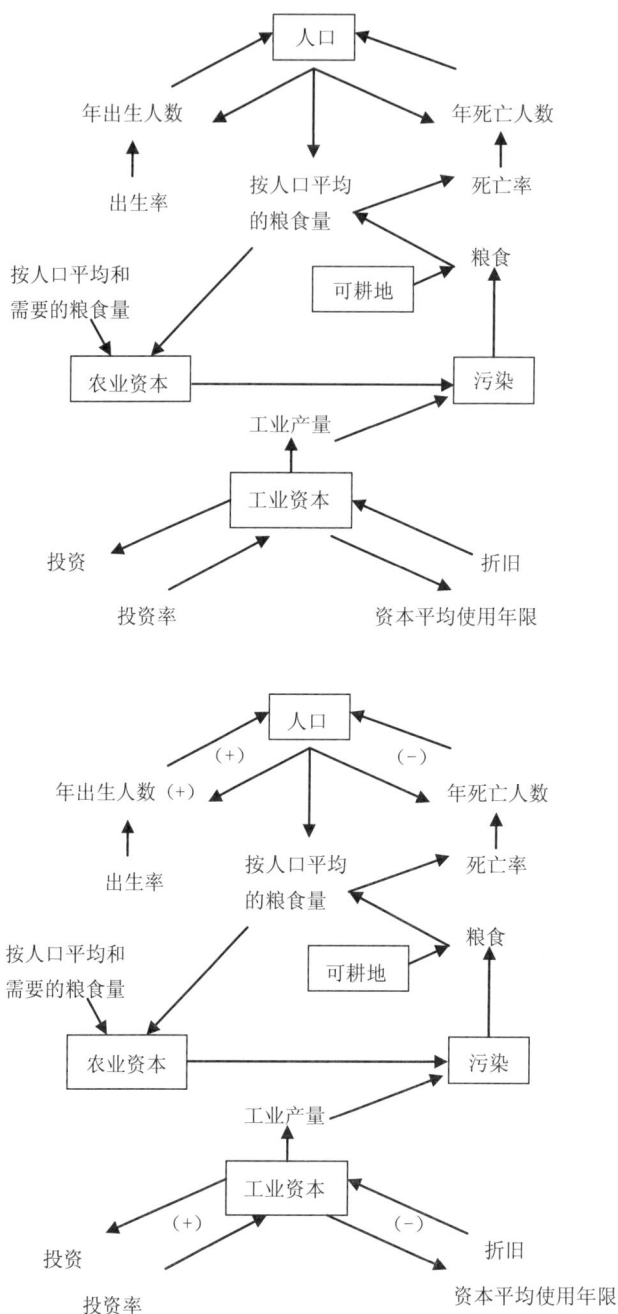

图 2-2　人口、资本、农业和污染及反馈环路

最基本的一种。

麦多斯根据这一标准流程,提出了"增长极限论"。模型计算机结果表明:粮食、工业产出和人口以指数增长,直到资源由于其储量有限并日趋枯竭将逐渐成为经济增长的约束条件从而使工业增长速度减慢;同时,环境污染也将严重阻碍经济

增长;在工业高峰过去以后,由于系统的自然延滞,人口和污染还会增长一个时期,但由于食物缺乏和医疗卫生条件恶化,人口最终也将停止增长。未来100年内地球上的经济增长将达到极限,最可能的结果是工业生产和人口突然不可抑制地衰退,世界模型将面临崩溃。麦多斯等人认为,世界模型最终必然崩溃的原因在于人口和工业资本的指数增长,于是提出停止人口和工业资本的增长,以达到全球均衡的状态。由于麦多斯等人的"世界模型"对人类前途抱着极度悲观的态度,西方的一些经济学家将其称为"崩溃的模型"或"世界末日模型",将其理论称为"增长的极限"或"零增长"理论。

增长社会限制论(Growth Theory of Social Restrictions)是西方经济学家希尔施(F. Hirsch)从消费的角度认为社会经济增长必然要受到一定限制的理论。这一观点集中体现在他1976年出版的《增长的社会限制》一书中。希尔施把人类消费的产品分为两类:一类是纯粹的个人产品,如一个人吃的一餐饭纯粹是他个人的事,属于纯粹的个人产品;另一类是纯粹的公共产品,如现代城市中一个人呼吸的空气的质量,取决于公众对防止污染所做的贡献,因而属于公共产品。当然,在这两类极端的产品之间,存在着许多带有不同程度的公共性或社会性的产品。希尔施又把个人产品和公共产品进一步引申为物质产品和地位商品。他认为,当人们的衣、食、住等物质产品得到满足以后,家庭支出中用于地位商品或带有地位商品特性的物品和劳务(如用于旅游、假期别墅和一些个人服务项目的支出)的比重就要增加。地位商品的特性就是消费者在使用它们时所得到的满足和快乐。这些满足和快乐,来源于它们的社会稀缺性。据此,希尔施认为,商品的社会因素比起它们作为个人商品的特性更能影响消费者的满足。当地位商品的使用越来越广泛时,消费者的满足程度就要减少,地位商品的质量就要下降。一些国家大量使用小汽车而造成的交通阻塞情况,以及美国大城市的居民迁向郊区居住等,都是典型的例子。但是,对地位商品需求的增加又会提高其价格,价格机制则把对地位商品的需求限制在有限的范围和数量之内。此外,政府也会作出限制性的规定将地位商品的需求限制在有限的供应范围之内,如当郊区人口达到一定限度之后政府就会禁止迁入。总之,无论采用哪一种方式,社会环境总是限制了地位商品使用范围的扩大,从而导致需求的过剩而不是需求的不足,压缩需求而不是扩大需求,这就必然限制了经济增长。

增长价值怀疑论(Growth Value of Skepticism)从价值判断的角度对经济增长的必要性表示怀疑和否定的一种观点。由美国经济学家米香(Mfshan)提出。米香认为,技术进步及其所带来的经济增长仅仅是物质产品的增加,并非一定是人们生活水平的提高。相反,人们为经济增长所付出的社会与文化的代价却是十分昂贵。持续的经济增长,首先,使人们失去了许多美好的享受和幸福,诸如无忧无虑的闲暇、田园式的享受以及清新的空气等。其次,经济增长所带来的仅仅是物质享受的增加,而物质享受却不是人们幸福的唯一源泉。最后,经济增长虽然增加了人均收入的绝对量,却并不一定能够提高人们在社会中的相对地位,从而也就不一定能够为他带来幸福。米香由此得出结论认为:应当停止经济增长,恢复过去那种田园式的生活。美国经济学家贝克尔曼认为,米香的反经济增长观点代表了西方中产阶级的思想。由于这些人占有的商品满足了他们的大部分需要,才转而注意生活的质量。西方著名经济学家托宾(Tobin)也反对增长价值怀疑论,主张用经济增长的办法解决经济增长中出现的问题。但是,米香等人提出的许多问题,如污染问题、人口问题和城市交通问题等,确实是当今世界各国经济发展中出现的重大问题,因此米香的观点对于人们是有一定的启发意义的。

最优增长论(Optimal Growth Theory)从现期消费和未来消费的关系研究经济增长的理论。1982 年西方经济学家拉姆赛(F. P. Ratnsey)在《数理的储蓄理论》一文中首次提出。这种理论认为能够使未来消费水平提高幅度最大的增长率,是最优增长率。根据这一标准,最优增长率取决于现期消费和未来消费的比例。如果现期消费在总收入中所占比例大一些,那么未来消费水平就不会增加很多,因为投资所占的比例小了。相反,如果现期消费在总收入中所占比例小一些,投资增加了,未来消费就能增加较多。但如果现期消费过少,投资过大,那么未来消费也不一定增加得很快,因为影响增长率的不仅包括现期的投资率,而且包括现期的消费水平。总的结论是,希望前一代人按照能使平均每人未来消费额达到最大值的投资率来安排现期的消费和投资,以便后人可以享受最大限度的消费水平。

重商主义经济发展思想（Mercantilism's Economic Development Thought）15世纪至17世纪西欧国家新兴资产阶级提出的通过发展对外贸易和多卖少买使国家致富的经济发展思想。从15世纪到17世纪，商业资本占据支配地位，它们在资本主义的形成和发展过程中起到了十分重要的作用。西欧重商主义经济发展思想在发展过程中经历了两个历史阶段。从15世纪下半期至17世纪上半期为早期重商主义；从17世纪上半期至18世纪下半期为晚期重商主义。重商主义者从商业资本的运动（其公式为货币—商品—货币，即 G-W-G'）出发，认为金银即货币是社会财富的唯一形态，一切经济活动的目的就是攫取金银。从这种基本观点出发，重商主义经济发展思想的要点是：（1）财富的直接源泉是流通领域，即生产物转化货币的领域，因此，商业是财富之源。（2）并不是一切流通都是财富的源泉，国内贸易虽有用处，但不能增加国内的货币量，只有通过将本国商品输出国外，换回金银的对外贸易，才能增加一个国家的货币量。（3）流通是利润的源泉，利润只是一种让渡利润，因为国内的贱买贵卖只会使一部分人占便宜而另一部分人吃亏，甲之所得恰为乙之所失而抵消。（4）对外贸易的差额必须是顺差，即应尽量少向国外购买而尽量多向国外售卖。（5）商品生产只是对外贸易的先决条件，工业是为商业服务的，国内商品生产应服从于商品输出的需要，应竭力发展工场手工业，生产在国外可高价畅销的产品。（6）国家必须积极干预经济生活，通过制定法令以保护国内的工商业，以促进对外贸易的发展。

在如何增加货币方面，早期重商主义者与晚期重商主义者有不同的主张。早期重商主义者主张国家采取行政的手段，禁止货币输出和积累货币财富，在对外贸易中主张多卖少买或不买。因此，早期重商主义被称为"重金主义"，或"货币差额论"。这些主张被当时许多国家（如英国、西班牙和葡萄牙等）所采纳。晚期重商主义者则认为，国家应该允许将货币输出国外，以便扩大对国外商品的购买，在对外贸易中必须坚持总体顺差的原则，只要有利于实现总的顺差，不必要求每个时期和每笔交易都保持顺差，后人将这一理论称为"重工主义"，或"贸易差额论"。由于贸易差额论与商业资本的要求最相适应，所以晚期重商主义又称为"真正的重商主义"。根据这一理论，晚期重商主义者主张国家必须实行关税政策。在这一时期，西欧国家通过保护关税政策鼓励本国商品对外输出的主要措施有：（1）当输出商品时，国家全部或部分地退还资本家原先缴纳的税款；当进口商品经过本国加工后重新输出时,国家则退还这些商品在输入时所交付的关税。(2)国家颁发奖金,用来奖励在国外市场上销售本国商品的商人。(3)国家通过进口税,保护本国的工业,抵抗外国的竞争。此外,重商主义者积极鼓励扩大出口商品的生产,扶植和保护本国工场手工业的发展。

在西欧,英法等国当时实行重商主义政策,大大地促进了商品货币关系的发展,促进了资本主义工场手工业的发展,为资本主义生产方式的成长与确立创造了必要的前提。

贸易差额论(Balance of Trade Theory)见"重商主义经济发展思想"。

重农学派经济发展思想(Physiocrat's Economic Development Thought)是作为和重商学派相对立的出现在经济思想史上的经济发展思想。重农学派经济发展思想是18世纪中叶,法国的一群政治家和哲学家在魁奈的领导下,产生的一种主张经济自由和重视农业的经济理论体系,它是法国资产阶级古典政治经济学体系的表现形式。

重农学派认为,经济增长的唯一真正源泉是农业,社会财富就是从土地上生产出来的农产品。重农学派认为对外贸易不能产生社会财富,因为对外贸易不过是以一种具有出售价值的产品去交换另一种价值相等的产品。重农学派还对社会资本再生产过程做了系统分析,在一定程度上揭示了经济增长过程的内在条件。该学派认为农业的财富增殖可以保证人口的增长,人口和财富的增长又促使农业发展、商业兴旺、工业扩大,从而社会财富不断地得到增加。重农学派的发展思想对当代发展经济理论仍有一定的影响。比如,当代受到人们十分重视和普遍应用的投入产出法,显然是从重农学派创始人魁奈的经济表吸取了思想营养。再如重农学派关于农业、财富、人口循环流转等的经济增长观点,也是当代经济发展理论的一个重要的思想源泉。

布阿吉尔贝尔经济发展理论(Boisguillebert's Economic Development Theory)是一种重农学派经济发展理论。17世纪末18世纪初,由重农学派先驱、法国古典经济学派创始人比埃尔·布阿吉尔贝尔(P Pierre Le Pesant,sieur de Boisguillebert)

在《法兰西的详情》《论财富、货币、租税的性质》等著作中进行了阐述。布阿吉尔贝尔认为,流通领域不创造财富,农业和畜牧业才是增进国民财富的主要源泉。因此他坚决反对重商主义对农业的干预政策,主张国家对经济活动实行"自由放任"原则。他认为,国家对农业实行的谷价低贱政策,是使农业生产费用和耕种者的劳动报酬得不到补偿,造成农业生产下降和人民生活极端困苦的直接原因。他提出了国民收入的增长与消费的增加成正比例的思想,提出国民消费的支出不足与国家财政收入减少之间存在着依存关系。主张减税,甚至主张免除穷人的全部赋税,以促进农业和整个国民经济的增长。布阿吉尔贝尔还探讨了部门间的联系和国民经济的均衡发展问题。他认为,要使经济复兴,有必要实现各部门的均衡增长,而不应使某一部门的发展超过其他部门。他认为,国家的经济发展如同时钟的部件一样,彼此不可分开、互相作用,农业的发展会促进工商业的繁荣,而工商业的繁荣又会推动农业的进一步发展。一旦部门间出现了不平衡发展,比例被破坏,就会产生某些商品过剩而另一些商品奇缺,社会再生产就难以顺利进行。

布阿吉尔贝尔是第一个阐明社会经济按比例均衡发展的古典经济学家。他不仅阐明了社会经济按比例均衡发展的重要意义,而且还分析了商品经济中实现这种按比例均衡发展的具体机制,这就是在商品流通过程中使买卖双方利益均等,而自由放任便是达到这一均等的条件。此外,布阿吉尔贝尔在分析价值、价格、消费、收入、阶级等问题时,也有一些有价值的见解和观点。

经济表(Tableau Economique)是法国古典政治经济学家、重农学派的领袖和重农主义经济理论体系的创建者魁奈(Francois Quesnay)的主要经济著作之一,1758年著成。从理论上探讨了社会总资本再生产和流通中各个部门普遍相互依存的关系,概括了重农主义经济理论和政策。经济表的图式可以归结为三种基本类型,即锯齿形图式、提要图式和算术图式。其中的算术图示是魁奈于1766年6月在《经济表的分析》中提出来的。如图2-3所示最能表述魁奈的重农主义经济理论体系;马克思、恩格斯在《资本论》第二卷、《剩余价值论》第一册和《反杜林论》的《〈批判史〉论述》中,所引用和详细分析的,就是这个算术图式。因此,这个图式,就被称为"'经济表'的数学公式"。

本图式将社会划分为三个阶级:生产阶级(租地农场主和农业工人),土地所

再生产总额：50亿元

生产阶级　　土地所有者、君主和　　不生产阶级
的年预付　　什一税征收者的收入　　的年预付

20亿元　　　　20亿元　　　　　10亿元

用于支付
收入和原　　10亿元　　　　　　　　　10亿元
预付利息
的数额　　　10亿元

10亿元　　　　　　　　　10亿元

合计20亿元

年预付
的支出　　10亿元　　　　　　其中一半是这个
阶级保留下来作
合计50亿元　　　为第二年的预付

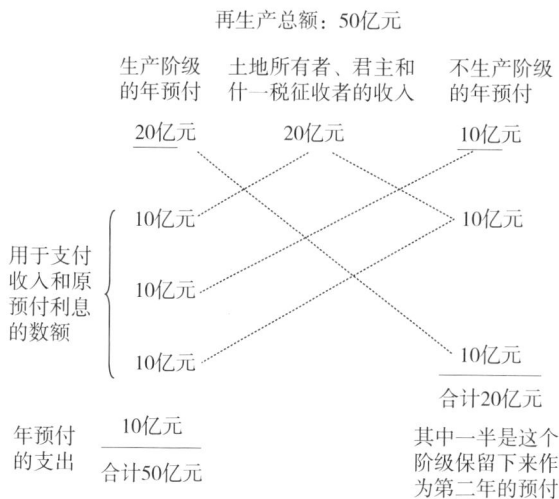

图 2-3　魁奈"经济表"中的算术图式

有者阶级(土地所有者,僧侣、贵族、官吏等),不生产阶级(工商业者)。该表试图说明各个阶级如何相互出售货物以及如何使用因出售这些货物得到的钱。无数单个的流通行为被综合成为这三个阶级间具有社会特征的大量运动,进而说明有一定价值的年生产物如何由流通分配于这三个阶级,使简单再生产在其他条件不变的情况下得以进行。

由于魁奈的重农主义偏见,即把农业看成唯一的生产部门,因此,在他的算术图中仍存在这样一些缺点:(1)他没有把不生产部门的 20 亿元工业品算入社会总产品之中。(2)他没有把生产阶级的预付区分为"年预付"和"原预付"。(3)他把不生产阶级的 20 亿元工业品看成全部卖给了土地所有者和生产阶级,而没有给自己留下任何工业品。

在算术图式中,魁奈把这个国家在一个经济年度内三个阶级之间所发生的交换行为,囊括为五种具有特征的流通,用五条线来表示。马克思为使魁奈的这个图表"更加清楚起见,凡是魁奈认为是流通的出发点的地方","就标上 a、a'、a'' 的字母符号,而在"这个流通的下一个环节则标上 b、c、d 以及相应的 b'、b'' 的字母符号。经过马克思标上字母符号的算术图式如图 2-4 所示:

这样,经过马克思标上字母符号以后,不仅能使人明确这个图式各条线的方向,即这些线是从哪个阶级到哪个阶级的,而且还表明了货币的运动和商品的运动,以及这五个流通行为的先后顺序。

一年总产品：50亿元

租地农场主以 原预付和年预 付形式支出	土地所有者以 地租形式取得	不生产阶级所支 配的基金数额
（a'）20亿元	（a）20亿元	（a"）10亿元
（a）10亿元		
（b"）10亿元		（c）10亿元
（d）10亿元 50亿元		（b'）10亿元 20亿元

其中半数留作不
生产阶级的基金

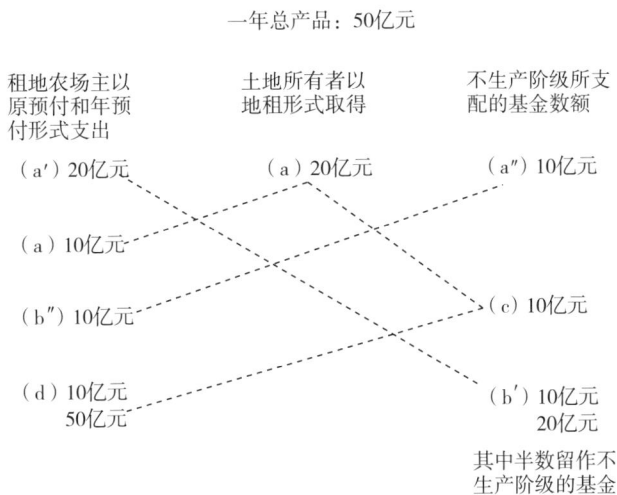

图 2-4　马克思"经济表"

斯密经济发展理论（Smith's Economic Development Theory）主张经济自由的古典经济发展理论。1776 年,由英国著名经济学家亚当·斯密（Adam Smith）在《国民财富的性质和原因的研究》(以下简称《国富论》)一书中加以阐述。斯密认为一个国家要发展经济,最重要的就是要使个人的自利心能充分地发挥。让每一个人为了本身利益去公平竞争。在这一个原则下,每一个生产者为了扩大产品的销路,提高自己产品的市场占有率,必然会不断设法改善产品的品质,降低生产成本。因为只有这样,在与对方竞争时才能处于有利地位,才能扩大产品销路,获得更多利润。只要大家都朝着这个方向去做,社会大众就能获得更多更好的产品,一个国家的经济便可以发展起来。他认为,在公平竞争条件下,个人利益同社会利益可以结合在一起,个人追求自身利益的结果是社会大众蒙受其利。斯密在《国富论》中提出了人均国民收入的见解,并认为人均国民收入的大小对社会经济状况的好坏有着极为重要的意义。他指出,社会每年消费的一切必需品和便利品"对消费者人数,或是有着大的比例,或是有着小的比例,所以一个国家的国民所需要的一切必需品和便利品供给情况的好坏,视这一比例的大小而定"。《国富论》全书所要解决的根本问题,就是要增大这一"比例",即增加人均国民收入,从而达到富国裕民的目的。斯密在研究人们的经济生活时,把具有多重品质的人和作为经济上的人区分开来。他实际上是第一个系统地运用"经济人"假设的经济研究者。他把充满利己主义精神的经济人,作为分析经济问题的基本前提。他认为,在现实生活中,一切从事经济活动的人,都是为了满足自己的利益。个人利益与社会利益的一致性,"受着一只'看不见的手'的指导,去尽力达到一个并非他本意想要达到的目的。他追求自己的利益,往往使他能比在真正处于本意的情况下更有效地促进社会的利益"。斯密强调自然法则,反对任何政府干涉。他注重市场机能,认为市场机能就像"看不见的手"一样,可以把消费者的愿望通过价格的变化,传递给生产者。生产者可根据这一个信号去调整他的生产。因此,斯密主张一切生产和消费活动应该接受市场机能的指导。政府对市场的干预,会使市场机能破坏,导致资源的浪费和利用效率的降低,对经济发展是不利的。他认为政府的功能应该限于建立必要的制度、法律以及提供公共设施和建立适当的国防力量,保证经济的发展。斯密认为,发展经济主要靠提高生产效率。生产效率的提高,一方面靠劳动分工,另一方面靠生产专业化。劳动分工的扩大和生产专业化,有两个先决条件:一个是资本积累,有了资本积累,才能创造出各种不同的机器,为劳动分工创造条件;另一个就是使市场扩大,因为市场扩大后,产品才有销路,产品有了销路,劳动分工和生产的专业化才有利可图。斯密认为,经济发展一旦开始,便会不断地进行。但经济增长最后会受到自然资源的限制,因为自然资源特别是土地面积是固定的,在固定的土地面积上,增加资本和劳动力会产生报酬递减的现象,结果造成利润不断下降,资本积累将因此缓慢下来,乃至停止;一旦资本停止积累,经济发展就会趋于停滞状态。

李嘉图经济发展理论(Ricardo's Economic Development Theory)1817 年,英国著名经济学家李嘉图(David Ricardo)在《政治经济学及赋税原理》中阐述的以对地租、工资、利润分析为基础的经济发展理论。李嘉图认为,当经济发展开始启动时,必然是受利润引导的。这时资本家就会进行储蓄,当储蓄到达一定数量时,就会用来投资,雇佣工人和增添机器设备,从而引导生产的增长。生产的增长会引起工资的上涨,在短期内会超过工资的自然水平,这就会使死亡率降低,经过长期发展后,工人的人数便会大大增加,这又会引起工资的下降。但这时如果自然资源充沛,利润率高,则资本积累就可能进行得非常迅速,结果也会使工资保持在一个相当高的水平。李嘉图认为,随着人口的增长,对粮食的需求也会增长,这样比较贫瘠的土地就会逐渐被耕作,肥沃土地的地租就会上涨,地主的收入相应的会增加,而资本家和工人的收入则会减少,于是利润率就会出现下降的趋势,直至达到它们的自然水平。李嘉图认为,只要利润率大于零,资本家仍会从事积累,进行新的投资。但社会中肥沃土地的供给是有限的,最后必然会发展到将每一单位的劳动与资本使用于最贫瘠的土地以后,所获得的产量仅足以支付自然工资,资本家已无利润可得,这时,资本积累就会停止。同时,比较肥沃的土地也是如此,总产量和工人自然工资之差,被地主所获得。于是经济发展就会呈停滞状态。这时利润率是零,实际工资已达到自然工资的水平,而地租则非常高。李嘉图认为,防止经济发展停滞的方法是:(1)农业技术的改良。使社会根本不必使用最贫瘠的土地。但是,李嘉图又认为,技术改良只是偶然的情况,并不足以解决经济发展下降的一般趋势。(2)进行国际贸易。工业国家可以专门从事制造业的生产,农业国家则专门从事农业生产,然后互通有无,这样可暂时缓解自然资源缺乏所引起的经济发展停滞。

马尔萨斯经济发展理论(Malthus's Economic Development Theory)从人口与自然资源关系的角度分析经济发展的理论。1798 年,英国著名经济学家马尔萨斯(Thomas Robert Malthus)在《人口原理》及其续篇《超越限制》等著作中加以阐述。

马尔萨斯把经济发展的重点放在人口与自然资源的关系上,由此产生了两个著名的命题:(1)凡生活资料有所增加的地方,除非受到强有力的控制,否则人口就会增长。经过对事实的仔细研究,他证明了这样一点:每个有着可靠历史记载的民族都生育繁多。如果不是因为缺少生活必需品或其他原因——疾病、战争、杀死婴儿、自愿节制的遏制,那么人口的增长就会迅速而持续。(2)一个国家人口的增加会使生活资料呈递减的趋势。他表明到他著书的时候为止,还没有一个国家(不同于罗马或威尼斯那样的城市)在其领土上的人口变得非常稠密之后,仍能得到丰富的生活必需品供给。大自然回报人类劳动的,就是为如此多的人口提供更有效的需求。但他又证明,到目前为止,人口迅速增加,还没有引起这种有效需求的同比例增加。人口是按几何级数1、2、4、8、16…增长,而生活资料则按算术级数1、2、3、4、5…增长,人口的增长必定快于生活资料的增长。这时有两种解决途径:一种是人类自动节制人口增长;另一种是让天灾、人祸、战争等间接阻止人口增长。马尔萨斯认为如果人口增长,有效需求不增加,对经济发展将没有贡献,这是因为:(1)社会购买力不会提高,市场不会扩大,这样劳动分工,生产专业化也不能进行。

（2）劳动的需求是资本形成的函数。一个社会对劳动的需要量，决定于资本积累的快慢。人口增加太快，所得若是不能相应增加，资本形成将会受到阻碍，结果就业机会将会减少，造成普遍失业。马尔萨斯认为储蓄应与投资配合，储蓄增加会使消费减少，此时如果投资不能相应增加，整个社会有效需求就会降低。这样一来，市场就会缩小，部分产品将卖不出去，结果存货累积增加，生产必然会萎缩。储蓄若是超过投资的需要，对经济发展将是不利的。

当经济发展到了一定程度，可用耕地都已经开发，耕地面积将不可能增加，此时农业生产的增加便只有靠边际生产能力的提高和劳动用量的增加。技术改进可以提高劳动边际生产力，人口的增加受报酬递减法则的限制会使劳动生产力下降。农业发展于是只有靠技术进步去抵消报酬递减法则的作用。现代马尔萨斯论认为，如果目前世界人口增长、工业化、污染、食品问题，以及资源枯竭等趋势继续下去，那么地球将会在下一个百年到达增长的极限。最终，人口和经济增长会出现一次骤减。

引致投资最大化原理（Principle of Induced Investment Maximization）认为一个国家投资应该优先选择那些能产生最大引致投资的直接生产性活动部门，由此带动经济增长的理论。引致投资最大化原理是由在德国出生的犹太思想家赫希曼（Albert Otto Hirschman）在《经济发展战略》一书中首次提出的。赫希曼从资源配置决策进行分析，用"社会分摊资本"和"直接性生产活动"的关系模型以说明此原理，其中"社会分摊资本"是指用于基础设施建设的投资；"直接性生产活动"是指直接投资于工业、农业等产业部门的投资行为。通过分析，赫希曼认为如果一个国家存在一系列投资项目，并且投资资源有限时，应该优先发展直接生产性活动的部门，而且应当优先选择那些能产生最大引致投资的直接生产性活动部门。

资本原始积累（Primitive Accumulation of Capital）在资本主义生产方式确定以前，通过暴力手段迫使生产者与生产资料相分离，从而使生产资料和货币财富迅速集中于少数人手中的历史过程。马克思（Karl Marx）认为，资本主义生产方式的确立和资本主义生产的进行，必须具备两个基本的前提条件：一是大批有人身自由并丧失了一切生产资料的劳动者，他们只能依靠出卖劳动力为生，成为雇佣工人；

二是有大量的货币财富作为开办资本主义企业的资本。要创造这两个条件,仅仅依靠自由竞争导致的小商品生产者的两极分化是极为缓慢的,无论如何都不能适应 15 世纪地理大发现以来所造成的新的世界市场的贸易要求。于是,新兴的资产阶级和新的土地所有者便通过暴力掠夺的手段,加速了这两个条件的形成。这个历史过程从 15 世纪末开始,一直延续到 19 世纪初。用暴力剥夺农民的土地,是原始积累过程的基础。这个过程在英国具有最典型的形式,即历史上有名的"圈地运动",又被人们称作"羊吃人"的时代。被剥夺了土地的广大农村居民,在国家颁布的一系列法律的强制下,被迫沦为资本家的雇佣工人。新兴资产阶级对货币财富的积累,主要是通过如下暴力掠夺的途径实现的:在国外,依靠在海上抢劫黄金财物、贩运奴隶和毒品、进行殖民贸易和推行殖民主义;在国内,依靠增发债券、公债、建立近代税收制度和保护关税制度;等等。资本原始积累的历史,无疑是野蛮的、残酷的、血腥的掠夺史。但是,由于资本积累为资本主义生产的发展集中了货币资本,提供了大量的雇佣劳动者,并将封建土地所有制变成资本主义土地所有制,因此,将分散、落后的小生产变为较为集中、先进的大生产,为资本主义经济的形成和发展准备了条件。

平均利润率规律(Law of Average Rate of Profit)是资本主义社会中各个生产部门不同的利润率,通过部门之间的竞争趋于平均化,形成平均利润率的客观必然性。这一规律由马克思在《资本论》第三卷中提出。在以机器大工业为基础的资本主义生产中,由于不同生产部门资本的有机构成不同,资本周转速度不同,等量资本会推动不等量的劳动,带来不等量的剩余价值,因此,当商品都按其价值出售时会形成高低不同的利润率。资本家为了追求更多的利润,总是把资本从利润率较低的部门转移到利润率较高的部门,从而引起生产资料和劳动力的相应转移,导致原来利润率较高的生产部门,生产能力迅速膨胀而严重过剩,产品供大于求,价格下降,利润率降低;原来利润率较低的生产部门,生产能力急剧萎缩而相对不足,产品供不应求,导致价格上涨,利润率升高。这种不同生产部门之间的竞争、生产要素的转移和流动、供求关系的变动和价格的涨落,使各个生产部门不同的利润率趋于平均,形成平均利润率。平均利润率可由全社会的剩余价值或利润总额除以资本总额求得。决定平均利润率高低的主要因素:一是不同生产部门的资本有机构成不同,从而决定各个部门的不同利润率;二是社会总资本在各个生产部门的分配状况,即有机构成不同的各个部门的资本在总资本中所占的比重。平均利润率的形成,使不同生产部门的资本家都能从社会总利润中分得与他的资本相适应的一个份额,不同部门的资本家之间的利益关系得到了调节并趋向均衡,同时又为各个不同生产部门和整个资本主义经济在一段时间内相对均衡的发展提供了某种可能。当然,平均利润率的形成只是一种一般的趋势,而不是各个不同部门利润量在每时每刻的、绝对的平均。

平均利润率下降规律(Law of the Tendency of the Rate of Profit to Fall)是平均利润率随着社会技术的进步及其所引起的资本有机构成的提高而趋于下降的客观规律。这一规律由马克思在《资本论》第三卷中提出。在资本主义商品经济中,生产技术的进步和劳动者装备水平的提高,通常表现为资本有机构成的提高。资本家为了追求超额利润和取得竞争优势,不断改进技术,提高劳动生产率,各个生产部门的资本有机构成和整个社会资本的平均有机构成不断提高。由于每个劳动者所运用的生产资料有增多的趋势,在增大的社会资本总额中不变资本的增长必然快于可变资本的增长,导致平均利润率的下降。平均利润率的下降,绝不意味着资本家获得的利润量会减少,后者取决于利润率和资本量这两个因素。实际上,随着资本积累的增长和社会资本的总量增加,尽管平均利润率有下降的趋势,利润的总量仍然会不断增加,二者是资本积累过程中同时发生和存在的两个方面。在资本主义经济的运动中,平均利润率的下降是很缓慢的。一系列因素阻碍、延缓或抵消着平均利润率的下降,如:资本家对工人剥削的加强;工资被压低到劳动力价值以下;劳动生产率提高引起生产资料价值降低;失业大军存在引起某些生产部门对手工劳动的采用;对外贸易发展以及股份资本增加等。平均利润率下降规律的存在,加剧了资本主义经济运行中的一系列矛盾:生产扩大与价值增殖的矛盾,人口过剩与资本过剩的矛盾,生产与消费的矛盾等。

资本主义积累一般规律(General Law of Capitalist Accumulation)是指由资本积累引起的资产阶级的财富积累和无产阶级的贫困积累之间的内在联系和必然性。由马克思在《资本论》中阐明。马克思指出,出自追求剩余价值的内在冲动和竞争的外在压力,资本家必然不断地将部分剩余价值转化为资本,进行资本积累和扩大再生产。而随着资本积累的不断增长,一方面,社会财富日益增多并集中在少数资本家手中;另一方面,资本有机构成不断提高,可变资本在总资本中的比重相对减少,出现相对过剩人口,造成工人阶级愈加严重的失业和贫困。如马克思所言,社会财富即执行职能的资本越大,它的增长的规模和能力越大,无产阶级的绝对数量和劳动生产力越大,产业后备军就越大,并且产业后备军的相对数量和财富的力量一同增长。但同现役劳动军相比,这种后备军越大,常备的过剩人口也就越多,他们的贫困同他们所受的劳动折磨成正比。工人阶级中贫困阶层和产业后备军越大,官方认为需要救济的贫民也就越多。这就是资本主义积累的绝对的一般的规律(《马克思恩格斯全集》第 23 卷,第 707 页)。资本主义积累的一般规律揭示了资本主义经济发展中工人阶级与资产阶级之间的对抗性质和无产阶级革命的经济根源。

生产关系适合生产力性质的规律(The Law of Relations of Production must Conform to the Nature of the Productive Forces)是关于在一切社会形态中发生作用并支配人类社会发展过程的客观经济规律。它反映着生产力与生产关系之间的本质联系。马克思和恩格斯在 19 世纪 40 年代发现这一规律,马克思在 1859 年于《〈政治经济学批判〉序言》中对其内容和实质做了精辟概括。生产力和生产关系是社会生产方式中对立统一、相互依存、相互作用的两个方面。其中,生产力是生产方式的物质内容,生产关系是生产方式的社会形式。在二者的关系中,首先表现在生产力决定生产关系,人类历史上任何一种生产关系的出现,归根结底都是由社会生产力的发展状况决定的,都是社会生产力发展的结果。生产力是人类社会生产中最活跃最革命的因素,是不断发展变化着的,生产关系则相对比较稳定。一旦生产力发生了重大变化、原有的生产关系不再适合生产力的性质,就成为新的生产力发展的桎梏,直到生产力最终冲破落后的生产关系的束缚,使之发生相应的变革,建立起新的适合生产力性质的生产关系。所以,生产力是社会生产方式从而也是整个人类社会发展的根本决定力量,是社会历史发展的源泉。生产关系一定要适合生产力的性质,这是不以人们意志为转移的客观经济规律。在生产力决定生产关系的前提下,生产关系又对生产力的发展起着巨大的反作用。当生产关系适合生产力性质的时候,就对生产力的发展起着促进作用;当生产关系不适合生产力性质的时候,就对生产力的发展起着阻碍作用。生产关系不适合生产力的性质,在人类历史上主要表现为生产关系落后于生产力发展的要求,即生产关系不能适应新的生产力的出现而相应发生变化。

马克思再生产公式(Marx's Reproduction Formula)马克思再生产理论中物质补偿和价值补偿实现条件的公式。表明了生产资料生产和消费资料生产两大部类相互关系及按比例发展的要求。从再生产的规模来分,有不改变原有规模的简单再生产公式和扩大原有规模的扩大再生产公式。

从整个社会来考察,在简单再生产条件下,所生产的产品只够补偿已经消耗掉的生产资料和消费资料,没有积累。简单再生产公式如图 2-5 所示:

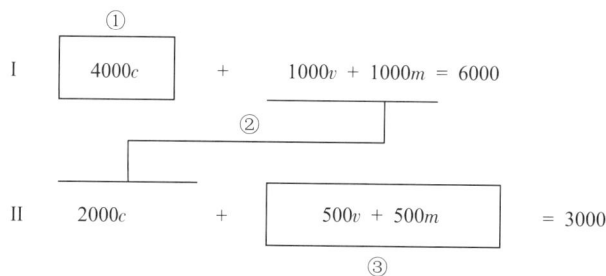

$$
\begin{array}{ccc}
& ① & \\
\text{I} & \boxed{4000c} & + \quad 1000v + 1000m = 6000 \\
& ② & \\
\text{II} & 2000c & + \quad \boxed{500v + 500m} \qquad = 3000 \\
& ③ &
\end{array}
$$

图 2-5 马克思简单再生产公式

图 2-5 中,①表示第 I 部类内部的交换,②表示两大部类之间的交换,③表示第 II 部类内部的交换。由此得出简单再生产的三个实现条件公式:(1)第 I 部类的可变资本与剩余价值之和必须等于第 II 部类的不变资本,即 $\text{I}(v+m) = \text{II}c$。(2)第 I 部类产品的总价值等于第 I 部类的第 II 部类不变资本价值之和,即 $\text{I}(c+v+m) = \text{I}c + \text{II}c$。(3)第 II 部类产品的总价值等于第 I 部类的第 II 部类可变资本和剩余价值之和,即 $\text{II}(c+v+m) = \text{I}(v+m) + \text{II}(v+m)$。

在扩大再生产的条件下,所生产的产品除了补偿已消耗掉的部分外,还有剩余用于积累,因此能扩大生产规模。扩大再生产公式如图 2-6 所示:

图 2-6 中①②③所表示的交换行为同图 2-5。由此得出扩大再生产的基本实现条件公式:

图 2-6 马克思扩大再生产公式

$$I\left(v+\frac{m}{z}+\frac{m}{x}\right)=II\left(c+\frac{m}{y}\right)$$

即第一部类产品中的可变资本价值和追加可变资本价值加上该部类资本家消费的剩余价值三者之和,等于第II部类产品中的不变资本价值和追加不变资本价值之和。从这个基本关系式还可以推导出其他许多关系式,它们反映了扩大再生产的各种平衡和比例关系。马克思再生产公式表明了两大部类之间存在着互为市场、互为条件、互相制约的关系。再生产公式所表现的各种比例和平衡关系,是保证社会再生产正常进行的必需条件。以后列宁又把技术进步和资本有机构成提高的因素引入了马克思的再生产理论,得出了生产资料的生产优先增长的理论,进一步发展了马克思的再生产理论。

生产资料优先增长理论(Giving Priority to the Development of the Means of Production)是一种关于在技术进步、资本有机构成提高的扩大再生产条件下,生产资料生产的增长速度快于消费资料生产增长速度的理论。由列宁(Lenin)首先提出。他指出,在资本主义经济发展的实践中,资本主义生产的扩大总是伴随着技术的进步,即每一劳动者使用和推动的生产资料的数量不断增加,资本的有机构成是在逐步提高的,而在资本有机构成逐步提高条件下的扩大再生产中,原有的预付资本和剩余价值中转化为追加的资本,却将用越来越大的部分去购买不变资本的要素,而以较小的部分去购买劳动力,即不变资本的增长必然快于可变资本的增长,导致社会对生产资料的需求必然比劳动者对消费资料的有支付能力的需求增长得快。这样一来,在其他条件不变的条件下,生产资料生产的增长就会比消费资料生产的增长更加迅速。列宁认为,在技术进步条件下进行扩大再生产时,生产资料生产优先增长是一个普遍规律。这一规律已为机器大工业产生以来许多国家经济发展的历史所证实。但是,这一规律表明的是经济发展中一种必然的趋势,并不意味着生产资料生产的增长在每个场合和每时每刻都毫无条件地快于消费资料生产的增长。实际上,在具体的历史时期内,生产资料生产和消费资料生产在发展速度上的对比关系,往往取决于具体的经济和政治条件。再者,生产资料生产的优先增长,只是在技术进步的扩大再生产条件下两大部类按比例协调发展的客观要求,因此也不意味着生产资料生产可以脱离消费资料的生产而孤立、片面地发展,更不是说生产资料生产发展得越快,越是超过消费资料生产增长的速度,就越能实现扩大再生产。生产资料生产的增长,归根结底要受消费资料生产的制约。

列宁社会主义经济发展思想(Lenin's Socialism Economic Development Thought)是指俄国十月革命后列宁(Lenin)提出的一系列社会主义经济发展的思想。1920 年 12 月,在全俄苏维埃第八次代表大会上列宁提出制订统一的经济计划、改造国民经济基础、把工作过渡到经济建设的轨道上去,改变军事共产主义时期企图超越中间阶段直接过渡到共产主义的经济政策。1921 年,在俄共(布)第十次代表大会上,列宁提出了以粮食税代替余粮收集制和发展国家资本主义的新经济政策实践中取得成效。1923 年,列宁制定了建设强大社会主义国家的基本道路和纲领。列宁关于社会主义经济发展思想可以概括为:(1)过渡时期学说。列宁认为,在资本主义和共产主义之间,存在一个过渡发展时期。"这个过渡时期不能不是一个衰亡着的资本主义与生长着的共产主义彼此斗争的时期"。列宁在一系列著作中,论述了共产主义初级、高级阶段的特征以及由初级阶段向高级阶段过渡的条件。他总结实践经验,提出社会主义国有化、生产资料私有制的社会主义改造,以及由无产阶级专政下的国家资本主义向社会主义计划经济的过渡理论。他强调社会经济发展阶段不可超越,必须经过"社会主义一系列过渡阶段",社会主义经济必须保留商品经济和商品交换,还提出了租让制、租借制、合营公司等利用资本家和外国资本发展经济的计划。(2)大力发展社会生产力。列宁指出:"要把创造高于资本主义社会的社会经济制度的根本任务提到首要地位;这个根本任务就是提高劳动生产率。"他在《苏维埃政权的当前任务》等著作中论证了有计划发展国民经济的必然性。在全俄苏维埃第八次代表大会上提出了"共产主义就是苏维埃政权加全国电气化"的著名观点,指出"只有当国家实现了电气化,为工业、农业和运输业打下了现代化大工业的技术基础的时候,我们才能取得最后的胜利"。为此,列宁领导和制订了统一的经济计划 ——俄罗斯电气计划,并把经济建设计划称为"第二个党纲"。(3)改造小生产者。列宁认为,发展社会主义经济不仅要消灭地主和资本家私有制,而且要废除小生产者的生产资料所有制。为此,必须大力发展生产力,用社会主义大生产代替小生产,把"小资产者阶层引上新的经济建设道路,引上建立新的社会联系、新的劳动纪律、新的劳动组织的道路"。要改造小农,进行农业的技术改造,引导农民在自愿互利基础上联合为合作社。(4)文化革命。列宁认为,为了发展社会主义经济,必须把纯粹文化(扫除文盲等)和物质文化(提高生产力水平)作为重要的时代任务来进行,建立起牢固的社会主义物质技术基础。

列宁帝国主义论(Lenin's Imperialism Theory)是列宁关于资本主义经济发展的最高阶段的理论。19 世纪末,世界资本主义经济由自由竞争阶段发展到垄断资本主义阶段。列宁在《社会主义与战争》(1915)、《论欧洲联邦口号》(1915)、《帝国主义和社会主义运动中的分裂》(1916)等著作中,尤其是在《帝国主义是资本主义的最高阶段》(1916)中全面地提出了关于帝国主义的理论。垄断资本主义学说,是列宁关于帝国主义理论的一个重要组成部分。列宁认为,生产和资本的积聚和集中发展到一定阶段,必然促使自由竞争向垄断转化,垄断是帝国主义最深刻的基础。根据当时世界资本主义发展的情况,列宁指出:"帝国主义是发展到垄断组织和金融资本的统治已经确立,资本输出具有特别重大的意义、国际托拉斯开始分割世界、最大的资本主义国家已把世界领土分割完毕这一阶段的资本主义。"帝国主义并不能消灭资本主义的基本矛盾和固有特征,在帝国主义阶段各种矛盾将空前激化,国家垄断资本主义的出现,"只是证明社会主义革命已经接近,已经不难实现,已经可以实现,已经不容延缓"。资本主义政治经济发展不平衡规律的理论,是列宁关于帝国主义理论的又一重要组成内容。列宁认为,资本主义的发展具有不平衡性,但是与自由竞争阶段不同的是,帝国主义发展的不平衡性具有跳跃性质,一些新兴的帝国主义在经济上会跳跃式的发展,后来居上。但由于世界已被过去最强的资本主义国家瓜分完毕,为了争夺殖民地、重新瓜分世界,就必然引起帝国主义国家之间爆发战争,从而导致帝国主义战线的削弱。这样,社会主义就可以在帝国主义的薄弱环节取得胜利。在帝国主义阶段,资本输出和掠夺殖民地对垄断资本具有特殊意义,但同时也会激化殖民地与帝国主义宗主国之间的矛盾,引起被压迫民族的解放运动,这也是社会主义革命的一个组成部分。列宁的帝国主义理论用马克思主义的观点揭示了资本主义发展的必然归属,指出了帝国主义是腐朽的、寄生的、垂死的垄断资本主义,是资本主义发展的最高、最后阶段,是无产阶级革命的前夜。这一理论使马克思主义关于资本主义经济发展阶段学说更加系统化。

斯大林工业化思想(Stalin's Industrialization Thought)是斯大林(Joseph Stalin)关于高速发展重工业来实现苏联工业化的思想。这一思想是在继承列宁工业化思想和批判苏联党内其他工业化主张的基础上形成的。列宁依据马克思社会再生产的一般原理,提出了生产资料生产优先增长的理论,并反复论证了建立大工业的必要性和迫切性。在此基础上,1925 年斯大林在党的第 14 次代表大会上提出了实现国家工业化的总路线,即用内部积累的办法高速度发展重工业以实现国家工业化的路线,并在此后领导苏联人民进行社会主义工业化的过程中,对工业化的许多问题做了论述,形成了较完整的工业化思想。斯大林认为,工业化就是一个用现代科学技术装备工业、农业和国民经济其他部门,使国家由落后的农业国转变为先进的工业国的过程。然而,只有发展重工业才能解决现代科学技术的装备问题,从而为农业、轻工业的跃进创造条件。他非常注意发展速度问题。他指出,优越的社会主义制度提供了高速度发展的可能性,"我们比先进国家落后了 50—100 年。我们应当在 10 年内跑完这段距离。或者我们做到这一点,或者我们被打倒"。斯大林还提出了从苏联内部筹措工业化资本的道路,在理论上和实践上解决了社会主义积累的问题,同时尽量利用可能得到的外国资金和引进外国先进技术,创办一些现代化大企业。斯大林重视工业建设干部的培养,指出要从工人和苏维埃知识分子队伍中,造就大批的工业建设干部。他还十分重视技术问题,提出"布尔什维克应当掌握技术"的口号,主张开展社会主义劳动竞赛,高度评价由工人发起的"斯达汉诺夫运动",指出竞赛与新技术有密切联系,没有新技术、新设备,就不会有"斯达汉诺夫运动"。他批评了那种认为"社会主义可以在贫苦生活的基础上用稍许拉平各人物质状况的方法巩固起来"的思想,提出"社会主义只有在高度的劳动生产率基础上""只有在社会全体成员都过着富裕而有文化的生活的基础上,才能获得胜利"。斯大林工业化思想对苏联的经济发展以及其他社会主义国家的经济发展产生了巨大的影响。这种以发展重工业,特别是发展机器制造业为中心的工业化方针,在一定条件下是可行的。但是,这一方针对农业、轻工业在国民经济发展中的作用和意义估计不足,忽视了综合平衡,以至于造成市场上商品不足、货币不稳定等问题,这又在一定程度上对经济社会发展有负面影响。

毛泽东经济发展思想(Mao Zedong's Economic Development Thought)是毛泽东根据马列主义的基本原理,结合中国实际建设社会主义的思想。毛泽东经济发展思想,集中体现在《论十大关系》《关于正确处理人民内部矛盾问题》等著作中。主要包括:(1)关于社会主义社会的发展阶段。第一阶段是不发达的社会主义,第二阶段是比较发达的社会主义,后一个阶段比前一个阶段所需的时间更长。待物质产品丰富了,人们的共产主义觉悟提高了,再和平进入共产主义。(2)关于商品生产和价值规律的作用。商品生产可以为社会主义服务。价值规律在生产资料各部门之间和生产领域内也发生作用,在社会所有的经济单位之间都要利用价值规律进行经济核算。(3)关于工农业并举的方针。在优先发展重工业的条件下,不能忽视农业与轻工业发展,要发展工业和发展农业同时并举,但不是平均使用力量,不否认重工业的优先增长,不否认工业的发展快于农业。(4)关于社会主义经济管理原则。坚持民主集中制,坚持必要的全国集中与统一的原则下,适当扩大地方经济权力,扩大企业权益,要让他们有一定的独立性。(5)关于向外国学习。向外国学习,是为了弥补本国经验的不足,以增强自力更生的后劲。要从中国的实际出发,不但要继续学习马列主义,还要学习外国科学技术、经济管理与经济建设经验,以便于找出一条适合中国国情的社会主义建设道路,加速中国现代化的进程。与此同时,强调必须振奋我们的民族精神,提高民族自信心。(6)关于四个现代化的思想。1945 年在《论联合政府》报告中,毛泽东指出,中国工人阶级要"为着中国工业化和农业近代化而斗争",这里主要体现物质文明的要求。1957 年在《正确处理人民内部矛盾》一文中,提出建设一个具有现代工业、现代农业和现代科学文化的社会主义国家,体现了现代化对精神文明的要求,以后又提出加强国防现代化。毛泽东关于经济发展的思想,发展了马列主义关于社会主义建设的思想,探索了一条经济落后国家建设社会主义的道路,对中国社会主义建设在理论上起了重大作用。

熊彼特创新理论(Schumpeterian Innovation Theory)分析资本主义社会基本经济特征和经济发展的理论。1912 年美籍奥地利经济学家约瑟夫·阿罗斯·熊彼特(Joseph Alois Schumpeter)在《经济发展理论》一书中提出。熊彼特认为,经济发展是指从经济本身发生的非连续的变化与移动的过程。经济学家应着重了解经济长期动态变化的规律。经济以外的其他因素(如战争和自然灾害等)也有可能使均衡遭到破坏,但那只是偶然因素,而经济本身存在的破坏均衡而又恢复均衡的力量才是本质因素。这种力量就是所谓的"创新"活动。他认为,正是"创新"引起了经济的发展。熊彼特的"创新",是指把一种从来没有过的关于生产要素和生产条件的"新组合"引入生产体系,而这种引入是由资本主义灵魂的"企业家"来决定的。它包括以下五种情况:(1)引进新产品。(2)引用新的生产方法。(3)开辟新市场。(4)采用新的原材料和控制原材料的供应来源。(5)实现企业本身的新组合,例如建立一种垄断地位或打破一种垄断地位。创新和科学发明是不同的两个概念,发明是增加新知识,而"创新"是指生产要素和生产条件的"新组合",其结果是使生产效果进一步的提高。科学发明给创新提供了可能性,但是没有企业家从经济上进行组合,这些发明就不可能应用于生产并起到推动经济发展的作用。按照熊彼特的看法,"创新"是一个"内在的因素",经济发展也是"来自内部创造性的关于经济生活的一种变动"。他认为资本主义社会在本质上是经济发展的一种形式或方法,它从来不是"静止的"。他借用生物学上的术语,把那种所谓"不断地从内部革新经济结构、即不断地破坏旧的,不断地创造新的结构"的这种过程,称作"产业突变",并且说"这种创造性的破坏过程是关于资本主义的本质性的事实"。熊彼特在强调企业家在经济发展中的主体作用外,还强调要依靠银行信贷的作用,这样,"创新"才有可能实现。熊彼特的"创新理论",强调生产技术的革新和生产方法的变革在经济发展中的核心作用,并且把创新的功能落实到"企业家"身上,把生产力的发展加以人格化,使经济发展的历史过程更加翔实可考。同时,他在分析中强调"内在的因素"在创新和经济发展中的作用,值得参考。

制度创新理论(Institutional Innovation Theory)运用熊彼特创新理论研究经济增长与制度变革过程的理论。1971 年美国经济学家兰斯·戴维斯(Lanes Davis)和道格拉斯·诺尔斯(Douglass C. North)在《制度变革和美国经济增长》一书中提出。戴维斯和诺尔斯认为,所谓"制度创新",是指能使"创新者"获得追加利益的现存制度的变革。例如,股份公司制度的出现、工会制度的产生、社会保险制度的实行、国营企业制度的建立等,都是制度上的创新。制度创新受多种因素的影响,市场规模的扩大、生产技术发展、一定社会集团对自己的收入预期的改变等都会成为制度创新的促进因素;而现存法律的限制,制度新旧安排交替的时间以及制度创新本身所需要的时间又都会在一定程度上延迟制度创新。制度创新的过程可分为五个步骤:第一步,形成所谓"第一行动集团",即预见到潜在利益,并认识到只要进行制度创新就可以得到此种潜在利益的决策者;第二步,第一行动集团提出制度创新方案,如果这时还没有现成的方案可供采纳,就需要等待制度方面的新发明;第三步,在有了若干可供选择的创新制度方案后,第一行动集团按照最大利益原则进行比较和选择;第四步,形成"第二行动集团",即在"制度创新"过程中帮助"第一行动集团"获得利益的单位,它能促使"第一行动集团"的"制度创新"方案得到实现;第五步,"第一行动集团"和"第二行动集团"共同努力,实现"制度创新"。当"制度创新"实现之后,就会出现所谓"制度均衡"的局面,即这时无论怎样改变现存制度,都不会给从事改革的人带来追加利益,这时就没有"制度创新"的可能,一直要等到外界条件发生变化(例如采用新生产技术或有了组织形式和经营管理形式的新发明,或社会政治环境有了变化),又出现了获得潜在利益的机会时,才产生"制度创新"的可能性。"制度创新"有三种可供选择的方式,即分别由个人、合作团体、政府担任"第一行动集团"。而这三种方式中,政府机构实行的"制度创新"最具有"优越性"。他们断言,政府在经济活动中的作用必然越来越强,像美国这样的国家经济必然会越来越走向"公私混合经济"。

伯克二元结构理论(Booke Dual Structure Theory)是一种从社会经济结构上分析发展中国家经济发展的理论。由荷兰经济学家伯克(Booke)于 20 世纪 50 年代提出。伯克认为,社会精神、组织形式和技术共同决定一个社会的特征,这些因素的相互依存和联系构成了社会制度。在只存在一种制度的情况下,社会是均质的。但如果同时存在两种或两种以上的制度,那就是二元社会或多元社会。伯克以对原荷兰殖民地印度尼西亚经济社会状况的考察为背景,认为在原来的东方殖民地和当今的不发达国家中,西方输入的资本主义制度和本地的前资本主义农业制度同时并存,社会结构具有二元性。他指出,前资本主义体制中人们的需要是有限的,他们从事生产主要是为了满足自己直接的生活需要。一个家庭如果种三亩地能够满足生活需要就绝不种六亩地。他们对价格、货币刺激的反应也完全不同于资本主义部门,往往出现这样的情况:当产品价格下降时,生产者扩大生产以便获得足够的收入维持生活;但当价格上升时,市场供给反而减少。庄园主提高工人工资,不仅不能刺激工人的积极性,反而要冒工人少干活的风险。在本地工业中,缺乏资本和现代技术,不存在什么严密的组织形式,人们对市场行情缺乏了解,但投机性的经营活动却比以正常的利润为目的企业活动活跃。伯克认为,发展中国家改良前资本主义农业,不能简单地承袭西方的路子,而必须根据二元结构的特点,积极稳妥地进行。尤其是要重视改变人们传统的行为方式,改变他们对工作的态度,这是发展过程中急需解决的重要问题。伯克的二元结构理论后来被刘易斯、拉尼斯、费景汉等经济学家加以发展,成为发展经济学中的重要理论之一。

刘易斯模式(Lewis Model)又称"无限过剩劳动力发展模式"或"二元结构发展模式"。一种从经济结构上探讨发展中国家经济发展的理论模式。由美国发展经济学家威廉·W. 刘易斯(William Arthur Lewis)于1954年、1955年先后发表的《劳动无限供给条件下的经济发展》和《经济增长理论》中始创。

刘易斯从新古典学派的经济发展观点出发,认为发展中国家一般存在着二元经济结构,即国民经济具有两种性质不同的结构或部门:一个是仅足糊口的、只能维持最低生活水平的、以土著方法进行生产的"自给农业部门"。在农业部门中,存在着只有极低的,低到零甚至负数生产率的"过剩劳动力"。另一个是以现代化方法进行生产的"资本主义部门"。该部门中的劳动生产率远比农业部门高。按照刘易斯的定义,"过剩劳动力"是劳动力的一部分,把这部分除掉以后,即使其他投入要素投入并不增加,而产出总量并不减少甚至还略有增加。这部分劳动力,形式上是就业的,但实际上对生产并未起任何作用,或者只能起极其微小的作用。由于农业部门存在着过剩劳动力,而农业部门自身已不会再生出对这部分过剩劳动力的生产性使用,这样,使之向工业部门转移,对两个部门均为有益,因为这一转移不仅有利于提高农业劳动生产率,而且使工业部门也得到了自身发展所需要的劳动力。因此,这种过剩劳动力在部门间的转移,对于工业和农业乃至整个经济发展都是必要的。

要使这种转移得以实现,必须使工业部门具备吸收这部分从农业部门中游离出来的过剩劳动力的必要条件,即新兴工业部门在早期是劳动密集的,有能力吸收过剩劳动力;工业部门的工资水平和农业部门的人均收入水平的差额,正好足以支付较高的城市生活费用,并提供最低限度的诱因;通过教育和技术培训,使过剩劳动力转变为熟练劳动力;在工业部门,只有在达到边际产品与工资相等这一特定点时,劳动力才会被雇佣。过剩劳动力由农业部门向工业部门移动,其结果如图 2-7 所示。

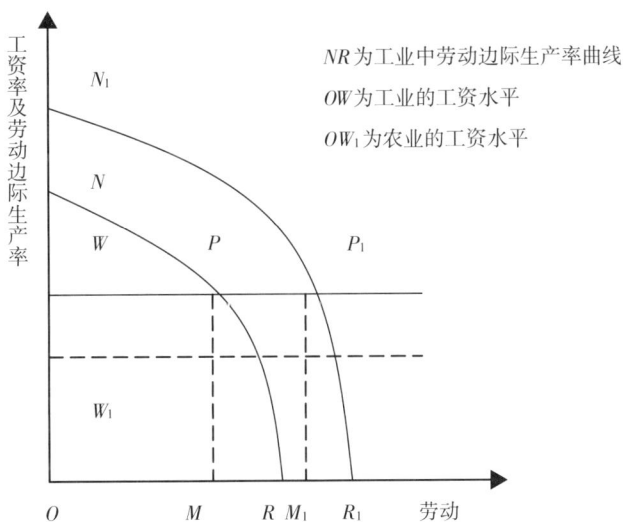

图 2-7 刘易斯过剩劳动力转移模式

劳动总产品($ONPM$)在劳动力和资本家之间分配,分为对劳动的工资支付($OWPM$)与资本家的利润(NPW)两部分。资本主义部门的增长及其对农业部门过剩劳动力的吸收率,均取决于资本主义利润的使用。由于劳动力的无限供给能按一种不变的工资率从传统的农业部门吸引出来,就会使现代制造业部门获得高额利润。当这些利润被再投资时,将促成劳动生产率的提高,从而劳动边际生产率曲线 NR 将向右移动为 N_1R_1。如果农业仍然存在着过剩劳动,则农业中仅足糊口的工资水平仍会保持不变,而工业的劳动市场由于有过剩劳动的源源供给,工资水平将不会提高。在新的劳动生产率曲线之下,资本家根据利润最大化原则,将雇佣 OM_1 量的劳动,获得 WN_1P_1 的利润量。资本家如果把利润再转为资本,这一过程将循环进行,过剩劳动力最终被全部吸收。

上述农业过剩劳动力的吸收转换过程将推动经济持续增长。当农业部门的过剩劳动力被吸收进工业部门时,农业部门的工资将开始上升,使贸易条件转向对农业有利,并导致工业部门的工资随之上升。资本积累的速度与规模,已突破了经济发展在最初阶段所遇到的劳动力无限供给的限制。当全部过剩劳动力被吸收时,工业部门的劳动力供给弹性已消失殆尽,因为农业部门已全部商业化,农业部门的生产者也加入了对劳动力的竞争。在这个过程中,工业部门的利润部分不断增长,以确保过剩劳动力不断得到利用,并最终全部被吸收。实际工资也将随着劳动生产率的增长而不断提高,于是经济将进入一个自我持续增长的新阶段。

该模式突出论证了经济发展过程中的两个重要问题:一是城市工业部门和乡村农业部门结构上和经济上的差异;二是把两个部门连接起来的劳动力转移过程的重要作用。

无限过剩劳动力发展模式(Infinite Surplus Labour Development Model)见"刘易斯模式"。

二元结构发展模式(Dual Structure Development Pattern)见"刘易斯模式"。

拉尼斯—费模式(Ranis-Fei Model)一种从动态角度研究农业和工业均衡增长的二元结构理论。1961 年由美国经济学家费伊(Fei)和拉尼斯(Ranis)在《经济发展中的一种理论》一文中提出。该模式以刘易斯模式对不发达国家经济部门的划分为基础,把双元经济结构的演变分为三个阶段(如图 2-8 所示)。

第一阶段类似刘易斯模式,农业部门存在着隐蔽性失业或可转移的过剩劳动力(AD),劳动的边际产品(MP)等于 O,劳动力供给弹性无限大[见图 2-8(c)]。在第二、第三阶段中,农业部门逐渐出现了生产剩余。这些生产剩余可以满足非农业生产部门的消费,从而有助于劳动力由农业部门向工业部门移动。因此,农业对促进工业增长所起的作用不只是消极地输送劳动力,还积极地为工业部门的扩大

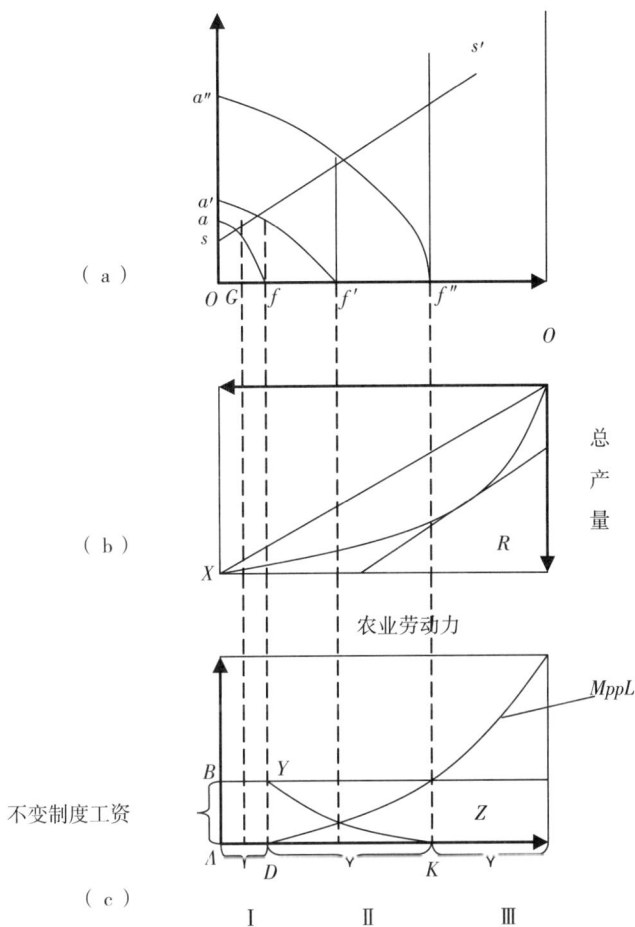

图 2-8 拉尼斯—费二元经济结构演变过程

提供必不可少的农产品。在第二阶段,因农业部门的平均产品(AP)高于边际产品(MP),而且与维持最低生活的工资水平不相等,过剩劳动力继续存在,并进一步增加。在此阶段中,当农业部门过剩劳动力向外转移时,MP 开始上升[见图 2-8(c)],工业部门的劳动力数量 0 增长到 OG[见图 2-8(a)]。在此时,$MP>0$ 而 AP[见图 2-8(c)中由 BYZ 表示]下降。随着工业部门中的利润转化为再投资,将使 MP 向外移动[见图 2-8(a),从 af 到 $a'f'$,再到 $a''f''$],从而,工业部门将继续吸收农业部门的过剩劳动力,直到 $MP=$实际工资$=AB=$不变制度工资(CIW)。在第三阶段,$MP>CIW$,经济已全部商业化,隐蔽性失业被消除,工业和农业开始同等地吸收劳动力。上述三个阶段中劳动力转移和再配置的数量与时间取决于三个因素:(1)工业资本储备的增长率。这一增长率为工业利润增长率和农业盈余增长率所限定。(2)工业技术进步的性质和倾向。(3)人口增长率。

费伊和拉尼斯认为,刘易斯模式有两点缺陷:(1)没有足够重视农业在促进工业增长中的作用。(2)没有注意到农业由于生产率的提高而出现剩余产品应该是农业中的劳动力向工业流动的先决条件。他们两人对这两点做了补充,从而发展了刘易斯模式。

乔根森模型(Jorgenson Model)认为农业产量的盈余对经济增长具有决定性作用的理论。1967 年由美国经济学家戴尔·乔根森(Dale W. Jorgenson)在《过剩农业劳动力和两重经济发展》一文中提出。该模型认为,不发达国家一般存在着两种性质不同的结构或部门,即现代工业部门和落后农业部门。落后农业部门的产量由土地和劳动所决定,生产函数呈收益递减。其公式为:$Y = e^{\alpha\beta t} L^{\alpha\beta} p^{1-\alpha\beta}$。式中,$Y$ 代表农业产量,L 为总耕地面积(假定其数量不变),p 为总人口,α 为技术进步率,β 为农业劳动的收益递减,$e^{\alpha t}$ 表示因技术进步引起的产量变化。经推导可得:$y_{(t)} = e^{\alpha-\beta\eta} y_{(0)}$。式中,y 为按人口平均的农业产量,$t$ 为时间,η 为人口的最大增长率。当人均农业收入增大($\alpha - \beta\eta$)大于零时,将会达到有盈余的农业产量水平。假定 β 在特定的落后经济部门中固定不变,那么,公共政策应当调节 α 或 η,或者同时调节两者。只要 $\alpha > \eta$,人均农业产量就会增长。当 $\alpha = \eta$,则只能获得一个"低水平的均衡"。现代工业部门的产量由劳动和资本所决定,生产函数呈现收益不断扩大。其公式为:$Q = F(C, L, t)$。式中,Q 为工业总产量,C 为资本,L 为工业劳动力,t 为时间,工业技术被预期为进步迅速。经推导可得衡量人均工业产量(用 q 表示)的公式:$\dfrac{\dot{q}}{q} = \lambda + \gamma \dfrac{\dot{C}}{C}$。

乔根森认为,两个不同部门的经济模型具有特定的内在联系。一方面,农业中用于纯消费的粮食生产的盈余,为工业部门的扩展解放了劳动力,即工业部门就业的增长率取决于这种盈余的增长。因此,只有创造"有益的农业盈余",才能增加工业就业,从而加速工业化所需的资本积累,使不发达经济避免陷入静止的部门均衡,保持经济的持续增长。另一方面,工业部门投资的不断增加,将推动工业产量和就业量持续增长,但现代工业部门中就业的增加,将不及资本和产量的增加迅速。该模型对工农业的相互关系及农业盈余促进工业增长的重视,有一定的可取之处。但仍有不足之处，如在农业生产函数中忽视了资本的作用。

贫困恶性循环论（Vicious Circle of Poverty）认为资本稀缺是阻碍发展中国家经济增长和发展的关键因素。1953年由美国经济学家纳克斯（Nurkse）在《不发达国家的资本形成问题》一书中提出。纳克斯认为，发展中国家在宏观经济中存在着供给和需求两个循环。从供给方面看，低收入意味着低储蓄能力，低储蓄能力引起资本形成不足，资本形成不足使生产率难以提高，低生产率又造成低收入，这样周而复始，完成一个循环。从需求方面看，低收入意味着低购买力，低购买力引起投资引诱不足，投资引诱不足使生产率难以提高，低生产率又造成低收入，这样周而复始又完成了一个循环。两个循环互相影响，使经济情况无法好转，经济增长难以出现。贫困恶性循环有两个方面的含义：（1）资本的匮乏造成了低水平的供给，又造成了低水平的需求，从而十分突出资本在消除经济停滞、促进经济增长中的特殊地位。（2）第一个循环侧重资本存量、收入和储蓄之间的关系，第二个循环侧重市场容量、收入和投资之间的关系。把两个循环联系起来可以看出：即使有了投资引诱，也缺少储蓄可以用来投资；同时，即使有了储蓄，也缺少投资引诱足以消化储蓄。因此，这两个循环很难打破，更难由向下的循环转变为向上的循环，发展中国家的长期贫困，长期经济停滞的局面难以改变，这样"贫困恶性循环论"对发展中国家的发展前景抱相当悲观的态度。

循环积累因果原理（Circular Cumulative Causation Model）从社会经济关系结构上，运用整体性分析方法研究发展中国家经济发展的理论。1944年，瑞典经济学家冈纳·缪尔达尔（Karl Gunnar Myrdal）在《美国的两难处境》一书中首次提出，之后他在《国际经济》《富裕国家和贫穷国家》《超越富利国家》以及《亚洲的戏剧》等著作中，对这一原理做了进一步的发挥和运用。缪尔达尔认为，社会经济诸因素之间的关系不是守衡或趋于均衡，而是以循环的方式运动，但不是简单地循环流转，而是具有积累效果的。他举例说，增加了发展中国家的贫穷大众的收入，就会改善他们的营养状况；营养状况的改善，可以提高劳动生产率；而劳动生产率的提高，反过来又能增加他们的收入。从最初的收入的增加，到收入的进一步增加，这是一个因果循环，这种循环是上升的循环运动。缪尔达尔认为，事物之间还存在着下降的循环运动。比如,低收入阶层的劳动者的健康状况的恶化,就会降低其劳动生产率,从而减少他们的工资收入,并降低其生活水平;这种状况反过来又进一步使他们的健康状况恶化。由于缪尔达尔的理论分析运用"整体性"方法,强调经济同社会其他因素的互相关系以及对制度经济学的价值判断标准进一步论证,他的这一理论被认为是对西方制度经济学的重大发展。

赖宾斯坦临界最小努力命题(Leeibenstein's the Theory of Cirtical Minimum Effect)主张发展中国家经济发展应努力使经济达到一定水平,冲破低水平均衡状态,以取得长期持续增长的经济发展理论。1957 年由美国经济学家哈维·赖宾斯坦(Harvey Leeibenstein)在《经济落后和经济增长》一书中提出。赖宾斯坦的命题是建立在这样一个经验证据上,即人口增长率是人均收入水平的一个函数。从长期看,发展中国家推动人均收入上升的刺激力量一般小于人均收入上升时形成的阻力,因此人均收入始终保持在仅足够维持生存的均衡点上,引起一个反复轮回的所谓"恶性循环"。但是,如果外来的刺激力量十分巨大,使人均收入持续地大幅度上升,这时即使消费水平因收入的增加而提高,但不至于把增加的收入全部用于消费,同时诱发性人口增长也为经济发展提供了条件。在这种情况下,发展中国家就会有力量摆脱其"恶性循环",迈向持久性成长的途径。也就是说,一个国家的经济从落后状态向比较发达的状态转变,就必须在一定的时期受到大于临界最小规模增长的刺激。如今有些地区之所以还停留在落后状态,是因为经济所受的刺激还小于"临界最小努力";而某些先进国家经济之所以能够实现持续性成长,是因为这些国家在过去的某一时点上,接受了比"临界最小努力"更大的刺激。发展中国家在经济发展过程中也存在一定的有利条件,这些条件主要靠企业家、投资者、储蓄者和技术革新者等"增长代理人"来创造,其从事的创办企业、增加知识存量、提高居民生产技巧、提高储蓄等活动,对经济增长和发展都作出了贡献。赖宾斯坦认为,发展中国家经济中又必须有更多的企业家从事有利于经济增长和发展的活动,并投入更多的资源,才能冲破经济增长的有临界最小努力,促使经济高速增长。

低水平均衡陷阱(Low Level Equilibrium Trap)认为发展中国家存在一个低水

平人均收入反复轮回现象的经济发展理论。在美国经济学家哈维·赖宾斯坦（Harvey Leeibenstein）提出的"准安定均衡"理论基础上，由发展经济学家纳尔逊（Nelson）进一步提出和完善。主要内容是：不发达经济的痼疾表现为人均实际收入处于仅够糊口或接近于维持生命的低水平均衡状态；很低的居民收入使居民储蓄和投资率受到极大局限；如果以增大国民收入来提高储蓄和投资，又通常导致人口的增长，从而又将人均收入推回到低水平稳定均衡状态之中。这是不发达经济难以逾越的一个陷阱。可以看出，陷阱的产生关键在于初期均衡时期能否找到临界最小努力的临界点。根据马尔萨斯假设，当人均收入超过维持生命的水平，人口就要迅速增长，当人口增长率达到"自然的上限"以后，收入的增长使人口下降。这一假设是低水平均衡陷阱、临界最小努力命题的基础。

纳尔逊认为，形成低水平均衡陷阱的四个社会技术条件是：（1）人均收入水平和人口增长率的高度相关。（2）人口基数过大和人均收入过低，使任何投入的额外追加都难以提高人均收入，进而使储蓄和人均投资的增加亦十分困难。（3）耕作制度的落后（如刀耕火种对自然植被造成的破坏），使发展中国家最为宝贵的资源之一——土地严重稀缺。（4）所采用的生产方法缺乏效率。除此之外，若干非经济因素和经济活动中只改变收益分配格局而不增大国民收入总量的"零和效应"，也是阻碍经济发展的。

持续的经济增长要求打破低水平均衡陷阱，在可动员经济资源（包括资本）不变和没有来自经济外部的刺激（即外力助推）的情况下，要走出陷阱，就必须使人均收入增长率超过人口增长率，因此必须多管齐下、综合治理。

大推动理论（The Theory of the Big-push）是主张发展中国家在投资上以一定的速度和规模持续作用于众多产业，从而冲破其发展瓶颈的经济发展理论。奥地利著名发展经济学家罗森斯坦—罗丹（P. N. Rosenstein-Rodan）是这个理论的倡导和集大成者。"大推动"之所以在发展中国家有着远比"一点一点"渐进式经济发展方式更有市场，原因在于它借以立论的三个"不可分性"和外部经济效果具有更能说服人的经验证据和理论基础：（1）生产函数的不可分性。罗森斯坦—罗丹认为，投入—产出过程的不可分性能够增加收益，并对降低资金产出比作用甚大。在基础设施的供给方面，"社会分摊资本"就具有明显的过程上的不可分性和时序上的不可逆性。诸如电力、运输、信息等基础设施建设周期长,且必须先于直接生产性投资,这是它促进外部经济产生的前提,也是发展中国家工业化过程中最为常见的"瓶颈",只不过在资本形成过程中表现为资本的短缺。(2)需求的不可分性。众多关联产业在投资决策中实际上是相互依赖、互为条件,彼此都在为对方提供着要素投入的能力和需求市场的容量,从而共同突破市场"瓶颈"。要做到这一点,就必须使不同产业的资源配置在一定空间同时具有一定规模。(3)储蓄供给的不可分性。发展中国家普遍面临着这样的困境:一方面,人均国民收入非常低,因而居民储蓄相应低下;另一方面,即使最小的投资规模也需要大量储蓄。打破这个"储蓄缺口"的唯一办法,是在投资额提高诱发的居民收入增长时,必须使边际储蓄率高于平均储蓄率;否则,储蓄的不充分将使投资规模受到局限。

发展极理论(Development Poles Theory)强调资源配置应集中在某些具有创新能力的行业和产业部门,并由此带动其他经济部门成长的发展理论。法国经济学家弗朗索瓦·佩尔鲁克斯(Francois Perroux)提出的这个理论,对于发展经济学中的区域发展模式和要素配置原则的丰富和多样化,起着重要作用。

发展极理论强调国民经济计划中的资源配置要集中在不同的经济空间以及不同的行业部门。在不同的时期中,经济增长的势头不会在所有地区和部门中同时出现,而是集中在某些具有创新能力的行业和主导产业部门;由于供给函数和市场需求的不可分性,这些主导部门有创新能力的行业通常集聚在大城市中心,从而形成发展极。

熊彼特的创新企业模式是发展极理论得以成立的前提,在这一模式中,投资的着眼点在于预期未来的创新会形成新的和超常规的收益,而不在于通过常规格局和现有的技术水平去预期未来收益。一旦出现了"关键创新"以及由此所致的超额利润会有更多的模仿者加入创新的行列或者追随创新的模式,从而使发展极对其周边地区产生"扩散效应"。它通过技术、管理、资金、信息等载体把增长的势头从发展极向周边地区扩散,或从一个产业(比如工业)向另一个产业(比如农业)扩散,形成发展极对某一经济空间增长和发展的带动作用。

发展极理论的政策主张集中地反映在区域发展模式上,它认为以总量指标衡量发展中国家的计划结果是不经济的,资源配置应主要集中在发展极;如果没有发展极,就要创建发展极,因为在主导产业和有创新能力的部门共同作用下,"点束式"极点增长及其带动作用要比"平面式"板块增长在资源配置上合理得多,在经济效益上合算得多,在用于基础设施建设方面的"社会分摊资本"要少得多。

佩尔鲁克斯的发展极理论受到国际发展经济学界的广泛关注,英美经济学家在此基础上提炼出了"增长点"理论,使二者在理论上相得益彰,相互补充和完善。

增长极理论(Growth Poles Theory)又称"增长点理论"。生产要素在一定地区的分布和集聚会产生高速增长的若干点状空间,并由此带动其他地区经济增长的发展理论。由英美一些发展经济学家,在弗朗索瓦·佩尔鲁克斯(F. Perroux)提出的"发展极"理论基础上,归纳、引申和提炼而出。生产要素在不同空间的分布和集聚,以及服务业随之踵至的地理空间上的集中,往往使经济流程在若干点状空间具有高速增长成为可能,从而形成经济的增长点,并由此造成地区之间在收入和创新能力上的悬殊差异。增长点会产生两个重要效应。其一是它的"扩散效应",即经济增长的势头,会随着增长点内部人力资本的提高,规模效益的扩大,技术进步的加速,创新群的集结,从增长点向其周边地区扩散,从而带动和促进周边地区的经济增长和发展。这种效应还可以表现为先进的产业把其增长势头通过信息、技术、管理等要素的传递机制和对资源市场的需求向相对落后的产业扩散。所以,扩散效应不仅在经济空间上,并且在经济结构内部都可以得到充分的体现。其二是在增长点内部所产生的"亲和力",它引致出两种重要的"外部经济效果"。首先,每一个企业得到熟练和半熟练工人、白领职员或技术工作人员(这些人员完全可能是别的企业培训但在就业竞争中游离到劳动力市场)的可能性大为提高。换言之,在厂商密集地集聚的区域中,人力资本将得到较为充分的利用。其次,厂商和行业的集聚,会使几乎每一个厂商都能分享到资源供应、维修服务、技术咨询、基础设施的集中所产生的好处,由此降低了成本。20世纪60年代中期以来,经济学家对意大利南部地区,以及巴西、印度等国家经济增长过程的研究,都证实了这些效应。但应注意到,扩散效应从增长点开始发散,其作用会随着空间扩大而逐渐消失。另外,厂商在一定空间内的集聚,一旦发展到拥挤不堪的地步,会使集聚优势转变为环境污染和基础设施超载,引起外部不经济。

缪尔达尔经济发展理论（Myrdal's Economic Development Theory）分析发展中国家经济发展理论之一。20 世纪 50 年代,由瑞典著名经济学家、诺贝尔经济学奖获得者冈纳·缪尔达尔（Karl Gunnar Myrdal）提出。主要著作有《富裕国家和贫穷国家》（1957）、《富裕的挑战》（1963）、《亚洲的戏剧:一些国家贫困的研究》（1968）。

缪尔达尔认为,发展中国家的经济发展,不仅仅是一个国民生产总值的增长问题,而是整个社会文化发展过程的一个组成部分。发展是指整个社会、经济、文化等发展过程的上升运动。缪尔达尔运用他的"循环积累因果原理"论述了发展问题,认为在社会发展过程中,经济、政治、社会、心理和制度等因素互相影响、互为因果。这些影响发展因素主要有产量和收入、生产条件、生活水平、对待工作和生活的态度、制度和政策。缪尔达尔的经济发展理论可归纳为三个方面:第一,关于发展中国家的社会改革问题。缪尔达尔经过长时期的调查研究发现,大多数发展中国家存在着严重影响经济进步的制度因素或结构因素,他主张实行如下四项改革:(1)权力关系的改革。许多发展中国家权力掌握在特权集团手里,这些人多数只顾自己发财致富,不关心国家的发展。因此权力关系的改革是使权力从上层集团转移到下层大众。(2)土地改革。现存的土地关系,严重地妨碍了耕种者的积极性和生产效率。(3)教育改革。许多发展中国家一方面存在大量的文盲和未能入学的学龄儿童;另一方面却办了许多高等学校,这严重地影响了社会和经济的正常发展。(4)同贪污、贿赂等腐败现象作斗争,建立必要的制度和秩序。第二,关于工业和农业发展问题。缪尔达尔认为,发展中国家实现工业化是重要的,但工业化能够吸收的劳动力数量是有限的,大量的劳动力要依靠发展农业来加以解决,因此农业的发展应放在重要的地位上。第三,关于国际贸易问题。发达国家由于采用先进技术并在生产上取得外部经济的好处,产品成本低,在自由贸易的情况下,发展中国家的手工业和小规模工业将被价格较低的输入品击败。因此,缪尔达尔认为,只有在贸易国双方的工业化水平差不多的情况下,才是互利的。他主张发展中国家应把对外贸易管制起来,实行保护政策。

回流效应（Backwash Effect）是指地区外因素引起的不利于该地区经济发展和扩张变化的一种理论。瑞典著名经济学家冈纳·缪尔达尔（Karl Gunnar Myrdal）

提出的这一理论。哈维·赖宾斯坦(Harvey Leeibenstein)、纳尔逊(Nelson)等人强调的"低收入均衡陷阱",是缪尔达尔的回流效应的逻辑前提,即经济不发达是一个循环累积的过程,它制约着经济系统的良性运行。由于加速度的作用,贫穷的恶性循环累积过程不仅使初始的发展与后来的发展呈同向性,而且使后来的发展更加强和推进了初始的变化。这是发达地区与不发达地区、发达国家与不发达国家之间差距越来越大的重要原因。

回流效应的机制性作用在区域之间、国际之间从若干个方面产生。首先是制度方面的原因。缪尔达尔认为,在以追求利润为根本目的的资本主义经济制度中,能够获取超过平均利润率的利润,毕竟只在一定的经济空间中才会出现,对它的追求,必然导致利润高的地区成为发达地区而其他地区成为不发达地区。如果政府不加以干预,资源配置上完全依赖市场机制的力量,那么,可以取得高附加价值和垄断利润的产业如工业生产、商业营销、金融活动等,将取得高于平均利润的收益;社会分摊资本和其他非生产性固定资产也会随着经济增长中心的确立而集聚在这些地区,其他地区将成为一潭死水。换言之,一个地区的发展以另一个地区的停滞为代价,区域的不平衡加剧了。

其次,人口和资本的移动,贸易活动的进行,也会对落后地区产生回流效应。经济活动扩张的地区将从就业机会、工资水平、福利待遇、技术进步、社区环境等各个方面对落后地区的人口、劳动力和各种专业人才产生强有力的吸纳作用,从而使落后地区逐渐失去自己富于创造性的力量,进一步降低了自己的人力资本存量。经济扩张地区旺盛的需求形成投资的强烈刺激,大量的资本形成又提高了人均收入,扩大了市场需求,导致投资的新浪潮。许多国家和地区都有这样的事实:经济扩张地区把落后地区的资本吸引到本区。在缺少国家干预的情况下,发达地区良好的投资环境和优厚的投资利润以及充分发育的、需求不断扩张的市场将不可阻遏地通过金融组织这根虹吸管把贫穷地区的资金吸到发达地区。扩张中心强大的制造业还会破坏不发达地区的手工业,只不过以区际贸易形式进行而已,后果是落后地区被迫从事单一的农业或其他初级产品的生产。

回流效应在区际之间的机制性作用同样可以推导和放大到国际之间,只不过贸易的作用在国际间显得更为重要,而移民的趋势显示出不发达国家人才的流失。

虽然经济中存在着扩散效应,但它的作用只有随着一个国家或地区经济发展水平的大幅提高才会得到充分发挥,因为信息、运输、电信条件的改善、人力资本的广泛提高和价值观念的转变,都会促进增长势头向周边地区扩散。所以,越是不发达地区,其扩散效应就越是被回流效应所抵消,从而使区际间不平衡加剧。

舒尔茨农业经济发展理论(Schurz's Agricultural Economic Development Theory)是一种以农业为重心研究发展中国家经济发展的理论。1964 年美国著名经济学家西奥多·舒尔茨(Theodore W. Schultz)在《改造传统农业》一书中提出。舒尔茨把发展中国家完全以世代相传的生产要素为基础的农业称作传统农业。他认为传统农业是一种特殊类型的经济均衡状态,在这种状态中,技术状况长期保持不变,以持有和获取农业生产要素取得收入的偏好和动机长期保持不变,农业生产要素的供给和需求长期保持不变。当农业接近于传统农业的特定的均衡状态时,向农业生产要素进行追加投资的边际生产率不断下降,取得农业收益的成本变得十分高昂,高成本、低收益,削弱了对农业进行新投资的刺激。于是,储蓄和投资、农业生产要素的供给和需求便处于均衡状态。实际上,传统农业是处于停滞状态的维持简单再生产的农业。舒尔茨认为:(1)传统农业中农民根据他们多年积累下来的经验,能够相当有效率地分配现有的资源,并且,对有利的经济刺激作出反应所需要的时间也不比现代化农业中的农民所需要的时间长。(2)传统农业社会劳动边际生产率并不等于零,那里并不存在大量的隐蔽性失业。舒尔茨根据1918 年发生在印度的一场流行性感冒造成农业人口下降,并给农业生产带来严重影响的统计材料证明:农业劳动力的减少,会引起农业耕地面积的相应缩减和产量的下降,农业产量的增减和农业人口增减之间存在着极为密切的依存关系。(3)传统农业中投资的收益率是很低的。穷国的富人不把资金投入农业,而将财富转移到国外。外国在发展中国家的投资也不是用于现有形式的传统生产要素。不能从传统农业中资本稀缺推导出资本投资收益率高的结论。资本稀缺表明传统农业中,社会所依靠的生产要素是高速的经济增长的源泉。因此,传统农业不可能成为发展中国家经济增长的源泉,要使农业持续增长,就必须把传统农业改造成为现代农业。舒尔茨提出了四个方面的措施:(1)以市场机制为基础,建立健全价格体系。(2)由政府负责大力推广农业科学技术。(3)发展教育,提高农民的文化技术水平。(4)取消大农场,推广家庭农场,把家庭农场作为基本生产单位。多数发展经济学家认为,舒尔茨的农业经济发展理论基本符合发展中国家的实际,对于发展中国家的经济发展具有指导意义。

邓宁投资发展周期理论(Dunning's Investment Development Path Theory)是研究投资流量与经济发展关系的理论。由美国著名跨国公司专家、经济学家约翰·邓宁(John Harry Dunning)在 20 世纪 70—80 年代提出。

邓宁的投资发展周期理论是在他的动态化的国际生产折衷理论的基础上提出的。他在研究了 67 个国家 1967—1978 年直接投资和经济发展阶段之间的联系后,认为一个国家的投资流量和该国的经济发展水平有密切的关系。随着一个国家人均国民生产总值提高,人均资本流动也在不断增加。邓宁以 67 个国家不同的经济发展水平和资本流动情况,将它们分为四组:第一组国家人均国民生产总值在 400 美元以下,包括了 25 个最贫穷的发展中国家,这些国家略有资本流入而没有资本流出,除印度以外,净资本流动略有负值。第二组国家人均国民生产总值在 400 美元到 1500 美元,这些国家直接投资的流入在增加,但资本的流出保持在较低水平。第三组国家包括 11 个人均国民生产总值在 2000 美元到 4750 美元的国家,这些国家的对外投资正在稳定地发展,资本流出的速度快于资本流入,但资本流动的净产值仍然是负数。第四组包括 6 个人均国民生产总值在 5000 美元左右的发达国家,以美国为代表,资本的流出水平比较高,并且增长速度快于资本流入。邓宁在分组的基础上提出了"对外直接投资周期"的概念。他认为,一个国家的经济水平较低时,资本流动值很小,而且主要是吸收外国资本,逐渐发展到资本的流入、流出同时并存,在经济发展的较高阶段,资本的流量达到较高水平,而且资本流出额高于资本流入额。

邓宁认为,这种直接投资的发展周期也能用国际生产折衷理论来加以解释。在经济发展的第一阶段,本国几乎没有所有权优势和内部化优势,外国的区位优势对它来说也没有能力加以利用,而本国的区位优势对外国投资者的吸引力也比较小,原因是国内市场、商业渠道、法律机构、政治环境以及运输、通信系统等不健全或不完善。因此,没有资本流出,只有少量的资本流入。第二阶段,随着国内市场的扩大、购买力的提高,以及为这些市场服务的成本下降,直接投资的流入开始增加。这时,资本流入的性质可以分成两大类:一类是"进口替代型制造业"的投资,目的是替代或补充消费品和资本品的进口;另一类是"带动出口型的投资",即用资本的流入来开拓本国的资源。邓宁认为,在经济发展的这一阶段,吸引外资的流入是很关键的,而要吸引外资就要创造区位上的优势。例如,改善投资环境,健全法律制度等。在第三阶段,国内经济发展水平又有了提高,人均资本的流入速度开始下降,而对外直接投资发展很快。在经济发展的这个阶段,标志着国际投资专业化的开始,即在那些比较区位优势较强、比较所有权优势较弱的地区或部门,试图吸引直接投资的流入;而在那些比较所有权优势较强、比较区位优势较弱的地区或部门,发展对外投资。第四阶段,这个国家向外直接投资的流出超过了直接投资的流入,反映这类国家拥有较强的所有权优势和在国外内部化开拓这些优势的能力与倾向,并且试图利用其他区位的比较优势,反映了在当代国际经济竞争中存在一种将各种比较优势结合起来的趋势。

依附论(Dependency Theory)又称"激进主义经济发展理论"。研究第三世界国家贫困和不发达的原因的一种理论。20世纪60年代最先出现在一些学院派理论家和发展经济学家的著作中,主要代表人物有保罗·巴兰(Paul A. Baran)、安德烈·冈德·弗兰克(Andre Gunder Frank)、萨米尔·阿明(Samir Amin)等。

持激进主义思路的发展经济学家一般接受了马克思的思想和理论的影响,他们自称是"新马克思主义者"。他们从发展中国家内的阶级关系和国际环境中的帝国主义、新殖民主义的势力,提出了"依附论"。依附论是在否定"现代化理论"的基础上发展起来的。指出现代化理论的致命弱点是根本未考虑到权力不平等以及由此而造成的阶级冲突等情况,否定现代化理论家宣称的先进社会对落后社会的"扩散"影响,认为当今世界上先进工业中心的发达同时意味着某些国家的不发达,因为后者的经济剩余被前者剥削去了;西方资本主义在扩张、渗透的同时,使得第三世界变成了不发达的"卫星国"和经济上贫穷、政治上软弱的依附性国家。因此,殖民主义和"依附性"是第三世界不发达的根本原因。那些把贫困国家看成它们自身在经济发展上不成熟或者"不发达"、指望经过一定时期就会有所发展的观点纯粹是一种幻想。为了改变第三世界国家的依附地位,阻止资本主义发达国家对其经济剩余的剥削,唯一的办法是砸碎转移剩余价值的依附链条。基于上述观点,依附论者提出了发展政策:(1)第三世界应当割断同资本主义"中心"的联系。

(2)工人阶级应当起来推翻本国的买办资产阶级,同国际资本主义作斗争。(3)第三世界国家之间要加强国际团结,以便相互帮助,并在南方各国建立强有力的工业基础。依附论是发展研究领域中的三个重要学派之一。它对第三世界贫困和不发达问题进行了比较深入的研究,从理论上对现代化模式提出了挑战。

激进主义经济发展理论(Radicalism Economic Development Theory)见"依附论"。

巴兰经济剩余论(Baran's Theory of Economic Surplus)是一种从经济剩余的使用和分配的角度来分析第三世界国家不发达原因的理论。20 世纪 50 年代由美国经济学家保罗·巴兰(Paul A. Baran)提出。

巴兰认为经济增长尽管取决于许多因素,但最终因素是"以生产资料形式出现的新增净投资",它来源于一个社会的"经济剩余";经济增长的快慢取决于"经济剩余"的规模以及对其的使用和分配。因此,巴兰从"经济剩余"入手开始他对第三世界国家不发达原因的分析。巴兰的"经济剩余"概念不同于马克思的"剩余价值"概念,而与古典政治经济学的概念相近。根据"经济剩余"这一概念,巴兰认为不发达国家之所以不能摆脱贫困,首要原因不在于"经济剩余太少"、积累不足,而在于"经济剩余"使用不当。因为,在这些国家大量的"剩余"或者流向国外,或者进入非生产领域,从而不能用于投资,即便有部分"剩余"用于投资,也因为当地工业部门经营环境不佳、利润率低等因素而缺乏对投资的吸引力,加之社会又没有刺激投资工业的动力,使这部分"剩余"不是投向工业而是投向商业和房地产业。

关于"经济剩余"使用不当的原因,巴兰认为是由第三世界国家的社会经济结构决定的。在世界经济的历史演进中,不发达国家在经济结构上日渐形成了某些共同的特征,即存在着以小农生产为特征的广大而又非常落后的农业部门和寄生地主阶级;国内市场有限,而为此服务的工业部门在国民经济中占的比例很小,且部分为外资所有;以出口为目的的加工企业不仅基本为外资所有,而且主要生产初级产品或半初级产品,其附加价值很小;商业部门在国民经济中所占比重很大,既有与外资紧密联系并控制进出口的大商业,又有深入穷乡僻壤的小商贩。这种独特的经济结构是阻碍经济社会进一步发展的重要原因。根据上述分析,巴兰指出不发达国家的资本主义发展不会重复发达国家早期发展的老路,最佳的发展模式是一种类似苏联的道路,即依靠农业提供的"剩余"首先建立重工业,然而再发展轻工业。

阿明依附论(Amin's Dependency Theory)是一种从国际经济秩序角度分析发展中国家不发达原因的理论。20 世纪 70 年代,由埃及经济学家萨米尔·阿明(Samir Amin)等提出。其著作有《世界规模的资本积累》(1970)、《不平衡发展——试论外国资本主义的社会结构》(1973)、《自力更生与国际经济新秩序》(1976)等。

阿明着重从生产领域讨论了资本主义体系中"中心"和"外围"国家之间的关系。他认为,在这个体系中,发达国家处在占统治地位的"中心"地位,而不发达国家则处在依附于"中心"的"外围"地位。这种状况,造成了国际经济生活中的两极分化现象。阿明指出,从历史上看,依附性造成的原因是:(1)"外围"国家资本主义模式是"中心"国家通过殖民统治强加于它们的。在"中心"国家里,资本主义是在封建主义崩溃的基础上发展起来的。但在"外围"国家,原来存在的只是前资本主义的生产方式,资本主义只是随着它们逐渐沦为殖民地后由殖民当局强加的。在这些国家里,前资本主义并没有崩溃,而是走向畸形化;同时,在此过程中,"外围"国家也并没有形成真正成熟的民族资本阶级,而仅仅形成受"中心"国家垄断资本支配的封建领主和买办资产阶级。这一切,使"外围"国家必然受资本主义"中心"国的积累规律所支配。(2)资本主义再生产分为四个部门:出口部门、群众消费部门、奢侈品生产部门和设备部门。在"外围"国家经济中起决定作用的,是出口部门和奢侈品消费部门,而这些部门的发展要受到国际市场和国内市场的严重限制,这就决定了"外围"国家的资本主义再生产没有自身的推动力量,而只能依附于"中心"国家。(3)不等价交换是"中心"国家剥削"外围"国家的基础。"中心"国家为追求利润,极力扩大对"外围"国家的资本输出,"外围"国家在吸收这些资本后,因国内市场狭小,被迫发展原料生产,以满足世界市场的需要。但由于世界市场上各国劳动生产率的差异,"中心"国家和"外围"国家之间总是处于不平等的交换地位,从而使财富不断向"中心"国家集中。因此,阿明反对当前许多发展中国家实施的进口替代和面向出口的经济发展战略。他认为,发展中国家的根本出路在于减少同发达国家的经济联系,打破帝国主义"中心"国所强加的不平等的国际分工,建立民族的和自力更生的经济体系。只有在此基础上,发展中国家才能摆脱贫困,并获得真正的发展。

普雷维什经济发展理论(Prebisch's Economic Development Theory)是从国际经济关系的角度分析发展中国家经济发展的理论。1950 年,由拉丁美洲经济学家、第三世界民族主义经济发展理论创始人劳尔·普雷维什(Roal Prebisch)在《拉丁美洲的经济发展及其主要问题》等文中提出。

普雷维什采用中心—外围的结构分析方法,研究了资本主义国际经济体系中发达国家和发展中国家的利益关系。他认为,当代资本主义的国际经济体系是由非对称的两部分即中心—外围组成的。资本主义工业发达国家构成这个体系的中心,贫穷落后的经济不发达国家构成广阔而复杂的外围。中心利用国际分工,主要从事制成品生产。外围则从事初级产品生产。中心国家制造业劳动生产率的提高快于外围国家初级产品劳动生产率的提高。在国际贸易中,工业制成品的价格理应相对下降,这样外围国家初级产品贸易条件会趋于好转。但是,由于中心国家产品需求收入弹性高、外围国家初级产品需求弹性低;而且由于中心国家工会的强大压力维持了工资的高水平以及垄断组织能有效地维护利润水平,从而使工业制成品价格不按劳动生产率的提高比例下降,这样就造成了外围国家初级产品贸易条件不断恶化。因此,普雷维什认为,传统的自由贸易理论和政策不能适用于发展中国家。要改变这种局面,就必须实施进口替代工业化的战略,即采取有节制、有选择的保护政策,削减和限制对发达国家工业制成品的进口;在提高初级产品部门劳动生产率的同时,把其余的资源投入工业部门,发展国内工业制成品的生产,采取适当的刺激或其他经济政策措施,提高国内储蓄水平,加快资本积累;实施经济计划,把计划与市场和私人资本的创造性结合起来,并扩大政府对基础设施的投资。20 世纪 70 年代以后,普雷维什出版了《外围资本主义:危机与改造》(1981)一书、发表了一些论文,把民族主义发展理论发展成为一个完整的体系。他认为,区分中心与外围的标志不仅仅是出口货物,更重要的是创新还是模仿。外围国家按照中心国家所走过的轨道,亦步亦趋地摸索前进,采用和引进中心的技术,仿效中心国家的消费模式和生活方式,引进中心国家的制度乃至文化、思想、意识,因此外围国家资本主义是模仿的资本主义。但由于外围国家的社会基础是"特权消费社会"，因此同从中心国家引进的制度发生了尖锐的矛盾。普雷维什认为，外围国家引进新技术，提高了本国劳动生产率，产生了经济剩余，如果这些剩余在国民各阶层进行合理分配，并通过储蓄促进资本积累，那么就能像中心那样获得经济增长。但是，由于外围国家社会经济结构的异质性，剩余被少数上层阶层所占有，并用于模仿西方的奢侈消费方式。这样，剩余既无助于经济增长也不能改善收入分配。

普雷维什认为，经济剩余的分配和使用不当是外围资本主义国家发生危机的根源。因此，他主张对外围资本主义国家进行改造，通过体制改革使剩余为社会所用。他的方案是：（1）在承认产生剩余的大企业、跨国公司和私人占有关系的条件下，把经营权移交给国家。（2）对这些企业征收高额税金，并用它来扩大城乡低收入阶层的就业机会，增加需求，实现经济增长。他认为只有这样做，才能建立和发展"社会主义"和自由主义相结合的代议制民主制度，克服拉丁美洲国家或地区当前的经济、社会危机。

伊曼纽尔不平等交换论（Emanuel's Unequal Exchange Theory）是一种从生产价格入手分析发展中国家经济落后原因的理论。1969 年由法国经济学家阿尔基里·伊曼纽尔（Arghiri Emanuel）在《不平等交换：贸易帝国主义研究》一书中提出。

伊曼纽尔试图将马克思单一国家生产价格理论推广到国际领域，从不发达国家同发达国家的交换关系来说明不发达国家的落后状态。其核心在于"不平等交换"。他首先分析了劳动力，认为"对社会经济产品基本份额分享的已有所有权"是分析社会生产的关键。在简单商品生产社会，劳动者"自我雇佣"，劳动构成了对产品所有权的基础。单一的所有权引起竞争是单一的。不同部门劳动者自由流动使不同部门的所得平均化，价格围绕着劳动价值波动。这种价格趋向于价值的运动的结果是平等交换。在资本主义社会，所有权就不再单一了。包括两部分：一是劳动力的所有权；二是资本的所有权。从而竞争也划分为两部分：一是工人内部的竞争；二是资本家内部的竞争。前者的趋向是不同生产部门工资平均化，后者是利润平均化。在各种生产要素充分流动的条件下，尽管竞争没有"自我雇佣"时那样单一，但各部门的成本价格仍能趋向一致，产品的交换因而也是平等的。总之，平等的交换取决于两个自由流动，即工人和资本的自由流动。

伊曼纽尔认为上述情况不适用于世界经济。在国际范围内,资本和商品是可以自由流动的,其竞争导致国际间商品价格和资本利润率的平均化。然而由于各国之间的劳动不能自由流动,相互之间没有直接的竞争,因此,各国工资水平差异很大。在这种条件下会出现两种情况:第一种是两种同样的产品在国际间的交换,由于工资不同,利润率平均化的规律迫使工资水平较高的国家提高这种产品的劳动生产率,只有这样成本才能趋向一致,其结果会出现平等交换。但这种情况在国际交换中是很少的。第二种情况是不同产品的交换。在这种情况下,由于各国工资的差异,其成本也不一样。低工资国家进口需要支付比其工资水平相对当时更多的费用。由于国际间商品与资本自由流动的必然,使其出口价格难以提高,出现了在换取一定量产品时需出口更大量的另一种产品。而高工资国家出口一定量的产品将会换回更大量的另一种产品。这种工资不相等是引起交换不平等的根本原因。

弗兰克不发达发展论(Frank's Underdeveloped Theory)是一种从国际经济交换关系的角度分析发展中国家经济发展的理论。1967年由德裔经济学家安德烈·冈德·弗兰克(Andre Gunder Frank)在《拉丁美洲的资本主义和不发达》一书中提出。

弗兰克把资本主义视为一个垄断的世界交换体系。这一体系是以不发达地区的"经济剩余"输送到发达地区为基本特征,并由此形成了中心区与外围区的分别,形成了中心区对外围区的剥削。他认为这一体系自16世纪就已建立,并且至今没有本质的变化。正是在早期殖民阶段,外围国通过交换而被纳入世界资本主义经济体系,因此外围国的经济活动早就是世界资本主义的一部分,是资本主义性质的。弗兰克认为,造成不发达的原因,首先是世界资本主义经济体系的剥削。这一剥削是通过一系列"中心—外围"长链完成的。这一长链包括:中心国—外围国;外围国大都市—中小城市;中小城市—农村地区……通过这一长链,外围国最偏远乡村的"经济剩余"被源源不断地输往中心国。它不仅使外围国丧失了潜在的投资能力、经济停滞,而且使经济结构日益畸变,形成了"不发达的发展"。弗兰克认为,在这一"中心—外围"的长链中,中心国和外围国的统治阶级是其受益者,因此他们都力图保持这一结构。弗兰克通过对拉丁美洲一些国家经济发展分析认为,"不论过去或现在,造成不发达状态的正是造成经济发达(资本主义本身的发展)的同一个历史过程"。因此,不解除这种"中心—外围"剥削关系,外围国即便是出现了"民族主义"政府,民族资本主义发展仍然毫无前途。

沃勒斯坦世界系统论(Wallerstein's World-systems Theory)是西方激进学派"依附论"之一。该理论认为,民族国家的内部结构和发展取决于它们在整个世界整体中的地位,只有从现代"具有单一分工和多种文化"的"世界系统"这一整体出发,才能把握一个国家的经济发展。1974 年由美国经济学家伊曼纽尔·沃勒斯坦(Immanuel Wallerstein)在《现代世界系统》一书中提出。

沃勒斯坦认为当代世界系统的单一分工特征是资本主义的发展造成的,因此它是资本主义系统。他把这一世界系统分为三个部分:中心国家、半外围国家和外围国家。这三类国家的主要区别在于其国家机器的力量不同。他认为当市场的正常运转不能带来最大限度利润时,市场的参加者便力图使国家来改变贸易条件,因此,国家的力量是最重要的因素。由于这三类国家力量对比不同,中心国家具有明显的优势,致使"经济剩余"流入中心国家。沃勒斯坦认为中心—外围的分工起源于技术。西欧早年专长于机械和牲畜饲养,其技术要求相对较高。而在商品经济条件下,较高的技术注定能在市场上实现自己的优势。这种社会经济结构构成相对强大国家的基础,进而引起"倾斜",形成中心—外围的分化。一旦这种分化开始后,它的维持又取决于中心国家的力量。中心国家力量越强,对外围国家的削弱越强,循环的结果是中心—外围的分工强化。外围国家被迫接受这一适应中心国需要的模式。

沃勒斯坦在"依附论"上的主要贡献,在于他独创了"半外围国家"的概念。但他对这一概念没有确切的定义,有时指地域,有时指内部结构。他认为,某些"半外围国家"最终可发展为中心国家,而某些中心国家则可能落入半外围国家的行列。因此,他得出结论:各国在这个世界体系中的地位是相对的,而不是一成不变的。

巴里洛克发展模式(Barry Locke's Development Model)拉丁美洲发展经济学家研究世界尤其是第三世界经济发展模式的理论。20 世纪 70 年代初,拉丁美洲部分经济学家开始研究世界经济发展模式,该模式是在巴里洛克报告《是灾难还是新的社会》中提出的。

巴里洛克模式建筑在三个基本设想上:(1)建立一个在国内和国际都是平等的社会,其基本原则是承认每个人都有满足基本需要(营养、住房、保健、教育)的权利。(2)该社会的需要决定其生产。消费不是目的,消费方面的社会需要是随着社会更迭和时间变迁而变化的。(3)在新社会里,不存在土地和生产资料私有制,但也不是中央计划经济的国家所有。生产资料私有的概念由使用和经营生产资料的概念所取代。报告认为,这一"理想"模式的推广,就能提供和谐世界秩序所需要的基本条件:公正、全面福利、民主抑制战争根源。在尊重各个民族国家的自由和个性时,推动并逐渐结合成一个全球性的世界社会,一个能反映人类团结意识的世界。报告中反对那种认为人类当前面临的是物质资源限度问题。他们认为,世界面临的主要问题是社会、政治问题,其根源是国际间和一个国家内部权力分配不均衡而造成的剥削、压迫和异化。

刘易斯中心边缘国理论(Lewis Center-periphery Theory)是一种从国际经济关系的角度研究发展中国家经济发展的理论。20 世纪 60 年代,由美国经济学家刘易斯(Lewis)提出。刘易斯认为,现存的国际经济关系中,发展中国家严重地依赖于发达国家,这是发展中国家经济不能迅速发展的重要原因。因此,刘易斯在国际经济关系问题上的基本立场是:发展中国家应摆脱对发达国家的依赖,建立独立的民族经济。他详细地分析了这种依赖关系的形成、发展以及对发展中国家的影响。他认为,世界可分为"中心国",即以英、美、法、德等国为主的发达国家和以广大的发展中国家组成的"边缘国"两部分。刘易斯认为,广大的发展中国家在"中心国"成功地进行了经济革命以后面临着两种选择:一是模仿"中心国"进行经济革命;二是通过与"中心国"进行贸易从而为工业革命准备条件。当前,发展中国家走的都是后一条道路。这样,国际贸易就把发展中国家与发达国家紧密地联系在一起。发展中国家对国际贸易的依赖,就是对发达国家的依赖。这种依赖关系对发展中国家的经济发展是有一定促进作用的。其主要表现在:出口为经济的发展提供了广阔的市场,从而带动了国内整个经济发展。在这个意义上,刘易斯说:"出口是经济发展第一阶段的发动机。"但是,从长远看,这种依赖关系是不利于发展中国家经济发展的。首先,这种依赖关系使得发展中国家的经济发展速度取决于发达国家的速度,这样就无法缩小发展中国家与发达国家在经济上的差距;其次,发展中国家在与发达国家的贸易中,蒙受贸易条件不利的损失;最后,发达国家的经济波动对发展中国家的经济发展有不利的影响。因此,发展中国家必须摆脱对发达国家的这种依赖关系。刘易斯分析了摆脱对发达国家依赖的可能性。他认为,发展中国家拥有丰富的自然资源,可以通过国内储蓄提供经济发展所需要的资本,可以发展教育事业培养技术与管理人才。离开了发达国家,发展中国家的经济同样可以得到发展。当然,要把这种可能性变为现实,需要采取一系列措施。刘易斯认为,这些措施主要包括:第一,调整不合理的国际经济秩序。第二,加强发展中国家之间的经济合作,发展它们之间的贸易关系。第三,发展中国家在国内要采取正确的经济政策并实行保护贸易。刘易斯的这一理论以及政策建议被认为是比较符合发展中国家经济发展实际的,因而受到学术界和发展中国家的普遍关注。

发展中国家计划化理论(Developing Country Planning Theory)是主张发展中国家实行计划化来推动经济发展的理论。该理论兴起于 20 世纪 50 年代末 60 年代初,20 世纪 70 年代以后逐渐被西方大多数学者所接受。其著名代表人物是荷兰经济学家丁伯根(J. Tinbergen)。该理论认为,发展中国家的市场无论在结构上还是在功能上都是不完全的,这种不完全性决定了发展中国家的市场力量极其有限。缺少弹性的社会结构和有限的教育机会,限制了职业上的流动性;落后的交通运输又限制了地区上的流动性。资本市场发育不全,没有力量吸引储蓄并把储蓄引向生产性投资。正是由于商品和要素市场缺少良好的组织,市场信息既不灵敏又不正确,不能及时而正确地反映货物、劳务和资源的真实成本,从而引起了在可选择的投资项目上社会评价和私人评价的歧异。因此,如果中央政府不进行宏观调节,单靠"自由市场"的作用,不能使现在资源和未来资源有效地配置,从而达不到长期的最大利益。中央政府应当对国家经济作出某种程度上的计划安排,以促进经济的快速增长。该理论还认为,发展中国家投资项目的选择不要只根据个别行业的资本—产出比率而作出局部的分析,还要从含有外部经济效果、间接影响和长期目标等因素的全面发展规划的角度来考虑。稀缺的物质资本和有技能的人力必须使用在最能发挥效率的场所。通过经济计划化,人们可以比较具体地看出什么是束缚条件,从而有助于采取对策,缓和有限资源对经济发展的限制,还可以选择并协调投资项目,从而把稀缺的生产要素纳入最富生产力的生产轨道。该理论还认为,发展中国家实行计划化还可以起两个方面的重要作用:一是心理影响。由于发展计划详细地、明确地规定了国民经济和社会的奋斗目标,因而足以从心理上影响分离的人群,使他们团结起来,作为政府的后盾,去消灭贫困、疾病和文化落后的现象。二是吸引国外援助。因为一旦制订出含有部门产出指标和投资项目的发展计划,可以使自己的国民经济现状和远景为世人所了解,从而减少外国援助者和投资者的顾虑,有利于扩大外资的利用。

丁伯根经济发展计划理论(Tinbergen Economic Development Planning Theory)是由荷兰经济学家丁伯根(J. Tinbergen)提出的旨在帮助发展中国家改善经济状况的计划理论。该理论比较集中地反映在丁伯根1968年出版的《发展计划》一书中。20世纪50年代后期,他在许多国际组织中任职,为帮助发展中国家尽快改变经济落后的状况,致力于长期发展计划的方法研究和实践。丁伯根试图寻求一种简单的方法,以便能在发展中国家运用。他设计的长期计划模型可以分三类:(1)"分阶段编制计划"。开始阶段利用凯恩斯和哈罗德—多马式的简单宏观模型来决定计划期间需要的投资和储蓄总量;部门阶段利用产出模型和资本—产出系数把总量分配给各个部门;地区阶段把每个部门的投资总额再分摊给各地区;最后阶段是在每个部门之内按国家政策目标决定的投资标准,选定具体投资项目。(2)大型联立方程式体系。它是用来解决上述答案不一致的缺点的。丁伯根设计的这种模型把上面第一类模型的前两(或三)个阶段合并在一起,并使政策工具明显地结合在答案中。这种模型是凯恩斯、哈罗德—多马以及里昂惕夫的投入—产出等各种模型的结合产物。但在选择生产和销售产品种类以及选择生产技术等方面仍然做不到最优化。(3)部分投入—产出法。其特点是从个别投资计划项目开始,而把微观计划简单地汇总成为宏观计划。具体做法是:先用影子价格对各个投资计划项目进行评价;然后以工程技术资料为根据,利用斩头去尾的投入—产出表把国际贸易部门每个投资项目转换成一个既包括国际贸易部门原有投资项目,也包括它必须作为补充的所有内销产品部门的投资项目的投资集合。这些投资集合就形成投资的评价基础。

丁伯根在《发展计划》一书中,对发展计划的一般经验做了总结。首先,他阐明长期计划、中期计划和短期(年度)计划的相互关系。其次,对计划的准备工作做了说明,如对人口流动现象进行研究、各阶层支出类型的研究、进口和各部门生产活动之间关系的研究、进口商品的相对价格和运输成本的研究、编制投入—产出表等。最后,论述了编制计划的步骤,开始是宏观阶段,即用国民生产总值、总投资、进口、出口、人口以及政府支出等总量数字表明预期的发展,然后把总量数字分摊到各地区各部门,地区划分要考虑面积、语言、文化、种族或自然环境等条件,部门划分应分别对产业部门和社会建设部门(教育、卫生保健、文化及社会保险等)作出计划。计划制订后,还应根据发生的情况以及计划执行结果和预定目标的差数进行检查、调整和修订,以利发展目标的实现。与此同时,还要考虑各种政策措施,以保证计划目标的实现。

宾斯道克转移理论(Beenstock's Transfer Theory)是从世界市场上南北经济实力对比的变动中探求发达国家经济滞胀根源的一种理论。1983 年,由英国经济学家 M. 宾斯道克(M. Beenstock)在《转移中的世界经济》一书中提出。该理论的中心是:发展中国家经济的"起飞"或迅速发展具有相对独立或自发的性质;这种增长改变了世界市场上南北经济实力的对比,冲击了发达国家赖以支撑其经济"繁荣"的世界经济结构,并引起发达国家国内产业结构的调整与变革;发达国家要使自己适应变化了的形势,势必经历一个较长时期的经济动荡的过程,而在这一过程中,发展中国家经济的好转与发达国家经济的逆转会同时出现。宾斯道克列举了大量的经验统计数据,进行了一系列的理论推导,详细地研究了发展中国家影响发达国家经济增长的传递过程。概括地说,这一理论主要包含六个环节:(1)从 20世纪 60 年代中期起,发展中国家的经济(特别是制造业)开始迅速增长,城市化进程开始加速,大批人口由农村流向城市。(2)发展中国家经济的自发增长使世界市场上制成品供应量上升、相对价格开始下降,与此相应的是原材料价格相对上升,从而引起资源从发达国家的工业部门转向其他部门,导致了产业结构的非工业化,即物质生产部门在国民经济中的比重下降。(3)随着非工业化的出现,资本的市场力量会减少,而劳工作为一个整体,其市场力量会增强,由此引起发达国家国民收入中的利润比重下降、工资比重上升。(4)由于资源从制造业转向其他产业部门存在着许多障碍,经济结构的调整需要一个过程,在这一过程中,产业结构势必出现失衡,社会产品的比例势必失调,使得制造业的供给过剩与其他行业的需求过剩同时出现,这种"不配套效应"造成失业与空位并存、丰裕中有短缺。(5)发展中国家自发的工业化提高了发展中国家的资本收益率,而发达国家的非工业化降低了发达国家的资本收益率,这种资本收益率的差距势必导致资本由发达国家流向发展中国家。与此相应,发展中国家国际收支平衡表中的资本账户会出现盈余,经常项目由于资本货物进口的扩大会出现赤字,这一点正是发展中国家经济加速增长所需要的。(6)一旦发达国家经济结构的调整告一段落,失业率和增长率会恢复到原有水平,因而"转移"是阵发式的而不是长期持续的。"转移理论"沿用了新古典学派关于相对价格和经济结构变动的分析,将哈耶克关于国内经济结构变化引起危机的理论用于国际市场与世界经济结构的分析,用不同产品的相对价格的变动来说明发达国家产业结构的变动,用发展中国家的兴起来解释发达国家的停滞。这在西方经济理论中,不失为一种创见。该理论的敏锐之处在于它足够地估计了 20 世纪 60 年代以来发展中国家依靠自身的力量,为改变不合理的国际经济秩序的斗争所产生的巨大冲击力。它的局限性在于只谈发展中国家对发达国家经济的冲击,而不谈后者对前者的剥削与掠夺,也没有回答"转移"为什么只是单向的;对发达国家经济滞胀的解释,没能到发达国家经济内部去寻找更基本的原因。

现代化理论(Modernisation Theory)探讨第三世界国家如何由"传统社会"走向"现代社会"的一种学说。20 世纪 50 年代创立于美国,主要代表人物有帕森斯(Talcott Parsons)、鲍尔(Marvin Bower)、莱勒(Jonah Lehrer)、英格尔斯(Laura Ingalls)等。现代化理论是建立在迪尔凯姆(Émile Durkheim)和韦伯(Max Weber)有关两种基本社会类型的思想基础之上的。迪尔凯姆和韦伯认为,可以将社会划分为传统社会和现代社会两种基本的类型,它们之间存在着明显的差异,这种差异意味着两种思想和两种价值观的根本对立;从传统社会的狭隘经济关系向革新了的、复杂的现代经济联合的转变,有赖于人们事先改变价值观、态度和规范。据此,现代化理论家们提出现代化首先是一个文化过程,这一过程包括接受那种与企业家的雄心、创新精神、合理性的追求业绩的取向相适应的价值观和态度,并以此去反对传统社会的价值观和生活方式。一个社会处于何种发展阶段,在很大程度上取决于现代的价值观和生活方式确立的程度。第三世界国家之所以贫穷、不发达,主要是因为这些国家的内部因素制约着这些国家的发展。为了从传统社会迈入现代社会,第三世界国家有必要从西方发达国家引进先进技术、科学文化和思想观念,通过西方思想和文化的传播以及"合理的工业化"以排除"传统"的障碍。基于上述理论,现代化理论家们提出了政策主张:(1)鼓励第三世界把对外贸易和引进外资放在首位,逐渐减少援助项目。(2)鼓励发展现代价值观和进取心,为现代经济组织的繁荣创造一种相宜的文化环境。(3)促进南方国家的发展,因为那里是推销北方国家制造业产品不可缺少的、长期的市场。现代化理论是发展研究领域中的三个主要学派之一,对发展研究作出了重要贡献。首先,它指明了不发达是发达的前夕,今天的第三世界国家正在逐渐向现代化迈进。其次,它指出了第三世界国家的不发达是因为这些国家自身的社会经济系统有"缺陷",这些缺陷使个人的进取心不能得到激发,人们往往对商品生产和合理的长远计划不感兴趣,只满足于为眼前的有限需求而劳动。最后,它阐明了发展代表着对节奏加快的时代生活有着比较直接、迅速而有效的社会适应过程,在这一过程中社会群体之间的矛盾冲突是不可避免的。正是由于这些因素,现代化理论成了为各种发展机构的活动进行辩护和制订发展计划、方针、政策以及战略的重要依据,并逐渐在学术界获得了得天独厚的地位,尤其是在美国。不过,自 20 世纪 60 年代后半期以来,现代化理论也受到了来自各方面的批评。例如,有人批评它是一种过于简单的发展理论,既缺乏充分的历史阐释,又缺乏足够的历史分析。从历史的角度看,它忽略了大量的历史证据,这些证据说明经济增长过程不能简单地归结为用现代的价值观念和制度去取代传统的东西;从结构的角度,它没有揭示诸如引进技术或扩大市场这类经济增长的因素在发挥作用时如何受到现存社会关系的制约。在各种批评之中,最激烈的莫过于指责它完全无视殖民主义和帝国主义对第三世界国家的影响,无视经济增长在很大程度上取决于对资源的控制。

内源发展论(Endogenous Development Theory)是强调以人为中心的内源发展的理论。20 世纪 70 年代末 80 年代初,由联合国教科文组织倡导提出。"以人为中心的内源发展"概念是在联合国教科文组织的第一个中期计划(1977—1982

年)中开始提出的,而在第二个中期计划(1984—1989 年)中被列为向发展中国家广泛推行的发展模式。第一,该理论强调的是发展的内源性,即起源于内部的发展。第二,它强调以人为中心的发展。这包含两个方面的意思,一方面指发展是为了满足居民的实际需要,包括经济的、政治的、社会的、文化的、道德的、精神的需要;另一方面指人民必须参与决策和发展的过程。第三,它强调发展内容的整体性和协调性,既包括社会系统与生态系统的协调发展,又包括社会生活一切领域的协调发展。第四,它强调人民的文化本性和传统价值标准在发展中的地位。主张依靠本国土生土长的能力去解决一个国家自己的问题。第五,它强调发展形式的多样性,主张各国人民应自觉地、自由地选择各自的发展道路。第六,它强调发展的实验性,把发展看作一个持续不断的修正过程。内源发展论所强调的原则值得重视,问题在于这些原则在实践中怎样才能实现,该理论并未提供切实有效的途径。

中间技术模式(Intermediate Technology Pattern)是关于在第三世界国家采用中间技术、发展小规模生产技术系统的理论和政策主张。1973 年由英籍德国人 E. F. 舒马赫(Schumacher E. F.)在其所著的《小即美》一书中提出。舒马赫的思想早在 1961 年他访问印度之后就已形成。他从理论上和历史上对大规模工业化的发展模式进行了分析,指出这个模式导致了企业过分膨胀、技术使人变得麻木、人们无法控制自己的有效劳动、环境和社会公害层出不穷、非再生资源日趋枯竭,认为工业无节制地增长是有害的。为此,他提出了用"中间技术"来代替大规模工业化,主张把自力更生、小规模技术系统引进第三世界。所谓中间技术,按照舒马赫的解释,就是一种"介乎于先进技术与传统技术之间的技术"。这种技术是一种"具有人性"的技术。它"有助于分散,符合生态法则,便于合理利用资源并为人的需求服务,而不是把人变成机器的奴隶"。在贫穷的条件下,只有立足于"中间技术"才能得到发展。中间技术模式的实质是寻求抑制工业过分膨胀的途径和方法。为了实现这一目的,舒马赫等人提出了适当发展的政策,具体内容包括:(1)重新安排生产部门的先后次序,以保证企业的性质和产品能够适应整个社会的利益,并且不破坏自然环境。(2)在富裕国家,特别是在美国,把生活标准降下来,以便重新分配世界的资源,使其有利于贫困者。(3)降低世界经济增长的速度,减小大范围的、持续性的环境破坏。中间技术模式对如何制定更人道、更少破坏性的发展政策作出了重大贡献。但由于它忽略了社会生产关系,对当代的社会、经济和环境问题产生的根源未作出正确的判断,因而开出的各种处方往往是治标不治本,不能从根本上解决问题。

世界发展模型(World Development Model)是研究世界范围内经济结构变革的一种理论模型。由霍利斯·钱纳里(Hollis B. Chenery)在《1950—1970 年的发展类型》一书中提出。钱纳里运用库茨涅茨的统计归纳法,处理了 101 个国家在1950—1970 年的资料,建立了一个几乎包括所有发展中国家在这一期间发展历程的经验信息的世界发展模型。世界发展模型基于如下假设:(1)随着人均收入的提高,消费者需求的构成将发生变化,食品份额将下降,制造品的份额将提高。(2)资本积累以超过劳动力增长的速度增长。(3)技术进步对各国都是普遍的。(4)存在着可利用的对外贸易和外资流入的通道。根据这些假设,钱纳里将分析的要点集中在资源的转移和分配的主要特征上,并使用了统一的计量经济框架来处理这些特征。他和他的助手从大量观察值中选择了十个基本的经济过程来刻画发展,并断定几乎所有国家发展的基本特征都表现在这些过程之中。这十个基本过程为 27 个变量所规定。将收入水平和人口数作为外生变量对所有这些过程进行一致的统计分析,便可为研究需求变化和资源配置的相互依赖性提供可靠的基础。

稳态经济学(Steady-state Economics)是主张在物质财富和人口数量不变的条件下社会经济稳定发展的理论。1973 年由经济学家戴利(Herman E. Daly)在其主编的《稳态经济学》一书中较系统地阐明了其基本内容。当代稳态经济学的主要倡导者还有博尔丁(Kenneth Ewart Boulding)、乔治斯库·罗根(Nicholas Georgescu-Roegen)等,同时还有许多生态经济学家和伦理学家。稳态经济学根据乔治斯库的熵理论(即物—能的总量不变和任何物—能的形式都处于由可变到不可利用的变化之中,这些不可利用的能量可以用熵来计算)。认为人类的经济活动也逃避不了熵定律的作用,人们在生产过程中不断地消耗大量的原料燃料,其中一部分变成再也无法利用的废物,熵随之不断增加,可用的低熵物则随之减少。经济增长又加速这一过程,即经济增长速度越快,可利用的原材料加速耗竭,同时又加重了环境污染,这又使经济增长丧失了物质基础,使增长成为不可能的事。在上述分析基础上,稳态经济学家构想了一种稳态经济(SSE)。所谓"稳态",即物质财富的存量不变、人口数量不变。而稳态经济则可以由四个特征来定义:(1)人口数量不变。(2)人工制品数量不变。(3)只要前两种数量保持不变,就可以在一个长远未来维持美好生活水平。(4)使前两种数量得以存在的物—能流速必须降低到最低可行水平。因此,稳态经济是流量最低、流入量与流出量相等、存量水平不变的经济。这种经济有三个基本数量:(1)存量,即生产资料、消费品、人口等的总存在水平。(2)服务,即愿望得到满足时的体验,亦可以称为"心理收入"。(3)流量,即自然资源通过人类经济活动,又回流到自然的物—能熵化的流动速度。上述三者的关系可以表示为:

$$\frac{服务}{流量} = \frac{服务}{存量} \times \frac{存量}{流量}$$

所以,稳态经济的目标就是使服务最大化、最持久化。为此。必须:(1)达到一定的存量水平,否则上式毫无意义。(2)存量不变使服务效率最大。(3)存量不变,使流量最小,即使维持效率最大。服务效率最大化可借助资源效率与收入分配效率来实现。维持效率依赖于持久可替代性,但受熵定律的限制。稳态经济认为,在维持效率尽可能是非物质的。只要人口数量与人工制品数量保持不变,技术、信息、才智、美德、遗传特点,财富与收入的分配,产品的重新组合等是可以变动的。因此,稳态经济可以发展但不能增长。稳态经济还强调道德的增长和改造人类社会控制制度的重要性,认为这是实现稳定经济的必要条件。

后工业社会论(Post-industrial Society Theory)是美国未来学家丹尼尔·贝尔(Daniel Bell)等人对未来社会发展趋势的预测理论。未来研究和预测起源于20世纪50年代,自20世纪60年代以来日益成为西方国家学术界热烈讨论的课题。他们以科技革命为出发点,从技术分析联系到产业结构、社会结构、管理体制等各个方面,提出对未来社会的设想。

他们把人类社会划分为三个阶段:第一阶段人类从事狩猎、采掘、渔业和农业等原始的活动;第二阶段从事建筑和加工制造业等活动,为工业社会;第三阶段从事服务性经济活动,即后工业社会。贝尔从五个方面对后工业社会进行概括:(1)从经济上看,由制造业经济转向服务性经济,大多数劳动力不再从事农业和制造业,而是从事服务业,如金融、教育、娱乐等。(2)从职业分布上看,专业和科技人员迅速增加,取代企业主而居于社会主导地位,他们是构成后工业社会的关键集团。(3)从理论地位来看,后工业社会是围绕着知识组织起来的。理论知识正日益发展成为一个社会的战略源泉,大学、研究机构和知识部门等汇集和充实理论知识的场合成了未来社会的主轴。(4)从未来方向看,技术发展是有计划发展并受控制的,技术鉴定受到重视,制定出管理新技术的标准。(5)从制定决策上看,为了使这个巨大的社会井然有序,发展出一种新的"智能技术",对庞大组织和体系的复合体、包含大量变数的理论复合体进行管理,识别和运用合理的战略指导与自然界的竞争以及人与人之间的竞争。后工业社会并不是一种理想的社会。由于经济控制已经让位于政治控制,政策决策同其他各种技术决策之间的关系便上升为后工业社会的主要问题。由于理论知识变为社会活动的中心,科学具有前所未有的意义,但是人们必须解决随之而来的科学的政治化、官僚化问题。此外,在后工业社会,人们文化意识和价值观念同社会现实的对立日趋严重,两者的分裂将日益扩大,从而形成一种没有牢固社会基础的道德信仰体系。这是存在于后工业社会的文化矛盾,是对其生存的最严重挑战。

大过渡理论(Theory of Great Transition)是关于世界经济正在由工业社会向后工业社会经济过渡的一种见解。20世纪70年代初由美国未来学家赫尔曼·卡恩(Herman Kahn)在《今后二百年——美国和世界的蓝图》一书提出,后在《世界经济的发展》和《即将来临的繁荣》等著作中做了进一步的阐发。卡恩的"大过渡"理论与贝尔的"后工业社会"理论和托夫勒的"第三次浪潮"理论极为相似。他们认为人类迄今为止有两大分水岭:一是大约一万年前开始的农业革命,二是大约200年以前的工业革命。农业革命扩大到世界各地经历了1000年,工业革命扩大到世界各地只需400年,即从1776年或1800年开始到2276年或22世纪末。卡恩把工业革命在世界范围内扩展的过程称为"大过渡",并将大过渡分为三个阶段:工业经济—超工业经济—后工业经济。后工业经济是"大过渡"的终点,同时又是人类跨进另一个时代的转折点。至于这个转折点的确切时间,最初卡恩将它定为美国独立200周年的1976年,后来又将其推延到20世纪末前后。与托夫勒等人强调突变性和质的飞跃不同,卡恩强调社会和经济发展的连续性或继承性大于间断性或突变,认为今天既有的格局在今后200年不会发生突变,因为"历史是相对连续的,体制和其他社会结构与其说是一夜创造出来的,毋宁说是逐渐生长起来的,明天社会的几乎每一个方面无不有其历史的根源"。这种根据过去和限制的趋势构想出来未来发展蓝图的方法是卡恩创立"大过渡"理论采用的最基本的方法。为了说明从前工业社会到后工业社会经济的性质和特点,他把经济活动分为四级:(1)初级经济活动,即采掘自然资源的活动,主要包括农业、林业、渔业和矿业,前工业社会主要从事这类活动。(2)第二级经济活动,主要包括建筑业或农业经济活动。(3)为初级和第二级经济活动提供服务的第三级经济活动,包括运输、通信、保险、教育、金融、管理、推销、美术设计、广告等。(4)第四级经济活动,包括各种类型的服务活动,这是真正的后工业经济,是大过渡的最终目标。但是对于什么是后工业经济,卡恩只是朦胧地感觉到"某些惊人的事情正在发生",而并没有一个清晰、完整的设想。根据卡恩的观点,大过渡意味着工业文明在世界扩展的过程,亦即"现代化"的过程。在这一过程中,保持一定的速度的经济增长是实现大过渡的关键和必要条件。在卡恩看来,经济增长是从取得资本、资源、知识、技术到投资回收的持续过程,而按人口平均的国民生产总值的增长是经济增长的最主要的综合指标;经济增长"不是导向灾难,而是导向繁荣和富裕"。只要有良好的管理,充分发挥人类智慧,经济增长就能在一个相当长的时间范围继续下去。离开经济增长,社会的现代化,即在世界范围内走向超工业经济和后工业经济,是不可想象的。卡恩认为,作为现代化同义语的大过渡是必需的和不可避免的,因为西方文化的基本的、长期的多方面趋势正在汇成一股强大的洪流推动着大过渡的进程。这种多方面的趋势包括以下基本内容:(1)"体验式"文化正在上升。(2)科学和技术知识的积累。(3)技术改革的制度化。(4)资产阶级的、官僚政治的、"能人政治"的上层集团的作用正在加强。(5)西方文化的军事能力正在增长。(6)西方文化统治或具有重大影响的世界地区正在增加。(7)日益增加的物质文化水平。(8)人口增长率或许已经或者不久将达到它的最高点。(9)城市化。(10)对宏观环境问题的注意正在加强。(11)初级和第二级活动的职业的重要性正在下降,第三级活动的职业不久将出现同样的衰落。(12)重视"进步"以及面向未来的思索、讨论和计划。卡恩指出,从本质上讲,所谓西方文化的基本的、长期的多方面趋势代表着从宗教色彩浓厚的文化向着完全世俗的文化发展的过程。这种发展的速度正在加快,多方面的趋势越来越具有普遍性。

第三次浪潮(The Third Wave)是从技术进步的角度出发,根据生产力的变化,考察人类文明的进化史和未来社会发展方向的一种理论。1980年由美国未来学家阿尔温·托夫勒(Alvin Toffler)在《第三次浪潮》一书中提出。

该理论认为,人类迄今经历了两次文明的浪潮。第一次浪潮是农业革命,历时数千年。人们生活在家庭分工简单、阶级少而界限森严、政权强烈而权威、经济分散并且自给自足的社会中。第二次浪潮是爆发在300年前的工业革命。它创造了一种新的文明。工业化在第二次世界大战后十年达到顶峰,第二次浪潮文明亦趋于没落。第三次浪潮已经开始显露曙光。我们现在面临的正是第三次浪潮文明。托夫勒认为,要了解第三次浪潮文明的特点。必须认清第二次浪潮文明的结构。他认为文明的先决条件是能源,能源的种类和利用方式是技术与生产力的基础。第一次浪潮文明的能源是可再生的人力、畜力或者是太阳、风、水。第二次浪潮文明的能源是来自煤、天然气和石油,这些都是无法再生的燃料。在这种能源基础上建立的技术推动了生产,组成了庞大的技术与经济结构。第二次浪潮的技术与生产方式所到之处,社会组织形式随之发生彻底改变。首先是家庭变了,它不再是个经济单位。其次是出现了以工厂为"模特儿"的群体化教育,儿童从小就接受守时、服从、死记硬背和重复作业的训练,成为电气机械技术和自动流水线所需要的驯服而有组织的劳动力。最后是出现了公司组织。工业化大生产的工艺需要集中资金,大公司成了国家经济生活的特征。小家庭、工厂式的学校以及大公司三者合在一起,形成第二次浪潮确定的社会结构。第二次浪潮的大生产要求人们在不同的场所紧密协同一致动作,从而需要传递大量信息,而大规模传播媒介,如广播、电视、报纸、杂志、书籍等渗透到每个角落。以上便是第二次浪潮时代的技术领域、社会领域、信息领域的轮廓。在这样的社会结构里,人类的生活分成了两半,出现了生产和消费的分裂,使人与人之间成为赤裸裸的利害关系。工业化的高度发展使一系列危机爆发了:能源危机、环境危机、生态危机、教育危机、福利危机、价值观危机、民族危机等。第二次浪潮文明没落的根本原因在于能源基础,即不可再生的能源不可能维持很久。传统工业开始在工业化国家中趋于衰落。同时,一些新兴产业却在不断产生和壮大着。量子电子学、信息理论、分子生物学、海洋学、核子学、生态学、空间科学等新科学成为新兴工业的基础。它孕育着人类文明的第三次浪潮。托夫勒预言,有四组相互关联的工业群将会大发展,很可能成为第三次浪潮时代的工业骨干,这四组工业群是微电子工业、宇航工业、海洋工程和遗传工程。第三次浪潮文明的特点是知识化、分散化和多样化。第三次浪潮正向着同第二次浪潮相反的方向发展:群体化的传播媒介为非群体化传播媒介所取代;家庭电子化将产生电子家庭,家庭重新成为一个生产中心,生产者和消费者重新合二为一;大公司组织形式会逐渐瓦解,代之而起的是新型"矩阵组织"形式,实行"多元领导制度";改变以往人与自然的对抗状态,强调人民与自然和睦相处;工厂从大批量生产同样产品发展成小批量生产多种产品;新的可再生的能源结构将代替不可再生的消耗性的能源结构。托夫勒对新技术的敏感和信心,对人类文明历史的分析,对技术革命将引起社会变革的预言,是有参考价值的。

不平衡增长(Unbalanced Growth)主张发展中国家的投资应有选择地在某些部门进行,其他部门通过其外部经济而逐步得到发展的经济战略。不平衡增长理论是非均衡增长论的理论之一,是美国经济学家赫尔希曼(A. O. Hirschman)1958年在《经济发展战略》一书中提出的,核心内容包括三大部分,即"引致投资最大化"原理、"联系效应"理论和优先发展"进口替代工业"原则。著名经济学家金德伯格(Charles Kindleberger)、罗斯托(Walt Whitman Rostow)等人都主张这一理论。作为发展中国家,其主要稀缺资源是资本,若实行"一揽子"投资,则资本稀缺这一"瓶颈"无法突破,从而也就无法实现平衡增长。赫尔希曼认为,发展的路程是一条"不均衡的链条",从主导部门通向其他部门。首先选择具有战略意义的产业部门投资,可以带动整个经济的发展。对于社会基础设施或直接生产部门的投资,具有不同的作用。前者(包括教育、公共卫生、交通、运输、供水、能源等)为后者创造了外部经济,所以对其投资可以产生发散级数性质的作用;相对而言,后者的投资就具有收敛级数性质。在投资决策时,社会成本低,外部经济好的投资项目,应该得到优选;但是,社会基础设施投资额大,建设周期长,一般的私人资本不愿往这里投资。如果政府把社会基础设施投资视为己任,便可以给私人资本向直接生产部门投资创造较好的投资环境。目标函数的不同,往往使政府投资经常摆动在服从于政治压力的屈服和追求利润的冲动之间,也就是说,经济的发展事实上存在着两种途径:一是在社会基础设施过剩的条件下发展;二是在社会基础设施短缺的条件下发展。可以看出,这两条途径实际上是交叉的。不平衡增长战略的前提是向不同产业部门实行不平衡投资,在此,投资的宏观效率决定着资本的流量和流向,赫尔希曼提出了著名的"联系效应",包括"前向联系"和"后向联系"。所谓联系,指一个部门在投入和产出上与其他部门之间的关系。在投入—产出表中,这一关系不难发现。由于发展中国家的 GNP 和就业人数中以农业和初级产品部门为主,其在国民经济中联系效应不大,所以宏观效益和牵动经济增长的作用不大。为此,不平衡增长理论主张在投资决策时集中资金,把有限的资源投入联系效应比较好的部门,以扶持主导产业发展,牵动其他产业部门的增长。就经济增长速度而言,不平衡增长会比平衡增长战略所能取得的发展要快一些。一般而言,类似钢铁工业的产业部门的综合联系效应最大。就其后向联系而言,它要求矿山、交通、能源有相当程度发展;就其前向联系而言,它可以促进机械、电子等部门的发展。那些处于最后生产阶段的产业,对国民经济具有较大的促进作用,原因就在于它的后向联系效应对其他产业影响范围很大。但是,不平衡增长的批评者们认为,除非国家作出强干预;否则,"不均衡的链条"会造成人为的障碍和阻力,稀缺会形成垄断和对既得利益的维护。由于不发达国家市场发育不足,供求弹性偏低,宏观经济控制的传导机制很不成熟,加之人力资本存量不足和资源条件、国际贸易环境的差异,不平衡增长战略的实施面临着巨大困难。

进口替代发展战略(Import Substitution Development Strategy)又称"内向发展战略"。"出口主导战略"的对称。发展中国家通过建立和发展本国制造业等工业,替代原制成品进口,以带动经济增长的战略。实行该战略的目的在于:防止外国商品对本国制造业的冲击;保护和促进对民族工业的投资;摆脱对发达国家制成品的依赖;保持国际收支平衡。进口替代发展战略是 20 世纪 50—60 年代依据两位来自发展中国家的经济学家普雷维什(Roal Prebish)和辛格(Manmohan Singh)提出的,之后亚非拉许多发展中国家都在不同程度上实行了进口替代战略。采取进口替代战略,一般分为三个阶段:(1)生产资本、技术要求不高的简易消费品。(2)生产资本、技术、设备要求较高的耐用消费品。(3)生产机械设备、中间产品。就目前状况而言,很少有全面进入第三阶段的发展中国家。为了确保进口替代战略的实现,发展中国家主要采用以下措施:(1)贸易保护政策。其内容为:对制成品特别是消费品进口,通过征收高额关税、进口附加税等关税手段和实行许可证制度、进口限制等非关税手段,限制甚至禁止某些工业品的进口。通常情况下,对本国进口替代工业产品的贸易保护程度较高,对其他产品的贸易保护程度较低。(2)外汇管制政策。主要内容是:严格限制外汇持有,企业和居民所持外汇必须全部或部分售与国家指定的银行;实行外汇配给,照顾进口替代工业需要;对资金流出实行管制等。(3)投资优惠政策。如:对进口替代工业发放低息优惠贷款;对重点发展的工业部门减免税收;国家通过投资参与,提供廉价原料和材料,促进进口替代工业发展等。进口替代战略的实施,对于发展中国家建立自己的民族工业、促进国民经济的增长,产生了广泛的积极作用。但随着进口替代的深入,其消极一面也日益暴露,诸如:国内两极分化加强,市场难以扩大;对农业、电力、能源、基础设施重视不够,尤其是粮食自给程度显著下降,转而依靠进口;机器设备、中间产品、原材料进口增大,国际收支依然难以平衡等。1970 年,利特尔等人考察了巴西、印度、墨西哥、巴基斯坦、菲律宾等国家及中国台湾地区的工业化发展经验后认为,进口替代战略严重降低了经济效率、抑制出口、加剧失业、导致国际收支恶化。因此,实际上从 20 世纪 60 年代中期开始,一些国家和地区就开始转向更加开放的贸易战略,特别是亚洲的日本、韩国、新加坡等国家及中国的台湾地区在经过一段时间的进口替代工业化过渡后,采取了不遗余力的出口导向战略。

出口主导发展战略(Export-led Development Strategy)又称"外向发展战略"。"进口替代战略"的对称。它是按照国际比较优势的原则,在政府产业政策的具体支持下,通过积极引进外资和技术,面向国际市场组织生产,并通过扩大出口,带动经济增长,缓和国际收支压力。其主要特点是把经济活动的重心从以本国或本地区市场为主,转向以国际市场为主,优先发展出口产品生产,增加资金积累,带动经济增长的战略。实行该战略的目的在于:扩大市场,实现规模经济,推动企业经济效率的提高,加快工业化步伐,促进整个国民经济发展。出口主导战略,早在 20 世纪 40 年代初期为丹麦、挪威等国采用,20 世纪 50 年代起日本和联邦德国积极推行,借以恢复和发展第二世界大战后的经济,20 世纪 60 年代后扩大及发展中国家,巴西、墨西哥、新加坡、菲律宾、南斯拉夫等国家纷纷由进口替代战略转向出口主导战略。实行该战略的发展中国家按其经济结构和工业化进程,可以分为三种类型:(1)原出口初级产品的国家,加强对初级产品的加工出口。(2)发展中国家的大国,借用进口替代期间建立的工业基础,扩大出口生产。(3)发展中国家的小国和地区,主要发展面向出口的劳动密集型的装配加工工业。为了确保出口主导战略的实现,发展中国家采取了不同于进口替代的措施:(1)放松贸易保护,积极鼓励出口。如:减免出口制成品关税,给予出口补贴;为产品出口提供信贷和保险;对出口部门所需原材料、零配件和机器设备进口,减免关税或减少进口的限制等。(2)优先提供外汇,制定合理汇率。对于出口工商企业实行外汇留成、出口奖励等制度,特别在使用外汇上予以优先照顾,甚至借货币贬值扩大出口。(3)对出口企业减免所得税、营业税等,以刺激对出口企业的投资。(4)给外国投资者提供各种优惠和方便,吸引外资,以解决资金不足和技术缺乏的难题。出口主导战略的实施,对于发展中国家扩大对外贸易,增强在国际市场的竞争能力,带动其他部门发展,改善国家经济结构,促进国民经济的增长,产生了一定积极作用。

开发人力资源战略(Human Resource Development Strategy)是以资产的再分配为基础分析发展中国家经济发展的战略。1975 年,伊尔马·阿德尔曼(I. Adelman Irma)在《面向增长、收入分配和公平的发展战略》一文中提出。阿德尔曼认为,对许多穷国来说,革命是完全没有可能的。这些国家下层 40%—60%人口生活越来越糟糕。她提出一种开发人力资源的途径来实现公平的增长,其先决条件是生产性资产(土地和有形资本)的再分配,如日本和韩国曾经出现过的情况,并且还应作出制度或政策上的规定,以保证穷人能继续获得资产。在这个基础上像韩国那样大规模推行开发人力资源的规划。1964 年,韩国居民教育经费的水平,相当于人均国民生产总值与韩国水平相同的不发达国家平均数额的三倍。这种发展战略,在十年或十多年的一个时期内,会伴随着一个国民生产总值增长缓慢,社会紧张、动乱和政治不稳定时期,因此这种战略要求有一个能够有效地应对这些问题的强大的政府。在创造了人力资本之后,下一个步骤就是采取人力资源密集型的工业化和增长战略。小国可以为国际市场进行生产,大国可以为国内市场生产劳动密集型和技术密集型的商品。工业化所造成的高度就业率将提供大量收入,从而导致对产品的需求并将保证利益得到普遍分配。

适当出口经济发展战略(Appropriate Export Economy Development Strategy)主张发展中国家经济从外向型发展战略转变为以内向经济为主,同时适当出口的经济发展战略思想。1987 年经济学家艾伯特·费希洛(Albert Fishlow)在《出口模型:并不完全简单》一文中加以阐述。费希洛认为:20 世纪 50—60 年代以来,东亚国家经济快速增长,其繁荣的出口贸易被用来作为成功的外向型发展战略的典范。这种发展战略主要有两个因素:第一,抛弃进口限制和隐蔽的出口税;第二,合理调整价格。这种外向型的发展战略,尽管得到了来自发达国家官方和多边机构的广泛支持,但是,许多发展中国家所面临的问题仍严重妨碍了他们对世界经济和自由市场的信赖。其原因是:(1)过去十年里所出现的不利于发展中国家的国际经济环境。(2)许多国家目前的处境使他们无力从外向发展战略中获得好处。(3)发展中国家自由市场价格和单独的私人部门决策机制不健全,难以完成有效的发展战略。费希洛认为:在下一个十年中,许多发展中国家将面临着出口机会日益减少,资本流入前景惨淡,大量支付债务,更多的国家将面临着资本形成比十年以前更低的局面。这说明发展战略的着眼点应放在增加国内储蓄,满足国内需求和减少进口上面。这种战略可称为"适当出口"发展战略。它重点强调的是国内经济的发展以及与之相应的政策制定,同时也不忽视出口部门和新兴工业部门的发展。费希洛认为:过去许多进口替代的过失,在于没有成功地将新兴工业生产能力转化为出口。对于多数国家来说,出口增长应与生产增长同步,而出口必须逐步包括那些开始时受到保护的制成品。"适当出口"发展战略在两个方面不同于外向型战略。第一,它不是简单地依靠市场供求信号作为导向发展的依据,而是基于对国内人民基本需求和发展水平的认识,将某些部门的发展放在首位,并提供支持和刺激。第二,这种战略认识到国内储蓄和投资将在中长期经济发展中起关键性作用,而公共部门将在储蓄和投资中起极其重要的作用。

全面城乡就业战略(Overall Urban and Rural Employment Strategy)是针对发

展中国家人口流动问题而制定的一项经济发展战略。20 世纪 60—70 年代,一些发展经济学家针对不发达国家农村人口大批流入城市后,造成城市地区劳动力供大于求的矛盾日益突出,同时也造成了农村劳动力局部地方季节性紧张状况的加剧,农村经济发展停滞等问题,提出要合理解决发展中国家的人口流动问题,必须制定全面的就业战略。主要内容有:(1)统筹城乡经济一体化发展。为此,应当综合开发农村,推行乡村一体化发展,在农村中普遍建立小型工业,向农村引导社会投资和经济活动。(2)发展小型的、劳动密集的工业。主要办法是靠政府投资和经济刺激;或通过收入再分配,使社会产品组成中有更多的基本必需品。这样既解决了就业问题,又扩大了消费市场,从而推动生产,达到社会经济发展的真正目标。(3)消除投入要素价格比率的畸形现象。消除对生产资料的补贴或低价政策,控制城市工资率的增长,通过工资补贴,鼓励企业主多雇佣劳动力,以便更好地利用有限的资金。(4)采用适宜的、劳动密集的生产技术。这种形式的技术一般投资少而见效快,同时还可以减少对进口设备和技术的依赖。(5)调节教育和就业的关系。发展中国家不宜过分扩大中高等教育事业的投资,以免加剧"知识失业"现象。应根据自身特点,把经济发展同教育发展协调起来。(6)推行计划生育,抑制人口过度增长。强调注重城乡经济均衡发展,妥善处理农业劳动力转移,以及更符合满足人民大众基本需要的、公正的社会经济发展目标等。

促进经济增长战略(Promoting Economic Growth Strategy)强调发展中国家实行先增长后分配的经济发展战略。1975 年美国经济学家伊尔马·阿德尔曼(Adelman Irma)在《发展经济学:对目标的重新估计》一文中对此做了阐述。阿德尔曼认为,集中精力提高人均国民生产总值并为实现这一目标创造经济、社会和政治结构方面的必要条件,仍然是今天最广泛地得到接受的发展战略之一。根据对西欧、北美以及苏联经济发展历史的考察,这种战略对不发达国家尤其有重要的借鉴意义。

这种战略在指导思想上和计划中首先考虑的是工业部门的发展,在强调投资、生产和消费动力的时候,倾向于一种二元经济发展方式。由于工业化通常集中在城市中,因此这些国家都经历了迅速的城市化过程。这种战略在发展初期,强调建立一套工业基础设施,其中包括动力工厂、现代化运输体系和熟练技术的训练等。资本密集和劳动力节约型的技术被强调为增加产量最有效的途径。但是这种战略在强调推进工业部门进展的同时,却忽视了在发展中国家占有极其重要地位的农业部门的发展,同时也忽视了收入分配的问题。对农业的看法主要体现在两方面:(1)把经济作物的销售作为改善贸易收支的资源。(2)把农业作为工业部门从业的城市居民需求的后勤供应,使农业部门处于一种从属地位。对于收入分配问题,这种战略认为:在没有出现足够的经济增长以前,注意分配是有害的,因为:(1)利润的削减会减少对企业主的刺激。(2)降低了投资者的储蓄率。(3)鼓励劳动密集型生产会限制高能技术的运用。他们认为,预期商品和劳务产量的不断增加事实上将意味着可以通过"间接流下"的过程来改善群众生活而达到繁荣。这种战略在一些发展中国家实行,由于未能在减少贫困、增加就业以及推动更平等的收入分配方面达到人们的预期效果,因而受到许多国家和发展经济学家的批评。

满足基本需要战略(Meeting Basic Needs Strategy)是一种以争取就业,改进发展中国家收入分配为目标的经济发展战略。20 世纪 70 年代,由钱纳里(Hollis B. Chenery)等经济学家提出,之后由发展经济学家演变而成。传统经济发展理论把发展中国家的经济作为发展的主要目标,提出"先增长,后分配"的经济发展战略。但是不少发展中国家的现实是:经济增长不仅没有能使大多数群众受益,失业和通货膨胀反倒使贫富差距扩大,社会矛盾日益突出。因此,满足基本需要战略认为,人均国民生产总值的增长并不等于发展。发展是一种充分发挥人的潜力的社会经济和政治变革的过程,是从大多数比较穷苦的人的基础出发,改善人们的生活水准的渐进过程。因此,发展应该包括正义、公平的收入分配和服务等内容,应该重视农村的发展,提供新的就业机会,满足人们的基本需要。发展还应该重视生活质量,关心物质和精神的价值,使生活过得有意义。满足基本需要战略主要内容包括:(1)以增加就业和大多数穷人的基本需要为优先发展目标。基本需要包括两个内容:首先包括一个家庭为满足个人消费所需最低限度的需要。其次包括必要的社会基础设施和服务。(2)努力采用节约资本的适用技术,发展劳动密集型企业,尽可能多地创造就业机会。(3)进行必要的社会制度改革,满足居民的非物质需要,使人们自信、自立,逐步参与影响他们生活和工作的决策,发展各种才能。发展经济学家还探讨了与满足基本需要战略相适应的社会经济发展指标。如美国经济学家摩里斯设计的生活的物质质量指标(PQLI),以识字率、婴儿死亡率和估计寿命三个指数来测量一个社会满足基本需要的程度。美国健康协会的 ASHA 指标,则用就业率、识字率、平均估计寿命、人均国民产值增长率、出生率和婴儿死亡率六个指标加总的综合指数来测度一个国家经济社会发展。显然,这些指标体系比单一的国民生产总值这个指标更能说明和比较第三世界国家的经济社会发展。

创新驱动发展战略(Innovation Driven Development Strategy)是依靠科学技术的创新带来的效益来实现集约的经济增长方式,用技术变革提高生产要素的产出率的一种发展战略。中国共产党第十八次全国代表大会报告明确提出实施创新驱动发展战略。根据科学发展观,经济发展转向创新驱动,是要把它作为经济发展的新动力,使经济发展更多依靠科技进步、劳动者素质提高和管理创新驱动。驱动经济发展的创新是多方面的,包括科技创新、制度创新和商业模式的创新,其中科技创新是关系发展全局的核心。

提高小业主农业生产率发展战略(Improve Agricultural Productivity Development Strategy for Small Business Owners)是研究发展中国家农业发展的战略思想。1972 年时任世界银行行长、经济学家罗伯特·麦克纳马拉(Robert Strange McNamara)在世界银行理事会讲话中提出。麦克纳马拉认为,根据过去十多年发展情况,发展中国家在经济发展战略上应进行重新选择,以便使经济增长的好处能更为均等地在社会各个阶层分配。他在强调发展中国家应注意农业和农村发展,大力开展劳动密集型工业化来扩大就业的同时,提出提高小业主农业生产率发展战略。其主要内容包括:(1)改变农业权力结构,进行土地改革和租佃改革。(2)对利率加以重大改革,使小业主更容易得到信贷。(3)通过确实能惠及小农场主的灌溉工程使其保证得到水源。(4)在加强农业研究的基础上扩大农业技术推广活动,农业研究应优先采用可以立即投入使用风险小、费用低的技术。(5)使小业主更容易获得运输、教育、保健、电气化等的公共服务。(6)建立新型的农业体制与组织,注意发挥与提高穷人的传统潜力与生产率。这一战略在强调农业发展的同时,认为对发展中国家工业成就的评价不应把按人口平均的国民生产总值的增长率作为唯一标准,而应特别注意工业所创造的就业机会多少、使用中间性技术情况、为多数人生产基本必需品以及工业布局从城市集中点向农村扩散等情况的分析。

地域式发展理论（Regional Development Theory）是乡村学派区域发展理论的代表性理论。由美国学者弗里德曼（J. Friedman）与韦弗（C. Weaver）在其著作《地域与功能》（1979）中提出。地域式发展模式是与特定区域中人力资源与自然资源相联系的。它让本地区人民参与区域规划过程，并使其成为一种必要的政治程序，为个人、社会集团和以地域方式组织起来的中小团体提供更多的发展机会，并且为社会经济和政治上的共同利益而发挥其所有能力与资源。在这种模式中，经济效益的评价标准并没有被完全抛弃，但目标将是以实现经济落后地区所有生产要素整体效率的提高作为评价标准，而不是以追求国际范围内部分生产要素的收益最大化作为评价准绳。因此，在这种模式中，区域将会有更多的自决权，可以自主地决定其发展道路。地域式方法是在总结了加速工业化战略模式的缺点之后被提出来的，它试图改变现行区域规划中的"城市偏向"思潮，促进大多数人口对基本需求的满足和更多的平等，重新建立地方与区域"社区"，避免经济与政治决策集中化。

馅饼理论（Pie Theory）是从平等与效率的角度论述经济发展的战略思想。1975年，美国经济学家亚瑟·奥肯（Arthur M. Okun）在《平等与效率》一书中提出。奥肯认为，在美国社会里存在着一种矛盾现象，即所谓"双重标准"：一方面，从政治和社会制度上看，这个社会要求实现所有公民享有"平等权利"的原则；另一方面，从经济制度上看，市场经济的竞争原则，则要求人们力争超过别人，对优胜者和失败者分别奖惩，"允许优胜者用来养狗喂猫的食物，竟比失败者用以抚养子女的食品还要好"。结果，出现了严重的贫富悬殊的现象。奥肯认为，这种收入分配的"不平等"，是市场经济制度下人们通过竞争以追求"效率"的结果。他说："对效率的追逐，必然造就不平等。"如果一味追求经济上"平等"，抑富济贫，势必损伤人们追求"效率"的积极性，从而有损于经济的增长。因此，奥肯认为，美国既不能把"平等"目标置于绝对优先地位，搞平均主义，也不能把"效率"目标置于绝对的优先地位，造成日益扩大的贫富悬殊。应走"第三条道路"，其基本原则是："如果平等与效率这两大目标均有价值，而且无疑是处于绝对优先地位，那么，凡是在二者发生冲突的地方，都应坚持调和。在这种情况下，有时会为了效率而牺牲一些平等，有时会为了平等而牺牲一些效率。但任何一种牺牲，都必须作为增进另一方的必要手段,否则便没有理由这么做。"奥肯在这一经济战略中,把提高"效率"置于相对优先的地位,以此来促进经济增长,从而扩大国民收入的增加。在此基础上,国家再对国民收入分配过程加以调节,以缓和贫富之间的对立。正如美国经济学家奇宵和麦克卡蒂评论奥肯这个战略时讲的,重要的是把经济的"馅饼"——全国货物与劳务的产出额做大些,鼓励所有人都对生产作出贡献,并使大家可以分享成果。奥肯这一经济战略思想,并不是他的发明。其实在第二次世界大战后,美国推行的以"经济增长"和"充分就业"为战略目标的凯恩斯主义经济政策,就是这一经济战略。奥肯只是提供了新的"说明"。

部门理论(Sector Theory)是揭示区域中不同产业部门在不同经济阶段的转换规律理论。由美国区域经济学家埃德加·胡佛(Edgar Malone Hoover)与约瑟夫·费雪(Joseph L. Fisher)在1949年发表的论文《区域经济增长研究》中提出。他们认为,任何区域的发展都存在着"标准阶段次序",这种标准阶段次序可以表述为几个过程:(1)自给自足的第一阶段。在这一阶段中,当地居民几乎完全与生活必需品的供给联系在一起,基本上没有贸易上的投资,人口是按照维持自给自足经济所必需的资源基础而分布的。(2)随着交通运输的日益发展,贸易往来和地区专业化生产也在区域中发展起来。第二阶层的人口开始出现,他们进行着简单的手工业生产,为当地农民服务。由于乡村手工业生产所需要的原材料、市场和劳动力全部是由农业人口提供的,所以手工业分布与基本阶层农业人口分布直接相关。(3)随着区际贸易的日益发展,区域也开始趋向于从原来粗放的畜牧业转向发展系列农作物产品,如种植水果、生产日用农产品和发展蔬菜农场等。(4)随着人口的增长及农业生产和采掘业生产效益的下降,区域被迫开始实施工业化。(5)在区域经济发展的最后一个阶段,区域实现了为出口服务的第三次产业专业化生产。这时,区域开始输出资本、熟练技术人员和为不发达地区提供专业化服务。

在部门理论看来,任何区域的发展都必须经历两个相辅相成的成长过程。一是区域经济必须经历由自给自足的封闭型经济向开放型商品经济转换的历史过程。在这一转变过程中,运输成本下降起着关键性作用,因为只有运输成本降低才使得区际贸易成为可能。二是区域经济必然要相应地完成由第一产业向第二产业到第三产业的过渡。而其中最为关键的一步则是区域工业化战略的实施。部门理论由于是根据大多数欧洲国家区域经济发展的历史进程而总结出来的,符合大多数区域经济发展的历史过程和客观规律。但该理论的缺点也是很明显的,并非任何地区经济发展都必须经历这样的"标准阶段次序"。

输出基础理论(Export Base Theory)预测区域经济变化趋势的理论。"输出基础"概念最先被城市规划者们所采用,目的是预测城市经济的短期变化趋势。后来被著名经济史学家、诺贝尔经济学奖获得者道格拉斯·诺斯(Douglass C. Noth)在其论文《区位理论与区域经济增长》(1955)中采用,从而形成了区域经济发展的输出基础理论。

在输出基础理论中,经济被划分为两个部门,即一个输出基础部门(包括所有的区域外部需求导向的产业活动)和一个自给性部门(包括所有的区域内部需求导向的产业活动)。通常假定,自给性部门不具备自发增长的能力。输出基础部门则随着外部需求的扩大而扩张,当它为地方经济带来额外收入时,其他部门也会随之相应扩张。区域总收入(或总就业)水平的变化可以通过"输出"需求的变化来测定,即通过输出基础部门的扩张与由地方乘数所决定的总体经济扩张之间的比例关系来进行测定。按照诺斯的观点,一个区域想要得到发展,关键在于在该区域建立起输出基础产业,而此产业又决定于它在生产和销售成本等方面对其他区域所拥有的比较优势。

输出基础理论的局限性在于仅将输出需求作为区域经济增长的唯一原动力考虑,忽视了区域内的需求对增长的作用和区域的供给因素;此外,该理论适用范围有限,只适合解释相对较小区域的经济增长,当区域的空间范围过大时,就无能为力。

倒"U"型假说(Inverted "U" Hypothesis)美国经济学家杰弗里·威廉姆逊(Jeffrey G. Williamson)在《区域不平等与国家发展过程》(1965)一文中根据24个国家截面和时间序列资料,对区域经济增长趋势进行了系统的实证分析,提出了著名的倒"U"型理论。他指出,随着国家经济的发展,区域间经济增长的差异呈倒"U"型变化,即在国家经济发展的初级阶段,区域间增长的差异将会扩大,之后,随着经济的发展,区域间的不平衡程度将趋于稳定。当达到发展成熟阶段,区域间增长的差异则逐渐缩小。

威廉姆逊认为,在国家经济发展的初级阶段,由于某些地区因资源丰富或地处要冲等有利因素,而得以优先发展,因而导致区域间增长的差异。同时由于交通运输落后、劳动力迁移成本昂贵、区域资本市场不健全、关税贸易政策的倾斜等原因使得区域间增长的不均衡程度继续扩大。当国家经济发展到成熟阶段,不利因素逐渐减少,区域间增长趋势就会趋于缩小。

新经济人假设(New Hypothesis of Economic Man)指个人利益不仅包括纯经济的方面同时也包括不能用经济尺度来衡量的各种利益的论点。加里·贝克尔(Gary S. Becker)在《人类经济行为的分析》一书中将"新经济人"的含义广义化了。个人利益不再仅仅是货币收入、物质享受等纯粹的经济收益,而是包括尊严、名誉、社会地位等不能用纯经济尺度来衡量的各种利益。新经济人力图使最大化的效用函数,涵盖个人可能追求的任何目标。"新经济人假设"包含三个基本命题:(1)经济活动中的人有利己和利他两种倾向或性质。(2)经济活动中的人具有理性与非理性两种状态。(3)良好的制度会使经济活动中的人在增进集体利益或社会利益最大化的过程中实现合理的个人利益最大化。"新经济人"对传统"经济人"的修正主要表现在两个方面:(1)把原来的"经济人"模式从对经济行为领域的分析扩展到了对非经济行为领域的分析。(2)"新经济人"结合交易成本、信息成本等新的学术概念,修改了传统"经济人"模式中那种标准理性选择和完全信息假设。

科斯企业理论(Coase's Theory of the Firm)解释企业为什么会出现和研究企业内部组织的经济学理论。在科斯(Ronald Harry Coase)的企业理论诞生之前,似乎没有人对为何会出现企业这种形式,它的规模到底是由什么决定的进行专门研究。科斯《企业性质》(*The Nature of the Firm*)(1937)一文的出现被认为是"企业理论"的真正出现。传统经济学认为市场是万能的协调者,能够处理好纯生产者和纯消费者之间的关系,但是忽略了"企业"协调功能,认为企业仅仅是纯生产组织,并且假定企业已经存在,并以最有效的方式进行生产。科斯却认为,企业是"作为价格机制的替代物出现"的。

市场经济中假如没有企业,纯消费者和纯生产者之间的交易数目将非常大,交易成本也会非常昂贵,甚至因为太昂贵使得交易无法进行。企业作为一种组织(形式),在其内部,市场交换被消灭了,企业家代替了原来的市场交换机构对生产行为进行协调,希望并且实现了其花费的成本低于市场的交易成本。在科斯看来,企业存在正是为了节约市场的交易成本,企业存在的根本原因在于节约交易成本。作为一种组织形式,企业的主要功能就是把一些生产要素所有者组织成一个可以代替价格机制的单位来参与市场,从而达到降低交易成本的目的。

那么企业的规模是不是越大越好呢?"企业"与"市场"都可以被看作是资源配置的方式,而且具有互补性,但是企业不能完全替代市场,也就是说企业的规模不能被无限扩大,以至于取代"市场"。企业内部交易(组织)也是具有一定成本的。当企业内部交易(组织)的边际成本小于市场的边际成本时,企业规模的扩大可以使交易成本降低。反之,则会使总的交易成本提升。因此,科斯认为,企业的规模被定位于企业内部交易的边际成本等于市场交易的边际成本,或者等于其他企业的内部交易的边际成本的那一点上,即企业的最佳规模是保持边际组织成本等于边际交易成本。

诺斯的意识形态理论(North's Theory of Ideology)强调意识形态在促进制度变迁和经济发展中重要作用的理论。美国经济学家诺斯(Douglass Cecil North)认为,影响制度安排和经济变化的一个重要因素是意识形态。意识形态本质上是一种信念、一种世界观。诺斯认为,它是指人们用来从道德上判定劳动分工、收入分配和社会现行制度结构是否合理的一套信念。新制度学家们把意识形态看作是一种人力资本,这种意识形态具有三个方面的特征:(1)意识形态是一种节约机制,通过它人们可以了解自己所处的环境,在这种世界观的引导下,决策过程可以更加明了。(2)任何一种意识形态都把对收入分配的"恰当"评价看作是自己的重要组成部分。(3)在某种意识形态改变之前,肯定是经历了这种意识形态和经验之间的矛盾这个过程。新制度经济学家充分挖掘了意识形态的经济功能,即意识形态是减少提供其他制度安排的服务费用的最重要的制度安排。

诺斯认为,社会统治者往往会发展一种意识形态为他们服务,通过教育工具和舆论媒介,使人们受到这种意识形态的谆谆教诲,潜意识里形成一种非正式制度,从而引导大众的行为,实现为统治者服务的目的。但是,任何一种成功的意识形态必须解决"搭便车"的问题,这是各种主要意识形态的一个中心问题。换言之,如果一种意识形态不能有效地解决"搭便车"的问题,那么在这种意识形态影响下的制度创新将会归于失败。他同时指出,意识形态是一种行为方式,这种方式通过提供给人们一种"世界观"而使行为决策更为经济,使人的经济行为受一定的习惯、准则和行为规范等的协调而更加公正、合理并且符合公正的评价。当然这种意识形态不可避免地与个人在观察世界时对公众所持的道德、伦理评价相互交织在一起,一旦人们的经验与其思想不相符合时,人们会改变其意识观念,这时意识形态就会成为一个不稳定的社会因素。

路径依赖理论(Path Dependence Theory)是美国经济学家道格拉斯·诺思(Douglass C. North)提出的把关于技术演变过程中的自我强化现象的论证推广到制度变迁方面的理论。诺思把路径依赖解释为"过去对现在和未来的强大影响",指出"历史确实是起作用的,人们今天的各种决定、各种选择实际上受到历史因素的影响"。诺思认为,制度变迁过程与技术变迁过程一样,存在着报酬递增和自我强化的机制。这种机制使制度变迁一旦走上了某一路径,它的既定方向会在以后的发展过程中得到自我强化。所以,人们过去作出的选择决定了他们现在可能的选择。沿着既定的路径,经济和政治制度的变迁可能进入良性的循环轨道,迅速优化;也可能顺着错误的路径往下滑,甚至被"锁定"在某种无效率的状态而导致停滞。

诺思研究发现,决定制度变迁路径的力量来自两个方面:不完全市场和报酬递增。前者是由于市场的复杂性和信息的不完全,制度变迁不可能总是完全按照初始设计的方向演进,往往一个偶然的事件就可能改变方向。就后者而言,人的行为是以利益最大化为导向的,制度给人们带来的报酬递增决定了制度变迁的方向。诺思接着指出,在一个不存在报酬递增和完全竞争市场的世界,制度是无关紧要的;但如果存在报酬递增和不完全市场时,制度则是重要的,自我强化机制就会起作用。

路径依赖对制度变迁具有极强的制约作用,并且是影响经济增长的关键因素。如果路径选择正确,制度变迁就会沿着预定的方向快速推进,并能极大地调动人们的积极性,这反过来又成为推动制度进一步变迁的重要力量,双方呈现出互为因果、互相促进的良性循环局面。反之,则陷入了恶性循环的局面。

新制度经济学的国家理论(Theory of the State of New Institutional Economics)是美国经济学家道格拉斯·诺思(Douglass C. North)将产权理论与国家理论结合起来,认为国家决定产权结构并通过产权结构的效率最终影响经济增长、衰退或停滞,进而说明国家兴衰的理论。

就国家的性质而言,诺思提出了国家的"暴力潜能"分配论。他认为,国家带有"契约"和"掠夺"的双重属性。若暴力潜能在公民之间进行平等分配,便产生契约性的国家;若这样的分配是不平等的,便产生了掠夺性(或剥削性)的国家。

诺斯的国家理论主要内容包括:(1)国家是享有行使暴力的比较利益的组织。这个组织的目的是使统治者的福利或效用最大化,带有浓厚的经济人色彩。(2)要实现国家效用最大化必须依赖于统治者与选民的关系、统治者与代理人(官僚)的关系、国家与其他国家的关系,以及统治者与潜在统治者的关系。其中,统治者与选民的关系是决定国家效用最大化的根本因素。上述四组关系的变动决定历史上国家的稳定和变革。技术的革新、人口的变化、更有效率市场的扩展在国内改变了相对价格和选民的机会成本,造成了统治者与选民、统治者与代理人关系两端力量对比的变动,并可能导致与国家规定的原有所有权的基本结构发生冲突,最后促使国家对所有权进行调整或统治者的更替。

诺思指出,国家提供的基本服务是博弈的基本规则。国家的目的有两个:一是界定形成产权结构的竞争与合作的基本规则,使统治者的租金最大化;二是降低交易费用以使社会产出最大化,从而使国家税收最大化。在此基础上,他提出了著名的"诺思悖论",即国家一方面要使统治者的租金最大化;另一方面要降低交易费用以使全社会总产出最大化,从而增加国家税收。然而,这两个方面之间存在着持久的冲突。这种冲突是使社会不能实现持续经济增长的根源。"诺思悖论"描述了国家与社会经济相互联系、相互矛盾的关系,即"国家的存在是经济增长的关键,然而国家又是人为经济衰退的根源"。制度是国家与社会经济关系形态的主要形式,因而是社会经济兴衰的主要原因。与此相联系,解决"诺思悖论"的关键在于国家界定和行使产权的类型、行使产权的有效性,即国家是否能够通过制度供给提供有效率的产权激励。

牧童经济理论(Cowboy Economy Theory)是指 20 世纪 60 年代,英国经济学家博尔丁(Kenneth Boulding)将对自然界进行掠夺、破坏式的经济模式,称为牧童经济。博尔丁通过对牧童在草原上放牧时对牧草的漫不经心和随心所欲这一形象的借喻,意指传统经济模式轻视自然及其资源,无计划、无节制地任意开发,导致环境资源的浪费和破坏。该理论的主要特点就是批评传统经济大量地、迅速地消耗自然资源,把地球看成取之不尽的资源库进行无限度的索取,同时造成废物大量累积,使环境污染日益严重;它表现为追求高生产量(消耗自然资源)和高消费量(商品转化为污染物)。人类社会的发展需要利用自然资源,但是自然资源又是有限的。为了从根本上解决这一矛盾,必须在未来建立一种新经济方式。博尔丁指出,牧童经济将会被"宇宙飞船经济"所代替。

宇宙飞船经济理论(Spaceship Economy Theory)是 20 世纪 60 年代,英国经济学家博尔丁(Kenneth Boulding)将环境与人类的关系比喻为相对封闭、有限的"宇宙飞船"与"飞船乘员"之间共命运关系的生态经济理论。该理论指出地球只是茫茫太空中一艘小小的太空飞船,人口和经济的无序增长迟早会使船内有限的资源耗尽,而生产和消费过程中排出的废料将使飞船污染,毒害船内的乘客,此时飞船会坠落,社会随之崩溃。为了避免这种悲剧,必须改变这种经济增长方式,要从"消耗型"改为"生态型",从"开环式"转为"闭环式"。经济发展目标应以福利和实惠为主,而并非单纯地追求产量。宇宙飞船经济理论改变了过去人类将自己看成自然界的征服者和占有者的思想,而是把人和自然环境视为有机联系的系统。该理论也成为循环经济思想的渊源。

多角型经济发展战略(Multi Angle Economic Development Strategy)是发展中国家为了改变单一经济结构而采取的一种经济发展战略。它是相对于原始型经济发展战略而言的。原始型经济发展战略是政治上新独立的发展中国家因尚未摆脱原宗主国的经济控制而采取的发展少数农产品、矿产品等基础产品的生产,用于出口,求得经济发展的战略。多角型经济发展战略的要点是尽快摆脱对外国资本的

依赖,打破外国资本对本国经济的垄断,促进民族经济的全面发展。具体做法是:
(1)注重产业结构调整,促进经济由单一化向多样化发展。(2)加强经济成分的
协调,既注意发展国有经济,又注意发展其他多种经济成分,推行混合型经济。
(3)实行多方位对外经济联系,既保持同原宗主国的"传统经济联系",又广泛地实
行多边经济合作。相对于原始经济发展战略而言,多角型经济发展战略具有明显
的优越性。

李斯特经济发展阶段论(List's Economic Development Stage Theory)是按照
生产部门的发展状况划分经济发展阶段的一种理论。由德国经济学家李斯特
(Georg Friedrich List)1841 年在《政治经济学的国民体系》一书中提出。该理论是
在批评古典派的国际贸易理论基础上建立的。李斯特认为古典学派关于各国按照
"地域分工"和"比较成本说"可以形成和谐的国际分工,而实行这种分工只需经过
自由贸易。他认为国家不需要干涉的说法是一种世界主义经济学,这种理论抹杀
了各国的经济发展处于不同阶段和历史特点,错误地以"将来才实现"的世界经济
联盟作为研究的出发点。为此,李斯特提出:各国的经济发展,都要经历原始未开
化时期、畜牧时期、农业时期、农工业时期、农工商时期五个阶段,即由农业国变成
工业—农业国,然后变成工业—农业—商业国。在不同的时期,又应当实行不同的
对外贸易政策。李斯特认为,改进的第一阶段是对比较先进的国家实行自由贸易,
以此为手段,使自己脱离未开化状态,在农业上求得发展;第二阶段是用商业限制
政策,促进工业、渔业、海运事业和国外贸易的发展;最后一个阶段是当财富和力量
已经达到了最高以后,再逐步恢复到自由贸易原则,在国内外市场进行无所限制的
竞争,使从事于农工商业的人们在精神上不至于松懈,并且可以鼓励他们不断努力
于保持既得的优势地位。李斯特对经济发展各阶段之间的划分,是以经济部门作
基础的,其错误在于忽视了生产关系类型的区别,从而也就歪曲了社会经济发展的
真实过程。不过,李斯特的经济发展阶段公式,在历史学派的经济著作中,都得到
了广泛应用。

小农经济发展阶段说(Peasant Economy Development Stage Theory)分析发展
中国家农业发展阶段的学说。发展经济学家将小农经济分为三个阶段:第一阶段

是原始的生产率低下的自给自足的农业。这种农业规模小,靠天吃饭,是高度担受风险和不稳定的行业。第二阶段是混合的多样化的农业。在这一阶段中,由于使用良种、化肥和水利灌溉,可以在不减少主要粮食作物产量的情况下,腾出一部分耕地,种植经济作物和进行简单的畜牧业生产,使农民除自给自足部分外,能有剩余作为商品出售,以提高家庭消费水平和投资能力。第三阶段是专业化的农业,即在发达国家广泛流行的现代化商业性农场。其共同特点是,只栽培一种作物,使用资本密集和节省劳动的生产技术,依靠大规模生产的节约来降低单位成本,其生产的目的是通过采取先进技术,获得最大的单产,以实现最大利润。发展经济学家认为,目前许多发展中国家的农业仍在上述的第一阶段。因此,他们主张发展中国家应把重点放在推进农业向更高阶段演进之上,从而为经济发展提供更加广阔的环境。

阿明经济发展阶段说(Amin's Economic Development Stage Theory)是分析发展中国家经济发展阶段的理论。20 世纪 70 年代,由埃及经济学家萨米尔·阿明(Samir Amin)提出。阿明的分析是建立在"中心—外围"论的基础上的。他认为,在世界资本主义体系中,"外围"国家的发展大致经历了三个阶段。第一个阶段,是殖民主义阶段。这一阶段,"外围"国家经济畸形发展,出口部门发展迅速,其他部门十分落后,国内市场受到限制,主要是满足"奢侈品"的需要;相反,由于"外围"国的利润向"中心"国家转移,"中心"国家的市场日益扩大,并决定着"外围"国家经济的发展方向和速度。阿明认为,这是帝国主义把殖民地和半殖民地的统治形式强加于"外围"国家的时代。随着各国资产阶级领导下的民族解放运动的胜利,这一阶段即告结束。第二阶段,是进口替代工业化阶段。这一阶段除了一些社会主义国家外,进口替代工业化成为这些国家共同的发展战略。但是,由于"外围"国家的国内市场主要是满足"奢侈品"的需要以及劳动群众购买力的限制,使进口替代发展战略往往是从生产耐用消费品开始,而群众消费品的生产则处于次要地位,结果导致"外围"国家的经济进一步依附于"中心"国家。第三阶段是"外围"国家经济真正自力更生。阿明认为,前述两个阶段属于"外部推动"型的发展战略。在这种情况下,外围不会出现一种成熟的、自主的资本主义前景。只有通过为"农民群众和城市群众服务"的发展,才能形成"民族的和自力更生"的经济。

"为农民群众服务"是指工业化要支援农业的发展,集中力量改变农业劳动生产率;为城市群众服务是指要放弃和减少奢侈品生产和输出品生产,发展"群众消费品和物质部门"的生产。只有这样,才能扭转"外围"对"中心"的依附局面,走向真正的自力更生阶段。他认为,这种情况只有在社会主义条件下才能实现。因此,社会主义是"外围"的必然趋势,是进步和独立的一个根本条件。

富尔塔多阶段说(Furtado's Stage Theory)是一种分析发展中国家贫困形成的原因及过程的学说。1972 年由巴西经济学家赛尔索·富尔塔多(Celso Furtado)提交给激进政治经济学会的《不发达问题研究中关于外部依附性的概念》一文中提出。富尔塔多和许多激进的发展经济学家一样,都认真注意了在历史上成为拉丁美洲、非洲和亚洲国家经济成长标志的殖民地关系。他们认为发展问题的焦点主要不在于发展中国家内部,而在于历史中发展中国家对发达国家所形成的依附关系,在于发展中国家经济发展的外部环境的恶化。他认为不发达过程从历史上看可以分为三个阶段:(1)比较利益。工业革命以后,当国际分工制度和世界经济正在形成的时候,工业化国家比较善于开展一些以高度广泛的技术进步为标志的活动。但是在其他国家,国内投资和国际投资不是投在生产过程中使用技术最少的部门(例如农业种植园中经济作物),就是投在技术进步与周围隔绝的部门(例如由外国控制的经营采矿业的"飞地")。在这种情况下,技术进步在全国很少得到推广,收入的好处主要都流入极少数人的腰包,其结果是出现了一个初级产品出口经济。(2)进口替代。在不发达国家中逐渐形成了一个享有特权的社会阶层,于是出现了进口大量商品以满足这个阶层模仿富国而采取的消费方式的需求,但由于国际收支的逆差和限制性的贸易政策,又促进了本国制造以前为消费而进口的同样商品。因此,消费品生产就强烈地偏向于富裕的少数人的需求,收入分配的格局由于大量资本积累的需要而受到影响,因而产生了生产资料(技术、部件等)严重依赖于进口的情况。这样某些富国控制技术进步和强使他国接受其消费方式就构成生产体制的决定性因素。(3)跨国公司。跨国公司的内部调拨已经取代了普通的市场活动。对穷国制造业的投资都倾向于使用资本密集型和节省劳动力的技术,这就加剧了失业问题和收入分配的不均。跨国公司在耐用消费品、机器设备、电子和计算机、化学品和药品等革新部门中占统治地位。在这种情况下,发展中国家要保持工业化进程不断发展,其先决条件就须和跨国公司的特殊发展模式进行依附性的合作。因此,富尔塔多认为,发展中国家要获得真正的发展,首先要割断这种依附关系,走自力更生的发展道路。

罗斯托经济成长阶段论(Rostow's Economic Development Stage Theory)是依据工业发展水平划分并说明经济发展阶段的理论。由美国经济学家华尔特·惠特曼·罗斯托(Walt Whitman Rostow)在 1952 年《经济成长的过程》一书中提出经济成长的五个阶段。1958 年,他应邀到英国剑桥大学以《经济史学家对近代历史发展的观点》为题进行系列演讲,而后以此为基础,于 1959 年年底出版《经济成长的阶段》一书,该书对五个阶段做了详细的说明。到 1971 年罗斯托又出版了《政治和成长的阶段》一书,加入第六个阶段,进一步补充了他的经济成长阶段说。

他依据工业发展水平把整个世界的经济发展历史划分为六个阶段:(1)传统社会。包括牛顿以前整个世界。这一阶段不存在现代科学技术,生产力水平很低,农业居国民经济首位,家族和氏族在社会组织中仍起很大作用。(2)为"起飞"创造前提的阶段。是传统社会向"起飞"阶段过渡的时期。在西欧各国,"起飞"的前提条件是 17 世纪后期和 18 世纪初期逐渐形成的。在这个阶段,世界市场的扩大以及对世界市场的争夺成为经济增长的推动力。近代科学知识开始在工、农业生产中发生作用。(3)"起飞"阶段。这是"近代社会生活中的大分水岭"。在这个阶段,束缚经济成长的阻力已最后被克服,传统的经济停滞状态已经被突破,近代工业开始迅速地发展起来。罗斯托认为一个国家经济的"起飞"应具备三方面的条件:第一,提高生产性投资率。投资率从国民收入的 5% 上升到 10%。第二,建立和扩展"起飞"阶段的主导部门,尤其是制造业。第三,有一种政治、社会和制度结构来保证"起飞"的实现。但这三个条件要依各国的具体情况而定。各国"起飞"阶段为 20—30 年。(4)向成熟推进的阶段。这一阶段,一系列现代技术已经有效地推广到各个经济领域,国民收入中占 10%—20% 用作投资,从而使生产的增长经常超过人口的增殖。一个社会从"起飞"阶段到成熟阶段,约需 60 年。(5)高额群众消费阶段。这是一个高度发达的工业社会。这时主导部门转移到耐用消费品方面,并在群众性的基础上推广服务业。罗斯托把 1913—1914 年福特汽车工厂开始采用自动装配线的时间看作美国社会进入这一阶段的重要标志。第二次世界大战前，加拿大和澳大利亚进入了这一阶段，20世纪50年代，西欧和日本也进入这一阶段。(6)追求生活质量阶段。这一阶段是罗托斯20世纪70年代后提出来的一个新阶段。这时，主导部门已转变成与提高居民"生活质量"有关的服务业和环境改造事业。罗斯托认为"起飞"阶段和"追求生活质量"阶段是社会发展过程中的两次重大"突破"。并认为，美国是第一个进入后一阶段的国家，其他国家也会按照各自特点和条件，逐步从低级阶段向高级阶段过渡。罗斯托经济成长阶段论提出后，在西方学术界引起了巨大的影响，并形成独立的学术流派。

新历史学派经济发展阶段说（New Historical School Economic Development Stage Theory）是20世纪初由德国新历史学派经济学家布希（Karl Bücher）提出的。布希的阶段说是在新历史学派创始人施谟勒（Gustav Von Schmoller）五阶段学说基础上提出的。施谟勒认为：家庭经济时代、都市经济时代、区域经济时代、国家经济时代和世界经济时代是人类经济发展的五个阶段。布希在此基础上认为，人类经济发展阶段可分为三个经济阶段，即家庭阶段、都市阶段和国家阶段。布希认为：在家庭阶段，交易很不发达，甚至个人没有交易的行动自由，社会缺乏制度化的、有组织的交换模式，交通不便，通信设施落后。都市阶段是在中古庄园组织解体后产生的新交易方式。首先，是那些昂贵的但易于运输的物品交易，如钻石、贵金属和精美衣物。其次，随着这类物品交易的扩展，生产也得到了扩展，从而使劳动和交易得到了重新组合。最后，中古城市当局和居民在合力抵御外力武装入侵时逐渐形成合作精神并推及其他生活领域，因而产生了反映着其新社会组织模式的新制度。在国家阶段，生产变成大规模的，并且生产者不再直接与消费者联系在一起。布希认为，当政治发生变迁时，国家阶段仅是一种过渡阶段，因为新政治结构的国家会使个人利益屈服国家趋势，使经济社会完全变形。国家阶段以后是什么阶段，布希没有明确的回答。

社会主义初级阶段论（Theory of the Primary Stage of Socialism）中国共产党提出的关于中国当前所处的社会主义发展的阶段的理论。1979年，叶剑英在国庆30周年讲话中初步表露了社会主义初级阶段的思想。1981年6月，《中国共产党中央委员会关于建国以来党的若干历史问题的决议》提出："我们的社会主义制度还是处于初级阶段"。1986年9月,《中共中央关于社会主义精神文明建设指导方针的决议》进一步提出:"中国还处在社会主义的初级阶段,不但必须实行按劳分配,发展社会主义的商品经济和竞争,而且在相当长的历史时期内,还要在公有制为主体的前提下发展多种经济成分,在共同富裕的目标下鼓励一部分人先富裕起来。"1987年10月,党中央在中国共产党第十三次全国代表大会上的报告中,再一次明确指出"中国正处在社会主义的初级阶段",并对社会主义初级阶段理论做了阐述。这个论断包括两层含义:第一,中国社会已经是社会主义社会。因此,必须坚持而不能离开社会主义。第二,中国的社会主义社会还处在初级阶段。因此,必须从这个实际出发,而不能超越这个阶段。报告指出,中国从20世纪50年代生产资料私有制的社会主义改造基本完成,到社会主义现代化的基本实现,至少需要上百年时间,都属于社会主义初阶段。报告还指出,社会主义初阶段,不是泛指任何国家进入社会主义社会经历的起始阶段,而是指中国在生产力落后、商品经济不发达条件下建设社会主义必然要经历的特定阶段。从历史的原因看,社会主义中国脱胎于半殖民地、半封建社会,生产力水平远远落后于发达的资本主义国家,这就决定了中国必须经历一个很长的初级阶段,去实现工业化和生产的商品化、社会化、现代化。报告还进而指出,从社会主义初阶段的实际出发,中国应确立的具有长远意义的指导方针是:(1)集中力量进行现代化建设。(2)坚持全面改革。(3)坚持对外开放。(4)以公有制为主体,大力发展有计划的商品经济。(5)以安定团结为前提,努力建设民主政治。(6)以马克思主义为指导,努力建设精神文明。社会主义初级阶段的理论,恰当地估量了中国的基本国情,它不仅解决了建设有中国特色的社会主义的首要问题,而且是中国制定和执行正确的路线和政策的根本依据。

马克思经济周期理论(Marx Business Cycle Theory)根据资本主义社会中生产力与生产关系的矛盾运动分析资本主义经济发展的周期性波动的理论。马克思认为,生产的社会化与生产资料的资本家私人占有之间的矛盾是资本主义社会的基本矛盾。在资本主义经济运行的过程中,这一矛盾具体表现为,生产无限扩大的趋势与有支付能力的需求相对地缩小之间的矛盾和单个企业生产的有计划与整个社会生产的无政府状态之间的矛盾。在这些矛盾的作用下,资本主义经济的运行必然出现"危机—萧条—复苏—高涨—危机"不断循环的过程。周期的每一个阶段都是由前一个阶段孕育出来，又为后一个阶段创造条件。危机是周期的基本阶段和决定性阶段，是前一个周期的终点，又是后一个周期的起点。危机阶段的主要表现是：生产下降，市场萎缩，企业倒闭，工人失业人数增加等，其中以生产下降为最主要的标志。危机持续一段时期后开始转入萧条阶段，其显著特征有：社会生产不再下降，但处于严重的停滞状态，市场稍有好转但仍呈疲惫状态，失业人员依然大量存在等。各个企业经过改进技术和开始进行固定资本的更新，经济发展转为恢复或复苏阶段。复苏阶段的主要表现是：生产已恢复到危机爆发前的水平，进行大规模的固定资本更新，市场开始活跃，失业人数减少，利润率趋升。当社会生产达到危机前的最高点时，便由复苏转入高涨阶段。高涨阶段的明显特征是：生产迅速发展，超过危机前的最高水平，失业人数锐减，商业投机活跃，信用膨胀，利润率剧升。当高涨阶段发展到一定程度，资本主义经济运行中的各种矛盾又趋尖锐，新的经济危机再次爆发。

马克思还认为，固定资本的大规模更新是资本主义经济周期性发展的物质基础。复苏阶段大规模的固定资产更新，首先引起对生产资料的需要，促使第Ⅰ部类的生产得到恢复和发展；继之引起对消费资料需求的扩大，促使第Ⅱ部类的生产也得到恢复和发展。固定资产的更新带动了整个资本主义经济的恢复和发展，促使资本主义经济重新趋于高涨，但它同时也激化了生产的盲目扩大与有支付能力的需求相对缩小之间的矛盾，以及个别企业生产的有计划性与整个社会生产的无政府状态之间的矛盾，因而为下一次危机的到来准备了物质基础。

基钦周期（Kitchin Cycle）是资本主义经济发展中的一种历时较短的周期性经济波动。由美国经济学家约瑟夫·基钦（J. Kitchin）在《经济因素中的周期与倾向》（1923）中首次提出。他在研究了1890—1922年美国与英国的物价、银行清算、利率等资料后提出，经济周期包括主要周期和次要周期两种，主要周期仅仅是两个或三个次要周期的总和，而次要周期是平均为40个月的经济周期。美国经济学家汉森（A. Hansen）根据统计资料计算出美国在1807—1937年共有37个这样的周期，其平均长度为42.12个月。熊彼特（J. A. Schumpeter）把这种短周期作为他分析资本主义经济循环的一种方法，并用存货投资的周期变动和创新的小起伏来说明基钦周期，认为3个基钦周期构成1个朱格拉周期，18个基钦周期构成1个康德拉季耶夫周期。但有的学者认为,由于短周期的平均持续时间短,所以从理论上讲,虽然周期的根源在于创新,但很难把某个特定的短周期同某项特定的创新从历史上联系在一起,因此,短周期很可能只是一些适应性的波动。

朱格拉周期(Juglar Cycle)是资本主义经济发展中的一种为期约 10 年的周期性波动。1861 年法国医生、经济学家朱格拉(C. Juglar)在《论法国、英国和美国的商业危机以及发生周期》一书中首次提出。朱格拉通过对英、美、法三国的物价、生产、就业人数等统计资料的分析发现,资本主义社会存在着平均 9—10 年为 1 个周期的经济上下波动。美国经济学家汉森(A. Hansen)将这种周期称为主要经济周期,并根据资料计算出美国在 1795—1937 年共有 17 个这样的周期,其平均长度为 8.35 年。熊彼特(J. A. Schumpeter)把这种周期称为中周期,认为连续 6 个朱格拉周期构成一个长达 50—60 年的康德拉季耶夫周期,而每一个朱格拉周期又包含 3 个基钦周期。

库兹涅茨周期(Kuznets Cycle)是一种从生产和价格的长期运动中揭示主要资本主义国家经济周期的理论。1930 年美国经济学家西蒙·库兹涅茨(S. Kuznets)在《生产和价格的长期运动》一书中首次提出。库兹涅茨认为,现代经济体系是不断变化的,这种变化存在一种持续的、不可逆转的变动,这就是"长期运动"。他根据对美、英、德、法、比利时等国 19 世纪初叶到 20 世纪初期 60 种工、农业主要产品的生产量和 35 种工、农业主要产品的价格变动的时间数列资料,剔出其间短周期和中周期的变动,着重分析了有关数列的长期消长过程,提出了在主要资本主义国家存在着长度从 15—25 年、平均长度为 20 年的"长波"或"长期消长"的论点。这种波动在美国的许多经济活动中,尤其是建筑业中表现得特别明显,所以库兹涅茨周期也称为建筑业周期。第二次世界大战后,库兹涅茨关于资本主义经济增长为期约 20 年的"长波"论,日益受到西方特别是美国资产阶级经济学界的重视,被称为"库兹涅茨周期"。

康德拉季耶夫周期(Kondratieff Cycle)论述了资本主义经济发展中历时 50—60 年的周期性波动。1925 年苏联经济学家康德拉季耶夫(Nikolai D. Kondratieff)

在美国发表的《经济生活中的长波》一文中首先提出。康德拉季耶夫认为资本主义的经济发展过程存在三个长波：(1)1789—1849年，上升部分25年，下降部分35年，共60年。(2)1849—1896年，上升部分24年，下降部分23年，共47年。(3)从1896年起，上升24年，1920年以后是下降趋势。全过程为140年，包含了两个半的长周期，显示出资本主义经济发展中平均为50—60年一个周期的长期波动。康德拉季耶夫认为，长波产生的根源是资本主义经济实质所固有的那些因素，尤其和资本积累密切相关。经济学家熊彼特把这种长周期作为他分析资本主义经济循环的一种方法，认为一个长周期总与一些革新浪潮紧密联系，并把每一个长波中出现的重大技术称为"长波技术"。他认为，康氏的第一个长波是以工业革命为特征；第二个长波是以钢铁和蒸汽为特征；第三个长波是以电力、化学和汽车为特征。这一理论到目前仍然争议不断，虽然一些经济学家认为长波的存在与科技革命浪潮有关，但对长波出现的原因却没有令人信服的解释。

熊彼特经济周期理论（Schumpeter Cycle）是以技术创新为基础研究资本主义经济周期运动的理论。1939年美籍奥地利经济学家熊彼特（J. A. Schumpeter）在《经济周期》一书中提出。熊彼特将前人的观点综合，总结出资本主义发展过程中存在的三种周期理论，即康德拉季耶夫周期、朱格拉周期、基钦周期，分别对应长、中、短三种周期。其中，一个长周期包含六个中周期，一个中周期包含三个短周期。熊彼特认为，经济周期与创新紧密联系，创新过程的非连续性和非均衡性引起经济波动，进而引发经济周期。熊彼特把资本主义经济发展分为三个长周期：(1)从18世纪80年代到1840年，是产业革命发展时期，纺织工业的"创新"在其中起了重要作用。(2)从1840年到1897年，是蒸汽和钢铁时代。(3)从1897年到20世纪50年代，是电气、化学和汽车工业时代。

罗斯托长波理论（Rostow Long-wave Theory）是一种以初级产品与工业品的相对价格分析经济长期波动的理论。由美国著名经济学家罗斯托（Walt Whitman Rostow）在20世纪70—80年代提出。他在1953年出版的《经济增长进程》一书中提出："现代经济史的进程不仅以周期性波动，而且以包括实际收入和就业的几个周期的较长阶段为标志。在这种较长的阶段中，世界经济显示出部门之间相对价格运动的趋势,部门之间收入分配的趋势,从新投资所获收益的主要特征的趋势以及一般价格的趋势。"罗斯托还考察了自18世纪末到20世纪中这一时期的四个"长波周期"。1978年罗斯托又出版了《世界经济:历史和前景》一书,增加了下降与上升的阶段以补全四个周期和当前开始的第五个"长波周期"。

罗斯托认为,从1951年以来大约20年的时期,由于农产品与原料价格相对低廉,形成了一个局部的通货膨胀的经济下降时期。1972年,是一个价格上升时期,世界经济进入康德拉季耶夫长波第五个周期的上升阶段。在1978年《世界经济:历史和前景》一书中,罗斯托识别了三种长波周期。一是"强调农产品和原料稀缺或丰裕阶段"的长周期;二是价格、利率和其他价值序列的长周期;三是"核心是总的增长率波动的周期,增长伴随着国际与国内移民速度的变化,移民速度的变化又反过来加速了对运输、住宅和城市基础设施的投资"。罗斯托认为,造成这类"长波周期"的原因,一个是经济的"领先部门";另一个是黄金产量不稳定,它对于货币、装饰品和工业用途的供给产生了不稳定影响,从而对世界经济产生了不均衡的影响。最后,战争也在经济增长中留下了强有力的印记。20世纪80年代,罗斯托进一步提出,初级产品与工业品的相对价格高低是制约世界经济长期波动的杠杆。形成长期波动的基本原因是由于粮食和原料等初级产品的相对丰裕和匮乏。初级产品的相对价格高,经济就高涨,相对价格低,经济就衰退。由于罗斯托对长波的分析与众不同,特别是他把1935—1951年世界经济缓慢发展时期看成第四个长波周期的上升阶段,而把1951—1972年世界经济长期繁荣期看成长波的下降期,这种与经济发展事实相违的分析引起了许多学者的批评。但罗斯托的长波理论使用和研究了大量的统计资料,并且得出了许多正确理论。因此,他的长波理论仍对西方长波理论研究产生着重大影响。

范·杜因长波理论(Van Duijn Long-wave Theory)认为基本技术创新的集群是导致长波主要力量的长周期理论。20世纪70—80年代,由荷兰经济学家雅各布·范·杜因(Jacob Van Duijn)提出。范·杜因以熊彼特的技术长波理论为基础,把技术特别是基础技术创新看作长期波动的主要动因,提出了用创新生命周期解释长期波动的长波理论。他认为任何一次基础技术创新都要经历介绍、扩散、成熟和衰落四个阶段。由于这四个阶段的存在,影响宏观经济的长期波动也出现繁

荣、衰退、危机、复苏四个阶段。长波的四个阶段与创新生命周期的四个阶段具有
对应关系：繁荣—扩散、衰退—成熟、危机—衰退、复苏—介绍。此外，范·杜因还
认为，一般大的基础技术创新的介绍阶段约为 20 年，扩散阶段要达到二十多年，如
果对衰落阶段忽略不计，生命周期约半个世纪或稍长。因此，半个世纪一个循环的
长波周期主要是由创新生命周期所决定的。范·杜因的创新生命周期说对当前西
方技术史研究和新技术革命论有一定影响。他探求创新生命周期与长波周期之
间、创新阶段与长波阶段之间的对应关系，也是一种新的观点。但是，由于他的理
论始终没有摆脱熊彼特长波技术论的影响，因而仍有一定的片面性。

门斯经济周期理论（Menseh Business Cycle Theory）是以创新理论为基础分
析经济周期的理论。20 世纪 70 年代由美籍德国经济学家格哈特·门斯（Gerhard
Menseh）提出。门斯在熊彼特创新理论的基础上，着重研究了创新周期性阵发的
原因。他根据 1740—1960 年每十年所发生的基本创新的数据资料证明，技术创新
群大约发生在 1760 年、1840 年、1880 年和 1930 年。这些新的创新活动连成"一
串"，形成创新的浪潮，成为经济增长和经济长期波动的主要动力。大批技术革新
的环境是"技术僵局"。所谓"技术僵局"即从衰退开始，一直持续到萧条结束的一
段时间。在此期间，只有出现新的基础革新和新的产业部门，经济才能根本好转，
只有创新才能克服萧条。在"技术僵局"阶段，至少在短期内，经济政策不能提供
解决危机的根本方法，政府只能采取某些应急措施，防止危机的进一步恶化。从长
期看，政府应通过花费大量的资金为支持创新创造一个有利环境，以促使创新浪潮
的早日来临。由于门斯认为技术僵局是基础创新的前提，所以，他不同意康德拉季
耶夫（Kondratieff）、熊彼特（Schumpeter）和库兹涅茨（Kuznets）的波形模式。他认
为，经济的长期波动不是连续的波形，而是断续的"S"形，即长波变形模式。他认
为，在工业经济发展中，资本边际效率连续地上升会表现出突然的崩溃，形成曲线
的突然断开和下跌，一般而言，这种状况出现在大危机期间，而危机又成为创新的
酝酿期。一旦创新形成浪潮，经济就会再度出现增长趋势。

凯恩斯经济周期理论（Keynes Business Cycle Theory）是从心理因素的角度论
述经济周期的理论。由凯恩斯在《就业、利息和货币通论》（1936）一书中提出。凯

恩斯认为,经济发展必然出现一种开始向上,继而向下,再重新向上的周期性的运动,并具有明显的规律性,这就是经济周期。他将资本主义经济周期划分为繁荣、恐慌、萧条、复苏四个阶段,其中"繁荣"和"恐慌"是最重要的阶段。凯恩斯认为,在繁荣后期,一方面劳动力和资源趋于稀缺,价格上涨,使资本品的生产成本不断加大;另一方面随着生产成本增大,资本边际效率下降,利润逐渐降低。但由于资本家对未来收益的预期过于乐观,仍大量投资,加之投机分子的大量购买,使资本边际效率突然崩溃。随之而来的是资本家对未来失去信心,造成人们的流动性偏好大增、利率上涨,结果使投资大幅度下降,经济危机到来。危机之后是萧条阶段。在这一阶段,资本家对未来信心不足,资本边际效率难以恢复,因而投资不振,生产萎缩,就业不足,商品存货积压,经济处于不景气状态。随着资本边际效率逐渐恢复,存货逐渐被吸收,利率降低,投资逐渐增加,经济发展进入复苏阶段。当资本边际效率完全恢复,投资大量增加,经济又进入繁荣阶段。这四个阶段依先后次序按一定的时间间隔有规律地循环,就形成了周期性的经济波动。凯恩斯认为,形成经济周期波动的原因是复杂的,从时间上的循环和期限的长短的规则性来看,主要原因是资本边际效率的循环变动,这种变动一般呈现三至五年的周期性。主要由三个因素决定:固定资产的寿命和人口增加的速度、过剩存货的保藏费、生产资本使用完毕所需要的时间。凯恩斯的经济周期理论在西方学术界产生了广泛的影响,但他用心理因素解释资本主义经济变动,难免有较大局限性。

汉森—萨缪尔森模型(Hansen-Samuelson Model)又称"乘数—加速数模型"。将乘数论与加速原理相结合,说明消费、投资和收入的关系并解释经济周期波动的原因的理论。1939 年经汉森(Alren H. Hansen)提示,由萨缪尔森(Paul A. Samuelson)在《乘数分析与加速原理的相互作用》一文中提出。设:边际消费倾向为 b,$b = \Delta c / \Delta y$;加速系数为 a,$a = I / \Delta y$;现期收入为 Y_t,自发投资为 I_0,I_0 是不变的;现期消费为 C_t,现期消费由前期收入与边际消费倾向决定,所以:$C_t = b \cdot Y_{t-1}$;引致投资为 I_i,由消费与加速系数而定,所以 :$I_i = a(C_t - C_{t-1})$;现期投资为 I_t,$I_t = I_0 + I_i = I_0 + a(C_t - C_{t-1})$;现期收入为 Y_t,$Y_t = C_t + I_t = b \cdot Y_{t-1} + I_0 + a(C_t - C_{t-1})$。该模型认为,如果计算出边际消费倾向和加速系数以及过去两期的国民收入,就可计算出本期的国民收入,从而发现经济波动幅度。在国民收入中,投资、收入、消费相互影响、相互调节。假定自发投资为一固定量,那么,如果靠经济本身的力量自行调节,就会自发地形成经济周期。经济周期中的各个阶段正是乘数与加速原理相结合的作用而形成的。为了维持经济的长期稳定发展,政府有必要对经济进行干预和调节。政府进行干预的办法就是采取适当的政策刺激自发投资;鼓励劳动生产率的提高,提高加速系数;鼓励消费,提高边际消费倾向。该模型所反映的收入与投资之间相互影响的关系是客观存在的,对经济周期也会产生某些影响。但是用这些一般的经济关系与技术关系来解释经济周期就用技术原因掩盖了社会原因,用物质经济关系代替了生产关系,就不能说明资本主义经济所特有的周期性波动与危机的必然性。

乘数—加速数模型(Multiplier-accelerator Model)见"汉森—萨缪尔森模型"。

希克斯经济周期理论(Hicks Business Cycle)是运用乘数和加速原理研究经济周期的理论。1950 年英国著名经济学家约翰·理查德·希克斯(John Richard Hicks)在《经济周期理论》一书中提出。希克斯在吸取前人用加速原理分析投资和经济周期的基础上,特别是吸取了哈罗德和萨缪尔森对乘数和加速数之间的交互作用的成果,用精确的"乘数—加速数"模型说明了经济周期。西方学术界称此为"萨缪尔森—希克斯模型"。希克斯认为,从历史上看,经济物品和劳务的实际产量的波动表现为一种沿增长路线上下运动状态。其波动的高涨阶段和低潮阶段是由乘数和加速原理结合的作用决定的。由于加速数的作用,产量的增长会引起投资的加速度增加;又由于乘数的作用,投资的增长又引起产量按照某一倍数增长。这样就使生产能力得到了迅速的扩张。其扩张的幅度受周期上限限制。周期上限取决于社会已经达到的技术水平和一切生产资源可被利用的限度。当扩张到达经济上限时,就会转向经济收缩。收缩时,由于加速数的作用,产量的下降又会引起投资的加速度下降;由于乘数的作用,投资的下降又引起产量按照某一倍数下降。其下降的幅度又受周期下限的限制。下限取决于总投资的特点和加速原理作用的局限性。当下降到周期下限时,经济又逐渐开始回升。希克斯根据对过去一个半世纪经济发展史的深入研究,认为在这一长时期内呈现出一种有规则的7—10 年的周期波动,并且周期性的波动以经济增长为其背景。西方经济学家认为,希克斯周期理论的主要贡献,是他把经济波动和经济成长结合起来,在凯恩斯经济学的基础上,把乘数和加速数的交互作用可能引起的变动加在一条均衡的成长线上,使乘数和加速数成为说明成长中的经济周期的重要工具。

弗里曼长波理论(Freeman Long-wave Theory)是一种从技术创新与劳工就业关系角度研究经济长期波动的理论。英国苏塞克斯大学教授克里斯托弗·弗里曼(Christophe Freeman)于 20 世纪 70 年代提出。弗里曼的经济长波分析以熊彼特(Schumpeter)长波技术论为基础,在把技术创新作为经济增长主要动力的同时,强调技术创新对劳工就业的影响,从技术创新与劳工就业关系角度研究长波。弗里曼认为,长波上升阶段是由新兴产业或新技术的发展所推动的。在新兴产业初创期,生产具有劳动力密集性质。在铁路、汽车业和电子工业发展初期,这一性质表现十分明显。因此,新兴产业的出现和发展需要大量劳动力。新兴产业的发展会促进相关产业的发展,从而对扩大就业产生第二层次的影响。这种影响还会进而波及整个经济,从而引起劳动力的需求的成倍增长。在经济繁荣的顶峰,对劳动力的需求量也最大。他认为,第一次世界大战前和 20 世纪 50—60 年代都属于这种情况。由于新兴产业的利润很高,这些部门劳工的工资也相应比较高,加上经济发展带来的其他因素,使工资成本增加。新兴产业工资和收入的增加,剥蚀边际利润,于是新产业的投资减少,使经济规模扩大停顿,设备利用率降低,造成利润萎缩。经济运动随之转入长波下降阶段,形成总销量下降,大批工厂关闭和失业率升高的动荡局势,这时只有开发新的技术领域才能使经济摆脱萧条,重新获得高速发展。因此,在结构性萧条和危机期间比任何时候都更需要政府采取特殊的科学技术政策。弗里曼为西方政府提出三套科学技术政策。第一套政策的目的是扶持、资助和鼓励基础技术的发明与创新。弗里曼针对以短期经济效果为基础的凯恩斯主义经济政策,强调政府政策要以长远考虑为基础,注重研究和发展问题,因为只有对研究和发展舍得投资,才能为以后经济的重获发展奠定基础。第二套政策应于基础创新产生后,在进入传播和应用阶段中实施。目标是推动和促进基础创新的传播,尽快地在各部门全面应用。第三套政策的目标是改善对外国先进技术的进口,并促进其在国内传播。弗里曼的长波理论特别重视基础研究,结合基础技术创新对就业的影响来研究长波,颇有新意,这些理论对某些国家的经济政策也产生了一定的影响。

哈耶克经济周期理论（Hayek Business Cycle）是认为资本主义经济危机的原因是由于货币供应量过多导致消费过度并使生产资料的资本不足的经济周期理论。1931年由奥地利著名经济学家弗里德里希·奥古斯特·冯·哈耶克（Friedrich August von Hayek）在《物价与生产》一书中提出。哈耶克认为，货币因素在促使生产结构失调中起着决定性的作用。哈耶克以没有闲置未用的生产资源和劳动力为前提，认为在经济扩张阶段，资本市场上对于投资资金的需求将超过储蓄，生产者将会利用银行膨胀的信用，扩大资本物的生产，这样就会导致一部分先直接用于制造消费品的原始生产要素（土地和劳动）转用于资本物的生产，即采用一种使用更多资本物的生产方法。但是，当银行扩大的信贷经过生产者转手变成人们的货币收入后，人们将把他们的消费恢复到正常比例，这就引起消费品价格上涨，导致原始生产要素又转用于直接制造消费品。一旦银行迟早被迫停止扩张信用，危机就会随之爆发。哈耶克认为危机所引起的物价下跌会自动改变储蓄率下降的趋势，一旦资本供给恢复和增加，经济也就自然而然地走向复苏。这样，繁荣决定了萧条，萧条又决定了繁荣，繁荣之后是资本供给不足，萧条之后又是过度投资，这一切都可自行进行调节，因此国家干预是不必要的。

卢卡斯周期理论（Lucas Business Cycle）是认为经济波动取决于生产者对价格变动反应的周期理论。由理性预期学派主要代表人物小罗伯特·卢卡斯（Robert E. Lucas Jr.）在1977年《对经济周期的理解》与1978年《失业政策》等中提出。卢卡斯认为，经济波动取决于生产者（包括厂商和工人）对其产品和价格的反应。他从两个方面阐述了这一论点。第一，由于基本工人的劳动供给对于实际工资的持久性变动的弹性是很小的，而对实际收入的短期变动的弹性则相当大，因此，产品售价在观念上的持久变动不会引起就业量的重大变动。而售价在观念上的短期变动就会引发就业量的巨大波动。因为生产者情愿在他的产品售价高的时候多工作以取得较高的补偿，而把"休息"推迟到以后；反之，他就会去"度假"，因为这时他的时间机会成本比较低。卢卡斯由此得出结论：工资或物价的短期微小变化，就能引起产量与就业量的显著波动。第二，在物价总水平不确定环境中，生产者必须推测其中有多少是由通货膨胀引起的，又有多少是因其产品的相对价格的变动所造成的。这是生产者决定增加还是减少劳动供给量或产量的关键。上述两方面的分析得到一个结论:就业波动的幅度取决于生产者意识上的短期相对价格变动的程度。既然这种意识上的判别是依据其本身的经验作出的,这就可能混淆一般的物价水平与各自的相对价格水平,以及价格的短期变动与持久变动,从而导致经济全面波动的发生和发展。当货币存量意外地增加时,预期的一般价格水平将比实际水平低。这时,生产者误认为是他们相对价格的短期上涨而增加生产,进而引起总产量和就业的增加。反之,当预期的一般物价水平比实际水平高时,生产者误认为他们相对价格的暂时下跌,厂商减产,工人"自愿"去"度假",经济就进入衰退。

蛛网定理(Cobweb Theorem)是用以解释某些商品一旦失去均衡时,会发生不同波动情况的理论。美国的西奥多·威廉·舒尔茨(Theodore W. Schultz)、荷兰的杨·丁伯根(Jan Tinbergen)、意大利的里奇(H. Ritchie)三人各自独立研究,于1930年提出的这一定理,旨在描述周期性的循环变动如何在一些商品的生产和价格的走势上表现出来。它推翻了古典经济学中关于生产和价格的均衡被打乱之后会自动恢复均衡的说法。这个定理证明,在静态的纯粹竞争中,失衡后的生产和价格水平最终没有再趋于均衡的必然性,理由是:(1)在纯粹竞争中,每个生产者的投入产出计划具有不可逆性和周期性,以现行价格制定的这个计划不会影响市场,除非这一计划在时序上执行完毕。(2)价格是前一计划期供给的函数,且由可以得到的供给量所决定。(3)产出的商品不是耐久商品。上述三点假设表明,蛛网定理主要适用分析农产品,如图2-9所示。

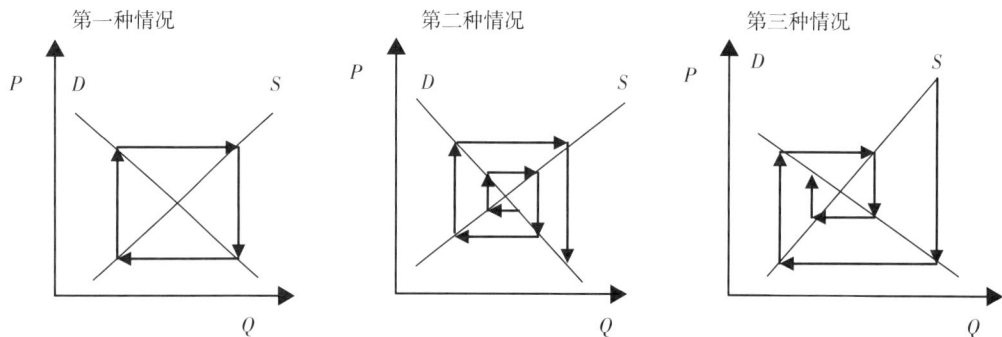

图2-9 蛛网模型

图2-9说明蛛网波动的三种情况,其同性特点是:上一期的价格决定了生产者对本期投入产出的预期,由这个预期所引致的本期产量将决定本期的价格。在

第一种情况下,需求弹性等于供给弹性,引起价格和产量经常的有规律的波动。在第二种情况下,当供给弹性大于需求弹性时,波动逐步加剧,越来越远离均衡点,无法恢复均衡。在第三种情况下,供给弹性低于需求弹性,蛛网呈收缩状,并最终导致价格和产量的均衡。

太阳黑子论(Sun-spot Theory)是把经济周期的波动性归因于太阳黑子周期性变化的理论。19世纪70年代,英国经济学家吉文斯(William Stanley Jovens)在研究1863—1869年金价波动以后,断言太阳黑子周期影响地球,以致引起经济活动规律性波动。他的统计数据表明,英国经济周期的平均长度接近太阳黑子周期的平均长度(十年半)。吉文斯确定太阳黑子、天气、农业活动的变动,由此出现工业活动变化的时序关系,即太阳黑子发生变动,农业生产随之变动;农业生产发生变动,一般经济活动也随之变动。吉文斯的太阳黑子论,是把经济体系以外的事体看作经济波动的原因的外因论。在19世纪发达资本主义国家经济还主要依靠农业时,这种理论有一定的道理。但是在这些国家成为工业国后,农产品在全部产品中的比重日益缩小时,这种理论开始站不住脚了。为了挽救太阳黑子论,吉文斯的支持者们目前试图用太阳黑子对人类的健康、人的活动与工业活动水平之间的直接关系,把中间传导因素(即农业)排除。

庇古心理因素论(Pigou Psychological Causes Theory)是把经济周期和由真实因素、心理因素以及自主的经济因素造成的冲击联系起来的理论。1927年英国经济学家阿瑟·庇古(Arthur Cecil Pigou)在《工业波动》一书中提出的经济周期波动理论。庇古认为经济周期波动的主导原因在于企业主的过分乐观和过分悲观的共同心理。当一种刺激(如物价上涨或市场需求扩大)使企业主预测扩大资本会获得高额利润时,通过传播,他们会变得过分乐观,结果总是超过合理的经济考虑下应有的程度,导致过多的投资。而当这种过分乐观、过分扩张所造成的错误(可用产品超过需求)被发现以后,企业主又会表现出过分悲观情绪,由此生产投资过于缩小,导致经济衰退。当经济有所恢复时,企业主又倾向于乐观,如此反复循环。

庇古效应(Pigou Effect)是宏观经济学中利率传导机制的一种,是指物价水平下降造成实际货币余额增加,从而产生的消费刺激效应。由英国古典经济学家阿瑟·庇古(Arthur Cecil Pigou)在 1930 年提出。庇古效应是对凯恩斯效应的补充,与凯恩斯效应合称为实际余额效应,解决了凯恩斯效应在流动性陷阱和投资缺乏利率弹性的条件下都不起作用的难题。庇古认为,消费者的消费支出会对价格的变化作出反应。当消费者保有的财富数量一定时,价格下跌使他财富的实际价值增加,他因此会增加消费。这种价格下跌会通过实际财富的增加来刺激消费的效果被称作庇古效应。

庇古效应表明,物价水平的变化,将引起既定数量的金融资产的实际价值上升或下降。如果物价水平的上升与家庭现有可支配货币收入的上升相对应,则可使其实际收入不变;但是,由于物价水平变动对所拥有的资产的实际抑制效应,仍可能促使家庭实际消费支出减少。相反地,如果物价水平的下降与家庭现有可支配货币收入下降比例相对应,那么它仍可以由于所拥有资产的实际价值上升产生刺激效应,从而增加消费支出。

当存在庇古效应时,消费函数为:

$$C = a + bY + f(W/P)$$

式中,C 表示消费量,Y 表示当期的可支配货币收入,W 表示货币工资或个人拥有的财富数量,P 为价格水平,a、b 分别为大于零的两个参数。

相应地,计划支出函数或总需求函数可以表示为收入、利率和实际财富的函数:

$$E = C(Y, W/P) + I(r)$$

式中,I 和 r 分别为自发投资和利息率。

因此,当存在庇古效应时,价格水平下降会引起消费函数和支出函数移动,从而使 IS 曲线向右移动,这将使经济达到充分就业位置。古典经济学家相信,只要价格能不断降低,庇古效应会推动 IS 曲线右移,因而可以摆脱凯恩斯陷阱,达到充分就业均衡。

建筑循环(Building Cycle)是由住宅用、工业用建筑物的更新换代而形成的生产周期。库兹涅茨(S. Kuznets)、伯恩斯(A. F. Burns)等学者通过对建筑业活动的研究,发现经济波动与移民的变动、人口的自然增长率以及货币供给的增长有关。建筑业周期持续时间最短的14—16年,最长的23年,平均为18—20年,被认为是生产周期中最长的波动运动。由于一般的住宅用、工业用建筑物的平均寿命有限,大部分的建筑物以20年为折旧更新时间,所以建筑活动的波动周期表现为20年左右。此外,对建筑循环起作用的还有人口因素。如果住宅建设速度大于人口增长速度,则会出现住宅供给过剩,不动产的市场价格下跌,住宅建设陷入低水平。在供给过剩情况下只有等到人们的子女成长起来,组成新的家庭以后住宅建设景气局面才又会产生,而这平均也需要20年。建筑循环的存在,对于经济周期的幅度、时间、阶段有很大影响。

斯皮托夫经济循环论(Spiethoff Business Cycle)是从投资和收入分配的角度研究经济循环的理论。20世纪40—50年代由德国经济学家斯皮托夫(A. Spiethoff)提出,其主要著作有《纯粹经济理论》《作为历史理论的国民经济学通论》《经济变动论》等。斯皮托夫采用历史方法来研究经济的变动。首先从投资支出的循环来解释繁荣期的诞生。他认为,经济循环的上升阶段总是由某些对经济发展特别有利的因素引起的。如新海外市场的发现和开发,使投资迅速扩大,在上升的第一阶段,已有的设备总是渐趋于充分利用。第二阶段由于新设备的使用,资本不断吸收,从而引起消费品生产的增加,这时价格本应下降,但由于垄断组织的作用,使价格总是居高不下,当经济崩溃一旦开始,价格会猛然下跌,危机会猛然来临。斯皮托夫还从收入分配的角度说明萧条的来临,他认为,在上升阶段,国民收入分配并不影响总需求,因为这时候高收入者一般会将新增收入用于投资。但在萧条时期,高收入者的储蓄部分增大,不公平的收入分配使生产过剩,萧条趋于严重化。为了缓和经济波动,在繁荣时期使投资顺利扩张,就得削减消费;在萧条时期,就要尽可能维持工人收入及消费水平。资本主义发生生产过剩或资本不足的根本原因,是因为私人控制生产价格引起的。

密契尔经济循环论(Mitchell Business Cycle)是从预期利润率变化角度分析经

济循环的理论。20 世纪初由美国经济学家密契尔(Wesley C. Mitchell)在《经济循环及其原因》《经济循环:问题及其解决》等书中提出。密契尔指出:传统经济学一般视经济社会以均衡为其常态,认为发生在经济循环的每一个阶段都是暂时对常态的脱离,在一定时期都会自动回归到均衡。而实际上,社会经济并非是一个自动回归的均衡体系,而是以波动及纷扰的过程为其正常现象。密契尔分析了萧条如何孕育着繁荣、繁荣又如何孕育萧条的相互影响的内在过程。经济的复苏一般是由某种特殊有利事件的刺激所引起的。如技术的发展、出口的扩张、战争的发生等。但这些因素不是经济复苏的根本原因,即使没有这些事件,经济仍然可以自我成长。在萧条过程的某一阶段,制造业会发现主要变动成本均已降低,商品的存货已减少,债务已清偿,利率已降低,银行超额准备的积累使信用扩张成为必然的趋势,效率欠佳的厂商已被淘汰,已有新技术可供采用等。由于这些因素,经营决策上会产生预期利润回升的判断,这才是经济复苏的根本原因。经济复苏会逐渐积累成经济繁荣阶段。同样,繁荣也会因成本的提高,银行紧缩等原因而孕育着繁荣的崩溃。这些因素主要有:每单位变动成本停止下降,开始利用效率低的设备,劳动生产力开始缓慢上升,劳动价格上涨,原料、零件、存货价格上涨等,这些因素都会使生产成本提高,从而导致预期利润下降的悲观心理,这就孕育了经济衰退的危机。一旦少数重要产业的预期利润率下降,就会引起全体产业的财务困难,进而无法阻止衰退的来临,这样就完成了一个经济循环的变动期。

卡塞尔经济周期论(Cassel Business Cycle)20 世纪 20—30 年代,由瑞典经济学家卡塞尔(Gustav Cassel)提出。他最初是用“投资过多”来解释经济周期的波动。1932 年后他又趋向于从“纯粹货币现象”来解释经济周期的波动。在早期观点中,他根据 1873—1913 年世界主要商品的生产、就业、收入、储蓄等几个方面的统计资料分析后,发现在经济周期的高涨阶段,固定资本的生产有着特殊的增长;而在经济周期的下降或萧条阶段,固定资本的生产下降,而且降低至先前曾经达到过的数“点”以下,特别是耐久的资本设备生产下降最多。他由此得出结论:固定资本的生产主要依存于经济周期;而农业和个人消费品的生产,在萧条阶段,变动却很小,它同经济周期的依存关系并不明显。因此,他认为资本主义萧条、危机的主要特征是固定资本生产过多,并非需求不足,而是资本家的“储蓄能力”不足。

1932年以后,卡塞尔否定了他早期的论点,趋向于用"纯粹货币现象"来解释经济周期的波动。他认为,当萧条来临时,出现货物销售困难,物价下跌,生产缩减,存货增加。这时从表面来看,似乎是"购买力不足",其实是由于通货紧缩,支付工具不足,是一种"纯粹货币现象"。救治萧条的"有效办法"是采取货币政策,消除通货紧缩,增加支付工具的供给,继续增加储蓄,抑制利率,鼓励实际资本的生产。他认为,为解决经济萧条而由政府举办公共工程或援助私人企业以增进经济活动的种种做法,不但达不到目的,反而会使经济愈趋不振。因为政府为筹借供应公共工程的基金,势必加重资本市场和纳税人的负担,妨碍私人企业的经济活动,进而影响经济的发展。

曼德尔长波理论(Mandel Long-wave Theory)是以利润率变动为基础分析资本主义经济长期波动原因的理论。20世纪70—80年代,由比利时经济学家欧内斯特·曼德尔(Ernest Mandel)提出。曼德尔认为,资本主义积累规律,也就是利润率的变动是形成长波的根本原因。当剩余价值率急剧提高,资本有机构成增长率急剧下降,资本周转突然加快等因素个别或同时发生作用时,平均利润率就会由下降的一般趋势转化为突然增长。由于资本主义运动规律的内在逻辑,这些因素在一定的条件下又会向相反的方向转化,从而使平均利润率下降的历史规律重新发生作用,出现长期的下降趋势。经济周期的转折点常常是一些非经济因素引发的,如征服性战争、资本主义活动地区的扩大和收缩、资本家内部的竞争、阶级斗争、革命和反革命等。所有这些力量同时发生作用就使扩张性的长波获得动力,使平均利润率高于连续几个工业周期的平均水平。一旦出现这种上升,资本主义生产方式内在矛盾开始起作用,并且在(与工业周期)相连的基础上不可抗拒地导致利润率的下降。在一次扩张性的长波之后,接着不可避免地会有一次新的具有停滞趋势的长波。

明斯基经济周期论(Minsky Business Cycle)是一种认为金融结构的不稳定是引起经济周期性波动原因的理论。20世纪70—80年代,由美国经济学家明斯基(Hyman P. Minsky)提出。明斯基认为,经济不稳定是现代社会的一个基本特征。而这种不稳定的基本原因应从金融结构入手分析。企业利润和投资的变动,以及企业和银行债务的关系的变化会引起银行信贷量的变化。这种变化的结果会引起信贷资金供求的不平衡。这样就会导致金融危机,随之而来的是整个经济的危机。明斯基对经济周期波动的解释,首先从分析利润开始。他认为,一个企业是发放贷款还是筹集资金,主要取决于利润的现有水平和将来预期的变化。从因果关系上说,不是利润决定投资,而是投资决定利润。明斯基认为现实经济中企业存在三种金融处境:(1)稳妥筹资。即来自资产的现金流量大于偿还债务的现金流量。(2)冒险筹资。即近期的来自资产的现金流量小于近期偿还债务的现金流量,但近期现金流量中的收入部分却大于债务的利息成本,长期的预期现金收入多于现金支出。(3)"庞齐"筹资。即不但近期的资产现金流量小于现金支出量,而且获得的净收入部分也小于支付的利息部分。一般来说,在经济增长时,多数企业都采取稳妥筹资方式。随着经济开始繁荣,投资者会产生过分乐观的情绪,预期利润率过高,进而引起现期投资的增加。投资增加主要是通过向银行或者金融机构贷款,借入的资金流量也就随之而增加。在这种情况下,某些企业就采取了冒险筹资或"庞齐"筹资策略,这样又造成投资需求的进一步增加,其结果造成短期利率上升,进而引起长期利率上升。利率上升的结果导致那些实行冒险筹资和"庞齐"筹资政策的企业财务状况逐渐恶化起来。由于高利率的影响,也会引起一些企业由短期的现金流量赤字转化为长期的现金流量赤字。由于资本资产的现值是长期利率的负函数,随着长期利率的上升,资本资产的现值逐渐下降,投资会变得无利可图。同时,投资需求的增长会引起投资量增加,随着投资量的增加,无弹性的资本需求曲线向上移动。如果资金的供给曲线具有充分的弹性,资本的费用就不会随投资的增加而上升。因为更多的投资能够产生更多的利润,利率不变,资本资产的价格上升。但这种高涨不能持久,因为中央银行必须控制通货膨胀,因而资金的供给不是充分弹性的,或者是无弹性的。无弹性的资金需求曲线和资金供给曲线同时上升会进一步促使短期利率上升,进而带动长期利率也上升,这样就会造成税后总利润现值的下降。资金供给和需求曲线上移会引起投资下降,这样也就降低了现期利润和预期利润。较低的利润预期又会降低资本资产的价格。长期利率的上升和预期利润的下降会对那些冒险筹资和"庞齐"筹资企业造成巨大的灾难。当某企业不得不出卖资产来偿还债务时,企业破产和经济危机就开始爆发。

美国动态系统研究组长波理论（American Dynamic System Team Long-wave Theory）是用生产资料生产波动来解释经济长期波动原因的一种理论。1975 年美国麻省理工学院梭伦管理学院经济学家杰伊·福累斯特（Jay Forrester）领导下的"动态系统研究组"开始研究美国经济长波，并逐步提出此理论。该理论提出动态不平衡模型。模型把国民经济结构分成微观经济和宏观经济层次，认为微观经济层次决策行为的某些普遍规律支配着公司、企业的管理决策和人们的经济行为。尽管这些决策从个体角度来看是合理的，但从宏观角度看却带有不可避免的分散性和盲目性。这样，从微观经济层次中会产生一种推动力，导致宏观经济层次即全国系统的动态具有自然、盲目波动和失控的性质。在此基础上，研究小组运用电子计算机技术对长波动态进行模拟，得出结论是：在美国经济发展中存在长约 50 年的经济波动。这 50 年中包括 10 年的停滞时期，然后落入大约 10 年的萧条，以后是长达 30 年的投资活跃和经济增长期。历史上，这些长波周期的波峰出现在1814 年、1870 年和 1920 年。研究组认为 1970 年出现了长波周期中的新波峰，这意味着 20 世纪 70 年代是一个 10 年的停滞时期，20 世纪 80 年代的 10 年是一个萧条时期。他们认为产生 50 年长波周期的主要原因是：微观经济层次对需求的增加或减少，通过宏观经济系统的"震荡—放大效应"，引起生产资料生产的不平衡波动，从而使国民经济出现长期波动。研究小组把生产资料生产的波动看成经济波动的主要动因，不同意熊彼特把技术创新看成长期波动的起因；相反，却认为是长波的运动节奏制约或准备了技术创新所需要的环境和条件。美国动态系统研究组对长波的研究采用电子计算机技术，引入了大量经济变量，并对其动态进行模拟，这样在一定程度上突破了人智力的限制，因此结论是值得参考的。

筱原三代平长波理论（Miyohei Shinohara Long-wave Theory）认为资本主义经济发展中长波原因是由多因素引起的长周期理论。20 世纪 70 年代由日本一桥大学经济学教授筱原三代平（Miyohei Shinohara）提出。筱原三代平认为在研究经济长期波动中，过分强调某种因素，就难免片面，因为历史是在受各种因素相互作用下发展的。因此影响世界经济长期波动有多元因素。这些因素主要有：一是技术创新；二是通货供应量；三是能源资源；四是战争。他认为：第一次世界大战推动了第三个康德拉季耶夫上升波，战争引起了货币供给量增大，导致经济活跃，随后出现的技术创新推动了经济发展。在每个康德拉季耶夫周期波的顶点,总是伴随着战争发生,而长波下降是由经济发展碰到资源制约之壁造成的。筱原三代平认为在这四个因素中,最重要的是技术革新。技术革新是经济发展和推动长期波动的首要原因。第二次世界大战后30年间,世界经济持续增长主要是依靠技术革新的推动。他认为,由于在不同历史时期技术革新速度不同、规模各异,因而康德拉季耶夫长波并不一定具有严格的规律性,但是这并不能否认资本主义经济中存在着长期波动的事实。

非经济因素长波论(The Non-economic Factors Long-wave Theory)用非经济因素,主要是用政治因素和心理因素解释经济长期波动原因的理论。主要有三种:(1)优势政治—经济周期长波说。这种学说认为优势政治力量决定政府的经济政策从而导致经济长期波动。波兰经济学家卡莱斯基(Michal Kalecki)最早提出这一学说,20世纪70年代英国学者弗雷(Frei)、美国学者诺德豪斯(W. D. Nordhaus)等又发展为政治周期说,并用以解释中、短期经济波动。20世纪80年代意大利都灵大学经济学教授米歇尔·索尔瓦蒂等认为,在实行民主政治的资本主义国家,政府经济政策的制定受"广大群众"和"资本家"两股政治力量的制约,占优势的政治力量影响并决定政府的经济政策。政府经济政策的变化导致经济变化,经济表现出有规则的繁荣与衰退相互交替的现象。由于两股政治力量轮流获取优势地位,两者之间的地位变化是一个长期过程,所以政府经济政策重点的变化和经济情况的变化也是长期的,从而在经济中形成长期波动。(2)两代人心理变化周期长波说。这种学说认为,经济繁荣和经济动乱主要是由两代人心理变化的周期所引起的。持这种见解的有美国学者罗伯特·海尔布罗纳(Robert L. Heilbroner)、英国学者菲力浦·布朗(Philip Brown)等。这种理论认为,人们(特别是工人群众)的价值观、期望和偏好、行为和习惯,决定了他们对工作和工作纪律的不同态度。而这又会影响经济发展情况。一般说来,孙子辈的心理和行为并不像他们的父母,而像他们的祖父母。隔代重返的心理变化周期会影响经济发展出现繁荣和衰退的交替。由于一代人的工作时间为25年,两代人正好是50年左右,所以在长达50年的经济波动中,上升波与下降波,繁荣与衰退各占25年左右。(3)工程技术人员"信心周期"长波说。英国曼彻斯特工业大学的丁·兰格里什认为,在工程技术人员中存在一种"信心周期"。当信心周期处于上升阶段时,工程技术人员对自己的设计充满信心,因而大量新发明和革新涌现,推动经济发展。反之,工程技术人员则会对自己的设计缺乏信心,因而创造性成果甚少,经济发展缓慢。

霍特里周期(Hantner Business Cycle)认为货币金融因素是经济危机的根源的一种经济周期理论。其主要代表人物是英国的经济学家霍特里(R. G. Hantner),他在《周期与信用》(1928)等一系列著作中,断言经济周期和危机是一种"纯货币现象"。霍特里认为,银行体系交替扩张和紧缩信用是资本主义经济的周期性波动产生的根源,高涨阶段后期银行体系被迫紧缩信用是爆发危机的唯一原因。在发达的资本主义社会,流通工具主要是银行信用。当银行系统采取降低利率、放宽信贷的政策时,商人就会向银行增加贷款以增加他们向生产者的订货,由此引起生产的扩张和人们收入的增加。而收入的增加必然引起对商品需求的增加和物价上涨,这又会引起信用和生产的进一步扩张。但是银行扩张信用的能力并不是无限的,在金本位制下受到黄金准备的限制,在不兑换纸币的条件下,为了稳定外汇或防止国际收支逆差的扩大,对信用也不能无限扩张。当银行体系迟早被迫停止信用扩张、转而紧缩信用的时候,订货减少,生产下降,周转失灵,危机随之爆发。

消费不足周期理论(Insufficient Consumption Cycle Theory)是一种认为消费品的生产超过了人们对消费品需求,从而引发经济危机的理论。这一理论与投资过剩理论构成经济周期理论的两大主流学说。由西斯蒙第(Sismond)于19世纪初提出,马尔萨斯(Malthus)、霍布森(Hobson)等人进一步发展和完善了该理论。持该理论的经济学家认为,由于国民收入的一部分用于储蓄,造成对消费资料需求的不足,从而造成生产过剩的经济危机。西蒙斯第站在小生产者的立场、马尔萨斯站在地主阶级的立场从这一理论出发对资本主义经济进行了批判。霍布森认为资本主义体制最根本的缺陷在于国民收入分配不均,造成富裕者过度储蓄,因而带来了消费的不足,因此解决办法就是改善国民收入的分配,以消除危机和失业。另一位对消费不足理论进行论述的经济学家是斯威齐(P. M. Sneezy),他在《资本主义发展理论》(1942)一书中从资本家行为的特点,即尽可能多地将其利润转化为储蓄这样的行为准则出发,其研究结果显示,资本家个人消费的增长与利润增长的比例不同,前者是以递减的比率在增加。另外,由于工资的增加相对于储蓄总额呈现递减的比率,因而存在消费的增加低于消费资料生产的增加这一倾向。斯威齐同时指出,创造使用价值的自然的技术过程,在充分利用状态下的生产手段量与消费资料产出量之间,由于一定的技术规定关系存在着特定的比例。如果从均衡状态出发,生产手段的增加量与消费资料生产的增加量之间必然存在着特定的技术关系。换言之,生产手段的增加率与消费资料产出量的增加率的比率必然是恒常不变的。

投资过剩周期理论(Excess Investment Cycle Theory)是一种把经济危机的原因归结为生产资料生产的投资超过消费资料生产的投资从而造成部门间不成比例的理论,因此又称为"不成比例说"。这一理论与消费不足理论构成经济周期理论的两大主流学说。这一理论可以分为两大类:(1)货币的投资过剩论。主要倡导人是奥地利的哈耶克(Hayek)、米塞斯(Mises)和英国的罗宾斯(Robbins)等。哈耶克在《物价与生产》(1931)一书中认为如果市场利率低于均衡利率,资本市场上对于投资资金的需求将超过储蓄,生产者将利用银行膨胀的信用,扩大资本物的生产,这就会导致一部分先前直接用于制造消费品的原始生产要素(土地和劳动)转用于资本物的生产。但是,当银行扩大的信贷经过生产者转手变成人们的货币收入后,按照哈耶克的假定,人们将把他们的消费恢复到正常比例,这就引起消费品价格上涨,导致原始生产要素又转用于直接制造消费品。一旦银行迟早被迫停止扩张信用,危机就会随之爆发。这或者表现为高涨阶段利用银行信用正在进行的投资,由于资本缺乏不得不半途而废;或者表现为已经生产出来的机器原材料等,由于其他资本家缺乏资本而销路疲滞,价格暴跌。(2)非货币的投资过剩论。德国的斯皮托夫(A. Spiretuoff)、瑞典的卡塞尔(Cassell)等人,强调推动经济周期进入高涨阶段的主要动因,是新技术、新产品的发明和发现,新市场的开拓以及萧条阶段利率的低落等,这些因素刺激投资活力,特别是固定资本设备的扩大。同货币的投资过剩理论一样,他们也认为,之所以出现投资过多,即资本物生产过剩,是因为消费过多或者储蓄不足,以致由储蓄所提供的资本量不能足够地去买已生产的实物资本。

货币投资过度理论(Over-money Investment Theory)是基于货币视角解释投

资过度的理论。主要代表人物有奥地利学派米塞斯（L. E. Mises）、哈耶克（Hayek）和英国经济学家罗宾斯（L. Robins）。其基本观点是认为引起经济周期的原因是货币因素造成的投资过度。具体来说，银行信用的扩大引起了投资增加，这种投资增加首先表现在对投资品需求的增加，以及投资品价格的上升。这就进一步刺激了投资的增加和信用的膨胀。这种投资与资本品生产的增加必然使一部分生产消费品的资源转而用于资本品的生产，从而形成消费品缺乏，引起消费者的强迫储蓄。当投资增加，经济繁荣，人们的收入增加后，消费者势必会恢复他们原有的消费，于是引起消费品的需求比生产资料的需求增长得更多，消费品的供给减少，需求反而增加，这就引起消费品价格上升，生产资源转向消费品的生产。这时，一旦银行被迫停止扩张信用，就有可能引发经济危机。

按照这一理论，只要消费者减少消费，从而增加储蓄，增加货币资本的供给，就可预防危机的爆发，所以货币的投资过多理论又可称为消费过多（储蓄不足）危机论。

非货币投资过度理论（Over-nonmoney Investment Theory）是基于新发明、新市场开辟等非货币因素解释投资过度的理论。主要代表人物有德国经济学家斯皮托夫（A. Spiethoff）、瑞典经济学家卡塞尔（G. Cassel）、维克赛尔（K. Wicksell）等人。该理论认为，货币信贷膨胀是经济扩张的必要条件，但货币因素仍处于从属的被动地位，导致投资过度的主要因素是新发明、新发现、新市场的开辟以及农产品的丰收等非货币因素。这些因素刺激了投资的增加，资本品需求与价格的上升，使资本品的生产增加。这就与货币投资过度一样引起资本品生产过度发展，消费品减少，形成强制储蓄。一旦刺激投资增加的各种因素消失，储蓄所提供的投资金额不足以购买已生产出来的资本品，经济中就会爆发生产过剩危机，进入萧条阶段。

非货币投资过度理论还认为货币资本的短缺引起的经济危机并不是纯货币现象，货币资本的短缺实际上代表的是某些实物资本的匮乏，即劳动力和生活资料的缺少，因而增加货币信用的供给并不能防止危机。基于卡塞尔的理解，如果经济在高涨后期缩减消费、增加储蓄，从货币方面来看这就是增加货币资本的供给，而从实物方面来看则使一部分用于制造消费品的劳动力和其他生产资源转用于生产资料生产部门，意味着有足够的货币资本和实物资本，使已经生产出来的原材料和设备继续被利用起来,为防止危机的出现提供了可能。

威克塞尔累积过程(Wicksellian Cumulative Process)是指从银行的货币利息率和自然利率的关系来说明物价的变动的累积过程从而形成经济周期的理论。由瑞典学派的创始人威克塞尔(K. Wicksell)提出,在《利息与价格》中进行了详细论述。威克塞尔认为自然利率是借贷资本的需求与储蓄的供给相一致时的利率。但在现实经济下,货币利率与自然利率却经常不一致。或者由于生产技术的改善,或者由于实物资本需求的增加,都将使自然利率上升,而货币利率则停留不动,从而造成二者背离。当货币利率低于自然利率时,企业家由于获利的希望较大,就会扩大生产,并促使生产所需的原料、劳动力及土地价格上升,使原料生产者、劳动者及土地所有者的货币收入增大。这时,由于利率较低,所以这些人的货币收入虽然增大,却不用于储蓄而用于消费,这样就使消费品的需求增多。同时因一部分生产要素被转用于资本品的生产部门,又使消费品的生产减少。这样,就使一般消费品的价格趋于上涨,一般消费品的价格上涨后,企业家们为增产消费品而对资本品的需求增大,因而使其随之上涨,而资本品的价格上涨,更使企业家热衷于资本品的生产,因而争相对生产要素出高价。这样,就连续通过货币收入的增加→消费品价格的上涨→资本品价格的上涨……的循环,而形成物价上升的累积过程。反之,当货币利率高于自然利率时,则一切与上述情况相反,而形成物价下降的累积过程。由于物价存在着这样一个上升、下降的累积过程,就使经济也随之产生了上升和下降的波动。

生产阶段图式(Production Phase Diagram)又称"哈耶克三角形"。从生产的阶段构造表达经济周期所描绘的一定时期的全部生产过程与流通关系的三角形图式(如图 2-10 所示)。由新自由主义学派代表人物哈耶克(F. A. Hayek)在《物价与生产》(1931)一书提出。

图 2-10 以本期消费资料产量作为底边,以前生产阶段的产品分别作为中间生产物,将新投入的"根源的生产手段"即土地和劳动的价值作为生产各阶段的差额部分。因此,各生产阶段的差额就是图中表示为新增纯价值的国民收入,即各阶段的生产要素费用相当于国民收入。一方面,作为新增加值投入"根源的生产手

根源的生产手段

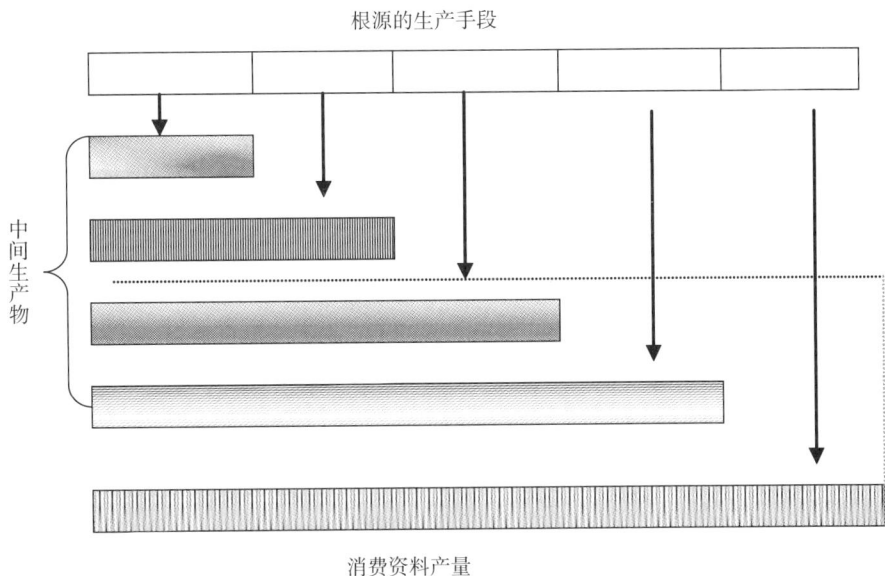

消费资料产量

图 2-10 哈耶克三角形

段"而获得的货币所得,成为分配的国民收入的源泉。另一方面,又成为用于消费而购买消费资料而支出的国民收入。图 2-10 试图从国民收入三方面等价的关系进行一个最简洁的描绘,把流通的方向放入周期结构中,来把握一定时期的全部生产过程和流通关系。图 2-10 中一方面把全部生产过程,划分为一定的生产阶段,由此把握从"根源的生产手段"逐渐进入最终产品,到达消费的生产过程。另一方面,还展示了为了再生产的持续进行,各生产阶段的生产同时并行地进行的状况,以及在一定的时点上,作为经济社会整体的生产结构,即把构成具体生产过程的各生产阶段看作同时进行的生产过程,从而能够清晰地观察一定时期内的经济周期,或者说再生产的生产结构。哈耶克以这个简单图形为基础,进一步分析了由货币流通分布变化引起的周期变动中生产结构的变化,从而展开了他的货币周期理论。

哈耶克三角形(Hayekian Triangle)见"生产阶段图式"。

魁奈经济纲领(Quesnay Economic Programme)是法国重农学派的著名代表人物弗朗斯瓦·魁奈(Francois Quesnay)为振兴法国经济而提出的一整套政策主张。包括积极发展资本主义农业、实行单一税、提倡自由放任、反对国家干预等项内容在内的经济政策。法国历史上,从 17 世纪下半叶开始,路易十四和路易十五推行了一百年左右的重商主义政策,使国民经济陷入严重困境,农业衰颓,人民极度贫困,国家财政濒于绝境。对此,魁奈认为,法国正处于违反自然秩序的疾病状态,需要进行治疗,并使其恢复健康。为此,魁奈提出了一整套医治法国经济病情的经济纲领。其主要内容有:(1)积极发展资本主义农业。魁奈等重农主义者都把农业看成是唯一真正的生产部门,因而极力主张大力发展农业,吸收更多的资本到农业中来。魁奈所说的农业是指大规模经营的农业,即资本主义农业,所以,他实际是主张积极发展资本主义生产。(2)实行单一税的财政政策。在魁奈看来,既然地租是唯一的剩余价值,所以一切课加在别种所得形态上的税收,归根结底都是课加在土地所有权上,都是由地租来扣除的。但这种迂回曲折地从其他部门征收间接税的办法,会妨碍其他部门的生产。于是,他主张整顿现行多项税收制,改行单一税的办法,把一切课税都直接课加在地租上。他甚至主张把一部分土地所有权没收,使国家能获得全部地租收入。(3)提倡自由放任,反对国家干涉。魁奈认为工业是不生产的,不会增加什么价值。因此,要工业生产能继续维持下去,继续保持其产品价值,就必须在交换中实行等价交换。要做到等价交换,只有实行自由竞争,对资本主义生产放任自流。魁奈等人主张"放任一切,不妨碍自由竞争,排除工业上一切的国家干涉"等。为了实现自由放任,他们反对国家保护关税政策,反对限制自由贸易,反对国家对工业的干涉和垄断,甚至国家对工业的课税也应免除。魁奈的经济纲领和政策,客观上符合了资本主义上升时期商品经济发展的要求,有利于资本主义经济的发展。因此,路易十六 1774 年即位以后,在重农主义的代表人物杜尔阁担任财政部长期间内,魁奈等人提出的经济纲领和政策得以部分地在法国付诸实施。

斯密国家说(Smith's Theory of State)是英国经济学家亚当·斯密(Adam Smith)关于国家经济政策以及国家职能的学说。斯密认为,国家最好的经济政策就是自由放任,而国家最首要的职能就是保护本国社会财富的安全。国家的职能主要限于下述三个方面:(1)保护本国不受他国侵犯。(2)保障社会成员的财产和人身不受他人侵犯。(3)建设和维持一些公共工程和公共事业,这些事业对个人来说是无利可图的,而对社会却是必要和有利的。斯密所说的国家职能,就是保证资本主义经济有一个发展生产、积累的和平环境。政府只要像一个"守夜人"那样防止外来的暴行和侵略,并维持公共治安就可以了,政府不要干涉经济生活中的自由。斯密主张把政府的开支缩减到最低限度。当然,政府既然有开支,就必须有收入,收入的主要来源是赋税。为此,他又提出了四大赋税原则,即公平、确实、便利和经济。这四大原则对西方财政学一直影响很大。斯密的国家说,对资本主义上升时期经济发展起过重要作用。

凯恩斯经济政策思想(Keynesian Economic Policy Ideas)是英国著名经济学家约翰·梅纳特·凯恩斯(John Maynard Keynes)提出的以政府干预经济的政策为核心,包括赤字财政政策、通货膨胀政策和扩大对外贸易输出政策在内的一整套稳定经济的政策主张。凯恩斯的经济理论和经济政策是通过"凯恩斯革命"对他所谓的"古典学派经济学"的变革而建立的。早期的凯恩斯曾经是"古典学派经济学"的信奉者,他崇拜资本主义社会中市场机制的作用,认为市场调节能够确保"充分就业"和经济稳定发展。但是,第一次世界大战以后资本主义制度的尖锐矛盾,特别是1929年开始的资本主义世界经济危机和长期的大萧条,使"古典学派经济学"的自由放任和市场机制的论点受到严峻的挑战。凯恩斯作为一位面向现实的经济学家,使他比同时代的许多人都更早、更敏锐地察觉到传统经济理论与第一次世界大战后的实际已相去甚远,于是他逐步走向了批判和修正"古典学派经济学"的道路。在1930—1936年,凯恩斯首先在失业、保护关税等实际问题上进行了大量的研究。1936年,凯恩斯出版了《就业、利息和货币通论》一书,以"反危机"为目的,系统地提出了他的经济理论以及相应的经济政策纲领。这本书轰动了资本主义世界,英国和美国的许多人认为这是"凯恩斯的革命",也有人将凯恩斯比作经济领域里的达尔文或哥白尼。凯恩斯政策主张的核心是改变自由放任主义,实行政府干预经济的政策,以提高社会需求,实现充分就业。其内容包括刺激私人需求和政府直接进行投资两个方面。凯恩斯把调节政策的重点放在投资方面,进而又提出了通过实行通货膨胀政策来降低税率,刺激私人投资;通过实行赤字财政政策来扩大政府支出,弥补私人投资的不足。在20世纪70年代以前的三十多年里,凯恩斯的政策主张是主要资本主义国家经济政策的重要依据,并对缓和经济危机和失业问题收到了一定的效果。20世纪70年代初主要资本主义国家出现了经济危机和通货膨胀并发的"滞胀"现象,凯恩斯的理论主张和政策思想遭到了货币主义、新自由主义和新制度学派等的抨击。

凯恩斯国家干预论(Keynesian State Intervention Theory)是主张国家干预经济活动的经济理论。由英国经济学家约翰·梅纳特·凯恩斯(John Maynard Keynes)提出。主要包括国家设法扩大消费和扩大投资两个方面内容。国家必须干预经济,是凯恩斯经济政策主张的出发点。在凯恩斯的经济理论出现以前,特别是在第一次世界大战以前,发达的资本主义国家普遍都实行"自由放任"的经济政策,因而反对国家干预经济,主张节约储蓄,财政收支平衡和物价稳定。但是,随着资本主义基本矛盾的日益激化,特别是1929—1933年经济危机的大爆发,这些国家普遍感到"自由放任"的经济政策难以为继,它逐渐由政府干预经济活动的国家垄断资本主义取而代之。为了达到"反危机"和实现"充分就业"的目的,凯恩斯于1936年出版了《就业、利息和货币通论》一书,书中提出并论证了国家干预经济生活的必要性以及主要内容和措施。凯恩斯认为,资本主义社会产生失业和危机的原因,在于市场上的有效需求不足,而有效需求不足由两个方面构成:(1)消费需求不足,这是由于消费倾向偏低造成的。(2)投资需求不足。这是由于资本边际效率相对于利息率偏低,或者利息率相对于资本边际效率偏高所造成的。也就是说,在现代资本主义社会由于"消费倾向""资本边际效率""流动偏好"这三个心理规律的作用,单纯依靠私营经济的市场自动调节,不可能保证社会资源的使用达到"充分就业"的水平。因此,凯恩斯指出,要解决失业和经济危机的问题,就必须:(1)设法提高消费倾向,以便扩大消费。(2)设法提高资本边际效率或降低利息率,以便扩大投资。而要从这两方面提供足够的有效需求,国家或政府就必须干预经济生活,即发展和加强国家垄断资本主义。在设法扩大消费以提高消费品的需求方面,凯恩斯提出:(1)国家必须指导消费倾向,鼓励普通人的消费,甚至提倡奢侈消费。(2)通过累进税和遗产税等赋税政策进行收入再分配,缩小富人与穷人之间收入分配不均的幅度,以便减少储蓄,增加消费的支出,提高就业水平。在设法扩大投资方面,凯恩斯提出:(1)国家大力增发货币(即实行通货膨胀)以降低利息率,刺激私人投资的积极性。(2)国家通过举债(即赤字财政政策)的办法增加政府支出,以弥补私人投资之不足。为了避免与资本家直接发生竞争和牵涉收入分配问题,政府的投资方向不应是生产事业和社会福利事业,而应是公共工程,如修建医院、学校、桥梁、道路和其他公共建筑等。为了论证政府投资给国民收入的影响,凯恩斯还提出了"倍数原理"或"乘数原理"。凯恩斯的这一政策主张提出后,促使一些主要资本主义国家的政府进一步加强了对社会经济生活的干预,从而促进了国家垄断资本主义的发展,缓和了资本主义的基本矛盾,这对第二次世界大战后二十多年间一些资本主义国家的"经济繁荣"起到了十分重要的作用。

凯恩斯赤字财政论(Keynesian Deficit Financing Theory)是主张政府通过举债的方式保证其扩大支出以促进经济增长的理论。由英国著名经济学家约翰·梅纳特·凯恩斯(John Maynard Keynes)提出。凯恩斯认为资本主义社会产生失业危机的原因在于"有效需求"不足,包括消费需求不足和投资需求不足两个方面。要增加"有效需求",就要扩大社会支出。主要是扩大政府支出。而政府扩大支出的方式就是依靠举债,即实行赤字财政政策。为此,凯恩斯提出如下论点:(1)政府扩大支出,增加了国家投资和国家消费。但如果同时增加政府收入(主要靠所得税),则缩小了私人投资和私人消费。两者相互抵消,有效需求仍然不足。因此,不应该采取增加政府收入以扩大政府支出的财政政策,而应采取"举债支出"的财政政策。(2)资本主义社会里国家的一切支出都具有"生产性",包括极度的浪费也是"生产性"的。(3)甚至天灾人祸以及发动战争,也都是"生产性"的,可以增加财富,解决就业和危机问题。凯恩斯还以第二次世界大战爆发后军火生产为主要资本主义国家带来的繁荣和就业的增加证明其主张的"正确性"。第二次世界大战结束以后的40年来,西方国家几乎普遍实行了凯恩斯的"举债支出"的赤字财政政策。

凯恩斯适度通货膨胀论(Keynesian Moderate Inflation Theory)又称"有节制的通货膨胀论"。要求资本主义国家的政府放弃金本位制,并在达到"充分就业水平"这一临界点时适当增加货币发行量,以推进物价上涨的政策主张。它是英国著名经济学家约翰·梅纳特·凯恩斯(John Maynard Keynes)提出的反危机的重要措施之一。在1936年出版的《就业、利息和货币通论》一书中,凯恩斯指出:充分就业水平是通货膨胀的临界点,在这之前,增发货币和增加社会总需求不会引起通货膨胀;在这之后,增发货币和增加社会总需求只能导致物价水平的普遍上涨。但是他认为,"有节制"的通货膨胀的危害较小,甚至可以解救危机和减少失业。因为:(1)它既可以扩大社会支付能力,又可以压低利息率。低的利息率既有鼓励人们消费,使食利阶级慢慢自然死亡,又能刺激资本家积极投资,从而均有利于扩大有效需求,促进经济的增长和就业的增加。为了便于政府增发货币,扩大信用,从而降低利息率,凯恩斯认为在金融政策方面首要的是使货币脱离金本位制。(2)它可以通过物价的上涨压低工人的实际工资,增加资本家的利润,进而刺激私人投资,增加就业。但是,凯恩斯反对那种通过直接削减货币工资来压低实际工资的方法,因为,这将减少有效需求。只有用增加货币工资量又使物价上涨从而降低实际工资才是有效的办法。因此,凯恩斯的"有节制"的通货膨胀政策也是他的工资政策的出发点。

凯恩斯外贸顺差理论(Keynesian Trade Surplus Theory)是英国著名经济学家约翰·梅纳特·凯恩斯(John Maynard Keynes)提出的通过政府干预来保持和扩大贸易顺差,进而通过贸易顺差刺激总需求,实现经济稳定增长和就业增加的政策主张。传统贸易理论认为,进口是由出口偿付,因而进口额与出口额相等,通常情况下不会发生贸易逆差。即使由于一时的原因或人为力量使贸易出现逆差,会通过黄金的移动和由此产生的物价变动而自动得到调节,从而使贸易恢复平衡。因此,不必担心出现贸易逆差。这一理论在政策上主张自由贸易,反对国家对国际贸易进行干预。凯恩斯认为国家可以通过扩大贸易顺差进而刺激总需求实现经济增长。凯恩斯把他的"就业理论"运用到对外经济关系上,提出了通过政府干预来扩大出口和限制进口,取得贸易顺差,以此来刺激总需求,实现经济增长和就业增加。他认为,在资本主义社会中,就业人数的多少取决于国内和国外投资额的大小。国内投资取决于利息率的高低,国外投资则取决于贸易顺差的多寡。在经济萧条时期,一个国家扩大商品输出和资本输出,既可以为国内滞销商品和"过剩"资本找到出路,又能提高社会需求,从而创造出较多的国民收入,提供更多的就业机会。因为政府扩大贸易顺差,既可以增加国外投资,又可带来货币黄金的输入,从而降低利息率,刺激国内的投资活动。凯恩斯也承认,这种出口贸易政策是一种"以邻为壑"和损人利己的政策,"一个国家贸易顺差得到的好处往往就是他国蒙受的损失"。因此,如果"这种政策推行过火,会引起毫无意义的国际竞争",招致别国的报复。凯恩斯的这一政策主张,对近半个世纪以来的西方贸易理论和现代资本主义国家的对外贸易政策,产生了十分广泛的影响。

凯恩斯效应(Keynes Effect)是指价格水平的变动造成真实货币余额(或实际货币供给)的变动,从而影响了利率水平和投资水平,进而影响到国民收入水平的反应过程。凯恩斯(John Maynard Keynes)在《就业、利息和货币通论》一书第 19 章"货币工资的改变"中有过这样的表述:价格水平的下降将导致利息率降低,从而使投资增加、总需求增加。根据凯恩斯的国民收入决定理论,在名义货币供给量既定的条件下,价格水平的下降使真实货币余额增加。在货币需求即流动偏好函数不变的条件下,真实货币余额的增加使利率水平下降。由于利率水平与投资之间存在着反向变动的关系,所以价格水平变动通过直接影响货币市场的利率进而间接影响商品市场的投资,从而增加总需求和国民收入。反之,如果价格水平上升,利率水平也会随之上升,投资、总需求与国民收入会减少。

当流动偏好函数有无限弹性即 LM 曲线变成水平线时,意味着人们将乐意以闲置余额的方式持有由价格下降所增加的实际余额,而不会用这些余额去购买债券。因为在较低的利率水平上,人们预期利率在不久的将来会上升,债券价格将下跌,处于持有债券将遭受资本损失的恐惧心理,人们不愿意持有债券而是大量持有货币。这就导致利率不会进一步下降,因此,凯恩斯效应不起作用。

卡甘模型(Cagan Model)是 1956 年菲利普·卡甘(Philip Cagan)在《超级通货膨胀的货币动态学》一文中提出的。他认为,价格总水平不但取决于现在的货币供给,而且还取决于预期的未来的货币供给。卡甘的模型由两部分组成:一是货币需求函数;二是关于通货膨胀率的预期函数。货币需求函数为:

$$m = \frac{M}{P} = c \cdot \exp(-a\pi)$$

式中,m 是实际货币需求量,M 是名义货币需求量,P 是价格水平,c 和 a 是常数，π 是通货膨胀率。公式中隐含了两个重要的假设，一是产出是既定的；二是实际利率是不变的。两者都隐含在常数 c 中，在货币市场均衡时，实际货币存量等于货币需求量。关于通货膨胀率的预期是适应性预期，通货膨胀的预期按照下式进行调整：

$$\frac{\mathrm{d}\pi}{\mathrm{d}t} = b(\pi - \pi_0)$$

如果实际的通货膨胀率超过了预期的通货膨胀率，预期的通货膨胀率将上升。常数 b 是个人修正其预期的速度。在货币增长速度 R 不变时，经济均衡依赖于参数 a 和 b 的乘积，这两个参数分别反映了货币需求弹性和预期通货膨胀率调整速度。当二者的乘积小于 1 时，均衡是稳定的；当二者的乘积大于 1 时，均衡是不稳定的，经济可能会出现加速的通货膨胀和加速的通货紧缩。如果个人调整预期的速度比较快，较高的通货膨胀率将导致货币持有者迅速地向上修正其通货膨胀率的预期，加速通货膨胀。如果货币需求弹性大，通货膨胀率上升将导致预期的通货膨胀率向上调整，再度加速通货膨胀。因此，在个人有适应性预期时，通货膨胀率上升可能来自经济体系的内生不稳定过程，不一定来自货币的增长。

在经济达到稳定均衡的情况下，政府能够得到的铸币收益 S 为：

$$S = \frac{\frac{\mathrm{d}M}{\mathrm{d}t}}{P} = Rm$$

在稳定状态中，通货膨胀率与货币增长率相同，即 $R = \pi_0$，此式又可以表达为：

$$S = cR \cdot \exp(-aR)$$

当 $R = 1/a$ 时，稳态时铸币收益最大。通货膨胀税与铸币收益有关。通货膨胀税是政府发行过多的货币引起通货膨胀，以通货膨胀形式强加给货币持有者的税收，它与铸币收益有关，但并不是恒等于铸币收益。通货膨胀强加给货币持有者的实际税额是他们实际货币余额价值的损失 $\pi M/P$,而铸币收益为 RM/P。只有在通货膨胀率和货币增长率相等时,两者才相等。

经济在稳定状态下,政府从通货膨胀税中得到的收益不可能超过铸币收益 S。经济在不稳定状态中,政府得到的通货膨胀税大于铸币收益。如果预期的通货膨胀率足够低,通过迅速的货币增长,政府可得到比稳定状态中更多的收益。在政府的铸币收益低于最优铸币收益时,经济可能出现两种均衡:一是实际货币余额大,通货膨胀率低的稳定均衡;二是实际货币余额小,而通货膨胀率高的非稳定均衡。二者都产生相同的铸币收益。此时,如果政府提高铸币收益,就会导致经济进入高通货膨胀率的非稳定状态,引起恶性通货膨胀。

由卡甘模型得出的一个推论是:要稳定物价,不但要稳定现在的货币供应量增长率,而且还要稳定人们对未来货币供应量增长率的预期;稳定的预期又取决于人们对中央银行的信任度和中央银行的独立性。因此,高度独立的中央银行对稳定政策的承诺有助于结束超级通货膨胀。

卢卡斯批判(Lucas Critique)是由美国经济学家卢卡斯(Robert Lucas)提出的一种认为传统政策分析没有充分考虑到政策变动对人们预期影响的观点。卢卡斯批判是新古典宏观经济学对凯恩斯主义理论批判的主要代表和集中体现。他认为,由于人们对将来的事态作出预期时,不但要考虑过去,还要估计现在的事件对将来的影响,并且根据他们所得到的结果而改变他们的行为。行为的改变会使经济模型的参数发生变化,而参数的变化又是难以衡量的,因此经济学者用经济模型很难评价经济政策的效果。

从现代博弈论角度看,卢卡斯的观点分做两个部分来解释:(1)任何政策都是政府与私人部门之间的博弈。双方力图猜中对方的最优策略,假如政府的每一个策略都被私人部门准确地预见到,则政策的"货币效应"将消失,即政府的货币政策将是中性的。(2)当大多数私人因为听不清信号而放弃行动时,政府相当于在与一个完全被动的机器博弈,所以很轻易实行"最优控制"以达到预期效果。但是当人们反复听取信号,终于搞清楚了政府意图时,博弈就又回到主动的理性人之间的博弈了,也就是上述第一部分解释的情况。第二次世界大战后繁荣的代价就是各国财政赤字以加速度上升,终于难以为继。这是凯恩斯式经济政策的代价。

隐性合同理论(Implicit Contract Theory)于 20 世纪 70 年代由贝利(Baily)、戈登(Gordon)和阿扎利艾迪(Azariadis)创立。通过对完全信息下的隐性合约理论和不对称信息下的隐性合约理论的探讨,较好地解释了导致实际工资刚性的原因以及由实际工资刚性所引发的失业现象。隐性合同理论假定:(1)就业者宁愿选择有失业风险的高工资而不愿意选择低工资虽然是稳定的工作。而失业者不愿意通过降低工资标准来获得就业机会,他们宁愿等待高工资就业机会的到来。(2)雇主和雇员都是风险厌恶者,但是雇主对风险的厌恶程度要低于雇员。隐性合同是风险中性的厂商与风险厌恶的工人之间存在的某种稳定收入的非正式协议。隐性合同理论正是以这种隐含合同来阐明工资与非自愿失业的关系。隐含合同理论的着手点是解释工资粘性及与之相关的价格粘性。在经济系统中,如果信息对于企业和工人来说都是完全的,没有信息扭曲和其他欺诈行为,企业和工人签订的合同是最优的,经济处于帕累托最优状态。然而,当信息是不对称的,那么这种最优分配就会受到扰动。因此,在非对称信息条件下,无效性会导致过度就业或生产状态中的非充分就业,形成非自愿失业。在存在隐性合同的场合,工人得到的工资实际上包含两部分:"市场"工资(或平均工资)和保险费。前一部分是工人在任何企业或行业都可以获得的工资收入,后者可以看作是一种失业保险或稳定工作的保险。当实际工资高于市场工资时,工人获得正数的差额,这个差额可以看作是一种失业保险;当实际工资低于市场工资时,工人获得负数的差额,这个差额可以看作是工人为工作稳定支付的保险费。

在隐性合同模型中,工人工资不再由劳动的边际收益产品决定,工人工资通常高于劳动的边际收益产品,这种工资决定机制和工资粘性会导致失业。因为当总需求减少时,工资不能迅速下降,对劳动的引致需求会减少,从而引起失业。

效率工资理论(Efficiency Wage Theory)是关于工资率水平跟生产效率之间关系的理论,是新凯恩斯主义为了解释工资刚性和非自愿性失业现象而提出的一个重要理论。效率工资理论的基本假设是:(1)劳动是不同质的商品,不同的工人在能力上存在着差别,即便是同一个工人,他的劳动生产率也会因其努力程度的不同而不同。(2)工人有偷懒的倾向,如果没有刺激或约束,工人就会偷懒,而不会努力工作。(3)雇主与工人的努力程度的信息不对称,因而监督工人是否努力工作的成本很高。

效率工资理论认为,厂商采用效率工资是因为它有激励工人生产积极性,提高劳动生产率的作用。劳动生产率极大地依赖于厂商支付给工人的工资。如果工资削减损害了生产率,引起产品劳动成本的提高,那么,为了保持效率,厂商宁愿支付给工人较高的工资,而不愿降低工资,工人的工资高于或等于效率工资,高工资使劳动市场不能出清,从而出现失业。

实行效率工资时,工资有粘性,工资水平不会随着需求的变化而迅速作出调整。工资粘性导致价格也出现粘性。价格调整后,利润的增量也是利润的二阶小量,与最优地调整价格的厂商的利润之差很小。当货币供给减少引起总需求下降时,支付效率工资的厂商会保持名义工资和价格不变,在工资和价格近似不变时,厂商必须通过调整产出来适应需求的变化,因此,总产出和就业水平都会随之改变,经济出现周期性。

局内—局外人理论(Insider-outsider Theory)是从微观企业的角度,通过对在职工人(局内人)和失业工人(局外人)的替代性与相互关系的研究,解释工资粘性、非自愿失业等宏观经济问题的理论。该理论最先由林德贝克(A. Lindbeck)和斯诺尔(D. Snower)于20世纪80年代提出。"局内人"是指受过专门训练的在岗工人,他们在谈判时与厂商有某种联系,因此他们的利益在合同中体现出来;"局外人"是指想到这个企业工作的失业者,他们一开始与厂商没有任何联系,只是在签订合同后才被雇佣。局内—局外人理论认为,工资调整在很大程度上取决于在职工人而不是失业工人,而且长期失业者对工资调整几乎没有任何影响。因为每个企业为了适应其生产经营活动的需要都要对本企业的员工进行专门培训,为此必须花费一定的成本,局内人的工作就由这些培训成本保护着,如果企业要用新工人来替换在岗工人,企业就要再花费一笔这样的培训成本。由于存在这些培训成本,局内人就拥有一定的控制局外人进入这个企业或行业的力量,即便现在劳动力市场上存在着失业,厂商和局内人也会设法维持工资水平不变,厂商也不会轻易地用局外人来替换局内人。

局内—局外人理论提出了明确的就业政策原则:政策应该重视失业者的权利,特别是长期失业者的权利。因此,就业政策应该通过增加名义货币或其他增加需求的办法刺激就业,使失业率下降。就业政策要奏效,必须注重失业者的权利,特别是长期失业者的权利,给他们提供更多的就业机会,并设法增强他们在劳动市场上的力量,帮助长期失业者获得重新就业的机会。

菜单成本论(Menu Cost Theory)又称"有成本的价格调整论"。菜单成本论是新凯恩斯主义提出的解释经济周期的新理论。主要代表性人物有曼昆(N. Gregory Mankiw)、阿克洛夫(George A. Akerlof)、珍妮特·耶伦(Janet L. Yellen)、劳伦斯·鲍尔(Laurence M. Ball)和大卫·罗默(David Romer)。有关菜单成本论的代表性理论有:菜单成本和经济周期论;近似理性经济周期模型;实际刚性和货币非中性论等。菜单成本论认为,经济中有一定垄断力的厂商是价格的决定者,能够选择价格,而菜单成本的存在阻滞了厂商调整价格,所以,名义价格有粘性。所谓"菜单成本",是指厂商调整价格所花费的成本,包括研究与确定新价格、编印价目表、通知销售人员、更换价格标签等所花费的成本,这类成本类似于餐馆打印新菜单所花费的成本,所以称作"菜单成本"。早期菜单成本论从价格调整的实际成本出发解释价格粘性和经济周期。这一理论受到新古典宏现经济学家的批判,认为菜单成本太小,相对利润而言,实在微不足道。另一类在菜单成本的名义下强调价格调整风险成本的特殊菜单成本论认为:当厂商作出价格调整决策时,难以预料产品价格或要素价格调整的后果。要素供给者、顾客或厂商竞争对于价格调整或工资调整的反应都有很大的不确定性,同时价格水平变化对厂商拥有的各种有形和无形资产价值的影响也是难以确定的。

信贷配给模型(Credit Rationing Model)由于存在逆向选择和道德冒险,银行贷款的预期利润并不总是与利率的高低同方向变化。信贷配给模型揭示的就是银行贷款的预期利润随利率变化的变化情况。如图 2-11 所示的银行预期利润与利率的关系中,当利率 $r<r^*$ 时,银行预期利润 π 与利率 r 同方向变化;当利率 $r>r^*$ 时,银行预期利润 π 与利率 r 反方向变化。在 r^* 点,银行的预期利润达到最大化,r^* 称作银行内部最优利率或均衡利率。在这个利率下,银行没有增加或减少贷款的刺激。

假定可以根据风险大小、资信度和行为可控制程度等特征变量把借款人(投资者或厂商)划分为 n 组,银行对每组借款人都有一个内部最优利率 r_i^*($i=1,$

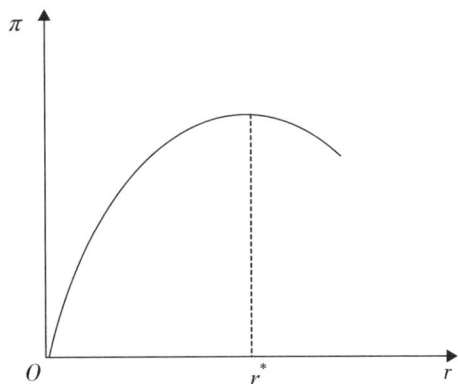

图 2-11　银行预期利润与利率之间的关系

$2,\cdots,n)$，$\pi_i(r_i)$ 表示银行向第 i 组借款人索要贷款利率 r_i 时的预期利润，因此，$\pi_i(r_i)$ 也是第 i 组借款人的借款函数。

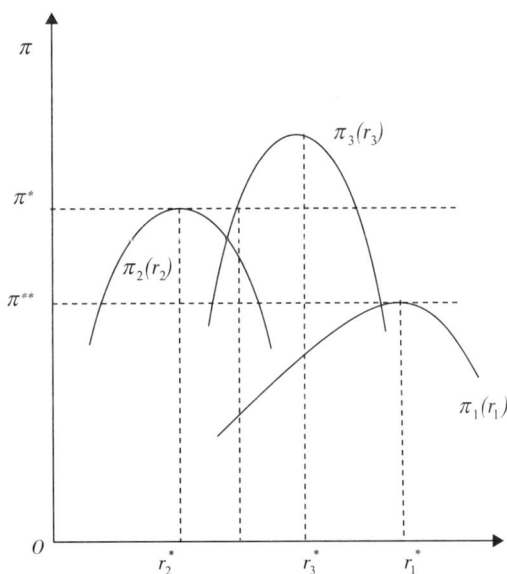

图 2-12　不同利率下的信贷配合

　　在图 2-12（不同利率下的信贷配给）中，$\pi_1(r_1)$，$\pi_2(r_2)$ 和 $\pi_3(r_3)$ 分别表示第 1、2、3 组借款人的借款函数。当银行的预期利润为 π^* 时，第 1 组借款人不会获得贷款，因为任何利率水平都不能使他们向银行提供等于 π^* 的利润。对于第 3 组借款人来说，银行利润最大化的最优利率是 r_3^*，但是这一组借款人希望在 r_3 的利率水平上获得贷款，因为 $r_3 < r_3^*$。由于贷款有利可图，各家银行为争夺这一组借款

人而竞相降低利率,直到 $r = r_3$ 时为止。对于第 2 组借款人来说,只有那些在均衡利率为 r_2^* 时能够提供 π^* 的利润的借款人才能获得贷款,其他借款人则不可能获得贷款。因此,如果以银行预期利润水平 π^* 画一条分界线,第 1 组借款人全部不能得到贷款,第 2 组借款人中有一部分人可以获得贷款,第 3 组借款人都可以获得贷款,这就出现了信贷配给。如果最优利率不变,银行的预期利润调低到 π^{**},第 3 组、第 2 组借款人都可以获得贷款,第 1 组借款人中只有在最优利率为 r_1^* 时可以提供 π^{**} 的利润的借款人才能获得贷款。因此,现在信贷配给的"门槛"降低了。

新凯恩斯主义者认为,信贷资金供给增加,贷款的成本降低,银行对借款人的投资风险和违约概率的乐观预期,都会使银行的预期利润下调。在其他条件不变时,银行预期利润降低会使信贷配给面扩大,更多的借款人可以获得贷款。

在银行预期利润为 π^* 时,第 1 组借款人之所以被排除在信贷市场之外,可能是因为:(1)银行认为他们的投资项目的风险过高。(2)他们的资信度较低。(3)银行认为对他们的投资行为难以控制。(4)银行难以识别他们的还款能力。

因此,在可以识别借款人的特征时,银行将愿意把资金贷放给那些风险小、还款概率大的借款人,在这种情况下,有些借款人即便愿意支付高于金融市场的利率或提供更多的贷款抵押或担保也得不到贷款。这说明,资本市场并不仅仅是在利率的调节下实现均衡,而且还在数量调节下达到均衡。当资本市场存在信贷需求大于信贷供给时,银行往往不是采用提高利率的办法而是采取信贷配给的办法强制使资本市场达到均衡。从宏观经济的层面来看,这时候的资本市场处在非出清状态。

市场分割理论(Market Segmentation Theory)是源于市场的非有效性和投资者的有限理性的理论,它的最早倡导者是卡伯特森(Culbertson,1957)。市场分割理论认为长期债券与短期债券是在不同的相互分割的市场上进行交易的,它们各自达到平衡。市场分割的原因有:(1)投资者可能对某种证券具有特殊偏好或投资习惯。(2)投资者不能掌握足够知识,只能对某些证券感兴趣。(3)不同借款人也只对某些证券感兴趣,因为其资金的使用性质决定了他们只会对某些期限的证券感兴趣。(4)机构投资者的负债结构决定了他们在长期和短期证券之间的选择。(5)缺少易于在国内市场上销售的统一的债务工具。

市场分割理论认为,由于存在法律、偏好或其他因素的限制,投资者和债券的发行者都不能无成本地实现资金在不同期限的证券之间的自由转移。因此,证券市场并不是一个统一的无差别的市场,而是分别存在着短期市场、中期市场和长期市场。不同市场上的利率分别由各市场的供给和需求决定。当长期债券供给曲线与需求曲线的交点高于短期债券供给曲线与需求曲线的交点时,债券的收益率曲线向上倾斜;相反,当长期债券供给曲线与需求曲线的交点低于短期债券供给曲线与需求曲线的交点时,债券的收益率曲线向下倾斜。

自主自治理论(Self-governance Theory)又称"自主治理理论"。自主治理理论解决的是在集体行动中个人的理性行动最终导致的却是集体的非理性结果的问题。公共选择学派和公共经济学的代表人物埃莉诺·奥斯特罗姆(Elinor Ostrom)通过实证方法的研究和隐含的博弈结构的分析提出了自主治理理论。

自主治理理论主要包括三个方面的内容:(1)影响理性个人策略选择的四个内部变量,即预期收益、预期成本、内在规范和贴现率。(2)制度供给、可信承诺和相互监督。对于制度供给问题,奥斯特罗姆认为要了解一套规则制度所可能产生的收益,是非常复杂的,取决于当前制度安排所形成的并对人们公开信息的类型以及替代方案所提出的制度规则。对于自主治理中面临的可信承诺问题,奥斯特罗姆认为,复杂的和不确定的环境下的个人通常会采取权变策略,即根据全部现实条件灵活变化的行动方案。关于相互监督问题。奥斯特罗姆认为自治组织自主设计的治理规则本身既增强了组织成员进行相互监督的积极性,又使监督成本变得很低。(3)自主治理的具体原则。奥斯特罗姆总结和界定了八项原则:①清晰界定边界。②规定占用的时间、地点、技术或(和)资源单位数量的规则,要与当地条件及所需劳动、物资或(和)资金的供应规则保持一致。③集体选择的安排。绝大多数受操作规则影响的个人应该能够参与对操作规则的修改。④监督。积极检查公共池塘资源状况和占用者行为的监督者,或是对占用者负责的人,或是占用者本人。⑤分级制裁。违反操作规则的占用者很可能要受到其他占用者、有关官员或他们两者分级的制裁,制裁的程度取决于违规的内容和严重性。⑥冲突解决机制。占用者和他们的官员能迅速通过低成本的地方公共论坛,来解决他们之间的冲突。⑦对组织权的最低限度的认可。占用者设计自己制度的权利不受外部政府权威的挑战。⑧分权制企业。在一个多层次的分权制企业中,对占用、供应、监督、强制执行、冲突解决和治理活动加以组织。

筛选假说理论(Screening Hypothesis Theory)又称"文凭理论"。是 20 世纪 70 年代初迈克尔·斯宾塞(Andrew Michael Spence)和罗伯特·索洛(Robert Merton Solow)等人提出的把教育看作一种筛选装置,以帮助雇主识别不同能力的求职者,将他们安置到不同职业岗位上的理论。筛选理论认为,雇主总是希望从众多的求职者中选拔有适当能力的人去填补空缺岗位,但是,当他与求职者在劳动力市场上相遇时,他并不了解这些人的能力如何,尽管他不能直接了解求职者的生产能力,却可以了解到求职者的一些看得见摸得着的个人属性和特点。

筛选假说理论描述和解释了 20 世纪 70 年代以来困扰许多国家的教育文凭膨胀问题,并因此在世界各国得到了广泛传播,但该理论片面强调教育的信号筛选作用,进而否认教育提高人的认知技能、从而提高劳动生产率作用的观点是错误的。

垄断优势理论(Monopolistic Advantage Theory)又称"所有权优势理论"或"公司特有优势理论"。这一理论主要回答了一家外国企业的分支机构为什么能够与当地企业进行有效的竞争,并能长期生存和发展下去。垄断优势理论由对外直接投资理论的先驱美国麻省理工学院教授海默(Stephan Hymer)于 1960 年在他的博士论文《国内企业的国际化经营:对外直接投资的研究》中首先提出。之后的代表人物还有金德尔伯格(Charles P. Kindleberger)、尼克博克(Knickerbocker)和凯夫斯(Richard E. Caves)等人。

海默认为,一个企业之所以要对外直接投资,是因为它有比东道国同类企业有利的垄断优势,从而在国外进行生产可以赚取更多的利润。这种垄断优势可以划分为两类:一类包括生产技术、管理与组织技能及销售技能等一切无形资产在内的知识资产优势;另一类是由于企业规模大而产生的规模经济优势。而这种垄断优势则是来源于市场的不完全性。海默认为,市场的不完全竞争是垄断优势的根源,垄断优势的具备则是跨国公司实施国际直接投资的重要原因。金德尔伯格在《美国企业在海外》一书中进一步分析了跨国经营企业的竞争优势来源,认为这种优势主要来自商品市场和要素市场的不完善、内外经济规模差异、政府对生产或进入的限制等。垄断优势理论的最大贡献在于研究从流通领域转入生产领域,摆脱了新古典贸易和金融理论的思想束缚,为后来者的研究开辟了广阔的天地。

内部化理论(Internalization Advantage Theory)又称"市场内部化理论"。是西方跨国公司研究者为了建立跨国公司理论时提出和形成的理论观点,是解释对外直接投资的一种比较流行的理论。内部化理论是由英国经济学家巴克莱(Peter J. Buchley)和卡森(Mark Casson)在《跨国公司的未来》一书中提出的。内部化理论认为,由于市场的不完全,若将企业所拥有的科技和营销知识等中间产品通过外部市场来组织交易,则难以保证厂商实现利润最大化目标;若企业建立内部市场,可利用企业管理手段协调企业内部资源的配置,避免市场不完全对企业经营效率的影响。企业对外直接投资的实质是基于所有权之上的企业管理与控制权的扩张,而不在于资本的转移。其结果是用企业内部的管理机制代替外部市场机制,以便降低交易成本,拥有跨国经营的内部化优势。

服务利润链理论(Service Profit Chain Theory)是关于利润、顾客、员工、企业四者之间关系的理论,是 1994 年由詹姆斯·赫斯克特(James L. Heskett)等人提出的。服务利润链理论认为,利润增长、顾客忠诚度、顾客满意度、顾客获得的产品及服务的价值、员工的能力、满意度、忠诚度、劳动生产率之间存在着直接、牢固的关系。服务利润链的核心内容是顾客价值等式:顾客价值=(为顾客创造的服务效用+服务过程质量)/(服务的价格+获得服务的成本)。

简言之,客户的满意度最终是由员工的满意度决定的。服务利润链是一条循环作用的闭合链,其中每一个环节的实施质量都将直接影响其后的环节,最终目标是使企业盈利。服务利润链理论的提出,对于提高服务企业的营销效率和效益,增强企业的市场竞争优势,能起到较大的推动作用。

城市首位律(Law of the Primate City)又称"首位城市法则"。由马克·杰弗逊(Mark Jefferson)于 1939 年提出了城市首位律或称首位城市法则,用来解释拥有一个国家的大量人口、具有雄厚经济实力的首位城市的发展趋势,城市首位律是城市规模分布的早期理论之一。城市首位律将首位城市定义为:是一个国家的"领导城市"，通常在规模上超乎寻常的大，而且体现了一个国家的智能与情感。有人将首位城市定义为在一个国家中规模最大的城市，这种定义其实没有反映出首位城市的真正含义，规模最大的城市和第二位城市比较而言，规模不一定"超乎寻常的大"。现在人们通常将首位城市概念泛化到一般区域分析中，把一个区域中规模最大的城市称为首位城市。

杰弗逊对世界上 51 个国家的资料进行了分析，发现一个国家的首位城市，其规模往往比其他城市大得多，首位城市通常是第二位城市规模的两倍或两倍以上，并且在经济、文化、政治等方面具有重要性。首位城市通常是一个国家的首都，例如阿根廷的首都布宜诺斯艾利斯。一个极好的首位城市的例子就是巴黎。当然也有例外，在巴西首位城市是圣保罗，而首都是巴西利亚。杰弗逊认为，在一个国家（区域）城市发展的特定阶段，某个城市由于具有固有的优势得到持续发展，最初成为经济中心，以后又往往形成政治中心，从而拥有最优越的社会服务设施和更多就业机会，并吸引了大量人口，从而逐渐地形成了首位分布的城市网络。首位城市在国民经济中占优势地位，他们的规模和能力成为强有力的牵引器，吸引外来人口到这个城市定居，并使首位城市相对于其他更小的城市来说变得更大。

通常采用首位度的概念来衡量首位城市的地位，所谓首位度，就是首位城市与第二大城市的人口比值。后来学者们又提出了四城市指数和十一城市指数概念，分别表示第一大城市与第二、三、四大城市的人口比值，第一大城市人口的两倍与第二城市人口到第十一大城市人口之和的比值：

$$四城市指数\ S = \frac{P_1}{P_2 + P_3 + P_4}$$

$$十一城市指数\ S = \frac{2P_1}{P_2 + P_3 + \cdots + P_{11}}$$

式中，$P_1, P_2, \cdots, P_{11}$ 为城镇体系中按人口规模从大到小排序后某位次城市的人口规模。在现实应用中，我们可以采用首位度、四城市指数和十一城市指数来衡量人口在首位城市的集中程度。

厂商规模无关论（Theory of Irrelevance of the Size of the Firm）是关于厂商规模与经济增长之间内在关系的理论。从古典经济学到新古典经济学，"规模经济"概念一直是西方经济学中占据主流位置的重要观点。在世界经济由资本主义发展初期的短缺经济逐步过渡到当今经济高速发展的过剩经济时代的过程中，出现了大量大型企业效率普遍低下等种种与规模经济理论不相符的情况。2000年，廖伯伟和杨小凯在《经济行为和组织学报》上对克鲁格曼的规模经济理论提出质疑，提出了厂商规模无关论。2003年张永生所著的《厂商规模无关论：理论与经验证据》，通过对OECD国家、亚洲新兴工业化国家（地区）以及中国的统计数据分析，验证了厂商规模无关论的观点。

该理论认为，分工与专业化是经济增长和递增报酬的源泉，厂商规模同经济增长并没有内在的因果关系。如果分工在企业内部发生，则厂商平均规模就扩大；如果分工在企业之间发生，则厂商平均规模就缩小。决定厂商规模的是中间产品和劳动力的相对交易效率的变化；决定经济增长的是一般交易效率的高低。因此，厂商规模的变化和经济增长是两个相互独立的现象，经济增长可以在厂商平均规模扩大时发生，也可以在厂商平均规模缩小时发生。

规模经济贸易理论（Economies of Scale and Trade Theory）是以企业生产中的规模经济和世界市场的不完全竞争为基础，解释第二次世界大战后增长迅速的工业国之间的和相同产业之间的贸易理论。由克鲁格曼（Paul Krugman）和艾瀚南（Helpman Elhanan）在《市场结构与对外贸易》（1985）一书中提出。规模经济贸易理论认为，规模收益递增为国际贸易直接提供了基础，当某一产品的生产发生规模收益递增时，随着生产规模的扩大，单位产品成本递减而取得成本优势，由此导致专业化生产并出口这一产品。

规模经济贸易理论认为，企业的长期平均成本随着产量增加而下降，企业面对的是市场需求曲线，市场需求量会随着价格的下跌而增加。在参与国际贸易以前，企业所面向的只是国内的需求。由于国内市场需求有限，企业不能生产太多，从而使生产成本和产品价格不得不保持在较高的水平上。如果企业参与国际贸易，产品所面临的市场就会扩大，国内需求加上国外需求，企业生产就可以增加。由于生产处于规模经济阶段，产量的增加使产品的平均成本降低，从而在国际市场上增加了竞争能力。规模经济效应使资源禀赋即使无差异的国家之间也能凭借生产规模大的优势形成竞争力,取得贸易利益。

小规模技术理论(Theory of Small Scale Technology)是关于发展中国家企业对外投资竞争优势的理论,是研究发展中国家跨国公司的早期代表性成果。1977年,美国经济学家刘易斯·威尔斯(Louis J. Wells)首次提出。威尔斯认为,发展中国家跨国公司的竞争优势主要表现在三个方面:(1)拥有为小市场需要服务的劳动密集型小规模生产技术。需求量有限是低收入国家商品市场的一个普遍特征,大规模生产技术无法从这种小市场需求中获得规模效益,许多发展中国家正是开发了满足小市场需求的生产技术而获得竞争优势。(2)在国外生产民族产品。发展中国家对外投资主要是为服务于国外同一种民族团体的需要而建立。(3)低价产品营销战略。与发达国家跨国公司相比,物美价廉是发展中国家跨国公司形成竞争优势的重要原因,也是抢占市场份额的重要武器。

威尔斯的小规模技术理论摒弃了只能依赖垄断技术优势才能打入国际市场的传统观点,将发展中国家对外直接投资的竞争优势与这些国家自身的市场特征有机结合起来,从而为经济落后国家发展对外直接投资提供了理论依据。

劳动力市场分割理论(Labor Market Segmentation Theory)是强调劳动力市场的分割属性及制度和社会性因素对劳动报酬和就业的重要影响的理论。20世纪60年代开始,一批学者继承了古典经济学理论中劳动力市场的部分思想,逐步形成了劳动力市场分割理论。

早期的劳动力市场分割理论的基本观点:(1)工资决定机制的复杂性。劳动力市场分割理论强调决定工资的最主要因素是制度性和社会性因素,并由此来揭示现实经济中的工资差异和工资歧视。其中,二元劳动力市场结构论认为,一级劳动力市场的雇主都是一些大公司,主要生产资本密集型产品,较易形成内部劳动力市场,工人的工资不是由边际生产力决定,而是由其内部劳动力市场中劳动者所处阶梯地位决定的,能得到比市场较高的工资。二级市场的雇主由众多中小企业组成,产品需求变动频繁,企业对发展内部劳动力市场不感兴趣,工资由市场上的劳动力供求关系决定,会趋向一个固定水平。(2)人力资本投资的信号作用。传统理论认为,人力资本在工资决定中起重要作用,强调教育是提高人力资本的主要手段。而劳动力市场分割理论认为教育仅起到选择的信号作用,起到筛选的功能。(3)劳动力本身素质和偏好的内生性。劳动力市场分割理论认为,二级市场劳动者会养成懒散、无时间观念、缺乏团队精神、不尊重人等行为特征,而这与一级市场的要求格格不入。因此,在二级市场就业的人,即使想办法提高受教育程度,还是很难进入一级市场。与传统的劳动力市场理论不同,劳动力市场分割理论不但强调劳动者素质和偏好的重要性,而且把它看作是内生的,并认为它是劳动力市场运作的结果。

早期劳动力市场分割理论由于缺乏足够的实证检验也存在着一些缺陷。但是,在20世纪80年代以后,随着新制度经济学、信息经济学、契约经济学等现代经济学理论的发展,分割学派又进一步完善了劳动力市场分割理论框架,大大增强了对现实问题的解释能力。维斯特(Webster)从人力资本的角度出发解释劳动力市场分割的原因。他认为,随着公司结构的变化,劳动力相对于实物资产而言正成为越来越重要的资产,劳动力的特性是随着使用时间的增加不断升值而不是不断折旧,越多的使用会使其价值提高越多,因此能力强和升值潜力高的劳动力会作为资产进入市场并通过工作经验和培训不断强化这一个过程;而相反,能力差和升值潜力低的劳动力则被排除掉,这就形成了劳动力市场分割。

内在稳定器(Built-in Stabilizers)又称"自动稳定器"。一种无须经常变动政府政策而有助于减轻收入和价格变动的经济上的减震器。由于财政政策本身的特点,财政收入和财政支出具有自动调节的灵活性,西方经济学家把这些现象称为经济生活中的"内在稳定器",又称为"自动稳定器"。他们认为,除了运用财政政策和税收政策调节经济之外,现代财政制度本身就具有一个很重要的"内在稳定器",它可以对财政支出政策和税收政策起到自动配合作用。"内在稳定器"主要包括:(1)个人所得税和公司所得税的自行变动。个人所得税和公司所得税是累进征收的。当经济萧条到来时,由于总供给大于总需求,个人收入和公司利润有所减少,因而个人和公司所得税的征收额会在政府降低税率前自动减少一部分。反之,在总需求大于总供给的通货膨胀时期,个人和公司所得税的征收额会在政府提高税率前自动增加一部分。(2)失业救济金和其他福利费支付的自然增减。在总供给大于总需求的经济萧条时期,失业人数增加,社会保险基金中的失业救济金以及其他各种福利费的支出会在政府决定增加支付之前自然增加,因而在一定程度上抵消了个人收入的减少。反之,在总需求大于总供给的通货膨胀时期,失业救济金及其他各种福利费的支出会自然减少。(3)农产品价格的维持。在经济萧条时期,由于生产过剩,农产品价格下跌,但根据农产品价格维持法案,政府对农产品实行价格补贴,按保护性价格收购农产品,抑制农产品价格的下降和农场主收入减少。反之,在通货膨胀时期,农产品价格上升,政府向市场抛售农产品吸收货币,抑制农产品价格的上升和农场主收入减少。凯恩斯主义认为,这种"内在的稳定器"的作用是有限的、辅助性的,它只能配合需求管理维持经济的稳定,而不像在自由放任时期那样起着支配经济发展的作用。无论是在经济繁荣还是萧条时期,"内在稳定器"都只能在一定限度内缓和物价上涨的程度或减轻经济衰颓的程度,而不能从根本上扭转通货膨胀或经济衰退的局面。所以,调节经济过程主要还是靠政府干预的宏观调控政策。

相机决策策略(Discretionary Choice Policy)是根据市场状况机动灵活地变动决定和选择宏观经济政策措施的策略。现代西方经济学家认为,为了使经济发展既能维持充分就业,又能避免通货膨胀,政府必须运用宏观财政与货币两大政策对社会总需求进行管理。宏观财政政策包括收入政策(主要是税收政策)和财政支出政策(主要是政府的公共工程支出、政府对商品和劳务的购买、政府对居民户的各种支付等)。宏观货币政策主要是指通过中央银行增加或减少货币供应量,影响利息率,进而通过利息率的升降来增加或减少投资,使总需求和总供给趋于一致的一系列措施,其主要工具有三项:公开市场业务、贴现率政策和改变法定准备金。无论是宏观财政政策与宏观货币政策之间,还是这两大政策内部所包含的不同的内容和措施之间,都有着极为密切的联系,因此在实际的运用中,政府要将各项财政与货币政策配合起来,协调运用。宏观财政政策与宏观货币政策配合使用过程中的"相机决策",主要表现为政府根据需求管理所面临的不同形式和任务将这两大政策的使用采取不同的搭配方式:(1)需要在较大程度上刺激总需求时实行"松""松"搭配,即同时采取扩张性的财政政策和货币政策。(2)需要有效地抑制总需求时实行"紧""紧"搭配,即同时采取收缩性的财政政策和货币政策。(3)需要刺激总需求和增加就业又要避免太大的通货膨胀时,实行"松""紧"搭配,即在采取扩张性财政政策的同时实行紧缩性货币政策。(4)需要抑制通货膨胀又要避免过分抑制需求和加剧失业时,实行"紧""松"搭配,即在采取收缩性财政政策的同时实行扩张性货币政策。如果需要政府在较高的失业率与较低的通货膨胀或较低的失业率与较高的通货膨胀之间进行选择,政府则首先要确定社会临界点(即社会可接受的失业率和通货膨胀率),若失业率或通货膨胀率超过了社会临界点,政府就要根据菲利普斯曲线所表示的关系进行调节。具体说来,如果失业率超过了社会临界点,就采取扩张性的财政政策与货币政策,用提高通货膨胀率来换取较低的失业率。反之,如果通货膨胀率超过了社会临界点,就采取紧缩性的货币与财政政策,用以提高失业率来换取较低的通货膨胀率。西方国家运用"相机决策"的策略调节社会经济活动,对于稳定和促进经济的发展起到了重要作用。

宏观财政与货币政策(Fiscal Policy and Monetary Policy)旨在消除西方国家发展中的"滞胀"现象,实现多重政策目标的重要经济政策。由新古典综合学派于20世纪70年代提出。它包括:(1)财政政策与货币政策的"松紧搭配"。(2)财政政策与货币政策的微观化。(3)以其他一系列政策作为财政政策与货币政策的补充措施。20世纪60年代末70年代初期西方经济发展出现"滞胀"之后,西方经济学的主要派别开始对凯恩斯的经济理论和政策进行反思,并苦思诊治"滞胀"的良方。新古典综合派认为,按照标准凯恩斯经济学关于需求管理的学说,松的货币政策和松的财政政策被认为可以刺激投资、提高投资率,从而达到经济增长的目的,但是这样做的结果将不可避免地导致通货膨胀。这是标准凯恩斯经济学无法解决的难题。他们认为,现今的资本主义社会所要解决的已经不单纯是经济增长问题,而是要同时实现若干项主要目标。具体地说,他们提出宏观目标有四个:一是充分就业;二是物价稳定;三是经济增长;四是国际收支平衡。微观目标有两个:一是国民收入均等化;二是使资源有效配置,提高经济效益。因此,政府必须同时采用多种政策才能达到多项政策目标。他们还指出,既然过去用以刺激经济增长的财政政策和货币政策还要继续加以运用,那么,为了实现不与其他政策目标发生冲突的经济增长,必须将三个方面的财政政策与货币政策综合运用:(1)财政政策与货币政策的"松紧搭配"。即膨胀性的财政政策与收缩性货币政策相配合,或者是收缩的财政政策与膨胀性的货币政策相配合。前者的特点是用投资优惠、减税、扩大政府开支以鼓励投资,同时控制货币流量以防止通货膨胀加剧;后者的特点是扩大信贷和降低利息率以鼓励投资,同时缩小政府开支,减少市场的压力,以稳定物价。"松紧搭配"的政策旨在既通过鼓励投资和刺激总需求来促进经济增长,同时又避免引起通货膨胀,因而与以往同时运用"松"财政政策和"松"货币政策促进经济增长的方法有所不同。(2)财政政策和货币政策微观化。即针对个别市场和个别部门的具体情况而制定区别对待的财政与货币政策。微观财政政策包括对不同部门实行不同的征税方法,制定不同的税率,个别地调整征税范围以及调整政府对各个不同部门的拨款等。微观货币政策包括不同的利息率,控制对不同行业的信贷条件和放款量等。(3)以下列政策作为财政政策和货币政策的补充措施:收入政策和人力政策;浮动汇率政策,即根据外汇市场的情况及时调整汇率,以免在经济增长过程中形成国际收支不平衡;对外贸易与外汇管制政策,即用各种法令与措施鼓励出口和限制进口,以减少外贸赤字或防止资金外流过多而造成经济增长中国际收支的不平衡;消费指导政策,即通过广告、及时供给市场情报、调查消费品存量、调整商业网点等措施;防止在经济增长过程中造成个别产品供求失衡,引起市场动荡;实行计划化,以调整全国经济的发展,促进公私部门配合,协调政策目标,进行经济预测;等等。

充分就业经济政策(Full Employment Economic Policy)是美国政府 20 世纪 50 年代实行汉森等人提出的补偿性财政与货币政策来恢复充分就业的政策。1960 年,肯尼迪(Kennedy)在经济危机中上台后,新古典综合派的代表人物海勒(Walter Heller)(总统经济顾问委员会主任)、托宾(Tobin)提出了充分就业经济政策的理论。根据是当前资本主义的混合经济能够同时实现经济增长、充分就业与物价稳定。托宾认为,实现这一信念的关键是保持持续的经济增长,充分就业经济政策的基点也在于此。充分就业经济政策的主要内容是:当某一年的实际国民生产总值小于该年潜在的(充分就业)国民生产总值时,即使是在经济上升时期,也要通过赤字财政政策与货币政策人为地刺激总需求,使实际的国民生产总值达到潜在的国民生产总值,从而实现充分就业。托宾、海勒等人根据 20 世纪 50 年代的经验把存在 4% 失业率作为充分就业,把这时所能达到的国民生产总值作为潜在的国民

生产总值。在确定增长的指标时,把 1955 年实际的国民生产总值作为潜在的国民
生产总值的基准(因为这一年的失业率为 4%,实现了充分就业)。然后,根据劳动
力和生产率的增加,把 1961 年以后每年的增长率设定为 3.5%,以此来计算以后每
年潜在的国民生产总值,即使在经济上升时期,也必须执行刺激总需求、扩张经济
的政策。这样,在经济政策上就不再是"逆经济风向行事",而是在繁荣时期也要
"顺经济风向行事"。他们认为,维持经济的持续增长,实现潜在的国民生产总值
的关键仍然是刺激总需求,而刺激总需求的措施在于"必须磨尖我们的财政政策
和货币工具"。在财政政策方面,他们强调要把财政政策从过分害怕赤字的框架
下解放出来,实行赤字的财政政策,具体的措施包括:减税,尤其是减少个人所得
税,实行投资赋税优惠来刺激投资;变更耐用品消费税的办法来刺激消费;根据失
业的情况决定发放或停止发放联邦失业津贴补助;扩大赤字增加政府支出等。在
货币政策方面,他们强调要破除许多反对大胆采用货币扩张方法恢复充分就业的
清规戒律,执行灵活的货币政策,具体措施包括:协调各国货币政策,使各国短期公
开市场证券的利率接近,以减少国际间资本的流动;在国内货币管理当局的活动应
更接近于它所要试图控制的支出决定;财政部发行一种可以买卖的具有购买力保
证的公债,在公开市场上逐步增加这种公债的买卖可以帮助中央银行控制实际利
率,并增加它对投资市场的影响;等等。此外,还要把财政政策与货币政策结合起
来。美国政府 20 世纪 60 年代执行充分就业的经济政策的初期,确实相当有效地
促进了经济的增长,增加了就业,物价上涨的幅度也比较小。但是,由于把赤字财
政作为刺激需求和经济增长的常规手段加以运用,使 1961—1968 年赤字越来越
大,终于在 20 世纪 60 年代后期出现了严重的滞胀问题。

收入和人力政策(Income and Human Capital Policy)是新古典综合派提出的
应对通货膨胀、解决失业问题的政策主张。20 世纪 60 年代后期以来,一些主要西
方国家的物价上涨率和失业率同时提高,形成了"滞胀"。新古典综合派认为,当
前的通货膨胀并非来自需求过度,而是由于工会和垄断企业这两个势均力敌的集
团的相互抬高价格所引起的工资和利润的上升趋势,因此有必要对收入(包括工
资、利息、租金和利润收入)实行限制,而主要是限制工资增长率,使之不超过劳动
生产率的增长。所以,实行收入政策就是由政府采取措施来影响货币收入或物价

的水平,以求放慢或减低物价上涨率。政府可以采取四种不同的形式:(1)实行工资—物价管制,即由政府颁布法令对工资和物价实行管制,甚至暂时加以冻结。(2)确定工资—物价指导线,即由政府根据长期劳动生产率增长率确定工资和物价的增长标准,要求把工资—物价增长率限制在劳动生产率平均增长幅度内。(3)在特定的工资或物价形式下,政府对工会和企业进行"权威性劝说"(即强制性"劝说")或施加压力。(4)以税收作为惩罚或奖励手段来限制工资增长,即政府实行以税收为基础的收入政策,若工资增长率保持在政府规定的界限之下,以减少个人和公司所得税作为奖励;若工资增长率超出政府所规定的界限,则以增加工资所得税作为惩罚。所以,新古典综合派的收入政策又叫工资和物价的管制政策。新古典综合派认为,当前的失业主要不是来自总需求的不足,而是由于劳动力市场上工人在工种、技术熟练程度、地区等方面不适应雇主的需要,因此有必要采取人力政策。实行人力政策,就是通过就业指导和对劳动力的重新训练,促进青年和非熟练工人找到职业,从而避免在经济增长过程中扩大青年和非熟练工人失业率。人力政策的基本内容有:(1)进行劳动力的再训练,以增强劳动者的职业流动性,解决不同工种互相替代问题。(2)移民,即从劳动力供过于求的地方迁到供不应求的地方,增强劳动者的地区流动性。(3)提供有关劳工市场的信息,通过成立职位介绍所等指导和协助失业人员寻找工作。(4)优先发展某些便于吸收技术熟练程度较低的工人就业的部门,并由政府直接雇佣私人企业不愿招雇的工人和非熟练工人,以及让他们从事对社会有益的事业。所以,新古典综合派的人力政策又叫作劳工市场政策。

汉森补偿性财政与货币政策(Hansen Compensatory Fiscal and Monetary Policy)是新古典综合派先驱者汉森(A. H. Hansen)于20世纪50年代提出的旨在实现长期稳定发展的宏观财政与货币政策主张。汉森的这一政策主张是以凯恩斯主义的财政政策和货币政策为基础的,并为适应资本主义的需要做了修正。20世纪30年代大危机时期产生的凯恩斯主义,其政策主张是以扩张为基调的。他们主张实行赤字财政,进而刺激有效需求,实现充分就业。其次,他们从心理流动偏好这一规律出发强调财政政策的重要性,同时却认为货币政策并不重要,只能起辅助的作用。第二次世界大战后,汉森等人认为,资本主义经济不是永远处于危机时期,而是时而繁荣、时而萧条,因此政策也不能以扩张为基调,而是要根据经济中繁荣与萧条的交替,交替地实行紧缩与扩张的政策。另外,他们根据 IS—LM 分析,进一步肯定了货币政策的作用,认为在商品市场与货币市场同时均衡的条件下实现充分就业,不但财政政策,而且货币政策也很重要。基于这些认识,汉森等人提出了补偿性的财政与货币政策。补偿性财政政策的基本含义是:政府在萧条时期有意识地增加财政支出,减少财政税收,以刺激总需求;在繁荣时期则要减少财政支出,增加财政税收,以抑制总需求,并取得萧条与繁荣时期的相互补偿。补偿性货币政策的基本含义是:中央银行在萧条时期放宽信用,增加货币供给量,降低利息率;在繁荣时期则要紧缩信用,减少货币供给量,提高利息率,并取得萧条与繁荣时期的相互补偿。补偿性财政与货币政策的特点是:在萧条时期,设法使经济繁荣,以消灭失业;在繁荣时期,则抑制过度繁荣,以抑制通货膨胀。这样,就可以使资本主义经济既无失业又无通货膨胀,实现长期稳定的发展。在 20 世纪 50 年代,美国基本上奉行的是补偿性财政与货币政策,没有采取持续的、大规模的赤字财政政策。实行这一政策的结果,一方面是没有严重的财政赤字与通货膨胀,另一方面是经济增长缓慢。在艾森豪威尔当政的八年中(1952—1960 年),被称为"艾森豪威尔停滞"时期。

新剑桥学派滞胀理论(Neo-Cambridge School Stagflation Theory)是新剑桥学派提出的解释经济发展中出现滞胀的理论。该理论认为,在发达的资本主义国家中,制造品部门实行市场操纵价格引起初级产品部门和制造品部门生产增长比例的失调,进而引起初级产品价格的巨大变动,最终导致生产停滞和通货膨胀并发。资本主义世界 20 世纪 70 年代初级产品(特别是石油)价格上涨所引起的严重"滞胀",被认为是这一理论的一个例证。新剑桥学派提出应当从区分不同的商品市场类型或不同类别的经济部门入手来解释通货膨胀发生的原因。为此,他们把社会经济分为三个部门:(1)初级产品部门,即为工业活动提供必需的食物、燃料和基本原料的部门。(2)制造品部门,即将原料加工为成品以供投资或消费的部门。(3)服务部门,即为其他部门提供各种辅助性服务的部门。他们认为,在初级产品市场上,价格由供求关系决定,它的变动是调节未来生产和消费的信号。而在制造品市场上,特别是由于大部分生产集中于大公司手中,价格是被操纵的,即由生产者自己决定,生产对需求变动的适应只是通过库存调节机制进行,与价格无关。这种操纵价格由成本决定,而不是由市场决定,这就决定了制造品的价格对需求价格变动的反映并不敏感,而对成本变动却能作出迅速的反应。由于初级产品部门和制造品部门分别实行供求决定的价格和生产者操纵的价格,它们的生产便分别由市场机制和库存机制进行调节,因此不可避免地造成这两个部门生产增长的比例失调。从世界经济角度来看,两个部门生产增长比例的失调,必然会引起初级产品价格的巨大变动。而初级产品的价格无论是升高还是降低,都会对工业活动起抑制作用,当价格上升时还会引起通货膨胀,这就是导致生产停滞和通货膨胀同时爆发的原因。新剑桥学派分别通过两种情形进行论证:(1)当初级产品价格下降时,虽然可能刺激制造部门吸收更多的初级产品,食物价格的下跌和工人的实际收入增加也会刺激他们对制造业产品的需求。另外,由于贸易条件对初级产品的生产者极为不利,势必会使他们减少对初级产品生产的投资,进而减少对制造业产品的需求。将这两方面对比,后者完全抵消并超过了初级产品价格下降对制造业产品需求的任何刺激作用,即总需求仍然减少了。总需求的减少必然会对工业活动产生抑制作用,导致生产停滞。(2)当初级产品价格上涨时,必然通过各个生产阶段依次加大制造品的可变成本,推动其价格上升,并引起利润在增加价值中所占份额的上升。这在工会力量强大的国家中,又会引起工人要求增加工资的压力,以抵制其实际工资的降低和保持其收入在制造产品价值增加中所占的份额。而制造品部门又将通过产品价格的上涨,对付初级产品价格的上涨和工人工资的增长,以保障自己的收入不至于下降。在这种情况下,同样又会引起工人重新要求增加工资。因此,初级产品价格的上涨,必然会在制造品部门引起工资—物价螺旋式上升的通货膨胀。另外,由于制造业产品价格上涨太高,又会减少初级产品部门对制造品部门的购买,加上大多数工业国的政府往往可能采取减少消费者需求和抑制工业投资的紧缩性财政政策和货币政策来对付通货膨胀,所以制造品的通货膨胀本身又会产生缩小其需求从而削减该部门生产的作用。此外,这种通货膨胀除了限制工业活动的发展,减少对劳动力的需求之外,又使得低收入家庭更加贫困,迫使他们增加劳动力的供给,从而引起通货膨胀和严重的失业并存。

弗里德曼浮动汇率政策(Friedman Floating Exchange Rate Policy)是指在国际

货币市场上允许各国根据币值的变化和供求关系的自发波动而使汇率自由浮动的政策主张。浮动汇率政策是现代货币主义者弗里德曼（Milton Friedman）提出的稳定经济发展,应对世界性通货膨胀的重要措施。第二次世界大战后,国际金融体制中执行的是布雷顿森林会议（国际货币金融会议,1944 年 7 月在美国新罕布什尔州布雷顿森林举行）上所规定的固定汇率制,即美元与黄金挂钩,每盎司黄金为 35 美元;各国货币则与美元挂钩,直接以美元为基础来确定各国货币的汇率。包括固定汇率在内的布雷顿国际金融体制,是以凯恩斯的经济理论为依据制定出来的。20 世纪 50 年代后期,弗里德曼就反对这种"双挂钩"（即美元与黄金挂钩,各国货币与美元挂钩）的固定汇率制,主张实行浮动汇率制。他当时就预言:这种固定汇率制必将破产,而自由浮动汇率才是维持一体化的、较好的国际经济手段。但在当时,由于第二次世界大战后爆发的"美元荒"尚余晖未灭,西方经济学界对他的这一建议没有引起重视。1963 年,弗里德曼进一步申明了他的这一观点,认为:（1）固定汇率不能保证国际贸易的平衡发展,容易损害某些国家的经济建设,妨碍其国内的重要目标的实现。既然各国货币（纸币）的价值是随着国内经济状况的变化而变化的,不同国家的货币之间的比价也就应该不断变化。如果企图用行政管理方法,强制将它们固定下来不准变动,势必导致货币增值的国家吃亏、货币贬值的国家占便宜,因而不利于国际贸易的平衡发展和国内的经济建设。而浮动利率则是一种自动机制,能够保护国内经济,使之不受国际收支严重失衡的损害。（2）固定汇率容易刺激各国增发货币,引起世界性的通货膨胀。汇率是固定的,增发货币就能暂时给本国带来好处。但是,增发货币将首先在本国引起通货膨胀,随后即将通货膨胀"输出"到其他国家,从而引起世界性通货膨胀。弗里德曼还举例说,联邦德国和日本就是为了维持固定汇率而从美国"输入"了通货膨胀。即当美元由于发行过多而使其汇率有下降的趋势时,西德和日本为维持本国货币与美元的固定汇率而不得不抛出本国货币,从而增加了马克与日元的供应量,导致这两个国家的通货膨胀。如果实行的是浮动汇率制度,就可以避免或减缓这种情况。20 世纪 60 年代末和 70 年代初,由于欧洲美元泛滥和美元危机的频频爆发,美元不断贬值,迫使美国总统尼克松于 1971 年 8 月 15 日宣布暂停外国中央银行以美元兑换黄金。随后,各主要资本主义国家纷纷实行浮动汇率,弗里德曼的主张终于被付诸实践。有些人认为,长期坚持浮动汇率制度是弗里德曼 1976 年荣获诺贝尔经济学奖的一个重要原因。按照货币主义者的看法,世界性通货膨胀的根源在于国际货币存量的增加,而国际货币存量的增加又是每一个国家货币供应量增加的结果。

单一规则货币政策(Single Rule Monetary Policy)是以一定的货币存量作为唯一因素支配的货币政策主张。它是现代货币主义者提出旨在抑制通货膨胀、实现经济稳定增长的重要经济政策。第二次世界大战以后,各主要资本主义国家积极推行了凯恩斯主义所倡导的以赤字财政政策扩大政府支出为重心,以通货膨胀为特点,并辅之以低利息率、放松银根的财政金融政策,借以刺激经济增长,提高就业水平,应对周期性经济危机。但是,实践的结果却是使经济发展中的困难并没有得到解决。弗里德曼反对凯恩斯主义利用财政政策干预经济的主张,针锋相对地提出应以货币政策为重心,通过实行所谓"单一规则"的货币政策来处理和解决资本主义经济所面临的问题。弗里德曼认为通货膨胀和经济波动是货币这个最重要的因素所起作用的结果,因而必须要用货币政策来应对。但是,应对通货膨胀和经济波动的货币政策不在于影响银行信用或者利息率,而在于直接影响货币数量(这与凯恩斯所强调的通过利息率来影响有效需求的做法完全不同)。这是因为,货币数量与利息率之间存在着变化不定的关系,货币数量的增长在初期会使利息率下降,从而刺激消费与投资。但是,人们支出的增加会引起物价上涨,并导致对货币需求的增加,从而出现利息率上升的趋势。其结果反而有碍于刺激消费与投资,达不到消除通货膨胀和经济波动目的。货币主义者认为,要控制通货膨胀,实现经济稳定增长,唯一有效的措施就是控制货币供应量的增长率,使它与经济增长率大致相适应,而其他措施都是不能解决问题的。这一政策被称作"简单规则"或"单一规则"货币政策。为了保证这一政策的落实,弗里德曼提出了两项要求:一是要求"货币金融当局应当把它所能控制的数量作为指导自己行为的准则,而不能把它不能控制的数量作为自己行为的准则";二是要求"金融当局要避免政策的激烈摆动"。他还根据美国的经济发展状况,提出了执行"单一规则"的具体建议:要使货币供应量的增长率与经济增长率相适应,保持物价的稳定。弗里德曼根据过去100年间美国年产量平均增长3%和劳动力年平均增长1%—2%计算而得出货币供应量应按照4%—5%固定增长率有计划的增长。1980年,撒切尔夫人在英国推行了现代货币主义政策,并在减轻通货膨胀和改善政府财政状况等方面取得了一定的

"疗效",但却付出了失业增加、工业生产停滞和劳动者生活水平降低的沉重代价。

收入指数化方案(Income Indexation Policy)是使各种不同的收入都能按照物价指数的变化随时得到调整的一种政策主张。它是现代货币主义者为应对通货膨胀,或减轻通货膨胀的副作用而提出的。从 20 世纪 70 年代开始,为了解决经济发展中出现的"滞胀"现象,各主要资本主义国家都不同程度地推行了所谓的"收入政策",即实行对工资、物价的冻结和管制政策。弗里德曼认为,这个政策的实行根本不可能医治通货膨胀。因为个别的或局部的物价上涨对通货膨胀没有决定性的影响。个别物价或企业垄断价格的提高,虽然会使消费品和企业在购买这些商品时多付钱,但是如果货币的供应量不变,其他商品的价格就会相应地下降。因此,通货膨胀是由于货币流通过多所引起的需求过度造成的。现代货币主义者由此断言,不控制货币供应量而实行管制工资、物价的政策,是不能奏效的。为了应对通货膨胀和减轻通货膨胀的副作用,弗里德曼提出了与"收入政策"相对立的所谓"收入指数化"的政策。他认为,通过将各种不同的收入同生活费用(消费品)的物价指数挂起钩来,按照物价指数的变动相应地调整工资、政府债券收入及其他各种收入,就可以抵消物价波动对收入的影响,"消除"通货膨胀所带来的收入不平等现象,"剥夺"各级政府从通货膨胀中捞取的非法利益,从而杜绝搞通货膨胀的动机。不过,弗里德曼还认为,要彻底医治当前世界各国的通货膨胀,唯有减少货币供应量的增长。为了实现这一目的,即使增加失业率和使大量企业破产也在所不惜。另外,弗里德曼也不得不承认,"收入指数化"并非万应灵丹,不可能使所有的合同契约都随物价变动而调整;他又认为,尽管"收入指数化"不是最好的稳定价格的办法,可是同那些让某些集团受到通货膨胀的损失大于其他集团的情况相比较来看,还是较为公平的。

负所得税方案(Negative Income Tax Policy)是现代货币主义提出的一种旨在提高社会经济效率的政策方案。其特点是:政府规定某一收入指标为最低收入保障数额,然后再根据个人实际收入的多少按比例给予补助。现代货币主义者反对凯恩斯主义者所主张的对低收入者实行发给差额补助金的福利制度(即规定一个最低收入水平线,凡收入在最低水平线以下者,按差额给予补足),认为这种制度不利于提高经济效率,而主张用负所得税方案来取代这一制度。弗里德曼的负所得税方案是:假定规定收入保障数额为 1500 美元,负所得税税率为 50%,则:负所得税=收入保障数额-(实际收入×负所得税率)。个人可支配收入=个人实际收入+负所得税(见表 2-2)。

表 2-2　负所得税计算表

单位:美元

个人实际收入	负所得税	个人可支配收入
0	1500-0＝1500	1500
1000	1500-1000×50%＝1000	2000
1500	1500-1500×50%＝750	2250
2000	1500-2000×50%＝500	2500
3000	1500-3000×50%＝0	3000

按照这样的方法发给补助,收入为 0 美元的,可得到 1500 美元补助;收入为 3000 美元以下的,得到的补助也不等,个人可支配收入也不一样;收入达到 3000 美元的就不给补助了。当然,随着物价的波动和其他实际情况的变化,收入保障数额和负所得税率都可以调整,只是基本原则不变。弗里德曼所提出的负所得税方案是同货币主义的基本理论观点一致的。货币主义认为,经济效率来自市场竞争。如果把贫民或低收入者的收入一律提高到某种标准线,由政府按照差额给予补助金,就会鼓励懒汉,挫伤个人的工作积极性,造成严重的后果。负所得税方案是依据每个人实际收入的多少给予补助,补助的后果也不是将每个人的收入拉到同一水平,因此,至少可以在一定程度上纠正上述弊病。货币主义的这一论点,现在已得到某些新古典综合派经济学家的赞同。

减税政策(Tax Cut Policy)是美国供给学派于 20 世纪 70 年代中期提出的,旨在摆脱"滞胀"困境和走向经济繁荣的基本经济政策主张。供给学派的主要代表人物阿瑟·拉弗(Arther Betz Laffer)认为,政府的税收收入,乃是插入企业收入或公司收入中的一个"楔子"。一般说来,所得税率越低,企业生产和经营的积极性就越高,总产量就越大。但是,一定的税收是政府为社会经济活动提供公共服务所必需的,因而税率又不能等于零。由此便产生了一个确定最适度税率的问题,拉弗借助于曲线图（即"拉弗曲线"）说明税收与税率之间的函数关系,得出结论:只有在税率适中的情况下,税收量才会最大,国民生产总值也会最多。由此出发,供给学派极力宣传减税的作用和意义,特别强调高税率尤其是累进税制的高税率对经济发展的危害。他们指出,高税率会严重挫伤人们的劳动热情,缩减个人和企业的储蓄,从而引起利息率上升,企业投资萎缩,最终则导致劳动生产率增长缓慢和商品供给不足。此时再人为地扩大需求,必然会加剧通货膨胀。通货膨胀的加剧又会使投资进一步萎缩,生产更加停滞。当前美国社会经济的"滞胀"现象即是这样形成的。因此,要使美国经济有所增长,只有压缩需求,刺激投资,提高劳动生产率,而减税便是达到这一目的的基本手段。供给学派认为,当前美国的税率已经进入"禁区",应当大幅削减。首先是减少边际税率,其理由是富人的储蓄能力要比穷人大得多。多减富人的纳税能够多增加储蓄。其次是取消劳动收入与非劳动收入税率的差别(1981年减税法案实施以前,美国所得税制规定:非劳动收入最高级别税率为70%,劳动收入最高级别为50%),着重减免资本收益税,以鼓励资本、房地产投资。供给学派提出的减税政策为里根总统所采纳,里根政府于1981年2月向美国国会提交的"经济复兴计划"的一个重要内容,就是降低个人所得税率和减免企业税以刺激储蓄和投资。

削减社会福利支出计划(Social Welfare Reducing Plan)是美国供给学派于20世纪70年代中期提出的,旨在扩大生产性投资、增加供给、摆脱"滞胀"的经济政策主张。在供给学派看来,只有减税和控制政府支出双管齐下,才是均衡预算治理经济"滞胀"的有效措施。他们认为,若减税而不削减政府开支,就会造成政府预算赤字。为了弥补赤字,政府若不增发货币,就必须向私人信贷市场举债,从而引起利息率上升,影响私人投资的增加。政府的一切支出都具有排挤私人生产支出的性质。为了减少政府支出,供给学派强烈反对当时美国政府财政中的社会福利支出。他们指出:过高的福利支出,对生产起着抑制作用,鼓励人民花钱而不是储蓄,使人们产生对社会的依赖心理,是对美国人民进取、创造和竞争精神的扼杀。此外,在实施福利计划中,浪费惊人,舞弊现象层出不穷。为了说明福利支出对人们劳动积极性的影响,他们做过一个调查:一个四口人的家庭,每月最低收入可达500美元,扣除所得税和社会保险费后剩下370—380美元。如果这个工人不去工作,他每月可得到 250 美元的失业补助,他的两个孩子每月可得到 60 美元的儿童补助,两项补贴合计为 310 美元左右,与工作的收入相差无几。因此,供给学派主张尽量削减社会福利支出,包括降低保险津贴和福利救济金额,严格限制领受条件等。政府只兴办救济老年贫困、赤贫等必要的福利设施。供给学派的这一主张也被里根总统所采纳,并写入 1981 年 2 月向国会提交的"经济复兴计划"之中。这些措施的实施,对于 20 世纪 80 年代上半期美国经济形势的好转起到了积极的作用。

减少限制性法令条例(Lessen Restrictive Laws)是美国供给学派于 20 世纪 70 年代中期提出的旨在减少对企业束缚促进经济增长的经济政策主张。供给学派重视企业家在经济增长中的作用,把充分发挥企业家精神看作是促进经济增长的重要因素,认为只有让企业自由地进行经营,生产才能取得最佳的效果。相反,如果政府对企业进行过多的、不适当的管理和限制,就会阻碍企业经营的创造性,不利于生产的增长。但是,第二次世界大战结束以后,美国政府制定了许多关于价格、工资、雇佣、生产安全、环境卫生、商品检验、贸易及证券交易等方面的法令条例,要求企业遵守,并设立了相应的机构监督实施。供给学派指出,这些法令条例,加重了企业的支出和负担,使后者不得不压缩技术发展方面的研究支出和更新设备方面的生产投资,从而造成劳动生产率增长停滞,商品在国际上的竞争能力严重削弱。最后,束缚了企业的手脚,影响企业家冒险投资,导致生产停滞,通货膨胀加剧。因此,他们主张撤销限制价格、最低工资等法令,放宽那些关于环境污染、生产安全、商品检验等规定的标准,以减轻企业负担,激发企业生产经营的积极性。供给学派的这一主张被里根政府所采纳。

限制性货币政策(Restrictive Monetary Policy)是美国供给学派于 20 世纪 70 年代中期提出的,旨在抑制通货膨胀的主要经济政策主张。20 世纪 70 年代主要西方国家出现"滞胀"的条件下,供给学派一直把遏制通货膨胀作为其财政和货币政策的目标,和货币主义者一样,认为物价变动完全是货币现象,即货币数量超过经济活动的需要就会导致物价上涨,因此抑制物价上涨和保持经济增长稳定就要采取限制货币数量的政策。在实施这一政策的具体措施上,货币主义认为由货币主管机构控制货币供应量的增长以适应经济增长即可;供给学派的大部分人则强调,必须恢复金本位制,才能有效地控制货币供应量。在当前美国的货币信用制度下,银行、个人和企业都在创造各种各样新的货币信用凭证充当货币,以至于连货币数量指标的定义都无法规定,加上联邦储蓄委员会往往任意地、无所根据地确定货币增长率目标,甚至是在政治压力下管理货币,根本无法对货币数量进行有效的控制。拉弗(Arthur Laffer)等人认为,恢复金本位制不仅能使联邦储备委员会控制货币数量有所依据,并限制该委员会管理货币的权利,而且能够消除人们的看涨心理,恢复对美元的信心,促使物价稳定,利率下降,刺激储蓄和投资,促进经济增长。此外,恢复金本位制,还可以使美元成为稳定的世界储备货币,巩固美元在国际金融中心的特权地位。供给学派经济学家图尔等也认为货币学派控制货币供应量的办法是可取的,只要把货币供应量的年增长率控制在4%—6%,使之与经济增长对货币的需求量基本相适应,就有可能遏制通货膨胀,恢复金本位制不是切实可行的办法。

理性预期理论(Rational Expectations Theory)又称"合理预期理论"。理性预期学派是"新自由主义思潮"中影响最大的流派之一,它起始于20世纪60年代初,形成于20世纪70年代中期,罗伯特·卢卡斯(Robert E. Lucas, Jr.)是其主要代表人物。在米尔顿·弗里德曼(Milton Friedman)提出的"自然产量率"这一基础上,理性预期学派认为,具有理性预期能力的经济活动者能够以自己的对策成功地抵消实际产量对于其自然产量率的偏离,因为他们利用"信号筛选法"来过滤每天得到的价格变动信息,推测出这一变动由通货膨胀引起的和由产品比价变化引起的各占多大比重,而后作出递减、替换生产要素和增减产量的决策。单个的、经验的预期可能有误差,而系统的预期误差不会产生。如果政府采取无法被预期的随机政策,从而使实际价格偏离于预期价格,进而成正比地使实际产量偏离其自然产量率,当然可以使预期之后的对策失去作用。但其代价却是经济的波动。这是理性预期学派著名的"不变性命题"。

如果人们预测价格水平变动时出现系统的误差,就不成其为理性预期,而这与理性预期的定义相悖。在与凯恩斯主义的论战中,理性预期学派强调了规定一个可以为公众所知的长期不变的货币供应量年均增长率和可以平衡预算的税率,完全抛弃总需求管理,使经济活动者能作出理性预期,充分发挥市场机制作用。他们认为,经济主体的预期形成及其经济行为与信息系统的日益发达有着密不可分的关系。所以,政府只有取信于民,系统地执行一套长期稳定的政策规则,才会在依靠市场机制调节经济活动的过程中实现经济的稳定增长。理性预期理论受到了新古典综合派的有力攻击:(1)无论价格是否具有完全的弹性,劳动市场信息传导和反应的低灵敏度以及其自身的"惰性",都会使失业成为非自愿的,而这将使不可预期的冲击对其他一切经济系统失去影响,换言之,即使预期合理,货币亦非中性。(2)在这种情况下,宏观总需求管理政策是步出周期泥沼的最有效手段。

希克斯技术进步中性论(Hicks Neutral Technical Progress)是探讨技术进步与资本边际生产力和劳动边际生产力之间的关系的理论。1932 年英国经济学家希克斯(J. R. Hicks)在《工资理论》中根据技术革新对资本边际生产力和劳动边际生产力的影响,把技术进步分为"资本节约""中性""劳动节约"三种类型,指出,凡提高资本边际生产力对劳动边际生产力的比率的为劳动节约型技术进步;资本边际生产力对劳动边际生产力的比率保持不变的为中性技术进步。例如生产某种产品需使用 100 单位资本和 1000 单位劳动,原来的资本边际生产力为 100 单位,劳动边际生产力为 10 单位,中性技术进步是使两者的增加比例相同,即资本的边际生产力由 100 单位增加到 120 单位,劳动的边际生产力由 10 单位增至 12 单位。西方经济学家一般用图 2-13 来解释希克斯的中性技术进步。

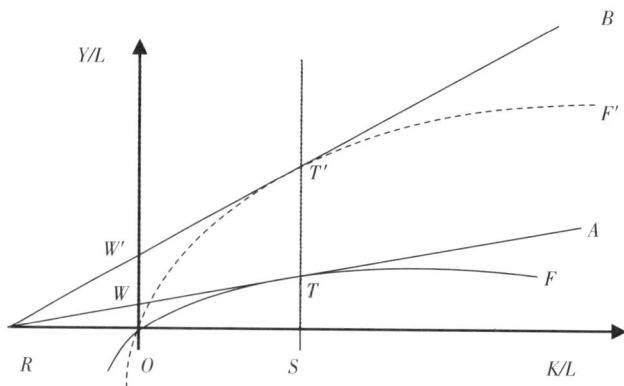

图 2-13 希克斯的中性技术

横坐标代表每个劳动力平均使用的资本量 K/L,纵坐标代表每个劳动力平均的产出量 Y/L, OF 代表未出现技术进步时的生产函数, OF' 代表希克斯中性技术进步的生产函数。OF、OF' 上任意一点 T 和 T' 表示每个劳动力平均使用资本量 K/L 为 OS 时的平均产出量分别是 ST 和 ST'。过 T、T' 作 OF 和 OF' 的切线与 OS 的延线同时交于 R，即在 OF 和 OF' 两个生产函数的曲线上、K/L 相等的点 T 和 T' 上，相应的工资率／利润率也一样，都等于 R。这个结论说明，中性技术进步既提高劳动的边际生产力，又同等程度地提高了资本的边际生产力，使工资率与利润率之比保持不变。它不会改变工资与利润在国民收入中的分配比例。希克斯的中性技术进步说可以用于研究并选择技术进步。比较技术进步出现以前和采用技术进步以后的两个生产函数的两条曲线上资本——劳动比率（K/L）的两个点，如果对应于任何一个给定的 K/L，包含技术进步的生产函数的劳动边际生产力的提高大于资本边际生产力的提高，这种技术进步即是资本节约型技术进步；如果包含技术进步的生产函数的劳动边际生产力的提高小于资本边际生产力的提高，就是劳动节约型技术进步。如果最有利的产出量要求资本投入绝对减少而又能因更多地使用劳动以为补偿，就可以采用资本节约型技术进步；如果最有利的产出量要求劳动投入绝对减少，便可采用劳动节约型技术进步；当其最有利的产出量要求资本和劳动投入的比例同等减少时，则可以采用中性技术进步。

哈罗德技术进步中性论（Harrod Neutral Technical Progress）是根据资本—产出比率确定技术进步类型的理论。这一理论由英国牛津大学教授哈罗德（R. F. Harrod）阐述。他认为，资本—产出比率既直接体现了资本本身的变动，又间接体现了劳动供给的变动。在劳动供给的增长等于资本的增长时，则资本—产出比率不变，劳动供给的增长快于或慢于资本的增长，资本—产出比率都会相应改变。因此，集中考察资本—产出比率就可以兼顾资本和劳动的变动因素。如果技术进步发生后，在利润率不变的条件下，"资本—产出"比率也不变，这种技术进步就是中性技术进步；资本—产出比率上升，就是劳动节约型技术进步；资本—产出比率下降，就是资本节约型技术进步，如图 2-14 所示。

横坐标代表平均每个劳力使用的资本 K/L，纵坐标代表平均每个劳力的产出量 Y/L，OF 为技术进步出现以前的生产函数曲线，OF' 为按哈罗德中性技术进步定义画出的生产函数曲线。OF 和 OF' 之间特点有：（1）从原点 O 引任一直线与 OF 和 OF' 相交于 T 和 T'，T 和 T' 位于同一条直线，故 T 和 T' 都等于 Y/K。技术进步并

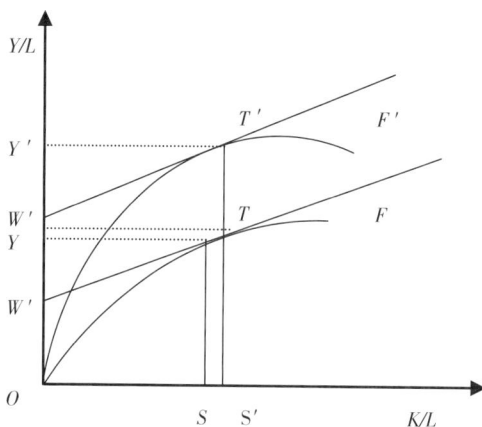

图 2-14　哈罗德的中性技术进步

未影响资本的边际生产力，只是使每单位劳动由于配给了更多的资本而增加了产出。(2)过 T 和 T' 和作 OF 和 OF' 的切线，两切线平行，斜率相等(即利润率相等)，技术进步不会引起工资与利润在国民收入中分配比例的变化。因此，哈罗德中性技术进步对产量增长的作用同人口的增加对产量所起的作用完全相同，所以又称为纯粹的扩大劳动的技术进步。在这种技术进步条件下，只要给定的 S 和 V (K/Y) 所决定的有保证的增长率(G_w)和自然增长率(G_n)相等，就能实现充分就业的稳定的均衡增长。

索洛余值法(Solow Residual Method)测算技术进步对经济增长所作贡献的一种方法。1957 年，由美国经济学家罗伯特·索洛(Robert M. Solow)在《技术变化与总量生产函数》一文中提出。索洛假设:(1)仅有资本和劳动两种生产要素，这两种要素能够相互替代，并且能够以可变的比例相配合。(2)经济发展处于完全竞争的条件之下，资本和劳动都以其边际产品作为报酬。(3)在任何时候，资本和劳动都可得到充分的利用。(4)技术进步是希克斯所定义的中性技术进步。(5)每种生产要素的边际产品都受到报酬递减规律的支配。(6)规模收益不变。根据这些假设，索洛把生产函数写成一般形式为:

$$Y = F(K, L, t)$$

式中,K 和 L 分别代表资本和劳动投入量,Y 代表产出量,t 是时间变量,F 是可微分函数。在希克斯中性技术进步的情况下,技术进步并未具体实现在资本或劳动中,因而生产函数成为下面的特殊形式:

$$Y = A_t(K, L)$$

式中,乘数因子 A_t 代表 t 时期的技术水平。取 $\alpha = \dfrac{\partial Y}{\partial K}\dfrac{K}{Y}$,$\beta = \dfrac{\partial Y}{\partial L}\dfrac{L}{Y}$;对上式求全微分并在两端除以 Y 后得:

$$\frac{\dot{Y}}{Y} = \frac{\dot{A}}{A} + \alpha \frac{\dot{K}}{K} + \beta \frac{\dot{L}}{L}$$

式中,"·"表示对时间的导数。上式常称作增长速度方程,它表明产出的增长是由资本、劳动投入量的增加和技术水平的提高带来的。在估算出 α 和 β 的值($0 < \alpha, \beta < 1$)并用差分近似取代微分后,便可以把技术进步速度作为"余值"计算出来:

$$\frac{\Delta A}{A} = \frac{\Delta Y}{Y} - \alpha \frac{\Delta K}{K} - \beta \frac{\Delta L}{L}$$

因规模收益不变,(即 $\alpha + \beta = 1$),若设 $F(K, L)$ 是一次齐次函数,那么,令 $q = Y/L$,$p = K/L$,便可把上式化为:

$$q = A_t F(p, 1)$$

如果再注意到 $\dfrac{\dot{q}}{q} = \dfrac{\dot{Y}}{Y} - \dfrac{\dot{L}}{L}$,$\dfrac{\dot{p}}{p} = \dfrac{\dot{K}}{K} - \dfrac{\dot{L}}{L}$,那么,便可得到:

$$\frac{\dot{q}}{q} = \frac{\dot{A}}{A} + \alpha \frac{\dot{p}}{p}$$

同样可以得出：

$$\frac{\Delta A}{A} = \frac{\Delta q}{q} + \alpha \frac{\Delta p}{p}$$

求得技术进步后 $\frac{\Delta A}{A}$ 之后，可进一步求出各个时期的技术水平：

$$\begin{cases} A_0 = 1 \\ A_{t+1} = A_t(1 + \frac{\Delta A_t}{A_t}) \ (t = 0,1,2,\cdots) \end{cases}$$

最后，索洛提出用下面的公式估算技术进步对新增劳动生产率的贡献(百分比)：

$$T = 1 - \frac{\frac{q_t}{A_t} - q_0}{q_t - q_0}$$

运用上述方法，索洛对美国1909—1949年私营非农业企业的技术进步状况做了估算，得出的结论是：技术进步对经济增长所作的贡献远远超过资本积累所作的贡献。

海莱纳技术创新理论(HeUeiner Technology Innovation Theory) 是关于技术创新的类型与发展中国家经济发展的关系的理论。这一理论是由加拿大多伦多大学教授海莱纳(Gerard K. HeUeiner)提出的。海莱纳把技术创新分为三类：(1)节约劳动的技术创新，即减少单位产品成本中劳动力费用的技术创新。(2)节约资本的技术创新，即能够使产品成本中物化劳动比重减少的技术创新。(3)中性技术创新,即既不偏重于节约劳动,又不偏重于节约资本,位于节约劳动和节约资本之间或二者兼顾的技术创新。他认为一些经济学家所主张的要使发展中国家的经济得到发展,就必须多采用节约劳动的新技术,进口先进设备,发展本国的加工工业来替代工业品进口的观点已经过时,这种观点对发展中国家的经济发展不利。其原因是:(1)缺乏资本。发展中国家要发展替代进口的加工工业,必须采用资本占用多的技术。缺乏资本则是发展中国家的普遍特点。(2)外汇短缺。发展中国家要采用节约劳动的新技术,就必须从国外引进有关技术,而外汇短缺则成为技术引进的障碍。(3)就业困难。发展中国家一般都具有人口多、劳动力资源丰富的特点,如果发展节约劳动的新技术,工业吸纳的劳动力有限,而农业将出现大量剩余劳动力,就业会成为一大社会问题。所以,发展中国家不宜采用节约劳动的技术创新,不宜耗费大量物力财力建立占用资本较多的工业部门,而应采用节约资本的技术创新,大量发展占用劳动力较多的工业部门,尤其是生产出口品的加工工业。这样对发展中国家来说有四个方面的好处:一是可以充分利用劳动力,增加就业机会,并通过低工资造成的价格优势在国际市场上打开产品销路,赚取外汇;二是投资少,易于兴办,一般不需要改变现有的生产技术,只需要选择某些现成的生产技术项目;三是见效大、速度快,因为节约资本的技术创新一般都是加工过程的改革,可以不是产品的改革,容易模仿,可以加快整个社会技术革命的步伐;四是不需要熟练的技术队伍。这对工人的技术水平不高、缺乏熟练技术队伍的发展中国家来说不会构成技术上的障碍。

S 形增长曲线(S-Shaped Growth Curve)是一种研究新技术在经济发展中传播过程的理论。1971 年,美国经济史学家格里列希斯(Zvi Griliches)在所著的《杂交玉米和创新经济学》一书中,以杂交玉米的推广为例,对新技术传播的 S 形增长曲线进行了分析。格里列希斯认为,一种新技术和新产品的推广过程可分为三个阶段:(1)新技术推广的初期速度一般不快。(2)随着时间的推移,新技术推广速度逐渐加快,一直达到高峰。(3)高峰之后,速度逐渐放慢,最后达到水平线。整个过程呈 S 形增长曲线。他认为这一现象并不是杂交玉米领域特有的,美国农业中其他一些新技术成果的推广也出现这种情况。因此,这一研究成果带有普遍的定义。格里列希斯分析影响三个阶段演进的各种因素,指出:一种新技术成果刚开始推广时速度是缓慢的,但隔一段时间后就会迅速加快,其中社会因素和经济的因素都起了重要的作用。在社会因素方面,如用新技术成果的人的个性、受教育程度、个人生活水平和个人所处的社会地位等都与新技术的推广有关。这些因素的影响在开始阶段比较明显,但从长期看,会彼此抵消,以至逐渐变得不重要。从长期看经济因素方面所起的作用很重要。如新技术成果推广的第一阶段之所以速度缓慢,其重要因素是,新技术成果出现的地区或初次被推广的地区,并不一定是商业上最适宜的地区。商业上最适宜采用新技术的地区,一般有三个有利条件:(1)市场密度高。每个愿意采用该种新技术成果的人越容易得到该种新技术成果,说明市场密度越高。(2)引进成本较低。(3)采用该种新技术成果的营利性较大。一旦新技术成果进入商业上最适宜采用该项技术的地区,其推广速度就会极大加速,并进入技术推广的第二阶段。第二阶段到第三阶段又是一个从加速推广到缓慢推广的过程,这是因为,在新技术推广后,总会有某些地区或企业采用该种技术后,盈利率较低,甚至出现亏损。这样,一种新技术成果推广到一定程度,商业上适宜采用它的地区和企业相继都采用了,于是技术推广速度开始放慢,直到被另一种新技术所取代。格里列希斯的这一理论被认为是对熊彼特创新理论的一个发展。

创新扩散模型(Innovation Diffusion Model)是对创新相关各类人群进行研究归类的一种模型,它的理论指导思想是,在创新面前一部分人会比另一部分人思想更开放,更愿意采纳创新。它是美国学者埃弗雷特·罗杰斯(E. M. Rogers)提出的。创新扩散包括五个阶段:(1)了解阶段,接触新技术新事物,但知之甚少。(2)兴趣阶段,发生兴趣,并寻求更多的信息。(3)评估阶段,联系自身需求,考虑是否采纳。(4)试验阶段,观察是否适合自己的情况。(5)采纳阶段,决定在大范围内实施。创新扩散的传播过程可以用一条 S 形曲线来描述。在扩散时期,采用者很少,进展速度也很慢;当采用者人数扩大到居民的 10%—25% 时,进展突然加快,曲线迅速上升并保持这一趋势,即所谓的起飞期;在接近饱和点时,进展又会减缓。

技术创新与市场结构论(Theories of Technological Innovation and Market Structure)是研究在垄断竞争条件下技术创新过程的理论。20 世纪 70 年代,由经

济学家莫尔顿·卡曼（MortonI Kamien）和南塞·施瓦茨（Nancy L. Schwartz）在《竞争条件下创新的时间性》（1972）、《最大创新活动的竞争程度》（1974）、《市场结果和创新》（1975）等书中提出。卡曼和施瓦茨认为决定技术创新有三个关键变量，即竞争程度、企业规模和垄断力量。竞争引起技术创新，因为技术创新能使创新者在与对手们竞争中获取更多的利润。企业规模影响某种技术创新所开辟的市场前景的大小，企业规模越大在技术上的创新就越能耐久，越不容易在短期内被人仿制。据此，他们认为介于垄断和完全竞争之间的市场结构，是能有效促使技术创新活动发展的市场结构，在这种情况下，技术创新可以分为垄断前景推动的技术创新和竞争前景推动的技术创新两类。如果只有前一种创新而没有后一种创新，创新活动到一定阶段就会停止。如果只有后一种创新而没有前一种创新，创新活动很难出现，因为在技术创新的结果没有垄断利润可得的情况下，企业家是不会过早地投入较多的研究和发展费用的。由于熊彼特创新理论是在完全竞争的前提条件下进行的，对于垄断条件下的技术进步，熊彼特未作深入的研究。因此，卡曼和施瓦茨的技术创新与市场结构论被认为是对熊彼特理论的一个发展。

列文技术创新与新加入者说（Levin's Theory of Technological Innovation and New Entrants）是从技术创新与新加入者处境的关系入手研究技术创新的理论。20世纪70年代，由经济学家理查德·列文（Richard C. Levin）提出。列文阐述这一理论的主要著作有《技术变革、规模经济和市场经济》（1974）、《技术变革和最优规模：一些证据和含义》（1977）、《技术变革、对新加入者的阻碍和市场结构》（1978）。列文认为，技术变革情况与新加入者的处境可以分几种场合来分别考察：（1）如果企业规模的扩大程度与企业生产量的增长程度相等，那么企业所得到的额外盈利也不变，此时，企业用于研究的费用和技术变革速度也维持不变。该行业的企业数也保持不变。（2）如果企业生产量的增长程度大于企业规模的扩大程度，那么企业所得到的额外盈利额将上升。这样，使企业总收入中用于研究的费用比例将增大。企业将增加促使规模扩大的技术变革。这时该行业的企业数或者不变，或者增多而不会减少。（3）如果是企业生产量的增长程度小于企业规模的扩大程度，额外盈利额就会下降，从而使企业用于研究的费用减少，促使规模扩大的技术变革也将减少。这时该行业的企业数或是不变或是减少，而不会有新加入者。

（4）如果技术变革的可能性和收入的增长率是既定的,需求弹性对该行业的新加入者的状况就有决定作用。需求的收入弹性越增大,新加入者比较容易进入该行业,因为这时额外盈利的机会较多,新加入者有利可图。相反,需求收入弹性下降,新加入者进入该行业就比较困难。（5）如果整个经济的增长率是上升的,即收入是增长的,那么在需求的收入弹性大于需求的价格弹性时,由于额外盈利机会较多,新加入者有利可图,新加入者比较容易进入该行业。相反,在需求的收入弹性小于需求的价格弹性时,由于额外盈利机会减少甚至丧失,新加入者无利可图,新加入者就比较难进入该行业。列文这一理论被西方经济学界认为是进一步发展了熊彼特技术创新理论。

曼斯菲尔德新技术推广说（Mansfield's Theory of New Technology Diffusion）是研究新技术推广中技术创新与模仿之间关系以及变化速度的学说。20世纪60年代,经济学家爱德温·曼斯菲尔德（Edwin Mansfield）在分析了影响新技术在同一个部门的不同企业之间推广的经济因素后,提出了技术创新与模仿之间关系以及二者的变动速度的学说。曼斯菲尔德首先提出了"模仿"和"守成"的概念。模仿是指某一企业首先采用一种新技术后,其他企业以它为榜样,也相继采用这种新技术;守成指某个企业采用一种新技术后,其他企业并不模仿它,依然使用原来的技术。为了研究同一部门内技术推广的速度和影响技术推广的各个经济因素的作用,曼斯菲尔德的分析做了几项假定:（1）假定新技术不是被垄断的,可以按照模仿者的意愿自由选择和采用。（2）假定专利权的影响很小,小到不足以阻止模仿的过程。（3）假定在新技术的推广过程中,新技术本身的变化不至于因新技术的变化而影响模仿率。在上述假设的前提下,他认为影响企业技术变革速度的主要是三个基本因素:（1）模仿比例。一项新技术最初被采用时,企业往往要承担一定的风险,这时多数企业处于观望状态,守成比例很高。随着采用新技术的企业日益增多,意味着有关采用新技术的情报和经验不断增加,模仿者冒风险的可能性越来越小,模仿比例越大,守成比例就会越小。（2）模仿的相对盈利率。指相对于其他可供选择的投资机会而言的盈利率。相对盈利率越高,提供的可能性就越大。（3）模仿的投资额。在相对盈利率相同的条件下,采用新技术所要求的投资额越大,资本供给来源越困难,从而模仿的可能性越小。在所要求的投资额相等的条件下,资本供给的难易影响着模仿率。此外,还必须考虑所要求的投资额占企业总资产之比,这一比例越高,模仿的可能性也就越小。除了上述三个基本因素之外,影响企业技术变革速度的补充因素还有旧设备尚可使用的时间长短、该部门销售量的年增长率、企业原生产能力利用率、该种新技术在本部门初次被采用的年份等。

戴维企业规模起始点说(David's Theory of Enterprise Scale Starting Point)是研究新技术推广中企业规模的理论。1971 年,美国经济学家保罗·戴维(Paul David)在《内战前中西部的收割机械化》一文中,以收割机的推广过程为例子,说明采用新技术的企业规模"起始点"在技术推广过程中的作用。这一研究被认为是对熊彼特技术创新论的重要发展。戴维规模的"起始点"是指:一个企业如果要采用某种新技术,那么它至少要达到某种规模。否则,采用新技术是不划算的。例如,农场想采用一台收割机来代替人工收割,那么其收割面积必须达到一定亩数,技术的效率才能发挥出来。他认为,决定规模"起始点"有若干因素:(1)使用该种新技术平均每年负担的成本(以 C 表示)。(2)使用该种新技术后,平均每个单位产量所能节省的劳动力(人日)数额(以 L_s 来表示)。(3)未使用该种新技术时,使用旧技术所需要的每个人日的费用(以 W 来表示)。以 S_T 表示规模的"起始点",则:

$$S_T = \frac{C}{L_s W}$$

$$C = S_T \cdot L_s \cdot W$$

式中,使用该种新技术平均每年负担的成本(C)又取决于以下各个因素:(1)该种新技术的成本(设备的售价),以 P 来表示。(2)该种新技术(设备)的折旧率,以 d 来表示。(3)对该种新技术(设备)投资的机会成本,用年利息率(r)来表示。该种新技术一年中闲置不用的时间越长,它所带来的利息方面的损失就越大。假定一台收割机一年只使用六个月,那么另外六个月就是闲置的,在计算机会成本时就用 $0.5r$ 来表示:

$$C = (d + 0.5r)P$$

可得:

$$S_T = \frac{(d + 0.5r)P}{L_s \cdot W} = \frac{d + 0.5r}{L_s \cdot \left(\dfrac{W}{P}\right)}$$

P/W 就是该种新技术的相对价格。在折旧率、利息率一定的条件下,假定使用该种新技术所能节约的劳动力数额为既定的,那么规模的"起始点"(S_T)与该种新技术的相对价格(P/W)成正比。戴维认为,降低规模的"起始点"是推广某些新技术的关键。而新技术的耐用性、使用效率、机会成本以及相对价格等因素与降低规模的"起始点"有着直接的关联。规模的"起始点"越是下降,意味着该项技术就越容易得到推广。戴维以美国中西部收割机的推广为例指出,收割机在 19 世纪 30 年代初出现于美国,但在长达 20 年的时间内未能被推广。原因就在于采用新技术(收割机)的农场规模"起始点"太高。当时,一个农场至少应有 46.5 英亩的小麦种植面积,使用收割机才划算,但美国中西部当时平均每个农场的小麦种植面积只有 25 英亩。20 年后,美国平均每个农场的小麦种植面积增加到 30 英亩。同时,收割机售价与雇工工资率之比下降是农场规模"起始点"减少到 35 英亩左右,比 20 年前下降了 75%。这一差距的缩小,表明达到"起始点"的农场迅速增多,从而使收割机在 19 世纪 50 年代得到了广泛的推广。

马克思和恩格斯的社会主义模式(Marx and Engels Socialism Pattern)是马克思 19 世纪 40 年代在《共产党宣言》中和 19 世纪 70 年代在《哥达纲领批判》中,以及恩格斯在《反杜林论》中所阐述的关于科学社会主义的思想。该模式的内容:(1)把生产资料变为国家财产,建立公有制。这里指的是国家以社会的名义占有全部的生产资料。(2)生产的性质和目的是"通过社会生产,不仅可以能保证一切社会成员有一天比一天富裕的物质生活,而且还可以能保证他们的体力和智力获得充分的自由的发展和运用"。(3)进入公有制为基础的新社会以后,产品对生产者的统治也将随之消除,劳动者成了社会的主人,这是人类从必然王国进入自由王国的飞跃。(4)社会生产无政府状态让位于按照全社会每个成员的需要对生产进行有计划的调节。(5)个人消费品的分配原则。在旧的社会分工——三大差别还存在,生产力还没有发展到很高的水平,劳动还是谋生的手段,还没有成为生活的第一需要,在这些条件还没有发生根本的改变之前,按劳分配是社会主义的经济规律。(6)社会占有全部生产资料后,商品生产将不复存在。(7)社会主义社会是国家逐渐消亡的社会。(8)社会主义社会消灭了阶级,但消灭阶级需要有物质经济条件。马克思和恩格斯的社会主义模式是建立在高度发达的资本主义基础上的,以后列宁、斯大林、毛泽东发展了马克思和恩格斯关于社会主义的思想,提出了在小农经济占很大比重的落后国家建成社会主义的构想,探索了一条落后国家经济发展的道路。

布鲁斯社会主义经济模式(Bruce Socialism Economic Pattern)是研究社会主义运行机制的一种理论。20 世纪 70 年代,由波兰籍英国经济学家布鲁斯(Virlyn W. Bruse)在《社会主义经济中的市场》和《社会主义的经济和政治》等著作中提出。布鲁斯认为,"经济模式"和"社会经济制度"是有区别的。经济制度是反映生产关系的,而经济模式则显示经济的运行原则或运行机制。在社会主义生产关系的框架之内,应用不同的模式,不仅是可能的,而且是必要的。布鲁斯利用二分法将社会主义经济划分为集权模式和分权模式,后来又经过改进,采用三分法,再加上一种市场社会主义模式。(1)集权模式的基本特征是:一切经济决策(除了消费和就业范围的个人选择之外)集中于中央一级;计划的等级性质和经济单位由纵向划分;决策以命令的形式从上面传达到下面;按实物(物质)单位进行经济核算和制订计划占支配地位。其主要优点是具有高度的选择性,即可以把资源集中地使用于某些优先部门。其主要弊端有:一是所谓的"棘轮原理",即企业工作的好坏是根据完成计划的情况判断。但是,今年计划完成越好,来年计划指标越大,只能进不能退,导致企业隐瞒真相,使中央制订计划时心中无数,并成为比例失调的重要原因之一。二是计划指标体系的内在矛盾,使中央只抓产量指标忽视其他指标。(2)市场社会主义模式强调价值规律在经济中的广泛运用,充分发挥市场的作用。其优点主要在于能够充分发挥下面的积极性。缺陷在于宏观经济效率偏低。主要是三个问题:一是积累率偏低;二是存在较高的失业率;三是经济缺乏全面的协调。(3)分权模式是介乎前两者之间的理想模式。中央一级只在国民收入分配和最重要投资方向两个领域决策,其他一切经济决策直接在企业一级作出。布鲁斯认为社会主义国家应认真探索分权模式。

兰格社会主义模式(Lange Socialism Pattern)是研究社会主义经济中资源合理配置问题的理论。20世纪20—30年代,西方掀起了一场旷日持久的关于社会主义经济问题的论战。1936—1937年任美国密执安大学讲师的波兰经济学家兰格(Lange)在批判了米塞斯、哈耶克、罗宾斯等人反社会主义论点基础上,发表了两篇关于"社会主义"经济的论文,后经过修改以《社会主义经济理论》为题出版。在这部著作中,兰格提出了他的社会主义经济模式。兰格着重论证了社会主义经济完全可以用竞争市场上的尝试实现资源合理配置问题。他研究了三种社会主义经济模式。第一种模式,生产资料公有,实行计划经济,消费品实行配给制,职业实行任命制。兰格认为,即使在这种模式中,合理经济计算也是可能的。但这种计算不能反映消费者的偏好,只是反映中央计划同"官僚集团"的偏好。价格是由中央计划局决定的"会计价格",并在此基础上要求企业经理按照它的目标和规划进行决策。兰格认为,这种模式可能引起产品过剩或不足,从而妨碍生产的顺利进行,更重要的是这种模式缺乏民主,同时和社会主义理想也不相容。第二种模式,生产资料公有,实行计划经济,生产和生产资源的分配受中央计划局的偏好指导,但是消费品通过市场价格制度分配。因此,这时存在两套消费品价格:一套是市场价格;另一套是按中央计划局偏好得到的"会计价格"。兰格认为,由于双重消费品价格制度,生产资源的配置仍然不是按照公民们的偏好尺度决定,而是按照中央计划局"官僚集团"的偏好尺度进行的。因此,社会主义社会的公民们容忍这种制度的可能性也不大。第三种模式,生产资料公有,由中央计划局实行计划经济,但允许个体农民、手工业者和小型企业存在。存在消费品和劳动市场、消费和职业选择自由。工资通过劳动市场决定。以需求价格表示的消费者偏好是指导生产和资源分配的标准。不存在生产资料市场,生产资料的价格由中央计划局规定。生产经理的决策目标是用最好的方式满足消费者的偏好,这种模式是通常说的兰格"社会主义"经济模式。兰格的社会主义模式提出后,标志着西方20世纪20—30年代关于社会主义经济问题论战的基本结束。

熊彼特社会主义经济模式（Schumpeter Socialism Economic Pattern）研究社会主义经济发展中资源合理配置问题的理论之一。20 世纪 40—50 年代,由美籍奥地利经济学家约瑟夫·阿罗斯·熊彼特(J. A. Schumpeter)提出,其主要代表著作是《资本主义、社会主义与民主》等。熊彼特认为,社会主义不但是行得通的,而且可能较合理地作出生产什么和怎样生产的决策。他认为,社会主义经济可以定义为,生产手段和生产本身的控制权是授予一个中央当局的。但并不是说中央可以独断专行,其计划可能要接受"审计局"一类的权利机关的监督、审查以至否决。在这个社会中,经济事物原则上属于公众而不是私人方面。熊彼特假定在社会主义制度下,没有商品生产,没有货币。人们的消费由上级有关部门发给每人一定数量的"分配券",这种分配券代表对一定量消费品的要求权。消费品都有"价格"。这些消费品的"价格"同数量的乘积的总和等于所有"分配券"持有者对各种消费品要求权的总和。为了说明社会主义生产是怎样合理地进行的,熊彼特设计了所谓静态和动态经济生活过程中的社会主义计划。从静态角度考虑,他假定,生产资料的数量是固定不变的,全部生产资源都由中央局控制。中央局规定,各生产部门经理和经理局可以按照三个条件取得任何数量的生产要素,这三个条件是:第一,生产必须尽可能经济;第二,生产要素的"价格"由中央局确定,各部门经理或经理局在"购买"时按照规定的"价格"将"货币"付给中央局,这些"货币"是在向消费者"出售"消费品时取得的;第三,各部门生产时,应使产品"价格"等于边际成本。中央局在决定生产要素价格时必须遵循两项原则:第一,对相同品种和相同质量的生产要素规定单一价格;第二,价格应做到正好使全部生产要素出售,既不会过剩,又不会引起追加的需求。熊彼特认为,上述规则在正常情况下足以保证社会主义生产资源的合理配置。熊彼特认为,如果考虑到技术进步,社会主义计划就趋于一种动态过程。他假定,按照生产必须尽可能经济的要求,某一产业部门采用了新技术,能以低于现行标准的生产资料消耗量生产出同样数量的产品。在这种情况下,这个产业部门付给中央局的"货币"量就会小于从消费者那里取得的"货币"量。此时就出现了"利润",从而就出现了资源重新配置的问题。在社会可用资源已经全部用于既定生产任务的情况下,追加的生产要素需求只有靠超时工作和限制消费来满足。他认为,中央局这时必须对超时工作和储蓄加以奖励,通过奖金诱导,不断调整资源合理配置。这样,社会主义经济仍可以有效进行。

勒纳社会主义经济模式(Lerner Socialism Economic Pattern)是研究社会主义经济中资源合理配置的理论之一。20 世纪 20—30 年代,由西方经济学家勒纳(Abba Ptachya Lerner)提出。勒纳称社会主义经济为"集体主义经济"。他认为:在集体主义经济中,要做到有效地管理经济、合理地配置生产资源是不可能的。因为,当生产的需要、消费的嗜好以及技术知识、生产要素供给发生任何变化时,就必须在整个经济范围内对生产要素重新组合,而这将使"经济计划部"陷入把生产资源拨来调去这个错综复杂的问题当中,其结果是灾难性的。勒纳认为,解决集体主义经济中的资源配置问题,只能借助于价格机制。其步骤是:(1)必须有一个出售消费品的自由市场,从而使生产出来的全部商品达到最优配置。(2)必须有一个出售生产要素的自由市场,包括生产资料市场和劳动力市场,从而使每一个生产单位为取得同样的生产要素必须付出同样的价格。在这两种市场中,应及时调整价格,使供求保持在稳定平衡基础上。(3)颁发一条每个生产单位都必须遵守的、确定每种生产要素在不同产品生产间最优配置的规则,即:任何生产要素的边际产值,如果大于这种生产要素的价格,就增加产量;如果小于这种生产要素的价格,就减少产量;如果等于这种生产要素的价格,就按照同一比率继续生产。勒纳认为,只要每个生产单位的经理都在本单位按照这种规则办事,就会实现每种生产要素在不同产品生产间的最优配置。勒纳认为,经济计划部的任务就在于为各生产单位制定同价格机制相结合的适当规则,并保证这些规则得到遵守,使价格机制能起作用。他认为生产中具体细节应由各生产单位的经理人员处理。经济计划部起引导、协调、监督的作用。在计划化和价格机制的关系上,勒纳强调价格机制的作用,他认为,即使是完全独裁经济,如果它关心生产效率,那么就不能不需要价格机制作为一种工具来实现生产要素在不同生产单位之间有效的配置。

加尔布雷思"新社会主义"(Galbraith New Socialism)加尔布雷思(John K. Galbraith)将美国社会分为"计划系统"和"市场系统",并试图调和这两个系统之间的矛盾,以达到两个系统权利和收入均等化的做法,称为"新社会主义"。加尔布雷思认为,两个系统在社会经济生活中是互相依赖、互相联系的,二者不断发生交换关系。在交换关系中,双方的权力和所处的地位是不平等的。即市场系统于买进或出售其产品和劳务时,在价格上显然不能不服从计划系统的规定。他认为,"市场系统"受"计划系统"的盘剥,这正如第三世界发展中国家受发达国家的盘剥一样。他并且认为,两个系统权力和收入不平等有着极其重要的影响,给资本主义经济带来严重危害。加尔布雷思认为,在资本主义范围内,通过提高市场系统的地位和增加它的权力,抑制计划系统的权力和消除它对市场系统的剥削,使两个系统的权力和收入均等化,就可以达到"新社会主义"。加尔布雷思试图消除垄断组织("计划系统")与非垄断组织("市场系统")之间的矛盾,以达到"新社会主义",是一种忽视了资本主义基本矛盾的、具有改良性质的"乌托邦"式社会主义。

自由放任原则(Laissez-faire Principle)是经济发展过程中尽量避免或完全排斥国家干预,完全依靠市场机制作用于资源配置的理论。著名英国经济学家亚当·斯密在《国富论》一书中首次明确提出了"看不见的手"来形容以供求关系的波动决定的价格形成机制,这是自由放任原则的主要理论根据。萨伊和马歇尔从供给自己创造需求以及静态一般均衡这两个方面进一步发挥了斯密的思想。萨伊法则认为,当有效需求不足时,只要不断地投入生产要素,增加供给总量,自然会刺激市场需求的提高;一般均衡论认为,市场价格形成机制会使打乱了的供求价格自动地随着供给和需求总量的变化恢复到均衡状态。20世纪30年代大萧条时期新兴的凯恩斯经济学批评了萨伊法则,指出在有效需求不足的过剩危机中,通货膨胀和高失业率会严重扰乱人们对经济生活的预期,完全的自由放任将不断积聚和放大周期性的危机能量,所以,国家通过赤字财政、控制货币总量等宏观经济政策干预经济生活,已属必然之举。但是,以哈耶克、米塞斯、欧根等人为首的"新自由主义"在与凯恩斯流派和以兰格为首的"社会主义同情派"的论战中,从消费者主权理论出发,论证了在完全竞争的市场机制中,资源配置将通过满足和实现消费者主权而达到优化配置;倘若离开了自由放任原则,市场机制的作用不可能得到充分发挥。哈耶克新自由主义还在对经济计划化的论战中进一步发挥了他的自由放任思想,提出:经济上的计划化必然导致政治上的独裁,只不过它往往以国家干预的形式表现出来,这是一条通向奴役之路。第二次世界大战后,以欧根(W. Euchen)、艾哈德(L. Erhard)等为首的联邦德国新自由主义把自由放任原则提炼到一个新的阶段,提出了建立在全面竞争基础上的"社会市场经济",国家采取有限调节政策,在生产自由和消费自由前提下,由政府投资建设社会基础设施,稳定通货和物价,以及反垄断。把市场自由原则与社会平等原则结合起来,就可以使繁荣产生于竞争之中,产生一种能使生产力发展、技术进步和个人自由完全协调一致的经济秩序。20世纪60—80年代,以美国著名经济学家弗里德曼为首的货币主义在与后凯恩斯的长期论战中,针对严重的"滞胀"问题,重新强调自由放任的经济思想,认为国家干预过多,是经济停滞、高通货膨胀率和高失业率产生和持续的根源。货币主义提出,国家应把对每个公民的强迫(如完税、按指令限价买卖、受训、服役等)降低到最小限度;把公开方面的经济规模和政府活动减低到最小限度;实行"单一规则的货币政策",即排除利率控制、信贷流量、自由准备金等因素,而仅仅以一定的货币存量作为唯一因素支配的货币政策。弗里德曼认为,只要认真实施单一规则的货币政策,其他都由市场机制去调节,经济将会在自由运行中达到均衡状态和稳定增长。20世纪70年代,以美国经济学家拉弗(A. Laffer)和孟德尔(R. Mundell)为首的供给学派在"自由主义思潮复兴"中占有重要的一席,里根政府组建之后,供给学派的理论和政策主张已成为美国的主流经济学。他们提出,当前美国经济步入滞胀泥沼,关键在于供给不足,从而使投资不足,技术进步放慢,劳动生产率降低,而投资利润率长期稳定在11%—12%,某些行业(如建材)供不应求,反映了需求是高的,供给是不足的。供给学派认为萨伊法则是一个真理,因为它确认了供给是实际需求得以维持的唯一源泉,拉弗被称为"当代的萨伊"。正是从萨伊法则出发,供给学派推论:既然供给创造需求,那么只要市场机制正常发挥作用就能使经济均衡发展。所以,要停止财政和货币调节,大幅度减税,减少政府开支,更多地依靠自由市场经济的内在动力。这样,供给学派给自由放任原则增添了新的活力。

哈耶克新自由主义(Hayek New Liberalism)是以英籍奥地利经济学家弗里德里希·奥古斯特·冯·哈耶克(Friedrich August von Hayek)为代表的经济自由主

义思想。这一学派在与凯恩斯主流经济学的抗衡和论战中,形成了西蒙斯、奈特、哈耶克、密塞斯、坎南、罗宾斯、欧根这样的新自由主义中坚人物,而哈耶克则是其共同的理论权威,在整个西方经济学界影响很大。哈耶克经济自由主义思想主要内容可以概括为:(1)通过消费者主权的实现来达到市场机制对资源最优配置的调节作用。哈耶克在 20 世纪 20—30 年代与波兰旅美经济学家奥·兰格为首的社会主义同情派的论战中,形成了他完整的理论体系。他认为,生产者生产什么、生产多少,取决于消费者的偏好;消费者通过市场购买,把自己的偏好信息传递给生产者,信息的载体可以是存货的增减,也可以是价格的波动。生产者在生产规模、产品结构、资本更新、要素投入等方面,按消费者的意志进行不断的调整,从而降低成本,使资源得到合理配置。但是,如果国家干预或者大公司垄断使竞争不充分,个人没有选择运用自己的资源与收入的自由,则消费者主权不可能实现,市场机制亦不可能有效和充分发挥作用,资源配置就不可能得到合理配置。在与兰格的论战中,哈耶克认为计划经济是与市场机制南辕北辙的,前者是垄断,后者是自由竞争;前者是无视消费者主权,后者是消费者主权第一。他认为计划经济之所以在资源配置中不可能合理,原因是高度集中的纵向决策与分散的信息是矛盾的,决策的形式应该完全服从信息产生和传递的分散性这一根本特征,而合理的决策只可能由私人在充分的竞争中作出;计划经济消除了私有制,从而使利己的经济动机对整个社会进步的促进作用无法产生,一旦社会中没有个人对经济利益的追求,也就没有内在的经济动力,效率的低下乃势所必然;国家通过对国民经济的计划管理,成了最大的垄断者,通过价格形成机制的扭曲,破坏了竞争。通过对信息与决策、经济动机、竞争与垄断的分析,哈耶克得出结论是:经济自由主义是资源合理配置和政治民主与自由的前提。(2)市场机制正常发挥作用的基础,是健全的货币制度。哈耶克认为,凯恩斯经济学国家干预经济政策以需求不足为目标,忽视了货币数量变动和产业结构失调的后果,以赤字财政刺激有效需求,其乘数效应不会推动供给,更为重要的是,还会由于国家滥发货币,拉动和恶化通货膨胀。由于加速原理在通货膨胀中的机制性作用,将使市场透明度由于预期的偏差而大为降低,并破坏金融体系的稳定性。他主张废除国家货币制度,取消政府发行货币的垄断权,从而使政府不再利用这一权利任意扩大财政赤字,同时允许私人银行发行竞争性货币,并承担后果,使通货得到公众信任,完全的市场竞争会使过量货币无容身之地。按交易的需要发行的货币,在数量上限制了通货膨胀的加速,在机制上保证了货币体系的稳定。哈耶克的新自由主义是自亚当·斯密以来的经济自由放任思想的继续,这种以个人主义、自由选择为核心的思想,对后期的艾哈德新自由主义和弗里德曼货币主义有着深远影响。

社会市场经济理论(Social and Market Economy Theory)是一种强调市场的自由原则和社会的平等原则相结合的社会经济制度理论。第二次世界大战后由联邦德国新自由主义者提出,并成为第二次世界大战后联邦德国经济政策的主要理论依据。主要代表人物有路德维希·艾哈德、缪勒尔·阿尔玛克等人。联邦德国新自由主义者经济制度分析的理论基础,是新自由主义奠基人欧根提出的"理念经济模型"。这种模型认为,纯粹的"自由市场经济"和"集中管理经济"是经济制度中两种想象的模式,现实经济中是不存在的,而存在的是一种混合经济。社会市场经济正是这样一种经济制度,它既不是自由资本主义,也不是中央管理的经济,而是第三条道路,是将市场的自由原则和社会的平等原则相结合,以竞争的市场经济为基础的,使自由创新同社会的发展相结合的体制。社会市场经济理论者认为,为了保障自由竞争,必须维护生产资料归私人所有,使人们不受限制地想生产什么就生产什么,发挥其最大的生产积极性。国家对市场经济只起补充作用:一是维护自由竞争原则,反对垄断;二是运用其掌握的国民收入协助市场经济的稳定。国家在经济领域内的活动以不削弱市场机制的作用和不限制竞争为原则。同时,他们认为,国家对经济的适当调节仍是必要的。因为国家在解决资本主义制度中存在的贫富悬殊、失业、危机、通货膨胀等弊端上具有明显的作用,如果听任自由市场经济不受任何节制地发展,那将出现一个"不人道的社会"。国家的作用不是去干预私人企业家的经营,而是去指导、帮助他们的经营,为其发展提供一个稳定的经济环境。联邦德国总理、经济部长艾哈德在《公众福利》一书中,把社会比作一个赛球场:各个社会集团就是球队中有一定位置的队员;国家是比赛中的裁判,它的任务只是执行比赛规则,保证球赛正常进行,而不能代替或指挥运动员的比赛。这同在经济生活中一样,国家只应起保护社会市场经济秩序的作用,而不能插手市场经济活动内部,不能干涉企业家的经济活动。第二次世界大战后,联邦德国"经济奇迹"的出现,与社会市场经济理论的推行有直接的关系。

混合经济论(Mixed Economy Theory)是一种既有市场机制发挥作用又有国家进行干预的经济。由美国经济学家汉森1941年在《财政政策和经济周期》一书中做了系统地阐述。混合经济的思想最早是凯恩斯提出的,他在1936年出版的《就业、利息与货币通论》一书中论证了由三大心理规律所决定的有效需求不足从而造成了失业,要解决这一问题就必须在原有市场经济的基础上进行国家干预。根据凯恩斯的国家干预经济的观点,汉森提出了"混合经济"或"双重经济"的观点。他指出,从19世纪末期以后,大多数资本主义国家的经济已经不再是单一的纯粹的私人资本主义经济,而是与私人经济同时并存着的日益增加的社会化的公共经济,因而成为一种混合经济或双重经济。汉森认为,"双重经济"包括"双重生产经济"与"双重消费经济"。前者是指生产中除了私人企业活动外,还有政府的活动,例如政府企业的建立和政府对基础设施的投资等。后者是指"收入与消费的社会化",即政府提供低廉的住房和在公共卫生、社会保险与社会福利等方面的支出。但是,汉森又强调指出,企业国有化并不是"混合经济"或"双重经济"发展的方向,无论在西欧或美国,都不是从私人经济向公有制的过渡,而是从私人经济向以社会福利为重点的混合经济的过渡,即具体事务仍然由私营企业来运作,政府只向私营企业提供帮助,他称之为"公私合伙"。汉森还认为,私人经济的资本主义制度下存在着失业、经济停滞和分配不均等缺点,公有经济的社会主义制度下又缺少"效率与自由",而"公私混合经济"则可以避免两种制度的缺点,具有优越性。汉森的混合经济,实质上就是国家垄断资本主义和福利国家。

公司霸权理论(Company Hegemony Theory)是由激进制度主义代表人物比尔·杜格(Bill Dugger)提出的一种公司制度支配社会的现象。杜格认为在一种制度中,经济制度是支配性的,而支配性的经济制度具体化为公司,所有非经济制度都与公司发生着联系,或为公司服务。就当代美国社会而言,杜格认为其由六种制度构成:(1)生产和分配商品的经济制度。(2)生产和分配知识的教育制度。(3)防止和发动战争的军事制度。(4)生儿育女的血缘关系制度。(5)制定和强化法律,并归结为最终的制裁方式暴力的政治制度。(6)灌输对超自然教义的信仰的宗教制度。在这个结构中,除了少数例外,非经济制度都是无效率的,同时它们履行的功能又都与公司这一支配性的经济制度相联系。杜格认为作为支配性制度的公司霸权按照凡勃伦阐明的方式——"歪曲""玷污""仿效"和"神秘化"来改变他人的价值观,来实现并巩固公司霸权的目的。为改变这一状况,杜格提出了民主的经济计划,即拥有一个开放的、相关者广泛地参与、可以反复地修正的计划,并通过工人所有权的形式,让工人参与公司决策,通过分散势力的方式来削弱、最终消除公司霸权,实现参与民主。

加尔布雷思二元体系论(Galbraith Binary System Theory)是从社会经济结构及改革的角度分析当代资本主义经济发展的理论。1971—1973 年美国经济学家约翰·肯尼斯·加尔布雷思(John Kenneth Galbraith)在《新工业国》和《经济学和公共目标》等书中提出。加尔布雷思认为,现代资本主义尽管已是一个物质丰裕的社会,但是这个社会充满着矛盾和冲突,贫穷和罪恶依然存在。造成这一问题的根源是现代资本主义社会经济结构的"二元体系",并由此引起的权力分配不平衡。加尔布雷思指出,所谓"二元体系",是指现代资本主义经济是由"计划体系"和"市场体系"两部分构成的。在美国组成"计划体系"的是 1000 家左右的大公司,这些大公司的生产和销售按计划进行,其权力掌握在技术和管理人员手中,并拥有操纵市场价格的权力。组成"市场体系"的是 1200 万个分散的小企业、小商贩、农场、个体经营户,它们力量分散且单薄,不能控制价格,听受市场力量的摆布。加尔布雷思认为,"二元体系"这两部分的权力是不平等的,从而造成它们的收入也不平等。"市场体系"在购买或出售产品时,其价格受"计划体系"的摆布。因此,"市场体系"受到"计划体系"的剥削,这种情况恰如国际经济范围内,经济不发达的国家受到发达国家的剥削一样。加尔布雷思认为,"二元体系"结构是现代资本主义社会一切弊病的根源,收入分配的不平等、资源配置的失调都由此而引起。现代资本主义国家已经成为"计划体系"的执行委员会,其各部门得到政府大力扶持和保护,而"市场体系"中的各个企业则处于自生自灭的状态之中。这样,"二元体系"必然造成国内经济的不平衡发展,造成贫富悬殊的日益扩大。加尔布雷思认为,改变这种不合理状况的出路在于通过结构改革,达到权力均等化。(1)在价格形成上要使"二元体系"达到平衡,即让"市场体系"也有定价权,改变不平等交换的现象,实现企业权力均等化。(2)让非工会工人参加工会,使其享有工会会员同等的权力,实现工人权力均等化。(3)通过科技教育界对企业的技术结构阶层施加影响,使其功利目标从企业放大到社会,从而使社会公共事业拥有企业家的基础。(4)法律应强制性地改革经济活动中的不合理现象,尤其是涉及公众而不是单个经济实体的范畴,如环境保护、种族歧视、妇女地位等。

三次产业分类法(Trichotomous Classification of Industries)又称"克拉克分类法"。即把全部经济活动按设定的原则划分为第一次产业、第二次产业和第三次产业的分类方法。20世纪30年代初,澳大利亚经济学家费希尔(A. G. B. Fisher)鉴于第一次产业和第二次产业的分类没有包括全部经济活动,把除此之外的其他经济活动统称为第三次产业,并指出第三次产业的本质在于提供"服务"。但费希尔没有根据三次产业分类法总结出产业结构的变化规律。美国经济学家和统计学家科林·克拉克(C. G. Clark)继承了费希尔的研究成果,于1940年在《经济进步的条件》中运用三次产业分类法研究了经济发展同产业结构变化之间的规律,得出了有名的"配第—克拉克定理",使三次产业分类得到广泛的普及。一般经济学家和统计学家都习惯于把农业(种植业)、畜牧业、林业、狩猎业等划分为第一次产业;把制造业、建筑业(有的还包括采矿业、煤气、电气、供水)等工业部门划分为第二次产业;把商业、金融及保险业、运输业、公务和其他各项事业纳入第三次产业。三次产业划分的依据是:第一次产业主要是以自然存在物为对象进行的生产活动;第二次产业则是对自然的存在物进行加工的经济活动;第三次产业的本质在于为生产或生活提供"服务"的经济活动。随着微电子技术的发展、信息产业的出现,第一次产业与第三次产业之间,第二次产业与第三次产业之间的界限越来越模糊。因此,有人主张应重新确定各产业部门之间的界限,把信息产业从第三次产业中分离出来作为第四次产业等。由于三次产业分类法不失为一种有用的经济分析工具,因此,它成了经济学家产业结构研究中的重要方法。

克拉克分类法(Clark Classification of Industries)见"三次产业分类法"。

霍夫曼产业分类法(Hoffmann Classification of Industries)是德国经济学家霍夫曼(W. G. Hoffmann)提出的按产品的用途进行产业分类的方法。霍夫曼把整个经济活动中的产业划分为三类：(1)消费资料产业。如食品工业、纺织工业、皮革工业、家具工业等，其划分原则是这些工业的产品75%以上属于消费资料。(2)资本资料产业。如冶金及金属材料工业、运输机械工业、一般机械工业、化学工业等，划分的原则是该类工业的产品75%以上属于资本资料。(3)其他产业。如橡胶、木材、造纸、印刷等工业，这类产业难以用上述原则确定其归属。由于霍夫曼使用的分类原则的局限，以产品用途的75%作为划分产业的依据难以解释工业化后期消费资料生产同资本资料生产之间的结构与轻重工业结构变化的差异，这一分类未能得到广泛应用。

筱原两基准（Miyohei Shinohara Two Basic Principles）"收入弹性基准"和"生产率上升率基准"的简称。1957年日本经济学家筱原三代平提出的规划产业结构的两个基本准则。所谓的"收入弹性基准"，是指以需求收入弹性的高低作为选择战略产业的基本准则。在西方经济学中，需求收入弹性（也称收入弹性）系指人们对某一产业的产品的需求量的变动及对收入变动的敏感程度。不同的产业具有不同的收入弹性，不同的收入弹性表明不同产业潜在的市场容量。只有收入弹性高的产业才有可能不断扩大它在市场上的份额，而这种产业通常代表着结构变动的方向。为了切实提高一个国家经济增长的速度，应当把需求收入弹性高的产业作为战略产业来发展，也就是说，高收入弹性是战略产业的必备条件。"生产率上升率基准"是从"比较成本"演化而来的，其前提是由于技术进步速度的不同所造成的各产业部门生产率提高速度的差异。在价格结构一定的条件下，由于生产率提高速度的不同，各产业部门创造国民收入的多寡也不同。那些技术进步快、生产率上升率高的产业，由于成本不断降低，能够创造更多的国民收入，资源优先向这样的产业配置，就可以加快国民收入的增长速度。因此，在选择战略产业时，应将生产率上升作为其基本的准则，也就是说，必须加进时间因素，不仅要考察现在的生产成本，更重要的是要看生产率的上升率。"收入弹性基准"从需求结构的角度刻画了不同产业发展的不同可能性，而"生产率上升率基准"则从供给的角度对具有同一可能性的不同产业作出了判别。只有同时满足这两个基准的产业，才能被确认为是战略产业。筱原两基准对日本政府制定产业结构政策产生了重大影响。1963年日本的产业结构审议会制定产业结构政策以及1965年制订"中期经济计划"时,均采用了筱原基准。

产业结构理论(Industrial Structure Theory)是以研究产业之间的比例关系及其演变规律为对象的应用经济理论。其内容主要包括产业结构中的产业分类、研究产业结构的方法论、产业结构演进的趋势、原因和条件等。这一理论主要由德国经济学家霍夫曼,英国经济学家克拉克,美国经济学家库茨涅茨,日本经济学家筱原三代平、佐贯利雄等人共同完成。因为其中多属经验性总结,所以该理论总结的许多规律被称为"经验型法则"。产业分类是研究产业结构理论的基础。在产业结构的理论分析中,运用最广泛的是"三次产业分类法"。克拉克、库茨涅茨等人运用"三次产业分类法"研究劳动力和国民收入在产业的分布结构及其演变规律。此外,"霍夫曼分类法"由霍夫曼本人用于消费资料工业与资本资料工业的结构变化的分析。其他用于特殊目的分类法还有"标准产业分类法"、日本产业结构审议会使用的"生产结构分类法"等。产业结构理论的方法论是以经济史的统计资料为根据的经验性归纳,其将产业结构分析同经济发展联系起来,以动态的眼光看待产业结构,在运动变化中揭示产业结构演变的趋势,把产业结构的演进不仅看作是经济发展的后果,而且当作经济进一步发展的目标。实证和经验性归纳构成了产业结构理论的方法论特色。产业结构演变的规律大体包括四个方面的内容:(1)产业结构的工业化。随着经济的发展、人均国民收入的提高,劳动力和国民收入在产业间的分布状况会发生显著变化。劳动力和国民收入的这种变化实质上就是产业结构的工业化过程。(2)工业结构重工业化,即在工业化过程中,重工业在工业结构中所占比重不断上升,并超过轻工业而成为经济发展的主导部门。(3)工业结构高加工度化,即在工业结构的重工业化过程中加工组装工业将取代原材料工业而成为经济发展的重心。(4)伴随产业结构的演进,生产的资源结构由劳动力资源、原材料资源为主向资本资源为主,进而向技术知识资源为主的结构方向转化,即产业结构沿着劳动集约型→资金集约型→技术知识集约型的轨迹演进。产业结构演进的动因主要在于需求结构和供给结构的变化。随着人均国民收入的增长,社会的需求结构和消费结构将发生变化。消费结构将由"生理性的需求占统治地位的阶段"转向"以穿和用为主的阶段",再到"追求便利和机能的阶段"进而发展为"追求时尚与个性的阶段"。消费需求结构的变化必然引起各个产业部门收入弹性高低的变化,那些生产高收入弹性产品的产业在产业结构中能占有优势,从而就能迅速地发展。一般说来,在工业化起步阶段,随着生产的发展和收入水平的提高,消费结构中用于吃的部分减少,用于穿的部分增加,相应的农产品的收入弹性不断低于轻工业品,这时工业化首先从轻工业起步。当人均国民收入进一步提高以后,消费结构逐步转向耐用消费品,使重工业产品的收入弹性不断高于轻工业产品,工业结构相应地出现重工业化趋势。人们消费结构演变的第三阶段是消费的多样性和多变性以及产品高质量特性,使深加工产品的收入弹性不断高于粗加工产品,工业结构出现高加工度化的趋势。在供给结构中,起作用的主要是由技术进步所引起的生产率上升率不均等增长原则。具有较高生产率上升率的工业部门在工业结构中占有较大的比重。根据观察,工业比农业、重工业比轻工业、加工组装工业比原材料工业在生产率上升率上具有越来越大的显著优势。这是产业结构演进的又一重要根据。在供给结构和需求结构的关系中,收入弹性与生产率上升率之间存在一定的内在联系。较高的生产率上升率的产业能否发展成为主导产业,同时取决于较好的销售条件和不断扩大的需求趋势;较高的需求收入弹性的产业的发展又依赖于技术进步的可能性以及由此而形成的大批量生产。主导产业往往同时具备较高的收入弹性和较高的生产率上升率。国际贸易中对产业结构变化起作用的主要是资金和技术的流入流出。根据"雁行产业形态说"和"产品循环说"以及"动态比较费用说"的理论,后起国可以利用先行国的资本和技术缩短工业化的过程。产业结构理论的目的性很强,它直接为产业政策的制定提供理论依据。把握产业结构演进规律,积极推动产业结构向高级阶段演进,能加快经济发展的速度。

产业联系理论(Industry Correlation Theory)即美国经济学家里昂惕夫(W. Leontief)开拓的投入产出学。一种以生产技术和工艺的相似性为根据研究产业之间关系结构的应用理论。严格来说,产业联系理论是一种将一个国家在一定时间内各个产业部门在社会再生产过程中通过一定的经济技术联系所发生的投入与产出的定量化工具。通过这种工具(投入产出表)可以分析产业之间在生产、交换、分配上发生的关联,认识国民经济各产业部门的比例关系及其特征,为制订未来的经济计划和进行经济预测服务。产业联系理论是通过投入产出表来刻画的。投入产出表的设计受启于瓦尔拉(M. E. L. Walras)的"一般均衡理论"和魁奈(F. Quesnag)的"经济表",同时引进了凯恩斯"国民经济理论"中最终产品和国民收入等观点。投入产出表是一个完整而严密的均衡体系,其最大的长处是能够反映各产业的中间投入和中间需求。通过中间投入率和中间需求率进行结构分析,就可以反映出各个产业的技术和经济特征。中间需求率很高的产业属于提供原材料的产业,中间需求率小的产业属于提供最终产品的产业。中间投入率高的产业附加价值低,中间投入率低而中间需求率高的产业为基础产业。根据产业的中间需求量可以把产业间相互依赖关系区分为单向联结关系(如棉花种植→纺织工业→服装工业)和多向循环联结关系(如煤炭→钢铁→矿山机械→煤炭),以及划分出若干相对独立的产业群(如非金属系最终产品、金属系最终产品、服务、能源等)。通过投入系数表和逆阵系数表进行波及效果分析,可以把某产业最终需求的变化对各个产业的生产所产生的影响追踪下去,并把这种影响由强到弱的各级波及效果的总量计算出来,从而了解产业的感应度系数、影响力系数、生产诱发系数和生产的最终依赖程度,为制定合理的产业部门政策、编制计划提供依据。如果已知计划次年的国民收入规模,就可利用各产业部门的消费函数、出口函数等确定最终需求在各行业各最终需求项目上的分布。这样就可以把国民经济在计划期间的增长率同各部门产出、出口量、就业量的增长率联系起来,构成一幅完整的国民经济计划方案。产业联系理论问世以来受到世界各国的普遍关注。日本是用投入产出分析计划编制比较成功的范例。1968 年,联合国已将投入产出表作为国民经济计划体系的重要组成部分。

投入产出表(Input-output Table)又称"产业联系表""部门联系平衡表",如表 2-3 所示。以矩阵的形式记录一个国家在一定时间内整个国民经济各部门中发生生产与交换关系及这种关系结果的一种工具。美国经济学家里昂惕夫 20 世纪 30—50 年代不断研究的结果,已被各国广泛应用。投入产出表的主栏包括"物质消耗"和"国民收入",宾栏包括"中间产品"和"最终产品"。主栏的第一部分与宾栏的第一部分构成第一象限,反映各部门间生产和消耗的数量联系,是本表的主体。其中编号·1 至 n 分别代表各个部门。列在主栏中是产出部门,列在宾栏中是投入部门。符号 X_{ij} 代表第 i 部门供给第 j 部门消耗的中间产品数量, 称作投入产出流

表 2-3　价值型投入产出表

		中间使用		最终需求	总产出
		$1,2,3,\cdots,n$ 合计		最终消费　资本形成　进口　出口	
中间投入	1				
	2				
	3	X_{ij}		Y_i	X_i
	⋮				
	n				
	合计	第Ⅰ象限		第Ⅱ象限	
增加值	固定资产折旧				
	劳动者报酬	Z_{ij}			
	生产税净额				
	营业盈余				
	合计	第Ⅲ象限			
总投入					

注:为了简化和计算方便,我们将进口和出口统一合并到最终需求一栏。

量。主栏的第一部分与宾栏的第二部分构成的第二象限,反映各部门最终产品的使用方向,分消费、投资、出口三部分。符号 Y_i 代表 i 部门提供的最终产品总量。主栏的第二部分与宾栏的第一部分构成第三象限,反映各部门国民收入的初次分配,包括劳动者的劳动报酬和社会纯收入。符号 Z_j 代表第 j 部门提供的国民收入总量。表中的横行数据表明一个部门的产出情况。该部门的产品一部分作为中间产品,供给各部门在生产中消耗;另一部分作为最终产品,用于社会各项最终需求,两者之和等于总产品。产品平衡关系式为 $\sum_{j=i}^{n} x_{ij} + y_i = x_i$。表中的直列数据表明一个部门的投入情况,每个部门的总产品在价值上分为物质消耗和国民收入。价值平衡关系式为 $\sum_{i=l}^{n} x_{ij} + z_j = x_j$。投入产出表是一个国家在一定时间内的社会再生产状况鸟瞰图。它提供了社会再生产过程和产业之间关系的信息和完整形象。基于投入产出表及其所提供的数据而展开的一系列经济分析,就是投入产出分析。其作用是更深刻地认识一个国家的现状,探索经济运动的规律,预测经济变动的结果和制订经济计划。这一方法也可推广于某一地区或大型企业。

产业联系表(Industry Correlation Table)见"投入产出表"。

部门联系平衡表(Balance Sheet of Sector Relations)见"投入产出表"。

波及效果分析原理(Ripple Effect Analysis Principle)是利用投入产出表推算出来的某一数据发生变化时对其他数据可能发生的影响的原理。投入产出中的波及效果大体存在两种情况:一是某产业的最终需求(如消费需求、投资需求、出口需求)发生变化时对其他产业的生产活动产生的影响;二是某产业的毛附加值部分的构成项目(如工资、利润等)发生变化时对其他产业的产出水平产生的影响。对上述波及效果进行分析和计算的工具主要有投入产出表、投入系数表、逆矩阵系数表。投入产出表主要给出分析波及效果的基本框架。投入系数是各个产业间生产技术上联结的一览表,根据投入系数可以掌握产业的波及效果。如某产业的最终需求增加几个百分点,向该产业提供原材料产业也要遵循投入系数的比例增加生产以满足原材料需求的增加,原材料的增产相应要引起生产原材料的产业的中间产品的投入。这种波及大致可区分为单向循环波及和多向循环波及。逆阵系数表是专门计算波及效果的系数的表。通过逆阵系数,可以计算某产业最终需求变化使其他产业产生的波及效果的强弱大小。如工业的最终需求增加2个单位,工业可能增加4个单位的生产,农业可能增加1个单位的生产,服务业可能增加2.5个单位的生产。运用投入系数表和逆阵系数表进行波及效果分析需注意两个问题:(1)投入系数的稳定性问题。投入系数随着新材料、新工艺、新技术的出现而变化,还会随生产批量的大小而变化,波及效果应考虑这种变化因素。(2)波及效果的时滞现象,即最终需求的变动并不立即反映在产出量的变化上,而是首先反映在库存的减少或价格的上升上,进行波及效果分析应把时滞因素考虑在内。

区域分工贸易理论(Regional Division Trade Theory)是研究区域分工与贸易的理论。早期的分工贸易理论主要有英国经济学家亚当·斯密(Adam Smith)于1776年在《国富论》中提出的"绝对利益理论"、大卫·李嘉图(David Ricardo)在《政治经济学和赋税原理》中提出的"比较利益理论",以及瑞典经济学家赫克歇尔与俄林提出的"生产要素禀赋理论"等。斯密的"绝对利益理论"认为,任何区域都有一定的绝对有利的生产条件,若按绝对有利的条件进行分工生产,然后进行交换,会使各区域的资源得到最有效的利用,从而提高区域生产率,增进区域利益。"比较利益理论"进一步认为,在所有产品生产具有绝对优势的国家和地区,没必要生产所有产品,而应选择生产优势最大的那些产品进行生产;在所有产品生产方面都处于劣势的国家和地区,也不能什么都不生产,而可以选择不利程度最小的那些产品进行生产。这两类国家或地区可以从这种分工与贸易中获得比较利益。赫克歇尔与俄林在分析比较利益产生的原因时,提出了"生产要素禀赋理论"。他们认为,各个国家和地区的生产要素禀赋不同,这是国际或区域分工产生的基本原因,如果不考虑需求因素的影响,并假定生产要素流动存在障碍,那么每个区域利用其相对丰裕的生产要素进行生产,就处于有利的地位。

产业组织理论(Industrial Organizational Theory)是研究产业内企业关系结构的发展规律的应用经济理论。这一理论体系是 20 世纪 50 年代末由美国经济学家梅森(E. S. Mason)和贝恩(J. S. Bain)创立的。产业组织理论是产业经济学领域中定型较晚的部分。从其理论渊源来看,可追溯到马歇尔(Alfred Marshall)1890 年在《经济学原理》对生产要素的论述中提出的将"组织"作为第四生产要素,从而得出了著名的"马歇尔冲突",即规模经济与垄断弊端的矛盾,揭示了现代产业组织理论所要探讨的核心论题——竞争的活力与规模经济之间的关系。1913 年罗宾逊(J. Robinson)在《不完全竞争经济学》中总结了有关"马歇尔冲突"论争以来的理论探讨,尔后牛津大学的经济学家对产业组织的实际情况和理论做了不少调查研究,但均无重大突破。1933 年美国产业组织理论的鼻祖张伯伦(E. H. Chamberlin)在《垄断竞争的理论》中以现实的企业活动取代了抽象的市场概念,根据垄断因素的强弱把市场分为竞争型、垄断型以及介于二者之间的若干形态。梅森和贝恩承袭了上述一系列理论研究,提出了现代产业组织理论的三个基本范畴,即市场结构、市场行为和市场成果,并把这三个范畴同产业组织政策联系起来,规范了产业组织理论体系。产业组织理论的核心问题是在保护市场机制的竞争活力的同时充分利用"规模经济",即:(1)某一产业的产业组织性质是否保持了该产业内的企业有足够的竞争压力以改善经营、提高技术、降低成本。(2)是否充分利用规模经济使该产业的单位成本处于最低水平。产业组织理论的三个基本范畴及其产业组织政策的研究就在于寻找最有利于资源合理分配的市场秩序,寻找充分发挥价格机制功能的现实条件。在产业组织者看来,垄断是一定市场结构中的各种市场行为产生的一种市场效果。影响市场结构和市场行为的主要因素是集中、产品的差别化、新企业的进入壁垒、市场需求的增长率、企业的价格政策、产品政策、压制竞争对手的政策等。每个企业都追求规模经济,而每个产业的市场规模都不是无限的。这样,有限的市场规模和企业追求规模经济所产生的市场行为都会使市场结构趋向垄断。垄断的形成则会使少数企业通过企业之间的合谋、默契、领导价格制和构成卡特尔等形式控制产业价格、形成扼杀竞争的垄断价格,破坏价格在合理分配资源上所起的作用,阻碍资源随供求关系而移动,引起资源分配的"X 非效率",减弱企业改善经营管理和推动技术革新的动力,最后造成经济发展的停滞。因此,为了获得理想的市场效果,需要国家通过制定产业组织政策干预产业的市场结构和市场行为,通过降低买者的集中度、减少进入壁垒、弱化产品差别化趋势、控制市场结构和通过反托拉斯法控制市场行为等抑制垄断的弊端,维护合理和适度的竞争秩序。然而,迄今为止,产业组织理论对规模经济与市场竞争活力相克的矛盾并没有给出令人满意的答案,但以产业组织理论为依据的产业组织政策对各国的经济发展产生了较大的影响。

总部经济理论(Headquarter Economy Theory)指某区域由于特有的优势资源吸引企业总部集群布局,形成总部集聚效应,并通过"总部—制造基地"功能链条辐射带动生产制造基地所在区域发展,由此实现不同区域分工协作、资源优化配置的一种经济形态。总部经济理论由中国学者首次提出。在总部经济模式下,企业总部与加工制造基地在空间上逐渐实现分离,总部向中心城市聚集,而产业制造基地向制造成本较低的区域集中,这是一个专业化和集群化的趋势,也是一个世界性的规律和趋势。总部经济最先用来研究制造业,后来也适用于服务业等其他行业。

总部经济的形成至少需要两个基本条件:(1)区域间经济发展不平衡,资源禀赋差异较大。在大城市,企业总部所需人才、科技、信息等高端资源丰富,但生产制造所需的土地、水、能源等常规资源缺乏;中小城市反之,常规资源丰富,而高端资源缺乏,这种资源禀赋差异及其成本的差异性是企业将总部和生产制造在空间上分离的内在动力。(2)信息网络技术的高度发达,使企业总部和生产制造环节空间分离所产生的管理、沟通成本大大降低,企业才有可能实现总部和生产制造的分离。

马歇尔冲突(Marshall Conflict)是关于分析规模经济与保持经济活力之间的矛盾的观点。这一矛盾是由英国新古典学派的创始人马歇尔(Alfred Marshall)在研究产业组织的规模效益时揭示出来的。马歇尔在1890年出版的《经济学原理》一书中研究分工与机器、产业的集中、大规模生产及企业的经营管理、企业形态等问题时提出了生产四要素说,即在萨伊生产三要素(劳动、资本、土地)之外加上产业的"组织",认为产业组织与规模经济之间存在密切联系。产业内企业的组织规模越大,生产的规模就越大,生产的规模越大的结果是单位产品成本的降低。规模经济就是大规模生产经营带来的好处。但是追求规模经济的结果必然造成垄断,而垄断又会扼杀自由竞争这一经济运动的原动力,破坏经济活力和资源的合理分配。为了阐释规模经济与垄断的弊端之间的冲突,马歇尔试图用企业的发展都有生成—发展—衰退的过程来说明垄断的有节制性,从而认为规模经济和竞争可以获得某种均衡。马歇尔的上述观点后来遭到斯拉法(Srafla)等人的抨击,在20世纪20年代触发了一场关于"马歇尔冲突"的论战。1933年,英国经济学家罗宾逊(J. Robinson)总结了有关"马歇尔冲突"论战以来的探讨,在《不完全竞争的经济学》中指出,由于不同企业生产的同种产品具有差异性,或在生产、销售条件等方面有差别,在消费者眼中,每个企业的产品都不是其他企业的产品所能完全替代的,因而每一个企业都能垄断它自己的产品。在这种不完全竞争的情况下,每个企业为使利润最大,它的产量一般会推进到产品的边际收入等于边际成本为止。完全竞争和完全垄断都不过是不完全竞争的两个极端状况。但罗宾逊及其以后的经济学家都未能对"马歇尔冲突"提出符合事实的见解和开出有效解决的良方。随着垄断成为发达资本主义的普遍现象,垄断问题引起了许多经济学家的关心和瞩目,产业组织理论亦从垄断问题的探讨中生长起来。

结构分析原理(Structure Analysis Principle)是利用投入产出表分析各个产业的特征及其产业之间的关系的理论。由美国经济学家里昂惕夫(Wassily Leontief)提出。运用投入产出表进行结构分析可以从三个方面进行:

第一,分析各产业投入结构和销路结构,可以把握各个产业的技术、经济特征。这些特征主要通过"中间需求率"和"中间投入率"反映出来。"中间需求率"越高的产业越带有原材料产业的性质;反之,最终需求率越高、中间需求率越低的产业越带有提供最终产品的性质。中间投入率越高的产业附加价值率越低。中间投入率小的产业一般是基础产业(如表2-4所示)。

表 2-4　产业间的相互依赖关系

	中间需求率小	中间需求率大
中间投入率大	Ⅲ最终需求型产业 日用杂货、造船、皮革及皮革制品、食品加工、粮食加工、运输设备、其他制造业	Ⅱ中间产品型产业 钢铁、纸及纸制品、石油产品、有色金属冶炼、化学、煤炭加工、印刷及出版
中间投入率小	Ⅳ最终需求型基础产业 A 渔业 B 运输、商业、服务业	Ⅰ中间产品型基础产业 农业、林业、煤炭、金属采矿、石油天然气,电力

注:本表据美国、意大利、日本、挪威等国投入产出表计算整理。
资料来源:切纳里(B Chenery)、渡边(T Watanabe)《生产结构的国际比较》一文,原载《统计计量学》杂志,1958年10月号。转引自宫泽健一:《日本的经济循环》,第168页。

第二,重新排列和整理表2-4,按横轴上由左至右中间投入率由大至小,纵轴上由上至下中间需求率由小至大的原则,调整产业排列顺序可以分析产业间的相互依赖关系(如图2-15所示)。

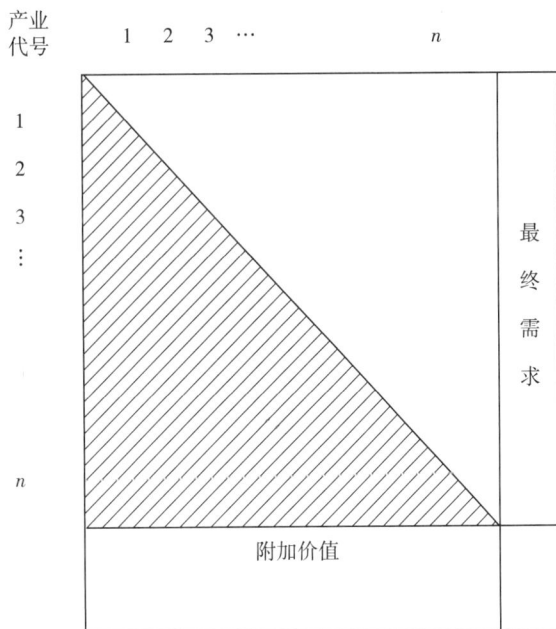

图 2-15　产业间的相互依赖关系

从图 2-15 中可以看出,产业的相互依赖关系可区分为两种类型:一是单向联结关系,如棉花种植→纺织工业→服装工业;二是多向联结关系,如煤炭→钢铁→矿山机械→煤炭。如果产业之间的联结是单向联结型,则数字只出现在画有斜线的三角形内。这时,产业 1 没有任何中间需求,全部产品为最终产品,同时产业 1 将从 2,3,…, n 的所有产业购进原料;产业 n 的产品全部是中间产品,并且无须从其他产业购进任何原材料。把表 2-4 的四组产业群按图 2-15 的顺序排列起来则发现:中间产品型基础产业 I 同最终需求型产业 III 带有明显的单向联结特性;中间产品产业 II 同 III 在产业排列顺序上错杂在一起,在 II 中多包含多向循环产业结构。产业间相互依赖的关系表明,各个产业部门的发展必须先后有序,农业、采掘工业、能源工业等应先行。

第三,通过产业排列顺序的研究还可以发现若干内部产业关系密切,但同其他产业群的联结较疏远的相对独立的产业群,如金属最终产品、非金属系最终产品、金属系中间产品、非金属系中间产品等。利用投入产出表的结构分析、找出各个产业部门的"亲疏"关系及其在再生产过程中的地位和作用,对制定产业政策十分有益。

配第—克拉克定理(Petty-Clark Theorem)是研究经济发展中产业结构演变规律的一种学说。1940 年,由英国经济学家和统计学家科林·克拉克在威廉·配第(William Petty)关于收入与劳动力流动之间的关系学说的基础上完成。科林·克拉克采用三次产业分类法,将国民经济结构分为三大部门,运用劳动力指标,考察了伴随着经济发展劳动力在各产业中的分布状况所发生的变化,得出了如下结论:随着经济发展,人均国民收入水平的提高,劳动力首先由第一次产业向第二次产业移动;当人均国民收入水平进一步提高时,劳动力便向第三次产业移动。其结果,使得劳动力在产业间的分布将呈现出第一次产业人数减少、第二次和第三次产业人数增加的局面。劳动力之所以由第一次产业向第二次和第三次产业移动,克拉克认为是由于经济发展中各产业之间出现收入(附加价值)的相对差异造成的。对于这一现象,17 世纪英国经济学家威廉·配第(William Petty)在其名著《政治算术》中曾进行过描述。后来人们把此规律称为配第—克拉克定理。配第—克拉克定理不仅揭示了在经济发展中劳动力在三次产业中分布结构的演变规律,而且指出了劳动力分布结构变化的动因是产业之间在经济发展中产生的相对收入的差异。配第—克拉克定理不仅可以从一个国家经济发展的时间序列分析中得到印证,而且还可以从处于不同发展水平的国家在同一时间点上的横断面比较中得到类似结论。

库兹涅茨产业结构论(Kuznets Industrial Structure Theory)是国民收入和劳动力在各产业间分布的演变趋势及其原因的学说。1957—1971 年美国著名经济学家西蒙·库兹涅茨(Simon Kuznets)在《各国经济增长的数量方面》(1957)、《现代经济增长》(1966)和《各国的经济增长:总产值和生产结构》(1971)等著述中提出。库兹涅茨在继承克拉克(C. G. Clark)研究成果的基础上,把第一次、第二次、第三次产业分别称作"农业部门""工业部门""服务业部门",并根据十多个国家国民收入和劳动力在产业间的分布结构的大量统计数据,从时间序列分析和横断面分析中得出结论:(1)农业部门实现的国民收入的相对比重(在整个国民收入中的比重)和劳动力在全部劳动力中的相对比重都处于不断下降之中,而且农业的国民收入相对比重下降的程度超过劳动力相对比重下降的程度,这是所有国家在经济发展中的普遍现象。农业部门的相对国民收入(比较劳动生产率=某产业的国民收入的相对比重÷该产业的劳动力的相对比重)在大多数国家都低于1,工业部门和服务部门的相对国民收入则大于1。因此,在大多数国家农业劳动力减少的趋势仍不会停止。(2)工业部门的国民收入的相对比重呈上升趋势,而劳动力的相对比重则大体不变。从横断面分析看,国民收入相对比重上升是各国经济发展中的普遍现象;虽然劳动力相对比重因不同国度工业化水平而有差异,但综合起来看没有大的变化;在制造业内部,与现代技术密切联系的新兴部门增长最快,在整个制造业的总产值和劳动力中所占比重上升,而一般较老的生产部门所占比重则下降。(3)服务部门的劳动力相对比重几乎在所有国家中都是上升的,而国民收入的相对比重大体不变,略有上升;从时间序列的分析中看,服务部门的相对国民收入(比较劳动生产率)一般呈下降趋势;在服务部门中,教育与科研及政府部门中的劳动力在总劳动力中的比重上升最快。库兹涅茨进一步分析了引起国民收入和劳动力在各产业间的变动的原因,指出:(1)导致农业部门的国民收入和劳动力相对比重趋于下降的主要原因有三点。一是农产品的需求特性所引起的低收入弹性,即农产品为最终生活必需品,当生活水平达到一定程度后,人们对农产品的需求并不随着收入增加的程度而同步增加,这样就使农产品需求的收入弹性下降,使农产品在价格和获取附加价值上处于不利地位,农业实现的国民收入份额便趋于减少。二是第一次、第二次产业之间技术进步的差异性。农业生产技术进步比工业困难,农业投资受"报酬递减"的限制,而工业投资则因技术进步而"报酬递增"。在市场供求关系中,工业需要的高收入弹性与农业需求的低收入弹性碰在一起,也使农业部门国民收入的相对比重下降。三是农业劳动生产率的提高和农业国民收入相对比重的降低都必然引起农业劳动力相对比重的下降。(2)工业部门国民收入相对比重上升、劳动力相对比重大体不变的原因在于不仅消费结构的变化使工业的收入弹性处于有利地位,而且国民收入中用于投资的增长亦在不断扩大工业市场,整个国民收入的支出结构的演变都导致了工业的高收入弹性,使工业实现的国民收入相对比重上升;随着工业技术的进步,原有工业部门资本有机构成的提高排斥自身的劳动力,而工业部门内行业的扩张和增加又吸收劳动力,两相抵消使劳动力的相对比重趋向稳定。(3)服务部门劳动力相对比重上升,国民收入相对比重微升的原因在于,服务部门提供"服务"这种商品比农产品具有更高的收入弹性,加上第三次产业中许多行业具有劳动力和资本容易进入的特点,于是农业劳动力大量流入服务业。正是因为该部门劳动力和资本都容易进入,产业内部竞争激烈,使"服务"这一商品相对于工业品在价格上处于劣势,服务部门实现的国民收入的相对比重难以上升。库兹涅茨从对经济发展程度不同的国家的分析比较中得出如下结论:不发达国家的第一次产业和第二次产业的比较劳动生产率(相对国民收入)的差距比发达国家要大。不发达国家多为农业国,发达国家多为工业国。穷国要从穷变富,必须发展非农业部门。因此,需要"工业革命"和"农业革命"同时并举。

霍夫曼定理(Hoffmenn Theorem)论述的是在工业化进程中工业结构出现制造业所占比重不断上升并超过消费资料工业所占比重的规律。1931 年德国经济学家霍夫曼(Walther Hoffmann)在《工业化的阶段和类型》中提出。霍夫曼通过分析制造业中消费资料工业生产与资本资料工业生产的比例关系,得出了"霍夫曼比例":霍夫曼比例=消费资料工业的净产值÷资本资料工业的净产值。霍夫曼把工业化的进程分为四个发展阶段:第一阶段,消费资料工业发展迅速,在制造业中占有统治地位;资本资料工业则不发达,在制造业中所占比重较小。第二阶段,资本资料工业的发展较快,消费资料工业虽也有发展,但发展速度减缓,而资本资料工业的规模仍远不及消费资料工业的规模。第三阶段,消费资料工业与资本资料工业在规模上大致相当。第四阶段,资本资料工业在制造业中的比重超过消费资料工业并继续上升。整个工业化的过程,就是资本资料工业在制造业中所占比重不断上升的过程(见表2-5)。

表2-5 霍夫曼工业化阶段指标

工业化阶段	消费资料工业净产值/资本资料工业净产值
第一阶段	5(±1)
第二阶段	2.5(±1)
第三阶段	1(±0.5)
第四阶段	1以下

注:括号内数字表示前面数字作基准时允许存在的幅度。

由于在工业化前期消费资料主要是轻纺工业部门生产的,资本资料主要是重化工业部门生产的,因而,霍夫曼对工业结构的研究实际上是在分析工业结构的"重工业化"趋势。工业化进程的实际状况表明,霍夫曼关于工业化过程中工业结构的演变规律的理论在工业化前期是基本适应的。因此,自问世以来,霍夫曼定理具有了广泛的影响。

结构重工业化(Industrial Structure of Heavy Industrialization)是指工业化过程中重化工业在制造业中不断上升并有超过轻纺工业的趋势。这一理论首先由德国经济学家霍夫曼(Walther Hoffmann)提出,而后日本经济学家盐野谷祐一等人加以完善。霍夫曼虽然没有直接提出工业结构"重工业化"的概念,但他对于工业结构演进规律的探讨实际上分析了工业结构的"重工业化"趋势(见"霍夫曼定理")。由于霍夫曼在分析消费资料工业与资本资料工业的比例时混淆了轻重工业分类与消费资料工业和资本资料工业的分类,因而他所揭示的"霍夫曼定理"无法解释当工业化水平达到一定高度后消费资料生产与资本资料生产的比例关系保持不变的现象。

日本经济学家盐野谷祐一、美国经济学家库涅兹茨等人对霍夫曼定理提出了许多诘难。盐野谷祐一在对霍夫曼定理做了深入剖析后,采用"商品流动法"原则重新计算霍夫曼比例,得到结论:当工业化水平达到一定高度后,消费资料生产与资本资料生产的比例关系将大体处于稳定状态,而轻重工业的比例关系却继续变化,重化工业在制造业中的比重上升,轻纺工业的比重下降。工业化过程中以轻工业发展为重心的工业结构必然转化为以重工业发展为重心的工业结构,工业结构的重工业化是一种普遍现象(见表2-6)。

表2-6 盐野谷祐一计算的霍夫曼比例估计值

美国	年份	1869	1879	1889	1904	1909	1919	1929	1937	1947	1954
	霍夫曼比例	2.8	3.6	2.8	2.7	2.7	3.1	2.2	2.4	2.3	2
日本	年份	1909—1914	1914—1919	1919—1923	1923—1927	1925—1929	1927—1931	1931—1935	1933—1937	1935—1939	1937—1940
	霍夫曼比例	11.4	9.6	7.2	7.8	7.4	6.5	5.6	4.8	4.7	4.6
瑞典	年代	1864	1873	1882	1889	1897	1906	1913	1926	1938	1948
	霍夫曼比例	2.9	2.6	2.4	2.5	2.4	2.6	2.3	2.7	2	1.8

资料来源:盐野谷祐一:《美国和瑞典的工业增长模式》,一桥大学《经济研究》杂志第五卷第一期,1964年6月。转引自杨治:《产业经济学导论》,第62页。

后来一些产业经济学家对工业结构重工业率上升而消费资料生产与资本资料生产之比相对稳定的原因进行了探讨,认为引起这一现象的原因主要是重工业内部的消费资料生产与资本资料生产的比例发生了变化,尤其机械工业中耐用消费品(如汽车、家用电器)的迅速发展在牵动重化工业扩张的同时也使消费资料的生产与资本资料生产齐头并进,并维持在同一个增长水平上。

工业结构高加工度化(Industrial Structure of Finish Processing Industrialization) 是以原材料工业为发展重心的工业结构向以加工组装工业为发展重心的工业结构演化的趋势。是工业化后期产业发展的经验性概括。主要代表人物是日本经济学家筱原三代平、佐贯利雄等。工业结构重工业化的进程可以分为两个发展阶段,一是以原材料工业发展为重心的阶段,二是以加工组装工业发展为重心的阶段。工业结构重工业化的第一阶段主要是大量消耗能源的原材料工业得以迅速发展,如石油、石油化工、铝工业、钢铁工业等。随着工业化的深入,一方面原材料工业的发展为加工组装工业的发展创造了前提条件;另一方面各种自然资源的开发受到地理等因素的限制以及原材料粗加工的不经济,使人们日益考虑资源的有效利用,从而积极寻求走深加工的道路发展国民经济。于是,与消费结构向追求时尚与个性的发展倾向相吻合,收入弹性较高的机械工业,如汽车、家用电器等工业获得了高速发展,使工业结构走向了高加工度化的道路。以日本为例,从 1955 年到 1975 年的 20 年间,服装业的发展速度为纺织业的 4 倍,木器家具业的发展速度为木材加工业的 2.3 倍,机械制造业的发展速度为钢铁工业的 3 倍。工业结构高加工度化表明加工组装工业的发展速度大大快于原材料工业的发展速度。随着科学技术的进步,经济增长更依赖于新知识的突破和新技术的进步,而对原材料、能源的依赖程度有所下降。由于科学技术转化为现实生产力的能力大大加强,节能产品的低耗能工业的出现,使工业生产高附加值化的趋势日益加强。因此,技术、知识等逐渐取代资本的地位而成为工业资源结构中最重要的因素。伴随着工业结构的高加工度化和经济的发展,外部不经济的问题引起人们高度重视。佐贯利雄指出,组装加工业的高度发展、耐用消费品的高度普及意味着工业社会即将走到尽头,在工业过程进入尾声时,整个国民经济的增长速度将由于公害制约,能源、资源的制约,国际关系摩擦的制约,规模经济利用殆尽的制约,技术革新停滞的制约等而呈下降趋势。

雁行产业发展形态说(Flying Geese Paradigm)是通过“国外引进—国内生产—产品出口”的循环,使后起国实现产业结构工业化、重工业化和高加工度化的学说。日本经济学家赤松根据日本棉纺工业的发展史提出。19 世纪 60 年代末 70 年代初,日本现代化棉纺工业尚未得到发展。向西方敞开门户后,西方棉纺织品大量涌入日本,开拓了日本的棉纺织品市场,为国内棉纺织工业的发展准备了条件。近代技术和低工资使日本棉纺织工业的规模迅速扩大,生产成本大大降低,日本棉纺织品在国际市场上获取了价格上的优势而大量出口。这种由进口、国内生产和出口的发展过程亦适用于其他工业,如图 2-16 所示。

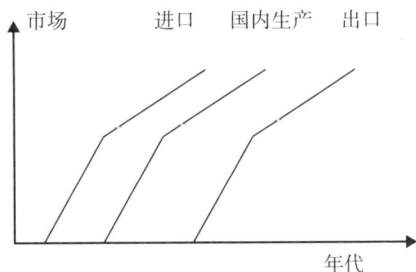

图 2-16　雁形产业发展形态

图 2-16 将这个过程描述出来,就像三只飞行的大雁。雁形产业发展形态说表明:后进国可以通过进口利用和消化先行国的资本和技术、同时利用低工资优势打回先行国市场。这种由后起国引进先行国资本和技术扩张生产能力,使先行国已有产业受到国外竞争压力威胁的现象,叫作"反回头效应"。如果后起国善于把握好时机,就能在进口→国内生产→出口的循环中缩短工业化乃至重工业化、高加工度化的过程。

龙赫德区位三角形(Standorts Dreieck)是分析运输成本因素对工业区位产生影响的一种理论。由德国经济学家龙赫德(Wilhelm Launhardt)在 1872 年发表的《商业趋势的理论》和 1882 年发表的《工业合理区位的确定》中提出。龙赫德假定某炼铁厂的原料产地与产品市场不在一处,并假定主要原料有两种,煤和铁矿砂。这两种原料的产地也不在一处,如图 2-17 所示。

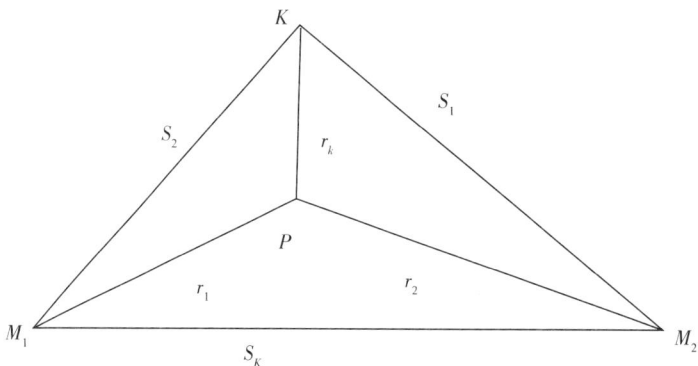

图 2-17　龙赫德区位三角形

图 2-17 中 K 表示产品市场,M_1 表示甲种原料(铁矿砂)的产地,M_2 表示乙种原料(煤)的产地。以 S_1、S_2、S_K 分别表示 K 与 M_2 之间、K 与 M_1 之间、M_1 与 M_2 之间的距离。假定有一吨原料要运到 K,以 m_1 表示每产一吨铁所需要从 M_1 运出的铁矿砂吨数,m_2 表示每产一吨铁所需要从 M_2 运出的煤的吨数。这样,就可以用这一三角形来表示这些关系。假定生产地点在 M_1。以 f 代表原料和成品每吨每公里的运费。在这种情形下,铁矿砂的运费等于零,煤的总运费等于煤的运输量×煤产地至工厂的距离×单位重量的运费($m_2 \cdot s_k \cdot f$),这样,从生产到销售,每吨铁的总运费等于煤的总运费与铁的总运费之和 $f(m_2 s_k + s_2)$。假定生产地点在 K 或 M_2,也可

以根据同样方法算出该种情况下生产每吨铁的总运费。假定只有这三个地点可选择作为设厂地址，那么可以找出运输成本最小的地点。龙赫德还探讨了这三点之外运输成本最小的地点。运用公式 $F=(m_1r_1+m_2r_2+rk)f$（以 r_1、r_2、r_k 来分别表示从 P 点到 M_1、M_2、K 三处的距离。以 F 表示把原料运到 p 点以及从 p 点把成品运输到 K 的每吨成品所需要的总运费），那么，凡是能使 F 的数值为最小的地点（P），就是理想的设厂地址。从力学的观念上说，p 将会位于来自 M_1、M_2、K 三方面的吸引力的均衡点上，后来，韦伯接受了这一分析方法，并做了重要的补充。

产品循环说（Product Cycle Theory）是通过产品由国内市场到国际市场再回流国内市场的不断更新循环并促进技术进步和工业结构向高级阶段演进的理论。由美国麻省理工学院跨国企业问题专家弗农（R. Vernon）提出。弗农以美国工业开发新产品投放市场为出发点，分析了国际贸易对工业先行国的工业结构的影响。这种影响包含于产品循环的四个过程之中：（1）新产品开发问世，扩大市场直至国内市场处于饱和状态。（2）该产品在国内市场竞争压力下开始出口国外，形成该产品的国外市场。（3）伴随产品出口的是资本和技术的出口，并同当地的廉价劳动力和其他资源结合起来，形成国外生产能力。（4）国外生产能力扩张的结果是该产品以更低的价格打回本国市场，使工业先行国不得不放弃这种产品的生产而去开发更新的产品。新产品开发→国内市场形成→产品出口以及随之而来的资本和技术出口→产品回流→开发更新的产品……在产品不断更新循环中，工业先行国的工业结构逐渐向高级阶段推进，国民经济不断得到发展。

发疹过程论（"Rash" Process Theory）是一种用"发疹"现象来说明欧洲各国工业化进程的理论。1973 年，由英国经济学家悉德尼·波拉德在《工业化与欧洲经济》一文中提出。波拉德指出，欧洲的工业化类似"发疹"过程，会从一个地区"感染"到另一个地区，不受政治疆界的限制。对这种"受感染"的动态过程，应当给予非政治性的解释。他认为，传统的解释忽略了这一点，而用一个个特定的工业化模式来解释不同国家的工业化，这样，政治性的解释变成主要的了，也就谈不上对工业发展的规律性研究。历史发展的实际情况恰恰证实了工业化的过程类似"发疹"过程。不能把欧洲各国的工业化按先后顺序排列，而只能说各地都有"红点"出现,只不过各地的"红点"在一定时间内有多有少、有稀有密而已。例如,1815 年经济的发展在英国各地区是不平衡的,不能认为英国已工业化了。相形之下,欧洲大陆的情况是:"红点"较多、较密的是法国的北部,比利时和德国西部的莱因兰、威斯特法利亚等地;比这些地区较远一些的外国地区"红点"较少、较稀,如波希米亚、西里西亚、萨马森等地;再远一些的外围地区也有"红点",但更为稀疏,如彼得堡、柏林等地。波拉德指出,传统的国别研究方法不能精确说明工业化的程度或一个国家"工业革命"的阶段;不能清楚解释工业化的背景或前提,因为从工业化的历史可以看出,一个国家的不同区域,虽然有统一的立法和政治机构,工业化的程度却不一样,而不同国家的某些区域虽然处于不同的立法和政治机构之下,但工业发展过程和情况却十分相似。因此,有必要采用"区域—地方研究方法"即用"红点"分布("发疹"现象)来说明工业化过程。波拉德认为,中心地区("红点"地带)与外围地区在经济上的联系是:一个地区在工业化方面先走一步之后,往往给另一些正在实现工业化的地区提供了发展机会。一个国家在工业化方面先走了一步,固然拥有有利条件,但也有相对不利条件;另一个国家在工业化方面晚走一步,固然处于劣势,但仍有利益可得。只要有利益可得,它的发展就是有希望的。就全世界范围而言,一个国家工业化开始得越晚,摆在它面前的工业化世界的范围就越大,因为外围越伸越远,"红点"也就越来越扩散到边远地区。

促进产业多元化保护理论(Promoting Industrial Diversity Protection Theory)是研究贸易保护与国内产业结构变动的理论。这一理论认为:由于各种生产集团的利益是互相交织的,所以某一产业直接获得利益,将使其他产业也间接地获得利益。据此,如果制造业因一定的关税保护而获得利益,则将使工资及利润增加,农业及其他产品的市场也将扩大。因此,一定时期的保护政策可能使一个国家在产业多元化上,逐步形成一种均衡和稳定的经济结构。这一理论认为,如果一个国家是高度专业性的经济结构,即出口仅包含一种或几种产品,而依赖的进口品众多,当国际经济或政治的条件变化时,这种经济特别易受干扰。而关税保护则有平衡经济结构的作用,使国内形成多元化的产业结构,以避免或消除外部经济危机的影响。一些西方经济学家认为,这一理论有两个严重的缺陷:(1)在资源充分利用下,总的生产不可能因保护关税而得到扩张。因为这时某一方面经济活动的扩张必然是以其他方面产量的减少为代价的。在这种情况下,保护关税的结果只能是使资源从这一种产业转移到另一种产业。因此,以生产的扩张和市场的扩大而形成的多元化产业不可能实现。(2)某些资源因保护关税而进行了重新分配,但这些资源很可能是从出口品的生产中被分派出来的,这样必然引起出口品生产的紧缩,影响出口品市场的扩张,其结果是使资源从国内相对有效率的出口产业转移到国内相对无效率的受保护的产业,这种情况很难说对整个经济有利。但另一些经济学家认为,目前多数的发展中国家并没有形成国内独立的经济体系,并且明显地存在劳力、资源的大量闲置情况。因此一定时期内采取一定程度的保护关税政策,对形成国内完整、独立的经济体系,促进发展中国家长期经济发展有重要意义。

等差费用曲线(Arithmetic Cost Curve)是分析两个地区工资成本差别与运输成本差别之间的替代关系的理论。由德国经济学家阿尔弗雷德·韦伯提出。韦伯认为,以运费来说,如果以某地为中心,可以找出到达该地的运费相等的各点,连接这些地点的轨迹,就是一种等高运费曲线。由于运费高低不同,所以可以有若干条不同的等高运费曲线。任何一个工资成本较低的地区,总是处于某一条以该地为中心的等高曲线之上。从曲线的位置,可以看出放弃原来运费最低区位,迁至工资较低区位,从而需要增付的运费大小的情况。在这些曲线中,有一条曲线是最重要的,韦伯称之为决定性等差费用曲线。在这条曲线上,所增付的每吨成品的运费与所节省的每吨成品的工资成本恰好相等。因此,如果迁厂后的新地点在这条曲线之内,表示所节省的工资成本大于所增付的运费,在这种情况下,迁厂是适宜的;反之,如果迁厂后的新地点在这条曲线之外,表示增付的运费大于所节省的工资成本,这时就不宜迁厂。等差费用曲线的形状,在距离原来的区位图不远处,与区位图同样不规则,但离区位图渐远时,便渐显圆形,距离越远则越呈圆形(如图 2-18 所示)。

区域假定(Regional Hypothesis)是研究发展中国家工业区位形成的理论。1979 年,由牛津大学 D. A. 海在《发展中国家的工业区位》一文中归纳提出。指一个区域工业增长的动力只同该区域的经济发展有关,而与由各个区域组成的整个区域体系的工业发展无关,其他各个区域主要被看成发展中的区域所需要的资本与劳工的被动的供给者。有两种不同的解释:一种"大宗商品出口理论",代表人

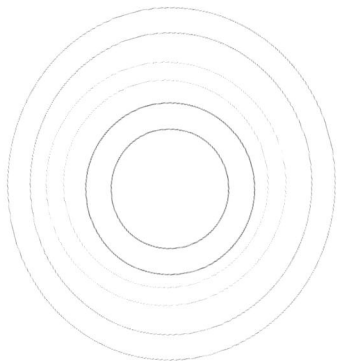

图 2-18　不同等高运费曲线

物是诺尔斯·蒂波特和凯夫。他们认为,发展中国家工业区位的形成,开始于该区域发现一种特殊的自然资源(如矿产)或自然条件特别适合于某种出口作物,在世界市场商品价格为既定的条件下,资本和劳动力将输入该地区,于是出口的大宗商品生产发展起来,地方工业和地区市场是随着出口商品生产的发展而发展的。另一种用"外部经济"来解释。代表人物是缪尔达尔和赫希曼。其基本论点是:不同地区在经济结构方面的特点使得它们彼此不可分开,因此,发展中国家工业区位的形成是与其"外部经济"有密切联系的。"外部经济"是某个特定区域经济发展的重要条件。"外部经济"的存在使得发展中国家的某一工业地区在发展过程中不致于感到资本与劳动力的不足,因为这一地区的较高利润率和工资率吸引了资本和劳动力的流入。

区域比较利益(Regional Comparative Advantage)是从区域比较利益角度研究发展中国家工业经济区位形成的理论。1956—1957 年罗纳德·琼斯(Ronald Jones)在《要素比例和赫克歇尔—俄林学说》等书中提出。该理论以赫克歇尔—俄林模式中所包含的区域专业化理论为其基本的依据,认为国内各区域生产要素的相对丰裕程度是工业区位形成的决定性因素。例如,在劳动力资源丰裕的地区,发展"劳动密集型部门"比较有利,在资本要素的供给比较充分的地区,发展"资本密集型部门"则比较有利。由于它按照资本—劳动比率,把国内各个区域的发展联系起来考察,因此,这种研究方法被认为有可能避免根据个别特定区域的条件而作出一般性结论的局限性。但它的不足之处在于:一方面,用资本—劳动比率的地区差异来说明工业区位趋势主要适用于解释加工制造业的布局,而对于采矿业、初级产品生产的解释是不够的,后面这些部门同地区的特定自然资源的关系密切。另一方面,在用资本—劳动比率的地区差异来说明工业区位趋势时,劳动只是用生产者人数来表示,而不能反映各地区劳动力的质量,即其技术熟练程度。为了补充"区域比较利益学说"中关于劳动力质量的分析,鲍德温在 20 世纪 70 年代初就工业区位形成问题提出了以下两项区位因素:一是"工业的研究与发展密度",二是熟练劳动力供给。如果一个地区的"研究与发展密度"越大,产品与工艺过程的技术创新的可能性就越高,从而更能吸引工业生产;同样的道理,假定"研究与发展密度"是既定,那么熟练劳动力供给越充足,也就越吸引工业企业。

农业区位论(Agricultural Location Theory)是关于农业生产布局的理论。在市场经济条件下,全部或绝大部分农产品都要以商品形式投入市场,因而利润的大小成了农业布局的决定性指标。1826 年,由德国农业经济学家屠能(J. H. Thünen)于《孤立国对于农业及国民经济之关系》一书中首创。屠能的农业区位理论模式假定有一个与外界无联系的孤立国,在孤立国内,只有一个中心城市(市场)。不同地方对中心城市距离远近所带来的运费差,就决定着不同地方农产品纯收益或"经济地租"的大小。纯收益成为市场距离的函数。一定地方的农产品应当是获得纯收益最高的那种农产品。随着市场距离增大,运费增高,该种农产品的纯收益下降,到达一定距离后,它将让位于纯收益比它高的另一种农产品。按照这样的方式,将形成以城市为中心,由内向外呈同心圆分布的六个农业地带:第一圈称"自由农业带",紧接城市,生产易腐副食品即蔬菜和鲜奶;第二圈是林业带,是体积大而不宜远运的城市烧柴及木料来源;第三圈至第五圈都是生产谷物为主但集约程度逐渐降低的三个农耕地带,即无休闲的轮作谷物带,带有长期休闲的多区轮作带和三田制农耕带;第六圈是粗放畜牧业带,再外则是未耕的荒野。屠能学说的意义不仅在于阐明市场距离对于农业生产集约程度和土地利用类型(农业类型)的影响,更重要的是它首次确立了对于农业地理学和农业经济学都很重要的两个基本概念:土地利用方式(或农业类型)的区位存在着客观规律性和优势区位的相对性。但由于近代技术和经济的发展,屠能学说的直接适用范围已大大缩小,只有在交通不发达的一些城市郊区,尚能见到市场距离对土地利用方式或集约程度的显著影响。和屠能试图解释大范围地区宏观的农业区位不同,现代的农业区位论者更多地注意研究具体农场的"农业决策"。

工业区位理论(Industrial Location Theory)是研究工业布局和厂址位置的理论。可分为宏观经济和微观经济两个内容:前者指一个国家或地区的工业布局;后者指厂址的选择理论。早在 18 世纪一些古典经济学家就提出了区位论的思想,如爱尔兰的坎特龙和英国的亚当·斯密分别在 1755 年和 1776 年出版的著作中,先后论述过运费、距离、原料等对工业区位的影响。1868 年德国的罗舍尔系统研究工业区位论,其在发表的论文中,提出"区位"就是为了"生产上的利益",受原料、劳动力、资本的制约;原料地对区位发生的牵引力大小,依赖于原料加工过程中减少量的多少;等等。1882—1885 年德国的劳恩哈德发表了一系列用数学方法论证工业区位的著作,开拓了一条精密化、计量化的分析工业区位理论的道路。直到目前工业区位论中所用的"运输吨公里最小地点的区位决定公式""市场总需要量的计算公式""市场地域大小与运费之间关系的公式"等,都是劳恩哈德设计的。创建现代工业区位理论基础的是德国经济学家阿尔弗雷德·韦伯(Alfred Weber),其在《论工业区位》(1909)一书中首次较系统地论述了工业区位理论,认为运输成本和工资是决定工业区位的主要因素。但是韦伯的工业区位论是抽象的、孤立因素分析的静态区位论。1924 年,美国经济学家弗兰克·弗特尔(Frank A. Fetter)提出"贸易边界区位理论"。他认为,贸易区的边界是该区产品的单位生产成本和单位运输成本之和决定的。1940 年,德国经济学家勒施(A. Losch)在《经济的区位》一书中,主张用最大利润原则来说明区位趋势,并且把利润原则同产品的销售范围联系在一起进行考察。从 20 世纪 40 年代末开始,美国的胡佛(Edgar M. Hoover)、伊萨德(Walter Lsard)等人在总结了前人的理论后,提出了工业区位的多种成本因素综合分析的理论。上述理论探讨的中心问题是如何以最低成本和最大利润的原则选择厂址,因此,它属于工业区位理论的微观领域。1924 年,瑞典经济学家俄林在《贸易理论》和 1933 年的《区际贸易和国际贸易》等书中开始讨论整个工业布局的问题。1924 年,美国经济学家弗兰克·弗特尔(Frank A. Fetter)提出,第二次世界大战后,从宏观经济角度研究工业区位的理论逐渐发展。这种理论着重从全国范围的国民生产总值和国民收入的增长率、资本形成特征和投资率、失业率和通货膨胀等的地区差异,以及环境经济、生态平衡等方面进行研究。从德国经济学家勒施 1940 年发表《经济的空间秩序》开始,发展为多因素的对比研究,形成各种学派的动态区位论。著名的代表者有运输费用学派的胡佛、市场学派的勒施和区域科学学派的伊萨德、行为学派的普雷德等。

俄林区位理论(Ohlin's Location Theory)是将区位研究同贸易、区域分工研究相结合的区位理论。1933 年由瑞典著名经济学家俄林(Bertil Gotthard Ohlin)在《区际贸易与国际贸易》一书中提出。该理论主要分两个部分:第一部分接受韦伯的假定,即假定资本和劳动力这两项生产要素可以在区域范围内自由流动,进而考察决定区位的因素;第二部分离开韦伯的假定,即考察在资本和劳动力两项生产要素不可能自由流动条件下的区位趋势。在第一部分里,俄林考察了农业区位和工业区位的情况。他认为,由于资本和劳动力可以自由流动,所以韦伯关于商品的运输状况,以及关于原料产地与市场远近距离的论点基本是适用的。这就是说,商品的区际流动或区域内流动情况主要取决于运输成本。但俄林和韦伯论点不同的是:(1)俄林认为,原料产地和工业区位是互为因果的;销售市场与工业区位也是相互影响的。因此他强调三者的相互依存关系。(2)在运输成本对工业区位的影响作用方面,俄林强调运输便利程度的差别对工业区位的影响。(3)俄林考察了"集中经济"和"集中不经济"对于区位的影响。"集中经济"是指工业集中后所引起的效率的提高或成本的降低,"集中不经济"则指工业集中后所引起的效率的损失或成本的增加。在第二部分里,俄林采用一般均衡研究方法考察了工业区位以及各个经济因素之间的相互联系。他认为:利息率和工资水平的地区差异并不是一成不变的,它既是工业区位确定的一个前提,又是工业区位形成之后所造成的结果。利息率的地区差异、工资水平的地区差异是与资本和劳动力在各个地区的配置状况不同,以及资本和劳动力不能自由流动相联系的。使这种差异的配置状况发生变化,应考虑因素的作用有:(1)人口增长率的变化。(2)储蓄率的变化。(3)各地区的价格比率的变化。如果各地区的价格比率为既定的,那么价格比率的变化意味着已形成的均衡关系的破坏,而价格比率变化的结果将形成新的均衡关系。因此,工业区位的移动应当被看成是生产要素在各地区间重新配置的结果、均衡关系变动的结果。此外,俄林的工业区位论还注重了资本和劳动力配置的历史形成格局,因此他的理论加入了历史因素的分析。俄林的区位理论与屠能的区位理论(论述农业生产区位问题)和韦伯的区位理论(关于个别工厂的区位选择问题)不同,他是把区位理论同一般经济理论放在一起,考察一般生产的区位。因此他的理论对区位问题研究,特别是对某些具体的或特殊的区位问题研究起了重要的补充作用。

韦伯区位论(Weber's Industrial Location Theory)是西方经济学的区位理论中的奠基理论。1909 年由德国经济学家阿尔弗雷德·韦伯(Alfred Weber)在《区位原论》中的第一部分《论工业区位》中提出。韦伯把影响工业区位的经济因素分为两类:"区域因素"和"位置因素"。"区域因素"指影响工业分布于各个区域的因素,"位置因素"指促使工业集中于某几个地方而并非另外一些地方的因素。在"区域因素"对区位趋势的影响上,韦伯沿用了龙赫德区位方法,认为可以把足以影响运输成本的因素归结为货物重量和运输距离两项,工业区位的理想位置,就是使得生产和分配过程中所需要运输的里程和货物重量为最低的地方,他接着运用等差费用曲线的方法分析两个地区工资成本差别与运输成本差别之间的替代关系。韦伯引入了劳动费指数的概念,即生产单位产品所耗用的劳动费。劳动费指数=劳动费÷制成品重量。一般来说,劳动费指数越大,则通过节约劳动费来降低生产成本的可能性就越大。这时,廉价劳动力供应对工业就更有吸引力。从纯理论角度分析,与工厂旧址相比,如果在工厂新址的劳动费的节约超过了因迁厂而增大的运费支出时,工业的区位转移才能带来有利效果。韦伯还认为,除了对运输成本和工资成本的纯理论分析外,必须考虑工业的性质和工厂环境的影响。韦伯是第一个把工业布局理论系统化分析的学者。他的理论曾为西方经济学界所接受,并被广泛用来指导工业布局实践,对以后的区位理论产生了重大的影响。

勒施区位论(Losch's Location Theory)是用利润原则说明区位趋势,并且把利润原则同产品的销售范围联系在一起考察的区位理论。1940 年由德国经济学家勒施(Losch)在《经济的区位》一书中提出。勒施假定一个工业中心由农业区域包围,农业区的居民是工业品的购买者;假定这些居民的偏好是相同的,从而他们有相同的个人需求曲线。工厂制定它所生产的产品价格;而这些产品运送到消费地点的运费,则由消费者自己负担。他认为由此将会发生两种情况:(1)只要这些居民的需求是有价格弹性的,那么距离中心点越远的居民的需求就越少。(2)以工业所在地为中心的半径越大,到中心点来购买工业品的消费者就越多。这两种情况是并存的:假定没有新的企业加入这个地区,那么工业区位主要由对它的产品的需求量所决定。工业设在能够吸引足够数量消费者的地区,就能获得利润;否则,不能获利,而不能获利的地点也就不适宜成为工业所在地。勒施认为,对产品的需求取决于价格、需求、市场的半径以及单位运输成本四个因素。而对工厂来说,它所追求的是利润最大化而非销售量最大化。总利润量等于总销售量的总收入减去总成本。在这里,总销售量又取决于销售出去的产品数量与平均价格。因此,工厂要使自己所得到的总利润量增加,在平均价格不变的条件下,必须使总成本减少,使销售出去的产品数量增大。工厂销售出去的产品数量与消费者对产品的需求有关。在价格和每单位距离的单位产品的运输成本既定的前提下,工厂能销售出去的产品数量受需求强度和市场半径两个因素制约。勒施认为,近代西欧的工业区位正是按产品需求量的大小而逐步形成的。勒施把影响工业区位的决定性因素看成是与工业产品销售联系在一起的利润原则,被认为是现代西方区位理论的新发展。

费特尔区位论(Fetter's Location Theory)又称"贸易区边界区位理论"。从生产成本和运输成本的角度论述商业区位的理论。1924 年由美国经济学家弗兰克·费特尔(Frank A. Fetter)提出。费特尔假定 A 和 B 两个贸易中心,工厂设在该处,产品由该处销往别处。A 和 B 是竞争者,有三种情况:(1)假定 A 和 B 两处的生产成本相等,运输成本相等,并且运输成本按距离的远近同比例增加,那么以 A 为中心的贸易区和以 B 为中心的贸易区之间将有一条直线(X)作为分界线。这条分界线 X 上的 D、E、F 点与 A 之间的运输成本等于它们与 B 之间的运输成本。$\angle AED$ 和 $\angle BED$ 都是直角。在这种情况下,X 线上各点与 A、B 等距离,两个贸易区的界限是十分清楚的。(2)假定 A 和 B 两处生产成本不同,A 处的生产成本较高,那么这时的分界线就不是 X 而是 Y,Y 将表现为一条曲线,它靠近 A,并向 A 弯曲,这时,因为 A 处的生产成本比 B 处高,所以,要使单位产品总成本相等,H、I、G 同 A 的距离就要比相应各点同 B 的距离近一些,从 A 处往外销货,只要越出了 Y 线,其总成本就会高于从 B 处外销的产品,其竞争能力就较差。(3)假定 A 和 B 两处生产成本相等而单位运输成本不同,假定 B 处比 A 处高,则其分界线是 Z,表现为一条曲线,靠近 B,并向 B 弯曲,由于 B 处的运输成本比 A 处高,所以,要使单位产品总成本相等,距离 B 要近一些。由 B 处往外销货,如果越出了 Z 线,其总成本就会大于从 A 处往外销货的总成本。如图 2 - 19 所示,费特尔区位理论同时被用于城市区位研究,对此后的西方城市经济学的发展有一定影响。

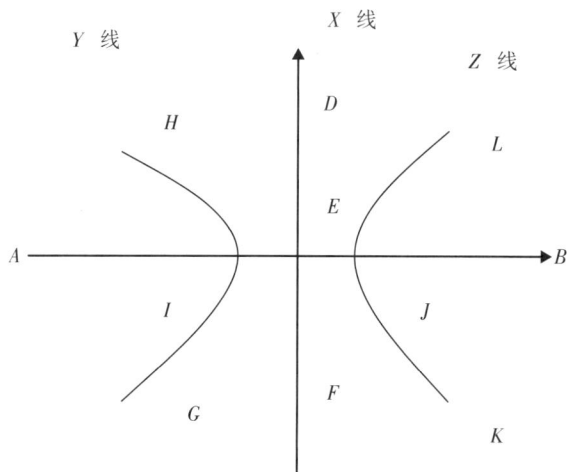

图 2-19 贸易边界区位关系

选择性空间封闭理论(Selective Spatial Closure Theory)一种"自下而上"的区域发展理论。20 世纪 80 年代,城乡发展领域各种理论流派激烈交锋,其中乡村学派施特尔(Stohr)与托德林(Todling)提出了"选择性空间封闭"发展理论。该理论反对"自上而下"发展模式,而提倡"自下而上"发展模式,即不赞成把各地方或各区域更紧密地结合起来以构成一体化经济,同时,也不主张各地方或各区域搞闭关自守,而是主张把权力分散给各地方或各区域,使得它们不仅能按照自己的需要来规划其人力和物力的发展,而且还能够控制对其发展有消极影响的外界联系。

施特尔与托德林认为,在大多数市场经济或混合经济中,物质生活水平在空间上的不平等并没有缓解,或者虽在某一层次上(如区际间)有所缓解,但往往会在另一层次上(如区域内)有所加剧。并且,区域集团正越来越不满于外部社会经济力量对他们所施加的不断加剧的影响。为了减少生活水平在空间上的不平等,他们提出了三种可供选择的战略:(1)优先考虑功能变革,即继续实行传统的中央集权的再分配机制。(2)优先考虑地域的自主性,即把权力分散给地方社区。(3)实施功能变革与地域整合相互协调的复合系统模式。他们认为,第一种模式只能减少物质生活水平在空间上的不平等,但同时必然加剧非物质生活水平在空间上的不平等。而第三种战略则过分强调了专家治国论,并且也超出了现有的系统分析能力。因此,唯一的选择只能是优先考虑地域"自主性"模式,即采用不同层次上的选择性空间封闭这一区域发展模式。

中间区位定理(The Principle of Median Location)是研究拥有多投入品和多市场的厂商如何进行区位选择的理论。为了直观地表达中间区位定理,我们把研究对象定义为一个零售业的厂商,而且它在每一个区位所面临的投入品和产出品的成本都是无差异的。所以该厂商唯一关心的问题是如何用尽可能低的成本把产品分发到每个消费者手中。接下来进一步假定厂商进行区位选择空间以及它的顾客(共有九位,从 A 到 I)分布都是一维的,即在一条直线上(如图 2-20 所示);每个顾

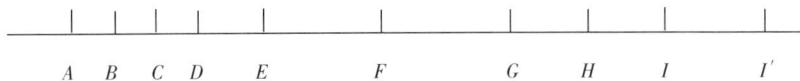

图 2-20 中间区位定理

客购买 1 单位的厂商产品。最后,零售商把产品传递给每个顾客的途径是单向的。中间区位定理规定:该厂商如果把厂址选择在处于地理位置正中间的那个顾客的区位上,那么它的产出品分发(运输)成本是最小的。在目前这个例子中,零售商的最优区位是 E,在它的左右两侧各有四位消费者。那么,为什么 E 代表了最优的厂商区位呢? 设想 D、F 与 E 之间的距离分别是 2 公里和 4 公里,而且厂商为每个产出品所支付的运输费用是 10 元/公里。可以肯定的是,D 和 F 都是比 E 更差的区位。比如,厂商从 E 向 F 移动后,由于它和 F、G、H、I 这四位消费者的距离更近了,带来了 160 元运输成本的节约,但是与此同时由于它远离了 A、B、C、D、E 这五位消费者,因而也伴随着 200 元的运输成本的上升,这样一来成本变化加总的结果是厂商新增总产品运输费用 40 元。类似的推理可以用于分析厂商从 E 向 D 的转移过程,在这个情况下厂商新增的产品运输成本是 20 元。中间区位定理的有趣之处还体现在:厂商区位的选择与每个消费者区位之间的距离(特别是其他每个消费者与正中间的那个消费者之间的直线距离)没有联系。假如消费者 I 向东方向

移动 3 公里,可以证明,现在厂商的最优区位仍然是 E,虽然在这种情况下它的总产品分发成本提高了 30 元。

一般情况下,如果消费者的数量为奇数 n,那么利用中间区位定理是方便的,因为我们已经知道厂商会把厂址选在第 $N=(n-1)\div2$(按照从西到东的顺序)的区位上。但是,如果消费者的数量是偶数 m,分析就会稍微复杂一点。如图 2-21 所示,假定原有的消费者 I 退出了市场,这样市场上剩下八位消费者,这个时候厂商把厂址设在 D 和 E 之间的任何地方都是最优的。无论他在 DE 线段上朝哪个方向移动,其结果必然是远离其中四位消费者但同时靠近另外四位消费者,因此它的总分发成本是不变的。但是,一旦它的移动范围超出了 D 或 F 区位,那么新的选址将不再是最优的,因为这时的厂商必然远离某五位消费者而仅仅只靠近了三位消费者,总的运输成本将会提高。所以,我们发现如果消费者的数量是偶数 m,那么厂商的选址将是在第 $N_1=m\div2$ 和第 $N_1=m\div2+1$ 的区位之间(当然包括这两个区位本身)。

图 2-21　中间区位定理——消费者数量为偶数

中间区位定理还为城市的发展提供了另一个重要的解释。如图 2-22 所示,假设在某地区存在一个大城市(城市 1),它拥有五位消费者(A、B、C、D、E);它的

图 2-22　中间区位定理与城市发展

周围(朝正东方向)有三个城镇(城镇 1、2、3),每个城镇内有一个消费者(分别是 G、H、I);城市和城镇两两之间都是相隔 5 公里,而且假设每个产品的运输费用是 10 元/公里,此外每个消费者对产品 T 的需求都是一个单位。现在有一家厂商来负责这四个城市的产品 T 的供给。很明显,厂商的中间区位是在城市 1,尽管它是位于该地区的最西面。厂商如果向东偏离该城市 1 公里,仅仅会带来 30 元的运输成本节约(因为这样更靠近消费者 G、H、I),但是因为远离了消费者 A、B、C、D、E,

会有 50 元的运输成本增加；加总的结果就是 20 元的新增运输成本。所以理想厂商的选择肯定是落户于城市 1。这个例子形象地说明了大城市由于拥有对产品更大的需求，所以往往会成为厂商的中间区位，从而有越来越多的厂商在这里集聚，相应地推动了原来的大城市在规模上进一步扩张。

最后，还可以利用中间区位定理来解释某些运输中心城市是如何同时成为生

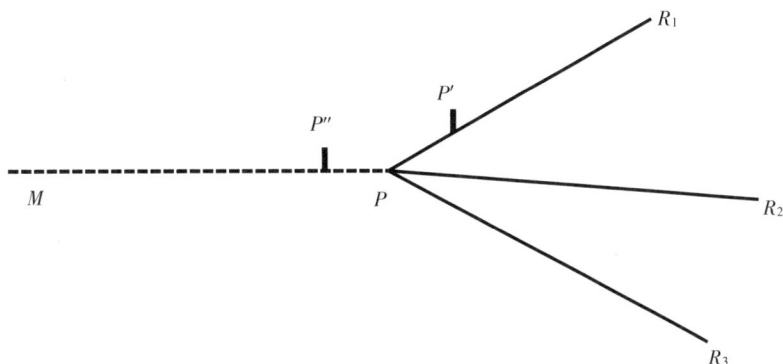

图 2-23 中间区位定理与运输型城市

产中心的过程。如图 2-23 所示，假设有一个木材加工的厂商，它从 R_1、R_2、R_3 采集木材，经过加工后，通过城市 P 把加工好的产品用铁路运送到 M 市场出售，此外，产地 R_1、R_2、R_3 和城市 P 之间通过公路来连接，进一步假设厂商在每个投入品产地所采购的木材重量一样都为 Q（所以厂商需要的木材总量是 $3Q$），而且 Q 重量的木材在三条公路上的运费都是 20 元/公里，铁路运费是 30 元/公里。随之而来的问题是：木材加工厂商会把厂设在什么地方？根据中间区位定理，我们发现城市 P 是厂商的最优区位。因为，如果厂商从 P 向 R_1、R_2、R_3 当中任何一个方向移动 1 公里（比如到 P'），虽然由于厂商离某个木材产地更接近，这个方向的 Q 重量木材运费有 20 元的节约，但是因为同时厂商和其他两个木材产地的距离更远会带来 40 元的运费增加；此外现在新加工好的产品 G 必须通过 1 公里的公路运输到 P 店，所以运输成本会有另一部分的额外增加 10 元。这样，厂商总的运输成本增加了 50 元。同样，我们可以分析厂商从 P 店向 M 迁移 1 公里的情况。很明显，现在厂商为 $3Q$ 木材所需要付出的公路运输成本不变，不过必须通过铁路运输 $3Q$ 木材到距离 P 城市 1 公里之外的 P''，从而多支付铁路运输费用 90 元；另外，由于产品 G 的铁路运输距离减少了 1 公里，所以带来了 15 元的成本节约；但是，厂商搬迁还是

使总的运输成本比原来提高了 80 元。正如我们所看到的,如果运输型城市同时也是厂商的中间区位,那么会有很多厂商(至少是它们的生产部门)在这个城市集聚从而促进了该城市的发展。

　　穆斯的区位模型(Muth's Industrial Location Models)是在韦伯(Alfred Weber)区位模型基础上的扩展模型。韦伯区位模型虽然在解释工业企业的选址方面有很强的适用性,但是它在理论上的不完备性也是非常明显的。特别是在韦伯模型中厂商的生产函数被设置为固定系数的模式,然而标准的微观经济理论告诉我们在生产要素之间实现替代是一种普遍的厂商行为,通过减少使用相对昂贵的投入品,厂商可以实现更多的产出。穆斯(John Fraser Muth,1958)是第一位研究要素的替代效应对厂商区位选址影响的经济学家。他的贡献使得韦伯模型得到极大的拓展,如图 2-24 所示。

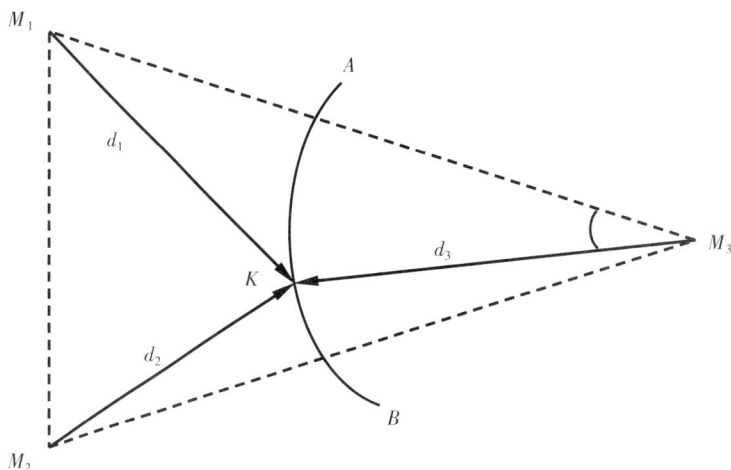

图 2-24　韦伯—穆斯区位三角形

　　图 2-24 为穆斯—韦伯区位三角形,其中 K 是厂商的区位, M_1、M_2 分别代表了生产投入品 1 和投入品 2 的生产区位; M_3 是用来出售厂商的产出品的市场区位; d_1、d_2 分别是厂商与投入品 1 和 2 的生产地之间的直线距离, d_3 则是厂商和产品市场之间的距离。在这里 d_3 被固定,这样厂商只能够在弧 AB 上选择最优区位。这个假设使得厂商采购投入品 1 和投入品 2 的总成本(价格加运输成本)成为影响厂商区位的唯一因素。进一步规定 m_1、m_2 是厂商投入品 1 和 2 的重量(用吨表示); P_1、P_2 分别是投入品 1 和 2 的价格; t_1、t_2 是单位投入品 1 和 2 每公里的运输费

用。将厂商在投入品购买方面的支出费用固定为 C,这样厂商的预算约束可以定义为: $m_1(P_1 + t_1 d_1) + m_2(P_2 + t_2 d_2) = C$。

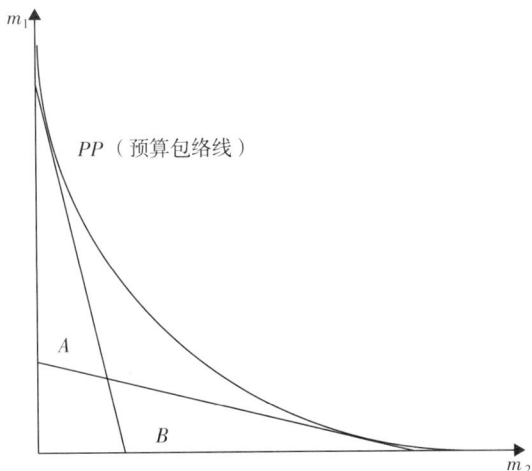

图 2-25   穆斯模型—预算包络线

如图 2-25 所示,如果厂商将厂址设在 A 点,由于 A 是弧线上距离 M_1 点最近的点,因此单位投入品 1 的采购成本 $P_1 + t_1 d_1$ 达到最小值。另外,由于 A 同时是弧线上距离 M_2 最远的店,因此单位投入品 2 的采购成本 $P_2 + t_2 d_2$ 达到最大值。所以,在 A 点,价格比例 $(P_2 + t_2 d_2)/(P_1 + t_1 d_1)$ 实现最大值。如果厂址设在 B 点,那么反之亦然。

图 2-25 中线段 A 和 B 分别刻画了厂商在 A 和 B 区位面临固定运输支出时可供选择的投入品采购组合。一系列投入品的预算线组合成了包络线 PP,其上面的每一个点的经济学含义是,厂商在投入品购买支出为固定值时通过其区位的变化所能实现的一个投入品的最大购买组合。

在建立了厂商的投入品购买约束条件后,穆斯的区位问题就可以借助标准的微观经济学中的厂商理论进行分析了。如图 2-26 所示,厂商的预算包络线与它的生产函数线 Q_2 相切,从而表明厂商将会购买 m_1^* 和 m_2^* 的投入品组合。注意,这个投入品组合也代表着厂商的区位是 K。这样,在要素投入品可以替代的情况下,生产的最优化问题实际上转变为(并等同于)最优区位的选择问题。

类似于韦伯区位的分析,我们进一步研究运输成本变化时的比较静态效应。如图 2-27 所示,为了更好地说明问题,假设当地政府在投入品生产区位 m_1^* 附近

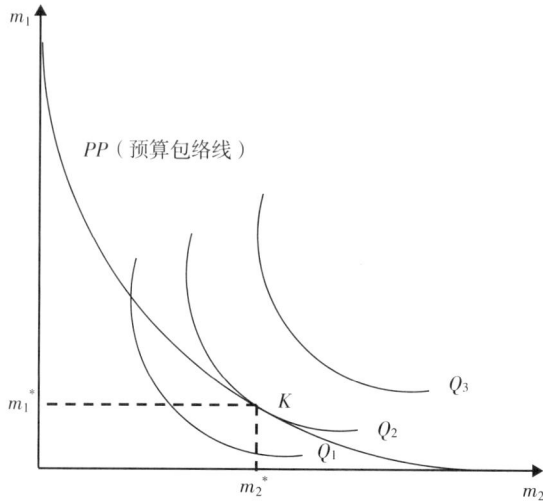

图 2-26　穆斯模型——最优区位和最大产出

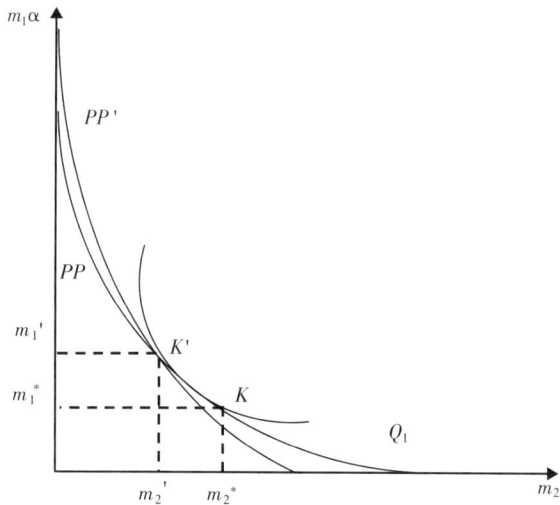

图 2-27　穆斯模型——比较静态分析

建造了一条高速公路。很明显,运输时间的节约使得单位投入品 1 的每公里运费得到了降低。在其他条件不变的情况下,价格比例 $(P_2 + t_2 d_2)/(P_1 + t_1 d_1)$ 将不断变大,所以原来的预算包络线 PP 的斜率绝对值将变大。按照图 2-27,新的投入品购买预算线 PP' 和生产函数线 Q_1 的新切点变成了 K',厂商现在会购买 m_1' 的投入品 1 与 m_2' 的投入品 2。厂商会沿着弧 AB 向 m_1^* 搬迁从而减少投入品 1 的运输成本。因此,新的均衡点 K' 比原来的均衡点 K 更靠近 m_1^*。在穆斯模型中,要素之间的替代成了厂商最优区位的决定因素。一般来说,如果要素替代弹性较小甚至接近于零,那么就会得出类似韦伯模型的情况(实际上韦伯模型是穆斯模型的一个特例)。

穆斯区位模型可以看成是完全竞争市场条件下厂商决定其空间选址的过程。厂商从本质上说是一个价格的接受者,一旦最优的生产组合和最优区位被确定,它就没有动力来改变这些行为。换句话说,除非出现了外生的技术变化改变了厂商的生产函数,或是导致运输成本发生改变的运输技术进步,或是厂商投入品和产出品市场发生变化,厂商将会停留在一个最优的地点并采用不变的技术进行生产。但是我们不应把厂商选址行为看成是完全的静态经济下的均衡。实际上,韦伯区位模型和穆斯区位模型的意义在于:它们可以很好地描述厂商在面对要素价格波动时的选址以及在新的厂址上进一步搜寻成本更低的新要素生产者和更有利可图的产品市场过程。

中心地带理论(Central Place Theory)是一种用来分析城市体系结构特征的理论。迄今为止研究者已经发展出很多不同的路径来推导出这个重要理论,这里重点介绍克里斯泰勒(Walter Christaller)和勒施(A.Losch)在两维空间下建立中心地带理论的过程,他们的研究重心是解释静态城市体系的内部结构。德国经济学家克里斯泰勒(1933)是最早研究城市体系的经济学家之一。通过对德国南部城市群的观察,他建立了后来被称为克里斯泰勒式的中心地带论。这个理论提出时间较早,但缺乏严格的理论推导,因此现代经济城市学家往往把它看作来自实际统计研究的一个经验性的科学推断。

克里斯泰勒的城市体系包括 N 种不同的产出品、N 类不同的市场区域和 N 种不同点城市中心,而且它们都按照一定的等级从低到高排列。级别高的产出品在对应的级别高的市场区域被出售。另外,在农村人口平均分布的条件下,相邻的两个级别产品之间的市场区域的相对比例被假设为一个常数。而且这个城市体系内的市场区域界别与产品级别的提高次序是相同的。克里斯泰勒还假设不同级别的城市中心与它们供给的产品存在这样的对应关系:某个级别的城市中心负责供应不高于这个级别的所有产品。例如,假设在图 2-28 中城市体系由主要城市、大型城市和中型城市构成,那么主要城市生产的产品将为自身、大型城市和中型城市提供供给,而大型城市的产品除了满足自身需求外还出口给中型城市。可见城市中心的级别和城市产品的市场范围直接相关。在以上这些假设的基础上,他认为城市间的空间结构必须满足的一个重要条件是:每个城市市场区位要在周围尽可能少的产品生产点获取其需要的所有产品。将这个条件运用到三层级市场的情况就出现如图 2-28 所示的城市体系构型。可以看到为整个体系中所有城市供应产品的主要城市只有一个。

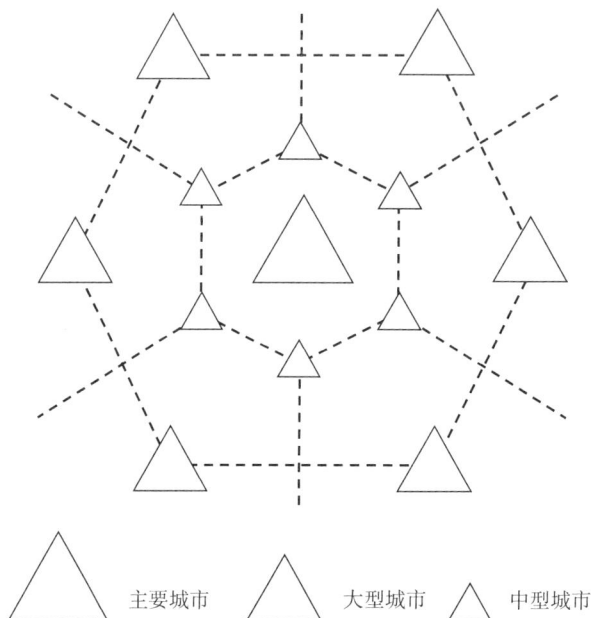

图 2-28　克里斯泰勒式的城市体系

　　在论证该模型中特定的市场结构时,克里斯泰勒将部分的论证建立在日常的观察资料之上,尽管他在推导城市空间体系时存在局限性,但这些有关最少产品供给点的经验观察与现在已经被证明的最大城市市场覆盖范围的理论是完全一致的。这个模型第一次说明了在一个拥有不同市场空间的城市体系会自发地出现和存在。

　　勒施中心地带理论的第二位主要贡献者是德国经济学家勒施(1944)。和克里斯泰勒的经验研究有所不同,勒施对城市体系的理解遵循了微观经济学的研究路径。他的基本想法是在一个多厂商和多产品的竞争经济中,寻求最优的城市体系结构。勒施模型假定:土地是同质的;消费者在空间上均匀分布;消费者对厂商的产品需求存在一定的价格弹性。如图 2-29 所示,某个厂商在 A 点开展生产,其

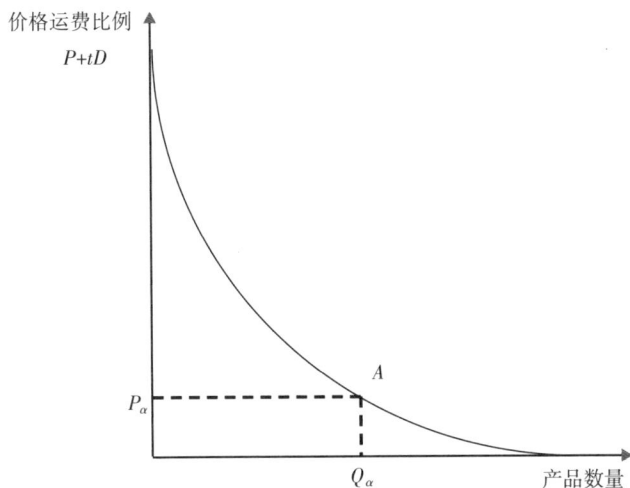

图 2-29　勒施模型中的厂商需求曲线

产品在该区位出售价格为 P_α,相应的需求量为 Q_α。同时假设单位距离的产品运输费是 t ,那么当产品的出售地点远离 A 点时,出售价格 $P + tD$ 会越来越大(D 是新产品出售点与 A 的距离),而对该产品的需求将逐渐变小。最终,在某个特定的价格 $P + tD$ 下,该产出品的价格的区位分析拓展到三维空间。设想这个位于生产点 A 的厂商现在可以沿着它的周围任何一个方向销售产品,那么随着和 A 点的距离越来越大,产品价格和运费的总和在每一个方向上面也都会呈现出与图 2-29完全相同的逐渐增大的过程。换一个角度说,产品的需求量在每个方向上都表现为向下弯曲倾斜的曲线,而这些曲线合并起来形成的价格网络在产品出售区位的投影就是厂商拥有的市场区域。因为单方向的产品出售区域的距离是 D ,所以厂商现在的市场区域是一个面积为 πD^2 的圆形。如果相邻的两个厂商之间存在着空间价格竞争,那么厂商间距离小于 $2D$ 时,每个厂商的有效市场区域将从原来的圆形缩小到一个圆饼状,其边界是有原来的两个圆形市场相交时的交点连线。

　　勒施证明了,如果空间价格竞争可以保证所有的土地都由同质厂商来使用,那么整个空间经济将呈现出一个类似"蜂窝状"的六边形集合(如图 2-30 所示)。我们可以看到, A_1 到 A_2 有五个代表性的厂商,它们分别占据着五个六边形市场的中心区位。其中相邻的三个厂商按照三角形的区位模式开展生产,从而确保生产区位到市场边界的距离是最小化的。所以,这样的空间经济结构使得所有厂商的平均产品递送价格(价格运费加总)达到最小,同时也意味着经济中竞争性的厂商数量最大化。在勒施模型框架中,图 2-30 中的六边形式的空间经济结构型对单一产业来说是最优的。不过,由于实际经济中许多产业的需求曲线之间存在着显著的差异,所以可以设想不同的产业所特有的六边形市场区位也应该有一定区别。一般来说,生产高附加值产品的产业所具备的需求曲线往往弹性比较大,因而这些产品运费的微量增加就会带来需求的大幅度降低,进一步使产业的市场区域比其他生产低附加值产品的产业要小。勒施认为在多厂商和多产品的经济中,实现空间的最优利用效率就等同于让每个生产点集中的厂商数量最大。这个理论背后的逻辑是,厂商在最小范围内进行最大限度地集中有利于产生集聚经济。

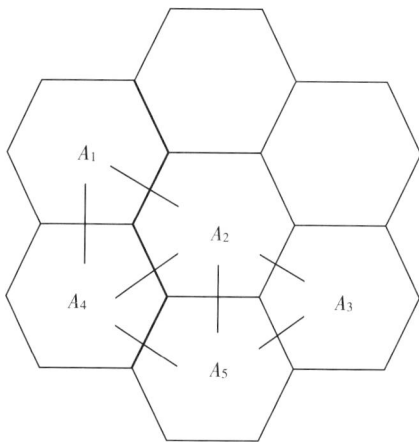

图 2-30　同质厂商市场区域的空间分布

在上述理论的基础上,勒施论证了一定范围的空间内往往倾向于形成这样的构型,即一个基本的中心城市、周边的居民区和工业集聚地带。他的理论与克里斯泰模型一样,成为以后几乎有关城市体系研究的基石。不仅如此,勒施的理论意义还在于它第一次向我们展示了城市化本身是能够独立于地方性的特殊情况而普遍存在的。

经济基础模型(Economic Base Model)是最早被用于分析城市经济增长的经济学工具。它把一个城市或者地区的经济分为两大类部门:基础部门和非基础部门。城市内的基础部门往往承担该区域或所属国家某种产品的大部分生产,所以这些部门的产出品是外部市场导向的。从这个意义上说,可以把基础部门理解为以出口为基础的产业集合。另外,还有很多产业的产品主要是为当地居民提供服务,比如零售、餐饮等,这些服务部门构成了非基础部门。

设想存在一个简单的城市经济,其中能够非常容易区分基础部门和非基础部门。大多数对经济基础模型的研究是用产业中的就业数量作为产出的替代变量,所以这里沿用这个做法。因此,将整个经济中的就业结构表达为:

$$T = B + O$$

式中,T 是城市总的就业人数,B 是基础部门的就业人数,而 O 表示非基础部门的就业人数。在此基础上,假设基础产业主要受到本地区以外的外生因素的影响,而非基础产业的业绩将完全由本地经济所决定。这样有理由得到:$O = nT$,这里 n 是一个介于 0 和 1 之间的一个正数,它的经济学含义是非基础产业就业人数对整个城市经济就业人数的关联性。这样通过整理上式可以改写为:

$$\frac{T}{B} = \frac{1}{1 - n}$$

定义 $\frac{T}{B}$ 值为经济基础乘数,它代表基础部门就业人口的变动对整个城市经济就业人口变动的影响。这个影响可以进一步表达为:

$$\Delta T = \frac{1}{1 - n} \Delta B$$

由上式,只要基础部门的就业人口出现 ΔB 的变化,整个城市经济的就业人口就会发生 ΔT 的变化。而且,乘数越大,这个连带的变动关系就越明显。实际上,影响总就业人口变动的因素主要来自两个方面:一是基础部门就业人口的变动 ΔB 本身意味着当地总就业人数的变动;二是由于城市基础部门的生产需要借助非基础部门的投入,所以基础部门就业人数的变动会间接影响非基础部门对劳动力的需求,从而造成城市总就业劳动力发生变化。

从这个意义上来说,系数 n 可以理解成为一种"出口联系"参数。在一些产业关联度很高的城市,其主导产业的产出变化将会带来本地区其他部门(特别是要素投入部门)的快速增长,这些地方的 n 值一般会比较大。相反,对于那些以农业生产为主的城镇,类似的基础产业和非基础产业的联系就没有那么紧密,因为农业产出机械化的过程本身意味着本部门(和其他部门)对劳动需求量的降低,可以预期这地区农业产出的扩张所带来的其他产业的增长程度会比较小。

当然,在现实的经济分析中,上面的经济基础模型往往做一些拓展。例如,考虑到非基础部门不一定和基础部门呈简单的线性关系,所以可以将原先就业结构的式子拓展为:

$$T = B + (O_1 + n_1 T)$$

式中,O_1 代表了给定基础部门的就业量时就肯定会具有的非基础部门就业量。通过对上式的整理,可以得到:

$$T = \frac{O_1}{1 - n_1} + \frac{B}{1 - n_1}$$

那么,经济基础乘数就可以表示为:

$$\Delta T = \frac{1}{1 - n_1} \Delta B$$

可以看到,这一经济基础乘数表达式与原先的完全相同。这表明,即使非基础部门的部分就业是由基础部门的就业部分外生决定的,在非基础部门的就业边际增量是基础部门规模某个固定比例时,经济基础乘数就不会发生变化。

另外,必须指出,我们完全可以假设基础和非基础部门的边际产出联系是非线性的。例如一种可能的情况是,城市内的基础部门与非基础部门的联系系数本身就是当地基础部门规模的函数。在此条件下,n 可以重新表达为:

$$n = n_0 + n_1 B$$

把该式代入 $\dfrac{T}{B} = \dfrac{1}{1-n}$，可得下面两个结果：

$$T = B\left(\frac{1 + n_1 T}{1 - n_0}\right)$$

$$\Delta T = \Delta B\left(\frac{1 + n_1 T}{1 - n_0}\right)$$

容易发现，新的经济基础乘数随着本地经济规模的扩大而变大。这个表达式的经济学含义是，城市规模扩大会带来该地区经济增长对基础部门规模变动敏感性的进一步增大。这些理论拓展为该领域内更深入的实证研究提供了重要材料。

城市土地投标租金模型（Urban Land Bid-rent Model）是描述城市经济主体依据到市中心的距离及其便利度与区位地租水平而进行选址决策的模型。该模型是对冯·屠能（Johann Heinrich von Thünen）的土地租金模型的进一步拓展，由阿隆索（William Alonso）于 1964 年提出，后得到了一系列学者的扩展，如米尔斯（Mills，1969，1970），穆斯（Muth，1969）和伊文思（Evans，1973）。

为了简化模型的复杂性，投标租金模型提出了几个假设条件：（1）城市只有一个市场交易点 M，所有的交易都在 M 点完成。（2）所有的土地都是同质的，不存在土地本身质量的差别。（3）土地和其他非土地投入品可以相互替代。（4）运输成本是距离 d 的线性函数。除了上述四个假设条件外，投标租金模型还有几个隐含假定：所有的土地都掌握在一个所有者手中，而且对不同的土地使用者不存在歧视，市场是完全竞争的，农用地的产出为零等。

在以上假设条件下，阿隆索提出了投标租金模型：用 r 表示土地的租金，用 d 表示一块土地离 M 的距离，r 和 d 之间的关系如图 2-31 所示，成反比例关系，即离 M 点距离越近，土地租金 d 越高；离 M 点越远，土地租金 d 越低，而且由于土地投入品和非土地投入品之间的替代关系（当土地价格上升时，可以用非土地投入品代替土地投入以降低成本），每一个行业的投标租金曲线变为曲线（屠能模型中为直线）。然后又推导出整个城市的投标租金曲线。

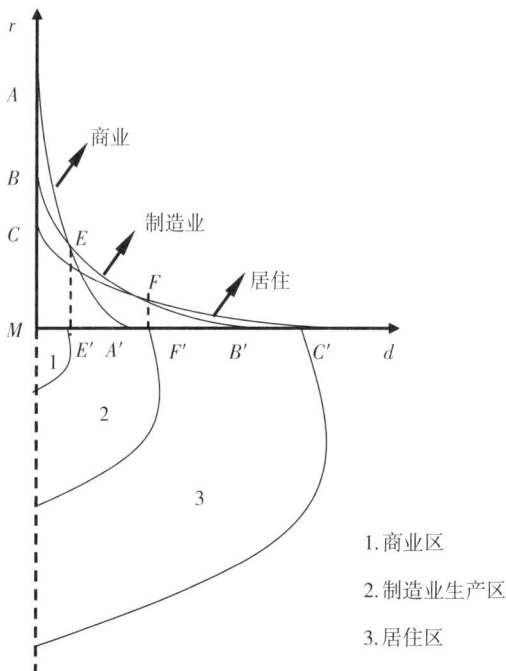

图 2-31 不同产业投标租金曲线

如图 2-31 所示，简单推导思路如下：城市土地在不同用途使用者中间分配时，遵循"最高租金原则"，即由愿意支付最高租金者使用。不同用途的使用者，对于城市不同位置的土地所给出的最高租金不同。一般来说，商业由于对位置的敏感性最强（对通勤成本反应最为敏感），其投标租金曲线最为陡峭；居住由于对位置敏感性相对较弱，对空间的要求更为敏感，其投标租金曲线相对较缓；制造业居于这两者之间。

假设有 A、B、C 三类土地使用者，分别是商业、制造业和居住，他们各自给出了自己的土地投标租金曲线，即在一定利润水平下所愿意支付的最高地租曲线。当土地处在 ME' 区段（区域 1）时，商业的投标租金 AE 最高，土地所有者理所应当将 ME' 区段的土地给商业；同理 $E'F'$ 区段（区域 2）的土地给了投标租金最高的制造业，$F'C'$ 区段（区域 3）的土地给了投标租金最高的居住。于是形成了一条针对三类土地使用者的城市土地的投标租金包络线 $AEFC'$，它也是实际上的城市土地市场地租曲线。

将上述情况推广，则在拥有任意多个使用者的城市土地市场上，地租曲线就是所有使用者的投标租金曲线的包络线 $R(d)$（如图 2-32 所示），其中的每一个小区间就能代表现实中的某一具体产业。由此可见，如果按照该原则进行城市土地的分配，将会实现城市整体土地经济效益的最大化。

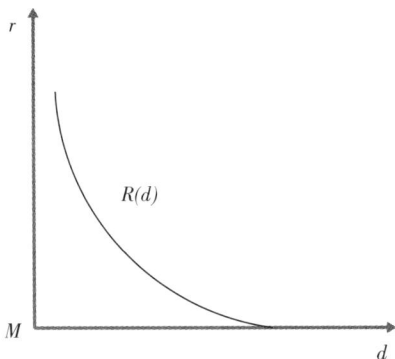

图 2-32　城市的投标租金曲线

那么，对于某个具体的土地使用者来说，面对一条实际的城市土地市场投标租金曲线 $R(d)$，如何找到一个合适的位置，以使自己的利润达到最大呢？假设该土地使用者的利润为 π，则：

$$\pi(d) = pm - iK - rS - mtd$$

根据数学方法推导得知：当该土地使用者的投标租金曲线 $R(d)$ 与城市土地市场地租直线相切时，切点处 H 的位置是最优的（如图 2-33 所示）。在这时，土地的所有者获得最高租金，土地的使用者取得最大利润。

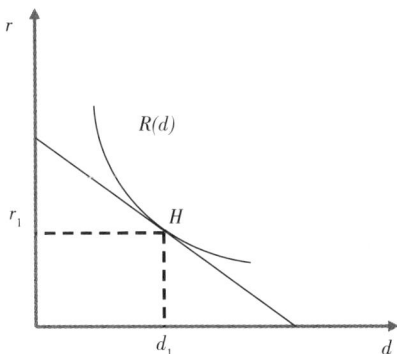

图 2-33　城市土地市场上的均衡选址

要素禀赋论(Factor Endowment Theory)是指在决定工业区位和区际贸易时,不同区域根据自己所拥有的天然资源优势进行商品生产和商品交换的理论,由瑞典经济学家俄林(Bertil Ohlin)首先提出。俄林认为,由于各国和各地区的生产要素禀赋不同,有些生产要素比较丰富,有些较稀缺,于是不同的国家和地区就利用对自己有利的生产要素,生产商品并输出,同时输入那些需要利用稀缺生产要素来生产的商品。在国际乃至区际之间,生产要素未必能自由流动,因此要素价格不一定在不同市场趋于水平化,这个差异必然导致各个国家(地区)之间进行贸易,它不仅导致区际和国际贸易的开展,而且决定国际范围内和区际之间工业区位的形成。按照这种方法来分析,国内各区域的生产要素的相对丰裕程度是工业区位形成的决定性因素。例如,在人口众多的发展中国家,虽然其人力资本存量不足,但劳动力资源丰富,因而大力推进"劳动密集型"产业的发展就比较有利;反之,在劳动成本较高,资本要素供给丰裕的地区,就以"资本密集型"产业为其产业政策的首选。某些具有垄断地租性质的天赋资源(如中东地区的石油、东南亚地区的橡胶、中国的锑等)更为突出地显示了要素禀赋对工业区位的决定性作用。建立在亚当·斯密和大卫·李嘉图"比较成本学说"基础上的要素禀赋论,是区域比较利益和区域专业化的重要理论根据,但也有若干不足之处:(1)以资本—劳动比率的地区差异不能确切地解释初级产品的生产布局,因它们与具有垄断地租性质的要素禀赋相关程度更大。(2)由于劳动力的异质性,仅仅以劳动力资源的丰富或稀缺无助于说明和反映人力资本和技术熟练程度。(3)在一些发展中国家,区际之间的劳动力成本由于消费的示范效应和攀比以及收入的刚性作用,呈现出水平化趋向,这使劳动力要素禀赋逐渐失去其低成本优势。但俄林的这一理论首次把区位问题视为贸易问题,并且强调前者是后者的基础,从而把区位研究同贸易、区域分工研究结合起来,为"一般区位理论"的形成作出了重大贡献。

产业内贸易理论(Intra-industry Trade Theory)是用于解释一个国家同时出口和进口同类型的产品的理论。最早是由格鲁贝尔(H. G. Grubel)和劳埃德(P. J. Loyd)于1975年编写的《产业内贸易:差别化产品国际贸易的理论与度量》中提出。迪克西特(A. K. Dixlt)、斯蒂格利茨(J. E. Stiglitz)、布兰德(J. Brander)、克鲁格曼(P. Krugman)等进一步发展该理论。传统的国际贸易理论强调比较优势,主要是针对国与国、劳动生产率差别较大的和不同产业之间的贸易。但自 20 世纪 70 年代以来,随着科学技术的不断发展要素禀赋相似的发达国家之间的相同或相似产品的贸易越来越多,甚至占据了它们之间贸易的绝大部分的比重,即国际贸易大多发生在发达国家之间,而不是发达国家与发展中国家之间;而发达国家间的贸易,又出现了既进口又出口同类产品的现象,这是传统的贸易理论绝对不能解释的。为了解释这种现象,产生了一种新的理论——产业内贸易理论。

产业内贸易理论是以不完全竞争的市场结构和规模经济的存在为假设前提的,更接近于贸易现实。它认为,贸易不一定是比较优势的结果,可能是规模经济或收益递增的结果,在不完全竞争市场上,国家之间即使不存在资源禀赋、技术水平的差异或者差异很小,也完全可以因为需求偏好或者规模经济以及产品差异促使各国追求生产的专业化和从事国际贸易。

用来测度一个产业的产业内贸易程度的指数,称为产业内贸易指数。计算公式为:

$$B = \frac{X + M - |X - M|}{X + M}$$

式中,B 为产业内贸易指数,X 和 M 分别表示某一特定产业或某一类商品的出口额和进口额。B 的取值范围为 0 到 1,取值接近 0 表明某一个产业的产业内贸易程度低,取值接近 1 表明某一个产业的产业内贸易程度高。

西方经济学家普遍认为,经济发展水平越高,产业部门内差异产品的生产规模也就越大,产业部门内部分工就越发达,从而形成差异产品的供给市场。同时,经济发展水平越高,人均收入水平也就越高,较高人均收入层上的消费者的需求会变得更加复杂、多样化,呈现出对差异产品的强烈需求,从而形成差异产品的消费市场。当两国之间收入水平趋于相等的过程中,二者的需求结构也趋于接近,最终导致产业内贸易的发生。所以说经济发展水平是产业内贸易的重要制约因素,贸易国之间收入水平和国内需求结构越相似,相互贸易的倾向就越强。

大市场理论(Theory of Big Market)是通过大市场的形成产生规模经济效益来解释世界经济一体化形成的理论。系统提出大市场理论的代表人物是西托夫斯基(T. Scitovsky)和德纽(J. F. Deniau)。大市场理论的目的是把被贸易保护主义分裂的孤立市场统一成一个大市场,通过市场的扩大和在大市场的激烈竞争,促使企业由小本经营转向大规模经营,进而获得规模经济效应。大市场理论是针对共同市场而言,比关税同盟论述的一体化要进一步。

大市场理论的核心观点:(1)扩大市场范围,获取规模经济效应。在没有实现一体化之前,各国之间推行狭隘的贸易保护政策,把国内市场封闭起来,企业面对的是细小且缺乏适度弹性的市场。大市场理论就是要打破贸易保护主义的短视行为,把分散的、孤立的、缺乏联系的封闭市场统一起来,大规模的市场可实现大批量生产、专业化分工和新技术的广泛应用,进而获得规模经济利益。(2)激化竞争环境,促使经营观念与规模转变,获得规模经济。大市场为企业获得规模经济提供了保证,但不是大市场所追求的目标。大市场的建立为企业展开自由竞争、激活创新能力提供了良好的外部环境。通过大市场激化竞争而获取规模经济才是其目标,这是大市场理论的核心。规模经济是大市场的结果,这一结果只能通过自由竞争建立,大市场为激化竞争创造了条件。因此,大市场理论反映了自由贸易的思想。

工业发展偏好理论(Industrial Development Preference Theory)是通过各国都有优先发展工业的偏好来解释区域经济一体化形成的理论。工业发展偏好理论是从工业生产和工业品贸易(即资本品贸易而非消费品)的角度来解释一体化,遵循的是比较利益的思路。该理论认为,世界上绝大多数国家在经济发展过程中都存在优先发展工业的偏好,对工业产业的偏好促使这些国家以关税或其他贸易政策来保护工业生产,如高关税、出口补贴、奖出限入政策等。若两个工业偏好的国家结成关税同盟等经济一体化后,地区间的国际专业分工形成,通过互惠贸易而扩大本国的工业生产规模,一旦享受到这种福利后就能提高同盟的工业偏好倾向,两国的一体化程度就越紧密。

工业发展偏好理论是以比较工业生产成本为出发点,那些有强烈工业偏好的国家一般在国际市场竞争中只具备较弱的比较成本优势,但通过结盟取消相互间关税后,认为本国的产品比盟国的产品更具有比较成本优势,易进入结盟另一方的市场以扩大工业生产规模。因此,该理论在解释具有相似工业偏好、相似工业生产成本水平、在国际市场上比较成本相对处于弱小优势的国家间形成经济一体化

(如关税同盟)有一定特色。例如,欧共体工业品生产成本优势略逊一筹,但同盟内各成员国都有一些与其他成员国相比有比较成本优势的工业产品,这促使他们走到一起发展经济一体化。

依据"工业发展偏好理论"形成的一体化可称为"第二位经济一体化",该理论对古典经济学倡导的以比较成本为原则、在全球实行贸易自由化有一定程度的冲击,因为该理论是牺牲非成员国(通常在国际市场上最具比较成本优势的)利益来保护同盟利益的。但是,依据工业偏好而缔结的经济一体化(如关税同盟)比全球贸易自由化更为可行、更为实际。

协议性国际分工原理(Deal International Division of Labor Theory)是指用两国通过协议性国际分工,互相获得规模经济的好处来解释发达国家的区域经济一体化现象。由日本学者小岛清(Kiyoshi Kojima)提出。所谓协议性国际分工,是指一个国家放弃某种商品的生产并把国内市场提供给另一个国家,而另一个国家则放弃另外一种商品的生产并把国内市场提供给对方,即两国达成相互提供市场的协议,实行协议性国际分工。例如,拉丁美洲中部共同市场统一产业政策,由国家间的计划决定的分工,就是典型的协议性国际分工。

小岛清认为,经济一体化组织内部如果仅仅依靠比较优势原理进行分工,不可能完全获得规模经济的好处,反而可能会导致各国企业的集中和垄断,影响经济一体化组织内部分工的发展和贸易的稳定。因此,必须实行协议性国际分工,使竞争性贸易的不稳定性尽可能保持稳定,才能互相获得规模经济的好处。为了互相获得规模经济的好处,实行协议性国际分工是非常有利的,但达成协议性分工还必须具备三个条件:(1)两个或两个以上国家和地区的资本劳动禀赋比例差异不大,工业化水平和经济发展阶段大致相同,协议性分工的对象产品在每一个国家和地区都能生产。(2)作为协议性分工对象的商品,必须是能够获得规模经济的商品,一般是重工业、化学工业等的商品。(3)每个国家自己实行专业化的产业和让给对方的产业之间没有优劣之分,否则不容易达成协议。这种产业优劣主要取决于规模扩大后的成本降低率和随着分工而增加的需求量以及增长率。这三个条件表明,经济一体化或共同市场必须在同等发展阶段的国家之间建立,而不能在工业国与初级产品生产国即发展阶段不同的国家之间建立;同时也表明,在发达工业国家之间,可以进行协议性分工的商品范畴的范围较广,因而利益也较大。另外,生活水平和文化等互相类似、互相接近的地区,容易达成协议,并且容易保证相互需求的均等增长。

次优理论(Second-best Theory)是指在帕累托最优三个条件不能都得到满足时如何作出最佳选择的一种理论。1956 年,经济学家李普西(R. G. Lipsey)和兰卡斯特(K. Lancaster)总结前人的理论分析,创立了次优理论。他们指出,如果在一般均衡体系中存在着某些情况,使得帕累托最优的某个条件遭到破坏,那么即使其他所有帕累托最优条件得到满足,结果也未见得是令人满意的。换句话说,假设帕累托最优所要求的一系列条件中有某些条件没有得到满足,那么,帕累托最优状态只有在清除了所有这些得不到满足的条件之后才能达到。即如果帕累托最优的某一条件不能满足,只能背离帕累托最优在其他条件的情况下寻求较佳状态,该状态可被叫作"次优"。在一个经济体系中,如果存在一个或多个行为者的行为规则与所需要的行为规则相背离,且"不轨者"的行为又不能改变时,次优问题就存在。次优问题的主要来源有垄断势力及其差异程度、未被纠正的外部效应、税收、政府干预。次优理论是在不可改变的外部扭曲条件的前提下,承认这些客观存在的扭曲条件,将这些扭曲看作一个约束条件加以考虑,得到的在扭曲约束条件下的最大值解(即次优解)。

税制结构优化理论(Tax System Structure Optimization Theory)是探求如何实现税种之间的相互协调和最优化组合的理论。税制结构优化理论是从 20 世纪 20 年代以来西方三大具有代表性的理论流派——最优税理论、供给学派的税制优化理论和公共选择学派的税制优化理论中逐渐演变和发展而形成的。这一理论从对税种之间相互影响的具体分析入手,以最大限度地实现税收制度的总体功能为目的,探求如何实现税种之间的相互协调和最优化组合。它的结论是:税收制度总体功能的实现依赖于各税种个体功能的实现程度,但税收制度的总体功能并不等于各税种个体功能的简单相加,各税种个体功能之间存在着交叉和重叠,任何一种税的征收都不仅影响自身功能的发挥,而且还会影响其他税种乃至整体经济的运行,因而需要在各税种的个体功能之间进行有效协调。

国际收支弹性分析法(Elasticity Approach to Balance of Payments)是通过对商品进出口供求弹性的分析,研究汇率变动对贸易差额影响的国际收支理论。由英国经济学家罗宾逊(Joan Robinson)在 1937 年提出。弹性分析法的假设条件:(1)假定利率、国民收入等其他条件不变,只考虑汇率变动对进出口商品的影响。(2)贸易商品的供给弹性无穷大。(3)充分就业和收入不变,进出口商品的需求就是这些商品及其替代品的价格函数。(4)不考虑资本流动,国际收支等于贸易收支,贸易收支最初是平衡的。(5)出口总值等于出口价格乘以出口数量,进口总值等于进口价格乘以进口数量,进出口值皆以外币表示。其基本的理论观点是,实际汇率变动引起进口商品价格的变动,商品价格的变动必将对国际收支起调节的作用。实际汇率的变动引起商品进出口的变动能否取得预期的效果,主要取决于商品的需求弹性。出口商品需求弹性大于价格变动,表示出口增加;进口商品需求弹性小于价格变动,表示进口减少。

该理论认为,在贸易商品供给完全弹性、没有资本流动、充分就业、收入不变的条件下,只有当一个国家进出口商品需求弹性之和大于 1($Em + Ex > 1$)时,该国货币贬值才能起到改善国际收支的作用,这就是所谓的马歇尔—勒纳条件,并被认为是一个国家货币贬值改善贸易差额的充分必要条件。这说明,贬值是否改善贸易收支的临界点,在于对进口的需求弹性大于零的部分恰好等于出口的需求弹性小于 1 的部分,即两种弹性之和为 1。如果两种弹性之和大于 1,贬值就会改善贸易收支。若这两种弹性之和等于 1,进出口值按同一方向,同一数量变动,所以贸易差额保持不变。

弹性分析法的局限性:(1)弹性分析法运用的是局部均衡分析法,忽视了汇率变动对整个进出口商品供求和国际市场都会产生影响。(2)"马歇尔—勒纳条件"假定进出口商品的供给弹性无限大是不符合实际情况的。发展中国家出口的主要是初级产品,其供给弹性是有限的。(3)弹性分析法侧重于静态分析,忽视了时滞因素。实际上,货币贬值措施调节的实现过程要受"J 曲线效应"的限制。因为存在"时滞"问题,即掌握市场信息、扩大出口或削减进口等都需要一定时间,货币贬值后,商品进出口价格变动并不能立即引起贸易额的变化。

国际收支的吸收分析法(Absorption Approach to Balance of Payments)也称

"国际收支的支出分析法""国际收支的收入—吸收分析法"。由英国诺贝尔经济学奖获得者詹姆斯·米德(James Meade)和美国经济学家西德尼·亚历山大(Sidney Stuart Alexander)于20世纪50年代提出的一种通过内部均衡来达到外部均衡的国际收支调节理论。这一理论以凯恩斯的宏观经济理论为基础,从一个国家的国民收入和支出的关系出发,研究国际收支的调整问题。其均衡方程式是:$Y = C + I + X - M$。式中,Y表示国民收入,C表示消费,I表示投资,X表示出口,M表示进口。从这个公式可以得出:$X - M = Y - (C + I)$。因此,国际收支=总收入-总支出,总支出即国内资源的总吸收(A),一个国家的国际收支差额(B)就是国民收入与国内吸收的差额,即$B = Y - A$。如果总收入等于总吸收,则国际收支平衡;如果总收入大于总吸收,则国际收支表现为顺差;如果总收入小于总吸收,则国际收支表现为逆差。因此,要使国际收支得到改善,要么相对于吸收来说增加总收入,即支出转换政策,简称"转换政策";要么相对于收入来说减少总吸收,即支出减少政策,简称吸收政策。任何纠正国际收支失衡的政策都可以从增加收入或减少吸收的角度来评价。

吸收分析法较弹性分析法有明显的进步。(1)它将国际收支调节和国内宏观经济政策调节联系起来,建立在宏观均衡分析的基础上,克服了弹性分析法局部均衡分析的缺陷。(2)就货币贬值的效应来讲,吸收论是从贬值对国民收入和国内吸收的相对影响中来考察贬值对国际收支的影响的,而弹性论则是从价格与需求的相对关系中来考察贬值对国际收支的影响的。(3)吸收分析法强调贸易乘数的作用,认为增加一个单位的出口可以使国民收入增加若干单位。(4)吸收论含有强烈的政策搭配取向。当国际收支逆差时,在采用货币贬值的同时,若国内存有闲置资源,应采用扩张型财政货币政策来增加收入(生产和出口);若国内各项资源已达充分就业、经济处于膨胀时,应采用紧缩型财政货币政策来减少吸收(需求),从而使内部经济和外部经济同时达到平衡。它的缺陷是:在国际收支平衡表中,只重视贸易账户,而忽视国际资本流动;过分强调需求管理和限制国内吸收量,势必影响国内经济的增长。

国际收支的货币分析法(Monetary Approach to Balance of Payments)是以保持货币供给和国民收入增长之间的协调来实现国际收支均衡与稳定的理论。该理论是随着 20 世纪 70 年代货币主义兴起而出现的,代表人物是加拿大经济学家约翰逊(Harry Johnson)、美国经济学家弗兰克尔(Jeffrey Frankel)等。货币分析法认为,国际收支从根本上说是一种货币现象。一个国家的国际收支不均衡是国内货币供给和需求失调引起的,同时国际收支不均衡也会直接导致国内货币供给量的变动。货币分析法有三个基本假设:(1)在充分就业均衡状态下,货币需求是收入的稳定函数。(2)贸易商品的价格主要是外生的,在长期内,一个国家价格水平接近世界市场水平。(3)货币供给不影响实物产量。这三个假定意味着,在一个开放的经济社会中,产量和其他决定因素不变,如果货币数量低于所希望的存量(货币余额),那么,各个经济单位就要寻求额外的货币余额。就一个国家来讲,它可以通过国际收支的盈余吸收外国货币来恢复均衡。金融当局不能控制国内居民所持有的货币量,但它能限制国内信用的膨胀来控制国际收支,因为紧缩信用可以迫使人们削减支出,重建他们的货币余额。所以,这种分析法并不强调贬值的作用,而是强调货币政策的运用,认为只要保证货币供给的增加与国民收入的实际增长一致,就可以保证国际收支的均衡与稳定。货币分析法的理论根据是国际收支的整体均衡,因此它不注重经常项目中贸易收支、劳务收支、单方转移中某个具体项目的局部平衡,所强调的是国际收支平衡表结算项目中的调节性项目。货币分析法认为,国际收支不均衡的调节是一个自动恢复均衡的过程。如果国际收支出现逆差时,货币的需求超过货币供给,如果国内资金来源不足,必将从国外吸收资金,即通过资本项目来实现,直到货币需求超额部分得到满足为止。反之,如果国际收支出现顺差,货币的供给超过货币的需求,则必须通过增加对外国商品和劳务的购买,或增加对外各种形式的投资,以减轻国内通货膨胀的压力。

货币分析法的主要贡献在于强调国际收支顺差或逆差将会引起货币存量的变化,从而影响一个国家的经济活动。它突出了货币在国际收支调节过程中的作用,忽略了其他因素对国际收支的影响,这是十分片面的。它把货币因素看成是决定性的,而把收入水平、支出政策、贸易条件和其他实物因素看成是次要的,它们只有通过对货币供给与需求的影响发生作用。实际情况是商品流通引起货币流通,而不是货币流通决定商品流通。同时,货币分析法过分强调国际收支自动调节机制的作用,完全排斥国家的干预和调节,这也是不符合实际的。

汇率资产组合分析法(Portfolio Approach of Exchange Rate)是浮动汇率普遍实行后产生的一种新的国际收支调节与汇率决定理论。其代表人物是勃莱逊、梅森和胡佛等人。这是一种兼容凯恩斯主义和货币主义观点的汇率理论。主要内容:(1)汇率变动主要是由资产市场决定的,资产市场对汇率调节的影响大于商品市场对汇率调节的影响。在这一过程中,心理预期会对汇率变动产生"中心作用"。(2)经常项目对汇率变动的作用主要表现在:经常项目的顺差反映一个国家在外国资产的增加,将引起汇率上升;反之,汇率下降。(3)根据 IS—LM 模型推导均衡汇率:IS 曲线表示商品市场的均衡,LM 曲线表示货币市场的均衡。IS 和 LM 曲线的交点,表示均衡汇率。长期来看,均衡汇率最终取决于这两个市场的均衡。

资产组合分析法认为,汇率不单纯是货币现象,影响汇率的因素很多,既要考虑货币因素,也要考虑非货币因素,既要考虑经常项目,也要考虑资本项目,汇率是由货币因素和实体经济因素诱发的资产评价和调节过程所共同决定的。但是,这一理论也存在一些局限性:(1)它有一些前提假定条件,即国内和国际金融市场十分发达,外汇管制比较松弛,资本可以充分流动,本国资产和外国资产之间具有高度的替代性。如果这些条件不能满足,那么,资产组合平衡论也就没有什么意义了。(2)它忽略了货物和劳务的流动及国际贸易流量变化的作用,因而没有把购买力平价论、国际收支论结合起来解释汇率的长期变动。(3)不仅当前的汇率水平对金融资产的实际收益有重要影响,而且今后的汇率变动对金融资产的实际收益也有重要影响。但人们对汇率的预期是捉摸不定的,因而这一理论的推断在现实生活中是难以真正实现的。

购买力平价理论(Theory of Purchasing Power Parity)是研究和比较各国不同货币之间购买力关系的理论。最早由瑞典经济学家古斯塔夫·卡塞尔(Gustav Cassel)于 1918 年提出。1922 年他在《1914 年以后的货币和外汇》一书中,又系统地阐述了自己的思想。购买力平价理论认为一个国家货币对外汇率,主要是由其货币所具有的购买力决定的。购买力决定长期汇率的形式有两种:绝对购买力平价与相对购买力平价。(1)绝对购买力平价。指某一时期两个国家价格水平的比率。以 P_a 表示 A 国的一般物价水平,P_b 表示 B 国的一般物价水平,e 为汇率,即 1

单位 B 国货币以 A 国货币表示的价格,那么绝对购买力平价就可以表示为:$e = \dfrac{P_a}{P_b}$。绝对购买力平价学说实际上就是国际间的"一价定律",即在自由贸易等假设条件下,同一种商品在世界各地以同一货币表示的价格是相同的。但由于各国使用的货币不同,一种商品以不同货币表示的价格,就需要经过均衡汇率来折算,才能保持相等。(2)相对购买力平价。指在两个国家价格水平变动的比率。相对购买力平价学说则将汇率在一段时间内的变化归因于两个国家在这段时期中的物价水平或货币购买力的变化。以 e_1 和 e_0 分别代表当期和基期的汇率,p_{a_1} 和 p_{a_0} 分别代表 A 国当期和基期的物价水平,p_{b_1} 和 p_{b_0} 分别代表 B 国当期和基期的物价水平,那么相对购买力平价公式可以用公式表示为:

$$\frac{e_1}{e_0} = \frac{\dfrac{p_{a_1}}{p_{a_0}}}{\dfrac{p_{b_1}}{p_{b_0}}}$$

卡塞尔认为,相对购买力平价学说与绝对购买力平价学说相比,更富有意义。一方面,它从理论上避开了一价定律的严格假设。另一方面,绝对购买力平价难以衡量,而相对购买力平价由于使用价格指数而较易衡量。购买力平价学说提出后,在西方学术界引起很大争论,购买力平价学说在各国放弃金本位制的情况下,指出以国内外物价对比作为汇率决定的依据,说明货币的对内贬值必然引起货币的对外贬值,这当然有其合理性,它提示了汇率变动的长期原因。但是购买力平价没有揭示价格水平对汇率发生作用的详细过程,另外经验表明,购买力平价理论在长期中和通货膨胀很高的经济中才能成立。

古典利率平价理论(Classical Rate Parity Theory)是从静态角度考察远期汇率决定和变动的理论。凯恩斯于 1923 年提出远期汇率的"利率平价理论"是古典的利率平价理论,也是一个静态理论。古典利率平价理论有两个假设:(1)远期汇率对利率平价调整是完全的、即刻的。(2)调整过程中,远期汇率受到利率平价调整的制约,即调整是单向性的。凯恩斯的静态理论特点有:(1)远期汇率不能影响即期汇率,或者只是在均衡意义上与即期汇率有关,决定远期汇率最基本的因素是货币短期存款的利率差。(2)通过向利率平价的调整,远期汇率导致各国利率水平之间建立联系。(3)远期利率具有自动调整经济的机制,远期汇率会熨平各国价格水平的差异,能纠正过度的国际借贷和国际收支失衡。

在凯恩斯的绝对静态理论里,远期汇率将完全地、不断地向它的利率平价自动调整。这样一种静态的利率平价理论随着金本位制的崩溃而与现实脱离。爱因齐格(Paul Einzig)正是看到了凯恩斯静态理论的不足而提出了动态利率平价理论。

动态利率平价理论(Dynamic Rate Parity Theory)是从动态角度考察远期汇率与利率的关系的理论,由英国经济学家保罗·爱因齐格(Paul Einzig)提出。他的理论一般被认为是从古典利率平价说向现代利率理论的过渡。爱因齐格的动态利率平价理论主要包括:(1)确定利率平价概念。爱因齐格在国际金融学说史上第一次明确提出:如果远期汇率相对于两个金融中心的短期利率之差,那么这一利率差异就是利率平价。(2)关于利率平价的计算。爱因齐格认为存在着一个集中的、精确的、固定的平价,它与金本位制下的铸币平价不同。他认为在任何时候,决定汇率的不只是一个利率平价,而是银行短期利率平价、贴现率平价、长期贷款利率平价等。因此,要取得一个精确的利率平价是很难的。由于在某一时刻只有一个远期汇率,所以远期汇率不可能恰好与所有利率平价处于均衡状态,而只可能与其中某一个平价相等。(3)提出利率平价动态理论的"互交原理"。爱因齐格认为,远期汇率与利率平价之间有一个持久的偏差;远期汇率的调整过程不是迅速自动的完全补偿过程;不仅远期汇率取决于利差,而且利率平价也受套利的影响,从而受远期汇率的制约,它们二者是相互作用的关系。爱因齐格的利率平价动态理论是对古典利率平价理论的综合和发展。利率平价思想第一次被清楚地表述出来。他提出的一些基本原理为现代利率平价理论开辟了新的道路。

现代利率平价理论(Modern Rate Parity Theory)是指从20世纪50年代起,很多西方学者在凯恩斯和爱因齐格利率理论的基础上,联系新的金融格局,对远期汇率做了更系统的研究,提出了现代利率平价原理。主要代表人物主要有特森·格鲁贝尔、沃费克尔和威利特等。

现代利率平价理论的基本观点是:远期差价是由两国利率差异决定的,并且高利率国货币在期汇市场上必定贴水,低利率国在期汇市场上必为升水。在两国利率存在差异的情况下,资金将从低利率国流向高利率国谋取利润。但套利者在比较金融资产的收益率时,不仅考虑两种资产利率所提供的收益率,还要考虑两种资产由于汇率变动所产生的收益变动。套利者往往将套利与掉期业务结合,以避免汇率风险,保证无亏蚀之虞。大量掉期外汇交易的结果,是低利率货币的现汇汇率下浮、期汇汇率上浮,而高利率国货币的现汇汇率上浮、期汇汇率下浮。远期差价为期汇汇率与现汇汇率的差额,由此低利率国货币就会出现远期升水,高利率国货币则有远期贴水。随着抛补套利的不断进行,远期差价就会不断加大,直到两种资产所提供的收益率完全相等,这种抛补套利活动就会停止,远期差价正好等于两国利差,即利率平价成立。

假定本国利率水平为 i_a,外国利率水平为 i_b,e_s 为现汇汇率,即以本国货币表示的外国货币的价格,e_f 为期汇汇率。1 单位本国货币在国内投资所获的收益为 $(1 + i_a)$,在外国投资时,首先在现汇市场换得外币数额 $\frac{1}{e_s}$,到期收回 $\frac{1}{e_s}(1 + i_b)$,再按原先约定的期汇汇率换回本国货币额 $\frac{1}{e_s}(1 + i_b)e_f$。在抛补行为终止时,在两国进行投资的收益应该相等,即 $\frac{e_f}{e_s} = \frac{1 + i_a}{1 + i_b}$。

从式中可以看出,如果 $i_a > i_b$,则 $e_f > e_s$,即远期外汇出现升水。反之,如果 $i_a < i_b$,则 $e_f < e_s$,即远期外汇出现贴水。

令 ρ 代表远期外汇升水率,并将上式进一步整理得:$\rho = \frac{e_f - e_s}{e_s} = \frac{1 + i_a - 1 - i_b}{1 + i_b}$。

进一步得:$\rho \approx i_a - i_b$,即远期升水率等于国内外利差,也称为利率平价。这表明,如果国内利率高于国外利率,则远期差价必为升水;如果国内利率低于国外利率,则远期差价必为贴水,并且升(贴)水率等于两国利差。

马尔萨斯主义（Malthusianism）是马尔萨斯于 19 世纪初创立的人口理论体系。该理论有两个前提："第一，食物为人类生存所必需；第二，两性间的情欲是必然的，且几乎保持现状。"马尔萨斯认为，人口的增殖力远远大于土地的生产力，在食物供给无限时，人口以几何级数增加，生活资料则以算术级数增加。当人口增加超过了生活资料的增加，贫困和罪恶必然发生，并以此限制人口进一步增加。马尔萨斯在《人口原理》第一版中将自己的理论归结为："人口增加，必须受生活资料的限制；生活资料增加，人口必然增加；占优势的人口增加力，为贫穷和罪恶所抑压，现实人口得以与生活资料相平衡。"在《人口原理》第二版中，他提出了道德抑制，为阻止人口增长，无力抚养子女的人不应该结婚或应该晚婚，并在婚前保持贞操。他还把原先提出的三点结论改为："（1）人口必然地为生活资料所限制。（2）只要生活资料增长，人口一定会坚定不移地增长，除非受到某种非常有力而显著的抑制的阻止。（3）这些抑制和那些遏止人口优势力量并使其结果与生活资料保持同一水平的抑制，全部可归纳为道德的抑制。"马尔萨斯认为这就是人口的自然规律。并且根据这些引申出几个主要结论：第一，只有保持财产私有制，才能使人们自制而不至于生殖过多的子女。第二，济贫法不能对穷人过于宽大，贫困是生儿育女过多和懒惰的结果。第三，所有的社会改革都不可能改善工人和劳动者的生活。工资高低取决于工人数量的多少，工资增加导致人口增加，结果会使工资降低到仅仅足以维持工人生活水平。第四，竞争是自然规律，适者生存、弱者被淘汰，贫穷者自然灭亡。马尔萨斯主义是把斯图亚特、富兰克林、黑尔兹、霍林舍德、华莱士等前人的人口思想综合起来形成了一套系统的人口思想体系，后来又为许多资产阶级学者继承和发挥，产生了普雷斯（Francis Place）的新马尔萨斯主义、福洛特（Willian Vogt）等人的现代马尔萨斯主义以及赫尔士（L. Hersch）等人的"倒过来的"马尔萨斯主义。

新马尔萨斯主义（Neo-Malthusianism）是主张用避孕方法来限制人口增长的马尔萨斯主义者的人口理论。其代表人物有英国的普雷斯、卡莱尔（Richard Carlile）、德莱代尔（Georges Drysdale）等人。他们的基本观点同马尔萨斯并没有什么不同，但反对马尔萨斯提出的禁欲和晚婚的道德抑制，主张实行避孕来节制生育。认为采取这种生理上的预防措施，可以使一对夫妇不致生育超过他们所希望的数目的小孩,使劳动供给能够经常保持在对劳动需求之下,而人口的数量能够经常保持在生活资料所能供应的水平上,使个人和国家的财力和智慧都能极大地增加。19世纪70年代后,新马尔萨斯主义逐渐流行起来。20世纪70年代后,又有了新的发展和补充,即把马尔萨斯人口论建立在食物和人口的简单比例关系上的公式加以扩展:在食物方面,不仅谈论粮食危机,而且广泛讨论资源枯竭、经济增长速度缓慢、生存空间有限、生态平衡失调、环境污染严重、社会生活和福利水平下降等问题;在人口方面,也不限于谈论人口增长速度,而且广泛涉及人口质量和种族优劣、贫国和富国人口增长差别、人口分布和移民、人口投资等问题,同对,还用复杂的图式和统计资料来说明与人口有关的经济、自然资源的变动状况。新马尔萨斯主义用人工避孕来控制人口增长的主张,直接影响了许多国家开展节制生育的政策。它利用数学和统计等手段来研究自然资源、生态平衡、人口分布、人口投资等与人口有关的重要因素,为人口学界研究提供了可供借鉴的科学方法。

马克思人口理论(Marx's Population Theory)是马克思、恩格斯关于人口问题的学说体系。马克思人口理论是在批判古典经济学派人口理论、马尔萨斯人口理论和空想社会主义人口理论的基础上建立起来的。1845—1846年,马克思、恩格斯在创立唯物史观时,创立了人口理论,他们在《德意志意识形态》中指出:"任何人类历史的第一个前提无疑是有生命的个人的存在。"他们认为,人类社会活动存在三个方面:(1)生产物质生活本身。(2)不断满足新的物质生活需要。(3)人口的增殖。他们把这三方面的活动归结为两种生产,即"自己生命的生产(通过劳动)"和"他人生命的生产(通过生育)",并统称为"生命的生产"。马克思在《经济学手稿(1857—1858年)》的《导言》里论述"生产和消费的同一性"时,把经济学原来意义上的生产即物质资料的生产称为第一种生产;把经济学原来意义上的消费即生活资料消费,称为第二种生产。这两种生产互为前提,互相依存,互相制约。马克思指出,物质资料的生产是"生产者物化",而人口生产是"生产者创造的物人化"。在二者的关系中,"物质生活的生产方式制约着整个社会生活、政治生活和精神生活的过程"。同时人口生产也制约着物质资料的生产。在马克思、恩格斯看来,人口生产是两性之间结合的生殖行为和人类的婚姻、家庭制度的再生产的统一,因而它必须遵循支配自己的自然规律和社会规律。他们反对把人口现象看成是超历史的、永恒的、不可更替的现象,认为"抽象的人口规律只存在于历史上还没有受到人干涉的动植物界"。在"不同的社会生产方式,有不同的人口增长规律和过剩人口的增长规律"。马克思说,前资本主义的过剩人口是生产力不足造成的,同时人口过剩又妨碍生产力的发展,是"人口压迫生产力"。在资本主义社会,人口的过剩完全不是生产力不足而造成的;相反,正是生产力的增长要求减少人口,是"生产力压迫人口"。马尔萨斯的错误就在于"把人类繁殖过程的内在的历史上变化不定的界限,变为外部限制,把自然界中进行的再生产的外部障碍,变为内在限制或繁殖的自然规律"。马克思赞成古典学派提出的人口增长要适应社会经济发展的观点,并补充说:社会的条件只能适应一定数量的人口。另外,如果说由一定形式的生产条件的扩展能力所决定的人口限制,随生产条件的变化,收缩或扩大……那么,人口的绝对增长率,从而过剩人口和人口率也会随着生产条件发生变化。马克思、恩格斯根据他们对人口生产的理解,在分析了资本主义生产方式内在运行规律之后,提出了资本主义相对过剩的人口规律,并断言:人类社会由必然王国进入自由王国之后,"不得不像已经对物品生产进行调整那样,同时也对人的生产进行调整。那么正是那个社会,而且只有那个社会才能毫无困难地做到这点"。马克思人口理论的主要内容,可以归纳为几条:(1)人口在社会发展中有重要的作用和地位。(2)两种生产互为前提、互为条件、互相制约。(3)社会生产方式决定人口的发展。(4)两种性质不同的"人口过剩"规律。(5)社会主义社会对人口生育实行计划调整。这些原理成为马克思主义经济学者分析人口问题、研究人口增长与经济增长的关系的理论基础,成为社会主义国家制定人口政策、实行计划生育的指导思想。

资本主义人口规律(Capitalism Population Law)阐述了在资本主义经济发展中伴随着积累而产生相对过剩人口的客观必然性。这一规律由马克思最早发现并在《资本论》第一卷中详尽阐明。在资本主义经济的发展过程中,资本家为了追求超额剩余价值并在竞争中获得优势,总是尽可能地增加积累,并采用先进的生产技术,从而促使每个劳动者使用和推动的生产资料的数量不断扩大。在不断增大的资本总额中,虽然可变资本部分的绝对量有所增加,从而对追加劳动力的需求也会增加,但增长的比例却相对地日益减少。在原有设备更新中采用了技术上更加完善、效能更高的机器设备的条件下,由于用较少的劳动力推动较多的生产资料,从而导致对劳动力需求量的绝对减少。但是,市场上劳动力的供给,却随着资本主义经济发展中资本积累的增长而增加:机器的广泛使用,使一部分在业工人被排挤出就业队伍;妇女劳动力日益被吸收到现代化企业里来;大批破产的农民加入无产者的行列;竞争中被击败的个体小生产者和中小资本家沦为无产者,以及人口自然增长过程新成长起来的劳动力源源不断地涌入劳动力市场;等等。由于劳动力的供给绝对地日益增多和资本增值对劳动力的需求相对地日益减少这种逆向运动,造成了大批的相对过剩人口。所以,相对过剩人口是资本主义所特有的人口规律。相对过剩人口是资本主义经济发展过程中资本积累的必然产物,也是资本主义生产赖以存在和发展的必要条件。经济危机造成的资本主义生产的周期性变化,决定了生产对劳动力的需求必然发生周期性的波动。在经济繁荣时期,对劳动力的需求骤然增加,客观上要求有大批现成的不受人口实际增长限制的劳动者;在经济危机时期,对劳动力的需求急剧减少,大批工人又被解雇,被抛入失业大军之中。总之,资本主义经济时而扩张时而收缩的周期性运动,客观上要求有相对过剩人口的存在作为其产业后备军;否则,资本主义经济的运动就要局部中断。

适度人口论(Theory of Optimum Population)是探讨最有利或最适宜人口数量的理论。最先提出"适度人口"概念的是瑞典经济学家威克塞尔(Johafkunt Wicksell),后来英国经济学家坎南(Edwin Cannan)于1914年在《财富论》中将这一概念发展成为较为系统的适度人口理论。坎南适度人口论是建立在收益递增和收益递减规律基础上的。他认为一个国家应有适度的人口规模。对人均生产量而言,低于这个规模为人口不足,高于这个规模为人口过剩,只有适度规模,才能使收益递增规律最大程度发挥作用。坎南的学生道尔顿(Hugh Dalton)提出了一个计算人口失调程度(M)的公式:$M = (A - O) : O$(O表示适度人口,A表示实际人口)。M为正数则人口过剩,M为负数则人口不足。某国的适度人口是指就某种特定标准来说最恰当的人口数。但究竟用什么作为标准,人口学家们众说纷纭,比较公认的是坎南提出的按人口平均的最高产量指标。坎南适度人口的观点是以物质资源、技术水平不变为前提来研究人口数量和生产收益量的关系,故被称为静态研究。它虽然是动态研究的基础,但这种假设是不现实的。因此,法国著名人口学家索维(A. Sauvy)研究了技术水平、经济结构、就业状况变动的情况下,人口适度增长率同生产收益、福利的关系,对适度人口进行了动态研究。索维根据西欧七国近两百年就业人数变化的资料说明,就长期来看,技术进步有助于增加工作职位,提高适度人口。适度人口增长率的作用在于,可以动态预测若干时期后的理想、稳定人口,防止人口大起大落,避免人口对教育、就业和经济收益的影响。除了坎南对适度人口数量、索维对适度人口增长率的研究外,人口学者卡尔—桑德斯(A. M. CarrSaunders)和费伦奇(J. Ferenchi)还分别探讨了适度人口密度和适度人口质量问题。目前,适度人口论在世界上流行的范围越来越广,它虽然有"人口决定论"的缺陷,但是其中科学地寻找最有利经济和社会发展人口的思想,是有参考价值的。

经济增长人口论(Population Theory of Economic Growth)是一种把人口增长看作经济增长的重要因素并考察二者的变量关系的人口理论。它的理论基础实际上是凯恩斯的人口观点,即用人口衰退导致经济停滞,人口增长会刺激消费需求和投资需求,来说明人口因素在经济增长的长期趋势中的作用。经济增长人口论的早期代表,是英国经济学家哈罗德(R. F. Harrod)和美国经济学家多马(E. Domar)。他们提出的哈罗德—多马模型中,人口和生产技术、资本设备都是长期变动的基本因素,遵循凯恩斯的储蓄—投资分析,把各种有关因素高度简化为三个变量:储蓄率 s,资本/产量比率 v(也称资本系数),经济增长率 G。三个变量的关系是 $G = s \div v$。他们认为,要保证经济均衡增长,就应使"实际增长率"G,同由资本家对投资决定的"有保证的增长率"G_W,同由劳动人口增长率和劳动生产率决定的"自然增长率"G_N,三者达到均衡增长;当 $G_N = G_W$ 时,就可以实现经济均衡增长和充分就业;如果劳动人口增长停滞,储蓄和投资超过饱和点,就会出现"长期停滞"趋势。

美国经济学家库兹涅茨是另一种类型的经济增长人口论者的代表。他通过对一些国家的历史发展资料的整理分析,认为经济增长意味着生产能力的扩大,而生产能力的扩大,则是通过人口的增长、技术的进步以及社会的体制、结构和意识形态的相应调整而实现的。他认为各种类型的国家的人口趋势并不一致,经济发达国家由于经济增长提供了更多的就业机会,使出生率和死亡率日益下降,比发展中国家的出生率和死亡率低得多。即使在发达国家内部,由于各个社会经济集团的地位不同,收入分配不均,物质福利有别,因此出生率和死亡率都有差别。还认为现代经济增长和人口趋势之间的关系,并不是一个简单的短期的过程,比如农村人口向城市和工业的移动,就是技术、生产结构和就业结构等多种因素变化的结果。

美国经济学家登尼森是第三种类型的经济增长人口论者的代表,是对包括劳动人口在内的生产要素与经济增长的关系进行量的测定的第一个人。登尼森通过劳动质量的变化校正历史上劳动力的数字,来揭示劳动在数量上的增加和质量上的提高,他把劳动质量的变化分为三个方面:(1)由于正常劳动时间的缩短而引起的劳动质量的变化,即由于工作日的缩短引起的产量损失,越来越不能由每个劳动者平均人时产量的增加所弥补。(2)成年男工由于正常教育年限的增加,而引起的平均劳动质量的变化。(3)由于劳动力的年龄、性别构成的变化(劳动力参与率和总人口构成的变化)和相对于男工来说,女工劳动价值的变化,而引起的平均劳动质量的变化。经济增长人口论对人口和经济增长之间的变量关系的定量分析以及所收集的人口经济统计资料,有一定的参考价值。

人口转变论(Demographic Transition Theory)又称"人口发展阶段论"。以西欧人口出生率和死亡率的历史资料为依据,对人口发展阶段作出描述性说明的理论。它是曾风行于西方的一种人口理论,其基本观点认为,人口过程不是一个独立自行运动的过程,而是与社会经济变化密切相关的过程。人口转变论认为现代人口历史经历三个发展阶段:第一个阶段,出生率高,死亡率也高,结果人口稳定或相当缓慢地增长。第二个阶段,即进入近代后,公共卫生条件改善,食物结构改进,收入水平提高,结果死亡率明显下降,而生育率却随着生活状况的好转有所提高,结果是人口快速增长。第三个阶段,即发达国家现代化后,死亡率继续降低,人们生育观念改变,不愿再多生育子女,于是,出生率与死亡率同时降低,最终使人口增长很少或不增长。代表人物有法国人口学家兰德里(Landry Adolphe)、美国人口学家诺特斯坦(Frank W. Notestein)、美国人口学家汤普森(Warren Thompson)。人口转变论对人口变动作出了客观的描述和解释,但它没有指出影响人口变动的终极原因。

兰德里人口发展阶段论（Landry Population Development Stage Theory）是法国人口学家兰德里（Alphonse Landry）以生产力是所有人口过程的主要因素为依据，对人口发展不同阶段作出描述性说明的理论。兰德里是系统论述人口转变阶段和创立人口学体系的学者，其代表作有《人口革命》（1934）以及和索维等人合写的《人口学概论》。他认为，人口过程不是一个独立自行运动的过程，而是与社会经济条件特别是生产力变化密切相关的过程。以此为理论依据，并结合对出生率和死亡率等人口因素的统计分析，把人口发展分为三个阶段：第一个阶段是原始阶段，这时生产力水平很低，经济因素对生育率没有限制作用，而是通过影响死亡率来影响人口的发展，人口增长的最大限度取决于生活资料。第二个阶段是中期阶段，这时限制生育达到了普及的时代，特征是实现人口的均衡。经济因素影响生育率，维持既得生活水平的愿望成为制约人口发展水平的最大因素。第三个阶段是生活水平普遍提高的阶段，这时由于经济的、社会心理的复杂原因，改变了人们的生育观，人们会自觉地限制家庭人口规模。兰德里根据西方现代社会生育率普遍下降，引申出当前人口过剩的消失；认为人口不足成为当前许多国家面临的主要问题。兰德里所述人口秩序演变的思想，被称为"人口革命"。

诺特斯坦人口发展阶段论（Notestein Population Development Stage Theory）是美国人口学家诺特斯坦（Frank W. Notestein）描述人口发展不同阶段的理论。诺特斯坦认为人口发展过程是与社会经济条件特别是生产力变化密切相关的过程。他把由农业社会向工业社会过渡的人口转变分为四个阶段。第一个阶段是工业化以前阶段。出生率高而稳定，死亡率也高，自然增长率低。第二个阶段是工业化初期阶段。死亡率开始下降，但出生率并未随之降低，自然增长率开始升高。第三个阶段是工业化中期阶段。出生率开始降低，但出生率下降速度慢于死亡率继续下降的速度，自然增长率最高。第四个阶段是完全工业化阶段。死亡率和出生率都降到最低水平，自然增长率很低，甚至为零或负数。诺特斯坦认为，人口死亡率下降的根本原因是医学进步；出生率下降的原因是经济因素的变化。解决贫困和提高人民生活水平可以更有效地降低出生率。因为：（1）低收入家庭由于没有适当的收入和可靠的就业机会，健康、教育和社会服务条件差，除了养儿防老外，对于未来的安全没有保障。（2）在贫穷的社会，孩子是作为经济投资，希望从中得到报酬。但生育子女的成本决定于生育子女时母亲的工资损失和子女的教育费用。因此妇女在家庭以外的就业机会越多,男女青年上学的机会越多,生育的子女越少;妇女受的教育程度越高,其收入占家庭收入的份额越大,生育的子女越少;婴儿死亡率越低,出生率也越低。他还认为,人口激增是现代化的主要障碍。目前大多发展中国家处于人口转变的第二三两个阶段,少数发展中国家开始向第四阶段过渡。发展中国家只有降低出生率才可能为经济发展提供条件。由于许多发展中国家是人口年轻型国家,即使出生率降下来,在一定时期内总人口仍然是增加的。

汤姆逊人口论(Thompson Population Theory)是美国人口学家汤姆逊(Warren S. Thompson)创立的从社会学观点出发研究人口问题的理论。其主要论点是:(1)强调经济以外的社会因素对人口发展的影响,强调人口数量和社会福利的关系,反对用"纯经济观点"来说明"适度人口",认为人口构成、人口密度、社会组织、技术发明、消费习惯、宗教信仰等都应是衡量适度人口的标准,力图把社会进化的、生物的、经济的、福利的各种人口观点综合在一起。(2)认为各国在人口发展阶段上存在着差异,并根据人口出生率和死亡率的发展状况将世界各国分为三类:第一类是出生率和死亡率都没有受到限制,这是处于人口增长潜力最大的阶段,不可能得出人口增长缓慢的结果;第二类是出生率和死亡率都在下降,但前期死亡率下降较快,后期出生率下降较快;第三类是低出生和低死亡,出生率和死亡率都受到人为控制,处于人口增长低、稳定或减退阶段。(3)各国人口与资源之间存在着的不同比例关系,产生各不相同的人口压力。为了应对人口压力而采取行动必然构成威胁世界和平的危险,他用太平洋战争发端于人口压力较大的日本这一事例,说明"人口压力论"是威胁世界和平的证据。

罗吉斯蒂人口论(Logistic Population Theory)是探讨在一个有限环境里一个生物群内个体数目增长过程的人口理论。这一理论是比利时学者维尔玉斯特(P. F. Verhulst)在1838年首先提出的,1920年,由美国学者珀尔(R. Pearl)和利德(L. J. Reed)推广使用后,才引起人口学界的注意。他们认为人口发展是一个自发的过程,并且人类的生活环境和生存资料是不变的常数。基于这样的观点,他们设计了一个人口发展的"通用模式",即函数 $P = L/(1 + e^{a+bt})$(式中,t 为时间,P 为生物

群内在时间 t 的个体数目,e 为自然对数的底 $-2.71828\cdots$,L、a、b 均为有关参数,其中 L 为 p 的最大极限值),也称"罗吉斯蒂函数",认为一切人口的数量都按这个函数发展,用它可推算一些人口的极限人数。一些人口学家曾用罗吉斯蒂理论和函数公式进行过时间稍长的人口预测。但由于这一理论和函数忽略了人类自身有可能控制生育的事实和人类能够通过社会生产改变生活环境和增加生存资料的事实,因此它不可能成为"通用模式",其结果也很难符合事实。例如,珀尔和利德曾预测美国最高人数为 2.02 亿人,事实上美国 1980 年的人口就已达 2.2 亿人。

桑德巴尔模式(Sundbarg Pattern)是瑞典人口学家桑德巴尔(Sundbarg)提出的一种划分人口发展类型的理论。桑德巴尔把人口分为三个基本年龄组:0—14 岁、15—49 岁、50 岁以上。根据各年龄组人口数占总人口数的比重,把人口划分为增长型、稳定型、减少型。他认为,上述三个年龄组人口数的比重,分别占 40%、50%、10% 为增长型,分别占 26.5%、50.5%、23% 为稳定型,分别占 20%、50%、30% 为减少型。他的这种划分为测定未来人口变化趋势提供了一种模式。从人口类型来看,人口学家划分了与上述三种发展类型相应的模式:年轻型、成年型、年老型,并使用了不同的指标。如老年系数在 5% 以下者属年轻型,5%—10% 为成年型,10% 以上为年老型;少年儿童系数(15 岁以下人口)在 40% 以上为年轻型,30%—40% 为成年型,30% 以下为年老型;老少比的数值在 15% 以下者为年轻型,30% 以上者为老年型,介于两者之间为成年型;年龄中位数在 20 岁以下者为年轻型,30 岁以上者为年老型,介于两者之间的为成年型。桑德巴尔划分人口类型的意义在于,根据不同的人口类型,可以采取不同的社会经济政策,确定不同的人口再生产规模和速度。

倒过来的马尔萨斯主义(Reverse Malthusianism)又称"反面的马尔萨斯主义"。一种强调资本主义经济问题的根源在于人口不足,而不是人口过剩的人口学说。20 世纪 30 年代,西欧国家人口出生率和自然增长率明显表现出长期下降的趋势,同时也出现了经济长期衰退的状况。资产阶级经济学家赫尔士(I. Hersch)于 1934 年在其代表作《人口与失业》中,最先提出人口增长缓慢是西方国家的"失业的根源"。他认为人口增长率的迅速下降,不是像以往的马尔萨斯主义者所说的那样会导致幸福,而是导致生产"过剩"和失业。由于这个结论在表面上与马尔萨斯人口论相反,所以被他称为"倒过来的马尔萨斯主义"。资产阶级经济学家希克斯(J. Hicks)、凯恩斯、汉森(Alvin Hansen)和哈罗德也有类似观点。希克斯认为,随着人口增长,即使在没有什么发明的时候,投资也会剧增,因此增加人口有利于增加就业。凯恩斯认为,只有增加投资和消费的条件下才能实现充分就业,而"衰退人口"是不利于增加投资和消费的。汉森和哈罗德根据凯恩斯的学说,也认为危机、失业及"停滞"的原因是有效需求不足,而人口增长趋势下降是有效需求不足的主要原因之一。尽管倒过来的马尔萨斯主义在形式上和马尔萨斯人口论不同,但在实质上它和马尔萨斯主义完全一样,都是把人口变动看作社会经济变动的主要因素。

人口爆炸论(Theory of Population Explosion)是西方人口学者对世界人口迅猛增长所作的悲观论断。其代表作是美国保罗·埃利希的《人口爆炸》和赫茨勒的《世界人口危机》。他们认为,第二次世界大战后发展中国家高出生、低死亡的人口猛增现象,破坏了自然界生态平衡,破坏了人口与资源的平衡,这是世界不得安宁、发展中国家贫穷落后的根源,是世界划分为富国和穷国的根本原因。有的警告说,这种状况如不迅速控制,人类将面临犹如原子弹、氢弹爆炸那样可怕的毁灭性灾难。"人口爆炸"由此而得名。因此,发展中国家必须降低人口出生率,或发生一场灾难或饥荒来消灭人口,才能克服世界人口危机。人口爆炸论把人口问题与生产递减、资源枯竭、生态平衡失调、生存空间有限、环境污染等问题科学地联系在一起分析,有其参考价值。

零值增长人口论(Zero Population Growth Theory)是一种主张人口和经济停止增长,同时全球保持均衡、避免世界经济体系最终崩溃的理论。所谓人口零值增长,指出生和死亡人数相等,人口自然增长率等于零。20世纪60年代末,西方国家除了经济"滞胀"局面外,还出现了环境污染、资源浪费、城市人口拥挤等公害日益严重的现象,于是人口和自然资源以及生态平衡的相互关系成了西方国家人口学家、生态学家和经济学家激烈争论的问题。1972年,麦多斯(D. Meadows)与他人合作,根据他的老师福雷斯特尔的"体系动态学",出版了罗马俱乐部关于人类境况预测的第一个研究报告——《增长的极限》,在这个报告中,作者强调由于粮食供应的短缺、资源的消耗殆尽、污染的加重,人口和工业生产能力将会发生非常突然和无法控制的崩溃。"在 2100 年来到之前,增长就会停止。"避免这种情况发生的唯一可行的办法是:在 1975 年停止人口的增长,到 1990 年停止工业投资的增长,以达到"零度增长"的"全球性的均衡"。为此,他们提出了五个最影响增长的因素:人口增长、粮食供应、资本投资、环境污染和资源耗竭。这五个因素的共同特点都是"指数增长",即按一个固定百分比成复利增长,而其最好表现形式是"倍增时间",增长速度越快,倍增时间越短。麦多斯根据福雷斯特尔的体系动态学原理,认为每个因素的增长都有一个体系结构,都有它的"反馈环路"。在人口增长的反馈环路中,正反馈环路从出生率开始,人口增加率首先决定于出生率和两代人之间的"时延";负反馈环路则通过平均死亡率来控制人口增长的。他断言,人口增长是正反馈环路占统治地位,所以如果死亡率下降或不变时,必须降低出生率,延长两代人的生育间隔,才能降低人口增长率。麦多斯认为,包括人口和资本在内的五种因素是互相影响的。人口增长离不开粮食的增长,粮食生产的增加则需要投入更多的资本,资本意味着更多的资源,废弃的资源变成污染,污染影响人口和粮食的增加。他指出这种连锁的反馈环路决定着世界体系中人口和经济等增长的原因和极限,如此恶性循环下去,必将导致"世界末日"的来临。零值增长人口论由于研究了人口与经济增长因素的关系,目前已成为西方人口经济学的研究课题,一些著名经济学家(如萨缪尔森)也赞成人口零值增长的观点适用于对不发达国家人口变动的研究。但零值增长人口论由于对世界前途作出了十分悲观的估计,并且在一定程度上沿袭了马尔萨斯人口论,因此也受到一些西方人口学家和经济学家的批判。

贝克尔的人力资本理论(Becker Human Capital Theory)是美国经济学家贝克尔创立的有关人力资本学说体系。贝克尔关于人力资本理论研究的经典著作《人力资本》被认为是"经济思想中人力资本投资革命"的起点。这一理论包含两个核心观点:一是在经济增长中,人力资本的作用大于物质资本;二是提高人口质量是人力资本的核心,即教育投资是人力投资的主要部分。

人力资本管理建立在人力资源管理的基础之上,将企业中的人作为资本来进行投资与管理,并根据不断变化的人力资本市场情况和投资收益率等信息,及时调整管理措施,从而获得长期的价值回报。贝克尔研究人力资本理论时使用的主要是微观结构分析方法,侧重与微观个体的经济行为进行分析。贝克尔对人力资本理论的最突出贡献在于构造了一个分析人力资本理论的微观经济数量化基础。

凯恩斯就业理论(Keynes Employment Theory)是凯恩斯在综合了西方就业理论的成果基础上来阐述收入和就业波动关系的理论。1936 年,他在《就业、利息和货币通论》中提出就业周期性波动理论,认为供给自行创造需求,资本主义制度可以通过市场自动调节实现充分就业,因为,社会的就业量决定于有效需求的大小,社会总需求(包括消费和投资)的大小最终是由“消费倾向”(即收入与消费之间的一种函数关系)“对资本资产未来收益的预期”和对货币的“流动性偏好”(即那种愿意用货币形式保持自己的收入或财富的心理动机)这三个基本心理因素以及货币量决定的。(1)“消费倾向”决定消费需求,由于消费倾向的作用,消费的增长往往赶不上收入的增长,当总收入增加,储蓄在收入中所占的比重相应会增大,这就引起消费需求不足,使总供给价格和消费需求之间的差额增大。(2)“对资本资产未来收益的预期”决定资本边际效率;“流动偏好”和货币数量决定利息率;资本边际效率与利息率则决定投资需求。随着投资的增加,资本的边际效率下降,利息率升高,从而吸引投资的诱惑力减弱,投资随之锐减,引发投资不足。这样就使社会就业量在未达到充分就业之前就停止增加,形成大量失业。此外,凯恩斯还利用投资乘数论(关于投资可以引起几倍于本身的国民收入增长理论)推导出就业乘数论,说明增加投资对减少失业的重大作用。从凯恩斯就业理论出发得出的政策启示在于放弃自由放任原则,实行国家对经济的干预和调节,运用财政政策和货币政策刺激消费,增加投资,以保证充足的有效需求,进而实现充分就业。凯恩斯的这些理论和政策在第二次世界大战后对刺激资本主义经济增长、延缓经济危机和减少失业起到一定作用。但 20 世纪 70 年代初出现的大量失业和物价高涨与“停滞膨胀”局面,使凯恩斯就业理论在西方国家的影响开始减弱。

就业乘数理论(Employment Multiplier Theory)是研究由增加投资直接、间接引起的总就业增量与该项投资直接引起的就业增量之间构成比例关系的理论。由凯恩斯(Keynes)在《就业、利息和货币通论》中提出。他指出,增加投资,必然要增加投资物,即生产资料的生产,从而就可增加就业和社会上的收入;而收入增加时,消费也将随之增加(虽然小于收入的增加),从而消费品的生产也将增加,这样又可以增加新的就业,引起新的收入增加。因此,增加一笔投资最终引起的总就业的增加量,不仅包括因增加这笔投资而直接增加的就业量,而且包括因间接引起消费需求的增加而增加的就业量。这样实现的总就业增量与该项投资直接引起的就业增量之比,称为就业乘数。就业乘数论与凯恩斯的投资乘数论是相应的,它们的理论基础都是凯恩斯的消费倾向论。这一理论认为,若消费倾向一定,总投资量增加时,可以引起若干倍于投资增量的总收入增加,也会引起若干倍的就业量增加。凯恩斯试图通过乘数论,来说明增加投资对于解决失业、克服经济危机,以达到充分就业的重大作用。在经济生活中,一定投资量的变动,对国民收入和就业的变动发生影响,这是客观存在的。但就业乘数论无视某些投资一旦完成,变成新增生产能力后,就会促使对劳动力需求的相对减缩;无视盲目投资会导致和加深生产能力盲目扩大和有支付能力的需求相对缩小的矛盾,最终必然导致危机和失业的加剧。

就业波动理论(Employment Wave Theory)是探讨就业周期性波动现象及其性质的理论,就业波动理论是随着资本主义工业经济的发展而成长起来的。从 19 世纪早期开始到 20 世纪中期,资本主义社会接连发生了经济周期现象,西方经济学家纷纷对经济周期中的就业波动作出系统的阐述,试图以此来说明这一社会经济中的重大问题。从基本方法上讲,就业波动理论可区分为实际的和心理的理论,外部的和内部的理论,生产过剩和消费不足理论。(1)强调实际原因的就业理论,把就业周期波动和一些事件相联系,如战争、发现金矿、创新和人口增长等。而强调心理原因的理论,着重于企业主和消费者对某种刺激的反应。(2)生产过剩理论把资本货物或消费品生产超过市场需求视为就业波动的原因,认为生产过剩往往出现在繁荣时期。消费不足理论却把周期波动归因于收入不均或者货币供应不足,因而社会不能消费它生产出来的产品。(3)外因论把经济体系以外的事件看作就业周期波动的原因。内因论则是在经济内部寻求可能引起就业波动的诸因素。在上述众多理论中,西方经济理论界得出了一个一致观点,即引起就业周期波动的基本因素是投资水平的变动,如凯恩斯的投资不足论。但究竟是什么原因引起投资水平的变动,是外部的、内部的,还是实际的、心理的或其他什么原因,意见仍然不一致。西方经济学者从不同角度寻找就业波动的原因,应该说对就业波动理论研究越来越深刻,对经济发展和失业问题的解决,起了一定的积极作用。

需求约束型劳动市场(Labor Market of Demand Constraints)是一种不对称状态的买方劳动市场。这一概念是由匈牙利经济学家亚诺什·科尔内在《短缺经济学》中提出的。他认为需求约束型劳动市场一般存在于没有国家干预的情况下,就其纯粹状态而言,它有三个主要特征:(1)正常参与率(已经就业并且习惯于这种环境的所谓"习惯就业人口"同能够工作的总人数之间的比率)随时间变化有所增长,但潜在劳动储备(不经常就业但能够工作的人口)总量是大量存在的。大量潜在劳动储备存在的巨大压力是造成买方劳动市场的主要原因(严格意义上的失业仅仅是第二位的原因)。(2)正常的失业率大大超过由摩擦引起的最小失业率,甚至在经济周期的最高点也不降至这个最低水平,即这时也存在不被吸收的大量的长期失业(见图2-34)。(3)甚至有些习惯就业的人也受到失业的威胁。

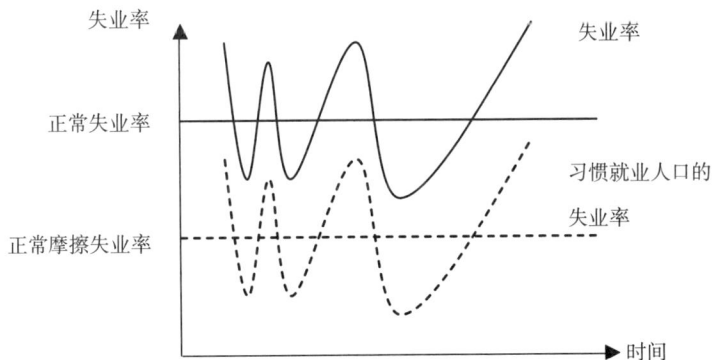

图 2-34　失业率在不同时间的变化

习惯就业人口的失业率,在经济周期的最高点接近于零,在经济周期的最低点则大量地增长。而大量潜在劳动储备的存在使这种威胁进一步加强,习惯就业人口因为已习惯于就业而增加了不安全感。科尔内认为,劳动市场是需求约束型的,是因为生产是需求约束型的,它的扩展受到总量有效需求的限制;由于需求约束型劳动市场是买方市场,因此存在着不对称状态。如果用"马歇尔供求曲线"把需求约束型劳动市场描绘成两种均等力量相遇的中性场所,就会掩盖或否定需求约束型劳动市场由需求决定就业的不对称性质。

资源约束型劳动力市场(Labor Market of Resource Constraints)是一种不对称状态的卖方劳动市场。这一概念是由匈牙利经济学家亚诺什·科尔内在《短缺经济学》中提出的。他在纯粹形态上将其与需求约束型劳动市场相比较,认为资源约束型劳动市场存在三个特征:(1)正常参与率(习惯就业的人数同能够工作的总人数之间的比率)很高,并且已达到容忍限度(社会可接受的约束),潜在劳动储备已被完全吸收。(2)即使存在就业的瞬时波动,失业率也几乎不变地处在摩擦引起的最低水平附近。长期失业已经完全被消除。(3)习惯就业的人的地位虽然仍存在不可逆转的性质,但由于在市场上已经没有失业者及大量潜在劳动储备的竞争,因此不存在对失业担心造成的不安全感。

科尔内认为,一旦纯粹的资源约束型劳动市场确立,整个经济会遇到劳动约束,它从根本上限制了增长。这种劳动短缺不能用单一的宏观总量来描述,因为总量过度劳动需求不一定等于企业和非营利机构总共需要多少追加工作人员,而微观个量对劳动需求有一个结构问题和瞬时调节问题;由于劳动的短缺,在劳动配置中卖方市场占据支配地位,也形成不对称的劳动市场,买方在购买劳动力过程中的费用将会上升。即使存在流动上的困难(如不愿改换工作或离开待遇优厚的单位、某些行政规定的阻止),但这最多只能削弱而不会改变由长期劳动短缺引起的劳动市场不对称的基本趋势。他还认为,政府的就业政策虽然会引起劳动短缺(如国家统配劳动力的政策会引导企业去储备劳动者),但是资源约束型的劳动体制才是造成劳动短缺的根本原因,因为这种体制的重要特征是投资饥渴和扩张冲动。并且劳动短缺越频繁和严重,在职失业越严重。科尔内否认劳动市场的瓦尔拉斯式均衡点(既无劳动短缺,也无劳动剩余)的存在,他说劳动市场始终存在不对称性。要么是以失业为特征的需求约束型买方市场,要么是以劳动短缺为特征的资源约束型卖方市场。发达资本主义经济是否能够停止在纯粹需求约束和纯粹资源约束正常状态之间的某个地方,现在还很难说得清楚。但根据历史经验可以断言,社会主义经济中"混合的"(只有半数潜在劳动储备被吸收,劳动短缺相当分散且不严重的"两种成分各半的")劳动市场状态,只是暂时的。社会主义经济自身的内在规律性将把劳动体制推到纯粹资源约束状态中去。要完全地和最终地摆脱失业的威胁,实现"充分就业",要靠资源约束型体制来保证。但是要充分就业,不要劳动短缺这种"最优化"选择是不可能的。充分就业与劳动短缺在资源约束型体制下会同时并存。

斯密国际分工论(Smith International Division Theory)是英国著名古典政治经济学家亚当·斯密提出的依照生产成本的绝对差别而实行国际分工的理论。它的具体内容是:各个国家都从充分利用本国的土地、气候、资源等最有利的自然条件出发,生产与别的国家相比成本最低、生产率最高的产品,从而使这些国家在不同地域之间形成相对分工。斯密认为,国际上不同地域之间也存在的分工,通过自由贸易促使各国劳动生产率的发展。因为每个国家都会根据自己的优势条件发展最擅长的生产部门,这样产品的劳动生产率就高,成本就低,劳动和资本就会得到合理的分配和运用,用这些产品去进行自由贸易就能用最少的花费换回更多的东西,从而比各国各自都生产自己所需要的一切东西更能增加国民财富。所以,斯密提出:"一种商品,如果他国来生产所需要的成本比本国低,那么本国就不要生产;用输出自己最擅长生产的商品换来的钱,去购买别国的廉价商品,更便宜和合算。"斯密还断言,国际间的地域分工是"自然"形成的,哪个国家最擅长生产什么产品,是由包括历史条件,以及地理环境、土壤、气候等自然条件造成的,是不可改变的。斯密的"国际分工论"对西方各国经济政策起过重大作用。

李嘉图比较成本学说(Ricardo Comparative Cost Theory)是依照产品的生产成本的相对差别来实行国际分工的一种自由贸易理论。英国古典政治经济学家大卫·李嘉图于 1817 年在《政治经济学与赋税原理》一书中提出。他认为,在资本和劳动不能在不同的国家之间完全自由流动和转移的前提下,斯密倡导的以绝对成本的高低实行国际分工和开展国际贸易是无法实现的,而只能基于比较成本进行国际分工和国际贸易。他如是阐述了比较成本理论:如果两个国家的生产力水平不相等,甲国生产任何一种商品在成本上都占绝对优势,而乙国生产任何一种商品在成本上都处于绝对劣势,这两个国家之间仍然可以通过国际分工和对外贸易互相获益。有这样一个例子,假如葡萄牙生产一定数量的葡萄酒只需要 80 个工人一年的劳动,生产一定数量的毛呢只需要 90 个工人一年的劳动,而英国生产同量的葡萄酒和毛呢则分别需要 120 个工人和 100 个工人一年的劳动,即葡萄牙在两种商品的生产上都占绝对优势。按照比较成本的原则,在这种情况下,最佳的生产布局应该是由葡萄牙生产它具有相对优势的产品——葡萄酒,由英国生产葡萄牙具有相对劣势的产品——毛呢,然后把各自生产的葡萄酒和毛呢互相交换。这样,两个国家都节省了劳动,并且都得到了更多的商品。李嘉图的比较成本学说启示是:在自由贸易的前提下,各国应该充分地利用国际贸易和国际分工,把本国的资本和劳动投入占相对优势的产业部门上,在使用和耗费同量资源的条件下,取得最好的经济效益,加快经济发展速度。

相互需求论(Reciprocal Demand Theory)又称"国际需求方程式"。从需求和交换比率方面论述国际分工和国际贸易的理论。1848 年英国经济学家约翰·斯图亚特·穆勒在其《政治经济学原理及其对社会哲学的若干应用》一书中提出。穆勒在李嘉图比较成本说的基础上,从需求和交换的方面补充了比较成本学说,提出了相互需求论。穆勒认为,国际间商品交换的实际比率是由两国间的相互需求决定的。假设用一定数量的劳动在英国能生产细布 10 码,麻布 15 码;在德国能生产的细布也是 10 码,麻布则为 20 码。从劳动生产率看,英国和德国在细布的生产上是相同的;而在麻布的生产上德国的劳动生产率高于英国。如果发生了国际分工,实行专业化生产,德国显然生产麻布有利,英国则生产细布有利。所以,英国以出口细布换取德国的麻布为宜。反之,德国则宜出口麻布换取英国的细布。按上述关系,英国国内细布与麻布的交换比率为 10∶15。在德国国内细布与麻布的交换比率为 10∶20。如果英、德两国间细布与麻布的交换比率为 10∶15,德国只要出口 15 码麻布即可换得 10 码细布,那么,利益全归德国。如果两国间细布与麻布的交换比率为 10∶20,则利益全归英国。很明显,两国产品的交换比率是由比较利益所决定的。在上述的情况下,两国间的贸易显然不易展开。这样就必然要在这个界限内产生另一交换比率,使两国通过贸易都得到好处。穆勒认为两国间的相互需求决定交换比率。例如按 10∶17 的比率进行交换,两国对对方产品的需求都是这个比率的 1000 倍,那么,德国以 17000 码麻布与英国 10000 码细布进行交换,此时两国相互需求程度相等,贸易趋于平衡。但如果英国对麻布的需求不是

1000倍,而是偏偏成800倍呢? 如果这时德国仍保持上述需求不变,对比之下,德国对英国的需求大于英国对德国麻布的需求。这时,英国就会提高细布的价格,两国间的交换比率就会向有利于英国方面变动。由于比较利益和需求的变动,两国间贸易也会不断变动。穆勒的相互需求论只适用于经济规模相当、双方的需求对市场价格有显著影响的两个国家。如果两个国家经济规模悬殊太大,小国的需求强度远远小于大国的相对需求强度,这时大国的国内交换比例实际上也就是国际间的贸易条件。

国际需求方程式(Equation of International Demand)见"相对需求论"。

赫克歇尔—俄林理论(Heckscher-Ohlin Theory)又称"H—O 理论",用生产要素的丰缺解释国际贸易的原因和流向的理论。现代国际贸易理论中最重要的基础理论之一。产生于20世纪20—30年代。最初出自瑞典经济学家赫克歇尔于1919年发表的《对外贸易对收入分配的影响》一文,后由赫克歇尔的学生、瑞典经济学家俄林在1933年出版的《区域贸易与国际贸易》一书中加以补充和完善,故合称为赫克歇尔—俄林理论。该理论源于李嘉图的比较成本论,其论点大致以比较成本论的各项假定为依据。但不同的是,李嘉图的比较成本论是从各国劳动生产率的差异出发分析国际贸易出现的原因,用等量产品中投入的不同劳动比较两国间同种产品不同的劳动成本;而赫克歇尔—俄林理论是假定各国的要素生产率相同,用等量产品不同的货币价格(成本)比较两国间不同的商品价格比例。该理论认为,国际贸易是由不同地区或国家之间商品价格差异引起的。设甲乙两国各有A、B两种商品,A种商品在甲国的价格比在乙国便宜,而B种商品在乙国的价格较甲国低廉,则必定发生甲国以A种商品交换乙国B种商品的贸易行为。A、B两种商品在甲乙两国的价格差异,是因为甲乙两国生产A、B两种商品的成本不同,生产成本的不同又是由生产要素价格(工资、地租、利润)在两国的差异引起的,而后一种差异主要在于生产要素(土地、劳动、资本)在不同国家丰裕程度不同。一个国家禀赋丰富的生产要素价格便宜;相反,稀有的价格就昂贵。由此,该理论得出下述结论:一个国家出口的必是利用自身丰富的生产要素所生产的商品,进口的必是本国稀缺要素所生产的商品。例如,劳动力丰富的国家应侧重发展劳动密集型产业,并将劳动力出口到此要素相对缺乏的国家;而资本相对丰裕的国家应侧重发展资本密集型产业,并将产品出口到资本相对缺乏的国家去。各国生产要素的相对丰裕程度不同反映了国际贸易给予各国的不同利益。赫克歇尔—俄林理论还认为,国际贸易的后果可以逐渐消除不同地区和国家之间的商品价格差异,进而消除生产要素的价格差异。例如,甲国因出口劳动密集型产品,对劳动力的需求增加,使原本丰富的劳动力变得稀缺,导致工资率开始上升;相反,由于进口资本密集型产品,国内对资本密集型产品需求减少,从而对资本需求下降,这样使原来稀缺的资本变得丰富,利率下降。乙国的情况恰恰相反,上述过程将导致乙国利率上升和工资率下降,从而使两国的生产要素价格趋于均等化。要素价格均等化证明了自由国际贸易将使在世界范围内的生产要素得到更有效的利用,同时有助于贸易参加国在工资和价格水平上趋于相同,从而使各国生活水平的差距趋于缩小或消失。有鉴于此,该理论积极主张自由贸易,竭力反对妨碍国际分工,减少对生产要素的运用的各种关税壁垒措施。赫克歇尔—俄林理论采用一般均衡论,结合多种生产要素的价格分析来论述国际贸易,这在西方国际经济学研究中是一个重大变革,其结论也为大多数西方经济学者所接受。它促进了西方理论界加强对国际贸易的宏观研究,并对第二次世界大战后国际贸易的格局产生了一定影响。

哈伯勒比较机会成本理论(Haberler Comparative Opportunity Cost Theory)是以机会成本概念为基础分析国际贸易产生原因的理论。1936 年奥地利出生的美国经济学家哈伯勒(Gvon Haberler)在《国际贸易理论及其在贸易政策方面的应用》一书中提出。机会成本一般指为做某件事而牺牲掉的其他机会或事情。哈伯勒根据这一概念并结合几何分析方法得出了同李嘉图的比较成本说相同的结论:两个国家进行完全的国际分工,集中生产各自的优势产品,通过国际贸易进行交换,这样贸易国双方都能得到利益。哈伯勒运用机会成本概念分析国际贸易,假设机会成本存在不变、递增、递减三种情况,由此分别得出的结论是:当机会成本不变时,两国开展贸易后的生产量和消费量都超过贸易前的数量;当机会成本递增时,两国开展贸易后并不能形成完全的专业分工,这时各国增加的只是具有比较利益的商品的生产,不具有比较利益的商品的生产将会减少;当机会成本递减时,两国开展贸易后并不能形成完全的专业分工,以获得可能的最低生产成本。哈伯勒的比较机会成本理论表明,贸易能使一个国家根据自己的优势进行比较专业化的生产,同时又使每一个国家的消费量超过它的生产能力并实现消费多样化。这一结论,同比较成本说的结论尽管相同,但由于它采用了数学方法进行证明,推论过程较为严密,限制性的假定条件较少,因此,许多西方经济学家认为,它比李嘉图的比较成本说更趋精确和合理。

里昂惕夫之谜(Leontifiev Paradox)又称"里昂惕夫反证"。是指赫克歇尔—俄林理论和验证结果之间的矛盾。由美国著名经济学家沃西单·里昂惕夫在1953年所著《国内生产和对外贸易:美国资本地位的再审查》一文中提出。按照赫克歇尔—俄林理论,一个国家如果某一种生产要素比较丰裕,它就应当生产该种生产要素密集的商品,这样才具有比较优势,从而在国际贸易竞争中获利。依据这一原理,像美国这样一个资本相对丰裕而劳动力资源相对不足的国家,理应出口资本密集型商品,进口劳动密集型商品。然而,里昂惕夫在该文中用投入产出法考察美国对外贸易商品结构时发现,美国出口商品的资本/劳动比率低于与进口相竞争的商品的资本/劳动比率,在1947年生产一组有代表性的美国进口替代商品所需要的人一年资本量比生产一组有代表性的出口商品所需要的大30%,比1951年大6%。它表明,实际上美国出口的是劳动密集型商品,进口的则是资本密集型商品。这一验证结果显然和赫克歇尔—俄林理论大相径庭。由此引起西方国际贸易学界的极大震惊和大量评论。为回答学术界的评论,里昂惕夫1956年又发表了《生产要素比例与美国贸易结论:进一步的理论和验证分析》一文,其验证结果与1953年结论基本相同。此后,其他西方经济学者也用里昂惕夫方法验证其他国家的贸易格局,大多与"谜"一致,少数与"谜"相背。围绕里昂惕夫之谜,西方经济学界提出了各种各样的解释。里昂惕夫本人认为,这种现象可能是由于美国工人的效率和技巧比其他国家高(大约是其他国家的三倍)造成的。因为如果劳动以效率单位来衡量,即按美国的劳动量乘以3计算,那么美国将是劳动相对丰富、资本相对稀缺的国家,它将以劳动密集型产品交换其他国家的资本密集型产品。但是里昂惕夫的这一解释,接受者并不多,人们认为难以对此进行实际验证。其他的经济学家如美国的鲍德温,则试图用美国关税结构予以解释。根据鲍德温的计算,如果美国的进口不受限制的话,则其进口产品的资本/劳动比率将比实际进口所计算的比率低5%。这个结果显示出里昂惕夫的结论没有考虑到美国保护性的关税政策所造成的人为地增加进口货物中资本密集型产品的比重的情况,为解释里昂惕夫之谜提供了部分答案。里昂惕夫之谜带动了其他经济学者对国际贸易各种现象的动态分析,从而促成了诸如"产品周期说""收入偏好相似说"和"原料周期说"等现代国际贸易新论的产生。

斯托尔珀—萨缪尔森命题(Stolper-Samuelson Proposition)是一种考察征收关税对各种生产要素间收入分配产生影响的国际贸易理论。1941年由斯托尔珀和萨缪尔森在《保护和实际工资》一文中提出。西方学者将这一命题誉为与赫克歇尔—俄林理论、里昂惕夫之谜并列的第二次世界大战后国际贸易分工理论的三大支柱。斯托尔珀和萨缪尔森在考察征收关税对各种生产要素之间收入分配的影响时,基本沿袭了赫克歇尔—俄林理论的前提条件,即只考察两个国家、两种商品和两种生产要素,假设完全竞争、充分就业,不考虑运输成本、生产要素在国际间可自由移动,规模收益不变,以及收益递减,并假设要素禀赋差异是导致国际间贸易和分工流向的根本原因,征加关税不会改变贸易格局等。在此基础上,通过分析,他们得出了结论:征收进口关税后,本国稀少要素的价格相对于其他要素以及任何商品的价格,都会上升。换言之,假设美国是一个劳动力相对稀少的国家,需要进口劳动密集型商品,那么通过征收关税,美国工人的工资相对于资本或其他任何商品的价格都会增加。这就是所谓的斯托尔珀—萨缪尔森命题。该命题认为,贸易和专业化分工的影响不仅仅限于具有使国家之间要素价格均等化的倾向,它还可使一个国家内部各种要素之间的价格均等化。因此,它对国际贸易分工理论是有影响的。

人力技能理论(Human Skills Theory)是从劳动的熟练程度和技术水平的角度分析国际间贸易优势和贸易流向的理论。第二次世界大战后,由经济学家基辛(D. B. Keesing)提出。为了解决里昂惕夫之谜,基辛以1960年美国人口普查资料为基础,将美国企业人员按照技术熟练程度由高到低分为八个等级:一级是科学家和工程师;二级是技术员和制图员;三级是其他专业人员;四级是经理;五级是机械工人和电工等;六级是其他工种的手工操作工人;七级是办事员和销售员;八级是非熟练和半熟练工人。前七级是熟练劳动,最后一类是非熟练劳动。基辛在此分类的基础上,对 14 个国家在 1962 年进出口情况进行了分析。见表 2-7(只列 5 个国家加以说明,其他 9 个国家或地区从略)。

表 2-7 部分国家进出口产品所需熟练劳动和非熟练劳动的比重

国家	出口		进口	
	熟练劳动	非熟练劳动	熟练劳动	非熟练劳动
美国	54.6	45.4	42.6	57.4
瑞典	54.0	46.0	47.9	52.1
德国	52.2	47.8	44.8	55.2
意大利	41.1	58.9	52.3	47.7
印度	27.9	72.1	53.3	46.7

表 2-7 中美国出口产品所使用的熟练劳动的比例比进口替代产品所使用的要高(54.6% : 42.6%),所使用的非熟练劳动的比例则较低(45.4% : 57.4%)。美国出口产品中所使用的熟练劳动比例是 14 个国家中比例最高的,这说明美国出口的是技能密集程度最高的产品。由于美国具有相对丰富的熟练劳动力和专业技能,使得其在电子计算机和商用飞机制造方面享有比较持久的优势。由此可见,发达国家趋于出口技能密集的产品,而比较贫穷的国家则出口非熟练劳动密集型产品。20 世纪 50—60 年代后,西方经济学家逐渐把劳动技能看作人力资本的一种,将其与有形资本同等对待。他们认为有形资本是通过储蓄和投资形成的,一旦形成,就能重复地取得收益;劳动技能来源于教育和培训,技术熟练的劳动者也可以不断地取得收入。肯林(P. B. Kcnen)对人力资本的估价方法是把熟练劳动的收入高于非熟练劳动的部分资本化。通过这种方式计算出来的人力资本和有形资本加在一起,作为美国出口产品和进口替代产品的资本/劳动比率的分子,经过这样处理,把人力技能看成是总资本的一部分,用以解释里昂惕夫之谜。

技术进展理论(Technical Progress Theory)是从技术创新所产生的国家之间的技术差距的角度分析国际间贸易优势和贸易流向的理论。第二次世界大战后,由经济学家波斯纳、格勒伯、弗农等人提出。该理论认为技术能够改变土地、劳动和资本的相对比例关系,从而提高三者的生产率。人力资本是对教育和培训事业进行投资的结果,而技术是过去对研究和发展事业进行投资的结果。因此和人力资本一样,技术的进步也可以作为一种资本或一个独立的生产要素,用于补充俄林的资源禀赋理论。技术进展或技术革新一般通过两种方式进行:一种是发展新的、比现有生产方式更节约的产品生产方式,新生产方式的应用将提高要素生产率;另一种是创造发明全新的产品和改进已有的产品。同时,该理论认为,各个国家技术更新的进展情况不一致,进展领先的国家就可能享有技术密集型产品的比较优势。从先发优势国家开发的新产品问世到其他国家生产仿制产品以前的这一段时间被称作"模仿时延"。在这期间,由于先发优势国家垄断了这种新产品的生产,从而使其产品具有了出口优势。波斯纳认为,"模仿时延"是由需求时延和反应时延两者构成的。需求时延是外国新产品问世,而本国消费者还不认为它是国内产品的完全替代品,对它并无需求的这一段时间间隔;反应时延是外国新产品问世以后到本国生产者认为这种产品已经构成竞争性威胁,需要进行国内生产加以抵制的一段时间间隔。需求时延一般大于反应时延,反应时延的长短取决于规模节约、关税、运输成本、国外市场的大小和收入水平等因素。如果革新国家在扩大新产品中获得大规模生产的经济效益(即规模节约),进出口之间运输成本低廉,进口国关税税率和收入水平较低而市场又比较狭小,则有利于革新国家继续保持出口优势;反之,则有利于时延的缩短。技术进展理论认为,一些国家之所以长于技术力量(人力资本)和把这些技术力量和技术集中用于科研和发展工作,就是因为它们经常性地推出新产品和新工艺。格勒伯和弗农等人根据1962年美国19个产品的有关资料,就科研和发展费用、技术人员人数和出口的关系进行了统计分析。其结果是,美国5个具有高度技术水平的产业——运输、电器、工具、化学和机器制造的科研和发展经费占19个产业中全部科研和发展经费的89.40%;占这些企业自筹的全部科研和发展经费的78.2%;科学家和工程师的人数占这19个产业从事同样工作的科学家和工程师人数的85.3%,出口量占这19个产业出口量的72%。因此,如果把技术看成是生产要素之一,那么注重科研和发展的行业,它的科研密集型产品就会有高度的出口优势,这种分析在一定程度上充实了资源禀赋理论。

产品生命周期理论(Product Life Cycle Theory)是用技术、规模节约、熟练劳动和非熟练劳动等制造产品的生产要素的比例的规律性变化解释国际贸易格局的理论。1966年美国经济学家蒙德·弗农在《国际投资和产品周期中的国际贸易》一文中提出。弗农认为,一切产品都有创新、成长与成熟、标准化、衰亡这样一个生命周期过程。在产品生命的不同阶段,对生产要素有不同的要求。创新阶段需要大量的高级技术人才研究和开发产品。当一个公司发明制造出一种新产品时,由于对该产品的需求量大,公司可以通过技术垄断而获得超额利润,但这时生产成本也较高。在产品生命成长和成熟阶段,该产品的需求量继续增大,但技术模仿率也增大了,随着更多厂商参加制造和竞争,该产品的制造能力逐渐扩大到国外。到了产品标准化阶段,需求的扩大受到一定的限制,市场价格竞争日益激烈,需要进行大规模生产,这时要求大量的非熟练工人、资金和原材料,因此原发明厂商将厂迁到国外生产成本低的地方,于是生产这种产品的比较利益就从原来资本丰裕的国家转移到劳动力资源丰富的国家。概括起来:第一阶段是创新国国内生产和试销阶段;第二阶段是创新国出口新产品阶段;第三阶段是创新国在这类产品方面逐渐丧失比较利益阶段;第四阶段是创新国在这类产品方面因丧失比较利益而要进口该种产品的阶段。这一过程可以一直推论下去,最后是发展层次比较低的国家也有可能成为该产品的出口国。弗农的这一理论,可以用来解释里昂惕夫之谜。在美国这样的国家,出口主要是第一阶段和第二阶段的产品,进口的主要是第三阶段和第四阶段的产品。这是因为,美国的工资成本相对较高,进口标准化的、大规模生产的,并且对美国来说不再具有"新产品"性质的产品,是比较有利的。因此在美国经济中可以看到这样一种带规律性的现象,美国创新生产某种新产品→出口该种产品→外国仿制该种产品→美国进口该种产品。产品生命周期理论是一种动态的国际贸易理论。它用产品的生命周期运动及内在的生产要素比例的规律性变化来分析比较优势在各国间的相互转移,对于了解第二次世界大战后的国际贸易格局形成,有一定参考价值。

关税同盟理论(Customs Union Theory)是认为关税不但在同盟内部有增加贸易的效应而且还有转移贸易效应的理论。1950年美国经济学家维纳(J. Viner)在《关税同盟问题》一书中提出。传统关税同盟理论认为,关税同盟有增加同盟内部贸易的效应,维纳提出了异议,他认为关税同盟建立以后,成员国的一部分贸易从效率较高的非成员的生产国,转向于效率较低的其他成员国,这一转移过程对国际贸易产生了不利的影响。例如,假定在没有成立关税同盟之前,A国总是向生产小麦效率高、成本低、价格便宜的生产国C购买小麦,而不向成本较高、价格较贵的B国购买小麦。但当A、B两国加入同一个关税同盟,而C国仍旧留在同盟之外时,由于同盟内部取消了关税,相比之下,B国的小麦价格很可能变得低于C国小麦的价格。于是A、C两国的传统贸易渠道中断,A国转向B国购买小麦。从整个世界小麦贸易的情况看,小麦的生产效率降低了。维纳认为,关税同盟成员国的构成,即成员国进出口产品的重叠程度,决定同盟的经济效益。在未成立同盟之时,产品系列趋于相同的国家是相互竞争的关系,产品系列大不相同的国家则是相互补充的关系。一般认为,相互补充的国家进行贸易,双方都能得到贸易利益,但这并不等于这些国家进行经济一体化以后也能获得很大的经济效益。因为经济一体化的效果是否显著,关键在于一体化之前各国关税税率的高低。某种产品原来税率较高的,建立同盟以后,同盟内部产品价格迅速降低,各成员国之间的贸易量增加。在建立关税同盟之前,一般情况是,互相补充的国家对非竞争性产品的进口征收的关税都比较低;而相互竞争的国家为了保护本国的生产,对竞争性产品的进口征收的关税都比较高。由此可知,相互竞争的国家建立关税同盟后所产生的经济效益,要比相互补充的国家所产生的经济效益来得显著。维纳认为,在建立关税同盟后,原先相互竞争国家的重叠产品的竞争会进一步加剧,若其中某个效率最高的成员国的这种产品占领了同盟内的整个市场,则发生了资源再分配过程,在这个过程中,生产效率得到进一步提高。

偏好相似理论(Theory of Preference Similarity)是从需求方面解释国际贸易流向的一种理论。瑞典经济学家林德尔(S. B. Linder)在《论贸易和转变》一书中提出。该理论的基本论点是:(1)一种工业品要成为潜在的出口产品,首先必须是一种在本国消费或投资生产的产品,即产品出口的可能性决定于它的国内需求。因为,第一,企业家对国外市场不可能像对国内市场那样熟悉。一个企业只有在相当长时期内为国内市场进行生产以后,才会想到出口产品赚取国外利润。第二,技术革新和发明创造推动力来自国内需要。创造发明所形成的新产品通常是适用于本国市场需要的产品,其生产和销售活动总是首先在本国市场中进行,然后才逐渐地适应于出口需要。第三,由于新产品的发明及其推广工作必须和市场紧密配合,因此,出口的工业品无论是消费品还是资本品,必须先有一个国内市场,才能获得相对优势。如果消费者和市场是在国外,发明推广新产品所必需的市场信息成本将过于高昂,不可能对企业家产生吸引力。(2)两个国家的需求结构越相似,这两个国家之间的贸易量就越大。如果两个国家需求结构完全一样,一个国家所有的可能出口物品也是另一个国家的可能进口物品。(3)影响一个国家需求结构的最主要因素是平均收入水平。平均收入水平和消费品、资本品(机器设备等生产资料)的需求类型有密切联系。一般而言,从总量讲,平均收入水平低的国家选择质量较低的消费品和资本品,而人均收入水平高的国家选择质量较高的消费品和资本品,因此,人均平均收入水平相同的国家之间的贸易范围是最大的,而人均收入水平的差异则是贸易的潜在障碍。一个国家虽然有比较优势的产品,但是若其他国家由于收入较低对它并没有什么需要,贸易将无从发生。林德尔的这一理论为解释俄林的资源禀赋理论所无法解释的国际贸易现象,提供了一个新的论点。它说明了工业结构相同的国家之间的工业品贸易量为什么最大。

动态比较费用说(Dynamic Comparative Cost Theory)又称"幼稚产业保护理论"。后起国通过扶植和保护本国幼稚产业而实现自己产业结构高度化的赶超战略的一种国际贸易理论。由德国经济学家李斯特(Friedrich List)提出,日本经济学家筱原三代平等做了补充。"动态比较费用说"是针对李嘉图等人的"比较生产费用说"而提出来的。按照"比较生产费用说"的原理建立国际贸易和国际分工秩序,农业国的相对优势在农产品上,后起工业国的相对优势在轻工业产品上,工业先行国的相对优势在重工业产品和技术密集型产品上。这样,农业国走向工业化、后起工业国走向重工业化都不符合相对优势原则,任何国家产业结构的演进都显得没有必要。这种理论极不利于后起国的经济发展。19世纪初,德国尚处于工业化起步阶段,许多信奉李嘉图学说的经济学家对德国工业化持悲观态度。李斯特站在德国经济发展的立场上,主张用保护贸易的政策扶植幼小的德国工业。他认为当时在国际市场上还缺乏竞争力的幼稚产业,经过政府的扶植和保护就可以促进其发展,而后成为很好的出口产业。20世纪50年代中期,日本的经济发展处于重要的转折关头,按什么原则规划日本的产业结构成了当时日本经济政策理论上的重大课题。筱原三代平等基于李斯特的"幼稚产业保护理论",提出了日本规划产业结构的两个基本的基准,即"收入弹性基准"和"生产率上升率基准",引导产业结构向重工业化、高加工度化的方向发展。他们认为,静态地看,在国际贸易中暂时处于劣势的产业,从发展的眼光看有可能转化为优势产业。对这些产业不但不应该放弃它的发展,而且还要扶植它的发展。如果发达国家将经济发展的重心放在收入弹性较高的产业上,而发展中国家只发展收入弹性低的技术进步率低的产业,就会加大发达国家与发展中国家在经济发展上的差距。如果日本原封不动地接受"比较生产费用说",工业结构的工业化、高加工度,从而经济增长的高速度都是不可能出现的。依据"动态比较费用说"扶植幼小产业而使经济发展获得成功的典型例子是日本。国际贸易中成为日本换取外汇的主要出口产品如钢铁、汽车、家用电器等机械工业品在 20 世纪 50 年代的国际市场上都是毫无竞争力的产品。1955 年,日本汽车产量不过 6.5 万辆,为美国的 1/135,1980 年则达到 1140 万辆,超过美国 801 万辆的规模,日本成为国际市场上最大的汽车出口国。显然,"动态比较费用说"对日本第二次世界大战后的"经济奇迹的产生"起了积极作用。

幼稚产业保护理论(Infant Industry Theory)见"动态比较费用说"。

刘易斯贸易条件论(Lewis Theory of Terms of Trade)是一种分析发展中国家对外贸易的理论。1954 年美国经济学家威廉・刘易斯在《劳动无限供给条件下的经济发展》一文中提出。这一模式假定:有两个国家——发达国家与发展中国家,它们生产三种商品——食物、初级产品和工业品,其中食物是两国都生产的,初级产品由发展中国家生产,工业品由发达国家生产;两国消费这三种商品、发达国家以工业品与发中国家的初级产品相交换。假定两国的生产可能性曲线是线性的,各国国内初级产品与工业品的价格从供给来看,是根据食物所决定的。在这种情况下,当两国以初级产品与工业品相交换时,贸易条件则是由各自生产食物的农业部门的劳动生产率所决定的。由于发展中国家的农业生产率低,发达国家的农业劳动生产率高,决定了贸易条件会不利于发展中国家而有利于发达国家。假定发展中国家每劳动日生产一个单位初级产品或一个单位食物,发达国家每劳动日生产一个单位工业品或五个单位食物,这样贸易条件就是发展中国家的五个单位初级产品只能换回发达国家的一个单位的工业品。从长期来看,如果发展中国家的农业劳动生产率不变,结果只能是贸易条件更加不利于发展中国家,发展中国家只有提高农业劳动生产率,才能从根本上改变贸易不利的状况,从而为经济发展提供有利条件。

剩余出路贸易理论(Vent-for-surplus Trade Theory)是一种从就业不足出发分析发展中国家对外贸易的理论。1954 年由缅甸发展经济学家明特在《经济落后的一种解释》一文中系统提出。明特认为西方传统贸易理论不符合发展中国家对外贸易的历史和现状,因为这种理论假定各国的资源得到充分利用,达到充分就业的水平,而发展中国家常见的现象则是失业和就业不足。因此,分析发展中国家的对外贸易,必须从这个基本现实出发。明特认为,由于有大量不得其用的人力资源存在,发展中国家可以不必花费多少实际成本就能扩大生产能力,把国内不需要的剩余产品出口,换回需要的进口商品,提高消费水平,如图 2-35 所示。

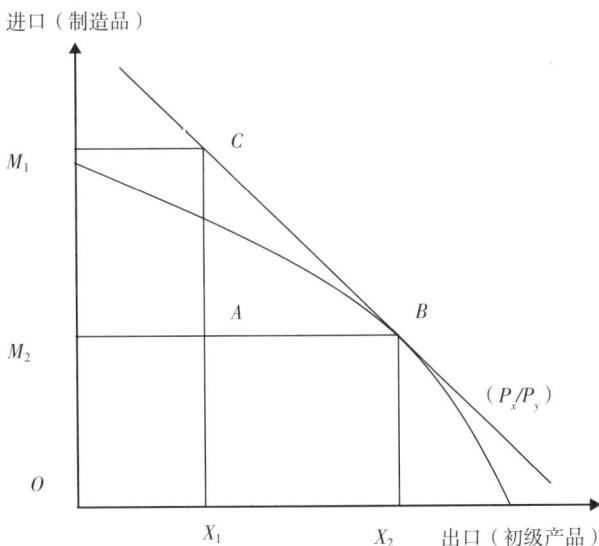

图 2-35 剩余出路贸易理论

图 2-35 中曲线为某一发展中国家的生产可能性边缘曲线,直线表示贸易条件。在未进行贸易之前,生产配合点假定为 A,此时,生产 OX_1 初级产品和 OM_1 制造品,消费同量的两种产品。A 点的位置在生产可能性边缘曲线之下,表明未实现充分就业,资源利用不足。如果进行贸易,就可以利用闲置的资源,把生产扩大到

生产可能性边缘上的 B 点。在既定的贸易条件下,生产 OX_2 量的初级产品,以 $X_1X_2(=AB)$ 部分出口,换回 $M_1M_2(=AC)$ 量的制造品,制造品的消费水平由 M_1 提高到 M_2。这样,闲置的"剩余"的资源找到了"出路",生产水平和消费水平同时提高。这一理论的结论是,既然发展中国家存在着资源闲置、劳动力失业和就业不足的情况,就应当尽一切努力创造就业机会,为此,必须保护国内产业的发展。发展中国家采用关税、进口限额等保护贸易的措施,是必要的。

产业内贸易分工理论(Intra-industry Trade Theory)是一种解释产业结构相近国家间贸易增多现象的国际贸易理论。20 世纪 60 年代形成,其主要代表人物有德雷塞、林德、赫巴厄、巴拉沙、格鲁贝尔、劳埃德等经济学者。传统贸易理论的着眼点在于各国以本国劳动生产率、要素禀赋等因素而具有相对优势的产业产品出口,具有相对劣势的产业产品进口,故西方学者称之为异产业贸易。但是,第二次世界大战后世界经济中出现一个明显的现象,即相同的或可替代的产品贸易明显增多,产业结构相近的国家之间的贸易明显增多。这一现象需要新的理论来解释,于是,产业内贸易分工理论应运而生。

产业内贸易理论分析的是各国属于同一产业的产品相互进出口的实质和决定因素以及对社会福利的影响。这些产品的贸易可分为两大类:一类是同一产业中性能完全相同的产品的相互贸易,另一类是同一产业中性能有差异的产品的相互贸易。前者是由五个方面原因引起的:(1)运输成本占总成本比重大的建筑材料,因邻近或运输条件方便而发生同产品国际贸易。(2)性能完全相同的劳务商品如银行业、船运业和保险业有可能满足不同的顾客在不同时间、地点和特定条件方面有细微差别的需要。(3)一些国家和地区从事大量的转口贸易和出口贸易。(4)政府政策不当导致的价格扭曲也会刺激贸易商为获利而对同类产品做进出口贸易。(5)供求的季节性变动和其他突变因素有时会使一些国家进口那些在其他时间出口的产品。后者则是由规模经济利益、产品性能差异和需求偏好相似等因素引起。规模经济利益会使能够进行大规模生产的国家在产品成本方面有竞争优势,因此有可能向同类产品生产规模较小的国家出口。产品技术性能的差异则有可能满足不同层次、不同习惯的消费者的需要。需求偏好相似有利于厂商克服因社会政治制度、政策、文化不同而造成的市场隔离,使产品进入这些国家的市场。

贸易条件恶化论(Terms of Trade Deterioration)是分析发展中国家贸易条件长期恶化的原因及后果的一种理论。1950年阿根廷经济学家普雷维什在《拉丁美洲的经济发展及其主要问题》的报告中提出。普雷维什以1876—1938年英国进出口产品的平均价格指数分别代表原料和制成品的世界价格,并且以1876—1880年的世界价格为100,计算出以后各年的原料价格和制成品价格之比,即计算出二者的贸易条件。结果表明:除了1881—1885年的价格比例比1876—1880年的略为上升外,其余各年的价格比例都是递减的,1936—1938年已降到64.1,也就是说,一定量的初级产品在19世纪70年代所能够买到的制成品,到了20世纪30年代就只能是其中的64.1%,由于发展中国家出口中原料产品占很大比重,因此发展中国家贸易条件越来越恶化。普雷维什认为发展中国家贸易条件恶化的原因是:(1)技术进步的利益不能分配平均。(2)制成品的市场结构具有垄断性。经济学家辛格则提出:初级产品贸易条件的恶化,是由于需求的收入弹性不同和节约物资的技术革新造成的。根据以上论点,普雷维什、辛格提出其政策主张:发展中国家应该集中更多的资源来扩大它们的现代化的工业,而把较少的资源用于扩大初级产品的生产和出口。具体的措施是:一方面实行进口替代政策,限制工业品的进口,设法在本国建厂制造;另一方面是面向出口,要求发达国家减少贸易壁垒,扩大工业品的出口。20世纪50年代末,普雷维什除了继续强调通过保护关税、进口替代等方式进行拉丁美洲各国的工业化外,还主张创立拉丁美洲的共同市场、统一投资来促进拉美各国的工业化。60年代末,他又主张努力促使工业发达的国家取消贸易壁垒,接受拉丁美洲各国制成品进口。随着时间的推移,他的观点在不断地变化,但始终和改善拉丁美洲各国的贸易条件密切相关。

动态比较优势理论(Dynamic Comparative Advantage Theory)是以资本积累对贸易的影响分析贸易类型的理论。1965年,由美国经济学家尤赞韦(H. Uzawa)和奥尼基(Oniki)在《国际贸易动态模型中的贸易和投资模型》一文中提出。该理论从分析赫克歇尔—俄林理论(简称"赫—俄理论")的缺陷出发,指出赫—俄理论从静态的角度解释各国贸易类型的成因,特别是要素价格均等化与经济发展间相互关系的论点,不能完全说明经济成长与贸易之间变化的关系。他们认为,影响贸易类型的原因,实际上是经济成长过程中的资本积累和技术与知识进步等因素。

这一影响过程表现为:首先,资本对一个国家所得发生重要影响。凡是资本积累提高,都将增加所得。而所得的增加,意味着一个国家经济成长的速度加快。其次,随着经济成长过程的向前延伸,一个国家的生产将经由农业产品的生产阶段,发展到农工产品并存的过渡生产阶段,最终发展到工业产品的生产阶段。在上述不同阶段,一个国家资本与劳动的禀赋比率各不相同。在资本禀赋相对丰富的国家,必然是生产资本密集型产品;相反,在劳动禀赋相对丰富的国家,必然是生产劳动密集型产品。

对外贸易乘数论(Foreign Trade Multiplier)又称"对外贸易倍数论"。当代西方国际贸易理论之一。由英国经济学家伊·弗·哈罗德提出。这个理论是凯恩斯的乘数理论具体运用于对外贸易的结果。它认为。一个国家的出口和国内投资一样,有增加国民收入的作用;一个国家的进口,则与国内储蓄一样,有减少国民收入的作用。当商品劳务出口时,从国外得到的货币收入会使出口产业部门收入增加,消费也增加。这必然引起其他产业部门生产增加,就业增多,收入增加,如此反复下去,收入增加量将为出口增加量的若干倍。当商品劳务进口时,必须向国外支付货币,于是收入减少,消费跟着减少,同储蓄一样,成为国民收入中的漏洞。所以,只有当贸易出超或国际收支为顺差时,对外贸易才能增加就业量,提高一个国家国民收入量。对外贸易乘数论认为:贸易顺差越大,对本国国民收入的增加及解决失业和危机问题所起的作用就越大。一个国家通过贸易顺差所得到的好处,与贸易顺差量成正比。以此为出发点,对外贸易乘数论提出了奖入限出的政策主张。正如出口增加将会通过乘数作用而使国民收入和国内就业成倍增加一样,外国在本国的投资的增加(这些投资的结果将增雇本国工人或增加本国生产的产品),本国在外国的投资的增加(增加的投资收益流回本国),本国居民从外国取得的工资收入的增加(增加的工资收入流回本国),都能通过乘数作用而使国民收入和国内就业成倍增加。对外贸易乘数论以凯恩斯的边际消费倾向的分析为依据,它关于一定数量投资或一定数量出口可以在收入和就业增加方面引起连锁反应是一个客观存在。这对于分析一个国家对外贸易的变动对国民收入及经济增长的影响作用,具有参考意义。

古典贸易理论（Classical International Trade Theory）是由英国古典学派经济学家在劳动价值学说基础上，从生产成本方面提出的关于国际贸易的发生和影响的学说，包括亚当·斯密的绝对优势理论和李嘉图的比较优势学理论。从本质上讲，古典贸易理论是从生产技术差异的角度，来解释国际贸易的起因与影响。在古典生产函数中，劳动是唯一的生产要素，因此，生产技术差异就具体化为劳动生产率的差异，在这种情况下，劳动生产率差异成为国际贸易的一个重要起因。绝对优势理论解释了产生贸易的部分原因，但局限性很大，因为在现实社会中，有些国家比较先进发达，有可能在各种产品的生产上都具有绝对优势，而另一些国家可能不具有任何生产技术上的绝对优势，但贸易仍可能在这两种国家之间发生。比较优势理论继承了绝对优势理论的科学成分，如劳动价值论、专业化分工、自由贸易等，更为重要的是用比较成本概念代替了绝对成本概念。该理论认为，国际贸易的基础并不限于生产技术上的绝对差别，只要各国之间存在着生产技术上的相对差别，就会出现生产成本和产品价格的相对差别，从而使各国在不同产品上具有比较优势，使国际分工和国际贸易成为可能。比较优势理论也有一些明显的缺陷：如只将劳动作为唯一生产要素，考虑不够全面；相对成本的计算局限于两种商品的简单比较，难以确定大规模商品的相对比较优势；未考虑需求因素，因而无法确定国际均衡价格和贸易利益的分配问题；等等。

新兴古典贸易理论（Neoclassical International Trade Theory）又称"内生贸易理论"。新兴古典经济学是 20 世纪 80 年代以来由杨小凯等人创立的新的经济学流派。新兴古典贸易理论依托新兴古典经济学的新框架，对传统的贸易理论进行重新思考。

新兴古典贸易理论将贸易的起因归结为分工带来的专业化经济与交易费用的两难冲突。该理论认为，所有人（既是消费者，又是生产者）都天生相同，没有外生比较优势，只要存在专业化经济，每个人选择不同专业后都会产生内生比较优势。生产专业化与消费多样化之间存在矛盾，只有通过贸易才能解决。而贸易又产生交易费用，当交易费用大于每个人的专业化经济时，贸易不能产生，在多样化需要的强制下，每个人只能回到自给自足状态。贸易产生的经济条件是分工经济大于交易费用，这时每个人就可以选择不同的专业，并通过贸易来满足多样化的需要，贸易便产生了。随着交易效率的不断提高,贸易由地区贸易发展为国内贸易,再到国际贸易;如果存在多样化消费的好处,交易效率的改进会导致商品种类数的增加。一个社会的专业化程度、结构多样性、贸易依存度、商品化程度、经济一体化程度、生产集中度等组织结构问题都可以由此说明。

马歇尔——勒纳条件(Marshall-Lerner Condition)是通过货币贬值而改善贸易差额的条件。由阿弗里德·马歇尔在《货币、信用和商业》一书中和勒纳在《统制经济学》一书中提出。在物价水平不变的前提下,要判断一个国家的汇率的调整能否对该国的国际收支发生影响,应当先判断一个国家的汇率的调整究竟对该国的进出口发生什么影响。而要对后一种情况作出判断,那就要分析它的进口的需求弹性和出口的需求弹性。如果进口的需求弹性(dm)和出口的需求弹性(dx)之和等于1,那么货币的贬值不会使进出口差额发生变化,从而对国际收支调整不起作用;如果进口的需求弹性和出口的需求弹性之和小于1,这表明弹性很小,货币的贬值不会给本国带来好处;只有进口的需求弹性和出口的需求弹性之和大于1,才表明的需求弹性较大,货币的贬值才会使国际收支状况改善。因此,马歇尔——勒纳条件是: $|dm + dx| > 1$。部分西方经济学界学者认为,关于进出口的需求弹性对国际收支调整的作用的论点过于简单化。

国外回应论(Foreign Response Theory)是关于用进出口贸易的国外回应作用来说明两国贸易差额有自动走向均衡趋势的理论。假定只有甲乙两国进行贸易,一个国家的出口是另一个国家的进口;不考虑国内需求增大后将减少一部分出口以供国内需要;不考虑进口增加后本国企业在国内市场上的部分销路将被排挤掉。考虑到出口的增加将通过对外贸易乘数的作用而使国民收入增加;国民收入的增加将导致进口的增加;进口的增加将引起储蓄的减少;储蓄的减少会使得国民收入下降。这样,在国外回应作用条件下,两国贸易差额的自动趋向均衡的过程如图2-36所示。

这一过程将一直持续下去,直到国外回应作用越来越小,以至于逐渐接近于零,而两国的贸易差额也会越来越小,最终趋向于均衡。

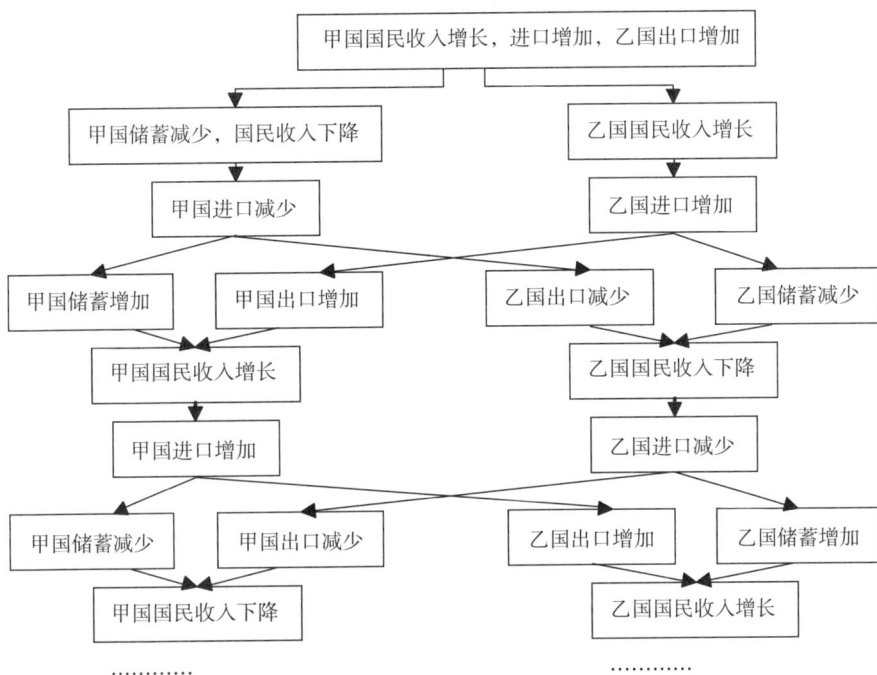

图 2-36　国际贸易均衡

国民收入相互依存论（National Income Interdependence Theory）是进出口变化对贸易各国国民收入影响的理论。假定甲国的进口来自乙国的出口,乙国的进口来自甲国的出口;一个国家国民收入增长后,出口不会因国内需求的增大而有所减少;一个国家进口的增加是为了满足国内市场增大了的需求,从而不至于影响本国企业在国内的销售。那么,甲国增加了进口,乙国增加了出口;乙国出口的增加导致乙国国民收入增长,从而乙国将增加进口,甲国将增加出口;甲国出口的增加,导致甲国国民收入增长,从而甲国将增加进口,乙国将增加出口。结论是:各国进出口增长和国民收入增长是互相促进的,只要一个国家增加了来自另一个国家的进口,结果两国的出口都会增加,从而两国的国民收入也都会增长。如果不符合假定中后两个前提条件,那么一个国家进口的增加或出口的增加都有可能导致进口的减少,而进口的减少又会引起如下变化:甲国减少进口,乙国减少出口;乙国出口的减少导致乙国国民收入的下降,从而乙国将减少进口,甲国将减少出口,甲国出口的减少导致甲国国民收入的下降,从而甲国将减少进口,乙国将减少出口。结论是:各国的进出口减少和国民收入的下降也是互相影响的,只要一个国家减少了来自另一个国家的进口,结果两国的出口都会减少,从而两国的国民收入也都会下降。

静态国际生产折衷理论（Static Theory of International Production Eclectic）是一种研究跨国公司发展的国际经济理论。由英国著名跨国公司专家、经济学家约翰·邓宁（John H. Dunning）在《贸易，经济活动的区位和跨国企业：一种折衷主义方法的探索》《国际生产和跨国企业》以及他主编的《国际资本移动》等著作中提出。之后，邓宁将这一理论用于解释发达国家之间的产业内对外直接投资和发展中国家的对外投资现象，形成了较完整的国际生产折衷理论体系。邓宁的理论是在吸收了国际贸易理论和 20 世纪 60 年代出现的跨国公司理论基础上形成的。邓宁认为，对外直接投资和在海外进行生产是一个国家参与国际经济活动的一种形式，这种形式，尤其在目前的国际经济环境中，必然会引起成本的提高和风险的增加。跨国公司愿意并且能够发展海外直接投资，是因为跨国公司拥有一种当地竞争者所没有的比较优势，邓宁称这种优势为"所有权特定优势"。其内容主要包括几个方面：（1）在生产诀窍、管理组织技能、销售技巧、新产品开发研究等方面具有当地无法比拟的技术优势。（2）企业规模越大，就越容易向海外扩张。（3）跨国公司一般具有丰富的管理组织能力和企业家才能。（4）大公司一般都能以较低的利率获得贷款，并且具有广泛的渠道获得资金来源。邓宁认为"所有权特定优势"还不能很好地解释一个公司的直接投资活动，还需引入"内部化"的概念，即在企业或公司内部转移生产资料。他认为，跨国公司实行"内部化"的动机主要来自三个方面：（1）由于政府对经济活动的干预和不能及时得到市场上有关商品详细信息，使市场存在不完全性。（2）技术产品在开发和研制中曾投入了大量的人力资本等无形生产要素，而这些投入通过外部市场无法给予准确的定价，以形成区别性的价格。（3）由于市场力量的集中，即卖方是"独卖"、买方是"独买"，从而会形成不稳定的讨价还价的态势。同时由于"市场失败"会引起的正常交易供求不稳定，如果在企业内部转移生产资源就可以保证企业稳定的供给与需求，协调企业的业务活动。邓宁认为，为了进一步解释跨国公司的活动，尤其是跨国公司为什么到这个国家投资而不到另一个国家投资的现象，需要引入另一组因素，这些因素他称为"区位特定优势"，并认为它是对外直接投资的"充分条件"。这些因素包括：由于东道国政府所设置的贸易障碍，使原来的出口贸易发生困难；东道国政府制定的吸引外资的政策；相对劳动力成本因素；市场规模和发展潜力等。邓宁根据一个公司所具备的优势提出了如表 2-8 所示的选择方案。

表 2-8　企业国际营销可选择的途径

为市场服务的渠道	优势		
	所有权	内部化	区位
对外直接投资	√	√	√
出口	√	√	×
技术转移	√	×	×

资料来源：Dunning J. H.，*International Production and the Multinational Enterprise*，Allen & Unwin，1981。

因此，对外直接投资必须具备所有权、内部化、区位三种优势，而出口只需要前两种即可，如果只有所有权优势，那只能采用技术转移的办法。邓宁的这一理论成为 20 世纪 80 年代颇受西方经济界重视和推崇的国际经济理论。

国际贸易理论（International Trade Theory）是研究真实国际经济交易的经济学理论分支。与研究国际经济的货币方面的国际金融理论不同，国际贸易理论关注的是国际间商品及劳务的物物交换关系。其理论是用微观经济学的分析工具把研究对象由封闭经济扩展到开放经济。根据其分析方法及研究对象内容的不同，又可把国际贸易理论分为国际贸易纯理论和贸易政策理论。国际贸易纯理论主要阐述贸易的发生原因、贸易和专业化生产的格局。贸易条件的确定、贸易得益及其分配，属于实证分析范畴。贸易政策理论则致力于分析关税、补贴、配额等各项政府干预贸易的政策手段的理论依据及其福利影响，属于规范分析范畴。

国际贸易理论的发展主要经过了三个阶段：（1）古典国际贸易理论阶段。从 1776 年斯密在《国富论》中首次提出"绝对优势"思想到 20 世纪初，主要有斯密的"绝对优势"理论和李嘉图的"比较优势"理论。他们认为贸易的发生是基于国与国之间的生产技术上的绝对或相对差异，穆勒（J. S. Mill）和马歇尔（A. Marshall）等人随后对他们的思想做了新古典模型化努力。（2）现代国际贸易理论阶段。从 20 世纪 20 年代开始，其主要理论是赫克歇尔—俄林的"要素禀赋"理论，该理论是以国与国之间的禀赋差异来解释贸易的发生，他们所奠定的"2×2×2"模型框架到现在仍是贸易理论的主流框架。但"里昂惕夫"之谜对这一理论的有效性提出了挑战。（3）新贸易理论阶段。自 20 世纪 60 年代开始，经济学家们提出了一系列超越传统理论的对贸易基础的解释，譬如认为贸易是基于国与国之间动态技术差异的技术差距模型和产品周期模型,从需求方面来解释贸易发生的"偏好相似"论,尤其是 20 世纪 70 年代末以来克里格曼等人把规模经济和不完全竞争引入了传统贸易理论,成功地解释了"产业内贸易",更是使新贸易理论成为国际贸易纯理论的主流。

费雪效应(Fisher Effect)是美国经济学家欧文·费雪阐述关于名义利率与实际利率和预期的通货膨胀之间关系的理论。他在《利息理论》一书中进行了详细的讨论。名义利率、实际利率与通货膨胀的关系是:名义利率=实际利率+通货膨胀率;实际利率=名义利率-通货膨胀率。预期通货膨胀上升,利率上升;反之,利率下降。名义利率上升幅度与通货膨胀率相等。费雪效应表明了持续的通货膨胀与利率之间的长期关系:其他条件相同,一个国家预期通货膨胀率的提高将最终导致该国货币存款利率提高;类似地,预期通货膨胀率的降低将导致利率下降。从国际范围来看,费雪效应体现了通货膨胀对汇率变化的作用,是购买力平价等汇率理论得以成立的一个重要条件。如果国际间的通货膨胀率不同,国际间的名义利率就有差异,引起套利交易,套利则会把国际间的通货膨胀率逐渐拉平,使汇率趋于稳定。如果人们预期一个国家的货币将要贬值,这个国家要想阻止资本外逃和吸引外资,就必须提高名义利率,其提高的幅度应足以抵消汇率下降造成的投资损失,投资者才愿意购买并持有这个国家的金融资产。费雪效应使即期汇率的预期变动等于两个国家的名义利率之差。

萨伊定律(Say's Law)是供给会自行创造需求的理论。1803 年法国经济学家让·巴蒂斯特·萨伊在《政治经济学概论》一书中提出。萨伊认为,货币只是一种交换的媒介,商品—货币—商品的交换过程中,货币只起到瞬间作用,交易是以物物交换实现的。从这点出发,他认为一种商品总是用另一种商品来购买的,一种商品的出售就是另一种商品的购买,一种商品的卖主同时也就是另一种商品的买主,一种产品的生产必然给其他产品开辟了销路。据此,他认为在经济中普遍的生产过剩和经济危机原则上是不可能发生的。可能发生的只是局部的失调现象:某种商品的生产过多,而另一种商品则过少。但这种现象无须通过普遍危机就能得到纠正。萨伊假设商品的价格在经济中具有绝对的灵活性,对经济行情的变化能在霎那间作出反应,价格能够自动调整商品生产中的比例失调现象。他对市场上出现的货物滞销解释为由于某些货物生产过少才形成别的货物生产过剩。他从生产可以自行创造需求的论点中,演绎出几个结论:生产者越众多,产品越多样化,产品便销售得越快、越多和越广泛;一个企业办得成功,就可以帮助别的企业也达到成功;购买和输入外国货物不会损害国内的生产;国家对经济的干预应缩减到最低限度;激励生产是贤明的政策;等等。萨伊定律对西方经济学界产生了重大影响。新古典学派源于萨伊的观点,认为借助价格、工资等其他因素的灵活性,经济就可以自然而然地避免严重危机。因此,他们一贯反对国家对经济的过分干预,并提出了一些积极的措施,例如缩减国家官僚机构,实行企业经营和贸易自由等政策措施。供给学派根据萨伊定律否定凯恩斯定律——需求能够产生出自己的供给,认为西方经济滞胀完全是需求管理政策造成的后果。

市场结构理论(Market Structure Theory)是关于构成市场结构的因素与垄断及其竞争活力之间关系的学说。由美国经济学家梅森(E. S. Mason)和贝恩(J. S. Bain)提出。所谓市场结构,是构成市场卖者(企业)相互之间、买者相互之间以卖者和买者之间等诸关系的因素,因而是决定产业组织的竞争性质的基本因素,是现代产业组织理论中的一个基本范畴。产业组织论者认为,决定市场结构的因素主要有:(1)集中。包括卖者的集中和买者的集中。卖者的集中程度刻画的是市场上卖者的规模结构和垄断程度,即产业内生产集中的状况。决定某产业卖者集中程度高低的最基本因素是该产业的市场规模和规模经济的关系。每个企业都追求规模经济,然而每个产业的市场规模却是有限的。这样,有限的市场规模与企业追求规模经济的冲动相碰撞,必然造成生产的集中和企业数目的减少。影响企业规模的因素除了规模经济外还有:企业趋向垄断,力图减少竞争对手而采取的限制产业内竞争的意向和行为,企业为获得产品差别化的好处而采取的推销政策,技术和资源垄断以及买者对老企业产品的偏好等形成的进入壁垒,金融机构为获取高额利润而促成的企业合并、市场的伸缩以及国家政策和法制等。(2)产品差别化会使同一产业内不同企业的产品减少可替代性,对企业的销路和市场占有率产生很大影响。(3)进入壁垒会阻碍某一产业在市场上的竞争因素,增强垄断因素。(4)市场需求的增长率会在一定程度上抵消由于企业合并和大企业内部膨胀而形成的集中趋势。此外,影响市场结构的因素还有市场需求的价格弹性、短期的固定费用和可变费用的比例等。在影响市场结构的诸因素中,集中趋向、产品差别化、进入壁垒等都是促进集中、导致垄断的主要因素;而市场规模的扩大、维护企业主权、反托拉斯法等是阻碍集中进而抵制垄断的因素。由于影响市场结构的各种因素其最后效果都是促进集中或阻碍集中的方式表现出来的,因而根据市场集中度的高低可以将市场结构划分为竞争型、寡头垄断型、垄断型;寡头垄断还可分为竞争性寡头垄断和协调性寡头垄断。日本经济学家马场正雄从动态角度分析产业的增长和集中的关系,由此得出了三个结论:(1)产业的增长将使集中度下降;产业增长的停滞则使集中度上升。(2)产业停滞对促进集中的影响要比产业增长对降低集中的影响更明显。(3)只有在出现高增长率时,产业的增长才可能成为降低集中度的决定性因素。

市场行为理论(Market Behaviour Theory)是市场行为与垄断及其竞争活力之间关系的理论。由梅森和贝恩加以规范,是产业组织理论的一个基本范畴。所谓市场行为,是指企业为了赢得更大利润和更高的市场占有率所采取的战略性行动,它受市场结构的状况和特征的制约。在不同的市场结构中企业的市场行为有所不同。一般地说,在完全竞争型的市场结构和纯粹垄断型的市场结构中,企业行为比较简单明了,易于把握,而且现实中这两种类型的市场结构也不多见。构成现代产业组织理论的基本范畴之一的市场行为是有限竞争型的市场结构中的市场行为。美国经济学家凯夫斯(Richard Carvs)在《美国产业》中把有限竞争型市场结构中的市场行为归纳为三个方面的内容:(1)企业的价格行为。一般采取协调定价的方式;或大企业先调整价格,其他企业追随;或彼此间达成某种默契,采取统一的价格行为,以避免价格竞争所带来的"两败俱伤"。(2)产品差别化行为。企业在非价格竞争环境中,主要通过提高产品质量和改进产品外观等方式展开竞争。(3)压制竞争对手的行为。一是通过降价倾销的办法消灭现存的竞争对手,二是通过加强进入壁垒的办法压制潜在的竞争对手。上述市场行为不仅受制于市场结构,而且还会反作用于市场结构,使市场结构趋向垄断。

市场绩效理论(Market Performance Theory)是关于市场效果与市场结构和市

场行为所引起的垄断程度关系的学说。由产业组织理论体系的创立者梅森(E. S. Mason)和贝恩(J. S. Bain)加以规范。所谓市场效果,是指在一定市场结构中的市场行为作用下某产业在价格、费用、产量、产品质量和品种、利润以及技术进步等方面所达到的现实状态。市场效果是评价市场成果好坏以及好坏程度的概念。衡量市场效果的好坏可以采用五个指标:(1)产业的企业规模结构是否合理,即在现实产业的企业规模结构下所达到的生产与流通费用水平同产业的企业规模结构处于效率最高时的水平的差距是大还是小。(2)产业的利润率是否合理。如果某一产业的利润率长期居高不下,则说明资源分配不合理,资源没有向高利润率的产业移动。这往往与产业的垄断及其垄断的市场行为相关。(3)产业生产能力的扩大是否与市场需求的增长相适应。当寡头垄断地位的企业筑起进入壁垒时,必然影响供不应求的部门流入,使这些部门的市场需求长期与生产能力不相适应,当寡头垄断企业的投资超过市场规模需求时,寡头垄断企业之间的协定又会阻碍资源从该产业流出,该产业的生产能力将长期大于市场需求。(4)销售费用水平的高低。过度的销售费用和过频的产品改型从宏观经济效益上看是巨大的浪费。而这又与市场上非价格竞争,即产品差别化竞争有关。(5)产业的技术进步是否以令人满意的速度进行。在技术进步问题上,产业组织理论有两种对立的观点:一是富于竞争的市场结构有利于技术进步;二是大规模企业才有资金和人力进行研究与开发,才经得起新技术开发所遇到的风险。为了获得理想的市场效果,产业组织理论认为需要国家制定公共政策干预产业的市场结构和市场行为,即实施有效的产业组织政策。但由于维护竞争活力与利用规模经济都是产业组织理论的内容,因而存在着两种产业组织政策:一种是维护竞争的产业组织政策(以美国为代表),另一种是限制竞争的政策(日本便是其典型)。

X 非效率(X-Inefficiency)是垄断企业内部各集团追求自身利益使资源分配效率下降,进而导致整个产业的效率下降。这个概念是由莱本斯坦(H. Leibenstein)规范的。莱本斯坦认为企业不是一个单纯的群体,而是由企业家、白领和蓝领等集团构成的组织。处在竞争市场上的企业为了生存,各集团会一致行动去提高效率,而垄断市场上的企业因享有垄断利润,各集团的行为会转化为追求集团自身的利益,致使企业的效率降低,即引起"X 非效率"。日本的产业组织论者马场正雄对

"X 非效率"的原因进行了分析,认为引起"X 非效率"的原因有三方面:一是在企业经理阶层中发生的损失。垄断企业一般都采用股份公司的组织形式,企业实权旁落于企业经理阶层。经理们的报酬往往和公司组织机构的大小以及产业集中度是正相关关系。因此,他们更注意扩大企业规模,膨胀公司内部组织机构,对外追求垄断、对内形成臃肿组织的行为都会影响企业的效率,造成整个产业的非效率。二是企业经济效益与职工工作效率关系模糊造成的管理费用增加。三是在垄断企业内给有效管理增加了难度,各管理层都可能从自身利益出发解释指令和反馈信息。因为大垄断企业存在着"X 非效率",所以许多产业组织论者改变了对中小企业的看法。他们认为,随着生产力水平和社会化分工的发展,专业化程度很高的中小企业在规模经济的利用上往往并不吃亏,它们的灵活性、机动性与人们需求趋向多样、多变和个性化的特征相吻合,保护和发展中小企业已不再是保护"落后"与"弱者",而是一种促进经济活跃和保证社会安定的经济发展战略。

经济结构稳定论(Economic Structure Stability Theory)是关于经济结构特性的理论。其要义是经济结构不受个别经济主体的支配和经济周期、商品价值量变动的影响,具有稳定性特征。由法国社会学派的主要代表人物弗朗索瓦·贝胡(Fransois Perroux)提出。经济结构是贝胡一般均衡论的核心范畴。他认为,经济结构首先是各个经济主体之间的关系的"力网",这种关系不是按照抽象的市场法则由自发形成的供求关系来决定,而是决定于"经济空间",即各个经济主体拥有的商品数量及其价格的总和。因此,经济结构决定于各个简单单位和复杂单位的联系的总和,决定于各基本单位和客观上有意义的单位组合的流量比例和储备比例的总和,是无数经济主体、集体行动的产物,这种集体行动包含各经济主体之间的斗争、冲突和合作。它既不受商品交换领域中商品量和商品价值量变动的影响,也不受生产的周期波动的影响和个别经济主体的支配。贝胡认为,经济结构只有通过市场在各种产品的实现过程中才能表现出来,市场是认识经济结构的唯一途径,商品流量和收入流量是认识行为、计划和意向的道路上的中间环节。反过来,市场商品运动的法则又决定于"稳定的经济结构"。由于贝胡本人给经济结构下的定义含混不清、晦涩难懂,因而他的追随者们对于经济结构的理解也很不一致。有的认为最重要的经济结构是计划国家,有的认为是超级企业家和他们所依存的金融势力。正因为如此,贝胡的经济结构稳定论未能得到广泛传播。

宏观经济单位理论(Macro-Economic Unit Theory)是关于垄断组织之间的力量对比决定供求规模和均衡价格的理论。它是由法国社会学派的主要代表人物弗朗索瓦·贝胡(Fransois Perroux)提出的。贝胡认为宏观经济单位是指按系统建立的生产者联合组织,或大小不等的经济主体组成的集团,集团可以是公开的、隐蔽的或稳定的。所谓稳定的集团,是指在有吸引力的经济单位周围形成的垄断经济组织。贝胡把垄断组织引入一般均衡理论的分析中,认为垄断竞争理论关于广告费用的研究是对一般均衡论的第一次突破。借助于广告费用之类的补充费用,某些经济单位能够影响其他经济单位的均衡系统。这种市场以外的影响所构成的"权力关系"或"力量关系"使各个经济单位所处的地位不同、经济机会不均等。宏观经济单位往往占有较为优越的地位,也能获得较多的经济机会。那些经济地位较高、经济机会较多的宏观经济单位是"积极"单位,即影响和支配别人的单位;经济地位较低、经济机会较少的单位则受别人的影响和支配。供求规模、均衡价格是由各个宏观经济单位在追求利润最大化的经济活动中相互之间所构成的权力关系和力量对比决定的。

局部均衡论(Partial Equilibrium Theory)是假定财货的价格和投入因素的价格不变,某一市场某一时间的商品价格随该商品的供求关系变动而达到均衡的学说。1890年英国剑桥大学经济学家马歇尔在《经济学原理》中提出。局部均衡论是相对于一般均衡论而言的。一般均衡论以各种商品的价格、供给、需求的相互作用、相互影响为前提,认为某种商品的价格不仅取决于它自身的供给和需求状况,而且取决于其他商品的价格和供求状况,只有在所有商品的价格和供求都达到均衡时,某种商品的价格、供给、需求才有可能达到均衡。马歇尔的局部均衡论以各种商品的价格、供给、需求的作用分离为前提,他在分析某种商品的价格如何由供求两种相反力量的作用而取得均衡时,假定商品价格只取决于商品自身的供求关系,而不受其他商品的价格和供求状况的影响,认为价格越高,生产者所愿意出售的数量就越多,出售量随价格升高而递增;价格越低,消费者愿意购买的数量就越多,购买量随价格的降低而递增。所谓"均衡价格",便是一种商品的需求价格和供给价格相一致时的价格,即商品的市场需求曲线和市场供给曲线相交时的价格。局部均衡论在分析上具有简化,使用变数少的特点,因而在许多经济问题的分析上较为适用。如汽车工人的小时工资率增加,会增加汽车的生产成本,使均衡价格升高。但由于假定的条件在市场上一般不存在,因而适用面较小。

有效竞争原理(Workable Competition Theory)是既可充分利用规模经济,又能保护竞争活力的竞争理论。由美国经济学家约翰·莫里斯·克拉克(John Maurice Clark)在《论可行竞争概念》和《作为动态过程的竞争》中提出,梅森(E. S. Mason)做了补充归纳。克拉克认为,纯粹的、完全的竞争只不过是理论分析,实际上并不存在。而且"完全竞争"的市场结构难以解决规模经济与竞争活力之间的矛盾冲突,也必然引起需求萎缩,价格下跌,企业开工不足,资源不能充分利用,收入不能弥补全部成本,经济处于萧条状态。维护市场竞争活力和抑制垄断弊端必须依靠国家的公共政策和法律,因此实际上存在的只是不完全竞争。不完全竞争只要能保持竞争活性,就可以把竞争的刺激性同对进步所需要的大规模生产和应用科学结合起来,就是最有效的竞争。从短期看,在不完全竞争(或垄断竞争)的条件下,无论在经济繁荣时期还是在经济萧条时期都可以使价格足以弥补平均成本,使竞争成为有效竞争。从长期看,潜在竞争的存在和替代品的不断出现,技术进步的发生,大企业经营活动的多样化等都会使不完全竞争成为有效竞争。有效竞争是一种"可行的""健康的"竞争。垄断竞争,特别是少数大企业之间的竞争就是这样的有效竞争。自克拉克提出有效竞争原理以后,许多产业组织理论学家对什么是有效竞争、怎样才能实现有效竞争进行了探讨。梅森把这些探讨所形成的见解归纳为两大类。一类见解是维护有效竞争的市场结构以及这种市场结构存在的条件,并把这种条件称为有效竞争的"市场结构基准"。它包括:(1)市场上存在相当多的卖者和买者。(2)任何卖者和买者都不占有市场上的很大份额。(3)任何卖者集团和买者集团都不存在"合谋"行为。(4)新企业能够在市场上出现。另一类见解是从市场竞争中渴望得到的市场效果出发,以市场效果来判断市场竞争是否有效。因此,被称为"市场效果基准"。市场效果基准的内容大致是:(1)市场上存在着不断改进产品和生产工艺的压力。(2)在费用下降到一定程度时,价格能够向下浮动。(3)生产集中在最有效率的规模单位下进行。(4)生产能力和实际产量协调一致。(5)可以避免销售活动中的资源浪费。市场结构基准和市场效果基准用来分析实际问题时就会显示出这两个概念的含混不清,对同一种情况可能得出不同的结论。如以零售市场为例,按照市场结构基准,传统的、数目众多的小店铺组成的零售行业的市场竞争最为有效。但从市场效果基准看,大规模的,诸如超级市场的存在也未必是坏事。因此,有效竞争只能从两个基准中予以综合。有效竞争在理论上和实践上对于解决规模经济利用与维护竞争活力的矛盾并没有多少实质性的进展,它至多不过是政府制定和实施产业组织政策的一个出发点。

合理企业规模论(Reasonable Enterprise Scale Theory)是企业规模与销售增长率和利润率高低相关关系的理论。由日本产业组织论者马场正雄提出。马场正雄通过对日本小型企业、中型企业、大型企业在 1961—1972 年的销售额增长率和利润率验证了企业规模与销售额增长率和利润率高低的相关关系,得出结论:大、中、小三种类型的企业的销售额增长率和利润率无明显差别,中小企业稍占优势。马场正雄对不同行业不同规模的企业随时间推移在销售额增长率上的变化,以及这些企业规模大小顺序和销售额增长顺序之间的关系的研究同样显示出企业规模大小与销售额增长率没有必然的、普遍的联系。因此,企业规模大有利于技术开发和技术进步,企业发展就快的结论缺乏事实根据。只有在该产业的技术开发需要庞大的投资,工厂的最小最佳规模很大的情况下,此结论才有意义。在一般产业部门甚至钢铁工业中,企业规模大未必都有利于技术开发和技术进步。根据斯蒂格勒的"适者生存"法则(通过两个时点计算各规模层的附加价值在产业全部附加价值中的比重,估计企业最佳规模的方法)原理进行实际测算可以发现,不同产业的最佳规模有很大区别,企业规模的大小不能一概而论。

拉弗曲线(Laffer Curve)是反映税率对税收及经济影响的曲线。1974 年,由美国供给学派的主要代表人物阿瑟·拉弗提出,该曲线是供给学派理论的中心。供给学派认为,滞胀完全是需求管理政策造成的后果,而病症的根源乃是凯恩斯定律——需求能够生产出自己的供给,所以必须摒除凯恩斯定律,复活萨伊定律——完全竞争的市场条件下,商品和劳务的供给能够生产出自己的需求。产量是生产要素投入的结果;生产要素的投入取决于各种刺激。税率是经济活动最有效的刺激,减税能够刺激经济增长和抑制通货膨胀(见图 2-37)。

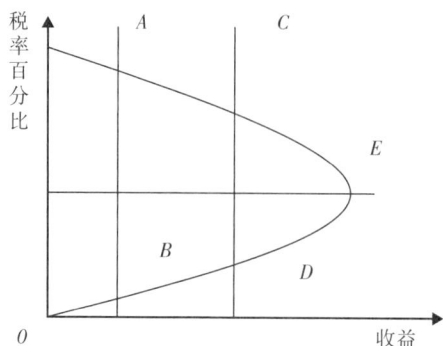

图 2-37　拉弗曲线

金融自由化理论(Financial Liberalization Theory)是主张发展中国家采取自由放任金融政策的经济发展理论。1973 年美国经济学家麦金农(R. I. Mckinnon)和肖(E. S. Shaw)分别在《经济发展中的货币和资本》和《经济发展中的金融深化》中提出。这一理论的核心是:解除政府对金融市场的管制,实行金融自由化,同时配合财政上的改革和其他措施,促进经济增长和经济发展。他们认为,金融自由化可以促成"金融深化",即金融资产累积的速度快于非金融财富累积的速度,形成经济增长的有利条件。在利率问题上,金融自由化论者认为,限制利率会挫伤储蓄者的积极性,不能反映资本的机会成本,并且利率如果低于自由市场利率,信用必然求过于供,结果信用只好"配给",而配给往往不是从经济效果上考虑问题,而是取决于社会、政治等因素。因此,他们反对限制银行和其他金融机构的贷款利率。在通货膨胀上,金融自由化论者认为:通货膨胀对经济增长不能起积极的促进作用,而只能带来消极影响。因此"通货膨胀税"降低了定期存款的实际价值,打击了储蓄的积极性,引导人们把金融资产转向消费品、非生产性投资和外国资产。这就会出现金融浅化,影响经济发展。在外汇率上,金融自由化论者反对固定汇率政策。他们认为,在通货膨胀情况下,资本外流和国际支付差失衡迫使发展中国家对货币大量贬值。货币贬值引起工资、物价上涨,进而迫使政府扩大赤字支出。在国内储蓄尚未恢复的情况下,为了弥补财政赤字,又不得不一方面扩大货币数量,一方面又引进国外储蓄。于是,物价再度上涨,贸易差再度恶化,国际支付差再度出现危机,这又迫使政府再度对货币贬值。这种恶性循环只有采取自由汇率政策才能解决。在财政上,他们认为发展中国家的税收制度缺乏对收入的弹性,加上社会政治压力迫使政府扩大赤字支出,从而引起通货膨胀。不少的发展中国家还有种种财政补贴制度往往不恰当地照顾了某些阶层的利益而缺少社会经济效果。因此,金融自由化论者强调财政政策必须改革。金融自由化理论提出以后,在西方经济学界引起了一定反响。它纠正了过去经济发展理论中忽视金融因素的偏颇和谬误,正确地批判了影响甚大的传统金融货币理论,提出了发展中国家金融制度改革的政策措施。

金融压制论(Theory of Financial Repression)是一种以发展中国家金融制度为研究对象的金融理论。1973 年由肖和麦金农二人提出。他们认为金融制度和经济发展与增长之间存在一种相互刺激和相互影响的关系。一方面,健全的金融制度能将储蓄资金有效地动员起来并引导到生产投资上来,从而促进经济的发展;另一方面,蓬勃的经济也通过国民所得的提高和经济活动者对金融服务需求的增长而刺激金融业的扩展。但在许多发展中国家,金融制度和经济发展却存在一种恶性循环的现象。一方面,由于本国金融制度落后和缺乏效率,不能积极推动经济增长;另一方面,经济呆滞也使金融业无法真正扩展。他们认为,造成这种恶性循环的根本原因是制度上存在缺陷和政府当局的错误政策,如金融当局对利率进行管制;政府当局未能有效控制通货膨胀,名义利率无法补偿通货膨胀率,以致实质利率变为负数,剩余资金又刺激了求贷和投机活动的发生。总之,有组织的金融市场出现供不应求现象,金融体系以"配给"的方式授信,能获得信贷者多是享有特权的国营企业和机构,或与官方金融机构有特殊关系的私营企业。大多数民营企业只得被迫向传统的非组织市场和高利贷者、当铺求贷。同时,现代金融机构集中在大城市,根本不能真正深入农村,因此,它只为特权阶级服务,以及向城市一些大工商业提供资金方便,而对广大农民和小工商业者无多大贡献。由于外汇管制,官方汇率通常总是高估本国币值或低估外国币值,这样不可避免地造成对外汇的过度需求。而真正能以官价购买外汇的又是享受特权的机构和阶级。偏低的利率和汇率对出口和储蓄不利,对进口与消费有利。他们把这种由于当局未能有效地控制通货膨胀和过分干预金融市场,将利率人为压低所造成的金融体系与实体经济共同呆滞不前的现象,称为"金融压制"。"金融压制"以及"进口替代"政策,导致轻农业和轻工业、重重工业的不良后果,使国家资源往往浪费于大而不当的重工业,农业和轻工业却得不到正常的扶助,就业问题也无法解决。"金融压制"论是建立在批判西方主流派货币理论的基础之上的。麦金农认为主流派货币理论的种种假设是不符合发展中国家的实际。在多数发展中国家,金融市场极为落后和不完善,生产要素(尤其是资本)呈现极大的不可分割性,货币与实质资本不是相互竞争的替代品,反而是相互补充的相辅品,因此资产组合替代效应在发展中国家并不存在。肖和麦金农认为,发展中国家要摆脱金融制度和经济发展的恶性循环,只有克服"金融压制",进行"金融深化"的制度改革。

国际货币主义(International Monetarism)是一种用货币数量说分析国际性通货膨胀问题的理论。20世纪70年代初,由孟德尔和约翰逊等人提出。他们继承18世纪英国经济学家休谟的"调节机能"理论,强调世界性通货膨胀率的根源在于世界货币总量的过度增长,而国际收支和储备的消长是物价上涨的传散途径。国际货币主义的主要论点是:(1)世界性物价上涨本质上是一种货币现象。因此其最终根源只能从世界货币总量中探究。只要货币量增长率大于生产量增长率,通货膨胀就不可避免。以此类推,近年来世界物价上涨率加速,也是世界货币供应总量增长率加速的必然结果。(2)在"一价定律"支配下,世界各国的通货膨胀率迟早会发生趋同的结果。在固定汇率下,这种倾向更为显著。通货膨胀扩散的主要途径是国际收支差额,通货膨胀率较他国高的国家,必然会丧失国际储备,而储备外流,则是他国通货膨胀加剧的根源。(3)第二次世界大战后形成的国际金融制度,本身便具有助长世界性通货膨胀的倾向。"布雷顿森林体系"下的固定汇率制,欧洲美元市场的高速发展,特别提款权的创设和分配,都直接或间接地加速了世界货币总量的增长率,从而刺激世界价格加速上升。(4)在固定汇率制下,除发行储备货币的国家外的个别国家,特别是小国,对货币供应量丧失了有效控制。(5)生产量增长率较货币量增长率高的国家,对货币需求较高,因而输入货币,出现国际收支盈余。相反,生产量增长率较货币量增长率低的国家,对货币需求较低,因而输出货币,出现国际收支赤字。孟德尔指出,发行和输出储备货币的国家,能享受"货币发行利差",而输入货币的国家也不甘无限地积累外汇储备,势必设法以扩张国内信贷与货币量的方式来夺回这种利差。在这种利差竞赛过程中,世界价格无法不向上高涨。西方学者认为,国际货币主义的贡献在于:强调当前通货膨胀为世界性问题,不能单从个别国家观点来看待;正确指出国际收支差额在通货膨胀传散过程中的作用,改正了以往一般人盲目接受所谓"国际贸易需要更多流动资金以供周转"的论调。

渠道效应模型(Channel Effect Model)是一种关于发展中国家货币与实质资本相互关系的理论。由麦金农在《货币、资本与经济发展》一书中提出。麦金农认为主流派货币理论(新古典学派和凯恩斯学派)关于货币与实质资本是相互竞争的替代品的假设不符合发展中国家的实际。在多数发展中国家,它们二者是相互补充的相辅品。麦金农提出的货币与实质资本"互补"理论,正好与当代西方经济学普遍公认的"替代"理论相反。假定一生产者要扩充生产而欲购机器或其他设备,他的资金来源有两个:一是内源融资,即纯粹依靠企业本身利润和生产者个人积蓄的资金来源;二是外源融资,即依靠金融机构放款或在资本市场发行证券的资金来源。在典型的发展中国家,由于金融制度和资本市场的缺陷,外源融资比较困难,多采取内源融资。同时,由于资本市场不发达,以非货币性金融资产作为储蓄保值对象的行为并不普遍,如实质利率有足够吸引力,多数人会采用货币来保值。再假定资本形成具有一定的不可分割性。无论工厂机器或化学肥料杀虫剂,对生产者都代表一笔相当可观的资金。这就意味他必须预先积累相当数量的现金后,才能从事实质投资,如实质投资的意愿越高,则现金积累的需求越大。如图2-38所示现金积累的时间轮廓。

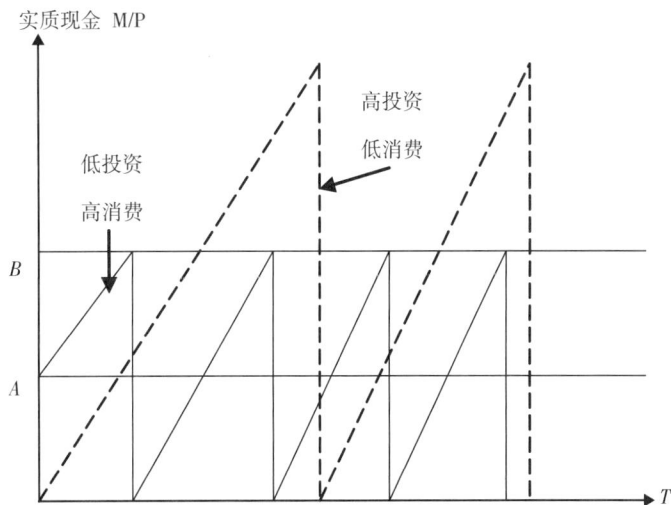

图2-38 实际投资与现金积累的关系

图 2 - 38 中实线表示"低投资高消费"现金积累行为:生产者从收入中积存现金,至 B 点因从事"不可分割"的投资而用尽现金,然后又周而复始。虚线表示"高投资低消费"现金积累行为:现金的积存最高额远在 B 点之上。B 点代表实线的平均现金余额,A 点表示虚线的平均现金余额。这表明生产者投资意愿越高,现金积累越大,时间越长。同时,表明货币与实质资本在相当范围内是互相补助的相辅品。因此,麦金农认为发展中国家的货币需求函数为:

$$(M/P)_d = L(Y,I/Y,d - P^*)$$

式中,$(M/P)_d$ 为实质货币需求,Y 为产出,L 为需求函数,I/Y 为投资比例,d 为名义存款利率,P^* 为预期物价变动率。由式可以看出,货币需求与实质投资同时增加,所以货币并不是实质资本的竞争品。货币成了投资的先决条件或渠道。如果货币的实质收益率 $(d - P^*)$ 增加,则货币需求增加;如货币需求增加引致实质现金积累不断增加,则自源融资的资本形成机会也会扩大。麦金农称这种良性循环为"渠道效应"。不过,他也承认,如果 $(d - P^*)$ 超过某一限度,则存款者将继续保存现金,不愿将之转化为实质资本。这时,货币与实质资本又成为互相竞争的替代品,"替代效应"开始发作。此理论也可应用于外源融资。生产者的实质现金余额越大,则获得外源融资的可能性也越高。显然,任何生产单位或企业的库存现金或流动资金越充沛,就越能吸引贷款者和投资者的兴趣。所以,无论采取何种集资方式成功的机会都很大。

政府的货币融资理论(Monetary Financing Theory of Government)是最早的货币融资理论研究。是由布瑞希尼—特若尼(Bresciani-Turroni,1937)和卡甘(Cargan,1956)提出的。他们认为,政府可以从印发货币中获取的收益进行融资,即政府印发货币存在"铸币税"(也称"货币税",并不是一种真正的税种,而是理论上对货币发行收入的界定)。战争、出口价格下降、逃税及政治僵局等事件的发生使政府时常拥有高额预算赤字,而投资者通常对政府偿还债务的承诺缺乏信心,从而不去购买政府债券。因此,政府唯一的融资选择是发行货币以获取铸币税。但是他们指出,政府增发货币以获取收益的同时会引起通货膨胀乃至恶性通货膨胀,严重时将会导致整个国民经济的瘫痪,因此,政府在增发货币时要慎重考虑各方面因素。

布瑞希尼—特若尼和卡甘认为,当经济快速增长时,货币供给的增长完全被经济所吸收,不会造成通货膨胀。此时铸币税就是增发货币所取得的收入,并且其数量随着货币供给的增加而增加。当经济处于稳定状态时,真实铸币税等于货币存量的增长率(即通货膨胀率)与真实货币余额的乘积,而真实利率与产出不受货币供给增长率的影响,货币供给的增长率完全反映在物价水平上,这样就引起了通货膨胀,导致货币贬值、购买力下降,政府铸币税收入的实际购买力也随之下降。此时的实际铸币税通常被称为通货膨胀税。通俗来讲,通货膨胀税是对货币持有者强制征收的一种税,其税率就是货币贬值率,即通货膨胀率,税基是货币持有者实际持有的货币数量。在税基不变的情况下,通货膨胀率越高,政府的铸币税收入就越高,即政府通过增发货币获得的收入就越高。但是随着货币贬值加快,人们倾向于持有较少的货币,这样因通货膨胀率提高而增加的铸币税收入就逐渐被税基的减少所抵消,铸币税在达到一个最大值后迅速下降。这样一个变化路径就是所谓的"通货膨胀—税收拉弗曲线"。

优序融资理论(Pecking Order Theory)是研究融资方式的优劣排序的理论。利兰和派尔(Leland & Pyle,1977)最早把信息不对称理论引入资本结构的研究,用以解释企业融资活动中的信息不对称现象。他们认为,在实践中,企业管理者比外部投资者掌握更多的有关企业投资项目和发展前景的内部信息。梅耶斯(Myers,1984)则以不对称信息为基础,并考虑到交易成本的存在,指出企业管理者在根据自己拥有的信息来进行财务决策时,预测到资本结构的变化会向外界传递有关公司经营状况的信息,他认为权益融资会传递企业经营的负面信息,而且外部融资要多支付各种成本。由于内源融资来源于企业内部自然形成的现金流,不需要与投资者签订契约,也无须支付各种费用,所受限制少,因而是首选的融资方式。其次是低风险债券,因为可以忽略信息不对称所产生的成本。再次是高风险债券。最后在不得已的情况下企业才发行股票。也就是说从融资方式的优劣排序来看,企业融资一般会遵循内源融资→债务融资→权益融资这样一种先后顺序。

投资组合理论(Portfolio Theory)是由哈里·马科维茨(Harry Markowitz)提出的一种最优投资理论。该理论的基本思路是:投资者确定投资组合中的可行集和有效集;把投资组合的价格变化视为随机变量,以它的均值来衡量收益,以它的方差来衡量风险;确定投资组合中每种资产的权重,使其总体投资风险最小;根据投资者的偏好,最终确定最优证券组合。

马科维茨投资组合理论假定:(1)投资者都是规避风险的,以追求效用最大化为期望。(2)投资者根据收益率的期望值与方差来选择投资组合。(3)所有投资者处于同一单期投资期。(4)市场的信息是完全的,并且投资者对市场上的各种风险资产的预期收益率和风险大小以及各种资产之间的相关系数都有一致的认识,即齐性预期假设。(5)市场是无摩擦的,不考虑税收和交易成本等因素。

以期望收益 E 来衡量证券收益,以收益的方差 δ^2 表示投资风险。资产组合的总收益用各个资产预期收益的加权平均值表示,组合资产的风险用收益的方差或标准差表示,则马科维茨优化模型为:

$$\min \delta^2(r_p) = \sum \sum w_i w_j \mathrm{cov}(r_i, r_j)$$

$$\text{s.t.} \sum w_i r_i = E(r_p)$$

$$\sum w_i = 1, \sum w_j = 1$$

$$w_i \geqslant 0, w_j \geqslant 0$$

式中, r_p 表示资产组合收益; r_i、r_j 表示 i 种、第 j 种资产的收益; w_i、w_j 表示资产 i 和资产 j 在资产组合中的权重; $\delta^2(r_p)$ 表示资产组合收益的方差,即资产组合的总体风险; $\mathrm{cov}(r_i, r_j)$ 表示两种资产之间的协方差。

根据马科维茨模型,构建投资组合的合理目标是在给定的风险水平下,形成具有最高收益率的投资组合,即有效投资组合。马科维茨的投资组合理论运用统计学的均值和方差等概念为金融资产的风险与收益分析提高了科学依据,使得以均值衡量收益、方差衡量风险的现代风险分析基本框架在现代金融理论中得到确立。

风险价值理论（Value at Risk Theory）是一种系统的、全新的金融市场风险度量的方法和理论。美国银行业在 20 世纪 80 年代末 90 年代初遭受商业风险的困扰，金融机构的坏账逐年增加，普遍认为是《巴塞尔协议》的信贷评估公式扭曲了贷款决策。在这种背景下，JP 摩根公司所提出的风险价值方法能够定量地分析市场风险而获得重视。风险价值是指在一定的置信水平下（通常是 99%）和一定持有期内某一投资组合或金融资产预期可能发生的最大损失。从统计的角度看，风险价值描述了既定的目标期间内收益与损失的预期分布的分位数。风险价值模型的两个基本假设：（1）市场有效性假设。（2）市场波动是随机的，不存在自相关。要确定一个金融机构或资产组合的风险价值，首先必须确定三个系数：第一个系数是确定持有期限或称目标期限。如所观察数据是日收益率、周收益率、月收益率或者年收益率，持有期限应该根据组合调整的速度来具体确定。第二个系数是观察期间。即对给定持有期限的回报波动性和关联性进行考察的整体时间长度。第三个系数是置信水平的选择，置信水平过高，超过 VAR 值的极端事件发生的概率过高，这使得风险价值失去意义。持有期限越长，预期的价格变化越大，其风险值越大。置信区间通常选择在 90%—99%。

风险价值作为一种全新的识别风险、计量风险和防范风险管理方法，自 20 世纪 70 年代提出至今，已经成为国内外大多数金融机构所普遍采用的衡量金融风险大小的方法之一。

套利定价理论（Arbitrage Pricing Theory, APT）是指斯蒂芬·罗斯（Stephen A. Ross）于 1976 年在《经济理论杂志》上发表经典论文《资本资产定价的套利理论》，提出了一种新的均衡资产定价模型，即资产套利定价理论（APT 理论）。该理论的一个最重要的假定是：每个投资者都会去利用不增加风险的情况下能够增加组合的回报率的机会。该理论的出发点是假设证券的回报率与未知数量的未知因素相联系；该理论的核心是，如果因素系数和预期收益率之间的关系近乎线性，那么就可以通过无穷的套利机会来增加财富。罗斯套利定价模型的假设条件为：（1）市场是完全的，资本市场达到均衡后，市场不存在套利机会。（2）资本市场是无摩擦的，即不存在交易成本、所得税等额外的费用。（3）市场投资者为风险厌恶型，并且具有单调递增的效益函数。

基于上述的基本假设,罗斯(1976)提出的套利定价理论公式是一个多因素模型,假设所有证券的收益率受到 K 个共同因素的 $F_1,F_2,F_3,\cdots,F_K$ 的影响,则证券的收益率由如下方程表示:

$$R_{it} = a_i + b_{i1}F_{1t} + b_{i2}F_{2t} + \cdots + b_{iK}F_{Kt} + \xi_{it}$$
$$= a_i + \sum_{k=1}^{K} b_{ik}F_{kt} + \xi_{it}$$

式中,R_{it} 表示证券 i 在 t 时期的收益率;F_{1t},F_{2t},$\cdots$,F_{Kt} 表示对证券收益率存在影响的 K 个因素在 t 时期的收益率;b_{i1},b_{i2},$\cdots$,b_{iK} 表示这 K 个因素对证券 i 收益率的影响系数;a_i 为截距项,表示当 F_{1t},F_{2t},$\cdots$,F_{Kt} 都为零时证券 i 的收益率。这些参数之间还满足如下关系:(1) $\text{COV}(F_i,F_j) = \text{COV}(F_i,\xi_j) = \text{COV}(\xi_i,\xi_j) = 0$。(2) $E(F_k) = E(\xi_i) = 0$。(3) $\text{Var}(F_k) = 1$。

如果上述套利定价理论公式成立,那么证券市场上是不存在套利机会的。套利定价理论可以被认为是一种广义的资本资产定价模型,为投资者提供了一种替代性的方法,来理解市场中的风险与收益率间的均衡关系。套利定价理论与现代资产组合理论、资本资产定价模型、期权定价模型等一起构成了现代金融学的理论基础。

资本资产定价模型(Capital Asset Pricing Model,CAPM)又称 CAPM 模型。由美国学者夏普(William Sharpe,1964)、林特尔(John Lintner,1965)、特里诺(Jack Treynor,1965)和莫辛(Jan Mossin,1966)等人在资产组合理论的基础上发展起来的,主要研究证券市场中资产的预期收益率与风险资产之间的关系,以及均衡价格是如何形成的一种工具。CAPM 模型是建立在一系列假设的基础上的,主要包括:(1)市场的信息是完全充分的、对称的。(2)投资者属于风险厌恶者。(3)理性预期成立。(4)金融市场是完全有效的。

根据 CAPM 模型,对于一个给定的资产 i,它的期望收益率和市场投资组合的期望收益率之间的关系可以表示为:

$$E(r_i) = r_f + \beta_{im}\left[E(r_m) - r_f\right]$$

式中,$E(r_i)$是资产i的期望收益率;r_f是无风险收益率,通常以短期国债的利率来近似替代;β_{im}是资产i的系统性风险系数;$E(r_m)$是市场投资组合m的期望收益率,通常用股票价格指数收益率的平均值或所有股票的平均收益率来代替;$E(r_m) - r_f$是市场风险溢价,即市场投资组合的期望收益率与无风险收益率之差。资本资产定价模型的优点在于简单、实用。但是也有其很大的局限性。例如,假设市场是完全竞争的,但是,实际中完全竞争的市场是很难实现的;假设市场是无摩擦的,但实际上市场存在交易成本、税收和信息不对称等问题。另外,CAPM 模型中的参数值难以确定和估计。

MM 理论(Modigliani Miller Theory)是有关企业价值与资本结构的理论。由弗兰科·莫迪利安尼(Franco Modigliani)和莫顿·米勒(Merton Miller)在 20 世纪 50 年代后期提出。MM 理论的基本假设:(1)市场无摩擦,既不存在交易成本、代理成本、破产成本,也不存在公司所得税和个人所得税。(2)个人和企业可以按统一的利率进行借贷,同时不论举债多少,个人和企业的负债都不存在风险。(3)企业经营信息对内和对外是一致的,即信息披露是公开的。(4)经营条件相似的企业具有相同的经营风险。(5)不考虑企业增长问题,所有利润全部作为股利分配。

无税条件下的 MM 理论:一个企业所有证券持有者的总风险不会因为资本结构的改变而发生变动,即企业价值与其资本结构无关。因此,无论企业的融资组合如何,企业的总价值必然相同。有企业所得税条件下的 MM 理论:企业可通过财务杠杆利益的不断增加而不断地降低资金成本,负债越多,杠杆作用越明显,企业价值就越高。在有企业税的情况下,负债会因为财务杠杆作用(利息为税前支出)而增加企业价值。

MM 理论后来得到了修正,斯蒂格利兹(Stieglitz)在 1969 年则将破产风险和抵押贷款机制引入 MM 定理。他认为,如果企业存在破产风险,即使在没有破产成本的情况下,也无法利用无套利原则推出 MM 定理的结论。但是在存在破产风险的情况下,如果允许个体在资本市场上进行抵押贷款,MM 定理依然成立,即企业的价值与它的资产负债比率无关。米勒(Miller)在 1977 年又将个人所得税因素加进了 MM 定理中,从而形成了米勒模型,该模型认为:在存在企业和个人收益税赋的情况下,企业通常都具有增加债务融资比例的动机。但是个人债券利益收益税的存在,使企业对债权人的税前支付必须足够高,才能够吸引足够多的个人持有其债券。即企业增发债券不会增加其价值,MM 定理仍然成立。

有效市场假说(Efficient Market Hypothesis,EMH)是从证券价格对市场信息反映的角度来看待市场有效性的一种理论。它是金融证券理论的重要基础之一。由美国学者法玛(Fama)在 1965 年提出。他根据市场信息的完整性和充足性不同,把股市分为有效性不同的三种类型:(1)弱势有效市场。即股票价格反映了过去股价所包含的全部历史信息,任何人都不能从历史的股价及有关信息的技术分析中获得可以牟取超额利润的投资策略。(2)半强势有效市场。即股票价格不仅反映了过去的信息,同时还反映了其他已经公开的信息。(3)强势有效市场。即股票价格不仅具有半强势有效市场的特点,而且反映了一切内部信息(如券商、分析家、公司经营者掌握的信息等)。在这种情况下,市场有效行动达到最高层次,处于理想的瓦尔拉斯均衡。

"有效市场假说"的前提包括:(1)在市场上的每个人都是理性的经济人,金融市场上每只股票所代表的各家公司都处于这些理性人的严格监视之下,他们每天都在进行基本分析,以公司未来的获利性来评价公司的股票价格,把未来价值折算成今天的现值,并谨慎地在风险与收益之间进行权衡取舍。(2)股票的价格反映了这些理性人的供求的平衡,想买的人正好等于想卖的人,即认为股价被高估的人与认为股价被低估的人正好相等,假如存在套利的可能性的话,他们立即会用买进或卖出股票的办法使股价迅速变动到能够使二者相等为止。(3)股票的价格也能充分反映该资产的所有可获得的信息,即"信息有效",当信息变动时,股票的价格就一定会随之变动。

"有效市场假说"表明任何人都不可能在市场上持续赚取超额利润。当然,"有效市场假说"只是一种理论假说,实际上,每个人并非总是理性的,信息也并非在每一时点上都是有效的。

巴契里耶投机理论(Bachelier's Speculative Theory)是指法国索邦大学的巴契

里耶(Louis Bachelier,1900)在其博士论文《投机理论》中对股票市场的运作及股票价格的变化规律做的最早的探索。巴契里耶运用多种数学方法论证了股票价格的变化几乎是无法用数学的方法进行预测的。与此同时,巴契里耶又试图提出一个公式,以描述市场的波动。他认为既然一段时间的市场波动很难预测,那么预测市场某一瞬间价格的变动还是可能的。在某个特定时点的每个成交价格都反映了买方和卖方的不同观点,买方认为价格会涨,卖方认为价格会跌。因此,买卖双方都没有价格信息的优势,他们的输赢概率各为50%,"其数学期望值等于零"。他进而推断在短时间内价格变化的幅度很小,但随着时间的延长,价格变化的幅度会扩大。价格波动的幅度与时间区间长短的平方根成比例关系。

巴契里耶对投资理论的贡献主要表现在他率先将概率论引入股票收益的预测中,他从所推导的预测公式中发展出随机漫步(Random Walk)理论,这些在以后的各种投资理论中都得到了广泛的运用。需要指出的是巴契里耶的研究在当时并没有产生很大的影响,直至20世纪50年代才被萨缪尔森发现和认可。

期权定价理论(Option Pricing Theory)是关于期权价格的决定因素的理论。影响期权价格的主要因素有标的资产的市场现价、期权合约的实施价格、期权合约的有效期限、标的资产预期价格的易变性等。现代期权定价理论体系最早始于1900年法国数学家巴舍利耶(L. Bachelier)的论文《投机理论》,他第一次将布朗运动用于描述股票价格变化过程。20世纪60年代,斯普克尔(Sprenkle,1961)、博内斯(Bomess,1964)、萨缪尔森(Samuelson,1965)等先后对期权定价问题重新进行了探讨,修改了巴舍利耶的一些假设。1973年美国芝加哥大学教授布莱克(Black)和麻省理工学院教授斯科尔斯(Scholes)发表文章《期权和公司债务定价》,对风险溢价作出了合理解释。他们认为,对期权定价问题无须考虑风险溢价因素,因为它已被包含在股票价格当中,并且在完全市场、无套利等一系列假设条件下,应用连续交易保值技术,通过严密的论证推导出了布莱克—斯科尔斯期权定价模型(简称B—S模型)。该模型包含了假设:(1)在期权有效期内,短期无风险利率是固定的。(2)所有有价证券交易是在连续期间内发生的,股价在连续期内是随机的,且遵循几何布朗运动。(3)在期权有效期内,相关资产(股票)不支付股息,不分红。(4)期权只有在到期日才被执行。(5)没有交易成本和税。(6)有价证券投资者可以按照无风险利率借入资本。(7)允许卖空,且没有罚金。在这些假设条件下,期权价格将只取决于股票价格、时间和股价变动方差或标准差。布莱克—斯科尔斯期权定价公式为:

$$C = S \times N(D_1) - L \times E - r \times T \times N(D_2)$$

式中,$D_1 = [\ln(S/L) + rT]/(\sigma\sqrt{T}) + \sigma\sqrt{T}/2$,$D_2 = D_1 - \sigma \times T$,$C$ 为期权初始合理价格,L 为期权交割价格,S 为所交易金融资产现价,T 为期权有效期,r 为连续复利计无风险利率,σ 为年度化标准差,N 表示正态分布变量的累积概率分布函数。该模型具有很强的实用性,只要输入股票价格、执行价格、利率、期限和股票收益率的标准差,就可以得出理论的期权价格。

此后的期权定价理论的发展均是在 B—S 模型基础上,放松某些假设作出的修正、扩展和检验。1979 年,科克斯(Cox)、罗斯(Ross)和鲁宾斯坦(Rubinsetein)的论文《期权定价:一种简化方法》提出了二项式模型,该模型建立了期权定价数值法的基础,利用"二叉树分析法",只要给定股票价格、实施价格、利率与股票价格的波幅,就可以计算出看涨期权的理论价值,从而解决了美式期权定价的问题。

资产管理理论(Asset Management Theory)又称"流动性管理理论",是最传统的商业银行管理理论。该理论认为,银行资金来源的规模和结构完全取决于存款客户的意愿和能力,是银行自身无法控制的外生变量,银行不能自动地扩大资金来源。而资产业务的规模和结构则是其自身能够控制的变量,银行应着重于对资产规模、结构和层次的管理,致力于协调资产的营利性、安全性和流动性。资产管理理论主要包括商业贷款理论、资产转换理论和预期收入理论。其中,资产转换理论是资产管理理论的重要组成部分。这一理论最早由美国经济学家莫尔顿在 1918 年发表的《商业银行及资本形成》一文中提出。该理论认为,银行能否保持其资产的流动性,关键在于它持有的资产能不能随时在市场上转换为现金,只要银行手中持有的第二准备(各种债券)能在市场上转换为现金,银行资产就有较大的流动性。商业贷款理论,又叫作真实票据理论。该理论认为,银行的资金来源于客户的存款,由于客户经常提取存款,因此银行只能将这部分资金作短期使用,而不能发放长期贷款或进行长期投资;商业贷款能满足银行在保证安全的同时,创造收益和资金短期回流的要求。预期收入理论认为,商业银行的贷款,应当根据借款人的预期收入或现金制订的还款计划为基础。只要借款人的预期收入有保证,即使它是长期贷款,或是不能很快转换的资产,也不会给银行带来流动性问题。

资产转换理论扩大了银行资产运用的范围,丰富了银行资产结构,是商业银行投资理论的一大进步。其局限性主要表现在:认为人是纯粹的"经济人",工人最关心的是自己的金钱收入;偏重管理技术因素,忽视人的社会因素;只注重工作现场作业效率的提高,未能从企业整体上考虑如何解决好经营管理问题。

负债管理理论(Liability Management Theory)产生于20世纪50年代末期,盛行于20世纪60年代。负债管理理论以负债为经营重点,即以借入资金的方式来保证流动性,以积极创造负债的方式来调整负债结构,从而增加资产和收益。这一理论倡导银行应在有资金需求的时候及时向外借款,再通过贷款获利,此时,银行并不需要完全依靠多层次的流动性储备资产来保持流动性。

负债管理理论的发展经历了三个阶段:(1)存款理论阶段。存款理论认为,存款是商业银行最主要的资金来源,是其资产业务的基础;银行在吸收存款过程中是被动的,为保证银行经营的安全性和稳定性,银行的资金运用必须以其吸收存款沉淀的余额为限;存款应当支付利息,作为对存款者放弃流动性的报酬,付出的利息构成银行的成本。这一理论注重安全和稳健,反对盲目贷款,冒险获取利润。缺陷在于忽略了银行在改善和调整资产、负债结构方面的能动性。(2)购买理论阶段。购买理论是继存款理论之后出现的另一种负债理论,与存款理论相反,该理论认为商业银行吸收存款并非消极被动的,而是应该积极主动购买外界资金,除向一般公众购买外,同业金融机构、中央银行、国际货币市场及财政机构等,都可以视为购买对象;商业银行购买资金的基本目的是增强其流动性,其吸收资金的最佳时机是在通货膨胀时期。购买理论产生于西方发达国家经济滞胀年代,它对于促进商业银行更加主动地吸收资金、刺激信用扩张和经济增长,以及增强商业银行的竞争能力,具有积极的意义。其缺陷在于助长了商业银行片面扩大负债,加重了债务危机,导致了银行业的恶性竞争,加重了通货膨胀的负担。(3)销售理论阶段。产生于20世纪80年代。该理论持这样一种观点:银行被视作生产金融产品的企业,银行负债管理的中心任务就是迎合顾客的需要,努力推销金融产品,扩大商业银行的资金来源和收益水平。该理论将现代企业的营销理念引入银行负债管理,以围绕客户需求来开发金融产品和开展金融服务,体现了金融业与其他非金融行业相互竞争与渗透的时代特点。负债管理理论的缺陷在于提高了银行的融资成本,增加了经营风险,当银行不能从市场借到相应的资金时,就可能陷入困难不利于银行稳健经营;短期资金来源比重增大,借短长贷的问题日趋严重,银行不注重补充自有资本,风险增加。

货币数量论(Quantity Theory of Money)是货币数量变动与物价及货币价值变动之间存在着一种因果关系的理论。主要内容有:在其他条件不变的情况下,物价水平的高低和货币价值的大小由一个国家的货币数量决定。货币数量增加,物价随之正比上涨,而货币价值则随之成反比下降;反之则相反。也就是说,在其他条件(主要是实际产量、货币流通速度)不变时,流通中的货币量越多,商品的价格水平就越高,从而单位货币的购买力就越低,即货币的价值越小。

货币数量论早期的代表人物是法国启蒙思想家孟德斯鸠和英国经济学家休谟。孟德斯鸠认为,物价决定于商品总量与货币总量的比例,货币或商品任何一方发生变动,都会引起物价相应的变动。假如商品和货币同一时间、同一方向、同倍数变动,但两者的比例不变,物价也就不变。大卫·休谟认为,一切商品的价格是由商品和货币的比例关系决定的。假如商品增加,物价就下跌;假如货币增加,物价就上涨;反之亦然。而且物价并不是取决于一个国家国内商品与货币的绝对数量,而是决定于进入或可能进入市场的商品的绝对数量及处在流通中的货币的绝对数量。19世纪货币数量论的代表人物大卫·李嘉图(David Ricardo)认为人们对货币的需求是无限的。流通中的货币只具有流通手段的职能,而不具有贮藏手段的职能,一旦货币投入流通都要用于购买,不论它是金属货币还是银行券,因此货币供给过多或过少时,都要引起货币价值的变化。20世纪初,美国经济学家费雪(Irving Fisher)提出了现金交易数量说,英国剑桥学派创始人马歇尔(Alfred Marshall)提出了现金余额数量说,其门徒庇古(Arthur Cecil Pigou)提出剑桥方程式。他们所强调的都是货币数量与物价水平之间直接的数量关系。

现金交易数量论（Quantity Theory of Cash Transaction）是一种现金交易方程式。费雪（Irving Fisher）于1911年在其代表作《货币购买力：其决定因素及其与信贷、利息和危机的关系》中提出。费雪指出，在商品交易中，买者支出的货币总额总是等于卖者收入的货币总额，如以 M 代表货币供应量，以 V 代表货币流通速度，以 P 代表物价水平，以 T 代表社会交易量，则：

$$MV = PT$$

费雪认为 M 由现金和活期存款组成，因而：$M = M_1 + M_2$，$V = V_1 + V_2$，在 P、T、M_1、M_2、V_1、V_2 这六个因素中，T、V 是比较稳定的，是常量，主要是由人们的商业惯例和支付习惯决定；M、P 是不稳定的，是变量，因为 M 是由货币管理当局控制的。他同时指出，在货币的流通速度与商品交易量不变的条件下，物价水平随着流通货币量的变动成正比例变动，货币数量决定物价水平。他还分析了货币数量与物价水平这一因果关系的传导机制：从货币量的增大到物价水平的上升有一个过渡时期，有许多短变动。在过渡时期，M 和 P 都在增大，但不会按同比例增大，P 的上升相对地会大于 M 的增加。利率的变动会滞后于物价变动，当 M 停止增长或虽然继续增长但增长率有所降低时，物价上涨幅度缩小，但利率仍然高昂，这样实际利率便上升。而实际利率上升，会影响企业信贷规模和资金周转，从而影响物价水平。

现金余额数量论（Quantity Theory of Cash Balance）是一种货币需求理论学说。由剑桥学派的创始人马歇尔（Alfred Marshall）的学生庇古（Arthur Cecil Pigou）于1917年在《货币的价值》一文中提出。现金余额方程式（即剑桥方程式）为：

$$M = kPy$$

式中，M 为人们持有的货币量，k 为货币量与国民收入或国民生产总值之比，P 为最终产品和劳务价格的指数，y 为按固定价格计算的国民收入或国民生产总值。庇古指出：若全社会在一个年度中的平均现金余额为 M，则 ky/M 是每一个货币单位的实际价格，即每一个货币单位所能购买到的实物商品量，也就是货币的购买力。所以现金余额方程式与现金交易方程式的结论基本相同,即物价水平决定于货币量,与货币量的多少呈反方向、同比例变动。但是,这两个方程式有不同的经济意义:现金交易方程式中 P 表明商品价格;强调 V 不变时 M 对 P 的影响;着眼于货币的流通手段职能和货币的交易,没有纳入货币的需求。现金余额方程式中 P 表明货币价值;强调 ky 不变时 M 对 P 的影响;着眼于货币的贮藏手段职能,纳入了对货币的需求。

现代货币数量论(Modern Quantity Theory of Money)是以美国经济学家弗里德曼(Milton Friedman)为核心的货币主义流派倡导现代货币需求学说。由弗里德曼于 1956 年发表的《货币数量论:一个重新表述》一文推演出。该理论认为货币供应量的变动既影响物价总水平的变动,也影响总产量或国民收入的变动。

在弗里德曼看来,货币是债券、股票、商品的替代品,货币需求是个人拥有的财富及其他资产相对于货币预期回报率的函数。据此,弗里德曼将他的货币需求函数定义如下:

$$\frac{Md}{P} = f(y, w, r_m, r_b, r_e, \frac{1}{P} \cdot \frac{\mathrm{d}P}{\mathrm{d}t}; u)$$

式中, $\frac{Md}{P}$ 表示对真实货币余额的需求; P 表示物价水平; y 表示各种财富形式的实际国民收入; w 表示非人力财富在总财富中所占比例; r_m、r_b、r_e 分别表示货币的预期名义报酬率、债券的预期名义报酬率、股票的预期名义报酬率; $\frac{1}{P} \cdot \frac{\mathrm{d}P}{\mathrm{d}t}$ 表示预期物价变动率,即真实资产的名义报酬率; u 表示除收入以外的其他影响货币需求的变量。

弗里德曼认为,货币需求主要取决于四个方面的因素:(1)总财富。弗里德曼认为总财富难以估算,只能用永久性收入来代替。一般而言,随着收入的增加即财富的增加,货币需求增加。弗里德曼认为,人们永久性收入是稳定的,是人们长期收入的平均预期值。(2)非人力财富在总财富中所占比例。弗里德曼的永久性收入是由非人力财富和人力财富组成的。前者指有形的财富,包括货币持有量、债券、股票、资本品、耐用消费品等,后者指无形财富,即个人挣钱的能力。弗里德曼认为由于受到制度上的限制,这两种财富之间的转换有一定的困难,主要是人力财富转为非人力财富比较困难。因此,非人力财富在总财富中所占比例越大,则对货币需求也就越大,反之亦然。(3)各种非人力财富的预期报酬率。弗里德曼认为在各种资产中,货币与其他有形资产之间按何种比例分配,取决于它们的预期报酬率。一般而言,各种有形资产预期的报酬率越高,愿意持有的货币需求就越少。(4)其他有形货币需求的因素,如个人偏好。

凯恩斯的货币需求理论(Keynes Money Demand Theory)又称"流动性偏好理论"。凯恩斯(John Maynard Keynes)关于货币需求与其影响因素之间的函数关系的理论。凯恩斯的货币需求理论是在剑桥分析方法的基础上发展起来的,在其1936年出版的《就业、利息和货币通论》中首次提出。凯恩斯将人们对货币的需求的动机归纳为三点内容,即交易动机、预防动机和投机动机。在这三种动机中,由交易动机和预防动机而产生的货币需求均与商品和劳务交易有关,故而称为交易性货币需求(L_1);而由投机动机而产生的货币需求主要用于金融市场的投机,故称为投机性货币需求(L_2)。而货币总需求 $L = L_1 + L_2$。凯恩斯认为交易动机与预防动机的货币需求是收入的递增函数,即收入越多,交易性货币需求就越多。若用 y 表示国民收入,那么货币的交易性需求是国民收入的函数:

$$L_1 = L_1(y) = ky$$

对于投机性货币需求,凯恩斯认为它主要与货币市场的利率有关,利率越低,投机性货币需求越多,因此,投机性货币需求是利率的递减函数。特别是当利率降至一定低点之后,货币需求就会变得无限大,即进入了凯恩斯所谓的"流动性陷阱"。即没人愿意持有债券,人人都愿意持有货币,如果以 r 表示利率,那么投机性货币需求 L_2 与利率 r 之间的关系表示为:

$$L_2 = L_2(r) = -hr$$

那么,货币总需求函数就可写成:

$$L = L_1 + L_2 = ky - hr$$

式中表示货币的总需求是由收入和利率两个因素决定的。在凯恩斯的货币需求分析中,当货币需求发生不规则变动时会出现所谓的"流动性陷阱",它是凯恩斯分析的货币需求发生不规则变动的一种状态。凯恩斯认为,一般情况下,由流动偏好决定的货币需求在数量上主要受收入和利率的影响。但是当利率降到一定低点之后,由于利息率太低,人们不再愿意持有没有什么收益的生息资产,而宁愿以货币的形式来持有其全部财富。这时,货币需求便不再是有限的,而是无限大了。如果利率稍微下降,不论中央银行增加多少货币供应量,都将被货币需求所吸收。也就是说,利率在一定低点以下对货币需求是不起任何作用的。在这种情况下,中央银行试图通过增加货币供应量来降低利率的意图就会落空。

凯恩斯货币需求理论是货币经济理论最显著的发展之一,是众所周知的凯恩斯革命的重要组成部分,在经济发展史中具有十分重要的地位。凯恩斯货币需求理论对经济理论和经济政策也产生了重要影响,构成了众多货币经济论题讨论的经济学基础,也是分析评价宏观经济政策绩效的理论基础之一。

前景理论(Prospect Theory)认为人们进行决策的过程其实就是对前景,即各种风险结果的选择,在整个过程中影响人类选择的不是预期效用理论所假设的各种偏好公理,而是特殊的人类心理规律。是由卡恩曼(Daniel Kahneman)和特维斯基(Amos Nathan Tversky)将心理学运用于经济学分析而建立的(1979 年论文《前景理论:面对风险的决策分析》),属于行为经济学理论。

该理论把前景选择过程分为两个阶段:第一阶段主要是编辑和构建,即收集和整理随机事件发生和人们对事件结果的信息以及其他相关信息。第二阶段是对方案的评估和决策,即人们对上一阶段设计的各种方案进行期望估计和比较。前景理论是以两个函数的假设为前提的:决策权数函数和价值函数。决策权数函数是概率的单调函数,描述未来单个事件的概率变化对总体效用的影响;价值函数直接反映前景结果与人的主观满足大小之间的关系。价值函数衡量盈利或亏损对人的主观满足的影响,价值函数曲线是财富增加或减少的分界线,它在参考点处开始转折。价值函数在盈利域中是凹的,在亏损域中是凸的,人们对盈利或亏损的感受在靠近参考点处比在远离参考点处强烈。通常情况下,人们是风险规避的,价值函数在亏损区域比在盈利区域更加陡峭。

前景理论关于风险下的行为决策的研究,主要有以下几种结论:

第一,人们的行为决策关注的是与设想的差距而不是结果本身。也就是说,人们在决策时,总是以自己的某一参照标准来衡量,往往对行为后果与这一参照标准的相对差异非常敏感,而对行为后果本身的绝对水平不敏感。譬如,相对于财富的增量和财富的绝对量,人们更加看重财富的相对变化量,也可以解释投资者更加关注投资的赢利或者亏损的数量,而相对较少关注投资的总量。

第二,财富的变化一旦超过某个标准,人们对同样数量的损失和盈利的感受是完全不一样的。就等量财富的减少或增加而言,两者所产生的效用不相等,一定数量的财富减少所产生的痛苦要大于同样数量财富增加所带来的快乐。这个结论也可以解释"工资刚性",人们面对加薪时可能不在乎什么,但如果要减薪,相信任何一个人的反对情绪都会表现得非常强烈。

第三,人们在面临条件相当的损失前景时,通常倾向于风险偏好,而在面临条件相当的赢利前景时,人们往往倾向于风险规避。为了确保确定的盈利,人们通常在盈利不确定时避免风险,而当损失不确定时,则倾向于冒险,即使这种冒险会带来更大的损失。

第四,前期决策效用影响后期的风险态度和决策,前期盈利可以增强风险偏好和平滑后期损失,前期损失会加剧后期亏损痛苦和提高风险厌恶程度。根据这些结论,前景理论在很大程度和范围内较为切合实际地解说了人类行为决策中的非理性现象,尤其是金融市场中的现象。

需求拉动通货膨胀论(Theory of Demand-pull Inflation)是一种关于总需求大于总供应引起通货膨胀的理论。该理论最初由凯恩斯在1940年出版的《如何筹措战费》中提出,后经凯恩斯学派的学者加以补充和完善。凯恩斯认为物价上涨的原因在于商品和劳务的总需求大于总供给,二者的差额就形成了通货膨胀缺口。这可由著名的"凯恩斯交叉"来表示,如图2-39所示。

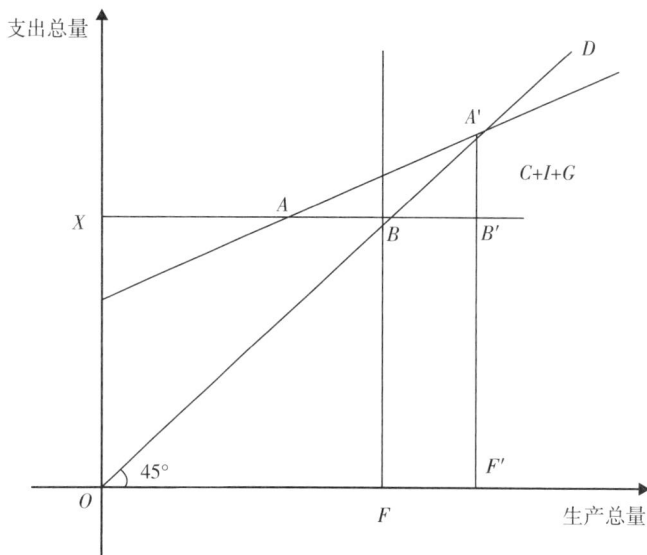

图 2-39 凯恩斯交叉

图中 OD 是从原点所延伸的 45°角斜线。$OX = OF$ 是充分就业产量。假定支出总量是消费量 C、投资量 I、政府开支 G 的总和。大于充分就业量所能提供的商品和劳务,则 $C + I + G$ 将在高于 B 点之处与 45°线相交。换言之,即图中的 AB 便形成了"通货膨胀缺口"。这缺口在 A' 点暂时弥补。根据几何原理,$A'B' = BB' = FF'$。但 FF' 只表示名义所得的增加,而非实质产量的增加,换言之,只是代表了物价的上升。假如支出总量的增加只是一次性的,则缺口在 A' 弥补后,通货膨胀亦仅限于 FF' 而已。如果 $C + I + G$ 继续向上移动,则新的缺口将重新出现,通货膨胀也将超越于 FF' 之外。图 2-39 所述模型的最大缺点是,假定通货膨胀只能在充分就业水平达到后才能发生,因此无法解释物价上涨与失业并存的现象。因此,有人运用总需求和总供给曲线(如图 2-40 所示)来解释需求拉动通货膨胀说。

图 2-40 中 D_1、D_2、D_3 是不同水平的总需求曲线。按西方公认的经济理论它们均向下倾斜。SS 曲线代表总供给曲线。OF 代表充分就业。在 F 点尚未达到前,SS 曲线向上倾斜,表示物价上升尚可刺激或诱导生产量的增加。但达到 F 点后,SS 曲线即变为垂直的直线,表示物价上升已无法(至少在短期内)刺激产量增加。SS 曲线也可解释为总成本曲线,即相对于任何产量所需的成本价格。如图 2-40 所示,需求如由 D_1 增至 D_2 和 D_3,而供给曲线维持不变,则物价将由 AG 升至 BH 再升至 FI。而且,即使充分就业 OF 尚未达到前,物价已可开始逐渐上升。

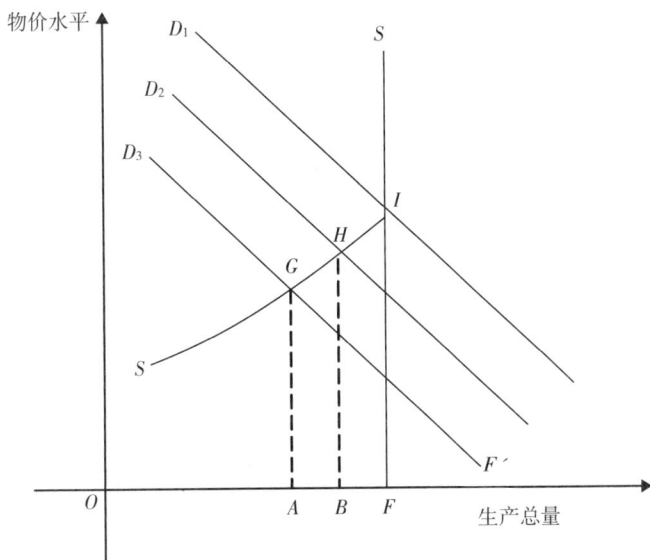

图 2-40 需求拉动通货膨胀

以上两种模式都假定总供给固定不变,物价上涨纯粹由总需求增长所致。它们代表着第二次世界大战期间和战后初期凯恩斯学派的思想。由于它无法解释20世纪70年代以来的"滞胀"现象,这一思想逐渐被成本推动或供求混合型通货膨胀论所取代。

货币学派通货膨胀论(Monetarist School Inflation Theory)是一种关于需求结构变动引起通货膨胀的理论。最初由费雪(Fischer)等传统货币数量说者提出,后由弗里德曼(Friedman)等新货币数量说者加以发展和完善。传统货币数量说认为,假定生产量恒等于充分就业量,货币流通速度又为一固定量,因此,货币量增加后,名义支出总量或需求总量相应增加,然而生产量由于前提条件限制而没有增加的可能。

因此,根据费雪的交易方程式 $MV = PQ$,物价水平 P 必然随货币量的增加而相应上涨。对此,弗里德曼等人提出若干技术上的修正,即 Q 未必恒等于充分就业产量 Q_f,流通速度 V 未必为常数,而只是相对稳定的函数。为进一步阐明问题,弗里德曼等人将预期因素引进理论模型。其代表性的当代货币主义模型简化如下:

$$M_d = KPQ$$

$$M_d = M_s$$

$$\dot{P} = f(Q/Q_f) + \dot{P}^*, \, f' > 0, \, f'' > 0$$

$$\Delta\dot{P}^* = \theta(\dot{P} - \dot{P}^*), \, 0 < \theta < 0$$

在四个模型中,M_d 是名义货币需求,M_s 为名义货币供给,Q 是实际生产量,Q_f 是充分就业产量,P 为物价绝对水平,$\dot{P}$ 是物价上涨率或变动率,$\dot{P}^*$ 是预期物价上涨率或变动率,f 为函数,其第一、第二导数均为正值,$\Delta\dot{P}^*$ 是预期物价变动率的修正,θ 是常数,其数值介于 0 与 1 之间。第一个模型是名义货币需求关系,但 K 可解释为常数,也可看作稳定函数。第二个模型是货币供求的均衡条件。第三个模型表示物价变动率,取决于总体需求函数 $f(Q/Q_f)$ 和代表预期因素的 $\dot{P}^*$。第四个模型表示预期物价变动率,根据实际变动率与预期变动率的差距而修正。根据这个具有四个方程式的模型,只要知道货币供应量 M_s,实际生产总量 Q 和充分就业产量 Q_f 后,即可求解四个未知数 M_d、P、$\dot{P}$ 和 $\dot{P}^*$。上述理论的宗旨在于强调货币量是独立的外生变量,即货币量的变动必先于物价变动而发生。货币量不可能是适应物价变动的内生变量。简言之,通货膨胀为一种纯粹的货币现象。它与需求牵动论不同之处在于,它认为总需求虽然不变,但其组成部分发生重大变化,物价仍可上涨。

成本推动通货膨胀论(Theory of Cost-push Inflation)是一种关于在没有超额需求的情况下,由于供给方面成本提高导致通货膨胀的理论。该理论从商品和劳务的供给方面来解释一般物价水平在一定时期内持续上涨的现象,和需求牵动论是不同的。它是 20 世纪 60 年代后期以来,在西方经济学界广泛传播的一种理论。该理论认为,在近代社会中,存在各种强大的、对市场价格具有操纵力量的压力集团,如工会组织、人为控制物价的卡特尔,以及具有不同垄新性质的大企业。它们在总需求不变的情况下,或不顾总需求变动趋势的情况下,通过提高供给价格的决策方式,在短期内引起价格上涨和失业衰退并发的现象。如果政府当局为避免失业和萧条恶化而采取扩张性的财经措施的话,则物价将呈现螺旋式上涨趋势,如图2-41 所示。

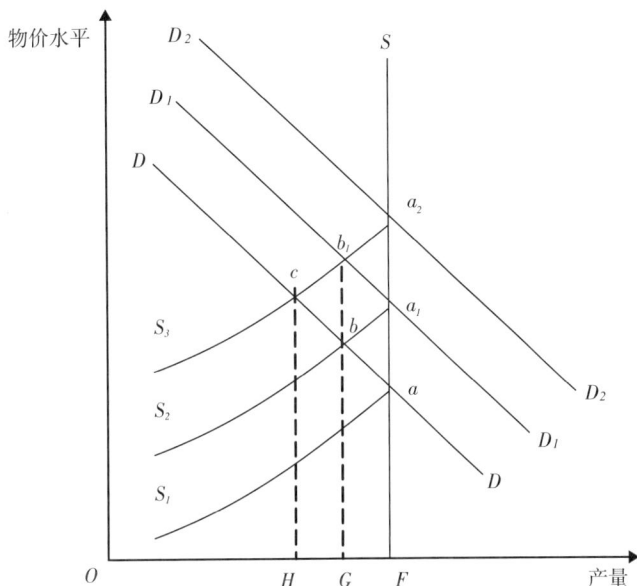

图 2-41　成本推动型通货膨胀

图 2-41 中 DD 是固定不变的总体需求线,OF 是充分就业产量。总供给线 S_1、S_2、S_3 等最初向上倾斜,但到达充分就业后即形成一垂直线 SF。设总供给线最初相交于 a,这是在充分就业下的物价。如因一些供应方面的因素促成独立性成本上涨(如工资,原料价格的腾升)而使总供给线从 S_1 向上移动至 S_2 和 S_3,则一般物价水平从 a 上升至 b 和 c,同时生产总量却从 OF 降至 OG 和 OH,换言之,HF 是代表因失业所引致的严量的损失。如果政府当局为维持充分就业而运用扩张性财经政策,将总需求 D 提升至 D_1 和 D_2,则物价将 $aba_1b_1a_2$ 作螺旋式上升。这一模型称"混合性供求"模型。根据成本总额各组成部分在刺激物价上涨过程中的作用,成本推动论模型分为两类:(1)利润率附加模型,着重利润率附加作用。(2)工资推动模型,着重工资作用。在现实通货膨胀过程中,需求和供给因素,往往交织一处,极难将它们严格分开成为两种独立的现象。加上预期因素和国际性通货膨胀理论的发展,更使二者界限模糊,于是有人提出了从供给和需求两个方面及其相互影响说明通货膨胀的理论,即混合通货膨胀理论。

输入性通货膨胀模型(Theory of Imported Inflation Model)也称"北欧模型"。从小型开放经济的角度研究通货膨胀国际传散的理论模型。最初由挪威、瑞典、丹麦等国的经济学家创设,故通称"北欧模型"。它的理论分析对象是小型开放经济或海岛。从世界市场上的供求关系而言,这种经济对国际商品价格毫无影响力。该模型将小型开放经济分为"暴露部门"和"隐蔽部门"两大部分。前者包括受外来竞争压力的工业和行业,如部分制造业、矿业、农业、航运业等。它们的产品可能在国际市场和国内市场与国外产品竞争。后者包括受政府保护,或其本身性质而完全不受外来竞争压力,或压力极轻的工业和行业,如建筑业、公共事业、部分制造业、农业、服务性行业等。暴露部门不能将成本的增加轻易转嫁于消费者,因此不能不经常从事投资和技术创新,故其劳动力生产率较高。隐蔽部门与之相反。该理论模型的主要论点是:(1)世界价格法定暴露部门的产品价格,经汇率转化为本国货币价格后,它与技术、生产率一起决定利润率。(2)暴露部门的利润率决定该部门的工资率,否则该部门无法在外来竞争压力下生存。(3)通过全国性的集体谈判,暴露部门任何工资增加将导致隐蔽部门工资率的相应增加,但是,后者劳动生产率低于前者工资作同比例的调整,这便不可避危地引起工资推动型通货膨胀。(4)国内的通货膨胀率是两部门工资上涨率的加权平均。这些论点可用一简单方程式表示,即:

$$\dot{P} = a_e \dot{P}_e + a_s \dot{P}_s = a_e \dot{P}_w + a_s(\dot{P}_w + \lambda_e - \lambda_s) = P_w + a_s(\lambda_e - \lambda_s)$$

式中,P 为国内通货膨胀率,P_e 为暴露部门物价上涨率,P_s 为隐蔽部门的物价上涨率,P_w 为国际通货膨胀率,λ_e 为暴露部门的劳动生产力增长率,λ_s 为隐蔽部门的劳动生产力增长率,a_e 为隐蔽部门的劳动生产力增长率,a_s 为隐蔽部门的比重。根据模型,$\dot{P}_e$ 由 $\dot{P}_w$ 决定,即 $\dot{P}_e = \dot{P}_w$;由于隐蔽部门劳动生产率低,故其物价上涨率高,即 $\dot{P}_s = \dot{P}_e + (\lambda_e - \lambda_s)$。国内通货膨胀为两个部门加权平均,即 $\dot{P} = a_e \dot{P}_e + a_s \dot{P}_s$。根据定义:$a_e + a_s = 1$。该式的含义是:国内通货膨胀率由两部分组成,一是国际性通货膨胀率,二是隐蔽部门的比重与生产率差距的乘积,后者可视为一种"结构性通货膨胀"指标。该模式的最大弱点是未能解释世界性通货膨胀的来源,也完全忽视了货币量在支持持续性物价上升过程中的作用。

结构性通货膨胀论（Theory of Structural Inflation）是认为社会经济中各部门的结构性因素是引起的物价水平持续上涨原因的理论。由当代英国著名经济学家希克斯（J. R. Hicks）和北欧的一些经济学家提出。希克斯等人认为，部门结构方面的特点是引起通货膨胀的本源。社会经济可以从不同角度划分成许多部门，这些不同的部门由于各自原来的起点不同，并受到不同的外界力量的影响，它们在需求方面或成本方面的变动所引起的价格变动是不相同的。其中某一部门的物价上升将会通过各部门间相互看齐的过程，即"赶上"过程，引起连锁反应，带动其他部门价格上涨，从而引起整个经济的物价水平的普遍上涨。这种不同部门间物价上升的连锁反应过程分别有几种情况：（1）在全社会的需求不足被克服以前，总有某些部门的产品较早地发生供不应求的情况，这会引起这些产品价格的上涨，并带动其他部门产品价格的上涨，致使通货膨胀发生。（2）一个国家的经济部门中那些扩展性的部门，由于劳动生产率提高快，工人的工资率相应上升快，而衰退中的部门，不管生产率是否下降，工人也要求提高工资，向前者"看齐"，这些部门在生产率没有提高的情况下提高工资率的结果，对全社会来说，就形成货币工资率大于劳动生产率增长的情况，形成全社会的通货膨胀。（3）一旦世界市场的价格上升，同世界市场联系密切的开放经济部门的价格会随之上升，这些部门的工人看到价格上涨，就会要求提高工资。这又会影响到不开放的经济部门，形成同第二种情况相似的情形，不开放的经济部门的价格和工人的工资也会上升，致使全社会价格上涨。

结构性通货膨胀论通常也被当代西方经济学家用来解释"滞胀"问题。他们认为，根据上述的分析，通货膨胀—失业并发症就是来自经济结构的特点和各部门工人在工资方面的互相带动或"相互看齐"的心理因素等。因此，要消除通货膨胀，同时实现充分就业，就不能只依靠需求管理，因为无论是宏观财政政策还是宏观货币政策，都只是对总需求发生影响，而不能对个别生产要素的供给发生作用或对经济结构发生作用。

混合性通货膨胀论（Theory of Mixed Inflation）是由需求的因素和供给的因素共同推动的通货膨胀的理论。由后凯恩斯学派首先提出，后为西方经济学家所普遍接受。后凯恩斯学派认为,通货膨胀往往兼有两种类型的通货膨胀的因素,即需求和供给这两方面的因素在通货膨胀时期常常是彼此依存,共同起作用。例如,一次通货膨胀可能首先从过度需求的出现开始,过度需求使物价上升,而物价的上升又提高货币工资率。此时,只要货币工资率的提高幅度大于劳动生产率的增长幅度,那就表明供给方面的因素,即成本推进的因素也发生了作用。又如,一次通货膨胀也可能首先从工资的过快增长开始,工资的过快增长将提高物价,假定这时的经济处于充分就业的条件下,那么工资的增加将会不断增大总需求,这样需求方面的因素也会对通货膨胀发生作用。

因此,根据后凯恩斯理论,当过度需求伴随着货币工资率的增长快于劳动生产率的增长,或者在充分就业条件下,当货币工资过快增长,那么这时所发生的通货膨胀将是混合型通货膨胀。按照许多西方经济学家的看法,第二次世界大战后西方国家发生的相当多通货膨胀,都是具有这种混合的通货膨胀的性质。对于如何克服混合的通货膨胀,后凯恩斯学派认为目前还很难找到有效的单一对策,而只能采取"一揽子"措施,即兼用紧缩的财政政策和货币政策、工资和物价管制,人力政策等,才能使它缓和下来。

菲利普斯曲线(Phillips Curve)是表示失业率和通货膨胀率(或物价上涨率)之间关系的曲线。1958 年由英国经济学家 A. W. 菲利普斯在《1861—1957 年英国的失业和货币工资变动率之间的关系》一文中提出。

菲利普斯运用经济计量学方法,以劳动的供求关系决定货币工资的理论为根据,列出用以表现失业率和货币工资变动率之间的函数关系的经济计量模型:$y + a = bx^c$(式中,y 为工资变动率,x 为失业率,a、b、c 都是参数),再以英国 1861—1957 年的相关统计数据,利用统计学上的最小二乘法和试错法,估算配合而得出一条表示失业率与工资变动率的依存关系的曲线(如图 2-42 所示)。

菲利普斯曲线本来是用以表示失业率和工资变动率之间的替换关系(图中右端纵坐标表示的货币工资上涨率,与横坐标表示的失业率对照看,图中的曲线就成为原来意义的菲利普斯曲线)。但由于西方经济学家把第二次世界大战后西方国家的持续通货膨胀归结为主要是货币工资增长率超过了劳工生产率的增长率(在图 2-42 中左端表示物价上涨率的纵坐标,比右端表示工资增长率的纵坐标高三

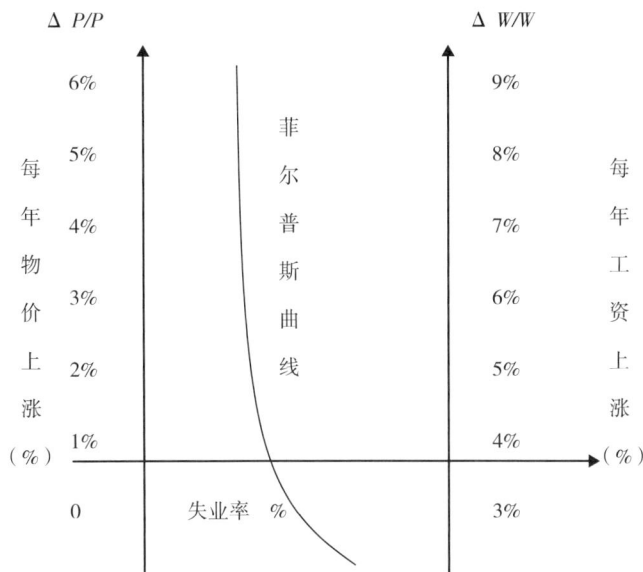

图 2-42　菲利普斯曲线

个单位,就是用来表示物价上涨是由于工资增长率超过了劳动生产率的增长率——图中假定为 3%——所造成的),因此,这条曲线又被用来表示失业率和通货膨胀率之间的替换关系。其含义是:失业率与物价上涨率之间存在着互为反方向变动的关系。就是说,失业率低的时候,物价上涨率就高;反之,失业率高的时候,物价上涨率就低。这意味着,要减少失业或实现充分就业,就会出现较高的物价上涨率;反之,要降低物价上涨率或稳定物价,就必须以较多的失业为代价。菲利普斯曲线可为凯恩斯主义者所信奉的通货膨胀政策进行辩解,为了减少失业或实现充分就业,通货膨胀是不可避免的,而政府决策者也根据菲利普斯曲线,把它当作在失业和通货膨胀之间权衡取舍的"菜单"。因而它一出笼,就在英、美等发达资本主义国家,特别是在凯恩斯主义者当中广泛传播。

阿德尔曼—莫里斯定理(Adelman Morris Curve)是认为经济发展对收入分配的主要影响按平均数计贫穷家庭的绝对收入和相对收入都下降的理论。1973 年美国发展经济学家艾玛·阿德尔曼和辛西亚·塔夫脱·莫里斯在《发展中国家经济增长与社会均等》一书中提出。他们利用 43 个不发达国家和地区 1950—1963 年的截面数据,以 60% 最贫穷的家庭收入份额为一方,以一个国家的经济、社会及政治成就的各主要方面为另一方,考察了这两者之间的关系。结果表明:经济发展使一些国家产量的增长远远超过了人口的增长,但是社会上所有的人并不能得到同等的利益。不仅发展所得的利益没有自动流向下层民众;相反,发展的进程有代表性地导致利益流向上层社会,有利于中产阶级和富人。经济发展水平和公平的收入分配之间的关系呈不对称的"U型"。较平均的收入分配是经济极端不发达和高水平经济发展所具有的共同特点。但是,在这两个极端之间,大部分是反比例关系的。在一定程度上说,较高速度的工业化、农业生产率的较快增长往往有利于高收入集团而不利于低收入集团的收入分配变化。唯有当国家顺利地进入中等水平的发展时,贫困家庭的绝对收入才开始上升,甚至在这时,情况的改善也不是自动的,往往需要政府发挥重要的调节作用和作出广泛的努力。收入分配方式的基本决定因素是经济结构,而不是经济增长的水平和速度。因此,要实现经济平等,必须采取激进的结构改革,但要为之付出高昂的代价。

库兹涅茨定理(Kuznets Theorem)是关于经济增长与收入分配之间关系的"倒U型"理论。1955年美国经济学家西蒙·库兹涅茨提出。该理论认为,发展中国家在其发展初期,随着经济的发展和人均收入的增加,各阶层之间的收入差别将会逐步扩大,当人均收入达到一定水平后,这些差别又会逐渐缩小。这样,在发展过程中,人们在分配上的差距呈现为一个倒U字形状曲线,即先扩大,后缩小。该理论问世后,不少学者如阿鲁瓦利亚、卡特、刘易斯、钱纳里等对此进行了深入研究。1974年,阿鲁瓦利亚对世界多个国家的家庭收入资料进行了分析,结果表明:一些贫穷国家的发展初期,贫富差距不是特别大,然而当人均收入达到500—1000美元时,收入差别开始扩大,不平等的程度急剧上升,达到峰值后,随着人均收入的进一步增长,贫富差距不会逐渐下降。1979年,卡特和钱纳里对二十多个国家的人均收入和分配状况进行了研究,再次证实了库兹涅茨的理论。

洛伦茨曲线(Lorenz Curve)是反映社会收入分配(或财产分配)平均程度的曲线。由统计学家洛伦茨提出。如图2-43所示,横轴OP代表人口百分比,纵轴OI代表收入百分比。OY为45°线,表明收入分配绝对平等,称为绝对平等线。OPY表示收入分配绝对不平等,是绝对不平等线。洛伦茨曲线介于这两条线之间。该曲线与 OY 越接近,收入分配越平等,与 OPY 越接近,收入分配越不平等。

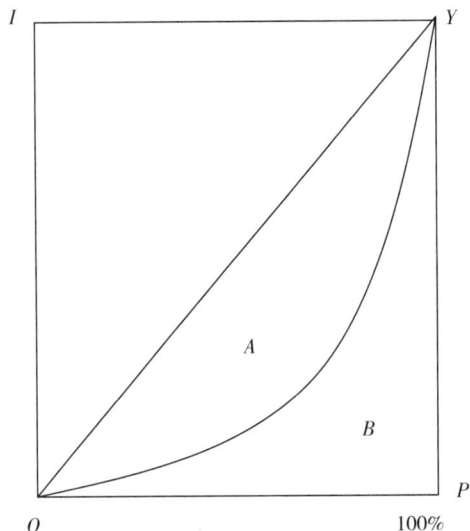

图 2-43 洛伦茨曲线

基尼系数(Gink Coefficient)是反映收入分配平等程度的指标。由意大利经济学家 C. 基尼提出。在洛伦茨曲线图中,A 表示实际收入分配曲线与绝对平等曲线之间的面积,B 表示实际收入分配曲线与绝对不平等线之间的面积。则:

$$基尼系数 = \frac{A}{A+B} = \frac{\int_0^1 [P - I(P)] \mathrm{d}P}{\int_0^1 p \mathrm{d}p} \frac{-b \pm \sqrt{b^2 - 4ac}}{2a} = 2\int_0^1 [p - I(p)] \mathrm{d}p$$

如果 $A=0$,基尼系数等于零,收入绝对平均;如果 $B=0$,基尼系数等于 1,收入绝对不平均。实际基尼系数总是大于零,而小于 1。基尼系数越小,收入分配越平均;基尼系数越大,收入分配越不平均。

马克西—西尔伯斯通曲线(Maxey-Silberston Curve)是汽车工厂生产线的长期平均费用曲线。1959 年英国经济学家马克西和西尔伯斯通在《汽车工业》一书中提出(如图 2-44 所示)。

单位成本（英镑）

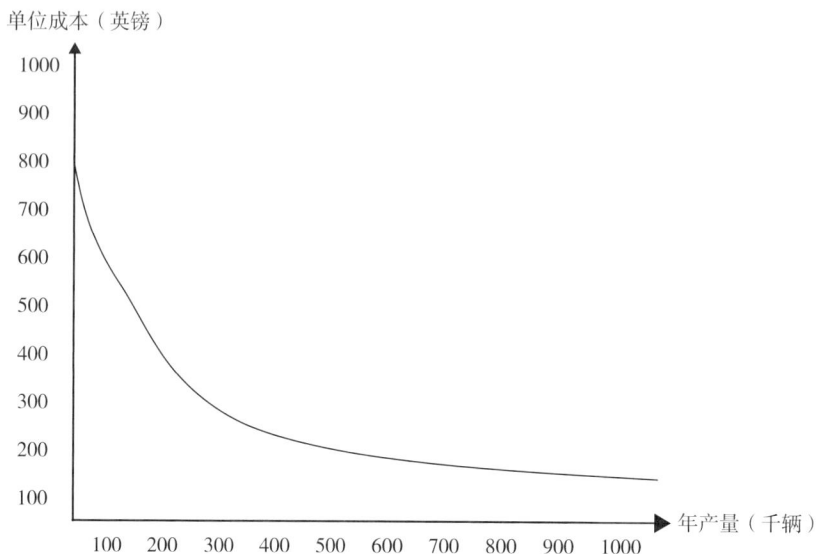

图2-44　马克西—西尔伯斯通曲线

据他们对汽车生产线长期平均费用所做的分析,就一种车型的生产批量同成本的关系而言:当年产量由1000辆增加到50000辆时,单位成本将下降40%;当年产量由50000辆增加到10万辆时,单位成本将下降15%,当年产量由10万辆增加到20万辆时,单位成本将下降10%;当年产量由20万辆增加到40万辆时,单位成本将下降5%;当年产量超过40万辆时,成本下降幅度急剧减少;在达到100万辆的水平后,再增加产量,规模经济将消失。他们认为,汽车工业整个生产过程的最佳规模,应当是各生产工序最佳规模的最小公倍。比如,汽车生产的冲压工序的最佳规模在100万套,那么可以配上两条年产50万台的发动机生产线和10个年组装10万辆汽车的组装线就构成最佳规模。这个组合的生产过程的成本是最低的。研究不同产业、不同产品的长期平均费用曲线,计算最佳规模,从而充分享有规模经济,对于提高企业的以至整个国民经济的经济效益具有不可估量的意义。这种研究和计算是建立大批量生产体系不可缺少的一种依据。

恩格尔定律(Engel's Law)是关于消费结构变化的定律。由19世纪德国统计学家恩斯特·恩格尔提出。该定律指出:一个家庭收入越少,家庭收入中或家庭总支出中用来购买食物的支出所占比例就越大;一个国家越穷,每个国民的平均收入中或平均支出中用来购买食物的费用所占比例就越大,随着家庭收入的增加,家庭收入中或家庭支出中用来购买食物的支出比例就会下降。该定律可用下列公式表示：

$$食物支出对总支出的比率 = \frac{食物支出变动的百分比}{总支出变动的百分比}$$

或者：

$$食物支出对收入的比率 = \frac{食物支出变动的百分比}{收入变动的百分比}$$

恩格尔系数是根据恩格尔定律得出的比例数：

$$恩格尔系数 = \frac{食物支出金额}{总支出金额}$$

后来，一些西方经济学家根据经验统计资料指出：不仅食物，而且衣服、住房等其他基本生活必需品，在不断增长的家庭收入中所占份额也是递减的。因此，相对地高收入集团花在奢侈品、劳务上的金额和绝对值都比低收入集团要多。在恩格尔定律的现代流派中有所谓的"随意的消费"概念，其内容是：在较富裕的国度里消费者支出的相当大一部分是用在那些对物质福利并非必需的物品和劳务上，因此，消费者在这些项目上有花钱或忍住不花钱的选择自由。与此有关的是"可自由支配的收入"概念，这是衡量消费者在他们已经进行了不可缺少的购置以后余下的、可用于奢侈品和其他非迫切性开支的那部分收入份额的一种尺度。

相对收入假说（Relative Income Hypothesis）是一种研究消费变化的理论。1949 年美国经济学家杜生贝（James S. Duesenberry）在《收入、储蓄和消费行为理论》一书中提出了相对收入假说。同年，莫迪利安尼（F. Modigliani）也独立地提出了类似的观点。

该假说认为，消费支出不仅受自身收入的影响，而且也受到周围人的消费支出和收入的影响,即所谓的消费"示范作用"。由于存在这种示范作用的影响,因此随着收入的增加,消费增量在收入增量中的比例就不一定是递减的。杜生贝还认为:消费支出不仅受目前收入的影响,还受到过去收入和消费水平,即消费习惯的影响,特别是受过去"高峰时期"收入的影响,以至于他的收入水平下降时,仍想保持过去那种较高的消费水平。由于存在消费习惯的作用,消费者支出的变化往往落后于收入的变化。消费者在收入减少时宁肯运用储蓄来维持已达到的消费水平,而不愿意改变消费习惯,减少消费。这样,在整个社会的收入减少时,由于消费习惯的作用有可能使消费支出不变或只有轻微的下降,从而不至于影响社会总需求量。这被称作消费的棘轮效应。消费支出与相对收入的关系如图 2-45 所示。

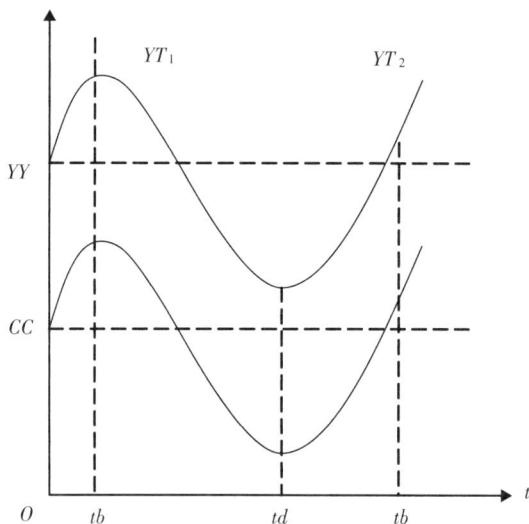

图 2-45　消费支出与相对收入的关系

图 2-45 中,Y 表示收入,C 表示消费,YY 表示收入水平,CC 表示消费支出水平,tb 表示经济的繁荣时期,td 表示萧条时期。YT_1、YT_2 表示收入第一、第二高峰。杜生贝认为,消费支出线变动要比收入线变动的变动率稳定得多。在繁荣时期可以有较多的储蓄,而在萧条时期,将以储蓄的大大减少来维持一定消费支出水平。

庇古福利经济学(Pigou Welfare Economics)是一种以研究社会经济福利为对象,并以一定伦理判断为前提的西方现代经济学。它是由英国剑桥学派的主要代表者之一庇古于 20 世纪 20 年代建立起来的,故名。1920 年庇古出版了《福利经济学》一书,1926年和1928年又分别出版了《产业变动论》和《财政学研究》两书,从而创建了完整的西方福利经济学体系。庇古福利经济学的主要内容有:(1)庇古从西方功利主义的原则出发,认为"福利"一词是指个人获得的效用或满足。他把"福利"分为两类,一类是广义的"福利"即"社会福利",包括"自由""家庭幸福""精神愉快""友谊""正义"等;一类是狭义的"福利"即"经济福利",这是可以用货币计量的。经济福利是庇古研究的主要问题。(2)国民收入总量越大,福利越大。个人的"经济福利"的总和等于一个国家的全部"经济福利"。后者可以用国民收入量来表示。(3)减低收入不均的程度,是福利极大化的必要条件。这种国民收入平均分配的结论,是庇古从收入边际效用递减原理引申出来的。但他又认为,由于富人与穷人存在内在的种族差别、教育差别等,既定收入能给富人更大的满足。(4)主张最适度地配置生产资源,使生产出来的国民收入达到最大值。他认为这就是"资源配置的最适度"。为此,他提出"边际私人纯产品"和"边际社会纯产品"两个概念。前者是指企业每增加一个单位生产要素所增加的纯产品,后者是指社会每增加一个单位生产要素所增加的纯产品。他认为,如果二者相等,则由于自由竞争和利己心的作用,会使资源实现最适度的配置,使得国民收入或社会经济福利总量达到最大值。由于存在许多不一致的情况,政府应采取财政措施给予调节。如边际私人纯产品超过边际社会纯产品,政府课以较高税,使该部门缩小;反之,政府给以补助金,刺激其扩张。这样有利于经济增长和福利增长。庇古强调指出,影响经济福利的因素主要是:(1)国民收入的大小。(2)国民收入在社会成员中的分配情况。因此,一个人实际收入的任何增加,会使满足增大;这两个命题应成为国家政策的理论基础。他主张国家采取措施调节生产和适度配置,以使经济最大地增长,使社会福利最大化。庇古的这套理论建立在边沁功利主义和生产率递减规律、效用递减规律之上,是用来论证资产阶级改良主义、缓和国内阶级矛盾的。它对以后西方的福利经济学,以及发展经济学都产生了不同程度的影响。

规制公共利益理论(Public Interest Theory of Regulation)是以福利经济学为基础的强调政府管制的目的是保护公众利益的理论。在公共物品、外部性、自然垄断、不完全竞争、信息不对称等市场失灵条件下,不受限制的竞争会使经济效率受到损害,为了纠正市场失灵的缺陷,政府的价格和进入管制可以弥补市场失灵,提高资源配置效率,保护社会公众利益,从而实现社会福利最大化。从理论上讲,当市场失灵出现时,通过规制可带来社会净福利的提高。如果自由市场在有效配置资源和满足消费者需求方面不能产生良好绩效,则政府将规制市场以纠正这种情形。

与此同时,规制的公共利益理论也招致了一些学者的批评。维斯库兹、维纳和哈瑞顿(1995)认为,规制公共利益理论假定前提是对潜在社会净福利的追求,然而却没有说明对社会净福利的潜在追求是怎样进行的,并且对如何完成规制没有进行实证检验,只是仅仅假定公众可以完成。波斯纳(1974)指出,规制并不必然与外部经济或外部不经济的出现,以及与垄断市场结构相关,许多既非自然垄断也非外部性的产业也一直存在价格与进入规制。另外,现实中更多的情况是,厂商支持和促使通过外部活动来进行规制,因为通过规制可以减少市场上的其余竞争者,从而达到稳定的在正常利润水平之上的利润。施蒂格勒和弗瑞兰德(1962)则认为,规制仅有微小的导致价格下降的效应,并不像规制公共利益理论所宣称的那样——规制对价格具有较大的抑制作用。这与公共利益理论规范分析大相径庭。还有学者则强调公共利益理论仅以市场失灵和福利经济为基础是不够的(阿顿,1986)。除了纠正市场失灵之外,政府还有许多别的微观经济目标,在许多市场中政府期望规制介入,可能与市场失灵关系不大。

社会福利函数论(Social Welfare Function Theory)是西方福利经济学关于社会福利数值取决于影响福利的一切变量的理论。由美国经济学家伯格森于1938年最先提出,并由萨缪尔森、阿罗等人做了进一步阐述。

该理论认为,福利极大化问题应放在最适度条件的选择上。并认为经济效率是最大福利的必要条件,合理分配是最大福利的充分条件。因此,只有同时将分配方面及其他所有支配福利的因素列入一起,进行综合测算,才能真正解决福利最大化问题。为此,他们编制了一种"社会福利函数",当这个数值最大时,福利达到极大化,并断言,该函数能解决福利经济中的一切问题。按照他们的解释,"社会福利函数"就是社会福利取决于社会所有个人购买的商品和提供的要素以及其他一切相关变量的函数。换言之,就是社会所有个人效用水平的函数。其公式是 $W = F(Z_1, Z_2, \cdots, Z_n)$。式中,$W$ 表示社会福利,F 表示函数,括弧里的 $Z_1, Z_2, \cdots, Z_n$ 表示影响福利的各种因素。当 F 这个数值最大时,就达到了福利的极大化。他们认为,函数排列组合了各种影响福利的变量,福利的最大化就在于个人对这种排列组合的选择,而个人的选择则取决于个人的偏好。由于个人自由选择是决定个人福利最大化的最重要条件,而社会福利又总是随着个人福利的增减而增减,所以,政府应保证个人自由选择的可能性,而不应当限制这种自由选择。社会福利函数理论借助所设计的分析方法,把庇古用以决定社会福利的生产和分配这两方面的因素综合在一个理论结构中,克服了卡尔多、希克斯等人将分配问题撇开的偏颇。但是,他们所谓的"合理分配",并不是指收入分配的均等化。在他们看来,平均的收入对于有不同偏好的个人来说,并不能保证其福利都能增进。他们认为,"合理的"收入分配要由某种道德信念或"超人"来确定,即由社会舆论、国会或政府来确定。

相对福利说(Relative Welfare Theory)是一种强调福利相对性和主观性的福利经济理论。早在 1949 年,美国的杜生贝里就提出福利的相对性问题。福利经济学的分析一般都暗含一个假定,即其他人的福利不会对某个人发生影响。杜生贝里在《收入、储蓄和消费者行为理论》一书中,论述人们的相对收入对消费倾向的影响时,提出一个新见解。他指出每个人的消费支出,不仅受自身收入的影响,而且受周围的人的消费行为及其收入和消费相互关系的影响。这样,社会经济福利最适度条件将更加复杂。20 世纪 60 年代以来,一部分西方经济学家认为,个人收入的增长,并不一定增大个人的福利,人们更关心自己的相对收入。例如,著名福利经济学家米香认为,像美国这样的"丰裕社会",人们不仅关心他们收入的绝对水平,而且更关心他们的相对收入,即他们本人在社会收入结构中所处的地位。他甚至提出会出现这样一种极端情况:一个人宁肯在其他人的收入减少 10% 的前提下把自己的收入减低 5%,而不愿意大家的收入都增加 25%。1974 年美国宾夕法尼亚大学教授伊斯特林在《经济增长改善人类的命运吗?》一文中,提出了福利相对性概念。他认为,在经济学中,"福利"和"快乐"是一回事。"快乐"是人的心里的感受,是主观的东西,没有尺度可衡量,也无法进行比较,是相对的东西。按此逻辑,既然福利是相对的,福利与个人的收入并无直接联系,因此,提高国民收入水平的政策和缩小国民之间收入差距的政策都不能增加国民福利。此外,相对福利说者还认为,人的欲望是无止境的,"福利"永远不能满足。个人收入增长,个人的欲望也会随之增大,一个欲望刚被满足,另一个新的欲望又将出现,又会产生新的烦恼。相对福利说否定了收入均等化措施,否定了普遍提高国民收入水平的意义,散布了任何变革都不可能增进福利的观点。

补偿原理(Compensation Principle)也称"卡尔多—希克斯标准"。一种关于社会经济福利增减判别标准的福利经济理论。最初由英国经济学家卡尔多提出,后来由英国经济学家希克斯加以发展。由于他们提出了判别社会经济福利增进与否的新标准,又被称为"卡尔多—希克斯标准"。西方福利经济学的先驱帕累托曾提出资源配置"最适度"概念,对西方经济学产生很大影响。按照这一概念,在收入分配既定的情况下,对现状进行改变,如每个人的福利都增进了,这种改变有利,如每个人的福利都减少了,这种改变不利,如一部分人的福利增进了,另一部分人的福利减少了,这种改变仍然不利。卡尔多和希克斯感到,这最后一个论点将导致否定任何社会变革的结论。因为在社会变革中,一个阶级或一些人蒙受损失是不可避免的。于是,他们提出了"补偿原理"。"补偿原理"的实质在于,如果一些社会成员经济状况的改善不会同时造成其他成员经济状况的恶化,或者一些社会成员状况的改善补偿了其他社会成员经济状况的恶化,社会福利就会增加。这一原理承认,在一种变革中,部分人受益难免使另外的人受损,不过,政府可运用适当的政策使受损者得到补偿。换言之,政府可对受益者征收特别税,对受害者支付补偿金,使受害者保持原来的经济地位,如果特别税和补偿金的代数和是正数,社会福利就增长了。卡尔多和希克斯本是序数效用论者,但他们的"补偿原理"已暗含着承认同一数量的货币对所有的人来说都具有相同的效用;否则,就无法证明受益者在补偿受损者之后还较以前境况为好的问题。另外,他们本是主张将庇古收入均等化即收入分配问题排除在福利经济学之外,但是,"补偿原理"已经包含了国民收入的分配问题。这一点他们自身也是清楚的,因此,他们把"补偿"作为一种"假想",事实上并不一定实行。他们认为只要提高效率,所受到的损失可在长时期内补偿过来。

卡尔多—希克斯标准(Karldor Hicks Priciple)见"补偿原理"。

平等和正义理论（Equality and Justice Theory）是一种从经济角度和与效率关系上解释平等和正义的福利经济理论。20 世纪 70 年代兴起于西方经济学界。其主要代表人物有美国经济学家弗利、劳尔斯和瓦瑞昂，加拿大经济学家丹尼尔，法国学者科尔门等人。该理论认为，从不考虑生产的纯交换经济着眼，如在某种分配状态下所有人都不妒忌别人的话，这一分配是平等的；如果在产品的分配中考虑到社会产品的形成过程中各经济单位所作的贡献不同，则当每一单位都偏好自己的收入和闲暇的组合而不妒忌别人的收入和闲暇的组合时，这一分配是平等的。他们曾这样解释妒忌：在某种分配状态下，当个人 i 认为其效用水平低于如若他处于个人 j 的位置时能获得的效用水平，个人 i 就妒忌个人 j。认为平等的基本特点在于强调对称性，即人人都力图获得与别人一样好的地位，所以可以用妒忌来反映这种对称性。该理论认为，平等问题应和效率问题联系起来。该派学者赞同帕累托最优的概念，认为效率意味分配已经达到这样的程度——要想再增加某单位 j 的福利就不得不减少其他单位 i 的福利。至于公平，"如某一种分配既是平等的，又是有效率的，我们就说它是公平的"。由于现实中存在相互妒忌的情况，如效率性要求劳动能力强的人承担多数劳动，作为补偿就拥有较多收入，要求劳动能力弱的人拥有较多的闲暇和较少收入。前者可能妒忌后者的闲暇，后者可能妒忌前者的收入。为解决这个问题，他们提出一个妒忌平衡的概念，认为如若妒忌某人的人数等于被此人妒忌的人数，这人可以被认为在某种分配状态下在妒忌上是平衡的。在此基础上，他们进一步修改了公平（或正义）的概念，他们认为如若在某种分配状态下人人都在妒忌上是平衡的，这一分配被称为平衡的；当某一种分配同时是帕累托最优和平衡时，它被称为是公式（或正义）的。此外，他们还提出一个"最少者最大化"准则。按这一准则，社会正义体现在首先增大社会中最穷者的收入。他们认为在社会形成之前，每个人都不能预知自己的能力和运气，因此都有相同的概率处于最劣等的地位。这种不确定状态会使得人人对于冒险有一种强烈的憎恶，因而都宁愿选择一种更平等的收入，愿意以"最少者最大化"作为正义准则。这一准则被一些经济学家用来建立最优税收模式。同时也受到很多批评，经济必须讲求效率和最优化，把政治和法律的正义、平等引入经济领域只会导致效率低下。

纯经济福利论（Pure Economic Welfare Theory）是衡量社会经济福利的一种

理论。1972 年美国经济学家诺德豪斯和托宾提出了"经济福利尺度"概念,美国经济学家萨缪尔森称此为"纯经济福利理论"。传统经济学认为,社会福利的大小是用国民生产总值的多少来衡量的。一个国家国民生产总值越多,平均每人的国民生产总值就越多,则福利就越多。但 20 世纪 60 年代后,许多经济学家认为,国民生产总值指标并不能全面准确地反映社会福利,应对此作出校正。纯经济福利论正是上述传统理论的一个校正。他们认为,除了国民生产总值外,还应加上闲暇。因为闲暇虽会使国民生产总值减少,但却意味着人们精神上满足程度的增加,是一种福利上的增加。应加上主妇的家务劳动价值。主妇提供的劳务虽然不计入国民生产总值中,但其性质与市场上提供的劳务是一样的。应减去为消除污染所付出的代价。如果企业造成了污染而又没有采取措施,为了使环境恢复原状,社会就必须支出一定的费用。所以有必要从国民生产总值中减去这种净化环境的费用,否则国民生产总值就被夸大了。还应减去尚未引起人们注意的现代城市生活造成的其他损失,如噪声、交通拥挤等的代价。他们根据美国最近几十年的统计资料提出:按人口平均的经济福利尺度或是纯经济福利的增长比国民生产总值慢;而为了取得经济福利尺度的增长,常需牺牲一些国民生产总值的增长。

俱乐部理论(Club Theory)是研究俱乐部物品(非纯公共品)的供给、需求与均衡数量的理论。所谓俱乐部物品,是指介于纯私人物品和纯公共物品之间的产品或服务,具有排他性与拥挤性的特征。俱乐部经济理论最早可追溯到 20 世纪 20 年代初期庇古(Arthur Cecil Pigou)与奈特(Frank Hyneman Knight)对拥挤的道路征收通行费的论述。但现代俱乐部经济理论的真正奠基人是布坎南(James Mcgill Buchanan)与蒂伯特(Charles Mills Tiebout)。

俱乐部是组织非纯公共物品生产的基本形式。俱乐部在配置资源时常涉及几个问题:俱乐部自身的性质、各俱乐部之间的关系、俱乐部与整个经济的关系、地方公共物品供给。布坎南的创始性研究解释的是俱乐部自身的均衡问题,不考虑俱乐部与外部的联系,因而被称作内俱乐部理论。布坎南在分析时假定:俱乐部成员是同质的、无差别的,平均分享俱乐部物品并平均分摊俱乐部生产成本,不会受到歧视待遇;排斥非成员极为方便,不用耗费成本;俱乐部建立在资源的基础上;俱乐部的运行不存在交易成本。从这一理论出发,对于任何一个俱乐部成员,假定不存在纯公共物品,他要同时消费私人物品与非纯公共物品,并力求从中获取最大效用。俱乐部成员的获取的效用大小取决于私人物品与非纯公共物品(即俱乐部物品)的消费量,消费量越多效用越大。任何一个俱乐部成员可享受的商品数量或质量可能取决于成员的数量与构成,因而成员数也决定个人取得的效用,成员增加到一定数量时会影响原有成员对俱乐部物品的消费,使俱乐部变得拥挤,从而降低其效用。也就是说,俱乐部成员在消费时因成员的每次增加而带来的效用变化,即边际效用,在成员达到一定规模时成为负值(即效用减少)。同时,俱乐部成员也要受到一定的约束,在自有收入、私人物品价格、俱乐部物品成本和成员数的约束下购买与消费两种物品,以谋求最大化效用。

俱乐部理论认为,通过某些技术设计或制度设置(如缴纳一定的入会费或使用费)能够实现公共物品消费的排他性。但是,在一定规模以内,成员之间并不产生排他性、竞争性,而随着新成员的加入,俱乐部公共产品边际收益呈现递减状态,这时,如何确定俱乐部的最佳规模的问题就出现了。俱乐部规模包括提供的物品数与容纳的成员数两方面,如果只从俱乐部成员的角度考虑,那么按照微观经济理论,俱乐部要想实现均衡,使俱乐部成员获得最大效用,就必须满足两个条件:(1)俱乐部物品与私人物品间的边际替代率与边际转换率相等,即 $MRS_{xy} = MRT_{xy}$;(2)俱乐部成员数与私人物品间的边际替代率与边际转换率相等,即 $MRS_{ny} = MRT_{ny}$ (x,y,n 分别代表俱乐部物品、私人物品、成员数)。以上两个条件实质上都要求边际效益(效用)等于边际成本。若某成员能够同时满足这两个条件,就可获得最大效用,此时个人是均衡的,俱乐部也是均衡的,个人与集体都达到最优。可见,对俱乐部而言,为获取个人均衡与俱乐部均衡,必须同时确定俱乐部所应提供的最优俱乐部物品量与应容纳的最优成员数。

以脚投票理论(Vote with Feet)是诠释人口、资源等流向能提供更好公共服务区域的理论。最早由蒂伯特(Charles Mills Tiebout)提出。他认为,在人口具有完全流动性、地方公共物品在规模收益不变、各辖区政府税收体制相同、辖区间无利益外溢、社区成员对各社区拥有完全信息、社区成员收入不存在地理性约束等假设条件下,由于各辖区政府提供的公共产品和税负组合不尽相同,每个人都会选择一个能够提供令自己满意的公共物品的社区定居,这样就通过迁移流动显示了自己的偏好。对于每一个社区而言,当公共物品组合的人均成本达到最低时,俱乐部规模为最优,低于这一规模,就会吸引他人加入,反之则驱使一些人迁出。这种个人通过迁移流动来显示对公共物品的偏好的行为,就像是以脚投票。但是需要指出,蒂伯特假说要依赖几个不太现实的假设,这影响了其理论的说服力。

由于消费者可以完全根据自己的偏好进行社区的选择,因此,居住于一个社区的人们将具有相同的公共物品需求曲线或者说边际收益曲线。模型中(如图2-46所示),MB代表着一个典型的消费者的边际收益曲线,则MBS是所有个人的需求曲线的垂直加总而得的总需求曲线。由于每个消费者的需求曲线相同,所以有$MBS = N \cdot MB$。N是消费者的人数。MC为边际成本,H为一个典型的消费者分摊的成本,在完全竞争的情况下,边际收益和边际成本的相交处的公共物品的数量E就是该物品的最优数量。

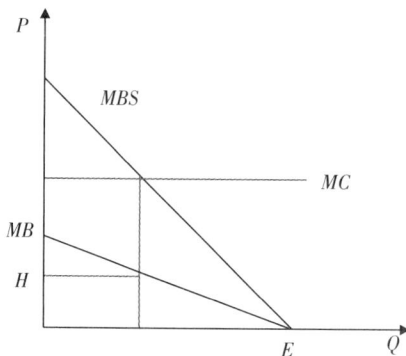

图2-46 需求曲线

由于偏好相同的人聚在一起,每一个社区的消费者对公共物品的消费是相同的,从而付出的成本也是一样的,为总支出的$1/N$。消费者对公共物品完全满意,社区达到公共物品提供的最优数量,这是一个理想化的社区模型。

深化的人类需求理论(Deepening of Human Needs Theory)是根据人类社会活动的发展现实以及"可持续发展"思想,认为人类不仅追求个体生存与发展所需的物质利益,也追求精神满足、人与人之间关系的和谐、人类与自然的和谐,并由此把人类的行为追求划分为物质需求、人文需求、生态需求三方面的更深层次的需求。物质需求是指出于人类个体生存与发展的目的而产生的需求。反映的是人类个体对物质产品数量与质量的占有与使用,如衣、食、住、行以及出于规避风险和保障预期的物质储存等。人文需求是指出于人类个体的精神满足以及人与人之间的社会关系的目的性而产生的需求。既包括个人对非物质产品(如文化、艺术、教育等)的精神需求,也包括个人作为社会成员的社会需求(如个人社会地位、个人社会价值、团体利益、民族自尊和利益等)。生态需求是指出于对人类整体的生存与发展的目的性而产生的需求。反映的是人类与自然关系、人类作为自然中一员的追求(对人类整体利益、后代利益、地球生态利益所承担的责任)。在同一社会中的人们,由于处于不同的需求阶段,而每一种需求所代表的价值取向不同、因而其行为方式和行为特征也不相同。简言之,可以将一个社会中的人划分为三种不同行为特征的群体:物质需求者、人文需求者、生态需求者。需要说明的是,对于现实中具体的人来说,通常总是具有多种需求者的身份特征。兼有两种以上需求者特征时,会在多种行为方式中作出权衡和进行综合。

契约理论(Contract Theory)是研究不对称信息下的交易关系和契约安排的经济理论。契约,俗称合同、合约或协议。《法国民典》(即《拿破仑法典》)第1101条规定:"契约为一种合意,依次合意,一人或数人对于其他人或数人负担给付、作为或不作为的债务。"在不同的领域,契约有着不同的解释。而经济学中契约的含义极其丰富,既有对法律中契约概念的阐释,又包含其他契约形式,简单地说,契约可以理解为市场关系。

由于现实交易的复杂性,很难由统一的模型来概括,从而形成从不同的侧重点来分析特定交易的契约理论学派。契约理论一般认为由科斯(1937)开创,之后由阿尔钦和德姆塞茨(1937)、威廉姆森(1975)、詹森和麦克林(1976)、张五常(1983)、格罗斯曼和哈特(1986)、霍姆斯特和泰勒尔(1989)、哈特和莫尔(1990)等学者加以发展。契约理论主要包括委托代理理论、不完全契约理论以及交易成本理论三个理论分支,这三个分支都是解释公司治理的重要理论工具,它们之间不存在相互取代的关系,而是相互补充的关系。

不完全契约理论(Incomplete Contracting Theory)又称"GHM模型"。是分析企业理论和公司治理结构中控制权的配置对激励和对信息获得的影响的工具。由桑福德·格罗斯曼（Sanford J. Grossman）和奥利弗·哈特（Oliver Simon D'Arcy Hart）和莫尔（Gordon Moore）等共同创立，所以也被称作"GHM"模型。该理论以合约的不完全性为研究起点，研究目的是财产权或（剩余）控制权的最佳配置。认为当完全合约无法实现时，其中一个代理人应该拥有资产，即对事前不能签约的事项拥有事后控制权。不完全契约理论认为，人们理性的有限性、信息的不完全性及交易事项的不确定性，使得明晰所有的特殊权力的成本过高，拟定完全契约是无法实现的，而经常和必然存在的总是不完全契约。由于不完全契约的存在，所有权就不能以传统产权理论那样以资产这一通常的术语来界定。哈特他们将所有权定义为拥有剩余控制权或事后的控制决策权。并进一步指出，剩余控制权直接来源于对物质资产的所有权，因而，剩余控制权天然地归非人力资本所有。在合同不完全的环境中物质资本所有权是权力的基础，而且对物质资产所有权的拥有将导致对人力资本所有者的控制，因此企业也是由它所拥有或控制的非人力资本所规定。

自 20 世纪 90 年代末以来，随着信息时代的到来和知识经济的推广，传统的企业性质和组织形式已发生巨变，人力资本显示出越来越重要的作用，许多经济学家对 GHM 模型里得出的物质资本强权的结论提出了质疑。他们认为，企业并非完全由非人力资本所控制，而是由物质、人力、天才和创意共同组成的一个集合，特别在一些高新企业中人力资本已经成为企业存在和发展的关键资源。

斯密生产劳动说（Smith's Productive Labor Theory）是英国资产阶级经济学家亚当·斯密关于区分生产劳动和非生产劳动的学说。在斯密以前，是按照部门来区分生产劳动和非生产劳动的。重商主义认为商业劳动，特别是对外贸易部门中的劳动是生产的；重农学派则认为，只有农业劳动才是生产的。斯密比他的前辈前进了一步，认为确定一种劳动是生产的，不是取决于这种劳动用在何处，而是取决于这种劳动生产什么。他把利润看成是资本主义生产的动机，因此认为只有资本家生产利润的劳动是生产劳动，而其他一切劳动，即使是对社会有益的，也是非生产劳动。这个定义是与他的劳动价值论和利润论相联系的。同时，他又做了另一种解释，即认为生产物质产品的劳动是生产劳动。这两种见解相互交错在一起。斯密认为提高生产劳动者的人数对社会其他成员的人数的比例，是促进国民财富增长的积极因素之一，因此他认为确定什么是生产劳动什么是非生产劳动，具有重要意义。

李嘉图效果(Ricardo Effect)是认为消费品需求增加反而引起资本需求减少的理论。英国经济学家李嘉图认为,在繁荣阶段的末期,由于对消费品需求的增大,其价格急剧上升,而对资本的需求却逐渐减少,企业主想以劳动代替资本的倾向发生。哈耶克称此为"李嘉图效果"。通常理论认为,消费品需求的增加,通过加速原理,引起资本需求的数倍增大。然而李嘉图效果则认为,前者的增加引起后者的缩小。在经济周期的高涨时期,消费品价格急剧上升,利润提高,同时加速乘数逐渐缩小,逐渐显示出资本的节约。资本需求的增加率,由于消费品需要的增加而减少,以至于绝对地减少,即成为高到衰退的变换点。这是因为,对消费品需求的增加,促使价格上升,而工人的货币工资则相对稳定,这样就会提高企业的利润率,加上其他耐用品价格的下跌,企业主愿意投入更多的劳动或采用节约劳动的机械强行开展消费品的短期生产,以获得更多的利润,而且消费品价格的上升,也刺激了消费品生产,需要投入更多的劳动,因此对劳动的需求相对于对资本需求增大,以劳动代替资本的倾向发生,这样致使经济由繁荣向衰落过渡。李嘉图效果一方面承认加速原理的作用,另一方面却又认为在其内部又有逐渐削弱的趋势,这是它的矛盾之处。

等产量曲线(Isoquant Curve)是当代西方经济学的一个理论分析工具。该曲线表示某一固定数量的产品可用所需各种生产要素的不同数量的组合生产出来,它反映着生产的技术状况。例如,假定劳动和土地按表2-9所列四种不同组合,都可生产出300吨谷物。

表2-9 相同产出的不同投入组合

劳动量	土地量	谷物量
1	6	300
2	3	300
3	2	300
6	1	300

表2-9说明,为了生产出300吨谷物,既可使用1个单位的劳动和6个单位的土地,也可使用2个单位的劳动和3个单位的土地……表列数据在附图上描绘出

来的曲线,就是"等产量曲线"(如图 2-47 所示)。按照所谓生产要素收益递减规律,即当土地数量假定固定不变时,追加使用劳动可增加产量,但所能增加的产量

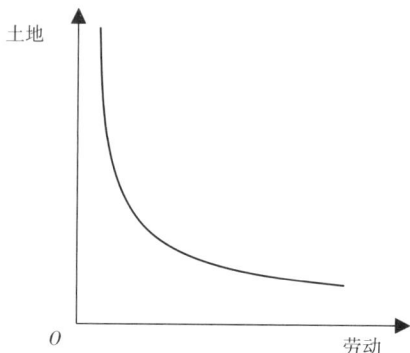

图 2-47　等产量曲线

是递减的。这意味着当产量固定不变时,增加劳动投入量会使所需土地量相应减少;另外,随着劳动投入量的增加,每增加 1 个单位的劳动所能替代的土地量(可以相应地减少的土地数量)也是递减的。上例中,当劳动投入量由 1 个单位增加到 2个单位时,所需土地由 6 个单位减为 3 个单位,但当劳动投入量从 2 个单位增为 3个单位时,增加 1 个单位的劳动所能代替的土地就只有 1 个单位。因此,在一般情况下,等产量曲线的几何线是向右下倾斜并凸向原点。但在劳动和土地的"边际替代率"不变的条件下(如不管使用多少劳动,每增加 1 个单位的劳动总可替代 2个单位的土地),这等产量曲线就是一条直线。等产量曲线反映了生产要素和产出量之间的依存关系以及生产要素之间的替代关系,因而被广泛应用于西方经济学有关厂商成本的分析,生产要素价格的决定,以及福利经济学关于资源的最适度配置等方面。但由于等产量曲线仅仅表示生产要素与其产量之间的技术关系,因而它无助于理解社会的生产关系。

西斯蒙第经济恐慌论(Sismondi Economic Panic Theory)是研究资本主义经济发展过程中经济恐慌原因的理论。19 世纪初由法国古典政治经济学家西斯蒙第提出。西斯蒙第在理论上对古典经济学进行直接批评。他在 1819 年刊行的《政治经济学新论》中,指出:自由资本主义企业不但没有产生亚当·斯密以及萨伊所预期的经济繁荣之效果,而且导致了社会普遍的贫困与失业。资本主义社会劳工生活状况的改善远落后于财富的巨额增加,收入分配差距显示出不断扩大的趋势。

造成这种现象的根本原因是劳动与资本的分离。西斯蒙第认为,资本主义很难避免阶级的对立。他从总收入及净收入的角度来说明这种对立状态,认为社会利益在于使总收入增加,而手中拥有财富的私人利益在于使净收入增加。如一块土地原可生产 1000 先令的总产值,地主收到 100 先令的地租,若地主以此土地作牧场用,可得到 110 先令的地租,地主为增加 10 先令的收入,会遣散佃农,使佃农失业而无收入,这样国家则会损失 890 先令。西斯蒙第的研究与马克思的不同,他认为资本主义社会的这种对立并非永久现象,而是当时社会经济制度的产物,只要作适当的调整,便可消除。西斯蒙第认为资本主义社会造成经济恐慌的主要原因是:(1)生产者与消费者间不畅通,加上不能及时地获得正确的商品市场信息,以致产生供需失调。(2)由于财富分配不均,集中于少数人手中的资本不得不用于生产,使生产不以消费为标准,造成生产过剩。(3)工人的收入仅能维持生活,使生产者对奢侈品的生产特别注重,其结果是旧产业萎缩,而新产业由于市场规模狭小发展较慢,新旧产业交替之际,工人就业量减少,购买力更低,以致引起经济恐慌。

国家垄断资本主义(State Monopoly Capitalism)是国家政权与垄断组织相结合,对整个经济活动施加干预和控制的垄断资本主义。其特点是垄断资本凭借经济实力操纵国家机器,通过国家预算、信贷、价格管制等实现其经济目的,以缓和资本主义极度发展的矛盾,求得暂时的经济均衡和增长。这一概念是由列宁在《帝国主义是资本主义的最高阶段》中提出的。国家垄断资本主义是帝国主义时期资本主义制度所固有的各种矛盾不断激化、经济危机不断加深的产物。随着资本主义的发展、经济活动的扩张,国际国内各垄断资本集团之间、垄断资本集团与劳动人民之间的矛盾和斗争空前尖锐,为了争夺有利的经济资源和世界市场,缓解资本主义的经济危机,垄断资本便越来越直接利用国家的政权力量,通过所谓"宏观经济政策"对经济活动进行"监督"和"调节",以此维护垄断资本的统治,为垄断资本攫取高额垄断利润服务。国家垄断资本主义的主要形式有:(1)国家所有制,即通过国家收买和预算拨款投资建立"国有经济"。(2)"国家调节",即采取国家订货、实行有利于垄断资本的税收优惠、加速折旧、各种津贴和补贴、发行公债、左右利率和汇率、冻结工资与物价等政策措施,以调节经济生活和对外经济关系。国家垄断资本主义早在第一次世界大战期间就已产生,其普遍出现是在 1929—1933 年世界经济大危机以后。当时以凯恩斯主义为理论基础的国家调节在西方发达资本主义国家广泛衍生,遍及社会再生产的各个方面,许多新的调节措施,如中长期"计划调节"等在一些国家(日本、法国等)被采用,国家垄断资本主义的这种发展反映了第二次世界大战以后生产社会化进一步发展的要求,尽管它不可能根本解决资本主义最高发展阶段(帝国主义阶段)的矛盾,相反还会使矛盾加深,但就一定时期来说,对国民经济的发展客观上起了积极的促进作用。

过渡时期理论(Transition Period Theory)是一种关于无产阶级革命胜利后,从资本主义过渡到社会主义的理论。过渡时期这个概念最初是由马克思提出来的。1875年,马克思在《哥达纲领批判》一文中指出:"在资本主义社会和共产主义社会之间,有一个从前者变为后者的革命转变时期。同这个时期相适应的也有一个专政。"

列宁则根据苏联的实际情况,进一步论述了过渡时期的基本经济特征。从生产力方面看,既有机器大工业生产,又有大量的手工劳动;从生产关系方面看,既有以生产资料公有制为基础的社会主义经济,又有以资本家私人占有生产资料为基础的资本主义经济和无产阶级的国家监督、指导下的国家资本主义经济,也有汪洋大海般的个体私有经济,总之是多种经济成分并存。为了变多种经济成分为单一的社会主义经济,最终完成由资本主义向社会主义的过渡,列宁还设想:通过国家资本主义的形式将资本主义经济和部分个体私有经济改造为社会主义经济,通过合作制将农业中的个体私有经济转变为社会主义经济。但是,针对苏联生产力发展水平在较大程度上落后于发达的资本主义国家这一事实,列宁反复强调了在过渡时期大力发展生产力,建设强大的社会主义物质基础的重要性和紧迫性。他指出:必须建立能够改造农业的机器大工业这个社会主义的唯一的物质基础,只有这个物质基础建立起来后,才能说我们进入了社会主义社会。

中国共产党把马克思主义的理论同中国的具体实践结合起来,在领导中国人民从半封建半殖民地社会向社会主义社会过渡时进一步丰富和发展了过渡时期的理论。针对中国生产力发展水平低和多种经济成分并存的特点,中国共产党把发展社会生产力和变革生产关系紧密地结合起来,明确地提出了过渡时期的总路线和总任务,即在一个相当长的时期内,基本上实现国家工业化和对农业、手工业、资本主义工商业的社会主义改造。在这条总路线的指引下,中国在短短的几年内建设了一批发展国民经济所急需的骨干企业和重点部门,为建立完整的工业体系和整个国民经济体系奠定了初步的基础。与此同时,中国对个体农业、手工业和资本主义工商业进行了社会主义改造,建立了以生产资料的全民所有制和劳动群众的集体所有制为基本形式的社会主义公有制经济。到 1956 年年底,中国基本上完成了由新民主主义社会向社会主义社会的过渡,进入了社会主义社会的初级阶段。

熊彼特社会过渡理论(Schumpeter Society Transition Theory)是分析资本主义经济发展前景的理论。1942 年约瑟夫·阿罗斯·熊彼特在《资本主义、社会主义与民主》一书中提出。在该书中,熊彼特提出并解释了两个命题。第一,"资本主义能活下去吗?"他回答说:"不能,我不认为它能活下去。"因为资本主义经济的前景是由"创新"决定的。资本主义社会通过不断创新,生产的自动化程度会不断提高,机关和委员会的工作日渐代替个人的活动,企业家的"创新"职能日渐减弱,投资机会日渐消失,虽然这在本质上是一种社会进化,但这样就会发生一种相对的静止状态,资本主义就要萎缩下去。同时,随着资本主义的发展,经济活动领域越来越广泛,生产越来越复杂,私人企业家无法应对新形势下的要求,生产的现代化造就了一个与之相适应的技术和管理人员队伍。这样,当生产技术发展到一定阶段时,资本主义的历史使命即告结束。第二,"社会主义行得通吗?"他回答:"当然行得通。"在熊彼特看来,社会主义社会是指一种制度模式,在这个模式中,生产资料和生产本身的控制权被授予一个"中央当局",社会的经济事务原则上属于公众,而不属于私人。1950 年,他发表了《长驱直入社会主义》一文,指出:"我把(中央集权的)社会主义定义规定为:不是由私有的或私人经营的企业,而是由公共权力机关控制生产资料,决定怎样生产,生产什么,谁该得到什么东西的那种社会组织。"熊彼特的"社会主义过渡"形式分为三种:(1)成熟状态下的社会主义化。(2)不成熟状态下的社会主义化。(3)变法前的社会主义(国有化)政策。他很赞赏第一种形式,也同意第三种形式,但反对"不成熟状态下"的革命转变,并把它描述为极端恐怖状态。熊彼特认为,在资本主义体制范围内的逐步社会主义化不仅是可能的,甚至是明显地可以实现的事情。熊彼特的社会过渡论,从技术发展变革的角度分析了资本主义必然过渡到社会主义社会,这一分析是正确的,但他的理论否认了资本主义的基本矛盾即阶级对立关系,因此又具有局限性。

加尔布雷思权力转移论(Galbraith Power Transition Theory)是认为当代社会的权力随着生产要素重要性的转移而转移的一种理论。新制度学派最重要的代表人物加尔布雷思(John Kenneth Galbraith)继承了制度经济学家凡勃仑、康芒斯等人主张资本主义经济"结构改革"的传统,认为在前资本主义社会,土地是最重要的生产要素,所以,掌握土地的地主也就是权力的主人;在资本主义社会,从其发轫到第二次世界大战之前,资本是最重要的生产要素,所以资本家是权力的主人;现在,知识是最重要的生产要素(包括技术和管理知识),因此,现在的"知识结构阶层"(包括工程师、律师、经理、软件工作人员等)因为是知识的所有者,权力也必定转移到他们手中。权力的转移改变了企业里人与企业之间的关系。在古典式的资本主义企业中,与企业的直接利害关系和亲近关系随着财产关系的疏密(即所占股份的多少)、收入分配份额的大小和生产经营流程中作用的重要程度而递减,即从股东大会到董事会、经理、厂务工作人员、工人等而下之。这是一个垂直的关系,以股东为核心。现在,由于权力的转移,与工厂关系最密切的是技术管理人员,其次是工人,最后才是股东,是一个环形的关系。随着企业权力的转移,企业目标也变化了,即从古典资本主义追求最大利润这一目标转为企业的稳定和增长这一目标,因为企业的稳定直接关系到技术结构阶层在企业中地位的巩固,稳定之后还能有可观利润,那也主要用于企业的扩大再生产,从而使技术结构阶层在再生产过程中随着企业规模越来越大而取得更大的权力。如果单是追求最大利润,则使企业面临的风险相应增大,从而松动技术结构阶层稳定的收入和工作环境;并且,赚得的利润会使股东凭借着财产关系坐享其成,赚得越多,他们不劳而获也越多。

加尔布雷思生产者主权论(Galbraith Producer's Sovereignty Theory)是指资源的配置、产品的构成、价格的形成,都是生产者而不是消费者决定的理论。在消费者主权论里,通过市场的购买,消费者把自己的偏好信息以价格和存货这样的载体传递给厂商,这决定着生产者的生产决策。但是,在加尔布雷思的经济理论体系中,生产者主权随着权力的转移和目标的更换而产生。第一,企业为了实现稳定增长,会对产量和价格实行计划控制。在现代资本主义经济中,由大公司构成的"计划体系"和由分散的小企业构成的"市场体系"这种"二元结构"中,在资源配置和价格形成方面具有垄断性质的"计划体系"本身就有控制产出和价格以求均衡发展的要求,权力的转移则给其创造了至关重要的条件。第二,计划控制并不能解决产品的价值实现问题,所以,生产者必须通过各种媒质手段进行"劝说"和引导,创造出消费者的消费欲望。通过创新而生产出来的产品,是消费者闻所未闻的,只要通过计划把握住产量和价格,完全可以让消费结构跟随产品结构变化。这就实现了生产者主权。

缪尔达尔社会改革思想(Myrdal Social Reformative Thought)是瑞典经济学家、诺贝尔奖金获得者冈纳·缪尔达尔关于发展中国家经济发展的基本政策主张。第二次世界大战后,缪尔达尔重视发展中国家经济发展和社会平等的研究。根据他所提出的"循环积累因果原理",缪尔达尔认为一个国家的经济、政治、社会等因素是互相依存、互为因果的,因此,一个发展中国家要求得健康的发展就不能像传统经济学所主张的那样,只搞经济建设,而是要首先实行社会改革。只有政治和社会条件具备了,才会有经济发展。社会改革的目标主要是解决不平等问题,只有解决了不平等问题,才会实现社会福利目标。缪尔达尔还提出,制订国民经济计划是社会改革的重要任务,国家通过计划干预市场力量,以促进国民经济持续稳定的增长。发展中国家如何用计划指导经济的发展,缪尔达尔提出了和正统经济学相对立的主张:(1)认为发展中国家与发达国家的条件不同,因而反对把正统经济学的发达国家的发展模型简单地移植到发展中国家。发展中国家的特点是贫穷、消费水平低、营养不足,而发达国家正好相反。发达国家的经济模型是由增加储蓄和投资为特点,发展中国家则应建立消费增长模型,通过消费增长去促进经济增长。因为消费水平低是妨碍发展中国家劳动生产率提高的重要因素。(2)不同意正统经济学关于国际贸易是互利的观点,认为只有在贸易双方工业化水平相同的情况下国际贸易才有可能互利。这是由于在自发的市场力量作用下,国际贸易容易引起国与国之间不平衡的加剧。根据"循环积累因果原理",国际贸易对富国的经济有上升的"扩张效果",对穷国的经济有下降作用的"倒退效果"。为了避免自由的国际贸易导致的富国更富、穷国更穷的后果,发展中国家应该实行贸易保护措施,将对外贸易纳入国家计划的统制之下。除此之外,缪尔达尔还主张发展中国家要实行一系列社会改革,如土地改革、教育改革、行政管理改革等。

凯恩斯国民收入决定理论(Keynesian National Income Decision Theory)是分

析影响和决定国民收入数量和就业人数的理论。20 世纪 30 年代由英国著名经济学家约翰·梅纳德·凯恩斯提出。凯恩斯以马歇尔的个量分析和均衡分析为基础研究总量问题。他首先假定产品的总供给和总需求状况是已知的,又假定生产技术情况是既定的(如表 2-10 所示)。

表 2-10　总供给状况和总需求状况

就业人数（百万）	总供给状况			总需求状况(D)		总供给量与总需求量的相互关系及其对生产和就业的影响
	国民收入 消费 储蓄 (Y) (C) (S)			消费 投资 (C) (I)		
9	90 亿美元	80 亿美元	10 亿美元	80 亿美元	12 亿美元	$D < Z$ 或 $I > S$ 生产扩张
10	100	86	14	86	14	$D = Z$ 或 $I = S$ 均衡状态
11	110	91	19	91	17	$D < Z$ 或 $I > S$ 生产收缩

从表 2-10 中总供给状况看,当有 900 万人就业时,所生产的产品的全部价值为 90 亿美元。从资本家的角度看,这 90 亿美元产品价值是他们支付的各项生产费用(工资、利息、地租)和他们赚得利润之和,因而这个价值既代表总产品价值,也代表在就业人数为 900 万人时,全社会各阶级的收入(Y),假如各阶级个人消费之和为 80 亿美元,余下的 10 亿元为储蓄部分。从总需求状况看,当就业人数为 900 万人时,国民收入为 90 亿美元,人们对消费品的需求为 80 亿美元,如果这时资本家为了扩大生产,计划添购的资本为 12 亿美元;这样产品的总供给($Z = 80 + 10 = 90$)就小于产品的总需求($D = 80 + 12 = 92$),即社会扩大再生产准备添购的资本物大于社会现存的物资(储蓄),社会生产和就业将有扩张的趋势。如果就业人数为 1100 万人时,所生产的产品价值或国民收入为 110 亿美元,用于消费的为 91 亿美元,储蓄为 19 亿美元;如这时因资本家根据对产品销路所作的估计,计划要进行的透支只有 17 亿美元;这时产品的总供给就大于总需求,生产和就业将出现收缩状况。表 2-10 第二行产品的总供给恰好等于产品总需求,整个社会的生产和就业处于均衡分析,以后经济发展学家把凯恩斯的分析方法加以长期化和动态化,用于考察一个国家国民收入和就业的长期稳定增长的因素和条件,取得了显著成效。

富裕中贫困说（Theory of "the Poverty in Rich"）是英国著名经济学家约翰·梅纳德·凯恩斯所描述的资本主义经济发展中的一种矛盾现象。凯恩斯认为，在生产力高度发达的资本主义经济中，国民收入得到普遍增加，但由于消费品生产能力远大于消费需求，从而引起生产过剩现象。在消费品的价格下降、生产者不能收回生产成本的情况下，只有缩小生产，这时资本家一般会减少消费而增加储蓄，而劳动者由于收入较少，全部用作消费。由于社会储蓄量的增大，加上消费不足以及生产力的发展，逐渐形成工人失业现象的增加。这样，一方面，生产过剩，被闲置的庞大生产设备不能得到发挥；另一方面，大量想工作而且有工作能力的工人得不到工作，从前是生产少而贫困，而现在是生产多而贫困，这就是凯恩斯的"富裕中贫困说"。

生命周期消费论（Life Cycle Hypothesis of Consumption）是一种考察消费者一生中不同阶段消费支出变动的理论。1954年，由美国经济学家弗朗科·莫迪利安尼（F. Modigliani）与布伦贝（R. Brumberg）在《效用分析与消费函数——对横断面资料的一个解释》一文中提出。他们把人生分为三个阶段：少年（t_1）、壮年（t_2）、老年（t_3）。在少年与老年阶段，消费大于收入；在壮年阶段，收入大于消费；壮年阶段多余的收入用于偿还少年时期的债务或储蓄起来用于养老（如图2-48所示）。

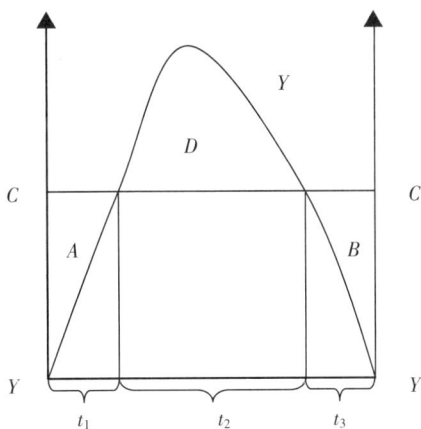

图2-48 生命周期与消费

图2-48中 CC 为消费曲线，YY 为收入曲线，A、B 为少年与老年的负储蓄，D 为壮年的正储蓄。生命周期假定有时也被称作持久财产假定。根据这个假定，既然消费的变化同人一生不同的阶段有关，那么消费与财产之间，尤其是与人一生的财

产之间必然也有联系。从财产与消费的关系来看,一个家庭即使没有收入,只要有财产,消费仍然可以进行。此外,消费与家庭理想中要保持的财产额和家庭实际的财产额也有联系。如果财产已经达到所要保持的数额,余下的部分可以用于消费;如果还没有达到,收入就有可能转为财产,而不是用于消费。因此,一个家庭的生活水平和消费支出同它的财产水平之间保持稳定的比率。当各种社会经济因素使得家庭的财产状况发生变化时,其生活水平和消费支出就受到影响。

帕累托最优状态(Pareto Optimality)又称"帕累托最适度"。由意大利经济学家菲尔弗雷多·帕累托于 20 世纪初提出的资源最优配置理论。帕累托在序数效用论的基础上,考察了所谓"集合体效用的极大化"问题,论证了被称为生产资源配置的最大效率问题。当生产资源在各部门之间的分配和使用已经达到这样一种状态——生产资源的任何重新配置,已经不可能再使一个人处境变好的同时,不损害另一个人的利益。换言之,即任何改变商品生产和交换的方法都不可能再使任何人的福利有所增加的同时,而不减少其他人的福利。这就意味着生产资源的配置已经使得"集合体的效用"(或"社会经济福利")达于极大值。这一理论为社会的经济财富如何达到最大限度规定了条件,成为后来"新福利经济学"的一个基石。一般认为,最优资源配置所必需具备的条件有三种情况:(1)在消费者之间,商品的最优配置条件是,两种商品之间的边际替代率必须对于这两种商品的任何两个消费者相同。(2)在生产者之间,生产要素的最优配置条件是,两种要素之间的边际技术替代率必须对于使用这两种要素的任何两个生产者相同。(3)在生产者之间要素投入的最优配置和消费者之间商品的最优配置的条件是,对于一个消费者的任何两种商品之间的边际替代率必须和这两种商品对于任何一个生产者的边际转换率相等。

限制性定价理论(Limit Pricing Theory)是研究在位厂商通过当前价格策略来影响潜在厂商进入市场的一种非合作策略性行为的理论。限制性定价理论的内容主要包括三个方面:(1)静态限制性定价。主要代表人物是乔·贝恩(Joe S. Bain,1949)、索罗斯·拉比尼(Sylos Labini,1962)和莫迪利安尼(Modigliani,1958)。早期的静态限制性定价模型是基于索罗斯·拉比尼假定的,该假定认为潜在的进入者相信新厂商进入后在位厂商不会改变它的产量。因此,对潜在厂商来说,它进入后行业的总产量是其本身产量与在位厂商现行产量之和,超过需求的产量将导致价格下降。(2)动态限制性定价。由于时滞的存在,在位厂商必须面临一个选择:是赚取短期的高利润而失去其垄断地位,还是长时期地获取较低的利润,而保持其固有地位。但是,就利润最大化厂商而言,它必须在当前利润与未来利润之间进行平衡,进而采取跨时期利润总额最大化的定价策略。主导厂商模型、结团进入模型和连续进入模型分别揭示了新厂商或从属厂商在不同进入或扩展速度下,在位厂商所采取的最优定价策略。(3)不完全信息下的限制性定价。米尔格罗姆(Paul Milgrom)和罗伯茨(John Roberts,1982)模型说明限制性定价不但没有遏制潜在厂商的进入,反而降低了产品价格,因而它的净福利效应是正的;而哈尔瑞顿(Harrington,1985)模型表明,限制性定价既提高了价格也遏制了潜在进入,因而其净效应是负的。由此可以看出,限制性定价的福利影响不能一概而论,要视具体情况而定。

产业组织的种群生态学理论(Population Ecology of Industry Organization)是20世纪70年代以后从社会学发展起来的一种组织理论。基于生物学和生态学的观点,该理论主要研究环境变化(如资源条件和竞争条件的改变)对种群和种群内部组织的影响,包括种族规模的变化、组织形态的创生、变化和消亡等。由于产业本身就是一种重要的种群,种群生态学便成为研究产业演化的一个重要视角。

产业组织的种群生态学理论遵循两个重要假设:一是环境对于产业或企业的生存和发展具有决定性作用;二是企业的能动性很小。产业种群生态理论包含两个层级的竞争:一是种群间的竞争,即产业间的竞争;二是种群内组织的竞争,即企业的竞争。环境的变化同时作用于这两个层级的竞争。当环境变化时,例如,产业间的"生态位重叠"加剧,产业的"生态位宽度"变小,该产业生存和发展所需要的"生态位"的"承载能力"就有限,产业间以及产业内的企业之间的资源争夺就较为激烈。由于竞争加剧了资源的稀缺程度,产业的规模会发生相应的改变,并被环境(资源条件和竞争条件)选择在一定范围内。这时,产业内部的企业只能在既定的产业规模约束下展开竞争。因各自能力的差异,企业呈现出不同的进入率、变化率和退出率。但是,企业的进入和退出比例却具有高度依赖性,即进入和退出比例依赖于产业的规模。不同的进入和退出比例会引起产业规模发生不同方向的变化。因此,为了保持产业规模和资源的平衡,进入和退出比例也必须保持在一定限度。当然,如果环境变化促使资源丰富,从而有利于产业发展,产业规模将扩大,企业的创建率会上升;反之,产业规模将缩小,企业的消亡率会上升。可见,环境变化将直接塑造产业演化的路径。由于存在结构惯性,企业在面临新环境时还倾向于保持原有的结构状态。如果环境变化激烈,原来的企业可能会因无法适应新的环境而遭到淘汰,新的企业将进入;如果环境变化缓慢,原有企业可能会通过局部变革来适应环境,但是,新的组织形态总体上与环境具有同构特性。因此,环境变化也塑造了企业的组织形态。

救生艇伦理(Lifeboat Ethics)是英国科学家哈丁(Garrett Hardin)用公地悲剧的理论研究地球和人类的问题提出的一种观点。主张富国不应该去管穷国死活。

哈丁认为有限的地球只能养活有限的人口,穷国人口的增加引起了粮食问题与污染问题,破坏了地球的生态系统。他用公地悲剧理论把地球比作公地,认为只要"还未诞生管理全世界所有人口的真正的世界政府,遵从'太空飞船伦理'的我们就不可能以人的尊严生存下去"。"太空飞船伦理"带来了"公地的悲剧"。人类要想以人的尊严生存,就必须遵从"救生艇伦理"。即富国的"救生艇"不应该去救穷国的下沉的"救生艇"以及那些坠入大海的贫穷人口。实质上,哈丁探索的是牺牲穷国(发展中国家)的人民,让富国(发达国家)的人们生存下去的问题。按照夫列捷特的意见,由于救生艇伦理根本没有考虑发展中国家人民的生存权利以及将来人类后代的生存权利,所以是"反人类"的理论。

代内公平理论(Intra-generational Equity Theory)是研究自然资源、利益在不同地域的同一代人、不同人群之间公平分配的理论。该理论有国内公平和国际公平两种观点。国内公平的理论观点认为,在一个国家内,自然资源、清洁环境、谋求生存与发展上权利的均等在一代人之间需要公平地分配。国际公平的理论观点认为,国际环境中也存在大量非正义性行为,生态殖民主义是典型代表,其主要表现形式有:(1)发达国家向发展中国家转移污染物和污染密集型产业。(2)借口环境问题干涉他国内政。例如,在减排问题上迫使发展中国家接受发达国家的主张,甚至提出不准兴建发电站和不准发展工业等苛刻的"绿色条件"。代内公平理论认为,同一代的所有人,不论其国籍、种族、性别,文化、经济发展水平,对于利用自然资源和享受清洁、良好的环境享有平等的权利。

代际公平理论(Intergenerational Equity Theory)是研究自然资源、利益上的代际分配问题,即当代人和后代人在利用自然资源、享受清洁环境、谋求生存与发展上权利均等问题的理论。该理论是由美国华盛顿大学教授爱迪·布朗·韦丝(Edith Brown Weiss)于1984年在《行星托管:自然保护与代际公平》一文中首先提出。1987年,世界环境与发展委员会发表的《我们共同的未来》报告将代际公平理论纳入可持续发展的定义中,即可持续发展即为"既满足当代人的需求又不危及后代满足其需求的发展"。至此,代内公平理论和代际公平理论被当作人类发展的目标和人类行为的准则被广泛地接受。

博弈理论(Game Theory)也称"对策论"。是一门研究理性决策者的行为决策之间相互作用和影响,以及这种决策的均衡问题的理论。该理论的一个基本假设是:人是经济人,即人是理想的自利主义者,总是在给定的约束条件下追求自身利益的最大化。1838年古诺(Antoine Augustin Cournot)在其《财富理论的数学原理研究》一书中对于寡头垄断的分析被认为是具有博弈性质的决策问题研究,提供了类似于纳什均衡的解决方法。博弈论真正成为一个独立的研究领域始于1944年冯·诺伊曼(John Von Neumann)与奥斯卡·摩根斯坦恩(Oskar Morgenstern)所著《博弈论与行为经济》一书的出版。该书在论述严格竞争理论的基础上,开辟了全新的研究方向,即合作博弈(Cooperative Game)。该书将博弈论做了空前广泛的应用,其中包括首次系统地将其引入经济学中。20世纪50年代是博弈论发展的重要时期。约翰·纳什(John Forbes Nash)发表了两篇重要论义《N人博弈中的均衡点》(1950)和《非合作博弈》(1951),证明了非合作博弈及其均衡,即"纳什均衡"(Nash Equilibrium),他为非合作博弈的一般理论奠定了基石。1950年,就职于兰德公司的梅里尔·弗勒德(Merrill Meeks Flood)和梅尔文·德雷希尔(Melvin Dresher)拟定出相关困境的理论,后来由艾伯特·塔克(Albert William Tucker)进一步阐释,并命名为"囚徒困境"(Prisoner's Dilemma)。此外,这一时期还有诸多其他博弈论概念得到发展,如合作博弈中的夏普里值、"核心"概念,以及重复博弈等。20世纪60—70年代,博弈论的基本概念得到了系统阐释,在经济学、国际关系、政治学、军事战略和其他很多学科都有广泛的应用。20世纪90年代至21世纪初,博弈论屡受诺贝尔经济学奖青睐,这无疑是对博弈论在现实经济分析中所起的广泛而重要作用的一种肯定。

博弈论的基本概念包括参与者、行动、信息、对策、收益、结果、均衡。博弈论的分类:(1)按照参与人的参与顺序不同可分为静态博弈和动态博弈。前者指参与人的选择行为同时进行,或者虽不是同时,但后行动者不了解先行者是如何选择的;后者指参与人行动有先后顺序,后行动者能够了解到先行者的选择行为。(2)按照参与人之间彼此的了解程度可分为完全信息博弈和不完全信息博弈。(3)按照参与人之间是否存在合作而划分为合作博弈和非合作博弈。非合作博弈在现代经济学中的应用更具普遍性。按照上述分类,非合作博弈又可以划分为完全信息静态博弈、完全信息动态博弈、不完全信息静态博弈、不完全信息动态博弈。与这四种博弈分别对应着四种均衡概念:纳什均衡、子博弈精练纳什均衡、贝叶斯纳什均衡和精练贝叶斯纳什均衡。

委托—代理理论(Principal-agent Theory)是研究信息不对称的理论。所谓委托—代理关系,是指一种契约关系,通过这一契约,一个人或一些人(委托人)授权给另一个人(代理人)为委托人的利益从事某项活动。但这不同于一般的雇佣关系,委托人授予代理人很大的自主决策权,而委托人很难监控代理人的活动。20世纪30年代,美国经济学家伯利和米恩斯观察到企业所有者兼具经营者的做法存在着重大弊端,由此提出该理论。

委托—代理理论试图模型化这样一个问题:委托人想使代理人按照前者的利益来选择行动,但委托人不能直接观测到代理人选择了什么行动,能观测到的只是另一些变量,这些变量由代理人的行动和其他外生的随机因素共同决定,因而充其量只能是代理人行动的不完全信息。委托人的问题是选择一个可行的实施机制达到最大化的期望效用(可能有多个)。委托—代理模型是为研究非对称信息情况下的最优激励机制而建立的。

非对称信息理论(Asymmetric Information)是将非对称信息引入各种经济问

题中的理论。该理论使我们对市场失灵的原因有了新的认识,突破了传统经济学在对称信息假设基础上对市场均衡的解释。1970年阿克尔洛夫(George Arthur Akerlof)以旧车市场为例,对信息不对称问题进行分析。假定有一批质量不同的商品,其质量的优劣只有卖主知道。比如我们可以设想这批商品是代售的二手车,因为买主无法在短时间内识别汽车的质量差别,那么,合理的做法是按照这些车的平均质量讨价。这意味着,其中那些质量较好的汽车的价格被低估了,但这只有卖主知道。而这类汽车的价格如果订的过低,卖主就不愿意按照平均质量的定价出售。这样质量高于平均水平的汽车会被卖主撤走,导致平均质量的下降,相应的买主愿意支付的价格也进一步下降。接着又会出现新一轮杀价,卖主再次撤走质量较高的汽车,买主则再次降低愿意支付的价格。在均衡的情况下,只有低质量的汽车成交,高质量的汽车被低质量的汽车排挤出市场。但是,如果买卖双方能够对称地掌握汽车的质量信息,将不存在这一问题。最后阿克尔洛夫得出结论:市场开放并不能解决所有问题,信息是有价值的稀缺资源,搜寻信息需要成本,因此,不光产品有市场,信息本身也要有市场。

斯彭斯(Andrew Michael Spence)对非对称信息的研究着重于劳动力市场。他从长期的观察中发现,在劳动力市场存在着用人单位与应聘者之间的信息不对称情况,为了谋到一个较好的职位,应聘者往往极力包装自身,用人单位难以分辨其真实才能。在这里,斯彭斯引出一个所谓的"获得成本"概念,他举例说,对于用人单位而言,应聘者如果具有越难获得的学历就越具可信度,相比一般学校的毕业文凭,拥有哈佛文凭者的才能更具可信度。斯彭斯在其博士论文《劳动市场的信号》中详尽地表述人才市场的信息不对称现象。无论是个人、企业还是政府,当它们不能直截了当地传达其个人偏好或意图时,"信号法"可以提供较大的帮助。例如举债经营传达出来的一个信号是:公司对未来收益有着良好的预期。名牌商品则向消费者传达这样一种信号——它是一种高含量的创造,就是应该比一般商品更贵也更值钱。当然如果品牌要保持自身"阳春白雪"的地位,必须限量生产。这一理论也同样可以解释为什么企业喜欢向员工分红派息而不是派现金,从信号理论的角度而言,分红派息强烈地表达了公司良好的前景。

斯蒂格利茨(George Joseph Stigler)将信息不对称这一理论应用到保险市场。在保险市场上,道德风险来自保险公司不能观察到投保人在投保后的个人行为:如果被保险人或投保人不按常规履行合同或故意遭险,往往会使保险公司承担正常概率之上的赔付率,这时的逆向选择来自保险公司事前不知道投保人的风险程度,从而使保险水平不能达到对称信息情况下的最优水平。当保险金处于一般水平时,低风险类型的消费者投保后得到的效用可能低于他不参加保险时的效用,因而这类消费者会退出保险市场,只有高风险类型的消费者才会愿意投保。当低风险消费者退出后,如果保险金和赔偿金不变,保险公司将亏损。为了不出现亏损,保险公司将不得不提高保险金。这样,那些不大可能碰到事故的顾客认为支付这笔费用不值得,从而不再投保,高风险类型消费者就会把低风险类型消费者"驱逐"出保险市场。这就是保险市场的逆向选择问题。为了解决这一问题,保险公司可以通过提供不同类型的合同,将不同风险的投保人区分开,让买保险者在高自赔率加低保险费和低自赔率加高保险费两种投保方式之间选择,以防止被保人的欺诈行为。

可竞争市场理论(Theory of Contestable Markets)是以完全可竞争市场及沉没成本等概念分析为中心,推导可持续、有效率的产业组织基本态势及其内生形成过程,描述市场上厂商进入和定价行为的特点的理论。由美国著名经济学家威廉·杰克·鲍莫尔(William Jack Baumol)以及帕恩查(J. C. Panzar)和韦利格(R. D. Willing)等人在芝加哥学派产业组织理论的基础上提出。该理论假设:(1)企业进入和退出市场或产业是完全自由的,即沉没成本为零。(2)潜在进入者能够采取"打了就跑"(Hit and Run)的策略,即能够根据在位企业的价格水平预测进入市场的营利性。(3)潜在进入者与在位厂商的技术水平相当,也不必承担额外的进入成本。基于这个假设,可竞争市场指的是一种由于存在潜在进入者的压力,市场在位者不能够获得超额利润,其定价和生产资源配置都有效率的市场。

可竞争市场理论认为,在近似的完全可竞争市场上,自由放任政策比通常的反托拉斯政策和政府规制政策更为有效。当然,该理论并不认为无约束的市场能够自动解决一切经济问题,也不认为所有实质上的政府规制和反托拉斯措施都是有害的,只是在鲍莫尔等人看来,政府的规制政策与其说应该重视市场结构,不如说更应该重视是否存在充分的潜在竞争压力。潜在竞争压力存在的关键是要尽可能降低沉没成本,为此,可竞争市场理论主张一方面积极研究能够减少沉没成本的新工艺、新技术,另一方面要排除一切人为的不必要的进入和退出壁垒。

可竞争市场理论的核心是让市场机制发挥作用。但现实中,真正符合可竞争市场理论假定条件的产业并不多,该理论关于沉没成本为零的假定更是受到许多经济学家的猛烈抨击。尽管如此,此理论对政府规制的政策思路及其措施产生了较大影响,为20世纪80年代以来的西方各国的放松规制运动提供了一定的理论依据。

混合所有制(Mixed Ownership)财产权分属于不同性质所有者的经济形式。既是一种社会经济成分,又是一种企业资本组织形式。从宏观层次来讲,混合所有制经济是指一个国家或地区在所有制结构中,既有国有、集体等公有制经济,也有个体、私营、外资等非公有制经济,还包括拥有国有和集体成分的合资、合作经济。而从微观层次来讲,则是指不同所有制性质的投资主体共同出资组建的企业。

混合所有制经济的性质由其控股主体的所有制形式决定,不能笼统地说混合所有制是公有制还是私有制。从资产运营的角度分析,混合所有制已突破了公有制和私有制的界限,因为无论资本来源是公有的还是私有的,都已融合为企业的法人财产。在现代公司中,各利益主体通过治理结构形成一种混合的、复杂的产权安排。

发展混合所有制经济的意义:首先,混合所有制有利于盘活国有资产存量,促进国民经济快速增长。其次,混合所有制为实现政企分开创造了产权条件。再次,混合所有制为资金大规模聚合运作以及生产要素最优配置,拓展了广阔的空间。最后,混合所有制为国有企业顺利转制提供了有利的契机。

显示偏好理论(Revealed Preference Theory)是旨在从人们的购买行为推测人们的偏好的理论。由保罗·萨缪尔森于1948年提出。在基数效用理论和序数效用理论中,人们基于偏好(效用函数)作出效用最大化的消费选择。但是,偏好是人们主观的想法,是无法被直接观察和测度的。而显示偏好理论则是通过实际观察到的消费者,推测出他们的偏好,从而避免了使用先验的效用概念。在显示偏好理论中,作出了三个假设——偏好的一致性、偏好的可传递性和偏好的非饱和性。显示偏好理论包含显示偏好一般公理、显示偏好强公理和显示偏好弱公理三大公理。这三个假设和三大公理确保了由显示偏好理论推导出的需求曲线的连续性。

战时经济(Economy of War)是指在战争时期,国家为了确保战争的胜利而进行的经济活动。主要包括建立战时经济体制、调整经济结构以及所采取的相应的经济政策和措施。庇古在 1921 年出版的《战争经济学》(*Political Economy of War*)中系统论述了由于战争引起的生产、交换、分配和消费关系的变化,为筹集足够的物资、稳定经济就要求调整国家经济体制。确保战备物资和居民生活物资的基本保障,从而确保战争的胜利。

最优控制理论(Optimal Control Theory)是研究如何选择控制变量,从而求出一条使某目标值为最大(或最小)轨道的理论,是现代控制理论中最早发展的分支之一。对于受控系统,常常要求找到控制,使得在这控制作用下,系统从一个状态转移到所希望的状态,并且还要求系统的某种性能最好,这称为最优控制问题。最优控制理论是研究最优控制满足的条件、最优控制的存在性及唯一性、最优控制问题求解的理论和方法。

决策理论(Decision-making Theory)是人们为实现某目标,借助科学的理论和方法,根据客观条件,在充分掌握信息的基础上,拟出多种备选方案,按一定准则选择其中较满意的方案而进行的分析、判断和实施的全过程。决策理论分为古典决策理论和现代决策理论。现代决策理论是以社会系统理论为基础,吸收了行为科学、系统科学、运筹学和计算机等学科内容,于第二次世界大战以后发展起来的管理学理论。主要包括决策过程、决策分类、决策技术和决策准则等。该理论主要代表人物有赫伯特·西蒙(Herbert Alexander Simon)和詹姆斯·马奇(James G. March)等。

新经济人假设(New Hypothesis of Economic Man)是指个人利益不仅包括纯经济的方面同时也包括不能用经济尺度来衡量的各种利益的论点。加里·贝克尔(Gary S. Becker)在《人类经济行为的分析》中将"新经济人"的含义广义化了。个人利益不再仅仅是货币收入、物质享受等纯粹的经济收益,而是包括尊严、名誉、社会地位等不能用纯经济尺度来衡量的各种利益。新经济人力图使最大化的效用函数,涵盖个人可能追求的任何目标。"新经济人假设"包含三个基本命题:(1)经济活动中的人有利己和利他两种特征。(2)经济活动中的人具有理性与非理性两种状态。(3)良好的制度会使经济活动中的人在增进集体利益或社会利益最大化的过程中实现合理的个人利益最大化。"新经济人"对传统"经济人"的修正主要表现在两个方面:(1)把原来的"经济人"模式从对经济行为领域的分析扩展到了对非经济行为领域的分析。(2)"新经济人"结合交易成本、信息成本等新的学术概念,修改了传统"经济人"模式中那种标准理性选择和完全信息假设。

产业集群论(Industrial Clusters Theory)是分析经济发展中产业集群及其作用的理论。美国产业经济学家麦克尔·波特(Michael Porter)于 20 世纪 80 年代末开始对产业集群研究。他在其代表性著作《国家竞争优势》(1990)中,对加拿大、德国、意大利、日本、美国的产业集群现象进行了研究,并从企业竞争优势的角度对集群现象进行了理论分析。波特认为,一个国家具有竞争优势的产业是通过一个高度本地化过程创造和发展起来的,这些产业的竞争优势主要体现在能够进行持续的创新和升级,而产业的创新和升级离不开生产要素条件、相关支撑产业以及企业战略、结构与竞争四个方面因素的相互配合,这些因素通过地理上的集中而得以极大强化。从这个意义上说,集群是指在一个国家内一群有着纵向紧密联系的企业,它们在整个产业内的紧密协作能有效地提升整个产业的竞争力,并进而提升产业所在国家的竞争力。

波特在《集群与新竞争经济学》(1998)论文中进一步将集群具体定义为:"在某些特定领域中,一群在地理上毗邻并相互关联的企业和相关法人机构,它们以彼此的共通性和互补性相互联结。"波特认为,集群产生于多种因素,比如历史传统、已有的供应商渠道和相关产业(甚至集群)、一两个具有创新精神的大企业、偶然事件等。集群一旦形成,一种"自我强化循环"机制就推动其自然成长。随着集群的不断壮大,内部新的企业、产业会不断地产生和消亡,地方制度也不断完善,从而增强了集群所在地区的竞争力。波特认为,政府作为产业政策的制定者应该制定适宜的集群发展政策,政府应加强和建立现存的和正在出现的集群,而不是努力去创造一个全新的产业集群。

投入产出理论(Input-output Theory)见"产业联系理论"。

绝对收入假说(Hypothesis of Absolute Income)是英国经济学家凯恩斯(Keynes)提出的一种消费函数理论。主要内容包括:(1)实际消费支出与实际收入水平之间存在着稳定的函数关系,即消费水平主要取决于收入水平。这里所说的收入是指现期个人可支配收入的绝对水平。(2)随着收入的增加,消费也在增加,但消费增加的幅度小于收入增加的幅度,即边际消费倾向大于零而小于1。(3)边际消费倾向小于平均消费倾向。(4)随着收入的增加,边际消费倾向本身是递减的。

凯恩斯的绝对收入假说在凯恩斯主义理论体系中占有十分重要的位置,该假说对消费函数理论作出了重大贡献。但是,该假说也存在一定的缺陷,主要是绝对收入假说只是个即期模型,以心理分析为基础,是一种很大程度的主观推测,忽视了社会因素对消费的影响。

古典增长模型(Classical Growth Model)是在早期的古典经济理论中,斯密、穆勒、马尔萨斯和李嘉图等人都曾涉及经济增长(或剩余)同资本、劳动力的关系。他们认为,"剩余"的出现引起了资本的积累,资本的积累同时构成了对劳动力需求的增加,从而加大了就业规模和社会生产规模。而社会生产规模扩大的直接结果就是剩余的增加,再在更高的起点上重复前一过程。如此反复,从而带功了经济的增长。这也是经济增长理论基础和经济增长模型的理论依据。

古典分配理论(Classical Distribution Theory)是以劳动价值论为基础的分配理论。古典分配理论在斯密那里形成,后由李嘉图最终完成。李嘉图批判地继承和发展了斯密的价值理论,提出了古典学派中最为成熟的劳动价值论。古典分配理论由分配形式理论、工资理论、地租理论和利润理论等组成。其中古典分配理论的核心是利润理论,集中体现在李嘉图的相关分析上,其核心思想是在人口增长、资本不断积累而技术保持不变的情况下,收入分配变量中的利润率将会下降,同时收入分配的相对份额发展会有利于地租(包括工资)的变化,从而揭示了利润和地租的对立,利润和工资的对立在李嘉图看来是不利于经济发展的。

预期效用假说（Utility Hypothesis of Expectation）是现代消费理论的一个分支。主要用于分析个人的风险决策行为，它为个体决策者定义一个效用函数，然后认为个体的决策会使自己的效用最大化。预期效用假设，以冯·诺伊曼—莫根施特恩效用函数为基础，正是它决定了消费者的效用函数，它的基本形式是：

$$U(p) = \sum U_i \cdot P_i \ \text{或} \ U(p) = \int U(\lambda) \cdot f(x) \, \mathrm{d}x$$

式中，$U(p)$ 为个人偏好函数，U_i 和 $U(\lambda)$ 为冯·诺伊曼—莫根施特恩效用函数，P_i 为概率，$f(x)$ 为概率密度函数。

一般均衡理论（General Equilibrium Theory）是研究所有市场包括产品市场和生产要素市场同时达到均衡状态的理论。一般均衡理论是对局部均衡分析的发展，它在局部均衡的基础上，考察市场与市场之间的相互联系和相互作用。一般均衡理论的创立以 1874 年出版的《纯粹政治经济学要义》为标志，作者为洛桑学派的代表人物莱昂·瓦尔拉斯。瓦尔拉斯的一般均衡模型给定所有生产者的生产函数、所有消费者的效用函数，并假定生产者追求利润最大化，消费者追求效用最大化，假设市场是完全竞争市场，即产品价格等于边际成本、要素价格等于生产要素的边际生产率。在此情况下，能够求解出产品价格、要素价格以及所有使用的要素数量和生产的产品量，这些产品和要素的价格可使商品市场和要素市场上的供求达到均衡。阿罗和德布鲁运用不动点定理，通过严格的数学证明瓦尔拉斯一般均衡模型中均衡解的存在。需要说明的是，瓦尔拉斯一般均衡分析所需要的种种假设条件非常严格，并且其中的许多条件距离现实较远。

基数效用论（Cardinal Utility Theory）是以奥地利学派为代表的边际效用论者提出的一种理论。这种理论认为，物品的效用可以用基数（1，2，3…）来表示。基数效用论认为效用大小是可以测量的，其计数单位就是效用单位。例如，对某一个人来说，吃一顿丰盛的晚餐和看一场高水平的足球赛的效用分别为 5 效用单位和 10 效用单位，则可以说这两种消费的效用之和为 15 效用单位，且后者的效用是前者效用的 2 倍。基数效用论采用的是边际效用分析法,他们认为商品的边际效用是递减的,即随着一个人所消费的某种物品的数量增加,其总效用虽然增加,但边际效用却随消费物品的数量的增加而有递减的趋势。

序数效用论(Ordinal Utility Theory)是以帕累托为代表的洛桑学派提出的一种理论,为现代西方经济学所普遍采用。这种理论认为,由于效用是指个人的偏好,而作为心理活动的偏好无法估量,所以,效用需根据偏好程度按序数(第一,第二,第三……)排列。序数效用论一般用无差异曲线来分析消费者行为。例如,消费者消费了一顿丰盛的晚餐与看一场高水平的足球比赛,他从中得到的效用是无法具体衡量的,也无法加总求和的,更不能用基数来表示,但他可以比较从消费这两种物品中所得到的效用。如果他认为消费一顿丰盛的晚餐所带来的效用大于看一场高水平的足球比赛所带来的效用,那么一顿丰盛的晚餐的效用是第一,一场高水平的足球比赛的效用是第二。序数效用论者认为,就分析消费者行为来说,以序数来度量效用的假定比以基数来度量效用的假定所受到的限制要少,它可以减少一些被认为是值得怀疑的心理假设。

IS—LM 模型(IS—LM Model)描述产品市场和货币均衡状态下,国民收入和利率之间相互联系的理论工具。由英国经济学家希克斯(Hicks)和美国经济学家汉森(Alvin Hanson)建立。在产品市场上,国民收入决定于消费 C、投资 I、政府支出 G 和净出口 $X-M$ 加合起来的总支出或者说总需求水平,而总需求尤其是投资需求受到利率 r 的影响,利率则由货币市场供求情况决定;另外,国民收入又会影响货币需求,从而影响利率。可见,产品市场和货币市场是相互联系、相互作用的,而收入和利率也只有在这种相互联系、相互作用中才能决定,如图 2 - 49 所示。IS 曲线表示产品市场处于均衡时,利息率和总产量之间的相互关系;LM 曲线表示货币市场处于均衡时,利息率和总产量之间的相互关系。IS 和 LM 曲线相交点是产品市场和货币市场同时达到均衡时的唯一一点,在这一点,产品市场上的总供给等于总需求,货币需求量等于货币供应量。图 2-49 中,r^*、y^* 表示均衡时的利率及产出。

该模型要求同时达到下面的两个条件:$i(r) = s(Y)$;$M/P = L_1(i) + L_2(Y)$。

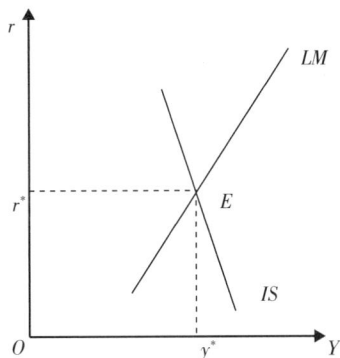

图 2-49 IS—LM 曲线

式中, i 为投资, s 为储蓄, M 为名义货币量, P 为物价水平, M/P 为实际货币量, Y 为总产出, r 为利率, L 是货币需求。

边际分析法(Marginal Analysis)是运用边际概念对经济现象的发展变化及其相互关系进行分析研究的方法。"边际"是指自变量发生微小变动时,因变量的变化率,亦即增量与增量之比。代表人物有瓦尔拉(L. Walras)、杰文斯(W. S. Jevons)、戈森(H. H. Gossen)、门格尔(C. Menger)、埃奇沃思(F. Y. Edgeworth)、马歇尔(A. Marshall)、费希尔(I. Fisher)、克拉克(J. B. Clark)以及庞巴维克(E. von Bohm-Bawerk)等人。

古诺模型(Cournot Model)也称"古诺博弈""古诺寡头竞争模型"。由法国经济学家古诺(Augustin Cournot)于 1838 年提出的第一个双寡头模型。古诺模型的假定是:市场上只有 A、B 两个厂商生产和销售相同的产品,他们的生产成本为零;他们共同面临的市场的需求曲线是线性的,A、B 两个厂商都准确地了解市场的需求曲线;A、B 两个厂商都是在已知对方产量的情况下,各自确定能够给自己带来最大利润的产量,即每一个厂商都是消极地以自己的产量去适应对方已确定的产量。

当一个企业的经营决策是对已给定的其他竞争企业的经营决策所作出的反应时,表明这一反应关系的函数就是反应函数,表明这一关系的曲线就是反应曲线。古诺模型中的反应函数和反应曲线表明在给定竞争者的产量的情况下,每个企业按照利润最大化条件所选择的产量水平。

斯威齐模型(Sweezy Model)是用来解释一些寡头市场上的价格刚性现象的模型。价格刚性现象就是当成本在一定范围内变化时产品的价格不变的现象。斯威齐模型的基本假设条件:由于寡头厂商会意识到相互依赖的关系,因此,当一个寡头厂商提价时,其竞争对手并不提价,以保持市场份额;但是当一个寡头厂商降价时,其竞争对手也降价,以避免市场份额减少,由此形成有特点的需求曲线——折弯的需求曲线 dBD',如图 2-50 所示。

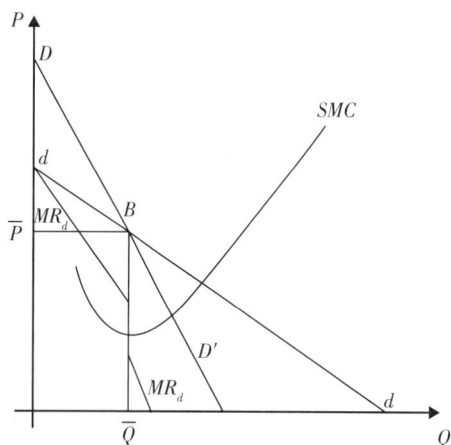

图 2-50   弯折的需求曲线模型

阿罗不可能性定理(Arrow Impossibility Theorem)美国经济学家阿罗关于可能形成社会福利函数的理论。阿罗的分析在其《社会选择和个人价值》(1963)一书中做了全面论述。他认为不可能存在一种社会选择机制或制度,可以从个人的偏好顺序出发而得出社会的选择顺序。

可计算的一般均衡模型(Computable General Equilibrium Model, CGE Model)是根据一般均衡理论建立起来的反映所有市场活动的应用模型。它用一组方程来描述经济系统中的供给、需求以及市场关系,着眼于经济系统内的所有市场、价格以及各种商品和要素的供求关系,然后定义需要分析的目标政策变量并在此基础上求解这一方程组,得出各个市场在政策冲击下重新达到均衡时的一组数量和价格,以达到对目标政策进行分析和评价的目的。

可计算的一般均衡模型的方程组可以分为三个部分:供给、需求和供求关系。它具有的特点:(1)供给和需求函数明确地反映出生产者追求利润最大化和消费者追求效益最大化的行为。（2）数量和相对价格都是模型内生的,并且资源的配置方式由该模型确定。（3）该模型模拟的重点在于经济体中的实物层面,经济体的资源在模型中都得到了充分利用。CGE 模型秉承这样一种思想:生产者根据利润最大化或成本最小化原则,在技术约束下,进行最优投入决策,确定最优的供给产量;消费者根据效用最大化原则,在预算约束条件下,进行最优支出决策,确定最优的需求量;均衡价格使最优供给量与需求量相等,资源得到最合理的使用,消费者得到最大的满足,经济达到稳定的均衡状态。

世界上第一个 CGE 模型是约翰森（Johansen）1960 年提出的。由于 CGE 模型有着清晰的微观经济结构和宏观与微观变量之间的内在联系,包含对因果关系和行为机制的描述,这使 CGE 模型自产生以来,无论是在发展中国家还是在发达国家,都获得了广泛的应用和发展,几乎涉及经济问题的各个方面和层次。模型可以小到城镇,大到全球,从静态到动态。随着建模技术的改进,以及不断改进的数据库和计算机程序,使 CGE 模型越来越善于处理细节问题,使其在应用领域和研究深度上都在逐步地扩展和提高。

石油峰值理论（Peak Oil Theory）是研究石油枯竭问题的理论。石油峰值理论源于 1949 年美国著名石油地质学家哈伯特（Hubbert）发现的矿物资源“钟形曲线”规律。哈伯特认为,石油作为不可再生资源,任何地区的石油产量都会达到最高点;达到峰值后该地区的石油产量将不可避免地开始下降。这是石油峰值理论的核心。

石油峰值理论的政策意义在于:石油作为一种稀缺资源,在世界开采量达到峰值后,将进入衰竭阶段,从而对世界经济发展甚至稳定造成严重影响。而为了应对石油峰值所面临的问题,一方面要节约使用石油资源,尽量推迟石油峰值的到来;另一方面也要做好各种准备,以适应“后石油峰值”时代的能源格局。石油峰值理论也有其存在的缺陷。如石油峰值的最终确定不仅取决于石油储量和开发技术,还受到油田发现的随机性、石油需求、投资周期等的影响,同时由于石油储量状况、国际油价、石油节约和替代技术进步等关键变量之间是紧密联系的动态系统,使石油峰值的确定非常困难。另外,石油峰值的几何形态的差别（是陡峭的“峰”还是平缓的“坡”）对其政策意义也具有很大的差别。

能源反弹效应(Energy Rebound Effect)是能源经济学中的重要议题之一。发轫于英国经济学家杰文思(William Staley Jevons)提出的"杰文思矛盾"。布鲁克斯(Leonard Brookes,1978)和卡祖姆(Daniel Khazzoom,1980)将其进一步发展为卡祖姆—布鲁克斯假说(Khazzoom-Brookes Postulate,K—B假说),被认为是该理论的研究开端。它指的是能源效率的提高使得能源服务的有效价格降低,从而增加了能源服务的需求,进而部分或全部地抵消了能源效率提高所导致的能源消费的减少。将这种反弹效应概念延伸到整个宏观经济层面,其含义是技术进步虽然能够提高能源的使用效率而节约能源,但技术进步的同时也促进了经济的增长,反过来又增加了对能源的需求,最终使得因效率提高而节约的能源被经济增长所抵消,技术进步引起的能源效率提升会增加而不是减少能源消费。

产业经济学(Industrial Economics)是研究产业组织、产业联系、产业结构和产业活动机制的应用经济学科。研究内容包括:(1)产业结构理论。着重对产业结构演变和工业结构的演变规律进行探讨;对影响和决定产业结构的因素进行的研究;对产业结构优化的研究等。(2)产业组织理论。主要是为了解决所谓的"马歇尔冲突"的难题,即产业内企业的规模经济效应与企业之间的竞争活力的冲突。最典型的理论成果是市场结构、市场行为和市场绩效理论范式(又称SCP模式)。(3)产业发展理论。研究产业发展过程中的发展规律、发展周期、影响因素、产业转移、资源配置、发展政策等问题。(4)产业布局理论。主要研究影响产业布局的因素、基本原则、规律和产业布局政策等。(5)产业关联理论。如里昂惕夫的投入产出法。(6)产业政策理论。从纵向看包括产业政策的调查、制定、实施方法、效果评估、效果反馈和政策修正等内容;从横向来看包括产业发展政策、产业组织政策、产业结构政策、产业布局政策和产业技术政策等内容。

SCP模式(Structure-Conduct-Performance Model)又称"市场结构—市场行为—市场绩效理论范式"。该理论是由美国哈佛大学产业经济学权威乔·贝恩(Joe S. Bain)、谢勒(Scherer)等人于20世纪30年代建立的。SCP模式从对特定行业结构、企业行为和经营绩效三个角度来分析外部冲击的影响。行业结构主要是指外部各种环境的变化对企业所在行业可能的影响,包括行业竞争的变化、产品需求的变化、细分市场的变化、营销模型的变化等。企业行为主要是指企业针对外部的冲击和行业结构的变化,有可能采取的应对措施,包括企业方面对相关业务单元的整合、业务的扩张与收缩、营运方式的转变、管理的变革等一系列变动。经营绩效主要是指在外部环境方面发生变化的情况下,企业在经营利润、产品成本、市场份额等方面的变化趋势。SCP 模式奠定了产业组织理论体系的基础,以后各派产业组织理论的发展都是建立在对 SCP 模式的继承或批判基础之上的。

劳动价值论(Theory of Labor Value)是关于商品价值是由无差别的一般人类劳动,即抽象劳动所创造的理论。最早提出"劳动决定价值"这一思想的是英国经济学家配第(William Petty),后经亚当·斯密和大卫·李嘉图加以系统论证。马克思批判地继承了前人的观点,提出了科学的劳动价值论。其基本内容是:(1)商品具有二重性,即价值和使用价值。使用价值是商品的自然属性;价值是一般人类劳动的凝结,是商品的社会属性,它是商品交换的基础。(2)生产商品的劳动具有二重性,即具体劳动和抽象劳动。具体劳动是在一定具体形式下的劳动,它创造商品的使用价值;抽象劳动是一般意义上的人类劳动,它创造商品的价值。(3)商品的价值量是由生产这种商品的社会必要劳动时间决定的。由于生产条件等方面的不同,不同生产者生产同一种商品所耗费的时间是不一样的,决定商品价值的只能是社会必要劳动时间。(4)价格是价值的表现形式,价格以价值为中心上下波动;商品交换以价值为基础,实现等价交换。

伯川德模型(Bertrand Model)又称"伯川德博弈""伯川德寡头竞争模型"。是法国经济学家伯川德(Joseph Bertrand)在其 1883 年的论文中批评古诺模型时建立的一种双寡头模型。该模型和古诺模型的假设相同:某个市场上有两家企业,其他企业不能进入;两家企业生产完全相同的同质产品,产品不能储存,因此企业只追求当期利润最大化,不考虑跨期问题。伯川德认为,如果企业不设定价格,就难以确定在寡头市场上是谁制定了价格。而古诺模型以产量而不是以价格为竞争策略,无法明确解释价格决定机制。在伯川德模型中,企业是设定价格而非产量。如果消费者拥有完全信息,而且认识到两家企业生产的是完全相同的产品,自然会购买价格最低的那家企业的产品。每一家企业均假定其竞争对手的价格是固定的,通过自己的轻微削价,就能够获取其竞争对手的全部业务。在这样一种竞争策略下,最终的均衡是价格等于边际成本,两家企业的"经济利润"均为零,没有一家企业可以通过单方面改变价格来增加利润。如果降价,由于价格将会低于边际成本和平均成本,企业将会出现亏损;如果单方面提价,将会失去所有业务。这个均衡称为"伯川德均衡"或"伯川德—纳什均衡"。伯川德均衡是双寡头非合作博弈中每家企业的最优价格策略是使价格等于边际成本。这时每家企业都没有再单方面改变其价格的冲动。由于均衡中价格等于边际成本,企业得到的"经济利润"为零,所以同质产品的伯川德均衡和完全竞争均衡是一样的。在完全竞争市场中,从长期看,竞争的结果也是"经济利润"为零,任何企业不能永远操纵市场价格以获得"经济利润"。伯川德模型说明,即使在只有两家企业的寡头垄断中,最终也会导致与完全竞争市场相同的结果。这被称为"伯川德悖论"。伯川德模型所研究的双寡头在价格方面非合作博弈的竞争,称为"伯川德竞争"。

国家创新体系(State Innovation System)是在国家范围内由科研机构、大学、企业、政府等各种创新系统所构成的整体创新体系。20 世纪 70 年代,日本迅速成长为一支重要的经济技术力量,在许多领域先于美国和欧洲。韩国、新加坡、中国台湾地区及其他新型工业国在高科技领域不断强大,其企业具备了参与国际竞争的能力。这种情况引起各国学者的广泛关注,有关国家和企业的技术创新能力的报告与论文大量涌现。经济学家们把这种强调国家技术创新能力的观念称为"技术国家主义"。这种观念可表述为:一个国家的企业技术能力是其竞争力的主要来源,这种能力是体现在国家意义上的,是可以通过国家行为来建设和发展的。由此形成了"国家创新体系"的概念。一些学者分别从生产系统与创新过程的关系、从知识与创新的产生方面探讨了国家创新体系。有的学者通过研究日本企业组织、生产组织、企业间关系,深入探讨日本"技术立国"政策和技术创新机制,指出创新体系是国家内部系统组织及其子系统间的相互作用。有的学者研究了大学、政府、企业在新技术生产中的作用,认为创新是大学、企业等有关机构的复合系统的行为,制度设计的任务是在技术的私人垄断和公开共享两方面之间建立一种适当的平衡。近年来,国家创新体系成为一些国家制定科技政策的基础。

国家创新体系的基本要素:(1)创新活动的行为主体。主要是企业、研究机构、教育培训机构及政府相关机构。(2)行为主体内部的运行机制。企业和各类创新机构是国家创新体系内的系统要素,其各自内部的运行机制是国家创新体系的基本组成部分。(3)行为主体之间的联系与合作。创新过程将各行为主体联系起来,创新的最终结果将取决于主体之间的合作是否有效率。密切联系和有效合作有助于降低风险、减少成本、提高速度和效益。(4)创新政策。指影响和指导创新活动的法律、法规、政策,通常体现于国家的科技政策、经济政策、产业政策及财政、税收、教育等方面的政策之中。(5)市场环境。市场从需求方面为创新指示目标,检验创新的成效。市场又是创新所需各种资源的供给源。市场作为资源配置的基本力量也支配着创新主体的行为。创新的规模、效益、效率等主要同市场的力量相关,政府的作用不能代替市场的作用。(6)国际联系。国际联系是国家创新体系之间的联系渠道,也是各行为主体之间合作和联系的渠道。国际联系对创新的知识、技术、经验及各种实物要素的组织交流极为重要,对提高各行为主体的创新能力、扩大创新效果都是必要的。

| 第三部分 | 经济发展政策

联合国发展十年(The First United Nations Development Decade)是联合国为促进发展中国家经济和社会发展而提出的十年奋斗目标和行动计划。1961 年 12 月 19 日,第 16 届联合国大会采纳美国总统 J.F.肯尼迪的倡议并通过决议,把 20 世纪 60 年代定名为"联合国发展十年"。决议强调,发展中国家的经济和社会发展具有重要的国内国际意义,指出发展中国家与发达国家之间的差距越来越大,因此,所有会员国应加紧努力,以加速向各国经济及社会进步的自力发展的方向前进。具体目标是,十年满期时,每个发展中国家的国民总产值的年增长率至少应达到 5%。为此,联合国采取了一系列相应的政策措施:(1)在经济和社会事务部内设立一个经济预测及规划中心,帮助发展中国家拟订完整可行的国内计划。(2)要求发达国家按国民收入 1%的指标向发展中国家提供援助,并对资金转移工作进行监督管理。(3)决定设立一项资本开发基金,并定出国际援助的目标、提供援助的方式、协调机构的活动。(4)加强研究世界经济形势,并提出相应的研究报告,以便给各国政府的经济决策提供有用的信息。(5)召开各国政府的国际技术会议,探讨发展中国家的科学技术的应用。(6)积极帮助发展中国家编制预算和进行财务问题的训练。1965 年,联合国对"发展十年"进行了中期评价,指出发展中国家与发达国家之间按人口平均计算的收入方面的差距扩大了,但在相当多的重要领域取得进展,国际社会用来改善发展中国家的经济和社会状况的手段也有改进。这以后,"发展十年"的概念获得广泛的接受和支持,并成为采取联合国国际行动的一个焦点。

联合国第二个十年国际发展战略(The Second United Nations Development Decade)为缩小穷国与富国之间的差距,联合国于 20 世纪 70 年代制定的全球性发展战略。1970 年 12 月 24 日,联合国大会宣布联合国第二个国际发展战略从 1971 年 1 月 1 日开始。它的宗旨是,缩小穷国与富国之间的差距,创立一个公正的世界经济和社会秩序。联合国要求各会员国保证执行实现这一宗旨的各项政策和措施。第二个十年发展目标是:(1)发展中国家在十年期间国民总产值的年平均增长率应达到 6%以上,按人口平均计算的年平均增长率应达到 3.5%。(2)每个发展中国家都应该制定本国的就业目标,以减少失业和就业不足问题。(3)应特别注意吸收所有小学学龄儿童入学,改进各级教育的质量,大量减少文盲,调整教育计划以适应发展需要,并适当建立和扩大科学和技术机构。(4)应制订防病治病以及提高一般健康卫生水平的完整保健计划。(5)提高吸收的平均热量和蛋白质含量来改善营养水平,特别满足人口中抵抗力较差的人的需要。(6)应扩大和改善住房设施特别是低收入人群的住房设施,以纠正由于城市无计划增长和农村地区落后而造成的弊端。(7)应促进儿童福利,确保青年充分参加发展活动,鼓励妇女参与整个发展工作。为此,联合国提出政策措施:(1)应尽一切努力审查有关商品的国际协定或安排,确保稳定、有利和公平的初级产品价格,取消或减少关税、赋税、限制性商业措施和其他对从发展中国家进口所设置的障碍。(2)采取包括提供资金的适当行动,大力进行研究和发展工作,以改善市场条件和成本效率,并使面临合成品和代用品竞争的自然产品的最终用途多样化。(3)发展中国家继续制订区域性或分区性合作方案,以发展他们之间的贸易,发达国家应支持此项工作。(4)发展中国家继续充分调动国内的一切资金,确保最有效地利用可获得的资金,为此应执行正确的财经政策,并根据需要消除体制上的障碍。(5)每个发达国家应努力在1972年以前每年向发展中国家提供其国民总产值1%的资金,大部分资金应采取官方发展援助形式,并逐渐增加这种援助。(6)财政和技术援助应该专门用于促进发展中国家的经济和社会发展。(7)应采取一些特别措施使最不发达国家和内陆发展中国家能克服自身的特殊困难。(8)发展中国家应采取具体步骤增加生产和提高生产率,以提供为提高生活水平和改进经济生存能力所必需的货物和劳务;应为农业制定适当的战略,以保证更充分的粮食供应;应促进工业,以便迅速发展经济并使之现代化和多样化;应增加运输、通信设备和能源供应,以确保适当发展其基础结构。为落实第二个十年国际发展战略,联合国于1975年进行了中期审查和评价,指出发达国家与发展中国家的差距惊人地扩大了,但发展中国家已成为较强有力的因素;发达国家并没有执行国际发展战略的各项政策措施,实际上在某些方面还有退步。大会重申联合国坚持国际发展战略并敦促各会员国执行这个战略的所有规定。

联合国千年发展目标(The Millennium Development Goals, MDG)是联合国全体成员国一致通过的一项旨在2015年前将全球贫困水平(在1990年水平的基础上)降低一半的行动计划。2000年9月,在联合国千年首脑会议上由189个国家签署《联合国千年宣言》,世界各国领导人就消除贫穷、饥饿、疾病、文盲、环境恶化和对妇女的歧视,商定了一套有时限的目标和指标。共有八个方面:消灭极端贫穷和饥饿;普及小学教育;促进男女平等并赋予妇女权利;降低儿童死亡率;改善产妇保健;与艾滋病毒/艾滋病、疟疾和其他疾病作斗争;确保环境的可持续能力;全球合作促进发展。这些目标和指标被置于全球议程的核心,统称为千年发展目标。联合国千年发展目标还为每个方面确定了具体的衡量指标,包括:从 1990 年到2015 年,每日收入低于一美元的人口比例减半;五岁以下儿童的死亡率降低三分之二;产妇死亡率降低四分之三;遏制并开始扭转艾滋病的蔓延等。

建立国际经济新秩序行动纲领(Program of Action on the Establishment of a New International Economic Order)是发展中国家争取建立国际经济新秩序的实施方案。1974 年 5 月 1 日在联合国大会第六届特别会议上通过。行动纲领包括序言、原料和初级商品以及同贸易相关的基本问题、工业化、技术转让、对跨国公司活动的管理和控制、各国经济权利和义务宪章、促进发展中国家之间的合作、帮助各国行使对自然资源的永久主权、加强联合国系统在国际经济合作方面的作用以及特别计划十个方面。纲领规定,尽一切努力通过对自然资源行使永久主权,以结束各种形式的外国占领、种族歧视和隔离以及殖民主义、新殖民主义的统治和剥削;努力促进生产国联合组织的活动,其中包括促进联合销售安排,并且为在发展中国家的出口品价格和其来自发达国家的进口品价格之间建立一种联系而工作;改革国际货币制度,发展中国家应充分参加进行这项改革的机构;增加发展中国家从发达国家以有利条件获得基本食品生产的投入物资,包括化肥在内,并作出努力,通过逐渐消除造成不公正竞争的保护性和其他措施来促进发展中国家产品的出口;发达国家通过逐渐取消关税和非关税壁垒以及限制商业措施,制订综合商品方案,扩大从发展中国家的进口等,改善发展中国家的进出口比价和消除发展中国家的长期贸易逆差;建立特别基金,对发展中国家提供紧急救济和开发援助等。

利马宣言(Lima Declaration)是 77 国集团为改革不平等的国际经济关系而通过的重要文件,1971 年 10—11 月在秘鲁首都利马举行的第二次 77 国集团部长级会议上通过。它包括原则声明、行动纲领、关于发展中国家要采取的措施和发展中国家要求发达国家采取的措施的联合声明以及会议后发展中国家的关系等内容。宣言谴责超级大国的军备竞赛、殖民主义、种族主义、占领别国领土和对别的国家施加压力；指出发展中国家"对它的领土和海洋的原料和资源有完全的、无限的主权"。宣言指出，由于发展中国家收回民族资源而从外部进行报复以及施加任何外来的政治或经济压力的做法，都是对各国人民自决权和不干涉原则的粗暴破坏。宣言要求发展中国家能"充分参加改革世界贸易和货币制度的任何事先的磋商和决策"；要求美国取消 10% 的进口附加税及其他对发展中国家贸易产生不利影响的措施。

各国经济权利和义务宪章(Charter of Rights and Obligations of National Economies)是联合国通过的旨在建立新的国际经济关系的重要文件。该宪章由 77 国集团于 1972 年在《利马宣言》中提出，1974 年 4 月 13 日至 5 月 19 日第三届联合国贸易和发展会议通过制定该宪章的决议。宪章论述了国际经济关系的基本原则、各国的经济权利和义务、对国际社会的共同责任以及其他有关问题。关于各国经济权利和义务的规定主要有：(1)每个国家对其财富、自然资源和经济活动享有充分的永久主权，包括所有权、使用权和留置权，并自由行使此项主权。(2)每个国家有权对其管辖范围内的外国投资加以管理，有权将外国财产的所有权收归国有、征用或转让，但在收归国有时应给予适当的赔偿，并且任何争执均应按实行国有化国家的国内法解决，除非有关各国同意用其他的和平解决办法。(3)各国应进行合作，以促进较为公平合理的国际经济关系，并在一个均衡的世界经济范围内鼓励结构变革，变革需要符合各国特别是发展中国家的需要和利益，并为此目的而采取适当的措施。(4)各国为发展其民族经济均有成立初级商品生产者组织的权利。(5)国际经济关系应受主权平等、公平互利、国际合作以谋发展等项原则的指导。

加拉加斯行动纲领(Caracas Program of Action on Economic Cooperation among Developing Countries)全称《发展中国家间经济合作的行动纲领》。是 77 国集团为保障发展中国家经济合作各主要方面获得全面发展而制订的全球计划。1981 年 5 月 13—19 日，在委内瑞拉首都加拉加斯举行的 77 国集团经济合作高级会议上通过。该纲领就贸易、技术、农业、能源和财政等方面加强南南合作提出了比较具体的方案和措施,标志着南南合作已从提出纲领和一般指导原则,发展到拟订具体措施的新阶段。纲领强调指出:发展中国家的经济合作并不能代替发展中国家和发达国家之间的全球性经济合作,而且无论如何也不能代替或减轻工业化国家对发展中国家承担的责任和承诺。

哈瓦那声明(Havana Declaration)是77国集团关于发展中国家实现工业化战略的声明(以下简称"声明")。1979年12月17日在古巴首都哈瓦那77国集团部长级会议上通过。声明对发展中国家实现工业化战略的重要性、目的、措施做了解释,认为发展中国家迅速实现工业化和坚决加强本国的工业是它们的根本利益所在,是实现自给自足的、全面的经济社会发展的根本手段,其目的在于保证国家主权和独立,促使建立一个和平的、更加公平的世界秩序。声明指出,工业化国家应采取措施,使资金和技术能自由地进入发展中国家。声明要求国际大家庭各成员应集体地或单独地采取步骤和紧迫的更加有力的具体行动,毫不迟疑地根除殖民主义、帝国主义和新殖民主义;根除干涉内政、种族隔离、犹太复国主义、种族主义、种族歧视以及一切形式的外国侵略、占领、统治、霸权、扩张主义和剥削。声明支持非洲工业的发展,支持关于命名20世纪80年代为非洲工业发展年代的建议。声明重申,发展中国家都有固有的权利,完全自由地对自己整个领土、海洋和陆地的自然资源以及用适合自己情况的方式,对开发这些资源的全部经济活动行使主权、管辖权和永久控制权,并重申决心实施集体自给自足战略。声明还要求跨国公司应服从东道国的各项法律,外国私人投资应当服从发展中国家民族发展的目标。

南南合作(South-South Cooperation)是发展中国家之间的经济合作。由于发展中国家大都位于地球南半部,国际间"南方"通常代表发展中国家,故名。它发端于20世纪60年代初期。1961年,不结盟国家首脑呼吁发展中国家进行经济合作。此后,发展中国家举行了若干次会议,通过了一系列有关经济合作的文件,逐步确立了南南合作的行动纲领。主要为:按照集体自力更生原则,在发展中国家之间进行密切有效的经济合作,加强政治、经济独立和集体经济力量,实现建立国际经济新秩序的目标。这些纲领和文件还对南南合作提出了具体的方案和措施。1979年,77国集团第四次部长会议通过《阿鲁沙集体自力更生纲领》,提出南南合作的内容涉及贸易、工业化、粮食与农业、货币与金融、原料、运输、保险和通讯等领域,并确定要优先考虑发展中国家贸易普惠制、国家贸易组织之间的合作以及创办第三世界跨国公司。1981 年,77 国集团加拉加斯会议又通过《发展中国家经济合作行动纲领》,要求发展中国家在贸易、技术、农业、能源和财政等七个方面加强合作。1982 年,44 个发展中国家在新德里举行首次南南合作会议,就保证粮食自给与合作、增进能源、科技合作以及建立南方银行等问题,提出许多建议和设想。1983 年,不结盟国家第七次首脑会议通过《经济宣言》和《经济合作行动纲领》,指出必须把南南合作的主张付诸行动,并提出一系列加强合作的具体措施,强调发展中国家进行资金合作的重要性。1983 年和 1989 年,又分别在北京和吉隆坡召开了南南合作会议。这三次南南合作会议是南南合作的重要里程碑。实施结果,南南合作获得很大发展。1984 年年底,发展中国家已建立区域性、半区域性组织近三十个,原料生产和输出国组织三十多个,货币金融组织近二十个。在贸易合作方面,1970—1980 年,发展中国家之间的出口额在它们出口总额中由 20.3% 增加到 26%;进口贸易额在其进口贸易总额中由 19.3% 增加到 29.9%。在金融合作方面,1976—1980 年,仅石油输出国组织的国际发展基金会就向 76 个发展中国家提供了近 500 亿美元的优惠贷款。农业合作、资源合作、合营企业、交流技术、培训人才等方面也取得很大进展。南南合作正由纲领和宣言变成具体行动,由区域性合作向整体性合作的方向发展。

南北对话(North-South Dialogue)是发展中国家与发达国家就其经济关系进行的谈判。由于很多发展中国家在南半球,发达国家大都在北半球,故名。1975 年 12 月由法国总统德斯坦倡议在巴黎举行的国际经济合作会议,是第一次全球性南北对话会议。参加会议的有 19 个发展中国家和 8 个发达国家或集团。这次会议未能取得实质性协议。1977 年 5 月国际经济合作会议继续在巴黎举行,达成两项协议,即建立稳定原料价格基金和给最贫穷国家以 10 亿美元的特别援助基金。执行结果,前者实际上未兑现,后者也发生多次波折。以后,由于美国和少数工业发达国家的反对,全球性南北对话陷入僵局。1981 年 10 月在墨西哥坎昆举行南北最高级会谈。22 个国家的政府首脑参加会议,其中发展中国家 13 个,发达国家 9 个。会上就粮食安全和农业发展问题以及商品、贸易、工业化、能源、货币与金融问题交换了意见。由于美国反对,举行正式的全球性南北对话未能实现。虽然全球性南北对话未取得进展,但区域性南北对话则取得一些进展。如三个洛美协定的签署就是成功的例子。目前,联合国及其附属机构仍在不断地多方面为加强南北经济合作和对话而努力。

保护工业产权巴黎公约(Paris Convention for the Protection of Industrial Property)以下简称《巴黎公约》。是 1883 年 3 月在巴黎签订的保护工业产权的国际公约。宗旨是:通过国际合作加强对工业产权的保护。保护范围包括商标、发明专利权、实用新型、外观设计及厂商名称等,同时要求制止不正当的竞争。曾先后修订过七次,最近一次修订于 1980 年 2 月在日内瓦进行。公约主要内容:(1)成员国之间实行国民待遇原则。(2)成员国间相互给予优先权。(3)所有成员国对在一个成员国领土内举办的官方或经官方认可的国际展览会展品中可以取得专利的发明和商标等,给予临时保护。(4)成员国有权采取立法措施,规定在一定条件下可以核准强制许可证,以防止由于滥用专利权而可能产生的流弊。(5)各缔约国能独立地按本国法律规定给予或拒绝或撤销或终止其某项发明专利权。公约为现行国际工业产权法奠定了基础,是世界保护工业产权方面成员国最多、影响最大的国际公约,是一个开放性的多边国际公约,无限期有效。1985 年 3 月 19 日中国正式成为《巴黎公约》的成员国。《巴黎公约》第 28 条第 1 款规定,缔约国之间对该公约的解释有争议不能协商解决时,任何一方均可向国际法院起诉,由国际法院裁决。中国根据不接受国际法院强制管辖的一贯立场,声明对这一条款提出保留,不受其约束。截至 2013 年 9 月 21 日,随着萨摩亚的正式加入,该公约缔约国总数已经达到 175 个。

专利合作条约(Patent Cooperation Treaty)是指在专利的申请、检索等方面进行国际合作的公约。1970 年 6 月在华盛顿签订,1978 年 1 月生效。参加签字的共有 78 个国家和 22 个国际组织。中国于 1998 年 8 月 2 日加入。专利合作条约规定在国际上申请专利的程序,各成员国就批准专利以前的审查工作进行合作,实行国际新颖性等调查和国际事先审查制,避免各国分头审查时在检索专利文献工作中的重复劳动,内容包括国际申请和国际检索、国家初步审查、一般规则、技术服务、行政性规定、争议、修订和修改、最后条款等。缔约国的任何居民均可向受理局提出国际申请,由受理局按规定进行审查和执行。确定美国、英国、日本、苏联、奥地利、瑞典六国的专利局及欧洲专利局为国际检索单位和国际初步审查单位。该条约只是对专利的申请进行统一的调查和审查,看其是否具有新颖性等条件,至于是否给予专利权,仍由各国根据国内法自行决定。截至 2013 年 7 月,共有 148 个成员国,由总部设在日内瓦的世界知识产权组织管辖。

维也纳科学技术促进发展行动纲领(Vienna Programme of Action on Science and Technology for Development)是联合国通过的旨在促进各国科技发展与合作的重要文件。1979 年 8 月 20 日至 9 月 1 日在维也纳举行的联合国科学技术促进发展会议上通过。宗旨是:用科学技术促进世界经济发展和社会进步,加强发展中国家的科学技术能力和各国人民在科技领域的友好合作,促进新的国际经济秩序的建立。行动纲领建议联合国大会成立一个高级的政府间科学技术促进发展委员会,任务是制定指导方针,并协调联合国大会系统的科技活动政策。还建议联合国大会成立促进科技发展的财政系统;在长期资金系统建立以前,两年内以自愿捐献方式建立一笔不少于 2.5 亿美元的临时基金,由联合国发展计划署管理。行动纲领是在 77 国集团提出的准备文件的基础上制定的。77 国集团提出的文件曾要求,加强发展中国家的科学技术能力;对现有国际科技关系进行改组,确保科技知识的自由传播;按照优惠条件对发展中国家转让技术,取消国际技术垄断和技术转让中的限制性条款;建立联合国科技协调机构,建立新的国际科技资金系统,建立一个全球性科技情报网;等等。维也纳会议后,曾成立科学技术发展委员会,负责举办联合国科学技术发展大会,并就相关科学和技术问题向联合国及经济和社会理事会提供高水平建议。

国际清算同盟计划(Proposal for the International Clearing Union)是英国提出的关于建立国际货币秩序的建议。1943 年 4 月 7 日由约翰·梅纳德·凯恩斯代表英国提出,故又称“凯恩斯计划”。该计划主张,各国官方的债权债务的结算都经由国际清算同盟办理。建议创设称作“班柯”(bancor)的国际信用货币来代替黄金,作为国际清算单位。具体做法是:凡成员国均在同盟开一个往来账户,国际收支顺差时,将盈余存入账户,所存款项只能用来购买其他国家的商品或进行对外投资,不能兑换黄金或提取现金;遇到国际收支逆差时,可以向同盟提款或申请透支,透支总额为 260 亿美元。同盟总部设在伦敦和纽约两地,同盟理事会会议在英美两国轮流举行。该计划的直接目的是解决英国的资金需要,摆脱经济困境,并使英国与美国分享国际金融领导权。此后,美英两国就国际货币计划问题举行了多次会谈。1944 年 4 月两国发布了《关于建立国际货币基金的专家联合声明》,该声明所建议的方案基本否定了国际清算同盟计划,而是以美国提出的《联合国建立国际稳定基金初步草案》即怀特计划作为蓝本的。

凯恩斯计划(Keynes Plan)见"国际清算同盟计划"。

国际货币基金协定(Agreement of the International Monetary Fund)是 44 国通过的政府间的多边协定。1944 年 7 月 1 日在美国新罕布什尔州布雷顿森林举行的联合国货币金融会议上通过,1945 年 12 月 27 日生效。宗旨是建立商讨国际货币金融问题的常设机构;促进国际贸易均衡发展,以增加就业和收入;避免竞争性货币贬值;建立多边支付制度;协助会员国克服短期的国际收支困难。具体内容为:(1)根据各会员国黄金外汇储备、外贸量和国民收入确定缴纳的份额。其中,25%以黄金缴付,其余可缴付本国货币。会员国投票权按份额多少确定。(2)成员国货币平价以黄金或者美元表示,美国承担按每盎司黄金 35 美元的官价兑换黄金的义务。(3)成员国主要权利:可按一定条件利用该组织的资金。主要义务:不得对国际收支的经常项目施加限制;不采取歧视性措施或多种汇率制,对外国持有的本国货币,如对方要求兑换时,应予以兑换;向基金组织提供本国有关的经济资料。该协定第一次修正案于 1969 年 7 月 28 日生效,增加了关于创设特别提款权的规定。第二次修正案于 1978 年 4 月 1 日生效,取消了份额须用黄金缴付等规定,并扩大特别提款权的使用范围。中国是该协定缔约国之一。1980 年 4 月 1 日恢复了中国在该组织的合法席位。

出口波动补偿贷款(Compensatory Financing of Export Fluctuation,CFEF)是国际货币基金组织于 1963 年 2 月设立的一种贷款。主要用途是解决会员国特别是初级产品出口国由于受国际市场价格的波动影响而产生的收入减少和国际收支困难,贷款额最初定为会员国所缴纳份额的 25%,后改为不超过 100%。借款的条件是:出口收入的下降只能是暂时性的,并且是出口国本身无法控制的。贷款期限分为 3—5 年,并要求借款国恢复出口收入后及早归还。1981 年 5 月规定因粮食进口成本过高而引起的国际收支困难的会员国也可以申请贷款,但贷款额不得超过该国份额的 125%,后被 1989 年设立的补偿与应急贷款取代。

缓冲库存贷款(Buffer Stock Financing Facility)是国际货币基金组织于 1969 年 6 月设立的对初级产品出口国的专门贷款。主要用于这些会员国为稳定市场价格而保持国际市场缓冲库存的资金需要。国际市场缓冲库存可以在国际市场价格波动时进行吞吐,从而稳定价格水平。此项贷款额最高可以达到借款会员国份额的 50%,但与“出口波动补偿贷款”的合计数不得超过份额的 75%,贷款期限为三至五年,并应及时归还。

牙买加协议(Jamaica Agreement)是国际货币基金组织通过的关于国际货币制度改革的协议。1976 年 1 月 8 日在牙买加举行的国际货币基金组织临时委员会会议上通过,故名。该协议是《国际货币基金协定》第二次修正案的基础,其主要内容是:(1)取消平价和中心汇率,允许会员国自由选择汇率制度,但在汇率政策上要接受基金组织的指导和监督。在世界经济稳定后,经 85% 的总投票权同意,可以恢复“稳定的但可调整的平价制度”。(2)废除黄金官价,各国中央银行可按市价自由进行交易。减少黄金的货币作用,取消基金组织会员国必须用黄金缴付其份额的 25% 的义务和以黄金清偿债务的规定。(3)使特别提款权成为主要国际储备资产,加强基金组织对国际清偿能力的监督。基金组织特别提款权的份额由 292 亿美元增到 390 亿美元。(4)以出售存金所得利润建立信托基金,援助发展中国家;信用贷款部分的总额从占会员国份额的 100% 增加到 145%,出口波动补偿贷款的限额从占份额的 50% 提高到 75%。牙买加协议不仅对第二次修正国际货币基金协定有指导意义,而且对形成后来的国际货币制度有重要作用。

特别信托基金贷款(Special Trust Fund Loan)是国际货币基金组织 1976 年设

立的一种以优惠条件向低收入发展中国家提供的贷款。信托基金是基金组织从1976年6月至1980年5月出售六分之一存金(2500万盎司)所得利润的一部分(共33.5亿美元)以及会员国的捐款和贷款。贷款申请由基金组织审核,在核定确有资金需要并有可行的调整和改善申请国国际收支状况的12个月计划基础上予以批准。贷款从提款后五年半起到第十年分十次还清,年利率0.5%,用美元支付,按特别提款权值结算。1981年3月,贷款发放完毕,共向发展中国家贷款33亿美元。

援助撒哈拉以南非洲国家特别基金(Special Assistance Fund for Sub Saharan Africa)是世界银行为解决撒哈拉以南非洲国家特殊经济困难而设立的基金。根据非洲国家的要求,1984年9月世界银行决定向撒哈拉以南非洲国家提供特别援助,并制订了"共同行动计划"。同年12月在法国等国家的推动下,世界银行决定设立"援助撒哈拉以南非洲国家特别基金"。1985年1月31日至2月1日,世界银行在巴黎召开了特别会议,为"基金"筹资,共有23个国家参加会议。这次会议共募集到11亿美元,其中"特别基金"成员国认捐6.67亿美元,非成员国捐款4.25亿美元。这些措施将有助于撒哈拉以南非洲国家的政策改革、援助协调、农业研究和投资计划的落实。在1986—1992年,国际货币基金组织建立了结构调整贷款(SAF)和扩大的结构调整贷款(ESAF),30个撒哈拉以南非洲国家实施了调整计划。在这些新基金中,综合性计划的制订受益于国际货币基金组织和世界银行的加强合作。而且,结构调整贷款和扩大的结构调整贷款提供的资金优惠条件,对于正面临严重债务偿还负担的撒哈拉以南非洲低收入国家来说是非常重要的。此外,这些计划也有助于促进附加的双边和多边财政援助,包括以越来越优惠的条件提供的债务减免。因此,实施了在结构调整贷款和扩大的结构调整贷款支持下的调整计划的所有撒哈拉以南非洲国家,在净资金转移方面都有所增加。

互换货币协定(Currency Reciprocal Agreement)又称"互换安排"。是西方国家中央银行之间的双边备用信贷协定。目的是通过国际货币合作以缓和美元危机。主要内容是:两国中央银行相互开立对方货币的账户,并规定相互动用对方货币的额度。当需要时,可用本国货币换取对方货币,用于干预外汇市场。一般三个月以后按原商定的汇率换回本国货币。这种协定有利于稳定货币市场的短期波动,因而1973年主要西方货币普遍实行浮动汇率后,这种协定仍在起着重要作用。但是,由于这种互换借款具有暂时应急性质,因此不能改变西方国家货币长期不稳定的趋势。美国是订立互换借款协定最多的国家。

广场协议(Plaza Accord)是指1985年9月,美国、英国、法国、联邦德国和日本五国财政部长和中央银行行长在美国纽约广场饭店召开会议,讨论当时各国出现的国际收支不平衡问题,并最终通过该协议。此次会议中,各国财政部长和中央银行行长一致同意,为调整对外不均衡,各国应该干预外汇市场,调整外汇汇率,利用汇率调节贸易失衡。协议中规定日元与马克应大幅升值以挽回被过分高估的美元价格,今后各国对外汇市场进行"协调干预",售出美元,买进本国货币,使美元汇率迅速下降;当时影响外汇市场国际资本移动因素的还有各国间长期利率差,协议同时要求各国调整利率。"广场协议"签订时,美国长期利率(长期国债,期限为30年)达10.8%。"广场协议"签订后,美国采取宽松的货币政策,长期国债利率下降,到1986年夏,长期利率降至7.3%。之后,国际协调政策继续发挥作用,日本长期国债利率降到5.2%,美国、日本长期利差进一步缩小到2%左右,美元兑日元汇率进一步下降,1986年夏降至1∶150,1987年美元兑日元汇率下降至1∶120左右。

"广场协议"对日本经济则产生了一系列巨大的影响:(1)短期看,日元升值确实在一定程度上抵制了日本出口导向型经济的增长。(2)日元升值促进了日本经济结构的调整和升级。(3)日元升值使得日本从其经济国际化和日元国际化中受益。

卢浮宫协议(Louvre Accord)是1987年2月"G7"财长和中央银行行长在巴黎的卢浮宫达成的协议。协议一致同意"G7"要在国内宏观政策和外汇市场干预两方面加强"紧密协调合作",保持美元汇率在当时水平上的基本稳定。这次协议是在美国主导下,为稳定国际外汇市场,阻止美元汇率过多过快下滑,通过国际协调解决发达国家面临的政策难题。协议强调"G7"加强"紧密合作"对于维护美元汇率稳定和世界经济协同发展的重要性,强调全球更加平衡的经济增长在促进国际间外汇收支平衡中具有中心作用。协议主要约定包括:日本和联邦德国等国家实施刺激内需计划,美国进一步削减财政赤字;"G7"加强外汇市场"干预协调",保持美元对日元和马克汇率的非正式浮动区,如果汇率波动超出预期目标5%,各国要加强合作干预;等等。卢浮宫协议后,国际主要货币汇率在近两年多的时间里保持基本稳定,没有发生太大动荡。

巴塞尔协议(Basel Accord)即"十国集团"于1988年7月在瑞士巴塞尔国际清算银行通过的、由巴塞尔委员会制定的《关于统一国际银行的资本计算和资本标准的协议》。巴塞尔协议第一次建立了一套国际通用的、以加权方式衡量表内与表外风险的资本充足率的标准,着重从资本的构成和资产的风险权重等方面强化了资本与资产的关系,促使国际银行业在规定的期限内达到资本与风险资产的最低目标比率,有效地扼制了与债务危机有关的国际风险。《巴塞尔协议》是国际银行业监管的一个划时代的文件。

二十多年来,巴塞尔协议的内容不断丰富。2010年9月12日,巴塞尔银行监管委员会宣布,各方代表就《巴塞尔协议Ⅲ》的内容达成一致。根据这项协议,商业银行的核心资本充足率将由4%上调到6%,同时计提2.5%的防护缓冲资本和不高于2.5%的反周期准备资本,这样核心资本充足率的要求可达到8.5%—11%,总资本充足率要求仍维持8%不变。此外,还引入杠杆比率、流动杠杆比率和净稳定资金来源比率的要求,以降低银行系统的流动性风险,加强抵御金融风险的能力。

国际货币基金组织改革(Reform of International Monetary Fund)是指布雷顿森林体系解体后,每当国际金融体系出现动荡,国际货币基金组织(International Monetary Fund,IMF)改革就会成为国际社会的热点议题,但是每当国际金融市场转好后,改革的声音又消失在市场中。2008年全球金融危机后,国际货币基金组织改革呼声再次响起。2009年在伦敦召开的"G20"峰会上,国际货币基金组织改革成为与会各国讨论重点。西方发达国家主张加强国际货币基金组织对金融危机的预警与监督职能;发展中国家则要求改变现有国际货币体系中的不平等关系。国际货币基金组织改革面临一系列困境:(1)国际货币基金组织尚不是全球中央银行,无货币发行权,难以对全球货币供求失衡进行有效调控。(2)国际货币基金组织领导体制存在缺陷,国际货币基金组织总裁由欧洲指派,世界银行行长由美国人担任,缺少发展中国家的声音。(3)国际货币基金组织中的所有决策要有85%的票数通过且投票权与基金份额挂钩,使其成为美国经济政策和外交政策的工具。(4)缺乏及时预警能力和监管能力。

关税及贸易总协定(General Agreement on Tariffs and Trade,GATT)是有关关税和贸易政策的国际性多边协定,以下简称"总协定"。1947 年 10 月 30 日由参加联合国经社理事会国际贸易组织筹备委员会第二次会议的 23 个国家在日内瓦签订,1948 年 1 月 1 日临时生效。宗旨是:减少关税和贸易障碍,取消歧视待遇;充分利用世界资源,促进各国生产;扩大国际交换,创造就业机会;保证实际收入,增加有效需求。缔约国就国际贸易的重大问题举行谈判,主要是减税谈判。截至 1979 年,已进行了七次多边减税谈判。最大的一次关税削减是在 1964—1967 年的"肯尼迪回合"中协商同意的。这一协定要求:相互给予最惠国待遇的规定和关税减让表;规定不得采取歧视性进口限额、商品倾销、政府补贴等奖励出口、限制进口的政策,否则受害国可征收反倾销税和反补贴税;1964 年还规定撤销对发展中国家的关税壁垒和其他限制,改善国际市场状况。1965 年总协定增加了专门处理发展中国家贸易和发展问题的条款作为总协定的第四部分。这些条款规定发展中国家在与发达国家谈判减税时,可以不适用互惠原则;对发展中国家出口的产品,发达国家在取消非关税壁垒和减税方面将给予优先考虑。1973 年开始举行第七次关税减让谈判,这次谈判称为"东京回合",是总协定生效以来进行的范围广泛、规模空前的一次谈判。1979 年 4 月 12 日达成"一揽子"协议:(1)关税减让。发达国家的工业品税率,按加权平均计算,在八年内减税 34%,关税降低 33%。(2)降低非关税壁垒。达成了海关估价、进口许可证手续、贴补与反贴补税、政府采购以及技术性贸易壁垒等协议。(3)改善农产品贸易。除某些农产品谈判减税外,拟订了关于牛肉、奶制品的国际协议。(4)关于世界贸易准则。就有关发展中国家实施差别待遇,由于国际收支不平衡而实施的贸易限制措施,为发展目的而采取的保护措施、协商程序、出口限制等问题,拟订了协议或谅解。参加"东京回合"的国家共 99 个,其中 29 个是非缔约国。总协定设有贸易和发展委员会,负责审议对发展中国家的优惠安排的实施,但由于经济力量悬殊和种种限制,发展中国家实际上享受到的特别优惠是有限的,远未满足发展中国家的要求。总协定从 1947—1994 年共举行了八轮多边贸易谈判。1993 年 12 月 15 日,第八轮谈判(乌拉圭回合)批准了一份"最后文件"。该文件规定将建立世界贸易组织,以取代目前的总协定的临时机构,同时对几千种产品的关税进行了削减,并把全球贸易规则扩大到农产品和服务业。1995 年 12 月 12 日,总协定 128 个缔约方在日内瓦举行最后一次会议,宣告总协定的历史使命完结。根据乌拉圭回合多边贸易谈判达成的协议,从 1996 年 1 月 1 日起,由世界贸易组织(WTO)取代关贸总协定。

普遍优惠制(Generalized System of Preference,GSP)以下简称"普惠制"。是发达国家对从发展中国家输入的制成品和半成品普遍给予单方面优惠关税待遇的制度。1968 年第二届联合国贸易和发展会议通过建立普遍优惠制的提案。普惠制目标是:(1)增加发展中国家的出口收入。(2)促进发展中国家的工业化发展。(3)提高发展中国家的经济增长率。1971 年 7 月 1 日,欧洲经济共同体决定实行普遍优惠制。日本和挪威(1971 年),芬兰、瑞典、瑞士、新西兰和奥地利(1972 年),澳大利亚和加拿大(1974 年),美国(1976 年)先后决定实行。1976 年第四届联合国贸易和发展会议上,南北双方达成协议,决定每个发达国家分别制订和执行各自的普遍优惠制方案。发达国家实行该制度的基础为:(1)各发达国家普遍要实行。(2)无歧视地对所有发展中国家实行。(3)不需要与受惠国家进行谈判,给惠国有权自主地作出决定,但可与受惠国进行磋商。(4)对于给惠国来说,受惠国没有减让关税的义务。给惠办法是根据最惠国待遇条款来削减或免除进口海关关税。但在具体实施中,各给惠国根据自身利益都对受惠国规定了一些限制。由于经济形势的变化和一些政治原因,各发达国家每年的贸易普惠政策会有所调整。截至 2011 年,中国已得到英国、法国、德国等 22 国的普惠制待遇。

服务贸易总协定(General Agreement on Trade in Service,GATS)是历史上第一个多边的、具有法律实施力的国际服务贸易规则协定,是世界贸易组织的服务贸易法的基本规范和核心规范,是乌拉圭回合谈判的产物,于 1995 年 1 月 1 日起开始实施。它为服务贸易的逐步自由化提供了推动力和体制上的安排与保障。

服务贸易总协定由序言和6个部分共29条组成,前28条为框架协议,规定了服务贸易自由化的原则和规则,第29条为附件(共有8个附件)。分为4个板块文件:以基本原则和义务为主的正文;规定特定行业规则的附属协议;各成员对市场准入的特定承诺;各成员暂不实施最惠国待遇的行业清单。服务贸易总协定将各种形式的国际贸易性服务分为四类——跨边境服务、海外消费、商业呈现、自然人呈现。服务贸易主要内容包括最惠国待遇、透明度、发展中国家更多的参与、经济一体化和国内规定、垄断及专营服务提供者、支付和转让、公共秩序和安全例外。

多哈回合(Doha Round)又称"多哈发展议程"。是世界贸易组织于2001年11月在卡塔尔首都多哈举行的世界贸易组织第四次部长级会议上开始的新一轮多边贸易谈判。多哈回合旨在促进世贸组织成员削减贸易壁垒,通过更公平的贸易环境来促进全球特别是较贫穷国家的经济发展。谈判包括农业、非农产品市场准入、服务贸易、规则谈判、争端解决、知识产权、贸易与发展以及贸易与环境八个主要议题。多哈回合虽是多边谈判,但真正的谈判主角是美国、欧盟和由巴西、印度、中国等发展中国家组成的"20国协调组"。议程原定于2005年1月1日前全面结束谈判,但至2005年年底为止仍未能达成协议,最终于2006年7月22日在世界贸易组织总理事会的批准下正式中止。2008年7月29日,基于印度、中国与美国在"特别防卫机制"的分歧,多哈回合谈判正式宣告破裂。重启多哈回合谈判,是在国际金融危机对世界经济产生严重冲击、全球贸易大幅下滑、失业增加、贸易保护主义有所抬头的背景下实现的。世贸组织成员期望尽快结束谈判,维护并巩固多边贸易体制,避免贸易保护主义泛滥。

世界人口行动计划(World Population Plan of Action)又称《人口宣言》。是联合国制定的旨在稳定全球人口的重要文件,1974年8月19—30日,在布加勒斯特召开的世界人口会议上通过。该计划分为四个部分:计划背景;计划的原则和目标;建议采取的行动;提请付诸履行的建议。计划强调,有效解决人口问题的基础是社会经济改革,必须使人口过程同经济和社会的发展过程密切配合;必须把人口政策纳入各国社会经济政策范围之内。行动计划的任务还在于通过人口情报交流加强人口资料研究,协助各个国家解决面临的人口问题。行动计划的通过成为之后许多国家制定人口规划的共同依据。1984年8月6—14日在墨西哥城举行联合国人口会议,审查和评价了《世界人口行动计划》的执行情况,讨论了如何进一步贯彻这一计划。会议通过《关于人口和发展的墨西哥城声明》和《进一步执行世界人口行动计划的建议》两个重要文件,希望国际社会进一步加强合作,为稳定全球人口而共同努力。

北京人口宣言(Declaration Adopted by the First Asian Conference of Parliamentarians on Population and Development)全称《关于人口和发展问题的北京宣言》。是亚洲议员人口和发展会议通过的旨在加强亚洲各国议会和议员之间在人口和发展问题上合作的重要文件。1981年10月在北京通过,故名。北京人口宣言认为,作为立法者、社团领导人和人民代表的议员,有促进本国人口与发展结合的义务,有促进建立国际、国家和区域关心人口和发展问题的义务,有把人口和发展关系的意义传播到基层组织和人民群众中间去的义务。北京人口宣言呼吁亚洲各国政府重视人口与发展的结合,建立国家协调机构以制定并有效地执行人口政策方案,调拨更多的资金用于家庭生育计划和实施人口方案;着重提出需要"重新审查执行人口和发展方案中现行的指标和目标,以利于到2000年在亚洲范围内实现1%的人口增长率"。北京人口宣言呼吁世界各国政府增加联合国人口活动基金会、联合国其他机构以及非政府组织的国际援助拨款总额,力争到1984年达到每年十亿美元人口援助的指标。北京人口宣言呼吁联合国1984年召开一次世界人口会议,以回顾布加勒斯特世界人口会议以来所取得的进展,并就进一步的行动提出建议;宣布每年一度的"世界人口日",以增强世人对人口问题和与发展关系的了解;呼吁今后至少每三年举办一次类似的会议,作为一种后续活动。1989年2月17日至20日,作为后续行动的亚洲议员人口和发展论坛首届大会在印度新德里召开。至2014年,该论坛已成功举办了30届,对推动亚洲各国人口和发展相互结合产生了积极的影响。

世界大自然宪章(World Charter for Nature)是联合国旨在保护世界生态平衡而通过的重要文件。1982年10月28日联合国大会通过。主要内容是:(1)强调保护生态环境和建立适当经济秩序的重要性。章程指出,由于过度的消费和滥用自然资源而不能保护自然体系以及不能在国家及民族之间建立适当的经济秩序，将会毁坏经济、社会和政治的文明结构。(2)所有地区的生态环境都应该受到保护，对于具有独特性的地区以及所有生态系统的有代表性的标本和珍贵的、濒临绝种的动物的栖息地，更应该加以特别的保护。(3)所有国家保证在各国管辖和控制范围内所进行的活动不危及别国或本国管辖范围之外的自然体系，执行有关保护自然和保护环境的国际法律规定。对可能会对自然产生有害影响的产品制定安全标准，保护各国管辖之外地区的自然环境。(4)国际社会要为保护世界的生态平衡而加强合作。世界大自然宪章的颁布对保护世界生态平衡，维护全人类的根本利益起到积极的作用。

北京宣言(Beijing Declaration)是指1991年6月在北京召开的"发展中国家环境与发展部长级会议"所通过的旨在推进环境与发展的国际合作的历史性文献。《北京宣言》的总则计八条，所表达的原则有：把环境保护同经济增长与发展的要求结合起来，在发展进程中加以解决；必须充分承认发展中国家的发展权利，保护全球环境的同时应该支持发展中国家的经济增长与发展，应该充分考虑发展中国家的特殊情况和需求；必须建立一个有助于所有国家，尤其是发展中国家持续发展的公平的国际经济新秩序，为保护全球的环境创造必要条件；环境保护领域的国际合作应以主权国家平等的原则为基础；保护环境是人类的共同利益，发达国家对全球环境的退化负有主要责任，考虑到他们拥有较雄厚的资金和技术能力，发达国家必须率先采取行动保护全球环境，并帮助发展中国家解决其面临的问题；发展中国家需要足够的、新的和额外的资金，才能够有效地处理他们面临的环境和发展问题；应该以优惠或非商业性条件向发展中国家转让环境无害技术；发展中国家应通过加强相互间的技术合作和技术转让，对保护和改善全球环境作出贡献。

联合国气候变化框架公约(United Nations Framework Convention on Climat Change, UNFCCC)是1992年5月9日在纽约缔结的联合国环境与发展会议文件。1994年3月21日生效，现已有近200个国家和区域一体化组织成为缔约方。

联合国气候变化框架公约的目标是：将大气中温室气体的浓度稳定在防止气候系统受到危险的人为干扰的水平上。这一水平应当在足以使生态系统能够自然地适应气候变化、确保粮食生产免受威胁并使经济发展能够在可持续地进行的时间范围内实现。公约规定，缔约各方在为实现本公约的目标和履行其各项规定时必须遵守以下原则：（1）在公平的基础上根据各自承担的责任和能力，为当代人类和后代的利益保护气候系统。（2）应当充分考虑特别易受气候变化而造成不利影响的发展中国家的具体需要和特殊情况，还应充分考虑按本公约必须承担不成比例负担的发展中国家缔约方的具体需要和特殊情况。（3）缔约各方应采取措施，预测、防止或尽量减少引起气候变化的原因，并缓解其不利影响。当存在严重损害威胁时，应积极采取措施，以尽可能最低的费用获得全球效益。（4）保护气候系统免遭人为变化的政策措施应适合缔约各方的具体情况，并使其与国家发展计划相结合。（5）缔约各方应共同促进有利的和开放的国际经济体系，这种体系将促成所有缔约方特别是发展中国家缔约方的可持续经济增长和发展，从而使它们有能力更好地应对气候变化的问题。组织机构为缔约各方会议和秘书处，缔约各方会议为最高权力机构，秘书处负责组织会议和日常工作。

京都议定书（Kyoto Protocol）是《联合国气候变化框架公约》（United Nations Framework Convention on Climate Change, UNFCCC）的补充条款（以下简称"条约"）。1997年12月在日本京都由联合国气候变化框架公约参加国三次会议制定。其目标是"将大气中的温室气体含量稳定在一个适当的水平，进而防止剧烈的气候改变对人类造成伤害"。

1998年3月16日至1999年3月15日开放签字，共有84个国家签署，条约于2005年2月16日开始强制生效，到2009年2月，一共有183个国家通过了该条约（超过全球排放量的61%），引人注目的是美国没有签署该条约。美国人口仅占全球人口的3%至4%，而排放的二氧化碳却占全球排放量的25%以上，为全球温室气体排放量最大的国家。美国曾于1998年签署了《京都议定书》。但2001年3月，布什政府以"减少温室气体排放将会影响美国经济发展"和"发展中国家也应该承担减排和限排温室气体的义务"为借口，宣布拒绝批准《京都议定书》。

条约规定，它在"不少于55个参与国签署该条约并且温室气体排放量达到附件中规定国家在1990年总排放量的55%后的第90天"开始生效，这两个条件中，"55个国家"在2002年5月23日当冰岛通过后首先达到，2004年12月18日俄罗斯通过了该条约后达到了"55%"的条件,条约在 90 天后即 2005 年 2 月 16 日开始强制生效。

政府间气候变化专门委员会(Intergovernmental Panel on Climate Change,简称IPCC)已经预计从 1990—2100 年全球气温将升高 1.4—5.8℃。评估显示,京都议定书如果能被彻底完全地执行,到 2050 年之前仅可以把气温的升幅减少 0.02—0.28℃,正因为如此,许多批评家和环保主义者质疑京都议定书的价值,认为其标准定得太低,根本不足以应对未来的严重危机。而支持者们指出京都议定书只是第一步,为了达到 UNFCCC 的目标今后还要继续修改完善,直到达到 UNFCCC 4.2(d)规定的要求为止。

巴厘路线图(Bali Roadmap)是 2007 年 12 月 3—15 日在印度尼西亚巴厘岛举行的《联合国气候变化框架公约》第 13 次缔约方会议暨《京都议定书》缔约方会议第三次会议制定的应对气候变化谈判的关键议题的明确议程。"巴厘路线图"有三项重要结论:(1)制订《巴厘行动计划》,进一步落实《联合国气候变化框架公约》的决定。(2)《京都议定书》下发达国家第二承诺期谈判特设工作组关于未来谈判时间表的结论。(3)关于《京都议定书》第九条下的审评结论,于 2008 年召开的《联合国气候变化框架公约》缔约方会议第 14 次会议暨《京都议定书》缔约方会议第四次会议上启动,并决定于 2009 年在丹麦哥本哈根举行的公约第五次缔约方会议和议定书第五次缔约方会议上最终完成谈判,加强应对气候变化国际合作,促进公约及议定书的履行。

"巴厘路线图"强调了国际合作,各国家具有"共同但有区别的责任",并且把没有签署《京都议定书》的美国纳入减排责任中。《巴厘行动计划》除了减缓气候变化问题外,还强调了适应气候变化问题、技术开发和转让问题、资金问题。"巴厘路线图"要求有关的特别工作组在 2009 年完成工作,并向《联合国气候框架公约》第 15 次缔约方会议递交工作报告,这与《京都议定书》第二承诺期的完成谈判时间一致,实现了"双轨"并进。在落实"巴厘路线图"过程中,2008 年举行了四轮会议,2009 年举行了五轮谈判,2009 年 12 月 19 日,联合国气候变化大会达成了不具法律约束力的《哥本哈根协议》。

哥本哈根协议（Copenhagen Accord）是 2009 年 12 月 19 日在《联合国气候变化框架公约》第 15 次缔约方会议和《京都议定书》第五次缔约方会议中达成的相关国家应对气候变化的协议。虽然《哥本哈根协议》草案没有通过,但是为了避免会议的失败,最终达成不具法律约束力的政治协议,即《哥本哈根协议》。《哥本哈根协议》共有 12 项内容,主要内容包括坚持"共同但区别的责任"原则、发达国家对发展中国家的资金支持、建立技术机制促进技术开发与转让等。

此次会议中,发展中国家普遍主张气候变化谈判必须坚持《联合国气候变化框架公约》及其《京都议定书》,必须坚持双轨制,发达国家应正视并承担起自己的历史责任,加大减排力度,并为发展中国家减缓和适应气候变化提供足够的资金和技术支持。而发达国家要求发展中国家承担减排义务,并就减排行为接受国际核查。在减排责任、资金支持和监督机制等议题上,发达国家和发展中国家存在严重的分歧。最终,该会议在失望声中闭幕。

坎昆协议（Cancun Agreement）是 2010 年 12 月 13 日在墨西哥坎昆举行的联合国气候大会中达成的协议。这项协议是关于加强《联合国气候变化框架公约》和《京都议定书》实施的一系列决定的总称,是两轮谈判中取得的平衡结果,为 2011 年南非德班会议打下了基础。

《坎昆协议》的主要内容有:(1)要求发达国家必须率先作出减排,确认了发达国家的历史责任。(2)《京都协议书》谈判取得积极性进展,明确要求《京都议定书》第一和第二承诺期之间无空档。(3)发展中国家关心的适应、资金、技术等问题的机制安排取得了重要进展。在资金问题上决定建立"绿色气候基金",要求发达国家落实快速启动资金,承诺到 2020 年每年动员 1000 亿美元支持发展中国家应对气候变化。在技术转让问题上,决定建立技术开发与转让机制,明确该机制由技术执行委员会和技术中心网络组成。(4)重申了经济社会发展是发展中国家首要和压倒一切的优先任务,强调各方公平获得可持续发展空间的权利。(5)在"三可"(可测量、可报告、可核实)和"国际磋商和分析"问题上达成了原则共识,为会议取得平衡的成果扫除了障碍。

巴黎条约（Treaty of Paris）又称《建立欧洲煤钢共同体条约》。是欧洲主要国家政府为实行煤钢经营一体化而签订的条约。1950 年 5 月 9 日,法国外长舒曼提出建立一个超国家机构来联合经营法国、联邦德国等欧洲主要国家煤钢工业的计划(通称"舒曼计划")。该计划有利于历史上长期分裂的欧洲在和平合作基础上联合起来,因而得到欧洲许多国家的响应。1951 年 4 月 18 日,法国、联邦德国、意大利、比利时、荷兰和卢森堡六国政府在巴黎签订了建立欧洲煤钢联营条约,1952 年 7 月 25 日生效,有效期 50 年。条约规定:逐步取消成员国间煤钢产品的进出口关税和限额,成立煤钢共同市场;通过控制投资、产品价格、原料分配、企业的兴办和合并等,调节共同体成员国的煤钢生产。条约还规定欧洲煤钢共同体财政自理,由执行机构负责。同年 8 月,欧洲煤钢共同体执行机构建立。该机构具有超国家性质,其决定对各成员国、企业和个人有约束力。1953 年 2 月,共同体成员国间煤和铁矿砂的贸易关税取消。1953 年 5 月 1 日实现了钢铁自由贸易。1954 年年底各成员国间基本形成煤钢共同市场。至此,巴黎条约关于欧洲主要国家间的煤钢经营一体化目标基本实现。该条约生效期限为 50 年,因此,2002 年 7 月 23 日后,欧洲煤钢共同体不再存在。欧洲煤钢共同体是欧洲漫长历史上出现的第一个拥有超国家权限的机构。

欧洲煤钢共同体条约(Treaty Establishing the European Coal and Steel Community)见"巴黎条约"。

罗马条约(Treaty of Rome)即《建立欧洲经济共同体条约》。是欧洲主要国家为实现经济一体化而签订的条约。1957 年 3 月 25 日,法国、联邦德国、意大利、荷兰、比利时、卢森堡六国政府在意大利首都罗马缔结,故名。1958 年 1 月 1 日条约生效。条约由前言、正文 248 条和若干附件组成。主要内容是:创建商品、人员、劳务、资本自由流通的共同市场;在工业、农业、交通运输业、能源等主要经济部门逐步实行共同政策,更好地利用先进技术,订立共同体内部的竞争规则;把与共同体成员国有特殊关系的海外国家和领地,纳入共同市场范围,与它们建立联系关系。该条约是欧洲经济共同体的根本法,各成员国承认其具有凌驾于本国立法之上的地位。条约的任何修改,须经成员国一致同意并经各成员国议会批准。条约有效期是无限的。条约生效后,经过各成员国的共同努力,主要目标已基本实现或取得进展。1968年商品自由流通基本实现,1969年人员自由往来也基本实现;劳务和资本自由流通也取得若干进展;目前和欧洲经济共同体建立联系关系的发展中国家已达63个。与这一条约同时签署生效的还有《建立欧洲原子能共同体条约》也通称"罗马条约"。该条约的主要内容是:建立一个超国家机构来协调成员国原子能的和平利用,建立一个共同市场来交换成员国原子能工业的原材料和设备;建立原子能研究中心和原子能工业企业,交换原子能研究情报。条约生效后,由于各成员国对核技术彼此保密,致使欧洲原子能共同体未能充分发挥作用,条约规定的绝大部分内容未得到实现,所取得的进展仅限于在原子能联合研究中心立下组织和资助一些研究项目。发展和利用核能的工作主要由各成员国独立进行。罗马条约的生效标志着欧洲联盟的前身——欧洲经济共同体的正式成立。这是欧洲一体化的重要步骤。

欧洲经济共同体关税同盟(Customs Union of the European Economic Community)是欧洲经济共同体实行经济一体化的重要政策。《建立欧洲经济共同体条约》第九条明确规定,欧洲经济共同体建立在关税同盟之上。它的主要内容是:分阶段削减各成员国间商品的进出口关税和数量限额,达到共同体内商品自由流通;通过逐步拉平各成员国的关税率,建立统一的共同对外关税率,实行共同体优惠。条约规定,关税同盟从1958年1月起,经过12年过渡期,分三个阶段于1970年1月1日起建成。在各成员国的共同努力下,关税同盟提前一年半,于1968年7月1日建成。英国、丹麦和爱尔兰三个新成员国经过四年半过渡期,于1977年7月完全加入关税同盟。希腊于1986年加入关税同盟。由于实现了内部商品自由流通,各成员国之间的贸易额及其在各国对外贸易总额中的比重大幅度增长。1958—1972年,六国之间贸易额增长近十倍,六国之间贸易额占六国对外贸易总额的比重提高近一倍,达到52%。在对外贸易方面,共同体分别在不同的国家实行不同的税率,如对特定国家应用特惠税率,对签订互惠协定的国家应用协定税率,对发展中国家应用普遍优惠制税率,对参加《关税与贸易总协定》的国家应用最惠国税率。关税同盟为共同体内部商品自由流通奠定了基础。

波罗的海公约(Baltic Entente)全称《保护波罗的海海洋环境和防止海水污染

公约》。又称《赫尔辛基公约》。是波罗的海沿岸国旨在保护海洋生态环境而签署的公约。1974年3月在赫尔辛基签署。1980年5月3日生效。公约规定:有关国家应采取措施,防止城市污水和工业废料污染海水;禁止向波罗的海倾倒含有下列物质的成品或废料:滴滴涕、聚氯联苯、镉、汞、砷、铬、钢、镍、锌、氰化物、放射性物质、酸类、强碱以及其他有恶臭、恶味的物品。公约要求驶入波罗的海的油轮和装载化学液体的船只,不得将洗舱水排入海中,其压舱水也需单另储存。公约还规定:各国有关机构要为贯彻公约而加强合作;建立一个总部设在赫尔辛基的常设委员会,负责公约条款的贯彻实施。1980年5月5日,波罗的海环境保护委员会成立。1992年,新的《赫尔辛基公约》签订,并于2000年1月17日生效,波罗的海环境委员会作为公约的执行机构继续行使权利。目前有丹麦、芬兰、德国、爱沙尼亚、拉脱维亚、波兰、俄罗斯、瑞典、立陶宛和欧盟十个成员。

欧洲内部大市场(European Single Market) 又称"欧洲单一市场""欧洲统一市场""欧洲共同市场"。其最初目标就是消除内部关税和贸易限额,如《欧洲经济共同体条约》中所规定的,实现货物、人员、服务和资本的自由流通。这些目标如果得以实现,实际上就使共同体变成一个统一的市场。欧共体于1961年和1968年按计划相继取消贸易限额和内部关税,共同体对外实行统一关税。但是,仅仅废除内部关税和进口配额并不能真正建成共同市场,内部贸易壁垒并未真正拆除。特别是在20世纪70年代两次经济衰退后,各国之间以邻为壑、转嫁危机,贸易壁垒有增加的趋势。这一现象被欧洲的学术界称为"非欧洲化"。20世纪80年代初,在国际市场竞争的压力下,共同体重新提出内部大市场的建设目标,并于90年代启动了新一轮内部大市场的建设。

建设内部大市场计划能够在20世纪80年代中期提出,并且最后取得成功,与当时欧洲的有利形势是分不开的。1979年欧洲法院作出的著名的"第戎案"的裁决确立了一个原则,即某种产品一旦能够在一个成员上市就能在所有其他成员国上市。这个原则为统一大市场提供了一个司法依据。1984年雅克·德洛尔被任命为欧共体委员会主席也是一个重要因素。德洛尔是一个一体化运动的积极倡导者,他上任不久便提出建立欧洲货币联盟,但当时时机并未成熟,他就用更现实可行的欧洲单一市场计划代替了欧洲货币联盟计划,希望用这个计划来推动欧洲的一体化进程。1985 年 6 月米兰首脑会议批准了欧共体委员会提交的题为《建成内部市场》白皮书。同年 12 月的卢森堡首脑会议也批准了对《罗马条约》(Treaty of Rome)进行补充的《单一欧洲文件》(Single European Act)。这项文件在得到各成员国的议会批准后于 1987 年 7 月 1 日起生效。《单一欧洲文件》把欧洲单一市场定义为"一个没有内部边界的商品、人员、服务和资本能够确保自由流动的地区",又称为实现"四大自由"的地区。曾担任过英国工业大臣的欧共体委员会委员科克菲尔德爵士(Lord Cockfield)负责起草欧洲单一市场计划。这个计划包含了 289 项措施(后合并为 282 项)。后来这些措施大多转化为成员国的法律。统一内部大市场的措施主要包括:拆除有形壁垒,这来源于内部边境的检查站;拆除技术壁垒,统一技术标准和法规;拆除财政壁垒,协调、统一税收制度;消除阻碍自由流通的其他障碍。

单一欧洲法令(The Single European Act)是指 1986 年首次对《罗马条约》进行重大修改的文件。1986 年 2 月 7 日,欧盟当时的 12 个成员国缔结了《单一欧洲法令》,把欧共体为推动单一市场的形成而在外交、制度和程序改革中进行的合作内容,集中写在一个"单一"法令中,对 20 世纪 80 年代末 90 年代初欧洲一体化的深入发展具有重大意义。

德洛尔报告(Delors Report)又称"德洛尔计划"。是由以欧共体委员会主席雅克·德洛尔(J. Delors)为首的委员会于 1989 年 6 月向马德里峰会提交的报告。该计划与魏尔纳计划(Werner Report)相似,规定从 1990 年起,用 20 年时间,分三阶段实现货币一体化,完成欧洲经济货币同盟的组建。

德洛尔计划提出,为促进一体化发展,必须促进欧共体内经济落后的国家和地区的经济发展,为此应大大增加资金援助,增加结构基金。德洛尔计划还就预算体制改革提出了一些新思维,首先建议对自有财源的总值在 1987 年到 1992 年不超过欧共体每一年国民生产总值的 1.4% 为最高限额;其次建议自有财源由四部分组成,除以前规定的三种以外,再增加一个新来源:即以前规定的三种收入如不敷预算之需,则根据各国国民生产总值的比例分摊。德洛尔计划认为,这将增加欧共体的预算财力。

到 1992 年年底,即建立统一大市场的前夕,德洛尔计划的目标已基本实现。但是,建立统一大市场、实现经济与货币联盟,所需巨额资金远不是 1992 年共同体总预算能够满足的,于是于 1992 年又提出进一步促进财政制度改革的第二个德洛尔计划。

第二个德洛尔计划建议,从 1993 年至 1997 年 5 月,共同体预算在共同体国民生产总值中的比重增加 0.17 个百分点,即从 1992 年 1.2% 增加到 1997 年的 1.37%,为此引起了一场大的争论,富国反对,穷国赞成。1992 年 12 月爱丁堡欧洲理事会会议就此达成了协议,批准了关于 1999 年前欧洲共同体财政安排的德洛尔计划。会议决定把第二个财政改革计划的年限延长两年,到 1999 年,财政预算规模要达到 840 亿欧洲货币单位,约占共同体国民生产总值的 1.27%(仅增加 0.07 个百分点);第二个德洛尔计划和爱丁堡会议决定扩大原来的结构基金和新设的协调基金,又称凝聚基金(Cohesion Fund)。这两项基金用以帮助欧盟成员国中较贫困的国家和比较落后地区的发展,1993 年它们在共同体预算中所占比重为三分之一,以后还要增加。用巨额资金保证共同体内均衡发展,适应一体化的需要,这符合《罗马条约》的目标和精神。

欧洲联盟条约(Treaty on European Union) 即《马斯特里赫特条约》。于 1991 年 12 月 9 日至 10 日在荷兰的马斯特里赫特举行的第 46 届欧洲共同体首脑会议上起草,1992 年 2 月 7 日由共同体成员国正式签署,1993 年 11 月 1 日生效。《欧洲联盟条约》的目标是建立以各欧洲共同体国家为基础的联盟。这个联盟的任务是:以团结一致的方式规范成员国与各成员国人民之间的关系,促进平衡与持久的经济与社会进步,创建没有内部边界的区域,增强经济与社会凝聚力,建立经济与货币联盟,实行单一货币;维护联盟在国际舞台上的同一性,实行共同外交与安全政策,争取实现共同防务政策;实行欧洲联盟公民权,加强对成员国公民权利与利益的保护;发展成员国在司法与内务方面的密切合作。

《欧洲联盟条约》的意义在于,它将原来的经济联盟扩展成一个经济与政治的联盟。这个联盟由三根支柱构成。第一根支柱是原来的三个共同体(欧洲煤钢共同体、欧洲经济共同体与欧洲原子能共同体),统称为欧洲共同体;第二根支柱是共同外交与安全政策;第三根支柱是共同司法与内务方面的合作。经济联盟部分包含原来的三个共同体以及计划建立经济与货币联盟。经济与货币联盟的核心目标是创立单一货币。政治联盟部分的目标是实现共同外交与安全政策和司法与警务的合作。

后来,在对《欧洲联盟条约》修订的基础上又产生了《阿姆斯特丹条约》(1997)与《尼斯条约》(2001)。《阿姆斯特丹条约》取得突破的领域,是规定建立"自由、安全与司法区域",落实了《欧洲联盟条约》中的第三根支柱,以便有效打击有组织的跨国犯罪;将签证政策、签发移民居住证政策、避难政策、规范民事领域的司法合作规则纳入欧共体机制。同时将《申根协议》(1985)(用以逐步取消共同边界检查的协议)也纳入新条约。新条约还增加了"就业"一章,以加强解决欧洲居高不下的失业问题。《尼斯条约》则解决了决策机制的改革问题。

科托努协定(Cotonou Agreement)是由非洲、加勒比海和太平洋地区(以下简称"非加太")国家集团的 77 个成员国和欧洲联盟 15 国于 2000 年 6 月 23 日在贝宁的科托努签订的协议。该协定的前身是《洛美协定》,曾是非加太集团和欧盟间进行对话与合作的重要机制,也是当时最重要的南北合作协定,自 1975 年至 2000 年共执行了四期,欧盟 ·直通过该协定向非加太集团成员国提供财政、技术援助和贸易优惠等。虽然《洛美协定》取得了一些成就,但其实施对非加太国家面临的贫困问题并未很好的解决。《科托努协定》试图将发展援助的方向从一般的减免进口税和财政援助转向帮助非加太国家实现地区一体化和逐渐融入全球经济中去,并且努力将这些国家的经济纳入可持续发展的轨道。《科托努协定》规定了五个核心任务:(1)在签字国之间建立全方位的政治关系。(2)推动多方面资源共享。(3)突出减困脱贫的目标。(4)建立经济贸易合作新框架。(5)改革金融财政合作机制。

根据《科托努协定》,欧盟与非加太国家集团与 2002 年 9 月开始就双边的《经济伙伴关系协定》举行谈判。其中心内容是:非加太国家在人权和贸易优惠制方面作出让步,欧盟则对这些国家提供援助,帮助这些国家实现经济一体化,并逐步实现双边贸易自由化。该协定规定双方将于 2008 年 1 月起实施对等的自由贸易机制,即建立欧盟—非加太自由贸易区。《科托努协定》包含政治对话、贸易和投资以及促进发展合作三个方面,按预定日程于 2003 年 4 月 1 日起正式生效。在贸易和发展方面,协定执行头五年的金额将达到 160 亿欧元。在协定生效时已有 74 项有关计划获得通过进入实施阶段。在这个协定框架下,欧盟和非加太国家将签署一系列经济伙伴协议,制定贸易和投资新框架。《科托努协定》的有效期为 20 年,每五年修订一次。2005 年 6 月 25 日,欧盟和非加太集团按规定对协定进行了修订,签署了《科托努修改协定》。协定经过修订的《科托努协定》在加强政治对话、实现新千年目标、消除贫困、加强经济和贸易联系等方面增加了新的内容。

里斯本战略(Lisbon Strategy)是欧盟 15 国领导人于 2000 年 3 月在葡萄牙首都里斯本举行的特别首脑会议上达成一致的一项十年经济发展规划,其目标是使欧盟在 2010 年前成为"以知识为基础的、世界上最有竞争力的经济体"。"里斯本战略"围绕经济发展、就业、科研、教育、社会福利、社会稳定等多方面问题,总共制定了 28 个主目标和 120 个次目标。其中,最重要的两个指标是就业率和科研投入。"里斯本战略"提出以加速经济发展推动就业增长,在中长期内创造 3000 万个就业机会,争取在 2010 年把欧洲的平均就业率从 2000 年的 61% 提高到 70%。为达到这一目标,欧盟计划向电子经济和知识经济全面过渡,把经济增长速度提高到每年 3%。在科研投入方面,"里斯本战略"提出,欧盟各国 2010 年将把投入科研与开发领域的资金从 2000 年占国内生产总值的 1.9% 提高到 3%。"里斯本战略"被称为"事关欧盟男女老幼"的"真实的革命",但在实施过程中遇到重重困难,进展缓慢。

里斯本条约(Treaty of Lisbon)又称《改革条约》,用以取代原《欧盟宪法条约》。2007 年 12 月 13 日,27 个欧盟成员国领袖在葡萄牙里斯本签署,故名。条约于 2009 年 12 月 1 日正式生效。里斯本条约旨在调整当时急需变革的欧盟在全球的角色、人权保障、欧盟决策机构效率,并针对全球气候变暖、天然能源等制定政策,以提高欧盟全球竞争力和影响力。里斯本条约中许多具体措施将有助欧盟运作与决策,将成为未来整合的推动力。但里斯本条约中仍因若干国家特殊利益的考量而有所妥协让步,并留下许多"灰色地带",将为统合的进程带来很多不确定性。

欧盟"**2020 战略**"（Europe 2020 Strategy）即欧盟经济发展战略。2008 年 3 月，根据全球金融危机发生的新情况，欧盟审议通过了"里斯本战略"的第二个三年实施规划（2008—2010），重点在知识创新、商业环境改善、劳动力市场改革以及能源和气候变化四大领域推动成员国深化改革；同时加强"里斯本战略"的对外开放，在全球化竞争中积极寻求与别国市场的对接和开放。2010 年 3 月，通过系统评价"里斯本战略"实施效果，并判断"后危机时代"世界经济的特征，欧盟委员会发布了"欧盟 2020 战略"的正式文本。文本认为，"后危机时代"欧盟的经济发展战略目标是：通过高效使用资源和鼓励自主创新，实现经济更加健康和更为"绿色"的发展，而增加知识投入是实现这一目标的关键。

欧盟未来经济战略的主要举措可归结为四个方面：一是发展世界一流高等教育，依靠知识和创新增强发展数字经济的潜力，通过知识增长创造产业附加值。二是提高就业能力，加快创造新的工作岗位，降低失业率，加强工作转换和就业培训，并形成鼓励企业家成长的环境。三是建设具有绿色竞争力的经济，通过更有效地使用资源和能源、推进新技术的应用以刺激经济增长，创造新的就业和服务，实现欧盟确定的环境和气候目标。四是建设"流动欧洲"，加强泛欧社会保障体系建设，以鼓励成员国公民特别是年轻人自由流动，并通过在线服务和高速互联网将欧洲连为一体。

欧洲负利率政策（Negative Interest Rates of ECB）是指欧洲央行在 2014 年 6 月 5 日起宣布的隔夜存款利率降低到零以下的政策。在 6 月 5 日的议息会议上，欧洲央行行长德拉吉宣布，将隔夜存款利率由 0% 降至 -0.1%，基准再融资利率下调至 0.15%，边际贷款利率大幅下调 35 个基点至 0.4%。这次降息是欧洲央行在面对欧元区通缩压力不断加剧的情况下，所施行的通过降低政策利率来释放流动性、缓解欧元区面临的通缩风险的货币宽松政策。欧洲央行也因此次降息成为全球首个实行负利率的主要央行。

负利率政策是欧洲央行应对欧元区经济复苏不力的无奈之举。2008 年金融危机以来，欧洲央行长期的接近于零利率的利率水平并没有让欧元区摆脱经济衰退和通货紧缩的风险。欧元区通胀率从 2013 年开始持续下滑，到 10 月已跌至危险的 1% 以下。2013 年 5 月欧元区物价同比增长率进一步滑落至 0.5%，远远低于欧洲央行设定的 2% 的目标线。未来一旦出现通缩，居民将会延迟消费，工资也会继续下降。而随着通胀进入负域，实际利率也变得更高，更加抑制企业投资的需求，同时还会恶化各国政府、企业和银行本来就已经高企的债务负担。

但欧洲央行采取的负利率政策，一方面会增加银行的运营成本，损害储户的利益；另一方面负利率这一逆常规的政策可能会导致金融行业的萎缩，削弱市场信心。

非洲特别紧急救济基金（Special Emergency Assistance Fund for Drought and Famine, SEAF）是指非洲国家为应对旱灾和饥荒等紧急情况而设立的基金。1984年 11 月 14 日，非洲统一组织第 20 届国家元首和政府首脑会议决定设立非洲特别基金。设立基金的建议是阿尔及利亚代表团提出的，得到与会代表的基本同意。同年 11 月 15 日，大会通过了《关于建立非洲特别基金的决议》。1985 年 3 月，第 41 届非洲统一组织部长理事会通过了《关于旱灾和饥荒特别紧急救济基金的决议》，成立了特别紧急救济基金会，并选举阿尔及利亚等 12 国组成该会最高管理机构。在 20 世纪 80 年代，非洲许多国家遭受前所未有的严重旱灾，使其经济陷入严重困境，有数百万人在挨饿，并已出现大量灾民被饿死的现象，不得不依赖国际援助的粮食生活，非洲特别紧急救济基金的成立，是非洲国家为应对旱灾和饥荒等紧急情况而采取的自救措施。

非洲发展新伙伴计划（The New Partnership for Africa's Development）是 21 世纪初非洲国家为解决非洲大陆贫困加剧、经济落后和在世界格局中被不断边缘化的处境所提出的第一个全面规划非洲政治、经济和社会发展目标的蓝图。2001 年 7 月在利比亚首都卢萨卡召开的第 37 届非洲统一组织首脑会议上通过。主要内容包括：突出非洲国家对该计划的主导权；确定以消除贫困和实现可持续发展为目标，以基础设施建设、人力资源开发、农业生产、环境保护和科技发展为重点发展领域的长期战略；争取在今后 15 年内全非洲的国内生产总值年均增长 7% 以上和贫困人口减半；防止非洲被边缘化，重视与国际社会、特别是西方发达国家建立平等互惠的新型伙伴关系，努力争取西方国家向非洲提供更多资金和援助；提高妇女地位；注重环境保护等。非洲发展新伙伴计划最高执行机构是由部分非洲联盟成员国首脑组成的首脑执行委员会。首脑执行委员会下设一个指导委员会，具体负责对该计划进行指导和监督。此外，该计划还设有一个秘书处。

非洲农业综合发展计划（Comprehensive Agricultural Development Programme for Africa，CAADP）是指为发展非洲农业生产、实现可持续增长并为相关社会经济领域的发展提供良好基础，于 2003 年在莫桑比克由非洲各国政府首脑签署的战略计划。目的是建立一种以非洲国家为主导的接受外部援助的模式，从而使得外部援助能够更好地适应非洲国家的实际需要，适合非洲国家的国情。

计划主要原则和目标是：引导各个国家制定发展战略和投资规划，促进各个国家间对话与协作，鼓励机构、组织及农民等利益相关者介入规划的制定过程当中来，促进各利益相关者的相互协调。为实现总目标，计划还设定了国家层面实施进程的具体目标，即各个国家需要将财政预算的 10% 投入农业领域，并力争实现农业国内生产总值 6% 的增长。需要说明的是，并不是所有国家都能够立即实现 10% 的财政投入目标，但是可以利用本计划整合相关援助方或投资者，吸引外来投资以弥补国家预算的不足。除此之外，该计划还希望通过一系列制度安排，使得非洲农业发展的各个利益相关方都能够参与到规划的制订过程中，从而使得规划更切合各国实际情况，吸引更多资金发展农业生产，进而将经验传授到非洲大陆其他国家。

非洲科技整体行动计划（African Consolidated Action Plan on Science and Technology）是 2005 年 9 月 29—30 日在塞内加尔首都达喀尔举行的非洲第二届科技部长会议通过的推动非洲科技发展与进步的整体行动计划。这是非洲国家为实施非洲发展新伙伴计划作出的一项重要而实质性的努力，它为 21 世纪非洲科技发展构建了一个全新的战略平台。《整体行动计划》的核心内容包括科技项目的规划和保障机制建设两部分。科技项目规划方面主要规划了四大类科技发展项目：一是着重开发基于非洲生物多样性、生物技术和本土知识的技术项目。二是发展涉及能源、水资源和沙漠化问题的科技项目。三是适度发展材料科学、制造业、激光和粮食加工技术。四是提高非洲信息通信技术和空间技术的水平。考虑到非洲以往的许多发展方案与行动计划，往往因缺乏执行保障机制而半途而废的教训，《整体行动计划》从两个方面提出了保障机制的建设方略：一是改善政策条件和建设创新机制。二是强化执行机构、保障资金筹措与管理到位。

非欧联合战略(Joint Africa-EU Strategy)是非洲和欧洲地区的区域性合作战略。2007年12月7—9日,来自欧洲和非洲80个国家的领导人参加了在葡萄牙里斯本举行的第二届欧盟—非洲首脑会议。此次会议的重要成果是通过了《非洲—欧盟战略伙伴关系——非欧联合战略》以及实施这一战略的《行动计划》。此《行动计划》确立了关于双方建立长期战略伙伴关系的四个目标和八个合作领域。四个目标是:加强非洲与欧盟的政治伙伴关系;促进和平、安全、法制国家和发展;多边主义;发展平民社会。八个合作领域包括:和平和安全合作伙伴;民主管理和人权合作伙伴;贸易和地区融合合作伙伴;"千年发展目标"合作伙伴(主要是帮助非洲贫困国保障食品安全、健康和教育);能源合作伙伴;气候变化合作伙伴;移民、人口流动与就业合作伙伴;科学、信息社会及空间合作伙伴(主要是在非洲发展科技、加强高新技术和空间技术的应用)。

美洲倡议(Americas Initiative)是指1990年6月,美国总统乔治·布什(George Bush)提出的以建立全美洲自由贸易区实现美洲经济一体化的倡议。1990年6月27日,美国总统布什在国会发表了"开创美洲事业倡议"的讲话,提出将同全体拉丁美洲国家建立一种新的经济伙伴关系,最终目标是建立包括中南美洲各国及加勒比各国在内的全美洲的自由贸易区。"美洲倡议"是美国在西欧和日本经济迅速发展,自身霸权地位受到日益严峻挑战的背景下提出的,目的在于利用拉丁美洲的人力资源、自然资源和市场,借以巩固"美洲后院"对抗西欧、日本的经济挑战,巩固经济霸权。"美洲倡议"是自1961年肯尼迪总统提出具有政治和军事目的的"争取进步联盟"以来,美国提出的又一个对拉丁美洲的纲领性政策宣言,标志着美国对拉丁美洲的政策已从安全问题转到经济问题,为冷战后美拉关系的发展奠定了大体框架,在美拉关系中占有重要地位。

北美自由贸易区(North American Free Trade Area)是1994年1月成立的北美国家间区域性经济贸易集团组织。根据加拿大、美国、墨西哥三国与1992年12月签订的《北美自由贸易协定》而成立。基本宗旨是:逐步并最终取消成员之间进口关税和非关税壁垒;创造公平条件,增加投资机会;保护知识产权;建立执行协定和解决贸易争端的有效机制,促进三边和多边合作。具体任务包括:三国间的工农业产品进口关税的 65% 立即免除,或在六年内免除;墨西哥在四至八年内取消汽车及轻型卡车的进口贸易障碍;美国取消对墨西哥纺织品的进口配额;墨西哥开放金融市场,允许美国和加拿大银行与证券公司在墨西哥建立独资分行或子公司;三国中的任何一方在其他两国的投资均享受国民待遇和最惠国待遇等。

蒙得维的亚海洋法宣言(Montevideo Declaration on the Law of the Sea)是拉丁美洲九国通过的关于开发 200 海里海洋区域的重要文件。1970 年 5 月 4—8 日,阿根廷、巴西、智利、厄瓜多尔、尼加拉瓜、巴拿马、秘鲁、萨尔瓦多和乌拉圭九国在乌拉圭首都蒙得维的亚举行海洋法会议。同年 5 月 8 日,通过了《蒙得维的亚海洋法宣言》。在此之前,九国已宣布其海洋区域为 200 海里。宣言要点为:(1)由于海洋资源的利用、沿海居民具有合法的优先权。(2)开发海洋自然资源的措施要顾及沿海国的地理情况以及发展中国家的特别经济和社会需要。(3)签字国根据自己的特殊情况,把与其沿岸毗连的水域、海床及其底土的主权或专属管辖权扩大到 200 海里。(4)沿海国有权勘探、保全和开发与其毗连海域内的生物资源,有权制定渔业规章。(5)沿海国有权勘探、保全和开发其大陆架的自然资源。(6)沿海国在其管辖区域内,有权制定适用于该区域的规章和措施。

圣地亚哥声明(Santiago Declaration)是拉丁美洲特别协调委员会维护发展中国家的团结和权益的声明。1972 年 9 月 4—9 日在智利首都圣地亚哥举行的第 14 次会议上通过。参加这次会议的拉丁美洲特别协调委员会成员国共 23 个。该声明指出,该组织要为加强由发展中国家组成的"77 国集团"的作用作出贡献,并呼吁这个集团的成员国在相互谅解的基础上采取维护发展中国家权益的行动。该声明就一些国家经济关系问题提出了 12 点"行动纲领"。该声明说,拉丁美洲特别协调委员会成员国一致同意"重申关于原则和行动计划的利马宣言,重申它们继续保卫利马宣言中提出的主张和意见,直到现在,这些主张在国际大家庭中,还没有完全被奉为神圣的原则"。该声明要求美国政府对拉丁美洲国家实行普遍关税优惠制。

圣多明各宣言(Santo Domingo Declaration)是20世纪70年代初拉丁美洲国家提出的有关承袭海等主张的重要文件。1972年6月,15个拉丁美洲国家(另有7个拉丁美洲国家作为观察员参加)在多米尼加共和国首都圣多明各关于海洋法问题的会议上通过。圣多明各宣言指出:各国有权确定12海里领海;有在邻接领海的承袭海区域内对水域、海床和底土中再生和非再生的自然资源享有主权的权利;有权安排承袭海内的科学研究和采取防止海洋污染和保证其对资源主权的必要措施;沿海国承袭海和领海总宽度不超过200海里,承袭海以外的海底和资源是人类的共同财富;外国船舶和飞机可在承袭海区域自由航行和飞越,也准许铺设电缆和管道,但必须服从沿海国对承袭海所作的各种规定和限制;要求就防止污染问题达成一项国际协议。圣多明各宣言最后强调区域合作,要求在海洋权问题上,拉丁美洲协调团结,以便采取共同政策。圣多明各宣言签字国有巴巴多斯、哥斯达黎加、哥伦比亚、萨尔瓦多、危地马拉、圭亚那、海地、洪都拉斯、牙买加、墨西哥、尼加拉瓜、巴拿马、多米尼加共和国、特立尼达和多巴哥、委内瑞拉等国。以观察员身份出席会议的国家有阿根廷、巴西、玻利维亚、智利、厄瓜多尔、秘鲁和乌拉圭等国。

华盛顿共识(Washington Consensus)是1989年由美国经济学家约翰·威廉姆森(John Williamson)针对发展中国家归纳提出的十条改革政策方案。1990年,由美国国际经济研究所出面,在华盛顿召开了一个讨论20世纪80年代中后期以来拉丁美洲经济调整和改革的研讨会。会上,玻利维亚、智利、秘鲁等国汇报了各自新自由主义经济改革的进展,阿根廷和墨西哥则阐述了各自未来的改革计划。美国国际经济研究所原所长约翰·威廉姆森在会议开始时提交了这份十条结构改革政策清单,供会议讨论。按照威廉姆森的说法,这十条政策是对拉丁美洲国家当时已经实施的改革政策的归纳,是拉丁美洲国家在经济调整和改革过程中应该采纳的"处方"。实际上与会者对这份政策清单持有不同意见,并不代表与会各国的意见。

"华盛顿共识"包括十个方面的内容:(1)加强财政纪律,压缩财政赤字,降低通货膨胀率,稳定宏观经济形势。(2)把政府开支的重点转向经济效益高的领域和有利于改善收入分配的领域(如文教卫生和基础设施)。(3)开展税制改革,降低边际税率,扩大税基。(4)实施利率市场化。(5)采用一种具有竞争力的汇率制度。(6)实施贸易自由化,开放市场。(7)放松对外资的限制。(8)对国有企业实施私有化。(9)放松政府的管制。(10)保护私人财产权。

　　从"华盛顿共识"所提出的政策主张来看,这是以新自由主义理论为基础的经济"一揽子"调整方案。它被认为是指导拉丁美洲国家经济改革的纲领性文件,是新自由主义在拉丁美洲的政策"体系化"和"规范化"的标志。"华盛顿共识"对拉丁美洲经济有着深远影响,但各方对拉丁美洲 20 世纪 90 年代"华盛顿共识"改革成效的评价不尽相同。

　　德黑兰协定(Tehran Agreement)是石油输出国组织部分成员国同西方 23 家石油公司签订的关于石油税率和标价的协定。于 1971 年 2 月 14 日在伊朗首都德黑兰签署,故名。参加签字的石油输出国组织成员国有伊朗、伊拉克、科威特、沙特阿拉伯、卡塔尔和阿布扎比。德黑兰协定规定石油税率从 50%提高到 55%,原油标价每桶增加 35—40 美分,取消原来由产油国支付的每桶三美分或四美分的销售贴水。还规定在 1971 年 6 月 1 日和从 1973 年到 1975 年每年 1 月 1 日,将标价提高 2.5%,并外加五美分作为通货膨胀的补贴,上述条件五年内保持不变。该协定是石油输出国组织成立以来取得的一项重大成果,打破了西方石油垄断公司长期单方面确定税率和标价的局面。1974 年 12 月,石油输出国组织决定废除石油标价制,并宣布从 1975 年 1 月起实行,以进一步限制国际石油公司的利润,维护产油国的权益。

　　庄严宣言(Solemn Declaration)是石油输出国组织为维护国家主权和利益、争取建立新的国际经济秩序而通过的重要文件。1975 年 3 月在阿尔及利亚首都阿尔及尔举行的石油输出国组织成员国首脑会议通过。庄严宣言提出了石油输出国为维护自身利益,争取经济解放的战略方针和斗争纲领。它重申第三世界产油国对其自然资源完全拥有主权,拒绝任何否定这种基本权利的企图,并且谴责了美国等西方石油消费国对石油输出国组织施加的种种威胁和对抗,庄严宣布它们的国家"准备采取直接的和有效的措施,以便在需要的时候,特别是在发生侵略的时候一致反击这种威胁"。庄严宣言还就石油开采和价格改策、加强石油输出国本身的协调、积极援助其他发展中国家以及同发达国家的关系等方面,提出了一系列原则和方针。

科伦坡计划(Colombo Plan) 全称原叫作"南亚和东南亚经济合作发展科伦坡计划",1977 年 12 月改为现在全称"亚洲及太平洋经济和社会合作发展科伦坡计划"。是亚洲及太平洋国家为促进各国经济和社会发展而实行的合作与援助计划。1950 年 1 月在斯里兰卡首都科伦坡举行的英联邦外长会议上提出。1951 年 7 月开始实行。为此,英国创立了科伦坡计划组织,其目的是加强它对南亚和东南亚地区的经济控制。后来,美国和日本也参加进来,并且援助总额都超过了英国。1980 年有成员国 26 个,其中亚洲及太平洋地区的发展中国家是受援国。该计划不是一个完整的总计划,而是亚太国家在协商委员会帮助下制订和执行的各国发展计划的总和。它没有集中的资金,也不统一地分配资金,至于援助都是通过双边协定安排的。因此,科伦坡计划实际上是一个国别计划,双边援助和多边机构的混合体。

环太平洋经济合作设想(Pacific Rim Economic Cooperation) 是日本政府提出的旨在加强太平洋地区各国经济合作和对外贸易的设想。1978 年由日本首相大平正芳首次正式提出。此后成立了日本环太平洋合作研究小组。1980 年 5 月该小组提出最终报告,列举了"环太平洋合作设想"的五项课题:(1)增进相互理解。(2)海洋开发和资源方面的合作。(3)推进产业调整。(4)充实经济合作和促进对外投资。(5)讨论货币问题和改善金融市场。1982 年日本首相铃木善幸在檀香山发表"太平洋时代的来临"的讲话,强调环太平洋合作的目的在于把太平洋地区变成"和平的海""自由的海""互惠的海"和"开放的海"。1985 年 1 月中曾根首相访问大洋洲四国时,第一次明确地阐述了"环太平洋合作设想"的四项原则,即在经济、文化、技术等领域进行合作;以东盟国家为主导进行合作;以民间为主推行合作;太平洋合作在体制上是开放的,不是排他的。"环太平洋合作设想"先后得到美国、加拿大和澳大利亚各国不同程度的支持,加拿大等国还建立了环太平洋合作研究小组。但是,大多数国家持观望态度。

东盟汽车方案(Vehicle Plan of ASEAN) 是东盟汽车联合会提出的筹建生产汽车部件和零件的企业和协作生产汽车的方案。经东盟工业、矿产资源与能源委员会研究通过,并得到 1981 年 10 月在曼谷举行的东盟各国经济部长第十次会议认可。该方案的核心内容是:(1)统一东盟各国汽车部件和零件的型号。(2)调整各国的汽车部件和零件的生产。(3)按分工协作的原则共同生产"东盟汽车"。方案提出了两批项目。第一批项目及其分工是:印度尼西亚生产功率80—135马力的柴油机;马来西亚生产摩托车零件;新加坡生产万向接头;泰国生产载重量一吨以上的汽车车身;菲律宾生产福特牌汽车车身。第二批项目及分工是:印度尼西亚生产引擎装置;马来西亚生产车灯;新加坡生产燃油泵;泰国生产汽化器;菲律宾生产卡车和公共汽车后轴套。装配汽车用的其他零部件则从第三国进口。"东盟汽车"方案对于加强东盟各国的经济合作、工业分工和汽车生产一体化、促进东南亚区域经济的发展具有重要意义。

东盟特惠贸易安排(Preferential Trade Arrangement of ASEAN)是东盟成员国间为解除贸易障碍,促进区域内贸易增长而采取的一项重要措施,1977年实行。各国享受特惠贸易的商品由最初的71种扩大到1984年的18431种,主要商品有粮食、食油、糖、罐头等食品,皮制服饰、服装、电器、半导体原件、汽车电池、荧光灯等工业品,锯木、椰子、棕油、烟草等农林产品等。东盟各成员国间享受特惠商品价格的金额也不断放宽。1984年东盟地区内获减税优待商品的金额已从50万美元放宽到1000万美元。东盟经济部长商定,优待商品减税20%—50%;并逐步减少乃至取消"敏感商品"的种类,以扩大优惠商品的种类;纺织品、化学品、罐头食品、轮胎及饮料等产品自动享受优惠权、食品优惠减税达50%。1985年2月在吉隆坡举行的第17届经济部长会上,六国部长同意输往各成员国的所有货物,价值超过1000万美元的一律减税25%。东盟特惠贸易安排对各成员国间互通有无、促进贸易、扩大合作、共同发展起了积极有益的作用。《东盟特惠贸易安排协议》共实施了15年时间。1993年东盟自由贸易区(AFTA)进程正式启动,东盟区域经济一体化进一步加速。

独立自主、**自力更生**(Policy of Independence and Self-reliance)是中国社会主义革命和社会主义建设的根本方针。在抗日战争时期和解放战争时期由毛泽东提出。在长期的社会主义建设时期,中国政府一直坚持这一方针。独立自主是指:在对外关系上绝不依附于任何大国或者国家集团,绝不屈服于任何大国的压力,独立自主地确定对外政策,开展外事活动;在社会主义建设中,独立自主地确定发展社会主义经济的方针、政策以及具体道路,掌握本国的经济命脉,建立独立的完整的工业体系和国民经济体系。自力更生是指:建设社会主义必须把立足点放在自己力量的基础上,依靠本国人民的辛勤劳动,充分利用本国资源,挖掘一切潜力,主要依靠社会主义内部的资金积累并合理地利用积累和国内市场,进而发展社会主义经济。强调自力更生,并不贬低对外开放的重要性。坚持独立自主、自力更生的方针,有利于排除各种外部干扰,把握自己的命运,调动一切积极因素,动员一切可以利用的力量,更好地走自己的路,发展社会主义经济。

新民主主义革命三大经济纲领(Three General Economic Programs for the Chinese New-democracy Revolution)是中国共产党在第三次国内革命战争初期提出的经济纲领。它包括:没收封建阶级的土地归农民所有;没收官僚资本归新民主主义国家所有;保护民族工商业。在旧中国,帝国主义以及依附于它的封建经济和官僚资本,严重阻碍着社会生产力的发展。封建土地所有制是帝国主义和官僚资本主义统治的重要支柱,没收封建阶级的土地归农民所有是民主革命的中心问题。官僚资本是一种买办的、封建的、国家垄断资本,没收官僚资本一方面具有民主革命的性质,另一方面具有社会主义革命的性质。民族工商业是中小资本主义经济,能在一定程度上促进生产力的发展和社会进步,在新民主主义革命时期,对它必须采取坚决保护的政策。三大经济纲领的实现,不仅使中国结束了半殖民地、半封建的经济形态,而且由于建立了掌握国民经济命脉的社会主义国营经济,也为新民主主义革命转变为社会主义革命创造了条件。

中国土地改革(Land Reform of the People's Republic of China)是土地制度改革,包括使用制度、产权制度以及税收政策改革等。中国自古以来就是一个以农业生产为主的国家,因此关于土地制度的改革可以说一直都在进行。20 世纪中叶中华人民共和国成立前,中国共产党的土地改革包括:(1)土地革命时期的土地改革。第二次国内革命战争时期,中国共产党在革命根据地开展打土豪、分田地、废除封建剥削和债务的土地革命。(2)抗日战争时期的土地改革。1937 年 8 月 25 日,中共中央在洛川会议上,根据毛泽东的提议,通过了《抗日救国十大纲领》,正式决定把减租减息作为党在抗日战争时期解决农民土地问题的基本政策。(3)解放战争时期的土地改革运动。1947年9月,中共中央在西柏坡召开全国土地会议,通过了《中国土地法大纲》,这以后,土地改革运动很快在新老解放区广泛开展起来。1948年3月,毛泽东对土地改革总的指导思想做了完整的表述:"依靠贫农,团结中农,有步骤地、有分别地消灭封建剥削制度,发展农业生产,这就是中国共产党在新民主主义的革命时期,在土地改革工作中的总路线和总政策。"

中华人民共和国成立后,历次土地改革包括:(1)第一次土地改革:1950年6月28日,中央人民政府委员会第八次会议讨论并通过了《中华人民共和国土地改革法》,于当月30日公布施行。到1953年春,全国除新疆、西藏等少数民族地区以及台湾省外,基本上完成了土地改革任务。农民真正获得了解放。中国存在两千多年的封建土地所有制从此被彻底摧毁,地主阶级也被消灭。(2)第二次土地改革:1954—1956年。在保留农民土地私有制基础上建立的农业互助组和初级合作社的土地改革。到1956年年底,农业社会主义改造在经历了互助组、初级社、高级社三阶段后基本完成,全国加入合作社的农户达96.3%。(3)第三次土地改革:1957—1978年。从土地集体所有制下的高级农业合作社到人民公社的"三级所有,队为基础"的土地改革。(4)第四次土地改革:家庭联产承包责任制。实行土地集体所有,由农户家庭经营的土地改革。1978年,中国共产党第十一届中央委员会第三次全体会议拉开了中国改革开放的序幕,部分省市开始试行家庭联产承包责任制,从1983年开始在全国广大农村全面推行。到1983年年底,98%的农户实行了家庭联产承包责任制,实现了土地所有权与使用权的分离。这种模式对农村土地的经营收益分配关系进行了调整,极大地调动了农民积极性。(5)第五次土地改革:2008年10月12日,中国共产党第十七届中央委员会第三次全体会议提出,要完善土地承包经营权权能,依法保障农民对承包土地的占有、使用、收益等权利。并首次提出农村土地可以流转。"土地流转"实际上是为土地承包经营权创造流通市场,实现承包权的价值发现,从而达到实现增值的目的。这样,农民也成为增值的最终受益者,可以拓宽提高农民收入的途径,从而进一步打开农村消费市场。

赎买政策(Policy of Redemption)是中华人民共和国成立以后对资产阶级的生

产资料采取有偿收归国有的政策。由于中国民族资产阶级具有两面性和民族资本主义具有两重作用,中国共产党在没收官僚资本的同时,对民族资产阶级的生产资料实行赎买政策。赎买的形式:(1)在全行业公私合营以前采取"四马分肥",即分配利润的办法,主要适用于国家资本主义的初级和中级形式。1953年国家规定:私营企业每年结算的盈余,按国家所得税、企业公积金、职工福利奖金、企业股东股息红利四个方面分配。实行"四马分肥",资本家所得被限制在企业盈余的四分之一左右,工人的劳动已经主要是为国家和人民的需要服务,只是部分地为资本家谋利。(2)在全行业公私合营以后,采取"定息"制度。1956年国务院规定:根据企业合营时清产核资确定的私股股额,不分工商,不分大小,不分盈余产亏损产,不分地区,不分行业,不分老合营新合营,统一定为年息五厘(即年息5%)。定息从1956年起支付,原定七年,后又延长三年。1966年取消定息,企业就完全成为全民所有制的企业了。实行赎买政策,体现了马克思列宁主义关于对资产阶级和平赎买的思想,可以更好地利用资本主义工商业,为实现经济结构的改组、有计划地发展国民经济创造条件。

过渡时期总路线(The General Line for the Transition Period)是中国共产党制定的从新民主主义到社会主义过渡时期的社会主义建设和社会主义改造的路线。这条总路线的许多方针政策,在1949年3月中国共产党第七届中央委员会第二次全体会议的决议中已经做了原则性规定。1953年,国民经济的恢复工作基本完成后正式公布。1954年,在第一届全国人民代表大会上载入宪法。总路线要求:(1)在一个相当长的时期内,逐步实现国家的社会主义工业化,也就是变落后的农业国为先进的工业国,壮大社会主义公有经济力量。(2)逐步实现国家对农业、手工业和资本主义工商业的社会主义改造。这条总路线的实质,是把生产资料私有制改造成为社会主义公有制,发展社会生产力。到1956年,中国基本上完成了生产资料所有制的社会主义改造,并提前超额完成了第一个五年计划,初步奠定了社会主义的物质基础,实现了从新民主主义到社会主义的转变。

社会主义建设总路线(General Line for Socialist Construction)是中国在20世纪50年代中期制定的"鼓足干劲、力争上游、多快好省地建设社会主义"的总路线。根据毛泽东的建议,1958 年 5 月在中国共产党第八次全国代表大会第二次会议上通过。毛泽东在《论十大关系》等著作中论述的这条总路线的基本思想是:放手发动群众,调动一切积极因素,正确处理人民内部矛盾和国民经济各个方面的关系,巩固和发展社会主义经济,促进社会主义建设事业多快好省的发展。这条总路线确定了充分发挥中央和地方两个积极性;充分利用沿海工业,加速建设内地工业;实行在重工业优先发展的条件下,工业和农业同时并举、重工业和轻工业同时并举;在集中领导,全面规划,分工协作的条件下,中央工业和地方工业同时并举,大型企业和中、小型企业同时并举,洋法生产和土法生产同时并举。通过这些,尽快地把中国建设成为一个具有现代化工业、现代农业和现代科学文化的伟大的社会主义国家。这条总路线,反映了广大人民群众迫切要求改变中国经济文化落后状况的普遍愿望,但在实施过程中,忽视和背离了客观经济规律,急于求成,夸大了主观意志和主观努力的作用,以致轻率地发动了"大跃进"运动和农村人民公社化运动,助长了以高指标、瞎指挥、浮夸风和"共产风"为主要标志的"左"倾错误,阻碍了社会主义经济的发展。

发展国民经济总方针(General Policy for Developing National Economy)是 20 世纪 60 年代中国实行的以农业为基础、工业为主导的发展国民经济的总方针。毛泽东 1956 年在《论十大关系》中指出:用多发展一些农业和轻工业的办法来促进重工业的发展,使重工业发展的基础更加稳固。1957 年在《关于正确处理人民内部矛盾的问题》中又指出:发展工业必须和发展农业同时并举,并把正确处理重工业、轻工业和农业的发展关系问题看作中国工业化的发展道路问题。1962 年在中国共产党第八届中央委员会第十次全体会议上毛泽东进一步明确提出以农业为基础、工业为主导的发展国民经济总方针。以农业为基础,就是要加强农业,加快农业的发展速度,使它与工业和整个国民经济的发展速度相适应;同时,要求工业和整个国民经济的发展必须建立在农业发展的基础上,不能脱离农业、超过农业可能负担的限度。发展国民经济以工业为主导,是因为工业(主要是重工业)对农业以及国民经济其他部门的技术改造,起着决定性的作用。重工业的发展为农业、轻工业、交通运输业和国防工业提供现代化的技术装备。发展国民经济总方针对正确处理工业和农业的关系,加快社会主义建设,巩固和发展工农联盟,具有十分重要的意义。但是,在中国的社会主义经济建设过程中,这个方针没有很好地贯彻执行,一度造成整个国民经济比例关系严重失调。中国共产党第十一届中央委员会第三次全体会议以后,这一方针才在中国共产党的正确领导下逐步得到贯彻执行,促进了国民经济大体平衡协调地向前发展。

发展经济、保障供给(Developing Economy and Ensuring Supplies)是中国共产党在新民主主义革命时期领导抗日根据地和解放区的经济工作与财政工作的总方针。抗日战争爆发后,由于日本帝国主义的野蛮进攻和国民党反动派的包围封锁,解放区的财政工作极端困难。毛泽东针对部分干部存在的不重视发展生产的片面财政观点,于1942年12月在《抗日时期的经济问题和财政问题》的报告中及时提出:"发展经济,保障供给,是我们的经济工作和财政工作的总方针。"1947年年初,为了解决新形势下的财政经济问题,毛泽东再次强调:"各地必须作长期打算,努力生产,厉行节约,并在生产和节约的基础上,正确地解决财政问题。这里第一个原则是发展生产,保障供给。"中华人民共和国成立后,发展经济、保障供给的方针作为社会主义经济工作和财政工作的基本出发点,在经济工作和财政工作中继续贯彻执行。在革命战争时期,这一方针要求通过领导军民大力发展根据地的生产,来保障革命战争的供给。发展经济是保障供给的前提,而保障供给是发展经济的目的,二者相互作用,相辅相成。这一方针科学地阐明了生产与交换、分配、消费的辩证关系,也深刻地反映了社会主义经济规律的客观要求。贯彻这一方针,有助于增强社会主义的经济基础,促进国民经济的迅速发展。

"两条腿走路"方针("Walking on Two Legs" Policy)是毛泽东在制定中国社会主义建设总路线的过程中,对所确定的一整套同时并举的经济建设方针的形象概括。1956年,毛泽东在《论十大关系》中已经提出这一方针的基本思想。1958年,中国共产党第八次全国代表大会第二次会议正式把这一思想列为社会主义建设总路线的基本点。主要包括:(1)工业和农业并举。以农、轻、重为序来安排国民经济计划。(2)重工业和轻工业并举。在优先发展重工业的同时,相应地发展轻工业。(3)中央工业和地方工业并举。以调动中央和地方两个积极性,加速建成全国独立的完整的工业体系和国民经济体系,使工业布局更趋合理。(4)大型工业和中小型工业并举。要求在集中领导、全面规划、分工协作的条件下,既发展大型工业企业,又发展中小型工业企业。(5)土法生产和洋法生产并举。合理地利用人力、物力、财力、加快四个现代化的进程。这一方针要求在处理各方面关系时,必须注意调动两方面的积极性,如同人走路一样,只有同时发挥两条腿的作用,才能稳健而协调地前进。

三线建设(Third-line Construction)中国在 20 世纪 60 年代中期开始实行的工业生产能力与生产技术大踏步地向内地与边远地区推进的战略决策。1964 年,中共中央书记处根据毛泽东提出的加强内地建设的意见召开会议,会议决定:(1)集中力量建设内地,在人力、物力和财力上给予保证。(2)新建项目都摆在内地,沿海能搬的项目要搬迁。1965 年 4 月,中共中央发出《关于加强备战工作的指示》,作出了火速集中力量,加强全国和各省区战略后方建设的决策,大规模的"三线"建设开始。所谓"三线",是指根据各地区战略位置的不同,将全国划分为一、二、三线三类地区。一线地处战略前沿,三线为全国的战略后方,二线地处一、三线之间。

"三线"建设的实施步骤,人致划分为两个时期:(1)前五年即主要指第三个五年计划时期,以西南为重点开展"三线"建设。修筑连接西南的川黔、成昆、贵昆、襄渝、湘黔等几条重要铁路干线;建设攀枝花、酒泉、武汉、包头、太原五大钢铁基地;为国防服务的十个迁建和续建项目等。(2)后五年即主要指第四个五年计划时期,"三线"建设的重点转向"三西"(豫西、鄂西、湘西)地区,同时继续进行大西南的建设。其组织形式采取中央、西南、"三线"建设委员会和建设项目现场指挥部三级分权管理。建筑施工采取中央主管部门的专业建筑队伍、地方专业建筑队伍和农民建筑队伍"三结合"的办法。加快"三线"战略后方的建设,采取两种方式进行:其一是投资新建;其二是沿海地区老企业向"三线"地区搬迁。"三线"建设任务的完成,建成了一批重要项目,形成了若干新的工业中心。据 1971 年统计,1964 年以来,全国内迁项目共计 380 个,包括 145000 名职工和 38000 多台设备。"三线"地区的部分省份一跃成为工业门类齐全、机械装备程度较高的地区。这对于处理好沿海工业和内地工业的关系,改变中国历史上遗留下来的畸形的生产力布局起到了重要作用。但是,"三线"建设是基于对于战争危险的过于严重的估计,后来又时值"文化大革命"时期,建设规模过大、建设速度过快、损失浪费严重,对国民经济的全局产生了一定的消极影响。许多"三线"企业,特别是军工企业,地处偏僻山区,长期陷入封闭状态,限制了企业的发展。为此,改革开放后,中共中央、国务院及时提出了加强沿海与内地的结合,鼓励"三线"企业去沿海开放地区设立"窗口",发展横向联合,有力地支持了沿海的对外开放,使中国出现沿海、内地相互依托、共同发展的崭新局面。

"调整、巩固、充实、提高"方针(Readjustment, Consolidation, Filling out and Raising Standards)是中国在 20 世纪 60 年代初为恢复和发展国民经济而提出的经济调整方针,简称"八字方针"。1960 年 9 月,针对国民经济主要比例关系的严重失调,农业、轻工业大幅度减产,基本战线过长,财政收支不平衡,市场商品可供量急剧下降,人民生活受到很大影响的困难局面,中共中央在批转国家计委《关于一九六一年国民经济计划控制数字的报告》中指出:1961 年,要把农业放在重要地位,使各项生产、建设事业在发展中得到调整、巩固、充实和提高。1961 年 1 月中旬召开的中国共产党第八届中央委员会第九次全体会议正式批准了调整国民经济的"八字方针",并向全国宣布:1961 年应当缩小基本建设的规模,调整发展的速度,在已有的胜利的基础上,采取巩固、充实和提高的方针。从此,中国国民经济进入调整时期。调整,主要是调整国民经济各方面的比例关系,包括调整农业、轻工业、重工业的比例关系,积累和消费的比例关系,增加农业投资,压缩基本建设规模和重工业生产;巩固则是巩固国民经济发展中所取得的经济成果,并使其向纵深发展;充实主要是以少量的投资来充实一些部门的生产能力,使其配套成龙;提高则是提高产品质量,提高企业的经营管理水平,提高劳动生产率。"调整、巩固、充实、提高"方针的实施使国民经济从 1962 年起开始好转。到 1964 年年底,调整国民经济的任务基本完成,工农业生产全面高涨,整个国民经济全面好转。

新"八字方针"(New Eight-character Policy)是"调整、改革、整顿、提高"方针的简称。即中国在 20 世纪 70 年代末提出的国民经济调整与发展的基本方针。中国共产党第十一届中央委员会第三次全体会议,作出了把工作重点转移到社会主义现代化建设上来的战略决策,并强调要注意解决国民经济中比例严重失调的问题。1979 年 4 月,针对当时的经济形势和存在的问题,提出了对国民经济实行"调整、改革、整顿、提高"的八字方针。1981 年 11 月,国务院在第五届全国人民代表大会第四次会议上所作的政府工作报告中,提出了今后经济建设的十条方针。这十条方针是新"八字"方针的具体体现,其实质就是围绕着提高经济效益,走出一条经济建设的新路子。中国共产党第十二次全国代表大会决定:"六五"计划期间继续坚定不移地贯彻执行新"八字"方针,把全部经济工作转到以提高经济效益为中心的轨道上来。调整,就是自觉地改善国民经济严重失调的比例关系,使农业、轻工业、重工业之间以及各部门和各行业之间协调地发展,使积累和消费之间保持大体合理的比例;改革,就是要从中国社会和经济的特点出发,按照客观经济规律的要求,有步骤地对现行的经济管理体制中不合理的部分进行改革;整顿,就是克服企业、事业单位管理中存在的混乱现象,加强领导班子的建设,建立起明确的责任制和科学的规章制度,建立起正常的生产秩序;提高,就是要大力提高生产水平、技术水平和管理水平,提高经济效益。调整是当时国民经济全局的关键。1979 年贯彻新"八字"方针以来,经济比例严重失调的状况有所改变,积累和消费的比例开始变化,农、轻、重比例关系开始趋于合理,为进一步推进以城市为重点的整个经济体制的改革提供了有利条件。

双增双节(Two Increases and Two Reductions)是"增产节约、增收节支"的简称,中国在经济建设中推行的一项运动。发展生产和厉行节约是"双增双节"运动不可分割的两个方面。搞增产,主要就是大力调整产品结构,增产适销对路的产品,保证国家财政收入的增长。搞节约,主要就是降低物质消耗,提高劳动生产率,加速资金周转,节省不必要的开支,以便较快地积累资金。"增产节约、增收节支"是中国经济建设中的一贯方针,早在新中国成立初期的 1951 年 9 月,中共中央就发出增加生产,厉行节约的号召。以后,增产节约被作为党的长期方针规定下来,并经常开展群众性的增产节约运动。1979 年,中央再次强调深入持久地开展以高产优质、多品种、低消耗为中心的增产节约运动,并把它作为贯彻执行国民经济的调整、改革、整顿、提高的方针的重要措施。1987 年中共中央把"双增双节"运动作为经济建设的重要方针再次提出来,要求"双增双节"运动同深化改革结合起来,相互促进。"七五"计划期间,"双增双节"运动的要点是:进一步明确深化企业改革的方针,抑制消费基金膨胀,打破工资制度上的平均主义,调动职工的积极性;制止计划内的生产资料变相涨价,制止社会向企业乱摊派。增产节约,增收节支,有助于合理地配置有限的资源,增加社会财富、促进经济增长。

"三保三压"方针(Three Protections and Three Compressions)是 1987 年中国安排基本建设投资计划所实行的方针。其宗旨是为了有效地控制基本建设总规模,使建设规模同国力相适应,保证整个国民经济健康稳步地向前发展。1986 年,中国控制固定资产投资过度增长的工作初见成效,但是,计划外固定资产投资的增长还没有得到很好控制,固定资产投资的结构很不合理;在建项目中有很大一部分是一般加工工业和当前条件下不该办的或标准过高的楼堂馆所等非生产性建设工程,而国民经济薄弱环节的能源、交通、通信和原材料工业等建设资金不足。为此,中国政府于 1987 年年初决定对基本建设坚决实行"三保三压"的方针:即保计划内项目,压计划外项目;保生产性建设,压非生产性建设;保重点建设,压一般工业建设。"三保三压"方针,对于进一步改变在建项目过大和投资结构不合理的状况,合理地和有效地利用有限的社会资源和自然资源,推动社会经济的发展发挥了积极作用。

农业学大寨(Emulating Dazhai on Agriculture)是 1964 年中共中央向中国农业战线发出的号召。当时山西省昔阳县大寨公社大寨大队是中国农业战线上的先进单位,是山区生产建设的先进典型。1964 年第三届全国人民代表大会第一次会议对大寨的根本经验做了概括:即坚持无产阶级政治挂帅、毛泽东思想领先的原则;自力更生,艰苦奋斗的精神;爱国家、爱集体的共产主义风格。"农业学大寨"就是要学习这些根本经验。这样,一场农业学大寨运动就在中国农村全面深入地展开了。1980 年中共中央转发山西省委《关于农业学大寨运动中经验教训的检查报告》中指出:"文化大革命"前,大寨的基本经验以及这些经验在全国的推广也曾起过积极作用。全国各地学大寨的农业先进典型绝大多数在生产建设上是有成绩、有贡献的。"文化大革命"以来,大寨变成了执行极左路线的典型。大寨和昔阳县"左"倾错误的主要内容和带来的危害是:(1)人为地制造阶级斗争,把阶级斗争扩大化。(2)不断地变革生产关系,搞穷过渡,阻碍和破坏生产力的发展。

(3)不断地"割资本主义尾巴""堵资本主义的路",扼杀了集体经济的必要补充部分,阻碍了社会主义经济的全面发展。(4)不断地鼓吹平均主义,破坏按劳分配。中国共产党第十一届中央委员会第三次会议以后,经过拨乱反正,大寨重新走上了健康发展的道路。

联产承包责任制(House-hold Contract Responsibility System)又称"联产计酬责任制"。是中国农业集体所有制经济单位实行的一种主要的生产责任制形式。基本特征是承包者对生产项目的最终成果(产量、产值)负责,联产计酬。做法是:在坚持农业基本生产资料主要是土地公有制的前提下,把耕地承包到户耕作,把牲畜、农具固定到户使用,实行分户承包、分户经营、按户核算。联产承包责任制有包产到组、包产到户、包产到劳和包干到户等具体形式。目前主要的形式是包干到户,也叫家庭联产承包责任制。1980年9月,中共中央印发《关于进一步加强和完善农业生产责任制的几个问题》,对中国农村多次出现的包产到户加以充分肯定。1983年中共中央一号文件《当前农村经济政策的若干问题》公布以后,促进了联产承包责任制的进一步推广和完善。到1983年年底,中国98%以上的农户实行了不同形式的联产承包责任制。以家庭联产承包责任制为起点的改革,使中国农村出现了多种经济成分、多种经营方式并存、互相促进、共同发展的新结构,有利于调动农业生产者的生产经营积极性和主动性,增强劳动者的责任心,使农业生产以前所未有的速度向前发展,促使农村由自给自足的自然经济向商品经济转变,为中国城市经济的全面改革也提供了值得借鉴的重要经验。

统购统销(Planned Purchase and Supply)是"计划收购和计划供应"的简称。中国进入有计划的大规模经济建设时期对有关国计民生的某些重要物资实行的一种收购和销售政策。中国从1951年实行棉纱统购。粮食、植物油料统购统销是从1953年下半年开始的。1953年11月23日,政务院发布了《关于实行粮食计划收购和计划供应的命令》以及《粮食市场管理暂行办法》,规定从发布之日起在全国范围内实行粮食统购统销,还发布命令从1954年起实行棉布统购统销和棉花统购。农产品统购,是农民生产的粮食、棉花,食用植物油料等,除了缴纳农业税和自己消费的部分外,必须从剩余部分中拿出一定数量按国家规定的价格卖给国家;工业品统购(主要是指棉纱和棉布)指无论是国营或私营工厂生产的产品,全都按照国家规定的价格卖给国家,不允许私商插手。统销,就是由国家按一定价格按时定量供应城市居民必需的粮、油、棉布等消费品。统购统销政策是中国在过渡时期采取的一项重要措施,它保证了供应,稳定了市场物价。这项政策在生产资料所有制的社会主义改造基本完成以后仍被继续采用,对于保证人民生活必需品的合理供应发挥了重要作用。

粮食合同订购(Contract Ordering Policy for Grain Purchase and Sale)是中国为改革过去粮食统购统销体制而建立的一项新制度。1984 年年底中共中央作出两项重大决策:(1)调整农村产业结构。(2)改粮食统购为合同订购。决定从 1985 年起,除个别品种以外,国家不再向农民下达农产品统购派购任务,按照不同情况,分别实行合同订购和市场收购。要求逐步缩小合同订购,扩大市场议购,基本立足点是"稳住一块,搞活一块",也就是稳住合同订购,保证真正落实,使社会粮食基本需求得到满足;搞活市场议购,使农民在市场议销中得到实惠。实行合同订购是对粮食收购方式的重大改革,其核心是在保证粮食供给基本稳定的前提下,扩大市场机制对粮食产需的调节作用。由于当时粮食"剩余"使市场上粮价大跌,甚至跌到统购价以下,因此,合同订购方式还兼有保护农民利益的作用。粮食合同订购制的确立,不仅在调节粮食产需上注入了市场机制,有力地启动了农村产业结构的调整,而且实现了农民人均纯收入较大增长,国家财政对粮食补贴明显减少。

中国工业化道路(Chinese Industrialization Path)是指中国由落后的农业大国转变为先进的工业化国家的途径和遵循的原则。中国的社会主义工业化是从1953 年开始的。1956 年毛泽东在《论十大关系》一文中曾以苏联工业化道路的经验为借鉴,总结了中国的经验教训,论述了中国工业化道路的基本思想,指出:"重工业是中国建设的重点,必须优先发展生产资料的生产,这是已经定了的。但是决不可以因此忽视生活资料尤其是粮食的生产。"在农、轻、重的关系上,他提出可供选择的两种战略途径反映在计划安排上有两种发展次序:一是重、轻、农的次序;二是农、轻、重的次序。这是两条不同的工业化道路。以农、轻、重为序的工业化道路是符合中国国情的。但是,过去却没有很好地执行。"一五"计划以后到中国共产党第十一届中央委员会第三次全体会议以前的 20 年间,基本上遵循的是以重、轻、农为序的工业化道路。"一五"计划后期,农、轻、重之间已经出现了不协调的苗头;"二五"计划以后,经过 1958 年的"大跃进"、1970 年的"新跃进"和 1978 年的"洋跃进"之后,农、轻、重的关系长期陷于严重的结构性失调,加剧了国民经济结构的畸形发展。中国共产党第十一届中央委员会第三次全体会议以后,随着中国新的经济战略目标的确定,在工业化道路的抉择上,也切实开始了由重、轻、农向农、轻、重的实践转变,标志着中国工业化道路转入正确轨道。进入 21 世纪,中国顺应时代发展和现实需求,在中国共产党第十六次全国代表大会报告中准确提出要走"新型工业化道路"。

四个现代化(Four Modernizations)是中国在社会主义建设新的历史时期提出的逐步实现工业、农业、国防和科学技术现代化的简称。周恩来总理在 1965 年第三届全国人民代表大会和 1975 年第四届全国人民代表大会的政府工作报告中两次提出,要在 20 世纪内全面实现社会主义的四个现代化。1978 年 12 月,中国共产党第十一届中央委员会第三次全体会议决定,把党的工作重心转移到社会主义现代化建设上来。1982 年中国共产党第十二次全国代表大会把进一步"逐步实现工业、农业、国防和科学技术现代化,把中国建设成为高度文明,高度民主的社会主义国家"作为党在新的历史时期的总任务提出来,从此,中国跨入了全面开创社会主义四个现代化的新的历史时期。实现四个现代化,是为了用最先进的科学技术武装工业、农业和国防,从根本上改变整个国民经济和技术的落后面貌,把工业、农业、国防和科学技术建立在现代化先进技术的基础上,建立雄厚的社会主义物质基础。农业、工业、国防和科学技术现代化是相互联系、相互依赖、相互促进的,而科学技术现代化,又是社会主义四个现代化的关键。

工业七十条(Seventy Rules of Industry)是《国营工业企业工作条例(草案)》的简称。20 世纪 60 年代初期中国制定的国营工业企业管理工作的指导原则。1961 年 7 月,由邓小平主持会议拟定了《国营工业企业工作条例》草案,同年 8 月下旬在庐山召开的中央工作会议上通过后由毛泽东签发。它的基本精神是"治乱",即把企业管理上的混乱局面扭转过来。主要内容有:(1)明确规定国营工业企业的性质和基本任务。(2)对加强计划管理,正确处理国家和企业之间的关系提出具体要求。(3)对企业与企业间的协作关系、企业各个环节的责任制度、企业中的技术管理以及加强企业的经济核算和财务管理等做了具体规定。《国营工业企业工作条例(草案)》的试行,主要是通过几次全国性的经济整顿,如清仓核资、清理拖欠、扭亏增盈、增产节约运动等进行的。《工业七十条》的许多规定在工业企业逐步得到试行,对于贯彻执行调整、巩固、充实、提高的"八字"方针,克服"大跃进"期间许多企业出现的混乱现象,恢复和建立正常的生产秩序,提高企业的经济管理水平、技术水平、生产水平,起到了积极作用。

手工业三十五条(Thirty-five Rules of Handcraft Industry)是《关于城乡手工业若干政策问题的规定(试行草案)》的简称。20 世纪 60 年代初期,中国为了促进手工业发展而制定的重要文件。《手工业三十五条》于 1961 年 6 月由中央发到全国各基层单位试行。其主要内容:(1)调整手工业的所有制形式。在整个社会主义阶段,中国手工业应该有三种所有制——全民所有制、集体所有制和个体所有制。其中集体所有制是主要的。社会主义制度下的个体手工业,是社会主义经济的必要补充和助手。(2)调整组织规模和恢复、充实手工业生产队伍。(3)贯彻执行"按劳分配、多劳多得"的原则,正确处理国家、集体、个人三者之间的关系。(4)统筹安排、分级管理手工业的产供销。(5)坚持勤俭办社、民主办社的方针。贯彻《手工业三十五条》后,集体所有制在社会主义经济中的比重增大了,城镇个体劳动者也由 1958 年的 106 万人增加到 1965 年的 171 万人。这对发展集体和个体手工业,调动手工业工人的积极性,恢复和增加产品品种、提高产品质量、便利群众生活,促进国民经济的发展起了重要作用。

工业二十条(Twenty Rules of Industry)是中国工业战线上较早地、系统地进行拨乱反正的指导性纲领。1975 年 6 月和 8 月,国务院召开计划工作务虚会,就经济工作的战线、方针和政策等问题进行研究和讨论。讨论中指出:当前经济生活中的主要问题是乱和散,必须狠抓整顿、强调集中。与此同时,国家计划委员会着手起草了《关于加快工业发展的若干问题》十四条。在讨论过程中,当时主持中央日常工作的邓小平对此提出了一些重要补充、修改意见,即确定以农业为基础、为农业服务的思想；考虑同外商签订长期合同，引进国外的新技术、新设备开采煤矿，用煤炭供付；加强企业的科学研究工作；整顿企业管理秩序；狠抓产品质量；恢复和健全规章制度，关键是建立责任制；坚持按劳分配原则。国家计划委员会根据这些意见加以补充，由十四条发展为二十条。"工业二十条"没有形成正式文件，但是它的基本精神在工业部门具有很大影响。国务院的一些工业部根据其精神，起草了关于企业管理、基本建设管理、财政管理、物资管理、物价管理和劳动管理等方面的专门条例和规定。经过 1975 年一年的工业整顿，中国工业比上年增长了 15.1%，生产秩序逐步转为正常。

对内经济搞活、对外经济开放政策（Policy of Invigorating the Domestic Economy and Opening to the Outside World）是中国共产党第十一届中央委员会第三次全体会议以来，从本国的实际出发而制定的建设具有中国特色的社会主义的基本政策之一。对内经济搞活，即从外部和内部两方面采取措施，增强企业特别是全民所有制大中型企业的活力，使它们在技术进步、提高经济效益和出口创汇等方面具有更大的发展能力，使企业具有自我改造、自我发展和适应市场变化的能力。对外经济开放，即根据独立自主、平等互利的原则，加强同世界各国的经济贸易往来和技术交流，充分而有效地利用国外资金、技术和资源来加速本国经济的发展。这一政策的贯彻执行，首先使中国农业获得了新的生机，极大地调动了亿万农民的积极性，农村经济迅速发展。继而又使城市的工业、商业、运输业等也逐步地搞活，冲破了长期封闭的状态，在中国形成了"经济特区—沿海开放城市—沿海经济开放区—内地"这样一个有层次、有重点的由沿海向内地逐步推进的对外开放格局。中国与世界各国的贸易有了较快发展，对外经济技术合作规模不断扩大，合作领域越来越广阔，合作方式日趋多样化，加速了中国社会主义现代化建设的步伐。

能交建设基金（Fund for Important Construction of State's Energy and Transportation）是"国家能源交通重点建设基金"的简称。中国为了加强和调整能源交通基本建设的投资结构而采取的一项重要政策。1982 年 12 月，中共中央和国务院决定，在"六五"计划的后三年，再增加 200 亿元的能源交通等重点建设投资。

这笔投资除了由财政、银行负责解决 80 亿元外,其余 120 亿元从各地区、各部门、各单位的预算外资金中,用征集"国家能源交通重点建设基金"的方式解决,1983 年 1 月开始执行。"六五"计划后三年内,每年征集国家能源交通重点建设基金 40 亿元。其主要征集办法是:除了地方财政的农(牧)业税附加;中小学校的学杂费;国营企业的大修理基金;国营石油企业的油田维护费;除林业部门的育林基金等项目免予征集外,一切国营企业事业单位、机关团体、部队和地方政府的各项预算外资金,以及这些单位所管的城镇集体企业缴纳所得税后的利润,都应当按照"能交基金"征集办法的规定,缴纳国家"能交建设基金"。当时中国的能源和交通运输非常紧张,已成为制约国民经济发展的"瓶颈"。"六五"计划以来,中国一方面能源交通等急需的重点建设资金不足,另一方面又存在着资金过于分散的现象。国家能源交通重点建设基金的设立,把分散的资金集中起来投入急需发展的能源交通事业上来,从而推动了国民经济的稳步发展。

一要吃饭二要建设(Principle of Reasonable Arrangement of Eating and Construction)是中国党和国家领导人陈云提出的一项指导经济发展的原则。1982 年 1 月陈云在同中国国家计划委员会负责人谈话时指出:"第一是吃饭,第二要建设。吃光用光,国家没有希望。吃了以后,还有余力搞生产建设,国家才有希望。"中国共产党第十二次全国代表大会报告将陈云这一思想规定为指导经济发展的基本原则。这一经济发展思想依据中国仍是人均收入低水平和人口众多的不发达国家的情况,把满足人民生活基本需求放在经济发展的首要地位,所以第一强调的是吃饭。但是从长远来看要使人民不断增长的物质和生活需要得到满足,又需要有余力来进行经济建设,所以第二要建设。在安排国家经济发展计划时,既要坚持先安排吃饭后安排生产建设的次序,又要兼顾目前利益和长远利益。

厂长(经理)负责制(System under which the Factory Director/Manager Assumes Full Responsibility)是企业的生产指挥、经营管理全权由厂长(经理)负责的制度。1982 年,中国开始在北京、天津、上海、沈阳等城市的 19 个企业中进行厂长(经理)负责制的试点工作;1984 年 5 月国务院在第六届全国人民代表大会第二次会议的报告中正式宣布国营企业将逐步实行厂长(经理)负责制,并且决定辽宁省大连市和江苏省常州市为全国国营企业实行厂长（经理）负责制全面试点城市。1984年10月通过的《中共中央关于经济体制改革的决定》更加明确地指出：现代企业必须建立统一的、强有力的、高效率的生产指挥和经营系统。只有实行厂长（经理）负责制，才能适应这种要求。中国工业企业领导体制的改革，使厂长（经理）负责制逐步在所有的工业企业中推行。1984年12月，国务院发出了《关于国营企业厂长（经理）实行任期制的通知》，1985年许多企业开始实行厂长（经理）任期目标责任制。实行厂长（经理）负责制，厂长（经理）具有对本企业生产经营的决策权、指挥权、行政干部任免权等，是本企业的"法人"代表。但是，厂长（经理）这种权力，必须在服从国家的计划和管理的前提下，在代表职工群众共同意志的基础上来行使。现行的厂长（经理）负责制既不同于过去的党委领导下的厂长负责制，也不同于20世纪50年代从苏联搬来的"一长制"，而是以厂长（经理）决策、党委保证监督、职工代表参与企业管理为基本框架，共同完成任期目标以保证国家利益和企业近期与远期利益的责任制度。

承包经营责任制（Contracted Responsibility System in Management）是中国"七五"计划时期开始在全国全民所有制大中型企业中着力推行的一种新的经营形式。主要形式有：（1）保上缴税利，保技术改造，工资总额与企业上缴税利挂钩。（2）上缴利润递增包干。（3）微利、亏损企业的利润和减亏补贴包干。（4）企业完成上缴利润基数或目标包干后的超收部分，按规定的比例分档分成。（5）行业投入产出包干。这几种承包经营责任制的共同点是包死基数、确保上缴、超收多留、欠收自补。承包经营责任制作为一种经营形式具有许多优点：（1）它体现了企业所有权与经营权分离的原则，既坚持了企业的社会主义全民所有制方向，又使企业成为具有相对独立的经济实体，具有自我发展的能力。（2）割断了企业依赖国家的"脐带"，迫使企业在市场竞争中提高应变能力。（3）明确地规定企业对国家、职工对企业两个层次的责权利关系，使国家、企业和职工对企业生产活动都承担经济责任、行使经济权力和享受经济利益，从而调动了各方面的积极性。实行承包经营责任制，是深化企业改革、搞活大中型企业的一项重要改革步骤，对发展和繁荣经济产生了深远的影响。

政企分开、简政放权（Separating Government Functions from Enterprise Management and Streamlining Administration）是中国经济体制改革过程中改革国家机构管理经济职能的原则。1984年5月，中国颁布了《关于进一步扩大国营工业企业自主权的暂行规定》，作出了扩大企业自主权的具体规定。《中共中央关于经济体制改革的决定》中明确规定了政府机构管理经济的主要职能，要求"按照政企职责分开、简政放权的原则进行改革"。政企职责分开，就是要明确政府部门管理经济和企业经营管理之间各自的职责，做到各司其职、各负其责。简政放权，就是政府部门要把企业范围的微观经济决策和组织管理权力下放给企业，使企业真正成为相对独立的经济实体。在放权的同时，政府部门要精简管理机构，减少管理层次，提高工作效率。由于复杂的社会历史原因，中国长期实行的是一种按行政区划、行政层次、主要用行政办法管理经济的体制。政府部门直接经营管理企业，直接指挥企业的人财物、产供销等具体经济活动，从而造成了以政代企、政企职责不分的状况，既挫伤了企业生产经营的积极性，又削弱了政府机构管理经济的作用。政企职责分开、简政放权的原则能充分发挥基层和企业的积极性，有效地促进企业之间的合作、联合和竞争，加强政府机构利用经济手段管理经济的作用，使城市各级政府部门的主要精力从管理产供销具体活动转到规划、指导、协调、监督、服务和运用经济杠杆的轨道上来，促进社会主义商品经济健康而迅速地发展。

分灶吃饭（Serving Meals to Different Diners from Different Pots）是中国1980年实行的"划分收支，分级包干"财政政策的形象说法。基本内容是：根据各种财政收入的性质，把收入分成固定收入和调剂分成收入，把中央企业收入作为中央固定收入，把地方企业收入及地方税作为地方固定收入，把工商税收作为调剂分成收入。划分收支，一定五年不变，各地可以根据自己的收入安排支出。在执行中，又有一些地方从划分收支改为总额分成。由于全国各地情况不同，民族自治地区和少数贫困省份除收入全留外，还由中央财政给予补助。"分灶吃饭"的财政政策较之统收统支有很大的优越性：（1）从利益关系上推动地方狠抓企业整顿，促使地方关心经济发展和财源增长，重视扭亏增盈，提高经济效益。（2）加重了地方的责任，有利于克服财政困难，使中央财政困难的程度有所减轻。（3）扩大了地方财政的自主权，使地方能够因地制宜处理问题，适应各种情况复杂的特点。但是，"分灶吃饭"财政政策也存在着一些问题,主要是地方分权以后,一定程度上分散了资金,影响了中央的集中,对重复生产、重复建设和基本建设规模失控现象起了助长作用。

"三项照顾"政策(Three Policies of Care on Ethnic Trade)是中国对边远山区、边远牧区民族贸易企业的自有资金、利润留成和价格补贴给予照顾的政策。1951年8月召开的第一次全国民族贸易会议确定对一部分特殊困难的民族地区给予特别照顾。1962年第五次全国民族贸易工作会议确定实行自有资金、利润留成、价格补贴三项照顾政策,经中共中央、国务院批准,于1963年执行。主要内容是:规定民族贸易批发企业的自有流动资金50%和零售企业的自有流动资金80%,由国家拨给;利润总额20%留给企业,用于补充自身建设和职工福利;对一部分主要工业品实行最高限价和对一部分主要农牧土特产品实行最低保护价,由此所发生的亏损,作为政策性亏损,由财政退库补充,并与实现利润一起由企业提取20%的留成。从1980年起,对民族贸易企业的利润留成,调整为50%。1981年对民族贸易企业又实行低息贷款的照顾。国务院在1991年和1997年两次重申了对民族贸易和民族特需用品的优惠政策,加大了扶持力度,取消了有一定经济实力并已撤县建市(区)或升格为地级市的民族贸易县,增加了既是民族自治县,又是国家重点扶持的贫困县作为民族贸易县,调整后的民族贸易县共有428个。进入21世纪,民族贸易在各少数民族地区有了长足的发展,民族贸易"三项照顾"政策也在不断调整更新,以适应中国当前及今后民族贸易的发展。

计划生育政策(Family Planning Policy)是根据中国社会经济和文化发展的需要,通过调整人口出生率的措施、实现人口自身生产计划化的一项基本国策。在"一五"计划时期,中国政府就曾经酝酿过在人口稠密地区宣传和推广计划生育工作;1964年中央和地方都设立了计划生育机构,并开展了一些工作。但是,不久开始了"文化大革命",计划生育机构瘫痪,人口失去控制;20世纪70年代,人口对经济的压力增大,中央和地方都加强了计划生育机构及其工作,人口控制取得显著效果,初步抑制了人口猛增的势头。1980年9月中共中央发出《致全体共产党员和共青团员的公开信》,反复强调计划生育是一项长期的战略任务,明确规定:到20

世纪末力争工农业总产值翻两番的同时,要力争把中国人口控制在 12 亿人左右。中国的计划生育政策是:提倡晚婚、晚育、少生、优生。国家干部和职工、城镇居民,除特殊情况外,提倡一对夫妇生育一个孩子;农村普遍提倡一对夫妇只生一个孩子,照顾有实际困难的夫妇生育二胎;严禁超计划生育二胎和多胎;少数民族也要实行计划生育,可以适当放宽一些。计划生育政策实施以来,有效控制了人口过快增长,但同时也带来了一些问题。2015 年 12 月 27 日,全国人大常委会表决通过了《人口与计划生育法修正案》,确定于 2016 年 1 月 1 日起实施全面二胎政策。至此,在中国实行了三十多年的独生子女政策正式终止。

对外经济援助八项原则(Eight Principles in Providing Economic Aid to Other Countries)是中国政府提出的对外提供经济技术援助所应严格遵守的原则。1964 年 1 月,周恩来总理访问加纳时提出。它的内容是:(1)根据平等互利的原则提供援助,不把援助看作是单方面的赐予,而认为援助是相互的。(2)严格尊重受援国的主权,绝不附带任何条件,绝不要任何特权。(3)以无息或者低息贷款的方式提供经济援助,在需要时延长还款期限,以尽量减少受援国的负担。(4)对外提供援助的目的,不是造成受援国对中国的依赖,而是帮助受援国逐步走上自力更生、经济上独立发展的道路。(5)帮助受援国建设的项目,力求投资少、收效快,使受援国能够增加收入、积累资金。(6)提供自己所能生产的、质量最好的设备和物资,并且根据国际市场的价格议价。如果所提供的设备和物资不合乎商定的规格和质量,保证退换。(7)对外提供任何一种技术援助时,保证做到使受援国的人员充分掌握这种技术。(8)派到受援国帮助进行建设的专家,同受援国自己的专家享受同等的物质待遇,不允许有任何特殊要求和享受。这些原则体现了国与国之间平等互利的精神,反映了中国同非洲国家以及其他发展中国家进行经济合作的真诚愿望,为建立新型国际经济关系开创了良好的先例。

中非经济技术合作四项原则(Four Principles on Economic and Technological Cooperation between China and African Countries)是中国为加强同非洲国家间经济技术合作而奉行的原则。1983 年 1 月 13 日,中国领导人访问非洲时,在坦桑尼亚宣布。内容为:(1)中国同非洲国家进行经济技术合作,遵循团结友好、平等互利的原则,尊重对方的主权,不干涉对方的内政,不附带任何政治条件,不要求任何特权。(2)中国同非洲国家进行经济技术合作,从双方的实际需要和可能条件出发,发挥各自的长处和潜力,力求投资少、工期短、收效快,并能取得良好的经济效益。(3)中国同非洲国家进行经济技术合作,方式可以多种多样,因地制宜,包括提供技术服务、培训技术和管理人员、进行科学技术交流、承建工程、合作生产、合资经营等。中国方面对所承担的合作项目负责守约、保质、重义。中国方面派出的专家和技术人员,不要求特殊的待遇。(4)中国同非洲国家进行经济技术合作,目的在于取长补短、互相帮助,以利于增强双方自力更生的能力和促进各自民族经济的发展。上述四项合作原则是对 20 世纪 60 年代中期中国宣布的对外经济技术援助八项原则的补充、完善和发展。20 世纪 90 年代通过中国和非洲各国的技术合作,双边关系得到巩固。进入 21 世纪,中非技术合作发展关系迈向了新台阶。2000 年 10 月,"中非合作论坛——北京部长级会议"在北京举行,会议通过了《中非合作论坛北京宣言》和《中非经济和社会发展合作纲领》。2009 年 11 月,通过了《中非合作论坛沙姆沙伊赫宣言》。随后"中非科技伙伴计划"启动,这些都有力地推动了中非技术合作,具有深远的历史意义。

星火计划(Spark Program)是中国政府委托国家科学技术委员会组织实施的一项科技普及计划。其宗旨是要把现代化科学技术"火花"引向农村、引向乡镇企业,推动地方经济的振兴。1985 年 5 月,国家科学技术委员会在给国务院的《关于抓一批"短、平、快"科技项目,促进地方经济振兴的请示》报告中首次提出。该计划准备在着重抓好对国计民生有重大战略意义的中长期项目的同时,抓一批针对中小企业特别是乡镇企业有示范和推广意义的、科技和经济紧密结合的适用技术项目,以提高中小企业、乡镇企业和农村建设的科学技术水平。"星火计划"包括两个方面的内容:一是使农业现代化;二是提高农村工业即乡镇企业工人的技术水平。1986—1995 年,星火计划向全国推荐了 500 多项星火技术装备,促进了乡镇企业的技术更新和技术改造,培育了上百个产值超亿元、利税超千万的星火企业和产业集团,使农村面貌发生了跨越性变化。

"863"计划(863 Program)是 1987 年开始实施的中国高技术研究发展计划。

计划的目标是推进对中国未来发展有重大影响的七个高技术领域的研究开发,这七个领域分别是生物、航天、信息、激光、自动化、能源、新材料。1986 年 3 月,面对世界高技术蓬勃发展、国际竞争日趋激烈的严峻挑战,邓小平在王大珩、王淦昌、杨嘉墀和陈芳允四位科学家提出的"关于跟踪研究外国战略性高技术发展的建议"上,作出"此事宜速作决断,不可拖延"的重要批示。在充分论证的基础上,中共中央、国务院果断决策,于 1986 年 11 月启动实施了高技术研究发展计划,简称"863"计划。

"863"计划的实施为中国高技术的起步、发展和产业化奠定了坚实基础。1986—2005 年,国家累计投入"863"计划 330 亿元,承担"863"计划研究任务的科研人员超过 15 万名,约有 500 余家研究机构、300 余所大专院校、近千家企业参与了"863"计划的研究开发工作。"863"计划通过持续的自主创新,取得了一大批达到或接近世界先进水平的创新性成果,特别是在高性能计算机、第三代移动通信、高速信息网络、深海机器人与工业机器人、天地观测系统、海洋观测与探测、新一代核反应堆、超级杂交水稻、抗虫棉、基因工程等方面已经在世界上占有一席之地;重视高技术集成创新和培育战略性新兴产业,在生物工程药物、通信设备、高性能计算机、中文信息处理平台、人工晶体、光电子材料与器件等国际高技术竞争的热点领域,成功开发了一批具有自主知识产权的产品,形成了中国高技术产业的增长点。同时,围绕国防现代化建设需求,发展中国新的战略威慑手段和新概念"撒手锏"装备,取得了突出的成绩。目前,"863"计划已经成为中国科学技术发展,特别是高技术研究发展的一面旗帜。更为重要的是,"863"计划所取得的成就对于提升中国自主创新能力、提高国家综合实力、增强民族自信心等方面发挥了重要作用。

中国乡镇企业发展战略(Development Strategy of Chinese Collective Township-village Enterprises)是中国调整农村产业结构、振兴农村经济、推进农业现代化的发展战略。第六个五年计划期间,中国的乡镇企业已经拥有农业企业、工业企业、交通运输业、建筑业及其他企业五大类,有 600 多万个企业、5000 多万从业人员,直接上缴国家税金 391 亿元,其中 1985 年缴纳税金 137 亿元,占当年国家财政收入的 7.5%。第七个五年计划期间,国家决定争取到 1990 年,乡镇企业的总产值达到

4600 亿元,比 1985 年增长一倍。对乡镇企业的发展,采取"积极扶持,合理规划,正确引导,加强管理"的方针。各地兴办乡镇企业,主要是依靠自身的资金积累,量力而行,稳步前进,减少盲目性,国家对乡镇企业给予资金贷款、税收的优惠,在技术上加以帮助和扶持,在物资供应和产品销售上给予便利。乡镇企业的发展主要利用本地资源,尤其是农副产品资源,发展的方向是劳动密集型产业,重点发展以农副产品加工、食品工业、建材工业、建筑业其他加工业、采掘业也应积极发展。国家提倡和引导乡镇企业与开展横向经济联合,为大型工矿企业加工零配件,积极发展出口商品的生产。乡镇企业的发展战略,是中国经济发展战略的重要组成部分。乡镇企业发展过程中也面临自身规模小、资产少、负债率高、担保能力弱、管理粗放、财务制度不健全、信用等级低等诸多问题。

经济特区(Special Economic Zone)是在社会主义经济主导下,以中外合资、合作经营企业和外商独资企业为主、多种经济形式并存的综合体。1979 年,中国决定在广东省的深圳、珠海、汕头和福建省的厦门等市设置经济特区。1988 年又划定海南岛为省级经济特区。它是国家根据世界经济的发展形势和中国现代化建设的需要而确定的一项重大措施,是中国实行对外开放、同世界各国进行经济合作和技术交流战略方针的重要组成部分。中国的经济特区就其措施和经营方式来看,和世界上其他国家或地区的出口加工区是相类似的,但是存在着本质上的差异。中国的经济特区是利用外国资本来发展社会主义经济。在特区内,既有国有经济、集体经济,也存在着国家资本主义和个体经济。外商在特区内占有一定的生产资料,部分或全部(如独资经营)拥有经营管理权,可以雇佣和解雇工人,享受中国政府规定的优惠待遇和其他权益。但是,他们在经济特区的一切经济活动,都是在社会主义国家的监督和指导之下进行的,他们只能以租赁形式取得土地使用权,没有所有权。投资在特区内的外国资本,不管是采取来料加工、装配、补偿贸易、合作经营,还是中外合资经营,都属于国家资本主义的性质。开辟经济特区,可以引进外资、引进新技术和经营管理经验,增加就业,扩大对外贸易和增加外汇收入;发挥特区技术、知识、管理、对外开放"四个窗口"的作用,以促进四个现代化的进程。

香港不干预经济政策(Positive Non-interventionism Policy in Hong Kong)是第

二次世界大战后香港奉行的亚当·斯密自由主义的经济政策。其原则主要是自由企业经营、自由竞争、外汇自由流动以及政府尽量避免干预私人经济。香港当局采取的主要政策措施有:(1)自由贸易政策。香港当局长期以来既不从进口货品竞争中保护本地工业,也不抵制别的国家和地区对香港货品出口的课税和配额限制。(2)低比率的内部税收政策。1966年4月1日开始实行15%的标准税率,各种税种的税率最高额一般不超过这个标准税率,因此,香港的税率比西方任何一个国家和其他地区都要低。该政策有助于加强港货在国际市场上的竞争能力,并对外资进入香港有很大的吸引力。(3)外汇自由流动政策。1973年和1974年,香港分别取消了对外汇和黄金出入香港的管制,使黄金外汇资金往来完全处于自由状态。该政策在政局稳定条件下,为海外私人企业和银行在香港投资提供了较为理想的环境。(4)保持政府盈余预算政策。该政策是经济不干预原则的具体体现。由于政府对企业活动的方向和程序干预很少,政府历年的财政开支只占地区生产总值中很少一部分,通常是在11%—15%。该政策有利于促进资本积累率的形成。实施上述政策措施,使香港经济的运行全靠市场机制自动调节。这对香港经济较早从西方石油危机的打击下复苏,曾起了积极作用。但是,20世纪80年代为克服通货膨胀和20世纪90年代为克服亚洲金融危机等问题,香港当局采取一些有限度的经济干预措施。一些学者则认为,积极不干预主义已经消亡,称香港的经济政策是选择性干预主义。

香港高地价政策(High Land-price Policy in Hong Kong)是20世纪80年代香港当局为节约使用土地、增加财政收入而奉行的土地政策。香港山峦起伏、平地很少,可供工商业建设用地约占全港面积(包括新界)的八分之一。随着工商业的扩展和人口的激增,对土地的需求越来越大。为解决建设用地问题,香港当局采取高地价政策,一方面大规模经营填海造地,高价标售;另一方面以地权所有者资格垄断土地,高价出售。土地出售一般采取定期公开拍卖的方式,土地标价则由供求关系来调节。高地价政策给香港经济发展带来深刻影响,主要表现在:(1)使工业投资中不动产资金占用过大,周转困难、成本日高,妨碍着香港工业的拓展。(2)使房地产业投机盛行,助长了地价的上涨,直接削弱了香港出口货品的竞争能力。(3)日益膨胀的金融业景气与经济增长放缓的差距越来越大。

香港联系汇率制度（Linked Exchange Rate System of Hong Kong）是中国香港特别行政区实施的一项货币发行制度。1983年10月15日，为稳定港元汇率，香港政府宣布实施港元与美元挂钩的发钞和汇率制度（"联系汇率制度"），自此结束了自1974年以来实行的浮动汇率制。联系汇率制与港币的发行有高度的一致性。它规定，香港的汇丰银行、渣打银行和中国银行三家银行为指定的发钞商业银行。发钞行在发行港元钞票前，必须要向香港金融管理局交付美元，换取负债证明书，并将其拨入外汇基金账户，用作发行纸币的依据，再以1美元比7.8港元的固定汇率发行港币。同样，发钞行也可以凭借"负债证明书"和港钞以7.8的固定汇率向外汇基金赎回等值美元。这就是说，以美元作为港币发行的基础和依据，并使两者保持了固定的汇率。实行联系汇率制度后，维护稳定的汇率成为香港货币政策的唯一目标。制度实行以来，为香港经济的发展发挥了重要的作用。

中国的五年计划（Five-year Plan for National Economic and Social Development of China）是国民经济计划的一部分，主要是对全国重大建设项目、生产力分布和国民经济重要比例关系等作出规划，为国民经济发展规定目标和方向。从1953年开始每五年制订一个五年计划。从"十一五"时期起，"五年计划"改为"五年规划"（除1949年10月到1952年年底为中国国民经济恢复时期和1963年至1965年为国民经济调整时期外）。2016年中国开始实行第十三个五年规划。

回顾五年计划/规划的历史，不仅能描绘新中国成立以来经济发展的大体脉络，也能从中探索中国经济发展的特点和规律，通过对比与检视过去，可以从历史的发展中获得宝贵的经验，从而指导未来的经济发展。截至目前，中国已发布十三个五年计划/规划。

中国财税体制改革（Chinese Fiscal and Taxation System Reform）是中国自1978年以来为实现社会主义改革总目标而逐步进行分灶吃饭、地方财政包干体制、分税制为主的一系列的财政与税收体制改革。财税体制经历了三次重大改革：第一次是1978—1994年，在中央与地方之间的财政分配关系上实行"分灶吃饭"，即在巩固中央统一领导和统一计划、确保中央必不可少的开支的前提下，明确各级财政的权利和责任，做到权责结合、各行其职、各负其责，充分发挥中央和地方两个积极性。国务院于 1980 年 2 月颁布了《关于实行"划分收支、分级包干"的财政管理体制的暂行规定》,从 1980 年起实行财政管理体制改革,先后推出了"划分收支、分级包干""划分税种、核定收支、分级包干"以及"收入递增包干、总额分成、总额分成加增长分成、上解递增包干、定额包干、定额补助"等多种不同的地方财政包干体制,通过建立涉外税制、建立内资企业所得税体系、全面调整工商税制、建立个人所得税制、恢复和改进关税制度、完善农业税等方面的改革,改变了原来相对单一的税制格局,建立起了一套以流转税、所得税为主体,其他税种相互配合的多税种、多环节、多层次征收的复税制体系。第二次是 1994—1998 年,在中央和地方事权合理确定各级财政支出范围的基础上,按照税种统一划分中央税、地方税和中央地方共享税的方式,建立中央税收和地方税收体系,分设中央税务机构和地方税务机构,实行中央对地方税收返还和转移支付制度,建立了分税制财政管理体制。按照"统一税法、公平税负、简化税制和合理分权"的原则,通过建立以增值税为主体、消费税和营业税为补充的流转税制,统一内资企业所得税,建立统一的个人所得税制,扩大资源税的征收范围,开征土地增值税以及确立适应社会主义市场经济需要的税收基本规范等一系列举措,形成一个新型的税收制度体系。第三次是从 1998 年开始构建符合社会主义市场经济要求的公共财政体制的探索,2003 年 10 月,中国共产党第十六届中央委员会第三次全体会议通过了《中共中央关于完善社会主义市场经济体制若干问题的决定》,根据公共财政体制框架已经初步建立的判断,提出了进一步健全和完善公共财政体制的战略目标。分灶吃饭、地方财政包干体制、分税制的财政与税收体制改革是建设社会主义市场经济体制分步骤的、必要的改革,为进一步构建公共财政体制奠定了基础。

利改税(Substitution of Tax Payment for Profit Delivery)是中国从 1983 年开始在全国范围内推行的税收制的一项重大改革。其主要内容是:把国营企业向国家上缴利润改为按国家规定的税种和税率缴纳税金,税后利润完全归企业支配,逐步把国家和企业的分配关系通过税收的形式固定下来。利改税分两步进行。1983 年 4 月 24 日,国务院批转了财政部关于全国利改税工作会议报告和《关于国营企业利改税试行办法》,决定从 1983 年开始进行利改税的第一步。其做法是"以税代利,税利并存"。企业依法向国家缴纳所得税,税后利润采取多种方式在国家和企业之间进行分配。实行利改税第一步是解决国家和企业分配关系比较有效的途径,增强了企业挖掘内在潜力,提高经济效益的动力和压力,加强了税收的监督作用,促进了企业的经济核算,有利于配合其他改革,逐步打破部门和地区界限,调整企业内部结构,合理组织生产。但是,利改税第一步没有完全解决好国家同企业的分配关系,在价格体系极度扭曲的基础上进行利改税,不能完全起到鼓励先进、鞭策落后的作用。为克服第一步利改税的各种弊端,进一步完善税制,中共中央决定从 1984 年 10 月 1 日起,试行第二步利改税,即从"税利并存"过渡到完全的"以税代利"。具体做法是:用产品税(包括增值税、营业税)调节纯由价格因素形成的利润差别;用资源税、调节税调节资源好坏、交通运输、技术装备、地理位置等客观条件不同所产生的利润差别;用超额累进办法征收所得税,以调节企业利润大小的悬殊;设置地方税,以解决地方的固定收入来源问题。企业在向国家缴纳各种税金以后,余下的利润全部归自己支配,实行自主经营,自负盈亏。第二步利改税对于促进价格体系、劳动工资制度和分配关系的调整与改革,充分发挥税收的杠杆作用,起了一定的作用。但是,对于如何合理地确定调节税,进一步搞活大中型企业等问题仍未解决。

中国税制改革(Chinese Tax Reform)中国从 1983 年开始,为建立符合社会主义市场经济要求的税制体系而进行的税收体制方面的改革。这一改革经历了三个阶段。第一阶段是 1983—1984 年的税制改革。这次税制改革以普遍实行国营企业"利改税"和全面改革工商税收制度为特征。1983 年 4 月 24 日,国务院颁布《关于国营企业利改税办法》,规定:"凡有盈利的国营大中型企业,按 55%的税率缴纳所得税,税后利润以 1982 年为基数,采取递增包干上缴、定额上交等办法上缴一部分给国家,国营小型企业按八级超额累进税率缴纳所得税。"1984 年 9 月 18 日,国务院相继颁布《国营企业第二步利改税试行办法》,以及适用于各种经济成分的内资企业的各税条例(草案)和征收办法,开始了第二步利改税政策的实施:适当调整某些税种和税目税率;扩大税收渠道,逐步改变针对国营企业的单一税制的格局。同时,还进行了全面的工商税制改革,将原来征收的工商税按性质分为增值税、营业税、产品税、盐税。开征了地方性税种,建立起了多税种、多环节、多层次的复合税制,进一步完善了税制体系。第二阶段开始于 1994 年的税制改革。1994

年,中国在实行分税制财政体制改革的同时,对税制进行了全面而重大的改革,在不增加企业和个人总体税负的前提下,实施了以增值税为核心的流转税制,统一了内资企业所得税,改革了个人所得税,撤并和开征了一些地方税,税种由原来的37个简并为23个,结构趋于合理,初步实现了"统一税法,公平税负,简化税制,合理分权,理顺分配关系,保障财政收入,建立符合社会主义市场经济要求的税制体系"的改革目标。1998年以来,进一步加强税收法制建设,深化税收征管体制改革和以"金税工程"为主要手段的税收征管信息网络的建设运用,建立海关缉私警察制度,这对于加强税收征管,打击各种偷逃骗税、走私等涉税违法犯罪活动,发挥了重要作用。新《税收征管法》及其《实施细则》等一批法律法规相继颁布实施,税收征管力度加强。第三阶段是2003年以来的税制改革。2003年10月,中国共产党第十六届中央委员会第三次全体会议作出了完善社会主义市场经济体制的决定,提出要按照"简税制、宽税基、低税率、严征管"的原则,分步实施税收制度改革,建立更加公平、科学、法制化的税收体系。自2004年以来,相继对增值税、企业所得税、个人所得税、消费税、进口税、资源税等税种进行调整,以更适应市场经济发展;并于2006年1月1日起正式废除《中华人民共和国农业税条例》;2013年11月,中国共产党第十八届中央委员会第三次全体会议通过的《中共中央关于全面深化改革若干重大问题的决定》确定了"税收法定"原则,即对于税种、税率的确定和征收必须通过立法解决。至此,中国税制有20个税种,即增值税、消费税、营业税、资源税、企业所得税、个人所得税、城市维护建设税、房产税、城市房地产税、车船税、船舶吨税、土地增值税、城镇土地使用税、印花税、固定资产投资方向调节税(2000年起暂停征收)、车辆购置税、关税、烟叶税、耕地占用税、契税。这一阶段的税制改革是改革开放以后中国基本建立了适应社会主义市场经济需要的税政统一、结构优化、税负合理、政策透明、调控有力的税制体系,进一步增强了税收收入能力和税收调控能力。

结构性减税(Structural Tax Abatement)是中国的税制改革方案。指在总体税负适当降低的情况下,对税制内部实施结构性调整。结构性减税既区别于全面的、大规模的减税,又不同于以往的有增有减的税负调整。它更强调有选择的减税,是为了达到特定目标而针对特定群体、特定税种来削减税负水平,强调税制结构内部的优化。有增有减的税负调整,意味着税收的基数和总量基本不变。而结构性减税则着眼于税负总体水平的减少。这一政策于2008年12月初中国召开的中央经济工作会议上提出。

实行结构性减税,结合推进税制改革,用减税、退税或抵免的方式减轻税收负担,促进企业投资和居民消费,是实行积极财政政策的重要内容。其具体措施主要有生产型增值税向消费型增值税转型、营业税改征增值税试点、免征个人储蓄存款和证券交易结算资金利息个人所得税、降低部分产品进出口关税、较大幅度地提高部分产品的出口退税、提高个人所得税起征点、提高个体企业增值税和营业税起征点、降低微型企业和小微企业的所得税税率、取消和停征100项行政事业性收费等。

中国国有商业银行股份制改革(Shareholding Reform of Chinese State-owned Commercial Banks)是中国以建立明晰的金融产权结构和完善的法人治理结构为核心,对中国工商银行、中国银行、中国建设银行、中国农业银行四大国有商业银行进行的改革。作为中国银行业的主体,四家国有商业银行长期以来在促进经济发展方面作出了重要贡献,在支持经济体制改革方面发挥了不可替代的作用。但是,随着经济体制改革的深入,国有商业银行存在的问题也显现出来,表现在公司治理结构方面存在的严重缺陷,银行经营管理效率、资产质量、整体盈利水平等不高,资本金比率偏低,自身抵御风险的能力不强,金融创新能力弱,业务大多局限于传统的存、贷款领域,市场竞争力不强。国有商业银行改革的总目标是紧紧抓住改革管理体制、完善治理结构、转换经营机制、促进绩效进步这几个中心环节,将国有商业银行改造成资本充足、内控严密、运营安全、服务和效益良好、具有国际竞争力的现代化股份制商业银行。调整信贷结构,严格信贷管理,提高金融资产的质量;精简机构和人员,提高工作效率集约性经营水平;加强内控机制建设;建立有效的激励约束机制;等等。国有商业银行改革根据自身特点,主要遵循的原则是:先试点,后全面推广;先法人持股,后社会公众持股;先部分,后整体;先境外上市,后境内上市等。

国有商业银行改革的具体步骤为:2002年,国务院成立了国有独资商业银行综合改革专题工作小组,研究国有商业银行改革问题。2003年9月,中共中央、国务院决定按照"建立规范的公司治理结构,转换经营机制,成为产权清晰、资本充足、内控严密、运营安全、服务与效益良好、具有国际竞争力的现代商业银行"的目标,对国有商业银行实施股份制改革,并选择中国银行、建设银行进行试点。为加强对这项重大改革的组织领导和协调,国务院成立了国有独资商业银行股份制改革试点工作领导小组并下设办公室。2003 年 12 月,国务院批准设立中央汇金投资有限责任公司,由其运用国家外汇储备向试点银行注资,作为国有资本出资人代表,行使国有重点金融机构控股股东职责。2003 年 12 月,国家向中国银行、建设银行分别注资 225 亿美元。2004 年 8 月和 9 月,中国银行、建设银行先后整体改制为股份有限公司。2005 年 4 月,国家向工商银行注资 150 亿美元。2005 年 10 月,工商银行整体改制为股份有限公司。此外,建设银行于 2005 年 10 月在香港成功上市,中国银行分别于 2006 年 6 月和 7 月在香港 H 股市场和境内 A 股市场成功上市,工商银行于 2006 年 10 月以 A+H 股的方式在内地和香港同时成功上市。2007 年 9 月 25 日,建设银行在上海证券交易所上市。2008 年 10 月,国务院常务会议原则通过《农业银行股份制改革实施总体方案》,2009 年 1 月 16 日,农业银行股份有限公司挂牌成立。至此,中国国有商业银行股份制改革基本完成,达到了改革的目标。

中国金融体制改革(Chinese Financial System Reform)是中国按照社会主义市场经济体制的要求,对金融体系、管理制度、运行机制等进行的全方位的改革。中国共产党第十一届中央委员会第三次全体会议以前,中国基本实行的是由人民银行统揽一切金融业务的"大一统"金融体制。在这一体制下,中国人民银行既行使中央银行职能,又办理所有具体银行业务;既是金融行政管理机关,又是经营金融业务的经济实体。它按行政区划在全国普设分支机构,并统一按总行的指令性计划办事,实行存贷分离、统存统贷。

随着改革开放的全面推进,这种忽视商品生产、价值规律和市场调节作用的金融体制已越来越不能适应生产力进一步发展的要求,中国金融体制改革被提上日程。改革大致经历了三个阶段。第一阶段,1978—1984 年的准备和起步阶段。在这一阶段,金融体系和结构出现了变化,金融机构从单一走向多元,出现了以产业分工为主要特征的专业银行机构;体制上从计划经济时代的一级银行体制转向由中央银行和商业银行组成的二级银行体制;在制度安排上实行了信贷与发行分开并形成了存款立行的约束机制。第二阶段,1985—1996年的转变与探索阶段。通过《关于建立社会主义市场经济体制若干问题的决定》《关于金融体制改革的决定》《中华人民共和国中国人民银行法》《货币政策委员会条例》等政策和法律,大力发展多元化金融组织机构,证券交易所、同业拆借市场、票据市场全面启动,外汇市场伴随中国经济体制改革的深化和对外开放的不断扩大诞生并发展起来,金融宏观调控从单一的行政型调控转向以经济手段为主的间接调控。可以看出,这一阶段,中国对金融体系的市场化发展进行了卓有成效的探索。第三阶段,1997年至今的调整和充实阶段。在这个阶段采取的主要措施有:实施金融不良资产剥离,建立金融资产管理公司,启动资产证券化;完善分业监管体系,建立分业监管机制;加快资本市场发展,提高资本市场的功能;加速国有银行商业的改革进程;实行稳健的货币政策,遵循了主动性、可控性、渐进性的原则对汇率制度进行了改革;扩大金融服务领域,启动消费信贷市场。银行、保险、证券业领域出现了大面积合作,混业经营正在悄然成为潮流。经过改革,形成了多元化的金融机构体系,金融业务不断拓展,利率、汇率形成体制向市场化方向发展,货币市场、资本市场不断发展,宏观调控手段转变,金融法制建设、社会信用体系建设不断完善,为进一步改革奠定了坚实的基础。

中国多元化金融机构体系(Chinese Diversified Financial System)是伴随中国金融体制改革而形成的以"一行三会"(中国人民银行、中国银行业监督管理委员会、中国证券监督管理委员会、中国保险监督管理委员会)为主导、各类商业银行为主体、非银行金融机构为必要补充的多形式、多功能、多层次的中国特色金融机构体系。金融体制改革前,中国是"大一统"模式下的金融体系,即高度集中的、以行政管理办法为主的单一的国家银行体系,全国只有中国人民银行一家办理全部银行业务,下设众多分支机构,遍布全国,统揽一切银行信用,集货币发行和信贷业务于一身,既执行中央银行职能,又兼办普通银行的信贷业务。从1979年起,打破长期存在的人民银行一家金融机构的格局,恢复和建立了中国农业银行、中国人民建设银行、中国银行。1983年,决定中国人民银行专门行使中央银行职能;并在随后的1984—1986年,设立中国工商银行——承办原来人民银行负责的信贷及城镇储蓄业务,增设交通银行、中信实业银行等综合性银行以及广东发展银行、招商银行等区域性银行,设立一些非银行金融机构,如中国人民保险公司等,形成了中央银行、专业银行的二元银行体制,中国人民银行行使中央银行职能,履行对银行业、证券业、保险业、信托业的综合监管。1987年新中国第一家证券公司深圳特区证券公司成立,以后陆续成立了上海申银证券公司、万国证券公司、海通证券公司、华夏证券公司等多家证券公司;1990年11月上海证券交易所成立,1991年7月深圳证券交易所正式开业;此外,企业集团财务公司、租赁公司、金融典当业等也纷纷涌现。1994年相继建立了国家开发银行、中国农业发展银行、中国进出口银行三家政策性银行。1992年,国务院证券委员会和中国证券监督委员会成立,1998年11月,中国保险监督管理委员会正式成立,专司对中国保险业的监管,2003年中国银行业监督委员会成立,形成了"分业经营、分业监管"的基本框架。

由中国人民银行、中国银行业监督管理委员会、中国证券监督管理委员会、中国保险监督管理委员会作为最高金融管理机构,对各类金融机构在金融业分业经营的条件下实行分业监管。中国多元化金融机构体系的建立,为金融体制、经济体制的进一步改革提供了保证。

中国利率市场化改革(Chinese Interest Rate Liberalization Reform)是中国以利率能够灵敏地反映资金供求状况、进一步实现社会资金及社会资源的优化配置为目标、由市场来调节利率的改革。中国利率市场化改革的目标是:建立由市场供求决定金融机构存、贷款利率水平的利率形成机制,中央银行通过运用货币政策工具调控和引导市场利率,使市场机制在金融资源配置中发挥主导作用。

中国从20世纪50年代至70年代末长期实行利率管制并实行低利率政策,不利于提高资金的使用效益。自1986年开始,中国人民银行在借鉴世界各国经验的基础上,开始了利率市场化改革的尝试。大致经历了三个阶段:(1)1978—1993年的调整利率水平和结构阶段,基本改变了负利率和零利差的现象,偏低的利率水平逐步得到纠正,利率期限档次和种类得到合理设定,利率水平和利率结构得到了不同程度的改善,银行部门的利益逐步得到重视。(2)1993—1996年的改革利率生成机制阶段,1993年《关于建立社会主义市场经济体制改革若干问题的决定》和《国务院关于金融体制改革的决定》最先明确利率市场化改革的基本设想。1995

年《中国人民银行关于"九五"时期深化利率改革的方案》初步提出利率市场化改革的基本思路。通过扩大利率浮动范围,放松对利率的管制,促使利率水平在调整市场行为中发挥作用,以逐步建立一个有效宏观调控的利率管理体制。中央银行的基准利率水平和结构是金融市场交易主体确定利率水平和结构的参照系,中央银行主要是根据社会平均利润率、资金供求状况、通货膨胀率和宏观经济形势的变化及世界金融市场利率水平,合理确定基准利率,利率逐渐被作为调节金融资源配置的重要手段,成为国家对经济进行宏观调控的杠杆。(3)1996 年至今的利率市场化快速推进阶段,1996 年 6 月 1 日放开银行间同业拆借市场利率,实现由拆借双方根据市场资金供求自主确定拆借利率,开启了真正意义上的利率市场化实践。之后先后于 1997 年、1998 年放开了债券市场债券回购和现券交易利率、贴现和转贴现利率,以及政策性银行金融债券市场化发行利率。2000 年 9 月 21 日实行外汇利率管理体制改革,放开了外币贷款利率,300 万美元以上的大额外币存款利率由金融机构与客户协商确定。2002 年 2 月 20 日,中国人民银行在《2002 年中国货币政策执行报告》中公布了中国利率市场化改革的总体思路:先外币、后本币;先贷款、后存款;先长期、大额,后短期、小额。2002 年 3 月将境内外资金融机构对中国居民的小额外币存款,纳入人民银行现行小额外币存款利率管理范围,实现中外资金融机构在外币利率政策上的公平待遇。2004 年 1 月 1 日,中央银行再次扩大了金融机构贷款利率浮动区间;2004 年 3 月 25 日实行再贷款浮息制度;2004 年 10 月 29 日放开了商业银行贷款利率上限,城乡信用社贷款利率浮动上限扩大到基准利率的 2.3 倍,实行人民币存款利率下浮制度,实现了"贷款利率管下限、存款利率管上限"的阶段性目标。2005 年 3 月 16 日,再次大幅度降低超额准备金存款利率,并完全放开了金融机构同业存款利率,允许金融机构自行确定除活期和定期整存整取存款外的其他存款种类的计结息规则。2005 年 7 月 21 日中国实行以市场供求为基础的、参考"一篮子"、有管理浮动汇率以后,中国利率市场化改革又注入了新的内容。2007 年 1 月中国货币市场基准利率开始正式投入运行。进入 2012 年后,利率市场化改革进入加速阶段。2013 年 7 月 20 日起,全面放开金融机构贷款利率管制和票据贴现利率管制。2015 年 10 月 24 日,取消对商业银行和农村合作金融机构的存款利率管制。经过上面三个阶段的逐步改革,中国已经基本达到利率市场化改革的目标,实现了利率市场化。

中国外汇管理体制改革(Chinese Foreign Exchange Management System Reform)是中国对计划经济体制下以统收统支和固定汇率为主要特征的外汇管理体制所进行的、与发展社会主义市场经济和国际惯例相适应的改革。外汇管理体制是指一个国家对外汇的收支、买卖、借贷、转移以及汇率进行管理的一系列制度和组织形式的总称。中国外汇管理体制改革经历了一个渐进与探索的过程。中国外汇体制改革的过程可分为四个阶段:(1)计划经济体制下统收统支、高度集中的外汇管理阶段(1953—1978年)。新中国成立之初,面临储蓄缺口和外汇缺口的"双缺口"资金困境,为保证有限外汇资金的重点使用,中国实行高度集中的计划经济外汇管理体制,对外汇的收支进行集中管理、统一经营。(2)改革开放后经济转型时期的外汇管理阶段(1979—1993年)。1979年3月,国务院批转中国人民银行《关于改革中国银行体制的请示报告》,决定成立国家外汇管理总局。逐步在外汇分配领域引入市场机制,实行计划分配与市场调节并存的双轨制原则,在保留原有的计划收支制度的基础上,引入市场分配机制。(3)社会主义市场经济体制初步建立时期的外汇管理阶段(1994—2001年)。1993年11月,中国共产党第十四届中央委员会第三次全体会议通过了《关于建立社会主义市场经济体制若干问题的决定》,对外汇管理体制进行了改革:取消外汇上缴和留成,实行银行结售汇制度;汇率并轨,实行以市场供求为基础的、单一的、有管理的浮动汇率;建立全国统一规范的银行间外汇市场;放宽人民币经常项目的限制,为实行人民币经常项目有条件可兑换创造条件;继续重申禁止境内外币计价、结算和流通,停止发行外汇兑换券并逐步退出流通。(4)社会主义市场经济调节机制进一步完善时期的外汇管理阶段(2002年至今)。2005年7月21日起,从单一盯住美元改为实行以市场供求为基础,参考"一篮子"货币进行调节、有管理的浮动汇率制度。

人民币汇率改革(1994年)(RMB Exchange Rate Reform,1994)是自1994年1月1日开始,中国实施的人民币汇率并轨走向市场化的改革。中国人民银行总行于1993年12月30日发布了《中国人民银行关于进一步改革外汇管理体制的公告》,对人民币汇率进行了一次重大的改革:(1)从1994年1月1日起,人民币官方汇率和外汇调剂市场汇率并轨,实行以市场供求为基础的、单一的、有管理的浮动汇率制度。(2)实行银行结售汇制,废止外汇留成和上缴制度。企业出口所得外汇须于当日结售给指定的经营外汇业务的银行,同时经常项目下正常的对外支付则只需持有效凭证用人民币到外汇指定银行办理。(3)建立银行间外汇市场,成为形成人民币汇率的市场机制。1994年开始实行的人民币汇率制度适应了中国当时国情和经济发展,有效地促进了中国对外贸易和经济的发展,为服务居民和企业、建立外汇市场、规避外汇风险提供了很好的制度保障,为维护地区乃至世界经济金融的稳定作出了积极贡献。尽管在实施过程中进行过微调,如1996年中国国际货币基金组织第八条款,实行经常项目的有条件可兑换,但这种制度一直维持到2005年7月21日。

人民币汇率改革(**2005年**)(RMB Exchange Rate Reform,2005)是自2005年7月21日起,中国开始实行以市场供求为基础、参考"一篮子"货币进行调节、有管理的人民币浮动汇率制度改革。从表象看,此次人民币汇率改革是在西方国家强烈要求人民币升值的背景下进行的;但从深层看,则是在中国改革开放发展到一定阶段,国内货币政策操作面临两难困境,人民币汇率为了适应新的改革开放的环境,朝向更加市场化、更具灵活性的方向进行改革的又一阶段性进展。此次人民币汇率改革的具体内容包括:(1)自2005年7月21日起,中国开始实行以市场供求为基础、参考"一篮子"货币进行调节、有管理的浮动汇率制度。人民币汇率不再盯住单一美元,形成更富弹性的人民币汇率机制。(2)中国人民银行于每个工作日闭市后公布当日银行间一个工作日该货币对人民币交易的中间价格。(3)2005年7月21日19时,人民币对美元即日升值2%,美元对人民币交易价格调整为1美元兑8.11元人民币,作为次日银行间外汇市场上外汇指定银行之间交易的中间价。外汇指定银行可自此时起调整对客户的挂牌汇价。(4)每日银行间外汇市场美元对人民币的交易价仍在人民银行公布的美元交易中间价上下千分之三(约24个基点)的幅度内浮动,这一调整幅度主要是根据中国贸易顺差程度和结构调整的需要来确定的,同时也考虑了国内企业进行结构调整的适应能力。非美元货币对人民币的交易价在人民银行公布的该货币交易中间价上下一定幅度内浮动。同时,中国人民银行宣布,将根据市场发育状况和经济金融形势,适时调整汇率浮动区间。并根据国内外经济金融形势,以市场供求为基础,参考一篮子货币汇率变动,对人民币汇率进行管理和调节,维护人民币汇率的正常浮动,保持人民币汇率在合理、均衡水平上的基本稳定,促进国际收支基本平衡,维护宏观经济和金融市场的稳定。2005 年人民币汇率改革有利于完善人民币汇率形成机制,有利于增加中国货币政策的独立性和有效性,是完善中国社会主义市场经济的重大举措,并且对世界经济的稳定与发展起到积极的推动作用,进一步确立了中国在国际经济与金融体系中的地位。

"两个根本性转变"目标(Two Fundamental Turn Goals)是中国 1995 年所提出的经济体制由计划经济体制向市场经济体制转变和增长方式由粗放型向集约型转变的目标。1995 年 9 月召开的中国共产党第十四届中央委员会第五次全体会议通过了《中共中央关于制定国民经济和社会发展"九五"计划和 2010 年远景目标的建议》,提出实现"九五"计划和 2010 年远景目标的关键是实行两个具有全局意义的根本性转变,即经济体制从传统的计划经济体制向社会主义市场经济体制转变、经济增长方式从粗放型向集约型转变。两个根本性转变是中国共产党在深入探索和全面把握中国经济发展规律的基础上提出的重要方针,是关系国民经济全局紧迫而重大的战略任务,标志着中国经济建设朝着深化体制改革、提高质量的方向发展。

"四位一体"建设("Four-in-one" Construction)是 2004 年中国共产党第十六届中央委员会第四次全体会议上提出的社会主义经济建设、政治建设、文化建设、和谐社会建设的发展理念。"四位一体"是一个历史发展过程。中国共产党第十一届中央委员会第三次全体会议纠正了"文化大革命"的错误路线,提出了"以经济建设为中心"。中国共产党第十二次全国代表大会强调"经济建设为中心"和"两个文明建设一起抓",并首次提出了"社会主义精神文明",社会主义发展的目标完善为"两个文明建设"协调发展。中国共产党第十六次全国代表大会指出"发展社会主义民主政治,建立社会主义政治文明,是全面建设小康社会的重要目标",并首次明确提出"政治文明"这个概念,这就使社会主义发展目标进一步完善为物质文明、精神文明、政治文明的"三位一体"目标。2004 年 9 月,中国共产党第十六届中央委员会第四次全体会议,第一次明确提出"构建社会主义和谐社会"的战略任务。至此,中国社会主义的发展目标发展成为社会主义物质文明、政治文明、精神文明与和谐社会的"四位一体"。2005 年,胡锦涛在省部级主要领导干部提高构建社会主义和谐社会能力专题研讨班上的重要讲话中明确指出:随着中国经济社会的不断发展,中国特色社会主义事业的总体布局,更加明确地由社会主义经济建设、政治建设、文化建设三位一体发展为社会主义经济建设、政治建设、文化建设、社会建设四位一体。"四位一体"强调全面协调发展,有利于促进经济社会和人的全面发展,符合科学发展观的要求。

全面建设小康社会目标(Goal of Building a Moderately Prosperous Society in All Aspects)是 2002 年中国共产党第十六次全国代表大会报告中提出的在 21 世纪前二十年将中国建设成全面小康社会的奋斗目标。报告提出:"在 21 世纪头 20 年,集中力量,全面建设惠及十几亿人口的更高水平的小康社会,使经济更加发展,民主更加健全,科教更加进步,文化更加繁荣,社会更加和谐,人民生活更加殷实。"具体目标是:(1)国内生产总值到 2020 年力争比 2000 年翻两番,综合国力和国际竞争力明显增强。基本实现工业化,建成完善的社会主义市场经济体制和更具活力、更加开放的经济体系。城镇人口的比重较大幅度提高,工农差别、城乡差别和地区差别扩大的趋势逐步扭转。社会保障体系比较健全,社会就业比较充分,家庭财产普遍增加,人民过上更加富足的生活。(2)社会主义民主更加完善,社会主义法制更加完备,依法治国基本方略得到全面落实,人民的政治、经济和文化权益得到切实尊重和保障。基层民主更加健全,社会秩序良好,人民安居乐业。(3)全民族的思想道德素质、科学文化素质和健康素质明显提高,形成比较完善的国民教育体系、科技和文化创新体系、全民健身和医疗卫生体系。(4)可持续发展能力不断增强,生态环境得到改善,资源利用效率显著提高,促进人与自然的和谐,推动整个社会走上生产发展、生活富裕、生态良好的文明发展道路。2007 年中国共产党第十七次全国代表大会报告又对实现全面建设小康社会奋斗目标提出了新的要求:增强发展协调性,努力实现经济又好又快发展;扩大社会主义民主,更好保障人民权益和社会公平正义;加强文化建设,明显提高全民族文明素质;加快发展社会事业,全面改善人民生活;建设生态文明,基本形成节约能源资源和保护生态环境的产业结构、增长方式、消费模式。全面建设小康社会目标是中国共产党对中国国情和现代化建设总体目标进行再认识的理论成果,是指导中国现代化建设的行动纲领,具有十分重大的理论和实践意义。

中国生态补偿机制(Chinese Ecological Compensation Mechanism)是中国所采取的以保护生态环境、促进人与自然和谐为目的,根据生态系统服务价值、生态保护成本、发展机会成本,综合运用行政和市场手段,调整生态环境保护和建设相关各方之间利益关系的环境经济政策。主要针对区域性生态保护和环境污染防治领域,是一项具有经济激励作用、与"污染者付费"原则并存、基于"受益者付费和破坏者付费"原则的环境经济政策。2005 年,《国务院关于落实科学发展观加强环境保护的决定》要求:"要完善生态补偿政策,尽快建立生态补偿机制。中央和地方财政转移支付应考虑生态补偿因素,国家和地方可分别开展生态补偿试点。"在探索建立生态补偿机制方面,浙江、江苏等省市一直走在全国前列。浙江省成为全国第一个实施省内全流域生态补偿的省份。中国生态补偿机制的建立有利于推动环境保护工作实现从以行政手段为主向综合运用法律、经济、技术和行政手段的转变,有利于推进资源的可持续利用,加快环境友好型社会建设,实现不同地区、不同利益群体的和谐发展。

可持续发展战略(Sustainable Development Strategy)是建立在社会、经济、人口、资源、环境相互协调和共同发展的基础上的一种发展方略,其宗旨是既能相对满足当代人的需求,又不能对后代人的发展构成危害。1980 年,国际自然与自然资源保护联盟、联合国环境规划署和世界野生生物基金会在他们联合发表的《世界自然资源保护大纲》中,率先提出了"可持续发展"的战略思想。"可持续战略"这个词语是 1987 年挪威首相布伦特兰夫人在她的《我们共同的未来》报告中正式提出来的。她认为,"可持续发展"是"既满足当代人的需要,又不对后几代人满足其需要的能力构成危害的发展"。1992 年,联合国环境发展大会制订了具有跨时代意义的行动计划——《21 世纪议程》,把"可持续发展"列为全球发展的战略。中国也于 1994 年制定了《中国 21 世纪议程——中国 21 世纪人口、环境与发展白皮书》,确立了中国 21 世纪可持续发展的总体战略框架和各个领域的主要目标。在此之后,国家有关部门和很多地方政府也相应地制订了部门和地方可持续发展实施行动计划。1996 年,《国民经济和社会发展"九五"计划和 2010 年远景目标纲要》把可持续发展作为一条重要的指导方针和战略目标,并明确作出了中国今后在经济和社会发展中实施可持续发展战略的重大决策。"十五"规划还具体提出了可持续发展各领域的阶段目标,并专门编制和组织实施了生态建设和环境保护重点专项规划,社会和经济的其他领域也都全面地体现了可持续发展战略的要求。"十一五"规划中也明确了建设资源节约型、环境友好型社会的任务,再次体现了可持续发展战略的要求。自1992年联合国环境与发展大会以来,中国积极有效地实施了可持续发展战略,在中国可持续发展的各个领域都取得了突出的成就,特别是在经济、社会全面发展和人民生活水平不断提高的同时,人口过快增长的势头得到了控制,自然资源保护和生态系统管理得到加强,生态建设步伐加快,部分城市和地区环境质量有所改善。

中国能源安全战略(Chinese Energy Security Strategy)是为保障中国经济社会发展和国防需要的能源供应所采取的方略。能源安全战略的制定是缘于能源不安全。所谓能源不安全,就是外部能源供应出现突然中断、短缺并引起价格迅速上涨对国民经济的危害。能源不安全危害的程度取决于国民经济对外部能源供应的依赖程度以及对价格暴涨的应对能力。中国能源消费结构以煤、石油、天然气等为主,并且人均能源占有量较低,进入21世纪,中国能源需求增长加快,石油、天然气消费对外依存度不断增大,能源安全问题已成为中国各方普遍关注的焦点。能源安全战略作为国家经济安全战略的核心,已成为中国国家安全战略的一个重要组成部分。2005年5月,国务院成立国家能源领导小组,以进一步加强对能源战略规划和重大政策、能源开发与节约、能源安全与应急、能源对外合作等前瞻性、综合性、战略性工作的领导。中国贯彻能源安全战略的具体措施包括:(1)加大对石油、天然气的勘探、开发和炼制的投入,建立稳定、可靠的国内油气供应系统。(2)大力开展节能和提高能源利用效率工作,缓解能源供应与经济发展之间的矛盾。(3)大力开发和利用新能源和可再生能源,包括风能、太阳能、生物质能、地热能、小水电以及核能、氢能等,以便改善能源消费结构,降低石油在能源消费中的比重。(4)开展对煤炭的清洁利用,改善环境和提高煤炭的利用效率。(5)建立石油战略储备体系,以防范石油供应风险。(6)通过和平与合作为手段引进国外油气资源,建立稳定可靠的国外能源供应体系,这是解决中国能源供应不足的另一不可或缺的战略措施。中国能源安全战略的实施对于保障国家能源安全,促进中国经济发展和社会进步具有紧迫现实意义和重要战略意义。

中国创新型国家战略(Chinese Strategy for Building an Innovative Country)是中国提出的把科技进步和创新作为经济社会发展的首要推动力量,把提高自主创新能力作为调整经济结构、转变增长方式、提高国家竞争力的中心环节,从而建设成创新型国家作为面向未来的战略。创新型国家应至少具备四个基本特征:一是创新投入高,国家的研发投入占 GDP 的比例一般在 2% 以上;二是科技进步贡献率高达 70% 以上;三是自主创新能力强,国家的对外技术依存度指标通常在 30% 以下;四是创新产出高。目前世界上公认的 20 个左右的创新型国家所拥有的发明专利数量占全世界总数的 99%。在 2006 年 1 月举行的全国科学技术大会上,胡锦涛在《坚持走中国特色自主创新道路,为建设创新型国家而努力奋斗》报告中提出了中国到 2020 年建成创新型国家的宏伟战略目标。2006 年 2 月,《国家中长期科学和技术发展规划纲要(2006—2020 年)》发布。该规划纲要站在历史的高度,以增强自主创新能力为主线,以建设创新型国家为奋斗目标,对中国未来 15 年科学和技术的发展作出了全面规划和部署,是迈向创新型国家的战略纲领。中国建设创新型国家的总体目标是:到 2020 年,使中国的自主创新能力显著增强,科技促进经济社会发展和保障国家安全的能力显著增强,基础科学和前沿技术研究综合实力显著增强,取得一批在世界上具有重大影响的科学技术成果,进入创新型国家行列,为全面建设小康社会提供强有力的支撑。中国创新型国家战略是在全面建设小康社会步入关键阶段之际,根据特定的国情和需求所作出的一项重大战略决策,有利于实现新阶段发展目标、加快科技发展、提升综合国力和核心竞争力。

中国循环经济发展模式(Chinese Circulation Economy Development Pattern)是中国发展循环经济即物质闭环流动型经济的基本范式。1998 年中国引入德国循环经济理念,确立"3R"(即"减量化、再利用、再循环")原则的中心地位;1999 年从可持续生产的角度对循环经济发展模式进行整合;2002 年从新兴工业化的角度认识循环经济的发展意义;2003 年将循环经济纳入科学发展观,确立物质减量化的发展战略;2004 年提出从不同的空间规模即城市、区域、国家层面大力发展循环经济,实现经济增长方式转变。"十一五"规划也把大力发展循环经济,建设资源节约型和环境友好型社会列为基本方略。中国上下形成了贯彻落实科学发展观,发展循环经济,构建资源节约和环境友好型社会的热潮。中国循环经济发展模式主要有三类:一是典型的生态农业模式。包括种养殖业复合系统、以沼气为纽带的各种模式、种植—加工复合模式等。二是生态工业模式。包括产业间共生模式、以矿业为龙头的共生模式、绿色制造。三是资源综合利用与环保产业。包括农业废弃物再生利用模式、工业固体废弃物的综合利用、生活废弃物的综合利用。利用废弃物发展循环经济,不仅延伸了产业链,还减轻了对环境的压力,增加了就业机会。中国发展循环经济的良好开端为今后循环经济的蓬勃发展奠定了坚实的基础。

中国国家经济安全战略(National Economic Security Strategy of China)是指中国所采取的保证国家经济发展目标顺利实现,国家的经济发展、经济利益不受内外部威胁和侵害,国家经济处于稳定、均衡和持续发展的正常状态的基本方略。1997年,中国共产党第十五次全国代表大会报告提出了国家经济安全战略,并明确指出:要"正确处理对外开放和独立自主、自力更生的关系,维护国家经济安全"。1998年,中共中央政治局常委北戴河扩大会议基于亚洲金融危机的教训,将"抓好经济安全"提到"全党全国中心工作"的高度。加入WTO后,如何维护国家经济安全的问题日渐突出。2002年,中国共产党第十六次全国代表大会报告提出"在扩大对外开放中要十分注意维护国家经济安全"。中国经济安全问题主要包括三个方面:一是中国经济与世界经济接轨过程中所产生的信息安全、金融风险、贸易安全、引进外资与保护民族工业等问题;二是中国可持续发展中面临的石油供应、重要矿产资源保障、粮食供应、淡水资源保障等资源需求问题;三是中国国内经济体制转轨与改革面临的就业保障、中央财政调控能力等问题。针对这些问题,维护中国经济安全的战略对策主要有:一是进一步增强国家的综合国力,包括努力转变经济增长方式,加快调整优化产业结构,着力提高科技创新能力。二是构建维护国家经济安全的防御体系,包括成立国家经济安全部门、完善相关法律、建立重要战略资源物质的储备体系、建立健全经济安全的预警机制等。三是以"进攻"的态势维护国家经济安全,包括鼓励企业走出去、积极推动区域一体化的建设和发展。中国国家经济安全战略的实施对维护国家安全和社会稳定,促进经济社会全面、协调、可持续发展,具有十分重要的意义。

中国科教兴国战略(Strategy for Invigorating China through the Development of Science and Education)是中国实施的把科技和教育作为兴国的手段和基础的方略。邓小平于 20 世纪 70 年代后期提出"实现四个现代化,科学技术是关键,基础是教育"的思想,为科教兴国战略的形成奠定了理论和实践基础。1992 年,中国共产党第十四次全国代表大会报告提出:"必须把经济建设转移到依靠科技进步和提高劳动者素质的轨道上来。"1995 年 5 月 6 日颁布的《中共中央国务院关于加速科学技术进步的决定》,提出了实施科教兴国的战略。1996 年,中华人民共和国第八届全国人民代表大会第四次会议正式提出了国民经济和社会发展"九五"计划和 2010 年远景目标,把"科教兴国"列为基本国策。科教兴国战略的主要内容是:在科学技术是第一生产力思想的指导下,坚持教育为本,把科技和教育摆在经济、社会发展的重要位置,增强国家的科技实力及向现实生产力转化的能力,提高全民族的科技文化素质,把经济建设转移到依靠科技进步和提高劳动者素质的轨道上来,加速实现国家的繁荣昌盛。科教兴国战略对中国科技发展的目标作出了规定:到 2000 年初步建立适应社会主义市场经济体制和科技自身发展规律的科技体制;在工农业科学研究与技术开发、基础性研究、高技术研究等方面取得重大进展;科技进步对经济发展的贡献率有显著提高;经济建设、社会发展基本转向依靠科技进步和提高劳动者素质的轨道。到 2010 年,使基本建立的新型科技体制更加巩固和完善,实现科技与经济的有机结合;繁荣科技事业,培养、造就一支高水平的科学技术队伍;全民族科技文化素质有显著提高;重大学科和高技术的一些领域的科技实力接近或达到国际先进水平;大幅度提高自主创新能力,掌握重要产业的关键技术和系统设计技术;主要领域的生产技术接近或达到发达国家的水平,一些新兴产业的生产技术达到国际先进水平,为建成社会主义现代化强国奠定坚实的基础。实施科教兴国战略,有助于培育新的经济增长点,提高企业经济效益,极大地促进生产力的发展;也有利于促进经济的发展和社会的全面进步,提高人民的物质文化生活水平,增强中国的综合国力。自宣布实施科教兴国战略以来,国家的科技实力迅速增强,大大提高了中国经济发展的质量和水平,使生产力有一个新的解放和更大的发展,实现了中国国民经济持续、快速、健康发展。

科学发展观(Scientific Outlook on Development)是中国建设社会主义的一种方法论。2003 年 7 月 28 日中共中央总书记胡锦涛提出要"坚持以人为本,树立全面、协调、可持续的发展观,促进经济社会和人的全面发展",实现"统筹城乡发展、统筹区域发展、统筹经济社会发展、统筹人与自然和谐发展、统筹国内发展和对外开放"。这是科学发展观首次进入大众视野。2007 年 10 月发布的中国共产党第十七次全国代表大会报告进一步深刻阐述了科学发展观的科学内涵:科学发展观第一要义是发展,核心是以人为本,基本要求是全面协调可持续,根本方法是统筹兼顾。明确了科学发展观是指导中国经济社会发展的重要指导方针,是发展中国特色社会主义必须坚持和贯彻的重大战略思想。中国共产党第十七次全国代表大会把科学发展观写入了中国共产党章程。

科学发展观主要的内容有:坚持以人为本,就是要以实现人的全面发展为目标,从人民群众的根本利益出发谋发展、促发展,不断满足人民群众日益增长的物质文化需要,切实保障人民群众的经济、政治和文化权益,让发展的成果惠及全体人民。全面发展,就是以经济建设为中心,全面推进经济、政治、文化建设,实现经济发展和社会全面进步。协调发展,就是要统筹城乡发展、统筹区域发展、统筹经济社会发展、统筹人与自然和谐发展、统筹国内发展和对外开放,推进生产力和生产关系、经济基础和上层建筑相协调,推进经济、政治、文化建设的各个环节、各个方面相协调。可持续发展,就是要促进人与自然的和谐,实现经济发展和人口、资源、环境相协调;坚持走生产发展、生活富裕、生态良好的文明发展道路,保证一代接一代地永续发展。

五个统筹战略(Five Coordinations Strategy)是 2003 年中国共产党第十六届中央委员会第三次全体会议《关于完善社会主义市场经济体制若干问题的决定》中提出的全面建设小康社会统筹发展战略及其实现方式。主要内容包括统筹城乡发展战略、统筹区域发展战略、统筹经济社会发展战略、统筹人与自然和谐发展战略、统筹国内发展和对外开放战略。五个统筹战略有机结合,缺一不可。统筹城乡发展战略是关键,统筹区域发展战略是基础,统筹经济社会发展战略是主导,统筹人与自然和谐发展战略是前提,统筹国内发展和对外开放战略是路径。五个统筹战略是在总结中国社会主义建设的历史经验特别是改革开放以来的新鲜经验、适应新形势新任务提出来的,体现了全面协调可持续发展的内在要求,是贯彻落实科学发展观的切入点和现实途径,是深化改革和促进发展的重要指导方针。

统筹城乡发展战略(Strategy for Coordinating Urban and Rural Development) 是中国的五个统筹战略之一,2003 年中国共产党第十六届中央委员会第三次全体会议提出并形成的,为解决中国现阶段城乡发展严重不平衡而从根本上推动城市发展和乡村发展的协调、联动、整合和统一的战略思想。其主要内容是:按照科学发展观的要求,更加注重农村的发展,把解决"三农"问题作为重中之重,贯彻工业反哺农业、城市支持农村的方针,推进社会主义新农村建设,逐步改变城乡二元经济结构,加快推进农业产业化、农村城镇化和农民市民化,逐步缩小城乡发展差距,实现农村经济社会全面发展,实行以城带乡、以工促农、城乡互动、协调发展,最终达到城乡共同发展繁荣。统筹城乡发展战略对于排除中国"三农"发展困境,解决城乡发展不平衡,加快全面建设小康社会步伐以及构建社会主义和谐社会具有重要的指导意义。

统筹区域发展战略(Strategy for Coordinating Regional Economy Development) 是中国的五个统筹战略之一,2003 年中国共产党第十六届中央委员会第三次全体会议提出并形成的,为解决中国区域发展不平衡而从根本上推动发达地区和欠发达地区发展的协调、联动、整合和统一的战略思想。其主要内容是:按照科学发展观的要求,从区域经济发展角度出发,通过政府的适当手段,对处于不同经济发展等级上的区域进行合理调控,以促进全国不同区域间的协调发展。具体说来,就是要积极推进西部大开发,振兴东北地区等老工业基地,促进中部地区崛起,鼓励东部地区率先发展,继续发挥各个地区的优势和积极性,通过健全市场机制、合作机制、互助机制、扶持机制,逐步扭转区域发展差距拉大的趋势,形成东中西相互促进、优势互补、共同发展的新格局。统筹区域发展战略的提出,表明中国政府正视了目前区域发展不平衡的事实,不再把西部大开发、中部崛起等看作各区域自己的事情,而是转变思路,站在全国发展的高度,统筹考虑东中西部的发展,从而打开了新的发展局面,形成了新的发展模式。

统筹经济社会发展战略（Strategy for Coordinating Economic and Social Development）是中国的五个统筹战略之一，2003 年中国共产党第十六届中央委员会第三次全体会议提出并形成的，为解决中国经济发展与社会发展不协调而从根本上推动经济发展和社会发展的协调、联动、整合和统一的战略思想。其主要内容是：按照科学发展观的要求，在大力推进经济发展的同时，更加注重社会发展，加快科技、教育、文化、卫生、体育等社会事业发展，不断满足人民群众在精神文化、健康安全等方面的需求，把加快经济发展与促进社会进步结合起来，全面提高人民的生活质量。统筹经济社会发展战略，切实地关注和解决失业、贫困、教育、医疗、公共卫生以及社会公正和反腐败等社会问题，以保证经济持续、协调发展，在经济发展的基础上实现社会全面进步，达到全面建设小康社会和社会主义现代化的目标。

统筹人与自然和谐发展战略（Strategy for Coordinating the Development of Human and Nature Harmoniously）是中国的五个统筹战略之一，2003 年中国共产党第十六届中央委员会第三次全体会议提出并形成的，为解决人与自然不和谐即人口、资源和环境的问题而从根本上推动人的全面发展和自然生态良性循环的协调、联动、整合和统一的战略思想。其主要内容是：按照科学发展观的要求，高度重视资源和生态环境问题，处理好经济建设、人口增长与资源利用、生态环境保护的关系，通过建设资源节约型、生态保护型社会，在确保生态平衡和环境良好的基础上，增强可持续发展的能力，推动整个社会走上生产发展、生活富裕、生态良好的文明发展道路。统筹人与自然和谐发展战略，为中国在社会主义现代化和全面建设小康社会的过程中协调人与自然的和谐发展、实施可持续发展、建设高度的生态文明等方面提供了科学的世界观和方法论。

统筹国内发展和对外开放战略（Strategy for Coordinating China's Domestic Development and Opening-up）是中国政府提出的五个统筹战略之一，2003 年中国共产党第十六届中央委员会第三次全体会议提出并形成的，为处理好国内发展和国际环境的关系而从根本上推动国内改革发展和对外全球开放的协调、联动、整合和统一的战略思想。其主要内容是：按照科学发展观的要求，处理好国内发展和国际环境的关系，在对外开放环境中谋发展，对外开放要服务于国内发展和改革，国内发展和改革也要考虑国际环境。既利用好外部的有利条件,又发挥好自身的优势,利用国际国内两个市场、两种资源,把扩大内需与扩大外需、利用内资与利用外资结合起来,努力实现国内改革发展和对外开放相协调、更好地共同发展。统筹国内发展和对外开放战略,是准确把握国内外经济发展趋势后作出的一项重大战略决策,是中国全面建设小康社会和适应经济全球化的必然要求,是全面提高对外开放水平和缓解国内资源不足的有效途径。

东北振兴战略(Northeast Revival Strategy)是中国对东北地区老工业基地加快调整、改造和发展的战略部署。2003 年中国共产党第十六次全国代表大会首次提出,2007 年中国共产党第十七次全国代表大会进一步强调全面振兴东北地区等老工业基地。东北振兴战略的核心内容是产业振兴,要从三个方面来推进:一是优先发展高新技术产业,特别是信息产业。东北的产业形态过于衰老,要把工作的着眼点放在增强产业的创新力和带动力上,建立新的产业形态,推进信息化,以增强经济的创新性,增强东北经济内在的自我带动力。二是有选择地改造传统产业。对有市场前景的、有较好产业基础的传统产业进行改造,进一步增强传统产业的市场适应力。三是抓紧调整不能进入市场的落后产业。国家、地方以及企业三个层面形成合力,甩掉包袱,解决转产问题。老工业基地的振兴对形成新的经济增长极,促进区域经济协调发展,保持国民经济持续增长和社会稳定都具有重要意义。

西部大开发战略(Western Development Strategy)是中国为促进广大西部地区经济全面发展而制定的战略决策。1999 年 11 月,中央经济工作会议制定对西部进行大开发的决策。西部大开发的范围包括重庆、四川、贵州、云南、西藏自治区、陕西、甘肃、青海、宁夏回族自治区、新疆维吾尔自治区、内蒙古自治区、广西壮族自治区等 12 个省、自治区、直辖市,面积为 685 万平方千米,占全国面积的 71.4%。实现西部大开发战略的重点在于:(1)加快基础设施建设是西部大开发的基础。交通、通信设施薄弱,水利设施不足,制约着西部地区的发展,必须从战略上考虑,加快西部地区基础设施建设步伐,尽快改变基础设施不适应的状况。(2)加强生态环境保护和建设是西部大开发的根本性措施。长期以来,西部地区水土流失和荒漠化十分严重,给经济发展和人民生活带来很大危害。加快西部开发,要在加大实施天然林资源保护工程力度的同时,治理陡坡耕地,有计划、有步骤地退耕还林还草和绿化荒山荒地,恢复林草植被,从根本上改变西部地区生态环境恶化的状况。(3)调整产业结构是西部大开发的关键。经济结构不合理是当前国民经济发展的突出矛盾,这个问题在西部地区表现得更为明显。西部地区只有实现产业结构优化升级,才能提高经济增长的速度和效益,增强在国内外市场上的竞争力。(4)发展科技教育是西部大开发的重要条件。优先发展教育,采取有效的政策措施,加强人才培养、使用和管理工作,从东部地区和国外引进人才。实施西部大开发战略,有利于推动经济结构的战略性调整,促进地区经济协调发展。

西气东输(West-East Natural Gas Transmission Project)是中国将西部一些地区丰富的天然气资源输往东部,以解决东部发展能源匮乏问题的工程。中国区域能源资源赋存量与区域发展水平很不匹配,东部沿海地区经济发达,对能源的需求量大,但能源相对贫乏,而西部地区天然气资源比较丰富,但因经济水平的限制,丰富的能源得不到充分开发利用。2000年2月国务院第一次会议批准启动"西气东输"工程,规划中的"西气东输",西起新疆塔里木轮南油气田,向东经过库尔勒、吐鲁番、鄯善、哈密、柳园、酒泉、张掖、武威、兰州、定西、西安、洛阳、信阳、合肥、南京、常州等大中城市,终点为上海。东西横贯新疆、甘肃、宁夏、陕西、山西、河南、安徽、江苏、上海9个省区,线路全长约4200千米,投资规模1400多亿元,是目前中国距离最长、口径最大的输气管道,供气范围覆盖中原、华东、长江三角洲地区。西气东输一线工程于2002年7月正式开工,2004年10月1日全线建成投产。这是中国自行设计、建设的第一条世界级天然气管道工程。西气东输二线工程于2008年2月正式开工,西起新疆霍尔果斯口岸,南至广州,东达上海,途经新疆、甘肃、宁夏、陕西、河南、湖北、江西、湖南、广东、广西、浙江、上海、江苏、安徽14个省、自治区、直辖市,管道主干线和8条支干线全长9102千米,2011年6月底全线建成投产。西气东输三线工程已于2012年10月16日正式开工,路线基本确定为起自新疆经过江西之后抵达福建,把俄罗斯和中国西北部的天然气输往能源需求量庞大的长江三角洲和珠江三角洲地区。西气东输工程把西部的天然气资源优势变成西部经济优势,带动了中国东、西部地区经济的共同发展。

西电东送(West-East Electricity Transmission Project)是中国将西部地区丰富的电能输往东部地区,以充分利用西部资源,弥补东部地区资源不足,支持东部地区发展,达到东西部共同发展的工程。1986年中国提出西电东送设想,1996年电力部门付诸实施。西电东送从南到北,从西到东,形成北、中、南三路送电格局。北线由内蒙古、陕西等省(自治区)向华北电网输电;中线由四川等省向华中、华东电网输电;南线由云南、贵州、广西等省(区)向华南输电。"十五"期间,国家重点加快实施"西电东送"南线的电源和输电线路建设。到2005年年底,从云南、贵州两省送电至广东的输电能力增加到700万千瓦,加上三峡送至广东的300万千瓦,基本可以满足广东"十五"期间的电力需要。

南水北调(South-to-North Water Diversion Project)是中国将南部地区丰富的水资源输往水资源匮乏的北部地区,以充分利用水资源的工程。1952年,毛泽东在视察黄河时提出"南水北调"的宏伟设想。1992年,江泽民提出要抓紧南水北调等跨世纪特大工程的兴建,南水北调的实施被提上国家议事日程。经过广大科技工作者的调研工作,在分析比较了五十多种方案的基础上,形成了分别从长江下游、中游和上游调水的东线、中线和西线三条调水线路:(1)东线工程,从长江下游江苏省扬州市江都抽引长江水,利用京杭大运河及与其平行的河道逐级提水北上,并连接起调蓄作用的洪泽湖、骆马湖、南四湖、东平湖。出东平湖后分两路输水,一路向北,经隧洞穿黄河,流经山东、河北至天津。输水主干线长1156千米;一路向东,经济南输水到烟台、威海,输水线路长701千米。(2)中线工程,从长江中游北岸支流汉江加坝扩容后的丹江口水库引水,跨越长江、淮河、黄河、海河四大流域,可基本自流到北京、天津。输水总干线全长1267千米。(3)西线工程,在长江上游通天河、支流雅砻江和大渡河上游筑坝建库,开凿穿过长江与黄河的分水岭巴颜喀拉山的输水隧洞,调长江水入黄河上游,补充黄河水资源的不足,主要解决涉及青海、甘肃、宁夏、内蒙古、陕西、山西等黄河上中游地区和渭河关中平原的缺水问题。南水北调工程总体规划分三个阶段实施,总投资达4860亿元人民币。南水北调工程是实现中国水资源优化配置的战略举措。

长三角经济区(Yangtze River Delta Economic Zone)是指由中国位于长江下

游入海口三角洲周围的,沪、苏、浙三省、市中 16 个地级市以上城市组成的区域。长江三角洲(以下简称"长三角")经济区的崛起是在珠江三角州(以下简称"珠三角")经济区之后。20 世纪 90 年代初,以浦东开发区为龙头,以集体经济和私营经济为主的"苏南模式"和"温州模式"相伴随,带动整个长三角地区上了一个新台阶。上海作为长三角的核心城市,已经作为国际大企业、大银行总部和研发中心的所在地,并加快朝着国际经济、金融、贸易和航运四大中心迈进。长江三角洲地区区位条件优越,自然禀赋优良,经济基础雄厚,体制比较完善,城镇体系完整,科教文化发达,目前已成为全国经济发展速度最快、经济总量规模最大、整体竞争力最强、最具有发展潜力的地区之一。

海峡西岸经济区(Economic Zone on the West Side of Taiwan Strait)是中国台湾海峡西岸,以福建为主体包括周边地区,南北与珠三角、长三角两个经济区衔接,东与台湾岛、西与江西的广大内陆腹地贯通的地域经济综合体。海峡西岸经济区于 2004 年 1 月初举行的福建省第十届人民代表大会第二次会议上首次被完整、公开地提出。海峡西岸经济区的发展布局是:(1)延伸两翼、对接两洲。发展壮大闽东北一翼和闽西南一翼,加快对接长江三角洲和珠江三角洲。(2)拓展一线、两岸三地。充分挖掘沿海港口、外向带动和对台合作优势,强化福州、厦门、泉州的辐射带动功能,发挥漳州、莆田、宁德拓展一线的骨干作用,突出特色、累积实力,促进全省沿海的全面繁荣。(3)纵深推进、连片发展。发挥三明、南平、龙岩纵深推进的前锋作用,借助生态、资源、对内连接等优势,依托出省快速铁路和高速公路,山海互动,东西贯通,不断向纵深发展。(4)和谐平安、服务全局。把不断实现好、维护好、发展好最广大人民的根本利益作为一切工作的出发点和落脚点,加快推进社会主义和谐社会建设;积极配合国家区域发展战略的实施,落实中央对台方针政策,强化福建对台独特地位作用,促进西部开发、中部崛起,服务全国发展大局和祖国统一大业。建设海峡西岸经济区,是中央战略决策的重要组成部分,也是福建贯彻落实中国共产党第十六次全国代表大会以来党中央提出的一系列重大战略思想的伟大实践。

珠三角经济区(Pearl River Delta Economic Zone)即"珠江三角洲经济区",珠

三角是由组成珠江的西江、北江和东江入海时冲积沉淀而成的三角洲,面积一万多平方千米。2009 年 1 月 8 日,国务院批准的《珠江三角洲地区改革发展规划纲要(2008—2020 年)》发布,规划范围以广东省的广州、深圳、珠海、佛山、江门、东莞、中山、惠州和肇庆市为主体,辐射泛珠江三角洲区域,并将与港澳紧密合作的相关内容纳入规划,促进珠三角经济区进一步发挥对全国的辐射带动作用和先行示范作用。珠三角经济区的战略定位是探索科学发展模式试验区、深化改革先行区、扩大开放的重要国际门户、世界先进制造业和现代服务业基地及全国重要的经济中心。珠三角经济区的发展模式是建立在与中国港、澳以及东南亚地区紧密联系的外向型经济模式上,直接参与国际产业链的循环。随着多年来经济的高速增长,现在珠三角许多城市逐渐受到劳动力成本上升、能源不足、环境压力的影响,成本优势、政策优势和地理优势面临挑战。

珠江三角洲地区改革发展规划纲要(Outline of the Program for the Reform and Development in Pearl River Delta Area)是中国为促进珠江三角洲地区的转型发展制定的改革发展规划。2008 年 12 月国家发展和改革委员会制定了《珠江三角洲地区改革发展规划纲要》,从国家战略全局和长远发展出发,促进珠江三角洲地区增创新优势,发挥对全国的辐射带动作用和先行示范作用。

珠江三角洲地区的发展在 2008 年金融危机后受到严重冲击。该纲要制定的目的在于促进珠江三角洲地区经济发展方式的转变,加快推动该地区经济社会又好又快发展,增强自主创新能力,优化生态环境,改善人民生活,缩小区域城乡差距,优化区域一体化格局,促进粤港澳经济融合发展。该纲要的主要内容是:到2020 年,基本实现现代化,基本建立完善的社会主义市场经济体制,形成以现代服务业和先进制造业为主的产业结构,形成具有世界先进水平的科技创新能力,形成全体人民和谐相处的局面,形成粤港澳三地分工合作、优势互补、全球最具核心竞争力的大都市圈之一。

成渝经济区(Chengdu-Chongqing Economic Zone)位于中国长江上游,地处四川盆地,因区域内的两大核心城市(成都市、重庆市)而得名。成渝经济区自然禀赋优良、产业基础较好、城镇分布密集、交通体系完整、人力资源丰富,是中国重要的人口、城镇、产业集聚区,是中国西部综合实力最强的区域之一。在《成渝经济区区域规划》中,成渝地区由一个地理区域扩展成为一个经济区域,包含了四川盆地的绝大部分地区,其中包括重庆市的 31 个区、县和四川省 15 个市的 117 个区、县及县级市。根据该规划,到 2015 年,成渝经济区将建成中国西部地区重要的经济中心、中国重要的现代产业基地、深化内陆开放的试验区、统筹城乡发展的示范区和长江上游生态安全的保障区,地区生产总值占全国的比重达到 7%。

京津冀经济区(Beijing-Tianjin-Hebei Economic Zone)涵盖中国北京、天津两个直辖市和河北省的石家庄、秦皇岛、唐山、廊坊、保定、沧州、张家口、承德八个地市的规划经济区,被认为是中国经济增长的"第三极"。这一经济区的整体定位是以首都北京为中枢,具有京津双核结构特征和较高区域和谐发展水平的新型国际化大都市圈;以技术、信息、金融、客货交流枢纽为依托,中国北方地区最具影响力和控制力的门户地区。

中原经济区(Central Plains Economic Zone)指以河南省为主体,包含山东、山西、河北、安徽等省部分地区的综合性经济区。2012 年 11 月,国务院正式批复《中原经济区规划》。中原经济区作为国家层面重点开发区域,位于全国"两横三纵"城市化战略格局中陆桥通道横轴和京广通道纵轴的交会处,是中部崛起的重要基地。中原经济区包括河南全省、山东西南部、河北南部、安徽西北部和山西东南部共 5 省 30 个地级市、10 个直管市(县)及 3 个县区,总面积约 28.9 万平方千米、总人口约 1.5 亿人,经济总量仅次于长三角、珠三角及京津冀,列全国第四位。中原经济区战略定位为:国家重要的粮食生产和现代农业基地,全国工业化、城镇化、信息化和农业现代化协调发展示范区,全国重要的经济增长板块,全国区域协调发展的战略支点和重要的现代综合交通枢纽,华夏历史文明传承创新区。

关天经济区(Guanzhong-Tianshui Economic Zone)又称"关中—天水经济区"。2009 年经国务院批复通过,其范围包括陕西省的关中平原地区及甘肃省天水地区,共六市一区。经济区以大西安(含咸阳)为中心城市,宝鸡为副中心城市,天水、铜川、渭南、商洛、杨凌等为次核心城市。依托陇海铁路(欧亚大陆桥)和连霍高速公路,形成中国西部发达的城市群和产业集聚带与关中城市群相呼应。

转变经济发展方式(Transforming Economic Growth Mode)是指促进经济增长由主要依靠投资、出口拉动向依靠消费、投资、出口协调拉动转变,由主要依靠第二产业带动向依靠第一、第二、第三产业协同带动转变,由主要依靠增加物质资源消耗向主要依靠科技进步、劳动者素质提高、管理创新转变。

早在1995年中国政府就已明确提出"积极推进经济增长方式转变,把提高经济效益作为经济工作的中心"的方针。中国共产党第十七次全国代表大会提出,加快经济发展方式转变是关系国民经济全局紧迫而重大的战略任务。中国共产党第十八次全国代表大会进一步指出:以科学发展为主题,以加快转变经济发展方式为主线,是关系中国发展全局的战略抉择。要适应国内外经济形势新变化,加快形成新的经济发展方式,把推动发展的立足点转到提高质量和效益上来,着力激发各类市场主体发展新活力,着力增强创新驱动发展新动力,着力构建现代产业发展新体系,着力培育开放型经济发展新优势,使经济发展更多依靠内需特别是消费需求拉动,更多依靠现代服务业和战略性新兴产业带动,更多依靠科技进步、劳动者素质提高、管理创新驱动,更多依靠节约资源和循环经济推动,更多依靠城乡区域发展协调互动,不断增强长期发展后劲。其中深化经济体制改革是加快转变经济发展方式的关键,推进经济结构战略性调整,是加快转变经济发展方式的主攻方向。

大部门体制(Super Ministries System)是指中国政府各级部门在机构设置上,加大横向覆盖的范围,整合职能和管辖范围相近、业务性质类似的部门,在此基础上组建一个组织规模更大、职能范围更广、侧重于横向的宏观管理、战略和政策制定的管理体制。中国大部门体制改革始于2008年。2008年3月11日公布的国务院机构改革方案涉及调整的机构共15个,正部级机构减少4个。改革后,除国务院办公厅外,国务院组成部门调整为27个。2013年,中国新一轮国务院机构改革方案经第十二届全国人民代表大会第一次会议审议通过。这一轮的改革国务院正部级机构减少4个,其中组成部门减少2个,副部级机构增减相抵数量不变。改革后,除国务院办公厅外,国务院设置组成部门25个。具体内容是:实行铁路政企分开;组建国家卫生和计划生育委员会;组建国家食品药品监督管理总局;组建国家新闻出版广播电影电视总局;重新组建国家海洋局;重新组建国家能源局。通过大部门体制改革切实解决政府部门设置过多、分工过细、职能交叉、政出多门、相互扯皮、协调困难等顽症,简化处理公务的手续和环节,降低协调成本,提高行政效能,建立统一、精简、高效的服务型政府。

建设社会主义新农村(Building New Socialist Countryside)是中国为全面建设小康社会,在社会主义制度下,从经济、政治、文化、社会和生态等方面加强农村建设的目标与任务。2005年10月,中国共产党第十六届中央委员会第五次全体会议通过的《中共中央关于制定国民经济和社会发展第十一个五年规划的建议》(以下简称《规划》)指出,"建设社会主义新农村是中国现代化进程中的重大历史任务"。对于建设社会主义新农村,《规划》要求:(1)积极推进城乡统筹发展。按照"生产发展、生活宽裕、乡风文明、村容整洁、管理民主"的要求,坚持从各地实际出发,尊重农民意愿,扎实稳步推进新农村建设。坚持"多予少取放活",加大各级政府对农业和农村增加投入的力度,扩大公共财政覆盖农村的范围,强化政府对农村的公共服务,建立以工促农、以城带乡的长效机制。(2)推进现代农业建设。加快农业科技进步,加强农业设施建设,调整农业生产结构,转变农业增长方式,提高农业综合生产能力。积极推行节水灌溉,科学使用肥料、农药,促进农业可持续发展。(3)全面深化农村改革。稳定并完善以家庭承包经营为基础、统分结合的双层经营体制,有条件的地方可根据自愿、有偿的原则依法流转土地承包经营权,发展多种形式的适度规模经营。巩固农村税费改革成果,全面推进农村综合改革。深化农村金融体制改革,规范发展适合农村特点的金融组织。坚持最严格的耕地保护制度,加快征地制度改革,健全对被征地农民的合理补偿机制。(4)大力发展农村公共事业。加快发展农村文化教育事业,加强农村公共卫生和基本医疗服务体系建设,实施农村计划生育家庭奖励扶助制度和"少生快富"扶贫工程,加大农村基础设施建设投入,大力普及农村沼气,积极发展适合农村特点的清洁能源。(5)千方百计增加农民收入。采取综合措施,广泛开辟农民增收渠道。大力发展县域经济,加强农村劳动力技能培训,引导富余劳动力向非农产业和城镇有序转移,带动乡镇企业和小城镇发展。继续完善现有农业补贴政策,加大扶贫开发力度,提高贫困地区人口素质,改善基本生产生活条件。

扩大内需（Expanding Domestic Demand）即扩大国家内部需求,包括投资需求和消费需求两个方面。1998 年 2 月召开的中国共产党第十五届中央委员会第二次全体会议第一次提出了扩大内需的方针。2008 年 11 月国务院常务会议确定了进一步扩大内需、促进经济增长的十项措施:一是加快建设保障性安居工程。二是加快农村基础设施建设。三是加快铁路、公路和机场等重大基础设施建设。四是加快医疗卫生、文化教育事业发展。五是加强生态环境建设。六是加快自主创新和结构调整。支持高技术产业化建设和产业技术进步,支持服务业发展。七是加快地震灾区灾后重建各项工作。八是提高城乡居民收入。九是在全国所有地区、所有行业全面实施增值税转型改革,鼓励企业技术改造,减轻企业负担 1200 亿元。十是加大金融对经济增长的支持力度。

拉动消费尤其居民消费是"一揽子"扩大内需计划的战略重点。2008 年第四季度以来,国家实施了家电下乡、汽车下乡、家电汽车以旧换新、汽车购置税减半等一系列促进消费的措施。2009 年,消费对经济增长的贡献率超过 50%,达到 1986 年以来的最高水平。

节能减排（Energy-saving and Emission-reduction）是指节约能源和减少对环境有害物的排放。2006 年《国民经济和社会发展第十一个五年规划纲要》提出了"十一五"期间单位国内生产总值能源消耗降低 20%左右、主要污染物排放总量减少 10%的约束性指标。2007 年国家发展和改革委员会会同有关部门制定的《节能减排综合性工作方案》进一步明确了实现节能减排的目标和总体要求。其主要目标:到 2010 年,万元国内生产总值能耗由 2005 年的 1.22 吨标准煤下降到 1 吨标准煤以下,降低 20%左右;单位工业增加值用水量降低 30%。"十一五"期间,主要污染物排放总量减少 10%,到 2010 年,二氧化硫排放量由 2005 年的 2549 万吨减少到 2295 万吨,化学需氧量（COD）由 1414 万吨减少到 1273 万吨;全国设市城市污水处理率不低于 70%,工业固体废物综合利用率达到 60%以上。在此期间,各地区、各部门把节能作为调整经济结构、转变发展方式的重要抓手和突破口,采取了一系列强有力政策措施,取得了显著成效,全国单位国内生产总值能耗降低 19.1%,基本实现了"十一五"规划纲要确定的约束性目标。

2011 年《"十二五"节能减排综合性工作方案》设定了新一阶段节能减排的主

要目标:到 2015 年,全国万元国内生产总值能耗下降到 0.869 吨标准煤(按 2005 年价格计算),比 2010 年的 1.034 吨标准煤下降 16%,比 2005 年的 1.276 吨标准煤下降 32%;"十二五"期间,实现节约能源 6.7 亿吨标准煤。2015 年,全国化学需氧量和二氧化硫排放总量分别控制在 2347.6 万吨、2086.4 万吨,比 2010 年的 2551.7 万吨、2267.8 万吨分别下降 8%;全国氨氮和氮氧化物排放总量分别控制在 238.0 万吨、2046.2 万吨,比 2010 年的 264.4 万吨、2273.6 万吨分别下降 10%。2012 年,国务院又印发了《节能减排"十二五"规划》,对于"十二五"期间节能减排工作进行了详尽的指导。

农业税条例废止(Abolition of the Agricultural Tax Regulators)是指中国自 2006 年 1 月 1 日起废止《农业税条例》,取消除烟叶以外的农业特产税、全部免征牧业税的政策。"十五"计划(2000—2005 年)之初,中国就开始了以减轻农民负担为中心,取消"三提五统"等税外收费、改革农业税收为主要内容的农村税费改革。2000 年从安徽开始,通过逐步扩大试点省份,到 2003 年在全国全面铺开。改革的主要内容是:取消乡统筹、农村教育集资等专门向农民征收的行政事业性收费和政府性基金、集资,取消屠宰税,取消统一规定的劳动义务工;调整农业税和农业特产税政策;改革村提留征收使用办法。从 2004 年开始,改革进一步深入,主要内容是:清理化解乡村不良债务;取消牧业税和除烟叶外的农业特产税;实行取消农业税试点并逐步扩大试点范围,对种粮农户实行直接补贴、对粮食主产区的农户实行良种补贴和对购买大型农机具户的农户给予补贴;推进乡镇机构改革、农村义务教育和县乡财政体制改革。吉林、黑龙江等 8 个省份全部或部分免征了农业税,河北等 11 个粮食主产区降低农业税税率三个百分点,其他地方降低农业税税率一个百分点。2005 年,全国有 28 个省份全部免征了农业税,河北、山东、云南也按中央要求将农业税税率降到 2% 以下。2005 年 12 月 29 日,中华人民共和国第十届全国人民代表大会常委会第十九次会议高票通过决定,自 2006 年 1 月 1 日起废止《农业税条例》,取消除烟叶以外的农业特产税、全部免征牧业税。

全部取消农业税后,与农村税费改革前的 1999 年相比,中国农民每年减负总额将超过 1000 亿元,人均减负 120 元左右。全部取消农业税表明中国在减轻农民负担,实行工业反哺农业、城市支持农村方面取得了重要突破,这是中国农业发展与世界惯例接轨的标志性事件。从国际上看,当一个国家经济发展到一定程度,无一例外地要对农业实行零税制,并给予相当的财政补贴。在经济全球化的宏观背景下,中国取消农业税,采取"少取、多予、放活"的政策,无疑顺应了时代的要求,适应了经济全球化的发展形势。废止农业税条例,只是解决"三农"问题、建设社会主义新农村这一"万里长征"的第一步,但也是具有标志性意义的关键一步。

新型工业化(New Industrialization)是指坚持以信息化带动工业化,以工业化促进信息化,走出一条科技含量高、经济效益好、资源消耗低、环境污染少、人力资源优势得到充分发挥的工业化道路。这一概念于2002年11月中国共产党第十六次全国代表大会提出。所谓科技含量高,就是要促进科技成果更好地转化为现实生产力,提高产品的质量和竞争力;经济效益好,就是要实现经济增长方式从粗放型向集约型转变;资源消耗低,就是要努力提高资源利用效率,积极推进资源利用方式从粗放向节约的转变,转变生产方式和消费方式;环境污染少,就是要从宏观管理入手,注重从源头上防止环境污染和生态破坏;人力资源优势得到充分发挥,就是要处理好发展资金技术密集型产业与劳动密集型产业的关系,坚持走中国特色的城镇化道路,通过教育和培训加强劳动力资源的能力。

十大产业振兴规划(Ten Industrial Promotion Plans)是2009年中国为防止经济加速下滑、实现国民经济8%的增长目标而陆续出台的重要产业调整振兴规划。由中国国家发展改革委与工业和信息化部,会同中国国务院有关部门开展的钢铁、汽车、船舶、石化、纺织、轻工、有色金属、装备制造业、电子信息以及物流业十个重点产业调整和振兴规划的编制工作,是一项应对国际金融危机,保增长、扩内需、调结构的重要措施。这十大产业的振兴规划主要包括:(1)钢铁产业,调结构促转型,淘汰落后粗钢产能,促高端特种钢的生产,提高产业集中度等。(2)汽车产业,结合国产品牌车型主要以小排量家用车为主,对购置小排量汽车减免购置税。支持企业的创新、推进汽车产业的重组、实施新能源汽车战略等。(3)装备制造业,加强产业结构调整,促进产业升级。加强自主创新支持力度,提高关键性零部件的国产化率。加快首台(套)政策落实,鼓励用户采用自主化国产设备。从政策层面支持企业重组兼并。(4)纺织产业,统筹促进扩大国内、国外市场,加强技术改造和自主品牌建设,淘汰落后产能,优化区域布局和加大财税金融支持。(5)船舶产业,稳定船舶企业生产,扩大船舶市场需求,发展海洋工程装备,积极发展修船业务,支持企业兼并重组。(6)电子信息产业,完善产业体系,立足自主创新和以应用带发展。(7)轻工业,积极扩大城乡消费,加快技术进步,强化食品安全,加强自主品牌建设,加强产业政策引导、推动产业转移。(8)石化产业,稳定石化产品市场的同时,加快结构调整,优化产业布局,着力提高创新能力和管理水平,不断增强产业竞争力。抓紧组织实施在建炼油、乙烯重大项目,增强产业发展后劲。推广资源综合利用和废弃物资源化技术,发展循环经济。(9)有色金属产业,控制总量、淘汰落后、企业进行技术改造。调整产业结构,促进技术含量高、附加值高的深加工产品出口。充分利用国内外两种资源,增强资源保障能力。(10)物流行业,积极扩大物流市场需求,推动能源、矿产、汽车、农产品、医药等重点领域物流发展,加快发展国际物流和保税物流,加快企业兼并重组,加强物流基础设施建设,提高物流标准化程度和信息化水平。

新型城镇化(New-type Urbanization in China)是指以城乡统筹、城乡一体、产城互动、节约集约、生态宜居、和谐发展为基本特征的城镇化,是大中小城市、小城镇、新型农村社区协调发展、互促共进的城镇化。新型城镇化的核心在于不以牺牲农业和粮食、生态和环境为代价,着眼农民,涵盖农村,实现城乡基础设施一体化和公共服务均等化,促进经济社会发展,实现共同富裕。与传统提法相比,新型城镇化更强调内在质量的全面提升,也就是要推动城镇化由偏重数量规模增加向注重质量内涵提升转变。这一战略由中国共产党第十八次全国代表大会正式提出。

2012年12月,全国城镇化规划草案基本成形,拟定了新型城镇化的六大指导原则:(1)体现以人为本的理念,着力提高人口城镇化水平,降低城镇准入门槛。(2)坚持城乡统筹,把推进城镇化和工业化、农业现代化紧密结合,以工促农、以城带乡,实现城乡经济一体化发展。(3)合理调整优化城市群格局,促进人口分布、经济布局与资源环境相协调。(4)以大带小,把大中城市和小城镇连接起来共同发展。(5)集约高效,合理控制建设用地规模,合理设置城镇建设标准。(6)完善城镇的功能,改善人居环境、基础设施和公共服务。未来几年中国将逐步把符合条件的农村转移人口转为城镇居民,在北京、上海、广州等特大城市控制人口规模的同时,大城市将继续发挥吸纳外来人口的作用,中小城市和小城镇则将放宽落户条件。此后,中国将构建以陆桥通道、沿长江通道为横轴,以沿海、京哈京广、包昆通道为三条纵轴,以轴线上若干城市群为依托、其他城市化地区和城市为重要组成部分的城市化战略格局,促进中国经济重心由东向西、由南向北延伸。在六大原则指导下,中国将采取措施增强城镇综合承载能力,全面提升交通、通信、水电气暖、污水垃圾处理、医疗教育、文体等基础设施和公共服务水平,并从户籍制度改革、土地制度改革、住房政策完善、财税体制改革、地方投融资体制改革以及行政区划调整六大方面着手,为城镇化快速健康发展提供强有力的体制和政策支持。

新型农业现代化(New Agricultural Modernization)是指以粮食优质高产为前提,以绿色生态安全、集约化、标准化、组织化、产业化程度高为主要标志,基础设施、机械装备、服务体系、科学技术和农民素质支撑有力的农业现代化。这一战略由中国共产党第十八次全国代表大会正式提出。

新型农业现代化,"新"是将农业现代化与工业化、城镇化相融合,互促共进、相互协调,促进工业化、信息化、城镇化、农业现代化同步发展;"新"在有力推动农业社会化大生产,从根本上提高农业劳动生产率、资源利用率和土地产出率,为新型工业化提供原料和劳动力,拓展新型城镇化的发展空间,加快现代化进程,改变全社会发展的面貌;"新"在通过新型城镇化发展有效减少农村人口,推进适度规模经营、集约化标准化生产,提高农业效益,充分利用新型工业化强大的技术和物质生产能力、信息化优势,为新型农业现代化提供有力支撑;"新"在为转变农业发展方式指明方向,更加凸显粮食安全、突出农产品质量、重视综合生产能力提升,走数量、质量、效益并重之路,建设可持续农业,实现社会化大生产,努力实现盈仓富农、强基固本的目标。

新型农村合作医疗(New Rural Co-operative Medical System)简称"新农合",是指由政府组织、引导、支持,农民自愿参加,个人、集体和政府多方筹资,以大病统筹为主的农民医疗互助共济制度。新型农村合作医疗制度从 2003 年起在全国部分县(市)试点,到 2010 年逐步实现基本覆盖全国农村居民。2011 年 2 月中国政府明确提出 2011 年政府对新农合补助标准由上一年每人每年 120 元提高到每人每年 200 元;新农合政策范围内住院费用支付比例力争达到 70% 左右。2012 年起,各级财政对新农合的补助标准从每人每年 200 元提高到每人每年 240 元。新农合是建立覆盖全民的社会保障体系的重要举措,有利于在一定程度上提高农村居民的医疗保障水平,缓解农民看病难、看病贵的难题,减轻农民医疗负担,稳定农村社会。

非公经济 36 条(Article 36 for Non-public Economy)是中国为促进非公有制经济发展而制定的政策意见。2005 年 2 月,国务院《关于鼓励支持和引导个体私营等非公有制经济发展的若干意见》(以下简称"非公经济 36 条")发布,这是新中国成立以来第一个关于促进非公经济发展的系统性政策文件,文件内容共 36 条。2010 年 5 月国务院再次发布了《国务院关于鼓励和引导民间投资健康发展的若干意见》,意见共 36 条(故简称"新非公 36 条"),进一步拓宽民间投资的领域和范围,明确了为非公有制经济创造公平竞争、平等准入的市场环境,市场准入标准和优惠扶持政策要公开透明,对各类投资主体同等对待,不得单对民间资本设置附加条件。新旧"非公 36 条"均以大力发展非公有制经济,促进个体私营经济又好又快发展,鼓励私营企业做大、做强、做活为目标。"新非公 36 条"规定除国家明令禁止的外,凡允许国有和外资企业进入的投资领域,一律对个体私营企业开放。按照"增加总量、扩大规模、鼓励先进、淘汰落后"的要求,重点支持符合国家产业政策、具有竞争优势的私营企业,通过兼并、重组等方式,组建跨行业、跨地区经营的大型企业集团。支持服务业私营企业开展连锁经营,实现规模化、集约化发展。

煤电联动(Goal Price and Electricity Price Linkage)是中国国家发展改革委员会制定的煤电价格联动机制。2004 年年底,国家发展改革委员会印发《关于建立煤电价格联动机制的意见》,决定建立煤电价格联动机制,规定以不少于六个月为一个煤电价格联动周期,若周期内平均煤价较前一个周期变化幅度达到或超过 5%,便将相应调整电价。2012 年年底,国务院办公厅印发《关于深化电煤市场化改革的指导意见》再次明确煤电联动机制,规定 2013 年起电煤价格波动幅度超过 5% 时,以年度为周期,相应调整上网电价,同时将电力企业消纳煤价波动比例由 30% 调整为 10%。

煤电联运机制是在 2004 年煤炭价格高企导致煤电厂亏损的情况下制定的。尽管制定了煤电价格联运机制,但是即使煤电价格的波动满足调整电价的条件,该机制却很少实施。第一次煤电联动在 2005 年的 5 月,第二次煤电价格联动在 2006 年 5 月,2008 年又连续实施了第三次和第四次煤电价格联动,在 2008 年到 2012 年的"煤价高企电企亏损"时期,煤电联动仅仅启动了两次,规定的六个月为一周期的联动机制并没有兑现。2013 年后,煤炭价格一路下滑,满足调整电价条件,却没有进行实施。2014 年 9 月 1 日起,国家发展改革委员会下调了燃煤发电企业上网电价,全国燃煤发电企业标杆上网电价平均每千瓦时降低了 0.93 分,销售电价总水平不变。

发电行业跟煤炭行业同属基础产业,关联度较大。煤企、电企生产经营大起大落,经营业绩两极分化,严重影响了能源的安全、稳定供应和行业可持续发展能力。中国的煤电矛盾根源在于煤电管理体制,深化体制改革是解决矛盾的唯一途径。

"三农"政策(The Three Rural Issues)是指为解决农业、农村、农民这"三农"问题,中国于 2004 年后实行的一系列更直接、更有力的政策措施。主要措施包括:(1)减免农业税,2004 年农业税平均税率由 7% 降到 4%,2006 年全面取消农业税。(2)对种粮农民实行直接补贴。(3)对购置和更新大型农机具给予补贴。(4)增加良种补贴投入。(5)稳定农业生产资料价格。(6)认真落实国家和省税费减免及物价控制政策,在税收、投融资、资源使用、人才政策方面,对农村个体工商户和私营企业给予支持。

在国家"十二五"规划全文中,把"强农惠农,加快社会主义新农村建设"作为"三农"政策总纲要。(1)加快发展现代农业:增强粮食安全保障能力、推进农业结构战略性调整、加快农业科技创新、健全农业社会化服务体系。(2)拓宽农民增收渠道:巩固提高家庭经营收入、努力增加工资性收入、大力增加转移性收入。(3)改善农村生产生活条件:提高乡镇村庄规划管理水平、加强农村基础设施建设、强化农村公共服务、推进农村环境综合整治。(4)完善农村发展体制机制:坚持和完善农村基本经营制度、建立健全城乡发展一体化制度、增强县域经济发展活力。

"走出去"战略（Strategy of "Going Out"）是中国为促进经济发展方式的转型,鼓励中国企业向外发展的经济战略。中国共产党第十七次全国代表大会报告指出:"坚持对外开放的基本国策,把'引进来'和'走出去'更好地结合起来,扩大开放领域,优化开放结构,提高开放质量,完善内外联动,互利共赢、安全高效的开放型经济体系,形成经济全球化条件下参与国际经济合作和竞争的新优势。""走出去"战略目标是:增加中国直接对外投资;促进出口产品的多样化;改善对外投资项目的水平和质量;改善本土市场的融资渠道;在欧盟和美国市场提升中国公司的品牌。通过"走出去"战略鼓励和支持有比较优势的企业对外投资,带动商品和劳务出口,打造有实力的跨国企业和著名品牌。

铁路体制改革（Railroad System Reform）是中国为提高铁路系统运营效率,促进铁路系统市场化而对铁路系统体制进行的改革。2013年中华人民共和国第十二届全国人民代表大会第一次会议审议通过的新一轮国务院机构改革方案对国务院组成部门进行了改革重组。在铁路方面实行铁路政企分开,组建国家铁路局和中国铁路总公司。铁道部拟订铁路发展规划和政策的行政职责划入交通运输部。交通运输部统筹规划铁路、公路、水路、民航发展,加快推进综合交通运输体系建设。组建国家铁路局,由交通运输部管理,承担铁道部的其他行政职责,负责拟订铁路技术标准,监督管理铁路安全生产、运输服务质量和铁路工程质量等。组建中国铁路总公司,承担铁道部的企业职责,负责铁路运输统一调度指挥,经营铁路客货运输业务,承担专运、特运任务,负责铁路建设,承担铁路安全生产主体责任等。同时,不再保留铁道部。考虑到铁路仍处于建设发展重要时期,同时承担很多公益性任务,方案提出,国家继续支持铁路建设发展,加快推进铁路投融资体制改革和运价改革,建立健全规范的公益性线路和运输补贴机制。

城乡二元土地制度改革（Urban-Rural Dual Land System Reform）是中国为缩小城乡收入差距而对现行的城乡二元土地制度进行的制度改革。城乡二元土地制度使城乡土地拥有不同的配置方式,造成土地增值收益在城乡之间分配严重不公,抑制了农民财产收入的增长,扩大了城乡居民收入差距,使农民的土地权益受到侵害,导致城乡不平等发展。中国共产党第十八届中央委员会第三次全体会议《中共中央关于全面深化改革若干重大问题的决定》提出:"在符合规划和用途管制前提下,允许农村集体经营性建设用地出让、租赁、入股,实行与国有土地同等入市、同权同价。"这是首次将同地同权理念写进党的最高文件。该决定在集体经营性建设用地入市上是有严格限定的:农村集体经营性建设用地只有在符合规划和用途管制前提下,才能利用集体经营性建设用地从事非农经济活动。也就是说,并非集体土地与国有土地一样同权同价入市,而只是开了集体经营性用地一个口子;同时,即便是集体经营性用地,也必须服从规划和用途管制。但是,这也为农村土地与城市土地同地、同权、同价上市交易奠定了基础。

中国城市户籍制度(Chinese Urban Household Registration System)是中国管理城市住户和人口的居民居住地登记制度。户籍制度具有人口登记、管理、稽查,以及了解人口变动和分布情况、维护社会治安等功能,是国际通行的一种人口管理制度。中国现行的城市户籍制度,是中华人民共和国成立以后伴随着计划经济模式的建立而形成的。这种户籍制度对确切了解全国人口变动和分布情况、加强人口管理、稳定社会秩序等发挥了重要作用,但这种户籍制度决定了城乡人口身份的差别。它的一些特殊规定,阻碍了城乡人口的流动,扩大了城乡分割。1958年1月,中国公布了《中华人民共和国户口登记条例》。根据该条例,中国公民分为农业户口和非农业户口。属于农业户口的农民除考取国家正规大中专院校、工矿招工等特殊情况外,原则上不能转成非农业户口,没有权利和机会迁入城市定居或寻找职业。改革开放以前,城市的户籍制度还与城镇居民的生活必需品供应制度、统包统配的就业制度、城市福利制度等密切结合,没有城镇户口的人不能获得生活必需品供应的票证,也无法找到工作,不能享受城市居民的各项福利待遇,因此也就不能在城镇生存。城镇居民与农村居民之间存在着巨大的物质待遇和社会身份的差别。改革开放以来,进城务工经商的农民越来越多,人口流动成为市场经济发展的必然结果和必要条件,传统的城镇户籍管理制度已不再适应市场经济发展的要求。近年来,中国加快了城市户籍管理制度的改革,主要是:(1)按照在居住地登记户口的原则,逐步打破城乡分割的二元管理结构,建立城乡统一的户口登记制度。(2)放宽户口迁移的限制,以具有合法固定的住所、稳定的职业或生活来源为基础,调整城市户口迁移政策。长期以来的农业人口和非农业人口的管理模式已经被突破。

城乡二元户籍制度改革(Urban and Rural Household Registration System Reform)是中国为了缩小农村户口与城市户口居民之间公共服务水平差距所进行的户籍制度改革。2014年7月30日,国务院发布《关于进一步推进户籍制度改革的意见》(以下简称《意见》),提出将建立城乡统一的户口登记制度,进一步调整户口迁移政策,扩大基本公共服务覆盖面。主要措施包括三个方面:(1)进一步调整户口迁移政策。全面放开建制镇和小城市落户限制,有序放开中等城市落户限制,合理确定大城市落户条件,严格控制特大城市人口规模,有效解决户口迁移中的重点问题。(2)创新人口管理。建立城乡统一的户口登记制度,取消农业户口与非农业户口性质区分和由此衍生的蓝印户口等户口类型,统一登记为居民户口,体现户籍制度的人口登记管理功能。(3)切实保障农业转移人口及其他常住人口合法权益。完善农村产权制度,扩大基本公共服务覆盖面,加强基本公共服务财力保障。

此次户籍制度改革的目标是,到2020年基本建立与全面建成小康社会相适应,有效支撑社会管理和公共服务,依法保障公民权利,以人为本、科学高效、规范有序的新型户籍制度,努力实现一亿左右农业转移人口和其他常住人口在城镇落户。

工业反哺农业、城市支持农村(Industry Refeeding Agriculture and City Supporting Country)是中国为促进城乡均衡发展,缩小城乡差距所作出的重要经济部署。中国共产党第十六届中央委员会第四次全体会议提出了"两个趋向"的重要论断,即在工业化初始阶段,农业支持工业,为工业提供积累是带有普遍性的趋向;但在工业化达到相当程度以后,工业反哺农业、城市支持农村,实现工业与农业、城市与农村协调发展,也是带有普遍性的趋向。"两个趋向"的重要论断,从全局和战略的高度提出了解决中国"三农"问题的指导思想,是新形势下破解这一难题的一把钥匙。中国共产党第十七届中央委员会第三次全体会议《决定》进一步明确了,在中国现代化进程中,要始终坚持工业反哺农业、城市支持农村和多予、少取、放活的方针,深入贯彻落实科学发展观,把建设社会主义新农村作为战略任务,把走中国特色农业现代化道路作为基本方向,把加快形成城乡经济社会发展一体化新格局作为根本要求。目前,中国大部分地区,特别是经济相对发达的地区,经济发展的水平和结构,总体上已到了以工促农、以城带乡发展的阶段。贯彻实施工业反哺农业、城市支持农村,能有效统筹城乡发展,促进农村经济发展,逐步消除城乡二元结构,形成城乡经济社会发展一体化新格局。

民生经济(Livehood Economy)是以居民就业、收入分配合理化、公共服务均等化、居民精神文明建设为中心,旨在提高社会总福利的社会经济发展模式。发展民生经济是一项复杂的系统工程,涉及经济、政治、社会、文化建设的方方面面。在中国共产党第十八届中央委员会第三次全体会议《中共中央关于全面深化改革若干重大问题的决定》中,对发展民生经济的途径进行了阐述,主要有:(1)完善现代市场体系,形成企业自主经营、公平竞争,消费者自由选择、自主消费,商品和要素自由流动、平等交换的现代市场体系。(2)健全城乡发展一体化体制机制,让广大农民平等参与现代化进程、共同分享现代化成果。(3)加快社会事业改革,解决好人民最关心最直接最现实的利益问题,努力为社会提供多样化服务,更好满足人民需求,让发展成果更多更公平惠及全体人民。其中教育体系、创业体制、收入分配格局、社会保障、医药卫生体制是改革重点。(4)创新社会治理体制,维护最广大人民根本利益,最大限度增加和谐因素。中国共产党第十八届中央委员会第三次全体会议进一步强调了廉政建设,以反腐为利器,防止公权力侵害居民利益,保障民生经济的健康发展。

促进资源型城市可持续发展(Promoting the Sustainable Development of Resource Based Cities)是中国采取的针对资源型城市转型发展的政策。该文件由国务院于2007年12月18日发布(国发〔2007〕38号)。由于以往资源型城市缺乏统筹规划,现在这些城市面临着经济结构失衡、失业和贫困人口较多、接续替代产业发展乏力、生态环境破坏严重、维护社会稳定压力较大等问题。加大对资源型城市尤其是资源枯竭城市可持续发展的支持力度,尽快建立有利于资源型城市可持续发展的体制机制,是贯彻落实科学发展观、构建社会主义和谐社会的要求,也是当前保障能源资源供给、保持国民经济持续健康协调发展的重要举措。

该文件主要内容包括八个方面:促进资源型城市可持续发展的指导思想、基本原则和工作目标;建立健全资源型城市可持续发展长效机制;培育壮大接续替代产业;着力解决就业等社会问题;加强环境整治和生态保护;加强资源勘查和矿业权管理;加大政策支持力度;明确任务,落实责任。

公共服务均等化(Equalization of Public Service)是中国致力于为社会公众提供基本的、在不同阶段具有不同标准的、最终大致均等的公共物品和公共服务的战略目标。2005年,中国共产党第十六届中央委员会第五次全体会议首次正式提出要完善公共财政制度,逐步实现基本公共服务均等化。健全公共财政体制,调整财政收支结构,把更多财政资金投向公共服务领域,加大财政在教育、卫生、文化、就业再就业服务、社会保障、生态环境、公共基础设施、社会治安等方面的投入。

2012年,中国基本公共服务领域首部国家级专项规划——《国家基本公共服务体系"十二五"规划》正式对外公布,该规划首次明确提出基本公共服务的范围、国家基本标准,提出实施26项保障工程。该规划提出,把基本公共服务制度作为公共产品向全民提供,是中国公共服务发展从理念到体制的创新。中国实行社会主义制度,公民都有获得基本公共服务的权利,保障人人享有基本公共服务是政府的职责。

2013年,中国共产党第十八届中央委员会第三次全体会议《中共中央关于全面深化改革若干重大问题的决定》提出:紧紧围绕更好保障和改善民生、促进社会公平正义深化社会体制改革,改革收入分配制度,促进共同富裕,推进社会领域制度创新,推进基本公共服务均等化,加快形成科学有效的社会治理体制,确保社会既充满活力又和谐有序。统筹城乡基础设施建设和社区建设,推进城乡基本公共服务均等化。

为实现上述政策目标,中国政府从多方面入手,强化公共服务体系建设。(1)通过改革财政管理体制,完善公共财政制度,加大财政转移支付力度,调整税收返还和财政补助政策,为逐步实现公共服务均等化探索财政制度基础。(2)坚持基础教育的公益性质,努力实现教育公平。加大财政对教育投入,规范教育收费,扶持贫困地区、民族地区教育,健全学生资助制度,保障经济困难家庭、进城务工人员子女平等接受义务教育。2008年义务教育实现全免费。(3)加快建立覆盖城乡居民的社会保障体系。建立城市最低生活保障制度;以基本养老、基本医疗、最低生活保障制度为重点,以慈善事业、商业保险为补充,加快完善社会保障体系;促进企业、机关、事业单位基本养老保险制度改革;探索建立农村养老保险制度,全面推进新型农村合作医疗制度建设。(4)建立和完善住房保障体系。通过建设经济适用房和廉租房,解决城市低收入家庭住房困难,使"居者有其屋"。(5)实施积极的就业政策,健全公共就业服务体系。完善市场就业机制,支持自主择业、自谋职业的同时,加强政府促进就业的责任和政策引导;加强职业技能培训和农村富余劳动力转移就业培训。规范和协调劳动关系,完善和落实国家对农民工的政策,依法维护劳动者权益等。

关于全面深化改革若干重大问题的决定(Decisions on Major Issues Concerning the Overall Deepening of Reform)是 2013 年 11 月 12 日由中国共产党第十八届中央委员会第三次全体会议通过的继续深化改革的纲领性文件。文件阐述了全面深化改革的重大意义、指导思想、目标任务和重要举措等,涉及社会发展的方方面面,对中国今后发展具有指导性作用。

文件主要决定有:中国将放开"单独二胎";废止劳教制度,逐步减少适用死刑罪名;探索实行官邸制,不准官员多处占用住房;研究制定渐进式延迟退休年龄政策;国有资本上缴公共财政比例 2020 年提至 30%;允许具备条件的民间资本设立中小型银行;加快房地产税立法并适时推进改革;慎重稳妥推进农民住房财产权抵押担保转让;不设重点学校、重点班,探索全国统考减少科目;石油、电信、电力价格将交给市场决定;发展混合所有制经济,废除对非公经济不合理规定。

五缓、四减、三补、两协商(Five Slow, Four Reduction, Three Fill, Two Consultation)是《人力资源和社会保障部、财政部、国家税务总局关于采取积极措施减轻企业负担稳定就业局势有关问题的通知》(人社部发〔2008〕17 号)所涉及的政策内容。目的是帮助受 2008 金融危机影响较大的困难企业渡过难关,鼓励困难企业尽量不裁员或少裁员,稳定用工岗位,稳定就业局势。

"五缓"是指允许困难企业在一定期限内缓缴社会保险费,包括养老、医疗、工伤、失业、生育五项保险费。"四减"是指阶段性降低四项保险费费率,即可在 2009 年之内适当降低城镇职工基本医疗保险、失业保险、工伤保险、生育保险的费率。"三补"是指使用失业保险基金支付社会保险补贴和岗位补贴,帮助困难企业稳定就业岗位;使用就业专项资金适当支持、鼓励困难企业通过开展职工在岗培训等方式稳定职工队伍。"两协商"是指对于裁员问题,要经过协商一致后妥善解决困难企业支付经济补偿问题,并严格界定困难企业范围。

国家信息化发展战略(2006—2020)(National Informatization Development Strategy 2006—2020)是 2006 年 3 月 19 日,由中共中央办公厅、国务院办公厅印发的发展信息产业的战略规划(中办发〔2006〕11 号)。规划指出信息化是当今世界发展的大趋势,是推动经济社会变革的重要力量,是覆盖中国现代化建设全局的战略举措,是贯彻落实科学发展观、全面建设小康社会、构建社会主义和谐社会和建设创新型国家的迫切需要和必然选择。文件主要包括全球信息化发展的基本趋势、中国信息化发展的基本形势、中国信息化发展的指导思想和战略目标、中国信息化发展的战略重点、中国信息化发展的战略行动、中国信息化发展的保障措施。

中国(上海)自由贸易试验区[China(Shanghai)Pilot Free Trade Zone]是中国政府设立在上海的区域性自由贸易园区,位于浦东境内,属中国自由贸易区范畴。2013 年 9 月 29 日中国(上海)自由贸易试验区正式成立,面积 28.78 平方千米,涵盖上海市外高桥保税区、外高桥保税物流园区、洋山保税港区和上海浦东机场综合保税区四个海关特殊监管区域。2014 年 12 月 28 日全国人大常务委员会授权国务院扩展中国(上海)自由贸易试验区区域,将面积扩展到 120.72 平方千米。中国(上海)自由贸易试验区的设立的意义:(1)中国(上海)自由贸易试验区是对国际经贸新规则、新标准的先行试验,并在条件具备的时候,推广到国内其他地区。(2)中国(上海)自由贸易试验区是在新形势下参与双边、多边、区域合作的经验积累,为与美国等发达国家开展相关谈判提供参考,从而为中国参与新国际经贸规则的制定提供有力支撑。(3)中国(上海)自由贸易试验区将在资本账户开放和人民币国际化两个方面为中国金融开放提供启示、参照、经验,打造中国金融开放的升级版。

海峡两岸经济合作框架协议(Economic Cooperation Framework Agreement, ECFA)原称"两岸综合性经济合作协定"或"两岸综合经济合作协定"。该协议由海协会与海基会领导人于 2010 年 6 月 29 日在重庆签署。框架协议内容基本涵盖了两岸间的主要经济活动,是一个综合性的、具有两岸特色的经济协议。

在货物贸易方面,中国大陆将对 539 项原产于中国台湾的产品实施降税,包括农产品、化工产品、机械产品、电子产品、汽车零部件、纺织产品、轻工产品、冶金产品、仪器仪表产品及医疗产品十类。中国台湾将对 267 项原产于中国大陆的产品实施降税。中国台湾对中国大陆降税产品包括石化产品、机械产品、纺织产品及其他产品四类。双方将在早期收获计划实施后不超过两年的时间内分三步对早期收获产品实现零关税。在服务贸易方面,中国大陆方面承诺,对会计、计算机及其相关服务、研究和开发、会议、专业设计、进口电影片配额、医院、民用航空器维修以及银行、证券、保险等 11 个服务行业对中国台湾实施更加开放的政策措施,具体开放措施包含 19 项内容。中国台湾方面承诺,对研究与发展、会议、展览、特制品设计、进口电影片配额、经纪商、运动及其他娱乐、航空电脑定位系统以及银行九个服务行业对中国大陆进一步放开。

框架协议规定,两岸将成立由指定代表组成的"两岸经济合作委员会",负责处理与框架协议相关的事宜,主要包括:完成为落实框架协议目标所必需的磋商;监督并评估框架协议的执行;解释框架协议的规定;通报重要经贸信息;框架协议解释;实施和适用的争端等。委员会可根据需要成立工作小组,处理特定领域与框架协议相关的事宜。

两岸综合性经济合作协定(Agreement on Comprehensive Economic Cooperation on Both Sides of the Taiwan Straits) 见"海峡两岸经济合作框架协议"。

中国—新加坡双边自由贸易协定(Bilateral Free Trade Agreement between China and Singapore) 是中国与新加坡两国为促进贸易发展而签订的协定。2008 年 10 月 23 日中国政府与新加坡政府签署了《中华人民共和国政府和新加坡政府自由贸易协定》(以下简称《协定》)。这是中国与东盟国家订立的第一个自由贸易协定,结束了中国与东盟国家没有双边自由贸易协定的历史,具有里程碑意义。《协定》涵盖了货物贸易、服务贸易、投资等诸多领域,是一份内容全面、详细的自贸协定。中新双方在中国与东盟自贸区的基础上,更进一步加快了贸易自由化进程,拓展了双边自由贸易关系与经贸合作的深度与广度。该《协定》于 2009 年 1 月

1 日起开始付诸实施,项下产品特定原产地规则,公布后于同年 6 月 1 日生效。

由于新加坡本身是一个实行零关税的国家,因此在签订协定后,新加坡从 2009 年 1 月 1 日起,取消对所有自中国进口产品的关税;而中国在 2012 年 1 月 1 日前取消 97.1% 自新加坡进口产品的关税,其中 87.5% 的产品从《协定》生效时起即实现零关税。中国与新加坡建立自由贸易区后,中国的许多产品将面临单方面降税,中国在关税收入上有一定的损失,但是协定的推出将帮助中国与新加坡更好地解决两国贸易之间的非关税壁垒问题。

中国巴西共同行动计划(China-Brazil Joint Action Plan)是中国政府与巴西政府为促进双方在政治、经贸、科教等领域合作所签订的行动计划。2009 年 5 月,中国与巴西签订了《中华人民共和国和巴西联邦共和国关于进一步加强中巴战略伙伴关系的联合公报》(以下简称《联合公报》),随后中国—巴西高层协调与合作委员会据此制订《中华人民共和国政府与巴西联邦共和国政府 2010 年至 2014 年共同行动计划》(以下简称《共同行动计划》),从战略高度全面指导两国战略伙伴关系及相关领域合作的发展。《共同行动计划》涵盖双方在政治、经贸、能源矿产、财政金融、农业、质量监督及检疫、科技和创新、文化教育等领域的合作计划。《共同行动计划》巩固和深化双方各领域务实合作,推动了中巴合作向全方位、多层次、宽领域的发展。这不仅有利于两国自身发展,而且对加强南南合作、共同维护国际金融稳定、促进世界经济发展具有重要意义。

经济一体化综合纲要(Comprehensive Outline for Economic Integration)全称《进一步加强和完善经互会成员国合作与发展社会主义经济一体化综合纲要》(以下简称《综合纲要》)。经济互助委员会的(由苏联组织建立的一个由社会主义国家组成的政治经济合作组织)纲领性文件之一。根据经济互助委员会组织章程和 1969 年第 23 次(专门)会议和 1970 年第 24 次例会的决议制定,1971 年第 25 次例会通过。《综合纲要》规定经济互助委员会成员国"在经济活动一切领域的合作",包括生产合作和科技合作,对外贸易和货币金融关系,以及改进"合作体制"及其组织和法律等方面的问题。《综合纲要》中有 200 多项有关"发展各国的合作和经济方面的重要措施",其中对"协调各国在所有活动阶段的力量",从拟定预测、生产、投资直到销售。《综合纲要》要求全面地协调各成员国的国民经济计划,扩大经济和科技合作,使各成员国的经济发展水平"逐渐接近和拉平"。还规定在15—20年内分阶段实现所有成员国国民经济"一体化",包括生产,科技、外贸和货币金融一体化,并相应地建立统一的"经济综合体"。1991年6月28日,经济互助委员会在匈牙利首都布达佩斯正式宣布解散。

长期专项合作纲要(Special Long-term Cooperation Programs)是经济互助委员会内协调各成员国主要经济部门10—15年发展计划的合作纲要。是实现经济一体化综合纲要的具体措施。1976年3月苏共二十五大提出建议,同年7月苏联向经济互助委员会提出基本蓝图。1978年6月经济互助委员会第32次会议,1979年6月第33次会议先后通过了五个长期专项合作纲要:(1)动力、燃料和原料合作纲要,规定加速发展原子能动力工程,增产和合理使用石油、煤炭等燃料。(2)农业和食品工业合作纲要,规定促进农牧业生产集约化,加强食品工业物质技术基础。(3)机器制造业合作纲要,规定各成员国在国际分工基础上,加强机器设备的专业化生产。(4)民用消费品生产合作纲要。(5)发展经济互助委员会成员国间陆路和水路运输的交通运输合作纲要。有关国家还签订了实施这些纲要的协定。

生产专业化与协作政策(Specialization and Cooperation of Production)是经济互助委员会为实现经济一体化目标而奉行的经济政策。1959年经济互助委员会第15届会议通过的《经济互助委员会章程》把国际分工作为经济互助委员会成员国间"全面经济合作"的基础,提出各成员国间要实行"生产专业化与协作"。1971年经济互助委员会通过的《经济一体化综合纲要》提出不仅要实行"企业和部门的专业化",而且要实行整个国家经济的专业化。该政策的目的是:提高成员国生产的组织工作和技术水平;增加品种、改进质量和科技指标,在生产相对有限产品的情况下,加速掌握新产品,降低产品成本,提高劳动生产率,从而进一步加强和完善合作,促进经济一体化的实现。主要内容:(1)从生产成品到专业化加工各种零件和组装配件。(2)从单方面交换组装配件和成品,发展到双方面交换。(3)从双边协作发展到多边协作,以及扩大生产前和生产后的劳动分工范围,加速生产前范围内的专业化。(4)从交换科技情报和传授经验发展到共同科研和设计,甚至发展到扩大销售范围的合作。

该政策对经济互助委员会成员国发展机器制造业、电力工业和化学工业等起到了一定的积极影响,但仍存在许多问题,随着经济互助委员会的解散,这一政策也随之退出。

科技一体化政策(Integration of Science and Technology)是经济互助委员会为推进科学技术合作而实行的政策。《经济一体化综合纲要》规定,经济互助委员会成员国"在经济活动一切领域的合作",包括科技合作。经济互助委员会科技合作有三种形式:(1)协调研究,即各国执行自己制订的科技计划,但这一计划必须事先与别国协调,研究成果为各成员国所有,并可按专利合同出售给其他国家,不需要共同结算和提供资金。经济互助委员会成立了"协调中心",负责这项工作。(2)协作研究,即各成员国协作研究某些科研项目,参加研究的协作机构的所有制形式不变。(3)直接共同研究,即组织共同的研究力量,为研究某一项目专门成立临时性的共同研究单位,或建立共同的试验室和科室,或由跨国经济组织或合营企业组成国际科研组织,进行部分或全部的共同科研项目。这是最高级的协作形式,20世纪70年代初建立的国际原子能研究所、标准化研究所、国际科技情报中心和国际管理问题研究所等就属于这一类。经济互助委员会国家间的科技合作取得一定成效,有利于充分利用各国的科技潜力,通过科技协调、协作,实行重大科研项目的研究,完成了大量的科研和试验设计课题,1980年和1981年两年共研究了1800个题目,从而大大增强了经互会各成员国的科技实力,提高了科研效率,加速了科技的发展。

外贸一体化政策(Integration of Foreign Trade)是经济互助委员会在其内部实施的贸易政策。基本出发点是,通过不断扩大经济互助委员会成员国间的对外贸易,加深其经济合作和经济交往,推动经济一体化进程和各成员国的经济发展。经济互助委员会成员国间的贸易最初是通过年度贸易协定实现的,1956年经济互助委员会成立了"对外贸易常设委员会",开始就发展经互会范围内的对外贸易问题进行研究。为了保证经济互助委员会成员国经济所必需的原料和其他商品的供应,使产品生产国建立稳定的销售市场,经济互助委员会成员国间开始实行长期贸易协定。这是在协调各成员国国民经济计划的基础上进行的,更加巩固了政府间有关双边和多边协定而产生的长期生产联系。此外,还吸收工业部门的代表参加长期贸易协定的准备工作,对扩大商品交换范围,提高相互供应的商品技术水平,满足买方对数量、质量、期限方面的要求及其他供货条件提供了保证。1964 年 1 月,经济互助委员会内部的贸易开始通过转账卢布进行结算,这在经济互助委员会成员国货币不能自由兑换和储备货币短缺情况下,有利于成员国间相互贸易的发展。实施结果:经济互助委员会成员国相互贸易额有较大增长,已占对外贸易总额的 50%—60%;相互贸易商品构成也发生了变化,机器设备、燃料、矿物原料、金属材料以及其他制成品的进出口比重在增长,初级加工产品比重在下降。

联合投资政策(Joint Investment Policy)又称"多边一体化政策"。是经济互助委员会成员国间在经济上相互支持共同建设大型联合工程的政策。《经济一体化综合纲要》规定在 15—20 年内分阶段实现所有成员国国民经济"一体化",并相应地建立统一的"经济综合体"。根据这一要求,1971 年 7 月成立了"经互会计划工作合作委员会",先后拟定 1976—1980 年和 198l—1985 年多边一体措施以及许多长期专项合作纲要,规定成员国联合投资,在苏联境内开发天然气田、兴建原子能发电站、铺设输气管道和输电线、建立原材料生产联合企业等大型共建项目。经济互助委员会联合投资的形式包括协调选择工业项目、建设新的生产能力和改建现有的生产能力。经济互助委员会特别重视对建立新的生产力的投资协调,仅1976—1980 年,有关国家为共建项目提供了约 90 亿转账卢布。大规模共同投资较多的集中在燃料、能源和原料的开发上。联合投资政策既有利于将来的产品出口国,也利于将来的产品进口国。在产品出口国境内建立联合投资工业项目,成为该国的财产,并保证产品销售到合作参与国,这在一定程度上增加该国的出口潜力。对投资合作参与国而言,可按其对建设项目的投资份额,保证补偿其所出费用的商品数量,甚至有所超出;又因投资国既可以贷款形式,又可在总的商品流转账上支付,这就为出口本国传统商品创造了有利条件。在拥有专业建筑安装机构的国家,还可以派一定技术装备的建设安装队参加项目建设,从而换得本国稀缺的商品或获得此类商品所需的可兑换的外汇。此外,在保证供应这些商品的有效期满后(10—15 年),还能在协议条件下继续获得共建企业所生产的商品。同时,合作国家在共建时期以及建设完成项目投入使用后,增加相互供货和提供服务的数量,这可使参加合作投资国之间的商品流转部分得到增加。投资合作还能促使有关国家在某些工业部门生产的专业化与协作,使创造的产品和产量达到最佳水平,进一步提高专门化产品生产的技术水平。

计划协调政策(Coordination of Plans)是经济互助委员会为实现经济一体化而实行的政策。经济互助委员会第25届会议通过了《进一步加强和完善经互会成员国合作和发展社会主义经济一体化综合纲要》(以下简称《综合纲要》)。《综合纲要》要求全面协调各成员国的年度计划、五年计划和远景规划,以扩大经济和科技合作,使各成员国的经济发展水平"逐步接近和拉平"。具体任务是:磋商经济政策的基本问题;协调国民经济主要部门和生产方面的长远规划;有关国家对某些工业部门和某几种生产进行共同规划;对改进国民经济计划和管理制度方面的经验组织交流等。主要内容有:(1)协调国民经济计划。20 世纪 70 年代前,在各成员国制订计划的基础上对五年计划进行协调;20 世纪 70 年代后,各成员国的计划要在经济互助委员会协调的基础上制订。(2)协调远景规划。始于 20 世纪 50 年代中期,一般指协调到 1990 年的长远规划。这种协调规定 10—20 年内发展国民经济主要部门和生产产品种类的主要趋势、成员国在社会经济发展与科技进步方面长期经济政策的基本目标,并确定集中制订国民经济计划和各国参加国际分工的方针。(3)协调经济和科技政策。(4)编制预测。(5)对个别工业部门的共同规划。这是计划工作方面新的合作形式,其目的是联合各国力量,以获得最好的科技成果,提高劳动生产率,充分满足各国对产品的需要,保证在世界市场上的竞争能力。

战时共产主义(War Communism)又称"军事共产主义"。是苏维埃俄国在1918—1920 年外国武装干涉和国内战争时期所实行的一项经济政策。1918 年夏季,刚刚诞生的苏维埃俄国受到国际帝国主义和国内反革命势力的联合进攻,处在危机之中。在"一切为了前线"的号召下,整个社会经济生活和文化政治生活都转入战时轨道。战时共产主义的主要内容是:(1)不论大型、中型和小型企业,一律实行国有化,由苏维埃政权实行严格监督。(2)国民经济管理高度集中,国家对工矿企业采取实物供给制,企业不独立进行经济核算,不计算盈亏,所需生产资料由国家供给,产品由国家直接分配。(3)日用消费品实行配售制(有一部分是免费供应的),禁止日用必需品私人贸易。(4)实行余粮收集制,把农民的余粮全部征收到国家手中,由政府垄断粮食贸易,禁止私人交易。(5)实行普及于一切阶层的劳动义务制度,贯彻"不劳动者不得食"的原则。这项政策对动员国内一切资源,保卫苏维埃政权,起了重要作用。在实施政策过程当中,曾考虑在此基础上按共产主义原则来调整整个国家的生产和分配,取消商业,但很快发现此路不通,它只能是在经济受到严重破坏、物资极端匮乏的特殊情况下被迫采取的一项非常政策,不适合正常和平经济建设的需要。1921 年联共(布)第十次代表大会通过决议用新经济政策取而代之。

苏联新经济政策(The New Economic Policy of Soviet Union)是苏联 1921—1936 年实行的经济政策。为区别于 1918—1920 年实行的战时共产主义政策而命名。1918 年列宁制定了这一政策的基本原则,1921 年粉碎外国武装干涉和平定国内反革命叛乱后实行。1936 年《苏联宪法》的颁布,标志着新经济政策时期结束。主要内容是:用粮食税代替余粮收集制,允许农民在按照规定纳税后可自由支配余粮,调动广大农民的积极性;全面开展工业品同农产品交换,发展商品交换流通;在工人阶级掌握经济命脉的条件下容许私营经济存在,在一定程度上允许私人资本活动,实行租赁制和租让制,发展国家资本主义,利用外国资本和国内私人资本来恢复和发展生产力,等等。这些政策的实质和目的就是利用市场、商业和货币流通来巩固工农联盟,使农民从经济上关心农业的恢复和发展,并在此基础上把国营工业推向前进,建立起强大的社会主义工业,最终达到消灭资本主义的目的。这项政策的实行巩固了工农联盟,促进了生产力的发展,为在苏联实现社会主义工业化和农业集体化创造了有利的条件。它是以列宁为首的苏联共产党在建设社会主义过程中的一个伟大尝试,为社会主义实践积累了十分宝贵的经验。

粮食税(Food Tax)是苏维埃俄国 1921 年向农民征收的一种以粮食为主的农业税。它是新经济政策中的重要内容,战时共产主义政策为新经济政策所替代的主要标志就是粮食税的实行。主要内容是以征税的方式,向农民收缴事先规定了限额的粮食和其他农副产品,农户完税后剩余的粮食和其他农畜产品可自行支配、自由买卖,这就根本不同于征集农民全部余粮的余粮收集制。对不同阶层采取有差别的粮食税率:富农和富裕农户较高,中农和贫农较低,大部分赤贫户则免税。1921—1922 年度税率按产品分别规定;1922—1923 年度实行折合粮食计算的统一的实物税;从 1924 年起,根据联共(布)第十二次代表大会的决议,以货币税代替实物税,粮食税被统一的直接农业税取代。实行粮食税后,农业税的征收数量只相当于余粮收集制的二分之一、肉类仅为四分之一强,而且在春种之前就公布各户应征数量,增产不征税。这样就调动了农民的积极性,促进了农业生产的恢复和发展。从 1921 年起,播种面积逐年扩大,农业产值逐年提高,到 1924—1925 年度,苏联农业规模已接近第一次世界大战前水平;同时,农业得到了恢复,余粮收集制造成的工农之间的紧张关系消除了,为振兴工业,恢复和促进国民经济发展创造了重要条件。

外贸国家垄断制(State Monopoly on Foreign Trade)是苏联对外贸易长期实行的根本制度。自 1918 年 4 月人民委员会签署《对外贸易国有化法令》起开始实行。法令规定,全部对外贸易国有化,由指定的机关代表国家同外国签订各项产品的贸易合同,禁止其他机关、组织和个人从事出口贸易。实行这种制度的目的在于防止帝国主义国家的经济渗透和破坏,保护国家经济的独立自主和发展,并使对外贸易在国家经济建设中发挥重要作用。20 世纪 20 年代,为迅速恢复国民经济,苏联曾让很多经济组织到国际市场上去,在苏联驻外商务代表处的统一协调下进行外贸活动。20 世纪 30 年代,按部门原则建立全苏进出口垄断公司,外贸部根据国家垄断原则进行管理,监督进入国外市场的各个组织活动。外贸国家垄断制是苏联高度集权管理体制的重要组成部分。在历史上曾起到过积极作用,但它不利于调动外贸企业的积极性和主动性,造成工贸脱节。1965 年曾进行过完善外贸管理体制的改革,但仍坚持统一对外、高度中央集权的外贸国家垄断制。

租让制(Concession System)是苏联新经济政策的内容之一,国家资本主义的一种形式。自 1920 年 11 月 23 日列宁签署颁布《俄罗斯苏维埃联邦社会主义共和国人民委员会租让法令》起实行,20 世纪 30 年代末期全部取消。主要内容是:在苏维埃政权的监督下,把当时国家无力经营的某些工矿企业、森林、油田等,按照一定的条件暂时租给外国资本家经营。目的在于利用资本主义发达国家的资金、技术、生产设备和管理经验,迅速恢复和发展社会生产力,争取在最短时间内增加产品的数量,改善工人农民的生活,巩固苏维埃政权。由于当时的具体历史条件,仅订立了 100 多项租让合同,承租人共投资 4800 万金卢布,没有得到大的发展。

租赁制(Lease System)又称"租借制"。是苏联新经济政策中的国家资本主义措施之一。自 1921 年 7 月 5 日苏维埃俄国颁布《关于最高国民经济委员会所属企业租借办法》起实行。主要内容是在苏维埃政权的监督下,由国家把一部分国有的暂时无力经营的中小企业或林地等租借给本国资本家经营。其目的是利用私人资本以及资本家的技术力量、管理经验、尽快恢复和发展生产,使国家掌握更多的工业品与农民相交换,巩固工农联盟。到 1923 年年末,共出租企业 7500 个,占全部拟定出租企业的 76.5%。平均每个租赁企业有 17 个工人。租赁企业的租金,最初几年主要采取实物形式,用生产的产品偿付,后来 80% 用货币形式支付。承租人约二分之一是私人,约三分之一是合作社组织。由于租赁企业都是中小企业,产值在国民经济中所占比重很小。后来随着国营大工业的迅速发展,租赁制被取消。

义务交售制(Voluntary System)是"农产品义务交售制"的简称。苏联 1933—1958 年实行的主要粮食政策。1933 年 1 月,联共(布)中央和人民委员会发布《关于集体农庄和个体农户向国家义务交售谷物的决议》起实行。1958 年 6 月宣布取消,改行统一收购制。主要内容有:(1)国家预先(收获前)对集体农庄、农庄庄员的家庭副业和个体农户规定向国家交售固定数额农产品的任务;交售定额在 20 世纪 30 年代约占总产量的 30%—40%,在 20 世纪 40 年代约占 16%。(2)按采购价格支付义务交售的农产品价款,采购价格一般大大低于成本,1940 年谷物义务交售价仅为国营农场生产成本的 30%,1952 年为 12%。(3)义务交售任务是法律予以保证的,集体农庄、集体农庄庄员、个体农户必须完成;否则,对集体农庄要处以罚款,并要求提前完成全年任务,对个体农户则要按刑法典追究法律责任。(4)义务交售农产品的品种包括谷物、土豆、向日葵、肉类、奶类、蛋类和羊毛等。最初,交售定额种植业按照播种面积计算,畜牧业按饲养头数计算;20 世纪 40 年代后改为种植业产品按耕地面积计算,畜牧业产品按土地面积计算。在 20 世纪 30 年代初期,义务交售是苏联国家取得粮食的主要渠道,占全苏联粮食采购量的 80%,以后逐步减少。这种政策用行政手段控制了粮食商品流通,用低价采购的办法,掌握了粮食,积累了资金,加速了苏联工业化的进程。但由于农民长期负担重、收入低,扩大再生产受到影响致使农业长期落后。

农业集体承包制(Collective Contract System in Agriculture)是苏联农业中推行的一种经营责任制。1982 年 5 月苏共中央全会正式通过完善和推广集体承包制和新的报酬形式的决定。同年 11 月公布了关于种植业集体承包制建议书。1983 年全苏农业书记会议提出,各级党政机关都要把推广农业集体承包制作为实际工作的"重要方向",明确规定到 1985 年把集体承包制普及到所有农庄和农场。其出发点是使每一个农业劳动者获得的报酬同其生产的最终成果紧密结合以提高他们的责任心。主要做法是:(1)以熟练的农机手为核心组成承包作业队和小组,负责在一定的土地上耕作;农庄、农场的领导有责任为这些承包作业队顺利完成这项任务及时提供必要的资源并创造条件;按事先规定的估价预付工资,收获后再进行决算。(2)集体承包作业队和小组与农庄农场间的关系用合同进行调节。(3)承包农作物应达到的产量根据过去五年实际平均产量确定。如果增产,可得附加报酬。(4)承包队和小组根据各成员的知识、劳动技能和劳动态度等分为三至五个工资等级,按月计时预付工资;同时采用劳动参与系数作为分配附加报酬和奖金的基础,影响个人劳动参与系数的因素有劳动生产率高低、工作质量和劳动态度好坏以及对技术设备的保养状况等。

全俄电气化计划(Electrification Plan of the Soviet Russia)是苏维埃俄国在粉碎外国武装干涉和取得国内战争胜利后,恢复和发展国民经济的第一个全国性远景规划。根据列宁的指示,电气化计划具体由国家电气委员会组织各方面专家制订。1920 年 12 月第八次全俄苏维埃代表大会通过。计划规定用 10—15 年的时间,建设总发电能力为 150 万—175 万千瓦的火电站 20 座和水电站 10 座,到 1935 年发电量达到 88 亿度。1931 年这一任务提前完成。到 1935 年年底,建成的区域电站能力为 410 万千瓦,总发电量为 263 亿度,超过原计划约两倍。电力工业的迅速发展,使它成为带动其他工业部门发展的主导部门,电气化计划中规定的恢复和发展工业、农业和运输业的任务也大都超额完成。全俄国电气化计划是列宁建成社会主义计划的一个不可分割的重要组成部分。

苏联社会主义工业化方针(Socialist Industrialization Policy of the Soviet Union)是苏联党和国家为改变经济落后面貌、实现从农业国到工业国的转变而制定的经济发展战略方针。1925 年 12 月苏共(布)第十四次代表大会通过执行。这一方针的显著特点是以重工业为中心,高速度地发展重工业。实现这一方针所采取的一系列政策措施是:依靠自己的力量积累建设资金,在实践中主要是靠"挤农业,压消费"的办法来获得。对农业采取农产品义务交售制、机器拖拉机站实物报酬制、工农业产品不等价交换等办法,获得农产品和资金,数量几乎相当于每年农业总产值的二分之一;同时提高积累率,压低消费基金在国民收入中的比重。在资源分配上优先保证重工业,资金、原材料、燃料、电力和机器设备首先满足重工业需要。重工业投资在国民经济各部门基建投资总额中长期占 30% 左右,相当于农业投资的2—2.7 倍、轻工业投资的 4.5—5.1 倍,并且把重工业投资的绝大部分用于建设新的企业,重工业产品的绝大部分用于重工业自身的扩大再生产,形成了外延式的扩大再生产格局和自我服务、自我循环的生产特征。同时,建立起一整套高度集权的经济管理体制,以保证统一调度和集中使用全国的人力、物力、财力,确保重工业的高速发展。经过十多年的努力,到 20 世纪 30 年代末基本完成了工业化,当时苏联的工业生产水平已跃居世界第二位和欧洲第一位,从而为苏联夺取卫国战争的胜利奠定了物质基础。

苏联赶超发展战略(Forging ahead Strategy of the Soviet Union)是苏联长期实行的以赶上并超过发达资本主义国家为目标的经济发展战略。这一战略思想是列宁在十月革命前夕写的《大难临头,出路何在》一文中首次提出的。十月革命胜利以后,在当时面临的国际国内严峻局势下,列宁这一思想遂成为苏联经济发展的战略方针。赶超发展战略包括两大步骤:第一步是改变经济落后面貌,实现从农业国到工业国的转变,根本摆脱对外经济依赖,实现国家工业化。从 1925 年 12 月联共

(布)十四大起,经过几个五年计划的努力,到 1939 年 3 月联共(布)十八大止,宣告胜利完成。第二步是准备用 10—15 年的时间,在人均产量上超过主要资本主义国家。但直到 1953 年 3 月斯大林逝世,这一任务也未完成。赫鲁晓夫执政期间,在 1959 年又提出了一个赶超美国的七年计划。规定七年内工业总产值增长 80%,农业总产值增长 80%,到 20 世纪 60 年代中期,苏联主要农产品总产量和人均产量超过美国 50 年代末水平,人均工业产品产量接近美国水平。赶超发展战略的长处是:目标明确,资源动员能力强,能用较短时间、较快的速度建立比较完整的工业体系,迅速实现国家工业化。同时,能够迅速增强经济军事实力,保卫革命政权。但是,如果不能适时转变发展战略,长期实行则会出现一系列弊端:基建战线过长,国家负担过重;片面注重重工业,忽视农业和轻工业,国民经济畸形发展,比例结构失调;重数量、轻质量,经营粗放,经济效益差;形成中央高度集权,企业和地方没有自主权,整个国民经济缺少活力。

苏联集约化发展战略(Intensive Development Strategy of the Soviet Union)是 20 世纪 70 年代苏联推行的以"坚决提高社会生产效率"为核心的经济发展战略。十月革命以后到 20 世纪 60 年代初期,苏联实行的是一种以追求数量为主要内容的"赶超"发展战略。这一战略对工业化和经济发展起了重要作用,但同时也带来了劳动力供应不足、自然资源开采条件恶化、资金短缺等问题。进入 20 世纪 60 年代,这些问题日趋严重,靠传统的粗放经营方式求得经济增长的可能性逐渐消失。为此,苏共中央于 20 世纪 70 年代制定了一项新的发展战略,即由追求粗放式发展战略转变为"以坚决提高社会生产效率"为核心的集约化发展战略。所谓集约化,就是使生产成果的增长速度超过生产耗费的增长速度,在生产中,用较少的资金取得较大的成果。其核心是效率和效益问题。根本目的在于通过加快科技进步、节约物质和劳动资源等途径,实现社会生产效率持续、稳步提高,促进经济发展和社会进步。由粗放式发展战略向集约化发展战略转变拟分两步走:第一步是在 1985 年依靠集约化因素所增加的国民收入达到其全部增长的一半;第二步要在 1990 年使之提高到占国民收入增长的大部分或绝大部分。实现这一战略目标,科学技术是关键。为了加速科技进步,保证和促进经济向集约化过渡,采取的措施是:(1)增加科研经费,使其增长速度高于社会总产品生产的增长速度。(2)重视科研队伍的建设,注意多层次、多渠道、多方式地培养科技人员。(3)建立联合公司,加强科学与生产的联系。(4)在科研中实行经济刺激和物质鼓励制度,在所有科研单位设立"经济刺激基金",用以鼓励新的科技成果,促进新技术、新产品的研制和采用。(5)加强现有企业的改建和技术改造,要求物力和财力首先要用于现有企业的技术改造和改建,并将投资重点更多地转向企业改建和技术改造。(6)对新产品实行"限定价格",制定价格的"最高极限"和"最低极限",以保护新产品使用企业和生产企业的利益。(7)加强科技预测,注重科技体制改革。(8)引进西方先进的科技成果。由粗放式增长走向集约化增长,是苏联经济发展战略的重大调整和转折,对于20世纪70年代以来苏联经济的发展和体制改革的进程产生了十分重要的作用。但由于体制上的弊端,在实施这一战略过程中遇到许多困难。

斯达汉诺夫运动(Stakhanovism)是苏联20世纪30年代后半期开展的社会主义劳动竞赛运动。它是由顿巴斯顿涅茨矿区掘煤工斯达汉诺夫首先发起的。由于他采用了风镐采煤新技术,大大提高了效率,1935年8月30—31日的一个工作班内,创造了采煤102吨的纪录,超过定额近14倍,比当时德国鲁尔煤矿设备最先进的矿井中一个工人一班的采掘量高出一倍。这一先进事迹,极大地鼓舞和激发了苏联工人阶级和集体农民的积极性,纷纷以斯达汉诺夫为榜样掀起了一个采用新技术、提高劳动生产率的劳动竞赛热潮。以斯大林为首的苏共中央及时加以引导和推广,并命名为"斯达汉诺夫运动"。中心内容是:采用新技术和改善劳动组织、迅速提高劳动生产率、加速工业化进程。这一运动首先起于采煤工业部门,接着扩展到其他工业部门、交通部门、农业部门。这个运动广泛深入地开展,有力地促进了苏联国民经济的技术改造和劳动生产率的提高。斯大林评价说,这一运动代表着社会主义工业的未来,开辟了达到共产主义所必需的很高的劳动生产率的唯一途径。

谢基诺经验(Shchekinoazot Experiment)是苏联提高劳动生产率、减少工作人员数量的一种试验。它是1967年8月在苏联图拉市谢基诺化学工业联合企业首先实行的。到1981年,采用这种经验的企业有1500个,部分采用的有8000个,节约工作人员约20万人。主要内容是:(1)通过兼职、合并工种、扩大服务范围等办法,提高生产效率,裁减人员。(2)实行"科学劳动组织",规定企业的工资基金总额若干年内不变,因减少人员而节余的工资基金留归企业自己支配,其中一半作为兼职、扩大服务范围和执行附加劳动职能的职工的附加工资,其数额不得超过职工基本工资的30%,剩余部分在企业获得必要数量超计划利润的情况下,可在年底拨作企业的物质奖励基金。采用谢基诺经验,对劳动力十分短缺的苏联经济发展具有重要意义。

苏联农业发展政策(Agricultural Development Policy of the Soviet Union)是苏联20世纪60年代中期以来在农业中推行的政策措施。农业是苏联经济的薄弱环节,发展农业的政策也几经变化。1964年勃列日涅夫执政后,把农业放在突出地位,采取了一系列政策措施。主要内容是:(1)大量增加农业投资,增加农业改造方面的投入,主要是农业综合机械化、化学化和土壤改良。(2)缩小工农产品剪刀差,改善农产品收购办法,实行统一收购制、超计划交售奖励制,提高农产品价格,对农庄庄员实行有保障的月薪制度。(3)改进农业管理,促进向节约化生产的过渡。扩大集体农庄自主权,采用小组包工制等形式完善内部按劳付酬和经济核算制,注意发展跨单位合作制和农工联合体。1979年6月苏共中央《关于在跨单位合作制和农工一体化基础上进一步发展生产专业化和集中化的决议》,要求在自愿原则下,采用技术上高度机械化的集中生产和先进工艺,大大提高产品的商品率。(4)重视科学种田和农业人才的培养。20世纪80年代初,苏联集体农庄主席的93.5%、国营农场场长的98.3%具有中等教育以上文化程度,并有160万名农业专家和420万名机械手。(5)鼓励、扶助个人辅助经济。1969年公布的《集体农庄示范章程》,明文规定个人辅助经济应获得支持,同时也限定了它的规模。1981年1月通过的《关于增加公民个人副业农产品产量的补充措施》中,在合同订购、贷款、提供肥料和农用机器等方面给农村私人副业采取了更为宽松有利的政策。

苏联福利政策(Social Welfare Policy of the Soviet Union)是苏联20世纪60年代中期以来所实行的福利政策。主要内容有:(1)把提高职工工资、庄员的集体劳动报酬作为增加居民收入的主要方向,实行以增加劳动报酬为主的收入政策,主要是提高工资和在企业利润中设立专项物质奖励基金。(2)实行社会消费基金优先增长政策。社会消费基金是由国家预算拨款、国营和合作社企业、社会团体共同筹集的、用于扩大居民社会福利的专项社会基金。主要以劳务形式提供免费教育、医疗、休养和以现金形式支付各种优抚金、补助金、助学金。从20世纪60年代中期到20世纪80年代初期,由于文教卫生保健事业的迅速发展、社会保证保险措施的改进和居民房租的激增,职工家庭收入中来自社会消费基金的比重有所上升,1979年达到23.1%。(3)对主要商品的国家零售价格实行相对稳定政策。通过财政补贴保持主要食品价格低廉、稳定;降低过剩、残次商品价格;提高畅销高档商品、进口消费品及烟酒等的价格。1970—1979年全苏民用消费品国家零售价格总指数仅增长2%。(4)依靠外贸和挖掘重工业内部潜力增加消费品生产和供应,提高居民消费水平。(5)加速住房建设、改善居住条件。奉行以公建为主同时鼓励私建和私人入股参加住房建筑合作社合建住房的政策。对后者国家可以免费提供地皮、长期低息贷款和建材供应方面的帮助。这些福利措施使苏联居民实际生活水平明显提高。1965—1980年实际收入提高了80%。但还存在一些问题,如分配上的平均主义、收入增长速度超过劳动生产率增长速度、食品和日用消费品远远不能满足需要、住房建设速度远远落后于生产项目的建设速度等。

苏联人口政策(Population Policy of the Soviet Union)是苏联长期奉行的鼓励生育的人口政策。地广人稀、劳动力不足是苏联社会经济发展过程中的严重问题。苏联曾是第一个根据孕妇要求,公开允许人工流产的国家,但到20世纪30年代中期就开始对人工流产加以限制,同时采取了一系列鼓励生育的政策措施。主要有:(1)母亲从生产第三个孩子起,每生一个孩子发给一次国家补贴。(2)母亲从生第四个孩子起,除给予一次性补助外还按月发给固定补助。(3)对无法律配偶关系,但有子女的独身母亲,给予固定子女补助。(4)凡是养育五个八岁以下孩子的女职工,领退休金的年龄和工龄一律提前五年。(5)获"母亲英雄"等称号的多子女母亲有获得居住面积的优先权。俄罗斯共和国部长会议1965年10月19日第1178号决议规定,荣获"母亲英雄""母性光荣""母亲奖章"的多子女母亲均享有住房优先权。1981年的新措施又规定,在第十一个五年计划(1981—1985年)期间对30岁以下的新婚夫妇提供住房一间,有一个孩子后提供单间一套住房,有两个孩子后提供两间一套的住房,同时规定对头胎给予一次性补助,第二胎和第三胎给予 100 卢布的补助,并把产假延长到 18 个月。鼓励生育的政策促进了人口的增加,1960 年的人口增长率达 1.78%。但这之后总的呈下降态势,1966 年降为 1.10%,1970 年为 0.92%,1975 年为 0.88%,1982 年进一步降到 0.8%,因而没有能够实现既定增长目标。

苏联国营企业法(Law on the State Enterprise of the Soviet Union)是《苏维埃社会主义共和国联盟国营企业(联合公司)法》的简称。苏联 1987 年 6 月 30 日通过的有关企业经营管理的法律文件。1988 年 1 月 1 日起正式生效。其中心内容是激发社会生产的基本环节——企业,以最小的耗费来满足国民经济和居民对产品的需要,创造有活力的社会条件和生产条件。其特点和主要内容是:(1)首次确认企业具有社会主义商品生产者的经济地位,有权占有、使用和支配独立的一部分全民财产;企业必须根据完全经济核算制和自筹资金的原则进行活动,自负盈亏,国家不再提供预算拨款。(2)取消指令性计划,企业必须根据预测性的控制数字、各种订货自主制订和批准本企业的五年计划和年度计划,长期稳定经济定额和限额;生产资料批发贸易是物质技术供应的主要形式,国家只负责向企业销售特别紧缺的物资;除最重要的产品由国家定价外,其他产品按企业与用户共同确定的合同价格和企业自定价格出售;严守贷款原则,积极利用贷款;在按定额保证劳动生产率增长超过平均工资增长的前提下,企业可自主确定工人人数、编制、工资制度,工资数额不限;授权的外贸企业可直接在世界市场上办理进出口业务,建立经济核算外贸公司;按时上缴各种资源付费和利润税。(3)企业管理突出自治原则,厂长、经理实行选举制,但须报上级批准,任期五年;实行劳动集体全体大会(代表会议)制,讨论和决定企业生产和社会发展中的最重要问题,劳动集体委员会是常设机构;实行厂长制,负责领导、组织企业全部工作,并就企业成果向国家和劳动集体负责;厂长(经理)与劳动集体委员会意见不一致时,问题交劳动集体全体大会(代表会议)裁决。《国营企业法》是苏联建国以来关于企业管理的第一个正式法律文件。

苏联加速战略(Accelerating Economic and Social Progress Strategy of the Soviet

Union)是"关于加速社会经济发展战略"的简称。苏联制定的 1986—2000 年经济发展以及政治、军事、外交的总战略、总路线。1987 年 2 月苏共第二十七次代表大会正式通过。基本内容是:以科技进步为动力,以提高整个国民经济效益的集约化水平、生产的经济效益和产品的质量为基础,完善社会主义生产关系和经济机制,发展社会生产力,大大提高经济增长速度。在到 20 世纪末的 15 年内使国民收入翻一番,社会劳动生产率提高 1.3—1.5 倍。对此采取的主要措施是:(1)变资源浪费型经济为资源节约型经济,以依靠内涵的扩大再生产为主,提高折旧率、加速设备更新。(2)变资源密集型经济为技术密集型经济,加速发展微电子工业、自动化设备、新工艺流程、机器人、聚合材料、微生物工程等新兴工业部门,以新技术、新工艺、新设备、新材料为基础的新兴工业改造传统工业。(3)变落后生产方式的经济为先进生产方式的经济,采用新的生产方式组织生产。采取有力措施缩短科研成果投入使用的周期以及奖励科研成果、创造发明应用于生产实践。(4)变低效益投资的经济为高效益投资的经济,大大提高生产设备陈旧部门及现有生产部门的投资,投资主要集中于对科技进步起关键作用的部门。同时要求对经济体制进行根本的改革,使经济体制能保证加速战略的顺利实施。主要内容有:(1)结束中央对下属部门和企业具体业务的行政干预,提高中央集中领导经济的实效。(2)扩大联合公司和企业的独立自主性范围,自筹资金、自负盈亏,最终成果与集体、个人和企业的直接利益挂钩,发挥企业作为社会主义商品生产者的作用。(3)利用经济杠杆引导经济,取消指令性指标。

苏联加速开发东部政策(Accelerating the Development of Eastern)是苏联 20世纪 60 年代以来加强对远东及西伯利亚地区经济开发的政策措施。东部包括远东及西伯利亚是苏联经济发展比较落后但资源异常丰富的地区。早在 20 世纪 30年代联共(布)就作出了开发东部地区的重大决策。卫国战争时期,根据战争的需要,西部前线工业大举东迁,并增加了对东部的投入,为东部地区的工业化奠定了物质技术基础。进入 20 世纪 60 年代以来,苏联加速了对其东部地区的开发,使之进入一个新阶段。1961 年苏共二十二大、1971 年苏共二十四大特别是 1976 年的苏共二十五大都要求保证东部地区高速发展,完成加速发展东部地区的战略任务。该政策的主要内容是:(1)广泛建立区域性生产综合体作为开发东部地区的重要组织形式和有效手段。（2）优先发展交通动力部门，采取由西向东、由南至北、分期分批逐步展开的方针，包括建设"贝阿"大铁路，为东部地区开发开辟道路，建立燃料基地，解决动力供应问题，加速以秋明油田为中心的西西伯利亚的建设。（3）采取不分国别、不拘形式、积极争取与外国扩大经济合作的政策，解决开发中资金和技术设备的困难。（4）吸引和稳定开发东部地区的劳动力，主要采取增加收入、加强福利、实行轮班法和远征法，提高劳动质量和机械化程度等。（5）发展科学技术，贯彻集约化方针，在东部建立各级各类院校和科研机构。（6）增大投资，对东部的投资一般占其全部投资的 15%—16%。上述政策的实施使东部地区在全苏的地位日益提高，能源如石油、煤炭、天然气的产量已占全苏总产量的二分之一以上。但在开发过程中遇到了自然条件恶劣、劳动力紧缺、技术落后、设备缺乏、运输紧张、管理不善、浪费惊人等客观、主观方面的种种困难和问题。

苏联劳动力反倒流政策（Anti Reversal Flow of Labor Force Policy of the Soviet Union）是苏联吸引和稳定开发其东部地区劳动力的政策措施。西伯利亚及远东地区人口稀少，劳动力严重短缺。由于自然环境及生活条件极差，尽管苏联政府曾采用招募、农业移民、分配大专院校毕业生、调动工作等办法，但收效甚微，劳动力流动十分频繁，进的不如出的多，不少地方出现人口绝对数卜降，形成人口倒流现象。为了吸引和稳定东部地区的劳动力，苏共二十四大在第九个五年计划的决议中提出，要积极创造各种稳定条件并采取一系列措施。政策的主要内容是：（1）增加工资和附加工资。自 1966 年以来，东部地区职工工资比西部一般地区高 1.2—2 倍。（2）优惠分配社会消费基金，创造良好生活条件。普遍提供免费和优惠疗养证和休养证，延长带薪休假日期，降低东部交通费用方便旅行等。（3）加快住宅建设速度，提供设备完善的住宅。要求发达地区的建筑部门和单位协助施工，城市建房水平达到最高标准。（4）采用轮班法和远征法，保证必要的劳动力。在东部自然条件较好、经济较发达的南部建立永久性基地城，工作人员乘飞机到工作地点工作一段时间，然后返回基地城休息，这叫作轮班法。从远离东部的西部欧洲部分空运工作人员到西西伯利亚工作，则称作远征法。（5）广泛开展社会宣传教育，加强劳动纪律。（6）提供熟练劳动力，提高劳动质量，提高机械化程度……这些措施的采用，在相当长的时期里缓和了劳动力的频繁流动，中止了东部地区的人口倒流现象。

贝阿纲要（BAM Project）是苏联发展西伯利亚和远东地区、有计划地加速发展国民经济重点建设项目的重要文件。实施这项计划的时间为 25 年，即从 1975 年起到 2000 年止。用于此的经济开发基本投资额为 450 亿卢布。纲要的主要内容有：（1）建设一条"贝加尔—阿穆尔"铁路干线，改善苏联东部地区运输条件。（2）在铁路沿线建立一条新的工业带，以增强苏联的经济实力。（3）建立强大的商品出口基地，增加外汇收入。贝加尔—阿穆尔铁路已于 1984 年 10 月 27 日全线通车。

根本改革经济管理基本准则（Basic Principles for Fundamental Reform of Economic Management）是 1987 年 6 月苏共中央全会上通过的苏联经济改革指导性文件。准则指出，根本改革经济体制的实质是要实现三个转变：一是领导方法由行政领导方法为主转向经济管理领导方法；二是转向以利益和通过利益进行管理，充分发挥利益机制的作用；三是转向管理广泛民主化和大力调动人的因素。《根本改革经济管理基本原则》提出了苏联经济体制改革的设想和目标，确定了改革的具体内容和基本步骤，即改革首先从企业开始，从企业改革再扩展到计划、物资技术供应、价格和财政信贷等宏观领域的配套改革，直至对管理组织结构的全面改革。具体设想是：以企业法和《根本改革经济管理基本准则》为基础，在 1987 年年底以前，拟通过关于管理体制改革的重大问题的整个"一揽子"具体决议。这是戈尔巴乔夫执政时期经济改革的一项重要内容。

戈尔巴乔夫的新农业政策（New Agricultural Policy of Gorbachev）是 1989 年 3 月，苏共中央举行了戈尔巴乔夫上台以来的首次农业全会，确定了以根本改变农业经济关系为主的新农业政策。新农业政策具体包括三个方面：（1）承认生产资料社会主义所有制的各种形式具有平等权利，实行多种经营形式。新农业政策规定，各种社会主义所有制形式一律平等，没有"高级"和"低级"之分。对集体农庄和国营农场要一视同仁，充分发挥它们各自的潜力。同时，要实行多种经营形式，除集体农庄和国营农场外，还要发展农业公司、农业联合企业、加工企业，承租人组织、合作社、商品生产农户、个人副业以及工业企业、建筑企业和其他非农业企业的附属农场和副业单位等多种经营形式，它们也一律平等，不分高级和低级。（2）广泛发展租赁关系。这是苏联改变农村经济关系的主要途径。实行租赁制,就是将土地和其他生产资料长期(50年)交给承租者支配。这可以解决农民与土地和其他生产资料相脱离的现象。承租者有权独立建立生产结构和支配承租收入,但须向国家交付相应的土地使用税,保护承租地段的质量,严格履行合同义务。(3)根本改变农工综合体管理体制。

除上述根本改变农村经济关系的重大政策之外,新农业政策还特别强调两个方面:第一,大力发展农产品储存和加工业,以减少产品损失,增加食品资源。第二,大力加强农村的社会改造,改善农村的劳动和生活条件。这是稳定农村干部、扭转农业劳动力大量外流和提高农民生产积极性的重要前提。

苏联政府方案(Soviet Union's Government Scheme)是指苏联部长会议主席雷日科夫1990年5月24日在苏联最高苏维埃会议上所作的《关于国家经济形势和向可调节市场经济过渡的构想》的报告。政府方案强调必须要进行所有制改革,形成和发展多种所有制形式,各种所有制形式平等竞争。提出要通过租赁、完全经济核算、承包、股份等形式,把国家所有制改组为劳动群众自己民主管理的所有制;发展合作社所有制和社会组织所有制,个体劳动所有制也应当在所有制形式体系中占有自己的位置。

政府方案的所有制改革的要点是:(1)形成和发展多种所有制形式。(2)实行国家所有制非集中化(细分化)和非国家化。(3)集体所有制是主要发展方向。"多种所有制形式"和"非国家化"是政府方案的所有制改革的基本走向。

500天计划(500 Days Program)是叶利钦当选俄罗斯联邦共和国最高苏维埃主席之后,于1990年7月制订的向市场经济过渡的方案,该计划提出要在俄罗斯联邦实行广泛私有化和价格自由化。不久,戈尔巴乔夫同叶利钦达成协议,决定成立由沙塔林等13人组成的工作小组,在俄联邦的500天计划的基础上,制订一个全国向市场经济过渡的《500天计划》。《500天计划》指出,经济改革的基本原则是实现所有制非国家化和私有化。非国家化应当具有综合性,同时包括大型工业企业、中小型工商业企业、服务领域、住房和土地。要把大型国营企业改组为股份公司,除了股份化之外,还采取其他种种形式使财产非国家化:一次性赎买,以分期付款办法赊销,先租赁后赎买,外国投资。使小型商业企业、公共饮食业、生活服务业私有化。转让(变卖)部分住房和地块,使之成为公民的财产。

在方案之争中"500 天计划"未获苏联最高苏维埃首肯,于是俄罗斯联邦宣布从 1990 年 11 月 1 日起单独实行"500 天计划"。1990 年 12 月 24 日叶利钦又签署公布了《俄罗斯联邦共和国所有制法》(以下简称《俄联邦所有制法》),该法从1991 年 1 月 1 日起生效。《俄联邦所有制法》使《500 天计划》的所有制改革内容得以法律化、具体化和进一步发展。如果说在"500 天计划"中改革的方向规定为非国家化和私有化,且两者的界限尚不清晰,往往混用的话,那么在"俄联邦所有制法"中则只提私有化,不再提非国家化,将两者的内容统一于私有化。

阿巴尔金构想(Abalkin Conception)是指著名经济学者、时任苏联部长会议副主席、经济改革委员会的阿巴尔金院士根据苏联过去经济改革的经验和其他国家改革的实践,针对转轨方式的争论,提出的经济改革的构想。阿巴尔金还勾画了苏联新型经济体制的基础特征:所有制形式的多样化,它们之间是平等和竞争的关系;所得收入的分配应符合在最终成果的贡献;将与国家调控相结合的市场变成协调社会主义生产活动的主要工具;在灵活的经济和社会基础上实行国家调控经济;将公民的社会保障作为国家最主要的任务。构想中对向市场经济过渡的几种方案进行了比较研究。这三种方案分别被称为"渐进的""激进的"(后来被称为"休克的")和"适度激进的"。

渐进方案的主要特点是:用适当的速度循序渐进地进行改革;主要采用行政方法调控正在形成的市场和通货膨胀;逐步减少国家订货,控制物价和收入增长。渐进方案的预期结果有:(1)可以逐步适应变化,最大限度地减少剧烈变革造成的损失。(2)延缓改革。采取措施的效果不明显以及不足以克服负面影响。(3)有生产大幅下降、商品短缺和社会问题加剧的危险。激进方案的主要特点有:短期内彻底摧毁现有结构;同时消除市场机制运作的所有障碍;大量减少国家订货,几乎完全取消对价格和收入的控制;大范围地向新的所有制形式过渡。激进方案的预期结果为:(1)寄希望于快速建立市场的成效。(2)有货币流通出现混乱的危险,通货膨胀失控的可能性很大。(3)大量破产,生产大幅下滑,出现大范围的失业。(4)生活水平严重下降,居民收入差距拉大,社会紧张局势加剧。适度激进方案的主要特点:采取一系列激进措施,为向新机制过渡创造启动条件;建立积极调控市场的组织机制;落实巩固和发展新的经营体制的措施;对价格、收入和通货膨胀在所有阶段进行监控,对低收入阶层提供强有力的社会支持。适度激进方案的预期结果有:(1)能在相对较短的时间内获得改革的明显效果。(2)快速形成市场。(3)遏制生产下降和财政赤字增长,控制通货膨胀。(4)居民适应市场经济条件的环境比较宽松,缓解社会紧张局势。

在阿巴尔金的构想中,提出了大量有利于第三种方案即适度激进方案的论据。据当时社会民意调查,赞同第一种方案的为10%,赞成第二种方案的为30%,赞成第三种方案的为60%以上。在构想中,还规定了实施适度激进改革方案的三个阶段:第一个阶段始于1988年,并在1991年年初结束;第二阶段跨越了1991—1992年,在这个阶段里应该实施一整套同时推行的措施,并启动新型的经济体制;第三阶段是实施激进经济改革计划的结束阶段,包括1993—1995年。阿尔巴金认为,鉴于当时的实际情况,这一方案是逐步实行激进的经济改革最明智、最周到的方案。

俄罗斯经济转轨方针(Russian Transition Policy to Market Economy)是苏联解体、东欧剧变之后,苏联和东欧社会主义国家开始了向市场经济过渡的经济体制转轨。俄罗斯的经济转轨从1992年开始,大体可以分为三个阶段。第一阶段(1992年),盖达尔政府全面推行激进经济改革。改革的目标是向自由市场经济过渡,方式采取休克疗法。主要内容为:一次性全面放开价格;实行财政货币紧缩政策;以无偿分配的方式迅速实现私有化;对外贸易自由化。第二阶段(1993—1995年),切尔诺梅尔金政府继续推行向市场经济过渡的改革,并对一些激进政策进行修正。但是,经济仍处于危机之中,特别是人民生活水平下降,社会两极分化严重,已成为严峻的社会政治问题。第三阶段(1996年),叶利钦竞选和连任总统后对经济改革政策进行全面调整。一是改革的目标从自由市场经济转向社会市场经济。二是放弃"休克疗法",走向趋中。三是保护和扶持本国生产,刺激和增加投资,保护国内市场,支持扩大出口,到2000年使经济进入年增长率4%的振兴期。五是经济政策面向社会领域,注意居民社会保障,着力提高人民生活水平。六是加强国家宏观经济调控。七是调整对外经济政策。普京当政后,俄罗斯进入由乱而治的新时期。经济、社会、民主等建设有了长足进步,但是俄罗斯在建立有效的市场经济过程中,还面临着众多的矛盾和问题。

俄罗斯激进式休克疗法(Russian Shock Therapy)是俄罗斯从传统的计划经济向市场经济转轨时实行一种激进的过渡方式。其基本内容一般归结为自由化、稳定化与私有化(简称"三化")。俄罗斯在 1992 年年初围绕这"三化"推行的激进改革措施是:(1)从 1992 年 1 月 2 日起,一次性大范围放开价格,结果是 90% 的零售商品和 85% 的工业品批发价格由市场供求关系决定。与此同时,取消对收入增长的限制,公职人员工资提高 90%,退休人员补助金提高到每月 900 卢布,家庭补助、失业救济金也随之水涨船高。(2)实行严厉的双紧政策,即紧缩财政与货币,企图迅速达到无赤字预算、降低通货膨胀率和稳定经济的目的。(3)取消国家对外贸的垄断,允许所有在俄联邦境内注册的经济单位参与对外经济活动,放开净出口贸易。(4)卢布在俄罗斯国内可以自由兑换,由原来的多种汇率过渡到双重汇率制(在经常项目下实行统一浮动汇率制,在资本项目下实行个别固定汇率制),并逐步过渡到统一汇率制。(5)快速推行私有化政策。在 1996 年,私有化的企业和非国有经济的产值分别占俄罗斯企业总数与 GDP 的比重约为 60% 和 70%。

俄罗斯把"休克疗法"当作灵丹妙药,本想一步到位,创造体制转轨的奇迹。可是南美小国玻利维亚的治疗方案,到了欧洲大国俄罗斯,却是药不对症。1992年 12 月,盖达尔政府解散,俄罗斯的"休克疗法"也随即宣告失败。

俄罗斯价格自由化(Russian Price Liberalization)是俄罗斯在向自由市场经济快速过渡起始阶段一项最为直接与明确的重要改革政策与措施。价格自由化的具体做法可简单归结为一次性大范围放开价格。尽管在 1992 年启动激进改革时,不少人认为应该从非垄断化和建立竞争环境与私有制开始,然后再放开价格。但俄罗斯改革进程却是另一种情形,"因为得从大量的市场调节方式中选择一种能最大限度满足经济生活的方式,即社会稳定的起码保障。放开价格正是成了这样的一种方式"。也就是说,放开价格被视为实行"休克疗法"渐进式转轨的启动点。

价格自由化是从 1992 年 1 月 2 日开始的,以叶利钦总统关于《放开价格的各项措施》的命令为标志,该命令宣布:(1)从 1992 年 1 月 2 日起,根据供求关系,基本上实施生产—技术用途产品、日用品、劳动和服务向自由(市场)价格及收费标准转变。国家按自由(市场)价格收购农产品。(2)决定从1992年1月2日起,企业和单位,不论所有制形式如何,除了有限的生产—技术用途产品,基本消费品和劳务的平均价格均采用国家调控价(收费标准)。由国家调控的产品中有12种重要的生产技术性商品和消费品,如电力、动力煤、炼焦煤、石油、天然气、贵金属等生产技术性商品,国家规定的提价限额为四至八倍,而面包、牛奶、食糖、植物油和儿童商品等主要食品和消费品,国家的提价限额为三至五倍。1992年1月2日一次性大范围放开价格后,约有90%的消费品和80%的生产资料价格已放开。接着,俄罗斯政府又于1992年3月7日取消了对面包、牛奶、酸奶、脱脂奶渣、食糖、食盐、植物油和火柴的提价限额。这样,食品与消费品的价格基本上全部放开了,即实现了完全的价格自由化与市场化。

这次俄罗斯政府实行的基本上是一次到位的价格改革,其出现的问题是非常明显的,也十分突出,最主要的是引起了严重的通货膨胀。叶利钦执政时期的通胀率分别为:1992年2500%、1993年840%、1994年330%、1995年130%、1996年21.8%、1997年11%、1998年84.4%、1999年36.5%。通胀率多年居高不下,对社会经济的消极影响也表现得十分突出:一是使居民生活水平大大降低。二是高通胀率成为投资大幅下降的一个重要因素。三是使卢布汇率大幅下跌。四是使易货贸易不断发展,从而导致经济实物化趋势日趋明显。

俄罗斯私有化政策(Russian Privatization Policy)是指1992年开始的俄罗斯私有化改革。1991年7月1日苏联最高苏维埃通过了《关于企业非国有化和私有化原则法》,即私有化法。根据私有化法,国营企业可以改为租赁企业或集体企业,也可以改造成为股份公司,招标出售或拍卖,主要将由企业职工购买,其他苏联公民或外国公民和法人也有权购买。

俄罗斯大规模私有化大致可分为两轮。

第一轮私有化(1992—1998年)的基本做法主要有:(1)不断完善私有化法律。1991年7月3日通过《俄罗斯联邦国有和私有企业私有化法》这一基本大法之后,陆续颁布了《私有化纲要》《新私有化法》及其他一系列法规和总统令等,形成了一整套法律体系。(2)建立俄罗斯国家财产管理委员会(GKI)以及地区委员会,统一负责有关私有化的立法起草、解释、执行、协调、批准、登记等工作。（3）制订私有化规划及实施方案，将企业分成交给地方政府出售及纳入联邦大规模私有化两类以及立即私有化和暂不私有化两类。按照对国计民生的重要程度将大规模私有化企业细分为强制私有化、自愿私有化、需经国有财产委员会批准、需经政府批准及禁止私有化五种。（4）通过"小私有化"和"大私有化"两大阶段及证券私有化、现金（货币）私有化及个案私有化三个步骤进行私有化。其中，"小私有化"是指将国有小型工商业、服务业和建筑企业采取公开出售、拍卖、租赁等方式进行转让。"大私有化"是指对大中型国有企业进行私有化，其中，在1992年12月至1994年6月主要通过证券化方式进行，称为证券私有化，从1994年7月开始实施现金私有化，即采取现金出售国有资产，也称货币私有化。1997年6月大规模私有化阶段基本结束后，进入对大型和特大型国有企业按单个企业进行私有化的阶段，即个案私有化。

从2002年开始，俄罗斯国有资产部每年都提出新的私有化计划和企业目录。这一时期的私有化基本是按照"个案私有化"的方式进行的。但在普京的第二任期，私有化基本处于停滞状态，每年的私有化计划实际都完不成任务，普京实行了一段时间的国有化政策。

俄罗斯从2009年开始酝酿推行第二轮私有化，这一轮私有化期限是2010—2015年。2010年11月27日俄罗斯政府批准了《2011—2013年联邦资产私有化预测计划和私有化基本方针》。根据该规划，俄罗斯于2011—2013年对包括10家超大型国有公司、117家联邦单一制国企、854家股份公司、10家有限责任公司和73处不动产在内的国有资产实施私有化，范围涵盖金融、石油、电力、粮食、运输、农业、化工、石化等行业，预计收益达1万亿卢布，约合350亿美元。

俄罗斯土地私有化改革（Russian Agricultural Land Reform）中心内容是土地私有化，包括土地的产权私有化和经营方式的私有化两个方面，这两个方面的改革大体上经历了四个阶段。

第一阶段，俄罗斯独立之前：土地私有化的预演。苏联的土地制度是在1929年斯大林倡导的全盘集体化运动中形成的，实际上是一种国家所有制。1991年4月，尚未独立的俄罗斯制定了自己的"土地法典"。法典规定，国家、公民、集体农庄等都是土地的所有者。这就明确地确立了土地所有权的多元性原则,最终取消了单一的土地国有制形式。

第二阶段,从苏联解体到 1993 年年底:土地私有化加快发展的阶段。1991 年以后,俄罗斯进行了大规模的土地私有化改革尝试,颁布一系列政策对集体农庄和国有农场进行重组,允许农场成员自由离开农场,推行土地自由买卖,建立有限的土地市场。1993 年 12 月,俄罗斯颁布新宪法,规定:"土地和其他自然资源可以成为私人、国家、地方和其他所有制形式的财产",私人土地所有权最终得到了制度性确认。

第三阶段,1993 年年底到 1999 年年底:对激进私有化战略的调整。1993 年俄罗斯以自由主义理念为基础的各项改革达到了顶峰,但就是从这一年开始,激进改革战略遭遇挫折,农村的土地私有化也放慢了步伐。

第四阶段,1999 年 12 月:普京上台后的土地改革新阶段。2003 年 1 月,俄罗斯《农用土地流转法》生效,标志着俄罗斯土地私有化改革进入自由流转阶段。

俄罗斯福利货币化改革(Russian Social Welfare Monetization Reform)是俄罗斯采取的将社会福利的提供形式转变为货币补偿的改革。所谓福利货币化,是指国家改变提供社会福利的形式,即由提供实在的商品或服务转变为对居民的货币补偿。2004 年 8 月 5 日,俄罗斯国家杜马是俄罗斯联邦会议的下议院,有 450 个议席以 309 票对 118 票通过了有关社会福利货币化的一系列法案,于 2005 年 1 月 1 日起实行。这样,俄罗斯就采用一种新的以货币现金补贴的制度取代过去效率不高的补贴制度。

福利货币化改革的主要内容是:(1)划分了中央和地方的责任范围。根据新制定的法律,此次福利货币化改革涉及居民总数 3200 万人,其中 1300 万人由中央预算承担货币补偿,另 1900 万人归地方预算承担。(2)规定了货币补偿额度。享受由中央预算提供货币补偿的人员及货币额分别是:苏联英雄、俄罗斯英雄和社会主义劳动英雄每人每月 3500 卢布;战争致伤残军人每人每月 2000 卢布;第二次世界大战老兵每人每月 1500 卢布;参加过战斗(非第二次世界大战)的退伍兵每人每月 1100 卢布;列宁格勒保卫战时的居民每人每月 1100 卢布;切尔诺贝利核电站事故受害者每人每月 1700 卢布;一等残疾每人每月 1400 卢布,二等残疾每人每月

1000 卢布,三等残疾每人每月 800 卢布。享受由地方预算提供货币补偿的人员包括经历过战争的老职工、非前线工作者和历次政治运动的受迫害者。这部分人能够得到的货币补偿水平取决于地方预算能力。(3)规定了额度为 450 卢布的专项福利内容,也称社会福利包。具体做法是,从每人每月应得货币补偿总额中划出 450 卢布专门用于以下福利内容:40 卢布用于市内公交(含郊区电车)月票;350 卢布用于获得免费药品(做法与医保相同);每月 50 卢布用于购买疗养证(需累积,两年可享用一次);每月 10 卢布用于赴疗养地的旅途费补偿。所以,专项福利可视为"有保障的福利"。从 2006 年起,"有保障的福利(450 卢布)"的获得形式将采取自愿原则。如果受惠者愿意继续接受这种形式,则在 2005 年 10 月 1 日前向联邦养老基金驻各地分支机构递交申请。不愿享受这种补贴方式的居民,从 2006 年起将获得 450 卢布现金,由个人自行支配。

卢布可自由兑换(Making the Ruble freely Convertible)是指俄罗斯为了实现包括资本项目在内的卢布完全可自由兑换而制定的政策。苏联解体后,俄罗斯走上激进的经济改革之路,卢布汇率形成机制也发生了彻底的变化。1992 年年初,俄罗斯开始实行卢布国家内部可兑换制度。到 1996 年中期,俄罗斯实行了卢布经常项目的可兑换。在激进改革引发的严重的经济衰退和恶性通货膨胀下,这一举措大大刺激了本国企业和居民货币的美元化过程,导致卢布汇率大幅度下跌和严重的资本外逃。1995 年 7 月,俄中央银行和联邦政府共同确定了"外汇走廊",从此,卢布汇率由中央银行根据对外汇交易所和银行间外汇市场上卢布对美元的比价预先规定一个上下浮动的范围。"外汇走廊"制实行的头三年,卢布汇率相对平稳。而随后的 1998 年的金融危机使俄罗斯中央银行和政府再无力对外汇市场进行干预,被迫放弃"外汇走廊"制,卢布汇率制度恢复到主要由外汇市场供求来决定的自由浮动汇率制。俄罗斯实施激进经济改革以来,汇率制度几经演变,从多重汇率到自由浮动汇率,再到"外汇走廊",最后又回到自由浮动汇率,汇率波动幅度巨大,市场动荡不定,甚至几次遭遇严重的汇率危机。但不可否认的是,汇率制度的改革和卢布的内部可兑换为俄罗斯外贸体制的自由化和外汇市场的发展创造了前提和条件。俄罗斯联邦政府于 2006 年 6 月 29 日通过了外汇调节和外汇监督法的相应修正案,该法案的通过取消了对资本流动的所有限制。2006 年 7 月 1 日,俄罗斯宣布即日起,卢布成为可自由兑换货币,这标志着俄罗斯政府取消了对外汇市场的最后一重管制,其外汇市场改革进入了一个新的发展阶段。

俄罗斯联邦强制医疗保险基金(Federal Compulsory Medical Insurance Fund of the Russian Federation)是根据1991年6月28日颁布的《俄罗斯联邦公民医疗保险法》(该法从1993年1月1日开始全面实施)而设立。强制医疗保险是国家社会保险的组成部分,其目的是保证俄罗斯公民享有同等的医疗和药品帮助的权益,保障公民享受免费医疗帮助。

强制医疗保险的主要任务是:(1)保证《俄罗斯联邦公民医疗保险法》的实施。(2)保证联邦主体强制医疗保险体系的财务稳定性。(3)保证俄罗斯法律规定的公民在强制医疗保险体系中的权利。(4)参与强制医疗保险领域国家财政政策的制定和实施。(5)制定和实施配套措施,以保证强制医疗保险体系的财务稳定性,并为拉平各地区的医疗服务规模和质量创造条件。资金主要来源于保险缴纳,占强制医疗保险收入总额的90%以上。各种所有制形式的企业、组织、机构和其他经济主体根据保险缴款交纳方法条例的规定,向联邦和地区强制医疗保险基金划拨应缴纳的资金。强制医疗保险基金缴款的费率为劳动报酬总额的3.6%,其中0.2%纳入联邦强制医疗保险基金,3.4%纳入地区强制医疗保险基金。

普京新经济政策(Putin's New Economic Policy)是俄罗斯总统普京在其第二任期内所实行的经济政策。2012年1月30日,俄罗斯总理普京作为总统候选人在《新闻报》上发表了其竞选文章《关于我们的经济任务》。普京在此文中回顾了过去十年俄经济取得的成绩和存在的不足,并针对未来发展阐述了自己的新经济政策。普京在竞选纲领中提出,"俄罗斯需要的新经济是建立在现代技术基础上的经济"。所谓"新经济",指的是"俄罗斯经济必须摆脱对原材料出口的过度依赖,发展成为高效低能耗的创新型经济",即俄罗斯的新经济应包括具有竞争力的工业和基础设施、发达的服务业、高效的农业等。

"新经济"的要点是:(1)调整经济结构,发展多元化经济,改变在国际经济体系中的地位。为转换原料供应商的角色,俄罗斯必须大力发展新兴技术、新兴产业,建立符合国际标准的、有竞争力的新工业体系和基础设施,推动服务业和农业的现代化。(2)鼓励和扶持重点工业的发展。联邦政府必须明确优先发展方向,指导资金和智力投向。根据俄罗斯国情,应当考虑将制药业、化工、复合材料、航空航天、信息通信技术、纳米技术和核工业作为优先发展领域,国家应当在资金、人才、政策等各个方面向上述领域倾斜。(3)发展创新经济。(4)加强基础设施和农业建设。普京表示,国家将支持大型基础设施项目,优先保障西伯利亚和远东地区的交通项目建设。基础设施建设将采取国家—私人合作模式,必要时进行国际招标。在农业建设方面,要加大国家投入,继续对本国农业实行补贴,必要时将采取果断措施稳定粮食价格,切实保障农业和农产品生产者的利益。(5)扩大投资。严格控制、努力减少资本外流;花大力气改善投资环境,对国家政治体制包括执法和司法系统进行改革,遏制"系统性的腐败",吸引投资者;采取灵活多样的方法,加大外资引进力度,引进更多的外来资本;鼓励和促进国内民间资本进入资本市场;推动后苏联空间的经济一体化进程,通过关税同盟、统一经济空间、独联体自贸区等方式为资本自由流通提供便利。(6)实施稳健的财政政策。(7)继续执行私有化政策。普京多次指出,俄罗斯将继续实行私有化政策,继续出售部分国有资产,继续减少国家在一些大型企业中所持股份的比例,让民间资本更多地进入经济领域,这样有利于活跃经济,减少行政干预。

梅德韦杰夫经济政策(Dmitry Medvedev's Modernization Program)是俄罗斯总统梅德韦杰夫在任期间的经济改革政策。梅德韦杰夫的经济现代化思想集中体现在其著名文章《前进,俄罗斯!》和2009年国情咨文中。2009年9月10日,梅德韦杰夫发表了题为《前进,俄罗斯!》的著名文章。他在文中详细阐述了其对俄罗斯过去、现在和未来的思考,分析了俄罗斯在政治体制、经济结构、社会、民主、人口及安全领域面临的严峻形势,指出俄罗斯必须克服经济落后、腐败和官僚作风三大顽疾,提高民众福祉、健全法制,以民主价值观和民主政治体系为基础,对国家进行全面的现代化改革。同时,俄罗斯应改变严重依赖于能源原材料出口的经济结构,加速实现经济现代化。他认为,俄罗斯应成为一个不是靠原料,而是靠智慧创造富裕的国家,靠创造了独特知识的"智慧经济"、出口高新技术及创新产品而富裕的国家。以此为基础,梅德韦杰夫提出了俄罗斯急需振兴的五大战略领域:其一,要成为在能源利用效率方面领先的国家,同时加强新能源研发;其二,保持并提高核技术水平;其三,发展超级计算机技术,提高信息技术水平;其四,发展空间和通信技术,为信息交流、旅游、科学研究、农业和工业生产提供便利;其五,加强医疗领域高新技术研发。

俄罗斯2020年发展战略(Russian Long-term Social and Economic Development Strategy Until 2020)是2008年由俄罗斯联邦政府批准的《俄罗斯2020年前经济社会长期发展战略构想》的简称,该战略确定了俄罗斯经济社会未来的发展目标、发展模式和发展路径。该战略确定的总体目标是使俄罗斯经济社会发展水平足以支撑其作为21世纪世界强国的地位,使俄罗斯在全球经济竞争中处于超前地位,保障俄罗斯的国家安全和维护公民的宪法权利,2015—2020年,从经济规模(按购买力平价计算的GDP)上衡量,使俄罗斯进入世界前五强。总体目标有四个——建设宜居型国家、建设创新型国家、建设具有全球竞争力的国家以及将俄罗斯建设成为世界主要强国之一。根据该战略,到2020年,俄罗斯将成为欧亚空间一体化进程的主导国,与世界主要经济中心建立稳定的关系,建成世界金融中心,把卢布变成地区储备货币,在对外贸易中强化用卢布计价和结算;提升俄罗斯在全球能源安全保障中的作用,成为全球能源市场运行规则的主要制定者;在解决全球问题和建立世界经济秩序中发挥积极作用;国家安全和国防能力也将维持较高水平。

俄罗斯东部大开发战略(Russian Far East Development Strategy)是俄罗斯关于远东和外贝加尔等地区的发展规划。2007年,俄罗斯政府将远东和外贝加尔地区发展问题纳入国家议程,决定建立国家专项委员会着手东部大开发。2007年1—2月,根据普京签署的总统令,俄罗斯政府成立了远东和外贝加尔地区发展问题国家委员会,统筹规划东部大开发进程。在该委员会的第一次正式会议上,提出了比较全面的俄罗斯东部地区发展与改革的战略构想,时间初步定为50年。2007年8月,俄政府批准《2013年前远东和外贝加尔经济社会发展联邦专项纲要》。该纲要将东部地区第一阶段(2008—2013年)的发展任务概括为:提升俄罗斯在亚太地区的战略地位,改善与亚太国家的国际合作环境;在国家的支持下重点开发油、气、水电等资源,以带动东部地区发展。通过上述纲要的实施完成国家区域经济政策的目标和任务,发挥辐射作用,带动整个东部地区的全面发展。在东部发展规划的基础上,2008 年 5 月,俄罗斯地区发展部组织力量开始编制《2025 年前远东地区及布里亚特共和国、外贝加尔边疆区和伊尔库茨克州社会经济发展战略》,同时对《2013 年前远东和外贝加尔经济社会发展联邦专项纲要》进行修编。

俄罗斯利率市场化改革(Russian Interest Rate Liberalization Reform) 是指俄罗斯的利率市场化改革。从 1992 年开始,到 1995 年基本完成。这一改革过程也是俄罗斯的二级银行体制逐步形成和巩固、市场化货币政策工具逐步建立和完善、利率传导功能逐步畅通的过程。俄罗斯利率市场化改革大致可以分为两个阶段。

第一阶段:1992—1993 年。这一阶段是俄罗斯利率市场化改革的初期,俄罗斯政府主要采取推进利率市场化措施:(1)放开利率管制。1992 年 1 月,俄罗斯政府开始实施"休克疗法",在一次性放开价格的同时,也一次性放开商业银行利率,开启了俄罗斯利率市场化改革的序幕。利率管制放开以后,俄罗斯利率水平逐步上升。1992 年 1—12 月,俄罗斯商业银行平均存款利率由 14.5% 升至 78.1%,商业银行对国有企业的贷款利率由 20.4% 升至 95.2%,银行间同业拆借利率由 26.4% 升至 121.2%。(2)收紧直接贷款发放条件,实行季度信贷分配限额制。从 1992 年年初开始,俄罗斯政府开始收紧直接贷款的发放条件,逐步提高再贷款利率。1992 年年末,再贷款年利率已由 20% 提高至 80%。1993 年年中,政府授权信贷政策委员会管理俄罗斯央行所有的信贷分配。该机构对信贷发放设置了季度最高限额,并负责监控执行。(3)发展银行间同业拆借市场。从 1993 年开始,俄罗斯央行实施新的利率政策,在银行间同业拆借利率以上设定再贷款利率。1993 年 10 月以后,在银行间同业拆借利率下降的情况下,再贷款利率仍维持高位,商业银行向俄罗斯央行寻求再贷款的成本大大升高,纷纷转向银行间同业拆借市场,以满足自身的短期资金需求。由此,银行间同业拆借市场迅速发展起来,中央银行逐渐被视为最后贷款人,停止了无休止的透支。(4)引入公开市场操作。1992 年 8 月,俄罗斯央行首次在市场上进行国家债券的交易。1993 年发行国家短期债券以后,俄罗斯央行更频繁地在公开市场吞吐债券,公开市场操作逐渐成为俄罗斯央行间接调节货币供应量的重要工具。

第二阶段:1994—1995 年年初。在这一阶段的主要措施可概括为两点:(1)实行信贷拍卖制。1994 年 2—12 月,俄罗斯央行共举行 11 次信贷拍卖,拍卖总额为

1.42万亿卢布;1995年,俄罗斯央行进行12次信贷拍卖,拍卖总额为5380亿卢布。(2)取消央行直接贷款模式。1994年年底,政府决定依靠发行国家债券和外国贷款抵补财政赤字,划清了央行与财政部门的关系。俄罗斯央行的直接贷款模式被彻底取消,标志着其在获得独立性的道路上取得重大进展。此后,商业银行的业务活动越来越活跃。1995年年初,商业银行数量已由1991年年底的1350家增至2500多家。

俄罗斯新农业法(Russian Federal Law on the Development of Agriculture)即俄罗斯《联邦农业发展法》,2006年12月28日由俄罗斯联邦委员会批准,2007年1月11日正式生效。新农业法规定了农业发展的定义,规定了包括个人和法人团体在内的农产品生产者与其他个人、法人团体和政府部门之间的关系,阐述了政府农业政策的总体目标、原则、方向和措施,为在农业发展领域实施社会经济政策确立了法律基础。新农业法还规定,政府必须每五年制定一个农业发展和市场调节规划,以确定具体的配套措施和预算。

俄罗斯自由经济区(Russian Free Economic Zone)是俄罗斯为外国投资者和外国企业以及本国企业和公民的经营活动规定特殊待遇的地区,也即在自由经济区建立和实施特殊的经济活动法规、规定采用和实行本国法律的方式和方法。它与中国的经济特区和西方国家的自由港、自由贸易区基本相同。建立自由经济区是俄罗斯向市场经济过渡并与世界经济接轨的一项重要措施,俄罗斯希望以此达到引进外资、新技术和先进管理办法,以及扩大就业和增加出口贸易的目的。

1990年7月到1991年5月不到一年的时间里,俄罗斯最高苏维埃就授权11个地区:维堡州、滨海边疆区(包括纳霍德卡)、圣彼得堡州、加里宁格勒州、赤塔州、阿尔泰边疆区、克麦罗沃州、诺夫哥罗德州、远东的犹太自治州、萨哈林州和泽廖诺格勒州建立自由经济区。这些地区面积从1.5万平方千米(加里宁格勒自由区)至43.2万平方千米(赤塔自由区)不等,人口从20万人(犹太自由区)至650万人(圣彼得堡)不等。开放总面积达120万平方千米,占俄罗斯总面积的7%;总人口1850万人,占俄罗斯总人口的13%,远远超过全世界200个自由经济区面积和人口总和。

俄罗斯的 11 个自由经济区先后吸收了外国对俄罗斯投资的 60%,其出口水平比全国高出 20%。俄罗斯对自由经济区实行优惠政策,取消进口限制,免除进出口关税,三年或五年内利润税全免(之后收取 10%—20%,其中阿尔泰自由区收取 50%)。俄罗斯在上述地区建立自由经济区,很大程度上是考虑当地的实际需要。如维堡的目标是成为科技城,谋求利用芬兰的资金和技术制造高科技产品;纳霍德卡是远东的重要海港,发展方向是水产品加工和林业资源开发;在圣彼得堡,人们希望发展工业和基本建设,并通过创造就业解决现有的社会问题。俄罗斯的自由经济区有三种类型:第一种是综合性的,即生产性的,这类经济区既为国内市场,又为出口建立新的生产部门,其机制最接近世界市场。第二种是外贸性的,包括出口生产区和过境区,这类经济区一般是关税区地,规定专门的关税和税收制度。第三种是职能性的或部门性的,如科技城园区、保险区和银行区。

《俄罗斯联邦经济特区法》(Special Economic Zone Act of the Russian Federation)指俄罗斯关于经济特区建设的立法(以下简称《经济特区法》)。2005 年 7 月获得国家杜马(议会下院)和俄联邦委员会(议会上院)高票通过,该法在 2006 年 1 月 1 日起开始执行。

《经济特区法》的主要内容:(1)《经济特区法》属于俄联邦级的法律,但它如果与该国已签订的国际条约相抵触时,则应遵守国际条约。《经济特区法》规定,该国的经济特区分为工业生产型经济特区和技术推广型经济特区两种。两种经济特区的法定占地面积均在 20 平方千米之内,运作期限不超过 20 年。建立经济特区的经费主要靠联邦预算、国家经济实体预算和地方财政预算资金来筹集。(2)特区内不允许进行矿物开采和加工,不允许从事金属冶炼和黑色、有色金属及废旧金属的加工生产(用于电子产品生产的特殊纯金属及合金材料除外),不允许生产和加工奢侈品(轻型汽车和摩托车除外)。(3)获准在工业生产型经济特区进行创业的前提条件是,投资总额不少于 1000 万欧元或按照俄罗斯中央银行当日汇率牌价相当于 1000 万欧元的卢布(不包括无形资产)。签订投资协议后一年内的投资额不低于 100 万欧元(不包括无形资产),十年之内必须完成全部投资。对技术推广型经济特区内的企业则没有这种限制。入驻特区的投资者要与特区管理机关签订投资项目协议。(4)在经济特区注册的企业进口设备和配件任何时候都免缴海关关税。其他税收优惠政策将会在政府批准各经济特区的实施细则中另行规定。经济特区内将实行自由关税区制度,在自由关税区的进口国外商品可以免缴进口关税和增值税,俄罗斯本国生产的商品则可免缴出口关税。进入特区的高科技项目,其统一社会税税率还将调低到14%(通常为26%),项目投产后将免征五年的财产税和土地税。(5)工业生产型特区允许提高折旧费系数,企业亏损可以无限制地转入下一个财政年度进行核算。用于科研和试验开发工作的费用不加限制。与此同时,各地区和有关部门也将提供自己的优惠政策。

2012年1月1日,修订后的俄罗斯《经济特区法》正式生效,将经济特区运营期限由20年延长至49年。工业生产型经济特区面积由不超过20平方千米扩大到40平方千米;技术扩张型和旅游休闲型经济特区入驻企业可分别在2018年和2023年前享受免缴利润税的优惠。目前,俄罗斯共有24个经济特区。自2006年以来,有18个国家入驻俄罗斯经济特区。

反托拉斯法(Antitrust Act)即反垄断法,是指美国禁止垄断、贸易限制和策划抑制竞争的一系列立法的总称。美国第一个反托拉斯法于1889年在堪萨斯州通过,现在约有40个州实施这类法律。1890年通过第一个联邦反托拉斯法即《谢尔曼反托拉斯法》。1914年9月26日颁布了《联邦贸易委员会法》,设立了联邦贸易委员会并规定它有权对除州际运输商行和银行之外的个人和公司触犯反托拉斯法的活动进行调查和提出报告,有权把影响或妨碍竞争的商业行为消灭在萌芽状态;有权发布命令制止任何违法行为,如果命令不被遵守,则可请求所在地区法院采取行动。这一法令由于1914年10月15日的《克莱顿反托拉斯法》而得到加强。1918年,对克莱顿反托拉斯法进行修正,规定凡未企图参加任何妨碍竞争和国内物价活动、纯属经营出口贸易的社团不受该法制约。这实际上是鼓励对外贸易和国内商业企业合并,以增强在国际市场上的竞争能力。1936年又颁布了《罗宾逊—帕特曼反托拉斯法》。美国的反托拉斯立法,反映了公众对垄断的不满和恐惧,也反映了司法部内反托拉斯司和联邦贸易委员会的困难处境。它们必须找到办法在不损害厂商追求繁荣和较其竞争者发展更快的主动性的情况下,防止它取得巨大的控制市场的力量,同时也要避免使效率较高的大企业受到损害。

谢尔曼反托拉斯法(Sherman Antitrust Act)是美国限制垄断活动的一系列法令之一。1890 年国会通过。由参议员谢尔曼提出,故名。它禁止签订限制贸易活动的一切合同,禁止实行垄断的一切企图。该法的主要目的是防止垄断集团发挥力量和发展,恢复自由经营和价格竞争的制度。它规定:(1)凡以合同或用托拉斯及其他形式合并以限制州际贸易与对外商务者,均属违法。(2)凡从事垄断、企图垄断或阴谋垄断任何州际贸易及对外商务活动者,均构成犯罪行为。联邦政府被授权执行该法,违者以刑事罪论处。该法有效地限制了垄断的形成,从而一定程度上保持了市场竞争的活力,推动了经济发展。但由于该法在划分"垄断""限制贸易"界限时含混不清,且不具体,因此,在实际执行中出入也比较大。

克莱顿反托拉斯法(Clayton Antitrust Act)是美国限制垄断活动的联邦法令之一。1914 年由众议员克莱顿提出,美国国会通过。该法禁止商务经营中不公平竞争方式,修正并加强了谢尔曼反托拉斯法,所着眼的是设法防止垄断力量的积聚而不是解散已经形成的垄断集团。它的主要目标是:把导致削弱竞争或者建立垄断的不正当做法,如价格歧视、排他性或限制性交易的契约、公司之间相互持有股票以及兼任董事等,宣布为非法,来防止企业变成垄断企业。这项法律基本上是试图防止大公司能借以消灭其弱小对手的那种残酷竞争。它规定工会及农民组织不受《谢尔曼反托拉斯法》的限制,禁止法院在劳资纠纷中滥用禁令,压制罢工。但是,这一法律中有关不实行价格歧视的条款和其他条款,造成了法律解释上的困难。该法反映了公众对垄断的不满和恐惧,也反映了垄断组织之间的矛盾。

罗宾逊—帕特曼法(Robinson-Patman Act)是美国制定的一项宣布某种价格歧视行为为非法的法令。1936 年国会通过。它在有关价格歧视方面对克莱顿法做了修正,明确禁止供应商向大客户诸如联营商店和邮购商店,提供比经营一笔大的订货所能实际节约的费用更为有利的条件去拉生意,还禁止大的联合企业征收传统的费用(如佣金、广告费以及其他服务费),除非确实带来了这些开支。并且宣布在一地区比在另一地区以更便宜的价格出售货物(地理上的价格歧视)或者为损害和消灭竞争者的目的以不合理的低价出卖货物(对人的价格歧视)都是违法的。该法主要目的是防止卖主因为有利于某些有很大议价能力的买主而实行不公平的价格歧视,从而保护独立的零售商和批发商。该法具有的一个效果是制止大的连锁商店从供应者那里通过不正常的高额折扣取得特惠待遇。制定该法所依据的基本原则是:价格差异应该仅仅反映成本的差异;高额折扣只有在成本是节约的结果才是正当的,而运用市场力量得到的就是不正当的。只有在确是为了应对竞争者同等的低价时,降价才是正当的。

联邦采购法(Federal Acquisition Regulations,FAR)是1861年美国国会颁布和实施的政府采购制度,以立法形式对政府采购实行了法制化的规范管理。随着美国政府采购法律制度的不断完善,目前,美国专门性联邦政府采购法规以及与政府采购直接或间接相关的法律法规多达500余部,主要有《联邦政府采购条例》《联邦财产和行政管理服务法》《购买美国产品法》等,对政府采购的品种范围、采购目标、采购原则、采购方式、采购合同、采购程序、财政预算、采购监督与评估、采购敛财纠纷仲裁与赔偿等方面和环节,均有十分明确和细致的法律规定。另外,为了防止政府官员和承包商之间的"暗箱"操作,美国颁布和出台了一系列法律法规,如《贪污受贿、渎职及利益冲突法令》《反回扣法令》等,实际动作中防范和惩治政府采购中商业贿赂行为的效果明显。美国政府采购制度包括公开招标制度、作业标准化制度、供应商评审制度、审计监察制度、交货追查制度。其精神原则包括竞争原则、透明原则、公益原则、绩效原则。

联邦农业贷款法(The Federal Farm Loan Act)是美国为发展农业提供贷款而制定的一项法令。1916年国会通过。它规定降低农业贷款利率和使利率均等化。根据这点,农场主可获得为期5—40年的低利抵押贷款,用于购买土地;置办农场设备、肥料和牲畜;增设建筑物和改良农田;清偿土地抵押债务或为达到上述目的而负的其他债务。

罗斯福新政(Roosevelt's New Deal)是弗兰克林·罗斯福就任美国总统后为摆脱当时严重的经济危机而采取的一系列社会经济政策。"新政"一词来自罗斯福1932年7月2日在民主党全国代表大会上接受总统候选人提名时所作的演说,宣称"要使美国人民得到新政"。新政时期是罗斯福担任总统至第二次世界大战爆发这段时间。1929 年美国爆发了历史上最深刻、最持久、最广泛的经济危机,整个资本主义世界风雨飘摇。从危机前最高点(1929 年 5 月)到危机最低点(1932 年 7 月),美国工业生产下降了 55.6%,同时,农业危机也日益尖锐。对外贸易和资本输出受到严重打击、货币信用危机开始显现,银行体系濒于瘫痪状态。国内阶级矛盾空前尖锐。在这种形势下,罗斯福为了摆脱严重的经济危机和政治危机,大力推行"新政",实行国家对经济生活的全面干预。新政开始后,经国会通过由总统颁布了一系列反危机法令。主要有:(1)颁布《紧急银行法》,实行新的货币银行政策,恢复和维持银行信用,加强政府管理货币和信贷的能力,整顿和重建金融银行体系。(2)颁布《全国产业复兴法》。运用政府干预手段限定各工业企业的生产规模,调整经济关系;兴办公共工程,增加就业,促进经济复兴,并提供社会失业救济等。(3)颁布《农业调整法》。采取政府补贴的办法,缩减种植面积,销毁农产品和畜产品,以维持农产品价格,阻止农场主破产。(4)颁布《紧急救济法》,成立联邦紧急救济署,负责拨款给各州的救济机构,为失业者提供最起码的救济。(5)颁布《田纳西流域发展法》,兴办田纳西河流域水利工程等公共工程来增加就业人数,刺激社会购买力。为实施新政,政府花费了 350 亿美元巨资。罗斯福新政对缓和 1929—1933 年的经济危机起了一定的作用,1937 年美国工业生产恢复到 1929 年的水平。但新政的一些措施触及资本家的眼前利益,遭到国会和最高法院中保守势力的反对。《全国产业复兴法》和《农业调整法》这两个最主要的立法,于 1935 年、1936 年先后被废除。第二次世界大战爆发后,新政完全废止。

美国全国产业复兴法(The National Industrial Recovery Act of 1933)又称"国家产业复兴法"。美国总统罗斯福为缓和严重的经济危机、推行新政的一项重要立法。于 1933 年 6 月 16 日经国会通过实施。旨在运用政府干预手段,减少企业间盲目竞争,阻止企业倒闭,促使工业复兴。主要措施有:(1)通过强制卡特尔化的办法,在各行业中制定《公平竞争法典》,明文规定各行业的生产规模、价格水平、信贷条件、销售定额和雇佣工人条件等,借以调节和消除生产过剩,缓和经济危机。(2)举办公共工程和公用事业,由公共工程管理局统一全国公共工程计划,在 1933—1937 年共拨款 120 亿美元,提供了 360 万人就业机会,企业大量缩减解雇人数,提高民众购买力。(3)规定工人有组织工会和通过自己的代表同资方签订集体合同之权,禁止雇主以是否参加工会或某一指定工会作为雇佣条件。规定每周最低工资和最高工时,以缓和劳资纠纷,麻痹工人斗志,在工业中实现"劳资合作"与"和平"。为实施该法,成立国家复兴管理局。该法实施后,对缓和经济危机起了一些积极作用,但其中一些措施触及资方的眼前利益,遭到国会和最高法院一些保守势力的反对。1935年5月,该法被最高法院宣布为"违宪"而遭到废止。

美国价格支持方案(Price-support Program for Agricultural Products in the United States)是美国政府提高或稳定农产品价格水平以支持农业生产者的政策。因为农业是波动不定的部门,容易受到气候和病虫害等因素的影响,农民很难控制其产品的价格或产量。因此,美国政府自20世纪30年代后期以来对农业实施了价格支持政策,作为提高农民收入促进农业发展的措施之一。1938年美国政府根据新的《农业调整法》开始维持以1909—1914年为基期的农产品平价比率,使经过选定的某些农产品价格和工业品价格的比率固定在90%。以后具体比率又有所调整。当农产品价格低于一定工农业产品比价时,政府给予价格差额补贴。经过补贴后的农产品价格高于美国国内市场价格和国际市场价格。1973年制定的《农业和消费者保护法》,从立法上肯定了实行价格支持的做法,自此政府按年公布各种主要农产品的"目标价格",如果市场价格低于"目标价格",政府给予差额补贴。从1976年起,"目标价格"不再固定,改为随生产费用增加而提高补贴。价格支持政策在形式上主要采用由商品信贷公司对滞销农产品按规定价格实行抵押贷款,但实际上在不少情况下是按高于市场的价格收购农产品。

四八〇号公法(Public Law 480)正式名称为《发展农产品贸易与援助法》。是美国对外倾销剩余农产品的法律。1954年作为国会第480号法案通过,故名。这一法令把美国农产品输出分为"政府项目下的输出"和"政府项目以外的输出"两大类,规定政府除继续鼓励和支持私营出口商进行政府项目以外的商业性输出外,还要直接出面进行"政府项目下的输出",包括:(1)政府间的现货或期货交易。(2)把粮食和其他农产品贷给进口国。(3)以"援助""赠送"的名义向其他国家输出。美国政府根据该法制定了剩余农产品援助计划,其目的是缓和国内农业危机,加强对发展中国家的控制。

职工持股计划（Employee Stock Ownership Plan）美国企业实行的一种股份改造计划。20世纪60年代初由美国前参议员路易斯·凯尔索积极倡导。目前美国推行的职工持股计划是其众多福利计划中的一种，与其他福利计划不同的是，这一计划不是保证向职工提供某种固定收益或福利待遇，而是将职工的收益与其对本公司的股票投资相联系，从而将职工的收益与企业的效益、管理和工人自身的努力等因素联系了起来。

实施职工持股计划遵循三个基本原则：广泛参与原则、反垄断原则、私有权原则；具体分为三个阶段：协商阶段、产权交易阶段、建立管理体制阶段。职工持股计划的实现有两种方式：一种是所谓股票奖励计划，即由公司直接将股票交给职工持股计划委员会，并由该委员会建立相应的职工持股账户。职工持股计划按其所持有的股票比例每年从公司利润中分得红利，并用此红利归还由公司以股票形式提供的借款，借款还清后股票即归每一位职工所有。另一种方式是利用信贷杠杆来实现职工持股计划。这种做法涉及职工持股计划基金会、公司、公司股东和贷款银行四个方面。首先，成立一个职工持股计划信托基金，然后，由公司担保，由该基金出面，以实行职工持股计划为名向银行贷款购买公司股东手中的部分股票，购入的股票由信托基金会掌握，利用由此分得的公司利润及由公司其他福利计划中转来的资金归还银行款的利息和本金。随着贷款的归还，按事先确定的比例将股票逐步转入职工账户，贷款全部还清后，股票即全部归职工所有。

美国区域重新开发计划（The Area Redevelopment Program）是美国政府为了刺激经济萧条地区的工业和就业而制订的一项计划。1961年的"区域重新开发法"使这项计划成了法律。该项法令要求联邦政府向私人企业和公共社团提供贷款、赠款和技术援助，以吸引新的工业到萧条地区去。它还包括重新训练这些地区的失业人员并且在他们为新工作进行训练期间给予津贴等条款。

美国清洁空气法（American Clean Air Act）是指美国一部专门针对空气污染的法律。1970年，美国通过《清洁空气法》，成立了环境保护署，标志着美国对环境控制采取了严格的标准，后经过多次的修正，美国清洁空气法的体系逐渐完善。美国《清洁空气法》确立了以下原则：（1）国家空气质量标准原则。这是最为重要的原则。空气质量标准由联邦政府制定,各州和地区制定具体实施方案以实现联邦政府的标准。(2)州政府独立实施原则。州政府在其辖区内,根据国家空气质量标准,独立行使质量监管职能。(3)新能源控制原则。新建一个固定排放源企业或对某项原有固定排放源企业进行实质性改建时,必须先进行能源排放论证并报环境监察部门备案,获取行政许可后方可施工。(4)视觉可能性原则。在国家规定的一级保护地区以保护自然环境可视性为目的采取严格的控制标准和措施,防止和减轻可视性的损害。主要管理项目包括移动空气污染物、酸雨、同温臭氧层、机动车使用燃油等。美国清洁空气法不仅规定了旨在减少污染空气排放的制度、项目等,也为法律的实施设定了行政、民事诉讼和刑事方面的保障措施。

美国能源独立计划(American Energy Independence Plans)是 20 世纪 70 年代美国总统尼克松提出的一项能源战略设想。20 世纪 70 年代爆发了石油危机,对以石油输入国为主体的发达国家经济体产生了强烈冲击,导致了第二次世界大战后影响全球的一次经济危机,美国则首当其冲。因此,时任总统的尼克松提出美国能源独立的目标设想,且以后历届美国总统都继承了这个思想,并以不同形式和力度推动其进程。能源独立不是能源封闭式的完全自给自足,美国能源独立其实质是避免受国外某些因素对其能源安全、经济安全乃至国家安全的强烈影响,可以在很大程度上掌控其持续发展。

从美国提出能源计划起,至今已有四十余年的曲折历程,经历了节能节油、发展多种能源的艰苦积累,使能源消费总量和石油消费量增速逐步降低,且通过不断的技术创新,使页岩气、页岩油大量增长,从而使已持续多年的产量曲线转而走高;它与近年的能源消费总量和石油消费量双双降低相叠加,使油气进口量及其进口依存度较快下降;在优越地缘油气条件下,使来自具有某种出口不确定性的动荡地区的石油进口大幅减少,迎来了真正能源独立的曙光。

美国新能源战略(New Energy Strategy of the United State)是 21 世纪初期,为了创造新的经济增长点,美国政府提出的一种能源战略。2005 年 8 月,布什总统签署了《2005 国家能源政策法》。2007 年国会又通过《美国能源独立及安全法》。奥巴马上台后政府迅速促成了《2009 年恢复与再投资法》的通过。2009 年 6 月,众议院通过了《美国清洁能源安全法》。该战略的核心是投资发展"气候友好型能源"。主要包括五个方面：一是在短期内（2010—2013 年），通过对"新能源"电力企业提供信贷担保等资助，使美国国内新能源供应量增加一倍。二是通过对使用"新能源"的个人、单位和地方政府实施补助，促进"清洁能源"的使用和能源效率的提高。三是长期内美国政府将重点扶持清洁能源领域的创新活动，并决定在十年内投巨资支持发展下一代新燃料和燃料基础设施。四是通过实施"总量控制与排放交易项目"限制化石能源使用，减少温室气体排放，鼓励和促进可再生能源技术发展。五是启动"重塑美国能源科学与工程学优势"教育计划，通过提供奖学金、设立跨学科研究生课程，以及促进学术机构和创新公司结成伙伴关系等措施，鼓励学生从事清洁能源领域的工作。

里根经济复兴计划（Economic Recovery Plan of Reagan's Government）是美国总统里根上台后实施的以振兴美国经济为目标的经济计划。20 世纪 70 年代末，美国经济出现"滞胀"。为了振兴美国经济，里根政府采取供应学派和货币学派的政策主张，于 1981 年制订了经济复兴计划。这一计划的主要内容是：（1）大幅度减税。规定三年全盘减税 25%，即 1981 年 10 月 1 日减税 5%，以后分别在 1982 年、1983 年 7 月 1 日减税 10%，最低、最高税率由 14%—70% 降低到 10%—50%。按三年、五年、十年规定加速折旧，给资方以巨额租税优惠。此外，对红利税和遗产税也进行削减。（2）削减政府支出。主要项目有：食品券支出；医疗补助；对残废人的社会保险；额外失业救济金；教育经费；对群众性运输系统的补助；等等。被削减总数达 200 余项。1982 年削减政府支出 491 亿美元，至 1985 年共削减政府支出 1893 亿美元。（3）缓和各项政府管制。如取消工资和物价的自愿限制；放宽反托拉斯法的执行；默许纵向联合和混合联合；放宽劳保、环保和交通安全等章程的执行；计划将年年亏损的联合铁路公司转卖给盈利的私人铁路公司等。（4）实行稳定的货币政策。逐步降低货币增长率的目标：1980 年为 4%—6.5%，1981 年为 3.5%—6%，1982 年为 2.5%—5%。计划实施后，1982 年年末，美国经济开始复苏，到 1983 年 9 月，工业生产指数达 153.8，超过危机前的高点 153.5，进入高涨阶段。通货膨胀率从 1980 年的 13.5% 下降到 1984 年的 4.3%，实际国民生产总值年增长率由 1982 年的 -2.1% 上升到 1984 年的 6.8%。美国经济已经暂时走出了滞胀，但是并没有进入"没有通货膨胀的持续增长"的新阶段,而是陷入"高失业—高赤字"的新困境。1983 年的失业率高达 9.6%,失业人数为 1072 万人,联邦财政赤字由 1980 年的 612 万美元上升到 1985 年的 2119 亿美元。

美国实物补偿计划(Payment-in-Kind Program of the United States)是美国里根政府制订的农业补偿计划。自 1980 年以来,美国农业生产风调雨顺,连续三年获得大丰收,剩余农产品过多,农产品价格下跌,政府用于支持农产品价格的费用大大增加。为了减少政府支出,里根政府于 1982 年年底向国会提出了"实物补偿"计划,这一计划为参议院所拒绝。里根于 1983 年 1 月 11 日在对一个农场主组织的讲话中宣布,从 1983 年 1 月 24 日起执行"实物补偿"计划。目标是:(1)减少生产和降低剩余农产品的库存。(2)保证适量的市场供应。(3)把政府用于农业计划方面的开支缩减到最低程度。(4)改善土壤保护。(5)增加农场收入。(6)缓和储备的紧张状态。为此,规定在 1982 年下半年宣布的停耕 20% 土地的计划之外,种植小麦、玉米、高粱、大米和棉花的农场主再停耕基本耕地面积为 10%—30%,其损失由政府按基本单位面积产量的 80% 付以农产品信贷公司拥有剩余农产品。各县总的停耕面积不能超过各县基本耕地面积总数的 45%。停耕的土地不能抛荒,农场主要负责种上草以保持水土。在停耕的土地上不能放牧和收割牧草。农场主可在作物收获季节开始后的五个月内,按照上述补偿比例,到就近的国家粮库去领取剩余农产品。在这五个月内,农场主可以免费把这些补偿物存放在国家粮库内,以等待有利的销售价格。这一计划对农场主十分有利,但对为农业提供生产资料和服务的工业却有严重的损害。1983 年由于美国遭受了半个世纪以来最严重的干旱,农业歉收,小麦减产 14%,农业部用于价格支持方面的总开支高达 218 亿美元,比 1982 年度还增加 75%,这是美国历史上最昂贵的农业计划。

综合贸易法(Comprehensive Trade Law)又称"一揽子贸易法案"。指 1988 年 8 月 23 日美国总统里根签署的保护贸易色彩浓厚的一部法律。该法确立了第二次世界大战后美国贸易政策在新的历史条件下的基本格调与战略。

《1988 年综合贸易法》的实施是以立法形式加强单边行动的具体表现。其中包括著名的"超级 301 条款"和"特别 301 条款"。"超级 301 条款"规定美国可以对其出口产品实行"不公平贸易"行为的进口国家实施报复措施,这表明美国将以单方面的政策手段来解决贸易争端或迫使对方开放市场。"超级 301 条款"要求美国政府从 1989 年开始,每年 4 月 30 日以前确定一份美国认为在实行"自由贸易"方面做得不够国家的名单。《1988 年综合贸易法》还针对外国对美国知识产权存在的保护问题而制定了"特殊 301 条款",授权美国贸易代表将对知识产权没有提供保护的国家认定为"重点国家",并可自行根据该条款对上述国家的"不公正"贸易做法进行调查和采取报复措施。

美国出口管制政策(American Economic Sanctions Policy)指美国出于经济、政治、军事或外交等目的,对本国的出口产品进行技术核查或限制的行为。美国作为当今世界头号经济、科技和军事强国,其出口管制政策是最复杂和完备的。美国出口管制政策随着时间推移而不断变化。早期重要的出口管制法案有 1807 年的《禁运法》、1917 年的《与敌国贸易法》、1935 年的《中立法》。

美国建国之初,财政部长亚历山大·汉密尔顿认为美国应当实施一定的贸易保护政策以限制战略性资源的出口,并构建一个能够在一定程度上自给自足的国内生产和加工体系。这一思想对美国出口管制政策发展影响深远。1774 年,美国首次制定了针对美英贸易的出口管制措施,认定与英国开展进出口贸易为非法。第二次世界大战期间,1940 年 7 月 2 日,美国国会正式通过《公法 703 号》,授权美国总统管制战时重要军事物资和技术出口,并赋予总统削减或禁止军事设备、军品、零部件或机器、工具、材料及一切制造业所需产品、技术和服务等全部商业性出口权力。1949 年制定的《出口管制法》,将总统授权机制常态化,且进一步细化了出口管制的法律框架。在"冷战"背景下,该法案主要是为了加强对武器和军事技术的控制,从而在最大程度上遏制社会主义阵营的军事力量。20 世纪 60 年代中后期,因美苏争霸格局出现变化。美国国会于 1969 年以《出口管理法》替代《出口管制法》,在不影响国家安全的前提下,尽量扩大与社会主义阵营国家的贸易。20 世纪 80 年代后,因日本和联邦德国崛起和苏联的衰落,美国国会于 1988 年通过《综合贸易与竞争力法》,缩减了出口管制范围和规模,并放宽对部分电子产品和医疗器械出口管制,其目的是提高美国产品尤其高科技产品的国际竞争力并削减贸易赤字。2001 年"9·11"事件后,美国全面加强了与恐怖袭击相关的武器与技术出口管制,一些军民两用技术和产品重新被列入管制清单。2007年"次贷危机"后,在奥巴马政府提出"出口倍增"计划的同时,将出口管制政策的改革提上了日程,其改革目标是简化现行的复杂繁琐的管制体系,并最终确立单一的管制物品清单、单一的管制协调机构、单一的信息技术系统以及单一的许可证发放机构。

美国人口政策(Population Policy of The United States)是美国奉行的控制人口增长的政策。1965年前,美国一直奉行19世纪就已制定并颁布的《康托斯法》,严禁邮寄和进口以及在各州之间销售避孕药具。随着科学技术的突飞猛进,生产和服务主要需要的是受过教育、掌握专门技能的熟练劳动力,不再追求更多的一般劳动人口。美国政府为了繁荣民族,从提高人口素质出发来发展自己的人口,从1965年起,开始实行控制人口增长的政策。1965—1966年,先后有5个州废除对避孕手段传播的限制,有12个州的法律授权公共卫生部门(或福利机构)可用公共开支提供家庭生育计划服务。美国最高法院也在1965年宣布,已婚夫妇实行避孕不受任何法律干预;1972年,这条宣布进一步扩大到未婚者。1967年科罗拉多州带头,接着有17个州效仿,不再执行人工流产的法律。1973年,美国最高法院宣布全国废除人工流产的限制,准许妇女可在怀孕三个月以内请医生做人工流产手术,州政府无权干涉。1968年成立"人口和家庭计划生育委员会",专门研究在全国范围推广家庭生育计划事宜。1969年,尼克松总统向国会提出一个历史性的人口问题咨文,要求联邦政府进一步支持各项人口工作,提出成立人口委员会,1970年通过立法,成立"人口增长和美国前景委员会"。同年,国会通过《家庭生育计划人口研究法案》,这是美国在人口问题上的主要立法。此外,美国国会还拨出大量款项用于家庭生育计划服务和人口问题的研究,联邦政府和各州政府都开始直接指导和支持私人机构开展家庭生育计划服务。美国政府实行控制人口增长政策之后,按人口平均计算,美国是世界上用于人口方面支出最多的国家。政府的政策对控制人口增长起了一定的作用。

1980年美国银行法(Depository Institutions Deregulation and Monetary Control Act,DIDMCA)又名《1980年存款机构放松管制和货币控制法》。美国政府颁布的重要金融法律。1980年3月31日,经卡特总统签署正式生效。它标志着美国银行立法的一个转折点,是 1913 年联邦储备法通过以来最重要的立法。该法令以"放松管制"为宗旨。主要内容是:(1)货币控制法。规定由联邦储备对所有受联邦保险或符合联邦保险条件的存款机构实施统一的准备金要求。1980 年 9 月 1 日生效。对 2500 万美元及以下的交易存款实施的准备金率为 3%;对 2500 万美元以上的交易存款实施的准备金率为 12%(联邦储备可在 8% 到 14% 间变动);对期限在 4 年以内的非个人定期存款实施的准备金率为 3%(联邦储备可在 0 到 9% 间变动)。(2)存款机构放松管制法。自 1980 年 3 月 31 日起,分六年逐步取消对定期存款和储蓄存款利率的最高限,即所谓 Q 项条例。为此专门成立存款机构放松管制委员会,主管存款利率的最高限,使其逐渐放松直至最后取消。(3)消费者支票账户平等法。自 1980 年 12 月 31 日起,全国的存款机构都可以提供可转让提款单账户,但该账户只允许个人或从事宗教、慈善、教育等非营利性组织开立,工商企业不在其内。(4)储蓄机构的权力及各种条款。准许联邦注册的储蓄信贷社投资于消费信用、商业票据和公司债券,但最多不得超过其资产总额的 20%;扩大其在不动产抵押贷款方面的经营权;允许其提供信用卡服务及行使信托权。在联邦住宅信贷银行局的管理下、准许储蓄信贷社发行互助资本凭证,以此构成发证社的总储蓄和净值的一部分。该法令规定有一段过渡时期。实施初期,一些重大影响已初露端倪,如金融机构之间的竞争加剧,银行资本的集中趋势加强,市场利率下跌受到遏制,其他银行法受到冲击等。

强势美元政策(Strong Dollar Policy)是美国所实行的美元兑其他货币升值的政策。1993 年年末,美国财政部和商务部在美元走向问题上展开了一场颇有影响的争论。时任负责国际事务的助理财政部长劳伦斯·萨默斯与美国贸易代表办公室(USTR)米基·坎特(Mickey Kantor)、商务部长布朗形成两派,前者力挺"强势美元",而后两者则认为"弱势美元"有利于提高美国的国际竞争力,对解决贸易赤字问题有潜在的帮助。由于克林顿早期将贸易政策放在优先位置,美国贸易代表办公室和商务部的观点占据了上风。美元继续在惯性贬值的轨道上滑行。"广场协议"(1985)后,美元经历漫长的十年贬值期,到 1995 年陷入历史最低谷。

但 1995 年成为美元政策的历史性转折点,财政部长罗伯特·鲁宾公开主张"强势美元"政策,并提拔萨默斯担任副手。在参议院批准任命的听证会上,鲁宾声称"强势美元"对美国经济最有利,他还告诫美元汇率不应该被用作美国贸易政策的工具。1995年4月,克林顿在一次重要的新闻发布会上宣称"从长期来看,强势美元符合美国的利益"。几乎同时,美国和日本联手积极干预外汇市场以支持美元,并得到德国和G7(西方七国首脑会议)其他成员国的支持。这次干预反映了国际社会对"强势美元"的共同支持,也标志着"强势美元"政策正式拉开序幕。

1995年的一系列政策宣誓和政府行为,意味着在财政部长的主导下,"强势美元"成为克林顿政府整个宏观经济策略的关键,也是美国国际经济政策的核心。到1997年5月,美元兑日元升值了55%,兑马克升值了30%。美元升值有助于缓解通货膨胀,这使以防治通胀为首要任务的美联储能够放心大胆地维持低利率,从而有助于为推动经济增长创造一个有利的环境。鲁宾的"强势美元"政策和格林斯潘的低利率政策带领美国走出财政赤字困境,出现29年来的首次财政盈余,使美国经济进入良性循环,出现自1854年以来最长的景气周期。鲁宾和萨默斯联袂缔造了1995—2001年美国货币史上著名的"强势美元"时代,这也是继里根政府在1981—1984年(财政部长里甘时期)之后的第二个强势美元时代。与第一个"强势美元"时代最终恶化了美国的国际形势和国际经济地位相比,第二个"强势美元"时代使鲁宾赢得了极大的尊重,让美国金融业重新雄霸世界,他被认为是自汉密尔顿以来最伟大的财长。

美国2008年农业法(Food,Conservation,and Energy Act of 2008)即《2008食品、保护与能源法案》。它由美国农业部于2007年提出,并在2008年6月正式实施,它在接下来五年支配美国农业和相关计划的大部分内容。《2008食品、保护与能源法案》共包括15个部分,涵盖的主要内容:收入和农产品价格支持的政府计划,农村信贷和风险管理;依靠退耕,水资源和耕地资源保护等措施的资源和环境保护;食品援助和发展海外市场以促进美国农产品市场发展;食品券计划,国内食品分发和营养行动;农村社区和经济发展,包括区域发展、农村能源效率、供水和污水处理设施以及宽带接入;重点农业区域和食品部门的研究;森林的利用和持续发展;鼓励农业可再生能源的生产和使用;对于社会贫困农民的吸引和支持等。

《2008食品、保护与能源法案》建立在过去的政策基础上,并提供了新的反周期收入计划和对于农民的持久灾害补助。对于农业部门来说,政府支付是其收入中一个重要组成部分,在过去 15 年到 20 年里美国农业政策已经发生了重大的变化。从 1985 年农业法案到 1990 年和 1996 年农业立法中,一系列根本性变革发生在农产品政策和其他农业政策中,使政策趋向市场导向。与之前在较低的农产品价格背景下引发的五种紧急追加补助政策不同的是,新法案的一些新计划中增加了收入稳定性规定。在这部法案中,2008 农业法案延续了之前农业法律中设立的许多农产品计划,调整了一些支付水平和要求,并引入了一种全新的农作物平均收入计算规则。法案包含一种长期灾难援助计划,并对长期农作物保险计划中的某些细节做了调整。对于处于低收入阶层的农民和雇工在法案中也得到了更大的支持。

美国复兴与再投资法案(American Recovery and Reinvestment Act)是美国总统奥巴马于 2009 年 2 月 17 日签署的经济刺激法案。以此为据,美国政府将在未来十年内投入 7870 亿美元,"拯救"美国经济并为其长远发展奠定基础。该法案颁布后,政府还需解决房地产"止赎"问题,稳定金融市场以及进一步采取措施,防止美国大型汽车企业倒闭。在此前的演说中,奥巴马表示该法案通过并不意味着美国能够立刻解决经济中的所有问题,但它标志着美国经济衰退"结束的开始"(Beginning of the End),并将在未来两年内创造 350 万个就业岗位。在该项法案中,基建和科研、教育、可再生能源及节能项目、医疗信息化、环境保护等成为投资的重点,分别投入 1200 亿美元、1059 亿美元、199 亿美元、190 亿美元和 145 亿美元;在 1200 亿美元的科研(含基建)计划中,新能源和提升能源使用效率占 468 亿美元,生物医学领域的基础性投入占 100 亿美元;20 亿美元追加科研投资则主要分布在航天、海洋和大气领域。

美国金融稳定计划(American Financial Stability Program)是由美国财政部部长盖特纳(Timothy F. Geithner)于 2009 年 2 月 10 日公布,以取代财政部稳定和修复金融系统、激活经济复苏所必需的信贷流的原有计划。政府实施"金融稳定计划"的目的是切断金融市场的恶性循环,即在经济周期下行时,阻止金融困境的不断恶化。该计划的具体举措有以下几个方面:

首先,对银行机构进行压力测试。2009 年 2 月 28 日,美国政府正式对 19 家资产规模超过 1000 亿美元的大银行开展压力测试,目的是考察银行在房价继续下跌和失业率持续上升的条件下是否还有足够的资本生存下来。压力测试不及格的银行将有六个月的时间从私人部门筹集资金,如果筹集没有达到,政府将对其进行额外的资金注入。注资方式为政府购买可转换成普通股的优先股。购买价格为 2 月 9 日之前 20 天银行平均股价的 90%,政府注入优先股将可获得 9% 的年利息。测试结果发现银行现状好于预期,提振了金融市场的信心。

其次,启动支持消费信贷的项目,激活消费信贷市场。汽车贷款、信用卡贷款因流动性匮乏已经停顿,美国政府希望利用 2000 亿美元的刺激消费信贷计划带动 1 万亿美元贷款的发放,进而推动美国经济走向复苏。盖特纳曾表示,这个项目最高可达 1 万亿美元,其中财政部出资 1000 亿美元,美联储出资 2000 亿美元,用于购买新发放的汽车贷款、信用卡贷款、学生贷款以及部分企业贷款的资产支持证券。

最后,设立公私合营的投资基金,清除银行有毒资产。这是该项计划的关键。盖特纳曾表示将设立规模最大可达 1 万亿美元的公私合营投资基金(联合美联储、联邦存款保险公司(FDIC)和私营机构建立,名为"公共—私有投资基金",与"金融稳定信托"并行),推动私人资本来帮助私有市场再度恢复运作,投资目标为金融机构的遗留不良贷款和资产。这些基金由私人投资基金经理管理,这些人自己也要投一部分钱进去,不足的部分由政府提供,利润和亏损大家分担。由于多数有毒资产在市场上已完全没有交易,美国政府希望利用私有资本和私有资产经理人来建立一个对这些资产进行估价的市场机制。

美国金融监管改革(American Financial Regulatory Reform)是美国在 2008 年金融危机后所实施的被称为是自大萧条以来最严厉的金融监管改革。此次改革的核心是新的金融监管法案——《多德—弗兰克华尔街改革和消费者保护法》(Dodd-Frank Wall Street Reform and Consumer Protection Act)的颁布。2008 年 9 月,华尔街大型投资银行雷曼兄弟倒闭引发全球金融危机。在危机中上任的奥巴马政府于 2009 年 6 月正式提出金融监管改革方案。美国会众议院和参议院分别于 2009 年 12 月和 2010 年 5 月通过了各自的金融监管改革法案版本。2010 年 6 月 30 日,众议院通过了两院统一的版本。同年 7 月 15 日,参议院通过了最终版本的金融监管改革法案,为该法案最终成为法律清除了最后障碍。同年 7 月 21

日,奥巴马总统签署了这一全面金融改革法案,正式形成立法。该法案主要内容有:(1)加强金融监管部门协调,对系统重要性金融机构加强监管,解决系统性风险。为解决多头管理、职责不清、监管欠缺等问题,一方面,法案要求成立由财政部牵头、其他监管机构参与的金融稳定监督委员会(Financial Stability Oversight Council,FSOC);另一方面,法案撤并或新设一些监管机构和职位,改变联邦储备银行董事长的选举方式,扩大了美联储的监管权力,美联储不仅对系统重要性金融机构具有监管权,对那些可能影响金融稳定的金融机构也都有监管权。为解决系统性风险,引入"沃尔克规则"(Volcker Rule),即禁止银行和其分支机构以及控股公司从事自营交易、投资或设立对冲基金和私募股权基金,唯一例外是当它们与对冲基金和私募股权基金合伙时,但投资规模不得高于自身一级资本的3%;对系统重要性金融机构的支付、清算和结算建立统一的标准;在清算时,估计能收回多少钱才能借给该公司多少钱,并且政府排在第一优先受偿的位置,要求债权人和股东承担损失,而不能把风险转嫁到纳税人身上。(2)填补监管空白,堵塞监管漏洞,重点加强对金融衍生产品的监管。填补监管空白方面,法案规定由证券交易委员会和商品期权交易委员会负责监管场外衍生品的交易,加强对衍生品交易和市场参与者的监管。要求日常衍生品交易在交易所或类似的电子交易系统中进行,并通过清算所进行清算;定制化的掉期产品交易仍可以在场外市场进行,但相关交易必须上报至中央储存库,以便监管机构能全面掌握整体情况;将从资本金、保证金、报告、记录保存和行业标准等方面对交易商和其他市场参与者加以规范,执行更为严格的标准。同时,法案还要求堵塞房贷、证券评级和证券化产品销售等方面的漏洞。(3)加强对消费者和投资者的保护。保护消费者方面,主要措施有:在美联储下新设相对独立的消费者金融保护局(Consumer Financial Protection Bureau,CFPB),负责制定并执行防止金融市场的不公平和欺诈行为的相关规则,由其合并本来由其他监管机构负责的保护消费者的智能,对各种侵犯消费者权益的行为进行快速的反应和查处;设立全国的消费投诉热线;成立金融知识办公室,加强金融教育。在保护投资者方面,给予股东在高管薪酬等方面不具约束力的投票权;股东可通过代理人提名董事;要求上市企业的薪酬委员会只包括独立董事并且独立董事有权雇佣薪酬顾问;要求上市公司制定当高管薪酬是基于虚假财务报告所获得时可收回高管薪酬的政策。

美国医疗保险改革（Health Insurance Reform in the United States）是美国实现全民医疗保险的一次重大改革。美国总统奥巴马于 2010 年 3 月 30 日签署医疗保险改革补充法案，即"预算协调"法案，标志着美国医疗改革的最终完成。此次医改是美国社会保障体系 45 年来的最大规模改革。医改将使当时 3200 万没有医疗保险的美国人获保，从而使全美医保覆盖率从 85% 升至 95% 左右。

美国医疗保险改革有几项要点值得注意：（1）对私营保险公司采取更严厉的新规定，如禁止保险公司拒绝为投保者已有疾病进行赔付、不受理患者的投保要求或为终身保险设定上限。此外，法案还限制保险公司设定每年的赔付金额。（2）建立以州为基础的保险市场，使没有雇主提供医保的人可以自己购买。（3）大多数美国人将首次被要求购买医保，否则将面临罚款。但该法案将为符合一定要求的人提供补贴，如对收入高于政府医疗补助计划要求但低于联邦贫困线四倍的人给予补助。（4）对老年人给予购买药品的优惠。法案规定，老年人在购买特定处方药时享受折扣，这类处方药在总消费额超过一定限额时不予报销，这一问题将在 2020 年之前得到彻底解决。

量化宽松政策（Quantitative Easing Policy）是美联储为应对 2008 年金融危机而采取的扩张性货币政策。其政策实施可分为以下四个阶段。

第一阶段，2008 年 11 月 25 日首轮量化宽松政策开始，于 2010 年 4 月 28 日结束。首轮量化宽松政策将购买政府支持企业：房利美、房地美、联邦住房贷款银行与房地产有关的直接债务，还将购买由"两房"和联邦政府国民抵押贷款协会所担保的抵押贷款支持证券（Mortgage-Backed Security, MBS）。2009 年 3 月 18 日机构抵押贷款支持证券 2009 年的采购额最高增至 1.25 万亿美元，机构债的采购额最高增至 2000 亿美元。此外，为促进私有信贷市场状况的改善，美联储还决定在未来六个月中最高再购买 3000 亿美元的较长期国债证券。美联储在首轮量化宽松政策的执行期间共购买了 1.725 万亿美元资产。首轮量化宽松主体上是用于购买国家担保的问题金融资产，重建金融机构信用，向信贷市场注入流动性，稳定信贷市场。

第二阶段，美联储 2010 年 11 月 4 日宣布启动第二轮量化宽松计划，计划在 2011 年第二季度以前进一步收购 6000 亿美元的较长期美国国债。第二轮宽松计划于 2011 年 6 月结束,购买的仅是美国国债。这实际上是通过增加基础货币投放,解决美国政府的财政危机。同时,美联储再通过向其他国家"出售"国债,套现还原成美元现金,增加了储备的规模,为解决未来的财政危机准备了弹药。

第三阶段,2012 年 9 月 14 日,美联储麾下联邦公开市场委员会(FOMC)在结束为期两天的会议后宣布启动新一轮"开放式"的资产买计划,开始第三轮量化宽松。表示将以每月 400 亿美元购入抵押贷款支持证券(MAS),维持 2012 年 6 月实施的"扭曲操作"(OT)至 2012 年年底不变,即延长所持有证券的到期期限,并把到期证券回笼资金继续用于购买机构抵押贷款支持证券。联邦公开市场委员会强调,这些操作将在年底前使委员会所持有长期证券持仓量每月增加 850 亿美元,将给长期利率带来向下压力,对抵押贷款市场构成支撑,并有助于总体金融市场环境更加宽松。同时,美联储宣布将 0—0.25% 的超低利率指引期限从此前的"2014 年末"延长到"2015 年中"。

第四阶段,2012 年 12 月 13 日,美联储宣布推出第四轮量化宽松。每月采购 450 亿美元国债,替代扭曲操作,加上上一轮量化宽松每月 400 亿美元的宽松额度,联储每月资产采购额达到 850 亿美元。除了量化宽松之外,美联储保持了零利率的政策,继续把利率保持在 0—0.25% 的极低水平。

奥巴马新政(Obama's New Deal)指奥巴马 2009 年 1 月 20 日上任后在美国实施的经济刺激政策。其主要"新政"的目标与政策措施包括:(1)阻止衰退,刺激经济复苏。一是设立放贷基金,为消费者和企业主提供贷款。二是展开银行救援行动,确保大银行拥有足够的信心和资金发放信贷。三是出台买国货条款,缓解就业困境;众议院通过经济刺激方案,规定凡方案涉及的工程、建筑用钢铁必须为美国生产。(2)加强金融监管,整顿市场。一是建立监管机构,保护消费者利益。二是发布受援企业高官限薪令,监管银行业员工薪酬。(3)奖励出口,限制进口,促进就业。一是恢复补贴政策,刺激产品出口。二是加强进口监管,设置贸易壁垒。三是敦促知识产权保护,扫除音像图书出口障碍。(4)完善财税体制,开发更多财源。一是改革国防采购程序,减少武器开支。二是查处逃税漏税现象,完善税收制度。三是改革医疗保障制度,缩小财政支出;该改革被称为美国社会保障体系 45 年来最大变革,3200 万没有医保的美国人将纳入医保范围,医保覆盖将扩大至

95%。四是发行国债,填补财政黑洞。(5)修护现有基础设施,催生新产业。一是加强基础设施建设,创造就业。二是发展绿色经济,寻求新的增长点。(6)强调同舟共济,谋求国际合作。

美国复苏与再投资法案(American Recovery and Reinvestment Act)指美国为针对因次贷危机引起的经济衰退而提出的经济刺激方案。该法案于美国时间2009年2月13日在美国众议院和参议院获得通过,美国时间2009年2月17日由美国总统巴拉克·奥巴马于2009年2月17日签署生效。

该法案总共涉及资金7870亿美元,其中包括2860亿美元的个人和企业减税,以及5000多亿美元的政府开支计划,其目的是快速促进就业增长以及长期的经济增长。该法案将在未来几年里拯救或创造300万—400万个就业岗位的计划,并且还将投资于能源、教育、医疗和新的基础设施等方面。在减税方面,2009年和2010年,95%美国家庭将获得减税,个人可以抵减400美元,家庭则可减免800美元。在清洁能源方面,三年内替代能源生产上翻番,资金有145亿美元用于环境计划,199亿美元投资在再生能源及节能项目,110亿美元用于提升美国的电力网。在低收入人群福利方面,437亿美元用于公共卫生与社会服务紧急基金,其中269亿美元用于帮助失业者维持他们的医疗保险,并在五年内使全国健康记录计算机化;100亿美元投资公共住房计划;199亿美元用于济贫,扩大食物换领券资助贫穷家庭。在教育方面,其将整修10000所学校,并让其达到现代化水平,来改善500多万学生学习环境;提供更多大学奖学金,使700多万学生负担起大学教育;为400万学生提供2500大学税收减免;从而激励下一代创新能力。在基础设施方面,1200亿美元用于基建计划和科学研究投资,改善公共交通系统,兴建高速公路、高速铁路;另外还要加强宽带网络覆盖,其中72亿美元将用于改善特别是偏远地区的宽带网络,促进商业可以在公平环境中竞争。

美国重振制造业战略(American Strategy for Reviving Manufacturing)是2008年全球金融危机全面爆发后美国针对经济复苏采取的一种长期性、战略性措施。其目的是改变美国经济过度依赖金融创新和债务的格局,推动美国经济结构转变,为美国经济走上可持续发展道路建立基础。

美国重振制造业的战略框架集中体现在2009年12月美国总统执行办公室公布的《重振美国制造业框架》，该文件详细论述了美国重振制造业的理论基础、优势和挑战以及为重振制造业而推出的七个方面的政策措施。美国重振制造业战略的细化实施是2010年8月公布的《2010制造业促进法案》。该法案与2010年7月底美国众议院通过的一系列法案一起，构成了美国振兴制造业的法律框架。另外，还有两部重要法案——《2009复兴与再投资法案》和《2009清洁能源与安全法案》。美国重振制造业的重点领域包括钢铁、汽车、生物工程、航空工业、空间技术、纳米技术、智能电网、节能环保等。美国重振制造业的战略目标是调整结构、强化优势、促进就业、保持领先。美国政府希望在重振制造业的过程中能够体现创造性、本地性和低成本三大特点。尽管奥巴马在讲话中强调，要发展包括中低传统产业及制造业在内的各种经济类型。但美国的战略重点显然是加速高端制造业和新兴产业发展，依托科技进步和发挥既有优势，抢占全球制高点，主导全球经济，支撑未来经济发展。

美国再工业化政策（American Reindustrialization Policy）是奥巴马政府提出的促进产业发展的主要战略方针。该战略主张重新加强对国内工业尤其是制造业发展的重视，通过促进制造业高速增长，让美国回归实体经济，并力图转向"出口推动型"经济发展方式。2010年8月，美国总统奥巴马签署了《制造业促进法案》。根据该法案，美国政府将暂时取消或削减制造业企业进口部分原材料时的关税。美国国会预算办公室预计，这一措施将使制造业企业在未来三年内节省约2.98亿美元的进口关税成本。美国全国制造商协会预计，这一法案将使美国制造业产值增加46亿美元，并创造或支持九万个就业岗位。奥巴马政府还在推动国会批准为制造企业清洁能源投资提供50亿美元税收优惠。

美国对外援助政策（American Foreign Aid Policy）指美国在不同时期对其他国家进行援助时采取的政策，是美国外交政策核心内容之一，也体现了美国的价值取向。美国对外援助经历了以下几种变化：（1）第二次世界大战时及其后的美国对外援助政策服务于美国的全球战略。（2）"冷战"时期，美国对外援助政策走向制度化与法制化，如1961年美国国会通过《对外援助法》。（3）随着美国国内"民权运动"发展,20 世纪 70 年代美国对外援助政策的特点是满足"基本人类需求",主要体现在五个领域——食品和营养、计划生育和健康、教育和人力资源发展、有选择的发展项目、有选择的国家和组织。(4)美国"9·11 事件"后,功利主义倾向在美国对外援助政策中占据上风,由原来的国际主义转向单边主义。

萨缪尔·亨廷顿认为美国对外援助会基于五方面考虑:(1)经济表现。比如美国会考虑受援国是否能够使援助资金更好地发挥作用或者是否能够满足美国自身的经济与政治需求。(2)安全问题。比如受援国的安全在多大程度上会波及美国的安全或者受援国在多大程度上会受到另一个强国的威胁。(3)政治民主。比如受援国的民主体系——包括选举制度、人民自由等的发展程度。(4)已有联系。即受援国是否已经与美国建有某些特殊的、历史性的联系,使美国要延续自己的政策从而提供援助。(5)全球影响力。即受援国在世界政治中已有或者潜在的重要性。据美国国际开发署统计,1946—2009 年,美国共向国外提供了大约 8549 亿美元的经济和军事援助,受援国 180 个,对外援助对受援国的经济发展起了一定的作用,但往往附加民主、人权、宗教等政治条件。

马歇尔计划(Marshall Plan)即"欧洲复兴方案"。是第二次世界大战后美国援助欧洲复兴的计划。因由美国国务卿马歇尔提出,故名。第二次世界大战后,西欧经济衰退,急待振兴。而美国却在战争中发了横财。它的经济实力大大超过所有西欧国家的总和。1946 年年底,西欧遭到了百年罕见的严寒,经济濒临崩溃,政局动荡不安。在这种形势下,美国国务卿马歇尔于 1947 年 6 月 5 日在哈佛大学发表演说,指出应该向欧洲提供援助,制定欧洲复兴方案。1948 年 4 月 3 日美国国会通过了"对外援助法",使马歇尔计划从政策主张成为美国立法。主要内容是:美国拨款 100 多亿美元"援助"西欧各国作为"复兴"第二次世界大战后经济之用;但受援国必须购买一定数量的美国货,尽快撤除关税壁垒,取消或放松外汇限制,接受美国对使用美援的监督,把本国和殖民地出产的战略物资供给美国,设立由美国控制的"对等基金",保障美国私人投资和开发的权利,削减同社会主义国家的贸易,放弃"国有化"计划,把进步力量排挤出政府等。英国、法国、意大利、联邦德国等 17 个西欧国家接受了这些条件。计划原定期限五年(1948—1952 年),1951 年年底,美国宣布提前结束,而代之以《共同安全计划》。在马歇尔计划实施的几年中,美国向欧洲提供了 114 亿美元的援助,其中 90% 是无偿援助。主要的受援国有英国(24%)、法国(20%)、联邦德国(11%)和意大利(10%)。该计划结束时,欧洲的生产获得了巨大发展。1951 年,西欧工业生产比 1938 年增加了大约 40%。

欧洲复兴方案(European Recovery Program)见"马歇尔计划"。

第四点计划(Point Four Program)即美国技术援助落后地区计划。因该计划是 1949 年 1 月 20 日美国总统杜鲁门在就职演说中提出的计划中的第四点,故名。杜鲁门在演说中提出了四点"主要的行动原则",在谈到第四点时,他宣称美国将给不发达国家以技术援助,并"对需要开发的地区投资",解决它们开发经济工作上的困难。该计划的技术援助方式包括研究不发达国家的经济发展问题,对政府和私人企业的建设项目提供顾问和技术人员,在财政和行政上支持不发达国家政府的发展计划以及派遣教员进行技术训练。这一计划的实质是便于美国对外经济扩张,以保证美国垄断资本控制这些国家的经济命脉,进而干涉其内政外交。1950年 9 月,美国国会通过"国际开发法案",并拨款 3500 万美元用于该计划的第一年,还同意承担联合国经社理事会技术援助费用的 60%。至 1952 年 4 月,共有 33 个国家或地区接受该计划。美国技术援助落后地区计划一直延续至今,对世界政治和经济格局产生了重大而深远的影响。

贝克计划(Baker Plan)正式名称为"美国关于发展中国家持续增长的计划"。是美国政府为解决发展中国家债务问题制订的计划。1985 年 10 月 9 日美国财政部长詹姆斯·贝克在世界银行与国际货币基金组织的汉城年会上提出,故名。主要内容是:(1)主要债务国实行综合、全面的宏观经济与结构政策,以便降低通货膨胀率并实现国际收支平衡,从而恢复经济增长,提高偿债能力。(2)在国际货币基金组织的中心作用下,由多边发展银行(如世界银行)和地区发展银行在 1985年后三年内向 15 个债务国增加贷款,比以往的贷款水平增加 50%;由国际货币基金组织从"信托基金"中拨出 27 亿美元,专门提供给低收入债务国,以支持"它们的经济调整"和偿债需要。(3)由私人商业银行在 1985 年后三年内向这 15 个债务国增加 200 亿美元的贷款。这样,在三年内向债务国提供的新贷款数字总共为

317 亿美元。该计划代表了发达国家在债务问题上的共同立场。

布雷迪计划(Brady Plan)又称"减轻发展中国家债务计划",由美国前财政部长布雷迪于 1989 年 3 月提出的一项旨在帮助发展中国家解决债务危机的计划。这一计划的主旨是:在国际货币基金组织和世界银行资金的支持下,将解决发展中国家债务问题的战略从发放新贷款转向减轻重债务国的债务负担,以促进债务国的结构改革和经济增长。计划实施的范围以 19 个中等收入的重债务国为主,同时也要求债权银行自愿减少发展中国家的部分债务。布雷迪计划把解决债务的重点放在债务本息的减免上,而不是借新债还旧债。相比之前的"贝克计划"(Baker Plan,1985),这一计划给缓解债务危机提供了新的突破口。布雷迪计划的提出,表明美国在实际上承认了债务国不可能完全付清债款的客观事实。布雷迪计划提出后至 1993 年 1 月 20 日布什任期届满,先后有墨西哥、哥斯达黎加、委内瑞拉和阿根廷等拉丁美洲国家与债权银行达成了减债协议,从而加入布雷迪计划。从其提出后的实际情况来看,布雷迪计划具有一定成效,但也存在很大的局限,无法从根本上解决发展中国家的债务问题。

美国经济制裁政策(American Economic Sanctions Policy)是美国推行对外战略、影响他国行为和处理危机的重要手段之一。制裁内容主要包括贸易制裁、投资制裁、援助制裁、海外资产冻结罚没、通航过境制裁等。

经济制裁成为美国对外政策重要工具已有两百多年历史,其发展历程分为四个阶段:(1)美国建国至第一次世界大战开始。美国早期国家综合实力较弱,其经济制裁多是针对别国的报复性措施。(2)第一次世界大战至第二次世界大战结束期间。在这一阶段,美采取经济制裁手段时较为谨慎,多与其他相关国家预先沟通,尽量达成多边联合制裁。(3)"冷战"期间。第二次世界大战结束后,美国的经济制裁从作用与目的看可分为两类:一类是针对敌国,特别是不同意识形态国家;另一类是达成特定的外交、政治、经济和人权诉求。外交方面,主要是"以禁运促和平",制止不符合美国国家利益及对外政策主张的国家间冲突。(4)"冷战"结束至今期间。这一阶段,美国的经济制裁呈现出三个主要特点:一是制裁频率显著上升。二是美国更倾向于采取目标更为精确、避免引发对象国反美情绪的"巧制裁",将部分针对国家的制裁转化为针对个人或组织的制裁。三是制裁的目标和手段更为多元,制裁目标从国家扩大到特定政府机构、企业与个人,制裁手段从以贸易制裁为主转为金融、贸易制裁并用,金融制裁的地位显著提升。

莱茵模式(Rhineland Capitalism)是指以莱茵河畔的德国、法国等为代表的、主要存在于欧洲大陆国家的经济社会发展模式。以德国的社会市场经济理念和模式最为典型,被奉为圭臬。该模式主张在国家所制定的秩序框架下实现竞争;它强调社会公平性与集体的利益,制定了一整套严格的劳工权利和福利制度,劳工组织如工会拥有直接参与劳资谈判、参与企业决策的能力和地位;公司更注重长期发展,公司之间或公司与银行之间往往联系紧密,因此证券市场的作用相对较小。

法国国有化运动(Nationalization Movement in France)是法国政府将私有企业收归国家所有的过程。在法国现代史上,根据政府的法律或法令实行过三次较大规模的国有化:第一次国有化运动是在 1936—1937 年人民阵线政府时期。当时政府为了应对紧迫的战争形势,对铁路实行了国有化,并采取强硬的政策对一些军事工业实行国家管理,将施耐德军火工厂、蒙契吉军火工厂、雷诺坦克工厂收归国有,同时还控制了两家飞机制造厂。第二次国有化运动是在 1945—1946 年戴高乐临时政府时期。为了恢复战争破坏的经济,政府颁布了一系列国有化法律和法令,将一些关键部门收归国有,先后建立了国营雷诺汽车公司、法兰西电力公司、法兰西煤气公司和法兰西煤矿公司。在银行事业方面,收归国有的除了法兰西银行外,还有里昂信贷银行、兴业银行、国民工商银行、巴黎国民贴现银行四大存款银行和 34 家保险公司。第三次国有化运动是在 1982 年密特朗执政时期。为了振兴经济、摆脱经济危机,政府颁布了扩大国有化政策,将许多规模大、实力强的工业企业、金融公司和银行实行国有化。全部资本收归国有的有五大工业集团(通用电气公司、佩西奈—尤吉内—库尔曼集团、罗纳—普朗克集团、圣戈班—蓬阿—穆松集团、汤姆逊—布兰特集团),两大金融公司(巴黎—荷兰金融公司、苏伊士金融公司)和 36 家在国家信贷委员会注册的、1981 年 1 月 2 日居民存款金额在十亿法郎以上的法国银行。国家还以持股形式控制了几家公司。这次国有化是法国历史上规模最大的一次。这次国有化后,国家(中央和地方政府)控制的公营企业共 4300

家,从业人员占劳动力人口的 11%,产值占国内生产总值的 17%,投资额占全国投资总额的 35%,贷款额占整个金融体系经济贷款总额的 83.9%。国有化在加强国家干预经济、促进第二次世界大战后法国经济的发展以及企业的投资、技术改造、生产机构的改革等方面起了一定的作用。

法国现代化和装备计划(French Modernization and Equipement Plan)是法国政府实行的宏观经济计划。是法国政府调节社会经济的重要形式之一。法国是一个长期推行"经济计划化"的资本主义国家,从 1947 年以来先后制订了九个经济计划。各个计划都制定了各个时期经济发展的战略目标、投资重点和有关的参考性经济指标,并提出实现经济发展目标的各种经济、社会政策和措施。第二次世界大战后初期的第一个计划(1947—1953 年),着重使法国经济从战争破坏中恢复过来,并大力装备和重点发展煤、电力、钢、水泥、农机和交通运输六个基础部门;重视发展农业,较快解决了粮食自给问题,促进了制造业的现代化。第三个计划(1958—1961 年),使法国经济进入高速度发展的轨道。从第四个计划开始(1962—1965 年),法国政府把"现代化和装备计划"改称为"经济和社会发展计划",强调充分就业、稳定物价、增加教育、卫生、道路、电话通信等方面的投资达50%,并且将"成果的分配以及领土整治和社会活动"作为计划目标之一。第五个计划(1966—1970 年)强调重点发展有竞争力的"尖端"工业部门。第六个计划(1971—1975 年)特别把有关住房、文化教育、卫生、交通、公共工程等项目列入计划。第七个计划(1976—1980 年)特别强调"恢复充分就业"和"制止通货膨胀"。第八个计划(1980—1985 年)继续把"促进就业的均衡增长战略"作为制订计划的一条方针。第九个计划(1984—1988 年)把名称改为"经济、社会和文化发展计划",强调今后五年的中心任务是"重振工业投资",开展"科研"和"职业培训"工作。通过以上各个计划的执行,法国在保持市场经济的同时,加强了国家计划对经济生活的调节作用,促进了国民经济的发展。

法国农业指导法(Loi d'Orientation Agricole)是法国政府为缓和农业危机、实行新的农业政策采取的一项重要立法。1960 年 8 月由国民议会通过。后由 1962年 8 月的"补充法"和 1964 年 12 月"实施法令"加以补充和发展,旨在提高农业的地位。在经济和社会政策范围内,"建立农业和其他经济活动之间的平等",提高农业劳动生产率;通过消除农民的收入和非农民的收入之间存在差别的原因,"使农业公平地参加利润分配""鼓励和促进家庭型的农场结构",使家庭农场有可能"补偿自然的和经济的损失"。规定建立土地整治和农村安置公司,以便通过这个机构收购或转卖土地。以"调整土地结构,扩大某些农场的面积,便于土地耕作和农场主的定居"。"补充法"还规定建立调整农业结构和社会行为基金,通过这个机构向老年农场主提供"退休终身补贴"的办法,鼓励其放弃经营活动或自由出卖农场,以利于组成"有生命力的农场"。农业指导法确定的新的农业政策对改革农业机构,加速土地集中,推动农业现代化起着重大的作用。

巴尔计划(Barre Plans)又称"法国第八个经济和社会发展计划"。是法国巴尔政府为发展经济制订的第八个宏观经济计划。1979 年颁布。20 世纪 70 年代后期,法国爆发经济危机,失业剧增,通货膨胀严重。第七个经济和社会发展计划实施结果令人失望。在这种情况下,雷蒙·巴尔总理采取了新自由主义和紧缩政策,1979 年制订了法国"第八个经济和社会发展计划"(1980—1985 年)。计划的方针是促进就业的均衡增长。主要内容是:(1)减少对能源和原料的依赖。在能源问题上,大力开展节能活动,促使能源来源多样化,建立太阳能委员会,继续坚持核能发电计划,改进核电站目前所采用的安全设施,在原料问题上,先是节省国家资源,然后是提高国家资源的价值,同时在财政上减少开支。(2)发展有竞争能力的工业,加强农业和食品工业,在经济上和地理上使出口多样化,进一步提高生产率。(3)为就业采取特别行动。(4)在社会保险问题上,必须不惜一切代价控制支出的增加,选择优先发展的项目。(5)改善法国人的居住条件和生活环境,取缔破旧的或对健康有害的居民住房,改进房屋质量,把住房问题同有关城市规划和城市生活环境的总政策结合起来。计划实施后,尽管曾经法郎相对稳定,却导致经济增长率下降,不仅没有做到"就业均衡增长",反而使失业率和通货膨胀率都达到法国第二次世界大战后最高水平。1981 年 5 月社会党上台后,停止执行该计划。

法国计划改革法(Loi Portant Réforme de la Planification)是法国社会党 1982 年执政后为加强国家计划调节、改革计划调节体制而制定的一项重要立法。1982

年 7 月颁布。核心是革新计划实施方法,建立计划合同。这一法令规定,为实施国家计划和地区计划,国家和地区可分别同"领土行政单位、地区、公营企业或私营企业及其他'法人''缔结'计划合同";合同双方须"相互承担义务",地区要同国家采取"共同行动",要把"企业主要战略方针"纳入合同,并强调其"与国家计划目标的一致性",国家在许可和规定的范围内,"优先提供资本拨款、补助金、贷款、担保借款、税收优惠和一切财政援助"。另外,法律在改革计划内容、计划机构、计划制订和通过程序等方面也做了明文规定。改革法在制订第九个经济、社会和文化发展计划(1984—1988 年)过程中开始实施。

联邦德国投资援助法(Investment Aid Act of Federal Germany)是联邦德国政府为大力发展重工业而颁布的法令。第二次世界大战后,基于电力的发展对整个国民经济具有重大意义,联邦德国政府采取了有力措施加强电力工业的生产能力。1952 年颁布了《投资援助法》。规定除冶金、煤矿、电视和国营企业外,其他一切企业都必须缴纳一定资金,用这些资金设立一笔专门基金,以长期贷款形式集中投资于电力工业和其他几个重工业。这一法令实施后,仅 1956 年、1957 年两年电力工业投资就达 30 亿联邦德国马克。1957 年 4 月兴建了第一座功率为 15000 千瓦的核电站。1958 年联邦德国的发电量已经超过了 1938 年全德水平,1969 年超过英国,1981 年达 3688 亿度,年平均增长率为 7.3%。电力工业的发展,满足了国民经济其他部门对能源的需求,有力地促进了整个国民经济的发展。

吕布克计划(Lubeck Plan)是联邦德国政府制定的改革农业结构的政策。1953 年颁布。20 世纪 50 年代初期,联邦德国政府奉行限制粮食进口和农业补贴政策,农业生产获得恢复和发展。但从 1953 年起,由于工业生产进一步发展的需要,农业生产却显得落后并与之不相适应。在 1400 万公顷可利用的农地面积中,有 700 万公顷零碎分散,使目的在于提高农业生产率的农业机械化无法实现。因此,必须进行农业结构改革。1953 年,联邦德国政府制订并宣布了所谓"15—20 年农业结构改革规划",即著名的"吕布克计划"。主要内容:(1)实行"土地整顿"。国家机构通过行政手段来改进土地利用情况,把大量分散经营的小块土地合并成若干块土地,以保证"合理经营"。(2)实行农场的"升等"方针,把 10 公顷以下的所谓"没有生命力的小农场"提升到拥有 10—20 公顷以上的"有生命力的小农场"。其主要措施是把大量低利息贷款提供给中等规模以上的农场。（3）实行农户"迁居"政策。一方面,使某些农户迁出人烟稠密的村子,迁往新的住地,并在那里建立新的"有生命力的"农场;另一方面,把原来由这些农户经营的地块同留村农户的地块连成一片,扩大后者的经营规模,以期达到比较合理的效果。联邦德国政府在农业中推行农业结构改革,大大加强了联邦德国农业的生产和资本的集中,促进了农业以及整个国民经济的发展。

反对限制竞争法(Act of Against Restraints of Competition)是联邦德国政府为反对垄断、鼓励竞争而制定的法令。在资本主义从自由竞争转入垄断阶段的时候,德国生产的集中和垄断的趋势表现得十分突出。从魏玛共和国到希特勒的"第三帝国",德国的垄断进一步发展,出现了像西门子、克虏伯一类的垄断"世家",所以,德国曾以"经典式的卡特尔国家"而著称。为了限制垄断的发展,经济部长艾哈德提出了"反对限制竞争法",1957 年国会通过。该法的理论基础是"社会市场经济"的原则,即国家有责任来维护竞争秩序。1965 年,该法重新修订,赋予联邦卡特尔局以新的权力,对于法律许可的横向、纵向协定的细节,规定要在卡特尔局立案,卡特尔局可以对妨碍竞争的垄断机构随时采取限制措施。规定雇佣工人一万以上或周转额达五亿马克以上的企业必须在卡特尔局登记。1974 年又一次修订了该法。进一步强调,禁止大企业在生产或劳务等方面签订限制竞争的卡特尔协定;而对中小企业,为使其经营管理现代化,以利于开展竞争,在适当条件下鼓励签订科特尔合同。该法对限制垄断、鼓励竞争、促进联邦德国经济发展起到了积极作用。

联邦德国援助发展中国家十七条纲领(17 Guiding Principles for Aid to Developing Countries of Federal Republic of Germany)是联邦德国政府帮助发展中国家发展经济的纲领。1979 年 5 月内阁会议通过。其目的是在发达国家和发展中国家的关系日益加深的形势下,进一步加强同所有国家的合作,帮助最贫穷的发展中国家同贫困进行斗争。这个纲领强调:(1)要求援助国建立"自助"体制。否则,援助的效果就没有提高。譬如建立切实、有效的税收制度、行政制度,增加粮食生产,抑制过剩人口等。(2)扩大发达国家同发展中国家之间的贸易,特别是发达国家不限制从发展中国家的进口。坚持传统的自由贸易政策,促进其发展。(3)促进民间投资,并且提供技术援助。(4)对发展中国家原料出口收入的稳定化予以合作,以此使联邦德国的原料供应体制也稳定化。(5)支持南非的解放运动。

民主德国经济发展战略(Economic Development Strategy of Democratic Germany)是德意志民主共和国20世纪80年代发展国民经济的基本战略。1981年4月,德国统一社会党第十次代表大会提出。首要目的是把社会主义的优越性同科技革命成果结合起来,为保证扩大再生产创造重要前提。战略包括十大重点,核心是扬长避短,发挥科技优势,充分利用最新科技成果,使现有原料和燃料发挥最大效益,有效地组织生产和管理,以提高劳动效能和劳动生产率,求得经济持续发展。具体措施有:(1)采取借助先进技术和工艺精炼现有原料,多用本国褐煤作燃料,减少公路运输,增加铁路和内河运输,重视"二次原料"的利用等措施,解决能源和原料问题。(2)广泛在生产中利用微电子技术,实现自动控制生产过程和使用机器人,提高劳动生产率和产品质量,以解决劳动力不足的问题。(3)以最新科技成果为基础,生产性能可靠、美观耐用的新产品,提高产品在国际市场上的竞争能力。(4)调整投资政策,缩短投资战线,减少投资项目,把投资主要用于"合理化"和"集约化"方面,并缩短建设周期,提高投资效果,在资金不足的条件下加快经济发展。(5)努力扩大出口,减少进口,力争实现顺差,提高外债偿还能力。

英国农业法(British Agriculture Law)是第二次世界大战后英国颁布的各种农业法规的总称。1947年英国议会通过第二次世界大战后第一个"农业法",并授权政府制定主要农产品的保证价格,使农户的经济收入得到保证,以有利于建立一个"稳定和有效"的农业部门。1957年颁布的"农业法"规定对于更新固定设备的农户由政府给予补贴。1964年又颁布"农业和园艺法",授权政府对农业和园艺产品规定最低进口价格。1967年及1971年继而分别实施旨在鼓励农户向大型化和合作化发展的有关法律。这些法律对促进当时的农业生产起了重要作用。1973年2月起,英国执行欧洲共同体共同农业政策,对"农业法"中不符合共同农业政策的有关规定逐步停止执行。

英国价格保证制度(British Price Guarantees System)是英国政府根据"农业法"所采取的支持并保护农产品价格的政策措施。最常用的是差额补贴制度。对本国生产的各种农产品(如肉牛、羊、猪、蛋、羊毛、牛奶、谷物、马铃薯和甜菜等)都规定了最低保证价格,如果本国农产品在市场上实际销售价格低于保证价格时,其差额由政府补贴。20 世纪 60 年代初英国政府支出的这项补贴金额每年在两亿英镑以上。1973 年英国加入欧洲共同体后,逐步取消了过去实行多年的支持农产品价格政策。1973 年 3 月和 7 月,分别取消了对牛和黑麦的价格支持;1974 年 3 月和 6 月取消了对鸡蛋和甜菜的价格支持;1975 年 7 月取消了对猪的价格支持;1976 年 7 月取消了对小麦、大麦、燕麦的价格支持;1977 年 12 月 31 日,对农产品价格支持的政策全部终止。

英国地区政策(Regional Policy in the United Kingdom)是英国政府为保障经济的均衡发展和解决就业问题而制定的地区发展政策。基本方针是把失业率高于平均水平的地区确定为需要援助的特别地区,对这一地区的企业提供财政上的支持。最早实施的地区政策是 1934 年的"特别地区法"。它规定对苏格兰中部、西坎伯兰、英格兰东北部和威尔士南部四个失业率较高的地区进行少量的财政援助。援助主要用于基础部门的建设,以减少这些地区对衰落的传统工业的依赖程度。1945 年的"工业分布法"是第二次世界大战后第一个实施地区政策的立法。该法案最主要的规定是:新建工厂必须取得工业开发证书。这样,在伦敦或伯明翰等地得到开发证书的公司到开发区去建厂,为开发地区创造发展的机会。1958 年的"工业分布(工业资助)法"和 1960 年以后取而代之的"地方就业法",规定向一些失业率较高的地区提供资金援助,原来的开发区改为约 165 个小开发区,当失业率降低到 4% 以下,便立即取消开发区待遇,不再援助。1966 年工党政府又通过了"工业发展法",大幅度增加了援助的数量,扩大了援助地区的范围。1972 年保守党政府的工业法强调,政府对受援地区要按不同的基础进行帮助,增加对开发区的选择性财政援助,规定在开发区不再需要工业开发证书。创立全国性的"工业发展执行委员会"和六个地区性的"工业发展局"。工党政府 1974 年执政后,采取了两项措施:(1)颁布 1975 年工业法,规定政府能与私营企业缔结"计划协议",商定投资规划,保证地区援助的期限,从而影响公司增加对受援地区的投资。(2)资助建立苏格兰发展局和威尔士发展局,使其负责带动本地区的工业发展,并在这两地的经济结构改革中起核心作用。工业发展局能够购买公司的股份,这是地区政策的一个新特点,标志着地区政策1975年发生了重大调整,并达到一个比较完善的阶段。

到1975—1976年度为止,英国政府用于地区政策的开支每年约七亿英镑。1976年年底,英国的财政问题和经济问题导致对公共开支的削减,鼓励在任何地区投资和创造就业已成为地区政策的主要宗旨。1979年当选的保守党政府于该年7月宣布了新修改的地区政策,即计划在三年内将受援地区的工作人数比例从40%逐步减少到1983年的25%,把1979年地区援助预算的6.09亿英镑削减到3.76亿英镑。地区开发补贴对特别地区仍保持22%的水平,对开发地区则减至15%,中间地区发展补贴被全部取消。随着失业问题日益严重,地区政策又有了新变化。1984年11月,工业国务大臣诺曼·拉蒙特宣布了政府对地区政策修改结果:(1)把受援区改为发展区和中间区,发展区有资格得到地区发展补贴(15%)和选择性地区补助,中间区只能得到选择性地区补助。(2)资本补贴按每个就业的成本限制(1万英镑)来定。(3)公司可得到就业补贴。(4)对有希望增加就业的服务业也给予地区发展补贴,但不包括旅游业。政府认为,旧体制造成很多浪费,而新的地区政策经过一段时期以后到1987—1988年度每年可节省三亿英镑。可见,新的地区政策和创造就业的联系更紧密了,而且强调节约。这充分反映了政府既要控制开支,又想解决就业问题的策略方针。

撒切尔经济政策(Thatcher's Economic Policies)是英国首相撒切尔夫人上台后实施的保守主义经济政策。1979年5月,撒切尔夫人出任英国首相时,面对的是前届工党政府遗留下来的经济停滞不前、通货膨胀严重、失业日益增加等一大堆棘手问题。她认定这是工党政府信奉凯恩斯主义,热衷于国家干预和国有化政策的结果。转而信奉货币主义,主张只有限制政府干预经济,发挥个人的创造力,实行市场经济,才能使英国摆脱困难,保持稳定经济增长。为此,她实施了一套比较完整的货币主义政策主张。其主要内容是:(1)通过强硬的货币政策降低货币供应的增长率,减少政府借贷,降低利率。(2)减少或至少控制政府开支的增多。(3)着力提高生产率,降低较高收入集团的边际税率,停止援助国营与私营的无效率的企业。(4)重新实行"市场竞争,迫使企业进行生死搏斗的原则",以减轻工商业的管理负担。(5)取消信贷限额、外汇管制、收入限制,便利资本流动。(6)控制工资增长率并使企业免于超额雇员。(7)将庞大的国营企业部门部分非国有化。(8)尽可能帮助私营企业。1983年6月撒切尔夫人蝉联首相后,又进一步削减公共开支和削减"全民福利",鼓励私人企业和个人积极性,减少国家干预,进一步实行"非国有化",加速推行"货币主义"经济政策的步伐。政策实施结果:通货膨胀率从1979年的10.4%降到1986年的4%左右;多数人的生活水平有所提高,社会结构也起了颇大变化;以往人们常说的"英国病"在一定程度上得到治疗,英国被讥为"欧洲病夫"的情况似已成为历史。当然,这些成果的取得也付出了极大的代价,如失业率上升、教育卫生福利发展缓慢,英国南北贫富差距扩大等。

瑞典总供求平衡政策(Swedish Policy for Achieving Overall Balance between Supply and Demand)是瑞典实行的旨在缩短经济周期促进经济增长的宏观经济政策。为实现国内和国外经济的均衡,不留缺口,使总需求和总供给保持平衡,瑞典采取短期、中期和长期三种需求和供给管理,使之与国家年度计划,五年计划和长期计划相适应,并借助财政、货币、价格、工资、劳力和其他经济政策加以实施。实施中根据国内外经济发展的预测和变化,采取不同的或截然相反的对策。当世界型通货膨胀出现,对策主要有:(1)增加直接税、削减政府开支,限制工资增长。(2)增加法定储备金,提高银行利率,限制信贷资金的供应。(3)控制私人债券的发行,鼓励私营企业把利润存入瑞典银行。(4)减少房屋建筑许可证发放。(5)限制物价上涨,以及鼓励劳动力投入供应紧张的部门和地区等,以抑制对社会经济资源的过分压力,减少世界性通货膨胀对国内的影响,抑制总需求,扩大总供给,达到供需平衡。当世界性经济衰退出现,对策主要有:(1)增加政府开支,降低贷款利率,增加建筑业的就业人数、取消非重点的房屋建筑限制,加快政府公共工程的建设速度,扩大失业救济。(2)鼓励私人投资,包括开放免税投资储备金,加速折旧、允许私人发行债券,对工厂的建筑用储备基金投资实行免税,以及对私人工业的研究和发展的投资也给予专门的补助。(3)实行更积极的人力政策,鼓励劳力从高失业地区走向低失业或需要的部门和地区流动。通过上述政策措施,扩大需求,减少供给,缩短经济周期,促进经济的增长。

荷兰计划政策（Netherlandish Planning Policy）是荷兰为发挥国家调节和指导国民经济运行和发展而采取的宏观经济政策。第二次世界大战后，荷兰政府成立了中央计划局（Central Planning Bureau），其任务是向政府及主要政党提供经济数字、进行分析和预测。国家计划和政策则由内阁会议（14 人组成）制定。其程序是：不同的政策先由具体部门提出，交经济事务部、中央计划局进行分析、预测，制定出不同的方案，然后内阁会议讨论决定。会议在每年 9 月召开，根据经济委员会提供的经济情况、数字、预测作为制定财政预算和经济计划的依据。计划经过议会批准后，到第二年 4 月正式公布中央经济计划。荷兰的预算和经济计划只包括铁路、公共交通、教育、医疗、福利、保险、运输等部门。由于政府控制了 60% 以上的国民收入，能够运用财政的力量影响经济的发展。预算中规定了国防、科学、教育、就业和社会保险、住房和环保、运输和公共工程、福利健康和文化事务等方面的基金，从而控制了社会经济发展的重要部分。对私营经济，则通过政府的税收、贷款、利率、补贴等经济手段间接加以影响。计划经过议会批准后，任何个人、组织或政党都不能随便更改。为保证计划能广泛地代表不同组织、阶层的意见，经济委员会吸收工会代表 15 人，大学研究部门的代表 15 人参加。荷兰执行计划调节政策，对克服市场经济某些盲目性，调节经济活动和个人收益分配，指导经济发展起了一定作用。但是，某些时期也发生过指导思想的偏差，给经济带来了不良影响。

财政桥（Pubic Finance Bridge）是匈牙利对企业实施的一项财政政策。1968 年实行新经济机制以后实行。主要是运用特定课税或价格补贴的办法，达到调节企业利润的目的。根据制定的价格政策，对部分生产企业按照其不同的生产条件运用课税或补贴的办法，促使它们能正常生产、公平竞争。随着形势的发展和生产条件的变化，原来采用的课税或价格补贴办法亦做相应的改变。

生产税（Tax of Production）是匈牙利对企业收入环节征收的税种之一。它是对因客观条件有利而获得较高利润的生产企业征课的税。1976 年 1 月 1 日起实行。在某些行业中，一些企业的生产能力、技术条件、管理水平等可比因素虽然相同，但因所处地理位置、交通条件、政府价格政策或出口商品国内成本较低，利润往往高低不一。为消除这些差异，对因此而获得较高利润的生产企业课征生产税，利率按利润多少而异。要缴纳生产税的主要有:(1)建筑施工企业进行安装、勘探、技术设计等活动取得的收入。(2)服装企业因计价时估算的原料数量高于实际使用的原料数量而形成的额外收入。(3)制酒工业按生产价格购进的纯酒精。(4)企业生产出口产品所使用的原材料的价格低于外贸价格获得的收入等。生产税的性质是按照价格收入调节企业盈利水平的一种税收。实施生产税有利于开展公平竞争,贯彻按劳分配原则。

匈牙利国营企业(Hungarian State-owned Enterprise)是匈牙利有关国营企业建立和经营管理的基本经济法规。1978 年 1 月 1 日起实行。基本内容是:(1)规定国营企业在中央领导和企业自主相结合的基础上活动,是实行独立核算、自主经营的法人。(2)企业实行"一长制"领导;经理和副经理由企业的建立机构任免;职工直接或通过代表参与企业的领导和监督。(3)可根据需要建立托拉斯,托拉斯及其领导下的托拉斯企业是法人,托拉斯企业仍独立核算,自负盈亏。(4)托拉斯的最高领导是由建立机构任命的总经理。(5)托拉斯有权指示托拉斯企业进行特定的活动、提出经营方面必须遵循的原则和为了国民经济利益而转移托拉斯企业的资金,并对所属托拉斯企业履行对国家预算所承担的义务责任。

匈牙利竞争价格政策(Competitive Price Policy of Hungary)是匈牙利 1980 年开始在工业加工部门中实行的一种价格政策。旨在通过使国内价格与国际市场价格有机联系的办法,提高企业及整个国民经济在国际市场上的竞争能力。匈牙利学者里斯卡·蒂波尔在 20 世纪 60 年代初最早提出,曾遭到激烈反对。直到 1973 年国际市场石油价格暴涨,对匈牙利经济产生了重大影响之后,1974 年才提出分阶段地调整价格,把国际市场的较持久价格变化与国内价格变化联系起来等新的价格政策设想。以涅尔什·雷热为首的价格和工资长远发展专家委员会于 1977 年 10 月向中央提交了《发展中国家价格制度设想》的报告。据此政府制定了价格制度长远发展的指导原则,确定了这种政策。主要内容:(1)规定能源、原料的国内价格通常要按非卢布结算的进口价格确定,使匈牙利工业企业以相当于其他国家企业的价格获取能源和原料,有效地衡量和刺激其国际竞争能力。取消"中和"价格代之以生产者价格差额流通税。涉及的商品包括石油、黑色金属、矿石、生产棉、皮革、橡胶、稀有金属和有色金属等。(2)加工工业的成品和半成品的国内价格要根据这些产品按非卢布结算的出口价格确定。这些产品的国内价格水平不能高于其出口的价格水平。涉及的产品有机床、交通工具、电机和电器设备、真空技术、仪表、医药、羊毛、皮鞋、服装等。(3)凡产品或劳务参加进出口流通并且非卢布结算的出口额达到或超过国内销售额的5%的竞争性企业,其国内销售的产品都实行竞争价格;国家物资和价格局有权指令非竞争性企业实行竞争价格制度,也有权指令竞争性企业不实行竞争价格制度;农业、建筑业和服务行业不实行竞争价格制度。(4)采取出口产品税收返还等措施,避免企业因成本增高而造成亏损或大幅度地减少利润,提高企业对竞争价格制度的适应性。该制度的优点是:有助于增强本国经济对国际市场变化的反应能力,促进生产结构改革,能有效促进企业间的竞争、提高经济效益、克服生产者价格和消费者价格"倒挂"现象等。政策的实施使匈牙利外贸逐步恢复了平衡,改善了整个国民经济的平衡。

匈牙利混合价格制度(Hungarian Pakage Price System)是匈牙利1968年经济改革后实行的采取多种价格形式的管理制度。目的在于既保证市场物价的基本稳定,又能运用价格杠杆对生产发展的调节作用。主要内容是:(1)根据不同商品类别及其对国计民生的影响程度,分别采取规定价格、受官方限制的协议价格(其中包括最高限价和浮动价格)和自由价格,前两种价格形式又称官方价格。(2)凡直接关系到国民经济发展和人民生活的商品主要采取固定价格,主要是某些基本原料和农产品、基本消费品和重要的社会服务。固定价格确定的两个重要原则是:保证基本消费品和重要劳务价格的稳定,保证主要原料和能源供应价格的稳定。(3)对居民生活影响不大的奢价品以及其他加工工业产品,大多采取自由价格形式,定价权下放给企业或个体经营户。自由价格一般在生产者价格中占70%—80%,在消费者价格中占60%。(4)对国民经济只具有一般重要性,或者虽然很重要,但供应相对有保证的商品,实行协议价格,主要是一部分原料、建筑材料和消费品。其价格的确定主要由企业在国家规定的最高限或上下幅度内,根据产品的供求状况制定。(5)采取措施加强物价管理。主要是注意正确划分价格形式,从严控制消费者价格、农产品价格的自由价格比重;加强价格监督,贯彻统一性、协调性、社会性和严格性的要求;加强对自由价格的控制和收益是否正当的监督;大力宣传价格政策。这种价格制度基本达到了微观搞活、宏观管住的效果,1968—1974年得到了顺利的实行。

匈牙利经济社会振兴计划(Hungarian Economic and Social Revival Plan)是匈牙利关于经济发展和经济改革的基本规划。1987 年 7 月,匈牙利社会主义工人党中央全会通过。计划的两大内容:一是改造生产结构,发展技术,适应集约化要求和世界经济发展的趋势;二是加速社会主义经济改革进程。发展经济的主要任务是:(1)充分利用改造现有生产能力,提高产品质量与技术水平,改进市场工作,增强加工工业出口创汇能力。(2)重新审定经济发展计划,集中力量发展有国际竞争力的生产领域,减少对生产与出口亏损的补贴。(3)关闭破产企业,停止无效益生产,将有限的资金、人力投入高效益部门。(4)加强国际经济合作,促进国民经济平衡发展与技术进步。改革的基本原则是:(1)让商品、货币关系、供求关系以及信贷、价格汇率收益和利润等经济杠杆发挥更大作用,使生产适应市场需求。(2)划清国家与企业的关系,大大减少国家对企业具体经营活动的干预;中央经济管理机构的主要任务是解决结构调整、能源生产与分配、采掘工业、基础设施,经互惠合作,国家科技发展方向等战略性问题。(3)改变掩盖效益的补贴与上缴利润制度,按经营优劣拉开企业之间的差距。(4)增大企业自主权和灵活性,同时要求承担经营风险。(5)实行增值税制度。(6)减轻生产者负担,逐步放开工资限制,条件成熟时进行全面工资改革。(7)多种经营、中小企业、辅助经济与个体经济、有价证券等将有更大的发展。

复合效用法(Composite Effects Method)是保加利亚采取的一项经济管理政策。其目的在于解决集中化、专业化、现代化、规范化、标准化、生产能力最佳化等一系列重要问题,以实现整个国民经济最优的全面经济效果。1978 年推行新体制以来广泛运用。要求在整个国民经济范围内,以最少的投资和耗费,在最短的时间里全面取得最大的经济效果。具体内容包括三方面:(1)在部门方面,根据生产的特点,实行生产的顺序配置。如在机器制造业中,按照生产专业化和集中的原则,把铸件、锻件与连接部件的生产组成"一条龙"。(2)在地区方面,合理配置生产力。把全国划分为六个专业化和集中化的经济区,按照各自的特点扬长避短,重点发展。(3)在消费方面,要能刺激新需求。企业不仅要做到充分满足消费者的需要,而且要能促使消费者产生新的需要,引导消费,从而据以发展新的生产。

保加利亚银行改革(Banking Reform in Bulgaria)是保加利亚于 20 世纪 90 年代对国有商业银行进行的改革,以私有化为主要方式。转型初期,保加利亚主要有两家大型国有银行主导银行部门,且主要经营政府债券和金融机构间的信贷,面向非金融部门的贷款在其总资产中仅占极小的一部分。

1996 年年底,由于宏观经济的管理不善和薄弱的银行治理,保加利亚经济陷入崩溃。新政府决定拯救国有银行,并实行私有化,允许外国资本参与。保加利亚中央银行即保加利亚国家银行启动了对五家银行的破产程序,其中包括最大的国有银行。保加利亚对国有银行进行拯救,对国有银行注资的总额达到了国内生产总值的 35%,是转轨国家中比率最高的。成立于 1992 年的银行清理公司主要负责银行的拯救,获得了向外国投资者出售银行的授权。保加利亚首先对一些比较简单的银行进行私有化,如邮政银行、保加利亚联合银行等。最大的银行 Bulbank(原外贸银行)占有市场几乎 40%,2000 年在面临管理层抵制的条件下实行了私有化。到 2000 年年底,国有资产占保加利亚银行资产的份额不足 20%,而外国控制的银行占银行总资产的 74%。

保加利亚货币局制度(Currency Board Arrangement in Bulgaria)指保加利亚于 1997 年开始实行的一种货币制度。该制度的特点是本国货币的发行必须建立在一定的外汇储备基础上,本国货币与储备货币实行固定汇率,可自由兑换。自 1991 年以后,保加利亚宏观经济稳定化的尝试并不成功。随意性的财政和货币政策、国有企业和银行缺乏金融约束以及因外汇储备不足导致的汇率波动造成了通货膨胀的上升。1996 年保加利亚货币列弗急剧贬值,出现了严重的金融危机。1996 年年末,国际货币基金组织建议保加利亚采纳货币局的制度安排,以使保加利亚实现宏观经济稳定,摆脱严重的经济危机。

1997 年 7 月 1 日,保加利亚议会通过保加利亚国家银行法将中央银行改造为货币局,货币局正式成立和行使职责。法律规定列弗与德国马克挂钩,汇率为 1 马克兑换 1000 列弗。保加利亚货币局规定以马克为储备货币,其储备货币来源于国际货币基金组织和官方债权人的支持和外国直接投资。在货币局规定实行的一年间（1999 年 7 月—1998 年 6 月），保加利亚外汇储备达到了 25.4 亿美元，相当于5.3 个月的进口，该比例是中东欧和其他实行货币局制度的国家中最高的。保加利亚国家银行不允许以任何形式向政府或政府机构提供贷款，但在出现危及银行体系稳定的清偿危机时，银行司可起最后贷款人的作用，再融资的额度应在银行司的存款额之内。

保加利亚 2000 年前发展纲要（Bulgarian Development Outline Until 2000）是《保加利亚人民共和国在 1986—1990 年和 2000 年前社会、经济和文化发展的纲要》的简称。由保加利亚共产党第十三次全国代表大会通过。该纲要根据 1986—1990 年和 2000 年前科技革命将成为保加利亚建立发达的社会主义社会和进一步向共产主义过渡的基础和实质内容这一判断，提出的要求是：从经济发展角度来说，要进行广泛的生产技术革新，进一步完善经济的物质技术基础，提高劳动生产率和产品质量；从全球战略角度来说，要实现社会体制的变革，实现全社会的物质生活和精神生活有比例地协调发展；从发展方针的角度来说，要实现向全面集约化的方向转变；从完善管理工作的角度来说，要发扬社会主义民主并实现社会主义经济组织的自治；从参加国际分工的角度来说，要加深一体化，巩固业已实现的生产专业化，在生产工艺和市场竞争中争取占有新的地位；从提高人们生活水平的角度来说，要日益充分地全面满足人民不断增长的物质、精神和社会需要。

该纲要的具体内容是：（1）经济发展。到 2000 年国民收入生产额要比 1985 年增长约一倍。国民收入的增长要通过提高社会劳动生产率来实现，要保证劳动生产率比 1985 年提高 1—1.5 倍，在一些具有战略意义的部门和生产单位，劳动生产率要提高 2—3 倍。在工业方面，要提高那些对国民经济结构起决定作用的部门的工艺水平和技术水平，将投资首先用于这些部门，以实现平衡发展和国民经济的最大效益，机器制造业和电子工业仍将是国民经济的主导部门，要在采用新工艺的基础上使这两个部门得到发展。在农业方面，主要任务是更新农业的物质技术基础并采用科技进步成果，保证生产的稳定发展，以便在 2000 年前每年都能满足居民对粮食的日益增长的需要和以粮食为原料的加工业的需要。今后农业发展的战略是粮食生产、饲料生产和畜牧业生产，同时大力增加含蛋白质的农作物、技术作物、蔬菜和水果的产量。在对外经济联系和对外贸易方面,要充分利用社会主义经济一体化和国际分工的可能性,促进国民经济各部门的技术改造,完善对外贸易结构,改善出口商品的质量,提高其竞争能力。(2)社会发展和人民生活水平提高。要在技术改造、集约化和国家实力日益增长的基础上,进一步提高人民的生活水平。在 1986—1990 年期间,人均实际收入将增长 12%—15%,职工的平均工资每年将增长 2.5%—3%。(3)科学、文化和教育发展。科学战线要进行改组,坚持将科学组织变成自治单位的方针,改革中、高等教育,使教学内容适应科学发展、科技革命和建设成熟的社会主义新阶段的要求。(4)完善管理体制和社会主义民主。

南斯拉夫自治社会计划制度(Yugoslavian System of Worker's Self-management)是南斯拉夫 20 世纪 70 年代以来所实行的计划制度。主要做法:(1)联邦根据总的发展规划提出一个大概的设想,包括社会产品增长、比例、投资额、财政收入、储备、就业增长率和人民生活水平提高幅度等主要经济指标。(2)各基层组织根据各自的生产能力,参照全国的设想,制订出本组织的自治计划,形成"自治计划网";自治计划是整个计划的基础和出发点。(3)通过各自治组织之间的协议(自治协议)和国家机关同自治组织之间的协议(社会契约)的层层协调,从基层逐级汇总到中央,综合成联邦的统一计划草案,交联邦议会讨论通过。(4)自治社会计划体制在经济和社会的发展过程中具有指导、协调和调节的作用。这种计划制度的特点是:根据联合劳动原则,以自治协议和社会计划为基础,自下而上、上下结合,逐级协调,既调动企业和地方的积极性,又保障社会经济按比例发展。

联合劳动法(Yugoslavian Associated Labour Act)是南斯拉夫制定的一部经济制度改革的法律。1976 年 11 月 25 日南联邦议会两院联席会议通过。它是以立法形式对南斯拉夫新的自治经济制度即联合劳动的肯定和对 1974 年南斯拉夫新宪法的具体化。主要内容:(1)联合劳动的基础是工人阶级和全体劳动人民的政权,生产资料社会所有制,社会主义民主自治原则等。(2)实行联合劳动的目的是发展社会主义自治的社会经济关系,加强联合劳动的物质基础,合理地管理和使用劳动与资金,满足个人、集体和整个社会的需要。(3)规定联合劳动组织是实行自治管理的组织形式,联合劳动组织一般分为联合劳动基层组织、联合劳动组织、联合劳动复合组织三级。(4)规定各劳动组织与自治组织和社会政治共同体通过签订社会契约与自治协议处理相互间的关系,确定收入分配的准则和标准,促使各基层组织从社会利益出发支配其收入。(5)对各级联合劳动组织的管理机构和其他机构的建立及其职能,对社会契约、自治协议和其他自治条例的签订和实施以及对破坏经济罪、违法行为的处罚等做了具体的规定。

匈牙利—保加利亚型农业现代化(Agricultural Modernization in Hungary and Bulgaria)是匈牙利、保加利亚 20 世纪 60—70 年代采取的以生化技术和农艺过程现代化为特征的科学型农业现代化途径。匈牙利、保加利亚两国工业发展水平不高,技术和物力比较薄弱,因此在农业现代化的指导思想上,强调要通过提高各种生产手段、机器设备、化肥农药,以及各种农业自然资源的利用效率,提高管理环节的效率和经营的质量,提高农业劳动生产率,增加农业生产。主要措施和特点是:(1)在财力许可范围内,依靠进口,使农业生产的机械化和化肥化达到一定的水平。(2)重点搞培育良种、实行科学种田和科学管理,从生化和生态方面开发和运用新技术和新工艺。(3)重视农机、农化的合理使用,讲求综合经济效益,加强对使用的指导和监督。(4)改良土壤、培育良种,建立科学种田综合体系,在耕、种、管、收、加工、运输等环节上采用先进技术和工艺。(5)重视农业科研和教育事业的发展,大力培养农业科技人才,把农业基础理论研究、应用研究和试验推广结合起来,把农业科技与农业生产结合起来。充分利用农业生产发展的自然规律、特别是生化和生态规律,不仅对匈牙利、保加利亚,而且对世界农业的发展都具有重要意义。

东欧剧变(The Drastic Change in East European Countries)是 20 世纪 80 年代末 90 年代初,原东欧社会主义国家在政治体制和政治制度、经济体制和经济制度方面所发生的剧烈的根本性变化。20 世纪 80 年代以后,随着苏联戈尔巴乔夫(Mikhail Sergeyevich Gorbachef)"新思维"的影响以及多党制、私有化等思潮的蔓延,特别是由于东欧各国国内政治和经济的原因,再加上西方国家的影响,东欧各国在政治和经济等方面都发生了根本性的变化。诸如:(1)1989 年,波兰团结工会获得政权,建立了以团结工会为主体的新政府。波兰统一工人党沦为参政党,继而被中止活动。(2)1989 年,匈牙利社会主义工人党宣布放弃执政党的地位,实行多党制,并改名为社会党,宣布在匈牙利实行"民主社会主义",放弃无产阶级专政。接着又修改宪法,取消了马克思列宁主义政党的领导地位的条款,同时把匈牙利人民共和国改名为匈牙利共和国。1990 年,匈牙利举行大选,民主论坛等反对党获胜,并组成联合政府,社会党由执政党成为在野党。(3)1990 年,在民主德国人民议院大选中,执政四十多年的德国统一社会党下台,整个国家被联邦德国合并。(4)1990 年,在捷克斯洛伐克联邦议会和捷克共和国、斯洛伐克共和国民族议会的选举中,"公民论坛"和"公众反暴力"组织获胜,捷克斯洛伐克共产党被排除在政府之外。进而由于政治经济形式和民族矛盾的不断恶化,又导致国家的解体。(5)在罗马尼亚,执政 24 年的罗马尼亚共产党总书记齐奥塞斯库(Nicolae Ceausescu)及其夫人被枪决,导致罗马尼亚共产党瓦解,国家权力落入救国阵线委员会手中。

东欧经济稳定化政策(Economic Stability Policies of Eastern European Countries)是东欧国家于 20 世纪 90 年代所采取的一系列稳定宏观经济的政策措施。它是与经济自由化同时进行的,是向市场经济过渡的经济转轨计划的一部分。波兰、匈牙利、捷克斯洛伐克、保加利亚、罗马尼亚在 1990—1991 年实行了稳定化计划,并都得到了国际货币基金组织的支持。

波兰在 1990 年 1 月实行稳定化计划。其主要措施为:提高利率,确立正的利率,实行限制性的货币政策;在大幅度对本国货币一次性贬值之后实行固定汇率,汇率确定在 1 美元兑换 9500 兹罗提的水平上;实行限制性的财政政策,削减补贴,控制支出;严格限制工资增长,征收超额工资增长税。

匈牙利 1991 年 1 月实行稳定化计划。其主要措施有:取消对于利率的最高限额,利率由市场决定,实行限制性的货币政策;本国货币贬值 15%,小幅度调整汇率;实行限制性的财政政策,削减补贴,减少开支;对于工资过快增长征税。

捷克斯洛伐克 1991 年 1 月实行稳定化计划。其主要措施是:实行限制性的货币政策,在稳定化计划实行之前便提高了利率,随后对利率进行灵活的管理;在稳定化计划实行之前于 1990 年 10 月、12 月对于本国货币分别贬值 35% 和 15%,稳定化计划后实行固定汇率;削减补贴,减少开支,实行限制性的财政政策;控制工资增长,对于过快的工资增长征税。

　　保加利亚 1991 年 2 月实行稳定化计划,该计划主要措施包括:利率在该计划实行之前就进行了大幅度调整,稳定化实行之后对利率进行灵活调整,实行限制性的货币政策;实行浮动汇率,对外汇市场进行干预,限制其可兑换性;实行限制性的财政政策,削减补贴,控制支出;实际工资削减了 35%,对于工资实行最高限额,限制工资的增长。

　　罗马尼亚 1991 年 4 月实行稳定化计划,其主要措施有:提高利率,定额存单实行灵活利率,推行限制性的货币政策;实行固定汇率,将官方汇率与银行同业间汇率合并;实行限制性的财政政策,削减补贴,减少开支;对工资超额增长征税,限制工资的过快增长。

　　前述五国的宏观经济稳定化计划,其核心是紧缩政策。宏观经济稳定化和经济自由化的实行有助于消除中央计划经济中长期存在的短缺。同时,稳定化实行后,通货膨胀有所下降。稳定化实行支出导致了财政赤字的大幅下降,但好景不长,大量财政赤字在大多数国家又重新上升。同样是在稳定化实行初期,波兰、匈牙利、捷克斯洛伐克和保加利亚都实现了经常项目的顺差,但到了 1993 年,除捷克共和国外,其他国家经常项目都出现了逆差。其中,保加利亚、匈牙利的逆差较为严重。

　　东欧预算改革(Budget Reform of Eastern European Countries)是指东欧国家于 20 世纪 80—90 年代进行的削减支出、实现预算平衡的改革。主要内容:(1)对政府机构与人员进行精简,减少政府支出。(2)政府的公共投资将主要用于改善基础设施,发展公路、港口、公共交通、通信、灌溉设施,提高能源效率,不再主要用于重工业的投资。(3)大幅度削减对于生产者和消费者的补贴。波兰补贴占国内生产总值的比率从 1989 年的 11% 减少到 1990 年的 6%;匈牙利的补贴占国内生产总值的比例也从 1989 年的约 13% 下降到 1990 年的约 9%;其他国家在稳定化计划中也大幅度削减了补贴。(4)对社会服务方面的支出进行调整,减少药品的补贴,严格获得病假津贴的条件,发展医疗保险体制,建立适合于市场经济的教育制度,并允许私人部门参与社会服务的供给。

　　东欧国家稳定化之后仅出现了短暂的预算平衡,预算赤字在随后又重新抬头。

虽然补贴已被大幅削减,但支出占国内生产总值的比例仍高于通常的中等收入国家。其主要原因在于东欧经济转轨之后用于社会保障方面的转移支付剧增,补贴的减少部分被日益增长的社会支出所抵消。值得注意的是,社会支出的增长主要不是来自失业人口增加后失业津贴支出的增长,而是来自养老金支出的大幅上升。这一方面是由于人口老龄化,适龄退休人口的上升;另一方面是提前退休也增加了领取养老金的人员数量。东欧国家建立适当的社会保障网势在必行。

东欧税制改革(Taxation Reform of Eastern European Countries)是指 20 世纪 90 年代东欧各国进行一系列税制改革的统称。20 世纪 90 年代以来,东欧的税制改革的目的是筹集政府运作所需收入,促进生产要素的有效利用,减少收入分配的不平衡,简化税务管理并与国际上通行的税制接轨。税制改革也是向市场经济过渡总体改革的组成部分。

东欧国家税制改革的主要措施有:(1)减少税种,降低税率。东欧转轨之前税种繁多,税率过高。作为向新税制过渡的第一步,大多数东欧国家减少税种,降低税率。为鼓励私人部门成长,对于私营企业减免税收。(2)建立类似于西欧的以增值税和所得税为核心的税制,同时对于个别商品征收消费税。增值税因其不会扭曲生产与销售,对于外贸的中立性,是政府稳定和灵活的税收来源等特点而广受东欧国家的欢迎。东欧各国都将所得税作为一种主要税种,所得税包括个人所得税和公司所得税。东欧除匈牙利早在转轨之前的 1988 年就实行新税制外,大部分国家在经济转轨后已实行了以增值税和所得税为核心的税制。(3)强化税务管理,加强税收征管,打击偷税漏税。转轨中的东欧各国都将加强税务机构建设与提高税务人员素质作为一项重要的任务来抓,以使税务机构与人员能适应市场经济的需要。各国税务机构为了增加财政收入,不使税收流失,加强税收征管,打击偷税漏税。

波兰休克疗法(Shock Therapy in Poland)是波兰在 20 世纪 90 年代经济转轨中所采取的一种过渡方式。休克疗法这一概念于 20 世纪 80 年代中期被美国经济学家杰弗里·萨克斯(Jeffrey Sachs)引入经济领域,是指经济体制从中央计划经济向市场经济过渡的一种激进方式。

萨克斯认为,东欧国家从中央计划经济向市场经济转变应当采取果断而迅速的行动,实行一步到位的激进的转轨战略即休克疗法。早在1989年波兰议会选举刚刚揭晓之时,萨克斯便来到华沙,向团结工会议员推销其政策建议。马佐维耶茨基政府组成后,他被聘为波兰政府经济顾问。他提出建议:取消补贴,放开价格;外贸自由化;兹罗提(波兰货币)自由兑换;国有企业私有化;创办企业完全自由;停付外债;争取外援等。由当时的波兰政府副总理巴尔采罗维奇制定的政府渐进改革纲领基本采纳了萨克斯的建议。

波兰在经济转轨初期为了实现宏观经济稳定,实行了较为严厉的紧缩货币政策和紧缩财政政策,试图通过减少补贴、削减开支、提高利率、抑制需求、取消税收优惠等措施实现宏观经济的稳定。1991年1月1日,一步到位,全面放开了90%的商品价格,解除了进口的数量限制,实行了统一20%的关税(除对奢侈品加征附加税和对一些商品免税外),同时取消了出口的大部分数量限制,降低了出口税收。贸易自由化将竞争引入了经济之中,被视为是行之有效的反垄断政策。同时,波兰1990年将兹罗提大幅度贬值,使官方汇率接近于平行市场的汇率,外汇黑市交易完全消失,实现了兹罗提的国内可兑换性。国企私有化方面,波兰采取了以直接出售和无偿分配为主的方式。

经济转轨后,波兰面临了失业增加、经济衰退、预算赤字增加、企业间债务扩大等问题。尽管如此,波兰在经济转轨上还是取得了重大进展。其成功控制了高达2000%的恶性通货膨胀;经济自由化进展顺利,价格自由化、外贸自由化都以按部就班完成;国企私有化取得很大进展;在建立市场经济所需的制度框架方面取得了初步进展。

波兰银行改革(Banking Reform in Poland)是指波兰于20世纪90年代对国有商业银行进行的改革,以私有化为主要方式。波兰在1990—1993年放开了对于银行部门的管制,以宽松的条件允许私人银行进入。波兰在短期内出现了61家新的私营银行。但当时私人银行进入的条件过于宽松,且缺乏足够的资本、资产以及必要的技能,新成立的私人银行陷入了困境。1993年之后,对于新银行的进入实行了限制,提高了新建银行的自有资本要求,并且有条件地向外国银行发放许可证。从1993—1997年共有14家外国银行满足了波方的条件。为了解决国有银行的坏账问题,波兰在 1993—1994 年实行了"银行与企业改造计划"。参与该计划共有九家国有银行,国家对其中的七家进行了注资。1993—1997 年波兰中央银行对于处在困境中的私人银行进行拯救,承担了直接或间接的费用。一些银行被波兰国家银行接管,经改造后出售;一些银行由波兰国家银行支持的银行接管;一些银行为外国银行接管或者由外国银行提供了优惠的融资。

波兰银行的私有化开始于 1993 年。1993—1995 年有四家银行(WBK、西里西亚银行、BPH 和格但斯克银行)通过在股票市场上市实现了私有化,外国投资者获得了近 30% 的股份,成为少数股东,而国家仍控制着 33%—48% 的股份。1998 年之后波兰银行的私有化过程加快。私有化过程中,外资银行取得了波兰大部分银行的控制权。1994 年年末,外国机构只控制着波兰银行资产的 2.1%,而到了 2000年,商业银行 63.7% 的资产为外资所控制。

匈牙利渐进改革(Gradual Reform in Hungary)是指匈牙利于 20 世纪 80 年代经济转轨中所采取的一种较为稳健的渐进的改革方式。在东欧只有少数国家实行渐进式改革,其中以匈牙利最为典型。1989 年 10 月 23 日,根据宪法修正案,匈牙利人民共和国改称匈牙利共和国,并开始实行政治经济体制转轨,实施以私有化为主体的市场经济体制和多党制及"三权分立"的议会政体。

匈牙利在政治变动之后有许多经济学家向政府提出了经济转轨的政策建议,其中最为著名的当属蓝条委员会的报告和科尔内的经济改革方案。虽然匈牙利政府并未直接接受任何一种方案,但上述两个方案仍有很大的影响。由匈牙利与西方国家的著名经济学家、企业家组成的蓝条委员会公布了题为"匈牙利向自由与繁荣过渡"的报告。该报告提出了为了向完全的市场经济过渡所需要进行的变革,渐进改革是该方案的核心。匈牙利经济学家亚诺什·科尔内长期潜心于纯经济理论的研究,在 1990 年《通向自由经济的道路》一书中,首次就匈牙利的经济转轨提出其经济政策建议。他认为,自由经济就是市场经济,是一种不受阻碍自由进入和退出的公平竞争的经济。他对于经济转轨的思路是渐进式的,赞成"有机的转轨",认为转轨进程可能需要 20 年甚至更长的时间。尽管科尔内未直接参与匈牙利渐进改革计划的确定,但匈牙利政府的经济改革计划的一些主要思路与他的想法不谋而合,尤其是渐进的改革战略。

匈牙利所实行的价格自由化和贸易自由化是逐步进行的。自 1988 年开始放开价格,到 1990 年已有 80% 的价格放开,到 1992 年 90% 的价格已放开。1990 年匈牙利 78% 的进口已放开,1991 年 90% 的进口不受任何限制,1992 年完全放开进口。货币可兑换性方面,匈牙利逐步将福林(匈牙利货币)贬值,使之具有可兑换性。1989 年 1 美元兑换 59.07 福林,经过 1990 年、1991 年、1992 年、1993 年数次贬值,到 1993 年年底,1 美元可兑换 85 福林。官方汇率逐渐接近于平行市场汇率,福林成为国内可兑换货币。私有化方面,匈牙利明确拒绝了波兰、捷克斯洛伐克以资产券方式无偿分配国有资产的建议,而以直接向匈牙利国内外的出价者出售国有企业的方式来实行私有化。匈牙利拒绝无偿分配国有资产是基于两个考虑:一是担心无偿分配会导致国有资产的流失,二是政府对于这种方式行政上的可能性抱有怀疑。匈牙利在经济转轨后面临了失业增加、经济衰退、预算赤字增加、企业间债务扩大等问题,但其在经济转轨上还是取得了重大进展。

匈牙利银行改革(Banking Reform in Hungary)是指匈牙利于 20 世纪 90 年代对国有商业银行进行的改革,以私有化为主要方式。匈牙利可以说是东欧银行改革的先驱。1991—1994 年,面对大量国有商业银行资产质量恶化的状况,匈牙利政府主要采取向国有银行进行注资的手段,但效果并不理想。1995 年之后,匈牙利将国有银行改造的重点放在私有化上。匈牙利的政治精英和专家学者接受了商业银行通过向外国战略投资者出售实现私有化的主张。这被视为解决国有银行注资问题、打破道德风险的恶性循环和遏制腐败的唯一方法。匈牙利国有银行私有化的目的是多重的,既有财政的需要,也有改善银行体系、促进银行部门竞争的需要。

外国银行介入银行私有化后,匈牙利的私营银行部门得到加强,银行的资产得到增加,平均的盈利状况有所改善,针对中小企业的贷款获得也有所增加。到 2002 年年底,外资银行持有的股份占银行业的 61%,私人投资者股份占 8%,国有股份占将近 28%。

明治维新(Meiji Restoration)是日本政府实施的加速资本原始积累和促进从封建制度向资本主义制度过渡的资产阶级改革。19 世纪后半叶,日本国内资本主义的发展极为微弱,而西方资本主义列强已经发展到自由资本主义的顶点。因此,利用国家权力来大力促进从封建生产方式向资本主义生产方式的转变过程,缩短过渡时间,免于沦为西方殖民地,成为天皇政权的迫切任务。明治政权从 1868 年到 19 世纪 80 年代初,在"富国强兵""殖产兴业""文明开化"口号下自上而下推行了"维新"改革。其主要内容是:(1)废藩置县,统一全国政权。(2)废除等级制度和行会组织。(3)进行土地制度和地税制度改革。(4)模仿欧美教育制度,学习欧美文化,输入欧美科学技术,举办官营模范工厂。(5)扶植私人资本主义的发展。这些改革在很大程度上破坏了封建制度,加速了资本原始积累的进程,为资本主义大工业的发展创造了前提条件。所以,明治维新是日本近代史上一次具有划时代意义的历史事件。地处东亚一隅的日本,经过这次维新变革,比较顺利地摆脱了沦为半殖民地的危机,迅速地由封建社会转变为资本主义社会,建成了当时亚洲独一无二的独立自主的近代资产阶级国家。但是,这次社会经济改革是很不彻底的,给以后日本资本主义的发展深深地打上了封建的烙印。

解散财阀(Dissolution of the Zaibatsu)是第二次世界大战后美国占领当局对日本垄断资本采取的控制与扶植的政策。主要内容是:(1)解散财阀持股公司,持股公司是日本财阀康采恩的司令部,是财阀金字塔式的家族统治的顶端。三井、三菱、住友等垄断资本,正是通过这些持股公司来控制它的大量直系公司、准直系公司以及旁系公司的。(2)切断财阀家族和企业的联系,不允许他们直接参与企业的领导,并"整肃"了一些日本垄断资本的领导人物。(3)解散了过去在国外与美国垄断资本直接进行过激烈竞争的日本财阀的贸易部门——如三菱商事、三井物产公司等。(4)分解日本财阀的一些巨大的工业企业。1947 年 12 月公布《排除经济力量过分集中法》,并指定应解散的公司 325 家。但随着国际形势的变化,美国对日本的占领政策发生转变,指定解散的公司陆续减少,最后减至 18 家,实际被解散的仅 11 家。在"解散财阀"中,对日本财阀的大银行完全没有触动,因此后来在垄断资本复活过程中,银行起了很大作用,使遭受一定打击的财阀逐步变为以银行为核心的大垄断企业集团。

日本农地改革(Postwar Land Reform in Japan)是第二次世界大战后美国占领

军当局在日本实行的一项土地改革。第二次世界大战后美国占领当局为在日本建立"防共"基地,改变阻碍日本农业生产力发展的半封建土地制度,鼓励农民增加粮食生产,指令日本政府进行土地改革。改革的主要内容是:(1)对出租土地 1 公顷以上的经营地主及寄生地主的租佃土地进行强制收购,转卖给佃农。(2)耕地的收购价格由政府统一制定,由佃农分期交清。(3)出租土地 1 公顷以下的经营地主,其租佃土地的最高租价不得超过农产品收获总值的 20%,"农地改革"从 1947 年进行到 1949 年年底基本结束。经过三年的改革,半封建的土地所有制基本上趋于瓦解,占有租佃土地的 128 万户地主被清除或分化为富农、中农和贫农;从 252 万户地主手里收购了 174 万町步(1 町步约合 1 公顷)土地;将 193 万町步土地转让给 420 万户农民。第二次世界大战前出租地占耕地面积 46.5%,改革后的 1950 年下降到 9.4%。"农地改革"为日本第二次世界大战后经济高速发展提供了有利条件。但因土地转让困难,农户的经营面积难于扩大,限制了以后农业的进一步发展。

道奇计划(Dodge Line)是第二次世界大战后日本经济复兴时期的一项财政金融政策。1949 年由美国占领军财政顾问、美国底特律银行总裁道奇提出,故名。1948 年占领军当局提出缩减开支、平衡预算、加强征税、限制资金贷放、稳定工资、加强物价统治等稳定日本经济的九条原则。道奇根据上述原则,拟订实施计划。根据这一计划,制定了 1949 年度财政预算。预算规定:逐步减少政府的各种补助金支出;停止复兴金融金库新贷款;停止发行复兴金融金库债券,已发行的由一般会计预算偿还。道奇计划对第二次世界大战后日本经济复兴起了积极作用,使当时严重的通货膨胀有了急剧收缩。到 1949 年中期,由政策规定的价格和黑市价格中综合出来的实效价格,几乎是持平的,工资也趋于稳定,工资和物价的恶性循环暂告消除。

终身雇佣制(Career-long Employment)是日本的一种雇佣劳动制度。企业职工一旦被某企业正式雇佣,直到退休为止,都一直在该企业工作,只要不出重大差错,不会被辞退。到退休年龄可得到一笔相当于退休时年收入四到五倍的退休金。这种制度没有明文规定,不过是维持道义观念而实行的经营惯例,但它却成为日本劳资关系的根本,作为一大特征而引人注目。这种制度使职工和企业的关系密切,使职工安心工作,不轻易流动,是资本家稳住职工的一种手段。一般在日本大中型企业中实行。女职工一般难以享受。实行该制度的前提是企业获得高额利润。1973 年日本经济进入低速增长阶段以来,日本终身雇佣制度受到剧烈冲击,特别是进入 21 世纪以来,许多日本传统大企业如松下、索尼等相继宣布裁员,很多企业趋向于废止终身雇佣制,这种制度进一步走向衰落。

年功序列制(Wage System Based on Seniority)是第二次世界大战以后日本实行的按年资增加工资的工资制度。其特点是:在企业内根据年龄、工作年限、学历等历年功绩因素确定序列,然后根据序列确定工资和等级。这是与日本的终身雇佣制相结合的一种广为推行的制度,其优越性是能减少职工的流动性,密切企业与职工的关系,但不能反映工人劳动成果,因而不利于鼓励创造性和劳动积极性。随着日本经济高速增长阶段结束,年功序列制和终身雇佣制一道,已成为企业的负担。所以,近年来职务工资制、能力工资制重新受到重视。

日本综合农政(Comprehensive Agricultural Policy of Japan)是日本政府提出的农业政策。1972 年 12 月实施。中心内容是缩减稻米生产,发展养畜和园艺。该政策是对第二次世界大战后推行促进稻米生产政策的重大调整。其原因在于随着经济的发展,畜产品、水果、蔬菜的消费量增加,稻米的消费量减少而出现"过剩"。同时,日本工业的发展提高了工业品的国际竞争能力,美国也迫使日本进口更多的农产品,以平衡日本在美国推销工业品所造成的逆差。主要内容是:(1)奖励稻田体制和改种其他作物,冻结大米价格,限制收购量。(2)为保证工业品在国际市场上倾销,实行农产品贸易自由化政策,放宽农产品进口的限制。(3)为加强本国农产品的国际竞争能力,采取措施扩大经营规模,废除农民拥有土地的最高限额和雇佣劳动力的限制,推行农业生产的"组织化"和"合理化"。(4)把一部分工业分散到农村去,吸收农业中多余的劳动力。(5)设立农民养老及离农基金,扶植自立经营农户。

倾斜生产方式(Priority Production System)又称"重点生产方式"。是第二次

世界大战后日本经济恢复时期实行的首先重点发展基础产业部门的政策。最早由经济安定本部顾问有泽广已博士(东京大学教授)提出,日本政府从 1947 年起推行。该政策的基本意图是:在资金、原料不足的情况下,为煤炭、钢铁、电力、化肥等基础工业部门和铁路、海运等运输部门提供较充分的资金、动力和原料,并对它们实行价格补贴政策和低息贷款政策,从而为整个国民经济提供廉价动力、原料和运输手段的办法,带动和促进整个经济的恢复。为实现这一目的,1947 年 1 月成立了复兴金融金库。实行结果是第二次世界大战后日本经济开始走向复兴。1947年煤产量比上一年增产 28%,达到 2932 万吨,因此分配给钢铁、化肥、电力部门的煤的数量便急剧增加,促进工矿业生产比上一年增长了 20%,特别是钢铁、化肥的产量显著增加。但是,由于支付巨额的价格补贴和赤字贷款的增加,来自货币供应方面的通货膨胀因素仍然根深蒂固。

开发进口方式(Development-oriented Import Way)是日本政府对发展中国家实施的一种政策。内容是:为了保证获得发展经济所需要的食品、原料,日本通过"海外农业计划",对某些发展中国家提供资金与技术,开发资源,增加食品、原料生产,再由发展中国家用所生产的食品、原料,作为资金和技术的代价来偿还。日本的贸易公司已与亚洲、非洲、拉丁美洲的一些发展中国家建立了各种联合企业,其中包括棉花、油籽、肉类、矿产等。

战后日本经济发展战略(Post-war Economic Development Strategy in Japan)是第二次世界大战以后日本为恢复和发展经济所采取的带有全局性的计划和对策。第二次世界大战以前,日本走的是效仿英国的道路,力图以武力扩张的手段在远东建立大英帝国式的殖民主义大帝国,通过掠夺殖民地的资源、倾销其产品来保证帝国经济的繁荣。第二次世界大战以后,日本极力追崇美国,形成了"由个人、企业、国家组成的三个轮子,在包容和献身两条履带的传导下,朝着赶超欧美的目标,为早日成为世界一流的经济大国而全速驶动"的国民生产总值至上的"履带式"社会结构。为了赶超欧美,日本根据自己国土面积狭小、资源穷乏、人口众多的特点和经济濒于崩溃的现实,制定了发展战略:恢复、发展农业和轻工业解决人民吃饭、穿衣及就业问题,同时恢复被战争破坏的矿业、运输、电力、钢铁等基础工业和材料工业;待国民经济恢复到第二次世界大战前水平以后,以高积累、抑制消费的方式积累大量资金,重点投资于第二次世界大战前已有一定基础且今后发展希望较大的电子、钢铁、石油精炼、石油化工、汽车、家用电器等附加价值高的重化工业部门;积极引进技术并加以改良,提高劳动生产率,实现大批量生产,追求规模经济效益,在满足国内需要之后积极鼓励出口,将对外贸易作为国民经济的重要支柱,贸易立国,追求国民经济的高速增长,迅速实现国民经济的现代化。第二次世界大战后经济发展战略使日本经济得到迅速发展和繁荣,并很快超过西欧等发达国家,成为仅次于美国的第二大经济体,创造了举世瞩目的"经济奇迹",在经历了近三十年的高速增长后,20 世纪 70 年代以来,日本经济陷入滞胀状态。

日本贸易立国战略(Japanese Strategy for Basing the Country's Development on Trade)是第二次世界大战后日本制定的一种以贸易促进生产,以生产的不断发展扩大出口贸易的经济发展战略。日本是一个面积狭小、原料缺乏、人口众多的岛国,其经济发展状况在很大程度上取决于对外贸易的状况。根据这一特点,日本确立了贸易立国的战略,其目的是想通过发展对外贸易来带动整个国民经济的发展。战略的理论依据是日本经济学家赤松要的"雁行形态理论"。在实施该战略的过程中,日本政府采取了一系列政策措施。例如,20 世纪 50 年代中期推行了产业结果高度变化政策,扩大重化工业产品在出口总额中所占的比重;制定了《进出口交易法》《促进出口税制》《出口保险制度》《出口检查法》等一系列法令,有效促进了对外贸易的扩大。

日本科技立国战略(Japanese Strategy of Nation Based on Science and Technology)是日本制定的 20 世纪 80 年代及未来的经济发展战略。其内容是:提高日本自主技术的开发能力,创造出独特的技术,以技术作为支撑国民经济发展的命脉。随着日本经济的高速发展,尤其是进入 20 世纪 70 年代后期,日本开始面临着一系列令人不可忽视的问题:重化工业的大发展带来的公害问题日趋严重;大量进口原料使日本经济严重依赖于其他国家;片面发展重化工业造成内部比例失调,钢铁生产过剩、开工不足;科学技术的研究落后于欧美,高速发展的某些重要条件正在丧失。针对这些问题,日本确立了经济发展的新战略——科技立国。日本决定把能源科学、电子通信、生命科学、宇航、海洋开发等 8 个领域的 75 个课题作为 20 世纪 80 年代开发的重点,特别强调以电子计算机为中心的产业革命、情报信息革命、以太阳能和煤及其液化为中心的能源革命在解决日本能源极度缺乏问题中的地位和作用。

日本经济自立五年计划(Japanese Economic Independence Five-year Plan)是日本鸠山内阁时期制订的一项中长期经济计划。时间为 1956—1960 年。计划的目标是以稳定经济为基调,谋求经济自立和充分就业。任务是:加强产业基础设施建设;发展贸易;提高国内自给率和减轻外汇负担;促进国土开发;振兴科学技术;复制中小企业;扩大就业和充实社会保障;维持财政健全和金融正常化;稳定物价;稳定国民生活和节约消费。这一计划改变了过去把各种物质生产计划加总起来计算整体的办法,用劳动力人口乘以劳动生产率的方式推算国民生产总值。实施结果,1956 年经济增长率为 8.7%,工矿业生产增长率为 15.6%,均超过计划规定的指标。

日本国民收入倍增计划(Doubling National Income Plan)是日本池田内阁时期制订的一项经济发展计划。此前日本实行新长期经济计划。在新长期经济计划执行过程中,实际增长率大大超过了预想,特别是由于 1951 年经济白皮书提倡的技术革新的进展,日本经济发生了很大的变化,迫切需要一个新的经济计划来代替新长期经济计划。为此,日本政府于 1960 年 12 月制订了国民收入倍增计划,计划期限为 1961—1971 年。主要目的是:根据继续维持经济的稳定、完成持续高速的经济增长率的原则,在谋求国民生活水平稳步提高的同时,逐步接近充分就业。目标是在十年之内使国民生产总值实际值增加一倍。中心任务是:充实社会资本;产业结构高度化;促进对外贸易和国际合作;提高人的能力和振兴科学技术;缓和双重结构和确保社会安定。该计划的最大特征是把经济分为政府公共部门和民间部门两部分,前者国家可采取直接实现的手段,规定具体的计划内容;后者基本上由企业独创和想办法,国家对各个企业不规定详细的活动。此外,这个计划还最先提出了差别问题,如各阶层收入的差别、各地区收入的差别、大企业和中小企业之间生产率和工资的差别。实施结果是日本 1961—1971 年国民生产总值年平均增长率实际达到 10.7%,工矿业生产增长率达 13.8%,超过计划规定的目标。但是,在计划执行的过程中发生了通货膨胀,有些地区出现人口过稀或过密和公害增加等问题,后为"中期经济计划"所代替。

佐藤经济社会发展计划(Economic and Social Development Plan 1967—1975)日本佐藤内阁时期制订的第二项经济发展计划。在日本经济高速增长的过程中,公害、能源危机问题使得日本政府比过去更多地注意到社会开发的必要性。1967年制订了经济社会发展计划,第一次加进了"社会"二字。该计划的目的是在瞬息万变的国际社会中,确立日本的经济地位;创造为使国民享受到与其相适应的充实生活的基础条件,谋求向均衡、充实的经济社会方向发展。计划任务是:稳定物价;提高经济效率;促进社会发展;完善长期的经济增长条件;充实社会资本。计划强调在经济的全面国际化、解决劳动力不足和实行城市化的过程中,稳定物价、改善住宅条件和生活环境、防治公害、培养教育青少年和儿童,比经济增长更为重要;提出计划期间要维持国际收支平衡,缓和劳动力供求矛盾和稳定物价,把实际经济增长率压到8.2%,把消费者物价上涨率压到3%,以此作为奋斗目标。但在1965年衰退之后的长期(57个月)繁荣的情况下,国际收支不断出现顺差,而且,物价上涨率每年平均超过了6%,实际增长率为13%。

田中经济社会基本计划(Basic Economic and Social Plan 1973—1977)是日本田中内阁时期政府制订的经济发展计划。由于"尼克松"冲击、国际经济体制动摇、南北差距扩大以及对环境、资源等问题认识的提高,新经济社会发展计划只推行了两年就维持不下去了。日本政府于1973年制订了经济社会基本计划,时间为1973—1977年。计划目标是增加国民福利和推进国际合作。计划任务是:创造优裕的环境;确保富裕安定的生活;稳定物价;促进国际协调。计划把重点放在尽可能详尽地从数量上明确提出目标和完善程度,规定了计划期间应该实行的政策的先后次序,防治公害,防止地价上涨,加强社会保障,实现对外平衡。实施结果,经济增长率为4.2%,工矿业生产增长率为2.1%,低于计划规定的目标;而消费物价上涨率为12.8%,高于计划规定的目标。由于这个计划未能预料到在计划制订后不久,外汇汇率由固定汇率制全面转向浮动汇率制,以及第一次石油危机引起的国际环境的全面变化,以致这个计划不得不提前修订,1976年为"七十年代后期经济计划"所代替。

三木经济发展计划（Economic Development Plan of 1976）是日本三木内阁时期制订的一项经济发展计划。由于浮动汇率制的实现和第一次石油危机引起的国际环境的全面变化，原订的10%以上的增长率不能持续下去。为此，日本政府在1976年制订了20世纪70年代后期经济计划，目的是在动荡的国内外形势下，继续保持与国际经济社会的协调，谋求经济的稳定发展和丰富的国民生活。任务是：确保物价稳定和充分就业；确保安定的生活和形成舒适的环境；对于世界经济的发展与协调作出贡献；确保经济安全和奠定长期发展的基础。该计划规定在计划期内完成年率6.25%的增长，明确提出中期经济增长速度要放慢，认为要消除石油危机后的经济衰退这个短期性问题，需要和上述的长期性问题互相配合，主张在计划的前半期实行稍高些的增长。但是，石油危机的影响大大超过了计划的预想，尤其是日本经济的增长是以出口为中心，因而日本同苦于石油危机后出现滞胀情况的先进国家之间产生了经济摩擦，而且，财政平衡的恶化比预计厉害得多。1979年该计划被新经济社会七年计划所代替。

大平经济社会发展计划（Economic and Social Development Plan 1979—1985）是日本大平内阁时期制定的一项经济发展政策。20世纪70年代后期，日本面临国际收支不平衡，主要货币币值不稳，保护主义抬头，国际上资源能源的供求日益不稳，国内的环境，用水和土地等方面的制约也日益加剧，劳动力供应的增长速度下降，技术进步放慢等问题。根据这些经济动向，日本政府制订了新的经济计划，时间为1979—1985年，目的是使日本的经济走上新的稳定发展的轨道，对国际经济社会的发展作出积极贡献。计划目标是：实现充分就业与物价稳定；稳定和充实国民生活；对国际社会的发展提供合作和作出贡献；确保经济安全，培植发展的基础；重建财政，制定新的金融政策。为了实现目标，计划规定了经济活动的三个基本方向：纠正经济部门发展的不平衡；改变产业结构，克服能源制约；从质的方面充实国民生活，以实现新的日本型的福利社会。此外，计划还规定：经济增长率为5.7%左右，工矿业生产增长率为5.6%左右，消费物价上涨率年平均为5%左右。但是，1979年第二次石油危机爆发，引起世界性衰退，日本的经济增长率明显下降了。1979年、1980年、1981年的实际经济增长率分别只有5.3%、3.7%、3%。

日本国土利用计划法（The National Land Use Planning Act）以下简称"国土法"。日本关于制订国土利用计划和限制土地买卖的法规。该法颁布前，日本的国土利用计划主要着眼于高速度发展经济，实际是工业布局计划。因此发生了公害和有些地区人口过密和过稀等问题。随着国民的价值观从物质转向精神、从单纯追求经济增长转向追求生活安定，1974 年日本政府颁布了该法。其主要精神是："在使公共福利优先和谋求保护自然环境的同时，注意地区的自然、社会、经济和文化条件，以确保健康的、文明的生活环境，使国土均衡发展。"根据这一精神，制订了国土利用的四项计划，即全国计划、都道府县计划、市町村计划和土地利用基本计划。其中，处理土地价格问题是"国土法"的重点。为了控制土地的投机买卖和防止地价飞涨，保证土地的合理利用，根据此法采取限制土地买卖的措施。办法是：（1）都、道、府、县知事可指定限制地区，对该地区的土地买卖采取许可制，价格不得高于标准地价格。（2）在非限制地区进行大规模土地买卖时，如价格明显高于标准地价格或土地使用不适当，知事有权制止这种交易。（3）对三年以上的休闲地，知事可强制地主提出使用计划，不接受者可勒令其出售。目前，正在全国范围内为尽量使土地利用按计划进行而努力。

日本土地基本法（Japanese Basic Act for Land 1989）是指日本政府关于土地的基本法律之一，1989 年制定。其基本内容是：第一，《土地基本法》的目的是确立关于土地及其利用的基本原则，明确国家、地方公共团体、事业者和个人的责任，从而确立有关土地政策的基本方向，综合推进国家的土地政策。第二，关于土地的基本理念。土地是与公共利益有密切关系的特殊财产，其使用要以公共福利优先为原则；土地要按其所在区域的具体条件适当地利用，在利用时要遵循有关的土地利用计划；土地不能成为投机交易的对象；随着土地价值的增值，要按其所在增值利益确定适当的负担。第三，责任。国家和地方公共团体必须按照关于土地的基本理念，采取综合的土地政策；事业者和个人在利用土地或进行土地交易时，必须遵守关于土地的基本理念，有努力配合国家和地方公共团体土地政策的义务。第四，关于土地和土地利用的基本政策措施。（1）土地利用计划。为适当而合理地利用宝贵的土地资源，必须制订土地利用计划；为充分利用有限的土地资源，必须制订详尽的土地利用计划；为从全局和更广阔的视野综合利用全国的土地资源，必须制订综合的土地利用计划。(2)确保土地适当利用的政策措施。制定关于土地利用的政策措施;实施落实土地利用计划的有关政策。(3)制定土地交易的有关政策措施。为防止投机性土地交易和地价暴涨对国民经济和国民生活的不利影响,政府要采取限制土地交易的有关政策措施。(4)完善社会资本的利益负担。对于完善社会资本的负担,要根据社会资本完善后所带来的利益,确定有关各方面的适当负担。(5)税制方面的措施。根据国土的基本概念,结合土地利用的有关政策措施,在确保税收负担公平的基础上,实施税制方面的政策措施。(6)公共土地评价适当化。(7)进行土地所有及利用状况等方面的调查。(8)建立有关行政组织机构,确保政策措施的统一性。

日本列岛改造论(Theory of Remodeling the Japanese Archipelago)是田中角荣提出的关于日本对内政策的主张。田中担任首相前夕,于 1972 年 6 月出版了《日本列岛改造论》一书。在这本书里,系统地论述了其政策主张。在田中担任首相期间(1972—1974 年),"日本列岛改造论"正式成为日本的对内政策和施政纲领。它的目的是通过"改革国内的生产结构和地区结构",把日本建设成为一个"福利社会",提出了三个"医治日本列岛的处方",也就是三项根本措施:(1)"高速度发展"经济。(2)实行工业的重新布局。(3)充分发挥财政税收体制的"政策性的调节作用",以解决工业重新布局所需要的资金来源。其中"实现工业的重新布局"是"改造论",是核心措施。改造计划拟将工业从太平洋沿岸地区大城市及其周围地区向北海道、东北、北陆、山阴、四国、九州、冲绳等地大迁移,建立新工业区、形成25 万人口左右的新型地方城市。为了支持工业重新布局,需要部署航空网,建设铁路新干线及高速公路,完成通信网。这些设想后来促使地价巨涨,舆论也批评它会扩散公害,经过一个阶段的议论后就被搁置起来。

通商产业政策设想(Conception of Trade and Industry Policy)是日本政府对产业结构的设想之一。1979 年 3 月产业结构审议会提出。该设想提出,在 20 世纪80 年代国内人口高龄化和财政赤字扩大、国外能源形势不稳定和发生国际贸易摩擦等情况下,日本的长期性国民目标是:(1)作出符合"经济大国"地位的国际贡献——利用日本的经济力量,对世界和平、世界经济的稳定和发展作出贡献。

（2）克服"资源小国"的制约——确立"经济安全保障"。（3）谋求"活力"与"富足"并存。为此,应该采取的主要政策是:（1）维持自由贸易体系,扩展综合性的经济合作,设立民间一级的国际性信息流通机构。（2）降低对进口石油的依赖程度,促进节能,对开发和普及代替能源投入政府资金,建立应对危机的体制,建立地方能源体系。（3）实行技术立国,提出技术开发设想,促进研究开发投资的税收措施,培养富有创造性的人才,开展国际间的技术开发合作,进行适用技术的转移。（4）确保宽敞的居住空间,普及周休两日制,扩大中高龄者和妇女的就业机会,实现广泛扩散的产业布局,提出"技术城市"设想。（5）通过发挥创造性使产业结构向知识密集化发展,培育有活力的中小企业。报告还指出,今后应进一步在各个政策领域具体地提出 20 世纪 80 年代的展望和课题,并为解决这些课题采取适当的措施。

丰田生产方式（Toyota Production System, TPS）是日本丰田汽车公司实行的"小批量、多品种与低成本"的新型生产方式。第二次世界大战以后,丰田汽车公司的丰田和大野在考察福特汽车公司后,根据日本国情,建立了一套新的企业管理体制。它以社会需求、市场需要为依据,充分发挥人的作用为根本,运用多种现代化管理手段和方法,有效配置和合理使用企业资源,力求取得最大的经济效益。最终使丰田汽车的质量、产量和效益都跃上一个新台阶,与此同时,其他汽车公司和别的行业也纷纷采用这种组织管理方式,使日本经济得到快速发展。丰田生产方式的观念、思路和方法对于工业企业,特别对于汽车制造业有着直接的指导作用。

日元升值紧急经济对策（Emergency Economic Measures for the Appreciation of the Yen）是指第二次世界大战后,日本经济经历了二十多年的高速增长时期,直到 20 世纪 70 年代初第一次日元升值,增长速度才开始放缓。从 1971 年的第一次日元升值开始,日本共经历了四次日元在短时间内大幅度升值。第一次,从 1971 年 7 月的 1 美元兑 360 日元开始到 1973 年 7 月的外币市场平均价 1 美元兑 264 日元。第二次,从 1975 年 12 月的 1 美元兑 306 日元开始到 1978 年 10 月的 1 美元兑 184 日元。第三次,从 1985 年 2 月的 1 美元兑 260 日元开始到 1988 年 5 月的 1 美元兑 124 日元。第四次,从 1990 年 4 月的 1 美元兑 158 日元开始到 1995 年 4 月的

1 美元兑 79.75 日元。

每次日元大幅度升值期间,日本政府都采取了诸如汇率干预政策、扩张性财政政策、宽松的货币政策等一系列应对措施。这些措施对于第二次世界大战后日本经济产生了深远的影响,尤其是造成了日本的"泡沫经济"以及其后所谓的"失去的十年"。1985 年"广场协议"的签订,使得日元进入了快速升值通道,为了遏制日元过快升值,日本货币当局把银行的再贴现率调低至历史低点。过低的利率造成资本涌向房地产和证券市场,导致了房产和股票价格持续上涨,最后,造成了资产和股票的泡沫,导致了日本的泡沫经济。在 20 世纪 90 年代初,泡沫终于被捅破,一方面造成房价和股票价格双双下跌;另一方面导致日本民众的消费欲望下降,国内需求不振,工人工资上升,使得企业为了降低成本,开始大量向发展中国家投入建设生产基地。日本在 1993 年跌到经济的低谷,自此以后,一直复苏无力,1992—1994 年连续三年几乎没有增长。此后,日本经济一直处于低迷期。

日本金融"大爆炸"改革(Japanese Financial Big Bang)是 1996 年 1 月,桥本内阁提出日本六大结构改革,并将金融列为先行于其他的一项最重要的改革。1996 年 11 月,桥本龙太郎发布了金融"大爆炸"的构想,目标为:到 2001 年将东京建设为与纽约、伦敦并驾齐驱的国际金融中心,构筑一个健全和稳定且同时又具有高效率和创新力的金融体制。改革遵循三原则:自由——导入市场机制,形成自由竞争的金融市场;公平——建立透明且可以信赖的市场;国际化——建立在国际上处于领先地位和极具魅力的国际金融市场。改革的具体内容包括以下三个方面。

第一,实现更加广泛的自由竞争。改革分两阶段实行:第一阶段具体措施包括银行、证券、信托、保险业之间采取以子公司的方式渗透、解除对金融持股公司的禁约、放松和缓和金融商品交易的管制规则等。第二阶段允许建立经营各种金融商品的"金融资产管理、运用服务中心",即投资者利用一个金融机构便可购买各种金融商品的"万能服务中心";放松市场准入约束,只要具备注册要求,即可自由营业,包括非金融部门跨行业经营,促进参入者之间开展多样化的竞争。

第二,金融资产交易的自由化。具体措施有:实行有价证券交易佣金完全自由化,废止有价证券交易税;放松和撤除与保险、证券投资信托、基金、企业年金等有关的金融资产运用及金融设计开发的管制规则;进行外汇管理制度的根本性改革,实现可以完全自由进出的国际交易环境;培育和发展金融衍生品市场;放宽市场准入限制,降低各种证券上市标准,搞活资本市场。

第三,管制和交易规则及监管体制的重新确立。具体措施有:整备和建设预警制度、经营破绽处理制度;由保护金融机构的裁量行政向重视市场机制的市场规则型行政转换,即由人治转向法治;强化实施《反垄断经营法》和禁止不公平交易的管制,实行自由竞争性市场经济政策;导入国际通行法律和会计制度、监督制度、信息披露等相关制度。

生活大国五年计划(Five-year Plan for Achieving Better Quality of Life)即日本宫泽喜一内阁提出的题为"生活大国五年计划——以和地球社会共存为目标"的新经济计划。这一为期五年(1992—1996 年)的经济计划的总设想是:实现完全就业,保持物价稳定;国民经济目标更直接地服务于生活质量的提高;建立丰富多彩、尊重多样化价值观的美好生活环境;实现"迈向与地球社会共存的生活大国的变革"。为此提出了五点国内政策:(1)使每年的总劳动时间从目前的 2008 小时降低到 1800 小时。(2)建设一个能为妇女、老年人和残疾者参与社会提供机会的良好社会环境,推进能保证人民安度晚年生活的政策措施。(3)在促进缩小国内外差别的同时,建立基于消费者立场的透明的市场法则。(4)制定和实施以大都市圈居民的年均收入增加四倍、有能力购买优质住房的土地与住宅政策,并通过各种旨在改善公共服务设施的社会基金来建立优良的高质量的生活空间。(5)改变东京一地过于集中的状况,发挥全国各个地区的优势与活力,使各个地区都能各具特色地发展。

村山经济社会计划(Economic and Social Plan for Structural Reform)即《实现结构改革的经济社会计划》。日本村山政府于 1995 年 12 月制订,计划时间为 1996—2000 年。该计划首次根据不同的经济运行模式,提出了计划期间的两种经济展望。一是如果在计划期间进行结构改革,则年均实际经济增长率为 3%,名义增长率为 3.2%,2000 年失业率为 2.75%。二是如果在计划期间不进行结构改革,则年均实际经济增长率和名义经济增长率都为 1.75%,2000 年的失业率有可能更高。通过两种经济运行模式的比较,突出说明了进行结构改革的必要性。在经济计划方面,结构改革的方向包括五个方面:一是创造自由而有活力的经济社会。二是创造富裕而稳定的经济社会。三是加入"地球社会"计划。四是确立发展的基础,包括构筑充分展现能力的社会、以科技创新立国、构筑高速信息通信社会和推进社会资本的完善等。五是推进行政和财政改革,确立简单高效的行政体制和恢复财政的能力。

结构改革的核心课题是改变日本经济的"高成本结构"。为此,该计划提出要在十个方面进行改革:(1)物资流通业。完善集装箱港口基础设施,使集装箱进出口的陆上运输成本降低10%等。(2)商品流通业。使相当于制造业规模60%的流通业的劳动生产率提升到国际水平。(3)电子通信业。降低长途通信资费,缩小远近距离通信的资费差距,使之接近美国的水平。(4)旅游运输服务业。提高航空、出租、铁路等运输服务业的效率和活力。(5)公共工程。通过降低材料费、提高生产率和技术开发,降低建设成本。(6)能源。在汽油成本的制约条件下,重新分配产品的成本,确保有效率地低价供给电力和城市燃气,使之达到国际水平。(7)住宅建设业。标准的住宅建设成本降低三分之一。(8)金融服务业。提高金融服务的便捷性。(9)农业。实现由有效率和稳定的生产者承担的大规模生产的农业结构。(10)标准、认证和进口手续。修改标准和认证制度,进一步简化进口手续。

日本综合经济方案(Japanese Comprehensive Economic Plan)是日本政府在1998年4月24日草拟并在同年6月17日的1998财年"第一补充预算"通过后实施的经济政策方案。该方案"含金量"超过16万亿日元,其中,基础设施投资和减税合计达12万亿日元。该方案的三个政策目标是:通过社会基础设施投资和减税等措施扩大国内需求;推动经济结构调整;处理银行呆、坏账。其政策措施主要包括:一是扩大社会基础设施建设投入,重点投入环境、新能源、信息通信、社会福利、城区再建以及灾后重建等项目。二是推动"私人融资便利",促进私人部门采用新技术、管理方法等。三是减税,特别和持续性的所得税和地方居住税减免额将达四万亿日元。四是通过自由化、培育风险投资企业、促进中小企业发展、实施500亿日元的"紧急就业发展项目"、扩大直接融资比例、"金融大爆炸"、促进土地和证券市场流通(2.3万亿日元)等措施,致力于建立一个富有弹性和创造性的经济结构。

日本金融复兴计划（Japanese Financial Recovery Plan）是亚洲金融危机后日本实施的金融改革计划。该计划的目的是要恢复投资者和消费者信心,重建日本的金融体系。具体政策措施包括:一是根据1998年秋通过的"金融重构法"以及"快速振兴法",日本政府为此提供了60万亿日元的金融复兴计划,总值相当于日本国内生产总值的12%。整个计划到2001年4月结束。其中,17万亿日元用于保护存款人,18万亿日元的政府担保用于解决金融机构破产问题,25万亿日元用于金融机构的注资。二是为应对小企业面临的信贷抑制,日本政府通过日本金融公库为小企业和其他金融机构在1998财年和1999财年提供20万亿日元的信贷支持。三是为应对中等企业面临的信贷抑制,日本政府通过日本发展银行等为其提供7万亿日元的融资和担保框架。四是日本政府为每个县的信贷担保合作机构提供约20万亿日元的信贷担保框架,以备中小企业向私人银行申请贷款之需。

小泉纯一郎经济结构改革（Junichiro Koizumi's Structural Reform）就是通过制度、政策以及政府机构的改革,提高地方、企业和个人的灵活应变能力,最大限度地发挥其所具有的能力,以适应21世纪日本国内外经济社会环境的新变化,实现日本经济社会的新发展。根据日本首相小泉纯一郎2001年5月7日发表的就职演说,结构改革的内容包括经济、财政结构改革、行政结构改革和社会结构改革。其中经济、财政结构改革的目标:一是在两三年内彻底消除不良债权;二是构建与21世纪国内外环境相适应的竞争性的经济体系;三是实现财政健全化的财政改革构想。行政结构改革的目标是充分发挥民间和地方的积极性,增强民间和地方的活力,"民间能办的事都由民间去办""地方能办的事都由地方去办"。社会结构改革的目标是建设一个有生活意义的、安全而放心的社会。2002年1月25日,日本政府经济财政咨询会议审议通过《结构改革和经济财政的中期展望》,同年6月26日又审议通过《2002年度经济、财政运营和结构改革的基本方针》,正式拉开了结构改革的序幕。

结构改革的主要内容:(1)财政改革。财政改革的主要内容是岁出改革和税制改革,其目的是通过支出和收入两方面的改革,彻底消除赤字,实现财政健全化。岁出改革的主要内容是公共投资改革、社会保障改革和地方财政改革;税制改革的主要内容是进行折旧税制、中小企业相关税制、国际课税、机构改组税制、信托税制、金融税制、证券税制等方面的改革。(2)金融改革。金融改革的主要内容是改革以间接金融为主的金融体制,健全和完善金融、资本交易规则,加强金融监管,加强银行经营,彻底消除不良债权。(3)行政改革。行政改革的主要内容是宏观经济运营改革和行政机构改革,具体包括规制改革、政策金融改革、独立行政法人改革、特殊法人改革、地方分权改革、邮政民营化改革、公务员制度改革、政府资产和负债的改革等。(4)社会改革。社会改革的主要内容是社会制度、司法制度特别是社会保障制度的改革。(5)教育改革。推进大学改革,引进机制,彻底贯彻能力主义原则。加强大学教育,重点培养 IT 和生命科学等方面的高层次人才,确保高新技术产业的人才需求。

日本经济活性化战略(Japanese Economic Revitalization Strategy)是日本经济财政咨询会议于 2002 年 6 月审议通过的《2002 年经济财政运营和结构改革的基本方针》提出的经济发展战略,包括人力战略、技术力战略、经营力战略、产业发掘战略、地域战略和全球化战略。(1)人力战略是日本经济活性化的根本战略,是六大战略之首。实施人力战略的政策措施是:①推进教育改革。②推进工资制度、劳动制度和社会保障制度等的改革。③开展"21 世纪国民健康运动",增强国民的健康水平。④鼓励国民的创造精神,形成易于挑战和再挑战的社会机制。(2)技术力战略旨在继续保持世界一流技术水平的技术力战略,是经济活性化战略的核心战略。实施技术战略的政策措施是:①集中发展有战略意义的技术,比如 IT、生物技术等。②继续推动官产学合作。③加强产业化支援。④推动信息化发展。⑤保护知识产权。(3)实施经营战略的政策措施是:①消除创业方面的障碍,支持创业和经营革新。②推进企业改组和产业调整。③促进中小企业的革新和重建。④发展和扩大直接金融。⑤放宽规制,促进公平竞争。(4)实施产业发掘战略的政策措施是:①推动技术革新和技术创新。②满足老龄化社会的新需求。③发展环保产业。④振兴旅游业。⑤振兴食品产业。⑥发展文化产业。⑦推进民营化。(5)地域战略是指在新形势下继续发挥三大都市圈的作用,提高地方经济的活力,使大城市富有国际竞争力,使地方经济富有特色,继续实现其间的协调发展。实施地域战略的政策措施是:①建立"结构改革区"。②提高大城市的国际竞争力。③建设富有特色的地方城市。④发展地方产业。(6)实施全球化战略的政策措施是:①进一步开放市场。推进东亚自由贸易区的发展,通过自由贸易来推动国内的结构改革和产业调整,进而建立开放的市场经济格局。②扩大对内直接投资和人才流入。③为世界经济做贡献。

安倍经济学(Abenomics)是指日本第 96 任首相安倍晋三 2012 年年底上台后实施的一系列刺激经济的政策,其中最引人注目的就是宽松货币政策。安倍经济学的具体政策指向可以总结为:设置通货膨胀目标;促使日元贬值;维持低利率,甚至负利率;无限制实施量化宽松货币政策;大规模的公共投资(国土强韧化);日本银行通过公开市场操作购入建设性国债;修改日本银行法加大政府对央行的发言权等。核心政策有三点:第一,迫使日本央行实施宽松货币政策,以此压低长期利率,提升通货膨胀,压迫日元汇率。第二,实施宽松财政政策,在公共事业领域推出规模数十万亿日元的补充预算。第三,产业振兴计划,结合政府和民间的力量在对技术与就业至关重要的领域进行投资。安倍首先要求日本中央银行配合发钞,学习欧美的量化宽松,介入央行决策。其次,安倍在 2013 年 1 月 11 日通过了 1170 亿美元(总数 2267.6 亿美元)的政府投资。最后是日元贬值政策,自 2008 年 9 月金融海啸爆发至 2012 年 12 月,日元相对于美元贬值 23.62%。

安倍经济学以创造通货膨胀预期来刺激经济,引导消费者预期日本物价要上涨,所以对于一些本来就要购买的商品,就会尽快地去购买,因而带动消费及投资,进而扭转日本长年消费与投资极度低迷的状况。

日本科技创新立国战略(Japanese Strategy of Nation Based on Creation of Science and Technology)是指日本政府于 1995 年 11 月 15 日公布了《科学技术基本法》,在科技立国的基础上进一步提出了"科技创新立国"的战略口号,并将其定位为基本国策。其主要内容为:第一,进一步加强基础科学研究,从"科技模仿立国"走向"科技创新立国";加大科研经费的投入,特别是提高基础科研经费的比例。第二,调整科研领导体制,加强对科研工作的统一领导。第三,确保优秀的科研人才。日本政府决定实施研究人员任期制度,不搞研究终身制,促进科研人才流动。在任期内达不到预期目标者将被淘汰出局,使国立科研机构成为最优秀科研人员汇集之地;不拘一格选拔人才,果断提拔年轻人负责研究项目,为他们提供更多的发展机会。同时,提高科研人员的待遇,吸引更多的人才。加强同外部科研和教学人才的交流,吸收不同思维和研究方式。实施大学教授、校长和国立研究所所长和科研人员的跨部门、跨领域的轮换制度。打破行业、国界的限制,积极录用民间企业和外国的优秀科研人员,为日本科研队伍输送新鲜血液。加强科研成果的交流,避免重复研究,提高科研经费的利用率。第四,加强基础研究和技术开发的衔接,加快科研成果产业化的进程。为了缩短科研成果走进工厂的时间,日本设立了促进科研成果产业化的"委托开发"和"开发斡旋"制度,由国家出钱委托企业开发,实行成果共享。第五,改革教育体系,加速科技人才培养。要求把理工科大学、特别要把国立大学的研究生院建设成科研人才的基地,造就大批科研人才,并调整大学的学科设置和教育研究体系,增加新学科和研究生的招生规模,充实和完善教育基础设施;要求中小学教育应重视培养学生观察、分析问题及实验的能力,培养学生对科学的兴趣。

日本知识产权立国战略(Japanese Strategy of Nation Built on Intellectual Property)是日本政府于 2002 年 7 月 3 日公布了《知识产权战略大纲》提出的"知识产权立国"的战略口号。2003 年 3 月,政府内阁成立由首相亲自挂帅的知识产权战略本部,制定了《知识产权战略推进计划》,由知识产权创造、知识产权保护、知识产权应用、发展多媒体素材产业、人才培养和提高国民意识五大部分组成,其中包括 270 项措施,形成较为完善的知识产权整体战略体系。主要内容:(1)激励知识产权创造。以大学、研究机构和企业为中心,促进知识创新和发明创造,在研究开发上进一步加强产、学、研合作,促进联合开展发明创造;在大学和科研院所中建立和完善知识产权管理体系,建立知识产权部,健全技术转让机构;强化激励机制,将知识产权作为评估教师、研究人员研究开发成果和业绩的指标,改革和完善在职发明制度、知识产权归属制度;加强高新技术领域的研究开发。(2)强化知识产权保护。从专利的审查到专利权的获得、转让和运用,都实行有效的保护政策。(3)推动知识产权应用。促进知识产权的转让和流通,使发明创造和研究开发成果产业化。(4)发展多媒体素材产业,即动漫、电影、音乐、游戏软件等在世界上具有优势和广泛影响的多媒体产业,以利用这些知识文化资产扩展海外市场,创造更大价值。(5)培养人才并提高国民意识。

　　IT 立国战略（Strategy of Nation Based on IT）是日本政府提出的旨在五年内将日本建设成为世界上最先进的 IT 国家的战略。2000 年 7 月,西方七国和俄罗斯参加的八国首脑会议在日本冲绳举行,会议的中心议题是讨论 IT 产业的发展问题,发表了《实现全球信息化社会的冲绳宪章》,这就是所谓的《IT 宪章》。以此为契机,2001 年 1 月,日本政府公布实施了《IT 基本法》,正式提出了"IT 立国"的国家战略。依据《IT 基本法》,IT 战略本部和 IT 战略会议统一合并为内阁的"高度情报通信网络社会推进战略本部"。高度情报通信网络社会推进战略本部成立后,把 IT 国家基本战略正式确定为《E-Japan 战略》,又进一步制订了具体实施该战略的重点计划。

　　"U-Japan"构想（U-Japan Conception）是指日本政府于 2004 年 5 月提出的实现网络社会的构想。在这一构想中,到 2010 年,日本将建成一个"任何时间、任何地点、任何物品、任何人"都可以上网的环境。"U-Japan"的目标是到 2010 年把日本建成一个充满朝气的国家,使所有的日本人,包括儿童和残疾人,都能积极地参与日本社会的活动。通过无所不在的网络社会创建一个新的信息社会。在这个社会里,许多社会经济活动将得到网络的大力支持。在"U-Japan"计划中,研究与应用、技术与服务、信息产业与整个社会生产之间联系紧密且相互支撑,显现出国际信息产业未来发展的一个重要趋势——信息制造业、信息服务业、数字内容产业乃至与信息相关的社会问题等被高度整合,融为一体。这也正是"U"化战略的核心之一。

　　"I-Japan"战略（I-Japan Strategy）是指日本政府于 2009 年 7 月推出的以 2015 年为截止期的中长期信息技术发展战略。"I-Japan"战略旨在构建一个以人为本、充满活力的数字化社会,让数字信息技术如同空气和水一般融入每个角落,并由此改革整个经济社会,催生新的活力,积极实现自主创新。"I-Japan"战略的要点在于实现数字技术的易用性,突破阻碍数字技术适用的各种壁垒,确保信息安全,最终通过数字化和信息技术向经济社会的渗透,打造全新的日本。"I-Japan"战略由三个关键部分组成:一是建立电子政务,医疗保健和人才教育核心领域信息系统。二是培育新产业。三是整顿数字化基础设施。

日本观光立国战略（Japanese Strategy of Nation-building Upon Tourism）是指 2003 年 5 月 16 日，日本政府召开"观光立国相关阁僚会议"，正式确定了观光立国战略。为进一步实施观光立国战略，2006 年 12 月 20 日，日本政府在全面修改 1963 年制定的《观光基本法》的基础上，制订了《推进观光立国基本法》，正式从法律上确定了观光立国的战略地位，并明确提出观光立国是 21 世纪日本经济的重要支柱。2007 年 6 月 1 日，推进观光立国战略会议审议通过了《充分发挥地方活力，"建设美丽国家——日本"的观光立国战略》的报告书，制定了《推进观光立国基本计划》（2007—2011）。《推进观光立国基本计划》提出了实现观光立国政策措施的基本方针，要求根据《推进观光立国基本法》的规定，建设具有国际竞争力和富有魅力的观光旅游景点，培养能够提高旅游业国际竞争力和振兴旅游业的旅游人才，既振兴国际旅游业，又促进国内旅游业发展。该基本计划在提出 2020 年把外国人入境旅游人数增加到 1000 万人次、把出国旅游人数增加到 2000 万人次等具体目标的同时，还提出了具体的政策措施：第一，把旅游业作为最有意义的事业，在扩大国民国内旅游和外国人访日旅游的同时，继续推动国民出国旅游，以增加国际相互了解和满足世界各国对增加日本游客的期待。第二，为实现未来丰富多彩的生活，继续推动旅游业可持续发展。第三，通过发展旅游业，增强地方居民的自豪感和爱乡心，建设充满希望、富有活力的地方经济社会。第四，发展旅游业，扩大日本的国际影响，提高日本的国际地位，增强日本作为和平国家的软实力。为综合性地有计划地实施上述政策措施，该基本计划还要求做到三点：第一，加强政府与民间以及旅游业各相关部门之间的分工与合作。第二，政府各部门在相互配合、共同推进综合性政策措施的同时，要跟踪检查政策措施的实施情况，及时地修改和补充计划。第三，各地区要分别制订和实施各自的推进计划。

为实现观光立国战略，日本政府于 2003—2004 年召开了三次以环境大臣为议长的生态旅游推进会议，就发展生态旅游的对策、措施等问题进行了积极探讨。2007 年 6 月 20 日，颁布《生态旅游推进法》，就科学发展生态旅游进行了法律层面的规范。由于政府的大力支持，日本生态旅游得到快速发展，目前已建成包括冲绳、知床、饭田等 13 个生态旅游示范区。

日本投资立国战略（Japanese Strategy for Becoming a Investment Nation）是日

本内阁于 2005 年 4 月 19 日召开的经济财政咨询会议上提出。2006 年 6 月,日本经济产业省《2006 年通商白皮书》提出,要顺应世界经济全球化的潮流,在进一步开展全球性投资活动的基础上,以提高资产收益为中心,改善国际投资的结构和质量,到 2030 年把所得收支黑字对 GDP 的比率提高一倍,实现投资立国。

实现投资立国的主要措施是:第一,扩大对内、对外投资。具体措施:改革国内的制度和惯例,促进对内直接投资;修改阻碍对外直接投资的行业法规,促进对外直接投资;促进海外资金运用,提高抗风险能力;支持和方便对外投资的资金举措,提高企业对外直接投资的能力;促进投资自由化,改善投资环境;与有关国家谈判和修改租税条约,减轻企业在投资所在国的纳税负担;提高东京国际金融中心的地位,促进日本金融资本市场国际化;稳定日元汇率,减小汇率风险。第二,提高海外资产收益率。具体措施:改变所得收支的单向结构,建立双向的所得收支结构;扩大对外直接投资,改变海外资产结构;扩大对亚洲的投资,改善对外资产的地区分布结构;促进跨国并购,改变以新建企业为主的对外直接投资方式。第三,促进海外投资收益向国内还流。为使投资立国能够促进日本经济发展并有助于克服少子老龄化的负面影响,必须确保海外投资收益顺利地向国内还流。为此,在与有关国家谈判和修改税收条约时,日本政府要促使当地放宽对国外汇款的各种限制。另外,修改国外纳税额扣除制度,减少对国内总公司从海外子公司收受红利等的税收。

日本经济产业省在《2007 年通商白皮书》中提出了贸易立国、投资立国并行的战略。新战略的基本原则是:第一,在贸易立国方面,今后不片面追求出口扩大,而是要努力增大外贸总额,获得出口增加和进口增加的双重好处。第二,通过对内、对外直接投资的双向发展,获取新的技术和经营技巧,提高生产效率。第三,改善国际事业环境,推动贸易和投资自由化、方便化。

第四次全国综合开发计划(Fourth Comprehensive National Development Plan)以下简称"四全综"。是指 1987 年 6 月日本国会批准通过的第四次全国综合开发计划。目标年是 2000 年。日本政府制定"四全综"的背景是:人口和经济社会机能向东京一极集中的趋势继续发展;产业结构急剧变化,地方圈面临着严峻的雇佣形势;日本经济国际化全面发展。"四全综"的基本目标是:2000 年前实现构筑"多极分散型"的国土开发利用格局,在安全而富饶的国土上,形成若干个富有特色机能的多极化的经济社会中心,避免人口和社会经济机能、行政机能等过度地集中在特定区域,形成地区间、国际间相互补充、相互促进、相互交流的国土开发利用格局。"四全综"的主要政策课题是:通过定居和交流,实现地域社会活性化;重新构筑国际化和世界城市的机能;建设安全而高质量的国土环境。实现计划的开发方式是:推进"交流网络构想",构筑"多极分散型"的国土开发利用格局。具体措施是:根据地方的特点和优势,创造性地推进地区建设事业;根据国家或国家指导性方针,在全国范围内全面推进骨干性交通、信息、通信设施建设;加强国家、地方和民间各团体合作,为社会提供多样化的交流机会。为实现计划期间的开发目标,1986—2000 年度由国家和民间共同进行总额为一千兆日元的社会基础设施投资。

第五次首都圈整备基本计划(Fifth National Capital Region Basic Plan)是日本政府于 1999 年 3 月制订的 1999—2015 年首都圈建设综合规划。规划提出,首都圈应该发挥的主要作用是:维持日本国际竞争力,增强日本经济社会活力;支援国内外的各种联合活动;重视自然环境,创造环境协调型的地域结构和生活方式;形成安全而舒适的生活空间,确保 4000 万市民的美好生活。首都圈整备的主要课题是:继续解决东京市中心一极集中和人口过密所带来的各种问题;在东京都市圈的范围内,继续改造业务核心城市,加强次区域中心建设,提高各地区的自立性;开展地区间横向联合,重新改造关东北部地区、西部地区和山梨县;重新调整城市空间布局。首都圈整备的目标是:(1)在全球的激烈竞争中,首都圈要创造一个更有利于个人和组织开展各种经济社会活动的环境,继续对日本的发展做贡献。(2)在个人收集、积累和交流信息能力提高、社会影响力不断扩大的情况下,积极推动非政府组织活动,形成有利于妇女和老人参加社会活动的氛围。(3)以经济社会的可持续发展为目标,降低环境负荷,恢复自然环境的良性循环,提高个人的健康水平和市民生活的舒适性,协助地方经济社会发展,创造一种与之相适应的新的生活方式,建设一个自然环境和社会环境协调的首都圈。(4)提高预防大地震等自然灾害的能力,减少通勤时间,解决人口过密所带来的大城市问题,为市民创造一个安全而舒适的高质量的生活环境。(5)官民一体,重点而有效地加强社会基础设施建设,使子孙后代长期受益,给子孙后代留下一个美好的首都圈。

为实现上述目标,解决东京市中心一极集中的问题,该计划还强调首都圈必须形成建立地方自立和密切联合基础上的水平式的城市群或地域网络。为此,要以各主要城市为中心形成一些自立性很强的地区,并使其在相互分担功能的基础上开展横向联合与各种交流,从而形成一个"分散型"的城市群或网络状的城市结构。特别是作为联结首都圈内外和广大周边地区联结点的业务核心城市,以及关东北部和山梨县的核心城市,包括千叶业务核心城市、木更津业务核心城市、埼玉中枢城市圈业务核心城市、土蒲—筑波—牛久业务核心城市、横滨业务核心城市、八王子—立川业务核心城市、川崎业务核心城市和厚木业务核心城市,都要建设成为"联结广域地区的核心城市"。其他各地区活动的中心城市,也都要建设成为"地方的核心城市"。

日本循环型社会基本计划(Basic Plan of Japan's Recycling Society)是指日本政府于 2003 年 3 月制订的建立循环型社会的计划。计划的主要内容有:(1)循环型社会的主要标志。一是自然界和经济社会都实现良性循环;二是国民生活意识和行为方式发生了新的变化;三是社会的产品生产意识和生产方式发生了新的变化;四是各行为主体对建设循环型社会持积极态度;五是废弃物等的循环利用系统和妥善处理系统高度发达。(2)建设循环型社会的总体指标。①入口——提高资源生产性。所谓资源生产性,是指单位资源能够生产的社会价值,也可以用生产单位 GDP 所消耗的天然资源量表示。资源生产性指标 1990 年为 21 万日元每吨,2000 年为 28 万元每吨,2021 年要提高到 39 万日元每吨。②循环——提高资源循环利用率。1990 年资源循环利用率为 8%,2000 年为 10%,2010 年要提高到 14%。③出口——削减最终处理量。1990 年废弃物的最终处理量为 11000 万吨,2000 年为 5600 万吨,2010 年要削减到 2800 万吨。(3)废弃物减量化的具体指标。一般废弃物的减量化指标方面,2000 年,每人每日排出的家庭垃圾为 630 克,事业者每日平均排放出垃圾 10 千克。2010 年,每日人均家庭垃圾排出量和事业者每天垃圾排出量要比 2000 年削减 20%。产业废弃物的减量化指标方面,1990 年产业废弃物的最终处理量为 8900 万吨,2000 年为 4500 万吨,2010 年要比 1990 年削减75%。(4)政府的政策措施。①确保自然界的物质循环。控制不可再生资源的使用量,推广生物能源;保护森林等自然环境;制定和实施日本生物能源综合战略。②加强环境教育。采取多种样式鼓励国民终身学习环境知识;大力宣传循环经济,提高国民意识;开展废弃物回收和循环利用活动。③培育循环型社会机制,推广循环型经营方式。政府带头,在鼓励购买绿色产品的同时,利用市场机制和经济手段,鼓励绿色采购;规范市场,提高产品质量和安全性;奖惩并举,规范行为主体;持续地开展地方性的经营活动;推进官产学合作;鼓励和支持循环设备的投资。④实现废弃物安全、放心地循环利用和最终处理。按优先顺序,推进废弃物循环利用;划分责任,采取措施减轻环境负荷;在公共工程中扩大再生建筑材料的使用;采用新技术,杜绝运输、处理过程中的违规行为;向国际社会输出日本经验。⑤加强循环型社会基础设施建设。

第三次环境基本计划(Third Basic Environment Plan) 全称为《第三次环境基本计划——从环境开拓走向富裕的新道路》,是日本政府 2006 年 4 月制订实施的环境计划。第三次环境基本计划根据日本环境的现状与问题以及人口减少提出的新课题,以 2050 年为期限,提出了未来社会的目标、环境政策的基本方向和重点领域的政策措施。其中,未来社会的目标是:(1)实现环境、经济和社会的全面发展,在保护健全、恩惠而丰富的环境的基础上,使每个国民都能够切实过上幸福的生活,并把这种幸福生活传承给子孙后代。(2)使国民在物质和精神两个方面都能够放心、富裕、健康、舒适地生活,为子孙后代建设一个富有历史文化传统的引以为豪的密切联系的地域社会,扩大日本的国际影响。

环境政策的基本方向:(1)实现环境、经济和社会的全面发展。充分运用各种经济手段,制定各种政策措施,提高环境效率,减小环境压力。开发环境性能优越的技术和产品,开展新的经济活动,实现环境保护和经济发展的良性循环。调动全体国民的积极性,鼓励个人既追求富裕的生活,又注重保护环境。(2)从环境保护出发,保护可持续利用的国土和自然资源。保持自然环境的多样性,增大国土的财富价值。改善生态系统,充分利用自然资源,发挥农、林、水产业的发展,推进可持续利用的国土建设。(3)加强研究开发,把环境恶化防患于未然。把科学知识和科学技术运用于环境保护,加强决策的科学性。以预防为主,制定防患于未然的政策措施,防止环境恶化。(4)发挥国家、地方和个人的积极性。推进地方财政三位一体的改革,明确国家和地方公共团体的责任。充分发挥非政府机制和非营利团体的作用,调动国民参加环境保护的积极性。切实加强政府和国民的沟通,吸引社会各界积极参与环保政策的制定和实施。(5)实施国际化战略。以实现国际性的可持续发展为目标,实施国际化战略,积极参与各种国际规则的谈判和制定。(6)制定和实施长期性的政策措施。制订2050年前的"超长期"环境规划,提高长期目标和政策措施的科学性。

重点领域的政策措施:(1)防止地球变暖。切实实现京都议定书规定的2008—2012年削减二氧化碳排放量6%的目标;制定中长期的减排目标;采取对策应对全球变暖的影响。(2)建设循环型社会。建设资源消耗少、能源效率高的经济体系;发扬节俭美德,发展循环经济;在制品阶段贯彻3R原则。(3)保护城市大气环境。开展事业活动,改变国民生活方式;防止城市扩散和一极集中;减少大气污染和市中心高温现象。(4)确保良好的水环境。保护水质、水量、水生物资源和河岸环境;综合开发河流流域;为解决世界水资源不足做贡献。(5)减轻化学物质环境风险。推广科学的化学风险评价方法;采取积极的预防措施;加强国际交流,履行国际义务。(6)保护生物多样性。建立生态保护;强化外来生物对策;规范国民的农、林、渔业活动。(7)按市场规则,推进环境保护。促使企业自觉采取环保措施;强化环保激励机制;提高国民意识;推进环保技术革新;加强环保产品的国家竞争力。(8)培养环保人才,推进地方振兴。加强教育,充分发挥各类人才的知识和特长,加强环保,振兴地方。(9)加强研究开发和信息化建设。重点推进环境领域的研究开发;加强信息化基础设施建设;推广环境考虑型思维。(10)积极参与国际规则制定,加强国际合作。在全球、东亚地区和国与国之间加强环境协调;开展国际间的环境研究;援助发展中国家的环境保护。

日本环境立国战略(Japanese Strategy for Becoming a Leading Environmental Nation)是指2007年6月1日日本内阁会议通过的由日本中央环境委员会专门委员会起草的《21世纪环境立国战略》。该战略在分析地球环境现状和课题的基础上,提出了环境立国的目标和实现环境立国的政策取向。其中,环境立国的目标是:创造性地建立可持续发展的社会,即建立一个"低碳化社会""循环型社会"和"与自然共生的社会",并形成能够向世界传播的"日本模式",为世界做贡献。实现环境立国的政策取向是:充分利用现代和传统技术,建设美丽的国家,实现人与自然的和谐;把环境保护和搞活地方作为两个车轮,一起推动经济增长;推动日本与亚洲和世界的共同发展。

《环境立国战略》的政策措施有:(1)在防止地球变暖方面发挥国际带头作用。(2)保全生物多样性,继续享受和传承大自然的恩惠。(3)贯彻减量化(Reducing)、再利用(Reusing)和再循环化(Recycling)的3R原则,实现可持续发展的资源循环。(4)充分利用克服公害的技术和经验,开展国际环境合作。(5)以环境、能源技术为中心,实现新的经济增长。(6)充分享受大自然的恩惠,创造充满活力的地方经济社会。(7)加强国民环保教育,提高国民环保意识,培养热爱环保事业、具有丰富环保知识、乐于为环保事业奉献的环保人才。(8)建立实施环境立国战略的市场机制。客观分析环境保护政策的成效,进一步扩大政府采购,强化环保激励机制,使企业和个人自觉地参与环保活动,最大限度地发挥其积极性和聪明才智。

韩国工业化政策(South Korea's Industrialization Policy)是指韩国当局为实现工业化自1962年以来所实行的政策措施。特点是:大力发展劳动集约型轻工业,替代进口、扩大轻工产品出口,在此基础上发展重工业,扩大重化工产品出口。主要政策措施有:(1)引进外资和先进技术。给外资以各种优惠,减免5—8年税收;大量引进外国技术,同时重视消化。(2)集中人力、物力和财力发展重点工业。1969年起,先后制定了钢铁、机械、电子和造船工业发展法,鼓励面向出口的工业部门。(3)建设出口工业区。1964年9月颁布《出口工业区建设法》。促进中小企业集团化和转向出口,建立重化工业区。(4)推行以出口为主导的开发战略,采取出口第一主义政策。(5)重视并大力发展教育事业,培养各种人才。1966—1976年,平均每年的教育经费占国民生产总值的8.8%,采取各种措施培养科技人才。(6)大搞海外承包工程,赚取外汇。在越南、中东以及东南亚地区,进行"建筑业劳务出口",把有技术经营的劳动力作为直接获得外汇的手段。(7)大力发展旅游业。上述政策的实行,使韩国经济获得了很大的发展,国民经济以平均每年10%以上的速度持续增长,成为"亚洲经济发展最快的国家和地区之一"。

输出立国方针（Outward-looking Development Strategy）是韩国当局 1964 年制定的以发展出口贸易带动整个国民经济的总方针。目的是：以发展出口贸易带动整个国民经济，逐渐改变工业结构和国民经济结构，实现工业化和现代化，从而逐渐使经济"摆脱"对外国垄断资本的依赖性，达到"经济自立"。主要内容是：(1)集中力量扶植、鼓励出口工业的发展，建立工业各部门的出口基地，进而组织和建立以出口贸易为中心的国民经济体系。(2)引进和利用外国资本和技术，购进外国设备和原料，与当地廉价劳动力相结合，发展加工出口工业，建立"自由贸易出口区"。(3)大力扶植韩国买办资本，组织大型综合商社，加强它们在进出口贸易中的作用。为了贯彻"输出国"方针，韩国改组了经济管理机构，成立了权力很大的"经济企划院"，作为整个经济活动的指挥中枢，负责制订和执行经济发展计划，商工部则具体负责工业生产和贸易计划的执行，以此加强当局对外贸及其他经济活动的干预。政策实施结果：韩国经济获得很大发展，在 1962 年出口额占本地生产总值的比重为 5.1%，到 1968 年增加为 13.3%。同期，制造业产值占本地总产值比重由 14.7% 增加为 20.8%。

韩国出口自由区建设法（South Korea's Export Free Zone Construction Act）是韩国关于建设出口加工区的法令。是贯彻"输出国"方针的重要措施之一。1970 年公布实行。主要是吸收日本、美国的投资和技术，购进其设备和原料，利用当地廉价劳动力，发展加工出口工业。贸易区对外资企业提供的优惠条件有：免除关税，减免各种赋税，营业利润可以汇回本国，供给充裕和廉价的劳动力并限制区内工人团体的纠纷争议权等。1970 年在沿海的马山市东北部设立了马山自由出口贸易区。分三个工区，工区内的厂房有外商自建的，有当局营建标准厂房出让和出租的，其他公共设施建筑物、住宅及辅助建筑物均由贸易区营建。区内企业以重工业、化学工业和电子工业为主。此外，还有出口自由贸易区。这项措施使韩国当局获得了外汇，扩大了就业，引进了资本和技术，并促进了出口贸易的发展。

韩国新经济五年计划（1993—1997）（South Korea's New Economic Five-year Plan）是指韩国全体国民参与和创造，使韩国进入发达国家行列，同时建立牢固的经济基础，为统一南北做准备的经济计划。所谓"新经济"，是指全体国民共同参与的经济,所谓"全体国民"包括政府和民间,所以,"新经济"是指政府和民间共同经营的经济。

"新经济五年计划"的推动战略包括:(1)基本战略。①推行"新经济100日计划"。②通过改革产生新的发展动力。放宽对国民生活和企业经济活动的限制,确立公平准则,对于每个国民在生产中作出的贡献应保证给予正当的回报。减少政府对民间的指令和统治,真正自觉地去参与和创造。(2)推进经济改革。①经济体制改革。分为财政税收制度、金融制度及经济行政管理制度改革,重点是建立经济秩序,放宽对内、对外的限制并保证各经济主体在经济活动中能获得正当收益。②经济意识改革。重点是不断开展教育运动,抑制经济主体个人欲望的膨胀和集团利己主义的滋长,使其积极地参与经济活动,能动地发挥其创造力。对公职人员主要是进行自我教育。企业人员和个人意识改革,主要通过民间主导的市民运动加以推进。(3)切实有重点地推进新经济政策。①增强增长的潜力。转向技术、知识密集型产业结构,促进技术开发和信息化,建立公平竞争秩序,提高中小企业及农渔业等的产业竞争力。同时促进人力开发、稳定劳资关系、有效地利用国土、扩充社会间接资本、有效地利用资源。②扩充国际市场的基础。通过多边对外接触,能动地促进开放和国际化。③改善国民生活条件。增加住房供给和稳定价格;发展公共交通;扩充环境基础设施,把环境污染减少到最低程度;改善社会福利制度,保障低收入阶层和消费者的利益。(4)各年度计划要点。①最初100天首先使经济景气活化,并开始以放宽行政限制为中心的制度改革。先着手公职人员的意识改革。②1993年下半年,正式着手对金融、财政等对内部门的制度改革,同时奠定对外部门制度改革的基础。正式推进对公职人员的意识改革,增强国民对政府的信任感,同时推进市民意识的改革。③1994年,完成对内部门的制度改革。把以公职人员为中心的国民意识改革运动引向以民众为主导的国民意识改革运动。④1995年,正式推进对外部门的制度改革。特别是要大幅度地放宽金融制度,增强国内企业的竞争力。使意识改革进入成熟阶段,使一切经济主体的集体主义、积极进取的职业精神得到发展。⑤1996年,完成对外部门的制度改革,实现制度和做法的国际化、先进化。使政策的中心转向国民生活质量提高。⑥1997年,确立公平准则,使企业活动自由地得到应得到的收益,使国民自发地参与、能动地创造,使经济跃为所有国民共同建设的"新经济"。

韩国人力资源开发第二个基本计划(2006—2010)(South Korean Second Basic Plan for National Human Resource Development 2006—2010)是指在《韩国人力资源基本法》基础上制订的旨在增强韩国的国家竞争力的基本计划。基本理念:"建立一个具有强有力人力资源保障的学习型社会。"具体目标:"将韩国建设成一个以人力资源和知识为增长驱动的名列世界前十名的国家。"《人力资源开发第二个基本计划》将实施四个政策领域内的 20 个工作任务:第一,发展在全球范围内有竞争力的核心劳动力。其工作任务有:(1)培养核心工人引领未来产业。(2)培养知识型服务行业中的专业人士。(3)使大学和产业界联系得更加紧密。(4)在全球范围内开发人力资源。(5)推进卓越的教育。第二,赋予全民终身学习的权利。其工作任务有:(1)为了人力资源开发效果的最优化,重整教育系统。(2)开发全民的基本核心能力。(3)改革职业教育与培训体系和终身学习系统。(4)促进区域人力资源开发。(5)提高公职部门和军队的人力资源开发。第三,为社会各阶层的融合和教育与文化福利提供给予便利条件。其工作任务有:(1)促进女性人力资源开发。(2)为青年人以及中老年劳动力人口的发展提供便利条件。(3)改革就业辅助服务和就业实践工作。(4)建立基于诚信与合作的社会网络。(5)促进教育与文化福利的提供,改善社会公平。第四,扩展人力资源开发的基本组织结构功能。其工作任务有:(1)实行劳动力供给与需求的预报机制。(2)发布人力资源信息和技术革新信息。(3)建立知识产权保护机制。(4)建立人力资源评估与资格认证体系。(5)建立对人力资源政策的监督与协调的基础。

此外,计划还涉及这些任务表现目标、采用的方法、时间框架以保证政策落实的有效性等方面的内容。为保证人力资源开发工作的有效进行,计划设计了一系列国家人力资源开发的政策工具,包括为人力资源开发建立一个高质量的资格认证体系;转向以"使用者"为中心的财政支持体系;建立教育与劳动力市场相关信息发布体系等。韩国政府还实施和修订了包括《精英教育促进法》《兵役法》《高等教育评估法》等五十余项法律法规,以此构成对《人力资源开发第二个基本计划》的法律支持。

韩国绿色新政(South Korea's Green New Deals)是韩国总统李明博 2009 年 1 月 6 日主持的新年第一次国务会议上提出的旨在拉动国内经济,并为韩国未来的发展提供新的增长动力的计划。该计划将在未来四年内投资 50 万亿韩元(约 380 亿美元)开发 36 个生态工程,并因此创造大约 96 万个工作岗位,这一庞大计划被称为"绿色新政"。

绿色新政的主要内容为:基础设施建设、低碳技术开发和创建绿色生活工作环境。具体来说,治理四大江河、建设绿色交通系统、普及绿色汽车和绿色能源;扩增替代水源以及建设中小规模的环保型水坝等。韩国政府将推动全国范围的绿色交通系统建设,包括建设低碳铁路、自行车道路和公交系统。修建中小型环保型水坝,增加河流的储水功能,并减缓洪水和其他水灾。政府将投资生产低碳汽车,开发混合型汽车和开发太阳能、风能和其他可再生的清洁能源。作为环保努力的一部分,将投资三万亿韩元用于扩大森林面积,提供 23 万个就业岗位;在全国修建 200 万个绿色住宅和办公室,即建设 200 万户具备太阳能热水器等的绿色家庭,并将 20%的公共照明设施更换为节电型灯泡。

韩国倡议(South Korea Initiative)是指韩国于 2010 年在首尔举行的 20 国集团峰会上提出的、旨在发挥发展中国家和发达国家间的桥梁作用的议题。《韩国倡议》包括全球金融安全网和发展两大议题。全球金融安全网是为预防经济基础坚实的国家因一时的流动性问题而陷入国家破产境地而提出的方案。关于全球金融安全网络问题,国际货币基金组织的贷款制度改善措施已经被通过,该方案的主要内容为提高灵活授信额度(FCL),开设紧急信贷安排(PCL)。同时,G20 峰会还制定了缓解外汇流动性不足的制度,为建立全球稳定机制(GSM)打下了基础,并进一步确定了连接金融安全网络与国际货币基金组织贷款制度的方案。同时,这次 G20 峰会决定,在 2011 年举行的巴黎 G20 峰会上继续商讨关于建立全球金融安全网络的问题。发展议题的宗旨:针对发展中国家的开发援助从资金为主转变为提高发展中国家经济实力的方式。核心内容:发达国家与发展中国家分享经济增长经验,为各个发展中国家找出最合适的发展方案,最终实现全球经济均衡、可持续发展。G20 发展议题工作小组为了消除有碍于可持续增长的因素,选定包括基础设施、开发人力资源、贸易、粮食安全等九个核心领域,进行了具体的商讨。首尔 G20 峰会通过了有关上述九个领域的"多年行动计划",并发表 20 个具体行动计划。行动计划将包括设立国际基金帮助金融弱势群体、消除全球农业生产力差距等具体而务实的发展援助计划。

韩国新能源和可再生能源基本计划(South Korea's National Basic Plan for New and Renewable Energies)是韩国政府制订的一系列旨在发展新能源和可再生能源的计划。韩国从20世纪80年代开始重视发展新能源,1987年韩国政府就制定了《新能源和可再生能源发展促进法》,接着又根据该法制定了《新能源和可再生能源技术发展基本纲要》,提出了未来十年技术发展的重点和目标。1992年韩国又提出了与七大发达国家(美国、日本、德国、法国、英国、加拿大、意大利)竞争的G-7高技术发展计划,在G-7计划的先导技术开发项目中,有21项属于新能源与可再生能源技术领域。1997年韩国制订了为期十年(1997—2006年)的《第一期新能源和可再生能源基本计划》,第一期计划的重点是跟随发达国家的先进技术进行本国的基础研究。随着国内技术水平的不断提高,2003年韩国提前制订了《第二期新能源和可再生能源基本计划》(2003—2012年)。第二期基本计划实施以来,国际石油价格的飞涨使全球能源环境发生了重大变化,原计划设定的目标和实际出现了较大的差距,于是韩国又开始拟订《第三期新能源和可再生能源基本计划》。第三期基本计划将把某些领域的工业化作为重点,同时,拓展新能源和可再生能源的出口市场。第三期基本计划于2009年推出,延续到2018年或2030年。

韩国国家能源基本计划(National Energy Basic Plan of South Korea)是韩国为应对未来电力需求增长所制订的电力产业发展规划。2008年,韩国首次出台了国家能源基本计划,确定了四大目标:一是追求能源的有效利用,建设低碳社会。二是在一次能源中,降低化石能源比例,提高可再生能源与核能比例。三是以清洁能源为基础促进经济发展。四是保障能源稳定供应,对贫困阶层提供稳定的能源福利。2013年10月11日韩国国家能源基本计划工作小组在提交了《第二个国家能源基本计划(2013—2015)》草案。草案建议,全面修改李明博政府时期以扩大核电供应为重点的能源政策,并提议到2035年将核电比重(以设备容量为准)从李明博政府时期提出的41%下调至22%—29%。而由于核电装机容量减少可能导致的电力短缺问题,则将通过上调电费等手段,以减少用电需求的方式解决。

2008 年制订的第一次能源基本计划重点是扩大能源供给,从而满足未来的电力需求,由此考虑到核电的经济性与减少温室气体等效果,决定到 2030 年将核电比重提高到 41%。但是,第二次能源基本计划的重点是"通过控制需求来平衡能源供给"。相比增建新的发电所,第二次能源基本计划将把着眼点放在减少不必要的电力需求,通过提高用电效率,将 2035 年的预计电力需求减少 15% 左右。此外,提案还建议对发电用有烟煤进行课税,减轻 LNG 与煤油的税收等,提出了调整能源价格体系的方案,并提议将新再生能源与自家发电量的比重提高到现在的三倍左右,占到全部发电量的 15%,依次弥补由于核电站建设削减所可能引发的供电缺口问题。

"U-Korea"战略(Ubiquitous Korea Strategy)是一种以无线传感网络为基础,把韩国的所有资源数字化、网络化、可视化、智能化,以此促进韩国经济发展和社会变革的国家战略。其目标是"在全球最优的泛在基础设施上,将韩国建设成为全球第一个泛在社会"。"U-Korea"主要分为发展期和成熟期两个执行阶段。发展期(2006—2010 年)的重点任务是基础环境的建设、技术的应用以及"U"社会制度的建立;成熟期(2011—2015 年)的重点任务为推广"U"化服务。为配合"U-Korea"战略,韩国信息通讯产业部(MIC)还推出了 u-City 计划、Telematics 示范应用发展计划、u-IT 产业集群计划和 u-Home 计划。

韩国 u-IT 核心计划(South Korea's U-IT Core Projects)是指韩国为与 u-Korea 战略政策的实施相配合推出的四项计划。(1)u-City 计划:是一项以韩国信息通讯部(MIC)与建筑与运输部(MOCT)为首且由企业界共同参与推动的新时代科技化城市计划,该计划旨在应用新兴信息通讯技术,连接并整合都市信息科技基础建设与服务,创造出无处不在的便民环境。(2)Telematics 示范应用发展计划:车用信息通讯服务韩国 u-IT839 计划提出的八大创新服务之一。为助力车用信息通讯产业的发展,韩国信息通讯部在 2004 年 4 月制定了车用信息通讯服务基本蓝图。(3)u-IT 产业集群计划:韩国信息通讯部在 2005 年提出了 u-IT 产业集群政策,计划在 2006—2010 年,通过各地的产业分工,确立当地的专长技术,从而带动地方经济发展,并进一步结合企业的研发力量,引领"u"化技术创新,加速新兴科技应用服务的成熟出现。（4）u-Home 计划：同为 u-IT839 计划八大创新服务之一。u-Home 的终极目标在于使韩国民众能通过有线或无线的方式控制家电设备，实现在家即可享受高品质的双向、互动的多媒体服务，如远程教学、健康医疗、视频点播、居家购物、家庭银行等。

韩国 IT-839 计划（South Korea's IT-839 Strategy）是指韩国政府在 2004 年 2 月发表的旨在使韩国的 IT 产业在 2007 年达到占韩国 GDP 的 20% 的计划，其中的"8""3""9"分别代表 8 项业务、3 个基础设施计划和 9 种新经济增长动力。

8 项业务分别是：（1）WiBro 业务。WiBro 是一种便携互联网业务，可提供随时、随地、固定和移动中的高速互联网连接。（2）DMB 业务。DMB 是移动多媒体广播业务，通过手机和汽车提供视频和图像业务。另外，它还是 CD 级的图像和数据业务，在最大七英寸的屏幕上播放高清晰的电视节目。（3）家庭组网业务。包括用户家电控制、交互式数字电话和 DVD、电子医疗和电子学习等为家庭提供的业务。（4）通信计量业务。通信计量是一种车载多媒体业务，可以提供娱乐、信息和交通信息通过本地基站和移动网进行紧急营救。它是在具有世界级的固定网和移动网，以及具有竞争力的汽车工业基础上出现的一种增值业务。它依托有线、无线及广播网，实现汽车与互联网的连接。（5）RFID 业务。RFID 是一种敏感器业务，可用 RFID 标签来标识产品的信息，收集周围环境的信息。它可以用于食品、畜牧业、垃圾、环境、派送及安全等很多领域。（6）WCDMA 业务。WCDMA 业务在 2GHz 频段提供话音、图像和数据业务。（7）陆地数字电视业务。它是高质量、多功能的广播业务，可提供 CD 级的比模拟电视清晰 6—7 倍的图像。（8）VoIP 业务。VoIP 通过把话音信号转换成分组数据，在互联网上提供电话业务。

3 个基础设施计划分别是：（1）BcN。BcN 是下一代网络，是多媒体业务，集成了通信、广播和互联网。（2）USN。USN 通过 RFID 标签和 U-传感器连接到宽带融合网。USN 可对信息进行识别和管理。使信息化的范围从人扩大到物体。USN 是社会的基本基础设施。（3）IPV6。即下一代互联网协议。

9 种新的增长动力分别是：（1）下一代移动通信装置。它是一种技术，用户可通过卫星和移动网，在移动和静止状态下，快速和清晰地接入多媒体业务。（2）数字广播/电视装置。它不仅能提供高清晰的电视业务，还能提供智能、个性化、实时和付费业务。(3)家庭网络装置。家庭网络装置和软件,组成了家庭路由、信息家电和组网,是基本的用户业务技术。(4)IT SoC。IT SoC 是非记忆集成电路,不仅对下一代网,而且对 IT 产品的成功,发挥着关键性的作用。对 IT SoC 的需求开发,将推动以记忆为导向芯片作业的发展。(5)下一代 PC。下一代 PC 是指具有信息处理和组网能力的关键技术,是人与传感器界面技术的集成,提供方便、便携的、以人为中心的业务。(6)嵌入式 SW。嵌入式 SW 是安装于信息家电、汽车、工业设备、医疗设备和 SoC 中的软件。(7)数字内容和 SW 解决方案。它是未来关键性的行业,不仅创造了新的需求,而且还能增强其他行业的竞争力。(8)电信计量装置。这个领域需要开发核心技术,重点是支持各种汽车使用的多媒体业务。包括交通信息、紧急求助、远程汽车监控、使用本地基站和移动网的互联网业务。(9)智能业务机器人。基于 IT 的智能业务机器人是无所不在的机器人公司(URC),可提供随时随地的服务。

千里马运动(Chollima Movement)是朝鲜民主主义人民共和国加速社会主义建设的全民运动。1956 年 12 月,金日成号召平壤降仙钢铁厂工人以跨上千里马的气势前进,得到工人的热烈响应。不久,在全国掀起了轰轰烈烈地以劳动竞赛、技术革新同教育人民相结合的群众性千里马运动。1958 年后,发展为千里马作业班运动,对朝鲜第一个五年计划提前两年半完成起了重要作用。1975 年 11 月,金日成又发起争取思想、文化、技术"三大革命红旗运动",成为千里马运动的新发展。在运动中,朝鲜党和政府采取的措施是:(1)加强党的领导、加强对群众的政治思想教育。(2)实行政治道德鼓励和物质鼓励相结合的原则。(3)坚持实行革命精神和科学态度相结合的原则。(4)相信群众、重视科学技术的作用,坚持科学和生产相结合的原则。千里马运动的开展,反映了朝鲜人民加快社会主义建设的愿望和决心。

新加坡经济多元化政策(Economic Diversification Policies of Singapore)是新加坡为改变单一转口贸易经济而推行的以工业为中心的发展政策。新加坡原是英国的殖民地,转口贸易是它的主要经济。第二次世界大战以后,东南亚一些取得独立的国家纷纷采取直接贸易政策,加上新加坡人口日增,失业严重,这给传统的以转口贸易为中心的新加坡经济造成很大压力。因此,1959 年自治后,新加坡政府规定推行"经济多元化政策"和"工业扩展法令"。1961 年成立了专门筹划和推行工业化计划的经济发展局。1965 年独立后,新加坡政府接连颁布"经济扩展鼓励法令"(1967)、"雇佣法"(1968)、"工业关系法令"(1968)、"工业扩展修正法令"(1970),从而加快了实施"经济多元化"政策的步伐。

　　新加坡经济多元化可以分为几个发展阶段:(1)20 世纪 60 年代初,"取代进口"及劳工密集型工业发展阶段。实行这项政策主要是为了解决当时严重的失业问题和反对殖民控制。(2)1965 年独立后,"面向出口"加工型工业发展阶段。实行这项政策主要是为解决新加坡和马来西亚"共同市场"解体后,国内市场缩小,转口贸易下降等问题。(3)20 世纪 70 年代初,资本集约及技术集约工业的发展阶段。实行这项政策主要是为了解决国内劳动力不足和提高本国产品在国际市场上的竞争能力。(4)20 世纪 70 年代末,新加坡开始向"高、精、尖"工业进军。这项政策是在西方国家"保护主义"盛行的情况下制定的,目的是通过"第二次工业革命",使新加坡经济现代化,在未来的国际竞争中立于不败之地。为了确保"经济多元化"目标得以实现,新加坡政府采取了一系列措施:(1)大力发展基础设施,使之走在工业前面。(2)政府积极参与经济活动,发展国家资本主义经济。(3)重视教育事业,大力培养技术人才。(4)建立工业区,发展加工出口工业。(5)积极引用外资,弥补国内资金不足。(6)积极发展对外贸易,解决工业发展的市场问题。(7)大力发展金融业,为工业化筹集资金。(8)"协调"劳资关系,提高劳动生产率。执行多元化经济政策二十多年来,新加坡经济发展迅速,取得显著成就。以固定价格计算,1960—1975 年,平均年增长率为 11%,这是同一时期世界上经济增长最快的国家之一。同时,经济结构也发生巨大变化。1961 年转口贸易占国内生产总值的 77%,1978 年降为 42%;同期,制造业占国内生产总值的比重由 11% 升至 28%。总的来讲,新加坡经济已由单一的转口贸易经济发展成为以工业化为中心的"多元化经济"。但是,新加坡经济发展也存在一些问题,如对国际市场的依赖性太大、难以摆脱世界经济周期的影响,经济上对外资的依附一时难以摆脱等。

　　新加坡人力资源开发计划(Human Resource Initiatives of Singapore)是新加坡为使本国职工迅速掌握先进技术而推行的职工培训计划。新加坡政府在推行以工业化为中心的"经济多元化"政策的过程中,一直很重视职工的科技教育和业务训练工作,把它看作是造就"人力资源"和提高劳动生产率的一项重要措施。计划一般分三种:(1)工业训练补助计划,这是厂内训练学徒的一种制度。凡有资格参加这项训练计划的工厂(资本在100万新加坡元以上,雇佣工人50名以上,有技术专家负责训练工作),国家给予补助,学徒训练期,每名受训人员补助3000—9000新加坡元不等。(2)海外训练计划,这是要求外国工业企业选派新加坡籍职工到该国学习先进技术的一种训练计划。新加坡政府对受训人员给予旅费、服装费以及一定的生活补助费。(3)联合工业训练计划,这是新加坡政府跨国公司联合举办的一种技术训练计划。目前,新加坡有四个实施这项计划的训练中心,训练分两阶段进行:第一阶段为期两年,在训练中心学习技术理论和实践,并进行劳动态度教育;第二阶段也为期两年,主要是在指定工厂进行在职业务训练。训练期间,每个受训人员另发60新加坡元津贴,训练期满,根据技术高低,授予第三级和第二级技工证书。此外,新加坡政府还注意对小学或中学离校学生进行技术培训教育。1973年成立工业训练局负责这项培训工作,设有12个训练中心,设全日制和半日制两种课程,着重技工证书课程的训练,期限一般为三年,第一年在训练中心接受初级技工的训练,后两年送到指定工厂实行在职业务训练,学习期满,通过统一考试,按国家统一标准,发给毕业生技工证书。由于狠抓了职工培训工作,大大提高了新加坡职工的素质和技术水平,为实现"经济多元化"目标提供了"人力资源"的可靠保证。

居者有其屋政策(The Home Ownership Scheme)是新加坡政府1964年开始推行的居民住宅政策。新加坡自1959年成为独立联邦以后,1960年成立了新加坡建房发展局并着手解决严重的房荒问题。第一个五年计划期间(1960—1965年)共建5.4万多个单位组屋。为了重点解决低收入群体的住房问题,加快建房速度,政府在1964年开始推行"居者有其屋"政策。该政策的核心内容是由国家兴建房屋,再以低价和分期付款方式转卖给低收入阶层,使之拥有自己的房产。为此,政府采取的主要措施有:(1)1968年规定购房者可动用公积金(养老退休金)的50%作为首期购房付款,其余房款由以后每月缴纳的公积金分期付款。由于当时就业率很高,因此,绝大多数人都有公积金用于购房。(2)20世纪70年代以来,政府大量进行财政拨款用于公共建房,20世纪70年代末期每年拨款数为20世纪60年代初期的30多倍。(3)在分配房屋上优先照顾低收入家庭。20世纪60年代规定,全家月收入1000新加坡元以下的家庭才能申请购买低价住房。随着收入水平的提高,到1979年全家月收入为2500新加坡元以下者均可申请购买,从而使得90%以上的家庭具有购房能力。到20世纪80年代初,已有70%左右的新加坡人住进政府建造的低价住房,其中拥有所有权的家庭超过一半。"居者有其屋"政策的推行,使新加坡人均居住面积到20世纪80年代初已达15平方米,高于同期日本的水平。

新加坡经济发展十年规划(Fine-year Economic Development Plan of Singapore)是新加坡政府制定的1981—1990年经济发展规划。十年规划的总目标是以科技技能和知识为基础,使新加坡发展成为现代化工业经济国家。十年规划的主要经济发展指标是:国内生产总值每年增加8%—10%,到1990年人均国民收入达到20世纪80年代初日本的水平。十年规划为新加坡经济的"五大支柱"规定了预期发展目标:(1)制造业产值占国内生产总值的比重由23%上升到1990年的31%。(2)对外贸易出口量每年增长27%,使其出口总额占世界出口总额的比重由1%上升为2%,到1990年,出口货物中本国产品的比重将达到60%。(3)发展运输业和通信业,改善港口、机场设施,保持新加坡在交通运输上的国际地位。(4)加强各类服务业,把新加坡建成金融超级市场、本地区医药中心、电子计算机服务中心,大力发展其他高智能服务业。(5)发展旅游业,每年旅游收入增长12%,把新加坡建成国际会议、国际展览的理想场所。为了保证十年规划预定目标的实现,政府确定的经济策略和措施主要有:(1)推进以发展资金与技术密集型行业为主要内容的"第二次工业革命",20世纪80年代重点发展电子工业、光学仪器工业、医疗设备工业和其他高附加值产业,给予这些产业税收、信贷方面的特惠。(2)大力发展教育和科研,加强高等教育和职工教育,鼓励大学及科研机构与工业界交流。(3)继续实行自由竞争和对外开放政策,大力吸引外资,扶持本国中小企业向高技术过渡。(4)停止执行"纠正性加薪"政策,加强劳动力市场的调节作用。(5)开展节能和寻求稳定的能源供应,促进能源多样化,为经济发展奠定基础。

新加坡可持续发展蓝图（Sustainable Development Blueprint of Singapore）是新加坡政府 2009 年提出的关于可持续发展的纲领性文件。可持续发展一直是新加坡经济和科技发展的关键指针，2009 年后更成为其确定新项目和制定发展目标时的一项硬指标。2009 年 4 月，新加坡政府公布"新加坡可持续发展蓝图"，提出未来五年，新加坡将在可持续发展相关领域投入十亿新加坡元。该蓝图制定了一系列未来重点开发利用的新能源领域，如太阳能、电动汽车等，并指出 2030 年前，新加坡 80% 的建筑要达到建设局"绿色建筑标志"的基本标准。在可持续发展蓝图引领下，新加坡确定未来科技研发的四个战略重点——生物医药、环境与水资源、清洁能源研究及互动数字媒体科技。此外，在政策方向上，2009 年新加坡经济发展局提出"全球企业家园（Host to Home）的发展远景"，包含企业的家园、创新的家园、人才的家园三大方向。

医院家庭生育计划（Family Planning Program in Indonisia）是印度尼西亚在 20 世纪 60—90 年代的计划生育工作中推行的一种制度。要点是：（1）全国一切医院都参加"家庭计划生育"工作。在区一级地区设立专门的家庭计划生育诊所，负责当地计划生育工作的指导、协调、实施；在每一个村设立家庭计划生育服务站，负责本村各家庭的计划生育工作。（2）各个诊所雇请当地已婚中年妇女作为计划生育巡回工作员，分区分户进行宣传动员工作，对愿意节育者进行登记、分发避孕药具、组织有关讨论会、安排到诊所检查等。（3）各种医疗器械和药品由政府负责提供。医院家庭生育制的实施使整个家庭计划生育工作进一步协调，对控制印度尼西亚的人口增长、促进经济和医疗事业的发展起了重要作用。

马来西亚新兴工业条例（Malaysian Pioneer Industries Ordinance）是 1958 年马来西亚政府公布的鼓励创办工业的政策规定。1957 年政府曾规定了鼓励本国和外国资本投资于工业的措施：新兴工业在五年内享受税赋优待。《新兴工业条例》规定，获得新兴工业地位的主要条件是：（1）在本国没有人经营的工业。（2）适合本国经济发展要求的工业。（3）遵守"原住民政策"即企业的雇员中马来人占 46%、华人占 40%、印度人占 14%，对马来人（原住民）雇员进行专门技术训练使之能胜任特殊领域工作。《新兴工业条例》的实施改善了国家工业结构。1959 年 9

月政府公布获得新兴工业证书的工业有 31 种,产品有 174 类。1968 年为进一步贯彻《新兴工业条例》,政府又宣布了多项工业享受新兴工业待遇。《新兴工业条例》在公布后的十年中促进了马来西亚经济的发展尤其是工业的发展,使马来西亚建成了不少规模较大的企业。但 1967 年以后工业有所衰退,因此政府又颁布了 1968 年和 1971 年的投资鼓励法。

马来西亚就业战略(Employment Strategy of Malaysia)是马来西亚政府在 1971—1975 年第二个五年计划和 1971—1990 年远景规划中提出的就业战略。近期目标是:在 1971—1975 年,劳动力每年增长 3.2%,就业每年增长 3.4%,失业率从 1970 年的 7.5%降为 1975 年的 7%。1971—1990 年的长期就业目标是:20 年间劳动力每年增长 2.9%,就业每年增长 3.2%,失业率从 1970 年的 7.5%降为 1990 年的 3.9%。战略对策主要是:(1)开发土地,创造农业就业机会。1971—1975 年,由政府专门机构领导公、私部门开发土地 100 多万英亩并负责向村落户的人提供。(2)有计划地指导农民进行现代化生产,提供服务和技术、资金援助,促进农业劳动生产率的提高,充分利用农业劳动力,为就业持续增长创造条件。(3)大力发展制造业尤其是能增加就业的工业,如电子、纺织、制鞋、非金属矿产品、木材制品,鼓励采用劳动密集型技术。(4)大力发展旅游业,扩大公有经济开垦土地的规模,扩大种植,扩大公路等公用设施的建设,以吸引更多劳动力。(5)建立健全政府劳工市场信息和服务系统,为各类用人部门提供信息指导,促进劳动力在地区间、部门间的合理分布和流动。(6)加强教育和训练。扩大师范教育机构,培养工程技术、农业科研、医疗卫生、经济管理专门人才,对私营经济部门采取必要措施进行工业训练,从而扩大熟练劳动力的供给。重视青少年的就业训练,重点培训农村中未独立生活的青少年,通过组织开垦土地等活动加强素质培养,以补充未来劳动力来源。(7)在就业方针上贯彻"原住民政策"精神,为马来人提供良好的教育训练机会,特别是在科技、管理方面教育的机会,使就业的种族结构合理化,使马来人与其他种族尤其是与华人在就业机会上一致。马来西亚的就业战略对于实现马来西亚经济发展的长期目标具有重要意义。

马来西亚投资奖励法(Malaysian Investment Incentives Act)是马来西亚政府

于 1971 年制定的鼓励出口工业发展的优惠政策。主要内容有:(1)对产品出口率达到 90% 以上的企业批准为出口产业,享受减免十年法人税和开发税的优惠待遇。(2)建立在自由贸易区内的企业只能是出口工业企业。(3)对不同行业、不同投资规模、不同的设厂地点、使用本国原材料的不同比例的企业实行不同的免税措施。(4)出口工业享有免缴出口税、加速提取固定资产折旧、扣除出口产品推销费用等优惠待遇。(5)允许外资企业将本金、红利汇往外国。特别允许外资企业在自由贸易区独资办企业。(6)允许外籍技术人员、管理人员入境就业等。1971 年《投资鼓励法》比 1968 年《投资鼓励法》有更多优惠待遇规定,对于发展本国出口工业体系,特别是加快自由贸易区经济的发展具有刺激作用。

菲律宾土地改革(Land Reform in Philippines)是菲律宾政府 1972 年制定的农村经济改革措施及其实践。改革的最终目标是建立拥有三公顷水浇地或五公顷旱地的巩固的家庭小农场,使之成为农村的基本生产单位。1972 年以前,菲律宾农村土地占有制主要有两种:(1)大土地占有制。全国半数以上的私有土地和耕地归大土地所有者占据。(2)农民土地占有制。20 世纪 70 年代初,全国农户总数的四分之三是占地四公顷以内的小农户,约占耕地总面积的 35%。分成地租制是主要地租形式。早在 1963 年,政府就颁布了一系列改革法案。但收效甚微。1972 年 10 月 21 日菲律宾总统发布《关于解放佃农的法令》,由政府制定了一系列土地改革措施。土地法规定,土地按市场价估价,由国家以此向地主付清土地赎金,并在 15 年内向分地农民收取这笔赎金。地主只领取 10% 的现金,其余赎金以有价证券和国营公司股票支取,迫使地主赎金的大部分投入工业部门。对于小地主占有制,规定凡种植水稻和玉米超过七公顷以上的超量出租土地由国家赎买,以相当于最后三年收成两倍半的价格分给在该土地上生产的分成农,分成农在还清国家贷款和利息并加入合作社后才能领取土地证。在 15 年内,新的土地占有者按照国家规定上缴农业税。留给原主的七公顷土地必须亲自经营,不得出租。在实行土地移交的同时,还推行了其他巩固性措施,主要有:建立农业合作社并向其提供财政和技术援助;国营部门直接参与农业基础设施建设;向新的土地占有者提供生产贷款;建立农业培训网;鼓励私人资本向农业投资;促进集体农场的建立等。但是改革也遇到很大阻力和困难,致使一些重大措施特别是移交土地的措施一再延期。

1972 年的土地改革对于摧毁封建土地占有制起到推动作用,有利于农村中资本主义经济发展。

九九丰收计划(99 Rice Production Program)又称"马萨加纳九九计划"。是菲律宾政府为争取经济自主、实现粮食自给而推行的水稻增产计划。1973 年 5 月制订并开始实施。该计划是由 1966 年推广高产水稻品种发展而来的。其目标是争取每公顷水稻产量达到 99 袋(每袋 44 公斤,折合亩产约 580 斤)。为实现这一目标,计划规定了一系列措施:扩大稻谷种植面积;兴建和扩建水利灌溉设施;向农民发放低息贷款;补贴化肥价格以及稻米实行价格保护制度;并推广以使用高产品为中心的 16 项生产技术,包括合理施肥、防治病虫害等。计划实施结果:1973 年 5 月到 1979 年,政府向农民提供生产贷款总额约为 32 亿比索。1978 年稻谷种植面积由 1973 年的 311 万公顷增至 351 万公顷,约有一半以上的稻田种上了良种,因而稻谷产量迅速提高,1978 年达到 720 万吨,比 1973 年增加 280 万吨。1976 年已实现大米自给,1977 年开始出口少量大米,至 1979 年大米出口量近 30 万吨。

马萨加纳九九计划(Masagana Ninety-nine Program)见"九九丰收计划"。

缅甸土地改革(Land Reform in Myanmar)是 1948 年缅甸独立以后实施的一系列旨在消灭地主制度的政策。1948—1954 年缅甸政府颁布了一系列土地改革法令:1948 年《土地国有化法令》,1950 年《田租率条例》,1953 年《租田法》《农业银行条例》和《土地国有化法令》最为重要。主要特点是:任何人不能随意抵押、出卖、变相出让和割裂自己耕种的土地;获得免租田和分配田的农民在有关当局批准下可以出卖、转让、捐献、割裂、调换土地;获得免租田和分配田的农民必须遵守国家的有关规定;任何农民都不能弃农荒田或出租土地;农民有义务按政府农产品计划的规定种植农作物。但在 1957—1958 年实行土地国有化过程中出现了许多问题,故 1958 年中止执行。1962 年,政府为了消灭地主制度,提高农民生活水平,促进农村经济的发展,又开始制定一系列土地改革政策,主要有:1963 年租田法、租田条例和保护农民权利法。其中租田法和租田条例的要点是:(1)对每块土地实行租田登记后第二年不需重新登记和申请租田权而直接对该土地具有耕种权。

(2)选举能代表农民利益的人组成土地委员会。(3)废除实物地租,实行货币地租。(4)在中央土地委员会统一管理下允许农民有计划地耕种冲积地。(5)无主荒地有限租给集体耕种(以前是租给个体农民)。(6)发生土地纠纷,农民可免费向法院提出诉讼。《保护农民权利法》规定,农民的土地、耕牛、犁耙、拖拉机和其他生产工具不能被法院扣押、没收和查封,保护农民不被逮捕,使农民摆脱高利贷债务。1965 年 4 月,政府采取了消灭地主制度的重大措施,宣布消灭田租,同年颁布了 1965 年租田法修改案,使这一政策得以法律化。上述政策的实施,实现了缅甸土地制度的变更,促进了缅甸农村经济结构的变化和生产发展。

老挝资源换资金战略(Capitalizing on Natural Resource Export)是指老挝自 1988 年起推行革新开放,目的在于调整经济结构,实现农林业、工业和服务业相结合;改革高度集中的经济管理体制,转入经营核算制,逐步完善市场经济机制,努力把自然和半自然经济转为商品经济的战略。然而,由于交通、电力、通信等基础设施建设薄弱,农业生产、文教卫生发展水平落后,贫困人口比例较高,资金、技术、人才不足等的客观现实,一度阻碍了老挝经济的腾飞。在此情况下,老挝政府利用国内资源丰富的优势,2006 年积极推行以资源换资金的战略,为国民经济发展筹措到宝贵的建设资金。老挝矿业资源丰富,有金、锡、铅、钾、铜、铁、金、石膏、煤等矿藏,迄今仅被少量开采。另外,森林资源也非常丰富,全国森林面积约 900 万公顷,森林覆盖率约 41%,盛产柚木、花梨木等名贵木材。2005 年,老挝对《外商投资法》进行补充和完善,放宽了矿产业投资政策。2009 年,老挝出台新的《矿产法》和《投资促进法》,继续大力招商引资。仅在 2010 年,老挝就吸引国内外投资 16.41 亿美元,超出计划 64%。2010 年,老挝矿产品出口比上年增长 52.79%,仅向泰国、越南和澳大利亚等国出口的矿产品就达 10.4 亿美元。投资的增加也带来了出口的增长。2010 年老挝进出口贸易额为 34.6 亿美元,比上年增长 57.99%。2010 年,老挝国内生产总值达 59.67 亿美元,增长 7.9%,超过计划 0.4 个百分点。人均国民收入 1030 美元,同比增长 14.6%。资源换资金战略的成功,使老挝政府有更多的财力物力投入国民经济建设的重点领域,大力发展特区经济,推进革新开放,发展文化旅游产业,逐步建立本国资本市场推进了经济社会的进一步发展。

　　奥扎尔方案(Ozal Program)是图尔古特·奥扎尔提出并负责实施的稳定和振兴土耳其经济的"一揽子"计划。20世纪70年代末,土耳其经济急剧衰退,通货膨胀日益严重,社会秩序混乱,从而导致军人接管了政权。军政权为了恢复正常的经济秩序,留任了原政府副总理奥扎尔,由其继续实施1980年颁布的"稳定经济计划"。奥扎尔上任后即提出此方案。主要内容是:(1)实行货币紧缩和高利率政策。主要措施是:严格控制货币流通量,提高中央银行利率;合理安排国外工人寄回的大笔外汇的使用,紧缩信贷。(2)推行财政和税务改革。主要措施是:对预算外支出不付现,减少军费开支。清理1976—1977年的外债情况并协商偿还办法,修改各项旧税制,加重征收公司税,开征合作联社税,提高累进税率,减轻小企业的税负,实行新工资法并对最低工资及有四口之家的人免收所得税。(3)恢复工农业生产。主要措施是:向工农业生产部门和运输部门敞开供应燃料,暂停部分重工业项目的建设,恢复和扩充轻工业生产,增加工人工资,限制罢工和厂主停业,开放矿业、允许外国和本国资本经营石油采掘业,放弃政府管制物价,大量生产消费品供应市场。(4)促进对外贸易,调整出口方向。实行里拉(货币名)大幅度贬值(33%),采取浮动汇率,出口以中东地区为重点并实行多元化出口结构,减免出口税,银行对出口业务予以专门贷款,放弃外汇管制,提高出口商外汇收入兑换率,扩大私人企业出口业务范围,允许私营企业和国营企业在出口业务上竞争等。(5)调整国营企业。盈利的企业允许继续经营,亏损企业逐步移交私人经营或另立公司管理,政府按时调整国营企业产品价格,企业资金由中央银行贷款改为商业银行贷款,取消对国营企业和服务业的巨额补贴。奥扎尔方案的实施取得了显著的成效。

　　土耳其价格改革(Price Reform in Turkey)是土耳其政府采取的以自由放任主义为核心的价格改革,1983年实施。1980年土耳其宣布实行经济自由化,并着手进行价格改革,主要是调整不合理的价格,结果引起物价急剧上涨。为维持社会安定,国家采取了物价控制的政策。但随之而来的不仅是生产下降、质量下降,而且物价继续上涨。对此,厄扎尔总理采取了一系列坚决的措施:(1)取消官价。把部分国营企业卖给私人经营,鼓励发展私人企业,宣布取消对工业企业的价格补贴和征税,取消官方限价,把价格放开,由市场调节定价。(2)以高利率抑制通货膨胀。

（3）实行外汇自由兑换政策,增加政府外汇收入。实行结果是:国内生产得到发展,市场商品供应充足,政府外汇收入增加,物价逐步稳定,高涨的通货膨胀逐年显示下降趋势。

土耳其外资政策（Foreign Invesment Policy in Turkey）是 20 世纪 80 年代土耳其政府为吸引外资而采取的政策措施。具体措施是:（1）减免税收。外商如对已被列入经济开发五年计划的企业进行投资,其法人所得税的 30%可以减免;对农业、地方企业以及旅游观光业的投资,可以减免 40%;对处在经济发展中地区的企业进行投资,可减免 50%;对经济发展中地区的城市进行投资,可减免 60%。（2）除了已实行国有化的矿业、药品领域外,外商原则上可以到其他任何领域去投资。外商的出资比率原则上不超过 49%。（3）优先录用和重视当地人,如外商企业录用一名外籍人,外商就有义务派遣两名土耳其人到投资方国家或第三国家企业进修技术。（4）以设备投资、资金周转为目的向国外借款,必须得到政府批准。（5）在汇款、再投资方面规定:只要不违背许可条件,外商向本国汇寄利润不受限制;专利权使用费的汇额,将根据所投资本的比率来定;外商如把利润重新投到土耳其一些能促进国民经济发展的部门,将受到奖励;不管是内资还是外资企业,土耳其政府都要从所得的纯利润中征收 20%的红利税。（6）专利权的使用费通常为营业额的 3%,一般不超过 4%,如专利权的使用超过十年,并且具备了一定的产量能力,就不再支付专利权使用费。（7）奖励出口和承担出口义务。土耳其政府积极推行外资政策后,外资引进工作取得了明显的效果。1985 年 1—9 月批准的外资额为 1.76 亿美元,高于 1984 年全年的批准额。从国别上看,外国对土耳其的投资,按投资额高低次序,分别是美国、荷兰、意大利、瑞士、联邦德国。

伊朗"白色革命"（White Revolution of Iran）又称"国王和人民的革命"。是指 20 世纪 60 年代早期,伊朗实行的资产阶级改良性质的社会经济改革。20 世纪 60 年代初,伊朗国内政局不稳,人民不满情绪日增。在这种形势下,巴列维君主政权于 1963 年 1 月 26 日进行"公民投票",制订了六项社会经济改革计划,实施自上而下的改良措施。内容包括土地改革、工人分享企业利润、修改选举法、建立农村扫盲队、森林和牧场国有化、出售国营企业股票等。1967 年国王增加了建立农村医疗队、农村开发队、农村民众司法所、水源国有化、城乡建设以及教育和行政改革六项措施。1975年,国王又补充了扩大工业所有权、稳定物价和免费教育等原则。以上这些条社会经济改革计划就是所谓的"白色革命"。"白色革命"的核心是土地改革。土地改革的主要目的是"消灭封建主义的原则和地主与佃农的关系"。除土改外,巴列维政府推行了工业和军事现代化政策。得益于国际油价大涨,伊朗石油收入为其推行工业化和军事现代化提供了坚实的基础。通过"白色革命",伊朗建立了较为全面的轻、重工业体系,并开始发展原子能、电子工业,建立了强大的陆军和现代化的空军。到20世纪70年代中期,伊朗成为全球第九大经济体,国力迅速增强,人民生活得到改善。但经济发展急于求成、官员贪污腐败严重、贫富差距加大等问题在20世纪70年代后期逐渐暴露出来。

伊朗土地改革(Land Reform of Iran)是指由伊朗国王及政府领导的、为促进农村资本主义发展而对封建土地制度进行的改革。改革前,伊朗农村中封建地主土地所有制占统治地位,地主、寺院、皇室占据80%土地并租给农民耕种,坐收封建地租、捐税,并要农民服劳役。1962年1月,伊朗国王颁布《土地改革令》;1962年7月,阿拉姆新内阁根据国王旨意拟订了六项改革的法律草案,其中第一条就是实行土地改革;1963年1月26日举行的全民投票确认了这些法律草案。土地改革成了旨在30年内废除封建制度的"不流血的白色革命"的首要内容。1963年1月17日阿拉姆政府又通过了该法的补充规定:地主在采用了农业机械和雇佣劳动力耕作的前提下(即实行资本主义经营方式)可以保留不超过500公顷可耕地的所有权。中小地主可以自由选择三种方法中的一种:(1)把土地出租给原耕种这些土地的农民,租期30年,每五年审定一次地租额,废除零星的实物贡赋。(2)把土地出售给佃农和农民并按对半分寸的数额定出地价,十年内分期向地主付清。(3)按地主和农民之间分成的比例将土地分给农民。补充规定对寺院地产的改革政策是:(1)公共寺院的土地出租给原耕种这些土地的农民,租期99年,租金额每五年审定一次,用现金支付。(2)私人寺院的土地由政府全部购买,再分期卖给已加入农业合作社的农民或租给农民30年,国家再售土地的收入由寺院不动产管理局用以购置其他产业。为了实施土地改革,成立了土改事务委员会,1966年改为土地改革部。

土地改革经历了两个阶段,于 1971 年基本结束,它使得 250 万农户(1250 万人)获得了自己的土地,同时也削弱了封建土地占有制,迫使地主把巨额的土地赎金收入投向城市工商业而转化为资本家。

伊朗农业合作化和公司化(Iranian Agricultural Cooperation and Corporatization)是 20 世纪 60 年代在伊朗土地改革推动下进行的农业经营形式的改革。1962 年的土改法规定,任何依据土改法购得土地的农民都应加入农业合作社。1963 年颁布了农业合作社示范章程,规定农业合作社的主要任务是:(1)向社员提供水、种子、农具、牵引力、农药、化肥、日用必需品、燃料、工业生活用品等。(2)承担组织、保管、运输、农产品销售工作。(3)以优惠条件向社员提供信贷。1971 年 4 月 30 日伊朗通过了建立农业生产合作社的法律,并在 1972 年 7 月得到内阁批准。农业生产合作社与"农业合作社"不同,它的主要内容是把各个农民分散的土地连接起来,以利于广泛地采用现代化方法经营农业、应用机器、推广良种和施用化肥,实现农业的集约化、现代化。到 1973 年 3 月为止,伊朗共建立了 24 个这类农业生产合作社。共联合 6100 个土地所有者,占地 4.59 万公顷,耕地为 2.83 万公顷。1968 年的试行草案对 1963 年的土改法补充规定的第 17 条做了修改,规定:农业股份公司由国家按各自的工作领取工资,按股分红。股东的股份可以转让或作为遗产由人继承,全部土地所有权属于公司。政府对农业股份公司实行免税十年的优待,并给予大笔贷款和部分无息贷款。到 1974 年年初全国共建立农业股份公司 65 个,共有 12.36 万个股东,包括 525 个村庄,总面积为 28.52 万公顷,年播种面积为 8.7 万公顷。1968 年通过法律建立农工联合体以发展畜牧业和其他农业部门、加工农产品,规定把利用大水库灌溉的土地(面积不少于 1000 公顷)出租给外国的、本国的或本国和外国合营的公司,租期为 30 年以内,政府给予各种优惠。伊朗农业合作化和公司化一方面通过推行农业合作社和农业生产合作社把分散的小农组织起来,引导他们提高技术、采用科学方法,从而摆脱贫困和形成较大的农业生产力;另一方面通过建立股份公司和农工联合公司来发展现代化的集约型农业生产体系,推动农业向资本主义现代化发展。

"推广和建设大军"法案(Formation of the Reconstruction and Development

Corps)是指1966年1月伊朗国会和参议院核准的关于建立一支专门推广农业现代化经营方法的队伍(取名为"推广和建设大军")的法案。法案规定,"推广和建设大军"由应召的现役军人和受过农业教育或具有中等技术水平的义务兵役人员组成。主要任务是:建立示范田和苗圃,防治植物病虫害和家畜病症,推广农业、畜牧业的科学技术方法,推广化肥、农业机械的使用技术,参加农村公共事业的建设(如打井、修渠、修路、建桥等)。应召者应当先在农学院培训中心接受基本军事训练和专业教育,然后到农村服役。优秀成员可以免试直接进入高等学校或担任公职。到1973年1月底,共有1.5万人分13批加入"推广和建设大军"。该法案的实施对于改变伊朗农村经济面貌起了积极的作用。

保健大军(Formation of the Health Corps)是指伊朗政府1964年为了在农村推广、应用现代医药技术,发展农村医疗卫生事业而组织的医疗专业队伍。政府规定,参加保健大军的人员必须是受过医学教育的人员;保健大军的基本任务是医治和预防各种疾病,改善农村卫生条件和环境卫生,提高农民的健康水平;保健大军在农村设立医疗点,其人员在农村工作的时间一般为14个月。1973年以前,保健大军在农村升设了453个医疗点,为2290万村民诊治了疾病。保健大军在伊朗农村中改善了卫生条件,促进了经济发展,但是由于规模有限,仍不能满足农村的需要。

扫盲大军法令(Formation of Literacy Corps)是伊朗政府1962年10月通过的关于采取特殊方式扫除农村文盲的一项法令。主要内容是:号召必须服一年半义务兵役的中学生和其他学校毕业生应征加入扫盲大军;应召者接受四个月的军事训练再进行教师业务培训,结业后授予中士军衔,由教育部分配到农村任教;扫盲大军人员为现役军人,领取军装和薪金,在农村工作的期限为14个月,期满后可以自愿留在当地做小学教师;扫盲大军的主要任务是教育农村儿童学习文化,此外还进行成人扫盲工作并参加修理、兴建校舍和农村公益事业等。1960—1975年,参加扫盲大军的人数为12万人,共20多批,其中有8000多人期满后长期留在农村任教。1975年年初,扫盲大军在农村有学校1.51万所,就学儿童达59.8万人。从建立扫盲大军到1972年,共有100万儿童、55万成人接受其教育。为此,1972年联合国教科文组织曾授予它 H. K. 克鲁普斯卡娅国际奖金。扫盲大军的工作对于提高伊朗农村的文化教育水平,促进经济和社会事业的发展发挥了深远的影响。

伊朗石油国有化运动(Iranian Nationalization of Oil Industry)是指第二次世界大战后伊朗开展的把石油工业收归国有,实现本国对石油的勘探、开采、提炼的全面控制权的运动。伊朗石油国有化运动的起始标志是 1951 年 3 月议会通过的石油国有化法案。同年 4 月,政府建立了国家石油公司,接管了英伊石油公司的所有业务。1953 年伊朗发生政变,新政府(扎西迪政府)与美国谈判把石油开采权交给外国公司。1954 年 4 月国际石油财团建立,政府与之达成协议,把南部石油的勘探、开采、加工、运输、销售权全部移交给财团的两个公司,为期 25 年,可延长到 1994 年。这样,伊朗国家石油公司仅是名义上的所有者,被剥夺了其他一切权利。这一时期,伊朗石油国有化运动严重受挫。20 世纪 70 年代初,石油国有化运动重新勃兴。1973 年,伊朗国家石油公司与国际石油财团达成协议,宣布废除 1954 年的石油协定,把协议中的全部石油工业和炼油厂移交伊朗,从而使伊朗取得了对本国石油的勘探、开采和提炼的全面控制权。1973 年的协议还规定,在 1994 年以前,伊朗有义务向国际石油财团各公司按协定价格提供原油,而外国石油公司应承担伊朗石油工业投资的 40%。但是,1973 年的协议并没有完全消除国际垄断组织对伊朗石油工业的影响,因为对石油的开采、加工的实际管理权仍由外国专家掌握,石油的运输也由外国专家掌握。此外,1973 年协议还规定,在国际石油财团以前勘探过的地区内,该财团可以对石油的生产、出口、投资和其他业务方面施加影响。1975 年,伊朗又通过了一项石油法,规定与外国合营进行石油业务的公司必须要有国家石油公司参加,并授权国家石油公司负责与外国公司签订有关协议。伊朗国家石油公司规定,石油和天然气的勘探、开采、加工、销售和出口均由自己经营。这样,石油国有化运动才基本结束。1979 年伊朗爆发革命,2 月 28 日伊朗国家石油公司总经理纳吉宣布停止只为国际石油财团各公司供应石油,任何国家和公司都可以和伊朗签订长期石油供应合同。

沙特阿拉伯石油国有化政策(Nationalization of Oil Industry in Saudi Arabia)是沙特阿拉伯政府为维护本国利益、发展民族经济而采取的通过参与制把石油资

源和经营权收归国有的政策措施。从 1960 年到 1973 年,沙特阿拉伯收回了 86%
的石油租借地。1973 年 1 月,沙特阿拉伯就对国际石油公司——阿美石油公司在
当地的经营公司参与了 25% 股权。1974 年 6 月与阿美石油公司达成协定,由沙特
阿拉伯政府参与 60% 的股权;同年 12 月双方在伦敦会谈,阿美石油公司原则上同
意沙特阿拉伯政府全面接管其业务,条件是按账面净额对资本进行补偿,保证向其
供应原油等。1976 年 3 月,沙特阿拉伯与阿美石油公司中的四家公司在美国达成
100% 接管阿美石油公司的协议。根据协议,由新设立的沙特阿拉伯国家石油公司
接替石油生产出口、销售等所有业务,阿美石油公司设立的新公司在其管理下提供
技术服务;同时,阿美石油公司可得到补偿金并享有签订长期石油销售合同的待
遇。沙特阿拉伯通过参与制实现了国有化,为以后经济高速增长并迅速进入最富
之国的行列创造了决定性条件。

沙特阿拉伯温和石油政策(Moderate Oil Price Policies in Saudi Arabia)是沙特
阿拉伯为增强本国权益,兼顾西方消费国的能源供应和经济发展而奉行的石油政
策。沙特阿拉伯在石油国有化后掌握了本国石油生产和石油价格的支配权,为实
现这一政策打下了基础。这一政策的基本特点是多方兼顾、调节平衡。这一政策
的具体落实在不同时期不同情况下有所区别,归结起来有几种:(1)高产抬价。
1970 年实行。当时世界市场石油需求旺盛,而油价偏低,高产抬价既可以扭转油
价长期偏低的不合理局面,维护产油国的权益,又可以满足日益增长的世界石油需
求。(2)节产保价。1975 年实行。当时西方经济在油价高涨冲击下出现严重滞胀
局面,致使世界市场石油需求明显减少。缩减石油产量可以减少石油供给,保住油
价,并促使其稳中有升。(3)增产压价。1981 年实行。当时由于两伊发生战争,两
国石油外销锐减,造成西方消费国抢购石油,现货市场油价暴涨。增加石油生产可
以弥补两伊战争造成的石油短缺,迫使油价下跌,以稳定世界石油市场。温和石油
政策的基本出发点是:在维护和保证本国当前和长远利益的前提下,既顾及产油国
的共同利益,又顾及消费国的经济利益。其基本手段是调节石油产量,平衡国际市
场供求,以稳定石油价格,或控制油价波动幅度,实施以来曾起了很大作用,但是由于
石油生产多元化格局逐渐形成,其作用受到限制。尤其是当世界市场石油供给又出
现过剩时,沙特阿拉伯试图采取减产保价措施时,受到英国增产压价的强大挑战。

沙特阿拉伯长期石油战略（Long-term Oil Price Strategy of Saudi Arabia）又称"长期油价战略"。是沙特阿拉伯在 20 世纪 70 年代制定的稳定世界石油价格的基本战略。战略的基本出发点是尽力稳定世界石油价格，阻滞过快的石油价格上涨速度，以便赶在合成燃料普遍使用之前把本国巨大的石油储量大部分销售完，只保留少部分供本国消费和用于化工原料。实施这一战略的主要内容是把石油涨价和西方发达国家的通货膨胀率、经济增长率和货币汇价波动情况挂钩，每三个月调整一次油价，实行低速上涨，以稳定世界油价。尽管石油输出国组织的多数国家并不积极支持这一战略，但这一战略的实施在客观上抑制了石油价格的暴涨暴跌，保护了石油输出国的利益，稳定了世界经济形势。

伊拉克石油国有化政策（Nationalization of Oil Industry in Iraq）是伊拉克政府为发展民族经济、保护本国资源而采取的把石油业收归国有的政策措施。1961 年 12 月，伊拉克曾颁布了"第 80 号法令"，收回租让给外资伊拉克石油公司租让地区中未开发的大部分地区。1972 年 6 月 1 日伊拉克政府根据第 69 号法令的规定将开发基尔库克等油田的伊拉克石油公司收归国有。该项法令规定：（1）伊拉克石油公司的全部资产和权利收归新设立的伊拉克国家石油公司所有。（2）伊拉克政府同意向伊拉克石油公司提供补偿，但可以从伊拉克石油公司过去长期拖欠的租金中扣除。（3）禁止伊拉克石油公司雇佣的伊拉克人离开原生产岗位。1973 年年底双方正式达成协议，由政府按账面价格提供 1500 万吨基尔库克油田的原油作为补偿，伊拉克石油公司接受了政府的全部条件，这样，伊拉克收回了北部油田区的主权。此外还无偿收回了属于该公司集团成员之一的摩苏尔石油公司油区租让权。1973 年 10 月 17 日（第四次中东战争爆发第二天），伊拉克政府宣布对占有巴士拉石油公司 23.75% 股权的美国近东石油开发公司实行国有化；12 月 20 日又对占有巴士拉石油公司 5% 股权的石油投资与勘探公司实行了国有化。这样共将巴士拉石油公司 43% 的股权收归国有。到 1975 年，伊拉克又将巴士拉石油公司中剩余的英、法两家石油公司（占巴士拉石油公司股权 57%）收归国有。至此，伊拉克石油公司集团全部实现国有化。伊拉克石油公司国有化历时仅三年，进展如此迅速的根本原因在于政策的强硬。国有化政策的实施为伊拉克经济的迅速发展奠定了良好的基础。

伊拉克石油出口带动型发展战略(Strategy of Development Dominated by Oil Export in Iraq)是伊拉克石油国有化成功后实施的以出口原油带动国民经济全面发展的战略。20世纪70年代的"石油繁荣"刺激了伊拉克深化"石油国有化"运动,掌握了原油生产、运输、提炼、销售的全部自主权。在此基础上,伊拉克确立了今后经济发展的战略目标,即通过开发石油资源带动工业化和国民经济现代化,建立独立的民族工业体系,提高人民物质文化水平。为实现这一目标,伊拉克政府制订和执行了三个经济发展五年计划。这些发展计划的基本内容是:(1)优先发展原油生产,带动石油下游工业和采矿业的发展。(2)发展多种先进的替代工业。(3)实行工农业并重,大力发展农业。(4)兴建电力、铁路、公路、港口、机场、学校、医院、住宅、城市建设、文化中心等基础设施。经过落实伊拉克石油出口带动型战略,伊拉克的经济、社会面貌发生了显著变化:实现了国民经济高速增长,1980年人均国内生产总值达3020美元,十年中翻了三番;国民经济多样化取得了很大进展,单一经济结构已基本改变;文教卫生事业和人民生活水平有很大提高,实现了免费教育和医疗制度。这表明实施石油出口带动型发展战略获得初步成功。但是,实施该战略也存在一些问题,如对外依赖程度很大,受世界市场上油价波动,通货膨胀的严重影响;在高速发展中本国技术力量和人才缺乏,经济效益不高,存在许多有待解决的难题;城乡差别悬殊,农村人口减少,粮食自给目标未能实现。

科威特石油国有化政策(Nationalization of Oil Industry in Kuwait)是科威特政府通过参与方式将石油资源和生产收归国有的政策措施。1961年科威特实现了政治独立,1962年即从外国石油公司手中收回了9262平方千米的石油租借地。1973年1月,政府与(美、英)科威特石油公司签订"利雅得协定",规定对科威特石油公司参与25%的经营权,取得25%股份。但这一协定没有得到议会的批准,因为议会坚持应把政府参与的股权比率提高到60%。1973年10月第四次中东战争爆发,议会重新提出石油工业国有化法案和参与60%经营权的提案。1974年1月29日政府按取得60%经营权的条件与科威特石油公司签订了新协议并获得议会批准。1975年3月,科威特石油部长公开宣布全面收回科威特石油公司的经营权;12月1日双方签订了由科威特政府100%地收回石油经营权的协定。至此,科威特在波斯湾产油国中第一个成功地对国际石油大公司全面参与股权。该协定于

1975 年 3 月 5 日生效,由政府向外国石油公司提供 5050 万美元的补偿。石油国有化使科威特在以后短短几年时间内一跃而成为世界富国,推动了科威特经济的高速发展。

尼赫鲁混合经济政策(Nehru's Mixed Economy Policies)是印度独立以后,尼赫鲁政府实行的公营企业和私人企业并列发展的经济政策。1944 年印度大资产阶级就在"孟买计划"中提出,"国家干预似乎比所有权和管理更为重要",希望国家实施贸易保护和支持工业发展的政策,以帮助他们克服"困难和不稳定的经济形势"。独立以后,印度政府掌握了英国殖民者手中的各种工厂、企业、矿山等所有权,又有两次世界大战中积存于英国国家银行的巨额存款(12 亿英镑,约合 154 亿卢比)。这就使印度政府具有了干预经济、发展重工业的条件。1948 年 4 月,印度政府通过了《关于工业政策的决议》,规定到 1958 年国家对钢铁、电力等工业实行国有化。1956 年在修改这个决议时,印度政府正式提出了"混合经济"政策。它明确规定,印度政府对发展经济负有全部的责任,凡是基本的、具有战略性的工业或公用事业性工业,或只有国家才能提供所需资金的重要工业,均由政府经营。为了使"混合经济"政策得以实行,印度政府采取了许多措施,主要有:(1)对经济实行计划化,即通过重点编制五年计划达到调节和控制公营经济和私营经济的发展。(2)采取直接投资的办法,兴办大批公营工业企业特别是重工业企业。(3)通过工业分类的规定和对比规定的改变,发放工业许可证,贷款条件等措施,既"使私营部门的投资有利可图",又引导私人资本投向它所规划的工业部门。实施结果是:印度国营经济获得很大发展;同时,私人企业特别是大财团也扩大了投资,获得了发展。可见,印度推行"混合经济"的实质是发展国家资本主义和扶植私人资本主义经济。

尼赫鲁工业发展战略(Nehru's Industry Development Policies)是印度尼赫鲁政府在 20 世纪 50 年代中期形成的、以优先发展重工业为主要内容的进口替代发展战略。印度长期是英国的殖民地,独立初期的产业结构带有显著的殖民地经济结构的特点,即农业的比重大于工业,轻工业的比重又远远大于重工业。为了迅速改变这种状况,尼赫鲁执政后,国大党政府于 1948 年 4 月公布了它的第一个工业政策,提出了"工业化""国有化"的口号。1951年10月又颁布了《工业(发展和管制)法》,提出了优先发展"必需的工业",改变印度工业结构的消费性质。1956年4月印度政府公布了"工业政策决议"和第二个五年计划,明确提出了优先发展基础工业和重工业的方针。至此,尼赫鲁"工业发展战略"的基本构想已形成。其内容可以大致归结为四个方面:(1)优先发展重工业,从第二个五年计划开始,工矿业和交通运输业的投资都占投资总额的40%以上。(2)强调政府对经济的管理和控制,积极引导和鼓励私人资本向重工业投资。从"二五"计划开始,私人资本在工业和交通业的投资占全部工交投资的30%以上。(3)采取限制消费品工业发展的政策,规定就业要服从生产。从20世纪60年代开始,消费品工业发展速度一直低于重工业的发展速度,就业人数增长也慢于投资与产量的增长。(4)采用限制工业品进口和以代用品取代进口货的外贸政策,主张印度所需生产资料都要自己生产。尼赫鲁"工业发展战略"在实施过程中,曾受到国内一些既得利益者的反对,但是,尼赫鲁政府置一切反对于不顾,采用多种"经济干预"手段,包括各种政策、法令、投资、原料和运输的供应、公营经济的影响等,引导和控制印度工业的发展方向,以实现其战略构想。实施结果,重工业获得迅速发展。到20世纪70年代,在制造业总产值中,重工业和轻工业的比重已平分秋色。制造业产品进口也大幅度下降。这表明印度的工业结构发生了实质性的变化。但是,由于尼赫鲁政府在执行这一战略时,忽视了部门间的协调平衡发展,使其钢铁工业和机械制造业超前发展,结果带来了一系列结构性矛盾和危机,如钢铁工业和机械工业等由于市场狭小而出现较为严重的产品积压和设备闲置现象,能源供应也很紧张等。尼赫鲁"工业发展战略"后来被英·甘地的经济调整战略所代替。

印度土地改革(Indian Land Reform)是20世纪50年代初以来印度政府推行废除封建土地制度的改革。印度独立时存在三种主要的封建土地制度:(1)"柴明达尔租佃制"。所谓"柴明达尔",实际上就是一种封建国家与土地耕种者之间的包税人逐渐演变成国家法律承认的法定地主。一户柴明达尔地主通常拥有几百英亩甚至上万英亩土地。(2)莱约特瓦里租佃制。这种土地制的特征是政府直接向租地农民(莱约特瓦里)征收田赋,但由于农民的土地多为地主侵占,因此实际上多数"莱约特瓦里"已沦为佃户。(3)封建采邑制。即由印度各土邦王公、大君的功臣、武士以及贵族、僧侣等占有的村庄。全印度的土地中,有40%属于柴明达尔制,有60%属于各种莱约特瓦里制和采邑制。

印度1949年宣布了土地改革方案,从1951年起开始实行。改革的目的是消除旧的农业结构对农业生产发展的阻碍,消灭剥削因素,保护土地耕种者权利,保证农村居民获得土地的平等机会。改革的主要内容是:(1)消灭柴明达尔制度。由政府向地主支付10—15倍地租(或土地税)的补偿金,地主可保留一部分自耕土地。政府共向柴明达尔支付补偿金50亿—51亿卢比,连同利息达70亿卢比。(2)保障租佃关系。1953年起,印度各邦通过了各种租佃改革法案,其要点是规定公平租额,给予农民购买土地的权力。但是由于各种原因,这些措施均未得到贯彻执行。(3)规定土地最高持有限额。各邦的限额有高有低,一般从十几英亩到几百英亩。政府征收超过限额的土地并向地主支付补偿金,这笔资金以后由分得土地的农民在20年内向政府还清,款额共达233亿卢比。

印度土地改革是不彻底的。1971年占地不到一公顷的农户虽占全国土地持有户的51%,但仅占有全国耕地总面积的9%。

乡村发展计划(Rural Development Program)是印度政府在20世纪50年代初期提出的重建农村的一项重大措施。1952年开始实行,曾得到印美技术合作基金和福特基金的资助。乡村发展计划是印度政府实行的乡村建设计划的重要组成部分,其目的在于通过推行合作运动,组织各种合作社,发展乡村经济,促进农业生产力的发展。该计划的主要内容:(1)利用现代科学技术增加生产,全面发展农、牧、渔、林以及乡村工业和小型工业,以增加就业。(2)充分利用农村闲散劳动力举办修路、挖塘等社会公益事业。(3)强调自助原则和提倡合作精神。该计划的实施办法是:由联邦和各邦政府提供经济资助和技术指导,地方自筹资金来推行各种计划和措施,建立发展区。计划实施后收到一定的效果,如建立了许多服务合作社、供销合作社、消费合作社和生产性合作社(主要是农产品加工合作社)。但是,由于有财力和条件参与各种合作社活动的人主要是新兴地主阶级,能够从各种合作社的经济活动和各种计划中获得好处的主要是这部分人。从总体上看,乡村发展计划对促进农业生产发展所起的作用不大。

印度绿色革命(Green Revolution in India)是印度政府 20 世纪 50 年代末制定并于 20 世纪 60 年代开始实施的以培育和引进高产稻麦新品种为主要内容的生产技术改革活动。20 世纪 50 年代末,为了克服粮食危机,印度政府决定接受美国财团关于增产粮食的资助。1959 年在印度政府主持下,印美专家小组草拟了一份《关于印度粮食危机及其克服办法》计划,并在此基础上制定出一项"农业集约化发展方案",并从 1960 年开始实施。印度绿色革命的主要内容是:(1)从外国引进高产品种,进行小范围试验,建立机械种子农场,自己培育新品种,然后大力推广,使高产品种的种植面积不断扩大。(2)兴建和扩建一批大中型化肥厂,扩大化肥生产能力,增加种植高产品种的化肥施用量。(3)重视大中型水利设施的建设,同时重视对自流井、管井和水渠等小型灌溉系统的建设,使灌溉面积迅速扩大。(4)积极发展农业机械,提高农业机械化程度。在绿色革命进行的过程中,印度政府采取了一整套财政、信贷和商业的刺激手段,如增加农业信贷、财政补贴和农产品价格支持等。由于印度政府积极倡导和大力支持,绿色革命发展很快,对印度的农业经济和社会发展产生了积极正面的影响,例如,在一定程度上促进了粮食产量的增长,1978 年不仅完全停止进口,偿还了欠债,而且向亚洲一些国家出口了 100 万吨粮食。同时农业规模经济有所扩大,农业劳动生产率有所提高,农业与其他经济部门的联系增加了。但也存在一些问题,例如,长期使用化肥和农药,使土壤板结,盐碱化比较严重,局部破坏了生态平衡。农村的贫富两极分化,地区之间发展也更趋不平衡。增加了国家财政负担(高价进口化肥、补贴销售等),并造成印度农业对外国资本的依赖。近年来,印度绿色革命由原来推广高产品种为主,逐步转向进行综合性的农业技术改革。

农村综合发展计划(Integrated Rural Development Program)是 20 世纪 70 年代末印度政府制订的农村脱贫发展计划。1978—1979 年度在全国 2300 个社区实行,1980 年 10 月发展到农村所有社区。目的在于把农村中最穷家庭的生活水平提高到贫困线以上。在此计划之前,曾在农村一些特殊地区实行过小农开发署计划、易变干旱地区计划和管制区域开发局计划。计划采取措施使贫穷农户收入有所节余和积累,并向他们提供信贷和其他投入物。计划指标包括每年帮助每个区 600 个农户提高到贫困线以上,总指标是 1500 万户。在 600 户中,有 400 户通过农业及有关活动受益,100 户从事乡村工业和家庭手工业,另外 100 户被援助从事服务性行业。印度"六五"计划为该计划提供 150 亿卢比的投资,金融机构补充提供 300 亿卢比。区一级的计划由邦一级的协调委员会批准,由县一级的乡村开发署和区开发署去执行。

甘地经济调整计划(Indira Gandhi's Economic Adjustment Program)是印度英迪拉·甘地政府在 20 世纪 80 年代初期开始执行的一项全面经济调整计划。20 世纪 60 年代中后期,印度曾对经济及社会发展战略做过一次较大的调整,把发展重点从重工业转到农业,在继续实行进口替代的同时,积极鼓励出口,国民经济有较大的发展。然而,在世界第二次石油危机和 1979 年印度大旱灾的打击下,国民经济又陷入严重困境。1980—1981 年度,经济活动开始从旱灾中恢复过来,但经济形势仍不稳定,加上第二次油价上涨的影响开始充分显示出来,西方发达国家保护主义兴盛,世界市场衰退,印度出口不振,贸易条件恶化,外部困难加剧。上述结构性危机迫使印度进行全面经济调整。1981 年 11 月,印度向国际货币基金组织提出了年内提供 50 亿特别提款权的中期贷款的申请获准。在这种形势下,印度政府开始执行中期调整战略。该战略的基本目标是:(1)通过大量增加投资,改善资金使用效率和消除基础设施障碍,以提高各部门和整个经济增长率。(2)增加国内储蓄,支持投资,促进财政收支平衡、物价稳定,加速调整计划的执行。(3)增加出口,力争出口量每年增加 9%。为此,印度政府在"六五"计划(1980—1981 年度至 1984—1985 年度)中制定了一系列政策措施,主要有:(1)增加对基础设施和具有相对优势的生产部门的投资,消除长期以来影响经济自力更生发展的基本障碍。(2)改善私营工业情况,鼓励其增加投资和出口。(3)巩固农业发展已取得的成果,进一步推广新技术,提高农业现代化水平,做到主要粮食作物和其他作物均衡发展。(4)加速开发国内资源,调整能源价格,控制石油需求,开发再生能源,研究发展生产和节能的途径和技术,以降低对进口石油的依赖。(5)贯彻一切新的征税措施都不能严重损害储蓄和投资的原则,除设法减少逃税面、加强税收管理,扩大城市征税基础,以及对农村不纳所得税的富人征税外,开辟财源的重点是增加非税收收入。(6)在农村增收储蓄网点,提高存款利率,开办特种储蓄,以鼓励私人储蓄。(7)继续通过双边和多边渠道获得大量优惠贷款,同时,通过付高利为一批重点工程项目筹措商业贷款。(8)降低国内信贷扩大率,控制中央预算赤字,重点保证优势部门和经济力量不足的社会阶层对信贷的需要。(9)重点消除出口增长的内部障碍,鼓励各类企业扩大出口。(10)对原材料、半成品和资本货物等进口实行放松政策,对本国可以生产的产品实行进口限制。印度这次中期调整是在国际国内极为不利的环境下进行的,但调整仍取得显著成效。国民经济增长速度超过同期的西方发达国家;工农业生产明显恢复;国际收支恶化状况基本得到控制;反通货膨胀措施已见成效。1984年4月印度正式通知国际货币基金组织,决定放弃尚可动用的11亿特别提款权,这表明经济调整计划取得良好成效。

印度新技术政策(India's New Technology Policies)是印度政府20世纪80年代为发展新型学科、新技术和新产业而采取的对策。1983年1月由印度总理英迪拉·甘地在印度全国第七十届科学大会上提出。制定新技术政策的基本思想是:(1)要使科学技术为印度实现现代化,提高生产率,迅速消除贫困,发展社会公正,努力建设一个团结、强大和繁荣的印度的社会经济发展战略目标服务。(2)要使科学技术赶上和保持世界先进水平。(3)发展科技要从人民的需要出发。(4)要使技术上的自力更生与引进技术相结合。新技术政策的主要目标是:获得技术能力和做到自力更生,并最大限度地利用本国资源;最大限度地向社会各阶层提供有益和满意的就业机会,重点放在妇女和社会贫困阶层的就业上;利用传统的技艺和能力,使其在商业上具有竞争力;保证把大规模生产技术和群众的生产恰当地结合起来;保证用最少的资本开支获得最大的发展;发展国际上有竞争能力的技术,尤其是那些具有出口潜力的技术;通过提高效率,充分利用现有的能力来迅速提高生产和产品质量;减少对能源的需求,尤其要减少对非再生能源的需求,确保环境适宜,促进生态平衡,改善居住环境;回收废料,充分利用副产品;提供财政刺激,促进创造发明,增加使用本国技术,提高工业内部的研究与发展水平;吸收和采用引进的技术;把本国的技术和引进的技术结合起来。新技术政策规定的重点发展方向是:(1)把微电子技术、计算机技术、生物技术等新兴尖端技术及其工业作为发展的重点。(2)大力发展空间技术、核技术和海洋开发技术,为国民经济建设服务。(3)继续努力发展农业技术和农村适用技术,满足人民的基本需要。

印度能源开发新政策（Indian New Policy of Energy Development）是印度中期调整时期（1980—1981 年度至 1984—1985 年度）奉行的能源开发利用政策。印度商品能源主要是石油，约占全部能源消费的一半，人均商品能源消费水平极低，能源弹性系数高达 1.8。为了克服第二次世界石油危机带来的困难，支持经济稳定增长，印度政府在中期调整时期，制定了新的能源政策，其中心目标是降低对进口石油的依赖，把石油为主的能源消费结构转为其他能源（煤和电）为主。为此，能源开发战略的基本点是：（1）加速开发国内能源，力争"六五"计划期煤、电年产量分别增加 9.7% 和 10.5%。（2）调整能源价格，控制对石油的需求，促使石油和其他能源的平衡。（3）开发再生能源。（4）研究发展生产和节约能源的途径和技术。为保证能源开发战略的实现，印度政府增加了对本国能源开发的公共投资。"六五"计划期间，能源投资占公共投资总额的 27%，其中，电力占 73%，石油占 16%，煤占 11%。同时，积极邀请外国公司合作开发本国石油资源，产品实行分成。新能源实施的结果，取得一定成效，原煤，石油和电力的产量都获得很大增加，1982—1983 年度比 1979—1980 年度分别增长了 28.4%、78.8% 和 24.4%。但是，石油进口量也增加了 50%。这表明实现新能源政策的目标仍需继续努力。

印度新经济改革政策（Indian Economic Liberalization Reform）是指印度于 20 世纪 90 年代推行的一场全方位经济改革政策。1991 年 6 月印度国大党执政，纳拉辛哈·拉奥上台后，在印度推出了一系列重大的经济改革措施，把 20 世纪 80 年代以来的经济改革推向了一个新阶段，标志着彻底抛弃尼赫鲁的经济发展战略，从半封闭的经济走向全面开放，使印度经济成为世界市场经济的一部分。时任财政部长曼莫汉·辛格称之为"印度工业和农业的第二次革命"，经济学界认为是印度经济发展的"分水岭"。新经济政策措施涉及贸易、工业、财政和金融领域的改革，其最显著的特点是放弃长期以来奉为工业准则的 1951 年工业（管理）法和 1956 年工业政策决议，放宽反垄断法和外汇管理法。1951 年工业法即工业许可证制度，规定企业兴建和扩建必须向政府申请许可证，目的是使投资符合经济发展需要。但正如纳拉辛哈·拉奥总理指出的，政府对企业过度的限制，"扼杀了企业的创造力和创新力"，还"滋生了腐败现象"。

　　拉奥政府金融改革（Financial Reform of the Government Led by Narasimha Rao）是拉奥执政后于 20 世纪 90 年代印度进行的一场金融改革。1991 年拉奥执政后,受印度国内收支恶化、债台高筑、国民经济陷入严重危机形势所迫及全球经济一体化大潮推动,启动了"自由化、私有化、国际化"方面的经济转型改革,金融改革则是整个经济改革的重中之重。为了解决印度国有化银行的呆账问题,并改善其经营状况,拉奥政府任命了以印度储备银行前总裁 M. 纳拉辛哈为主席的高级委员会,研究与印度金融改革有关的问题。该委员会于 1991 年 11 月提交了报告,认为正是由于中央对银行投资、信贷分配、分支机构的扩张甚至内部业务的管理等进行的政治干预过多,使其不能根据商业判断进行经营,才造成公营银行效率低下、业绩较差。

　　印度政府部分接受该委员会的建议,对金融政策进行了重要改革。主要内容有几个方面:(1)放松从事金融活动的限制。印度储备银行放松了各银行建立分支机构的限制,首先允许各银行将其分支机构进行适当的合并,或关闭那些严重亏损的分支机构。同时,允许私营部门成立银行等金融机构,并放松了外资银行在印度建立分支机构的限制,将每年允许外资在印度设立银行分支机构数从 8 家增加到 12 家,允许外资银行设立自动存款机。同时还允许外国投资者个人或机构在印度证券市场投资等。(2)降低法定流动性比例和现金储备率。为了使各商业银行能有更多的资金用于放款赢利,印度储备银行逐渐降低了法定流动性比率和现金储备率。各银行必须执行的现金储备率已在 1972 年最高时的 15% 的基础上逐渐降低。2001 年 5 月起从 8% 降低到 7.5%,从而使各银行增加 450 亿卢比的放款能力。同时,各银行必须执行的法定流动性比率也从最高时的 38.5% 逐渐降低到 2001 年的 28.5%,从而使银行有更多的资金可用于放款。(3)放松对直接信贷计划的控制。这主要体现在逐渐降低了对优先发展部门放款在各银行放款总额中的比例,已从最高的 50% 左右逐渐下降到目前的 30% 左右。同时对这些部门放款的利率优惠也逐渐减少了。再者,现在对这些规定也没有十分严格的执行。(4)逐步调整利率结构。各商业银行的最低放款利率从 16% 逐渐提高到 1991—1992 年度的 19%,1993—1994 年度又下降到 14%。为了调整银行利率,从 1994 年起印度实行了表列商业银行大宗放款利率,并逐渐使各表列银行放款利率自由化。大宗放款的一般利率从 1994—1995 年度的 15% 上升到 1995—1996 年度的

16.5%,1996—1997年度又下降到14.5%,1997—1998年度降为14%,1998—1999年度和1999—2000年度再降为12%,2000—2001年度和2001—2002年度降为11.5%。目前,20万卢比以上的放款被称为大宗放款。(5)加速银行呆账的处理。为了减轻银行的金融风险,印度政府要求各银行必须尽快将自有资本的比例提高到8%,为此允许各银行发行银行债券以提高自有资本的比例。同时,印度政府还要求各银行把呆账的比例尽快控制在12%以下。为了解决各银行的呆账,一方面,印度政府成立了印度工业金融复兴银行,帮助病态企业恢复生产,增强偿还银行的能力;另一方面,为了减轻各银行追回贷款的负担,印度成立了特别经济法庭,由法庭帮助银行催收企业单位和个人拖欠的银行存款,从而加速对各企业拖欠银行贷款的处理,增强各银行抵御金融风险的能力。(6)加强对资本市场的监管。印度虽然有较多的证券交易所,但是缺乏统一性,交易方式和结算体系都很落后,投机现象也很严重。为此,印度政府取消了资本发行管理局,不再对资本发行市场进行严格的约束,取消了对资本发行价格的限制等。同时,印度政府又成立了印度证券交易委员会,管理、促进和领导证券交易所的运行,约束金融中介结构,受理投资者的投诉等,从而保证资本市场的正常运行,防止金融市场不正常的波动。

印度跨世纪农业改革(Indian Agricultural Reform of 2000)是印度于20世纪末叶至21世纪初叶为适应加入世界贸易组织而进行的一场农业改革。随着1995年1月1日世界贸易组织成立和印度成为世界贸易组织的创始成员国,美国等西方发达国家要求印度开放农产品市场的呼声不断高涨,印度在农业问题上面临的压力不断增大。为了使印度农业发展适应世界贸易组织规则的要求,并促进印度农业劳动生产率的提高,保证印度的粮食安全,印度政府不得不在1998—1999年度财政预算报告中提出,将农业改革放在以增长为目标的预算战略的首位。2000年7月,印度政府公布了期待已久的国家农业政策,从此开始对印度的农业政策进行了十分重要的改革。

改革内容主要有:(1)调整粮食储备政策,大力促进农产品出口。印度政府从1995年世界贸易组织成立后起,逐渐调整粮食储备政策。2000年印度政府制定的国家农业政策规定,为建设乡村仓库和食品保存提供特别信贷基金,并降低粮食储备基金贷款的利率,从而鼓励农村修建粮食储备设施,提高农民的储粮能力。同时,印度政府积极鼓励粮食出口,取消了粮食出口的许可证要求,并对粮食等农产品出口提供其他诸多方便,从而促进了印度小麦、大米等粮食作物和其他农产品的出口,使印度成为世界上重要的粮食出口国。(2)放松粮食贸易的限制,允许粮食在国内自由流通。1998—1999年印度政府财政预算报告指出,要加快农业改革,更好地管理粮食经济。2000年公布的国家农业政策进一步提出,取消粮食在全国各地区之间流动的限制,允许农产品自由贸易,并大力发展农产品期货市场等,从而使印度的粮食贸易逐渐自由化。(3)减少政府对农业的干预,加强政府对农业服务。随着经济改革的深入,特别是1995年世界贸易组织成立后,印度政府对农业发展的过多干预,不仅不能适应世贸组织规则的要求,而且也不能满足印度农业发展的需要。因此,印度政府在2000年制定的国家农业政策中指出,要改善政府对农业发展的管理,要使农业摆脱官僚控制和政治干预,并对农产品销售和农产品加工等各个环节提供更多的服务。(4)积极调整农村产业结构,组织农作物专业化生产。取消农产品加工税,鼓励对农产品进行深度加工;同时,要根据各地不同的气候和环境条件,推进农业适度规模经营和专业化生产经营战略;推动包括私营公司在内的私营部门以合同的形式经营现代农业,推广旁遮普邦、哈利亚纳邦等西北各邦先进的农业发展模式等。(5)加速农村基础设施建设,增强农业发展后劲。加强农村水库、灌溉渠、排水设施、农村公路、农村电网、农村通信和农村计算机网络等农业基础设施建设,从而保证印度农业稳定增长,确保印度农业特别是印度粮食的安全,以应对世贸组织对印度农业发展带来的严峻挑战。(6)抓紧农业技术进步,推动农业上新的台阶。加强对生物物种和基因资源的保护,研究和开发更多的抗旱、抗病虫害、耗水少、营养价值高及适应不同气候条件的农作物新品种,并加速现代农业技术的转让;要实行农业经济、技术和环境的可持续发展。由此可见,印度政府的农业改革,不仅注意增加政府对农业发展的服务,而且强调科学技术在印度农业发展中的作用。

20点纲领(Twenty Point Programme,TPP)是印度政府实施的一项旨在消除贫困的经济和社会发展计划。最早由英迪拉·甘地政府于1975年7月提出,后在1982年、1986年、2006年三次调整,是印度政府持续时间最长的一项经济社会计划。2006年调整后的20点纲领与印度政府制定的《国家最低共同纲领》和《联合国千年发展目标》的基本原则一致,它重申了政府在消除贫困、发展生产力、减少收入不平等、缩小社会和经济差距等方面的责任和承诺。纲领的主要目标包括:一是提高农场和工厂的产量和生产率;二是普遍惠及发展利益,以便通过衡量关于衣、食、住、医疗、教育等基本要求的实现来促进社会经济的公平正义;三是进一步完善和促进社会所期望的计划方案,如计划生育、可替代能源的发展等;四是遏制反社会倾向。20点内容有:(1)消除贫困。(2)给予人民更大的权力。(3)扶持农民。(4)劳工福利。(5)食品安全。(6)全民住房保障。(7)清洁饮用水。(8)全民健康。(9)全民教育。(10)表列种姓、表列部落、其他落后阶层和少数民族的福利。(11)妇女福利。(12)儿童福利。(13)青年发展。(14)改善贫民窟。(15)保护环境和植树造林。(16)社会治安。(17)乡村道路。(18)激发乡村地区潜能。(19)开发落后地区。(20)实现基于IT技术的政务电子化。

巴基斯坦银行业"伊斯兰化"政策(Islamisation Initiatives of Banking System in Pakistan)是巴基斯坦政府对本国银行业的经营活动实行的一种特殊政策。所谓"伊斯兰化",就是根据伊斯兰教的教义,取消银行和其他金融系统中的利息或与利息有关的经营活动。伊斯兰化政策从1979年起正式推行,主要措施有:(1)在非银行金融机构(如全国投资信托公司、住房建筑金融公司、巴基斯坦投资公司等)中取消贷款利息。(2)在银行系统中,取消商业银行对小农户、渔业户和合作社兴建水利设施的贷款利息。1981年,伊斯兰化政策进一步推广。1981年1月1日起,全国所有银行一律实行盈亏共负的存款放款制,其基本内容是:(1)在保持传统有息存款的同时,设立盈亏共负的存款户头,银行不支付利息而是付给存户一部分利润。(2)实行两种形式的放款,一种形式是银行提供资金、技术、人力等与借款方合伙经营,盈利按合同分红,亏损按资金比例分摊;另一种形式是银行只提供贷款,按合同分取利润,亏损由银行承担。这种政策实际上是用直接的利润收入取代利息收入,其特点是借贷双方共同承担经营风险,减轻了借款方的压力。但是这种方法在一定程度上削弱了借款人的经营主动性,使其产生对银行的依赖性。

巴基斯坦五点纲领(Five-point Program of Pakistan)是巴基斯坦政府总理居内久提出的社会和经济发展纲领。1986年开始实行。纲领的主要内容是:强化伊斯兰民主政治制度;建立根除失业并使人民富裕的公正的经济秩序;扫除文盲,为国家进入现代科学时代做准备;肃清行贿受贿、非法活动和其他社会弊病,让人民享有安全与正义;通过建设强大国防和实行不结盟以及平衡的对外政策,维护领土完整,提高国家威望。为使"五点纲领"具体化,巴基斯坦联邦计划委员会制定了1990年要达到的若干社会与经济发展指标,主要有:(1)新建和扩建各类学校三万多所,把全国识字率由目前的26%提高到50%。(2)使全国90%的农村用上电。(3)让全国60%的农村人口喝上干净饮水。(4)增设1180个农村基层医疗单位和151个农村医疗中心。(5)为200万无房农民免费提供建房地皮(每户三分地)。(6)修建11700千米乡村道路,使所有农村与城镇及公路干线相连。(7)改善城市贫民区的居住条件和生活设施。(8)创造70万个就业机会。(9)为450万英亩土地提供保护,使之免受涝灾和盐碱侵袭。国家对实施上述计划给予1173亿卢比(约折合70亿美元)的财政拨款,其中一半以上用于发展农村教育和农村通电。

"五点纲领"的特点是:(1)把农村建设确定为重点,尤其重视改善农村宏观环境和提高农村人口素质。(2)着眼于扶贫治贫,强调务必要使落后地区和贫困的城乡群众从中得到好处。为使上述计划变为现实,政府采取了一些积极措施,首先在资金上予以保证,1987—1988财政年度的预算,发展开支的50%用于加速"五点纲领"的实现。其次采取有力的组织措施,中央成立了总理为首的内阁委员会,地方成立了首席部长为首的监督委员会,联邦计委则分工与中央和地方有关部门进行协调,此外成立了反对贪污贿赂的联邦委员会。(3)组织人员。开动宣传工具,大力宣传"五点纲领"。1987年6月,联邦财政部向报界宣布,该纲领实施第一年就取得了"非凡的成就",而且在巴基斯坦历史上是"前所未有"的。

新澳自由贸易协定(Free Trade Agreement between New Zealand and Australia)是新西兰和澳大利亚两国为促进其贸易发展而签订的协定。1965年8月31日在新西兰首都惠灵顿签署,1966年1月1日生效。宗旨是:促进持久的互惠贸易,推动两国经济的发展。主要内容包括规定两国间减税或免税商品项目的方案,关于处理倾销、限制进口及促进两国工业合理化等问题的准则。本协定对促进新澳两国之间的贸易发展具有积极意义。1980—1981年,新西兰对澳大利亚的出口额为8.16亿新元,占出口总值的13%,进口额为10.44亿新元,占进口总值的18%,进出口所占的比重都居第一位。1983 年 1 月 1 日,《新澳更紧密经济关系贸易协定》生效,后经多次修订和补充,两国基本实现了货物、服务、人员和资本的自由流动,并于 1990 年建立了澳新自由贸易区。

霍克经济重振政策(Economic Revival Policies of Hawke Government)是澳大利亚工党政府为扭转经济困境而采取的政策。1987 年开始实施。由于 1985 年国际市场初级产品价格下跌 10%,1986 年又下跌 14%,加工贸易保护主义日益加剧,澳大利亚经济深受其害。1985—1986 年度的贸易逆差达 34 亿澳元,1986 年国际收支逆差约为 90 亿美元,外债为 690 亿美元,通货膨胀率为 10%。为扭转这种经济形势,霍克领导的工党政府采取一系列政策措施,主要有:(1)澳元贬值,减少进口,刺激出口。(2)放松银根,降低利率。(3)精简机构,削减开支。(4)鼓励竞争,增加利润。(5)出售部分国家机场和国际设施。(6)出售亏损的国营企业等。实施结果,初步收到成效。澳大利亚国际收支逆差缩小,国民生产总值趋于回升,财政赤字大大减少,银行利率有所下降,通货膨胀得到控制,澳元稳中有升。但是,澳大利亚的经济形势仍未有根本好转。

澳大利亚移民政策(Australian Immigrant Policy)是 20 世纪 70 年代以后澳大利亚的移民政策。随着 20 世纪 70 年代欧洲移民的减少,拉丁美洲移民、中东移民、印度移民和中国移民都被允许进入澳大利亚。在 1966—1973 年,过去的种族排斥政策和移民同化政策被自由党和工党政府放弃。1973 年移民政策调整标志着"白澳"(White Australia)政策正式结束。

1972 年,惠特拉姆政府上台执政后开始引入这样一种理念:入境移民必须拥有澳大利亚所需要的某种技术。在结构化选择评估体制下,移民官员根据澳大利亚所需技术人才和其他条件制作表格,以对申请者进行评估。这张表格首先把申请者的技术划分为从"有利于澳洲发展"到"不利于澳洲发展"五个等级;然后对申请者的个人及社会因素进行评估,包括申请者的态度、生活方式以及外在表现等,同样分为五个等级。1979 年,结构化选择评估体制被更细致的量化多因素评估体制所取代。

1982 年,量化多因素评估体制被移民评估体制所取代。这种体制给予申请者的技术以更多积分,从而导致大量技术型移民涌入澳大利亚。1984—1985 年和

1988—1989 年,赴澳的技术型移民和商业型移民的数量分别增长了六倍和十倍,而同期赴澳的家庭团聚型移民的数量只增长了 55%。1988 年和 1989 年,著名的"菲兹杰拉德报告"(Fizgerald Report)和"加诺特报告"(Garnaut Report)相继出台,在很大程度上改变了澳大利亚移民政策的走向,开始强调具有高技术的"人力资本",而不是把注意力放在制造业工人上;开始注重移民素质,对家庭团聚型移民和难民的人道主义关注开始减弱。根据"菲兹杰拉德报告"的建议,澳大利亚政府调整了移民政策,引进了两大类新移民——优先亲属移民和技术型移民。

1996 年霍华德联合政府上台执政后,移民计划更加倾向于技术型移民。到1999 年,澳大利亚移民选择积分制中的非经济因素已经在很大程度上消退。同以前相比,20 世纪 90 年代的澳大利亚移民具有更高的教育和技术背景。澳大利亚政府在宣布 2004—2005 年的移民计划时称:"澳大利亚有史以来最大规模的技术移民正在以每年 77000 人的速度涌入澳大利亚。"政府提高了技术移民所需要达到的积分,以确保拥有高技术的移民入境。申请者必须符合政府规定的基本要求,即必须在 45 岁以下,精通英语,具有澳大利亚政府认可的、与其所从事职业相适应的高等教育文凭。此外,申请者还必须具有从事技术职业表中所列职业的相关工作经验。

澳大利亚矿业经济政策(Australian Mining Policies)是澳大利亚政府为促进矿业健康持续发展制定的产业扶持政策。澳大利亚矿产资源丰富,80% 以上矿产品出口到其他国家,而且矿产品出口额在国家出口总额中持续保持着较高的比例。澳大利亚的矿业经济政策主要集中在鼓励扶持对矿产资源的勘探、测绘和开发投资等方面。

澳大利亚法律规定,矿产资源属于联邦和州政府所有,而非个人所有。澳大利亚政府鼓励投资者对澳大利亚矿区和油田进行投资,而不直接承担矿业项目,也不参与勘查与开发,政府只是在有关领域发挥自己的职能作用。为了在促进澳大利亚矿业发展的同时,保护当地生态环境,澳大利亚的矿业政策也包含了众多环境保护的法律。在澳大利亚大部分地区,任何人都可以提出采矿租借权申请,但是拥有勘探权或勘探保留权的申请者优先申请人必须提供全部矿产开发利用方案,个别申请需详细介绍矿产开发利用方案。所有申请都需要进行以环境影响为基础的评价,在占有期内考虑以后的环境问题并在勘探结束后恢复到原来状态。

矿业是澳大利亚经济的重要支柱,澳大利亚政府对矿业的重视支持和良好的矿业经济政策促进了澳大利亚矿业的快速发展,确保了澳大利亚经济的稳定发展。

澳大利亚税收改革(Tax Reform in Australia)是指澳大利亚于20世纪末至21世纪对其税收制度进行的全面改革。早在20世纪八九十年代,澳大利亚政府就开始对税收制度进行了局部改革,包括1985年工党政府总理霍克及1993年工党政府总理基廷所进行的税制改革。前者涉及面小,力度不大,没有彻底改变直接税和间接税;而后者虽然增大了财政收入,但是以提高商家的成本为代价的。

1996年,霍华德自由党政府上台后,澳大利亚进入全面税制改革阶段。1997年11月6日,联邦、州及地方的总理、首席部长以及财长举行会议,一致同意对澳大利亚的税制进行根本性的改革。1999年,政府通过了《商品和服务税法案》《资本津贴法案》和《新税制法案》。同年2月22日,又实施了一系列完整措施以减少避税的机会。新税制于2000年7月1日开始实行。此次税收改革的内容主要包括:调整个人所得税;取消批发销售税;对在澳消费的大部分商品和服务征收10%的商品和服务税;对商家和投资者实施一种综合而又灵活的付税制,以取代包括预付工薪税制、预定支付制、报告支付制、临时税和公司分歧付税制在内的税收;扩展"柴油燃料折扣方案";征收豪华车税和酒平衡税;更改对酒精征收的货物税;慈善团体若想成为折扣商品收受者或免除收入税,须得到批准。商品服务税(GTS)的实施是该次改革的重心,税制改革前后比较见表3-1。

表3-1 澳大利亚税制改革前后个人所得税比较表

旧税率		新税率(2000年7月1日以后)	
可征税收入(澳元)	税率(%)	可征税收入(澳元)	税率(%)
0—5400	0	0—6000	0
5401—20700	20	6001—20000	17
20701—38000	34	20001—50000	30
38001—50000	43		
50000+	47	50001—60000	42
		60000+	47

资料来源:澳大利亚税务局等相关部门的报告。

新税法的实施将使个人和家庭受益。个人所得税税率的调整使约80%的纳税人按30%以下的最高边际税率缴纳税收。同时取代批发税的商品和服务税方面，许多商品和服务可以免除该项税收，如大部分卫生、教育、地方政府税以及大多数食品等。

澳大利亚创新政策白皮书（Australian White Paper on Innovation Policy）又称《驱动创意：一项21世纪的创新议程》（*Powering Ideas：An Innovation Agenda for the 21ˢᵗ Century*），是由澳大利亚于2009年5月发布的一项指导其未来十年科技发展的纲领性文件，这是陆克文总理上台后工党政府首次颁布的国家科技政策。

白皮书确立了澳大利亚国家创新体系的发展方向和到2020年要实现的五大目标：(1)准确把握发展方向和优先任务，更好地利用资源促进发展，并有效地评价创新实施成果。(2)吸引最优秀的人才开展世界一流的研究，用新知识和新创意指导、支持和服务国家的创新体系。(3)应用相关政策减少贸易壁垒，拓宽创新途径，帮助企业最大程度地开发新创意和技术并实现产业化，增强竞争力。(4)政府与公众有效协调，积极调整和优化政策，提高服务水平。(5)应对国家和全球面临的挑战，确保创新取得成效。

白皮书提出了创新的七大优先任务：(1)集中公共研究资金支持高质量的研究，解决国家面临的挑战并寻求新的发展机遇。(2)培养具有较高素质和技能的研究队伍，保障国家的科研工作顺利开展。(3)打造一个有效的创新体系，促进国家工业健康发展，推进研发成果的商业化进程。(4)推动新技术、新工艺和新创新更有效的传播，尤其是在中小企业中的传播，促进在经济领域的创新。(5)建立新的创新体系，培育创新文化，促进研究人员之间以及研究人员与产业界的合作。(6)推动研究人员和企业开展更多的国际科技合作。(7)加强公共部门和社区内的人员与创新体系内各种利益攸关者的合作，提高政策水平和服务能力。

根据未来十年的科技发展要求，白皮书对澳大利亚的科技计划进行了总体安排——在持续增加科技与创新投入，不断强化已有科技计划的基础上启动新的计划，其中包括大幅度增加"大学可持续卓越研究计划"和"研究基础设施大宗拨款计划"的经费；启动"合作研究网络计划"；通过"国家研究基础设施战略路线图"和启动"超级科学计划"投入大量资金支持一批项目；拨款支持参与国际科学项目。

白皮书还对落实未来十年科技目标制定了相关措施,包括:强化研究能力建设;重视对研究力量的培养;促进企业技术发展;出台新的研发税收信用政策。

加拿大税收改革(1987)(Canadian Tax Reform of 1987)是加拿大政府 1987 年实施的旨在增加国内储蓄和投资的税收改革方案。1987 年 7 月加拿大财政部长威尔逊向加议会提出。方案包括个人所得税改革、企业所得税改革和销售税改革三大部分。威尔逊提议前两个税收的改革方案从 1988 年 1 月 1 日起实行。要点是:(1)减少或消除许多的特别税收减免。那些收入高但付税少的个人和营利性企业将分担更大的一部分税款。(2)采用兑换税收豁免和税收信用减少的办法,进一步加强个人所得税的公平性,这样老年人、低收入者将从中获益。(3)减少那些一直没能享受特别税收减免利益的人的税务负担。具体内容主要有:(1)将现行联邦所得税的十个等级简化为三个等级,并调低税率。这样,联邦个人所得税 1988 年将减少近十亿加拿大元收入,以后五年共减少 120 多亿加拿大元收入。(2)企业所得税改革有三大目标:鼓励投资,以便创造更多更好的就业机会;营利性企业将负担更大一部分税收;为维护一个竞争性的税收体制,企业所得税将从 1988 年 7 月 1 日下降,一般联邦税率下降至 28%,小型企业下降至 12%。尽管如此,由于税底加宽,联邦企业所得税总收入将上升(下一个五年中增加 50 亿加拿大元)。(3)销售税改革。总之,个人所得税下降将由企业所得税和销售税的增加及税收的加速来弥补。威尔逊在总结时指出,税制改革方案为加拿大人提供了税收储蓄,也给了他们以花费、储蓄和投资的自由。

巴西五年发展纲要(Brazilian Five-year Development Outline)是指 1956—1960 年巴西以新建首都——巴西利亚为重点的一整套发展国民经济的中期规划。1956 年制定并开始实施。纲要的主要内容是:(1)在内地建设新首都巴西利亚。(2)发展能源、交通运输、食品和基础工业,如增加电力、煤炭和石油的生产。(3)发展海洋与内河航运,改善港口、仓库和冷藏设施。(4)促进农业机械化,增加小麦产量和化肥供应量。(5)增加钢铁、石油化工、非金属矿和纸张的生产能力。(6)建立汽车制造、造船等工业部门。整个规划预计投资 5100 多亿克鲁塞罗,占规划执行期间国内生产总值的 6.1%。为保证规划顺利实现,巴西政府采取了如下措施:(1)成立全国发展委员会和有关工业部门的执行小组,重用一批经济、技术专家,负责制订计划,协调各方力量,提高执行计划的效率。(2)责成全国经济开发银行资助发展项目和进行技术管理。(3)政府主动承担基础设施方面的投资,以扩大民用建筑投资和带动各部门的发展。(4)将基础工业方面的大部分发展项目留给私人部门去完成,以鼓励国内外私人投资。(5)大量吸收外资,放宽机器设备与技术进口的限制,鼓励外资企业向巴西迁厂,积极发展与西欧、日本的经济合作。1955—1961年巴西共引进外资21.8亿美元,其中95%投入基础部门。由于采取了以上措施,1957—1961年成为第二次世界大战后巴西第一个高速发展时期,国内生产总值年平均增长8.3%。新首都巴西利亚的建成是这一时期发展成就的重要标志。纲要中全部完成的项目占三分之一左右,其余项目大多数也达到原定指标的80%—90%。石油、电力、冶金等部门的生产能力有所扩大,并新建了汽车制造、造船、电子电器设备等工业部门。这一时期的发展也存在一些问题:一是大量预算赤字和信贷加剧了通货膨胀;二是农业发展相对缓慢,加剧了部门间的不平衡,尤其是增产小麦计划没有完成,造成食品供应紧张;三是经济发展过分集中于东南部地区,加剧了地区发展的不平衡;四是进口激增使国际收支恶化。

巴西经济行动纲领(Brazilian Economic Plan of Action)是1964—1966年巴西政府为进行国家机构和经济体制的调整改革而规定的奋斗目标和行动步骤。1964年4月,巴西军人开始执政,在经济方面立即着手进行一系列重大改革,为此,颁布了"政治经济行动纲领"。主要内容是:(1)颁布赋税法和资本市场法,以增加税收和活跃资本市场;建立全国货币委员会和中央银行,形成一个完整的金融体系,加强货币与信贷管理;建立服务年限保证金和公职人员财富筹集计划等强制性储蓄制度;建立全国住房银行以资助住宅建筑。(2)采取削减国家财政开支,压缩工资和管制物价等措施,以控制通货膨胀,并实行货币纠正法来消除通货膨胀造成的价格差别的影响,以刺激储蓄和推销政府公债。(3)取消对部分商品的进口补贴,实行灵活的汇率和以减免税收为主的鼓励出口的政策,以增加外汇来源,并废除了关于禁止外资盈利汇出的规定。(4)重新成立计划部,进一步加强计划工作和对宏观经济的指导。以上调整改革措施的实施取得了一定效果,如通货膨胀率由1964年的91.9%降为1967年的24.3%;1965—1967年连续三年外贸出超,共盈余13亿美元;1967 年国际收支已略有盈余;国内生产总值增长率由 1963 年的 1.5% 提高到 1967 年的 4.9%,为下一阶段经济的发展奠定了较好的基础。

巴西经济奇迹(Brazilian Economic Miracle)是人们对第二次世界大战后巴西经济第二个高速发展阶段(1968—1974 年)的誉称。1967 年巴西政府为了加速工业化进程,针对当时比较有利的国际环境和国内工业开工不足,需求不振等情况,及时调整了发展政策。其调整措施主要有:(1)放慢工业部门固定资产的增长速度,充分发挥现有设备能力,扩大耐用消费品的生产和销售。为此,政府着重发展钢铁等基本材料以及电子电器设备、汽车、石油化工等部门的生产,并采取多种措施增加中产阶级的收入来源,大量提供消费信贷。(2)大力促进出口。政府提出了"出口即出路"的口号,建立了鼓励制成品出口体系,出口补贴率平均达到 40%;同时,大力发展交通运输和改良港口,建立若干条"出口走廊",扩充远洋商船队,不断实行货币小幅贬值,规定有关外资企业产品的出口比重。(3)改变上届政府的反通货膨胀政策。新政府认为,15% 左右的通货膨胀率是可以允许的,反通货膨胀的办法应是加速经济增长和提高生产效率,而不是紧缩财政,因此,政府采取增加货币供应,放宽私人企业的信贷,设立获取机器与设备的工业基金以刺激生产。(4)加强农业发展。为此,政府大幅度增加农业信贷,鼓励出口农产品生产,建立联邦和州、市的仓储、供应中心,加强农产品购销,提高价格补贴,并先后制订了一系列地区开发计划,加强对落后地区的开发。(5)大量引进外资和外国技术。鼓励外资企业与本国公、私企业合营,1969—1974 年外国直接投资新增 40 亿美元,贷款新增近 130 亿美元,1968—1974 年,机器设备进口平均每年占进出口总额的三分之一以上。(6)增加公共投资。在前一段金融、税制改革和实行货币纠正制度的基础上,政府增加了财政收入,扩大了债券发行,国内储蓄率提高,股票交易也活跃起来。于是,政府增加公共投资,扩大基础设施建设,并通过全国住房银行投资,扩大房屋建筑,从而带动了私人投资的增长,1965—1967 年投资率平均为 15%,1969 年升到 17%,1973 年达到 22.8%。由于采取了上述调整措施,促进了巴西经济的高速发展。1968—1974 年国内生产总值年平均增长 10.1%,工业、农业和交通运输分别为 11.9%、5.9% 和 11.7%,国内生产总值由 415 亿美元增加到 734 亿美元,人均收入由 473 美元增加到 715 美元。从而,被人们誉为第二次世界大战后继联邦德国、日本"经济奇迹"之后的巴西"经济奇迹"。但是,在高速发展的同时,巴西经济也存在一些问题,主要有:收入分配更加集中,贫富差距进一步扩大;外国资本大大扩张了在巴西的势力;国际收支恶化,外债急剧增加;某些地区和部门之间发展不平衡问题仍未解决,特别是本国能源生产远远跟不上经济发展的需要。

巴西地区开发政策(Regional Development Policy in Brazil)是巴西20世纪50年代末开始实施的旨在加速内地落后地区的开发和建设的一项国策。巴西是一个幅员辽阔的国家。长期以来,由于历史和自然等原因,巴西地区经济发展很不平衡。东南沿海各州集中了全国75%的居民,是经济发达地区;而中部、东北部以及北部亚马逊河流域地广人稀,是经济落后地区。为改变生产力的地区布局,加快内地建设,巴西政府在20世纪50年代末确定了开发内地的战略决策,并相应采取了一系列政策措施,主要有:(1)建立相应管理机构,为全面合理地开发落后地区创造条件。1959年和1966年先后成立了"开发东北地区管理总局"和"开发亚马逊地区管理总局",以协调和促进这两个地区的调研和发展,负责制定开发政策,审定开发项目,统一管理资金的调拨和使用,制定必要的法令和有关免税制度。(2)筹集资金,鼓励投资。为此,政府相继创立了"东北部地区投资基金"和"亚马逊地区投资基金"。为鼓励国内私人企业积极参加"投资基金",政府规定在落后地区投资办厂,发展工农业或其他事业的投资基金免交50%的所得税。这一政策使参加"投资基金"的户头与日俱增。(3)以富养穷,支持落后地区。政府每年从经济实力比较雄厚的东南沿海地区调拨一定数量的资金,支援落后地区的经济建设;政府还向开发者发放低息专项贷款,并增加贷款点,以方便用户,加快资金流通。(4)组织科研人员进行资源调查。为调动科研人员的积极性,政府采取高薪和生命保险等措施。(5)加快落后地区的土地改革,把大片荒地分给农民,并发给土地证书,使大批占地农民得到合法使用土地的权力,并向小农提供生产成本贷款。这些措施促进了落后地区的农业发展。(6)开辟特区,对外开放。1966年政府在亚马逊地区建立经济特区,目前特区已建立了各种工业中心,成为带动周围地区经济发展的核心力量。(7)加强宣传,引起重视。如开创"开发落后地区宣传袋",每年评选一次。反映开发事业的小说、报告文学、剧本、艺术作品和科学论文均可参加评选。政府向优胜者颁发奖章和奖金。上述政策措施实行结果,大大促进了巴西内地经济的稳步发展,人民的文化和物质生活也有较大改善,落后地区面貌已有很大改观。但是,地区间发展不平衡现象仍十分严重,开发建设落后地区的任务仍很艰巨。

雅里计划(Yari Plan)是美国大资本家丹尼·基思·路德维格在巴西亚马逊河流域投资创办大型农工联合企业的工程计划。1967年工程正式筹建并以亚马逊河支流雅里河命名。雅里计划拟定总投资额为15亿美元,建立一个横跨巴拉州、总面积为100万公顷的巨型联合企业。第一期工程投资7亿多美元,主要建设项目是:4000公顷水稻种植场、10万公顷热带林木种植区和饲养场,4000千米公路、46千米铁路、3个小型飞机场等。第二期工程计划投资额为7.5亿美元,聘用了27个国家的有关专家,雇佣了四万多工人进行建设。雅里计划对于开发亚马逊河流域巨大的物质资源、促进当地经济向现代化发展都具有重要作用。

出口走廊体系(Export Corridor System)是巴西建立的以公路和铁路把商品出口基地同港口连接起来的商品运输和储存系统。1951年巴西政府在巴西美国混合委员会帮助下,制订了发展基础工业、交通运输和动力等部门的全国经济重新装备五年计划,计划中的重点项目就是建立"出口走廊"。以后历届政府在其经济发展计划和经济发展战略中,都把建立"出口走廊"摆在重要位置。建立"出口走廊"是为保证扩大出口而进行的一项基础设施建设。目前,巴西已建成五条出口走廊,其中最重要的有三条:(1)南里约格朗德港建立一座美洲最大的大豆与小麦仓库,仓储量可达81.5万吨。(2)巴拉那出口走廊,这是巴西咖啡的重要出口通道之一。出口港口是巴拉那瓜。巴西政府计划,该走廊今后除出口咖啡之外,还将肩负巴拉那洲和圣卡塔林纳州等内地的大豆出口,因此,正在增加运输设施,修建大豆专用铁路,将巴拉那瓜港同大豆产地卡斯卡维尔直接连接起来,并向西伸展到巴拉圭的首都亚松森。(3)圣保罗出口走廊,这是巴西最重要的出口走廊,以圣多斯为港口,巴西的咖啡、糖、水果和工业产品大都通过这里运往国外。为扩大该走廊的出口能力,巴西从1981年起的五年内投资2.85亿美元,进一步完善其运输储存设施。"出口走廊"体系的建立,对促进巴西对外贸易的发展起了重要作用。该体系将随巴西经济逐步向东北部和亚马逊河流域扩展而不断扩大。

巴西玛瑙斯自由贸易区（Free Economic Zone of Manaus）是指建于巴西主要港口玛瑙斯的自由贸易区。1967 年 2 月 28 日巴西政府颁布法令后筹建，1975 年建成，固定投资总额为 222 亿克鲁赛罗。由玛瑙斯自由贸易区管理局直接领导。贸易区的方针是由替代进口向出口转化。1980 年共建成 188 家工厂，现在已成为巴西重要的电气、电子、手表、摩托车工业中心。据 1981 年统计，该区生产的彩色电视机、计算机、收音机、电唱机和收录两用机的产量分别占全国同类产品总产量的 80%、90%、75%、56%；手表产量和摩托车产量可以满足国内市场总需求量的 50% 以上。在自由贸易区中的企业，均可享受政府在税收等多方面的优惠待遇。

巴西强制储蓄制度（Brazilian Force Saving System）是巴西政府为筹措资金而实行的一种非商业银行的资金通融制度。兴起于 20 世纪 60 年代中期，该制度曾是巴西比较盛行的一种筹措资金的手段。按筹措资金的用途，强制储蓄制度可以分为若干种类，如服务年限保证基金、社会一体化计划以及公职人员财富筹集计划等。服务年限保证基金设立于 1966 年，是一种强迫性税金，由企业代职工支付，占职工工资金额的 8%，计入职工个人账户，由全国住房银行管理，年息 3%，并且实行货币纠正，以减少通货膨胀而受到的损失。这种资金一般用于资助民用建筑。职工在结婚、购买房屋、投资、重大疾病治疗以及退休等情况下可以提取该项基金。这项由巴西首先建立和使用的制度，目前已在墨西哥、阿根廷、萨尔瓦多等拉丁美洲国家广泛流行。社会一体化计划于 1970 年开始执行。它要求企业每年根据营业额支付一定比例的税金，也分别计入职工个人账户。该项资金用于向企业提供贷款和资助，每年分利息一次，职工退休时可以提取全部资金。公职人员财富筹集计划的做法与作用和上述两项类似。

巴西小贬值制度（Mini-devaluation Exchange Policy in Brazil）是巴西为鼓励出口、限制进口而实行的一种外汇倾销制度。1968 年 8 月 21 日开始实行。目的在于通过克鲁塞罗经常性贬值，使巴西出口商品的价格不断降低，进口商品的价格不断提高，以实现鼓励出口和限制进口的对外贸易政策。具体做法是，由全国货币委员会和巴西中央银行规定每年克鲁塞罗贬值的次数和幅度。实现初期，克鲁塞罗每年贬值七至十次，贬值幅度在 11%—18%。如 1969 年克鲁塞罗贬值八次，累积贬值 13.7%。1971 年贬值七次,累积贬值 13.4%。近年来,克鲁塞罗对美元贬值呈现贬值次数增加,贬幅增大的趋势。例如,1976 年共贬值 16 次,累积贬值 36%;1977 年贬值 14 次,累积贬值 29.9%;1978 年贬值 16 次,累积贬值 30.3%;1979 年 12 月 7 日一次贬值 30%,全年累积贬值 86.7%;这样做主要是为了进一步促进出口,但此举对拥有外国贷款的企业产生了消极影响,它们为得到美元,必须付出更多的克鲁塞罗。

新巴西计划(The New Brazil Plan)是指面对 20 世纪 80 年代的债务危机经济衰退,巴西历届政府先后实施了克鲁扎多计划(1986 年 2 月)、布雷尔计划(1987 年 6 月)和夏季计划(1989 年 1 月),这些非正统的经济计划以反通货膨胀为主要目标,但均未彻底成功。1990 年 3 月执政的科洛尔政府制订了指导整个 20 世纪 90 年代经济发展的"新巴西计划"。"新巴西计划"中的一个重要组成部分是"新工业和对外政策"。其主要内容是:逐步取消关税保护,以便在国内创造一种良好的竞争环境,减少国家干预,强化市场调节机制;重视科技发展,在有选择地对高、尖、精技术部门加以保护的同时,提高本国企业开发新技术的能力。

雷亚尔计划(Real Scheme)是巴西联邦政府于 1993 年 12 月制订的稳定货币与经济的计划。该计划的主要目的是恢复经济发展和制止通货膨胀。为稳妥起见,政府将雷亚尔计划分为三个阶段实施,即平衡财政收支阶段、实施"实际价值单位"阶段和更换货币阶段。雷亚尔计划的主要组成部分是:改用新的货币(雷亚尔);经济的非指数化;初步冻结公共部门的价格;奉行紧缩货币的政策;实行币值浮动,同时为其与美元相比的价值规定一个下限。

这些政策使巴西得以把月通货膨胀率从 1994 年第二季度的 45% 降低到 1996 年的平均不到 1%。1994 年下半年经济活动由于国内需求的激增而趋于强劲,需求则由于受到通货膨胀率下降和实际工资增加的刺激而趋于旺盛;1994 年经济增长率为 6%,1995 年和 1996 年分别为 4.2% 和 2.9%。然而,财政状况则发生了问题;用 GDP 的一个百分数衡量的公共部门的余额在剔除支付的利息之后,从 1994 年的盈余 4.3% 减少到 1995 年的盈余 0.4%,而到 1996 年则下降为赤字 0.1%。

巴西绿色革命（Green Revolution in Brazil）是巴西政府为拯救热带雨林实施的政策。巴西作为南美洲国土面积最大的国家，享有丰裕的自然资源，更拥有着"地球绿肺"——亚马逊热带雨林。然而，在过去的几十年间，亚马逊地区的无序扩张和开荒焚林使得雨林面积急剧萎缩，排放的温室气体总量占到了全国的70%。巴西很快意识到拯救热带雨林的艰巨使命，开始扭转局面，推动经济绿色发展。（1）建立法律法规。先后颁布了《巴西21世纪议程》《亚马逊地区生态保护法》《气候变化和环境法》等法律法规，并与国际组织联合制定了热带雨林自然生态保护的有关技术，在亚马逊地区实施"绿色经济特区"政策。（2）发展绿色能源。虽然巴西的探明石油储量在拉丁美洲地区仅次于委内瑞拉，但巴西依托农业优势和先进的生物技术，率先从甘蔗、大豆、油棕桐等作物中提炼燃料，目前已成为世界绿色能源发展的典范。联合国公布的报告显示，目前巴西消费的燃料中有46%是乙醇等可再生能源，高于全球13%的平均水平。此外，巴西能源部分为了扩大生物燃料的覆盖率，投资建设新甘蔗种植园和乙醇工厂以及生物燃料管道。巴西科技部门还投入了数亿美元用于生物燃料技术研发，加快第二代生物燃料的原材料拓展到秸秆等农林领域，积极探索使用纳米技术突破第二代生物燃料的生产瓶颈。（3）发展绿色工业。巴西在发展绿色能源的基础是，把绿色渗透到航空、化工、汽车制造等工业领域。巴西航空工业公司是世界最大的120座级以下商用喷气飞机制造商，在全球首批获得ISO 14001环境认证，公司出产了全球第一款生物燃料飞机，成为绿色飞行的里程碑；巴西化学集团公司首次使用甘蔗原料生产出绿色聚乙烯，并获得世界首项可再生环保聚丙烯塑料绿色认证。（4）发展绿色旅游。巴西是世界上动植物多样性最完备的国家，拥有世界上最大的森林和湿地，以亚马逊热带雨林为代表的生态旅游散发出巨大的魅力。世界旅游组织发表的报告称，2008年巴西生态旅游指数为全球第三位，生态旅游收入达五亿美元。

巴西新自由主义经济改革（Neoliberalism Economic Reform in Brazil）是巴西于20世纪90年代以来进行的一场经济自由化、市场化改革。与其他拉丁美洲国家相比，巴西的新自由主义经济改革相对滞后。20世纪80年代中期巴西结束了长达20年的军人统治。20世纪80年代末至20世纪90年代初政府曾提出旨在改变经济发展模式的方针，但由于国民经济处在高通货膨胀的困扰下，治理通货膨胀始终是政府经济政策的首要目标。1993 年巴西推出以反通货膨胀为目标的"雷阿尔计划",并在两年后取得很好的成效。通货膨胀率从 1993 年的四位数降至 1996 年的一位数。巴西政府选择在经济相对稳定时期开始了较大规模的新自由主义经济改革,涉及贸易、金融、私有化、财政体制等多方面。

依据美洲开发银行列出的拉丁美洲各国贸易自由化起始时间表,巴西的贸易自由化始于 1990 年。1990—1994 年,巴西政府连年下调关税,平均名义进口关税从 1990 年的 85% 下降至 1994 年的 14%。此外,1994 年巴西取消了对技术引进的限制措施,国家工业产权局不再对技术引进合同的价格、期限、技术质量评估等方面进行干预,扩大企业引进技术和专利自主权。在区域贸易一体化方面,1991 年 3 月巴西、阿根廷、乌拉圭和巴拉圭四国总统签署《亚松森条约》,决定建立南方共同市场。共同市场于 1995 年 1 月 1 日正式启动。南方市场成立后,巴西实施南方共同市场委员会制定的对外共同关税税率。除汽车行业及特定国家的有限几种产品外,共同对关税所约束的绝大部分产品实行 0—20% 的从价税。

国企的私有化改革是巴西经济改革的一项重要内容。在实行私有化的过程中,巴西采取了循序渐进的政策,力求稳定。1989—1991 年,巴西分别对 14 家、13 家和 22 家国企进行了私有化。至 1993 年,巴西政府才将私有化范围扩大到钢铁、石化、飞机制造等工业部门。1995 年开始,巴西国企私有化明显加快。1996 年联邦铁路公司的六条铁路有五条实行了私有化,占其货运总量的 97%;1997 年国家经营的港口实行私有化,港区和运输重点设施出租给私人部门;1998 年巴西私有化达到高潮,电力、石油、铁路和电信先后实行私有化。为获取最大收益,面向国内和国外有实力的企业或财团拍卖,并放宽对外资所持股份的限额,允许其占有超过 49% 的份额,以寻求更多的国际竞购,吸引国际资本。1997 年巴西联邦州政府出售了巴西最大的采矿业公司——淡水河谷公司。1991 年至 1998 年,巴西国有企业私有化收入 618 亿美元,其中 1997 年和 1998 年两年的私有化收入 364 亿美元,占八年总收入的近 60%。

巴西金融自由化改革(Financial Liberalization Reform in Brazil)是巴西于 20 世纪 80—90 年代进行的一场减少政府干预、增强市场机制的金融改革。巴西的金融自由化改革始于 20 世纪 80 年代末期。1988—1989 年,巴西开放了所有存款和大部分贷款利率,基本取消了定向信贷项目,进行了一定的金融改革。

相比墨西哥与阿根廷,巴西金融开放步伐相对稳妥和缓慢。20 世纪 90 年代之前,巴西对外资银行在股份比例以及业务范围方面有一定的限制措施。1995 年巴西政府颁布法令,鼓励和推动外资银行并购国内不良债务率高的金融机构,旨在搞活本国金融市场,促进金融深化,进一步发挥金融对经济的推动作用。巴西尽管取消了外资银行股权比例的限制措施,但对外资银行没有实行国民待遇。此外,巴西的金融开放更多限制在银行领域。20 世纪 90 年代,对外资金融机构进入有价证券市场采取了不同程度的限制政策。巴西的资本账户自由化改革同样是一个渐进的过程。20 世纪 80 年代末期,巴西开始资本账户自由化改革。1988 年巴西政府统一了经常项目和资本项目两个外汇交易市场,1991 年允许外国证券通过投资公司或投资基金的形式进入该国国内股票和债券市场。在开放资本账户进程中,巴西政府颁布了一系列有利于资本流动的法律法规,鼓励外资流入和流出。在整个进程中,巴西政府采取了比较谨慎的策略,合理地运用管制手段,缓解外资对本国外汇市场的压力。1992—1997 年,外国资本流入规模急剧增大,政府及时出台了临时性的管制措施,但并没有影响开放的大趋势。

墨西哥土地改革(Mexican Land Reform)是墨西哥于 1911 年革命后到 20 世纪 60 年代期间所进行的消灭大庄园土地占有制的改革。1910 年以前,墨西哥的土地状况是:96%的人口只占有 1%的土地,而 1%的人口却占有 97%的土地;八九千个大庄园控制了全国所有的最好土地,四五千个村社只拥有很少的贫瘠土地。虽然大庄园有利于资本积累和技术进步,但却使广大农民失去了就业谋生的机会。墨西哥土地改革前后经历了几十年时间,改革的社会目标是消灭大庄园土地占有制。1911 年的土地改革使村社收回了大部分被侵占的土地,建立了村社公有制。村社从政府取得集体土地(公有地),然后分配给村社社员使用。法律规定,村社的土地不准出租或出卖。1926 年新的土改法规定,大牧场在保证其存在的前提下让出部分土地,允许庄园主保留 200—300 公顷土地或 100 公顷水浇地,从而形成了"小地产"制。"小地产"可以得到大量贷款,一时成为农业生产的主力军。20 世纪 30—40 年代,墨西哥土地改革进入新的决定性阶段。1934—1940 年,卡德纳斯政权将 1760 万公顷土地转为村社公有地并分配给农民使用,其总面积相当于前

23 年分地面积的 1.76 倍。政府规定,没收庄园的土地应分给该庄园方圆七千米内居住的农民。之后,政府扩大投资开垦土地,将新开发耕地的一半分给村社,另一半卖给私人。村社社员一般每人分得 4—6 公顷,卖给私人的土地一般是每人 30—60 公顷,1958—1964 年,马特奥斯政府修改了上述政策,把通过公共投资新开辟的水浇地全部保留给村社。据 1960 年统计,墨西哥占地五公顷或五公顷以下的小土地所有者占农业劳动力的 22%,无地的农业工人占全部农业劳动力的 53%,原有的大庄园大多数变成占地不到 300 公顷的中等地产。这样,形成了中等地产与村社公有制相结合的土地结构。一方面,村社公有制使大量过剩人口留在农村,减轻了对城市的压力;另一方面,中等地产生产效率高,又能取得较多的贷款和私人投资,因而成为农产品商品生产的主要力量。

墨西哥绿色革命(Green Revolution in Mexico)是 20 世纪 40 年代至 20 世纪 80 年代由墨西哥成功培育矮秆高产杂交小麦而带来的一次农业技术革命。1943 年,时任墨西哥总统曼努埃尔·阿维拉·卡马乔领导的政府与美国洛克菲勒基金会联合成立一个机构,名为"特别研究办公室",着手探寻避免在墨西哥出现饥荒的手段。在这一机构内与墨西哥合作共事的是一批美国科学家,包括植物病理学家兼遗传育种专家诺曼·欧内斯特·博洛格。他们花了将近 20 年时间培育高产矮化小麦,这种小麦能抗一系列的植物病虫害,并且产量是传统品种的二到三倍。墨西哥从 1960 年推广矮秆小麦,短短三年达到了占种植面积的 35%,总产接近 200 万吨,比 1944 年提高五倍,并部分出口。1979 年,东南、近东、非洲和拉丁美洲种植墨西哥小麦的面积共达 4.5 亿亩,都得到显著增产。墨西哥小麦引起了大幅度增产,在西方被誉为"绿色革命",博洛格本人被誉为"绿色革命之父"。

墨西哥稳定发展战略(Stable Development Strategy in Mexico)是墨西哥为加速经济增长,制止通货膨胀而制定的平衡发展战略。1954 年货币贬值后提出。当时,墨西哥经济发展处于转折关头。由于发达国家恢复生产,墨西哥的工业制造品的国内外市场缩小,经济增长速度减慢。同时,政府公共投资过快,预算连年赤字,通货膨胀进一步加剧。在这种背景下,墨西哥政府提出了"稳定发展"的战略。该战略的基本目标是:保持经济高速平衡的增长,在"进口替代"的基础上,逐步实现国家工业化和农业现代化;制止通货膨胀,实行稳定的财政政策。为达到上述目标,政府采取了一系列政策措施,主要有:(1)协调公共投资、本国私人投资和外国投资三者的关系,解决资金来源问题,促进经济快速增长。1955年重新颁布了《促进新工业和必需工业法》,为国内外私人投资提供免税等优惠条件。(2)进一步推行以"进口替代"为基础的工业化政策,这一时期"进口替代"以耐用消费品、中间产品和部分生产资料为主,继续实行关税保护政策。(3)积极鼓励发展商品性农业,推广现代农业技术,这一时期政府增加了对农业水利设施、公路、电站、垦荒的投资,私人投资也有很大增长;同时,开展以培养优良品种、施用化肥和灌溉为主要内容的"绿色革命"。(4)严格控制货币流通量,使其不超过生产增长的需要,保持物价稳定。"稳定发展"战略的实施取得一些成果,如国内生产总值年增长率达到了7.6%(1962—1970年),制造业中耐用消费品、中间品和资本货的比重上升,农业生产大幅度增长,粮食开始少量出口。国家财政状况比较稳定。但是,在经济增长的同时,由于国内科学技术力量薄弱,加上某些政策上的偏差,也潜伏着一些矛盾,并导致国内粮食重新紧张、国际收支状况再度恶化、通货膨胀又趋上升。"稳定政策"难以继续维持。

墨西哥经济干预政策(Mexican National Intervention Policy in Economy)是墨西哥为克服"稳定发展"时期存在的种种矛盾而推行的国家资本主义政策。1970年由埃切维里亚政府制定并开始实施。该政策的基本点是:大力发展国家资本主义,改变过去对私人资本的鼓励政策,强化政治对经济的干预。其具体目标是:维持经济增长速度,防止衰退;减少对外国的依赖;满足农民对土地的要求;提高人民生活水平。为实现这些目标,墨西哥政府采取了一系列"国家干预"措施,主要有:(1)制订庞大的公共投资计划,大幅度增加国家预算拨款。(2)颁布新的外资法(1973年),对外国投资进一步做了限制。(3)大力发展拉丁美洲地区贸易,并增加与欧洲和第三世界国家的经济联系。(4)颁布修正了《人口法》,控制人口的增长。(5)政府重新分配土地,增加对农业的投资和贷款,推行村社合作化。实施的结果,除了在降低人口增长率等方面取得一定进展外,总的来说,未能取得预期的效果,反而造成了更大的经济发展不平衡,在国内储蓄增长缓慢的情况下,大幅度增加公共投资,致使财政连年出现赤字。据统计,1971—1976年财政赤字由

13.8 亿美元猛增至 79 亿美元,导致了前所未有的通货膨胀。1976 年国内生产总值增长率降到 2.1%,大大低于人口增长速度(3%左右),私人资本纷纷外逃,失业人口成倍增加。这是第二次世界大战以后墨西哥最严重的一次危机。

墨西哥经济高速发展新战略(Mexican New Plan for Economic High Speed Development)是墨西哥为实现现代化工业强国的目标而制定的发展规划和政策措施。从 1977 年起,墨西哥政府进行了两年经济调整,国民经济迅速得到恢复;同时由于石油资源的发现和开发,石油工业迅猛发展。在这种背景下,墨西哥政府开始制订 20 世纪 80 年代的短期和中期经济发展规划,确定了这十年的基本战略目标是:(1)保持经济的高速增长,1980—1990 年经济年均增长率要达到 8%—10%,工业增长率达到 11%—12%。(2)大力发展农业,1980—1982 年农牧业的增长率最低达到 4%,五年内实现粮食自给。(3)1980—1982 年将人口增长率控制在 2.5%,为 220 万人提供就业机会,使就业增长率达到 4.2%,争取 1990 年全面解决失业问题。(4)合理分配收入,使居民得到基本的福利。为实现这一战略目标,政府制定了以下基本政策措施:(1)以石油工业为基础,推动基础工业,中小工业和其他工业的发展,实现中间产品和资本货的"进口替代",建立完整的工业体系。(2)改革农业体制,加速农牧业发展,保证粮食自给。为此,颁布了《墨西哥粮食体系》计划和《农牧业促进法》。(3)实行"膨胀增长"的发展政策,为此多次声明要对"外资法"作灵活的解释:即根据国家经济发展需要,外国在墨西哥企业中的投资可以超过 49%的限额,甚至可以达到 100%。1980 年经济增长接近 8%,工业增长 8.7%,私人和公共投资增长 14.8%;农业增长率达到 7%,新就业 70 万人,就业增长率达到 5%,超过人口增长率(2.5%),首都墨西哥城的失业率已明显下降。存在的问题是:石油部门投资过大,其他工业部门因投资不足和市场情况不佳而放慢了速度;通货膨胀率达到 29.8%;低工资阶层实际收入下降;农村两极分化情况没有扭转。

墨西哥银行国有化(Nationalization of Banking in Mexico)是指 20 世纪 80 年代墨西哥为全面控制货币兑换、防止资金外流而对国内私人银行实行的国有化。1982 年 9 月 1 日,墨西哥总统洛佩斯·波蒂略在向议会发表的国情咨文中指责

"墨西哥私人银行一贯不以国家利益为重,煽动、支持甚至从事投机活动和抽逃资金",强调对私人银行实行国有化会使"政府不仅可以取消经纪人,而且可以消除那些已被证实同国家利益不一致的,与生产部门不协调的机构"。根据这一计划,墨西哥全国58家私人银行及其数千家分行改为政府所有。同时,由于这一措施,墨西哥私营工业的35%将由政府接管。为此,洛佩斯·伯蒂略总统任命了38名官员作为联邦政府派驻这些银行的代表。该计划的目的是克服国内经济困难,改善财政状况。墨西哥政府人士、工人和农民组织以及左派政党普遍支持政府的这一决定。但是,私人银行和企业主以及右派政党一致反对这项措施。洛佩斯·波蒂略的继任者德拉马德里政府坚持贯彻了银行国有化政策,继续扩大银行业国有化的规模,但并未实现政策初衷。到20世纪90年代,政策再次转向实施银行业私有化。

墨西哥新自由主义经济改革(Neoliberalism Economic Reform in Mexico)是墨西哥于20世纪80—90年代进行的经济自由化、市场化改革。它始于20世纪80年代中期的德拉马德里执政时期,但改革的高潮是在1988—1994的萨利纳斯执政时期。

墨西哥的贸易自由化可以分为两个阶段。第一阶段是1984—1986年,以墨西哥加入关贸总协定为主要标志。这一时期德拉马德里政府先后宣布取消7512种商品的进口许可证,从而使进口许可的覆盖率从1984年的83%降至1987年的26.8%,为墨西哥加入关贸总协定作出重要努力。第二阶段是1986—1994年,以墨西哥与美国和加拿大签订北美自由贸易区为标志。这一时期,墨西哥进一步降低关税,平均关税从1986年的22.6%降至1989年的13.1%,进口许可的覆盖率进一步缩小至1993年的5%。经过近一年半的谈判,墨西哥萨利纳斯政府与美国和加拿大于1992年8月签订了北美自由贸易区协定,并于1994年1月1日正式启动。按照北美自由贸易区协定规定,自协议生效时起,墨西哥从美国进口商品的43%和从加拿大进口商品的41%立即取消关税;墨西哥向美国和加拿大出口商品的84%和79%立即取消关税。至此,墨西哥基本完成贸易自由化进程。

墨西哥的国有企业私有化主要在德拉马德里和萨利纳斯两届政府完成。在德拉马德里任期内,墨西哥743家国有企业被私有化,国有企业总数从1155家减少至 412 家,在国内生产总值的比重从 18.5%降至 13.5%。1988 年萨利纳斯执政后,国有企业私有化进入高潮。这一时期的私有化速度快、规模大、覆盖面广。在不到五年的时间内,墨西哥的国有企业从 1988 年的 412 家减少至 1994 年的 137家。私有化范围扩到除石油、核工业之外的所有部门,包括航空、通信、冶金、采矿等大型骨干企业。1988—1994 年,墨西哥政府出售国有企业共收入 200 亿美元,相当于国内生产总值的 7.6%。

墨西哥金融自由化改革(Financial Liberalization Reform in Mexico)是墨西哥于 20 世纪 80—90 年代进行的以减少政府干预、增强市场机制为主要内容的金融改革。墨西哥大规模的金融自由化始于 1989 年。这一进程主要涵盖了取消银行的法定准备金制、允许银行自行决定存款利率、对国有银行实行私有化、解除外资银行准入限制等具体步骤。仅 1991 年 6 月至 1992 年 7 月的 1 年时间内,墨西哥18 家商业银行被私有化,信贷规模占该国银行业贷款总额的比重高达 92%。此外,墨西哥自 1989 年起,放宽外资进入该国证券市场的限制,流入墨西哥的短期资本大幅增加。在萨利纳斯政府执政的六年内,流入墨西哥的短期证券资本约 716亿美元,占同期流入外资总金额的 70.3%。

墨西哥对外资银行的开放始于 20 世纪 90 年代初。墨西哥金融开放的最突出特征是速度快、规模大。在完成国内金融自由化的基础上,1994 年 4 月至 1998 年墨西哥又重点推进了金融开放。1994 年随着北美自由贸易协定的生效,墨西哥允许美国和加拿大的银行在墨西哥境内设立分行。1994 年年底至 1998 年,墨西哥在经历了金融危机后,进一步放宽了对外资银行的限制。1998 年之后,外资银行大规模进入墨西哥市场,外资银行的资产占墨西哥银行体系总资产的比重从 1994年年底的 1.2%增至 1997 年年底的 19.9%和 1998 年年底的 40%。墨西哥的资本账户开放是以加入经合组织和北美自由贸易区为动机的。在没有完全具备开放资本账户的条件下,墨西哥于 20 世纪 80 年代末至 20 世纪 90 年代初取消了对资本流动的主要限制,完成了资本账户的开放。1989—1993 年墨西哥过快的资本开放导致短期资本大规模流入,墨西哥政府没有采取适当的限制资本流动的措施,而是继续依靠外资流入弥补贸易收支的逆差,并最终导致 1994 年的墨西哥金融危机。至 1994 年,墨西哥不良贷款占全部贷款的比例从危机前的 2.3%迅速升至 10.5%;

短期债务的比例占外汇储备的比例从 1992 年的 124% 上升至 1994 年的 173%。

阿根廷出口管制政策(Argentinian Export Controls Policy)是 1944—1955 年由阿根廷贸易促进协会执行的阿根廷国家贸易政策。1944 年和 1946 年,阿根廷国内农牧业大丰收,大量农牧产品涌入国际市场。为了避免供应量的波动对市场价格的不利影响,保护本国利益和国内生产,政府建立了阿根廷贸易促进协会,负责垄断出口贸易。由于贸易促进协会对出口的垄断管制,国内市场价格就与国际市场价格脱钩。贸易促进协会通过开展出口业务,把出口部门增加的收入抽走很大一部分,但并未因此减少出口部门的收益。1943—1946 年,农牧业部门的国内贸易比价(该部门与国内其他经济部门的利润率指数)提高了 25%。1946—1948 年,虽然国外贸易比价继续好转,指数提高 18.4%,但农牧业部门的国内贸易比价却退回到 1943 年的水平,农牧业部门的实际收入下降。因此,从 1950 年起,出口管制政策出现了根本性变化,贸易促进协会向出口生产部门支付比国际市场上更高的价格,刺激了国内农牧业生产(1953—1958 年平均生产水平比 1943—1948 年高出25%),但由于内需增加,可供出口的农牧产品并没有显著增加。阿根廷出口管制政策的实施表明,可以有效地把资金从农牧业部门抽出来,又可以有效地把资金重新分配给农牧业部门,从而保证国内农牧业不受国际市场价格大起大落的影响而保持一种比较稳定的发展势头。

阿根廷恢复、调整、发展经济纲领(Economic Plan of Maritnez de Hoz in Argentina)是阿根廷为解决 1976 年国内经济危机而制定的新经济纲领。1976 年阿根廷出现恶性通货膨胀、生产急剧下降、国际支付手段濒于枯竭的经济危机。阿根廷政府经济部长马丁内斯·德奥斯认为,这是长期以来国家对经济生活干预太多,对外实行经济闭关政策的结果。因此,他制定并推行了旨在解决危机的新经济纲领。纲领的指导思想是:私人企业是经济发展的真正动力,国家对经济生活只起辅助作用;经济应当完全开放;实行自由市场经济和提倡自由竞争。纲领的基本目标是:改善货币和金融状况,抑制通货膨胀,为实现经济和技术现代化奠定基础;加速经济发展步伐;合理分配财富,保证人民的收入水平与生产发展相适应。为实现这一纲领,采取了一系列政策措施:(1)国营企业私有化,包括部分国营企业完全归私人经营,部分国营企业改组为控股公司,并将其外围业务交给私人经营。(2)减少直至取消国家对价格、汇兑、利率、租金、工资等方面的干预。(3)削减公共开支,减少财政赤字,减少乃至消灭财政性货币发行。(4)促进农牧业生产的发展,鼓励农牧业产品出口。(5)利用国营企业、本国私人资本企业和外资企业之间的自由竞争,以及进口商品与国内产品的竞争,迫使国内各类企业提高劳动生产率,实现工业现代化。(6)制定新的外国投资法,规定外资企业享有与国营企业、本国私人资本企业同样的权利与义务,取消对外国资本投资的部门及汇出利润,抽回资本等方面的限制。(7)减免进出口关税,取消进口限制和对粮食肉类的出口统制等。实施初期,阿根廷经济在某些方面有明显好转,主要表现在:出口增长,国际收支显著改善;财政赤字减少;通货膨胀率下降;农牧业有较大发展,外国投资增加。但从总体上看,阿根廷仍未摆脱整个国家经济的停滞、衰退状态。

阿根廷新自由主义经济改革(Neoliberalism Economic Reform in Argentina)是阿根廷于 20 世纪 70 年代以来进行的经济自由化、市场化改革。自 20 世纪 70 年代以来,阿根廷经历了两次新自由主义改革。第一次发生在 20 世纪 70 年代中期。继智利改革之后,弗里德曼新自由主义也在阿根廷和乌拉圭得以实践。但结果是以全面失败告终,阿根廷随后经历了连续 15 年的经济衰退和高通货膨胀的干扰。1989—1999 年在卡洛斯·梅内姆任总统期间,阿根廷开始了新一轮的以贸易自由化、市场自由化和私有化为核心内容的新自由主义改革。此次改革的主要内容如下:

首先,解除进口限制,推行贸易自由化。1989 年梅内姆上台后即着手实施贸易自由化,并计划在四年内将最高关税降至 20%。但实际的开放速度比计划的要快得多。至 1991 年阿根廷的平均名义关税已降至 10%。贸易自由化政策扩大了阿根廷的进口,汇率高估又对出口造成了损害,使阿根廷本国具有一定优势的产品受到了进口货的排斥。

其次,实行大规模的私有化政策。阿根廷私有化基本在 1990—1998 年完成,大体可以分为三个时期:1990—1992 年的起步期;1993—1995 年的第一次高潮期;1996—1998 年的第二次高潮期。梅内姆上台后不久,即开始推行大规模的私有化运动,其目的是想通过私有化缓解公共财政赤字,吸引更多的外国资本。1990—

1995 年,阿根廷的 123 家国有企业被私有化,政府获得收入 167 亿美元,除了冲销部分公债外,主要用于弥补财政缺口。阿根廷的私有化涉及制造业的所有部门,以及石油、保险、医药、养老金等各个行业。1999 年,阿根廷最大的国有企业石油矿藏管理局(YPF)以 150 亿美元的价格出售给西班牙雷普索尔石油公司(Repsol),给阿根廷经济的私有化进程画上了句号。到了 20 世纪 90 年代末私有化接近尾声,财政赤字再度成为政府面临的主要问题。在吸引外资方面,阿根廷通过私有化吸引了大量外资,为货币局制度的实施提供了条件。但这些资本的流入在很大程度上是以投机资本为基础的,随时可能流出。阿根廷私有化几乎涉及所有行业的国有企业,使其原已建立的本国工业体系受到削弱。

最后,实行比索与美元挂钩的联系汇率制度。梅内姆上台伊始,阿根廷遭遇了十分严重的通货膨胀。1991 年 8 月阿根廷开始实施"兑换计划"。这一计划的核心是确立阿根廷的比索与美元 1∶1 的固定汇率,因而又被称为比索与美元的联系汇率制度。此举的初衷是力图通过货币的发行来抑制通货膨胀,稳定经济,提高经济可信度,促进经济持续增长。兑换计划的实施在降低通货膨胀方面确实收效显著。从 1993 年起,阿根廷的通货膨胀率由 1989 年的 3084% 降至为 1 位数以内,2000 年通货膨胀甚至出现负增长。但是以兑换计划为中心的金融制度极易受外部因素的干扰和影响。2001 年阿根廷爆发金融危机后,仅在 2001 年 11 月 30 日当天,阿根廷就有七亿美元流往境外,使阿根廷经济雪上加霜。2002 年阿根廷宣布放弃"兑换计划"制度,并开始对经济政策和结构进行调整。2003 年以后阿根廷经济进入持续快速增长期。

阿根廷金融自由化改革(Financial Liberalization Reform in Argentina)是阿根廷于 20 世纪 70—90 年代进行的减少政府干预、增强市场机制的金融改革。金融自由化改革是拉丁美洲国家 20 世纪 80 年代末以来新自由主义经济改革的一部分,主要包括对内金融改革和对外金融开放。金融改革的核心是放松政府对金融市场的行政性管制,让市场决定利率;金融开放的核心是对外资银行开放国内金融市场,允许本国企业和金融机构通过在国际金融市场上发行股票和债券进行融资,实施资本项目下的外汇自由流动。

阿根廷在 20 世纪 70 年代中后期进行了第一次金融自由化改革,采取了取消利率行政性管制、放宽金融机构准入门槛和扩大银行经营范围等有利于金融市场自由化的措施。20世纪80年代债务危机中断了该国的金融自由化进程。1992年阿根廷开始了第二次金融改革,其改革步伐更快,包括降低银行法定准备金要求、取消或减少定向信贷、对外资银行进行的进入实行全面开放等措施。

阿根廷是拉丁美洲大国中开放最早、金融开放力度最大的国家之一。阿根廷从金融开放起就取消对外资银行和金融机构进入本国市场的限制,外资银行在创建手续和业务开展上享有国民待遇。阿根廷金融开放的突出特点是外国银行的大规模进入,大批外资商业银行都在阿根廷设有分行。1994年外资控股银行占阿根廷金融机构总数的比例为14%,其银行资产占该国银行体系总资产的比重为21.7%,而1997年则分别增至19%和45%。阿根廷的资本账户开放在梅内姆执政后迅速完成。至20世纪80年代,阿根廷政府一直执行较为严格的资本管制措施,以防止资本大规模外流。1989年梅内姆上台,取消了对资本账户项下资本流动的管制。1992年开始实施的"兑换计划"中包括经常项目和资本项目交易活动所需的比索均可以自由兑换,外汇的买卖不受任何限制。1993年修订的《外资法》中允许外资进入任何经济领域和行业,在银行和保险等金融领域,外资同样享有国民待遇。金融和投资的开放虽在一定程度上刺激了阿根廷经济的复苏,但金融开放和大量的外资进入也增加了经济的不稳定性。

智利新自由主义经济改革(Neoliberalism Economic Reform in Chile)智利于20世纪70—90年代所进行的一场经济自由化、市场化改革。智利是拉丁美洲地区第一个实施新自由主义经济改革的国家。1973年,皮诺切特通过政变上台后,一方面出于控制国内通货膨胀、摆脱经济困境的需要;另一方面也是出于政治和意识形态的目的,智利军人政府在一些以"芝加哥弟子"著称的经济学家的帮助下出台了一整套新自由主义的改革措施,包括贸易自由化、国有企业私有化与开放金融市场和资本账户,主要目标是减少国家对经济的干预,放弃"进口替代的发展战略",让市场成为资源配置的动力,推行以资源比较优势为基础的外向型发展模式。

智利贸易自由化的改革经历了两个阶段:第一阶段是1974—1979年;第二阶段是1985—1991年。第一阶段是激进式改革,在五年的时间,智利从一个政府高度干预下的外贸管制国家转变为贸易基本自由化的开放国家。在这一时期各种进口许可和预交押金等非关税壁垒限制被取消;汇率由多重制向单一制调整;平均的名义关税从改革前的94%降至1979年的10%。1980—1985年,为缓解债务压力,智利的改革曾经历了反复期。1985年起智利再度取消价格和汇率上的各种限制性措施。相比第一阶段的改革而言,第二阶段的改革是以渐进性、实用性为特点,开放的步子更稳妥。除贸易自由化外,智利的新自由主义改革还包括价格市场化、国有企业私有化、开放资本市场等。改革前,智利3000多种商品实行价格管制,由国家提供物价补贴;军政府上台后,放开物价,取消物价补贴,实行自由定价。

智利的私有化始于1973年,主要经历了三个阶段。1975年以前为第一阶段,智利军政府采用了大规模和快速推进的方式,将325家阿连德时期(1970—1973年)被国有化的企业退还给原主人。1975—1981年为第二阶段,这一阶段主要是转让国有企业股权,207家国有企业相继作价拍卖。1982—1989年为第三阶段。1982年智利政府建立了"资产出售委员会"。1985年之后智利国家电力公司、电话公司等涉及公共服务的大型公司先后被私有化。1990年智利军政府"还政于民"。上台后的文人政府基本延续了军人政府的经济开放政策,但在贸易、汇率、金融和财政等措施上做了重要调整,更多地关注了社会公正问题。

秘鲁土地改革法(Land Reform Act of Peru)是1969年4月秘鲁军政府颁布的《17716号法令》。主要内容是:(1)废除租佃制和劳役制。(2)规定土地限额,没收超额土地。沿海地区的最高限额是150公顷,内地最高限额是55公顷(1978年调整为150公顷),最低为3公顷。(3)政府征收土地后用现金或债券支付补偿金。(4)允许庄园主雇佣劳动力经营和出售土地。土地改革法是秘鲁土地改革的准则,到1979年土地改革结束时,全国共征收土地953万公顷,其中865万公顷分配给了37万户农民,分地农户中有89%加入了农业合作组织,共建立起1894个农业合作企业。土地改革法的基本点是削弱外国资本和本国封建大土地制,扶持中小农合鼓励资本主义农业经营方式,因而在一定程度上促进了经济发展。

秘鲁农业合作企业所有制(Peruvian Agricultural Cooperative System)是1969年秘鲁实行土地改革时在农村建立的一种土地和其他生产资料所有制。通过土地改革,国家把征收大庄园和外资经营的农场、种植园的土地和生产资料折价移交农业合作组织,农业合作组织按规定在 20—30 年内还清价款和 4%—6% 的年利息。农业合作组织形式主要有农业生产合作社、社会利益农业社、农民小组、村社等。政府对农业合作组织有权直接干预,有权收回土地并另行分配。在管理上,政府负责委派经理、技术人员和其他管理人员到农业合作企业工作。1979 年土地改革结束时,这种所有制已基本确立,共建成 1894 个农业合作企业,参加企业的农户计 32.9 万户,占分得土地农户数的 89%,拥有土地 650 万公顷,占分配土地总数的 76%。

委内瑞拉石油国有化政策(Nationalization of Oil in Venezuela)是指第二次世界大战后委内瑞拉政府为保护本国利益和石油资源、发展民族经济而采取的重大措施。1921 年以后,美国、英国等外国石油垄断组织控制了委内瑞拉的石油开采、提炼、运输、销售业务,到 1960 年年底共占有石油租让地 4718445 公顷。委内瑞拉政府早在 20 世纪 40 年代就致力于收回石油权益。1943 年颁布了《石油法》,规定增加石油税收;1946 年制定了新的财政政策,规定按单位产量交付开采权使用费、标准所得税和附加税;1948 年又设立了一项附加税,规定石油工业收益由委内瑞拉国家和外国生产公司对半分配。1958 年修改所得税法,国家对石油收益的分配比例提高为 60% 并决定不再租让新油田。1960 年政府建立国营委内瑞拉石油公司,再次提高国家分享石油收益的比例。1975 年 8 月 29 日,卡洛斯·安德烈斯·佩雷斯总统签署了石油国有化法案。法案规定,1976 年 1 月 1 日政府全面接管石油工业,将租让地内的外国石油公司资产收归国有,付给外国公司 10.28 亿美元补偿费,其中一部分以现金支付,另一部分以政府债券形式分五年支付。但石油国有化后,外国公司仍掌握着石油生产、运输、销售的部分业务。

玻利维亚土地改革(Land Reform in Bolivia)是 20 世纪 50 年代玻利维亚进行的以废除半封建大庄园土地所有制和建立村社土地所有制为目的的改革。1952 年以前,玻利维亚有 5000 个占地 500 公顷以上的大庄园,有 20 万户印第安农户为大庄园干活;小土地所有者居于次要地位,其总数不足 5 万户。此外,全国有 3779 个印第安村社,共有 100 万人。大庄园主将村社社员赶走,引起了大庄园和村社的公开冲突。1952年玻利维亚爆发了民族主义革命,在农业工会的领导下全面进行了土地改革。改革的内容主要是:解散大庄园,没收超过法律规定容许拥有的土地;保留村社,把没收大庄园的土地交给村社,这部分土地一部分作为集体所有,另一部分为村社社员所有。这样,村社社员大都成了小土地所有者。土地改革之后十年,政府共颁发了20万张土地证,使原大庄园里的农民全部变成了独立的农民。土地改革之后,在玻利维亚形成了中等地产和小地产并存的土地关系。

古巴土地改革(Land Reform in Cuba)是1959年以后古巴进行土地制度改革而采取的政策措施。土地改革分为两个阶段。第一阶段颁布和实施了第一次土地改革法,规定:(1)农民的土地拥有量最多只能达到30卡瓦列里亚(456公顷),超过此数的土地一律没收。(2)如果原来土地已分块出租并一直由佃农或分成农租种,那么佃农和分成农可以分得5卡瓦列里亚土地(76公顷)。(3)如果土地由一个经济单位耕种,则这个经济单位应予以保持并由合作社或国营农场接管经营。第一次土地改革法的核心是要保留占地5—30卡瓦列里亚的中等地产。1963年10月,为了废除过去近十万小农的地租负担,古巴政府颁布了第二个土地法,建立了全国土地改革委员会,将过去的大、中地产作为农业企业交国家经营;新、老、小农共同组织全国小农协会,共有土地720万公顷。这样古巴的土地结构形成了以国营农场为主、小农为辅的格局,走上了集体化道路。

科隆自由贸易区(Colon Free Trade Zone)是1948年由巴拿马政府颁布法令筹建的自由贸易区。位于巴拿马科隆城,总面积为50公顷。是仅次于中国香港的世界第二大自由贸易区,也是西半球最大的自由贸易区。1953年正式营业,以出口低档商品为主要业务,出口对象主要是拉丁美洲和加勒比地区。目前,进口货源主要来自中国(含中国香港)、日本、美国、意大利和韩国。自由贸易区进口自由、无配额限制,不必缴纳进口税。政府为了加强管理和服务工作,设立了自由贸易区领导委员会,并在区内设有银行、保险公司、海关、运输公司等。2012年,科隆自贸区的全年贸易总额达291.65亿美元,对促进当地经济发展起到了重要作用。

埃及土地改革法(Egyptian Land Reform Law)是埃及政府1952年和1961年

颁布的土地改革法。1952 年土地改革法规定,有两个儿子的地主拥有土地的最高限额为 300 费丹(126 公顷);有一个儿子的地主拥有土地的最高限额为 200 费丹(84 公顷),超过最高限额的土地由政府征购并付以适当的补偿金。政府把征购的土地转分给占地不足 5 费丹(2.1 公顷)的少地农民和无地佃农,分得土地的农民在 40 年内分期向政府偿还垫支的补偿金并加付 15% 利息。平均每费丹土地应付金额为 240—270 埃及镑,相当于中等农户年收入的九倍左右。1961 年的新土地改革法主要是对第一个土地改革法进行必要的修订,规定把地主拥有土地的最高限额减为 100 费丹(42 公顷),向地主争购土地的总面积为 30 万费丹(12 万公顷),分得土地的农民向政府分期支付的地款和利息均减少一半,以便更多的农民具有支付能力。1952—1960 年共有 20 万户农民分得了 20 万公顷土地;1961 年以后,农户又分得 12 万公顷土地。埃及土地改革法使大地主所有制遭到了削弱,但占农户总数 94% 的中小农户只占有 52% 的土地,其中还有 100 万无地农民和 400多万户少地农民。不过,自耕农的比重比改革前大大提高。

埃及征召借调政策(Egyptian Personnel Draft and Secondment Policy)是埃及政府为实现国家工业现代化而制定的人力政策。20 世纪 50 年代末开始实行。征召是政府根据有关法令任命大学毕业或其他各类专业人员担任为期两年并可延长的某种工作的权利。被征召的雇员既不能辞职,更无权移居国外或在国外工作。从 1956 年开始,陆续颁布了一系列政府法令,规定工程师、工程技术专业的大学生、医疗卫生人员等为征召对象。借调则是政府调派或允许专业技术人员到国外或新的工作岗位工作一定的时期的权利。借调有两种形式:一是政府有组织有计划地调派一定专业人员(主要是教师)到阿拉伯国家和其他亚洲国家,以帮助这些国家进行经济和文化建设;二是个人找到新的工作机会后在原单位申请停薪留职,由内政部发给工作许可证。通常调任期为两年,规定最高可延长到四年,在特殊情况下,可延长到六年。实施上述人力政策,在劳动力可以自由流动的条件下,一方面可以保证本国培养的各种专业技术人员为国家工业现代化服务;另一方面又为实现国家对外援助计划和人才流动创造了条件。

埃及移民政策(Egyptian Migration Policy)是埃及为缓和本国失业现象和增加

外汇收入而实行的鼓励人口外迁的经济政策。1967 年 10 月，埃及政府发表了关于人口移居国外的重要政策声明。声明强调了建立稳定的移民政策的重要性和移民国外的合法性，并提出了许多建议，如：鼓励埃及人到国外工作；搜集国外劳动力市场情况；调查埃及劳动力情况，特别是劳动力过剩和短缺的地区分布情况；同需要农业劳动力的国家建立联系；简化移居国外的复杂手续；保持和移民的联系，鼓励他们回埃及探亲和汇回他们的部分储蓄；免征移民的儿子服兵役；取消对工作许可证的各种限制；保证埃及在获得外国国籍后仍可保留其埃及国籍；成立负责移民工作的专门机构等。这些建议成为其后若干年埃及移民政策的指导方针。为落实移民政策，1969 年埃及政府成立了移民委员会，负责制定移民工作的具体政策，协调有关机构在处理移民问题上的工作，调查在国外的就业机会，以及同接受国议定双边协定。为使移民政策具有法律效力，1971 年埃及宪法把永久的或暂时的移民规定为埃及人的一种权利。以此为据，政府颁布了鼓励移民出境的 18 点计划。这个计划解决了诸如双重国籍，取消对出境签证的各种限制，更换护照，减少移居国外所需填写的文件数量等问题。1976 年埃及总统发布了第 795 号法令，进一步规定了移民政策的三个基本目标，即满足经济和社会发展的需要、满足阿拉伯国家和友好国家的需要、向公开的或隐蔽的各种形式的失业作斗争。埃及实施鼓励人口外迁移民政策以来，移居国外的人数明显增多，部分缓解了国内严重的失业压力，外汇收入也逐年增加，取得了一定的经济利益。与此同时，人才外流现象也日趋严重。为解决这个矛盾，埃及政府在执行鼓励人口外迁政策的同时，又制定了限制专门人才外流的政策。如 1970 年政府规定诸如医学、牙科、药物、护理、按摩、兽医、工程、建筑、统计以及中学语言、地理和历史教师等专门职业禁止外流。

埃及门户开放政策（Egyptian Open-door Policy for Foreign Investment）是埃及萨达特时期奉行的外资政策。1971 年实行。该政策的基本目标是：吸收外国投资，引进西方先进技术，加强国际经济联系，摆脱苏联经济控制，促进埃及经济发展，使之"置于国际水平"之上。为此，埃及政府采取了一系列措施，主要有：（1）1971 年颁布"关于阿拉伯及外国投资和自由区"法令，1974 年又通过《阿拉伯和外国资本投资法》（即著名的 43 号法令），用法律形式规定了引进外资的一系列优惠条件。（2）先后在亚历山大、塞得港、苏伊士、伊斯梅利亚和开罗等地开辟"自由区"，并根据有关法令精神,在租地、投资权益、过境贸易、进出口货物、个人所得税等方面规定了许多优惠条件。(3)改组内阁,调整机构,建立阿拉伯—外国投资管理委员会,专门负责审评和管理外资工作。(4)开放公营企业,吸收私人资本;简化银行手续,开辟外汇市场;扩大旅馆建设,改善通信、交通事业等。(5)建立许多国际性的联合机构和联合公司,以加强同世界各国的经济联系。以上措施对实现"经济开放"的政策目标,起了积极作用,效果是显著的。其表现是:经济建设投资逐年增加,五年内共吸收外资 165 亿美元;经济现代化水平不断提高,其突出标志是电子工业迅速发展,以及能源——核动力方面有较大进展;工农业生产不断增长,五年内工业总产值增加了一倍多,年平均增长 20% 以上;加快了石油工业的发展,四年内石油总产量增长了一倍半,年平均增长率 38.2%;埃及人均国民收入有了很大增长,由 1974 年人均收入 280 美元上升到 1978 年的约 500 美元。

43 号法令(Law 43)全称《阿拉伯和外国投资法》。埃及萨达特时期为鼓励外国投资,实施自由化和"门户开放"政策而制定的重要法律。1974 年 5 月正式生效。43 号法令是对 1971 年埃及政府制定的"关于阿拉伯及外国投资和自由区"的第 65 号法令的重要补充。该法令规定:外国资本或资本集团可以在埃及的工业、矿业、动力、旅游、运输、土地开垦、住房、银行和保险公司等方面进行投资;对外国投资及资本不实行国有化或没收,不非法冻结、查封和强行监护;发生投资争端,必须用"和投资者共同协商的方式解决",或者根据阿拉伯埃及共和国和投资者国家之间的有关协定加以解决;投资者可以进口机器设备、零件、运输工具等生产所必需的货物;外国投资项目在营业或投资的五年内免收工业利润所得税,根据具体项目的性质及对埃及经济发展的作用,经埃及政府批准,免税期可延长至八年或更长一些时间;投资者可以自由地用投资时所用的货币汇出利润,投资资金也可以转移到其他国家,或经埃及政府批准后进行转让;外国专家和工作人员,可以汇出在埃及所获得的工资和奖金的 50% 等。1977 年埃及又颁布"外资补充法",对上述规定做了补充。43 号法令为实施自由化和"门户开放"政策提供了法律规范,对吸收大量外国投资起了积极作用。1974—1979 年,埃及所的贷款总额的 75% 来自美国、西欧和国际金融组织,25% 来自阿拉伯产油国。外国私人投资也增长很快,截至 1980 年年底,埃及批准外资独资和合资项目 1272 个,其中美国在埃及私人直接投资总额达 10.3 亿美元。

阿尔及利亚石油国有政策（Algerian Nationalization of Oil Policy）是阿尔及利亚政府为发展民族经济、保护本国的资源和权益而采取的把石油资源和石油业收归国有的政策。1962 年阿尔及利亚独立后政府即着手进行石油国有化。1967 年1 月,由政府建立的阿尔及利亚国营碳化氢生产运输和销售公司赎买了英国石油公司在阿尔及利亚的全部财产。1967 年 8 月又将在阿尔及利亚经营的埃索阿尔及利亚石油公司、埃及非洲石油公司、埃索撒哈拉石油公司、莫比尔非洲石油公司等收归国有。1968 年 9 月以后,又把在阿尔及利亚经营销售业务的 14 家外国石油公司和天然气批发公司收归国有。20 世纪 70 年代阿尔及利亚石油国有化不断深入。政府 1970 年宣布接管美国的莫比尔和纽蒙特海外公司;1971 年 2 月接管了法国石油公司 51% 的股权并将全部天然气矿和石油、天然气输送管收归国有。1971 年 4 月,政府制定了新石油法,规定收回全部租借地。到 1972 年阿尔及利亚在石油生产方面拥有的股份比例已达到 80%,天然气和炼油业已实现了完全的国有化,在全国 47 个油田中国家已完全控制 32 个。石油国有化政策及其实施还推动了其他工业部门的国有化,为阿尔及利亚经济较快发展奠定了良好基础。

阿尔及利亚积极发展战略（Algerian Systematic and Planned Program of State-driven Industrialization）是阿尔及利亚在 20 世纪 60 年代中期到 20 世纪 70 年代中期实行的大力发展国家资本主义和优先发展重工业发展战略。它萌芽于 1962 年6 月“民族解放阵线”发表的《的黎波里纲领》和 1963 年阿尔及利亚政府公布的《阿尔及尔宪章》,成熟于 1965 年开始的布迈丁执政时期。该战略关于阿尔及利亚经济发展方针的设想有三个基本方面:(1)对外资本企业和本国私人资本企业实行国有化,对小农实行合作化,发展国家资本主义,由国家控制经济。(2)在产业结构上实行优先发展重工业的方针。(3)在国民收入分配使用上实行高积累。据此,阿尔及利亚从 1967—1977 年执行了三个经济发展计划,即 1967—1969 三年计划、1970—1973 四年计划和 1974—1977 四年计划。11 年总投资额为 1423.6 亿第纳尔,其中重工业约占 50%,农业占 10%。经过努力,阿尔及利亚的经济状况发生了很大的变化:(1)国民生产总值增长率为 7.2%,人均国民收入较独立前有了大幅上升。(2)旧的经济结构发生了较大的变化,在大规模国有化基础上,阿尔及利亚控制了所有经济部门,并使国家资本主义经济力量迅速壮大,同时在土地革命基础上建立了多种形式合作社。(3)以石油、天然气为主的工业生产发展迅速。(4)经济发展促进了教育和其他各项事业的发展。存在的问题主要有:农业落后,经济结构性矛盾突出;对外国资金和技术的依赖加深;国营企业效率低,投资效果差;高积累、低消费造成日益严重的社会经济困难。

阿尔及利亚土地革命(Land Revolution in Algeria)是1971年开始由阿尔及利亚政府负责实施的土地改革活动。特点是把分配土地和建立农业合作社结合起来。1971年,阿尔及利亚通过了《土地革命宪章》和《关于土地革命的法令》。土地改革的主要内容有两方面:(1)把一部分大地主的土地收归国有,然后分配给农民。(2)分到土地的农民应立即加入农业生产合作社。1971—1976年,向农民分配的土地达130万顷,约占全国农业用地的20%,占改革前私有土地的26%,共有十万户无地和少地农户(约占全国无地、少地农户的12%)分到了土地。分到土地的农户绝大多数加入了农业合作社。到1976年年初,全国农业生产合作社已达35000个。阿尔及利亚的土地革命基本上是成功的,虽然地主和农业资本家在1975年仍占有全部耕地的60%,但有地的中小农户已大大增加,尤其是农业生产合作社对于调动农民的生产积极性起到了一定的促进作用。

阿尔及利亚经济发展战略(Algerian Economic Development Strategy)是阿尔及利亚在20世纪70年代末为克服前经济发展战略带来的问题而制定的发展战略。该战略的基本点是:(1)改变过去片面发展工业,以追求国民生产总值高速增长为唯一目标的倾向,提出在增加生产的同时,保证更有效地满足人民的基本需求。(2)发展经济要根据自己的需要与可能,逐步减少在资金和技术上对外国的依赖。(3)发展的重点要从重工业转到农业、轻工业、水利、教育和社会设施(住房、供水、卫生等)方面。(4)在重视发展国家资本主义经济的同时,注意发挥私人资本的作用。为贯彻新的发展战略,阿尔及利亚制订了十年长期发展计划(1980—1990年)。长期计划分前后两个阶段;前阶段的目标是消除经济发展失调和不平衡,为此,采取的措施是:(1)新五年计划在各部门投资比例上做了调整,工业投资比重为 38.6%,比上一个四年计划下降近 5%。(2)1981 年 12 月通过一项关于放宽对私营经济部门限制的决议;1982 年 3 月又通过信的投资法,对私人企业在贷款、投资方面提供保证。(3)1980 年发布第 13 号总统通报和有关改组国营企业的决定,以提高国营企业的工作效率。(4)成立对外金融委员会,严格控制向外借款,实行有计划、有选择地接受外国贷款方针,以减少对外国资金的依赖。后阶段任务是在完成前阶段目标任务的基础上,全面实现战略规定的各项经济和社会发展目标。

利比亚石油国有化政策(Libyan Nationalization of Oil)是利比亚政府为保护本国资源、维护本国权益和发展民族经济而将石油业收归国有的政策。20 世纪 60 年代末,利比亚政府提出要全面控制石油资源,"向外国垄断公司收回全部权力"。20 世纪 70 年代初,正式开始实施石油国有化政策。1970 年 3 月成立了国家石油公司,宣布把组织销售石油的外国公司收归国有。1971 年年底,利比亚将经营萨里尔油田约占一半的英国石油公司的 50% 股份收归国有,由新组建的阿拉伯湾开采公司接管业务。1973 年政府与外国石油公司谈判,要求必须由利比亚接管公司 51% 以上股份;1973 年 6 月将拒绝接受条件的纳·邦克—亨特石油公司的全部财产收归国有;1973 年 8 月,根据谈判条件,将美资西方石油公司的 51% 股份收归国有并按账面价格付与赔偿金;1973 年 9 月又先后将大陆石油公司、马拉松石油公司、阿美拉达石油公司等六家主要外国公司的 51% 股份国有化。1974 年利比亚又没收了德士古石油公司、加州美孚石油公司、大西洋富田石油公司、联合壳牌石油公司全部财产,接收了莫比尔和埃索公司 51% 的股份。到 1974 年,利比亚控制了本国石油生产的 69.3%。利比亚石油国有化政策,是利比亚经济较长期稳健发展的重要推动因素,是利比亚成为非洲国家中人均国民收入最高者并进入"中等收入"国家行列的重要因素。

突尼斯投资法(Tunisian Investment Incentive Code)是突尼斯制定的旨在创造有利条件促进外国投资的重要法律。1966 年 6 月 26 日由突尼斯总统哈比卜·布尔吉巴颁布。该法律包括预备条款、投资的批准和投资的类别、给予投资的各种利益、惯例性利益、一般条款等内容。其目的在于通过规定鼓励、保障和保护投资的办法,以创造在突尼斯投资的有利条件。该法承认外国投资者在法律面前,特别是在税务和社会条款面前地位平等;并分别对甲、乙、丙各类投资规定了减税、在一定期限内免税等优惠条件。该法规定,突尼斯政府可根据投资委员会的意见,为任何投资者提供特别利益,如采用更有利的物资和设备折旧方法;实行免关税制度;无偿或有偿地转让用于开办企业的土地;在一定时期内给予生产和销售商的垄断权;部分或全部地禁止竞争性产品的进口;给予企业的贷款以优惠利率等。还规定在外资及其收入的转移方面提供保证。该法实施以后,吸引外国投资有很大进展。1982—1986 年,突尼斯计划投资额为 82 亿第纳尔,其中三分之一的资金来源于国外,有力地推动了经济的发展。

肯尼亚温和土地改革(Moderate Land Reform in Kenya)是肯尼亚独立后实行的以土地"非洲化"和确定土地个人所有权为主要内容的土地制度上的变革。这种土地制度的改革不是采取单一的土地国有化政策,而是采取土地所有权有偿转移和多种土地所有制并存的政策,故称"温和土地改革"。独立前,肯尼亚农村土地占有的基本状况是:(1)大片优良农牧土地牧场被欧洲人占有,他们建立的 3000 多个综合农场、种植园和畜牧场在国民经济中占有重要地位。(2)农林中土地私有制已存在,但还盛行传统的氏族或部落土地所有制,束缚着生产力的发展。独立后,肯尼亚政府从解决土地纠纷和发展农业生产的需要出发,对旧的土地制度进行了改革。土地改革的主要内容是:(1)通过土地转让计划和安置计划,对外国人的大农场实行"非洲化"。(2)在非洲人的农村地区进行土地所有权的裁定、合并和登记,给土地所有者发土地证,确定土地的个人所有权。这两项改革到 20 世纪 70 年代末已基本完成。土地改革的结果,肯尼亚形成了以非洲人的私有制为主的多种土地占有形式,包括国家农场、非洲人私人大农场、非洲人合作农场、个体小农场以及外资大农场(包括种植园和畜牧场)。此外,在边远地区——主要是人少地广的牧区,还保留着传统的部落或氏族土地所有制。由于允许存在多种土地占有制,比较符合农村的实际,较能发挥多方面的积极性,对维持和发展农业生产是有利的。因此,独立后肯尼亚农业生产发展较快。1964—1972 年商业性农业增长率平均 5.8%,后因人口增长过快,土地占有不均现象突出,无地者增多。

大小农并举政策（Policy on Developing Both Smallholders and Large-scale Farmers Agriculture）是肯尼亚独立后实行的既支持大农场，又发展小农经济的农业发展政策。由于历史原因，肯尼亚的"白人高地"和滨海省等地，形成了一个大农场部门（包括综合性农场、种植园、畜牧场）。在肯尼亚独立前多为欧洲人和亚洲人所有。大农场在国民经济中占有重要地位，1963 年它占全国商品性农产品的60%以上（一说 78%）。肯尼亚独立后，一部分大农场（主要是综合农场）由政府通过安置计划分给了几十万非洲小农；另一部分大农场为非洲人个人或集体所直接购买，保留为大农场，同时还保留着部分外国人的大农场（主要是种植园、畜牧场）。这样，肯尼亚农场出现大农场和自耕农生产并存的局面。对此，肯尼亚政府采取了既支持大农场，又发展小农经济的政策。发展大农场的措施主要有：（1）在贷款上给予大力支持（一般占农业信贷的三分之二以上）。（2）为缺乏技术和管理经验的非洲人大农场建立新技术推广站，增派技术推广员，并开办大农场主训练中心。（3）农业科研单位把为大农场服务作为科研重点。（4）增加销售设施，帮助大农场销售产品。对发展小农经济的措施主要有：（1）通过各种安置计划增加小农的队伍和耕地（约 50 万公顷）。（2）土地登记和颁布土地证，确保小农土地所有权。（3）增加农业贷款，推广农业技术，开办短期农技训练班，调整收购价格，供应农药、肥料等。（4）20 世纪 70 年代还在一些省建立试验性的"特别农村发展区"。实施结果，到 1976 年大农场占全国农产品销售额的比重下降为 49.1%，小农比重上升到 50.9%。随着部分经营不善的大农场分解，小农在全国农业经济中的地位日益提高。

肯尼亚混合经济制度（Mixed Economic System of Kenya）是肯尼亚独立后建立和发展起来的受国家控制、由多种经济成分组成的经济制度。1964 年肯尼亚政府颁布了《外国投资保护法》，1965 年又通过了《非洲社会主义及其在肯尼亚规划中的应用》（又称"议会第十号白皮书"）。在这些重要文件中，肯尼亚政府确立了加强国家对经济的控制和发展多种经济成分的基本方针和政策。"混合经济"制度就是在这些方针和政策指导下建立和发展起来的。这种制度有两个基本特征：（1）多种经济成分并存和共同发展。所谓多种经济成分包括国家资本、私人资本（本国的和外国的）、公私合营资本、合作社资本以及个体经济。国家资本由接管殖民政府移交的资产和独立政府投资新建的国有企业的资产构成。肯尼亚发展国家资本有两个特点:一是基本上不靠对私人资本的国有化。二是采取与私人资本(主要是外资)合营的方式扩大资本。对私人资本,政府采取保护和鼓励政策。如通过立法,在汇出利润、关税、投入物的进口等方面优待外国私人资本,使之不断增多;又通过国家银行、金融机构、工商业发展公司等在贷款,提供厂房、技术训练和科研等方面,对本国私人资本提供帮助和支持,使私人工商业和农业资本都得到发展,合作资本在政府支持下也得到显著扩大,已成为国家经济的重要组成部分,尤其是在农产品销售方面已成为不可缺少的环节。(2)政府对经济的控制、规划和指导。肯尼亚政府在"第十号白皮书"中指出,"非洲社会主义的一个根本特征就是社会有责任计划、指导和控制一切生产资源的使用",后来在《肯尼亚非洲民族联盟宣言》中又强调,"人民的政府如果对国家的经济活动不能加以控制,独立便没有意义"。政府对经济的控制和指导主要通过以下措施和途径:建立一系列管理部门以及制订发展计划,对全国经济发挥指导和协调作用;利用价格,税收政策和实行外汇管理;扩大国家资本,直接控制某些紧要部门。肯尼亚"混合经济"制度是以私有制为基础的。目前,私营企业占整体经济的 70%,肯尼亚也是撒哈拉以南非洲经济基础较好的国家之一。

肯尼亚经济增长战略(Economic Growth Strategy of Kenya)是肯尼亚独立后实行的以经济增长为基本目标的发展政策和发展计划。1965 年肯尼亚政府在"第 10 号白皮书"中提了政府为经济迅速增长服务的方针,该方针成为制定农业发展战略和工业发展战略的指导方针。为实现经济的高速增长,肯尼亚从 1965 年开始,连续执行了四个发展计划,肯尼亚实施经济增长战略可以分为两个阶段:第一阶段(1965—1973 年)以经济增长为最大目标,为此,肯尼亚政府采取了一系列具体政策措施,主要有:(1)通过政府或国营企业参与投资,对进口机器给予减免关税,限制同类产品进口,提供信贷,帮助组织原料的生产和产品的销售等,积极鼓励和保护"进口替代"工业,以带动国内经济高速增长。(2)把优先发展出口经济作物作为农业生产的首要目标,以此增加外汇收入,来支持"进口替代"工业的发展。(3)通过立法,在利润汇出、关税、进口等方面给予优惠,积极吸引和利用外国私人投资。(4)建立野生动物园,积极发展旅游业,以便活跃国内经济,增加外汇收入。执行结果,这一时期保持了较高的经济增长率,基本达到了"进口替代"的主要目标。同时,也出现社会不平等现象扩大,外贸和国际收支逆差增加,外汇储备减少等问题。第二阶段(1974—1983年)以保持经济增长,兼顾促进就业和减轻贫困为目标。为解决经济高速增长带来的消极现象,政府调整了经济发展战略,把经济增长同其他社会目标结合起来,并强调大力发展出口工业。为此,采取的措施是:(1)把农业发展放在优先位置,通过增加农贷、推广农技、调整价格、供应农药、化肥,改进供水,大力发展农业生产。(2)积极改组制造业部门,努力发展劳动密集型工业,增加就业机会。(3)控制人口,努力把当时高达35%的人口增长率降下来,缓解人口增长给经济增长带来的压力。(4)继续坚持欢迎外资的政策,但对外资实行了一定程度的限制措施。(5)实行出口补偿计划,大力发展使用本国原料的出口工业,开拓国际市场。(6)调整收入分配,扩大公共设施,以减轻贫困。由于这一时期国内旱情严重、国际石油涨价、世界经济衰退等因素的影响,计划执行结果很不理想,经济增长指标和其他社会指标都没有按计划实现。不过经过几年经济调整,1983年后经济开始好转。

肯尼亚农地开发政策(Exploitation of Arid Land Policy of Kenya)是肯尼亚政府于20世纪70年代末提出、为解决农地不足而实行的开发半沙漠地区的农业发展政策。肯尼亚的可耕地面积占全国总面积的17%—20%,其余约80%为干燥贫瘠的沙漠和半沙漠地区。随着人口的迅速增长(20世纪70年代人口增长高达35‰—40‰),对土地的压力与年俱增,农村人均耕地面积越来越少。肯尼亚政府已不可能给农村每个无地者分配土地。为了解决农地不足问题,政府提出了开发半沙漠地区的发展政策,并将其列入1979—1983年的发展计划。该政策的基本目标是:扩大耕地,增加生产,解决就业。为此,肯尼亚政府建立了专门机构负责开发工作,并对马恰科斯、基图依、巴林戈等县进行了投资前的考察。由于之前已出现农民自发地从人多地少的地区向人少地多的半沙漠地区转移的现象。由于受资金和技术的限制,自发的人口转移规模很小。因此,只要政府在资金和技术上给予大量扶持,吸引更多农民向半沙漠地区转移,是可能达到的。同时,只要政府进行全面的统筹规划,兼顾扩大农业耕地,发展畜牧业和旅游业的需要,开发半沙漠地区,扩大耕地面积,挖掘土地潜力的政策目标是可望取得成效的。

"肯尼亚化"政策(Kenyanization Policy)又称"非洲化"政策。是肯尼亚独立后奉行的发展民族资本和民族管理的经济政策。1965年第10号白皮书提出。该政策内容很广,包括了发展民族资本的一切方面。后来在实施这一政策的过程中,"肯尼亚化"主要包括三个方面:(1)农业的"肯尼亚化"。它是通过政府的土地转让计划和安置计划来实行的。具体做法是,由政府购买欧洲农场主的土地后分售给肯尼亚人或其他非洲人,肯尼亚人或其他非洲人也可直接向欧洲农场主购地。(2)商业的"肯尼亚化"。独立时肯尼亚商业主要操纵在亚洲人(约十万人)手里。非洲商人很难与之竞争,因此,这一政策主要是针对非肯尼亚籍的亚洲人的。其主要实施方法是,建立国营贸易公司,赋予它垄断某些商品的销售权,并法定亚洲商人不得在农村和城市中心区以外营业,以便为非洲商人让出地盘;还通过《贸易执照法》,以不更新营业执照的办法,将亚洲人挤出商业领域。由于上述办法较温和,目前,亚洲人在工商业部门仍有很大势力。(3)企业管理机构的"肯尼亚化"。这一政策要求在肯尼亚开办的公司、企业(包括外资公司、企业)的管理、技术职务要尽可能地使用肯尼亚人(或其他非洲人)担任。在农业上,"肯尼亚化"过程于20世纪70年代末基本完成,改变了欧洲人垄断肯尼亚农业生产的局面,对发展本国农业经济有很大意义。在商业上,由于没有采取没收,完全禁止等过激措施,它不仅使民族商业有较大发展,同时也保留和吸引了亚洲人的私人资本,维持了经济的正常运转。在管理机构上,不仅使许多肯尼亚人或其他非洲人有机会学习企业管理,掌握企业经营情况,同时由于这些职业薪金高,为部分肯尼亚人或其他非洲人积累私人资金提供了条件。当然,在许多外国企业中,肯尼亚人虽然担任了经理等职,负责销售,人事和公共关系事务,但重大决策仍难参与。总体而言,"肯尼亚化"政策取得了较大的预期效果。

喀麦隆农业发展政策(Agricultural Development Policy of Cameron)是喀麦隆独立后实行的旨在改变不合理的农业经济结构,争取粮食自给的发展政策。独立前,在英、法殖民统治下,喀麦隆的农业经济是畸形发展的,只种植供出口的可可豆、咖啡、棉花、橡胶、花生等经济作物,粮食生产很落后,是一个严重缺粮的国家。喀麦隆独立后,为改变这种不合理的农业经济结构,迅速发展民族经济,喀麦隆政府制定了"优先发展农业"的方针,在不改变种植供出口创汇的经济作物的前提下,注意农业的全面发展,争取粮食自给。从 1973 年开始,又在全国开展促进农业生产的"绿色革命运动",并采取了一系列保证措施。主要有:(1)增加对农业的投资,调整农业生产力布局,在北部省和西部高原地区扩大粮食种植面积。(2)向农民发放低息贷款,低价出售化肥,免费提供种子和农药,定期举行经验技术交流。(3)成立粮食、蔬菜和水果作物发展委员会以协调和促进农业生产。(4)号召青年在农村定居,由政府向下乡青年提供资金、房屋和土地,并建立农业训练中心,向来自城镇的青年学生传授农业科学技术知识。(5)扩大经济作物的种植面积,更新老化树。通过几年的努力,喀麦隆农业生产获得很大发展,农业经济结构趋于合理。1976 年粮食产量达到 420 万吨,人均 500 千克左右,粮食基本实现自给。喀麦隆农业发展政策收到了预期的效果,为非洲其他缺粮国家解决了粮食问题树立了成功的榜样。

象牙海岸经济发展政策(Economic Development Policy in Côte d'Ivoire)是象牙海岸(现名科特迪瓦)独立后制定的适合本国特点的发展政策。主要内容包括:(1)"农业多样化"政策。这是整个经济发展的中心,目的是推动各种主要经济作物和粮食作物的全面发展。(2)"面向出口"工业政策。通过重点发展以农产品加工为主的出口工业,带动轻纺工业、出口贸易、交通运输等部门的全面发展和现代化。(3)"综合开发"政策。通过对落后地区的开发和建设,迅速改变其落后面貌,克服地区发展不平衡造成的各种问题。(4)积极发展旅游业,扩大外汇收入,支持国家工业化发展。(5)"资本象牙海岸化"政策。在积极利用外资的同时,重视扩大本国的资本,加速民族经济的发展。为落实上述各项经济发展政策,象牙海岸政府先后实施了三个经济发展计划:(1)1961—1970 年十年计划。(2)1971—1975年五年计划,投资 4253 亿非洲法郎。(3)1976—1980 年五年计划,投资 10200 亿非洲法郎。其结果使得经济迅速增长,产业结构发生了显著变化,本国资本(包括国家和私人)在社会总资本中的比重不断提高。存在的问题是:农业和农产品加工业比重很大,易受气候等自然条件的影响;经济立足于出口,对国际市场依赖程度高,易受国际供求关系和价格因素的影响;与法国资本关系密切,易受法国政治和经济形势影响。

刚果国有化政策（Nationalization in Republic of Congo）是刚果政府在 20 世纪 70 年代推行的将外国资本收归国有，发展国有经济的政策。1969 年年底，刚果首先宣布了森林国有化。1974 年 5 月成立了国家木材局，接管了外国垄断公司对木材的收购和出口权并组建了部分国营木材加工厂。1974 年，刚果政府对八家外资石油公司实行国有化，建立了刚果石油公司；此外还把银行和保险公司收归国有，把法国"横贯赤道交通局"在刚果的财产收归国有并成立了刚果交通局。国有化政策的实施在一定程度上保护了本国资源，使国家直接控制了工业的 30% 左右，促进了经济发展。但是刚果国有化政策是不彻底的，其间反复多次。在刚果经济发展中，外国资本尤其是法国资本仍起着举足轻重的作用。

自助项目运动（Self-help Project Movement）是塞拉利昂 20 世纪 70 年代以来自力更生发展民族经济的一项运动。1970 年 5 月塞拉利昂总统史蒂文斯在全国人民大会党第三次全国代表大会上提出"自助"要求，指出"我们必须发扬自力更生和自助的精神"。从 1973 年 6 月以来，塞拉利昂开展全国性的"自助项目"活动，其中包括自力更生建设公路、桥渠、学校、医院和农业项目等。近几年来，塞拉利昂加快了发展农业生产的步伐，在 1981—1982 年度到 1983—1984 年度的三年中期计划中公共投资总额为 5.6 亿利昂，主要集中于发展农业（占投资总额的 24%），基础结构设施，特别是公路和水力发电（占投资总额的 50%）和采矿业（占投资总额的 26%）。目标是"实现粮食自给，增加能源和出口收益"。

丰托农业发展工程（Funtua Agricultural Development Project）是尼日利亚政府和世界银行于 1975 年在尼日利亚卡杜纳州（Kaduna State）丰托地区联合兴办发展农业生产的一种工程组织形式。工程下设七十多个服务中心，对丰托地区 7500 平方千米内的十万以上农民开展服务工作。服务项目有：推广农业技术和修理农业机械，推销化肥和农药，兴修水利和交通设施，发放农业贷款，收购农副产品，并利用有限的农业发展基金兴修小型水库。尽管卡杜纳州气候干旱，生产条件不好，然而，兴办上述服务项目，在一定程度上改善了农业生产条件，方便了农民的购销活动，因而深受农民的欢迎，使农、牧业获得很大发展。丰托工程的成功，表明它是适合尼日利亚农村条件，发展农业生产的较好组织形式。该工程的主要问题是农产品收购价格较低,影响了农民的经济收入和生产积极性的进一步提高。

乌贾马运动(Ujamaa Movement)是 20 世纪 60 年代后期由坦桑尼亚总统尼雷尔所倡导的坦桑尼亚农村建设运动。"乌贾马"是斯瓦西利语,原意为非洲部落社会中共同生活、共同劳动、共享成果的"家族精神"。尼雷尔解释为"社会主义"。1967 年 1 月坦桑尼亚的坦噶尼喀非洲民族联盟全国执行委员会通过《阿鲁沙宣言》,解释该盟所主张的社会主义,宣布土地、森林、矿产资源、银行、进出口、大型工业和大型农场等由政府控制。1967 年 9 月,尼雷尔提出《社会主义和乡村发展》文件,建议建立"乌贾马村"。随后,坦桑尼亚政府动员占全国人口 95% 的分散居住的农民,组织到集体居住的村子里,以便发展农业生产和建设新农村。到 1977 年年底,已建立 7000 个乌贾马村,实行集体劳动,给人民以发言权和参与村社事务决策权。为更好地实践和阐述"乌贾马"的理念,尼雷尔创建了坦噶尼喀非洲民族联盟(TANU)领导下的一党制政体,以巩固尊重政权的凝聚力;将经济的关键部门国有化;实施免费义务教育;倡导坦桑尼亚从对欧洲列强的依赖中解放出来并实行自力更生;等等。

尼雷尔领导的乌贾马运动为坦桑尼亚社会经济发展取得长足进步作出了一定的贡献。婴儿死亡率从 1965 年的 138‰ 下降到 1985 年的 110‰;人均寿命从 1960 年的 37 岁增加到 1984 年的 52 岁;适龄儿童小学入学率从 1960 年的 25% 上升到 1985 年的 72%(尽管人口迅速增长);成人识字率也从 1960 年的 17% 上升到 1975 年的 63%,大大高于其他非洲国家。但由于集体化和国有化过激和过快,严重损害了国内外私人资本、中小企业和农民的利益;加之 20 世纪 70 年代的石油危机和国际贸易恶化、自然灾害频繁,以及与乌干达之间的战争冲突,乌贾马运动并未解决坦桑尼亚糟糕的经济状况。随后尼雷尔退出权力中心,他所领导的乌贾马运动也濒于破产。

赞比亚经济多元化发展战略(Zambian Economic Diversification Development Strategy)是赞比亚独立后旨在改变单一经济结构,迅速实现国家工业化而实行的经济发展战略。1964 年 3 月联合国非洲经济委员会和粮农组织调查小组提出,1964 年 10 月 29 日赞比亚独立,立即付诸实施。该发展战略的目标是,迅速建立进口替代制造业和用现代化的技术来改造农业;以此增加城市就业,减少经济对铜的依赖,减少在收入上和生活水准上的地区性差别,提高个人的收入和消费水平。为实现这一战略目标,赞比亚从 1965 年开始,连续制订和实施了一个过渡计划及三个经济发展计划。(1)过渡计划(1965—1966 年)。该计划是为以后实行国家发展计划做准备。(2)第一个国家发展计划(1966—1970 年)。该计划以生产多样化为方针,着重发展农业和制造业,扩大教育和运输业等基础结构,提高农业收入,缩小城乡差别。该计划后来延长了 18 个月。执行结果,除工业外,铜矿生产和农业都没有完成预定计划。由于铜价上涨,国内生产总值年平均增长 10.6%。(3)第二个国家发展计划(1972—1976 年)。该计划把农业放在优先地位,推行工业多样化原则,包括扩大铜加工工业,发展教育、卫生、住宅和运输等基础设施的建设。该计划延长一年。执行结果,由于铜价的波动,国内生产总值年平均增长率未达到计划指标,只有 4.5%。1977 年以后,由于农业歉收,铜价下降,领国发生动乱使外贸通道受阻,国内经济形势很不好,国内生产总值下降,财政赤字增加,物价上涨。有两年没有制订经济发展计划。(4)第三个国家发展计划(1980—1983 年)。该计划的重点是发展矿业、农业、为出口服务的本地原料加工工业和取代进口商品的工业。投资总额为 33.54 亿克瓦查,但是,其中三分之一要靠外国贷款。从总体上讲,赞比亚实施经济多元化经济发展战略,取得一定成就,但单一经济结构的格局未能根本改变,国内经济发展仍受国际市场铜价波动和气候条件变化的重大影响,国内经济发展的极端不平衡性依然存在。

赞比亚经济改革(Zambian Economic Reform)是赞比亚独立后实行的以国有化、赞比亚化和经济多样化为中心的经济体制改革。1968 年 4 月 19 日,卡翁达总统发表了题为《赞比亚的经济改革》的重要讲话,即著名的"穆隆古希宣言",开始了赞比亚经济改革运动。1969 年 8 月 11 日,卡翁达又发表了题为《走向完全的独立》的讲话,即著名的马泰罗声明;1970 年 11 月 10 日发表了题为《完成经济改革,赞比亚是属于我们的》的重要讲话;1975 年 6 月 30 日,又发表了著名的"分水岭"讲话。这些讲话阐明了经济改革的必要性和重要性,提出了经济改革的内容,政策和目的,是赞比亚经济改革的指导文件。赞比亚经济改革的主要内容是:(1)逐步接管外国各主要公司和外国银行 51% 的股份。(2)把矿山收归国有,实行税制改革。(3)采取一系列保护赞比亚工商业活动的措施。(4)垄断国家保险事业。(5)宣布停止一切外籍医生私人行医。(6)实行土地国有化,限制和接管不动产。(7)成立一系列国营企业和发展公司,控制赞比亚的经济命脉。(8)推行赞比亚化,在矿山和主要工商业部门培养自己的技术干部和管理人员。逐步摆脱拜仁和其他外籍侨民对企业的垄断和控制。(9)开展经济多样化活动。(10)维护合理铜价,争取独立作价,摆脱伦敦金属交易所的控制和垄断。1977 年 10 月,赞比亚宣布完成经济国有化运动。1978 年以后,除继续推行经济多样化措施外,其他改革没有再深入发展。赞比亚经济改革取得一些成就,如国家控制了全部资源,重要生产部门、铁路、公路和水运以及一切生产电力、燃料的部门;1976 年以前,经济发展速度有所增长,某些部门经济有较大发展,新增了一些部门和企业;赞比亚人的技术干部和管理人员有很大增加等。存在的问题主要是经济发展很不稳定,经济多样化目标未能实现,经济结构依然是单一结构;国有化搞得过多过快,超过了赞比亚的管理水平,经济效益有所下降;社会两极分化加剧,新兴特权阶层与广大人民之间的矛盾尖锐;政策上出现某些失误,如价格体系僵化、财政支出太多、补贴过大、工资增长过猛,没有控制人口增长等。以上这些问题,加上 20 世纪 70 年代末世界市场铜价下跌,使赞比亚经济形势日趋恶化。

埃塞俄比亚农村土地国有化法令(Ethopian Public Ownership of Rural Land Proclamation)是埃塞俄比亚军政府 1975 年 3 月 4 日颁布的土地改革法令。规定把皇室、贵族、官僚、地主、外国殖民者的全部土地收归国有;由国家把农村土地全部分给少地和无地农民并实行集体耕种经营;禁止一切土地买卖和继承租佃;禁止雇佣农业劳动力;农民应按政府规定上缴土地使用税和农业税。埃塞俄比亚农村土地国有化法令的实施,使许多农民获得了土地耕种权,比较彻底地消灭了封建土地制,促进了农业发展。

南非重建与发展计划(Reconstruction and Development Program of South Africa)是南非政府于 1994 年推出的旨在推动基础设施建设,提高黑人经济水平和社会地位的发展规划。计划在五年内筹措 375 亿兰特,用于建造住房、水、电等设施和提供基础医疗保健服务。目的是通过该计划的实施,从根本上消除种族歧视,实现南非经济融合和一体化,建立一个无种族、无性别歧视的和平、民主、繁荣的新社会,在经济发展中提高南非人民的生活水平,改善黑人的生活状况,为他们创造一个较好的生活环境。该计划确定了融合和持续、人民参与、和平安全、重建与发展相结合、国家建设、民主化六个基本原则。主要内容包括满足南非人民基本需求、开发人力资源、发挥国家的调节作用、推进国家和社会的民主化以保障"重建与发展计划"的实施。虽然"重建和发展计划"在实施过程中遇到各种困难,但是它对南非的社会经济发展产生了巨大而深远的影响。

经济发展大辞典
JINGJI FAZHAN DACIDIAN

| 第四部分 | 经济发展组织与人物

联合国(United Nations，UN)是世界上最大最有影响的国际性组织。根据1945年6月签署的《联合国宪章》于1945年10月24日成立。参加宪章签字的51个国家为创始会员国,截至2012年年末,共有193个会员国,2个观察员国(梵蒂冈和巴勒斯坦)。中国是创始国之一。1971年10月恢复中华人民共和国的合法席位。凡主权国家经申请并声明接受宪章所载义务,由安理会推荐,联合国大会三分之二的多数票通过,即被接纳为会员国。联合国的宗旨是:维护国际和平安全;发展国际间以尊重各国人民平等权利及自决原则为基础的友好关系;进行国际合作,解决国际间经济、社会、文化等问题。为实现上述宗旨,联合国及其会员国应遵循的原则是:各国主权平等;以和平的方法解决国际争端;在国际关系上不得以不符合联合国宗旨的任何方式进行武力威胁或使用武力;不得干涉在本质上属于任何国家内管辖的事项。联合国6个主要机构是:联合国大会,由全体会员国组成,每年举行一届常会,每一会员国拥有一个投票权;安全理事会,由5个常任理事国和10个非常任理事国组成;经济及社会理事会,由54个理事国组成;托管理事会,负责监督对置于国际托管制度下的领土,成员数目不定;国际法院,由15名不同国籍的独立的法官组成;秘书处,为联合国其他机构服务,并执行这些机构制订的方案和政策,由秘书长和所需职员组成,秘书长为联合国行政首长。此外,设有关于地区经济、工业、农业、金融、贸易、能源、交通运输和教科文卫等方面众多的经济组织和专门机构,对协调世界经济、促进各国经济社会发展起着重要作用。在日内瓦设有欧洲办事处,在许多国家设置新闻中心或新闻服务处。总部分别设立在美国纽约、瑞士日内瓦、奥地利维也纳、肯尼亚内罗毕等。

联合国安全理事会(United Nations Security Council，UNSC)简称"安理会"。是联合国的主要机构之一。在联合国6个主要机构中,占有首要的政治地位,是唯一有权采取行动来维持国际和平和安全的联合国机构。由5个常任理事国和10个非常任理事国组成。常任理事国是中国、法国、俄罗斯、英国和美国,非常任理事国由联合国大会选出,席位按地域公平分配。安理会的宗旨是:维持国际和平与安全;发展国家间友好关系;合作解决国际问题和促进对人权的尊重;构成协调各国行动之中心。安理会于1946年1月17日在伦敦威斯敏斯特的教堂大楼举行第一次会议。自第一次会议后,安理会将其永久地址设在美国纽约市联合国总部。

联合国经济及社会理事会（United Nations Economic and Social Council）简称"经社理事会"。联合国系统推进经济、社会、环境可持续发展的核心机构，是联合国六个主要机构之一。1945 年 10 月成立。现由联合国大会选举 54 个理事国组成。任期三年，每年改选三分之一，可连选连任。主要职能是从事或发起关于国际间经济、社会、文化、教育、卫生以及其他有关事项的研究、报告和建议；召集有关的国际会议并起草提交给大会的公约草案；协调联合国各专门机构的工作等。经社理事会每年举行两次例会，日常工作由直属机构所属的八个职司委员会、三个区域性机构以及五个常设委员会进行。

联合国亚洲及太平洋经济社会委员会（United Nations Economic and Social Commission for Asia and the Pacific）以下简称"亚太经社会"。是联合国经社理事会所属区域性经济委员会之一。1947 年 3 月成立。现有正式会员 53 个、准会员 9 个。中国是发起国之一。亚太经社会的宗旨是：促进亚太地区的经济和社会发展。任务是：为亚太国家和地区提供讨论经济和社会问题的讲坛；提供技术援助和咨询服务以及情报和经验交流；出版刊物、组织考察和讲座；协助开展区域合作等。最高决策机构是委员会，一般每年举行一次会议。下设九个立法委员会分管农业发展、发展计划、工业、技术、人类居住和环境、自然资源、人口、社会发展、统计、贸易、船运、运输和通信。执行机构是秘书处，总部设在泰国首都曼谷。

联合国西亚经济社会委员会（United Nations Economic and Social Commission for Western Asia，ECWA）简称"西亚经委会"。是联合国经济及社会理事会所属的区域性经济委员会之一。1973 年成立联合国西亚经济理事会，1985 年改名为联合国西亚经济与社会理事会。现有 14 个成员国，分别是巴林、埃及、伊拉克、约旦、科威特、黎巴嫩、阿曼、巴勒斯坦、卡塔尔、沙特阿拉伯、叙利亚、阿拉伯联合酋长国、苏丹和也门共和国。西亚经委会的宗旨是：帮助成员国提高经济活动能力和生活水平，加强成员国之间和其他国家之间的经济联系，促进该地区的经济发展。委员会每年在不同会员国举行会议。下设秘书处，由执行秘书负责主持日常工作。总部设在黎巴嫩首都贝鲁特。

联合国非洲经济委员会（United Nations Economic Commission for Africa, ECA）简称"非洲经委会"。是联合国经社理事会的区域性经济委员会之一。1958年4月成立,现有会员国或地区54个。非洲经委会的宗旨是:实现非洲现代化,重点放在农村发展和工业化。任务是倡导和参与促进非洲经济发展的各项措施;推进为此而采取的一致行动;维护和加强非洲国家间以及它们与世界其他国家间的经济联系;开展有关经济和技术问题的调查、研究和训练;赞助对非洲发展政策的协调工作。委员会会议每两年举行一次。审议机构是部长级会议,秘书处负责为部长级会议和委员会附属机构的会议提供必要的服务并执行它们通过的各项决定和计划。总部设在埃塞俄比亚首都亚的斯亚贝巴。

联合国欧洲经济委员会（United Nations Economic Commission for Europe, UNECE）简称"欧洲经委会"。是联合国经社理事会所属区域性经济委员会之一。1947年3月成立。现有会员国56个,除欧洲国家外,还包括美国、加拿大、以色列和中亚国家。欧洲经委会的宗旨是:促进欧洲经济发展,加强欧洲同其他国家之间的经济联系。它是该区促进贸易、交流技术情报、谈判政府间协定和研究分析经济动态的中心。组织机构为全体会议、各种附属机构和秘书处。全体会议每年只召开一次。各附属机构分别按农业、木材、煤炭、电力、天然气、住房、内陆运输、钢铁、贸易促进、水资源、化学工业等建立委员会并开展工作。秘书处主要为委员会及其附属机构所召开的会议提供服务。总部设在瑞士日内瓦。

联合国拉丁美洲和加勒比经济委员会（United Nations Economic Commission for Latin America and the Caribbean, ECLAC）简称"拉美经委会"。是联合国经社理事会所属区域性经济委员会之一。1948年2月成立。现有会员国44个、准会员国或地区9个。除拉丁美洲国家外,还包括美国、加拿大、英国、法国、荷兰、西班牙和日本等。拉美经委会的宗旨是:协调拉丁美洲和加勒比各国关于促进经济发展的政策。主要任务是:倡导并参与那些旨在解决第二次世界大战后紧迫的经济问题;提高拉丁美洲和加勒比经济发展水平;维护和加强拉丁美洲国家和加勒比各国间及其与其他国家间的经济联系。委员会每两年举行一次例会,另设有与国际贸易、金融和运输一体化司,国际贸易、金融和运输生产司,生产、生产力和管理宏观平衡司,经济发展司,社会发展战略管理司,拉丁美洲和加勒比海经济和社会规划所,环境和自然资源司,拉丁美洲人口统计中心,拉丁美洲/加勒比海经济委员会统计和经济规划人口司,统计和经济规划司等。委员会下设以执行秘书为首的秘书处,负责日常行政和研究工作。总部设在智利首都圣地亚哥。拉丁美洲和加勒比海经济委员会有两个分区域总部:一个设在墨西哥城,为中美洲分区域服务;另一个设在西班牙港,为广大加勒比分区域服务。

联合国贸易与发展会议(United Nations Conference on Trade and Development, UNCTD)简称"贸发会议"。是联合国常设机构之一。处理有关经济发展和国际贸易问题的国际经济组织。1964年12月成立。目前有成员194个。中国于1972年参加。贸发会议的宗旨是:促进国际贸易,加速经济发展;制定有关国际贸易和经济发展的方针政策;协调各国政府和区域经济集团贸易和发展政策。历届会议讨论的主要议题有:稳定初级产品价格;反对制成品问题上保护主义,减少和消除对发展中国家的关税和非关税壁垒;向发展中国家提供资金;处理发展中国家间经济合作问题;协调最不发达国家和岛屿国家、不同社会经济制度国家间的贸易等。贸发会议主张建立新的国际经济秩序,积极推动南北谈判和南南合作。在会议范围内,发展中国家团结一致,取得一定成果。组织机构有贸发大会、理事会、秘书处。理事会下设商品、制成品、无形贸易和贸易资金、航运、优惠问题、技术转让和发展中国家经济合作七个委员会。贸发会议每两年举行一次部长级会议,讨论全球经济的主要议题,制订工作计划;并于每两年主办世界投资论坛(World Investment Forum),加强投资领域的国际合作,促进国际投资,推动世界经济增长与可持续发展。总部设在瑞士日内瓦。

联合国资本发展基金(United Nations Capital Development Fund, UNCDF)是联合国开发计划署分支机构。1966年成立并开展业务。成员由联合国大会选出的24个成员国代表组成,其中包括工业国家和发展中国家。联合国资本发展基金的宗旨是:以低息向发展中国家主要是发展程度很低的国家提供贷款,通过本地发展项目和小额信贷帮助贫困人口和不发达国家消除贫困;资金由参加国自愿缴纳;执行局负责决定政策和批准拨款等。总部设在美国纽约。

联合国人口基金（United Nations Population Fund）是联合国机构之一。研究人口问题并资助人口问题研究的国际性组织。1967 年联合国建立"人口活动信托基金会"，1987 年联合国大会决定改名为联合国人口基金。联合国人口基金的宗旨是：研究人口问题，特别是发展中国家的人口问题，并为了解各国和全世界的人口问题对社会、经济发展以及环境的影响提供服务。资金来源于各国政府和私人自愿认捐。该会直属联合国大会管辖，理事机构是联合国开发计划署／人口基金执行局，由 36 个成员国组成。执行局成员由经社理事会按地区分配原则和主要捐款国、受援国的代表性原则选举产生，任期三年。执行局每年举行三次常会、一次年会。执行局负责审核批准人口基金向发展中国家提供的援助方案、审查批准人口基金的行政、财务预算等。秘书处在执行主任领导下处理日常事务，并在六十多个国家设有办事处。其行政首脑执行主任（副秘书长级）由联合国秘书长任命。执行主任任期五年。总部设在美国纽约。

联合国工业发展组织（United Nations Industrial Development Organization，UNIDO）简称"工发组织"。直属于联合国大会的一个多边技术援助机构。1967年 1 月正式成立。凡联合国成员国，专门机构成员国和国际原子能机构成员国都可以加入该组织。现有成员 170 个，在 35 个国家设有区域或国别代表处。工发组织的宗旨是：通过直接的援助促进国内及国际资源的流动来加速发展中国家的工业化及协调联合国系统内的工业发展活动。它帮助发展中国家研究和审议工业发展的政策、规划和计划，工业结构与基础结构以及工业制度与机构服务等问题，另外，还对工业项目的可行性调研、投资与筹资、生产管理等问题提供援助。主要机构有大会、理事会、方案和预算委员会以及秘书处。大会每两年召开一次。2013年 12 月，联合国第 15 届工业发展组织大会在利马通过《利马声明》，将"包容和可持续工业发展"作为组织的工作方向。总部设在奥地利首都维也纳。

联合国教育科学及文化组织（United Nations Educational Scientific and Cultural Organization，UNESCO）简称"联合国教科文组织"。是联合国的专门机构之一。成立于 1946 年 11 月。2011 年 11 月 23 日，联合国教科文组织正式接纳巴勒斯坦，其成为第 195 个成员国。中国是该组织创始国之一。1971 年 10 月恢复中华人民共和国在该组织的合法席位。联合国教科文组织的宗旨是:通过教育、科学和文化促进各国之间的合作,对和平与安全作出贡献,以增进对正义、法治及联合国宪章所确认的世界人民不分种族、性别、语言或宗教均享人权与基本自由之更普遍尊重。主要活动是召开各种政府性或非政府性国际会议,讨论、组织和规划教育、科学、文化发展及交流等问题。大会是最高权力机构,一般每两年召开一次会议。下设执行局和秘书处。在世界各地设有办事处。总部设在法国首都巴黎。2013 年 11 月 5 日 22 时 30 分,中国教育部副部长、中国联合国教科文组织全国委员会主任郝平作为大会唯一候选人正式当选联合国教科文组织第 37 届大会主席,任期两年。

联合国开发计划署(United Nations Development Programme , UNDP) 简称“开发署”。是联合国的多边技术援助机构。成立于 1966 年 1 月。全体联合国成员以及联合国专门机构和国际原子能机构成员国均可参加。开发署的宗旨是:帮助发展中国家加速经济和社会发展,向它们提供系统的、持续不断的援助。主要任务是:通过提供无偿的技术援助,帮助发展中国家(特别是低收入国家)不断提高其利用自身的自然资源和人力资源的能力以增加其财富生产能力,协助吸收开发资金,训练技术人才和把现代技术推广到经济及社会领域。开发署每年委托出版《人类发展报告》,关注全球对主要发展问题的辩论;提供新的评估工具、创新分析及政策建议。领导机构是管理理事会,由经过理事会选举的 48 人组成,席位按区分配,任期三年。2013 年 8 月 13 日,来自中国的徐浩良被联合国秘书长潘基文任命为联合国助理秘书长、联合国开发计划署署长。总部设在美国纽约。

联合国环境规划署(United Nations Environment Programme , UNEP) 简称“环境署”。是联合国机构之一。致力于控制和清除对人类环境危害的国际性组织。1973 年 1 月正式成立。到 2009 年,已有 100 多个国家参加其活动。中国是创始国之一,并一直是理事会成员国。环境署的宗旨是:加强环境领域的国际合作,减轻和消除对经济发展和人体健康的危害,造福人类。主要任务是:评价世界环境状况,促进环境知识交流传播;协调成员国环境活动,并提供方针政策指导;收集和公布环境资料;研究沙漠化防治、生物防治、工业污染治理、城市绿化、办沼气等,并为此举办讲习班、考察和会议。基金来源于各国的认捐,用于支付该署活动费用和各种合作费用。下设秘书处、理事会和环境基金。理事会由 58 个成员组成,任期四年,每年改选三分之一,可连选连任。总部设在肯尼亚首都内罗毕。

联合国人类住区委员会(United Nations Commission on Human Settlements,UNCHS)是联合国机构之一,致力于解决人类居住问题的国际组织。为实施联合国人类住区会议,1977 年第 32 届联合国大会批准经社理事会中的住宅建设计划委员会发展改组为联合国人类住区委员会,由经社理事会选出的 58 个委员国组成。1988 年 12 月 31 日,委员会正式接纳中国为理事国。联合国人类居住委员会的宗旨是:协调成员国政府和其他机构,通过较好形式发展和管理人类住区,使用经过改进的技术提高人类住区及生态环境质量,特别注意改变贫穷国家住房匮乏这一经济不发展现象。主要职能是研究人类住区状况,制定相应的政策和工作规划,讨论预算与行政问题。工作计划集中在安置政策与战略、住区规划、住所与社会服务、建筑业的发展、人类住区的低造价基础设施、土地问题、调动人类住区发展资金、人类住区的组织与管理八个方面。人类住区中心是常设机构,负责人类住区项目的规划、评估和实施,下设秘书处、研究与发展处、技术合作处、信息视听和文献处。委员会隶属于联合国经社理事会。成员国每四年改选一次,每次改选三分之一,可连选连任。总部设在肯尼亚首都内罗毕。现已被 2002 年 1 月 1 日成立的联合国人类住区规划署(The United Nations Human Settlements Programme)取代。

联合国国际贸易法委员会(United Nations Commission on International Trade Law)是联合国大会直属机构。1966 年 12 月成立。联合国国际贸易法委员会由联合国大会选出的 60 个成员国组成。成员的构成代表了世界各个不同地理区域及其主要经济和法律体系。联合国国际贸易法委员会的宗旨是:逐步协调和统一国际贸易法,加强联合国在减少或消除国际贸易交流的法律障碍方面的作用,促进国际贸易发展。主要任务是:起草新的国际公约和统一的法律,使其通过并执行;争取更多国家加入已有的国际条约;促使国际公约和统一法的统一解释与运用;为发展中国家培训国际贸易法方面的人才,提供援助。该委员会着重研究的主要专题:国际货物销售;国际支付;国际商业仲裁;国际航运立法等。

联合国粮食和农业组织(Food and Agriculture Organization of the United Nations,FAO)简称"粮农组织"。是联合国的专门机构之一。1945 年 10 月正式成立,截至 2013 年 6 月,粮农组织共有 197 名成员,其中包括 194 个成员国、1 个成员组织(欧洲联盟)以及两个准成员(法罗群岛和托克劳)。中国是该组织的创始国之一。粮农组织的宗旨是:同营养不良和饥饿作斗争。任务是:在粮食和农业各领域发展计划中充当协调机构;提供情报和世界粮农政策的建议;帮助发展中国家进行有关规划并寻求援助和贷款;促进农产品的国际贸易,推广技术,组织农业技术和科技交流等。全体大会为最高权利机构,每两年开会一次,理事会下设计划、财政、章程法律、农业、林业、渔业、商品、粮食安全八个职能委员会。总部设在意大利首都罗马。

世界粮食理事会(World Food Council,WFC)根据联合国召开的 1974 年世界粮食大会的倡议,1974 年 12 月由联合国大会通过决议成立的常设机构。世界粮食理事会是联合国中唯一的部长级理事会;其任务是负责联合国机构中有关粮食政策的协调工作。理事会由联合国按区域提名,经大会选举产生的 36 个成员国组成,其中非洲 9 个、亚洲 8 个、拉丁美洲 7 个、东欧 4 个、西欧和其他地区 8 个,每年改选三分之一。理事会日常办事机构为秘书处,设于罗马。理事会每年召开大会一次,确定有关国际粮食和营养方面的方针政策,向联合国大会提出建议和报告。理事会成立后进行的主要工作有:促成国际农业发展基金建立,提出粮食发展战略,推动国际粮食援助公约签订,帮助发展中国家筹措农业发展所需的资金,推广技术等。1993 年,理事会停止运作,其职能由联合国粮农组织和世界粮食计划署代替。

世界粮食计划署(World Food Programme,WFP)是联合国和粮农组织合办的一个援助机构。正式成立于 1963 年 1 月。联合国和粮农组织的成员国均可自愿参加。1979 年中国正式参加该署活动,1996 年中国成为首届执行局成员。世界粮食计划署的宗旨是:以粮食援助的方式,促进低收入国家的经济和社会发展。主要任务是对粮食短缺的成员国和遭受天灾人祸的受害者提供粮食援助;提供粮食,支持发展中国家的经济和社会发展项目;改善居民、学生以及母亲、儿童的营养条件。

资金主要由联合国会员国和粮农组织的成员国以商品、现金和劳务形式自愿捐献。设有执行局(原称为粮食援助政策与计划委员会),是粮食计划署的领导机构,由36个成员组成,任期三年,每年改选三分之一;另设有日常办事机构秘书处,秘书处执行总干事任期五年,可连任。总部设在意大利首都罗马。

世界粮食首脑会议(World Food Summit)由联合国粮农组织发起的世界粮食问题首脑会议。就世界范围而言,随着人口的增长和耕地的减少,越来越多的国家和人民对不安全的粮食形势深感忧虑。联合国粮农组织为此于1996年11月13日至17日召开了第一次世界粮食首脑会议。这次会议在意大利罗马联合国粮农组织总部举行。来自世界194个国家的代表以及地区国际机构和非政府组织的代表出席了会议。会议通过了两个正式文件《世界粮食安全罗马宣言》和《世界粮食首脑会议行动计划》。重申了人人有获得安全而富有营养的粮食的权利,并且确定了要在2015年之前把全世界营养不良的人数减少到1996年人数一半的近期目标。这是人类历史上第一次就粮食安全问题举行的最高级别会议。

世界能源理事会(World Energy Council,WEC)即国际能源合作组织。成立于1923年,原名为"世界电力大会",1968年后改称"世界能源大会",1989年改称"世界能源理事会"。世界能源理事会的宗旨是:促进能源的可持续供应和使用;研究和交流能源工业与国民经济间的重大关系、能源开发利用战略、环境保护和可持续发展等领域的问题;协调各国能源与环保、能源与社会发展的宏观经济政策。世界能源理事会的工作涵盖全部能源领域,包括煤、电、石油、天然气、核能、水能和可再生能源等,重点放在市场重组、能源效率、能源与环境、能源资金系统、能源价格和补贴、解决贫困地区的用能、建立能源标准、推广新技术应用以及就发展中国家、经济转型国家和发达国家的能源问题发表专题研究报告。目前,有来自100多个国家和地区的3000多个机构加入理事会。每三年召开一次大会。最高权力机构为执行理事会。总部设在英国伦敦。

自然资源委员会(Committee on Natural Resources,CNR)是联合国经济及社会理事会常设委员会之一。在自然资源开发调查规划专门委员会的基础上于

1970 年 7 月成立。有 54 个成员国,由经社理事会选举产生,任期四年。宗旨是:促进经社理事会在遵循经济规律的前提下,实现联合国有关开发自然资源,特别是水力、电力和矿物资源方面的措施,以利于经济发展。任务是:研究自然资源方面的具有重大意义的问题;分析、研究关于自然资源方面业务活动的报告并作出科学的评价;交流联合国成员国有关情报和经验;研究自然资源的发展;向经社理事会以及联合国的其他有关机构和各成员国政府提供开发和利用自然资源的方案。该委员会每两年召开一次会议。

世界知识产权组织(World Intellectual Property Organization, WIPO) 是联合国专门机构之一。保护专利权、商标权、版权等的国际性组织。1967 年 7 月 51 个国家共同缔约成立。1974 年 12 月成为联合国专门机构。截至 2014 年 4 月,有 187 个成员国。世界知识产权组织的宗旨是:通过国际合作,加强对知识产权的保护,促进社会、经济、文化、艺术等发展。任务是集中管理各国际知识产权联盟的行政事务以及有关的国际知识产权条约。知识产权分两类:一类是工业产权,主要包括发明、实用新型、外观设计三种专利权和商标权;另一类是著作权,包括自然科学、社会科学以及文学、音乐、戏剧、绘画、雕塑、摄影和电影摄影等方面的作品组成版权。组织机构有全体大会、成员国会议、协调委员会和国际局。国际局下设情报、公约保存以及商标、外观设计和原产地名称注册等业务机构。总部设在瑞士日内瓦。

世界银行(World Bank) 见"国际复兴开发银行"。

世界经济论坛(World Economic Forum, WEF) 以研究和探讨世界经济发展中存在的问题,促进国际经济合作与交流为宗旨的非官方国际性机构。世界经济论坛于 1971 年由瑞士日内瓦大学教授克劳斯·施瓦布(Klaus Schwab) 倡议创建。总部设在瑞士日内瓦。世界经济论坛下设:(1)基金会。负责制定发展方向和目标,相当于董事会。(2)国际工商理事会。负责提供咨询。(3)管理委员会。负责活动和资源的日常管理。世界经济论坛的宗旨是研究和探讨世界经济领域存在的问题,促进国际经济合作与交流。每年 1 月末 2 月初在瑞士达沃斯召开"世界经济论坛年会",简称"达沃斯论坛",均有来自数十个国家的千余位政界、企业界和新闻机构的领袖人物与会。自1979年以来,中国多次应邀派团参加达沃斯论坛。论坛自2007年起每年在中国举办"新领军者年会"(即"夏季达沃斯")。论坛每年还举办多场地区峰会。

达沃斯论坛(Davos Forum)见"世界经济论坛"。

关税合作理事会(Customs Cooperation Council,CCC)是世界部分国家为统一关税制度和简化海关手续而建立的协调组织。1950年12月成立。前身是1947年成立的"欧洲关税同盟研究团"。成员早已超过欧洲范围,目前已达95个国家。基本职责是:研究与关税有关的合作问题,审议征税技术及其经济因素,以统一关税;起草公约,对该会制订公约进行统一解释和应用,并在发生争执时进行调解;简化海关手续;监督各项公约实施。该会与联合国、欧洲、非洲、美洲、阿拉伯国家等的主要有关政府间经济组织建立了正式关系,和与关税有关的一切非政府组织进行技术合作并交换观察员。最高权力机构是理事会,下设商品分类目录、估价、常设技术、协调制度、政策、反瞒骗斗争等委员会。还设有总秘书处负责日常事务。总部设在比利时首都布鲁塞尔。

世界贸易组织(World Trade Organization,WTO)是一个独立于联合国的永久性国际组织,具有法人地位,负责管理世界经济和贸易秩序。1994年4月15日,在摩洛哥的马拉喀什举行关贸总协定乌拉圭回合部长会议,决定成立更具全球性的世界贸易组织以取代成立于1947年的关贸总协定,1995年1月1日正式开始运作。总部设在瑞士日内瓦。世贸组织成员分四类——发达成员、发展中成员、转轨经济体成员和最不发达成员。中国于2001年12月正式加入。至2015年7月,世界贸易组织正式成员达到162个。

世界贸易组织的宗旨是:提高生活水平,保证充分就业和大幅度、稳步提高实际收入和有效需求;扩大货物和服务的生产与贸易;坚持走可持续发展之路,各成员方应促进对世界资源的最优利用、保护和维护环境,并以符合不同经济发展水平下各成员需要的方式,采取各种相应的措施;积极努力确保发展中国家,尤其是最不发达国家在国际贸易增长中获得与其经济发展水平相适应的份额和利益。组织机构:(1)部长级会议。是世界贸易组织的最高决策权力机构,由所有成员国主管外经贸的部长、副部长级官员或其全权代表组成,一般两年举行一次会议,讨论和决定涉及世界贸易组织职能的所有重要问题,并采取行动。(2)总理事会。在部长级会议休会期间,其职能由总理事会行使,总理事会也由全体成员组成。总理事会可视情况需要随时开会,自行拟订议事规则及议程。同时,总理事会还必须履行其解决贸易争端和审议各成员贸易政策的职责。总理事会下设货物贸易理事会、服务贸易理事会、知识产权理事会。这些理事会可视情况自行拟订议事规则,经总理事会批准后执行。所有成员均可参加各理事会。(3)各专门委员会。部长会议下设立专门委员会,以处理特定的贸易及其他有关事宜。已设立贸易与发展委员会;国际收支限制委员会;预算、财务与行政委员会;贸易与环境委员会等十多个专门委员会。(4)秘书处与总干事。由部长级会议任命的总干事领导的世界贸易组织秘书处,设在瑞士日内瓦。秘书处工作人员由总干事指派,并按部长会议通过的规则决定他们的职责和服务条件。部长会议明确了总干事的权力、职责、服务条件及任期规则。世界贸易组织总干事主要有以下职责:他可以最大限度地向各成员施加影响,要求各成员们遵守世界贸易组织规则;总干事要考虑和预见世界贸易组织的最佳发展方针;帮助各成员解决它们之间所发生的争议;负责秘书处的工作,管理预算和所有成员有关的行政事务;主持协商和非正式谈判,避免争议。

财富全球论坛(Fortune Global Forum)由美国《财富》杂志主办,每年在世界上选一个最富经济活力的地方举行一次,邀请全球跨国公司的董事长、总裁、首席执行官及世界知名的政治家和学者参加,探讨全球商界关心的重大问题的会议。该论坛于 1995 年创办。第一届在新加坡举行,第五届在中国上海举行。之后曾在中国上海、香港、北京和成都等地举办。

可持续发展世界首脑会议(World Summit on Sustainable Development,WSSD)是联合国倡导组织的讨论可持续发展的峰会。根据 2000 年 12 月第 55 届联大第 55/199 号决议。2002 年 8 月 26 日至 9 月 4 日在南非约翰内斯堡召开第一届可持续发展世界首脑会议,就实施 21 世纪议程的紧急行动、21 世纪议程实施计划以及具有时限目标的约翰内斯堡执行计划达成一致。为了在各个层次上加速21世纪议程实施和21世纪议程实施计划的行动并加强各种伙伴关系,包括各国政府及有关的利益相关者均参加了会议。该会议还通过了联合国可持续发展委员会的职责。会议一致同意将可持续发展委员会工作计划的主题重点确定为:2004—2005年,水资源、卫生设施和人类居住环境;2006—2007年,能源、气候变化、大气和工业发展;2008—2009年,农业、农村发展,土地、干旱、荒漠化和非洲问题;2010—2011年,运输、化学品、废弃物管理、采矿以及可持续生产和消费模式;2012—2013年,森林、生物多样性、生物技术、山区及旅游;2014—2015年,大洋和海、海洋资源、小岛屿发展中国家以及灾害管理和易受害性;2016—2017年,对21世纪议程和约翰内斯堡执行计划实施情况的综合评估。

国际农业发展基金(International Fund for Agricultural Development,IFAD)是指根据联合国召开的1974年世界粮食大会的决议,联合国于1977年11月30日设立的,提供给发展中国家用于发展农业的基金。基金会总部设在罗马。它的宗旨是"筹集更多的资金,以优惠的条件提供给发展中国家中的成员国用于发展农业"。基金创办时的捐款总额为十亿美元,以后每三年募集一次后续捐款。基金的使用分为赠款和贷款两类。赠款限制在基金总额的12.5%以内,一般提供给最贫穷的国家。贷款按优惠程度分为三种:(1)特别贷款,每年收1%的服务费,分50年偿还,宽缓期为10年。(2)中等贷款,年利率4%,偿还期为20年。(3)普通贷款,年利率8%,偿还期为15—18年。管理基金的最高权力机构为国际农业发展基金理事会。基金决策的投票权为西方发达国家、石油输出国和受援国各占三分之一。

国际货币基金组织(International Monetary Fund,IMF)是联合国专门机构之一。是联合国成员国政府间的金融组织。1945年12月成立,1947年3月开始业务活动。中国是创始会员国之一。1980年4月恢复中华人民共和国合法代表席位。截至2012年4月,国际货币基金组织共有188个成员国(包括科索沃)。其宗旨是:通过协调成员国的国际货币金融政策,提供中期贷款等活动,弥补国际收支逆差和稳定汇率,避免竞争性汇兑贬值,促进国际货币合作和国际贸易的均衡增长。国际货币基金的最高权力机构是理事会,每个成员国有正、副理事代表,通常是本国的财政部长或中央银行行长。理事会于每年 9 月举行一次会议,各成员的投票权按其缴纳的基金份额决定。2010 年,国际货币基金组织推出份额和治理改革方案,意在增加新兴经济体和发展中国家的份额,方案将中国的份额占比从 3.996%提高至 6.394%,排名仅次于美国和日本,该方案已于 2016 年 1 月 27 日正式生效。理事会委托执行董事会行使理事会的权力,处理日常事务。该会由 24 名执行董事组成,每两年选举一次,设有 1 名总裁和 4 名副总裁。总裁任期 5 年,由执行董事会推选,可以连任。另外,国际货币基金组织同世界银行一起设立了发展委员会,讨论发展中国家转移实际资源问题。总部设在美国首都华盛顿。

国际电信联盟(International Telecommunication Union,ITU)是联合国专门机构之一。是从事有关电报、电话和无线电服务的国际协调组织。前身是 1865 年 5 月由欧洲 20 个国家组成的国际电报联盟。1932 年改为现名。1947 年改组后成为联合国专门机构。目前有会员国 189 个。中国于 1920 年加入,1972 年恢复合法代表席位后,连续当选为理事国。国际电信的联盟宗旨是:在电信领域内扩大国际合作;改进和合理使用各种电信;给予发展中国家技术援助,促进其社会经济发展。主要活动是:制定国际通信技术标准和通信法规;收集并提供通信技术、业务资料;开展技术合作。组织机构有全权代表大会、行政大会、行政理事会、总秘书处。另设有电信标准化部、无线电通信部和电信发展部。总部设在瑞士日内瓦。

国际海事组织(International Maritime Organization,IMO)是联合国专门机构之一。是政府间海事协商组织。1959 年 1 月正式成立。截至 2012 年 9 月底共有 170 个正式成员和 3 个联系会员。中国于 1973 年 3 月加入。国际海事组织的宗旨是:在航运技术方面和各国合作,促进国际贸易发展;在海上安全、提高航运效率和防止船舶对海洋污染方面,促进各国采用统一标准。主要活动有:制定和修改有关公约和规则;交流海运经验和事故记录;提供技术援助,帮助发展中国家发展海运事业。组织机构有大会、理事会、五个专门委员会和秘书处。总部设在英国首都伦敦。

国际劳工组织(International Labour Organization,ILO)是联合国专门机构之

一。是协商和解决劳工问题的政府间组织。1919 年根据《协约国和参战各国对德合约》(即《凡尔赛和约》)作为国际联盟的附属机构成立。1946 年成为联合国专门机构。截至 2012 年 9 月,已有 185 个成员国。中国是创始会员国之一,1983 年 6 月恢复合法席位。国际劳工组织的宗旨是:推动充分就业和提高生活水平,改善劳动条件,保护工人健康,以维护社会正义,巩固持久和平,促进经济和社会稳定发展。主要活动有:从事国际劳工立法,制定公约和建议书;进行技术援助和技术合作。曾获 1969 年诺贝尔和平奖金。该组织实行"三方代表制",即各国派政府代表两人,工人、雇主各一名参加各种会议和机构,独立表决。最高权力机构是国际劳工大会,执行机构是理事会,常设秘书处是国际劳工局。总部设在瑞士日内瓦。

国际复兴开发银行(International Bank for Reconstruction and Development, IBRD)通称"世界银行"。根据 1944 年 7 月布雷顿森林会议签订的《国际复兴开发银行协定》建立的国际金融机构。1945 年 12 月成立,1946 年 7 月开始营业,1947 年 11 月成为联合国的一个专门机构。到 2007 年 10 月,已经有 187 个成员国。中国是创始会员国之一,1980 年 5 月恢复在该行及其附属机构的合法席位。主要任务是:对成员国生产性投资提供长期贷款,促进其经济的复兴和发展;对私人贷款提供保证,促进私人对外投资。资金来源于认缴份额、发行债券、借款、利息收入等。成立时核定资本为 100 亿美元。贷款对象为政府或政府担保的私营企业。贷款期限为 7—30 年。接受贷款的国家,必须向银行提供贷款使用情况和有关经济情况,并接受对贷款的监督。1975 年 6 月增设特种基金(又称"第三窗口贷款"),为发展中国家培养经济开发人才和提供技术援助和咨询服务。主要机构是执行董事会、理事会。会员认缴份额越多,在董事会、理事会上的投票数越多。行址设在美国首都华盛顿。

国际开发协会(International Development Association, IDA)是国际复兴开发银行(世界银行)的附属机构之一。1960 年 9 月成立。会员仅限于世界银行成员,目前包括 184 个成员国。宗旨是以优惠条件向成员中的发展中国家提供长期贷款,达到促进经济发展的目的。资金主要来源于会员认购的资本股金和捐款,成立时法定资本为十亿美元。主要用于农业和农村发展、基础设施、城市建设、人力资源开发等。贷款期限长于世界银行,最后偿还期为50年。贷款不收利息,每年收取0.75%的手续费,可用本国货币偿还。主要机构是理事会,执行董事会。董事、理事均由世界银行董事、理事兼任。协会经理由世界银行行长兼任。认缴资本越多,在董事会、理事会上的投票数越多。总部设在美国首都华盛顿。

国际原子能机构(International Atomic Energy Agency,IAEA)是联合国主张设立的专门致力于和平利用原子能的国际机构。1957年7月正式成立。截至2012年2月,机构共有153个成员国。中国于1984年1月1日成为正式成员国,当年9月被指定为理事国。国际原子能机构的宗旨是:谋求加速和扩大原子能对世界和平、人类健康和经济发展的贡献。任务是:向成员国提供技术,帮助其开展和平利用核能的研究和应用;对成员国或其他国际组织委托监督的项目实施安全保障,以确保不被用于军事目的;组织研究和制定有关核能利用的安全条例,并向各国推荐使用;与有关成员或专门机构共同进行科学研究,并将研究成果提供给成员国使用;通过各种形式组织关于原子能利用的资料交流。最高权力机构是国际原子能机构大会,由全体成员国组成;理事会由35个理事国组成;秘书处为执行机关,下设政策制定办公室、技术援助及合作司、核能及核安全司、行政管理司、研究和同位素司、保障监督司。此外还建有三个研究单位。该组织每年向联合国大会报告工作一次,并由大会作出相应的决议,但在法律上不是联合国的直属机构。总部设在奥地利首都维也纳。

国际标准化组织(International Organization for Standardization,ISO)是制定国际标准的世界最大非政府组织。1947年2月成立。目前,成员包括164个国家和地区。中国于1978年9月加入。国际标准化组织的宗旨是:促进标准发展,以利于国际物资交流,并加强在知识、科学、技术、经济活动领域的合作。主要技术工作是制定并出版国际标准。到2012年年底,制定国际标准总数已达近两万个;为制定国际标准,已建立了611个技术委员会(SC)和2022个工作组(WC)。该组织是联合国经济及社会理事会的甲级咨询组织,与联合国粮农组织、教科文组织、工业发展组织、国际电信联盟和万国邮政联盟等机构保持着密切联系。组织机构有全体大会、政策发展委员会、理事会、ISO中央秘书处、特别咨询组、技术管理局、标样委员会、技术咨询组、技术委员会。总部设在瑞士日内瓦。

国际能源机构(International Energy Agency, IEA)是石油消费国间的经济联合组织。1974 年 11 月根据经济合作和发展组织理事会的决定成立。国际能源机构有 16 个签署国,分别为奥地利、比利时、加拿大、丹麦、德国、爱尔兰、意大利、日本、卢森堡、荷兰、西班牙、瑞典、瑞士、土耳其、英国和美国。截至 2011 年,已有新西兰、希腊、澳大利亚、葡萄牙、芬兰和法国、匈牙利、挪威、波兰、斯洛伐克、韩国和捷克等国家加入该组织。国际能源机构的宗旨是:加强成员国之间在能源问题上的长期协作,减少对进口石油的依赖。任务是:协调成员国的能源政策;拟订石油消费量计划;在发生石油供应短缺的紧急情况下,按应急计划,共同分享石油。决策机构是理事会,由成员国政府部长或其他高级官员组成。总部设在法国首都巴黎。

国际清算银行(Bank for International Settlement, BIS)是西方国家间的金融联合组织。1930 年 5 月,由英国、法国、意大利、德国、比利时、日本等国中央银行和美国摩根财团共同投资在瑞士成立国际清算银行。目前有中央银行成员 60 个。中国于 1996 年正式加入。国际清算银行的宗旨是:增进各国中央银行间的合作,为国际金融业务提供额外的便利,充当委托给它的国际清算的代理人或受托人。该行成立之初的主要任务是清算第一次世界大战后德国赔款和同盟国间债务,以后除经营黄金或外汇的短期存放款外,又先后为欧洲经济合作组织、欧洲支付同盟、欧洲煤钢联营等机构办理清算业务,经理欧洲货币体系各成员国的账务或结算工作,充任欧洲货币合作基金的代理人。目前该行已成为主要西方国家共同协商货币金融政策和安排国际借款的中心。决策机构是股东大会、董事会和管理委员会。董事会由英国、法国、美国、日本、德国、意大利、比利时、荷兰、瑞典、瑞士等国中央银行的代表和金融界人士组成。2006 年,时任中国人民银行行长的周小川被增选为董事会董事。国际清算银行下设经理部、货币经济部、秘书处和法律处。行址设在瑞士巴塞尔,并分别在中国香港特别行政区和墨西哥城设有代表处。

国际合作社联盟(International Cooperative Alliance, ICA)是各国民间合作社

团体的国际性经济组织。1895 年 8 月成立。初期主要成员为西欧各国社会民主党领导的消费合作社,1945 年后开始吸收其他国家的消费合作社以及一些生产、信贷等合作社团体参加。截至 2010 年 1 月,国际合作社联盟共拥有来自 89 个国家的 240 个合作社成员组织,其中 211 个正式会员、29 个准会员。中华全国供销合作总社于 1985 年 1 月正式加入。国际合作联盟的宗旨是:加强各国合作社组织的经济联系和技术交流,保护各种合作社组织利益,推动成员国合作社运动,促进各国社会经济发展。主要活动是:考察各国合作社运动;组织交流合作社运动的经验;为发展中国家的合作社提供教育、技术设施等援助;搜集、编发各国合作社统计资料;对有关重大问题进行研究和提供咨询。最高权力机构是代表大会,全权代表机构是中央委员会,核心领导机构是执行委员会。1982 年总部由伦敦迁至瑞士日内瓦。

国际商会(International Chamber of Commerce,ICC)是工商企业家个人或其集团所组成的国际性组织。由美国商会发起,于 1920 年 6 月在巴黎成立。发展至今已拥有来自 130 多个国家的成员公司和协会。国际商会的宗旨是:代表工商界利益,争取更多的国际贸易自由,促进国际贸易发展。其会员分团体会员和赞助会员两种:团体会员为各国工商业联合会;赞助会员为工商企业和工商企业家个人。国际商会的组织机构包括理事会、执行局、财政委员会。在纽约、日内瓦、曼谷和伦敦设有联络处。总部设在法国首都巴黎。

国际航空运输协会(International Air Transport Association,IATA)是民用航空公司的国际性联合组织。1945 年 4 月正式成立。前身是 1919 年在海牙成立的国际航空业务协会。截至 2002 年 5 月,国际航空运输协会共有 264 个会员:北美 16 个;北大西洋 1 个;欧洲 100 个;中东 21 个;非洲 36 个;亚洲 49 个;南美 21 个;太平洋 6 个;中美洲 14 个。国际航空运输协会的宗旨是:促进航空运输安全正常进行,降低成本,提高经济效益;为航空运输企业提供合作手段;加强同国际民用航空组织及其他国际组织的合作。主要活动有:制定国际航空客货运价;统一国际航空运输规则制度;清算会员间以及非会员间的业务收入;发展与国际航空运输有关的其他同业活动;帮助发展中国家发展航空事业。最高权力机构为年度大会,掌握政策的是执行委员会,常设机构是执行管理委员会。总部设在加拿大蒙特利尔,但主要机构还设在日内瓦、伦敦和新加坡。

国际航空联合会(Fédération Aéronautique Internationale, FAI)简称"国际航联"。是民用航空公司的国际性联合组织。1905年10月成立。1978年10月中国航空协会正式参加。国际航空联合会的宗旨是:促进航空和宇宙航空运动在全世界的发展,使其成为一种不分政治信仰和种族而使人们团结起来的强有力的工具;确认、核实国际记录;制定航空和宇宙航空比赛的规则;汇集、分析和传播有助于改进飞机设备、飞行安全的情报。经过一个世纪的稳步增长,现有100多个会员国家。总部设在法国巴黎。

国际科学理事会(International Council for Science, ICS)是各类科学联合会结成的国际性组织。1919年成立,又称"国际研究理事会",为政府组织。1998年4月改为现名,并改为非政府组织。截至2002年9月,国际科学理事会有27个国际科学联合会会员、101个国家或地区的科学团体会员(包括73个成员、15个附属成员和13个观察员)、26个国际科学联系成员和4个地区性联系成员。中国科学技术协会于1982年代表国家被接纳为会员。国际科学理事会的宗旨是:协助各国际科学联合会和国家或地区会员活动,协调跨学科科学研究,鼓励开展国际学术活动,为促进社会经济发展、造福人类作出贡献。组织机构有全体大会、总务委员会、执行局。此外,设有5个常务委员会、3个特别委员会、10个学术委员会、1个协调委员会、1个常设服务机构、5个联合会会间委员会。总部设在法国首都巴黎。

国际大坝委员会(International Commission on Large Dams, ICOLD)是关于大坝建设的国际性民间组织。1928年10月经世界动力会议理事会批准成立。1967年脱离世界动力会议而独立。目前有成员81个国家。中国于1974年成为正式成员国。国际大坝委员会的宗旨及主要活动是:通过交换技术情报、组织学术报告会、出版论文集、报告和文件等方式,推动大坝及有关土木工程(包括与大坝相连的水电站)的进展,以利于发展经济、造福人类。委员会严禁营利。设主席一人、副主席六人,每三年选举一次主席,每年改选两名副主席;设秘书长及司库,日常办事机构是中心办公室。总部设在法国首都巴黎。另设有 19 个专业委员会。

国际灌溉排水委员会（International Commission on Irrigation and Drainage，ICID）是研究灌溉、排水、防洪、治河等水利建设的国际民间学术性组织。1950 年成立。发起国有印度、泰国、南斯拉夫、印度尼西亚、伊拉克、意大利、荷兰、斯里兰卡等。到 2000 年年底成员有 86 个国家。中国于 1983 年 10 月加入。国际灌溉排水委员会的宗旨是：促进灌溉、排水、防洪、治河科学技术的应用，增强人类战胜水患、利用水源的能力，促进社会经济发展。主要活动是：召开世界灌溉排水大会；举办专题学术讨论会；在会员国间交流情报资料，组织重点研究与联合试验；承担联合国某些组织的咨询工作。决策机构是国际执行理事会，设主席一人、副主席九人、秘书长一人。常设委员有三个，日常办事机构是中心办公室，设在印度首都新德里。

国际水资源协会（International Water Resources Association，IWRA）是以水资源全部领域为研究对象的国际性民间组织。1972 年 4 月成立。共有个人会员和团体会员千余人。国际水资源协会的宗旨是：研究水资源的一切重要问题，加强水资源领域的合作，推动水资源的开发利用，以促进经济，特别是农业生产的发展。主要任务是：组织水资源领域内的国际协作；为水资源工作者（包括规划人员、行政人员、经理、科学家、工程师、教授等）提供国际论坛；促进水资源在规划、开发、管理、科学、技术、研究、教育等方面国际水平的发展。最高权力机构是执行局会议，下设国际合作、地区、出版、技术活动四个委员会；日常办事机构是中心办公室，设在美国首都华盛顿。

国际保护工业产权协会（International Association for the Protection of Industrial Property，IAPIP）是研究工业产权保护问题的国际非政府组织。1897 年成立。中国于 1982 年 8 月成立该会分会，1983 年 5 月正式加入。该协会组织机构有代表大会、执行委员会、秘书处等。代表大会为最高权力机构，每三年召开一次例会。经费主要来自会费。国际保护工业产权协会的宗旨是：团结国际上有关人士，宣传、研究工业产权保护问题，提供咨询意见，为工业发展作出贡献。该协会在工业产权领域颇有权威和影响。总部设在瑞士。

国际电工委员会(International Electrotechnical Commission, IEC)是最早成立的制定电工标准的国际标准化组织。1906 年 6 月正式成立。创建时有英美等 13 个会员国,现有 53 个会员国。中国于 1957 年 8 月参加。国际电工委员会的宗旨是:加强电气、电子工程领域中标准化及有关问题的国际合作,促进各国社会经济发展。截至 2000 年 12 月底,国际电工委员会已制定了 4885 个国际标准。为了科学地进行质量监督管理工作,又设立了电子元器件质量评定制度和电气设备安全标准认证试验制度。最高权力机构是理事会,执行委员会负责技术管理工作,总政策委员会负责处理理事会交办的事项,还有中央办公室、财务委员会和咨询委员会。现在有技术委员会 89 个、分技术委员会 107 个。总部设在瑞士日内瓦。

国际水稻委员会(International Rice Commission, IRC)是研究水稻问题的国际性专门机构。1949 年成立。目前已有包括世界上水稻主产国在内的 62 个国家与地区加入该委员会。2007 年 9 月中国正式成为国际水稻委员会的一员。国际水稻委员会的宗旨是:通过收集有关水稻的情报资料,出版刊物,进行专门研究,以推动有关国家共同努力;改进和提高水稻的生产、保管、分配和消费(不包括稻谷的国际贸易),促进农业生产发展。该会由成员国政府代表组成,每四年召开一次会议。

国际小麦理事会(International Wheat Council, IWC)是执行《国际小麦协定》的专门机构。1949 年 6 月由美国、加拿大、澳大利亚、法国、阿根廷五个小麦输出国和英国、日本、联邦德国、印度等三十多个小麦输入国签订《国际小麦协定》时成立。1967 年《国际谷物协定》签订后,该理事会作为其中关于小麦贸易协议的专门机构而继续存在。其成员包括《国际小麦协定》的 49 个参加国、《粮食援助协定》的 11 个捐助国和欧盟。国际小麦理事会的宗旨是:推动世界小麦问题的国际合作;促进国际小麦贸易的发展和小麦市场的稳定;协调小麦进出口国家的关系,通过谈判协商解决小麦价格问题。理事会下设执行委员会、咨询委员会和秘书处。总部设在英国首都伦敦。

国际棉花咨询委员会（International Cotton Advisory Committee, ICAC）是西方国家关于棉花及棉纺织品生产、消费及贸易咨询的国际组织。1939年由美国等十个主要棉花出口国初步组成。1945年扩大组织，订立章程，正式成立。目前有42个成员（其中包括中国台湾）。国际棉花咨询委员会的主要任务是：掌握世界棉花发展情况，搜集有关棉花的生产、销售、贸易、存货、价格等情报，经过研究提出建议，供成员政府参考。组织机构有执行委员会（后改为常务委员会）和秘书处。另在成员国设有管理机构。总部设在美国首都华盛顿。

国际可可组织（International Cocoa Organization, ICCO）是可可豆生产国和消费国组成的国际经济组织。1973年成立。前身是1962年由巴西、喀麦隆、加纳、象牙海岸、尼日利亚、加蓬和多哥7个可可豆生产国结成的可可豆生产者联盟。2010年协定的成员包括19个可可豆生产国和28个可可豆进口国，代表了世界上可可豆生产的80%以上和消费的70%左右。非协定成员国也常常以观察员身份列席会议。国际可可豆组织的主要职责是执行《国际可可协定》，商议标准价格，建立缓冲库存制，分配出口比例，为各成员国提供会议服务和有关最新情报，促进可可豆生产和贸易发展。《国际可可协定》于1972年签订，后又多次续定，第七次《国际可可协定》于2010年在日内瓦签订，2012年10月开始执行。总部设在英国首都伦敦。

国际咖啡组织（International Coffee Organization, ICO）是咖啡生产国和消费国组成的国际性经济组织。1962年成立。截至2015年，共有62个成员国，其中42个出口国、35个进口国。国际咖啡组织出口成员国的咖啡产量占全球总产量的95%。职责是：执行《国际咖啡协定》（ICA），商订生产国的咖啡出口定额和价格，调节咖啡在国际市场的供应和需求，促进咖啡生产和贸易的不断扩大。《国际咖啡协定》于1962年签订，后又多次续订，最近一次续订是在2007年，从2011年开始执行最新的《国际咖啡协定》。组织机构有理事会、执行委员会。总部设在英国首都伦敦。

可可生产者联盟（Cocoa Producers' Alliance, COPAL）生产可可豆的一些发展

中国家组成的国际性经济合作组织。1962 年 5 月成立。成员国有加纳、尼日利亚、象牙海岸(科特迪瓦)、喀麦隆、巴西(以上为创始国)、加蓬、多哥、特立尼达和多巴哥、厄瓜多尔、圣多美和普林西比。会员国可可豆产量占全球产量的 70% 以上。可可生产者联盟的宗旨是:交换科学技术情报,研究引起共同兴趣的各生产国间经济及社会协作的问题,保障可可的足够供应和获利价格,协助扩大消费。组织机构有会员国大会委员会、秘书处和技术委员会。工作语言有法语、英语和西班牙语。总部设在尼日利亚首都拉各斯。

国际食糖组织(International Sugar Organization)是食糖生产国和消费国组成的国际性经济组织。1968 年《国际食糖协定》签订时成立。前身是 1937 年成立的国际食糖理事会。职责是:执行《国际食糖协定》,负责收集有关食糖的各种资料,为联合国、其他有关组织和一般公众提供服务。1971 年、1972 年出口国不愿蒙受损失,未照协定限价出售食糖,协定未生效。1977 年 10 月,该组织主持签署新的协定,采用出口定额制、缓冲库存、特别库存等方法,未能控制食糖价格下跌。1980 年决定停止出口定额制,出口完全自由。组织机构有理事会、执行委员会。另设有统计、资金、供销等专门委员会。总部设在英国首都伦敦。

国际茶叶委员会(International Tea Committee, ITC)是茶叶生产国和消费国组成的国际经济组织。1933 年成立。目前正式成员国有孟加拉国、印度、印度尼西亚、中国、莫桑比克、斯里兰卡等生产国和美国、爱尔兰、加拿大等消费国,另有 26 个准会员组织和机构。委员会成立之初的宗旨是:执行《国际茶叶协定》,稳定世界市场茶叶价格,维护共同利益。《国际茶叶协定》于 1933 年签订。1955 年第四次协定期满后未继续签订。至此,该委员会仅存统计和情报中心职能,主要任务是收集并公布世界茶叶种植面积、产量、出口价格和储存等方面的统计资料。总部设在英国首都伦敦。

国际铝土协会(International Bauxite Association, IBA)是铝土生产国组成的国际性经济组织。根据 1974 年 3 月铝土生产国国际会议作出的决定成立。成员国有圭亚那、几内亚、牙买加、塞拉利昂、澳大利亚、南斯拉夫、苏里南、加纳、海地、多米尼加和印度尼西亚等。国际铝土协会的宗旨是：协调铝土生产国政策；促进铝土工业的发展；在考虑消费国利益的情况下，确保成员国从铝土生产和销售中取得合理收益，最终推动成员国经济发展。国际铝土协会分别在 1991 年、1998 年、2003 年和 2008 年做了四次铝土矿调查报告。成员国的原铝总产量约占世界的 80%。组织机构有部长理事会、执行委员会、秘书处。与联合国的贸易和发展会议、经济及社会理事会建立了正式关系。常设机构在牙买加首都金斯敦。

国际水银生产者协会（International Association of Mercury Producer）是水银生产国非政府间的国际经济组织。1975 年 4 月成立。成员有阿尔及利亚、意大利、土耳其、南斯拉夫、西班牙和秘鲁六国。宗旨是加强会员国之间的合作，协调水银销售价格，维护共同经济利益，以利于各国经济发展。20 世纪 70 年代中期会员国水银总产量为 4400 多吨，约占当时世界水银总产量的 48%。会址设在瑞士日内瓦。

国际锡理事会（International Tin Council, ITC）是执行《国际锡协定》的专门机构。1953 年一些主要锡生产国和十几个锡消费国签订《国际锡协定》。1956 年协定生效，该理事会成立。任务是：根据协定规定，协调锡生产国和消费国的关系，维持世界锡生产与消费的平衡，防止锡价过度波动，并为此建立缓冲存储，在存储超过一定数量时，实行出口管制。理事会设有执行主席、秘书和缓冲储存干事，并建立了各种委员会。总部设在英国首都伦敦。1985 年，理事会会员发生九亿英镑锡违约事件，随后锡价崩盘，理事会以破产告终。

国际钨工业协会（International Tungsten Industry Association, ITIA）是以科学研究为目的的非营利组织。成立于 1988 年。其成员来自 21 个国家，包括矿业公司、加工商、消费者和贸易公司。其任务是：促进钨和钨产品的应用；协调国际钨工业协会健康、安全和环境委员会的广泛工作计划，包括监管和分类问题、关于钨对人类健康和环境的影响的科学数据开发等；组织世界钨行业定期会议；整理涵盖钨生产、加工、消费和最终用途的综合统计数据，并向其成员发布年度统计报告；整理和定期传阅有关 ITIA 活动的信息；与其他金属贸易协会联络和交流信息。总部设在英国伦敦。

铜矿出口国政府联合委员会（Intergovernmental Council for Copper Exporting Countries，ICCEC）是发展中国家的一些主要产铜国组成的国际性经济合作组织。根据1967年6月举行的铜出口国会议制定的公约于1968年建立。最初成员国有智利、秘鲁、扎伊尔和赞比亚。1975年，澳大利亚、印度尼西亚、巴布亚新几内亚、南斯拉夫加入这一铜出口卡特尔组织。成员国的精炼铜产量和已探明铜储量分别占世界总量的30%和50%。铜矿出口国政府联合委员会的宗旨是：制定措施，促进各参加国铜生产和制定政策的协调，以保证铜出口国实际收入不断增长；扩大生产国经济和社会发展资源，兼顾需求国的利益；收集铜生产和贸易方面的统计资料和其他情报。最高权力是部长级会议，下设管理委员会、铜情报局。总部设在法国首都巴黎。由于成员国试图将铜价维持在高位水平，特别是在1975—1976年经济危机期间提高铜价的计划宣告失败，以及随后智利态度的转变，使这个卡特尔组织最终名存实亡，并于20世纪90年代解散。

世界钢铁协会（World Steel Association，WSA）是世界钢铁行业的非营利组织。其前身是成立于1967年10月的国际钢铁协会研究所，2008年10月改为现名。世界钢铁协会是世界上最大和最具活力的行业协会之一，代表150多家钢铁生产商（包括世界上最大的十家钢铁公司中的九家）、国家和地区钢铁工业协会以及钢铁研究所，协会成员占世界钢铁产量的85%左右。其任务是：在全球钢铁工业中发挥核心作用；在影响行业的所有主要战略问题上，特别是在经济、环境和社会可持续性问题上发挥领导作用；面向用户、相关行业、媒体及公众推广钢铁产品和宣传钢铁工业；协助其成员开发钢铁市场，管理一系列行业的重要项目。世界钢铁协会的工作由其成员通过董事会监督。董事会由成员公司的主席或CEO组成，每年至少举行两次会议。下设执行委员会。执行委员会委员由董事会成员和世界钢铁协会理事长组成。总部设在比利时首都布鲁塞尔。

万国邮政联盟（Universal Postal Union，UPU）是联合国专门机构之一。前身是1875年在瑞士成立的邮政总联盟，1878年改成现名，1978年成为联合国专门机构。截至2014年12月，已有192个成员。中国于1914年3月加入。1972年5月恢复中华人民共和国合法席位。万国邮政联盟的宗旨是：调整不同国家间的邮政服务,改善国际邮政业务,为实现邮政业务现代化而组织国际合作,为世界社会经济发展作出贡献。主要活动有:制定邮件转运自由的原则;统一国际邮件处理手续和资费标准;简化邮政账务的结算方法;负责联合国开发计划署批准的邮政建设项目。代表大会是最高权力机构,每五年召开一次会议;执行理事会是代表大会休会期间的执行机构,由 40 个理事国组成;邮政咨询研究理事会负责研究邮政业务的技术、经营管理和经济方面的问题,并向大会提出方案,由 35 个理事国组成;国际局是常设机构,相当于秘书处。总部设在瑞士首都伯尔尼。

经济合作和发展组织(Organization for Economic Cooperation and Development,OECD)简称"经合组织"。全球 34 个市场经济国家组成的政府间的经济合作组织。1961 年 9 月成立。目前成员有澳大利亚、奥地利、比利时、加拿大、捷克、丹麦、芬兰、法国、德国、希腊、匈牙利、冰岛、爱尔兰、意大利、日本、韩国、卢森堡、墨西哥、荷兰、新西兰、挪威、波兰、葡萄牙、斯洛伐克、西班牙、瑞典、瑞士、土耳其、英国、美国、智利、爱沙尼亚、以色列、斯洛文尼亚 34 国。经合组织的宗旨是:协助成员国制订经济和社会福利政策,稳定财政金融,促进经济增长和对外贸易扩大。同时鼓励和协调成员国为援助发展中国家作出努力。与其他国际组织联系广泛:欧洲经济共同体参与其工作;欧洲自由贸易联盟派代表参加其会议;与一些有关的联合国专门机构和其他政府间组织建立了正式关系;一些非政府的国际经济组织取得了该组织的咨询资格。组织机构有委员会、理事会、秘书处。理事会是经合组织的决策机构。总部设在法国首都巴黎。

BBCC 集团(Banco Di Roma, Banco Hispano Americano, Credit Lyonnais, Commerz Bank)是西方国家少数大商业银行联合建立的多国性银行集团。前身是 1970 年 10 月由意大利罗马银行、法国里昂信贷银行和联邦德国商业银行组成的 BCC 集团。以后西班牙西煤银行参加。因这四家银行第一个英文字母分别为 B、B、C、C,故名。集团的活动和措施有:成员定期共同讨论业务,并作出决策;相互全面交换有关信贷业务的情报;这四家银行的存户可在任何一行支取存款。总管理处设在比利时首都布鲁塞尔。

罗马俱乐部（Club of Rome）是致力于"全球问题"研究的国际性的非营利民间学术社团，是研讨全球问题的智囊组织。其主要创始人是意大利的著名实业家、学者 A. 佩切伊（Aurelio Peccei）和英国科学家 A. 金（Alexander King）。1968 年 4 月创建于意大利首都罗马。罗马俱乐部的宗旨是：通过对经济发展等全球性问题的系统研究，提高公众的全球意识，敦促国际组织和各国有关部门改革社会和政治制度，并采取必要的社会和政治行动，改善全球管理，使人类摆脱所面临的困境。由于它的观点和主张带有浓厚的消极和悲观色彩，被称为"未来学悲观派"。现有来自四十多个国家的九十多名成员，均通过增选的办法产生。按其组织原则规定，成员总数不超过 100 人，且一般不吸收政府官员；活动经费主要由自己解决。组织机构设主席一人，最初由创始人 A. 佩切伊担任，现由亚历山大·金代理。主席下设执行委员会，由七人组成。俱乐部每年举行一次年会，必要时可召开特别会议。罗马俱乐部主要活动包括举办学术会议、制订并实施"人类困境"研究计划、出版研究报告和有关学术著作。自创立以来，罗马俱乐部组织和发表了向它提交的一系列报告和著作，如《增长的极限》《人类处在转折点上》《通向未来的道路图》《未来一百页》等。罗马俱乐部总部设在瑞士温特图尔。

奥里恩集团（Orion Bank Ltd）是西方多国银行建立的国际金融组织。1970 年 10 月成立。成员有美国大通曼哈顿银行、英国国民威斯敏斯特银行、联邦德国储蓄中心地方银行、加拿大皇家银行、日本三菱银行和意大利信贷银行。其主要业务是向跨国公司提供贷款。该集团设有经营中期信贷的奥里恩中期信贷银行、从事投资业务的奥里恩银行及处理集团和成员银行间的事务的奥里恩多国服务部。其代理处分布于 100 多个国家和地区。总管理处设在英国首都伦敦。

十国集团（Group of Ten，G-10）又称"巴黎俱乐部"。是西方主要国家间的经济合作组织。1961 年 11 月由美国、英国、法国、意大利、日本、德国、荷兰、比利时、加拿大、瑞典十个国家组成。现有成员 19 个。宗旨是：协调成员国货币政策，以便在国际货币基金组织内统一行动。最初，十国集团达成"借款总安排"特别协议，提供给国际货币基金组织 62 亿美元以解决储备危机。这些资金由十国共管。借款国须向国际货币基金组织和十国集团同时申请，经十国集团三分之二多数和基金组织两方同意后,由基金组织向十国中有关国家借入,再转贷借款国。活动通过两个级别的会议进行:一是部长级会议,由各成员国财政部长和中央银行行长参加。二是官员或"代表"级会议,由各成员国财政部和中央银行的高级官员和职员参加。

巴黎俱乐部(Paris Club)见"十国集团"。

二十国委员会(Committee of Twenty)全称"国际货币体系改革及有关问题委员会"。国际货币基金会组织建立的研究国际货币制度改革问题的咨询机构。1972年9月成立。成员除十国集团的十国外,还有澳大利亚和印度、巴西、摩洛哥、埃塞俄比亚、阿根廷、墨西哥、扎伊尔(刚果)、印度尼西亚和伊拉克九个发展中国家。任务是为国际货币基金组织拟订有关国际货币体系改革的方案。1972年10月,该委员会解散,其活动改由国际货币基金组织国际货币体系临时委员会继续进行。

二十四国集团(Group of Twenty-four,G—24)是参加国际货币基金组织的发展中国家组成的国际性联合组织。1971年成立。成员有阿尔及利亚、阿根廷、巴西、哥伦比亚、埃及、加蓬、加纳、危地马拉、印度、伊朗、象牙海岸(科特迪瓦)、黎巴嫩、墨西哥、尼日利亚、巴基斯坦、秘鲁、菲律宾、塞内加尔、斯里兰卡、叙利亚、特立尼达和多巴哥、委内瑞拉、南斯拉夫、扎伊尔(刚果)24国。二十四国集团的宗旨是:就国际货币制度问题协调成员意见,制定共同策略,以便在国际货币基金组织内采取有利的统一行动。会议设一位主席和两位副主席。部长级会议一般在基金组织的临时委员会和基金组织与世界银行的发展委员会会议前夕举行。中国目前作为特别受邀观察员出席部长级全体会议。

七十七国集团(Group of Seventy-seven,G—77)是世界大多数发展中国家建立的国际性联合组织。1964年3月第一届联合国贸易和发展会议上,77个发展中国家联合发表《七十七国联合宣言》而形成,1967年10月召开第一次部长级会议而正式成立。截至2008年6月,七十七国集团有正式成员134个,但仍沿用此名。

七十七国集团的宗旨是:协调成员国政策,维护各国权益,发展民族经济,反对控制和掠夺。活动方式是:在联合国贸易和发展会议等重要国际经济会议召开之前,举行部长级会议,统一成员国意见,研究共同对策,以便在会议上反映发展中国家的共同愿望和立场。自成立以来,先后通过了一系列文件。主要内容是:建立发展中国家的统一战线;提出发展中国家应采取的措施和发展中国家要求发达国家采取的措施;阐述建立国际经济新秩序的重要性,并就解决国际经济、贸易、金融、航运、科学技术等问题提出建议;强调发展中国家要进一步加强南南合作,呼吁南北对话。该集团没有章程和预算,也没有总部、秘书处等常设机构。最高级组织形式是全体成员国部长级会议。在联合国总部和其他一些国际经济组织中设有办事机构。该集团在为改革不平等的国际经济关系而同发达国家的谈判中发挥了重要作用,取得了显著成果。

十五国集团(Group of Fifteen,G—15)又称"南南磋商与合作首脑级集团"(Summit Level Group for South-South Consultation and Cooperation)。是继不结盟运动和"77 国集团"之后又一个发展中国家合作组织。十五国集团是 1989 年 9 月在塞尔维亚首都贝尔格莱德举行的不结盟国家首脑会议上成立的。它是 个完全由发展中国家组成的跨洲国家集团,这些国家分属于亚洲、非洲和拉丁美洲,具有广泛的代表性。创建时的 15 国成员是马来西亚、印度、印度尼西亚、阿尔及利亚、埃及、尼日利亚、塞内加尔、津巴布韦、阿根廷、巴西、牙买加、墨西哥、秘鲁、委内瑞拉和南斯拉夫。后来,智利和肯尼亚相继加入,成员扩大到 17 个,但名称未变。该集团涵盖 17 亿人口,其国民生产总值近四万亿美元,在世界经济中占有重要地位。

十五国集团的宗旨是:以更切实的方式推动"南南合作"和"南北对话",促进发展中国家的经济发展,改善人民生活。强调发展中国家的发展首先依靠自己的努力,同时主张积极开拓南南互利合作的领域,以促进各国经济协调发展。在国际事务中,十五国集团支持建立多边非歧视性国际新秩序,要求充分保证各国领土完整和国家独立;赞同在国际社会中推行相互依存和全球经济合作的原则,主张发展中国家在平等的基础上加强与发达国家的对话,特别是与西方工业发达国家的七国集团的对话。

亚欧会议（Asia-Europe Meeting, ASEM）是亚洲和欧洲间重要的跨区域政府间论坛。1996年3月，首届亚欧首脑会议在泰国曼谷举行，来自欧盟的15个成员国、东盟的7个成员国及中国、日本、韩国和欧洲委员会出席。目前亚欧会议共有51个成员国和欧盟、东盟两个国际性组织成员。

亚欧会议的宗旨是：根据首届亚欧会议通过的《主席声明》，在亚欧两大洲之间建立旨在促进增长的新型、全面伙伴关系，加强相互对话、了解与合作，为经济和社会发展创造有利的条件，维护世界和平与稳定。亚欧会议活动机制包括首脑会议、外长会议以及其他部长级会议等，日常工作通过高官会议进行沟通协调。(1)亚欧首脑会议负责确定亚欧会议的指导原则和发展方向，每两年召开一次，在亚洲和欧洲轮流举行。亚欧首脑会议前十届的举办地分别为泰国曼谷、英国伦敦、韩国汉城、丹麦哥本哈根、越南河内、芬兰赫尔辛基、中国北京、比利时布鲁塞尔、老挝万象、意大利米兰。(2)亚欧外长会议负责亚欧会议活动的整体协调和政策规划，通过有关指导性文件并批准新倡议。外长会议每两年举行一次，与首脑会议错年举行。(3)亚欧高官会议负责协调和管理亚欧会议各领域活动，并对首脑会议、外长会议预做准备，包括审议新倡议和磋商文件，以及就共同关心的国际地区问题初步交换看法。高官会议通常在首脑会议和外长会议前不定期在亚欧之间轮流举行，每年两至三次。(4)亚欧会议协调员机制负责日常协调，由亚欧各两个成员组成。协调员根据需要不定期举行会议，代表各自地区通报情况、汇总各方立场并进行协调。欧洲协调员由欧盟轮值主席国和欧盟委员会担任，亚洲方面由东盟、东北亚和南亚次区域（包括中国、日本、韩国、印度、巴基斯坦、蒙古、俄罗斯、澳大利亚和新西兰九国）各确定一名协调员。亚洲组现任协调员为马来西亚、蒙古。(5)亚欧会议还举行经济、财政、文化部长和海关署长及科技、环境、教育、交通、农业、中小企业、劳动等其他专业部长级会议，负责在各自领域落实首脑会议决定，制定合作规划和开展相关活动。(6)亚欧工商论坛是亚欧会议各成员工商界定期对话机制，旨在增进相互了解，促进企业间贸易、投资和技术合作，并向首脑会议和相关部长级会议提交工商界对重大问题的看法和建议。(7)亚欧议会伙伴会议由亚欧会议成员国议会与欧洲议会组成，系非正式议会间论坛，旨在通过加强亚欧会议成员议会间的对话，增进亚欧人民之间的了解，推动亚欧会议进程。(8)亚欧人民论坛系亚欧会议成员民间团体自行发起并参与的非政府组织论坛，主要讨论和平与安全、经济与社会、民主和人权三大领域问题。

二十国集团(Group of Twenty,G-20)简称"G20"。是由八国集团、欧盟以及亚洲、非洲、拉丁美洲、大洋洲的一些国家于1999年12月16日在德国柏林创立。G20是一个国际经济合作论坛。成员包括美国、日本、德国、法国、英国、意大利、加拿大、俄罗斯和作为一个实体的欧盟以及具有广泛代表性的发展中国家中国、阿根廷、澳大利亚、巴西、印度、印度尼西亚、墨西哥、沙特阿拉伯、南非、韩国和土耳其。二十国集团的GDP总量约占世界的85%,人口约40亿人。二十国集团是国际货币基金组织和世界银行框架内非正式对话的一种新机制,旨在推动国际金融体制改革以及发达国家和新兴市场国家之间就实质性问题进行讨论和研究,以寻求合作并促进世界经济的稳定和持续增长。二十国集团以非正式的部长级会议形式运行,无常设秘书处,主席采取轮换制。二十国集团财长和央行行长每年举行一次会议、一至两次副手级会议。每年的部长级例会一般与七国集团财长会议相衔接,通常在每年年末举行。会议由主席国及一些国际机构(如世界银行和国际货币基金组织)和外部专家提供相应秘书服务和支持,并根据需要成立工作小组,就一些重大问题进行评审和提出对策建议。

金砖国家(BRICS)作为2001年美国高盛公司提出的一个新概念,特指一些新兴市场国家。传统"金砖四国"引用了巴西、俄罗斯、印度和中国的英文首字母。由于该词与英语单词的砖类似,因此被称为"金砖四国"。南非加入后,其英文单词变为"BRICS",并改称为"金砖国家"。金砖国家峰会即由五个国家组成召开的会议。金砖国家由于同属发展中大国,有诸多的利益交汇点,逐步建立了经济、安全、环境等多个合作机制。2006年9月,联合国大会期间举行了首次"金砖国家"外长会晤。2010年12月,四国在协商一致的基础上,正式吸收南非加入机制。金砖五国国土面积占世界领土总面积的29.6%,人口占世界总人口的42.6%,2013年,国内生产总值占世界总量的21.3%,按购买力平价计算对世界经济增长的贡献率已超过50%。

金砖国家的宗旨是:以"金砖国家"为代表的新兴市场国家对话与合作的平台。合作遵循开放透明、不针对第三方原则。"金砖国家"近年来逐步形成了以领导人会晤为主渠道,以安全事务高级别代表会议、专业部长会议、常驻多边机构使节会晤为辅助,以智库、工商界、金融、农业、统计等各领域务实合作为支撑的多层次合作机制。

金砖国家开发银行(New Development Bank of Brics) 又称"新开发银行"。由金砖国家组织成员共同建立的国际性金融组织。2013 年 3 月,在第五次金砖国家领导人峰会发表的《德班宣言》中,巴西、俄罗斯、印度、中国和南非五个金砖国家政府就成立"金砖国家开发银行"达成了一致。开发银行的基本宗旨是:为金砖国家、其他新兴市场和发展中国家的基础设施和可持续发展项目筹集资金,并作为对全球增长和发展领域的现有多边和区域金融机构的补充。在具体职能方面,金砖国家开发银行将建立外汇储备和应急基金,简化金砖国家间的相互结算与贷款业务,减少对美元和欧元的依赖,有效保障成员国之间的资金流通和贸易往来。另外,金砖国家开发银行将制定适合发展中国家的放贷和投资规则,支持受援的发展中国家的基础设施建设,对受援国的工业进行中长期投资。也就是说,当发展中国家面临经济或财政困难时,除了可以向世界银行和国际货币基金组织(IMF) 求援之外,也可以向金砖国家开发银行求助。2014 年 7 月 15 日金砖国家发表《福塔莱萨宣言》宣布,金砖国家开发银行初始资本为 1000 亿美元,由五个创始成员平均出资,总部设在中国上海。

太平洋岛国论坛(Pacific Islands Forum, PIF) 又称"南太平洋论坛"。南太平洋独立国家和自治地区间的区域性经济合作组织,前身是南太平洋论坛。1971 年 8 月成立,2000 年 10 月改为现名。成员包括澳大利亚、新西兰、斐济、萨摩亚、汤加、巴布亚新几内亚、基里巴斯、瓦努阿图、密克罗尼西亚、所罗门群岛、瑙鲁、图瓦卢、马绍尔群岛、帕劳、库克群岛、纽埃等 17 个国家和中国台湾地区,2 个观察员是新喀里多尼亚、东帝汶。太平洋岛国论谈的宗旨是:通过经济与贸易的多方面、经常性的合作,维护各成员和岛屿的利益,加强友好联系,促进经济共同发展。活动等领域涉及贸易、运输、通信、旅游、农业、工业、渔业、海洋资源、环境和能源等。近年来,论坛加强了在政治、安全等领域的对外政策协调与区域合作。常设机构为秘书处。另设有论坛海运公司、论坛渔业公司、南太平洋贸易委员会、民用航空理事会、地区电信理事会等。其活动资金由澳大利亚、新西兰和其他成员各分摊三分之一。总部设在斐济首都苏瓦。

环印度洋联盟（The Indian Ocean Rim Association, IORA）简称"环印联盟"。印度洋沿岸国家所组成的国际组织，属于政府间国际组织。1997年3月，环印度洋地区14国外长聚会毛里求斯首都路易港，通过《联盟章程》和《行动计划》，宣告环印度洋地区合作联盟正式成立。环印联盟是目前环印度洋地区唯一的经济合作组织，截至2012年，共有20个成员国、6个对话伙伴国和2个观察员。成员国有南非、印度、澳大利亚、肯尼亚、毛里求斯、塞舌尔、科摩罗、阿曼、新加坡、斯里兰卡、坦桑尼亚、马达加斯加、印度尼西亚、马来西亚、也门、莫桑比克、阿联酋、伊朗、孟加拉、泰国。对话伙伴国有中国、美国、日本、埃及、英国、法国。观察员是环印度洋旅游组织和印度洋研究组。环印度洋联盟的宗旨是：遵循尊重国家主权、领土完整、政治独立、不干涉内部事务、和平共处、平等互利与协商一致等原则，不卷入双边等有争议的问题，推动区域内贸易和投资自由化，促进地区经贸往来和科技交流，扩大人力资源开发、基础设施建设等方面的合作，加强成员国在国际经济事务中的协调。

太平洋共同体（Pacific Community, PC）由当时在南太平洋地区有属地和托管地的美国、英国、法国、澳大利亚、新西兰和荷兰六国政府倡导成立的南太平洋地区经济社会合作组织。六国于1947年2月6日签署了《堪培拉协议》，宣布成立南太平洋委员会（South Pacific Commission, SPC）。1998年更名为太平洋共同体。总部设在新喀里多尼亚首府努美阿。太平洋共同体的成员包括美国、法国、澳大利亚、新西兰、汤加、萨摩亚、斐济、巴布亚新几内亚、基里巴斯、瓦努阿图、密克罗尼西亚、帕劳、库克群岛、所罗门群岛、瑙鲁、图瓦卢、马绍尔群岛、美属萨摩亚、关岛、法属波利尼西亚、新喀里多尼亚、瓦利斯和富图纳群岛、纽埃、托克劳、皮特凯恩群岛、北马里亚纳群岛。荷兰曾是南太平洋委员会创始成员，1962年在把西伊里安移交给印度尼西亚后退出。英国曾于1996年退出，1998年1月重新加入，2005年1月再次退出。

太平洋共同体的宗旨是：促进南太平洋各国或地区的经济发展、社会福利和进步;与其他国际组织合作,向南太岛国提供经济技术援助。太平洋共同体的组织机构设三个主要部门,分别负责土地、海洋资源和社会事务。在斐济苏瓦设有地区办事处,在多数岛国设有办事处,负责具体实施既定项目。此外,还有一个行政小组,负责协助总干事和两名副总干事工作。太平洋共同体自 1998 年改名以来,定为每两年召开一届会议,制定相关政策并决定总干事人选。闭会期间,政府及行政机关代表委员会有权就重要事项作出决策。

欧洲经济合作组织(Organization for European Economic Co-operation, OEEC)是西方国家间的经济联合组织。1948 年 4 月成立。会员国有英国、法国、意大利、联邦德国、瑞典、瑞士等 18 个欧洲国家,准会员国有美国和加拿大。南斯拉夫从 1955 年起派观察员参加。该组织最初作为根据马歇尔计划商讨分配美国援助的机构,1951 年年底马歇尔计划结束后继续活动,但主要任务转为协调会员国间的经济关系,协助会员国解决国际收支困难,促进各国贸易的自由化等。总部设在法国首都巴黎。1961 年 9 月该组织为经济合作和发展组织所代替。

欧洲经济共同体(European Economic Community, EEC) 又称"西欧共同市场"或"欧洲共同市场",是法国、联邦德国、意大利、荷兰、比利时、卢森堡根据 1957 年 3 月 25 日签订无限期有效的《罗马条约》而建立的。1958 年 1 月正式成立。欧洲经济共同体是欧洲共同体中最重要的组成部分,根据 1992 年建立欧洲联盟的《马斯特里赫特条约》,欧洲经济共同体更名为"欧洲共同体",该条约于 1993 年 11 月 1 日正式生效,欧共体开始向欧洲联盟过渡。1975 年 5 月同中国建立正式外交关系,1978 年签订双方间的贸易协定。欧洲经济共同体的宗旨是:建立共同市场,协调成员国经济政策,促进共同体内经济的均衡增长。主要措施有:共同体内贸易,取消工业品关税;对外实行共同的税率和贸易政策;农业方面实行共同农业政策,统一农产品价格,设立共同的农业基金。此外,在运输、能源、地区开发、社会发展等方面也制定了不同程度的共同政策,形成了一个商品、人员、劳务、资金自由流通的经济体系。组织机构有部长理事会、欧洲议会、执行委员会、欧洲法院等。总部设在比利时首都布鲁塞尔。

欧洲原子能共同体（European Atomic Energy Community，EAEC）又称"欧洲原子能联营"。1957 年 3 月，法国、联邦德国、意大利、荷兰、比利时、卢森堡六国在罗马签订《欧洲原子能联营条约》。1958 年 1 月条约生效该共同体正式成立。欧洲电子能共同体的宗旨是：协调成员国原子能的和平利用，建立原子能工业原材料和设备的共同市场，交换原子能研究情报，成立原子能研究中心和原子能工业企业。组织机构有部长理事会、执行委员会等。1967 年 7 月，与欧洲经济共同体和欧洲煤钢共同体合并主要机构，成立欧洲共同体，但法律上仍保持独立。如今，欧洲原子能共同体已经在欧洲联盟架构内。

欧洲煤钢共同体（European Coal and Steel Community，ECSC）又称"欧洲煤钢联营"。西欧主要资本主义国家间的煤钢联合经营组织。1951 年 4 月，法国、联邦德国、意大利、荷兰、比利时、卢森堡六国在巴黎签订有效期为 50 年的《建立欧洲煤钢共同体条约》。1952 年 7 月条约生效该共同体成立。欧洲煤钢共同体的宗旨是：逐步在共同体内取消煤钢关税和进口限制，建立煤钢共同市场；以控制投资、产品价格、原料分配等手段，调节成员国的煤钢生产。欧洲煤钢共同体于 1965 年 4 月 8 日通过合并条约与欧洲经济共同体及欧洲原子能共同体合并。2002 年 7 月 23 日之后，欧洲煤钢共同体不再存在。

欧洲共同体（European Communities，EC）是欧洲经济共同体、欧洲煤钢共同体和欧洲原子能共同体的总称。1965 年 4 月，法国、联邦德国、意大利、荷兰、比利时、卢森堡六国签订《布鲁塞尔条约》，统一前述三个组织的主要机构，条约于 1967 年 7 月生效。之后，英国、爱尔兰、丹麦、希腊、西班牙、葡萄牙陆续加入。1991 年 12 月，为进一步推动欧洲经济、政治一体化，欧洲共同体马斯特里赫特首脑会议通过《欧洲联盟条约》（通称《马斯特里赫特条约》），1993 年 11 月 1 日，条约正式生效，欧盟诞生。欧洲共同体作为欧盟三大支柱继续存在。总部设在比利时首都布鲁塞尔。

比荷卢经济联盟（Union Economique Benelux，UEB）是比利时、荷兰、卢森堡三国之间的经济联合组织。前身是 1944 年成立的比荷卢关税联盟。1958 年，三国签署《比荷卢经济联盟条约》，1960 年条约生效，联盟正式成立。比荷卢经济联盟的宗旨是：加强三国在经济领域的联系，协调经济、财政和社会政策，实现与货币稳定相适应的最高的就业和生活水平，增强同大国的竞争能力。具体措施是：三国商品自由流通，取消内部关税，统一对外关税，建立共同海关；劳动力自由流动，人员自由往来，取消护照和签证检查；陆路运输自由化，建立共同的公路运输价格，确立共同的卡车型号。最高权力机构是部长理事会；执行机构是经济联盟理事会；负责日常事务是秘书处。还有八个常设委员会、法院、议会咨询委员会、经济顾问委员会等。2008 年 6 月 17 日，新的《比荷卢条约》签订，比荷卢联盟取代比荷卢经济联盟，新联盟致力于在内部市场和经济一体化、可持续发展、司法和内部事务等方面强化合作。联盟总部设在比利时首都布鲁塞尔。

欧洲联盟（European Union，EU）是 28 个欧洲国家之间的经济和政治联盟，面积覆盖了欧洲的大部分地区。第二次世界大战后创建。前身是成立于 1958 年的欧洲经济共同体（EEC），最初只有比利时、德国、法国、意大利、卢森堡和荷兰六个成员国。1991 年 12 月，欧洲经济共同体马斯特里赫特首脑会议通过《欧洲联盟条约》（通称《马斯特里赫特条约》），1993 年 11 月 1 日正式生效，欧盟正式诞生。1995 年《申根协定》生效，加入协定的成员国的公民可以在成员国间自由出入。2002 年，欧元成为欧元区唯一法定货币，欧洲联盟进入一体化新阶段。欧盟以法治为基础：它的一切政策和事务都是建立在条约之上、由成员国自愿和民主商定的。单一或"内部"市场是欧盟的主要经济引擎，其促使大多数货物、服务、货币和人员能够自由流动。欧盟的另一个主要目标是开发能源、知识和资本市场等其他领域的巨大资源，以确保欧洲人能从中获得最大的利益。欧盟已经实现了半个多世纪的和平、稳定和繁荣，2012 年，欧盟因在推动欧洲和平、和解、民主和人权方面的贡献被授予诺贝尔和平奖。组织结构包括：欧洲理事会，由成员国国家元首或政府首脑及欧盟委员会主席组成，理事会主席由各成员国轮流担任，任期半年，负责讨论欧洲联盟的内部建设、重要的对外关系及重大的国际问题，总部设在比利时首都布鲁塞尔；欧盟委员会，是欧洲联盟的常设机构和执行机构，负责实施欧洲联盟条约和欧盟理事会作出的决定，向理事会和欧洲议会提出报告和立法动议，代表欧盟对外联系和进行贸易等方面的谈判等；欧洲议会，是欧洲联盟的执行监督、咨询机构,由欧盟公民直接选举,主要享有立法、监督和制定的权利,并可以三分之二多数弹劾欧盟委员会,迫其集体辞职。此外,欧盟的重要机构还包括欧洲央行、欧洲法院、欧洲审计院等。

欧洲货币合作基金(European Monetary Cooperation Fund,EMCF)是组织欧洲经济共同体成员国间的经济联合组织。1973年成立。欧洲货币合作基金的宗旨是:在成员国内实现货币同盟,加强成员国金融货币方面的合作。主要任务是:通过市场干预,稳定欧共体成员国间的货币汇率,加强成员国间的货币金融合作;对国际收支逆差的成员国提供短期贷款;集中成员国的货币储备,作为划拨清算中心,起欧共体中央银行的作用。基金资本最初定总额为14亿欧洲计算单位。欧洲货币合作基金总部设在卢森堡,理事会秘书处设在瑞士的巴塞尔。后被欧央行前身欧洲货币局取代。

欧洲中央银行(European Central Bank,ECB)简称"欧洲央行"或"欧央行"。负责欧元区金融与货币政策的官方机构。是根据1992年《马斯特里赫特条约》的规定于1998年7月1日正式成立,总部设在德国的法兰克福,其前身是设在法兰克福的欧洲货币局。欧洲中央银行的职能是:维护货币的稳定,管理主导利率、货币的储备和发行以及制定欧洲货币政策。欧洲央行和欧盟成员国中央银行一同构成欧洲中央银行体系。其职责和结构以德国联邦银行为模式,独立于欧盟机构和各国政府之外。欧洲中央银行是世界上第一个管理超国家货币的中央银行。独立性是它的一个显著特点,它不接受欧盟领导机构的指令,不受各国政府的监督。它是唯一有资格允许在欧盟内部发行欧元的机构。

欧洲中央银行的组织机构主要包括执行董事会、欧洲央行委员会和扩大委员会。执行董事会由行长、副行长和四名董事组成,负责欧洲央行的日常工作;由执行董事会和19个欧元区的央行行长共同组成欧洲央行委员会,是负责确定货币政策和保持欧元区内货币稳定的决定性机构;欧洲央行扩大委员会由央行行长、副行长及欧盟所有成员国的央行行长组成,其任务是保持欧盟中欧元国家与非欧元国家接触。

欧洲自由贸易联盟(European Free Trade Association,EFTA)又称"小自由贸

易区"或"七国集团"。部分西欧国家间的经济联合组织。为了与欧洲经济共同体对抗,英国联合瑞士、瑞典、丹麦、挪威、葡萄牙、奥地利六国于 1960 年 5 月组成该联盟。宗旨是逐步取消成员国间工业品贸易的数量限制和关税。以后,芬兰(1961 年 6 月)、冰岛(1970 年 3 月)加入,英国和丹麦(1973 年 1 月)退出该盟,加入欧洲经济共同体。目前成员仅存冰岛、列支敦士登、挪威和瑞士四国。总部设在瑞士日内瓦。

七国集团(Group of Seven)见"欧洲自由贸易联盟"。

欧洲投资银行(European Investment Bank,EIB)是欧盟成员国合资经营的重要区域性金融机构。1958 年正式成立。目前由 28 个欧盟成员国所有,是全球最大的多边投资借贷集团。欧洲投资银行的宗旨是:利用国际资本市场和共同体本身的资金,促进共同市场平衡稳定发展,为各成员国谋利益。任务是:在非营利的基础上提供贷款和担保,资助欠发达地区的发展项目、改造以及开展新的经济活动。活动范围最初限于成员国,以后扩大到共同体外有合作关系的国家。贷款大多用于成员国工业、能源开发、公共设施和中小企业的改造,同时也对非洲、加勒比及太平洋地区的发展中国家提供低息贷款。最高权力机构是理事会,管理委员会主持日常业务,审查委员会负责审核该行的业务。行址原设在比利时首都布鲁塞尔,1980 年迁至卢森堡。

欧洲复兴开发银行(European Bank for Reconstruction and Development,EBRD)是欧洲地区重要的开发性金融机构之一。于 1991 年 4 月 14 日正式开业,总部设在英国伦敦。建立欧洲复兴开发银行的设想是由法国总统密特朗于 1989 年 10 月首先提出来的。他的设想得到欧洲共同体各国和其他一些国家的积极响应。目前最大持股者为美国,其次为法、德、意、日、英等国。欧洲复兴开发银行的宗旨是:帮助和支持中欧和东欧国家向市场经济转化。投资的主要目标是中东欧国家的私营企业和这些国家的基础设施。

理事会为最高权力机构,由每个成员国委派正副理事各一名,每年举行年会一次。董事会代理事会行使权力,由 23 名成员组成,董事任期三年。董事会负责指导银行的日常业务工作,并负责选举行长。董事会主席任银行行长,行长任期四年。目前,该银行共拥有64个成员,包括62个成员国和2个国际机构(欧洲联盟和欧洲投资银行),中国于2016年正式加入该组织。

经济互助委员会(Council for Mutual Economic Assistance,CMEA/Comecon)简称"经互会"。苏联和东欧国家间的区域性经济合作组织。1949年4月正式成立。创始国有苏联、保加利亚、波兰、捷克斯洛伐克、罗马尼亚、匈牙利。以后又扩大到亚洲和拉丁美洲的国家。中国在1956—1961年曾派观察员参加活动。经互会最初的宗旨是:为了在平等互利的基础上进行经济互助、技术合作、经验交流,以促进成员国经济发展。合作方式上,成立初期主要限于贸易,20世纪50年代中期以后逐渐扩大到生产领域,并由双边经济关系扩大到多边经济关系。组织机构有作为最高权力机关的经互会会议、作为执行和管理机构的执行委员会、研究和解决经济和科技合作问题的合作委员会、作为行政执行机构的秘书处、执行委员会下设的22个常设委员会。此外还设有法律、价格、水利、商业、发明事业、内贸、船舶和劳动等各部门代表会议,以及世界社会主义体系国际经济问题研究所、标准化研究所和管理问题国际研究所三个研究机构。总部设在苏联首都莫斯科。1991年6月28日,该组织在布达佩斯正式宣布解散。

"亚洲及太平洋经济和社会合作发展科伦坡计划"组织(Colombo Plan for Co-operative Economic and Social Development in Asia and the Pacific,CPS)简称"科伦坡计划"组织。在利用援助方提供的经济援助的基础上,为发展各成员之间的经济合作而成立的区域性经济组织。1950年5月成立,取名"南亚及东南亚经济发展合作科伦坡计划组织",后改称现名。成员有阿富汗、孟加拉国、不丹、缅甸、斐济、印度、印度尼西亚、伊朗、柬埔寨、韩国、老挝、马来西亚、马尔代夫、尼泊尔、巴基斯坦、巴布亚新几内亚、菲律宾、新加坡、斯里兰卡、泰国等受援国和澳大利亚、加拿大、日本、新西兰、英国、美国等捐助国。"科伦坡计划"组织的宗旨是:以资金援助、技术合作等方式,促进该地区成员国的经济和社会发展。资金援助分赠款和贷款两种。资金主要来源于区域外发达国家成员捐款,用于为发展中国家成员国提供粮食、肥料、消费品、机械设备、运输车辆、能源等的项目。技术合作上,主要是派遣专家、提供助学金和为培训与研究所需专用设备。最高审议机构是协商委员会，成员国有关部长参加。另设有亚洲及太平洋技术合作理事会，下设执行机构科伦坡计划局。总部设在斯里兰卡首都科伦坡。

东亚及太平洋中央银行行长会议组织（Executives Meeting of East Asia and Pacific Central Banks，EMEAP）东亚地区的中央银行合作组织。成立于 1991 年 2 月。自成立以来，已经发起了两期亚洲债券基金，编制了地区金融稳定宏观监测报告，初步构建了危机管理构架及建立了金融市场交易室网络。有 11 个成员，分别是中国人民银行、澳大利亚储备银行、中国香港金融管理局、印度尼西亚银行、日本银行、韩国银行、马来西亚国民银行、新西兰储备银行、菲律宾中央银行、新加坡金融管理局、泰国银行。

东亚及太平洋中央银行行长会议组织的宗旨是通过合作与交流，推动本地区金融体系建设及加深各中央银行和货币当局间的关系。东亚及太平洋中央银行行长会议组织的相关机制分为三层：第一层为行长级会议机制。以正式行长会为主。行长会每年年中召开一次会议。主要议题包括听取副手级会议及各工作组机制工作汇报、批准有关方案及计划、讨论近期经济金融形势等。此外，行长级的会议还包括非正式行长会和东南亚及太平洋中央银行部长会议组织——欧元体系央行行长论坛。第二层为副手级会议机制，主要包括货币与金融稳定委员会会议及副手会。前者主要是牵头地区金融稳定监测及危机管理机制建设等金融稳定领域的合作，后者侧重推动地区金融市场发展、标准及准则的制定与实施、金融基础设施建设等领域的合作。第三层为工作组会议机制，包括金融市场、银行监管、支付结算三个工作组及科技局长会机制，主要是研究和落实相关专业领域的合作。

亚非经济合作组织（Afro-Asian Organization for Economic Co-operation，AO-EC）是亚洲和非洲的国家和地区商会的国际性民间组织。1960 年 5 月成立。成员有亚非国家和地区的 45 个商会。中国国际贸易促进委员会为正式会员。亚非经济合作组织的宗旨是：通过成员间的经济合作和友好交往，增强亚非国家的经济联系，促进亚非国家的经济发展。总部设在埃及首都开罗。

亚洲开发银行（Asian Development Bank，ADB）亚洲和太平洋地区的区域性国际金融机构。1966 年成立。现有 67 个成员，其中 48 个成员来自亚太地区，中国于 1986 年加入。亚洲开发银行的宗旨是：为亚太地区的发展计划筹集资金，提供技术援助，协调成员国在经济、贸易和发展事务方面的政策，同联合国及其专门机构以及其他国际国内机构进行合作，以促进区内经济发展。成立时法定股本为十亿美元，后来经过多次增资。亚洲开发银行对发展中成员的援助主要采取四种形式：贷款、股本投资、技术援助、联合融资相互担保。组织机构主要有董事会和理事会。行长是该行的合法代表，由理事会选举产生，任期五年，可连任。认缴资本越多，在董事会、理事会上的投票数越多。总行设在菲律宾首都马尼拉。

亚洲清算联盟（Asian Clearing Union，ACU）是一个区域性的多边贸易清算机构。1974 年 9 月成立。目前成员有印度、伊朗、巴基斯坦、孟加拉国、不丹、马尔代夫、缅甸、尼泊尔和斯里兰卡九国。亚洲清算联盟的宗旨是：为成员国提供结算安排，以利其在国际贸易中使用本国货币，利用外汇取得经济成果，从而为扩大联合国亚洲及太平洋经社委员会成员间的贸易作出贡献。以亚洲货币单位作为共同记账单位，币值如需改变，须经联盟董事会一致同意。在成员之间，一般只要两国相互同意，其贸易往来可通过该盟进行结算。但为石油、天然气和其制成品贸易支付时，不能利用这种便利条件。理事会由各个成员国委派正、副理事各一人组成。理事会每年轮流在成员国举行一次年会。总部设在伊朗首都德黑兰。

亚洲相互协作与信任措施会议（Conference on Interaction and Confidence-Building Measures in Asia，CICA）以下简称"亚信论坛"。于 1992 年 10 月由哈萨克斯坦总统纳扎尔巴耶夫在第 47 届联合国大会上倡议建立，1993 年 3 月起作为论坛开始活动。亚信论坛迄已通过宪章性文件《阿拉木图文件》《亚信成员国相互关系原则宣言》和《亚信信任措施目录》等文件。亚信论坛目前共有 26 个成员国，是中国、阿富汗、阿塞拜疆、印度、埃及、伊朗、以色列、约旦、哈萨克斯坦、韩国、吉尔吉斯斯坦、蒙古、巴基斯坦、巴勒斯坦、俄罗斯、塔吉克斯坦、土耳其、阿联酋、乌兹别克斯坦、泰国、越南、伊拉克、柬埔寨、卡塔尔、孟加拉国和巴林。共有 11 个观察员（国家或国际组织），是美国、日本、印度尼西亚、斯里兰卡、马来西亚、乌克兰、菲律宾以及联合国、欧安组织和阿拉伯国家联盟、突厥语国家议会大会。

亚信论坛主要讨论亚洲地区安全与合作问题,其宗旨是:增进成员国相互理解与信任,开展对话与交流,维护地区和平、安全和稳定。亚信论坛建立了国家元首和政府首脑会议、外长会议、高官委员会会议、特别工作组会议机制。亚信论坛常设执行机构为秘书处,设在哈萨克斯坦阿拉木图。

博鳌亚洲论坛(Boao Forum for Asia,BFA)是非政府、非营利的国际组织,总部设在中国海南博鳌。该论坛由菲律宾前总统拉莫斯、澳大利亚前总理霍克及日本前首相细川护熙于1998年发起。2001年2月27日,澳大利亚联邦、孟加拉人民共和国、文莱达鲁萨兰国、柬埔寨王国、中华人民共和国、印度共和国、印度尼西亚共和国、日本国、伊朗伊斯兰共和国、哈萨克斯坦共和国、吉尔吉斯共和国、老挝人民民主共和国、马来西亚、蒙古国、缅甸联邦、尼泊尔王国、巴基斯坦伊斯兰共和国、菲律宾共和国、大韩民国、新加坡共和国、斯里兰卡民主社会主义共和国、塔吉克斯坦共和国、泰王国、土库曼斯坦、乌兹别克斯坦共和国和越南社会主义共和国26个国家的代表在中华人民共和国海南省博鳌召开大会,宣告成立博鳌亚洲论坛并通过《博鳌亚洲论坛宣言》。

博鳌亚洲论坛以平等、互惠、合作和共赢为主旨,立足亚洲,致力于通过区域经济的进一步整合,推进亚洲国家实现发展目标,推动亚洲各国间的经济交流、协调与合作;同时又面向世界,增强亚洲与世界其他地区的对话与经济联系。目前博鳌亚洲论坛已成为亚洲以及其他大洲有关国家政府、工商界和学术界领袖就亚洲以及全球重要事务进行对话的高层次平台,获得了亚洲各国的普遍支持,并赢得了全世界的广泛关注。从2002年开始,论坛每年4月的第三个周末在中国海南博鳌召开年会。

亚洲合作对话(Asia Cooperation Dialogue,ACD)是一个新的泛亚区域合作对话机制。2002年6月,亚洲合作对话第一次外长非正式会议在泰国举行,就亚洲合作及亚洲合作对话的未来发展广泛交换了意见,并正式成立了亚洲合作对话机制。亚洲合作对话的成员国包括中国、东盟十国(文莱、柬埔寨、印度尼西亚、老挝、马来西亚、缅甸、菲律宾、新加坡、泰国、越南)、日本、韩国、蒙古、俄罗斯、孟加拉国、不丹、印度、巴基斯坦、斯里兰卡、巴林、伊朗、科威特、阿曼、卡塔尔、沙特、阿拉伯联合酋长国、哈萨克斯坦、吉尔吉斯斯坦、塔吉克斯坦和乌兹别克斯坦。其中，泰国是亚洲合作对话协调国。

亚洲合作对话的宗旨是：推动亚洲国家在各个领域的合作，促进亚洲的发展，提升亚洲在国际事务中的整体实力和地位，并与区域外的国际组织就共同利益展开合作。

亚洲基础设施投资银行（Asian Infrastructure Investment Bank, AIIB）简称"亚投行"。政府间性质的亚洲区域多边开发机构，重点支持基础设施建设，总部设在北京。亚投行法定资本1000亿美元。2013年10月2日，中国国家主席习近平提出筹建倡议，2014年10月24日，包括中国、印度、新加坡等在内21个首批意向创始成员国的财长和授权代表在北京签约，共同决定成立亚洲基础设施投资银行。2015年3月12日，英国正式申请加入亚投行，成为首个申请加入亚投行的主要西方国家。截至2015年4月15日，法国、德国、意大利、韩国、俄罗斯、澳大利亚、挪威、南非、波兰等国先后已同意加入亚洲基础设施投资银行，已有57个国家正式成为亚投行意向创始成员国。亚投行的建立重要意义在于：（1）它对促进亚洲国家经济发展与区域经济一体化具有重要意义。创建亚洲基础设施投资银行，通过公共部门与私人部门的合作，有效弥补亚洲地区基础设施建设的资金缺口，推进了亚洲区域经济一体化建设。（2）有利于扩大全球投资需求，支持世界经济复苏。（3）有利于通过基础设施项目，推动亚洲地区经济增长，促进私营经济发展并改善就业。（4）通过提供平台将本地区高储蓄率国家的存款直接导向基础设施建设，实现本地区内资本的有效配置，并最终促进亚洲地区金融市场的迅速发展。

东亚—拉美合作论坛（Forum for East Asia and Latin America Cooperation, FEALAC）是新加坡与智利倡议建立的、旨在促进东亚和拉美地区交往联系的区域合作组织。1999年9月，论坛成立大会暨首次高官会在新加坡召开，会议暂定论坛名为东亚—拉美论坛。2001年3月，论坛首届外长会决定将论坛正式定名为东亚—拉美合作论坛。东亚—拉美合作论坛的成员包括中国、日本、韩国、蒙古、新加坡、印度尼西亚、马来西亚、泰国、菲律宾、文莱、越南、老挝、柬埔寨、缅甸、阿根廷、巴西、智利、哥伦比亚、委内瑞拉、玻利维亚、巴拿马、巴拉圭、秘鲁、乌拉圭、厄瓜多尔、墨西哥、哥斯达黎加、萨尔瓦多、古巴、尼加拉瓜、危地马拉、多米尼加、澳大利亚和新西兰。

东亚—拉美合作论坛的宗旨是:增进两区域之间的了解,促进政治、经济对话及各领域合作,推动东亚和拉美国家之间建立更为密切的关系。东亚—拉美合作论坛的组织机构:论坛每两到三年召开一届外长会,每年召开一次高官会,会议在亚拉地区轮流举办。论坛在东亚、拉美各指定一协调国,负责协调、承办论坛各级别会议,每届外长会改选一次。2010 年 1 月,论坛第四届外长会通过决议,设立论坛协调委员会,由两个协调国、两个副协调国、三个工作组的主席国以及论坛网络秘书处主办国韩国组成,负责协调论坛事务、推动落实外长会有关决议。总部设在韩国首尔。

东亚峰会(East Asia Summit,EAS)是东盟轮值主席国主办的一个开放的、包容的、透明的和具有前瞻性的论坛。峰会的模式由东盟和东亚峰会其他所有参加国共同审议。东亚峰会最早由马来西亚前总理马哈蒂尔于 2000 年提出。2002 年第六次"10+3"领导人会议通过《东亚研究小组最终报告》,"推动'10+3'领导人会议向东亚峰会演变"是报告提出的九项中长期措施之一。在东盟推动下,首届东亚峰会于 2005 年 12 月 14 日在马来西亚吉隆坡举行,东亚峰会由此正式启动。东亚峰会成员国包括:东盟十国(文莱、柬埔寨、印度尼西亚、老挝、马来西亚、缅甸、菲律宾、新加坡、泰国、越南)、中国、日本、韩国、印度、澳大利亚、新西兰、俄罗斯和美国。其中,俄罗斯和美国是在 2010 年 10 月第五届东亚峰会上加入东亚峰会的。

东亚峰会是年度领导人会议机制,由东盟轮值主席国主办和主持。峰会尚未建立正式的各领域和各层级支撑机制,主要通过外长工作午餐会或非正式磋商以及高官特别磋商,就峰会后续行动及其未来发展方向交换意见。峰会确定能源、金融、教育、禽流感和灾害管理为五大重点合作领域,并初步形成经贸、能源、环境部长的定期会晤机制。

东南亚国家联盟(Association of South East Asian Nations,ASEAN)简称"东盟"。东南亚区域性合作组织。1967 年 8 月在曼谷成立。其前身是泰国、马来西亚和菲律宾三国于 1961 年 7 月 31 日在曼谷成立的东南亚联盟。截至 2011 年年底，东南亚国家联盟成员有十个，包括印度尼西亚、马来西亚、菲律宾、新加坡、泰国、文莱、越南、老挝、缅甸、柬埔寨。宗旨是：本着平等和合作的精神，通过共同努力来加速这个区域的经济增长、社会进步和文化发展。强调发展"相互间政治、经济和军事合作关系"。东盟还与美国、日本、澳大利亚、新西兰、加拿大、欧盟、韩国、中国、俄罗斯和印度十个国家或组织形成对话伙伴关系。2003 年，中国与东盟的关系发展到战略协作伙伴关系，中国成为第一个加入《东南亚友好合作条约》的非东盟国家。东盟主要机构有首脑会议、外长会议、常务委员会、经济部长会议、其他部长会议、秘书处、专门委员会以及民间和半官方机构。首脑会议是东盟最高决策机构，由东盟各国轮流担任主席国，每年轮换一次。另设工业矿业和能源、粮食、农业和林业、交通运输、社会发展、科学技术、贸易和旅游、财政和银行、预算、文化和新闻等特别委员会。总部设在泰国首都曼谷。

亚洲及太平洋椰子共同体（Asian and Pacific Coconut Community，APCC）是亚洲和太平洋地区椰子生产国的区域性经济合作组织。1968 年 11 月根据亚洲椰子联营的政府间协定建立。1975 年 2 月采用现名。成员有印度、印度尼西亚、马来西亚、巴布亚新几内亚、泰国、斯里兰卡、菲律宾和新加坡等 18 个椰子生产国。共同体各国椰子产量和出口量占世界总量的 90%。亚洲及太平洋椰子共同体的宗旨是：帮助协调成员国椰子业各项活动和最大限度地发展椰子生产。总部设在印度尼西亚首都雅加达。

天然橡胶生产国协会（Association of Natural Rubber Producing Countries，AN-RPC）是亚洲生产和输出天然橡胶国间的经济合作组织。1970 年 2 月成立。成员国有马来西亚、印度尼西亚、泰国、新加坡、斯里兰卡、巴布亚新几内亚、印度、越南、缅甸、菲律宾和中国 11 个国家。2010 年成员国橡胶总产量达到 942 万吨，增长率约为 5.7%，成员国消费天然橡胶已超过世界总消费量的 60%。天然橡胶生产国协会的宗旨是：协调天然橡胶的生产和销售，促进技术合作，实现公平和稳定的价格，逐步建立天然橡胶共同市场。主要活动是：统一成员国行动，共同减产、限销、稳价等措施同西方大国压低天然橡胶价格的活动进行斗争；与消费国达成协议，稳定国际市场天然橡胶价格;经常举办有关技术和统计问题的讲习班和会议。组织机构有全体大会、执行委员会、专家委员会和秘书处。总部设在马来西亚首都吉隆坡。

东南亚木材生产者协会(South East Asia Lumber Producers Association, SEALPA)是东南亚地区木材生产国间的区域性经济合作组织。1974 年 12 月成立。成员有印度尼西亚、马来西亚沙巴州和菲律宾的木材生产者。东南亚木材生产者协会的宗旨是:采取联合行动,通过合理安排供应,满足消费者需要,保持森林伐木工业的稳定发展,维护木材生产国和出口国的共同利益。该会成立时,三国圆木产量约两亿立方米,约占世界产量的 8%,占亚洲产量的 35%;三国圆木出口量占亚洲出口量的 95%以上。

东盟工业俱乐部(Association of Southeast Asian Nations Industrial Club)是指由东盟各国的国家工业俱乐部的代表组成的区域性经济机构。1977 年 7 月在马尼拉召开的工业互相补充工作小组会议上通过了成立区域性工作俱乐部的指导方针,以后又做过多次修改。东盟各国的区域性工业俱乐部主要有东盟汽车联合会、东盟水泥制造商联合会、东盟化学工业俱乐部、东盟电力电子和联合工业联合会、东盟国家橡胶工业协会、东盟玻璃制造商联合会、东盟纸浆和造纸工业俱乐部、东盟食品加工工业联合会、东盟钢铁工业联合会、东盟家具制造商联合会、东盟农机制造商联合会、东盟纺织工业联合会、东盟造船和修船俱乐部、东盟陶瓷工业俱乐部等。区域性工业俱乐部由东盟工业、矿产资源与能源委员会协调其活动,主要负责研究发展东盟内部工业合作问题,负责实施各国私营部门内部建立相互补充的生产项目的规划,规定东盟各国市场为新建企业的产品提供的具体优惠待遇,编制预定的兴建项目清单并提交东盟贸易工业局。东盟工业俱乐部体现了东盟各国在工业上的合作愿望,促进了东南亚地区经济的发展。

东盟地区论坛(ASEAN Regional Forum, ARF)是目前亚太地区最主要的官方多边安全对话与合作渠道。1993 年 7 月,第 26 届东盟外长会议在新加坡举行。会议特别安排了东盟六个成员国、七个对话伙伴国、三个观察员国和两个来宾国外长参加"非正式晚宴"。各国外长同意于 1994 年在曼谷召开东盟地区论坛(ARF),就地区政治安全问题进行非正式磋商。1994 年 7 月 25 日,东盟地区论坛首次会议在曼谷召开。

东盟地区论坛目前共有 27 个成员,包括文莱、柬埔寨、印度尼西亚、老挝、马来西亚、缅甸、菲律宾、新加坡、泰国、越南、中国、日本、韩国、朝鲜、蒙古、印度、巴基斯坦、孟加拉国、斯里兰卡、俄罗斯、美国、加拿大、澳大利亚、新西兰、巴布亚新几内亚、东帝汶和欧盟。

东盟与中日韩领导人会议(ASEAN Plus Three Summit,10+3 Summit)是指东盟十国(文莱、印度尼西亚、马来西亚、菲律宾、新加坡、泰国、越南、老挝、缅甸、柬埔寨)领导人与中国、日本、韩国三国领导人举行的会议。会议于 1997 年东盟成立 30 周年时发起。当时"10+3"国家的国内生产总值总量约为 9 万亿美元,占世界经济总量的 16%;外汇储备总额是 3.6 万亿美元,占世界外汇储备总额的一半以上。因此,"10+3"国家在财经领域共同采取行动,将对亚洲乃至世界提振信心、克服金融危机产生积极影响。对于东盟和中国、日本、韩国三国领导人会议,在形式上,首脑会议是非正式的;结构上既有所有成员国首脑会议,又有中国、日本、韩国三国分别与东盟十国间的会议,还有中国、日本、韩国三国间的非正式会晤;内容上,以东亚合作的原则为讨论主题,对成员国不具有约束力。

南亚区域合作联盟(South Asian Association for Regional Cooperation,SAARC)是南亚国家为加强经济、社会、文化和科学技术领域内的相互合作而成立的一个非政治性集团组织。1985 年 12 月,孟加拉国、不丹、印度、马尔代夫、尼泊尔、巴基斯坦、斯里兰卡七国首脑在达卡通过《南亚区域合作宣言》和《南亚区域合作联盟宪章》,宣告南亚区域合作联盟正式成立。南亚区域合作联盟秘书处设在尼泊尔加德满都。成员国包括阿富汗、孟加拉国、不丹、印度、马尔代夫、尼泊尔、巴基斯坦、斯里兰卡。

南亚区域合作联盟的宗旨是:促进南亚各国人民的福祉并改善其生活质量;加快区域内经济增长、社会进步和文化发展,为每个人提供过上体面生活和实现全部潜能的机会;促进和加强南亚国家集体自力更生;促进相互信任和理解及对彼此问题的了解;促进在经济、社会、文化、技术和科学领域的积极合作和相互支持;加强与其他发展中国家的合作;在国际论坛上就共同关心的问题加强彼此合作;与具有类似目标和宗旨的国际及地区组织进行合作。

南亚区域合作联盟的组织机构:(1)峰会。由联盟内各国元首和政府首脑参加,每年举行一次,必要时可随时召开,轮流在各成员国举行,东道国元首或政府首脑担任会议主席,是联盟最高权力机构。(2)部长理事会。由成员国外长组成,负责制定政策,审查区域合作进展情况,决定新的合作领域,并决定秘书长人选。每年召开两次会议。(3)常务委员会。由成员国外交秘书组成,负责全面监察和协调各项计划,核准项目和方案及其筹资方式,决定部门间优先事项,调集域内外资源,寻找新的合作领域等。(4)技术委员会。根据“南盟‘一揽子’行动纲要”,成立了农业与农村发展、卫生与人口活动、妇青幼、环境与林业、科技与气候、人力资源开发、运输七个技术委员会。此后,南盟还设立了信息与通信技术、生物技术、知识产权、旅游、能源五个工作组。(5)秘书处。南盟常设办事机构,负责南盟会务、成员国间及南盟与其他国际组织的交流与合作,协调和监督南盟各项活动的实施。(6)特别部长会议。迄今已就成员国共同关心的商贸、儿童、妇女、环境、残疾人、住房等领域问题分别举行过会议。(7)经济合作委员会。由成员国商务和贸易部秘书组成,已成为南盟处理经贸问题的核心机构。负责制定具体政策措施并监督实施,促进域内经贸合作。(8)区域中心。分别设立了农业信息中心(达卡)、结核病中心(加德满都)、气象研究中心(达卡)、文献中心(新德里)、人力资源开发中心(伊斯兰堡)、海岸区域管理中心(马累)、信息中心(加德满都)、能源中心(伊斯兰堡)和灾害管理中心(新德里)。

大湄公河次区域经济合作(Greater Mekong Subregion Economic Cooperation Program,GMS)是建立在平等、互信、互利基础上的一个发展中国家互利合作、联合自强机制,也是一个通过加强经济联系,促进次区域经济社会发展的务实的机制。1992年,在亚洲开发银行推动下,澜沧江—湄公河流域内的中国、缅甸、老挝、泰国、柬埔寨、越南六个国家共同发起大湄公河次区域经济合作机制。亚洲开发银行作为发起者、协调人和主要筹资方,负责为有关会议及具体项目的实施提供技术和资金支持。

大湄公河次区域经济合作的宗旨是:通过加强各成员间的经济联系,消除贫困,促进次区域的经济和社会发展。大湄公河次区域经济合作的组织机构:最高决策机构为领导人会议,每三年举行一次。各成员国按照字母顺序轮流主办,目前已举行三届。日常决策机构是部长级会议,下设高官会、工作组及专题论坛等。

中日韩合作(Trilateral Cooperation among the People's Republic of China, Japan and the Republic of Korea)中国、日本和韩国三国政府共同参与的次区域合作组织。1999年11月,由时任中国总理朱镕基、日本首相小渊惠三、韩国总统金大中在菲律宾出席东盟与中日韩(10+3)领导人会议期间,举行早餐会,启动三国在"10+3"框架内的合作。2000年,三国领导人在第二次早餐会上决定在"10+3"框架内定期举行会议。2008年12月,首次"10+3"框架外的中日韩领导人会议在日本福冈举行。中日韩合作的成员国包括中国、日本、韩国。

组织机构:三方委员会。2003年发表的《中日韩推进三国合作联合宣言》提出,成立由三国外长牵头的三方委员会,负责研究、规划、协调和监督三国合作,每年向领导人会议提交进展报告。2004年6月,三方委员会首次会议在中国青岛举行,会议讨论并通过三方委员会职责范围(TOR),明确了三方委员会的职能、原则及运作方式。三方委员会迄已举行五次会议,通过了三份《中日韩合作进展报告》。

中非合作论坛(Forum on China-Africa Cooperation,FOCAC)中国和非洲国家在南南合作范畴内的集体论坛对话机制。该论坛是为进一步加强中国与非洲国家在新形势下的友好合作、共同应对经济全球化挑战、谋求共同发展、根据部分非洲国家的建议和中国政府倡议于2000年10月成立的。主要成员国有中国和与中国建交的50个非洲国家。

中非合作论坛的宗旨是平等磋商、增进了解、扩大共识、加强友谊、促进合作。中非合作论坛第一届部长级会议上通过的《中非经济和社会发展合作纲领》规定,中非双方同意建立后续机制,定期评估后续行动落实情况。2001年7月,中非合作论坛部长级磋商会在赞比亚首都卢萨卡举行,讨论并通过了《中非合作论坛后续机制程序》。2002年4月,后续机制程序正式生效。中非合作论坛后续机制建立在三个级别上:部长级会议每三年举行一届;高官级后续会议及为部长级会议做准备的高官预备会分别在部长级会议前一年及前数日各举行一次;非洲驻华使节与中方后续行动委员会秘书处每年至少举行两次会议。部长级会议及其高官会轮流在中国和非洲国家举行。中国和承办会议的非洲国家分别担任主席国或共同主席国,共同主持会议并牵头落实会议成果。部长级会议由外长和负责对外合作或财经事务的部长参加,高官会由各国主管部门的司局级官员参加。中方后续行动委员会成立于2000年11月。目前共有27家部委成员单位。外交部长和商务部长为委员会两名誉主席,两部主管部领导为两主席。委员会下设秘书处,由外交部、商务部、财政部、文化部有关司局组成,外交部非洲司司长任秘书长。秘书处办公室设在外交部非洲司。

中国—东盟自由贸易区(China and ASEAN Free Trade Area,CAFTA)是中国与东盟十国组建的自由贸易区。2000年11月,时任中国国务院总理朱镕基在新加坡举行的第四次中国—东盟领导人会议上首次提出建立中国—东盟自由贸易区的构想。2001年3月,中国—东盟经济合作专家组在中国—东盟经济贸易合作联合委员会框架下正式成立。2002年11月,第六次中国—东盟领导人会议在柬埔寨首都金边举行,时任总理朱镕基和东盟十国领导人签署了《中国与东盟全面经济合作框架协议》,决定到2010年建成中国—东盟自由贸易区。2010年1月1日贸易区正式全面启动。中国—东盟自由贸易区的主要成员国:中国、东盟十国(文莱、印度尼西亚、马来西亚、菲律宾、新加坡、泰国、越南、老挝、缅甸、柬埔寨)。中国—东盟自由贸易区建成后,东盟和中国的贸易额占到世界贸易额的13%,成为一个涵盖11个国家、19亿人口、GDP达6万亿美元的巨大经济体,是目前世界人口最多的自由贸易区,也是发展中国家间最大的自由贸易区。

中国—东盟自由贸易区的组织机构是中国—东盟商务理事会。中国—东盟商务理事会的中方理事单位由中国有代表性商会和知名企业组成;中国—东盟商务理事会的东盟合作方是东盟工商会。东盟工商会由东盟十国最具代表性的商会组成,包括文莱国家工商会、柬埔寨总商会、印度尼西亚工商会、老挝全国工商会、马来西亚国家工商会、缅甸工商联合会、菲律宾工商会、新加坡工商联合会、泰国工业联合会、越南工商会。

上海合作组织(Shanghai Cooperation Organization,SCO)是中国、俄罗斯、哈萨克斯坦、吉尔吉斯斯坦、塔吉克斯坦、乌兹别克斯坦六国元首于 2001 年 6 月 15 日在上海会晤宣布成立的永久性政府间国际组织。现有蒙古、巴基斯坦、伊朗、印度四个观察员国,以及白俄罗斯、斯里兰卡两个对话伙伴国。六个成员国领土总面积超过 3018 万平方公里,占欧亚大陆的五分之三;加上观察员国领土,领土总面积超过 3716 万平方公里。六个成员国人口总和为 15.25 亿人,占世界人口的四分之一;加上观察员国人口,人口总和达到 28 亿人,占世界人口的近一半。

上海合作组织的宗旨是:加强成员国睦邻互信和友好合作,维护地区安全稳定,促进地区和成员国的经济发展,推动建立公正合理的国际政治经济新秩序;恪守《联合国宪章》的宗旨和原则;坚持所有成员国一律平等,协商解决所有问题;奉行不结盟、不针对第三方和对外开放的原则;倡导互信、互利、平等、协商、尊重多样文明、谋求共同发展的"上海精神"。

上海合作组织现已建立元首、总理、总检察长、最高法院院长、安全会议秘书、外长、国防部长、公安内务部长、经贸部长、文化部长、卫生部长、教育部长、交通部长、紧急救灾部长(中方为民政部)、科技部长、农业部长、国家协调员等会议机制。

根据《上海合作组织宪章》,元首会议是上海合作组织最高领导机构。元首例行会议每年举行一次。举办元首会议的成员国为组织轮值主席国。上海合作组织秘书处和地区反恐怖机构两个常设机构于 2004 年 1 月正式启动。秘书处设在北京,主要职能是为组织活动提供协调、信息分析、法律和技术保障。地区反恐怖机构设在乌兹别克斯坦首都塔什干,主要职能是协助成员国打击"三股势力"、协助培训反恐专家以及同其他国际组织开展反恐合作等。地区反恐怖机构下设理事会和执行委员会。

中国—阿拉伯国家合作论坛(China-Arab States Cooperation Forum,CASCF)中国与阿拉伯国家对话与合作的平台。2004 年 1 月 30 日,时任中国国家主席胡锦涛访问了设在埃及开罗的阿拉伯国家联盟(简称"阿盟")总部,会见了阿盟秘书长阿姆鲁·穆萨和 22 个阿盟成员国代表。会见结束后,时任外长李肇星与穆萨秘书长共同宣布成立"中国—阿拉伯国家合作论坛",并发表了《关于成立"中国—阿拉伯国家合作论坛"的公报》。主要成员国有中国和阿盟 22 个成员国(约旦、阿联酋、巴林、突尼斯、阿尔及利亚、吉布提、沙特、苏丹、叙利亚、索马里、伊拉克、阿曼、巴勒斯坦、卡塔尔、科摩罗、科威特、黎巴嫩、利比亚、埃及、摩洛哥、毛里塔尼亚、也门共和国）。

中国—阿拉伯国家合作论坛的宗旨是：加强对话与合作、促进和平与发展。中国—阿拉伯国家合作论坛的组织机构：（1）部长级会议为论坛长期机制。由各国外长和阿盟秘书长组成，每两年在中国或阿拉伯国家联盟总部或任何一个阿拉伯国家轮流举行一次部长级例会，必要时可以召开非常会议。会议主要讨论加强中国和阿拉伯国家在政治、经济、安全等领域的合作；就共同关心的地区和国际问题、联合国及其专门机构会议所讨论的热点问题交换意见；回顾论坛行动计划执行情况；讨论双方共同关心的其他事务。（2）高官委员会会议。每年召开例会，由中阿双方轮流承办，必要时经双方同意也可随时开会。负责筹备部长级会议并落实部长级会议的决议和决定，并举行中阿集体政治磋商。（3）其他机制。除部长级会议和高官会议外，论坛框架下逐步形成了中阿企业家大会暨投资研讨会、中阿关系暨中阿文明对话研讨会、中阿友好大会、中阿能源合作大会和中阿新闻合作论坛、中阿互办文化节等机制。以上活动一般每两年轮流在中国和阿拉伯国家举办一次。此外，中阿在环境保护和人力资源培训领域也有着机制性合作。（4）联络组。中国驻埃及大使馆为中方联络组，阿拉伯驻华使节委员会和阿盟驻华代表处为阿方联络方，负责双方的联络并落实部长会和高官会的决议和决定。中方论坛事务秘书处办公室设在中国外交部西亚北非司。

阿拉伯国家联盟（League of Arab States，LAS）是阿拉伯国家间重要的地区性国际组织，简称"阿拉伯联盟"或"阿盟"。1945 年 3 月在开罗成立。创始成员国有埃及、伊拉克、约旦、黎巴嫩、沙特阿拉伯、叙利亚和也门。目前该组织有 22 个成员国。阿拉伯国家联盟的宗旨是：协调成员国间的关系，加强合作，维护成员国的独立和主权，并从总体上考虑阿拉伯国家的事务和利益。其组织机构包括：首脑会议，为阿盟最高权力机构，每年举行一次会议，讨论地区性重大问题；理事会由全体成员国代表组成，每年举行两次例会，理事会达成的决议对所有成员国均有约束力；秘书处负责执行理事会决议。此外，理事会还下设政治、文化、经济、交通、社会、法律等 16 个专门委员会及机构。阿盟总部位于埃及首都开罗。

阿拉伯各国农工商会总联盟（General Union of Chambers of Commerce, Industry and Agriculture for Arab Countries, GUCCIAAC）是阿拉伯国家商会的联合组织。1951 年成立。成员有 20 个商会。阿拉伯各国工商会总联盟的宗旨是：共同磋商阿拉伯国家经济发展问题，鼓励相互间的经济合作并扩大合作范围，改进工业产品的质量，促进成员所在国间的技术情报交流，为阿拉伯国家经济发展作出贡献。组织机构包括：联盟大会，每两年举行一次；理事会；执行委员会；秘书处。总部设在黎巴嫩首都贝鲁特。

阿拉伯经济统一委员会（Council of Arab Economic Unity, CAEU）是阿拉伯国家联盟为促进阿拉伯国家和地区之间的经济合作而建立的机构。1957 年 6 月，阿拉伯联盟经济委员会通过《阿拉伯经济统一协定》，决定建立一个"阿拉伯经济统一委员会"，以执行协定的条款和管理所属组织机构，实现阿拉伯经济的完全统一。协定于 1964 年 5 月 30 日生效。同年 6 月委员会举行第一次会议。目前有埃及、伊拉克、约旦、科威特、利比亚、吉布提、毛里塔尼亚、巴勒斯坦、索马里、苏丹、叙利亚、阿拉伯联合酋长国和也门等 18 个成员国。阿拉伯经济统一委员会的宗旨是：加强本地区成员国间以及与其他地区的经济联系，促进本地区的经济发展和统一。委员会在法律、财政和行政管理方面都处于独立地位。总秘书处设在埃及首都开罗，1979 年 3 月迁到约旦安曼。

石油输出国组织（Organization of Petroleum Exporting Countries, OPEC）是亚非拉主要石油生产国建立的国际性经济合作组织。也是发展中国家建立最早、影响最大的一个原料生产国和输出国组织。1960 年 9 月成立。成员有伊拉克、伊朗、沙特阿拉伯、科威特、委内瑞拉、阿尔及利亚、阿拉伯联合酋长国、安哥拉、厄瓜多尔、卡塔尔、利比亚、尼日利亚 12 国。石油输出国组织的宗旨是：协调和统一各成员国的石油政策，反对国际石油垄断资本的控制，确定以最适宜的手段来维护各国共同的利益。该组织成立后，赢得了与外国石油公司协商原油标价和石油税率的权利，增加了收入，还通过入股和国有化等方式不断收回石油资源主权。20 世纪 60 年代，经过石油输出国组织的努力，中东原油标价维持在每桶 1.8 美元的水平。20 世纪 70 年代采取减产、禁运、提价和国有化等措施，使每桶石油标价逐渐上升。1980 年 1 月达每桶 26 美元。各成员国石油收入总额由 1973 年的 250 亿美元上升为 1979 年的 1990 亿美元。1981 年以来,石油市场疲软,该组织采取减产、普遍降价措施,处境较为困难。1997 年 11 月,由于亚洲金融危机,石油需求下降,国际油价开始下滑,欧佩克被迫实施减产计划,有效地达到了市场的供需平衡。根据《BP 世界能源统计 2011》,2010 年年底该组织成员石油总储量为 10684 亿桶,约占世界石油储量的 77.2%。石油输出国组织大会是最高权力机构,负责制定总政策,并就重大问题作出决定;理事会是管理机构,负责执行大会决议和管理工作;另设专门机构经济委员会,协调国际石油价格。总部设在奥地利首都维也纳。

阿拉伯石油输出国组织(Organization of Arab Petroleum Exporting Countries, OAPEC)是阿拉伯石油生产国的经济组织。1968 年 1 月由沙特阿拉伯、科威特、利比亚三国创建,以后陆续接纳了阿尔及利亚、巴林、阿拉伯联合酋长国、卡塔尔、伊拉克、叙利亚、埃及、突尼斯共 11 个成员国。宗旨是:反对国际石油垄断资本的掠夺和剥削,维护各成员国石油权益,互相协调石油政策,促进在石油工业领域中的广泛合作。最高权力机构是理事会,由各成员国石油部长组成,负责制定政策并实行领导,下设执行局、秘书处。其主要活动是:协调成员国的石油经济政策,在一定程度上协调成员国行动中应遵循的法律机制,交流技术和情报,尽可能为成员国公民提供培训和就业机会,利用成员国的资源和潜力参与石油工业项目,并负责承办四年一届的"阿拉伯能源会议"。2012 年,该组织成员国的石油产量为 10.86 亿吨。总部设在科威特。

阿拉伯共同市场(Arab Common Market, ACM)是阿拉伯国家间的经济合作组织。1965 年 1 月正式成立。阿拉伯联盟成员国均可参加。成员国有埃及、伊拉克、叙利亚、约旦、利比亚、苏丹、也门、毛里塔尼亚和索马里等。共同市场议定成员国相互间逐步减少直至完全取消关税和贸易上的各种限制。还议定相互间资金和劳动力实行自由流通,并协调共同的对外经济政策。共同市场在阿拉伯经济统一委员会监督之下工作,并无自己单独的组织机构。由于政治、经济原因,这一共同市场未能真正实施起来。2009 年首届阿拉伯经济、发展和社会峰会在科威特召开,会议决定建立关税同盟,最终在 2020 年建立阿拉伯共同市场。

阿拉伯货币基金组织(Arab Monetary Fund, AMF)是阿拉伯国家联盟成员国为加强经济与金融合作而创办的区域性金融机构。1976年4月阿拉伯国家经济委员会在拉巴特召开会议,讨论并批准成立阿拉伯货币基金组织协定,1977年宣告成立。总部设在开罗,1979年迁至阿布扎比。该组织只限于阿拉伯国家参加。目前有22个成员国。

阿拉伯货币基金组织的宗旨是:(1)探讨和制定会员国间金融合作的方针和方式,以促进阿拉伯经济一体化的早日实现和各会员国的经济发展。(2)对会员国国际收支不平衡进行调节,取消彼此间对经常项目支付的限制,促进阿拉伯国家之间的汇率稳定,从而加速贸易发展。(3)扩展阿拉伯金融市场,推广作为记账单位的阿拉伯第纳尔的用途,为发行统一的阿拉伯货币创造有利条件。阿拉伯货币基金组织的业务活动为:(1)向国际收支出现逆差的会员国提供短期和中期贷款,并为其借款提供担保,以增加会员国的借款能力。为弥补国际收支逆差,会员国可以提取借用其缴纳资金的75%,或借用全部缴纳资金,但均需在三年内还清。此外,会员国还可以从基金组织获得其他贷款,但在一年内其额度不能超过其缴纳资金的两倍,而且,在任何时候,贷款余额也不能超过其缴纳资金的三倍。一般贷款须在五年内偿还,延期贷款在七年内偿还,贷款利息按特许的统一利率计算,期限越长,利率越高。(2)协调会员国的金融货币政策,就会员国的经济状况交换意见,磋商解决存在的问题。(3)管理会员国存放的资金。(4)对会员国的金融机构提供技术援助,如帮助制定银行法规、稳定货币计划和外汇改革方案,搜集和处理有关金融经济统计资料等,目的是使所有成员国的经济和社会均衡发展,逐步实现阿拉伯经济一体化。

阿拉伯货币基金组织的组织机构:(1)董事会,为最高权力机构,负责制定阿拉伯经济一体化和会员国之间贸易自由化政策。董事会由会员国各委派一名董事和副董事组成。董事和副董事任期五年,董事会每年至少开会一次。如果半数会员国或拥有半数投票权的会员国要求开会,或根据执行理事会的要求,董事会可随时召开会议。不论认缴资本多少,每个会员国均有75票表决权。此外,每认缴一股资本,便增加一票。(2)执行理事会,为负责日常业务工作的常设机构,由董事会任命的总裁和选举的八名常务理事组成。常务理事任期三年,可连选连任,阿尔及利亚和沙特阿拉伯各有一名常务理事,其余六名常务理事由会员国根据其利益组成六个集团选举产生,一个集团推选一名。(3)总裁,为执行理事会主席,任期五年。总裁设立并领导贷款委员会和投资委员会,以便制定信贷和投资方针,向执行理事会提出信贷和投资的具体方案。

阿拉伯基金会(Arab Fund)是阿拉伯国家和非洲石油进口国家间的经济合作组织。1974 年 1 月在埃及首都开罗建立。由阿拉伯石油输出国提供总额为 2 亿美元的基金,向非洲石油进口国家提供低息贷款,用来购买石油或开发经济资源。基金会由阿拉伯联盟管理。开始贷款活动以来,已同不少非洲国家签订了贷款协定。

阿拉伯经济和社会发展基金(Arab Fund for Economic and Social Development,AFESD)是阿拉伯一些国家组成的经济和社会发展的组织。1968 年 5 月阿盟经济社会委员会批准设立,1971 年 12 月阿盟秘书处宣布协议生效。成员有阿尔及利亚、埃及、伊拉克、约旦、科威特、利比亚、毛里塔尼亚、摩洛哥、阿曼、阿拉伯联合酋长国等 21 个国家。阿拉伯经济和社会发展基金的宗旨是:把阿拉伯的经济建立在一个强有力的基础上,以满足阿拉伯国家经济、社会发展的需要,实现阿拉伯联盟宪章所制定的目标。资金由基金会的成员认购股金(按科威特第纳尔计算)。基金会由理事会、董事会、董事会主席、总经理、信贷委员会、援助委员会组成。理事会是最高权力机构,董事会由八名理事会选出的成员组成,任期两年。注册资本为 8 亿科威特第纳尔,截至 2003 年年底,累计对外发放贷款 44.6 亿科威特第纳尔(1 科威特第纳尔约为 3.4 美元)。总部设在科威特。

阿拉伯投资公司(Arab Investment Company,AIC)是阿拉伯国家合办的投资银行。1974 年 7 月成立,1975 年开业。成员有埃及、摩洛哥、苏丹、突尼斯、阿布扎比、巴林、伊拉克、约旦、科威特、卡特尔、沙特阿拉伯、叙利亚等国。阿拉伯投资公司的宗旨是:通过执行农业、工业、商业和服务业的各项计划,把阿拉伯资本投放到各成员国的经济发展上去,促进各国经济繁荣,社会发展。核定资本为 2.55 亿美元。组织机构有大会和董事会。董事会任期三年。公司设在沙特阿拉伯首都利雅得。

阿拉伯农业发展组织（Arab Organization for Agricultural Development, AOAD）是阿拉伯国家联盟下设委员会之一。1970 年成立。成员有沙特阿拉伯、约旦、叙利亚、黎巴嫩、伊拉克、也门、利比亚、苏丹、摩洛哥、突尼斯、科威特、阿尔及利亚、巴林、卡塔尔、阿曼、阿拉伯联合酋长国、毛里塔尼亚、巴勒斯坦、索马里和吉布提等。阿拉伯农业发展组织的宗旨是：努力发展阿拉伯国家的农业，完善领导农业的科学方法，提高农业劳动生产率，实现主要农产品的自给，扩大成员国间在农业生产方面的合作，帮助各国建立农业部门中的新企业，协助增加就业和提高农业地区的生活水平。总部设在苏丹首都喀土穆。

海湾阿拉伯国家合作委员会（Gulf Cooperation Council, GCC）简称"海湾合作委员会"或"海合会"。是一个融政治、经济、军事为一体的区域性合作组织。1981 年 5 月 25 日，六个海湾阿拉伯国家（阿拉伯联合酋长国、阿曼苏丹国、巴林国、卡塔尔国、科威特国、沙特阿拉伯王国）的元首在阿拉伯联合酋长国开会，宣布成立海湾阿拉伯国家合作委员会，并签署了委员会章程。总部设在沙特阿拉伯首都利雅得。海合会的宗旨是：加强成员国之间在各领域内的协调、合作和一体化；加强和密切成员国人民间的联系、交往与合作；推动六国发展工业、农业、科学技术，建立科学研究中心，兴建联合项目，鼓励私营企业间的经贸合作。海合会成立以来，每年 11 月或 12 月轮流在六国首都召开首脑会议。海合会六国均奉行中立、不结盟的外交政策，举措温和、务实。面对新的国际局势，六国越来越依靠以海合会为整体参与国际和地区事务，开展多元外交，注重大国间的平衡。虽然 2014 年海合会内部在埃及问题上发生分歧，沙特、阿联酋、巴林与卡塔尔矛盾升级，三国撤回驻卡塔尔大使，但在重大国际、地区问题上内部成员国趋于对外政策的统一性和整体性。

阿拉伯—拉丁美洲银行（Arab-Latin American Bank, ALAB）是阿拉伯国家和拉丁美洲国家联合经营的金融企业。1977 年在马德里由 14 个国家签署建立该行的协定。1978 年 10 月正式开业。阿拉伯—拉丁美洲银行的宗旨是：促进阿拉伯与拉丁美洲地区之间的双边贸易发展，巩固阿拉伯—拉丁美洲国家经济合作。资本固定在 1 亿美元，其中 2500 万美元是支付资本。根据章程规定：60%的资本由埃及、法国、科威特、利比亚、沙特阿拉伯和西班牙银行认购;40%由阿根廷、巴西、智利、哥伦比亚和秘鲁等国银行认购。总行设在秘鲁首都利马。

阿拉伯非洲经济开发银行(Arab Bank for Economic Development in Africa,ABEDA)是阿拉伯国家向非洲非阿拉伯国家提供资金援助的金融机构。1974年9月正式成立。1975年年初开始营业。阿拉伯非洲经济开发银行的宗旨是:通过对非洲非阿拉伯国家发展项目的资助和提供技术援助,促进非洲经济发展,加强阿拉伯国家同这些国家的经济和财政合作。核定资本2.31亿美元,由阿拉伯产油国提供,捐助最多的国家有沙特阿拉伯、利比亚、科威特、伊拉克和阿拉伯联合酋长国。1976年该行股本与阿拉伯援助非洲特别基金股本合并。最高权力机构是理事会,负责审查银行上年活动和确定下年所需资金;董事会执行银行的各项工作职责,并向理事会提供政策建议和监督理事会决定的实施。行址设在苏丹首都喀土穆。

阿拉伯马格里布联盟(Union du Maghreb Arabe,UMA)是北非马格里布地区阿拉伯国家的区域合作组织。前身是1964年的马格里布常设协商委员会。联盟成立于1989年2月17日,常设秘书处设在摩洛哥。主要成员有摩洛哥、突尼斯、阿尔及利亚、利比亚和毛里塔尼亚。阿拉伯马格里布联盟的宗旨是:在尊重各成员国的政治、经济和社会制度的前提下,充分协调经济、社会方面的立场、观点和政策,大力发展经济互补合作。在外交和国际领域协调立场,进行合作。优先实现经济一体化,最终实现阿拉伯统一。

阿拉伯马格里布联盟的组织机构:(1)元首委员会。最高决策机构,由成员国元首组成,每年举行一次例会,会议主席由元首轮流担任并在委员会休会期间任阿拉伯马格里布联盟执行主席。(2)外长理事会。由各成员国外长组成,负责审议后续工作委员会和各部长专门委员会提交的工作报告,为元首会议作准备,并列席元首委员会例会。(3)后续工作委员会。由成员国负责阿拉伯马格里布联盟事务的国务秘书组成,负责落实元首委员会的决议。(4)部长专门委员会。现有粮食安全、财政经济、人力资源和基本建设四个专门委员会。

伊斯兰发展银行(Islamic Development Bank,IDB)是伊斯兰教国家间的经济合作组织。1974 年 8 月由 26 个伊斯兰教国家的财政部长在沙特阿拉伯的吉达签署协议后成立。1975 年 10 月开始营业。截至 2009 年,目前有成员国 56 个。伊斯兰发展银行的宗旨是:促进伊斯兰教国家的经济发展和社会进步;努力帮助发展各成员国之间的对外贸易,特别是生产资料的交流。法定资本 20 亿伊斯兰第纳尔,主要由沙特阿拉伯、科威特、利比亚等产油国提供。组织机构有董事会、执行理事会等。总部设在沙特阿拉伯的吉达。

伊斯兰发展中八国集团(Group of Eight Islamic Developing Countries,Developing Eight,D8)又称"发展中八国集团"。由埃及、伊朗、尼日利亚、印度尼西亚、马来西亚、孟加拉国、土耳其和巴基斯坦八个伊斯兰发展中国家组成的经济合作集团。1997 年 6 月 15 日,伊斯坦布尔举行首次八国首脑会议,会上宣布正式成立伊斯兰发展中八国集团。伊斯兰发展中八国集团涵盖 8 亿人口,占世界人口的 13.5%。伊斯兰发展中八国集团的宗旨是:促进伊斯兰发展中国家之间的合作,推动成员国的经济发展,使伊斯兰国家能够在世界经济中发挥更重要的作用。总部设在土耳其的伊斯坦布尔。

穆斯林发展中八国集团(Group of Eight Muslim Developing Countries,Developing Eight,D8)见"伊斯兰发展中八国集团"。

非洲石油进口国阿拉伯特别基金会(Special Arab Fund for African Oil Importers)见"阿拉伯基金会"。

土伊巴区域经济合作组织(Regional Co-operation of Development,RCD)是亚洲土耳其、伊朗和巴基斯坦三国结成的区域性经济合作组织。1964 年 7 月成立。土伊巴区域经济合作组织的宗旨是:加强三国间的经济、技术和文化合作,协调各国的发展计划,加速该地区经济发展进程,改善人民生活。自组织成立以来,三国在工业、运输、贸易、保险、技术等方面的合作取得一定成果。工业方面,三国开办联营企业,并制定在联营企业中政府与私人投资协定,共同筹集材料、熟练工人和资金,分配市场,发展专业化生产;贸易方面,着手建立地区优惠贸易制度和自由贸易区,已签署发展合作组织贸易和多边支付安排的两项协定。组织机构有部长理事会、地区计划委员会、常设秘书处。总部设在伊朗首都德黑兰。

非洲开发银行(African Development Bank,ADB)是非洲国家为非洲经济发展而建立的开发银行。1964 年 11 月正式成立。1966 年 7 月 1 日开业。截至 2007 年 5 月,共有 77 个成员国,非洲 53 个国家全部为成员,此外还有包括中国在内的区外成员 24 个。非洲开发银行的主要任务是:帮助非洲大陆制定发展总体战略,协调各国的发展计划,通过提供优惠贷款和投资,特别为有利于地区合作和扩大成员间贸易的项目,优先提供资金和技术援助,以利用非洲大陆的人力物力资源,促进成员国的经济发展和社会进步,逐步实现"非洲经济的一体化"。法定资本最初为 2.5 亿美元,截至 2006 年年底,非洲开发银行核定资本相当于 329 亿美元,实收资本相当于 325.6 亿美元,其中非洲国家的资本额占三分之二。贷款主要用于非洲成员国的农业、运输业和公共事业。为促进非洲经济发展,该行还同非洲内外的机构开展金融合作,并在一些地区性金融机构中参股。最高决策机构为理事会,由成员国各出一名理事组成。执行机构为董事会,由理事会选举董事 18 名组成。为体现非洲特点,规定董事长必须由非洲人担任,行址永设非洲,非洲国家至少控制银行资本的 66%,掌握三分之二的表决权。总部设在科特迪瓦原首都阿比让,2002 年搬迁至突尼斯至今。

非洲开发基金(African Development Fund,ADF)是非洲开发银行为向成员国在经济和社会发展方面提供优惠贷款的基金组织。1972 年 11 月在经济合作与发展组织的援助下成立,是非洲开发银行内附属机构,1974 年 8 月开始营业。成员国除非洲发展银行的全部成员国外,还包括阿拉伯联合酋长国。非洲开发基金的主要资金来源,主要是由 27 个资金供给国每三年认捐一次。基金的贷款期限是 50 年,年利率只有 0.75%。基金的大部分资金用于 40 个低收入非洲成员国,帮助它们发展社会经济。在超过 40 年的时间里,基金在非洲大陆的总投资额达到 450 亿美元。

非洲贸易促进组织协会(Association of African Trade Promotion Organization,

AATPO)是非洲国家为促进相互间贸易的经济组织。1973 年举行的非洲统一组织第十届国家和政府首脑会议决定成立。1974 年 1 月,协会在亚的斯亚贝巴举行成立大会,通过协会章程,规定协会的宗旨是:加强非洲国家之间在贸易方面的接触,帮助协调非洲国家的贸易政策,以促进非洲国家之间的贸易。总部设在摩洛哥丹吉尔。

非洲中央银行协会(Association of African Central Banks , AACB)是非洲国家为加强与会国中央银行的联系而设立的组织。1968 年 8 月成立。成员国最初有布隆迪、埃塞俄比亚、加纳、肯尼亚、马拉维、毛里求斯、塞拉利昂、索马里、苏丹、坦桑尼亚和扎伊尔等国,现大多数非洲统一组织的国家均已参加。非洲中央银行协会的宗旨是:增加成员国之间的合作和贸易,促进成员国在货币、金融和银行等方面的联系,加强非洲大陆在货币和金融方面的稳定。会址设在埃塞俄比亚首都亚的斯亚贝巴。

非洲经济共同体(African Economic Community , AEC)是非洲联盟各成员国为促进非洲的经济发展和一体化成立的区域性国际组织,非洲联盟的重要分支组织。1976 年非洲统一组织部长理事会第十一次特别会议在扎伊尔首都金沙萨举行,根据扎伊尔总统蒙博托的建议,会议通过了一项在 25 年内分阶段建立非洲共同体的决议。1991 年 6 月 3 日,非洲国家元首与政府首脑在尼日利亚首都阿布贾举行的非洲统一组织第 27 届会议上通过了《阿布贾条约》,宣布正式成立非洲经济共同体。

非洲经济共同体的宗旨是:促进非洲的经济、社会和文化的发展以及推动非洲经济一体化的进程,以便增强自力更生的能力;建立一个开发和动员非洲人力和物力资源的框架;促进各个领域的合作,以提高人民生活标准、维持经济稳定,在成员国之间建立亲密的伙伴关系;协调非洲各种共同体之间的政策;协调各地区性经济共同体分六个阶段逐步实现非洲经济一体化。这六个阶段是:建立起还不存在的区域性集团(1999 年完成);加强区域性经济共同体内的联合和各区域性经济共同体间的协调(2007 年完成);在每个区域性集团中建立一个自由贸易区和关税联盟(2017 年完成);建立一个全非洲范围的关税联盟(同时也是一个自由贸易区)

（2019 年完成）；建立一个全非洲范围的非洲共同市场（2023 年完成）；建立一个全非洲范围的经济和货币同盟（同时也是一个货币联盟）和议会（2028 年完成）。所有过渡阶段最后在 2034 年结束。

萨赫勒—撒哈拉国家共同体（Community of Sahel-Saharan States，CEN-SAD）是非洲最大的地区经济共同体，1998 年成立，覆盖了非洲 45％ 的土地和近一半的人口，被称为非洲联盟的基础。萨赫勒—撒哈拉国家共同体总部设在利比亚首都的黎波里。成员包括利比亚、苏丹、乍得、马里、尼日尔、布基纳法索、科特迪瓦、几内亚比绍、利比里亚、中非、厄立特里亚、吉布提、冈比亚、塞内加尔、摩洛哥、突尼斯、埃及、尼日利亚、索马里、多哥、贝宁、加纳、塞拉利昂、几内亚、科摩罗、毛里塔尼亚、圣多美和普林西比、肯尼亚等国家。

萨赫勒—撒哈拉国家共同体的宗旨是：加强成员国间的政治和经济合作，维护地区安全，促进地区一体化建设。萨赫勒—撒哈拉国家共同体的组织机构：（1）元首委员会。最高权力机构，由成员国元首组成，每年举行一次首脑例会，会议主席由成员国元首轮流担任，并在委员会休会期间任执行主席。元首委员会制定共同体的大政方针，以实现共同体所确定的目标。（2）执行委员会。由秘书长和成员国部长组成，每半年举行一次会议，主席由会议主办国担任。执行委员会负责执行首脑会议决议，并处理共同体的对外关系、经济、财政、计划、内政、安全等事务。（3）秘书处。监督首脑会议决议的执行，并对各个机构负责。秘书长由首脑会议指定，任期三年。（4）大使委员会。由成员国驻利比亚使节组成，负责向每次执行委员会会议提交一份行动报告。（5）经济、社会、文化委员会。是共同体的协商机构，由成员国指定的十人组成，主要任务是参与共同体有关经济、社会、文化项目的文件起草。该委员会每年举行一次会议，总部设在马里首都巴马科。（6）农业和水资源委员会。负责农业水利和环境保护问题。（7）非洲发展与贸易银行。

非洲联盟（African Union，AU）简称"非盟"。前身是成立于 1963 年 5 月 25 日的非洲统一组织（简称"非统"）。1999 年 9 月 9 日，非统第四届特别首脑会议通过《锡尔特宣言》，决定成立非盟。2002 年 7 月，非盟正式取代非统。非盟总部在埃塞俄比亚首都亚的斯亚贝巴。

非洲联盟的成员包括阿尔及利亚、埃及、埃塞俄比亚、安哥拉、贝宁、博茨瓦纳、布基纳法索、布隆迪、赤道几内亚、多哥、厄立特里亚、佛得角、冈比亚、刚果(布)、刚果(金)、吉布提、几内亚、几内亚比绍、加纳、加蓬、津巴布韦、喀麦隆、科摩罗、科特迪瓦、肯尼亚、莱索托、利比里亚、利比亚、卢旺达、马达加斯加、马拉维、马里、毛里求斯、毛里塔尼亚、莫桑比克、纳米比亚、南非、尼日尔、尼日利亚、塞拉利昂、塞内加尔、塞舌尔、圣多美和普林西比、斯威士兰、苏丹、索马里、坦桑尼亚、突尼斯、乌干达、赞比亚、乍得、中非以及阿拉伯撒哈拉民主共和国(即"西撒哈拉",1984年11月被非统接纳为成员,摩洛哥随即退出非统,后未再加入非统/非盟)。

非洲联盟的宗旨是:成员国主权平等,相互依存;尊重独立时存在的边界;和平共处;不干涉内政;制定共同的防务政策;和平解决争端,禁止使用或威胁使用武力;尊重民主原则、人权、法治和良政;尊重人的生命的神圣性,谴责和反对暗杀、恐怖主义行为和颠覆活动;让非洲人民广泛参与非盟建设;反对以非宪法方式更迭政权;成员国发生战争罪、种族屠杀或大规模人道主义危机时,非盟有权依照大会决定进行干预;为恢复和平与安全,成员国有权要求非盟干预;促进性别平等;促进社会公正,推动经济平衡发展。

非洲联盟的组织机构:(1)大会(首脑会议)。系非盟最高权力机构。原每年召开一次例会,从2005年起改为每年两次,年初的首脑会议原则上在亚的斯亚贝巴召开,年中的首脑会议在成员国轮流举行。大会主席任期一年,任期可视情延长(不超过一年)。若某国提出要求并经三分之二成员国同意,可召开特别首脑会议。(2)执行理事会。由成员国外长或成员国指定的其他部长组成。每年举行两次例会,若某国提出要求并经三分之二成员国同意,可举行特别会议。执行理事会对大会负责,执行其通过的有关政策并监督决议的实施情况。(3)非盟委员会。为非盟常设行政机构,负责处理非盟的日常行政事务。其领导机构由主席、副主席及八名委员共十人组成,任期四年,至多可连任一次。(4)泛非议会。非盟的立法与监督机构。目前只具有咨询和建议职能。由非盟53个成员国各五名议员共265人组成,设一位议长和四位副议长,根据地域平衡原则分别来自非洲的五个次区域。每年召开两次例会。现任议长为乍得人伊德里斯·恩德莱·穆萨。(5)和平与安全理事会。由15个成员国组成,其中五国任期三年,十国任期两年,均可连选连任。成员国权力平等,无否决权。主要职能是:维护地区和平与安全,预防地区冲突;对成员国实施军事干预与维和行动;帮助战后重建;进行人道主义和灾难救援等。主要权力有:制订非盟对成员国干预的形式和计划;制裁以违宪手段更迭政权者;确保非盟反恐政策的实施;推动成员国实行民主、良政、法治和保障人权等。(6)经济、社会和文化理事会。咨询机构,由成员国社会团体、专业团体、文化组织和非政府组织等组成。(7)常驻代表委员会。由成员国驻非盟代表组成,主要职能为向执行理事会提出工作建议,加强非盟委员会与成员国间的沟通,每月举行一次例会。(8)非洲法院。为非盟司法机构。(9)特别技术委员会。拟成立 14个特别技术委员会,由成员国负责相关领域的部长或高级官员组成,对执行理事会负责。主要职能为起草相关领域规划,并提交执行理事会审议,监督、跟踪、评估非盟有关决议执行情况,向执行理事会提出意见和建议。

非洲、加勒比和太平洋地区国家集团(Group of African Caribbean and Pacific Region Countries,Group of the ACP)简称"非加太集团"。非洲、加勒比和太平洋地区发展中国家组成的区域性国际经济联合组织。1975 年 6 月成立。截至 2008年有 79 个成员,其中 48 个非洲成员,16 个加勒比成员,以及 15 个太平洋成员。非加太集团的宗旨是:保证实现该组织通过的《洛美协定》的目标,加强相互间及全体发展中国家间的贸易、经济和文化联系,交换贸易、技术、工业和人力资源方面的情报,推动地区内和地区间的有效合作,以促进新的国际经济秩序的建立。主要任务是:通过各种贸易安排与合作,促使非加太集团产品进入欧洲共同体;稳定成员国的出口收入;通过工业合作,促进工业生产并使之多样化。《洛美协定》的后继协议《科托努协定》于 2000 年 6 月在贝宁科托努签订。除古巴外,所有成员国都与欧洲联盟签订了《科托努协定》。集团的最高机构是部长理事会。下设大使委员,在各国部长授权下工作,并设有秘书处协助进行工作。总部设在比利时首都布鲁塞尔。

非洲发展新伙伴计划(The New Partnership for Africa's Development,NEPAD)是 2001 年 7 月在赞比亚首都卢萨卡召开的第 37 届非洲统一组织首脑会议上一致通过的一项旨在促进非洲社会经济发展的战略计划。非洲发展新伙伴计划的宗旨是:解决非洲大陆面临的包括贫困加剧、经济落后和被边缘化等问题;政府实行良政以保证政治稳定以及社会和经济的可持续发展;非洲国家自主领导,社会各界广泛参与;充分利用非洲丰富的自然资源和人力资源;非洲各国之间建立伙伴关系,促进地区和非洲大陆一体化;提高非洲各国和整个大陆的竞争力;塑造新的国际关系以改变非洲和发达国家之间不平等的关系。

非洲发展新伙伴计划的组织机构:(1)由部分非洲联盟成员国首脑组成的首脑执行委员会为最高执行机构。其下设一个指导委员会,具体负责对"非洲发展新伙伴计划"的项目进行指导和监督。(2)秘书处。

协约理事会(Conseil de l'Entente)西部非洲国家间的区域性政治经济合作组织。1959年5月成立。成员国有贝宁、科特迪瓦、尼日尔、布基纳法索和多哥等。活动重点近来已放在协调成员国的经济发展上。协约理事会的主要任务是:动员和筹集资金,建立互助与保证基金,帮助制定专门发展项目,促进成员国之间的贸易和投资,推动地区经济发展和一体化进程。资金来源于各成员国的年度认缴、双边或多边援助赠款和补贴、投资收益及担保业务所得佣金。资金使用于该地区的发展计划和项目,包括中小型企业、农工综合体、牲畜和肉类加工、谷物储存与销售、电信、公路运输、贸易等。协调理事会由各成员国首脑和有关政府部长组成,每年开会一次。总部设在科特迪瓦首都阿比让。

西非国家中央银行(Banque Centrale des Etats de l'Afrique de l'Ouest, BCEAO)是西部非洲国家间的金融联合组织。1955年成立时称"法属西非和多哥发行所",1962年5月根据西非国家条约及与法国的协定,改用现名。成员有贝宁、科特迪瓦、尼日尔、塞内加尔、布基纳法索、多哥、马里和几内亚比绍八个成员国。职能和宗旨是:充当西非货币同盟成员国的发行银行,发行非洲金融共同体法郎,取代该地区内原流通的法属非洲殖民地法郎,以促进成员经济发展和西非经济一体化的实现。最高权力机构为银行董事会,由每一成员国各派两名董事组成。银行经理由西非货币同盟部长理事会任命,任期六年。行址设在塞内加尔首都达喀尔。

马格里布常设协商委员会(Standing Consultative Committee of the Maghreb,

SCCM)是西北部非洲国家间的区域性经济合作组织。1964 年 10 月成立。创始国阿尔及利亚、摩洛哥、突尼斯三国在阿拉伯语中被称作"马格里布",故名。以后利比亚、毛里塔尼亚加入。1970 年利比亚退出。主要任务是审查一切与成员国的经济合作有关的问题,制定加强合作的措施,协调经济政策,交换情报资料,推动马格里布经济共同体的建立。最高权力机构是经济部长会议;常设委员会负责监督下属各委员会和专门机构,协调、指导其活动;秘书处负责日常工作。下设有关邮电、运输、航空、海运、旅游、电力、保险等一系列专门机构和委员会。总部设在突尼斯。

西非开发银行(Banque Ouest-Africaine de Développement,BOAD)是西非货币同盟成员国间的金融联合组织。1973 年成立,1976 年正式营业。该行的成员分为 A 类和 B 类。A 类为西非经济货币联盟成员及西非国家中央银行,股东包括贝宁、科特迪瓦、尼日尔、塞内加尔、多哥、布基纳法索、马里和几内亚比绍,以及为前述八个成员国发行非洲金融共同体法郎(简称"西非法郎")的机构——西非国家中央银行;B 类为非西非经济货币联盟成员的国家、国际机构和政府机构,目前股东有比利时、法国、印度、中国、德国开发协会、欧洲投资银行和非洲开发银行。西非开发银行的主要业务和宗旨是:向成员国发放贷款,提供无偿援助款项,促进各国经济发展协调一致,加快西非经济一体化进程。共有资本 340 亿非洲金融共同体法郎,来源于成员国的认缴、援款和贷款。该行接受西非货币同盟部长理事会领导,设有管理委员会以及行长和副行长。行址设在多哥首都洛美。

西非国家经济共同体(Economic Community of West African States,ECOWAS)简称"西共体"。非洲最大的区域性经济合作组织。1975 年 5 月正式成立。截至 2010 年 12 月 27 日,西共体共有 12 个正式成员国,包括贝宁、布基纳法索、多哥、佛得角、冈比亚、几内亚比绍、加纳、利比里亚、马里、尼日利亚、塞拉利昂、塞内加尔;被中止成员国资格的三国,包括几内亚、尼日尔、科特迪瓦。另外,毛里塔尼亚于 2000 年 12 月 31 日退出西共体。西共体国家总面积为 527 万平方千米,占非洲面积的六分之一多,总人口约 2.25 亿,占非洲人口近三分之一。西共体的宗旨是:加强成员国间的联系,促进共同体内经济合作和经济发展,提高各国人民生活水平,为非洲大陆的进步和发展作出贡献,最终目标是实现西非地区经济一体化。西共体还设有部长理事会、执行秘书处、六个技术和专门委员会、法院和议会等。执行秘书处设在尼日利亚首都阿布贾。

西非经济货币联盟(Union Economique et Monétaire Ouest-Africaine,UEMOA)是西非国家的区域性经济合作组织。前身是西非货币联盟。1994年1月成立并改为现名。由贝宁、科特迪瓦、尼日尔、塞内加尔、布基纳法索、马里、几内亚比绍和多哥八个成员国组成。西非经济货币联盟的任务是:协调成员国货币政策,将非洲金融共同体法郎确定为该同盟地区内的合法的通用货币,委托西非国家中央银行发行,从而取代过去流通的法属非洲殖民地法郎。宗旨是:促进成员国间人员、物资和资金流通,最终建立西非共同体。组织机构有成员国首脑会议、每年举行一次的部长理事会。总部设在布基纳法索首都瓦加杜古。

中非关税经济联盟(Customer and Economic Union of Central Africa,CEUCA)是中部非洲国家的区域性经济合作组织。1964年12月成立。成员有赤道几内亚、刚果、加蓬、喀麦隆、乍得和中非六国。中非关税经济联盟的宗旨是:在成员国间减免关税,实行自由贸易,逐步建立中非共同市场,协调成员国经济发展。主要任务是:使联盟内成为自由贸易区,对外实行统一税率;为使投资合理和取得最佳经济效益,从整个联盟范围内考虑重要工业建设项目;在成员国间实行共同的投资法;建立团结基金,以消除地区性贫富不均和经济发展不平衡。组织机构有国家首脑理事会、管理委员会、总秘书处。总秘书处下设关税及财务司、经济发展司。总部设在中非首都班吉。

中部非洲国家银行(Banque des Etats de l'Afrique Centrale,BEAC)是中部非洲国家间的金融联合组织。1955年7月成立时称“赤道非洲和喀麦隆发行所”,1959年4月改称“赤道非洲国家和喀麦隆中央银行”,1973年4月改用现名。成员国有喀麦隆、中非、乍得、刚果、赤道几内亚和加蓬。中部非洲国家银行的职能和宗旨是:作为发行流通于成员国范围内纸币和硬币的执行机构,促进中非地区经济发展和经济一体化进程。银行设有管理委员会,由12名成员组成,并在各成员国分别建立国家货币委员会。该行与国际货币基金组织、世界银行、联合国贸易和发展会议、关税及贸易总协定均建立了正式关系。行址原设在法国巴黎,1977 年 1 月迁至喀麦隆首都雅温得。

中部非洲国家开发银行(Banque de Développement des Etats de l'Afrique Centrale,BDEAC)是中部非洲国家间的经济合作组织。1975 年 12 月成立。1977 年开始运作。成员有喀麦隆、中非、乍得、刚果、加蓬、赤道几内亚等中非关税经济联盟国家。中部非洲国家开发银行的宗旨是:为各成员国和跨国的发展项目提供资金,协调地区内经济发展,推动中非经济一体化进程。组织机构有大会和管理委员会。中部非洲国家开发银行与中部非洲国家银行属于中部非洲经济与货币共同体的机构组织。行址设在刚果共和国首都布拉柴维尔。

中部非洲国家经济共同体(Economic Community of Central African States,ECCAS)是中部非洲国家的区域性经济合作组织。1983 年 10 月正式成立。截至 2010 年共同体成员有十个,包括安哥拉、布隆迪、喀麦隆、中非、乍得、刚果(布)、刚果(金)、加蓬、赤道几内亚、圣多美和普林西比。中部非洲国家经济共同体的宗旨是:在成员国的经济和社会活动的各个领域协调政策,加强相互合作,促进社会经济发展。主要任务是:取消成员国之间的关税和其他所有进出口商品的税收;建立和保持共同的对外贸易关税率;制定对第三国的贸易政策,逐步取消成员国在人员、财务、劳务、资本等方面自由流动的障碍,建立合作和发展基金。2004 年 7 月,刚果(布)官方宣布,中部非洲国家经济共同体自由贸易区正式启动。组织机构有中部非洲国家元首和政府首脑会议、部长理事会、法庭、总秘书处、咨询委员会等。总部设在加蓬首都利伯维尔。

中部非洲经济与货币共同体(Communauté Economique et Monétaire de l'Afrique Centrale,CEMAC)成立于 1999 年 6 月 25 日,取代原中部非洲关税和经济联盟。成员国包括赤道几内亚、刚果(布)、加蓬、喀麦隆、乍得、中非共和国。总部设于中非首都班吉。中部非洲经济与货币共同体的宗旨是:建立日益紧密的联盟,加强成员国在人力和自然资源方面的合作;协调成员国政策法规,促进一体化进程;通过多边监测机制保证各国经济政策协调一致;消除贸易壁垒,促进共同发展。

中部非洲经济与货币共同体的组织机构:(1)首脑会议:由成员国国家元首组成,共同体的决策机构,每年举行一次例会,必要时随时召开特别首脑会议,执行主席由各国国家元首轮流担任。(2)部长理事会:中部非洲经济联盟的领导机构,由成员国主管财政和经济的部长组成,每年举行两次例会,由执行主席国有关部长任主席。(3)部长委员会:中部非洲货币联盟的领导机构,负责审查成员国的经济政策和协调共同体的货币政策,由各国负责财政的部长和另外一名有关部长组成;会议主席按成员国字母顺序由各国负责财政的部长轮流担任。(4)共同体委员会:部长理事会和部长委员会报告人,其前身为执行秘书处,委员会主席对外代表共同体。共同体还设有中部非洲国家银行、中部非洲国家开发银行、海关国际学校、项目规划和评估跨行业次地区研究院、实用统计次地区研究院、畜牧和水产经济委员会等专门机构。

大湖国家经济共同体(Economic Community of the Great Lakes Countries, ECGLC)是非洲坦噶尼喀湖和基伍湖沿岸国家的区域经济合作组织。1976 年 9 月正式成立。成员有布隆迪、卢旺达、扎伊尔(现刚果民主共和国)三国。大湖国家经济共同体的宗旨是:保证成员国安全,促进经济发展和贸易往来,制定共同的经济发展目标,加强经济、科学、政治、军事、文化的全面合作。由于该地区冲突和战乱不断,大湖国家经济共同体于 1994 年瓦解。2007 年 4 月,布隆迪、卢旺达和刚果(金)等三个中非国家已经重新启动了大湖国家经济共同体。组织机构有首脑会议、部长理事会、常务执行秘书处和仲裁委员会。直属专门机构有农牧研究所、大湖国家开发银行和大湖能源组织等。秘书处设在卢旺达的基塞尼。

东非共同体(East African Community, EAC)又称"东非共同市场"。东非国家的区域性经济合作组织。1967 年 12 月正式成立。成员国由坦桑尼亚、肯尼亚、乌干达、布隆迪和卢旺达五个东非国家组成。东非共同体的目标是:加强和协调成员国间的工业、商业和其他方面的关系,促进各成员国的经济发展和人民生活水平的提高。后因成员国间政治分歧和经济摩擦加剧于 1977 年解体。1999 年 11 月

30 日,坦桑尼亚、肯尼亚、乌干达三国总统签署《东非共同体条约》,决定恢复成立东非共同体。2001 年 1 月,三国举行东非共同体成立仪式。2004 年,三国签订成立关税同盟,于 2005 年 1 月生效。2007 年 6 月 18 日,布隆迪与卢旺达两国正式加入。决策机构是国家首脑会议,执行机构是部长会议,主席任期一年,由成员国首脑轮流担任,还建立共同市场、计划、财政、交通、研究及社会等委员会。东非开发银行是其金融机构。总部设在坦桑尼亚的阿鲁沙。

东非共同市场(East African Common Market)见"东非共同体"。

东非开发银行(East African Development Bank,EADB)是东非共同体的金融机构。1967 年成立。成员国有肯尼亚、坦桑尼亚、乌干达、布隆迪与卢旺达。1977 年东非共同体解体。1980 年重新开始运作,新的章程确定其业务开展面向更广泛的区域。东非开发银行贷款的 60% 投向卫生、教育、旅游、建筑、电力和农业领域。东非开发银行的宗旨是:促进成员国在发展民族经济方面进行合作并为东非经济一体化提供资金。总行设在乌干达首都坎帕拉。

东非农业经济协会(Eastern Africa Agricultural Economic Society)是东部非洲区域性经济研究组织。1967 年成立。共有 125 个成员。东非农业经济协会的宗旨是:对东非农业经济、农业发展、农业统计以及其他有关学科进行科学研究,以帮助各国推动农业经济的发展,改善人民生活。

东部和南部非洲共同市场(Common Market for Eastern and Southern Africa,COMESA)是非洲东部和南部国家结成的区域性经济组织。是非洲地区成立最早、最大的也是最成功的地区经济合作组织,在东南部非洲优惠贸易区基础上建立。东南部非洲优惠贸易区是在 1981 年 12 月正式成立,1993 年 11 月,在乌干达首都坎帕拉召开的贸易区第 12 次首脑会议通过了把贸易区转变为共同市场的条约。1994 年 12 月 9 日,东部和南部非洲共同市场正式成立。2000 年 10 月 31 日,东部和南部非洲共同市场正式启动非洲第一个自由贸易区,有九个成员国成为自由贸易区首批成员,2004 年建立关税联盟。截至 2013 年 10 月,该组织共有 19 个成员国,包括布隆迪、科摩罗、刚果民主共和国、吉布提、埃及、厄立特里亚、埃塞俄比亚、肯尼亚、利比亚、马达加斯加、马拉维、毛里求斯、卢旺达、塞舌尔、苏丹、斯威士兰、乌干达、赞比亚、津巴布韦。宗旨是:废除成员国之间关税和非关税壁垒,实现商品和服务的自由流通;协调成员国关税政策,分阶段实现共同对外关税;在贸易、金融、交通运输、工业、农业、能源、法律等领域进行合作;对外债问题采取统一立场,协调各国经济结构调整方案;建立货币联盟,发行共同货币。组织机构包括首脑会议、部长理事会、政府间委员会、秘书处、技术委员会、贸易和开发银行、结算银行和共同市场法院。首脑会议为最高决策机构,一般每年举行一次。总部设在赞比亚首都卢萨卡。

南部非洲关税同盟(Southern African Customs Union,SACU)是南部非洲国家的经济合作组织。1970 年 6 月正式成立。成员国有博茨瓦纳、莱索托、斯威士兰、纳米比亚和南非。南部非洲关税同盟的宗旨是:维护其成员国间商品的自由往来和对从第三国进口的商品实行共同的关税和贸易规则。长期以来南部非洲关税同盟采取统一关税标准,统一收取,统一分成,统一对外协调贸易事务。根据 2002年新修改的关税同盟协定,再次确定其主要目标是:通过同盟内部的贸易协调促进同盟区域的经济发展。作为南部非洲关税同盟主要成员的莱索托、斯威士兰、博茨瓦纳、纳米比亚每年财政收入来源主要依赖于同盟内部的关税分成。规定南非货币兰德为共同的合法清偿货币。秘书处设在纳米比亚首都温得和克。

南部非洲发展共同体(Southern African Development Community,SADC)是非洲南部国家间区域性经济合作组织。其前身是 1980 年成立的南部非洲发展协调会议。1992 年 8 月 17 日改为现名。截至 2009 年 3 月,成员国有 15 个,包括安哥拉、博茨瓦纳、津巴布韦、莱索托、马拉维、莫桑比克、纳米比亚、斯威士兰、坦桑尼亚、赞比亚、南非、毛里求斯、刚果(金)、塞舌尔和马达加斯加。南部非洲发展共同体的宗旨是:在平等、互利和均衡的基础上建立开放型经济,打破关税壁垒,促进相互贸易和投资,实行人员、货物和劳务的自由往来,逐步统一关税和货币,最终实现地区经济一体化。最高权力机构是首脑会议,决策机构是部长理事会,协调机构是官员常设委员会,常设机构是秘书处。此外还有交通运输、地区人力训练、工业等部门技术委员会。秘书处设在博茨瓦纳首都哈博罗内。

美洲国家组织(Organization of American States,OAS)由美国和拉丁美洲的国家组成的区域性国际组织。1890 年 4 月 14 日,美国同拉丁美洲 17 个国家在华盛顿举行第一次美洲会议,决定建立美洲共和国国际联盟及其常设机构——美洲共和国商务局。4 月 14 日被定为"泛美日"。1948 年在哥伦比亚首都波哥大举行的第九次美洲会议上,通过了《美洲国家组织宪章》,联盟遂改称为"美洲国家组织"。

美洲国家组织有正式成员 35 个,包括阿根廷、安提瓜和巴布达、巴巴多斯、巴哈马、巴拉圭、巴拿马、巴西、秘鲁、玻利维亚、多米尼加、多米尼克、厄瓜多尔、哥伦比亚、哥斯黎达加、格林纳达、古巴、海地、洪都拉斯、加拿大、美国、墨西哥、尼加拉瓜、萨尔瓦多、圣卢西亚、圣文森特和格林纳丁斯、圣基茨和尼维斯、苏里南、特立尼达和多巴哥、危地马拉、委内瑞拉、乌拉圭、牙买加、智利、圭亚那、伯利兹。美洲国家组织的宗旨是:加强美洲大陆的和平与安全;确保成员国之间和平解决争端;成员国遭到侵略时,组织声援行动;谋求解决成员国间的政治、经济、法律问题,消除贫困,促进各国经济、社会、文化合作;控制常规武器;加速美洲国家一体化进程。

泛美经济及社会理事会(Inter-American Economic and Social Council, IA-ECOSOC)是美洲国家间的经济合作组织。1945 年成立,1948 年成为美洲国家组织的一个机构。泛美经济及社会理事会的宗旨是:加强经济合作,协调经济政策,更好地利用自然资源,发展农业和工业生产,提高人民生活水平,促进经济与社会福利。主要任务是:审议经济和社会发展计划;为成员国筹集发展资金;提供技术合作和专项研究成果与贸易情报;负责向美洲国家组织大会提供建议,提交预算等。每年分别召开部长级会议和专家级会员进行决策。不单设秘书处,由美洲国家组织总秘书处代行其职责。设有常设执行委员会,特别发展援助基金、泛美出口促进中心。总部设在美国首都华盛顿。

美洲开发银行(Inter-American Development Bank,IDB)原译为"泛美开发银行"。拉丁美洲国家同美国等西方国家政府合办的多边开发银行。1959 年 4 月成立,1960 年 10 月开业。截至 2009 年,该组织共有 48 个成员国,其中美洲 28 个、欧洲 16 个、亚洲 4 个。美洲开发银行的宗旨是：集中各成员国的力量，对拉丁美洲国家经济和社会发展提供资金和技术援助，并协助拉丁美洲国家单独地、集体地为加速经济发展和社会进步作出贡献。资金来源有：成员国分摊缴纳；发达国家成员国提供；在世界金融市场和有关国家发放债券。资金用途：一般资金，用于向拉丁美洲国家公司企业提供贷款，年息为 8%，期限 10—25 年；特别业务基金，用于拉丁美洲国家经济发展计划项目，年息 1%—4%，期限 20—40 年。截至 1999 年 12 月 31日，美洲开发银行的普通资本金合计为 117.7 亿美元，总负债为 525.8 亿美元，总资产为 643.5 亿美元。组织机构有理事会、执行董事会。理事会和执行董事会的总投票权数分为两部分：少数由成员国平均分配，作为基本投票权；多数按照认缴资金的多少进行分配。行址设在美国首都华盛顿。

南方共同市场（Mercado Común del Sur, MERCOSUR）是南美地区最大的经济一体化组织，也是世界上第一个完全由发展中国家组成的共同市场。1991 年 3月 26 日，阿根廷、巴西、乌拉圭和巴拉圭四国总统在巴拉圭首都亚松森签署《亚松森条约》，正式宣布建立南方共同市场。该条约于 1991 年 11 月 29 日生效，1995 年1 月 1 日南方共同市场正式运行。正式成员为阿根廷、巴西、巴拉圭和乌拉圭四国，委内瑞拉丁 2006 年 7 月被接纳为成员国。智利（1996 年）、玻利维亚（1997年）、南非（2000 年）、秘鲁（2003 年）、哥伦比亚和厄瓜多尔（2004 年）先后成为南方共同市场的"联系国"。南方共同市场成员国总面积约为 1180 万平方公里，约占南美洲总面积的 67%；人口总数约为 2.46 亿人，约占南美洲人口总数的 65%。南方共同市场的宗旨是：通过有效利用资源、保护环境、协调宏观经济政策、加强经济互补，促进成员国科技进步和实现经济现代化，进而改善人民生活条件，推动拉丁美洲地区经济一体化进程。

南方共同市场的组织机构：(1)共同市场理事会。最高决策机构。由成员国外交部长和经济部长组成。理事会主席以阿根廷、巴西、巴拉圭、乌拉圭为序轮流担任，任期半年。2011 年上半年轮值主席为巴拉圭。一般每年举行两次成员国首脑会议，理事会负责首脑会议的筹备和组织工作。(2)共同市场小组。执行机构。负责实施条约和理事会作出的决议，就贸易开放计划、协调宏观经济政策、与第三国商签经贸协定等提出建议。由各成员国派出四名正式成员和四名候补成员组成,代表本国外交部、经济部和中央银行。下设贸易事务、海关事务、技术标准、税收和金融政策、陆路运输、海上运输、工业和技术政策、农业政策、能源政策和宏观经济政策协调十个工作组。(3)南方共同市场贸易委员会。区内贸易事务机构。下设税务和商品名录、海关事务、贸易规则、保护竞争力等八个分委会。(4)南方共同市场议会。立法机构。实行一院制,由各成员国的 18 名议员组成,总部设在乌拉圭首都蒙得维的亚。(5)南方共同市场秘书处。行政机构,设在乌拉圭首都蒙得维的亚。(6)南方共同市场常设仲裁法院。司法机构,解决成员国间的争端。

伊比利亚美洲首脑会议(Ibero-American Conference of Heads of State and Governments)为纪念哥伦布发现美洲新大陆 500 周年,由西班牙国王胡安·卡洛斯一世倡议,并得到了拉丁美洲西班牙语和葡萄牙语国家及葡萄牙的热烈响应而召开的会议。在西班牙赞助和墨西哥积极组织下,首届首脑会议于 1991 年在墨西哥举行。此后每年召开一届首脑会议。2003 年,第 13 届首脑会议决定在西班牙首都马德里设立常设秘书处。伊比利亚美洲首脑会议的成员国包括阿根廷、巴拉圭、巴拿马、巴西、秘鲁、玻利维亚、多米尼加、厄瓜多尔、哥伦比亚、哥斯达黎加、古巴、洪都拉斯、墨西哥、尼加拉瓜、萨尔瓦多、危地马拉、委内瑞拉、乌拉圭、智利以及西班牙、葡萄牙和安道尔。

伊比利亚美洲首脑会议的宗旨是:建设互信的多边交流论坛,使各国在其框架内分享经验、协调立场,共同建设和平、民主、人权、经济和社会可持续发展的伊美社会。伊比利亚美洲首脑会议的组织机构:(1)首脑会议。每年举行一次,由成员国元首或政府首脑参加。(2)外长会。每年首脑会议前举行,协商首脑会议相关事宜。(3)部长会。不定期举行,由成员国各部长及伊美合作项目高级负责人参加。

美洲玻利瓦尔联盟(Alianza Bolivariana Para Las Americas,ALBA)前身为"美洲玻利瓦尔选择计划"。2001 年 12 月,委内瑞拉总统查韦斯在第三届加勒比国家联盟峰会上首次提出成立"美洲玻利瓦尔选择计划"的倡议。2004 年 12 月,查韦斯访问古巴,与古巴国务委员会主席卡斯特罗发表关于创立该组织的联合声明并签署实施协定。2009 年 6 月 24 日,"美洲玻利瓦尔选择计划"第六届特别峰会在委内瑞拉阿拉瓜州首府马拉凯举行,宣布该组织更名为"美洲玻利瓦尔联盟"。美洲玻利瓦尔联盟的成员包括安提瓜和巴布达、玻利维亚、古巴、多米尼克、厄瓜多尔、尼加拉瓜、圣文森特和格林纳丁斯、委内瑞拉。洪都拉斯原为成员国,2010 年 1 月正式退出。观察员国四个(2011 年 7 月),包括海地、圣基茨和尼维斯、乌拉圭、格林纳达。

美洲玻利瓦尔联盟的宗旨是:公正、互助、平等、合作、互补和尊重主权,以南美解放者玻利瓦尔的一体化思想为指导,通过"大国家"方案,加强地区政治、经济和社会合作,发挥各国优势解决本地区人民最迫切的社会问题,消除贫困和社会不公,推动可持续发展,实现拉丁美洲国家大联合,抵制和最终取代美国倡议的美洲自由贸易区。

美洲玻利瓦尔联盟的组织机构:最高领导机构是总统理事会,下设部长理事会和社会运动理事会,另设政治、社会、经济、投资金融、能源、环境、青年等委员会。2009 年 10 月第七届峰会决定成立地区主权和防务常设委员会。

南美国家联盟(Unión de Naciones Suramericanas, UNASUR)前身是南美国家共同体(Comunidad Sudamericana de Naciones)——以下简称"南共体"。2004 年 12 月成立。2007 年 4 月,南共体首届能源会议决定该组织更名为南美国家联盟(简称"南美联盟")。2008 年 5 月,南美 12 国元首在巴西利亚签署《南美国家联盟组织条约》,宣告南美联盟正式成立。2011 年 3 月,该条约正式生效。南美国家联盟的成员包括阿根廷、巴西、乌拉圭、巴拉圭、委内瑞拉、玻利维亚、哥伦比亚、厄瓜多尔、秘鲁、智利、圭亚那和苏里南。墨西哥和巴拿马为观察员国。

南美国家联盟的宗旨是:增进南美国家间政治互信,促进经济、社会一体化,强化南美国家特性。实现地区政治、经济、社会和文化领域的全方位一体化,优先促进政治对话并深化在社会政策、教育、能源、基础设施、金融和环境领域合作。

南美国家联盟的组织机构:(1)国家元首和政府首脑委员会。最高机构,每年举行一次例会。(2)外长委员会。负责筹备国家元首和政府首脑委员会会议并执行其决定,协调南美一体化等重要问题的立场,每半年召开一次例会。(3)代表委员会。由各成员国派一名代表组成,负责筹备外长委员会会议,并执行国家元首和政府首脑委员会会议及外长委员会会议决定,每两个月召开一次例会。(4)秘书处。设在厄瓜多尔首都基多,负责处理日常事务。(5)专门委员会。南美联盟成立两年来,先后成立了防务、卫生、能源、反毒、基础设施和计划、社会发展和教育、文化和科技创新等多个专门委员会。(6)南美国家联盟议会。尚在筹建中,拟在玻利维亚的科恰班巴设立。(7)南方银行。2009 年 9 月正式成立,总部设在委内瑞拉首都加拉加斯。

中美洲经济一体化银行(Central American Bank for Economic Integration , CA-BEI)是中部美洲国家间的金融联合组织。1961 年 5 月正式成立并开业。目前成员有萨尔瓦多、危地马拉、洪都拉斯、尼加拉瓜和哥斯达黎加等 12 国。中美洲经济一体化银行的宗旨是:为成员国的各种发展项目,特别是与工业化的基础结构有关的项目,以及中美洲共同市场的贸易提供资金,协调各国经济平衡发展,促进中美洲经济一体化的实现。初期资本为 6000 万美元,主要用于道路、飞机场、水电项目和旅游设施。决策机构是理事会,由各成员国经济部长和中央银行行长组成,每年开会一次。董事会和该行行长主持日常业务,任期五年。行址设在洪都拉斯首都特古西加尔巴。

中美洲共同市场(Central American Common Market , CACM)是中部美洲国家的区域性经济合作组织。1962 年 8 月 2 日由哥斯达黎加、洪都拉斯、尼加拉瓜、萨尔瓦多、危地马拉五国在哥斯达黎加首都圣约瑟签订《中美洲共同市场协议》,并正式成立中美洲共同市场。中美洲共同市场的宗旨是:协调各成员国的经济政策,逐步取消各成员之间的关税,地区内实行贸易自由,建立自由贸易区和关税同盟,促进中美洲的经济一体化。1969 年地区内 95%的商品项目实行关税互免,对进入本地区的 98.4%的商品项目实行统一的对外关税。1981 年以来因地区政治动乱和外债沉重,各国又自订不同于共同关税的制度,并采取保护措施,致使地区内贸易逐年下降,经济一体化进程受阻。20 世纪 80 年代中期共同市场活动中断,20 世纪 90 年代重新开始活动。中美洲共同市场总部设在危地马拉首都危地马拉城。

中美洲一体化体系（Central American Integration System，SICA）是中美洲国家间的区域合作组织。1993 年 2 月 1 日正式成立，总部设在萨尔瓦多首都圣萨尔瓦多，前身为中美洲国家组织。成员国有伯利兹、哥斯达黎加、萨尔瓦多、危地马拉、尼加拉瓜、巴拿马、多米尼加和洪都拉斯。

中美洲一体化体系是根据 1991 年 12 月中美洲国家首脑在洪都拉斯签署的《特古西加尔巴纪要》而建立的。职能是：协调和推进中美洲一体化进程，促进中美洲地区的和平、民主与发展。中美洲一体化体系主要机构包括部长理事会、顾问委员会、总秘书处和专门技术秘书处等，主要活动包括首脑会议和特别首脑会议。

拉普拉塔河流域协定组织（Tratado de la Cuenca del Riode La Plata）是拉普拉塔河流域国家间的经济合作组织。1969 年 4 月成立。因拉普拉塔河流经该组织全体成员国（阿根廷、玻利维亚、巴西、巴拉圭和乌拉圭五国）故名。拉普拉塔河流域协定组织的宗旨是：加强成员国间的联系，共同利用本地区水利等自然资源，促进经济发展，推动地区一体化进程。主要活动有：在经济、贸易、航运、渔业等方面达成一系列协议；巴西和巴拉圭、阿根廷和巴拉圭、阿根廷和乌拉圭分别签订建设水力发电站的协议，合作开发水力资源。最高权力机构是成员国外长会议，常设机构是五国政府协调委员会，金融机构是拉普拉塔河流域基金会。总部设在阿根廷首都布宜诺斯艾利斯。

亚马逊合作条约组织（Amazon Cooperation Treaty Organization，ACTO）是南美洲亚马逊河流域国家间的区域性经济合作组织。源于 1978 年签订的《亚马逊合作条约》，1995 年，条约成员国为进一步加强合作，促进条约的履行，决定成立亚马逊合作条约组织。成员国有巴西、秘鲁、玻利维亚、厄瓜多尔、哥伦比亚、圭亚那、苏里南和委内瑞拉。亚马逊合作条约组织的宗旨是：加强成员国间的合作，促进亚马孙地区经济协调发展，推动拉丁美洲一体化进程。主要任务是：保证该地区商业通航自由；保护并合理利用水力资源；建立和完善该地区交通运输与电信设施；在保持生态平衡，保护动植物资源，以及经济、社会发展方面进行科技合作。组织机构有外长会议和亚马逊合作理事会。理事会下设秘书处。此外，各成员国建立常设的全国委员会，负责在本国贯彻有关决议。总部设在巴西首都巴西利亚。

香蕉出口国联盟（Union of Banana Exporting Countries，UBEC）是拉丁美洲香蕉出口国组成的区域性经济合作组织。1974 年 9 月巴拿马、哥伦比亚、哥斯达黎加、洪都拉斯、危地马拉五国在巴拿马城签署协议成立。以后有多米尼加和尼加拉瓜加入。香蕉出口国联盟的宗旨是：保卫成员国生产和出口的香蕉价格，维持生产国和消费国之间公平的贸易交换。联盟成员国的香蕉出口量约占世界香蕉出口量的 45%。1976 年 2 月该联盟决定成立多国香蕉生产国和出口国公司，以消除跨国公司对香蕉生产国和出口国的不公平待遇。20 世纪 70 年代末，因美国公司贿赂洪都拉斯总统和意大利官员的"香蕉丑闻"事件被披露，该联盟也随之瓦解。

拉丁美洲自由贸易协会（Latin-American Free Trade Association，LAFTA）是拉丁美洲国家的区域性经济合作组织。1960 年成立。成员有阿根廷、玻利维亚、巴西、哥伦比亚、智利、厄瓜多尔、巴拉圭、秘鲁、乌拉圭、委内瑞拉、墨西哥 11 国。宗旨是：加强成员国间的联系，促进共同市场建立，推动拉丁美洲经济一体化实现。总部设在乌拉圭首都蒙得维的亚。以后由于成员国间经济发展不平衡，意见分歧，谈判多次未达成协议，工作无明显进展，1981 年 3 月被拉丁美洲一体化协会正式取代。

拉丁美洲石油互助协会（Asistencia Reciproca Petrolera Estatal Latino-Americana，ARPEL）是拉丁美洲国家实行石油互助的区域性经济合作组织。1965 年 10 月成立。成员国有阿根廷、巴西、玻利维亚、哥伦比亚、智利、厄瓜多尔、墨西哥、秘鲁、乌拉圭、委内瑞拉等。这些国家的石油产量约占世界的 9%。拉丁美洲石油互助协会的任务是：对成员国为促进技术和经济发展签订的各项协议的贯彻情况进行研究和提出建议；协调政策，推动拉丁美洲石油工业一体化进程；促进技术援助，交流技术情报。组织机构有代表大会和由秘书长负责组织并在他领导下的指导委员会。总部设在乌拉圭首都蒙得维的亚。

拉丁美洲经济体系（Sistema Econômico Latino-Americano，SELA）是拉丁美洲国家间区域性经济合作组织。1975 年 10 月拉丁美洲 23 国政府代表签署《巴拿马协议》，宣告成立拉丁美洲经济体系，代替了原"拉丁美洲经济合作委员会"。现有成员有 28 个国家,50 多个拉丁美洲、欧洲和联合国的政治、经济和社会组织为观察员。拉丁美洲经济体系的宗旨是:提高整个拉丁美洲经济一体化水平;推动制定和执行经济、社会发展规划和项目;协商和协调成员国对经济社会问题的共同立场和战略;鼓励出口并制定公平的价格;赞助保证贫困成员国获得优惠待遇的措施;推动建立各种拉丁美洲跨国公司。该组织工作注重实效,注意了解各国的基本需求,也十分强调同其他地区发展中国家以及工业发达国家加强经济联系。最高权力机构是拉丁美洲理事会(部长级),每年举行一次例会;行政机关是常设秘书处,常设秘书任期四年;就专门问题制定纲领、计划并协调共同行动的临时机构是行动委员会,每个委员会至少由三个成员国组成,其他成员国可以自由加入或退出。总部设在委内瑞拉首都加拉加斯。

拉丁美洲一体化协会(Asociación Latinoamericana de Intergración,ALADI)是拉丁美洲国家间的区域性经济合作组织。1981 年 3 月正式成立,代替了原"拉丁美洲自由贸易协会"。成员有阿根廷、巴拉圭、巴西、秘鲁、玻利维亚、厄瓜多尔、哥伦比亚、墨西哥、委内瑞拉、乌拉圭、智利、巴拿马、尼加拉瓜和古巴 14 个国家。2012 年 5 月,由拉丁美洲一体化协会、联合国拉丁美洲和加勒比经济委员会(CEPAL)和拉丁美洲开发银行(CAF)共同倡议的"亚太—拉丁美洲关系观察站"正式成立。拉丁美洲一体化协会的宗旨是:通过逐步取消关税等办法,促进成员国的贸易、经济和社会发展,推动区域一体化,为最终建立拉丁美洲共同市场奠定基础。基本职能是为拉丁美洲地区一体化组织和拉丁美洲国家双边协定提供保护,为双边和多边贸易提供方便和咨询。最初任务是:总结拉丁美洲自由贸易协会的经验教训,解决各种遗留问题。1982 年以来的任务是:实行地区性关税优惠制;加强农产品贸易合作;讨论共同的经济发展战略;为减少外债而奋斗;帮助经济不够发达的成员国发展经济。组织机构有外交部长理事会、成员国大会、常设执行委员会。下设执行秘书处。总部设在乌拉圭首都蒙得维的亚。

拉丁美洲出口银行(Banco Latino-Americano de Exportaciones,BLADEX)是拉丁美洲区域性金融机构。1977 年成立。成员有阿根廷、玻利维亚、巴西、哥伦比亚、哥斯达黎加、智利、多米尼加、厄瓜多尔、海地、牙买加、墨西哥、巴拉圭、委内瑞拉和巴拿马等国。拉丁美洲出口银行的宗旨是：通过向出口商提供贷款或贴现票据，资助非传统商品尤其是制成品的出口，促进各成员国出口贸易的发展。该行资本为 900 万美元。总部设在巴拿马首都巴拿马城。

安第斯条约组织（Comunidad Andina de Naciónes，CAN）又称"安第斯集团""安第斯共同体"。拉丁美洲国家的区域性经济合作组织。因安第斯山脉经过成员国而得名。1969 年 5 月成立。目前成员有哥伦比亚、秘鲁、玻利维亚和厄瓜多尔四个国家，智利、委内瑞拉曾是成员国，后因各种原因退出。阿根廷、埃及、澳大利亚、联邦德国、法国、美国、日本、英国等二十多个国家派驻有观察员。安第斯条约组织的宗旨是：充分利用本地区资源，加强合作，促进成员国经济平衡、协调发展，建立共同市场，取消成员国间的关税壁垒，对外实行共同关税，加速地区经济一体化进程。该组织还注意密切各国间的政治、社会、文化和教育方面的联系，推动整个地区一体化的实现。卡塔赫纳协定委员会是最高权力机关；技术委员会是执行机构；外交部长理事会负责制定共同外交政策；总秘书处辅助技术委员会工作。另设有咨询委员会、经济和社会顾问委员会、安第斯开发公司和安第斯储备基金会。总部设在秘鲁首都利马。

安第斯集团（Andean Group）见"安第斯条约组织"。

安第斯开发协会（Corporacion Andinade Fomento，CAF）又称"安第斯开发公司"。安第斯条约组织设立的金融和信贷机构。1968 年 2 月成立。成员有秘鲁、玻利维利亚、厄瓜多尔、哥伦比亚等。智利于 1976 年 10 月退出。2006 年 4 月，委内瑞拉退出该组织。安第斯开发协会的主要任务是：组织内外筹借资金，制订共同投资计划，向成员国及其私营工业企业提供贷款和技术援助，推动本地区工业化进程。贷款重点是工业发展项目，其次是基本服务设施的建设。总部设在委内瑞拉首都加拉加斯。

加勒比共同体和共同市场（The Caribbean Community and Common Market，CARICOM）是拉丁美洲加勒比地区的区域性经济合作组织。1973 年 7 月成立，逐渐取代了 1968 年建立的加勒比自由贸易协会。现有 14 个成员国、5 个准成员国和 8 个观察员国。加勒比共同体和共同市场的宗旨是：通过共同市场，促进本地区经济一体化和经济发展；加强区域内各方面经济合作；协调成员国在工业、农业、劳动力、资源等方面的对外政策。组织机构有政府首脑会议、共同市场理事会、共同体秘书处。首脑会议下设有卫生部长及教育、工业、劳工、外交、财政、农业、矿业、交通等方面的部长常设理事会。联系机构有东加勒比共同市场部长理事会、加勒比开发银行、加勒比投资公司、加勒比通讯社等。总部设在圭亚那首都乔治敦。

加勒比开发银行（Caribbian Development Bank，CDB）加勒比地区国家的区域性金融组织。1969 年巴哈马、巴巴多斯、格林纳达、圭亚那、牙买加、特立尼达和多巴哥及英联邦 7 个加勒比领地在牙买加首都金斯敦签署协定建立，1972 年正式开业。该行目前共有 26 个正式成员，其中本地区借款成员 18 个，本地区非借款成员 3 个，非本地区成员 5 个。加勒比开发银行的宗旨是：促进各成员国经济的协调发展，推进经济合作与一体化。最高权力机构是理事会，董事会负责日常业务。总部设在巴巴多斯布里奇顿。

加勒比地区多国海运公司（Caribbean Multinational Shipping Company）是加勒比地区国家的区域性海运合作组织。1975 年 5 月哥斯达黎加、哥伦比亚、古巴、牙买加、墨西哥、巴拿马、尼加拉瓜、委内瑞拉八国代表在哥斯达黎加首都圣何塞签署成立该公司的协议，1975 年 12 月正式成立，1976 年 3 月开始营业。海地、洪都拉斯、多米尼加、萨尔瓦多、特立尼达和多巴哥、危地马拉、巴巴多斯、格林纳达、圭亚那等国先后加入。加勒比地区多国海运公司的宗旨是：打破大国跨国公司对海运事业的垄断和控制，改变本地航运事业过去一直为宗主国利益服务，而不为本地区利益服务的局面。总部设在哥斯达黎加首都圣何塞。

加勒比国家联盟（Association of Caribbean States，ACS）是加勒比国家政府间的协调、协商和合作组织。1994 年 7 月 24 日，加勒比地区 25 个国家和 12 个未独立地区的总统、政府首脑或外长在哥伦比亚的海滨城市卡塔赫纳签署加勒比国家联盟成立纪要，加勒比国家联盟（简称"加国联"）正式诞生。总部秘书处设在特立尼达和多巴哥首都西班牙港。1998 年 10 月被联合国接纳为观察员。

加勒比国家联盟的成员包括安提瓜和巴布达、巴哈马、巴巴多斯、伯利兹、哥伦比亚、哥斯达黎加、古巴、多米尼克、多米尼加、萨尔瓦多、墨西哥、格林纳达、危地马拉、圭亚那、海地、洪都拉斯、牙买加、尼加拉瓜、巴拿马、圣基茨和尼维斯、圣文森特和格林纳丁斯、圣卢西亚、苏里南、特立尼达和多巴哥、委内瑞拉。准成员四个,包括法国(代表法属圭亚那、瓜德罗普和马提尼克)、荷属安的列斯、阿鲁巴及特克斯和凯科斯群岛。观察员 18 个,包括阿根廷、巴西、加拿大、智利、厄瓜多尔、埃及、印度、意大利、韩国、荷兰、摩洛哥、秘鲁、俄罗斯、西班牙、英国、土耳其、芬兰、乌克兰。

加勒比国家联盟的宗旨是:加强各成员国在政治、经济、文化、科学和社会等各个领域的磋商、合作和协调行动,以促进经济和社会发展,维护本地区在国际经济贸易组织中的利益,实现地区经济一体化,最终建立一个广大的自由贸易区。加勒比国家联盟的组织机构:部长理事会是主要的决策机构,每年举行一次会议。下设六个专门委员会:贸易发展和对外经济关系委员会;环境和加勒比海保护及自然资源委员会;科学、技术、卫生、教育和文化委员会;预算和行政委员会;可持续旅游委员会;运输委员会。

美联储(Federal Reserve System)是美国联邦储备系统的简称。美国的中央银行。第一次世界大战前,美国一直没有建立起自己的中央银行,1913 年 12 月 23 日由伍德罗·威尔逊总统在《联邦储备法案》上签字后,美联储正式宣告成立。美国联邦储备系统主要由联邦储备委员会、联邦公开市场业务委员会和 12 家联邦储备银行等组成。联邦储备委员会是联邦储备系统的核心管理机构。它是一个联邦政府机构,其办公地点位于美国华盛顿特区。该委员会由七名成员组成(其中主席和副主席各一名,委员五名),由美国总统提名,经美国参议院批准方可上任。主要职责包括:制定并负责实施有关的货币政策;对银行机构实行监管,并保护消费者合法的信贷权利;维持金融系统的稳定;向美国政府、公众、金融机构、外国机构等提供可靠的金融服务。

乔治·弗里德里希·李斯特(Georg Friedrich List,1789—1846)是德国经济学家,历史学派的先驱者。早年通过自学参加国家官吏考试,进入符腾堡内政部,任会计检察官等职。1817 年任图宾根大学经济学教授,被选为符腾堡议会议员。1819 年后,到过伯林、维也纳及日耳曼的其他都城,极力鼓吹成立工商同盟,抨击时政,结果触怒当局,被判处十个月徒刑。获释后,经法国到美国暂时定居。1832 年以美国领事身份返回德国,继续倡议建立统一保护关税制度,并参与有关活动。终因经济窘迫等问题,自杀身亡。主要著作有《美国政治经济学大纲》(1827)、《政治经济学的国民体系》(1841)、《德国政治经济的国民统一》(1846)等。李斯特的经济理论以促进国内市场的形成和德国的统一,促进德国资本主义工商业的发展为中心。他反对英国古典政治经济学,认为其根本缺点在于宣扬世界主义而忽视经济发展的民族特点。李斯特提出了发展国民生产力的理论。他指出,财富的生产力比财富本身更重要;为了培育德国的生产力,必须忍受暂时的牺牲,实行保护关税来限制外国廉价商品输入。他认为,保护关税政策虽然会使本国商品的价格高于外国商品,但却能使本国生产力得到增长,保持本国工业的独立性。他还进而提出“生产力均衡论”。这一理论强调,农村的经济繁荣,必须要有强大的工业作为后盾;工业的发展不仅使物质财富增多,而且可以促进道德、文化、宗教的发展和政治制度的改善。农业与工业分工协调发展,精神与物质的相互配合,构成整个经济社会的和谐关系,这就达到生产力的均衡。李斯特提出了经济发展阶段学说。他按照生产部门的发展状况把国民经济的发展分为五个阶段:原始未开化时期、畜牧时期、农业时期、农工业时期和农工商时期。他认为,各国制定的经济政策以及各种经济理论,应当适合于本国经济发展所处的阶段;德国正处于第四个发展阶段,工业幼稚,须实行保护贸易,以迅速过渡到第五阶段。李斯特是德国保护关税政策的首倡者。他的发展国民生产力的理论和主张,对德国工业的发展起过促进作用。

恩斯特·恩格尔(Christian Lorenz Ernst Engel, 1821—1896)是德国经济学家和统计学家。早年在弗莱贝克和巴黎攻读采矿工程学,后又改学统计。1850—1858 年任萨克森的统计局局长,1858 年任萨克森抵押保险公司经理,两年后任普鲁士的统计局局长,1882 年退休。代表作是《比利时工人家庭的生活费用》(1895 年)。恩格尔主要以研究无产者家庭预算构成而出名。根据他自己掌握的统计资料,他归纳出了著名的恩格尔定律。他认为,人们的幸福程度可以用他们维持肉体的支出部分与用于满足其他生活欲望的支出部分的比率来测定。在其他条件不变的情况下,收入中用于食物及其他必需品上的比率可以作为该类居民福利水平的指数。这个结论在世界各地的许多次经济调查中得到了证实,其发现可以说是对经济学的一项重要贡献。恩格尔竭力主张在研究社会现象时运用数学方法,他还编辑了好几卷统计资料的史料和萨克森统计局出版的年鉴和杂志。西方经济学家认为恩格尔属于德国的自由学派,受了凯里社会乐观主义的鼓舞,明显地倾向于劳工和合作运动。

阿尔弗雷德·马歇尔(Alfred Marshall,1842—1924)是英国经济学家,新古典学派创始人。1861 年进入剑桥大学圣约翰学院学数学,1865 年毕业留校,选为该院特别研究生,专攻物理学,兼任数学辅导教师。1867 年开始深入研究经济学,次年去德国研究康德哲学,当年回国返校,任道德科学讲师,主讲经济学。法德战争期间再度去德国,研究黑格尔历史哲学。1875 年为研究保护政策去美国。1877 年结婚后任布里斯塔尔大学校长,兼任经济学教授。1883 年到牛津大学任教,1885 年回剑桥大学任经济学教授,直至 1908 年退休。此后专门从事研究和著述。在剑桥大学执教期间,曾参加英国政府关于工资、印度币制、税制、关税等问题的政策咨询活动,1891—1894 年任英国皇家劳工委员会委员。主要著作有《经济学原理》(1890 年初版,1920 年第 8 版)、《产业经济学》(1892)、《工业与贸易》(1919)、《货币、信用与商业》(1923)等。马歇尔作为新古典学派的代表,对经济发展的研究已不同于古典学派,不再对经济发展问题进行全面的研究,关心的是在既定的人口和技术水平下有关收入分配、价值理论和一般均衡等问题。他的经济理论的核心和基础是均衡价格论,即用商品的均衡价格衡量商品价值的理论。这一理论将供求论、边际效用论、生产费用论融为一体,用价格代替价值,用市场价格的决定问题代替价值的决定问题。阐述之中,他提出了时间因素,从长期、短期等角度分析需求、供给对价格的影响,并将价格区分为极短时间价格、短期价格和长期价格三种。在均衡价格论的基础上,他又建立了自己的分配论。这一理论的核心是:国民收入由劳动、资本、土地和组织四要素共同合作创造;各要素在国民收入中所占份额的多少取决于各自的均衡价格。因而他认为,国民收入的增长,需要各个阶级结成伙伴关系,相互协调和合作。此外,马歇尔有着特殊的发展观。由于受庸俗进化论影响,他用所谓"连续原理"分析社会经济现象。在他看来,人类社会经济的发展如同生物界一般,是渐进的、演化的、连续的、不中断的,而不是突变的。据此,他认为在经济现象之间从而在经济概念之间都存在着连续的关系,不能有严格的区分。马歇尔在理论和方法上为当代资产阶级经济学各个流派奠定了共同的基础,确定了基本的研究内容和方法,在资产阶级学说的发展史上起着承前启后的作用,有着重大影响。他的关于数量、均衡、时间、心理因素等的分析方法有一定参考价值。但是,他的价值理论和分配理论是反马克思主义的劳动价值论和剩余价值论的。

维弗雷多·帕累托(Vilfredo Pareto,1848—1923)是意大利经济学家、社会学家,洛桑学派的创建人之一。在其父流亡法国时,他于1848年出生于巴黎。十岁随父返回意大利,以后就读于都灵工业大学,1869年获工程学博士学位。毕业后任铁路公司技师及路线段长,1874年任意大利钢铁公司总经理。在此期间不仅对经济学发生了兴趣,而且广泛阅读古典文学和哲学著作,热心社会政治问题的讨论。1983年任瑞典洛桑大学经济学教授,从而与瓦尔拉共创洛桑学派。1906年退休,专事研究和著述。1923年被意大利政府任命为议会参议员和国际联盟裁军委员会意大利代表,因病未能就任,旋即逝世。主要著作有《洛桑大学政治经济学讲义》(1896)、《社会主义制度》(1906)、《经济学提要》(1911)等。帕累托的研究集中于纯粹经济学,对经济发展的研究着重于均衡理论、国民收入和生产资源配置等,其中最突出的是对经济均衡理论的发展。他在经济均衡分析中论证了自由竞争经济、垄断经济,还探讨了集体主义经济,扩大了瓦尔拉的一般均衡理论的分析范围。他在论述完全竞争经济下的交换时,运用无差别曲线和指数函数的理论,说明序数效用的可比性,推论出一个完全竞争经济的优效成果,形成所谓"帕累托最优化"。这被认为是福利经济学的重要发展,帕累托则被认为是福利经济学的先驱。他还通过对资本主义国家国民收入的研究,提出了自己的分配"法则",即无论从不同国家或同一个国家的不同时期来看,如果按水平分组,国民收入在各组之间的分配都极为稳定,由此引申出:除非国民收入的增加超过人口的增长,否则不可能缩小收入分配的不均等程度。这就把收入不均归结为一种不可改变的自然现象。帕累托还是个社会学家,主张把经济现象的研究同社会现象的研究结合起来,把经济动态学同社会学结合起来,从而把一般均衡理论推向一般社会均衡理论,社会成员的相互依赖特性,也用数学公式表示。帕累托被西方经济学界看作是纯粹经济学和计量经济学的先行者,他的一般均衡分析、线性规划方法、资源配置分析等为西方经济学家广泛运用。

约翰·霍布森(John Atkinson Hobson,1858—1940)是英国经济学家,社会改良主义者。就读于牛津大学林肯学院,获硕士学位。1880—1887 年在法弗沙姆和埃克塞特从事教育工作。1887—1897 年任牛津大学公开讲演讲师团和伦敦大学教育公开教授会的讲师,从事工人教育,讲授英文和经济学。1899 年任曼彻斯特卫报南非特派员,并就经济及社会问题在报刊上发表专论。以后专事著述,直到逝世。主要著作有《工业生理学》(合著,1889)、《现代资本主义的发展,机器生产的研究》(1894)、《分配经济学》(1900)、《财富的科学》(1911)等。霍布森的社会改良主张的理论基础是反对非生产性剩余。他把社会总产品扣除维持消费后的剩余分为生产性剩余和非生产性剩余两部分。用于扩大产业系统的规模和增进生产要素(指劳动、才能、资本和土地)的必要费用称为生产性剩余,也称发展费用。地租、超过必要利率的利息、一切过高的利润或其他对才能或劳动的报酬,则是非生产剩余。他认为前者是经济发展所必需的;后者造成了资本主义社会的种种弊端,应该改良。霍布森的又一重要理论是"消费不足"说。这一理论不同意供给会自行创造需求的"萨伊定律",认为有消费能力者不对商品提出有效需求,就会形成消费不足。在资本主义社会中有产阶级占有份额过多,工人阶级占有份额太少,必然形成"储蓄过度""消费不足"。消费不足便是影响经济发展,造成经济危机的基本原因。因此,为了经济发展,他主张进行改良,改善劳动条件,提高工资水平,用税收形式把富有阶级的收入转移到国家手中,以兴办各种社会福利事业。这一理论和主张对后来的福利经济学产生了一定影响,阐述此理论的《分配经济学》成了福利经济学早期的代表作。此外,霍布森关于帝国主义的理论对后人的研究具有一定价值。他对帝国主义的政治经济特点和矛盾进行了论述,对帝国主义之间的竞争、争夺殖民地、大规模的资本输出以及奴役殖民地人民的某些方面,提供了大量材料。他揭露了帝国主义的寄生性和资产阶级政党的腐化,指出这些对于经济发展危害极大。但他认为,帝国主义仅是一种政策,只要改变不合理的分配政策,提高居民消费能力,帝国主义便可避免,这显然是错误的。今天研究福利经济学、帝国主义理论和经济发展,往往要追溯到霍布森的理论。

古斯塔夫·卡塞尔(Gustay Cassel,1866—1945)是瑞典经济学家,瑞典学派奠基人之一。早年在乌普沙拉大学学习。1895 年获斯德哥尔摩大学数学博士学位,1904 年起任该校经济学教授,直到 1933 年退休。1916 年受德国政府邀请研究德国经济状况,1922 年受苏联政府聘请任新创办的国家银行顾问。曾任瑞典财政部税收和金融顾问。他经常到国外讲学,多次出席国际性经济会议。主要著作有《利息的性质和必要》(1903)、《社会经济学原理》(1918)、《1914 年以后的货币和外汇》(1922)、《世界货币制度的危机》(1923)、《关于经济学的数量思维》(1935)、《金本位的衰落》(1936)等。卡塞尔十分注重各种数量以及彼此间的关系研究,他用数量来表示各种力量的均衡条件,力图论证经济学在本质上是"一门数量的科学"。因此,他把古典经济学、庸俗经济学与马克思经济学相提并论,指责它们都是"散漫与模糊概念",缺乏"数量的精确性",提出"价值无用论",反对价值论。他认为一切经济问题都是价格问题,利息也是一种价格,因此应从价格开始对经济现象进行分析,并提出了一套"价格决定程序"。根据他的推论,只要按照这一程序,可以使生产手段得到最经济的利用,即可使生产导向最能满足人们需求的途径。卡塞尔在经济周期的研究上,先是提出"非货币投资过多论",用"投资过多"来解释经济的周期波动。他认为萧条、危机主要特征是固定资本生产过多,而固定资本过多,并非需求不足,而是资本家的"储蓄能力"不足,即资本供给大大落后于固定资本货物的生产。第一次世界大战后,资本主义世界经济发展受到大规模的货币干扰,于是卡塞尔又用"纯粹货币现象"来解释经济周期的波动。他认为萧条时期,表面上看是购买力不足,其实是由于通货膨胀,支付工具不足,是一种"纯粹货币现象"。解救的办法则是采用消除通货紧缩,增加支付工具的货币政策。卡塞尔在国际上最有影响的经济理论是"购买力平价说"。这种汇价理论认为,不兑现纸币国的外汇汇率具有一定基准可循,即根据贸易两国货币购买力之比可测算出。计算汇率的公式为:

$$甲国新购买力平价 = 甲国旧购买力平价 \times \frac{乙国货币购买力变化率}{甲国货币购买力变化率}$$

或：

$$甲国新购买力平价 = 甲国旧购买力平价 \times \frac{乙国物价指数}{甲国物价指数}$$

这是西方国家推算均衡汇率的基本理论，也是唯一的汇兑学说。卡塞尔的经济学理论在国际上有一定影响，他的"购买力平价说"被西方各国有关经济著作广泛引用。但对这一学说也有异议：假定的两国经济发展程度相等或相近很不实际；两国物价指数编制方法不完全相同，会影响计算结果的可靠性。美国经济学家萨缪尔森的评价是：长期预测的收效超过短期预测，但不完全精确。

路德维希·冯·米塞斯（Ludwing von Mises，1881—1973）是美国经济学家，新奥地利学派代表人物之一。生于奥地利莱姆贝尔格。1900 年就读于维也纳大学，1906 年获博士学位。求学时期已有著述，1902 年发表了研讨故乡农民生活的专著。第一次世界大战期间，应征在奥匈帝国军队服务。奥地利成战败国后，任国际联盟奥地利赔偿委员会主任至 1920 年为止。1927 年创建奥地利经济周期研究所。1931 年起任维也纳大学教授。1934 年迁居瑞士日内瓦，任日内瓦国际研究会教授，1940 年移居美国，在国家经济研究所工作，后任墨西哥国立大学教授，纽约大学访问教授。1946 年加入美国籍，任美国制造业协会顾问和经济教育基金会顾问。据不完全统计，发表过 213 篇论文、出版 26 部著作。主要著作有《货币与流通手段理论》（1914）、《社会主义国家的经济计算》（1920）、《极权政府》（1944）、《有计划的混乱》（1947）、《人的行为：经济学研究》（1949）、《为自由而计划》（1953）、《经济科学的最后基础》（1962）等。米塞斯用行为科学解释经济问题，被西方经济学家称为一大贡献。他认为，行为是独立的个人为了达到一定目的的活动，是自我对于外界刺激作出的有意义的反映，是主体对客观世界所作的有意识的调整。他用行为科学对经济现象进行分析：行为的目的是要以比较满足的状态代替比较不满足的状态，这种代替叫作交换；实现这种代替，放弃比较不满足的状态，就是付出代价或成本；如果交换的结果优于原状态，两者价值之差叫作收益或利润，这意味着行为人的幸福增加；相反，交换的结果不如原状态，其差别叫亏损，意味着行为人的幸福减少。米塞斯在研究货币和信用理论时,强调货币是资本主义经济周期变动的原因。他认为银行不单是信用的媒介,还可自行创造流通手段,而且弹性极大,如果任其自由发展,足以引起通货膨胀或紧缩,从而造成经济的萧条与繁荣交替出现。因此,最好是实行金本位制,借以控制流通手段的数量。这显然颠倒了经济周期的因果关系。米塞斯极力宣扬自由主义经济学说,坚决维护传统的自由放任政策,反对任何形式的国家干预,认为政府的干预往往意味着暴力行动或暴力威胁。有人对此批评说:"自由主义"才是"最粗暴最无说服力的形式",是一种"引起更大恐惧"的工具。米塞斯还研究社会主义的经济问题。他认为社会主义制度下没有自由市场,就没有价格制度,因而就没有合理的经济计算,不可能纠正生产的错误方向。还认为由社会主义规定价格的政策不可能做到经济均衡发展,供求平衡,合理使用生产资料,进而断言社会主义不可能实现。这些反社会主义的观点在西方经济学史上引起过一场著名的关于社会主义经济问题的大论战。米塞斯的行为理论、货币经济周期理论、自由经济学说及对社会主义经济的分析均在西方经济学界引起了极大反响。关于社会主义经济问题,波兰著名经济学家兰格反驳了他的基本观点,并指出:"由于他强有力的挑战,迫使社会主义者承认需要有一种适当的经济计算制度,以指导社会主义经济的资源分配。"

约翰·梅纳德·凯恩斯(John Maynard Keynes,1883—1946)是英国经济学家。1905年毕业于剑桥大学,不久即在该校讲授经济学,并创立政治经济学俱乐部。1911年起长期兼任皇家经济学会《经济学杂志》的主编。在剑桥大学执教期间,他曾多次担任英国政府要职。1914—1919年担任英国财政部高级官员。1919年作为该部首席代表参加巴黎和会。1929—1933年任英国内阁经济顾问委员会主席。第二次世界大战期间,任英格兰银行董事。1944年率英国代表团出席布雷顿森林召开的联合国货币金融会议,同年获"勋爵"爵位。1945年作为英国首席代表参加向美国借款的谈判。1946年死于心脏病。凯恩斯生前还善于金融投资,其资产总额约50.6万英镑,因此,是一个亦学亦仕亦商的著名人物。其主要著作有《印度的通货和财政》(1913)、《凡尔赛和约的经济后果》(1919)、《货币改革论》(1923)、《货币论》(1930)、《通向繁荣之路》(1933)、《就业利息和货币通论》(1936)等。20世纪20年代初期,凯恩斯注重于货币理论及货币政策的研究,主张实行某种货币政策放弃金本位制,以加强英国在国内外的金融力量。20世纪20年代末,世界经济危机爆发后,英国经济处于长期萧条状态。这使凯恩斯的经济理论和政策主张从传统的自由放任主义转向国家干预经济的主张。1926年发表《自由放任主义的终结》,提出对资本主义实行明智管理的必要性。1929年支持英国自由党领袖劳合·乔治提出的由政府举办公费工程以消除失业的方案。以后又对美国罗斯福总统"新政"倍感兴趣,支持国家对经济的干预政策。1936年,凯恩斯出版了他最有影响的著作:《就业、利息和货币通论》。该书在摒弃了"供给自行创造需求"的萨伊定律和传统经济学关于资本主义制度可以通过自动调节实现充分就业说教的基础上,为国家垄断资本主义的发展提供了系统的理论思想。在该书中,凯恩斯提出"有效需求"理论和"总量分析"的方法。他认为资本主义社会之所以存在失业和经济萧条,其原因在于有效需求不足,包括消费需求和投资需求两部分。而有效需求的大小最终决定于三个基本心理因素,即"消费倾向"、"对资本资产未来收益的预期"、货币的"流动偏好"。凯恩斯认为,资本主义危机的爆发,主要原因是由于资本家对投资未来收益缺乏信心,引起资本边际效率"突然崩溃"的结果。因此,凯恩斯主张扩大国家对经济干预的权力,采用财政金融措施,增加公共支出,降低利息率,刺激消费,增加投资,以提高有效需求,实现充分就业。此外,凯恩斯还运用"乘数理论",即增加投资可以引起几倍于投资量的国民收入增长的理论,强调扩大公共投资的必要性。在上述理论的基础上,凯恩斯主张:经济衰退时,在财政政策上,政府应扩大开支并实行减税,而在货币政策上,则应增加货币供给量,降低利息率,刺激私人投资,从而扩大社会总需求;经济高涨时,应实行紧缩政府开支与增税措施,货币政策应减少货币发行量,提高利息率,抑制私人投资,从而减少总需求。凯恩斯这一整套学说在西方经济学引起强烈震动,成为第二次世界大战后主要资本主义国家"主流"经济学说和政策制定依据,并被西方经济学界广泛称为进行了一场"凯恩斯革命"。但20世纪70年代后,由于凯恩斯理论在资本主义世界严重的通货膨胀和经济停滞面前束手无策,而受到西方经济学界广泛的批评和挑战。

约瑟夫·熊彼特(Joseph Alois Schumpeter, 1883—1954)是美国经济学家。1883年生于当时属于奥匈帝国的摩拉维亚省的特里斯镇。1901年入维也纳大学攻读法律和经济学,是经济学家庞巴维克的门生。1906年获法学博士学位。1908年发表处女作《经济理论的实质和主要内容》后在学术界崭露头角。第一次世界大战前后二十余年,他曾在奥国的几个大学和德国波恩大学任经济学教授。1932年迁居美国,任哈佛大学经济学教授,直至1950年逝世。在1937—1941年,他曾担任过"经济计量学学会"会长,1948—1949年担任"美国经济学会"会长等职。主要代表作是《经济发展理论》(1912)、《经济周期:资本主义过程之理论的历史的和统计的分析》(1939)、《资本主义,社会主义与民主》(1942)、《从马克思到凯恩斯十大经济学家》(1952)、《经济分析史》(1954)。在经济发展理论方面,他提出"创新理论",试图以生产技术和生产力方法的变革来解释资本主义的基本特征和经济发展过程。他认为资本主义本质上是经济发展的一种形式或方法,它绝不是静止的。推动经济发展变化的根本原因来自企业家从内部革新经济结构的"创新"活动。通过引进新产品,引用新的生产方法,开辟新的市场、控制和发现新的原材料的来源以及实现企业新的组织形式,就可以取得对旧有经济格局的一种突破,使生产效率进一步提高,从而产生出利润、资本和利息。银行家在推进生产因素的新结合时,也起着必不可少的桥梁和杠杆作用。在经济周期理论方面,熊彼特提出:在资本主义制度下周期性地出现萧条和衰退是经济发展过程中的必然现象,经济周期之所以会出现,是由于创新的引进不是连续平衡的,而是时高时低的。创新本身不但在规模上各不相同,而且在各自发挥充分作用所必须经历的时间上,亦必有很大的差异,由此会产生出经济的周期或波动,并且,由创新所引起的经济周期与其影响方面,自然也就会相去甚远。他综合了前人的论点,提出了在资本主义历史发展过程中同时存在着50—60年的经济长周期或长波、9—10年的一般经济周期或中波和平均约40个月的短经济周期或短波,这些经济周期都是由不同的技术创新所引起的。熊彼特的经济理论在20世纪70年代中期以来,由于凯恩斯主义的某些失灵而重新受到人们的重视,在西方经济学界居于很高的地位。

阿尔文·哈维·汉森(Alvin Harve Hansen,1887—1975)是美国经济学家,美国凯恩斯学派创始人。1915年获威斯康星大学经济学哲学博士学位,还曾获该校文学硕士和延克顿学院法学博士学位,先后在明尼苏达大学、斯坦福大学、哥伦比亚大学等任教。1937年起担任哈佛大学经济学教授,1956年退休后为该校名誉教授。他活动广泛。最初出任罗斯福政府经济顾问及经济关系国家政策调查委员会指导者,以后担任过美国国务院经济学专家、美国资源计划顾问等职,还在联邦准备制度理事会、全国产业审议会、国际经济关系委员会、社会保障咨询委员会、加拿大王室委员会等处任职或参加活动。1938 年被选为美国经济学会会长。主要著作有《繁荣与萧条的周期》(1921)、《经济周期理论》(1927)、《一个不平衡世界中的经济稳定》(1939)、《财政政策和经济周期》(1941)、《经济政策与充分就业》(1947)、《凯恩斯学说指南》(1953)、《美国的经济》(1957)、《20 世纪 60 年代的经济问题》(1960)等。汉森除了阐释凯恩斯主义外,提出了不少自己的理论,其中影响较大的有:(1)长期停滞论。他指出,人口增长速度减低、资本大量积累以及技术偏向于资本节约等投资诱因的减弱,使资本主义经济陷入长期的大量失业的状态,经济出现了长期停滞的局面。这只有依靠政府干预,促使投资增长,才能刺激经济的发展。(2)加速原理和乘数理论相结合的理论。他认为乘数理论只有同加速原理结合起来,才能解释经济波动。因此,与自己的学生萨缪尔森提出了"汉森—萨缪尔森模型"。利用这个模型,只要根据统计资料找到消费倾向和加速系数的数值以及过去两期的国民收入数字,就可以计算出本期本国的国民收入,从而发现经济的波动和增长幅度。(3)通货膨胀理论。汉森认为,温和的通货膨胀有利于生产和就业的增长,而物价上涨比失业好得多。因此,主张在经济已经回升而生产还低于充分就业水平时,运用赤字预算来刺激经济的增长。此外,他还提出了补偿性财政政策、资本主义经济与社会主义经济混合的二重经济理论等。对于发达国家同发展中国家的关系,他认为发达国家不但不应该力图使落后国家不能和他们竞争,而应该贷款给这些国家,发展其铁路、公路和电力等,以便提高发展中国家收入和购买力。这又有利于发达国家扩大打字机、汽车、家务用具等产品的出口。汉森在 20 世纪 30—60 年代,获得了很大的声誉。这不仅是他对凯恩斯理论做了权威性的诠释和发展,更重要的是,美国杜鲁门政府和肯尼迪政府的经济政策都深受汉森理论的影响。但 20 世纪 60 年代后期,汉森和凯恩斯理论在严重的通货膨胀和经济停滞面前束手无策,因而受到各方面的批评和指责。

尼·伊·布哈林(Bukharin,1888—1938)是苏联经济学家、政治家。中学时代参加革命组织,1906 年加入俄国社会主义民主工党。1907 年入莫斯科大学攻读经济学,继续进行革命活动,1908年选入该党莫斯科委员会,先后被捕三次。1911年流亡国外,悉心研究政治经济学,开始从事著述活动。1917年回国后任布尔什维克党中央委员。十月革命后,历任中央政治局委员、共产国际执委会委员和主席团委员、《真理报》主编等职。1938年被苏联当局以"反革命集团"罪处死。主要著作有《食利者的政治经济学》(1913)、《世界经济和帝国主义》(1915)、《共产主义ABC》(1921)、《过渡时期经济学》(1920)、《历史唯物主义理论》(1921)、《新经济政策和我们的任务》(1925)、《帝国主义和资本积累》(1925)、《一个经济学家的札记》(1928)等。布哈林早期的经济研究,一方面为捍卫马克思劳动价值论,对资产阶级经济学奥地利学派进行批判;另一方面对帝国主义进行了论述。他认为,帝国主义是资本主义一定发展阶段,有其产生、发展和衰亡的过程,是一个历史范畴。十月革命后,他转而注重研究过渡时期的苏联经济,逐渐认识到商品货币经济对社会主义建设的重要性,他批判了托洛茨基主张最大限度地把农业资金抽到工业,以加速工业化发展,从而实现农业集体化的"超工业主义",并指出这是破坏工农联盟,不利于整个国民经济的平衡发展,并初步提出了有计划按比例发展国民经济的思想。布哈林在论述过渡时期经济平衡条件时,阐述了农业、轻工业与重工业的辩证关系,认为农民市场的容量是决定轻、重工业规模的重要因素,社会主义工业取决于农业需求的数量变化和质量变化,"只有工业在农业迅速增长的基础上达到高涨这样的结合下,我们才能保持最大的发展速度"。对于重工业和轻工业发展的比例,他认为要力求使二者达到最完满的结合,前者为后者提供设备,后者为前者提供资金。对于积累和消费的关系,他认为要二者兼顾,必须保证供求平衡,片面追求高积累、高投资、高指标和高速度,必定造成严重的经济后果,导致政治经济危机。布哈林还论证了计划经济和市场经济相结合的重大意义,指出社会主义国家的计划是重要的,但是相对的,不是万能的;若有失误,损失将是严重的。他主张把计划经济同市场经济结合起来,加快经济周转,城乡交流,工农结合,促进各种经济成分发展,"通过市场关系走向社会主义"。布哈林一生犯过不少错误,但他拥护列宁的新经济政策,并在苏联工业化的论争中提出了不少有益的观点,形成布哈林学派,对苏联初期的经济建设有一定影响。列宁曾称他为"学识卓越的马克思主义经济学家"。

埃里克·罗伯特·林达尔(Erik Robert Lindahl, 1891—1960)是瑞典经济学家,瑞典学派代表人物之一,自 1932 年起,先后在哥德堡大学、隆德大学和乌普萨拉大学任政治经济学教授。曾担任瑞典财政部顾问、国际经济学会主席等职。其著述较多,内容广泛,涉及货币理论、财政理论、经济周期理论、经济动态学、国民收入理论等领域,代表作有《货币和资本理论的研究》(1939)、《课税的公平》(1919)。林达尔在经济理论研究中的突出之处在于建立动态理论体系,以代替传统的静态均衡体系。他的经济动态论注重经济量的时间变化,重视发展,严格区分事前和事后的概念,即注意某一时期开始时经济主体的预期和计划,与这一时期结束时实际上实现的情况的关系,动态地把握经济变化的过程。他把一个长期的经济发展过程先划分为若干个时期加以考察,然后求出各个时期的变化值的总和,即得出经济发展全过程的总值。这被他称作"时期分析法"。只选择某一典型时间加以分析,再据此推论其他时期变化趋势的方法,叫作"典型分析法"。林达尔动态理论的中心是计划理论。他对资本主义经济计划的分类是:(1)利用自己的收入谋利的私人计划。(2)以谋取最大利润为目标的厂商计划。(3)与整个国家经济政策有关的公共计划。其中以第三种计划对该社会经济发展影响最大。他对社会主义的中央计划经济的分类是:(1)对生产和消费加以管制的中央计划经济。(2)消费自由的中央计划经济。(3)允许私人储蓄的中央计划经济。他认为经济动态理论对研究社会主义经济特别适合。林达尔还提出关于利息率和物价水平的理论。他认为,只有在人们对未来的物价变动没有预见到,或预期不完全的情况下,在存在着闲置的生产资源的条件下,利息的变动才能对物价水平发生影响。如此强调人们的预期作用和是否存在闲置的生产资源,从而补充和发展了瑞典学派创始人克鲁特·威克塞尔的累积过程理论。林达尔作为一位财政学家,主张实行积极的财政政策。其主要内容是:(1)大力举办不在于盈利,而在于扩大就业,克服经济萧条的公共工程。(2)实行补偿性财政预算政策,萧条年度实行"赤字预算",景气年度实行"盈余预算"。林达尔的经济理论,不仅在瑞典学派中独具特色,而且在该学派建立过程中起了重要作用。

雅各布·维纳(Jacob Viner, 1892—1970)是加拿大经济学家。生于加拿大蒙特利尔。1914 年获文学士学位。1915 年、1922 年分别获哈佛大学硕士、博士学位。1946 年前长期在芝加哥大学执教,先后任助理教授、副教授、教授。1946—1960 年任普林斯顿大学教授。曾任美国财政部特别助理、美国国务院顾问、斯坦福大学和耶鲁大学访问教授、美国联邦准备制度顾问等职。曾获得国内外 13 所大学荣誉博士学位。1962 年获美国经济学会最高荣誉沃克奖章。主要著作有《倾销,一个国际贸易问题》(1923)、《国际贸易理论研究》(1937)、《关税同盟的论争》(1950)、《国际经济学》(1951)、《国际贸易与经济发展》(1952)、《长远观点与短期观点》(1958)等。维纳精于国际贸易研究,对于国际贸易与经济发展的关系也颇有见解。在他看来,发展中国家为求得工业发展所采取的关税保护政策,经常带来许多纷乱,而且结果是许多国内工业非借保护政策便无法存在和发展,稀缺的生产资源不能获得最佳利用,往往造成浪费。他认为经济发展,必须得提高生产力;要提高生产力,必须先使生产者接受较高的教育,增进身体健康,并予以相当水平的技术训练。维纳论述了经济发展的四个阻碍因素:第一个因素是生产力低下。这是最重要的,是发展中国家要解决的首要问题。第二个因素是资本短缺。它不是发展中国家自身能解决的,必须依靠外援。第三个因素是产品在外贸中处于不利位置。这并不是很重要。第四个因素是人口急剧增长。这是一个重要问题,但直到人类社会贫穷问题得到完全解决之前,没有妥善的解决办法。他指出,贫穷的原因就是贫穷,所以要打破贫穷的恶性循环并非易事;非工业国家之所以贫穷,是由于农业部门占去了绝大部分资源,因而一般认为工业化是治疗贫穷的最佳处方;虽然以从事农业生产为主的国家并不一定会贫穷,如丹麦等国,然而他们的农业生产已经走上工业化的道路。为此,他得出的结论是:许多地区,由于生产技术落后、生产力低下,不管他们从事农业生产或工业生产,将永远处于贫穷的状态。维纳的经济发展理论和主张,对于发展中国家具有一定参考价值,但他对于某些地区所下的永远无法摆脱贫穷的恶性循环的结论,不仅失之武断,而且前后矛盾。

保罗·道格拉斯(Paul H. Douglas,1892—1976)是美国经济学家。1913 年布伦兹威克博登学院毕业,获学士学位。1915 年获哥伦比亚大学硕士学位。1921 年又获该校经济学博士学位。在此期间,道格拉斯曾先后担任伊利诺斯大学讲师,俄勒冈州波特兰李德学院讲师和副教授,华盛顿大学经济学副教授。1923 年任芝加哥大学副教授,1925 年提升为教授。从这一年开始,道格拉斯担任了 17 年的报纸出版业仲裁委员会主席。1930年出任斯沃恩其夫失业问题研究委员会代理主任和宾夕法尼亚失业问题委员会秘书、纽约社会就业稳定委员会顾问和秘书。1931年任伊利诺伊州房屋建筑委员会委员、国家复兴总署消费指导委员会委员、参议院及社会保障局咨询委员会委员等职。1938年被选为芝加哥市参议员。第二次世界大战爆发,年逾50的道格拉斯入伍当了美国海军陆战队士兵,1946年晋升中校后退伍。1947年担任芝加哥大学教授,并被推举为美国经济学会会长。1948年竞选美国国会参议员。其主要著作有《美国学徒工与工业关系》(1920)、《现代经济社会中的工人》(1923)、《一家人的工资》(1925)、《1890—1926年期间的美国实际工资》(1930)、《工资理论》(1934)等。道格拉斯的理论研究以工资、社会保障、失业等问题为主,其主要学术贡献是1934年和柯布一起提出的柯布—道格拉斯生产函数。这一理论的提出在西方经济学界引起了巨大的反响,被认为是开辟了一条供一般生产理论尤其是边际生产力进入实证分析的重要途径。

道格拉斯和柯布依据美国1899—1922年制造业的资本和劳动力这两种生产要素对生产的影响,得出柯布—道格拉斯生产函数。这一函数说明每增加劳动百分之一所引起的产量的增长,将三倍于每增加资本百分之一所引起的产量的增长。这一结论被认为与美国工资收入与资本收入之比(3∶1)大体相符。柯布—道格拉斯生产函数不但成为资产阶级理论的证实依据,而且在计量经济学、增长经济学和经济发展分析中得到广泛应用。

尼古拉·康德拉季耶夫(Nikolai D. Kondratieff, 1892—1938)是苏联经济学家。1915年毕业于彼得堡大学法学系,1917—1919年曾任科伦斯基临时政府的粮食部副部长,并参与制定中央土地委员会的资产阶级土地改革方案,社会革命党党员。十月革命以后,他为季米里亚捷夫农业大学教授,并担任该校行情研究所所长(该研究所1923年以后直属财务人民委员部,1928年以后直属中央统计局),1930年1月因"反对农业集体化"(1936年苏联的评论指责他为"劳动农民党"反动组织的首领)而被逮捕,流放西伯利亚,1938年逝世。康德拉季耶夫的主要著作有《土地的社会化》(1918)、《世界经济及其在战时和战后的变化》(1922)、《战时及革命时期的粮食市场及其统制》(1922)、《有关世界经济及经济危机若干问题的争论》(1923)、《农业、林业未来发展计划的基础》(1924)、《从工农业的相互关系看国民经济的现状》(1925)、《景气变动大循环》(1925)、《景气变动的长波》(1926)、《国民经济综合发展及工业化中农业的任务》(1927)、《工业制成品及农产品的价格动态》(1928)等。

康德拉季耶夫是自由主义者杜冈·巴拉诺夫斯基和柯巴列夫斯基的学生,其世界观的形成深受他们影响。十月革命以后,康德拉季耶夫在担任行情研究所所长期间,成为农业经济学家亚历山大·瓦西里维奇·卡雅诺夫及其领导的"组织、生产学派"的主要成员之一。"组织、生产学派"建立在十月革命以前,十月革命以后,这个学派作为非布尔什维克经济学派的新民粹派仍然存在。它以季米里亚捷夫农业大学为中心,主要研究农业经济理论、农业生产布局以及经济周期等问题。这一时期,康德拉季耶夫主要研究了两个问题:(1)资本主义长期动态(长期波动)与战争、革命等社会大动荡之间的关系。(2)工业与农业、无产阶级与农民之间的关系。1919—1922年,康德拉季耶夫提出了长波假设。此后不久,他第一次在《战时和战后时期的世界经济和经济波动》一书中提出了这一观点。1924年冬和1925年春,康德拉季耶夫写了题为《经济生活中的长周期》的专论,1926年年初又对这篇文章进行了修改补充,改名为《经济生活中的长波》。他根据法、英、美等国的统计资料,认为从18世纪下半叶—20世纪初以后,资本主义经济发展过程中存在三个"长波",而每一个长周期波动时间为50—60年。他这一长波理论对西方经济学界长周期理论研究产生了重大影响,使他成为长经济周期研究的先驱。苏联1975年出版的《苏联经济百科辞典》指出:康德拉季耶夫带有辩护性的理论——"景气变动的大循环"理论客观上模糊了资本主义总危机的本质,而把危机描绘成仅仅是具有长期性质的景气变动中的萧条。

拉格纳·弗里希(Ragnar Frisch,1895—1973)是挪威经济学家,1969年第一届诺贝尔经济学奖获得者。1919年毕业于奥斯陆大学经济系,之后去过法国、德国、英国、美国、意大利等国留学,研究经济学和数学。1926年在母校获经济学博士学位,1930年任教,旋任该校经济研究所所长,并兼任耶鲁大学和巴黎大学教授。此时与其他著名经济学家创建经济计量学会,任会长。1933年创办《经济计量学》杂志并任主编。曾任联合国经济顾问、"经济与就业委员会"主席等职。先后获得美国科学与技术协会名誉会员、英国皇家经济学会通讯院士和皇家统计学名誉会员、哥本哈根大学名誉博士等。出版论著160多项,代表作有《边际效用的统计测定法》(1927)、《边际效用的新规定法》(1932)、《动态经济学中的扩散问题和冲击问题》(1933)、《统计上建立需求曲线和供给曲线的陷阱》(1933)、《从空想理论到实际应用——经济计量学的发展》(1969)等。弗里希是经济计量学的先驱。他于1926年首先使用经济计量一词,并定义它为统计学、经济理论和数学的有机结合。这一定义为多数经济学家所接受。他还第一个应用经济计量学的方法分析资本主义的经济波动。为了描述资本主义经济周期的数学模型,他最先把导致经济波动的因素区分为扩散作用和冲击作用两大类。前者即所谓加速原理,指经济体系内部的经济量变的相互作用所引起的经济变动;后者即所谓或然因素的冲击作用,指外生因素对经济体系的冲击所引起的经济变动。他把两类因素结合起来解释资本主义的经济周期,为西方经济周期理论提供了一个重要基础。为了克服边际效用理论在客观上无法测定的致命弱点,1926年他提出了"等量法",以后进一步阐述了测定货币边际效用的各种理论和方法,并将其扩展到动态分析中。弗里希的理论应用于社会经济发展方面也颇多贡献。针对第二次世界大战后重建经济问题,他提出"经济计划"方法及政府如何有效地干预经济活动的方法:一是把重要目标实现过程公式化。二是把市场机制的有效测定作为经济政策的反馈信息。三是经济专家同政治家结合,实行"专家治国"。结果,挪威政府运用此法在经济的恢复和发展中取得了成效。20世纪50年代后期,费里希把精力放在指导落后国家的经济发展上。他在印度和埃及工作多年,指导两国政府搞"经济计划",为缩短穷国与富国间的差距作出了极大努力。费里希的经济理论在西方经济学界具有重要影响,他的理论的应用对社会经济发展具有促进作用。瑞典皇家科学院对他的评价是:在经济过程分析上,发展和应用了动态模型;全面推进了经济研究的数量方法;在建立经济计划的模型方面,特别是将它应用于发展中国家的经济发展,有着重要意义。

纲纳·缪尔达尔(Karl Gunnar Myrdal,1898—1987)是瑞典经济学家,瑞典学派和新制度学派以及发展经济学的主要代表人物之一。由于在货币和经济波动理论方面的开创性贡献以及对经济社会和制度现象的内在依赖性进行的精辟分析,1974年和哈耶克(Friedrich August von Hayek)一起荣获诺贝尔经济学奖。纲纳·

缪尔达尔 1923 年在斯德哥尔摩大学法学院毕业后,开始从事律师业务。1925 年起,在德国、英国留学两年。1927 年获斯德哥尔摩大学经济学博士学位,并任该校政治经济学讲师。1929—1930 年作为洛克菲勒研究员在美国从事学术研究。返欧后,在瑞士日内瓦国际研究院任副教授一年。1933 年任斯德哥尔摩大学教授。他在政界也非常活跃。1934—1957 年曾当选为社会民主党参议员,历任瑞典银行董事、战后计划委员会主席、瑞典商业部部长、联合国经济委员会欧洲部门执行秘书。1957 年受 20 世纪基金会委托,对南亚和东南亚 11 个国家的政治经济问题进行了一次长达十年的研究。1973 年后,在美国一研究中心任特约研究员,以访问教授资格在纽约大学任教。他是瑞典皇家科学院、美国文理科学院、英国科学院成员,已获 30 所大学授予的名誉博士学位,并获得多项奖励。主要著作有《经济理论发展中的政治因素》(1930)、《货币均衡论》(1931)、《1830—1930 年间瑞典生活费用》(1933)、《财政政策的经济效果》(1934)、《人口——一个民主问题》(1940)、《国际经济》(1956)、《富裕国家和贫穷国家》(1957)、《富裕的挑战》(1963)、《亚洲的戏剧:对一些国家贫困问题的研究》(1968)、《世界贫困的挑战》(1970)等。缪尔达尔早期的主要经济学说是货币均衡论。它说明经济学的研究在于确定政策调整目标,而不以某一经济过程结束时的事后的计算为满足。这就要求对经济过程有预期、有计划,从而采取相应的调节措施,维持经济的长期均衡发展。从 20 世纪 40 年代开始,缪尔达尔的研究转向社会经济关系的结构分析。他运用整体分析法,对社会、经济、政治、文化以及制度因素进行综合考察,提出了著名的“循环积累因果原理”。这一原理强调,对社会经济的研究在于考察社会经济发展过程中各种因素之间的相互关系,说明经济研究不能局限于纯粹的经济关系,而要同其他有关因素特别是制度因素联系起来。循环积累因果原理是缪尔达尔制度经济学的基本原理,被认为对制度经济学的发展有着重要意义。因此,他也成了一名制度经济学家。20 世纪 60—70 年代,缪尔达尔着重研究经济问题。他的关于发展中国家发展理论主要有:(1)关于发展概念的含义,不同意正统经济学家的观点。认为经济发展是整个社会、经济、文化发展过程的一个组成部分,发展是整个社会文化发展过程中的一个组成部分,发展是整个社会、经济、文化等发展的上升运动。他还运用自己的循环积累因果原理论述发展问题,指出产量和收入、生产条件、生活水平、对待工作和生活的态度、制度、政策等都是影响发展中国家发展的因素。

（2）关于发展中国家的社会改革，提出要进行权利关系改革、土地所有制的改革、教育改革以及要克服"软弱状态"，建立秩序和纪律。（3）关于工业和农业的发展，认为工业化对发展中国家十分重要，但工业必须转向为农业服务，才能促进农业发展。（4）关于国际贸易，认为只有在两国工业化水平相近情况下才是互利的；否则对落后国家不利，因此主张发展中国家实行保护政策和贸易管制。缪尔达尔是国际上著名的资产阶级经济学家。他作为制度派的代表人物，对资产阶级正统经济学家的一些重要观点进行了批评。他的学说在西方经济学界和第三世界国家均有重要影响。

弗里德里希·哈耶克（Friedrich August von Hayek，1899—1992）是英国籍奥地利经济学家。新自由主义者，1974 年获得诺贝尔经济学奖。1899 年 5 月生于维也纳。早年就读于维也纳大学，1921 年获法学博士学位，1923 年获政治学博士学位。1927 年和 1934 年又先后两次获经济学博士学位。1927—1931 年，任奥地利独立经济研究所所长并兼任维也纳大学经济学讲师。1931 年应聘任英国经济学院教授并移居英国，1938 年加入英国籍。1943 年被选入英国科学院。1950 年移居美国并应聘任芝加哥大学社会伦理学教授，1962 年以后任联邦德国弗赖堡大学政治经济学终身教授。此外还担任过斯坦福大学、阿肯色大学、加州大学、开普敦大学、萨尔斯堡大学的客座教授。他毕生发表了 130 篇文章、出版了 25 部专著，涵盖经济学、理论心理学、政治哲学、法律人类学、科学哲学、思想史。主要代表作有《货币理论与经济周期》（1929）、《物价与生产》（1931）、《通向奴役的道路》（1944）、《个人主义与经济秩序》（1948）、《自由宪章》（1960）、《法律、立法与自由》第一卷《法律与秩序》（1973）、《货币的非国有化》（1976）、《法律、立法与自由》第二卷《社会公平的幻想》（1976）、第三卷《自由人的社会秩序》（1978）、《致命的自负——社会主义的谬误》（1986）等。哈耶克的学术思想对西方经济自由主义思潮的形成和发展产生了重大影响。西方经济自由主义学派、新奥国学派、伦敦学派、芝加哥学派和弗赖堡学派都推崇他为本学派的主要代表人物之一。20 世纪 20 年代，哈耶克以研究货币和经济周期而著名。1931 年后，主要研究一般经济理论和社会哲学。哈耶克在货币理论中提出了"中性货币"的概念，他把货币仅仅看成流通手段和计算单位，对经济体系的运行没有影响。因此，他反对调节通货以稳定经济的政策主张。他认为资本主义有一种自由趋于稳定的机能,极力推崇私人企业制度和自由市场经济,反对国家对经济的调节。哈耶克的经济周期论是一种"供给不足论",他反对国家干预经济的任何措施。哈耶克一直反对社会主义和计划经济,认为社会目标是个人目标的总和,社会目标不能抑制个人目标。而社会主义贬低人的个人目标,而遵从于社会目标,限制了利己的动力,计划经济中的集中决策没有市场经济中的分散决策灵活,所以社会主义不可能有高效率;而且社会主义违背人性,计划经济导致政府集权,是"通向奴役的道路"。在 20 世纪 30—40 年代,西方经济学界展开了一场关于社会主义的讨论中,哈耶克代表"反社会主义派"提出了两个命题:第一个命题是社会主义不可能实现资源的合理配置,不可能有经济效率。第二个命题是社会主义即使实现了资源的合理配置,也不值得追求,因为这会使自由丧失。1944 年在《通向奴役的道路》一书中,他全面系统地反对社会主义。哈耶克得到"极端保守派"的名声,受到学术界的广泛批评。哈耶克是新自由主义最有代表性的理论家,他继承了 18 世纪启蒙思想家的思想,强调维护人的自由。这种自由包括政治自由、思想自由和经济自由。其中,经济自由是自由的基础。实现经济自由的途径是实行市场经济,让市场机制充分发挥调节作用,让人们在市场上进行自由竞争。因此,市场经济就是一种由个人主义出发而形成的,能保证人的自由的"自然秩序",是一种最符合人性的经济制度。哈耶克批评凯恩斯的理论和政策,他认为判断一个社会好坏的标准不是经济福利,而是人的自由程度。他特别反对把经济福利作为理想社会的目标,认为追求经济福利的目标必然导致国家干预经济。理想社会要通过法治才能实现,要做到这一点,就要实现思想解放,把人的思想从崇尚国家的现代蒙昧主义下解放出来,自觉地为实现这种理想而奋斗。20 世纪 70 年代,哈耶克转向经济伦理学方面的研究,但其基本思想趋向仍然是自由经济主义。哈耶克的经济理论在西方经济学界和政界有广泛的影响,尤其是 70 年代后期,凯恩斯主义在经济生活中失灵,哈耶克的论点再度被西方重视。

戈特哈德·贝蒂·俄林(Bertil Gotthard Ohlin,1899—1979)是瑞典经济学家,当代斯德哥尔摩学派的奠基人和主要代表人物之一。早年就读于瑞典隆德大学、斯德哥尔摩大学和美国哈佛大学。1924 年任哥本哈根大学经济学教授,1930 年转任斯德哥尔摩商学院教授并担任美国加利福尼亚大学和弗吉尼亚大学的客座教授。第二次世界大战期间任瑞典联合政府商业部长。由于在西方国际经济学方面的成就,1977年与英国经济学家爱德华·米德同获诺贝尔经济学奖。

俄林在经济学上的重要贡献是提出了生产要素禀赋学说,这个学说奠定了现代国际贸易理论的基础。他的研究成果主要表现在国际贸易理论方面,如《国际贸易理论》(1924)、《区际贸易和国际贸易》(1933)、《国际经济的复兴》(1936)、《资本市场和利率政策》(1941)等。俄林的国际贸易理论受其老师赫克歇尔(Eli. F. Heckscher)的影响,因此又被称为"赫克歇尔—俄林理论"。该理论分析了不同国家产生比较利益的原因,从而补充了李嘉图的国际贸易理论,即比较成本学说。在此基础上,俄林提出了各个国家不同贸易走向的理论,即要素赋有条件论。俄林的这个理论在国际贸易的实践中基本上得到了证实。俄林进一步证明了国际贸易会使各国之间的生产要素价格差异逐渐缩小,国际贸易对于收入分配,无论从国内范围还是从国际范围来说,都有一种均等化效应。俄林的另一个研究成就是在经济稳定政策方面,他在1927年就主张实行扩张性财政政策,用举办公共工程的办法来减少普遍存在的高失业率,他还抨击当时瑞典为达到预算平衡而不减少税收增加支出的做法。他较早就注重研究总有效需求水平与总供给水平的关系,研究了乘数作用,考察了新增投资的资金来源等经济问题。他还主张制定一种最佳充分就业目标来取代当时的超充分就业水平,从而抑制过度需求的压力,减少劳动力频繁的流动和生产效率的下降。俄林信奉社会自由主义,强调应该矫正自由市场制度下产生的收入、财产分配不平等现象,主张用充分就业政策,医疗保健制度和改革养老金制度等办法援助低收入社会集团。俄林在国际贸易方面的理论被西方经济学界广泛推崇和重视,被认为是向人类展示了通过贸易自由化取得增长机会。俄林也因此获得诺贝尔经济学奖。

罗伊·福布斯·哈罗德(Roy Forbes Harrod,1900—1978)是英国著名经济学家。1919年进入牛津大学,专修古典文学、哲学及历史学,获文学士学位。1922年毕业担任牛津大学经济学讲师和研究员。最初两学期去剑桥大学在凯恩斯指导下研究经济学,与凯恩斯成为终生朋友,参与了凯恩斯《通论》手稿的讨论。后来回到牛津大学长期执教,担任过高级学监和理事会成员。1933年被选为英国皇家经济学会理事。1940 年在海军部私人统计委员会供职,入内阁总理秘书处,后改任海军部统计顾问。1944 年继凯恩斯后担任英国皇家经济学会刊物《经济学杂志》的第三任主编,直到 1966 年退休。第二次世界大战结束后,继续在牛津大学任教,曾任联合国就业与经济稳定委员会委员、联合国货币基金组织经济顾问等职,1959年,被授予爵士头衔。主要著作有《国际经济学》(1933)、《经济循环》(1936)、《动态经济学导论,最近经济理论的若干发展与其政策应用》(1948)、《约翰·梅纳德·凯恩斯传记》(1951)、《动态经济学》(1973)等。哈罗德对不完全竞争理论、国际贸易理论和经济周期理论进行了深入的探索并作出了重大贡献。首先是在国际经济学领域中引进就业理论,考察一个国家进出口贸易量与国民经济收入和就业量之间的关系,开创了国际贸易理论的"收入分析",并提出了"国际贸易乘数"的概念。其次,哈罗德在经济增长的研究中,提出了三个动态的决定因素(储蓄率、利润在国民收入中份额的变动和产出量所需资本量的比例),进行动态分析,得出一个解释经济循环的理论。这一理论的基本内容是:消费需求增长会引起投资增加,这表现为经济周期繁荣阶段生产的积累性扩张;生产扩张,利润增长,又会引起储蓄率的提高;此时一旦消费增长率下降,按照加速原理,净投资的绝对量将减少,社会经济便转入积累性收缩阶段。这一理论的特点是:(1)把不完全竞争理论同经济循环研究相结合。(2)把凯恩斯的"乘数理论"同其他学者提出的"加速理论"相结合,并以其互相作用作为解释资本主义经济周期性循环变动的最重要的决定因素。(3)把经济增长研究同经济循环研究相结合。最后,哈罗德建立了"哈罗德—多马模型",这一模型将凯恩斯的就业理论所采用的短期、静态的均衡分析方法加以长期化和动态化,即以凯恩斯的"有效需求"理论为基础,分别从资本和劳动两个因素考察一个国家在长期内的国民收入和就业的稳定均衡增长所需条件,使之成为现代增长理论研究的起点。20 世纪 30 年代在凯恩斯国民收入决定论的基础上,提出"哈罗德增长模型",为资产阶级增长理论首开其端。与此同时,美国经济学家多马也独立提出了与哈罗德相似的增长模型。人们通常将他们的模型合在一起叙述。这一模型,单从物质资料的生产和再生产而言,适用于任何社会形态。哈罗德于 20 世纪 30—40 年代率先提出了经济增长的模型和一些基本概念,对经济增长学的形成和发展起着重要作用。他的经济模型,不仅被广泛运用于对西方国家国民收入变动的考察,而且被用来考察发展中国家经济发展速度和资本积累的关系。哈罗德经济增长理论和研究方法对于社会主义的经济计划工作和研究社会主义经济增长也有一定的参考价值。

戈特弗里德·冯·哈伯勒（Gottfried von Haberler,1900—1995）生于奥地利的美国经济学家,是获得安东尼奥·费尔特里内利奖的第一位经济学家。在维也纳大学毕业后,曾到英国伦敦大学和美国哈佛大学深造。1923—1934年任维也纳大学经济学、统计学教授。1934—1936年应国际联盟邀请,在金融财政局任职,研究产业循环理论。1936—1957年任哈佛大学经济学教授。1957—1971年任盖伦·L.斯通讲座国际贸易教授。1963年被选为美国经济学会会长。1965—1978年任美国财政部顾问。1978年以后任哈佛大学名誉教授。主要著作有《国际贸易论》(1937)、《繁荣与萧条,循环运动的理论分析》(1937)、《消费者分期付款的信誉与经济波动》(1941)、《定量贸易及其控制的原因和性质》(1943)、《流通的可变性》(1954)、《通货膨胀:原因和对策》(1960)等。哈伯勒在国际贸易和经济周期理论方面作出了杰出的贡献,他的《国际贸易论》被西方经济学界称为国际贸易理论三大名著之一,它引进传统的古典学派的贸易理论,建立现代的贸易理论。他以古典的劳动价值说为暂定出发点,证明比较成本说,但在讨论中他用代替成本说或机会成本说取代了劳动价值说。他认为,一个产品的生产成本就是为生产这个产品所必须放弃的其他产品的生产量,因而不须再借生产要素表示产品的生产成本,同样可以避免劳动价值说遇到的困难。他在发展经济学中的主要贡献是:根据古典学派和新古典学派的静态的比较利益理论,从动态观点分析了国际知识传播和资本流动问题,得出国际贸易有益于发展中国家的结论。在《繁荣与萧条,循环运动的理论分析》一书中在探究资本主义经济循环运动的原因时,他批评了纯粹货币学说、投资过度说、消费不足说、心理说、收获说等,并按照一般特征、繁荣、恐慌、萧条、复苏、周期循环性、国际错综的顺序对各种学说进行分析,他认为这种几乎可以包括经济体系的每一部门的复杂循环现象,不可能用一个原因加以说明。关于经济循环的因果因素,他指出不必区分内生因素与外生因素,应区分出可控因素和不可控因素;至于经济因素与非经济因素,只能是为了说明方便才加以区分;至于经济体制,本身就有不安定性,经常发生变动,如同一把摇椅或一只钟摆,因此应该重视经济体制的特殊机构及这种机构对于外来冲击的反映,而不必过分重视这种冲击出现的规律性。哈伯勒的经济理论颇具特色,受到西方经济学界普遍重视。但不发达国家很少采用他的利用国际贸易来发展本国经济的主张,多数采取进口代替的工业化发展战略。

西蒙·史密斯·库兹涅茨(Simon Smith Kuznets,1901—1985)是俄裔美国著名经济学家、统计学家,"美国 GNP 之父",1971 年获诺贝尔经济学奖。1955 年提出发展经济学中的重要概念:收入分配状况随经济发展过程而变化的曲线——倒"U"曲线(Inverted U Curve),又称"库兹涅茨曲线"。生于乌克兰哈尔科夫城,1922 年移居美国,并进入哥伦比亚大学攻读经济学。1923—1926 年,先后获得文学、文科硕士和哲学博士学位。1927 年进入纽约全国经济研究会工作,1930—1971 年先后担任宾夕法尼亚大学经济学和统计学助理教授、约翰·霍布金斯大学政治学教授、哈佛大学经济学教授。此间,1944 年任哥伦比亚特区华盛顿战时生产部计划统计局副局长,1946 年在中国担任国家资源委员会经济顾问,1949 年兼任美国经济学会会长,1954 年任美国统计协会会长,1961—1970 年,任美国社会科学研究会中国经济委员会主席。1977 年获美国经济学会颁发的沃尔克奖,获得五所著名大学授予的名誉博士学位。1971 年退休。他是个多产的经济学家,一生出版过三十多本著作和论文集,主要有《零售和批发贸易的周期波动》(1926)、《生产和价格的长期运动》(1930)、《工业和贸易的季节性波动》(1934)、《商品流量和资本形成》(1938)、《国民收入及其构成》(1941)、《1869 年以来的国民产值》(1946)、《关于经济增长的六篇演讲》(1959)、《现代经济增长》(1966)、《各国经济增长:总产量和生产结构》(1971)等。库兹涅茨在经济学研究中一贯强调经验归纳,特别强调经验统计的重要性,并致力于把经济学从思想体系改造为一门能具体计量的科学。因此,采用经验统计的研究方法,对历史统计资料进行整理、比较和分析,是他的研究工作的特色;对经济现象的变化发展及其相互联系进行计量和解释,则是他研究的主要内容。库兹涅茨创立了经验统计学,他认为具体而真实的数据最能反映问题的实质,最富有说服力。他以经验数据为依据对国民经济增长进行比较研究,在经济周期、国民收入核算、经济增长三个领域有显著成就。他通过对经济周期的研究,提出了在主要资本主义国家中存在着长度从 15 年到 25 年不等,而平均年度为 20 年的"长波"。这一成果为西方经济学界所重视,被称为"库兹涅茨周期"。在国民收入的研究中,他将长达 90 年的历史资料分类、综合,使之系统化,并上升到理论的高度,进行严密论证,解决了一系列国民收入核算的定义、概念和衡量方法等基本问题,建立起现代国民收入核算体系的基本结构。在经济增长研究领域,他利用大量的历史统计资料,描述和分析了 100 多年来各类国家经济增长的特点、各种变量的变化趋势和相互联系,并对实现经济增长和有关理论问题提出了许多独特的见解。他将一个国家的经济增长定义为:"不断扩大地供应它的人民所需的各种各样的经济商品的生产能力有着长期的提高,而生产能力的提高是建筑在先进技术基础之上,并且进行先进技术所要求的制度上和意识形态上的调整。"他概括了发达国家在经济增长过程中呈现出的六个特点:(1)人均产量和人口增长率都较高。(2)生产率本身增长的程度也高。(3)经济中的结构转变率高。(4)社会结构改变迅速。(5)经济向外扩张。(6)现代经济增长的范围受到限制。库兹涅茨在西方经济学界有着重要影响,受到高度评价。1971 年瑞典皇家科学院对他的评价是:"对经济增长做了以经验为根据的解释,从中把新颖而深刻的见解引入对经济社会结构和发展过程的分析",并且"用事实阐明——通过分析说明——自 20 世纪中叶以来的经济增长"。

简·丁伯根(Jan Tinbergen,1903—1994)是荷兰经济学家,经济计量学创建人之一,1969 年第一届诺贝尔经济学奖获得者。早年就读于莱顿大学,1929 年毕业,获物理学博士学位。1929—1945 年两度在荷兰中央统计局任职,其间曾任国际联盟循环研究专家。1945—1955 年出任荷兰中央计划局局长。1956—1957 年任世界银行顾问、哈佛大学访问教授。1956—1972 年任莱顿大学教授。以后除继续从事教学和科研外,曾任联合国发展计划委员会主席、鹿特丹大学和莱顿大学发展计划教授、荷兰科学院院士。1954 年起,先后获 20 个大学的荣誉学位。他一直从事经济政策、经济周期和经济计量方法的研究,被称为"经济计量学之父"。因其对发展计量经济学的主要贡献,1967 年获伊拉兹马斯奖。主要著作有《商业循环理论的统计检验》(1939)、《经济计量学》(1941)、《经济政策论》(1952)、《经济政策的集中和分散》(1954)、《经济政策:原理与设计》(1956)、《论文选集》(1959)、《改造世界》(1962)、《国际经济一体化》(1965)、《发展计划》(1968)、《收入分配》(1975)等。丁伯根对于资产阶级经济学的贡献在于创建或参与创建了现代动态经济学、经济计量学、经验的宏观经济学、现代经济预测方法、发展计划理论、国际经济合作和一体化的理论和政策等诸多分支学科。20 世纪 30 年代,他广泛联络各国著名经济学家,成立"经济计量学会",出版《经济计量学》杂志,推动数量经济的研究,为创建经济计量学做了大量工作。同时,他以经济计量学作为动态经济分析的基础,与他人合作提出了"蛛网理论",以对一些农产品的价格、产量波动方向进行阐释。其中使用的追踪现期经济变量受上一期变量(即落后或延迟变量)影响分析方法,成了后来运用差分方程进行经济分析的现代动态经济学的起点,这一时期,他还在《商业循环理论的统计检验》一书中,最早替美国经济建立了一个大而完整的宏观经济计量模型,把通行的统计方法用于宏观经济问题的分析,从而为资产阶级经济学开创了一个全新的分支,即经验的宏观经济学。他提出的关于国家经济调节政策和经济调节目标之间关系的法则,被称为丁伯根法则(Tinbergen's Rule)。第二次世界大战结束后,他把在荷兰中央计划局的经验和意见上升为系统的经济政策理论,作为规划短期经济政策的基础。20 世纪 60 年代以后,他在经济发展方面对世界作出了贡献。丁伯根帮助发展中国家编制经济发展长期计划。长期计划模型分为三类:分阶段计划、大型联立方程式体系、部分投入产出法。在联合国任职期间,他在分析未来世界经济发展时,注意发达国家和发展中国家的经济联系,重视发展中国家未来的经济发展。他认为,未来世界经济的发展,资源十分重要。要充分有效利用自然资源,发达国家和发展中国家必须发展有比较利益的工业,不要保护缺乏效率的工业。他还认为,发达国家同发展中国家的最大差距在科学技术发展和发展新技术的领域中,因此,发展中国家有必要准许跨国公司投资,引进技术,但要注意把跨国公司的利益和所在国家的独立自主以及发展目标协调起来。丁伯根对于社会的贡献在于把经济理论运用于实际经济工作。他提出的理论和政策在一定时期一定程度上帮助资本主义国家减轻了经济危机的破坏作用,缓和了国内外阶级矛盾,有利于资本主义的经济恢复和发展。利用国家干预形式实行间接计划的措施等,也有利于第三世界发展中国家的经济开发。

西奥多·威廉·舒尔茨(Theodore W. Schultz,1902—1998)美国经济学家。在经济发展方面作出了开创性研究,深入研究了发展中国家在发展经济中应特别考虑的问题,获得 1979 年诺贝尔经济学奖。他没有上过中学,只在农业学校学习了几年后,经特准进入美国南达科他州立学院攻读农业专业。1930 年在威斯康星大学获博士学位。毕业后应聘到农阿华州立学院经济和社会学系任教。1943 年以后,舒尔茨任教于芝加哥大学。1946—1961 年连续 15 年担任系主任,是"芝加哥学派"的代表人物之一。1960 年被推选为美国经济学会会长、美国国家科学院院士、美国人文科学院院士。1972 年荣获美国经济学会最高荣誉——弗朗西斯·沃尔克奖。舒尔茨早年积极参加了美国农业部的各种委员会,后来担任了联合国粮农组织、世界建设开发银行、美国农业部、商业部、联邦储备委员会和美国国会各种经济组织的顾问,对美国的经济政策形成发挥了重要的影响作用。舒尔茨早年是一位农业经济学家,在 20 世纪 30—40 年代曾针对美国农业危机发表了一系列论著。比如,1933 年发表的《关税对大麦、燕麦、玉米的影响》、1943 年的《改变农业政策》。1960 年舒尔茨在美国经济学年会上发表题为《人力资本的投资》的演讲,提出了人力资本投资理论,认为人力资本投资是促进经济增长的关键因素。舒尔茨指出,过去人们总以为经济成长必须依赖于物质资本和劳动力的增加,但根据他的研究,人力资本即人的知识、能力、健康等质量的提高对经济成长的贡献远比物质资本和劳动力的增加重要。在此以后,舒尔茨陆续发表了许多关于人力资本理论的文章,如《教育的经济价值》(1963)、《人力资本所谓投资》(1971)、《人力资源》(1972)、《人口质量投资》(1981)等,形成了完整的人力资本理论,被称为"人力资本理论之父"。从 20 世纪 40 年代后期,舒尔茨的研究逐渐从美国的农业问题扩展到发展中国家的农业问题和经济发展问题。在经济发展的理论中,长期存在一个倾向,即重工轻农,认为发展中国家的农民因为迷信、无知和习惯势力的束缚,对先进的科学技术有抗拒心理,对经济刺激不会起反应,因此,要发展经济必须优先发展工业。舒尔茨反对这种观点,他认为传统农业中的农民,对可用资源的分配是合理的;对先进的科学技术,只要条件有利是乐于采用的。因此,农业和工业一样对于经济的发展可以作出同样积极的贡献。要使经济发展成为事实,必须给予农业同等重视。这些观点在他的代表作《改造传统农业》(1964)一书中得到系统的阐述。此外,舒尔茨在发展经济方面的著作还有《不稳定经济中的农业》(1945)、《农业的经济组织》(1953)、《世界农业中的经济危机》(1965)、《经济成长和农业》(1968)等著作和论文。舒尔茨的理论有一定参考价值。但他提出的解决"贫富"问题的方法只是调和富人和穷人之间的矛盾,并不能从根本上解决发展中国家的贫困问题。

　　琼·罗宾逊(Joan Violet Robinson,1903—1983)是英国女经济学家,新剑桥学派主要代表之一。1922 年入剑桥大学攻读经济学,毕业时以优等成绩取得学士学位。1926 年与剑桥大学著名的经济学家奥斯丁·罗宾逊结婚。1929 年在剑桥大学任助理讲师,1937 年任副教授,1965—1971 年一直担任剑桥大学经济学教授。退休后任该校名誉教授,仍然活跃于西方经济理论界,在不完全竞争理论、凯恩斯主义就业理论、经济哲学、经济增长理论、资本理论、马克思主义经济学等领域,都有独创性,对现代西方经济学的发展产生了重大影响。主要著作有《不完全竞争经济学》(1933)、《就业理论导论》(1937)、《论马克思主义经济学》(1942)、《资本积累论》(1956)、《经济增长论文集》(1962)、《经济论文集》(五卷本)、《现代经济学导论》(合著,1972)、《对现代经济学的贡献》(1978)、《对现代经济学贡献续集》(1980)等。罗宾逊夫人在 20 世纪 30 年代开创了对不完全竞争理论的研究。她一反传统方法,不从完全竞争而从垄断着手分析,得出完全竞争和完全垄断不过是不完全竞争的两个极端,从而形成了一套逻辑严谨,首尾贯通的价格分析体系。以后她把注意力集中到宏观经济的研究,积极从事对凯恩斯《通论》的诠释和传播工作,还有先见地指出,凯恩斯理论未能解决当时经济接近充分就业时出现通货膨胀的趋势问题。20 世纪 50 年代罗宾逊夫人开展了对经济增长理论的研究。她的经济增长理论的主要特点:一是把经济增长同国民收入分配问题紧密联系起来。她把生产部门分为投资品和消费品两大类,把总收入分为利润和工资两大部分,即用两大部类和两大阶级收入的分析模式,补充和发展了凯恩斯的国民收入决定理论。二是用长期的、动态的理论方法区别于凯恩斯的短期的、静态的分析方法。她把假设的稳定均衡发展的经济状态称为"黄金时代",并以此为标准对一些经济失调的类型进行分析,从而揭示资本主义经济不能稳定发展的原因。罗宾逊夫人坚决反对新古典综合派以扩大军费开支刺激经济增长的政策。她指出"军事工业的发展对国民经济其他部分是不利的""如果把花在军备方面的钱拨归民用,这笔钱会有助于提高生产率和增进人民福利"。在军事支出扩大,军事工业集团从中渔利,赤字有增无减的情况下,即使经济增长了,但"不仅从主观上的贫穷绝对没有因经济增长而被克服,而且绝对贫穷还因经济增长而增大"。以后,罗宾逊夫人在同新古典综合派的论战中,提出了当时西方经济理论正经历着"第二次危机"的著名论断。她还对马克思经济理论进行研究,提出"向马克思学习"的口号。但她对马克思经济理论并不完全理解。罗宾逊夫人的经济理论对当时资产阶级经济思想的演变发展具有重大影响。她的《不完全竞争经济》被认为奠定了现代价格理论的基础,《现代经济学导论》成了西方经济学系学生的必读书。有的经济学家称她为女性之中最伟大的经济学者。

弗朗索瓦·贝胡(Francois Perroux, 1903—1987)是法国经济学家,法国当代经济学主流派——社会学派的主要代表人物。青年时代先后在里昂马里特思学院、里昂大学、巴黎大学和索邦大学求学。1934年任洛克菲勒研究员,1944年创办法国应用经济学院并任院长,1955年任法兰西学院教授。曾先后担任法国经济与社会发展研究所所长、全国科学研究委员会委员等职务。出版经济学专著50余部、发表论文500余篇,代表作是《二十世纪经济学》。贝胡学说的核心是新一般均衡论,与洛桑学派的一般均衡论有所不同,区别在于后者以完全竞争者的市场条件为前提,前者则说明存在垄断组织、工会组织和国家干预现象的现代资本主义经济发展为目的。他的新一般均衡论在经济学内涉及的主要内容有稳定经济结构理论、宏观经济单位理论和国家决策中心理论。贝胡的稳定经济结构理论认为,整个经济结构决定于各个简单单位和复杂单位的联系和总和,决定于各基本单位和客观上有意义的单位组织的流量比例和储备比例的总和,因而其基本特征是稳定的。他对经济结构的这种描述是模糊难懂的,实际上是在描述生产关系和分配关系。贝胡的宏观经济单位理论是研究垄断组织对经济发展的影响。他的宏观经济单位,指稳定的按系统建立的生产者联合组织或大小不等的经济主体组成的集团。各经济单位之间的权利关系或力量对比,涉及彼此的收入分配比例、商品和生产要素的储备比例,以及利润的最大化。那些具有吸引力和强大实力的经济单位,能够改变其他一些经济单位的结构、组成形式和发展速度,从而决定着供求规模的均衡价格以及经济的发展。这样,他把垄断组织对经济发展的作用提高到了市场关系之上。贝胡的国家干预理论则强调国家干预对经济发展的重大作用。他认为,国家作为国民经济的决策中心,凭借自己的力量,对各宏观经济单位之间的力量对比加以控制,使其和谐协调,推动社会经济的发展。贝胡的理论不仅对法国经济学界有重大影响,而且在 20 世纪 40—60 年代一直是法国政府制定经济政策的理论基础。

约翰·希克斯(John Richard Hicks,1904—1989)是英国经济学家,一般均衡理论模式的创建者。1972 年获诺贝尔经济学奖。毕业于克里夫顿大学和牛津大学。1926 年获硕士学位后,在伦敦经济学院任讲师十年。1932 年获博士学位,1935 年任剑桥冈维尔与凯厄斯学院研究员,1938 年任曼彻斯特大学教授。1946 年任牛津大学努菲尔德学院研究员。1952—1971 年任牛津大学经济学教授。1961—1962 年任英国皇家经济学会会长。1964 年封为勋爵。他是英国皇家科学院院士、瑞典皇家科学院院士、意大利林西科学院院士、美国科学院外国院士。主要著作有《价值与资本,经济理论的若干基本原则研究》(1939)、《资本的纯粹理论》(1941)、《经济周期理论》(1950)、《需求理论的修正》(1956)、《世界经济论》(1959)、《资本与增长》(1965)等。希克斯在经济理论研究中,首先是在均衡理论方面获得突破性成果,从而确立了自己在西方经济学界的学术地位。他的一般均衡理论以主观理论为基础。他批判了效用基数理论,接受了帕累托的观点,在效用序数理论和无差异曲线基础上建立一般均衡理论,并为一般均衡理论制定了更为精确的数学模型。他以序数理论取代基数理论,用"边际代替率"概念取代边际效用概念,以后又用边际代替率递减规律取代边际效用递减规律。他认为,这样既可以避免效用的计量、相加和比较问题,又可以完全不依赖于效用的计量而只知道边际效用变动的趋势。希克斯的一般均衡分为静态一般均衡和动态一般均衡。静态一般均衡又被分为交换的一般均衡和生产的一般均衡。交换的一般均衡,研究竞争市场中每个交易者在特定效用函数下和在一定收入限制从事商品交换,以取得最大的满足;生产的一般均衡,研究商品生产者在一定生产技术和资源的限制下进行商品生产,以取得最大剩余或最大利润。他的动态一般均衡,研究达到均衡状态的时间过程,说明从一个暂时均衡状态到另一个均衡状态的过渡。希克斯又以一般均衡理论为依据,用 LS—LM 分析对凯恩斯的宏观理论体系做了修正。他通过 IS—LM 曲线把凯恩斯的四个基本概念(消费函数、资本边际效率、灵活偏好和货币数量)结合一体,为解释收入决定提供了新的更为一般的均衡方法。希克斯在经济周期理论研究中作出了三个贡献:(1)考虑了经济变动和经济增长结合的必然性。(2)研究了经济循环由于加速原理作用而发生的情况下,经济体系发生发散振动所导致的结果。(3)提出了在经济下降过程中加速数会变型的新见解。希克斯在研究技术进步促进经济增长时,按照发明对于资本边际生产力和劳动边际生产力的影响,把技术进步分成"节用资本""中性"和"节用劳动"三种类型,提出了"中性进步说"。希克斯的一般均衡理论被瑞典皇家科学院称为均衡理论方面的"首创性"贡献,他的 IS—LM 分析也获得西方经济学家的极高评价。在福利经济学方面,希克斯论述了指数问题,对消费者剩余做了重新表述,提出了检验社会福利变化的补偿标准(卡尔多—希克斯标准)。希克斯还研究了通货膨胀和经济波动问题,对资本和增长理论有所贡献。

兰格(Oskar Ryszard Lange,1904—1965)是波兰经济学家、政治家、外交家。14 岁参加反德国侵略的武装斗争,后组织波兰社会主义青年联盟。大学毕业后任经济学助教,以后晋升为统计学讲师。1927 年加入波兰社会党,因受政治压力赴英美研究两年。1937 年回波兰,在波兰大学任教。1938—1945 年应聘在美国四所大学任过教,并于 1943 年加入美国籍。第二次世界大战期间,为波兰的前途进行了广泛的政治活动。1945 年恢复波兰国籍,任波兰驻美大使。1947 年先后被选为波兰社会党中央委员、波兰统一工人党中央委员。1950—1957 年在波兰社会科学院讲授经济思想史,其间曾任波兰中央计划统计学院院长。后曾任国务委员会副主席、顾问机关国家经济委员会主席,在国会中担任过各种职务。曾获得波兰科学院院士、海牙社会研究院名誉院士、英国皇家统计学会名誉会员、国际统计学会会员、法国第戎大学名誉博士等荣誉。主要著作有《政治经济学》《社会主义经济理论》《经济计量学导论》《整体和局部——系统行为通论》《统计学原理》《价格可变性和就业》《最优决策》《再生产和积累理论》等。兰格最有影响的成果,是关于社会主义国家经济发展问题的理论研究。对于解决社会主义经济的资源最优分配,兰格反对那些认为社会主义计划制度不能经济地计算,不能解决这一问题的观点,并采用微积分求解的经典最优化方法来解决这个问题。他为企业经理规定了两条规则:(1)选择使平均生产成本最小的投入组合。(2)产量必须根据使边际成本等于产品价格的原则确定。他认为,一定情况下为了实现资源最优分配,只有放弃最大利润,服从价格等于边际成本的规则,而这只有社会主义企业才能做到。对于社会主义的计划,兰格强调要协调各部门的活动,积极确定经济发展的主要路线,因此,"指令性计划"的含义是模糊不清的,应改为"积极计划"。这种计划至少规定:(1)国民收入在消费和积累之间的比例分配。(2)投资在各部门之间的比例分配。对于实现计划的方法,兰格认为有行政命令分配资源和建立经济激励两种手段。主张优先采用经济手段,因为它比较灵敏,能对正常变化作出反应,而行政手段的采用应限于经济手段无效的领域,当需求根本变化或革命性变化时,则须采用行政手段。兰格关于社会主义经济发展的理论和主张,不仅被东欧各国所采用,而且在西方经济学界引起强烈反响。

华西里·里昂惕夫(Wassily Wassilyovich Leontief, 1906—1999)美籍俄裔著名经济学家。投入产出法的创始人。1973 年诺贝尔奖获得者。生于俄国彼得堡。1921—1925 年在列宁格勒大学学习经济学,获硕士学位。此后去德国柏林大学学习,1928 年获该校经济学博士学位。曾在德国基尔大学世界经济研究所任研究助理两年。1928 年任中华民国政府铁道部顾问。1931 年移居美国,加入美国籍,任美国国家经济研究所研究助理。1931—1975 年在哈佛大学任教,1946 年晋升为经济学教授。1975 年任纽约大学经济分析研究所所长。退休任纽约大学经济学教授。曾先后担任美国劳工部顾问、美国战略办公室俄国经济组顾问、联合国秘书长顾问、美国商业部顾问、美国经济计量学会会长、联合国投入产出协会主席等职。主要著作有《美国经济结构,1919—1929 年》(1941)、《美国经济结构研究》(合著,1953)、《投入产出经济学》(1966)、《理论、事实和未来》(1977)等。里昂惕夫毕生致力于投入产出理论的研究。投入产出法的核心,是在线性化假设之下表示部门间购进和售出的相互依存关系的投入产出表。该方法主要用于经济计划和预测,基本的数学工具是矩形代数。其研究可分为三个时期。(1)提出建设投入产出法的理论。1936 年他在《美国经济体系中投入产出的数量关系》一文中论述了自己的投入产出思想,接着在 20 世纪 40—50 年代的著作中系统、全面地论述了投入产出法的原理及编制投入产出表的若干方法论问题。他认为,投入产出法就是"用新古典学派的全部均衡理论,对错综复杂的经济活动之间在数量上互相依赖关系进行经验研究"。这一方法是先将各种所需数据列在一张特制的投入产出表上,再利用数学方法列成一个线性方程组,通过求解,算出投入系数的逆系数,便可揭示国民经济各部门的内在联系。(2)对投入产出分析的研究。20 世纪 50—60 年代里昂惕夫将投入产出法应用于分析消费需求、投资需求与生产量、就业量间的关系;分析某部门产量的增加,需要其他部门的投入、投资及劳动力的情况;分析工资、利润、价格间的数量关系;分析技术结构改变对生产的影响;分析对外贸易对生产的影响等。(3)利用投入产出法研究世界经济问题。里昂惕夫在 20 世纪 70 年代接受联合国的任务,领导研究"未来环境问题和政策对国际开发战略的影响"的世界模型,预测在 2000 年世界经济发展变化与环境污染。他认为这项研究的目的是考察未来的经济增长和未来的经济问题之间相互关系。他把世界经济分为 15 个区域进行研究,利用自己的投入产出分析编制了有关世界经济的全球经济模型,显示环境和经济政策之间可能出现的关系。其中特别着重于推测发展中国家在 20 世纪末环境因素对经济加速发展的影响。里昂惕夫的投入产出理论和分析方法应用于重要的经济问题,在世界上产生了广泛重要的影响。联合国推荐将投入产出表作为国民核算体系的一个组成部分。他被作为"唯一的、无与伦比的投入产出法的创造者",为世界经济发展作出了重要贡献。

詹姆斯·爱德华·米德(James Edward Meade,1907—1995)是英国经济学家,1977 年诺贝尔经济学奖获得者。1926—1931 年先后就读于牛津和剑桥大学,在两校分别获得硕士学位。毕业后在牛津大学任教。1938—1940 年为日内瓦国际联盟经济小组委员,编辑《世界经济概览》,担任主编。1940 年任英国内阁经济小组委员,1946 年升任该小组主任。1947 年离开政界,任伦敦经济学院商学教授。1957 年转入剑桥大学任经济学教授,直到 1968 年退休。由于米德对经济学界的巨大贡献,英国牛津、瑞士巴塞尔等几所著名大学授予名誉博士学位;被选为英国学术院院士、美国文科及科学院外国荣誉院士、英国皇家经济学会主席等。代表作是《国际经济政策的理论》(两卷)。米德在《国际经济政策的理论》一书中详尽地阐述了他的自由贸易理论。该书第一卷论证了要取得国内经济和国际经济的双重平衡发展,各国不仅要在对外经济政策上,而且还须在国内政策上相互协调配合。第二卷引入福利经济学的观点和方法,论证要想持久地维持国内经济和国际经济的双重平衡发展,只有在国际组织督促下,消除贸易壁垒,建立自由贸易体制。他讲的国内经济平衡发展,指充分就业,物价相对稳定,国民收入增长;对外经济平衡发展指对外收支无赤字、也无过多盈余,汇率趋向稳定。他认为,要实现两大平衡,必须进行"收入调整"和"价格调整",但要各国相互协调配合才能实现。为此,他列出三个表,将各种可能发生的情况排列组合,逐一论证。米德还指出,实际上完全的自由贸易并不存在,边际成本与边际价值之间总不相等。为了缩小其间的差距,他主张建立一个自由贸易与发达国家相结合的世界体制,即由发达国家提供援助和捐赠,发展中国家无须采取贸易保护主义,也能实现经济增长,并同时增大世界的经济福利。米德最后得出的三个结论是:(1)要想恢复较为自由的国际贸易,必须取得国际间的一致协定;协定必须除掉各国国内经济的个别安排。(2)国际上的自由贸易与国内经济问题有时极难兼顾;除非各国对国内和国际贸易都凭价格调节。(3)不能以自由贸易为手段实行国际经济自由主义。由于其双重平衡的政策配合理论曾对英国摆脱经济困境起过作用,米德被英国女王授予"巴施勋位";由于其理论对于缓和国际经济冲突,推动国际自由贸易体系的建立发展具有重要意义,成为国际宏观理论与国际经济政策最杰出的先驱。但有的西方经济学家认为,米德的烦琐、机械的"分类学"方法,不适用于复杂多变的社会经济现象。

罗格纳·纳克斯(Ragnar Nurkse,1907—1959)是美国经济学家。生于苏联爱沙尼亚。最初就读于家乡的塔克脱尔大学。1926—1934 年游学于爱丁堡大学等。1934 年后在国际联盟金融部任职。1940 年去美国定居。1945 年被聘为哥伦比亚大学经济系助理教授,1947 年升任教授。代表作有《国际资本移动论》(1935)、《国际通货经验》(1944)、《通货膨胀的过程和控制》(1946)、《不发达国家的资本形成》(1953)等。纳克斯是早期的发展经济学家。他对发展中国家贫困的根源进行了研究,提出了著名的"贫困恶性循环论"。他认为"所谓不发达地区就是指它们的资本同它们的人口和自然资源比较起来相对不足的地区",而不发达地区之所以不发达,是因为它们存在着"贫困的恶性循环"。他指出,发展中国家存在着一系列"恶性循环",其原型是资本形成方面的"恶性循环",因为资本形成是经济落后国家发展问题的核心。他以穷人为例说明恶性循环:穷人之所以穷,是因为收入少;收入少,是因为工作效率低;工作效率低,是因为吃不饱、身体弱;身体弱,则又是因为贫穷。他认为一个国家的情况同样如此。发展中国家在资本供给方面的恶性循环是:人均收入低—储蓄能力小—投资少—劳动生产力低—人均收入低;在资本需求方面的恶性循环是：人民购买力低—投资引诱低—生产中使用的资本少—劳动生产率低—人均收入少—购买力低。他认为发展中国家要摆脱这种恶性循环，除了限制人口外，关键在于提高储蓄率和投资率，特别强调发展中国家在目前经济水平低下的情况下，既要压缩国内消费，又要争取足够的外来资金，才能促进经济较快地发展。纳克斯在发展中国家的经济发展战略上，主张平衡发展，即各部门齐头并进。他认为这些国家各个部门都落后，只注重一两个部门的发展无法从根本上改变面貌。关于经济的增长，他十分强调资本积累的作用。他根据哈罗德—多马的经济增长模型，认为一个国家的经济增长，首先决定于社会能从国民生产总值中拿出多大比例用于储蓄和投资，其次决定于增产一单位产品所需的投资数量多大，即资本与产量的比例。这对于打破"贫困的恶性循环"起着决定作用。此外，纳克斯还研究了有效需求、相对价格、生产结构受到的资本移动的影响，以及市场大小对投资的引诱、人口与资本供给、生活水平与储蓄能力、资本的外在来源等资本积累问题。纳克斯的经济发展理论受到以后的发展经济学家的重视，他强调资本积累，对于经济发展具有重要意义。

约翰·肯尼思·加尔布雷斯（John Kenneth Galbraith，1908—2006）是美国经济学家，新制度学派的重要代表人物之一。生于加拿大安大略省艾奥纳站的农庄。1931 年于本省农学院毕业后到美国定居，在加利福尼亚大学研究农业经济，1933 年获科学硕士学位，1934 年获哲学博士学位。1934—1939 年先后在加利福尼亚大学、哈佛大学、普林斯顿大学任教。曾任美国物价管理局副局长、《幸福》杂志编辑、美国战略轰炸团团长、美国国务院经济安全政策室主任、美国六个部（局）的顾问、印度和巴基斯坦及斯里兰卡政府顾问。1961—1963 年出任美国驻印度大使。1972 年被选为美国经济学会长。主要著作有《美国资本主义：对抗势力的概念》、《富裕社会》、《新工业国》、《经济学和公共目标》（1973）、《没有把握的时代》、《1929 年的大崩溃》、《经济发展》、《经济学、和平与欢笑》、《经济学和公共目标》等。其中《富裕社会》获塔米门特图书奖。加尔布雷斯最有特色的理论是二元体系理论。这种理论认为，现代资本主义经济不是单一的模式，而是由计划体系和市场体系组成的二元体系。在美国，计划体系由 1000 家左右的大公司组成，市场体系由 1200 万个分散的小企业、小商小贩、个体户组成。市场体系分散、弱小、无法控制价格,受计划体系的剥削。计划体系依靠强大的经济力量和政治上的特权,控制价格和市场,剥削市场体系。加尔布雷斯认为二元体系是国内经济发展不平衡,贫富悬殊、环境严重污染等问题的根源。因此,他提出了一系列减少计划体系权利和扩大市场体系权力的措施,以解决贫富悬殊、资源配置失调、经济发展不平衡等问题。这种从权利分配不平等出发来分析现代资本主义社会经济结构的学说,不同于同时代其他新制度学派经济学家的理论。加尔布雷斯对后工业社会的研究也有独到之处,提出了引人注目的价值判断问题。他指出,社会上流行的观念是商品生产得越多越好,在这种价值判断下,对物的重视超过了对人的重视。这是一种不正常的现象,必须扭转见物不见人,只见产值不见福利的价值判断观念。关于投资均衡问题,他认为经济增长包括资本形成与技术进步,而传统观念则以为技术进步靠的是偶然而侥幸的发明,对其投资常常不足,要改变这种状况,必须增加对人力资源的投资。这样才能使投资趋于均衡,促进经济增长。关于经济学划分为宏观经济学和微观经济两大领域问题,他认为这是一种"不幸的"分工,它遮盖了人们考察"后工业社会"的视线,把人们引向脱离实际的数学公式中去,看不见整体的社会经济结构。因此主张重新改造经济学。关于美国经济的评价问题,他在《富裕社会》一书中撇开正统的经济思想,指出美国经济已经发展到使"生产的迫切性"成了神话的地步,生产的增加不能满足真正的需要,只能满足广告所制造的需要。应该投入更多资金,发展极不充分的公共服务事业。加尔布雷斯的学说,在经济学中被视为异端,遭到经济学界各方的批评。正统派认为他的著作兼收并蓄,内容庞杂,缺少数量分析和逻辑推理;激进派认为他的理论是不切实际的空想,是改良派的说教;经济自由主义者则斥责他是自由的敌人,甚至控告他不喜欢美国经济,"赞扬共产主义"。然而,他对自己的评价十分公允:"我是个改革论者,不是革命论者。"在他的一生中,总共写了三十多部书,2000 年时任美国总统比尔·克林顿向加尔布雷斯颁发"自由勋章",表彰他一生的贡献。

尼古拉斯·卡尔多(Nicholas Kaldor, 1908—1986)是英国经济学家。新剑桥学派的主要代表人物之一。以提出与经济增长论相融合的收入分配论和建议以消费税代替个人所得税著称。出生于匈牙利的布达佩斯,1925 年到柏林大学学习,1927 年就学于伦敦经济政治学院,1930 年毕业留校任教。1947—1949 年,卡尔多曾担任联合国欧洲经济委员会研究及计划组组长。1949 年返回英国后到剑桥大学任教,1952 年升为副教授,1966 年升教授,1975 年退休,转为名誉教授。在这期间,卡尔多还曾两度担任英国财政部长的特别顾问(1964—1968 年、1974—1976 年)。因参政的功绩获男爵爵位,成为上议院的终身议员。1976 年被选为英国皇家经济学会会长。此外,他还担任过伊朗、印度、加纳、墨西哥、斯里兰卡、委内瑞拉、土耳其、加纳等国政府的财政顾问。卡尔多的论著很多,1960—1980 年先后出版了八卷经济论文集,分别是《价值和分配论文集》(1960)、《经济稳定和增长论文集》(1960)、《经济政策论文集》(2 卷,1964)、《经济理论论文续集》(1978)、《应用经济学论文续集》(1978)、《税收报告》(2 卷,1979)。此外,他写过讨论英国、印度、墨西哥等国经济政策的专著。卡尔多的经济理论研究涉及面很广,在福利经济学、经济增长、经济周期以及宏观分配理论方面都有许多建树。在福利经济学方面,卡尔多在"帕累托标准"的基础上加进了"补偿原理",用效用分析方法对生产方法的改变可能引起的社会经济福利的改变,作出了某种判断。卡尔多的经济增长理论建立在他提出的"定型化事实"的基础上。"定型化事实"主要包括国民收入中工资和利润的相对份额基本固定,工资中储蓄接近于零并且长期不变,以及每人产量和资本存量在长期中稳定增长等。卡尔多强调经济增长的稳定性,并认为这是长期分析的自然特征。卡尔多认为,长期经济增长主要取决于两大因素,即人口增长率和技术进步。根据充分就业的假定,人口增长同资本积累在长期中不会发生矛盾,因此经济增长是否稳定,主要取决于技术进步的性质,卡尔多由此又引入了"技术进步函数"的概念,即用生产技术进步来表示资本、劳动等生产要素同产出量之间的关系。卡尔多认为,如果能够知道投资增长率同技术进步率之间的函数关系,就能适当地安排投资率,使经济稳定的增长。卡尔多的经济周期理论是一种收入决定模型,经济周期是与收入分配的多少相联系的,较高收入水平的运动使得一些力量发挥作用,一定时期之后,这些力量又引起向较低收入水平的向下运动,反过来也是一样。另外,卡尔多还提出了"凯恩斯主义宏观调控分配理论"以及与此相应的价格理论,并将凯恩斯的理论长期化、动态化。在发展中国家的经济发展和国际货币制度的改革方面,卡尔多写了不少富有创见的论文和报告。卡尔多的经济理论在西方经济理论界有较大的影响,但 20 世纪 70 年代以来,在西方国家的经济危机面前,特别是日益严重的"滞胀"局面面前,暴露出严重缺陷。

　　佳林·库普曼斯(Tjalling Charles Koopmans,1910—1985)是美国经济学家,线性规划经济分析法的创立者。1975 年获诺贝尔经济学奖。生于荷兰格莱文拉德。1933 年获尤特里大学硕士学位,1936 年获雷敦大学博士学位。以后执教于荷兰经济大学。1938 年起任国际联盟财经组专员三年。1940 年移居美国后,从事教学、科研和咨询工作。曾任公共国际事务学院副研究员、培恩公共人寿保险公司经济专员、联合船舶调度局经济专员、英国商船使团统计专员。1948 年升任芝加哥经济学教授和该校经济研究柯尔斯委员会主任。1955 年起长期在耶鲁大学任教授。1960 年获荷兰经济大学授予的经济学荣誉博士学位。代表作有《动态经济模型的统计推论》(1950)、《调度和生产的活动分析》(1950)、《关于经济学现状的三篇论文》(1957)等。库普曼斯的成就主要在于对计量经济学的发展和将线性规划应用于经济分析。尤其是后者是由他建立和发展起来的。他在《调度和生产的活动分析》一书中首先指出,线性规划中的活动分析的渊源是瓦尔拉的一般均衡体系、冯·诺依曼 1937 年发表的一般均衡中经济增长的模型、里昂惕夫的投入产出分析、G. B. 但切克由研究资源调配的实际问题发展的线性规划。接着,他把线性规划引入对生产活动的有效组合的分析,从而代替了经典经济分析中的生产函数,并使各生产函数具有互相代替的可能。通过分析之后,他认为考虑联合生产的基本条件是:(1)纯粹生产技术上的可能性。(2)资源上的限制。(3)确定一般目标。(4)适当的选择行动。《在关于经济学现状的三篇论文》一书中,库普曼斯借用集合论中的点集合、凸集合理论和线性空间等数学工具为线性规划设计了一套公理化体系。他为凸集、严格凸集、紧凑集合概念下了定义,重点说明凸集与最优化和价格的关系,利用价格机能的调节在分散决策的经济制度中达到资源最优化的方法。他还对决定者、消费者、生产者和资源拥有者下了定义,指出竞争平衡和价格问题是关系到资源有效分配的两个不可分割的方面,必须结合起来考察,并对竞争最优状态及生产的动态问题,即资本和利率问题进行研究。库普曼斯的有限资源最优化利用方法对于经济发展的贡献是杰出的。因此,他与苏联经济学家康托罗维奇获得同一届诺贝尔经济学奖。但有经济学家认为,他为"紧凑集合""开集合""境界"等概念下的定义不够严密,有的概念则失之粗略。

　　查尔斯·金德尔伯格(Charles P. Kindleberger,1910—2003)是美国经济学家、

经济历史学家、国际货币问题专家。第二次世界大战后马歇尔计划的主要构建者之一。1934年、1937年分别获得哥伦比亚大学硕士学位、博士学位。第二次世界大战前任美国联邦储备银行经济研究专家,第二次世界大战时服务于美国战略情报局、第12军团,第二次世界大战后曾任美国欧洲复兴计划顾问。1948年起,历任马萨诸塞理工学院副教授、教授、名誉教授、教授委员会主席。1966年任美国经济学会会长。1978年获德国基尔世界经济研究院的哈尔姆斯奖,1983年获得亚当·斯密奖(NABE)。主要著作有《西欧金融史》《疯狂、惊恐和崩溃:金融危机史》《国际短期资本流动》《经济反响:贸易、金融及增长的比较研究》《经济霸权1550—1990》《国际经济学》《经济发展》《1851—1950年法国和英国的经济增长》《战后欧洲的增长》《经济反映》等。金德尔伯格对经济学的研究从国际短期资本移动开始。他从资本的机构着手,详细分类解释短期资本移动的原因,提出防止这种移动的对策。显著特点是,就促进均衡作用与破坏平衡作用的两种短期资本移动,予以明确区分。金德尔伯格由于多年生活在拉丁美洲,又致力于发展经济学的研究。他强调经济发展是一件好事,它不仅是穷国的事,而且关系到所有国家,必将在富国中产生重要反响;对于经济发展模型的介绍,他并不陷入纯数学的推导,而着重分析其经济意义和缺陷;他注重从发展中国家的现实经济出发去讨论经济发展问题,而不是生搬硬套关于发达国家的分析。金德尔伯格对中国经济发展有较深的研究。他在1976年认为,中国在最近四分之一世纪中的经济进步给人留下深刻印象。他对中国根除普遍贫困所采用的政策进行了归纳和分析:推广劳动密集型技术;在工农业中节约资本和进口;对于大量向城市移居所固有的消极外差因素,用农村和内地的工业化,以及直接控制人口流动来处理;强调小学和中学教育重于大学培训;强调自力更生,也就强调自筹资金,因此没有出现过真正的金融市场,除了工资支付和消费者交易上,经济简直是非货币式的;在国际贸易数量上实行基本自给自足政策;导致所有部门里大量的和明显成功的进口替代;中国经济发展有着分散决策的特征,不是苏联式的事无巨细的中央计划。结论是:中国经济发展遵循着西方经济学家在其他国家中所推荐的许多政策,但中国的社会主义意识形态外表掩盖了中国实践和西方经济学家分析之间的类似之处,不过,某些政策又是中国所独有的。这一结论的片面性在于,没有看到中国经济发展理论和西方发展经济学在整体上的根本区别。金德尔伯格长期从事国际经济和货币方面的研究,造诣颇深。他的经济发展理论和主张对发展中国家有一定实际意义。

米哈尔·卡列茨基(Michal Kalecki,1899—1970)是波兰经济学家。1917年就读于华沙工业大学,一年后因服兵役中断学习。1921年入格但斯克工业大学,两年后因经济困难辍学。1929年年底到华沙经济循环与物价研究所工作。1936年获洛克菲勒基金会研究金,去瑞典、英国考察,并去法国研究布卢姆政府的经济改革。第二次世界大战爆发后,曾服务于英国牛津大学统计研究所、加拿大蒙特利尔国际劳工事务所、联合国经济安定部。1955年返回波兰,担任经济委员会副主任、计划委员会1960—1975年远景规划委员会主任。1956年由波兰政府授予教授职衔,次年选为波兰科学院通讯院士。主要论著有《经济波动理论文集》(1939)、《动态经济学研究》(1943)、《充分就业的三种途径》(1944)、《动态经济学理论,论资本主义经济的循环变动和长期变动》(1954)、《发展中经济论文集》(1976)等。卡列茨基在研究资本主义周期性经济循环的过程中,独立提出了一个包含着凯恩斯"有效需求说"所有基本论点的理论结构,但他的宏观经济模式与凯恩斯的有着重大区别:他把经济循环作为考察对象,分析经济发展的动态过程,不同于凯恩斯的静态均衡分析;他的关于国民收入分配理论同国民收入或就业理论总含在一个理论结构之中。此外,他的经济循环理论还有如下特点:(1)否定加速原理可以决定投资的理论,与希克斯、哈罗德等采取相反立场,重视他人资本与自己资本(储蓄)的关系。(2)起初用单弦振动来说明经济循环,后来又提出"不规则冲击理论"。认为经济突袭会受到外来的不规则冲击,冲击若是正规分布性,则经济会呈现周期性循环。卡列茨基对于社会主义的经济增长问题的分析,主要是论证国家经济计划的决策者如何正确选择和确定经济增长的战略目标,以及能使社会经济有效地运行的一套体制方法等。他主张社会主义国家实行中央集中计划,但要选择好积累率,处理好积累和消费这个容易顾此失彼的问题。卡列茨基还研究了发展中国家的经济发展问题,他认为首要的是粮食供应的增长不能与经济发展的需要相适应;其次是经济发展主要依靠私人投资,容易造成投资不平衡,有限的资金会过多投于奢侈生活需要的部门。通过对不同社会制度下经济增长或经济发展的比较,卡列茨基得出的结论是:社会制度方面的制度性或结构性因素,是动态经济学的一种基本的组成部分,因此没有一种一般的普遍适合于资本主义、社会主义和发展中国家的经济增长模式,在一定程度上可应用于社会主义经济。卡列茨基的宏观经济理论在国内外均有极大影响,他对社会经济的发展作出了贡献。但他在波兰计划委员会期间设计的波兰远景规划未被采纳。

列奥尼德·康托罗维奇(Leonid Vitalievich Kantorovich,1912—1986)是苏联经济学家,1975年诺贝尔经济学奖获得者。1930年毕业于列宁格勒大学,1934年任该校教授,1935年未经答辩即获得博士学位。1958年为苏联科学院通讯院士,1964年被选为苏联科学院院士。由于数学研究工作、经济分析和计划工作应用数学方法成绩显著,分别于1949年、1965年荣获斯大林奖金、列宁奖金。曾任苏联国家科学技术委员会国民经济管理研究所经济问题研究主任。主要著作有《生产组织与计划的数学方法》(1939)、《大宗货物的调运问题》(1942)、《工业材料合理剪裁的计算》(合著,1951)、《资源最优利用的经济计算》(1959)、《最优计划动态模型》(1964)、《最优计划的数学问题》(1966)、《经济最优决策》(1972)等。康托罗维奇的突出成就是建立和发展了线性规划方法,并运用于经济分析,对于在企业范围内如何科学地有效地组织生产,在经济发展中怎样最优地利用资源等问题,提出了独到见解。为提高企业、生产部门的劳动效率,他首创了求解线性规划问题的方法——解乘数法。为了运用和推广此法,他还解决了工业材料的合理剪裁、大宗货物的合理调运、农作物的合理布局等一系列问题,构成了线性规划问题的主要内容。这就为企业科学地组织和计划生产,以较小投入获取较大经济效果,提供了有效的计算工具。康托罗维奇关于线性规划的重大发现使他获得了诺贝尔经济学奖。康托罗维奇在经济学上的另一个重要成果,是在资源的最优化分配和利用上系统地提出了客观制约估价理论。所谓客观制约估价,是在最优计划下每种产品生产中所必要的劳动消耗量。客观制约估价包括对各种产品的估价和对各种资源的估价。经济发展需要的各种资源,尤其是煤、电、稀缺材料、高效能的机械、高技能的劳动力、肥沃的土壤在一定时期总是有限量的。要想充分合理地使用这些重要资源,必须寻求一条有效途径,而客观制约估价理论可以使管理者找到最大产量或最小消耗的生产方法,也可以成为对国民经济进行计划管理的灵活而自动的调节器。这就使企业的选择与资源的总平衡和国民经济总体目标的实现协调统一起来。以客观制约估价理论可以使管理者找到最大产量或最小消耗的生产方法,也可以成为对国民经济进行计划管理的灵活而自动的调节器。这就使企业的选择与资源的总平衡和国民经济总体目标的实现协调统一起来。以客观制约估价为轴心带动整个国民经济的运转,推动经济发展,就是他设计的国民计划管理的新模式。康托罗维奇在研究工作中,善于把数学的新成就与经济学的新探索相结合,把经济理论的研究同解决经济发展的实际问题相结合。因此,他的理论有实际意义,他的成就受到国内外的普遍重视。美国一位教授的评价是,他使人们看到光芒四射的一点,即运用数学为经济学的系谱创造了一个强大的分支。

米尔顿·弗里德曼(Milton Friedman,1912—2006)是美国经济学家,货币主义学派代表人物。由于在消费分析、货币供应理论及历史、稳定政策复杂性等范畴的贡献,获 1976 年诺贝尔经济学奖。弗里德曼生于纽约市一个犹太工人家庭,16 岁前完成高中,凭奖学金入读拉哲斯大学,1932 年取得文学学士学位。1933 年芝加哥大学经济系毕业获硕士学位。1946 年获哥伦比亚大学哲学博士学位。1945 年任明尼苏达大学经济学与商业管理学副教授。1946—1948 年任芝加哥大学经济学副教授、教授。1962 年起为该校罗素讲座功勋教授。1952—1954 年任英国剑桥大学访问教授。他是美国数理统计学会、经济计量学会、英国皇家经济学会的会员。除教学以外,曾任美国国家资源委员会副经济研究员、美国国家经济研究局研究员、美国财政部租税研究组首席经济顾问、尼克松总统经济顾问委员会委员、行为科学高级研究中心研究员、美国经济学会会长、蒙特·佩兰学会会长等职。1977 年退休后,任斯坦福大学胡佛研究所高级研究员。先后获国内外十多所著名大学授予的荣誉博士学位。1988 年获美国国家科学奖章(National Medal of Science)。主要著作有《实证经济学论文集》(1953)、《消费函数理论》(1957)、《货币稳定方案》(1959)、《资本主义与自由》(1962)、《通货膨胀:原因与后果》(1963)、《货币疯子的理论结构》(1971)、《价格理论》(1976)、《自由选择》(合著,1979)等。

弗里德曼经济研究的前提和出发点是他的政治自由和经济自由的社会哲学思想。这使他推崇自由企业制度,强调自由市场经济的优点,反对政府的干预。提倡将政府的角色最小化以让自由市场运作,他的理论成了自由意志主义的主要经济根据之一,对 20 世纪 80 年代开始美国的里根以及许多其他国家的经济政策都有极大影响。弗里德曼以保守主义经济学家和货币理论家著称。从 20 世纪 50 年代开始,就批判性地考察凯恩斯主义的理论和政策,使货币主义成为西方经济学中的一个重要流派,因此声名大振。他的理论具有两个重要特点:坚持经济自由,强调货币作用。他的主要经济理论有:(1)现代货币数量理论。这是弗里德曼整个理论的基石和货币政策的根据。他用一个多元函数表示诸因素对货币需求的影响,认为货币需求主要取决于作为总财富的代表的恒久性收入,是比较稳定的。他还提出"名义收入货币理论",并建立了数学模型,研究它的动态特点和变化过程,得出货币数量的变化是经济波动的起因。因此,他认为经济波动的根源是政府的错误政策。这就需要削弱国家对经济的干预,充分发挥市场经济的自我调节机制,实行货币供给量稳定增长的货币政策,以利于经济发展。(2)通货膨胀与经济发展关系论。弗里德曼总的看法是:经济发展不一定造成通货膨胀;通货膨胀不会促进经济发展。他认为在追求经济发展的过程中,对于物品与劳务的需求增大,价格会上涨,但只要未产生货币需要的压力,这种相对较高的价格压力只改变相对价格,不改变绝对价格,即不会产生通货膨胀。他还进而用印度第一、第二个五年计划的实际事例,证明经济发展不一定带来通货膨胀。他批评了两种认为温和通货膨胀可利于经济发展的理论,指出:虽然通货膨胀使企业家与债务者的财富增加,有利于投资,但这只是暂时现象;虽然政府可将利用"通货膨胀税"得来的收入用于经济发展,但众人会采用囤积货物、缩短所得支付时距等方式逃避通货膨胀税,使资源使用不当或浪费,这就将政府所获得的有效利益被抵消。因而通货膨胀无论在哪种情况下都不会带来经济发展。(3)消费函数论。弗里德曼认为凯恩斯关于消费取决于现期收入的假说是错误的。他指出消费者是根据长期的已成惯例的永久性收入来安排支出的,而暂时性收入与消费没有相关的关系,并用一个方程组概括了自己提出的这一"永久性收入假说",以此解释长期消费的稳定与短期消费的波动现象。他认为这一假说,从长期结构和短期或周期波动两方面动摇了凯恩斯主义的理论基础。(4)外汇汇率理论。主张汇率应同其他物价一样,由市场决定。实行浮动汇率制。弗里德曼在消费理论、外汇汇率、货币供给等方面均有独到的见解,在西方经济学界影响很大。有人称其为"芝加哥经济学派的巨子"。用学术贡献和社会影响力来衡量,弗里德曼可以说是 20 世纪世界范围内最重要的经济学家。

埃弗塞·多马（Evsey David Domar，1914—1997）是波兰裔美国经济学家。与罗伊·福布斯·哈罗德提出了发展经济学中著名的经济增长模型哈罗德—多马模型。多马生于波兰的罗兹。1930—1931 年在中国哈尔滨法学院学法律。1936 年毕业于加利福尼亚大学，1942 年加入美国籍。1940—1943 年在密执安大学和哈佛大学任教。1943 年获哈佛大学硕士学位，并参加联邦准备委员会调查统计局的工作。1946 年重登讲坛。1947 年获哈佛大学哲学博士学位，任芝加哥大学副教授，兼任该校考莱斯委员会研究员。1948—1955 年任约翰·霍普金斯大学教授，1951 年兼任兰德公司顾问。1957 年任麻省理工学院经济学教授，直到退休。代表作是《经济增长理论论文集》（1957）。多马是经济增长理论的奠基人，他的研究集中于经济增长。他主要采用凯恩斯的投资与储蓄分析方法，研究资本主义实现稳定的均衡增长条件，以及投资与收入增长间的关系。他认为，投资增加会使生产能力扩大，此时生产若不增加，则生产设备不能充分利用，结果将导致投资率下降。随投资率下降，收入和就业将减少。因此，生产和收入也须不断增长，才能保证生产设备的充分利用。他指出，凯恩斯学说只能适用于短期，从长期观点看，必须强调投资既能创造收入，同时也能扩大生产能力的双重作用。多马对于增长经济学的突出贡献在于，他独立地提出了自己的经济增长模型。由于这一模型与英国经济学家哈罗德当时提出的增长模型十分相似，人们通常将他们的模型合在一起叙述，称为"哈罗德—多马模型"。该模型把凯恩斯的静态的短期的分析扩展到动态的长期的分析。根据这一增长模型，多马主张以赤字财政、加速折旧和资本输出等来促进经济增长，主张用政府投资来刺激生产。多马的经济理论，采用动态分析，探讨了经济发展的几种主要因素和前提条件，描述了经济发展的长期过程，不仅是对西方宏观经济学的重要发展，而且是现代经济增长理论的起点，受到美国政府重视，日本等国还以哈罗德—多马模型作为计算增长的依据。

威廉·阿瑟·刘易斯（William Arthur Lewis，1915—1991）是美国经济学家，是研究发展中国家经济问题的领导者和先驱。1979 年诺贝尔经济学奖获得者。生于原英属西印度群岛圣卢西亚的一个黑人家庭。14 岁从学校毕业到行政机关任职员。1932 年参加政府的学员资格考试，被选送到英国伦敦经济学院学习，1937 年获商学士学位。1940 年获工业经济学博士学位，1938—1948 年任伦敦经济学院讲师。1949—1958 年出任曼彻斯特大学教授。1959 年选任西印度大学校长。1963 年移居美国,任普林斯顿大学教授。曾任联合国顾问,发展中国家委员会委员,加纳、尼日利亚、牙买加、西印度群岛等发展中国家的政府经济顾问,加勒比开发银行总裁等职。从 1963 年起一直担任杰姆·麦迪逊政治经济学讲座教授。1978 年被英国女王封为爵士。刘易斯一生出版了 12 本专著,撰写了十余篇政府发展报告和 70 余篇论文。主要论著有《1919—1939 年经济概况》《经济计划原理》《劳动无限供给条件下的经济发展》《经济增长论》《加勒比地区的工业发展》《工业化与黄金海岸》《对尼日利亚经济增长的几点说明》《发展计划:经济政策的本质》《热带贸易概论,1883—1965 年》《国际经济秩序的演变》《增长与波动,1870—1913 年》《国际经济新秩序的演变》等。刘易斯于 20 世纪 40 年代后期开始研究发展中国家贫困及经济发展速度缓慢的内在原因,20 世纪 50 年代中期提出了两个著名的解释发展中国家经济问题的理论模式,从而为他的整个经济发展理论和政策主张奠定了基础。第一个模式阐述经济发展过程,说明经济发展途径,提出了著名的二元经济结构论。这里运用的分析方法考虑到发展中国家结构的特殊性,对于解决这些国家的经济问题有一定作用。因此,在发展经济学中引起普遍关注。第二个模式解释发展中国家与发达国家的贸易条件问题,指出贸易条件长期不利于发展中国家是其经济发展停滞不前的重要原因,若要从根本上改变贸易条件的不利状况,发展中国家只有提高农业劳动生产率。他还揭露了发达国家对发展中国家的剥削与掠夺,主张发展中国家实行保护主义,发展独立的民族经济。因此,第二个模式在发展中国家产生了重要影响。此外,刘易斯十分重视理论的应用,多年担任一些发展中国家的经济顾问,致力于解决经济发展中的实际问题。他专文总结加勒比、加纳、尼日利亚等地区和国家经济发展的经验和教训,并提出了一些独到的见解:在资本的来源上,主张发展中国家以国内储蓄为主,争取外援为辅;在资本的使用上,主张要有比例,注重基础经济设施、农业和教育的投资,多发展劳动密集型产业;在经济增长问题上,反对不平衡增长,主张实现平衡增长;主张发展中国家通过计划指导经济发展;主张发展中国家进行制度改革,以进步的政治经济制度促进经济发展。刘易斯的关于经济发展理论、政策和建议,具有重要的现实意义,受到发展中国家普遍重视,并产生了实际影响。瑞典皇家科学院高度评价了刘易斯,称他是"发展经济学的主要代表人物与先驱者",认为他"深为关切世界的需要和贫困,尽力谋求摆脱不发达状态的出路""对经济发展,尤其是对发展中国家的研究,作出了开创性的贡献"。

艾伯特·赫尔希曼(Albert Otto Hirschman,1915—　)是著名的发展经济学家。生于德国柏林。1933—1936 年,先后就读于巴黎大学和伦敦大学经济学院。1938 年在德里亚斯特大学获博士学位。1939—1940 年在法国军队服役。1941—1943 年为美国加利福尼亚大学洛克菲勒基金会会员。1946 年在联邦储备委员会工作。1952—1956 年任拉丁美洲哥伦比亚国家计划委员会经济和财政顾问。1956 年任美国耶鲁大学经济学研究教授,1958—1964 年任哥伦比亚大学教授,1964—1974 年任哈佛大学教授。1974 年加入普林斯顿大学高级研究所。赫尔希曼著述颇丰,以英语出版的著作有 14 部,以其他语言出版的著作有十部,大多数著作被译成多国语言。主要著作有《国家权利和国外商业结构》(1945)、《经济发展战略》(1958)、《发展的道路:拉丁美洲制定经济政策的研究》(1963)、《发展规划研究》(1967)等。赫尔希曼作为发展经济学家,是不平衡增长理论的代表人物。在《经济发展战略》一书中,他用联系效应概念提出了新的发展战略——不平衡发展战略。在此之前发展经济学家提出的平衡发展战略是将原来为就业不足的情况所开的处方,用于了开发不足的情况。他提出了"不平衡增长"的理论。在进口问题上,赫尔希曼的发展策略是,为了发展国内尚无的某种产品的生产,应先引进该项产品,刺激国内消费,建立国内市场,这一市场达到某一规模时,自会促进该项产业出现。当此产业出现后,再实施保护政策,以利其发展。在产业效率方面,主张先促进生产程序导向的产业发展,再促进产品导向的产业发展。此外,赫尔希曼还研究了通货膨胀、人口压力、国际收支压力在经济发展中的作用,政府功能及国外资本主义与援助功能等问题。他认为不发达国家政府,在经济发展过程中应具有两种功能:先是主动引起不平衡,使经济上出现压力,然后再主动设法消除这种不平衡,这样经济就得到了发展。赫尔希曼的不平衡增长理论不仅在西方经济学界有一定影响,而且对于资力缺乏的发展中国家具有实际意义。

保罗·萨缪尔森(Paul Anthony Samuelson,1915—2009)是美国著名经济学家,当代凯恩斯主义的集大成者,1970 年诺贝尔经济学奖获得者。他的经典著作

《经济学》发行至第 19 版,以 40 多种语言在全球销售超过 400 万册,成为许多国家和地区制定经济政策的理论依据和高等学校的专业教科书。萨缪尔森出生于美国印第安纳州加里城。1935 年在芝加哥大学毕业,获文学学士学位。1936 年获哈佛大学文学硕士学位。1940 年获哈佛大学博士学位。1944 年任麻省理工大学经济学副教授,1947 年升任教授,1966 年后任该校研究所教授。曾先后在美国财政部、预算局服务,历任美国五六个财政金融机关的顾问。1941 年获哈佛大学韦尔斯奖,1947 年获美国经济学会克拉克奖。1951 年任美国计量经济学会会长。1961年任美国经济学会会长。1965—1986 年任国际经济学会会长,1968 年被授予"终身荣誉会长"称号。在一系列政府机构和公司任经济顾问和研究员。主要著作有《经济分析基础》(1947)、《经济学》(1948)、《线性规划与经济分析》(合著,1958)、《科学论文集》(1966)等。萨缪尔森在经济领域对于资产阶级经济的研究十分广泛,在微观经济学、宏观经济学、国际经济学、数理经济学等方面都有突出成果。萨缪尔森在《经济学》一书中,第一次把凯恩斯主义和以马歇尔为代表的新古典学派结合起来,形成了他的"新古典学派的综合"理论体系。他认为以马歇尔为代表的新古典理论的前提条件是充分就业,但资本主义的充分就业并不是自动、经常实现的,只有通过凯恩斯主义的政策措施,并提供足够充分就业水平的有效需求才能实现,因此新古典学派的许多理论只有在这种情况下才是适用的。这样的解释使新古典学派和凯恩斯主义的结合有了逻辑的必然性。萨缪尔森在《经济分析》一书中,应用数学方法对以往的资产阶级经济理论,特别是边际效用理论做了全面的考察,并得出重要结论。他认为,过去的资产阶级经济理论具有两个共同之处,即建立均衡状态和研究维持稳定均衡的条件。再有就是比较静态分析。这就说明,资产阶级经济理论基本上成为在数学上研究极大值和极小值的问题,成为可以使用微积分、线性代数和差分方程所处理的问题。总之,他认为经济学可以数学化。萨缪尔森对于均衡理论的发展,在于对希克斯的分析所作的两点补充:(1)关于处于不均衡状态的价格的调整,希克斯只是根据需求函数和供给函数的形状,求出了所谓"静态"稳定条件,而萨缪尔森则将价格运动方程定型化,由其微分方程组的收敛性推导出"动态稳定条件"。这样,他利用稳定条件和比较静态命题,阐明了静态和动态的"对应原理"。(2)关于显示偏好的论述。传统的消费理论即使能从消费者那里探得偏序列或效用函数,分析者本身也不可能通过外部的观察直接理解它们,萨缪尔森则通过所谓"显示偏好的弱定理",根据客观的数据推导出了目前所知道的消费者行为的一切"有意义的定理"。此外,萨缪尔森还对财政政策、金融政策、国际贸易理论、福利经济学中有关经济发展的问题提出了独到的见解。萨缪尔森对于西方经济学在理论上的贡献是巨大的。有的经济学家认为,在凯恩斯以后的经济学的发展中,在决定理论的发展趋势上,萨缪尔森是最有影响的经济学家。瑞典皇家科学院对他的评价是"在提高经济理论的科学水平上"作出了贡献。

华尔特·惠特曼·罗斯托(Walt Whitman Rostow,1916—2003)是美国经济史学家,发展经济学先驱之一。1936年毕业于耶鲁大学,获学士学位,1939年获该校博士学位。1938年以学者身份去牛津大学,获该校硕士学位。1940—1961年先后在哥伦比亚大学、牛津大学、麻省理工学院、剑桥大学等大学任教授,讲授经济史、经济学与历史。同一时期,在麻省理工大学国际研究中心兼职。在肯尼迪和约翰逊两届美国政府期间(1961—1969年),曾出任国家安全事务副特别助理、国务院顾问兼政策计划委员会主席等职,是总统"智囊团"中重要成员之一。后来罗斯托离开白宫,重新回到学术界,在德克萨斯大学任经济学和历史学教授。主要著作有《十九世纪的英国经济》(1948)、《经济成长过程》(1952)、《经济成长的阶段》(1960)、《政治和成长阶段》(1970)、《世界经济:历时与展望》(1978)、《为什么穷国变富而富国增长放慢:有关马歇尔长期的论文集》(1980)等书。主要贡献是论述了动态非总量的生产和价格理论。该理论认为人口、技术、基本商品和相对价格的变化都表现为内生的变化,并与经过各个经济增长阶段的经济发展和世界经济史相适应。罗斯托的经济学说主要受到德国历史学派和美国制度学派、凯恩斯经济学派和熊彼特"创新理论"的影响。他从经济史的研究出发,进而探索经济发展的理论,在长期的研究中形成了他自己独特的理论——经济成长阶段论。它是罗斯托的全部经济理论和经济史观的基础和核心内容。在1960年出版的《经济成长的阶段》和1970年10月出版的《政治和成长阶段》中,罗斯托把人类所有社会的经济发展过程划分为传统社会阶段、起飞准备阶段、起飞进入自我持续增长的阶段、成熟阶段、高额群众消费阶段、追求生活质量阶段六个阶段。他认为从第五阶段即高额群众消费阶段起,开始形成一个稳定的中间社会群体——中产阶层。他用这种理论代替马克思对人类社会历史发展阶段的划分。他确信他的理论解释了西方各国已经历过的工业化过程,提示了一个国家在经济成长过程中所要遇到的一系列战略抉择问题。从 20 世纪 30 年代中期一直到 20 世纪 70 年代末,罗斯托始终坚持他的"经济成长阶段说",并对来自各方的责难和反对意见进行了反驳。《经济成长的阶段》一书曾以《非共产党宣言》作为副标题,并在书中宣称:"这个体系作为观察近代史的方法,是要向马克思主义挑战并取而代之",其狂妄意图和政治倾向是一目了然的。因此该书出版后,曾在西方资产阶级经济学界引起相当大的反响,并受到资产阶级的极力推崇。20 世纪 70 年代后,罗斯托的研究领域又有了进一步的扩展。他自称:在 1972 年,他就决定要把过去 40 年间研究和讲授经济的动向加以考察。在《这一切是怎样开始的》一书中罗斯托对这一计划已做了初步的探讨。罗斯托"经济成长阶段论"割裂了生产关系和生产力、经济基础和上层建筑之间的辩证关系,否定生产资料所有制和人民群众对社会经济发展的决定意义,从而使他的理论具有很大的局限性。

史蒂芬·恩克(Stephen Enke,1916—)是美国经济学家。1939 年获斯坦福大学硕士学位,1943 年获哈佛大学经济学博士学位。1942—1946 年任加利福尼亚大学讲师、副教授,接着任美国工业研究所研究员,1948—1958 年任 RAND 公司计算组组长、经济组助理研究员,负责运输、保养及编制财产目录等问题的研究,其间曾访问亚、非两洲考察经济发展计划。20 世纪 60 年代在耶鲁大学等三所大学任过教授,并担任美国总统的助理及研究委员会执行秘书、美国国防部长办公室经济部助理副部长、奇异公司(TEMPO)经济发展计划部经理等职。主要著作有《中间经济学理论》(1950)、《国际经济学》(1957)、《发展经济学》(1963)、《保护性经营方式》(1967)等。恩克是美国研究经济发展的专家,足迹遍及西欧、非洲、近东、中东、印度、东南亚、日本、澳洲、中美洲等地,对于发展中国家的经济有较为深刻的认识,尤其是对缓和人口增长的经济效益具有独到的见解。他用了四年时间实地考察了亚洲、非洲、南美洲发展中国家的经济状况,得出的结论是:发达国家想用金钱买取落后国家的人心与支持,是极大的错误;落后国家一味迷信外来经济援助,只会延缓自身的发展;落后国家经济发展缓慢,是因根深蒂固的传统文化和经济的不自由,使企业界缺乏有效吸引大量资本的潜力。因此,他在很多地方用社会学的理论来分析经济发展中的症结,寻求经济发展的途径。恩克将落后国家的特点概括为:(1)平均每人所得低。(2)平均每人产出低。(3)存在双重甚至三重经济(时尚经济、自然经济和外人特权经济)。(4)高生殖率,成人工作者缺乏。(5)不经济文化,不合理地限制个人赚钱的冲力。(6)热带或亚热带气候,工作效率低,疾病流行,农业条件差。恩克非常重视人口膨胀对经济发展的影响,提出的对策是:(1)提倡计划生育。(2)提高结婚最低年龄的限制。(3)促使堕胎合法化。(4)设立节育指导中心。(5)对人口过多的家庭收税,对节育家庭发奖。恩克阐述了创新与经济发展的关系。他认为,创新是发展的源泉,创新并非仅指新产品与新的生产方法,凡是新市场与新组织的形成,甚至关于领导政策的新经济原理的发现都属于创新。此外,恩克还论及教育与生产力、公共卫生与劳动效率的关系,以求提高工人素质,从而提高每一工时的效率来实现经济增长;论及资本积累、劳动、国际贸易、政府政策与经济发展的关系。恩克对经济发展的研究,涉及面广,有一定深度,尤其是对于落后国家经济发展迟缓的分析有一定参考价值。

霍利斯·钱纳里(Hollis Burnley Chenery, 1918—1994)是美国经济学家。发展经济学结构主义的主要代表人物之一。1918年生于美国弗吉尼亚州,1939年获亚利桑那大学数学学士学位,1942年获俄克拉荷马大学工程学士学位,1947年获弗吉尼亚大学经济学硕士学位,1950年获哈佛大学经济学博士学位。1968年获荷兰经济学院荣誉博士学位。学习期间,专攻发展经济学、工业经济学、国际经济学。第二次世界大战期间在美国空军服役四年,任上尉。1952年开始在斯坦福大学任助理教授、副教授、教授。1965年起任哈佛大学经济学教授。曾任马萨诸塞州理工学院助理、法国经济合作署经济专家、美国和意大利共同安全机构代理处组长、美国国际开发组织行政助理,1960—1965年任美国国际开发署助理署长、1965—1970年在哈佛大学国际事务中心任经济学教授、1970—1972年任世界银行行长麦克纳马拉的经济顾问。1972—1982年任世界银行负责发展政策的副行长。他还是世界经济计量学会会员、美国文理研究院研究员。退休后,回到哈佛大学任教授和荣誉教授。主要论著有《产业关联经济学》(合著,1959)、《工业增长模式》(1960)、《比较优势与发展政策》(1961)、《国外援助与经济发展》(1966)、《增长中的再分配:政策探讨》(1974)、《结构变化与发展政策》(1979)等。钱纳里对于发展经济学有较系统的研究。他对发展中国家工业化过程中部门结构的变化进行了计量模型分析和比较分析,从中得出了经济发展过程中结构变化的一般规律性的特征。他先是利用投入生产分析法和线性计划,提出了一套分析经济结构变化的方法。他从最简单的投入产出模型出发,连续推导出一个复杂的体系,阐明产业关联理论。这里用了八个模型,四个用投入产出表示,四个用线性计划表示,每个模型以叙述和代数式表示,并有数字例证。他还注意理论的应用,用产业关联方法分析了日本、挪威、丹麦、阿根廷、美国、意大利以及哥伦比亚的产业因经济增长而发生的结构变化。钱纳里在研究经济发展过程时,引进了对外贸易因素,提出了"两缺口模式",将投资、储蓄、进出口同引进外资联系起来,成为各国分析国内国际经济关系的重要工具。指出要解决经济增长的资本积累就得解决外贸缺口问题,即用国外资金来弥补。钱纳里在对待平衡还是不平衡增长问题上,考虑了收入水平、人口总量、资源条件等因素,根据部门结构偏离他的"正常"模式的程度,以及初级产品和工业产品所占份额的比例大小,把国家分为"低度初级的""正常的"和"高度初级的"三类。他发现这三类国家增长速度并无多大差别,因此下的结论是:"这种意义的平衡,对中期快速发展,既不是必要条件,也不是充分条件。"但有的发展经济学家指出其失之武断,因为把他的分类程序略加改变,得到的结论就会不同。在 20 世纪 80 年代,钱纳里将研究领域延伸到低收入的发展中国家,认为投资和储蓄只是经济发展的必要条件,而不是充分条件。对于发展,重要的是经济转变。他从各国的生产结构变化、进口替代的程度、人均收入的增长、经济开放的程度、资源禀赋、人口规模、政府的政策和发展目标、国际资本、国际先进技术、国际贸易环境等资料,研究各种类型的经济发展模式。钱纳里的经济理论,在发展经济学中有一定地位。他利用投入产出分析与线性计划,对因经济增长而发生产业结构变化的研究,是对发展经济学作出的重大贡献。

劳伦斯·克莱因(Lawrence Robert Klein, 1920—2013)是美国经济学家,计量经济模型的创建人,1980 年诺贝尔经济学奖获得者。美籍犹太人,1942 年毕业于加利福尼亚伯克利大学,获学士学位。1944 年毕业于麻省理工学院,获哲学博士学位。接着在芝加哥大学任教三年。1949—1954 年在密执安大学任教。以后任牛津大学统计研究所研究员四年。1958 年起任宾夕法尼亚大学经济学与财政学教授,1968 年获该校贝杰明·富兰克林教授的荣誉称号。曾任加拿大政府顾问、美国联邦准备理事会物价委员会委员、美国经济学会、东方经济学会及经济计量学会主席、美国文学及科学院院士、沃顿经济计量学预测协会的创始人,国内外近十所大学访问教授和数家大公司顾问。1959 年获美国经济学会克拉克奖章。发表论文 250 多篇,出版专著 26 本,代表作有《宏观经济学与合理行为理论》(1946)、《凯恩斯革命》(1950)、《美国经济波动》(1950)、《经济计量学教科书》(1974)、《美国的一个经济计量模型》(合著,1955)、《经济计量学导论》(1962)、《沃顿经济计量预测模型》(合著,1967)、《经济预测理论论述》(1971)、《宏观经济体系的模拟技术的状况》(1977)、《经济计量预测和经济模型导论》(1981)等。他还担任《经济计量学》《国际经济论坛》《经验经济学》《比较战略》等刊物的编辑。克莱因长期从事经济计量学的教学和研究工作,被誉为经济计量学的先驱。他的主要贡献是第一个完整地把凯恩斯的经济理论表述为数学形式,应用经济计量技术来研究宏观模型。他的研究特点是:侧重于宏观经济计量模型在预测经济发展趋势和制定经济政策方面的实际应用,并推广到全世界。他与其他经济学家一起描述的美国 1929—1952 年经济计量模型,从结构、规模和估算方法论方面看,是第一个经济计量模型。他还编制了 1921—1941 年美国模型,提出第二次世界大战结束后美国经济不会重新陷入衰退的见解,后被实践证明。以后,在他领导下编制了大规模的沃顿经济计量模型等,包括用于短期(三年)预测的季度模型和用于长期(10—25 年)预测的年度模型。他还帮助建立了 1947 年的加拿大第一个模型、1961 年的日本模型、1961 年的英国第一个季度模型;并致力于对苏联的经济计划和计划执行进行经济计量的描述,建立苏联的模型。他关于发展中国家模型式样的建议,被印度、墨西哥、苏丹等国家采纳。最为宏大的是"连接计划",即在电子计算机上连接了三十多个国家和地区的模型,堪称世界的经济计量模型。这个计划的目标之一是协调各国的经济计量模型。用以改善分析商业波动在各国中扩散的可能性,以便利国际贸易和资本流动的预测。另一个目标是研究一国政治措施的经济效应如何影响其他国家。其重大意义在于预测世界贸易和检验各种政策的后果,以及宏观模型建立方法与模拟技术在全世界的传播。克莱因的经济计量模型的编制和应用,已成为许多发达国家和发展中国家预测经济和分析政策的基础。美国经济学家萨缪尔森曾指出:当代经济计量模型的发展,可称为"克莱因的时代"。克莱因在与卢宾合写的《生活费用的不变效用指数》一书中第一次提出了线性的支付系统;他对里昂惕夫投入产出分析的评论和解释,为改进投入产出系统指明了方向;他还研究了参数的变动、时间差距的分布、最优控制理论等问题。

肯尼斯·约瑟夫·阿罗(Kenneth Joseph Arrow,1921—)是美国经济学家,1972 年因在一般均衡理论方面的突出贡献与约翰·希克斯共同荣获诺贝尔经济学奖。除了在一般均衡领域的成就之外,阿罗在微观经济学、社会选择等方面也卓有成就,被认为是第二次世界大战后新古典经济学的开创者之一,是保险经济学、不确定性经济学、信息经济学和沟通经济学的发展先驱。阿罗 1940 年于纽约市教育学院毕业,获社会科学学士,1941 年进入哥伦比亚大学深造,获数学硕士学位。1942—1946 年在美国空军服务。1946—1949 年在柯尔茨经济委员会任副研究员,又是哥伦比亚大学研究生,1949 年获该校数学博士学位。1949 年以后先后在斯坦福大学、哈佛大学任经济学、统计学、运筹学教授,直到 1980 年退休仍从事研究工作。1956 年担任美国经济计量学会会长,1963 年任美国管理科学研究会会长,1973—1974 年任美国经济学会会长。先后获得四所大学授予的荣誉博士学位和四个研究机构的博士研究津贴。1957 年获美国经济学会约翰·贝茨·克拉克奖,被推选为美国国家科学院院士、哲学学会会员、艺术科学院院士和经济计量学会、数理统计学会、美国统计学会会友。曾任肯尼迪总统的经济顾问等职。主要著作有《社会选择与个人价值》(1951)、《线性规划与非线性规划研究》(1958)、《公共投资、收益率和最适度财政政策》(1970)、《资源分配过程研究》(1977)、《风险负担论文集》(1971)、《资源分配过程研究》(1977)等。阿罗在经济理论方面主要研究社会选择论、一般经济均衡论、不确定性经济学,特别着重于个人抉择、信息和组织的研究。这些问题的研究与经济发展紧密相连。他运用新的数学工具研究一般经济均衡论,并进一步研究了现实经济生活中如何处理市场不稳定和风险,使之达到一般均衡。这一关于"风险"和"不稳定"的新理论,对企业决策和企业发展作出了重要贡献。他还对经济规划和资源配置中的静态与动态问题进行了研究。阿罗的突出贡献是对政府的财政支出和投资提出了"不可能性定理"。以往的西方经济学家认为,政府对于公共支出所作的选择与消费者对于自己个人所作的选择相类似。而该定理用数学推理得出的结论是:在每个社会成员对于一切可能的社会经济结构各有其特点的偏好秩列的情况下,要找出一个在逻辑上不与个人的偏好相矛盾的全社会偏好序列是不可能的。其含义是,个人福利不可能跟社会福利完全一致。因此"不可能性定理"又成为新福利经济学的一个重要组成部分,使他与英国经济学家希克斯获得同一届诺贝尔经济学奖。

墨耶尔(Gerald M. Meier, 1923—2011)是美国著名的发展经济学家。1947 年获文学学士学位,1951—1956 年任牛津大学助教,1953 年获哈佛大学哲学博士学位,1954—1956 年任密执安大学助理教授,1957—1958 年任牛津大学统计研究所研究副教授,1955—1961 年任耶鲁大学访问教授。1963 年起任斯坦福大学教授。主要著作有《经济理论的发展》《国际贸易和发展》《经济发展理论上的主要争论》《国际经济理论的发展》等。墨耶尔主要从事国际经济研究,尤其注意探讨发展中国家如何利用对外贸易促进自身经济发展的问题。他认为古典学派和新古典学派采用静态分析,对于解决动态发展中国家的贸易是不妥的,因此,他力图建立一种新学说,作为发展中国家的理论基础。对于发展中国家有关贸易条件问题,墨耶尔的观点是:(1)经济发展与贸易条件存在一定依存关系。(2)各种商品贸易条件恶化之后,对贸易国家生活水平有很大影响,如对于贸易不利国家,可能促成贫穷的恶性循环,而生活水平,又是各国贸易条件的重要因素,因而可能导致逆向变动,使各种商品的贸易条件更加恶化。(3)发展中国家须有一种新的理论的支持,以便改善长期趋于恶化的贸易条件。墨耶尔在研究中提出了"对外均衡"说,对经济发展与贸易收支的相互影响加以分析,并用乘数理论,对发展中国家入超倾向加以说明。他认为,一般发展中国家都希望加强国内储蓄,加速资本形成,同时导入外国资本,谋求对外收支的均衡。他主张国际援助,因它既可解决国内储蓄缺口,又可弥补外汇缺口,还主张发达国家提倡私人国外投资,这对于发展中国家,不仅提高了资金,而且带来了新技术和新管理方法;他提醒发展中国家借用外资要以整个国民经济的发展为前提,不可只从局部打算,如对某部门投资,可能该部门投资收益并不大,但却有利于其他部门,能够推动全局性的经济发展。墨耶尔对发展中国家的保护贸易政策持批评态度,认为这有害于经济发展。对于发展中国家对外贸易及经济发展策略,他的见解是:国际经济发展的根本问题,不在于古典学派提出的比较利益的协调,而是如何促进发展中国家的输出增长和经济增长,因此发展中国家的对策,一是排除发展输出贸易的各种障碍。二是排除其他不利于发展的各种阻力,如垄断、劳动力缺乏移动性、技术知识不足等有关社会、文化、政治各方面的阻力等。他认为,这些经济的、非经济的顽固因素的排除,是经济起飞的先决条件;一般发展中国家要加速经济发展,首先要具备这些先决条件,吸收资金,然后贸易发展的引擎才会发生作用。墨耶尔的经济发展理论和主张对于发展中国家有一定参考价值,但他对发展中国家的贸易保护政策的过多批评,则失之片面。

罗伯特·默顿·索洛(Robert Merton Solow,1924—)是美国经济学家、新古典综合派代表人物之一。1961 年被美国经济学会授予约翰·贝茨·克拉克奖。1987 年获诺贝尔经济学奖。1940 年在哈佛大学学习,1942 年在美国陆军服役。1945 年重回哈佛学习,1947 年获哈佛大学文学学士,1949 年获硕士学位,1951 年获博士学位。攻读博士学位期间,受聘为麻省理工学院助理教授,1954 年任麻省理工学院统计学副教授,1955 年升为教授,以后一直任该学院经济学教授。1964 年任计量经济学会会长,1979 年任美国经济学会会长,1975—1980 年兼任波士顿联邦储备银行董事、董事会主席。曾任英国剑桥大学马歇尔纪念讲师,牛津大学访问教授、美国行为科学高级研究中心院士、美国总统经济顾问委员会专门委员、白宫首席经济顾问等职务。主要论著有《对经济增长理论的一个贡献》(1956)、《技术变化与总量生产函数》(1957)、《线性计划与经济分析》(合著,1958)、《资本理论与收益率》(1963)、《美国失业的性质与原因》(1964)、《增长理论评注》(1969)、《世界末日即将到来吗?》(1973)、《从"边干边学"中学习:经济增长的教训》(1997)等。索洛主要从事经济增长问题的理论研究,主要贡献是建立和发展了新古典经济增长的理论框架,发展了哈罗德—多马增长模型,形成了新的研究学科——增长经济学。尤其是在研究产生经济增长和福利增加的因素方面被认为作出了特殊贡献。早在 1956 年,索洛便把哈罗德—多马模型所规定的一条极为狭窄的均衡增长途径称作"刃锋",并认为经济增长的"刃锋"问题可以避免,于是提出了一个用以说明存量的增加是如何使人均产值增长的数学方程式,它可用来衡量各种生产因素对发展所作出的贡献。根据这一方程式,国民经济最终会达到这样一种发展阶段:在那个阶段以后,经济增长将只取决于技术的进步。索洛的这一理论,使工业国家愿意把更多的资源投入大学和科学研究事业,形成促使经济发展的"突击队"。他认为充分就业的稳定增长可以通过资本主义市场机制,调整生产中的劳动与资本的配合比例而实现,并解释了增加的股本如何产生更多的国民平均生产问题。这一模型以后成为新古典经济增长模型的重要内容。对于技术进步与经济增长关系的研究,索洛采用的计算方法是:首先估算出一定时期内劳动投入量的增加和资本投入量的增加,各自对这一时期产量的增加所作的贡献,再把它们从这一时期的实际增加量中减去,剩下的"余值"就作为技术进步对产量增长所作的贡献。他得出的结论是,技术进步对经济增长所作的贡献远远超过资本积累所作的贡献。对于麦多斯提出的经济增长末日模型,索洛是否定的。他认为,"末日模型是一个坏科学,因此也是公共政策的坏向导",因为它"从假定到结论之间的逻辑联系是非常简单和明显的,从这个意义上说,它更像是一个假定而不是一个结论"。关于自然资源的耗竭问题,索洛指出,可能耗竭的自然资源价格上涨,一方面竞争会驱使生产者用比较便宜的资源来代替它。另一方面以昂贵资源做原料的商品价格较高,迫使消费者减少对此种商品的购买,多购其他商品,这都将自动地增加自然资源的生产率也就降低了一单位国民总产值的资源需要量。此外,索洛还提出教育和训练水平的提高、生产组织方法的改进也可促使生产的增长;新的自然资源的发现以及在世界市场上国家地位的改变也可导致生活水平的提高。索洛的经济理论在西方经济学界产生了广泛影响,并被用于探索造成经济增长的各种因素。瑞典皇家学会的评价是:索洛的经济增长的模型和理论更为灵活,而且对美国政府的经济政策发生了作用。

阿瑟·奥肯(Arthur Okun,1928—1980)是美国新古典综合派经济学家。1949年毕业于哥伦比亚大学,1956年获该校经济学博士学位。1956—1961年在耶鲁大学讲授经济学,升任副教授。1961—1963年任肯尼迪政府总统经济顾问委员会委员。1964—1968年任约翰逊政府总统经济顾问委员会委员,1968年被任命为该委员会主席,时年39岁。1969年约翰逊下台后,一直在布鲁金斯研究所担任高级研究员,并兼任一些大公司顾问。他的研究成果大多为研究报告。代表作有《繁荣的政治经济学》(1971)、《平等与效率:重大的抉择》(1975)等。奥肯长期作为总统的经济顾问,参与国家上层经济决策,主要从事宏观经济理论和政策的研究,形成自己的基本经济发展战略思想。这在《平等与效率:重大的抉择》一书中得到详尽阐述。他特别强调经济增长的重要性。他认为,对效率的追求必然造就不平等,一味追求经济上平等,抑富济贫,有伤人们追求效率的积极性,不利于经济发展。他在理论上的主要贡献是分析了平等与效率的替换关系,提出了估算"可能产出额"的"奥肯定理"。他认为经济平等与经济效率是不可兼得的,其间存在一种互为代价的"替换关系"。据此,他设计的基本经济战略是:"如果平等与效率两大目标均有价值,而且无一是处于绝对优先地位,那么,凡是在二者发生冲突的地方,都应坚持调和。在这种情况下,有时会为了效率而牺牲一些平等,有时又会为平等而牺牲一些效率。但任何一种牺牲,都必须作为增进另外一方的必要手段,否则便没有理由这么做。"然而,他在具体论述中,实际上是把提高效率以促进经济增长置于经济战略的优先地位。他认为,解决美国社会存在的平等和效率的矛盾,其重要办法是"把馅饼做大些",即实现经济增长,要实现经济增长,就要维护市场机制的作用和加强政府干预。由这一理论出发,美国在 20 世纪 60 年代制定了以充分就业和高经济增长为目标的经济政策,其核心是运用扩张性财政政策和货币政策来实现经济高速增长,这一政策和相关理论被称为"新经济学"。为了推行这个经济政策,奥肯于 20 世纪 60 年代提出了"可能产出额"概念,即在充分就业的条件下整个经济所能生产出来的产出额。由于这一新概念是确立在假定总需求正好处在失业率为 4% 的水平上,因此可能的产出额不等于实际产出额。当失业高于 4%,意味着资源未能全部利用,有一部分"可能的产出额"未能实现,就要侧重于实现经济增长,推行扩张性经济政策。这与他的基本战略思想是完全一致的。他还设计了测量"可能的产出额"的方法,即著名的"奥肯定理":把失业率作为一个变量,代表由于资源被闲置而对产出额产生的一切影响;只要求出超过 4% 的失业率给产出额带来的损失,再加上已达到的实际产出额,便是"可能的产出额"。奥肯定理的一个重要结论是:为防止失业率上升,实际 GDP 增长必须与潜在 GDP 增长同样快,如果想要使失业率下降,实际 GDP 增长必须快于潜在 GDP 增长。其意义在于揭示了经济增长与就业增长之间的关系。此外,他还利用经济计量方法,对其他一些宏观经济变量之间的关系进行了数量估算。奥肯的经济理论曾经作为美国制定经济政策的根据,他的一些估算方法为多数美国经济学家所接受。

勃朗科·霍尔瓦特(Bronko Horvat,1928—)是克罗地亚经济学家和政治学家,由于提出自治社会主义模式而被西方经济学家称为"霍尔瓦特主义"。生于南斯拉夫克罗地亚共和国比的利亚城。1944 年参加游击队与德国法西斯作英勇的斗争,被授予人民功勋勋章。1952 年毕业于萨格勒布大学经济系,1955 年获该校经济学博士学位。1959 年到英国曼彻斯特大学攻读经济学和社会学,获得博士学位。1960 年回国在母校任讲师,后从事经济研究工作。1963 年任贝尔格莱德大学教授。1963—1970 年任联邦经济计划研究所所长。曾任南斯拉夫联邦经济委员会委员、联邦执行委员会市场和价格委员会委员、南斯拉夫经济学家协会科学委员会第一任书记、经济数学和组织科学会第一任书记。历任英国、美国的四种杂志的编委员会委员、两个国际性研究组织委员,秘鲁、孟加拉、巴西等国政府的经济顾问。1968 年起,先后到过二十多个国家的五十多所大学讲学或带研究生。他发表了几百篇论文和三十多部著作,主要著作被翻译成 18 种语言出版。主要著作有《走向计划经济的理论》(1961)、《论南斯拉夫社会文集》(1969)、《南斯拉夫的经济周期》(1969)、《联邦的经济职能》(合著,1970)、《战后南斯拉夫的经济政策》(1971)、《南斯拉夫的经济体制》(1971)、《自治社会主义》(合著,1975)、《社会主义政治经济学:一种马克思主义的社会理论》(1982)、《价值、资本和利息理论》(1994)、《国际贸易理论》(1999)等。霍尔瓦特在政治经济学、宏观经济学、微观经济学、自治理论、经济制度比较、经济分析等方面都有较深的研究。他着重研究南斯拉夫的自治经济理论和经济制度:关于国家经济职能消亡,他下的定义,一是经济非国家主义化,二是国家职员非职业化。关于劳动组织的自治,他认为就是由劳动集体独立地作出经济决定。关于社会所有制,主张是对经济上的国家所有制和集团所有制的否定和社会生产资金对社会全体成员平等。关于计划和市场,强调计划和市场应该配套,首要的问题则是如何适用市场以提高计划的效率,指出"计划化就是完善市场的决定以增加社会共同体的经济财富。因此这也就是唯一经济合理的效率标准——思想的计划应该使经济财富的增长率达到最大限度"。霍尔瓦特还考察了南斯拉夫长期经济发展的历史过程,提出了南斯拉夫经济变动的周期。霍尔瓦特的专著多数被译成英文在国外出版,不少文章在英国、德国、苏联、匈牙利、波兰、捷克斯洛伐克、意大利、西班牙等国发表。霍尔瓦特的代表作是《社会主义政治经济学:一种马克思主义的社会理论》,霍尔瓦特认为忽视了对社会主义理论的严肃的研究必然会产生灾难性的后果。他曾因此书被提名为 1983 年诺贝尔经济学奖候选人。

托尔斯坦·凡勃伦（Thorstein Veblen, 1857—1929）是美国经济学家，制度学派主要代表人物。出生于威斯康星州的马尼托沃克一个挪威移民家庭。1884 年在耶鲁大学获哲学博士学位，后历任芝加哥大学、斯坦福大学、密苏里大学讲师和教授。主要著作有《有闲阶级论：关于制度的经济研究》（1899）、《企业论》（1904）、《工程师和价格制度》（1919）、《不在所有权和最近的商业企业：美国状况》（1923）等。凡勃伦提出了凡勃伦二分法，认为人类社会经济生活存在生产技术制度和私有财产制度。前者建立在"改进技艺"本能的基础上，后者建立在"追求利益"本能的基础上。在现代社会中，两种制度分别表现为"机器操作"（运用技术进行机器生产）的技术人员和"企业经营"（以盈利为目的的）的企业家，并预言，美国的前景将是出现一个所谓"技术人员苏维埃"。凡勃伦二分法和其经济观点对后来的制度学派经济学家有着重要的影响，并成为以后的新制度学派理论的基本内容和进一步论述的出发点。同时，凡勃伦在运用凡勃伦二分法研究消费问题时，提出了一些有意义的观点。凡勃伦认为：（1）社会上一直是两种消费方式，即比较简陋的家庭内部生活中的消费方式和比较奢侈的大庭广众中的消费方式。（2）当社会上存在着不同的阶层和不同的消费方式时，较低阶层的消费总是以较高阶层的消费作为争取实现的标准。（3）消费方式是易奢不易俭的。现代西方消费经济学著作一般将凡勃伦看成早期消费经济学的研究者。

罗纳德·科斯（Ronald Coase, 1910—2013）是英国经济学家，新制度经济学派奠基人和代表人物之一。于 1932 年、1951 年分别获得伦敦大学学士、博士学位，先后在利物浦大学、伦敦经济学院、弗吉尼亚大学、芝加哥大学、堪萨斯大学任讲师、教授等职。罗纳德·科斯揭示并澄清了经济制度结构和函数中交易费用和产权的重要性，从而获得 1991 年诺贝尔经济学奖。科斯于 1937 年发表于伦敦经济学院学报《经济学家》上的著名论文《企业的性质》为代表，并在 1960 年发表的《社会成本问题》中指出，产权的经济功能在于克服外在性，降低社会成本，从而在制度上保证资源配置的有效性。这两篇论文成为新制度经济学的开山之作。其理论由 G. 斯蒂格勒归纳后形成了著名的科斯定理。20 世纪 60 年代以后，新制度经济学的研究者对科斯定理作出了不同解释，并形成了产权理论的三个重要的分支。一是以威廉姆森为代表的交易成本经济学。二是以 G. 布坎南为代表的公共选择学派。三是以舒尔茨(C. Sehultze)为代表的自由竞争派。

道格拉斯·诺斯(Douglass C. North,1920—)是美国经济学家,新制度经济学派的代表人物。1920 年生于美国马萨诸塞州,1942 年和 1952 年分别获得美国加州伯克莱大学学士学位和博士学位。曾任《经济史杂志》副主编、美国经济史学协会会长、国民经济研究局董事会董事、东方经济协会会长、西方经济协会会长等职务。历任华盛顿大学经济学教授、剑桥大学庇特美国机构教授、圣路易大学鲁斯法律与自由教授及经济与历史教授,现任华盛顿大学经济系卢斯讲座教授。由于建立了包括产权理论、国家理论和意识形态理论在内的"制度变迁理论",成为1993 年诺贝尔经济学奖得主。代表著作有《美国的经济成长》《美国过去的经济增长与福利:新经济史》《制度变迁与美国经济增长》《西方世界的兴起:新经济史》《经济史的结构与变迁》等。诺斯对经济学的贡献主要包括三个方面:第一,用制度经济学的方法来解释历史上的经济增长。第二,重新论证了包括产权制度在内的制度的作用。第三,将新古典经济学中所没有涉及的内容——制度,作为内生变量运用到经济研究中去,特别是将产权制度、意识形态、国家、伦理道德等作为经济演进和经济发展的变量,极大地发展了制度变迁理论。此外,诺斯还是运用新古典经济学和经济计量学来研究经济史问题的第一人,用"路径依赖"理论阐释经济制度的演进第一人。

詹姆斯·麦吉尔·布坎南(James Mcgill Buchanan,1919—2013)是美国经济学家,公共选择学派的奠基人和代表人物。1919 年 10 月 2 日生于美国田纳西州的穆尔弗里鲍尔。1940 年毕业于中田纳西州师范学院,获理学学士学位。1948 年,在芝加哥大学获得哲学博士学位。曾在田纳西大学、加州大学洛杉矶分校、加州大学圣巴巴拉分校、英国剑桥大学、伦敦经济学院、乔治—梅森大学等校任教。因为布坎南在公共选择理论的突出贡献,成为 1986 诺贝尔经济学奖得主。布坎南的主要著作有《价格、收入与公共政策》(与艾伦·克拉克·李等人合著,1954)、《个人投票选择和市场》(1954)、《公债的公共原则》(1958)、《财政理论和政治经济学》(1960)、《赞同的计算:宪法民主的逻辑基础》(与塔洛克合著,1962)、《民主进程中的财政》(1966)、《俱乐部经济理论》(1965)、《公共产品的需求与供应》(1968)、

《成本与选择:一个经济理论的探讨》(1969)、《公共选择理论:经济学在政治方面的应用》(与 R. 托尼逊合著,1972)、《自由的限度》(1975)、《宪法契约中的自由》(1977)、《赤字民主:凯恩斯勋爵的政治遗产》(与理查德·瓦格纳合著,1977)、《宪法民主中的财政责任》(与理查德·瓦格纳合著,1978)、《凯恩斯先生的结论:对于把经济理论滥用于政治投机活动的分析以及对宪法纪律的建议》(1978)、《财政学》(与玛里琳·弗劳尔斯合著,1980)、《赋税的权力》(与 G. 布伦南合著,1980年)、《自由、市场和国家:80 年代的政治经济学》(1986)。布坎南突出的理论贡献是创立了公共选择理论。

约瑟夫·尤金·斯蒂格利茨(Joseph E. Stiglitz,1942—)是美国经济学家,1942 年出生于美国印第安纳州,1964 年获阿墨斯特学院学士学位,1967 年获麻省理工学院博士学位,师从保罗·萨缪尔森。斯蒂格利茨先后在剑桥大学、耶鲁大学、普林斯顿大学和牛津大学从事研究和执教,并从 1988 年开始在斯坦福大学任教,主讲经济学原理、宏观经济学、微观经济学、公共部门经济学、金融学和组织经济学。1993 年成为克林顿总统经济顾问团的主要成员,并从 1995 年 6 月起任该团主席。1997 年起任世界银行副总裁、首席经济学家。2001 年获诺贝尔经济学奖,现任美国布鲁金斯学会高级研究员。约瑟夫·尤金·斯蒂格利茨代表著作有《经济学》(第三版)、《公共部门经济学》、《公共经济学讲义》、《斯蒂格利茨经济学文集》、《中国:第三步改革的构想》、《国际间的权衡交易》、《全球化及其不满》、《喧嚣的九十年代》等。斯蒂格利茨为经济学的一个重要分支——信息经济学的创立作出了重大贡献。

奥利弗·威廉姆森(Oliver Williamson,1932—)是美国经济学家,新制度经济学派的代表人物。2009 年,因其在经济治理尤其是企业边界理论方面的突出贡献而获得诺贝尔经济学奖。1932 年,威廉姆森出生在美国威斯康星州的苏必利尔镇。1955 年,威廉姆森取得了麻省理工学院学士学位。1960 年获得了斯坦福大学的工商管理硕士学位。1963 年,获得了卡内基—梅隆大学经济学哲学博士学位。先后在加州大学伯克利分校、宾夕法尼亚大学、耶鲁大学等从事工业组织的研究和教学工作。主要代表作有《市场与组织》《交易费用经济学:契约关系的管理》等。

奥利弗·威廉姆森被誉为重新发现"科斯定理"的人,也是为"新制度经济学"命名的人。他从交易费用的角度研究科斯定理,较完整地、系统地提出了交易费用的概念,划分了"事前交易"和"事后交易",指出影响市场交易费用的因素,并最先从交易费用的角度提出了企业组织结构形成的原因。

赫伯特·西蒙(Herbert Alexander Simon,1916—2001)是美国管理学家和社会科学家,1978 年诺贝尔经济学奖获得者,现代决策理论的主要代表人物。1936年毕业于芝加哥大学政治学系,1943 年获得政治学博士学位。曾先后在加利福尼亚大学、芝加哥大学、伊利诺工业大学和卡内基工学院担任政治学和心理学教授;在卡内基—梅隆大学担任计算机科学及心理学教授。他还担任过企业界和官方的多种顾问。西蒙是以博学多才而著称,研究领域十分广泛。他的研究成果涉及科学理论、应用数学、统计学、运筹学、经济学和企业管理等广泛领域。主要著作有《管理行为》(1947)、《公共管理》(与斯密斯伯格合著,1950)、《组织理论的比较》(1952)、《理性抉择的行为模型》(1955)、《组织》(与马奇合著,1958)、《管理决策新科学》(1960)、《思维模型》(1979)、《有限理性模型》(1982)、《论事理》(1983)等。西蒙开创了对现代决策理论的研究,开创性地提出了管理的决策职能、有限理性人学说和令人满意的行为原则等理论。西蒙认为现实生活中作为管理者或决策者的人受多方面因素的制约,因此作出的决策也是介于完全理性与非理性之间的"有限理性"决策。另外,由于未来含有很多的不确定性,决策的信息不完全,同时决策者也不可能拟定出全部的方案。所以,西蒙认为企业决策者作出的决策应基于"令人满意的行为原则"而不是"利润最大化原则"。从而在决策的过程中,统筹兼顾,争取若干相互矛盾的目标一同协调实现;在决策机制中,选择有限理性的适应机制,而不是完全理性的最优机制。西蒙的决策理论在现代企业经济学和管理研究中得到了广泛应用。

詹姆士·托宾(James Tobin,1918—2002)是美国新古典综合派经济学家,1981 年诺贝尔经济学奖获得者。1939 年毕业于哈佛大学,1940 年获得硕士学位,1956 年获得博士学位。曾先后在耶鲁大学担任教授,柯立芝基金会、经济学会担任会长。1961—1962 年,担任美国肯尼迪总统经济顾问,成为总统经济委员会的三个委员之一。托宾的贡献涵盖经济研究的多个领域,如经济学方法、风险理论、凯恩斯主义经济学微观基础等,特别是在对家庭和企业行为以及在宏观经济学纯理论和经济政策的应用分析方面独辟蹊径。主要著作有《经济学论文集,宏观经济学》(1971)、《增长过时了吗》(1972)、《十年来的新经济学》(1974)、《经济学论文集:消费和经济计量学》(1975)、《经济学论文集:理论和政策》(1982)等。托宾对经济学的贡献是多方面的,特别是他对凯恩斯主义理论的补充、完善和发展。在这一过程中他提出了现金偏好理论与资产选择理论。托宾提出的"托宾 q"理论提供了一种有关证券价格和投资支出相互关联的理论。托宾对资产选择理论的发展认为,人们的财产可以选择货币、债券、证券、不动产等资产形式持有。而最优的资产组合是让各种资产的边际收益率相等,此时能从该资产组合中达到效用最大化。他提出的"托宾税"是指对现货外汇交易课征全球统一的交易税,该税种的提出主要是为了缓解国际资金流动尤其是短期投机性资金流动规模急剧膨胀造成的汇率不稳定。托宾认为其可以抑制投机、稳定汇率,但反对者认为其会妨碍投资。托宾在各领域的研究影响广泛。尽管他发表了许多经验性文章,但是他同样也关注经济政策、社会问题并且反对美国的黑人歧视。

乔治·斯蒂格勒(George Joseph Stigler,1911—1991)是美国经济学家和经济学史家,1982 年诺贝尔经济学奖获得者。1931 年毕业于西雅图华盛顿大学商学院,1938 年于芝加哥大学获得博士学位。曾先后在爱达荷大学、布朗大学、哥伦比亚大学和芝加哥大学担任教授。1969 年在美国尼克松总统竞争与生产率特别工作小组任职。1977 年斯蒂格勒指导创立了"芝加哥大学经济与国家研究中心"(Center for the Study of the Economy and the State)并出任该所主任。斯蒂格勒的研究成果主要集中在微观经济理论,特别是企业组织理论。主要著作有《生产和分配理论》(1941)、《价格理论》(1942)、《现代人和他的公司》(1971)、《公民和国家》(1975)等。斯蒂格勒是信息经济学的创始人之一。他认为由于获取信息的成本存在,使得消费者无法或者不愿获得商品的全部信息,从而造成了同一种商品存在着不同价格。斯蒂格勒认为这是不可避免的、正常的市场现象,是无须干预的。他的另一个重要贡献是证明了"自由市场机制"至今仍是最有效的模式,并且通过计量经济学分析指出,很多政府为了提高效率而实施的管制,往往适得其反。斯蒂格勒在对完全竞争市场的条件和市场垄断力量大小的分析时,开辟了以规范的微观经济理论分析大规模工业组织的途径。他认为自由竞争是市场的特征,是可能给与消费者最大满足的(租金和污染除外),而垄断企业由于有过高的生产成本,将可能会在竞争中被淘汰,但也可能因为"幸存者原理"继续生存。斯蒂格勒在"信息经济学"和"管制经济学"等多方面的开创性研究对后来经济学发展有着深远影响。

约翰·理查德·尼古拉斯·斯通(John Richard Nicolas Stone,1913—1991)是美国经济学家,1984年诺贝尔经济学奖获得者。1935年毕业于剑桥大学,1938年获得硕士学位,1957年获得博士学位。曾在劳埃德银行工作,第二次世界大战期间在英国经济作战部和英国中央统计局任职,第二次世界大战后在由凯恩斯组建的剑桥应用经济学系担任系主任,剑桥大学担任财政和会计学教授。斯通在国民经济核算领域的研究意义重大。主要著作有《国民收入和支出》(与米德合著,1944)、《计量方法在经济学中的应用》(1951)、《国民经济核算中的物量和价格指数》(1956)、《国民账户》(1961)、《社会科学中的数学和其他论文》(1966)、《投入产出和国民经济核算》(1961)、《可测算的经济增长模型》(与阿·布朗合著,1964)、《人口核算与模型的建立》(1971)、《建立经济和社会模型的若干问题》(1980)等。斯通力图创建一套旨在用于制定预算政策的手段,开创性地通过将收入统计理论,会计学的平衡原理、账户和复式记账法等手段和经济学体系联系在一起,为国民经济核算体系的发展奠定了方法论上的基础。斯通、布朗和巴克用单一方程和方程组进行需求分析,建立了"剑桥增长规划模型",将数理统计技术应用于观察值的调节、季节变动、预测误差、经济控制、马尔可夫过程和模拟等。随着战后马歇尔援助计划对规范化的国民经济核算的需求,斯通的核算体系在众多国际组织和国家中得以广泛推广。斯通对国民经济核算体系的开创性研究,产生了巨大的国际影响,成为周期性和结构性分析的不可或缺的工具。

弗兰科·莫迪利安尼(Franco Modigliani,1918—2003)是美国经济学家,1985年诺贝尔经济学奖获得者。出生于意大利。1936年毕业于罗马大学,1944年于纽约新社会研究学院获得博士学位。曾先后在纽约新社会研究学院、伊利诺伊州立大学、卡内基工学院、西北大学、麻省理工学院担任教授,柯尔斯委员会、国库局秘书处担任顾问。莫迪利安尼结合凯恩斯主义和新古典主义观点提出的"生命周期"理论,是对凯恩斯的绝对收入假说的重要发展。主要著作有《国民收入和国际贸易》(1953)、《计划生产、存货和劳动力》(合著,1960)、《通货膨胀条件为稳定住宅建设而采取的新的抵押设计》(1975)、《弗兰科·莫迪利安尼文集》(1980)。莫迪利安尼提出的"生命周期"理论认为,消费并非像凯恩斯所预言的一样,取决于现期收入,而是一个家庭依据一生收入的期望所作出的。莫迪利安尼认为储蓄是起到刺激投资和经济增长的作用的,而非像凯恩斯所认为的,是经济体系的一种漏出,会导致有效需求的减小。莫迪利安尼和米勒用严密的理论分析来研究金融决策,提出了公司资本成本定理,即"莫迪利安尼—米勒定理"(MM 定理)。在此理论基础上发展出了投资决策理论。莫迪利安尼认为无论是资产负债表的构成还是负债量都不会对一个企业的商业性变化产生影响;而这些变化对企业财政是决定性的。莫迪利安尼对利率的自然归宿理论的进一步探讨认为,企业在他们的全部生产活动中都趋向于短期借贷,而这种行为将会对利率结构产生影响。莫迪利安尼作为新古典综合派,在与货币主义和理性预期学派的论战中,坚定地主张国家干预经济。

莫里斯·菲力·夏尔·阿莱(Maurice Félix Charles Allais,1911—2010)是法国经济学家,1988 年诺贝尔经济学奖获得者。1933 年毕业于巴黎工学院,1936 年毕业于巴黎国立高等矿业学院。曾先后在国家矿业局、矿业文献和统计局任职,国立高等矿业学院、巴黎大学担任经济学教授。阿莱主要研究领域为一般均衡与资源最优配置、资本与增长、货币与经济周期、风险选择等。主要著作有《市场规律研究》(1947)、《经济与利益》(1947)、《欧洲一体化:通向富裕之路》(1959)、《资本在经济发展中的作用》(1965)、《增长与通货膨胀》(1969)、《一般经济均衡理论与最大效益:当前的困境与新的展望》(1971)、《资本税与货币改革》(1977)、《预期效用假设与阿莱悖论:关于不确定性条件下合理决策的讲座及阿莱的答辩》(合著,1979)、《市场经济的货币条件》(1987)等。

阿莱将杰文斯的特征函数概念严格的规范化,系统地建立了无通货膨胀的经济增长理论。阿莱证明了静止状态下,零利率使实际收入最大化;后又证明了稳定状态下,利率等于经济增长率时可使消费最大化。而这一结论与索洛和萨缪尔森的结论不谋而合。阿莱将跨时一般均衡规范化,用边际成本定价原则和稳定性均衡来解释帕累托效率。提倡国有化自然垄断行业,在不同地区的公用事业之间制造竞争。他认为实际经济活动中的低效率源于缺乏完全竞争,而建立在私有制基础上的经济、政治和道德原则又难以接受收入均衡分配理论。因此应该将效率和分配区分开来。通过一系列可控实验,阿莱提出了著名的"阿莱悖论"。他认为人在决策时,对确定结果的现象会过度重视,导致悖论的产生,使试验结果违背了期望效用理论的不变性原则。阿莱在 1987 年出版的《市场经济的货币条件》一书中表达了对现行经济状况的担忧,并在股市大跌前六个月作出了危机预报。

特里夫·哈维默(Trygve Haavelmo,1911—1999)是挪威经济学家,1989 年诺贝尔经济学奖获得者。1933 年毕业于奥斯陆大学,1941 年于哈佛大学获得博士学位。曾先后在阿胡斯大学、芝加哥大学、奥斯陆大学任教,在挪威工商部和财政部任处长。哈维默的研究在经济计量学领域掀起了概率革命。主要著作有《经济计量学的概率方法》(1944)、《经济增长理论研究》(1960)等。哈维默把随机模型看作经济计量学的基础,使经济学研究更具科学性。他把经济计量学的研究方法归纳为建立模型、估计参数、验证和预测等。哈维默提出的"预算平衡定理"阐述了公共支出会对国民收入产生何种影响。哈维默认为在就业不足时,政府开支的增加(全部由税收提供)必将刺激国民收入的增加;在投资和税率脱离国民收入和利率水平时,凯恩斯乘数将等于 1,即政府期望通过政府支出来提振经济的愿望将会落空。他将随机模型引入经济计量学,对经济计量学的建立和发展有着巨大影响。

威廉·夏普(William.M.Sharpe,1934—)是美国经济学家,1990 年诺贝尔经济学奖获得者。1955 年毕业于加利福尼亚大学,1961 年获得博士学位。曾先后在华盛顿大学、加利福尼亚大学、斯坦福大学担任教授,兰德公司任职。夏普是资本资产定价模型的奠基者。主要著作有《资产组合分析的简化模型》(1963)、《投资组合理论与资本市场》(1970)、《资产配置工具》(1987)、《投资学基础》(与亚历山大及贝雷合著,1989)等。夏普将马科维茨的证券投资理论进一步发展,建立了

"资本资产定价模型"（CAPM）。该模型用来说明在金融市场上如何建立反映风险和潜在收益的有价证券的价格。夏普将资产的风险细分为"系统风险"和"非系统风险"，指出分散投资组合只能规避非系统风险，而无法规避系统风险；并提出了"分隔定理"，即理财的有效边界是通过无风险资产与市场理财之间的线性组合获得的。夏普认为，理财风险的边际是一个 β 值，当它大于一个单位时，风险增大；当它小于一个单位时，风险减小。该结论表明一种证券的期望收益是由证券的 β 系数确定的；并可用它衡量一种证券与市场理财的协方差。此外，夏普还提出了单一指数模型和夏普指数。前者是旨在寻求收益既定的条件下的风险最小边界。后者是考察每单位风险基金净值增长率超过无风险收益率的程度。夏普的资本资产定价模型在实践中得到了广泛应用，使金融数据能得到有效利用。

默顿·米勒（Merton Miller，1923—2000）是美国经济学家，1990 年诺贝尔经济学奖获得者。1943 年毕业于哈佛大学，1952 年于约翰·霍普金斯大学获得博士学位。曾先后在伦敦经济学院、卡内基工学院、芝加哥大学任教，第二次世界大战期间在美国财政部税务研究部和联邦储备委员会研究及统计部任职。米勒研究领域主要是公司理财和证券投资方面。主要著作有《内在弹性》（1948）、《利息率变动的收入效应》（合著，1951）、《审计、管理策略与会计教育》（合著，1964）、《企业货币需求模型》（与奥尔合著，1966）、《金融理论》（与法马合著，1972）、《出租、购买和资本服务的成本》（合著，1976）、《应用价格理论文选》（1980）等。米勒和莫迪利安尼合作提出和发展的"莫迪利安尼—米勒定理"（MM 定理）阐述了公司资产结构、红利政策和其市场价值之间的关系（或缺乏关系）。该定理指出，企业的市场价值与企业的资本结构无关。这是因为投资者根据其风险偏好，会在收益和风险之间作出折中选择。故企业金融证券结构中的每个变动都将被证券持有人的理财结构中的变动所抵消。所以，企业管理者应直接通过增加企业净财富以最大限度地满足证券持有人。米勒在研究税费对企业金融结构造成的影响时指出："如果证券结构和企业红利政策影响到了企业的市场价值，这就反映了税费金融市场的不完善。"米勒的"MM 定理"在 21 世纪仍是几乎所有公司财务研究与行为的理论依据。

哈里·马科维茨（Harry Max Markowitz，1927—　　）是美国经济学家，1990年诺贝尔经济学奖获得者。1947年毕业于芝加哥大学，1954年获得博士学位。曾先后在加利福尼亚大学洛杉矶分校、宾夕法尼亚大学沃顿学院、罗格斯大学、纽约市立大学巴鲁克学院担任教授，美国金融学会担任主席。马科维茨是证券投资组合理论的奠基者。主要著作有《资产组合选择和资本市场的均值——方差分析》、《资产选择：投资的有效分散化》（1970）、《过程分析研究广义经济性质的生产能力》（合著，1967）、《逆偏差》（合著，1981）、《资产选择与资本市场中的均值——方差分析》（1987）等。马科维茨提出的证券投资组合理论主要研究了一个投资者在进行证券投资时如何在收益和风险之间进行折中选择。马克维茨在研究中，用方差来度量可能收益率分布，求得资产组合的风险。再结合奥斯本的期望收益率的概念，得出在给定风险水平下期望收益率最高的资产组合。马科维茨以资产组合为基础、投资者对风险的偏好，分析得出的现代的证券投资组合理论，是夏普推导发展出"资本资产定价模型"（CAPM）的基础。马科维茨在证券投资组合理论中指出，投资者在投资中应尽量将投资分散化，从而使投资风险最小化。而"大数法则"不完全适用于证券投资组合中的风险分散，所以，风险并不能完全消除。对此，他有一句名言："不要把所有鸡蛋放在一个篮子里。"

加里·贝克尔（Gary Stanley Becker，1930—2014）是美国人口经济学家，1992年诺贝尔经济学奖获得者。1951年毕业于普林斯顿大学，1955年于芝加哥大学获得博士学位。曾先后在哥伦比亚大学、芝加哥大学担任教授，美国经济协会担任副会长。贝克尔开创性地运用经济理论和方法分析人类行为，涉及社会学、人口学、教育学、政治学、犯罪学等众多领域。主要著作有《歧视经济学》（1957）、《生育率的经济分析》（1960）、《人力资本》（1964）、《人类行为的经济分析》（1976）、《家庭论》（1981）等。贝克尔在人口学领域的研究中认为孩子是一种耐用品。贝克尔指出，和其他商品一样，孩子也具有使父母满足的效用，因此，可以运用消费者需求理论来分析对孩子的需求。随着家庭收入的增加，在孩子身上的消费也会增加。但是，孩子作为耐用品，消费者对其往往有追求品质而非数量的偏好，即对孩子质量需求的收入弹性大而且为正，数量需求的收入弹性小。这就说明，在收入增加的条件下，人们会追求孩子的质量而减少孩子的数量。宏观上，就会使人口出生率出现下降。贝克尔在人力资本的研究中,开创性地分析和探讨了人力资本的形成,尤其是正规教育、在职培训的成本(包括直接成本和机会成本)和收入。贝克尔指出,人们是否进行人力资本投资就是取决于教育和培训的收益,即投入的总成本和未来收入提高的差额。贝克尔在消费者理论的研究中,打破传统,将消费者也视为进行"生产"的经济人。贝克尔认为,一方面,消费者购买商品和劳务;另一方面,他还要投入时间,才能生产出"自己的满足"。而时间也是一种稀缺资源,因此,消费者的"生产函数"也可以用不同时间配置的等效用曲线表达。这样就把消费者决策也纳入了经济学要素最优配置的框架。贝克尔将经济理论和方法应用到众多领域的实践,极大地拓展了经济理论的应用范畴。

罗伯特·威廉·福格尔(Robert William Fogel, 1926—2013)是美国新经济史学代表人物,1993 年诺贝尔经济学奖获得者。1948 年毕业于康奈尔大学,1960 年于哥伦比亚大学获得硕士学位,1963 年于约翰·霍普金斯大学获得博士学位。曾先后在约翰·霍普金斯大学、罗切斯特大学、芝加哥大学、哈佛大学任教。福格尔研究成果主要在铁路对美国经济的贡献和美国黑人奴隶制经济方面。主要著作有《联邦太平洋铁路》(1960)、《铁路与美国的经济增长:计量历史学文集》(1964)、《不公正时代:美国黑奴经济学》(与恩格尔曼合著,1974)、《美国奴隶制度的兴衰》(1989)、《经济增长、人口理论和生理学》(1994)、《奴隶制争论:回顾 1952—1990年》(2003)等。福格尔利用"历史计量学"分析数据得出了铁路的修建对美国经济总产值贡献不大并且对当时的美国而言"铁路并不是非要不可的"结论。这与当代主流观点相反。福格尔在美国黑人奴隶制经济的研究中认为尽管奴隶制是非道德的,但它仍然是具有经济效益的;而非当代主流观点所认为是一种边际收益已经低于边际成本的行将就木的经济制度。福格尔指出,奴隶所受待遇比历史学家所描述的更好,奴隶制的灭亡是由于政治因素而非经济因素所致。福格尔同时强烈要求研究者们重新考虑早年那些公认的结论。福格尔的研究更新了研究工具和方法、拓展了对经济史重要问题的研究。

罗伯特·卢卡斯(Robert Emerson Lucas Jr., 1937—   )是美国经济学家,1995年诺贝尔经济学奖获得者。1959 年毕业于芝加哥大学,1964 年获得博士学位。曾先后在卡内基—梅隆大学、芝加哥大学担任经济学教授。卢卡斯的主要研究贡献是发展了理性预期假说，并对经济周期理论提出了独到的见解，他主张自由放任的政策，反对凯恩斯主义国家干预的政策主张。主要著作有《理性预期与经济计量实践》（合著，1981）、《经济周期理论研究》（1981）、《经济周期模型》（1987）、《经济动态学中的递归法》（1989）等。

20 世纪 70 年代初，卢卡斯对理性预期假说进行了深入研究，并把它作为工具分析了宏观经济政策的有效性问题，提出著名的"卢卡斯批判"为理性预期学派在 20 世纪 80 年代的崛起和影响力的扩大有着重大贡献。卢卡斯在对经济周期理论的研究中认为造成经济周期的原因是信息的不完全。因为市场价格取决于供给与需求的相互作用，而当生产者发现名义价格较高时，他无法确定价格高是由于供给不足还是由于货币增长率高。因而生产者无法基于现期的信息作出准确的生产决策。同时卢卡斯提出的信息滞后说认为，即使是过去的信息也是不完全的，因而人们不可能作出正确的预期，这样波动就会持续存在。

詹姆斯·米尔利斯（James Mirrlees，1936—　　）是英国经济学家，1996 年诺贝尔经济学奖获得者。1957 年于爱丁堡大学获得数学硕士学位，1963 年于剑桥大学获得经济学博士学位。曾先后在牛津大学、剑桥大学担任经济学教授。米尔利斯的主要研究贡献在不确定性、激励、税收理论与发展政策等领域。主要著作有《经济增长模型》（1973）、《发展中国家的项目签订和计划》（1974）、《关于利用消费和生产率之间关系的欠发达经济的纯理论》（1975）、《道德风险理论与不可观测行为》（1975）、《组织内激励和权威的最优结构》（1976）等。米尔利斯发展了维克里（William Spencer Vickrey）的税收理论，并将这一理论应用于其他经济领域。维克里在 20 世纪 40 年代提出对累进制所得税的反对，指出这会影响高收入者的工作积极性，但并未进行严格论证，而米尔利斯建立了一个经济模型（后被称为米尔利斯模型），严格论证了提高某一收入档次的税率对各档次纳税人工作积极性以及社会总福利的影响。米尔利斯指出，在提高某一档次的税率后，纳税人要么会选择增加工作时间，使自己税后收入水平不变，要么减少工作时间，使自己的收入和纳税比率均下降，而收入减少的损失通过增加闲暇来有所补偿。而人们往往会选择后者，最终导致社会福利的下降。因此米尔利斯得出结论认为所得税税制应选择单一税率制。米尔利斯在公共财政理论、福利经济学、增长理论等众多领域都有贡献,特别是在信息经济学理论领域作出了重大贡献,尤其是不对称信息条件下的经济激励理论。

阿马蒂亚·森(Amartya Sen,1933—　　)是印度经济学家,1998 年诺贝尔经济学奖获得者。出生于印度孟加拉的圣蒂尼克坦。1953 年毕业于加尔各答大学,1959 年于剑桥大学获得博士学位。曾先后在德里大学、伦敦经济学院、牛津大学、哈佛大学担任经济学教授。虽然长期在英美等国生活,但他仍然保留着印度国籍,因此可以说,他获得诺贝尔经济学奖是发展中国家的经济学家第一次获此殊荣。主要著作有《技术选择》(1960)、《集体选择与社会福利》(1970)、《论经济不公平》(1973)、《就业、技术与发展》(1975)、《贫穷和饥荒》(1981)、《选择、福利和量度》(1982)、《资源、价值和发展》(1984)、《饥饿与公共行动》(与德雷兹合著,1989)等。阿马蒂亚·森致力于通过经济学研究帮助他的祖国印度摆脱经济贫困,走向繁荣。为此,他曾经选择发展经济学和福利经济学作为他的主攻方向之一。他在 1970 年出版的《集体选择和社会福利》中就个人权利、多数裁定原则、有关个体状况资料的有效性等做了着重论述,意在促使研究者将注意力集中在社会基本福利问题上。他设计了若干方法,用于测算贫穷的程度,算后所得的数据,可以为改进穷人的经济状况提供有效的帮助。他关于饥荒原因的著作尤负盛名,他的研究成果具有很大的现实意义,为有效地防止或减轻食物短缺带来的后果提供了实际的解决方法。他的理论和计量方法被联合国等一些国际机构作为定义和计量人类发展指数的基础。

乔治·阿克尔洛夫(George A. Akerlof,1940—　　)是美国经济学家、新凯恩斯主义杰出代表,当代西方主流经济学家之一,2001 年诺贝尔经济学奖获得者之一。1962 年获耶鲁大学学士学位,1966 年获麻省理工学院博士学位,1966 年进入美国加州大学伯克利分校经济系任教,1980 年至今为加州大学伯克利分校首席教授。阿克尔洛夫是不对称信息市场研究的先驱,其与迈克尔·斯彭斯和约瑟夫·斯蒂格利茨共同开创了信息经济学学科。阿克尔洛夫善于借鉴其他学科的研究成果,如社会学、心理学等,研究领域涉及犯罪、歧视、贫困、货币政策和宏观经济学等。

阿克尔洛夫对由于信息不对称造成的逆向选择、劳动力市场效率低下和信贷市场不均衡等方面的研究作出了重大贡献,其理论被广泛用于保险业、金融市场和劳动力市场等方面。主要著作有《"柠檬"市场:质量的不确定性与市场机制》(1970)、《失业影响的社会习俗理论》(1980)、《劳动力市场效率工资模型》(1986)、《社会悬殊与社会制裁》(1995)、《经济学与恒等式》(2000)。阿克尔洛夫的旧车市场模型("柠檬"市场)开创了逆向选择理论的先河,对他获得诺贝尔经济学奖有重要支持。阿克尔洛夫通过对二手车市场的讨论,解释了信息经济学中的逆向选择过程,即低质量商品排斥高质量商品,最终导致整个市场崩溃或者市场萎缩,导致市场失灵,与"劣币驱逐良币"有异曲同工之妙。在二手车市场上,由于卖主对于车质量的信息要多于买主的信息,存在信息不对称问题,买方的理性选择是根据市场的平均质量进行出价,而这时拥有高质量的车主就会退出市场。而剩下的二手车质量将更低,买主将进一步压低购买价格,使得有较高质量的车主进一步退出市场,以此类推,二手车市场将逐渐萎缩、消亡。同样的分析也存在于信贷市场。但在"柠檬"市场中的经济主体,他们会通过各种激励去抵消信息不对称问题对市场效率造成的不利影响,改善交易环境,从而使市场交易得以进行。阿克尔洛夫在劳动力市场方面的成果主要体现在他对效率工资的理论上。他从两方面分析了效率工资合理性。首先,因为劳动力市场中存在信息不对称,以致效率工资成为一种甄别工具。在雇佣关系之前,求职者对自身能力的了解多于雇主,且不同能力求职者对工资也有不同要求,雇主为了提高员工整体素质,便通过许诺高工资来筛选能力高的新员工。再者,效率工资成为激励机制中的一种。

迈克尔·斯彭斯(Mlichael Spence,1943—)是美国经济学家、哈佛大学经济学教授,2001 年与乔治·阿克尔洛夫、约瑟夫·斯蒂格利茨共同获得诺贝尔经济学奖。1966 年获得普林斯顿大学哲学学士学位,1968 年获牛津大学数学硕士学位,1972 年获哈佛大学经济学博士学位,1982 年获得美国经济学会克拉克奖。斯彭斯研究领域包括市场的信息结构、竞争战略和市场运作、产品差别与垄断竞争等,还广泛涉猎企业经营和组织管理理论、福利经济学等领域。主要著作有《市场信号:劳动力市场信息结构和相关现象》(1972)、《市场信号:雇佣及相关程序的信息传递》(1974)、《新市场投资、战略与增长》(1979)、《开放经济中的产业组织》

（1980）、《增长战略与驱动力：国家经验视角》（2008）。斯彭斯在他 1972 年的博士论文《市场信号：劳动力市场信息结构和相关现象》中提出信号理论。该论文讨论了劳动力市场的信息问题，研究了在信息不对称的情况下，市场上具有信息优势的一方如何真实可信地向信息劣势方传递相关信号，以克服逆向选择问题。这种信号要求人才市场的中介保证委托双方的有效信息为真实信息，以避免双方的不利选择。斯彭斯提出并论证了教育是人力资本市场上的工作能力信号，求职者只有在存在较大信号成本差别时，信号才能成功发布。在斯彭斯的劳动力市场模型中，其假定员工提高受教育程度的成本和他的劳动生产力负相关。当固定教育程度应支付的成本大于边际劳动生产力低者的工资，而小于边际劳动生产力高者的工资时，企业对于边际劳动生产力和教育程度之间的关系得到证实，信号均衡存在。另外，斯彭斯还是用两阶段博弈论进行信息不对称问题研究的先驱者之一。

芬恩·基德兰德（Finn E. Kydland，1943—　　）是挪威经济学家，2004 年与爱德华·普雷斯科特共同获得诺贝尔经济学奖。1968 年获挪威经济与工商管理学院经济学学士学位，1973 年获卡内基—梅隆大学经济学博士学位，后在卡内基—梅隆大学任教，2004 年到美国加州州立大学圣塔巴巴拉分校任教。基德兰德研究领域主要是经济周期、货币和财政政策以及劳动经济学。诺贝尔颁奖词说道：“基德兰德和普雷斯科特对动态宏观经济学领域的研究作出了根本性贡献。他们高度创新地分析了经济政策的设计以及经济周期背后的驱动力，这些基础性贡献不仅对于经济分析，而且对于各个国家的货币政策、财政政策实践具有相当大的指导意义。”主要著作有《规则胜于相机抉择：最优计划的不一致性》（1977）、《置备新资本的时间与总量波动》（1982）、《应用一般均衡方法计算商业周期的计量经济学》（1991）、《阿根廷失去的 10 年》（2001）、《货币政策、税收和经济周期》（2007）。

基德兰德与普雷斯科特关于动态分析方法、时间一致性问题、真实经济周期理论等问题的研究，延续了新古典理论分析范式，对当代经济学理论发展产生深远影响。基德兰德与普雷斯科特发展出了一种研究经济波动的方法，即动态随机一般均衡模型，模型的均衡对数量和价格来说是一个随机过程。动态随机一般均衡分析法在有关宏观经济波动与周期的研究中被广泛使用，其中的校准和仿真技术已经成为真实经济周期理论的基本分析工具。这一模型使得在推行一项政策之前以极低成本模拟政策效果成为可能。基德兰德与普雷斯科特在 1977 年发表的论文《规则胜于相机抉择:最优计划的不一致性》中指出,动态宏观经济政策中存在时间一致性问题,认为存在一个公认的社会目标函数,政府相机抉择政策也不能使社会福利最大化。时间一致性问题的研究认为对自然系统有效的最优控制理论对社会经济系统并不一定有用,从而采取了博弈论方法。博弈论分析方法强调了互动社会经济系统中的理性当事人——政府和公众的博弈问题。最后,研究结果表明,将政府信誉的分析引入宏观经济政策研究中,将更有意义。另外,基德兰德与普雷斯科特也是真实经济周期理论的代表人物。基德兰德——普雷斯科特模型认为:(1)经济波动的主要来源是外生的技术冲击而不是货币冲击,在他们的一项研究中发现"索洛剩余"的方差可以解释美国第二次世界大战后 GDP 方差的70%。(2)认为资本积累存在时滞和消费跨期替代的重要性,劳动供给的跨期替代是经济波动的核心传递机制。(3)经济波动是人们对外生冲击作出的合理反应,经济周期表现为经济基本趋势本身的波动,而不是经济围绕基本趋势波动,因而不存在市场失灵,政府没必要干预经济。

爱德华·普雷斯科特(Edward C. Prescott,1940—   )是美国经济学家,著名学术杂志《经济理论》主编,因其在"动态宏观经济学在经济政策的时间连贯性和商业周期的驱动力量"的杰出贡献,2004 年与芬恩·基德兰德共同获得诺贝尔经济学奖。1962 年获得斯沃斯莫尔学院数学学士学位;1967 年获卡内基——梅隆大学经济学博士学位;2003 年以后在亚利桑那州州立大学任教,2008 年当选美国国家科学院院士。普雷斯科特对于宏观经济学分析方法、时间一致性问题、真实经济周期理论等作出了开创性贡献,奠定了当代宏观经济理论的基本发展走向。其主要著作有《规则胜于相机抉择:最优计划的不一致性》(1977)、《置备新资本的时间与总量波动》(1982)、《垄断的权力:财富的障碍》(1999)。任何一个经济体系都存在宏观经济波动,这种波动既有潜在产出的变化,也存在周期性因素的影响,因而需要将两者分解开来。霍德里克和普雷斯科特在 20 世纪 80 年代提出一种滤波方法,被经济学家称为 HP 滤波法。HP 滤波法在潜在产出和经济周期的研究中获得了广泛的认可,成为诸多时间序列消除趋势方法中最常用的一种。另外,普雷斯科特和基德兰德共同研究过时间一致性问题、真实经济周期理论。普雷斯科特和基德兰德学术贡献主要有以下几个方面:(1)他们的宏观理论构建在坚实的微观基础之上,其微观基础是个人的理性行为,时间不一致性原理从政府和公众的理性行为出发展开分析,实际周期理论从消费者和厂商的最大化问题出发。(2)他们的理论引入了内生化模型研究思路。因为政府在制定政策时被假定谋求公众福利的最大化,公众对未来政策的预期是理性的,于是政府决策所面临的就是一个内生约束了。(3)分析了技术冲击对经济活动的影响,推动了从供给方面研究经济周期的浪潮。而传统的凯恩斯理论中,对经济周期研究注重需求波动影响,现在,宏观经济学认识到供给和需求都是经济周期的驱动力。

托马斯·谢林(Thomas C. Schelling,1921—)是美国经济学家、著名博弈论专家,2005 年与罗伯特·奥曼共同获得诺贝尔经济学奖。1944 年获得加州大学伯克利分校文学学士学位;1948 年和 1951 年,先后获得哈佛大学文学硕士和经济学博士学位;1948—1953 年先后为白宫和总统行政办公室工作;1953—1958 年为耶鲁大学经济学教授;1958 年为哈佛大学经济学教授;1992 年当选为美国经济学联合会会长;1993 年因对预防核战争相关行为研究,获得美国国家自然科学奖。主要著作有《冲突的策略》(1960)、《策略与军备控制》(1961)、《军备及其影响》(1966)、《微观动机与宏观行为》(1978)、《选择与结果》(1984)。

谢林是非数理博弈理论的开创者,将博弈理论广泛应用于研究军事策略和军备控制、能源和环境政策、组织犯罪与设施、恐怖主义、气候变化、国际贸易和外交援助、种族隔离和种族融合、健康政策、冲突和讨价还价理论、烟草制品和毒品走私政策等一系列政治、经济、文化和伦理问题之中。谢林在非数量博弈理论中的冲突、承诺与合作理论、相互依存的选择行为理论以及自我控制理论三个方面卓有建树。在博弈论发展历程中,一方是以纳什、海萨尼和奥曼为代表人物的数理博弈理论,坚持采用数学语言和公理性方法;另一方则是以谢林为代表人物的非数量博弈理论。在谢林看来,在双方或者多方相互影响的局势中,博弈是很难通过建立数理模型来完整表述并加以研究的。谢林最早在 1960 年《冲突的策略》一书中创造出冲突、承诺与合作理论。《冲突的策略》是谢林获得诺贝尔经济学奖的最重要原因,该书在社会科学各个领域都有广泛影响,而"谢林主义""恐怖均衡""边缘政策"都是国际政治军事界耳熟能详的术语,并且关于承诺、协调、聚点均衡等概念,也奠定了策略研究的学术基础。可信承诺在冲突或谈判过程起到重要作用:在谈判和冲突的场合,如果博弈一方能够以可信和可观察的方式限制自己的某些选择自由反而会增加其谈判地位,而赋予另一方更多的相机抉择权则可能伤害该参与人的利益。谢林的研究表明一个参与者能够通过公开减少自己可选择的策略数量来巩固其地位,不确定的报复比确定的报复更可信、更有效。1978 年,谢林发表的《微观动机与宏观行为》一书,描写了关于个体动机、微观动机与所带来的总体结果之间的相互关系,详细阐述了相互依存的选择和行为理论。在个体与其环境互动中,尽管个体或许会考虑他自己的行为将会带来"累积效益",但是他们自己的选择与行为则完全指向其自身利益。并在文中提出多种模型,包括自我证实的均衡模型、次品理论、加速原理等。相互依存选择和行为理论对囚徒困境进行了扩展,当从双人扩展到 n 人时,决策主体会结盟,互相合作,便优于每次都选择绝对的策略,但是联盟的稳定性依赖于合作的人数,也依赖于特定的文化传统和组织原则,依据博弈的收益函数的交叉性质,可以得到多种不同的解。

埃德蒙·费尔普斯(Edmund S. Phelps,1933—)是美国著名宏观经济学家,2006 年诺贝尔经济学奖获得者。1955 年获得阿姆赫斯特学院文学学士学位;1959 年获得耶鲁大学经济学博士学位;曾任职于耶鲁大学、宾夕法尼亚大学和哥伦比亚大学;1982 年担任哥伦比亚大学麦克维卡政治经济学教授,此后历任美国财政部、参议院财政委员会和联邦储备委员会顾问。2006 年因其在"加深人们对经济政策长期和短期的影响之间的关系和理解"的贡献,并对"经济学研究和经济政策产生了决定性的影响"而获得诺贝尔经济学奖。主要著作有《资本积累黄金定律:经济增长的童话》(1961)、《人力投资、技术扩散与经济增长》(1966)、《就业与通货膨胀理论的微观基础》(1970)、《理性预期条件下货币政策的稳定性力量》(1977)、《结构性萧条:关于就业、利息和资本的现代均衡理论》(1994)。

埃德蒙·费尔普斯被称为现代宏观经济学的缔造者,其对宏观经济学的贡献主要集中在三个方面:(1)提出附加预期的菲利普斯曲线。(2)关于经济增长方面的资本积累的黄金定律。(3)提出劳动力转换模型等理论,奠定了凯恩斯宏观经济学的微观基础。"附加预期的菲利普斯曲线"理论是费尔普斯在考察了典型厂商的工资和价格的制定行为基础上,将预期因素引入菲利普斯曲线。该理论表明失业并非取决于通货膨胀水平,而是取决于超过预期通货膨胀的未能预期到的通货膨胀率,而且由于长期预期通货膨胀率和实际通货膨胀率是趋同的,即长期内不存在通货膨胀和失业的替代关系。附加预期的菲利普斯曲线理论意味着需求管理政策已不仅仅是在某个时点寻求失业和通货膨胀最佳组合的静态最优化问题,而是实现各时期失业和通货膨胀最佳替代路径的动态最优化问题。资本积累的黄金准则是指在索洛模型中的最优资本积累率,即人均资本的边际产量等于折旧率、人口增长率和技术率之和时,人均消费水平就达到最大化,而此时的储蓄率就是实现人均消费最大化的储蓄率。此后,费尔普斯又引入"动态无效率"概率,指如果路径能被改变,从而在某一时点消费严格增加但不会降低其他任何一个时点的消费,则经济体的资本积累路径是动态无效率的,此时资本积累过多。这一概念称为费尔普斯—库普曼动态无效率。作为新凯恩斯主义的代表性人物之一,费尔普斯把不完全信息及相关的市场摩擦、不完全知识及其复杂结果引入宏观经济学,来解释传统凯恩斯主义没有解释的非自愿性失业的存在和工资价格调整缓慢等。因为厂商制定工资的标准是在实现工资支出与员工流动成本之间的平衡,所以在市场均衡状况下,均衡工资实际上是一种"激励工资",从而导致非自愿性失业。费尔普斯提出的劳动力转换模型表明,任何试图维持低失业率的政策都会引发工人频繁更换工作,导致各厂商竞相提高工资,导致均衡工资的提高,所以对于厂商来说,达到合意均衡最好的方式,就是维持一个较高失业率。在《就业与通货膨胀理论的微观基础》一书中,其著名的"孤岛模型"可以在一定程度上解释工资粘性假说。费尔普斯对定价理论也作出了重要贡献,即 Phelps-Winter 模型,认为每个企业在定价时都要在利用市场力量所获得的短期收益与未来利润可能降低的数量之间进行权衡,最优价格路径的稳态是其价格高于边际成本,但低于静态的垄断价格。

保罗·克鲁格曼(Paul Krugman,1953—)是美国著名经济学家,普林斯顿大学经济学教授,《纽约时报》专栏作家,新贸易理论和新经济地理学创始人。1974 年获耶鲁大学经济学学士学位;1977 年获麻省理工学院博士学位;1991 年,因创建新贸易理论,获克拉克经济学奖;2008 年获诺贝尔经济学奖。克鲁格曼是新贸易理论创始人之一,其理论建立在规模报酬递增和不完全竞争的基础上,并且运用"收益递增—不完全竞争"模型对空间经济结构与变化过程进行重新考察,创建了新经济地理学。主要著作有《战略性贸易政策与新国际经济学》(1986)、《汇率的不稳定性》(1988)、《发展、地理学与经济理论》(1997)、《克鲁格曼的预言：美国经济迷失的背后》(2003)、《萧条经济学的回归和2008年经济危机(第二版)》(2009)。2008年诺贝尔经济学奖颁奖词写道："授予克鲁格曼诺贝尔奖旨在表彰他在国际贸易和经济地理学的研究成果。通过分析规模经济效应对贸易模式和经济活动选址的影响,其思想引领了对这些问题更广泛的研究。"20世纪70年代后,国际贸易主要在发达国家之间产业内发生,而传统国际贸易理论不能解释这种现象。在此背景下,克鲁格曼将规模经济、产品差异偏好和垄断竞争模型引入国际贸易分析中,建立了新国际贸易理论,从而解释了产业内贸易。克鲁格曼指出：贸易并不一定是国家之间技术或要素禀赋差异的必然结果;相反,贸易很可能只是扩大的市场及促进规模经济出现的一种途径,而且贸易的作用与劳动力增长和地区集聚的作用是相似的。在相关假设的基础上,克鲁格曼以"张伯伦垄断竞争"模型来分析规模经济和产业内贸易,张伯伦垄断竞争部门的更低单位成本的多样商品品种对工资收入者而言是有利的,产业内贸易带来的社会净福利将抵消收入分配上的矛盾。新国际贸易理论认为,在不完全竞争的情况上,市场结构的类型决定了行业的竞争程度和贸易形式,因此积极的贸易政策比自由贸易更能使一个国家受益,但是以另一个国家的损失为代价。积极政策能够使国家获得较大份额的租金或者使国家获得更多外部经济。克鲁格曼还把研究与开发、学习效应与国内公司的边际成本联系起来,认为贸易保护会导致研究与开发的投入提高,使外部经济效益的提高。另外,克鲁格曼和赫尔普曼等人通过对不同市场结构下的贸易政策工具进行比较分析的基础上提出：在现有不完全竞争模型上,不同的贸易政策工具会有不同的效果。克鲁格曼的新经济地理学主要研究报酬递增规律如何影响产业的空间集聚。克鲁格曼重新阐述了外部经济性,展现了产业集聚的形成过程。规模经济使产业在特定区域集中;而外部性使不同企业和相关产业集中,造成地区专业化。规模经济、不完全竞争、多重均衡、预期、历史、突变等因素的相互作用是新经济地理学研究空间经济活动的基本视角,丰富和发展了经济地理学。

自布雷顿森林体系崩溃后,浮动汇率制给全世界贸易、投资和国际经济政策协调带来了前所未有的困难。克鲁格曼认为世界经济不完全一体化是汇率不稳定的根源,也是汇率不稳定的结果,而且汇率不稳定降低了一体化程度。国际不完全一体化包括两个方面,一是各国经济方面的联系不完全或程度有限;二是国际市场是不完全竞争的,其特征是不完全信息,有时是无效的。不完全一体化可能介于一个封闭经济运行方式和一个完全一体化经济运行方式之间,类似不完全竞争。其中,经济日益全球化将我们带入一个全新时代的认识,缺乏历史依据可以借鉴。相对于 20 世纪初,20 世纪 80 年代的贸易结构已经由同质的大宗产品贸易转变为具有差异的制成品贸易,定价模式由已往的传递性强转变为因市定价。

艾利诺·奥斯特罗姆(Elinor Ostrom,1933—　　)是美国政治学家、经济学家,印第安纳大学布鲁明顿分校政治学系阿瑟·本特利讲座教授,美国公共选择学派创始人之一,2009 年诺贝尔经济学奖获得者之一。艾利诺·奥斯特罗姆于 1965 年获美国加州大学洛杉矶分校政治学博士学位;1999 年成为获约翰—斯凯特奖政治学奖的首位女性;2005 年成为获美国政治学学会詹姆斯·麦迪逊奖的首位女性。奥斯特罗姆在政治学、政治经济学、行政学、公共政策、发展研究等领域享有盛誉,其首创的政治理论与政策分析研究成为美国公共选择的三大学派之一。其主要著作有《公共事务的治理之道》(1990)、《自主治理灌溉系统的制度设计》(1992)、《制度激励与可持续发展:基础设施政策透视》、《博弈和公共池塘资源》(1994)、《博弈困境:博弈参数和匹配协议》(2001)等。

奥斯特罗姆在公共资源的自主治理理论、多中心治理理论、制度分析与发展框架、复合共和制政治理论、民主制行政理论等诸多领域有重要贡献。奥斯特罗姆从博弈论的角度出发,探索出自主治理公共资源的可能性,即著名的自治理论,成为除了政府和市场外的第三种解决方式。自治理论是指在没有彻底私有化和完全政府权力控制下,公共资源使用者可以通过自筹资金来制定并实施有效使用公共资源的合约。其中心问题是:一群相互依存的人们,如何能够把自己组织起来,进行自主治理,且通过自主性努力,克服搭便车问题,以实现持久性共同利益。自主治理理论有八项设计原则:(1)清晰界定边界。(2)规定占用时间、地点、技术或资源单位的规则,要与当地条件及所需劳动、物资或资金的供应规则保持一致。(3)集体选择的安排。(4)监督。(5)分级制裁。(6)冲突解决机制。(7)对组织权的最低限度的认可。(8)分权制企业。自主治理中,制度供给是自主治理组织的创建,可置信承诺是动力,互相监督来保证制度的可持续运行。多中心理论是在波兰尼的多中心秩序的基础上发展出来的。多中心理论强调,在社会公共事务的管理过程中不仅只存在政府一个主体,还包括各级政府、各种非政府组织、各种私人机构及公民个人在内的许多决策中心,他们在既定的制度约束下共同行使主体性权力。多中心秩序具有自发性,但仍需要满足特定条件的"建构"。奥斯特罗姆认为有三个条件与三个行为层次及其组织相关。第一个行为层次涉及进出特定多中心秩序的条件;第二个行为层次涉及一般行为规则的实施,只有行动单位有足够驱动力遵循与实施一般行为规则,多中心下组织模式才富有生命力,这一个行为层次组织为多中心秩序提供法律架构;第三个行为层次涉及更高层次的行为规则和制定与调整,这一层次的组织是任何特定多中心秩序得以实施的宏观框架。

戴尔·莫特森(Dale T. Mortensen,1939—2014)是美国著名劳动经济学家,美国西北大学教授,2010年诺贝尔经济学奖获得者之一。2005年获得IZA(Institute for the Study of Labor)劳动经济学奖;2007年获得劳动经济学家明赛尔奖;2010年莫特森与彼得·戴蒙德、克里斯托弗·皮萨里德斯共同获得2010年诺贝尔经济学奖。瑞典皇家科学院认为,他们得奖利益于"对于存在搜索摩擦情况的市场的分析"和"建立的模型帮助我们理解了政府监管及经济政策以怎样的方式影响失业率、职位空缺及工资变动"。莫特森和皮萨里德斯在戴蒙德建立的"搜寻—匹配"基本模型基础上,确立了基准的"搜寻—匹配"模型,他们分别分析了岗位的创造和毁灭的最优决策,并对均衡结果的失业率、岗位空缺率等进行了相应的分析。他们三人的研究成果被称为DMP(Diamond-Mortensen-Pissarides)模型。DMP模型通过更符合现实的假设,证明了传统的失业理论:如果劳动者非工作收入增加,失业率会上升;如果劳动者相对于雇主的议价能力提高,失业率上升;如果经济形势变坏,失业率也会上升。另外,还得到其他传统失业理论没有得到的理论:(1)失业与岗位空缺可以共存。(2)失业补贴会导致失业持续时间下降,但失业次数会上升,其总效果方向不确定。(3)解雇成本增加会导致失业持续时间上升,但失业次数下降,后者效果远大于前者,所以提高解雇成本有利于解决失业问题。DMP模型还对工资水平的高低和工资不平等问题得出相关结论:(1)如果劳动者非工作收入较高,则其后工资水平也较高。(2)工资不平等程度不仅与劳动者之间能力差别有关,还与企业间特征差别有关。

彼得·戴蒙德(Peter A. Diamond,1940—　　)是美国经济学家,麻省理工学院经济学教授,2010年诺贝尔经济学奖获得者之一。1960年获耶鲁大学数学学士学位;1963年获麻省理工学院经济学博士学位;2002—2003年为美国经济学会主席。戴蒙德主要研究宏观经济学,发展了"世代交叠模型",在劳动力市场搜寻和匹配以及社会保险制度也作出了突出贡献。戴蒙德与戴尔·莫特森和克里斯托弗·皮萨里德斯创造性发展了"搜寻—匹配"模型,这是他们获得诺贝尔经济学奖的重要原因。戴蒙德在拉姆齐模型的基础上建立了著名的世代交叠模型(OLG)。在世代交叠模型中,每个成员具有有限生命,老一代不断逝去,新人口不断进入经济生活,在相同时点上,不同代际的人共同生活,不仅同一代人有经济联系,而且不同代际的人之间也有着广泛的经济交往。由于身处不同的代际,他们的消费、储蓄、投资等所有经济选择必然表现为不同的行为方式,整个经济构成一个复杂有机体。目前OLG模型已经广泛用于通货膨胀、收入分配、养老保险、公共财政、消费决策和帕累托效率等研究领域。戴蒙德也重点研究了社会保障问题。戴蒙德主要观点为:(1)社会保障不可或缺。(2)反对社会保障制度私有化。(3)设立记账式个人账户养老金制度。

克里斯托弗·皮萨里德斯(Christopher A. Pissarides,1948—　　)是塞浦路斯裔英国经济学家,伦敦经济学院经济学教授,2010年诺贝尔经济学奖获得者之一。1970年和1971年分别获埃塞克斯大学经济学学士学位和经济学硕士学位;1973年,获伦敦经济学院经济学博士学位;2005年获IZA(Institute for the Study of Labor)劳动经济学奖;2010年与彼得·戴蒙德和戴尔·莫特森共同获诺贝尔经济学奖。

皮萨里德斯研究方向为宏观经济学多个领域,集中在劳工、经济增长和经济政策,其最突出的贡献是创立了搜寻—匹配理论模型;此外,他还推动了匹配函数概念的确立,用于解释某个特定时间段内失业至就业的流动状况。匹配函数是匹配模型的关键部分,他描述了一种投入产出关系,投入包括劳动者的搜寻活动和企业的雇佣活动,产出是失业劳动者和空缺职位成功匹配的概率。皮萨里德斯还讨论了几种不同的工资决定机制:集体谈判工资、双层工资和内部人工资机制下它们对劳动力市场运行效率的影响。莫特森和皮萨里德斯认为,与竞争搜寻均衡相比,集体谈判的工资决定机制会引起更长的失业持续时间和更低的失业发生率。在双层工资结构机制,雇佣成本的提高会导致企业减少职位创造,因而劳动者跳槽机会减少,工资降低;解雇成本的提高不仅会降低职业毁灭率,还为使企业减少职位创造,因而解雇成本的提高影响不确定。在其他条件相同情况下,内部人工资机制使劳动者获得的收益比双层工资机制多,与双层工资机制相比,内部人工资机制下企业将更少创造职位空缺和更多地毁灭职位,劳动者失业周期更长。

托马斯·萨金特(Thomas J. Sargent,1943—　)是美国经济学家,理性预期学派代表人物之一,纽约大学教授,因"对宏观经济中因果的实证研究",与克里斯托弗·西姆斯共同获得诺贝尔经济学奖。其主要作品有《理性预期与经济计量实践》(1981)、《理性预期与通货膨胀》(1986)、《美国通货膨胀的征服》(1999)、《小变化的大问题》(2002)、《稳健性》(2007)。萨金特主要研究动态宏观经济学和计量经济学,对利率的期限结构、失业、经济大萧条等问题。其与卢卡斯等人共同开创了理性预期学派,对宏观经济模型中预期的作用、动态经济理论与时间序列分析的关系等方面也作出了开创性工作。萨金特将宏观经济学、博弈论、控制理论、其他领域研究成果拓展到适应性预期和理性预期研究中,他利用漂移系数令人信服地描述了第二次世界大战后的通货膨胀。研究结果认为适应预期是影响通货膨胀政策的机制。其理论的重要贡献是揭示了在理性预期条件下政策推动通货膨胀的机制,深入剖析了理性预期及其政策含义,为政策制定者抑制通货膨胀提供了重要依据。

城市经济学(Urban Economics)是一门以城市为研究对象的应用性经济学科,主要研究城市在产生、成长、城乡融合的整个发展过程中的经济关系及其规律。城市经济学分为理论城市经济学与应用城市经济学。前者从理论上研究城市的经济活动的现象与实质;后者注重研究改善和解决城市问题。城市经济学诞生于20世纪60年代,1965年美国汤姆逊(Wilber Thomoson)的《城市经济学导言》标志着城市经济学的诞生。此后,城市经济学作为一门新兴学科在欧美各国、日本、苏联得到较快发展。20世纪80年代,城市经济学在中国兴起和传播。城市经济学研究的主要内容包括城市经济结构与城市成长、城市公共服务及福利设施、城市人力资源经济、环境与城市生活质量等其他方面。

城市经济学同其他经济学科不同的是,强调从空间的角度来理解经济现象。一般来说,城市经济学主要有两个研究路径:一是对于城市内部的各种区位分析,或者说是侧重微观经济的研究,其核心问题是城市内部的厂商和居民的区位选择问题。二是从宏观层面来探讨城市的经济问题,在这里城市的内部空间结构问题被忽略了,而是将城市作为一个整体来探讨其经济繁荣和萧条的过程。当然以上只是一个简单的划分,两种研究路径并非相互独立。城市类型和职能的改变会对城市内部的经济结构产生明显的影响,同时,城市内部的经济结构变化同样对城市经济的长期增长具有深刻意义。

新经济地理学(New Economic Geography)是地理学和经济学交叉的一门学科。20 世纪 80 年代末期以来,以克鲁格曼(Paul R. Krugman)和波特(Miclacl Porter)为代表的西方经济学家重新审视了空间因素,以全新的视角,把以空间经济现象作为研究对象的区域经济学。它是当代西方经济学领域中继新产业组织理论、新贸易理论、新增长理论之后出现的第四次"新经济学"研究浪潮。主要采用了收益递增—不完全竞争模型的建模方式,对空间经济结构与变化过程进行重新考察。主要研究报酬递增规律如何影响产业的空间集聚,即市场和地理之间的相互联系以及产业集聚的形成过程。新经济地理学研究的主要内容大体可以分为两个方面:第一个方面是经济活动的空间集聚和区域增长集聚的动力;第二个方面是规模报酬递增与空间集聚的关系。克鲁格曼认为,报酬递增导致产业的空间分布不均。他运用一个简单的"核心—外围"模型来分析一个国家产业集聚的形成原因。在该模型中,处于中心或核心的是制造业地区,外围的是农业地区,区位因素取决于规模经济和交通成本的相互影响。假设工业生产具有报酬递增的特点,而农业生产的规模报酬不变,那么随着时间的推移,工业生产活动将趋向于空间集聚。新经济地理学在研究区域的长期增长与空间集聚的关系上认为,资本外部性的相对规模、劳动力的可移动性和交通成本将决定经济活动和财富在空间配置上的区域整合程度;当资本外部性及劳动力的迁移通过区域整合增加时,将会产生更大规模的空间集聚,富裕中心和较差的边缘区之间的差距将加大;另外,如果区域之间仍然存在着不可流动性,那么中心地区的劳动力成本就会增加,并有利于经济活动的扩散和区域集聚的减弱。

新古典宏观经济学(New Classical Macroeconomics)是由 20 世纪 70 年代出现的理性预期学派发展而来的,随着 20 世纪 80 年代后这一理论的重要发展,西方经济学将理性预期理论改称为"新古典宏观经济学"。新古典宏观经济学的产生源于对凯恩斯主义的批判。西方学者针对 20 世纪 70 年代后凯恩斯主义无力解决滞胀问题而陷于困境的状况,提出了理性预期理论。它以理性预期假设、市场出清假设、自然率假设为基础,通过建立宏观经济学的微观基础,对货币周期理论、实际周期理论、财政政策、政府决策行为等理论进行了系统分析,解释经济周期的成因,否定了货币政策和财政政策有效性命题。

最初的理性预期学派的经济学家们,大多是一些从现代货币主义学派中分离出来的学者。1961 年,经济学家约翰·穆斯(John Fraser Muth)在其论文《理性预期和价格变动理论》中首次提出了"理性预期"的概念。20 世纪 70 年代,罗伯特·卢卡斯(Robert Emerson Lucas)在关于稳定性政策的争论中,连续发表论文,运用理性预期概念作为阐明自己观点和批判凯恩斯主义及现代货币主义经济政策的工具,从而推动了理性预期学派的形成。其代表人物还包括托马斯·萨金特(Thomas John Sargent)、尼尔·华莱士(Neil Wallace)和后来加入的爱德华·普雷斯科特(Edward Christian Prescott)以及罗伯特·巴罗(Robert Joseph Barro)等。进入 20 世纪 80 年代之后,理性预期的概念受到西方经济学界的普遍认可。由于该学派的很多基本政策主张与现代货币主义和供给经济学派的政策主张相似,而且后两者存在所需要的经济滞胀的土壤和条件已不再存在,因而现代货币主义学派和供给学派在实践中便逐渐地与原来的理性预期学派融为一体,形成了新古典宏观经济学。同时,由于人们也越来越感受到,再用理性预期来概括该学派的理论和政策主张,已经无法全部概括这一学派的理论特色,因此人们逐渐将这一流派的理论体系称为新古典宏观经济学。

新古典宏观经济学第一代代表人物有卢卡斯、萨金特和华莱士等人,其典型理论是货币周期论,他们在理性预期、信息混乱、持续市场出清等一系列假说的基础上,重点强调了货币冲击对经济周期波动的作用,提出了货币与产出相互关系中货币作为诱因的理论,并认为政府的货币政策是无效的,它并不能影响总产量的变化,而只有未被预见到的货币供给变化才能真正影响实际总产量。巴罗和普雷斯科特等人可以算作是新古典宏观经济学的第二代代表人物,他们发展了卢卡斯等人的理论,从实际因素方面寻找经济波动的根源、提出了完全信息下趋于现实的均衡变动,强调了技术冲击、跨时期劳动供给替代等因素,建立了实际货币周期论、财政政策分析和政府决策行为分析等新的理论。

行为金融理论(Behavioral Finance Theory)是从金融学、心理学、行为学、社会学等交叉学科的角度出发,考虑到人的不完全理性,在认知偏差和有限套利的基础上,力图揭示金融市场的非理性行为和决策规律的学说。20 世纪 80 年代,行为金融理论是第一个较为系统地对效率市场假说和现代金融理论提出挑战并能够有效地解释市场异常行为的理论。行为金融理论以心理学对人类的研究成果为依据,以人们的实际决策心理为出发点讨论投资者的投资决策对市场价格的影响。

此理论主要包括期望理论、行为资本资产定价理论和行为投资组合理论。(1)期望理论是丹尼尔·卡纳曼(Daniel Kahneman)和阿莫斯·特沃斯基(Amos Tversky)通过实验对比发现,大多数投资者的行为并不是总是理性的,也并不总是风险回避的。他们认为投资者对收益的效用函数是凹函数,而对损失的效用函数是凸函数,表现为投资者在投资账面值损失时更加厌恶风险,而在投资账面值盈利时,随着收益的增加,其满足程度速度减缓。(2)行为资产定价模型(BAPM)。1994 年斯塔曼(Meir Statman)和谢弗林(Hersh Shefrin)在期望理论的基础上提出了行为资产定价模型。行为资产定价模型是对资本资产定价模型(CAPM)的扩展。与资本资产定价模型不同,行为资产定价模型中的投资者被分为两类:信息交易者和噪声交易者。信息交易者是严格按资本资产定价模型行事的理性交易者,不会出现系统偏差;噪声交易者则不按资本资产定价模型行事,会犯各种认知偏差错误。两类交易者互相影响共同决定资产价格。(3)行为组合理论(BPT)。2000年斯塔曼(Meir Statman)和谢弗林(Hersh Shefrin)在现代资产组合理论(MPT)的基础上提出了行为组合理论。行为组合理论认为现实中的投资者在综合考虑了期望财富、对投资安全性与增长潜力的欲望、期望水平以及达到期望值的概率等因素来选择符合个人意愿的最优组合。

行为金融理论的主要投资行为模型包括 BSV 模型、DHS 模型、HS 模型、羊群效应模型。（1）BSV 模型（Barberis，Shleffer and Vishny，1998）。该模型是从选择性偏差和保守性偏差出发，解释投资者决策模型如何导致证券的市场价格变化偏离效率市场假说的。（2）DHS 模型（Daniel，Hirsheifer and Subramanyam，1998）。该模型将投资者分为有信息和无信息两类。无信息的投资者不存在判断偏差，有信息的投资者存在着过度自信和有偏的自我归因。随着公共信息最终战胜行为偏差，对个人信息的过度反应和对公共信息的反应不足，就会导致股票回报的短期连续性和长期反转。（3）HS 模型（Hong and Stein，1999）。该模型把研究重点放在不同作用者的作用机制上，而不是作用者的认知偏差方面。该模型把作用者分为"观察消息者"和"动量交易者"两类。模型认为最初由于"观察消息者"对私人信息反应不足的倾向，使得"动量交易者"力图通过套期策略来利用这一点，而这样做的结果恰好走向了另一个极端——过度反应。（4）羊群效应模型（Herd Behavioral Model）。该模型认为投资者羊群行为是符合最大效用准则的，是"群体压力"等情绪下贯彻的非理性行为。

行为经济学（Behavioral Economics）是将行为分析理论、心理学与经济学有机结合起来的一门交叉学科。它试图将现代心理学尤其是认知心理学的研究成果引入经济学分析中，对传统经济理论的前提假设进行修正，把心理学知识应用于经济学，分析经济现象，特别是人们在不确定条件下的风险决策。当然，行为经济学并不否定理性行为，而是要说明人类活动中存在着非理性行为，决策是由理性决策和非理性决策共同构成的。在不确定性的条件下，每个人在面对复杂情景和问题时都会采取捷径或应用部分信息来进行决策，人的决策是一个结构化和连续性的过程，因而决策的非理性是正常存在的。以一些经验规则为主要特征的直观判断会产生严重的系统性偏差。行为经济学家们针对这些系统性偏差进行剖析，从而构筑起自己的一套分析理论。

西方经济学界认为，真正将人的行为与经济学结合起来并展开深入研究的是普林斯顿大学的丹尼尔·卡恩曼（Daniel Kahneman）教授和斯坦福大学的阿莫斯·特维斯基（Amos Nathan Tversky）。他们很早就通过实验的方法发现：经济主体的决策过程并不是想象的那么简单，绝大多数的投资者不是标准的金融投资者，而是行为投资者（他们的行为并不总是理性的，也并不总是风险规避的）。他们在

20世纪七八十年代发表的一系列论文中,系统阐述了人们在不确定条件下的决策,认为人的行为会系统地偏离传统经济相对的基本假设,从而形成对西方主流经济学的挑战,有力地解释了过去经济学无法用模型和理论解释的一些怪异现象和经济悖论。1974年他们合作发表了《不确定状态下的决策:直观判断和心理偏差》一文,提出了影响人类在不确定条件下进行决策的几个因素,为后来的研究奠定了理论基础和研究方法。1979年又合作发表了著名论文《前景理论:面对风险的决策分析》,并提出了一个具有实用价值的决策模型,由此,标志着行为经济学的诞生。2002年诺贝尔经济学奖授予了丹尼尔·卡恩曼,其主要贡献在于,将心理学研究结合到经济学中,特别是关于不确定性条件下的人类判断和决策行为。

心理经济学(Psychological Economics)见"行为经济学"。

信息经济学(Information Economics)是20世纪50年代末60年代初产生的一门经济学分支学科。马尔萨克(Marschak)于1959年发表了《评估信息经济学》一文,提出了信息经济学的概念。

传统经济学以完全信息为基本假设前提,与不完全信息、非对称信息的经济现实不相符。信息经济学的产生正好弥补了传统经济学的这项缺项。它有两个分支,即分别以不完全信息经济环境和以非对称信息经济环境为分析对象。前者主要包括信息传播和搜寻理论;后者主要是委托—代理理论,其中又主要包括逆向选择与信息传递理论、道德风险问题等。信息经济学的核心是机制设计,即在给定的信息结构下,确定何种制度安排是最优的。博弈论被引入经济学后,提供了新的分析方法和工具,促使信息经济学迅速发展并逐渐成为一门具有较强适用性的独立的经济学分支学科。从这个意义上讲,信息经济学是博弈论的延伸和具体应用。

1961年斯蒂格勒(George Joseph Stigler)发表了题为《信息经济学》的论文,标志着信息经济学作为一门独立学科的形成。斯蒂格勒在文中对信息的价值及其对价格、工资和其他生产要素的影响进行了研究,认为经济行为主体掌握的初始信息是有限的和不完全的,这导致了经济主体所从事的经济行为有很大的不确定性。经济主体为了作出最优决策,必须对相关信息进行搜寻,而获取信息则要付出成本。不完备信息会导致资源的不合理配置。斯蒂格勒对信息经济学的主要贡献在于将信息与成本、产出联系起来，提出搜寻概念及其理论方法。在他之后，阿罗（Kenneth Joseph Arrow）对不确定性条件下的经济行为进行了开拓性研究。他认为，信息经济学是存在不确定性情况下的经济学。在他看来，不确定性具有经济成本，因而不确定性的减少就是一项收益，所以，可以把信息作为一种经济物品来加以分析。之后诸多经济学家对信息经济学进行不断地丰富和完善，使之成为一个具有巨大影响力的经济学领域。

随着信息经济学的逐渐发展，其研究开始转向宏观领域，其标志是1962年普林斯顿大学的弗里兹·马克卢普（Fritz Machlup）教授发表的专著《美国的知识生产和分配》一书。该书提出了知识产业的问题，并对1958年美国知识产业的生产进行了统计测定。宏观信息经济学的另一位早期研究者，是斯坦福大学的马克·尤里·波拉特（Mac Uri Porat）博士，他于1977年完成了《信息经济》9卷本的内部报告。波拉特第一次把产业划分为农业、工业、服务业、信息业四大类，其中又把信息部门分为第一信息部门和第二信息部门。第一信息部门由向市场提供信息产品和信息服务的企业组成，第二信息部门由政府和非信息企业的内部提供信息服务的活动所组成。他运用"波拉特范式"，一种不同于马克卢普的最终需求法的另一种增值法，对1967年美国的信息经济的规模与结构做了详尽的统计测算和数量分析，不仅引起美国商务部的重视，而且于1981年被经济合作与发展组织（OECD）所采纳，用来测算其成员国的信息经济的发展程度。

实验经济学（Experimental Economics）是一种经济学研究方法。经济学家在所挑选的受试对象参与下，按照一定的实际规则，创造与实际经济状况相类似的一种实验室环境，通过不断改变实验参数，对得到的实验数据进行分析整理加工，来对已有的经济理论及其前提假设进行检验，或是为一些决策提供理论分析，甚至通过这一方法来发现新的理论。实验经济学真正发展是在20世纪60年代。诺贝尔经济学奖的获得者弗农·史密斯（Vernon Lomax Smith）敏锐觉察到实验经济理论的作用，并首次付之于实践。他在亚利桑那大学11个班级进行了长达六年的实验，验证了竞争均衡理论。据此实验所撰写的论文《竞争市场行为的实验研究》在1962年的《政治经济学杂志》发表，标志着实验经济学的诞生。此后，实验经济学开始运用于验证市场理论和博弈理论。实验经济学领域的另一位代表人物为查尔斯·普洛特(Charles Raymond Plott)。

空间经济学(Spatial Economy)见"区位理论"。

区域经济学(Regional Economics)是研究经济活动在一定区域中或各个不同区域之间的联系或运动规律及其作用、机制的经济学分支学科。区域的概念可以是自然区域,也可以是行政区域。区域经济学的研究大体可以分为理论和应用两方面。理论方面的研究重点是区域规划原理、区域发展模式、区际经济关系及其变动趋势等。应用方面的研究重点是区域经济的综合设计与综合评价、区域产业结构、技术结构、就业结构的调整方式和各种不同方案的比较、区际之间经济关系的调整原则与具体措施等。现代区域经济学的发展起源于阿尔弗雷德·韦伯的区位理论、贝蒂尔·俄林和其他一些经济学家提出的要素禀赋与区域分工学说、凯恩斯的宏观经济学分析,是一门交叉学科。区域经济学的研究结合了经济学、地理学、人口学、社会学等学科的研究领域,为区域经济发展、区域间经济社会发展平衡、资源与环境的开发和保护等相关政策的制定提供了理论依据。

新古典综合派(Neo-classical Synthesis)又称"后凯恩斯主流经济学派"(Post-Keynesian Mainstream)。是指一种以凯恩斯学说为依据,以"收入—支出分析"为理论基础,以宏观分析和微观分析相结合为研究方法,以实现充分就业和经济增长为政策目标的理论和政策体系。它是现代凯恩斯主义的一个分支,形成于20世纪50—60年代。主要代表人物有美国经济学家保罗·萨缪尔森(Paul Samuelson)、詹姆士·托宾(James Tobin)、罗伯特·索洛(Robert Solow)等人。新古典综合派认为标准的凯恩斯主义有局限性,不能解释第二次世界大战后出现的通货膨胀与失业并发以及经济增长和消费等问题,必须对其进行"补充"和"修正"。因此,在全面继承"凯恩斯革命"的基础上,新古典综合派有选择地吸收了新古典经济学中微观经济分析方法和生产要素理论,将二者综合在一起,从而形成了一种新的理论。新古典综合派对凯恩斯主义的"补充"和"修正"主要表现在以下两个方面。

一方面,关于经济增长问题,新古典综合派假定资本和劳动可以相互替代,认为经济增长率不仅仅取决于投资、消费和储蓄三个总量的变动。在劳动力人数增长率一定的前提下,可以通过提高单位资本的产出率或压低人均消费水平,来提高经济增长率。从长远来看,经济增长还取决于技术变革的速度,因为随着技术的进步,资源的利用率会相应得到提高,原材料、能源消耗会大大降低。为了促进经济增长,新古典综合派主要采取以下措施:第一,财政政策和货币政策的松紧搭配,即膨胀性财政政策与收缩性货币政策相结合或收缩性财政政策与膨胀性货币政策相结合。第二,财政政策和货币政策的微观化,即针对个别市场和个别部门的具体情况制定区别对待的税收、信贷、利率政策。第三,在促进经济增长的同时,辅之以收入政策、人力政策、浮动汇率政策、外贸和外汇管制政策等补充措施。

另一方面,关于通货膨胀和失业并发的问题,新古典学派认为单有需求方面的宏观经济分析是不够的,必须辅之以生产要素供给方面的微观经济分析;凯恩斯提出的需求拉动式通货膨胀只是通货膨胀的一种形式,除此以外还存在着另外一种形式的通货膨胀,即成本推进式通货膨胀;失业不仅仅是由需求不足引起的,劳动力的结构不合理也是造成失业的一个重要原因。因此,必须从调节生产要素供给和调节生产要素成本价格着手来解决通货膨胀和失业并发的问题。

瑞典学派(The Swedish School)又称"北欧学派"或"斯德哥尔摩学派"。现代西方经济学的重要流派之一。产生于19世纪末20世纪初。它以斯德哥尔摩大学为主要阵地,故又称为斯德哥尔摩学派。在第二次世界大战以后,逐步形成了一整套带有社会民主主义色彩的小国开放型混合经济理论。奠基人为维克塞尔,主要代表人物有卡塞尔、达维逊、缪达尔、林达尔、伦德堡、哈马舍尔德、奥林、斯塔尔和林德贝克等。瑞典学派的理论渊源是维克塞尔的累积过程理论。这一理论将资本边际利润率和利息率的差异及其相对变动视为宏观经济变动的基本决定因素。根据这一理论,维克塞尔提出控制利息率以维持经济稳定的经济政策主张。维克塞尔的累积过程理论和宏观货币政策主张,不仅是瑞典学派的理论渊源,而且开了现代西方国家干预主义经济学的先河,成为凯恩斯主义经济学的理论渊源之一。

供给学派(Supply-side School)是20世纪70年代中期在美国出现的一个与凯恩斯主义相对立的西方经济学流派。主要代表人物有阿瑟·拉弗(Arthur B. Laffer)、马丁·费尔德斯坦(Martin Feldstein)、罗伯特·蒙德尔(Robert Mundel)等。

供给学派否定凯恩斯主义关于有效需求不足引起萧条和失业的观点,认为在经济活动中起决定作用的是供给,而不是需求;当时美国经济的根本问题不在于需求不足,而在于供给不足。他们根据萨伊的"供给会自行创造需求"的理论,重申在资本主义经济中,只要让市场充分发挥作用,就可以避免全面的生产过剩,国家完全没有必要对经济活动进行干预;提出当前美国存在的严重的通货膨胀实际上是由美国政府长期推行凯恩斯主义的刺激总需求的错误经济政策引起的。据此,供给学派提出了大规模和持久地减税,压缩政府开支、改革社会保险制度、控制货币数量等政策主张。供给学派的思想属于经济自由主义思潮,它对 20 世纪 80 年代初美国政府的政策制定有着重要影响。

奥地利学派(Austrian School)是 19 世纪 70 年代形成的一个经济学派,是边际效用学派中的一个重要分支。其创始人是奥地利的卡尔·门格尔(Carl Menger)。主要代表人物是欧根·冯·庞巴维克(Eugen von Böhm-Bawerk)和弗里德里希·冯·维塞尔(Friedrich von Wieser)。因其主要代表人物均有在维也纳大学任教经历,因此也称"维也纳学派"。该学派在第一次世界大战奥匈帝国溃败后曾沉寂一时,在 20 世纪 30 年代后复兴,被称为新奥地利学派。新奥地利学派主要代表人物是弗里德里希·奥古斯特·冯·哈耶克(Friedrich August von Hayek)、路德维希·拉克曼(Ludwig Lackmann)、伊斯雷尔·柯兹纳(Israel Kirzner)和穆瑞·罗斯巴德(Murray Rothbard)等人。该学派以主观心理分析为特征,以边际效用论为核心,强调自由市场经济的优越性,既反对社会主义计划经济政策,也反对凯恩斯主张政府干预的经济政策。

芝加哥学派(Chicago School)是 20 世纪 20 年代形成的一个推崇自由主义的经济学派。其创始人是美国的弗兰克·奈特(Frank Hyneman Knight)。主要代表人物是米尔顿·弗里德曼(Milton Friedman)和乔治·J. 斯蒂格勒(George J. Stigler)。因其主要代表人物均在芝加哥大学任教经历,因此该学派得名芝加哥学派。芝加哥学派注重实证分析,坚持经济自由主义思想,重视货币理论研究。芝加哥学派认为基于供求为基础的价格理论,具有足够的解释能力,反对政府干预,认为私有制的市场经济的自发作用会导致最优或接近最优的效果。

人口地理学(Population Geography)是研究人口的空间形式及其地理分布规律的科学,是人口学的分支学科。人口地理学从空间角度研究人口质量、数量与各种人口构成、居住方式的地域特征及其分布规律。主要内容是:研究国家或地区的人口数量、构成和分布的发展变化条件和特点;研究劳动力资源,探讨劳动力的合理利用和部门分配;研究人口的地域移动和城镇人口聚集的规律。人口地理学是一门实践性和实用性较强的综合性社会学科,它既是一门理论学科,又是一门具有极强应用性的应用学科。

海洋经济学(Ocean Economics)是从经济学的角度研究各种海洋经济关系及其经济活动规律的科学。海洋经济,是海洋及其空间范围内一切经济性开发活动及其经济过程的总称。海洋经济学有海洋产业经济、海洋区域经济和海洋可持续发展经济等多个分支,包括海洋资源调查,海洋经济地理区域划分,海洋生物资源的养殖、打捞、污染防治,海底矿物资源的勘探、开采、加工,海洋经济管理法规的制定与实施等,是国家制定海洋经济政策、综合开发利用海洋资源的理论基础。

经济地理学(Economic Geography)是从地理学的角度,运用综合方法和区域观点,从自然、技术、经济的相互联系中,研究生产力布局和地区生产综合体的形成条件与发展规律的科学,是一门经济学和地理学的交叉学科。1882年,德国地理学界首先论述了经济地理学的本质及其构成,具体提出了建立作为科学体系的经济地理学。德国地理学家洪堡(Alexander von Humboldt)和李特尔(Karl Ritter)是经济地理学理论的主要奠基人。

管制经济学(Economics of Regulation)又称"规制经济学"。是对政府管制活动所进行的系统研究的一门学科,是产业经济学的一个重要分支。管制经济学主要分为两大派别:管制规范分析学派与管制实证分析学派。管制规范分析学派产生于19世纪,主要代表人物有马歇尔、庇古、德姆塞茨、威廉姆森等。管制规范分析学派侧重于说明是否应该进行管制,其主要观点是:由于市场机制不完善及存在诸如自然垄断、外部性等市场失灵现象,因此应对企业活动进行管制,其目的在于确保资源配置效率的同时保证公共利益不受损害。19世纪政府对铁路运输业进行管制,就是因为这一产业存在自然垄断,竞争性市场难以保证,为确保这一新技术的运用,提高社会效率而必须进行管制。管制实证分析学派则始于19世纪法国经济学家迪普特(Jules Dupuit)的研究。其主要代表人物有斯蒂格勒、卡恩、帕尔兹曼、贝克尔等。管制实证分析是通过对经验数据的分析,深入考察管制实施的实际效果,侧重说明管制产生的实际作用。其主要观点是:政府管制的目的不是保护公共利益,而是为了维护个别集团的利益,是管制者与被管制者之间的相互利用。他们通过经验数据分析,佐证了所提出的上述观点。

新制度经济学(New Institutional Economics)一门用经济学的方法研究制度的学科。新制度经济学派产生的标志是科斯1937年发表的《企业的性质》一文,兴起于20世纪70年代。新制度经济学主要代表理论有科斯定理、交易费用理论、产权理论、关于制度变迁和制度创新的相关理论等。新制度经济学的代表人物(均获诺贝尔奖):哈耶克(1974)、布坎南(1986)、科斯(1991)、诺思(1993)、维克里(1996)、斯蒂格利茨(2001)等。

新制度经济学的建立分为两个阶段:第一个阶段以科斯在1937年发表于伦敦经济学院学报《经济学家》上的著名论文《企业的性质》为代表,指出了市场机制运行中存在摩擦,克服这种摩擦的关键在于制度创新。第二个阶段以科斯在1960年发表的《社会成本问题》为代表,指出了产权的经济功能在于克服外在性,降低社会成本,从而在制度上保证资源配置的有效性。20世纪60年代以后,新制度经济学的研究者对科斯定理作出了不同解释,并形成了产权理论的三个重要的分支:一是以威廉姆森为代表的交易成本经济学;二是以布坎南为代表的公共选择学派;三是以舒尔茨(C. Sehultze)为代表的自由竞争派。

农业经济学(Agricultural Economics)是研究农业生产过程中生产关系与生产力之间关系的运动规律,以及研究农业生产过程中生产、交换、分配、消费各个环节之间相互关系及变化规律的学科。农业经济学作为一门学科,是随着封建社会的崩溃、资本主义农业制度的确定和近代农业科学技术的运用,而日益成熟的。它由法国的重农学派经济学者在18世纪奠基,18世纪末在英国创始,19世纪初在德国继续发展,20世纪初在德国形成完整体系。社会主义农业经济学是俄国十月革命后,在马克思主义政治经济学理论指导下,结合社会主义农业实践,批判地吸收发展起来的。社会主义农业经济学的基本内容包括:(1)社会主义农业经济制度的建立和发展、农业的所有制形式及经营体制。(2)社会主义农业经济的综合发展,如农业生产结构,农业生产的社会化、专业化、市场化、现代化及资源配置形式。(3)农业内部各生产部门的发展及地区发展。(4)农业生产力诸要素的配置形式及提供经济效益、社会效益、生态效益的规律。(5)农业的价值形态的扩大再生产,包括商品生产、交换形式、分配体制、成本核算、价格、资金等问题。(6)农业可持续发展及农业产业化的发展规律。

能源经济学(Energy Economics)是研究能源开发利用的经济规律以及能源与国民经济发展关系的科学。最早从经济学角度全面分析能源问题的著作是 1865 年出版的英国经济学家杰文斯(W. S. Jevons)的《煤的问题》。能源经济学的研究内容主要有:能源和经济增长(增长率和增长结构)、社会发展的关系;能源与环境污染的关系;能源资源的优化配置;能源价格和税收;节能与循环经济;能源的内部替代和外部替代;能源的国际贸易和石油作为金融产品。能源经济学包含着极其丰富的内容,而且随着社会经济的发展和日益严重的能源紧缺性,能源经济学的研究范围与对象将不断扩大。

环境经济学(Environmental Economics)是研究经济发展和环境保护之间相互关系的科学,是经济科学和环境科学的交叉学科。它具有综合性、区域性和阶段性的特点。环境经济学研究对象是环境与经济的复合系统,任务是研究环境系统、经济系统的协调发展规律,认识两者的复杂互动关系,为在实践中建立持续发展的经济体系与持续利用资源基础、获取环境经济综合效益进行理论探索。环境经济学研究的主要内容涉及:环境资源的经济性与外部经济问题;国民经济运行所引发的环境污染与生态失调和资源耗损;环境经济系统的资源配置与生产布局;环境经济活动中的环境质量评价与经济评价;环境经济管理中的政策法规、调控措施、规划决策;等等。

音序目录

B

D

E

F

Y

责任编辑:吴焀东
封面设计:石笑梦
版式设计:周方亚

图书在版编目(CIP)数据

经济发展大辞典/陈昌智 主编. —北京:人民出版社,2017.12
ISBN 978－7－01－018231－5

Ⅰ.①经…　Ⅱ.①陈…　Ⅲ.①经济发展-词典　Ⅳ.①F061.3－61

中国版本图书馆 CIP 数据核字(2017)第 223233 号

经济发展大辞典

JINGJI FAZHAN DA CIDIAN

陈昌智　主编

人民出版社 出版发行
(100706　北京市东城区隆福寺街 99 号)

北京新华印刷有限公司印刷　新华书店经销

2017 年 12 月第 1 版　2017 年 12 月北京第 1 次印刷
开本:787 毫米×1092 毫米 1/16　印张:70
字数:1100 千字

ISBN 978－7－01－018231－5　定价:240.00 元

邮购地址 100706　北京市东城区隆福寺街 99 号
人民东方图书销售中心　电话 (010)65250042　65289539